INTERNATIONAL COMMITTEE OF HISTORICAL SCIENCES
COMITÉ INTERNATIONAL DES SCIENCES HISTORIQUES
LAUSANNE — PARIS

INTERNATIONAL BIBLIOGRAPHY OF HISTORICAL SCIENCES

INTERNATIONALE BIBLIOGRAPHIE DER GESCHICHTSWISSENSCHAFTEN
BIBLIOGRAFIA INTERNACIONAL DE CIENCIAS HISTORICAS
BIBLIOGRAPHIE INTERNATIONALE DES SCIENCES HISTORIQUES
BIBLIOGRAFIA INTERNAZIONALE DELLE SCIENZE STORICHE

VOLUME XLIX
1980

Edited with the Contribution of the National Committees
by Jean Glénisson and Michael Keul

Published with the assistance of Unesco
and under the patronage of the
International Council for Philosophy and Humanistic Studies

K·G·SAUR   MÜNCHEN · NEW YORK · LONDON · PARIS

CIP-Kurztitelaufnahme der Deutschen Bibliothek

International bibliography of historical sciences = Internationale Bibliographie der Geschichtswissenschaften = Bibliografia internacional de ciencias historicas / Internat. Committee of Historical Sciences, Lausanne, Paris. Ed. with the contribution of the National Committees. — München, New York, London, Paris: Saur.
   ISSN 0074-2015
   Erscheint zweijährl.

Vol. 45/46. 1976/77ff. — 1980ff.
   Auf d. Haupttitels. auch: Comité International des Sciences Historiques. — Bis Vol. 43/44. 1974/75 im Verl. Colin, Paris.

NE: International Committee for Historical Sciences; 1. PT; 2. PT

Copyright © 1984
by K. G. Saur Verlag KG München
Printed and bound in the Federal Republic of Germany.
All rights reserved. No part of this publication may be reproduced, stored in a retrieval system or transmitted in any form or by any means, electronic, mechanical, photocopying, recording, or otherwise, without permission in writing from the publisher.

Printed by grafik + druck GmbH & Co, München
Bound by Thomas Buchbinderei GmbH, Augsburg

ISSN 0074-2015
ISBN 3-598-20404-3

The International Bibliography of Historical Sciences is published under the supervision of a « Bibliographical Commission » composed of :

Prof. Boyd C. SHAFER, Tucson, Arizona (U.S.A.),
Président ;

Jean GLÉNISSON, Paris,
Secretary ;

Dr phil. Michael KEUL, Paris,
Assistant Secretary ;

Dr J. BAUMGART, Kraków,
Prof. G. EDWARDS, London,
Dr Ernesto de la TORRE VILLAR, México,
Prof. Hermann HEIMPEL, Göttingen,
Mme Inessa KHODOS, Moskva,
Prof. Raffaello MORGHEN, Roma,
Dr Adam HEYMOWSKI, Stockholm,
Prof. H. Kohachiro TAKAHASHI, Tokyo,
Members.

This volume was edited by **Mr Jean GLÉNISSON**, directeur de l'Institut de recherche et d'histoire des textes (C.N.R.S.), and Mr. **Michael KEUL**, C.N.R.S., Paris.

A list of correspondents of the International Committee of Historical Sciences who have collaborated in the preparation of this volume is given on pages XV-XVII.

NOTICE

THE UNESCO general conference adopted, during its second session in Mexico City, in november 1947, the following resolution :

« The Director General is instructed to develop international co-operation in the field of philosophy and humanistic studies by grants-in-aid or contracts for financial assistance to the International Council of Philosophy and Humanistic Studies.

In return, the Director-General shall secure the Council's collaboration with a view to :

a) Encouraging the creation of international organizations in branches of humanistic studies, where such organizations do not exist and where the need for them has been felt ;

b) Facilitating the dissemination of ideas and the spread of knowledge, more particularly by the organization of congresses and committees of enquiry, the publication of works of reference, information or synthesis throwing light upon insufficiently known aspects of certain cultures ;

c) Promoting and co-ordinating, within each subject field, bibliographical work in accordance with resolution 6.52 and studying the possibility of establishing rules for abstracting which may be applied within the fields of philosophy and humanistic studies ;

d) Obtaining the help of international organizations and specialists in humanistic studies in the carrying out of Unesco's programme. »

The subvention which was given in fulfillement of this resolution has, only for a part, permitted the International Committee of historical Sciences to publish the present volume.

For information concerning the other bibliographical publications recommended by UNESCO, see the descriptive notes at the end of the present volume.

INHALTSVERZEICHNIS

	Pages
PRÉFACE	IX
VORBEMERKUNG	XI
MITGLIEDER BEZW. VERTRETER DER NATIONALEN HISTORIKER- AUSSCHÜSSE UND DER INTERNATIONALEN ORGANISATIONEN, DIE AM XLIX. BANDE DER « INTERNATIONAL BIBLIOGRAPHY OF HISTORICAL SCIENCES » MITGEARBEITET HABEN	XV
INHALT	XIX
ALLGEMEINE HISTORISCHE BIBLIOGRAPHIEN	XXV
BIBLIOGRAPHIE	1
AUTOREN- UND PERSONENREGISTER	331
GEOGRAPHISCHES REGISTER	387

PRÉFACE

Le regretté Michel François avait lui-même signalé dans les précédents volumes les difficultés et les délais qu'avait rencontré la *Bibliographie internationale* au cours des années récentes. Ces difficultés n'ont pas disparu, mais il est enfin possible de revenir à l'usage. Aussi le présent volume ne couvre-t il qu'une année : 1980. Il nous reste à reprendre un rythme plus satisfaisant et à réduire le délai qui sépare la publication de la *Bibliographie* de la parution des travaux qu'elle signale. C'est ce que nous espérons faire l'an prochain, avec un peu de chance. Souhaitons tous qu'elle nous soit accordée.

Jean GLÉNISSON

Ce volume a été dactylographié par Mmes Lesage et Sentise.

VORBEMERKUNG

Die International Bibliography of Historical Sciences ist eine Auswahl- und Hinweisbibliographie. Die in ihr aufgeführten Arbeiten — Monographien und Zeitschriftenartikel — sind nach einem systematischen und chronologischen Schlüssel geordnet. Dieser Schlüssel wurde von der Bibliographischen Kommission des Internationalen Komitees für Geschichtswissenschaft seinerzeit erarbeitet, in der Folge geringfügig verbessert und von der Kommission auf ihren letzten Sitzungen im Juni 1952 in Brüssel und im September 1955 in Rom beibehalten.

Im folgenden sind die Grundsätze für die Auswahl der einzelnen Arbeiten sowie die Regeln für die Gliederung zusammengefasst.

A. *Richtlinien für die Auswahl.*

Das Redaktionsbüro ist bestrebt, der I. B. O. H. S. den Charakter einer allgemeinen Bibliographie zu geben, die das Ganze der Geschichtswissenschaft zu erfassen sucht. Gleichzeitig soll sie Historikern und Bibliothekaren in jährlich erscheinenden Bänden die wichtigsten Neuerscheinungen der Welt auf dem Gebiet der historischen Wissenschaften anzeigen. Diese doppelte Zielsetzung entspricht den Wünschen der Bibliographischen Kommission der C. I. S. H.

In der Tat schien es angesichts der wachsenden Anzahl von Spezialbibliographien erforderlich zu sein, sowohl Einzelwissenschaftlern als auch wissenschaftlichen Organisationen, die sich diese Spezialbibliographien nicht vollzählig beschaffen können, ein Hilfsmittel in die Hand zu geben, das sie über den jährlichen Fortschritt der historischen Wissenschaften orientiert. Natürlich müssen diese Spezialbibliographien gleichwohl erwähnt werden. Dies geschieht auf zweifache Weise : Unter der Rubrik « Bibliographies historiques générales : Allgemeine Historische Bibliographien » werden alle grossen internationalen oder nationalen Bibliographien aufgenommen, die sich auf Spezialgebiete oder einzelne Länder beziehen und in denen grundsätzlich die gesamten Neuerscheinungen auf diesem Gebiet oder aus diesem Land enthalten sind. Diese allgemeinen Bibliographien sind nicht in die systematischen Abteilungen eingegliedert, sondern werden ihnen vorangestellt. Im Gegensatz dazu haben innerhalb der systematischen Abteilungen — und zwar jeweils am Beginn der entsprechenden Abschnitte oder Unterabschnitte — alle jene Bibliographien ihren Platz gefunden, die einzelne Gegenstände, Autoren oder Landschaften betreffen ; die Titel dieser Bibliographien sind mit einem Sternchen (*) versehen.

Die I. B. O. H. S. will ein Arbeitsinstrument von hohem wissenschaftlichem Rang und internationaler Bedeutung sein. Sie kann daher in ihre Spalten keine

Titel aufnehmen, die nur von lokalem Interesse sind. Aus dem gleichen Grunde muss sie Kurzbesprechungen oder Gefälligkeitsanzeigen zurückweisen. Bewusst wurde auch auf die Aufnahme von Neuauflagen, Übersetzungen, Grabungsberichten ohne neue Ergebnisse, nicht wissenschaftlich kommentierten Ausstellungskatalogen, maschinengeschriebenen oder hektographierten Arbeiten, vulgarisierender oder Propagandaliteratur verzichtet. Die Entscheidung über Ausnahmefälle bleibt dem Redaktionsbüro vorbehalten. Titel die auf den Hinweiskarten unvollständig mitgeteilt wurden und nicht ergänzt werden konnten, finden ebenfalls keine Berücksichtigung.

Hingegen wird angestrebt, alle diejenigen Arbeiten anzuzeigen, die trotz ihres geringen Umfangs oder ihrer zunächst nur lokalen Thematik einen echten Beitrag zur allgemeinen Geschichte oder zur Lösung von aktuellen Fragestellungen bieten ; das ist z. B. der Fall bei bestimmten Grabungsberichten oder bei Aufsätzen, die kontroverse Fragen der Verfassungs- oder Kulturgeschichte betreffen. In diesen Fällen wurde der Titel wenn möglich noch ergänzt durch eine kurze, in eckige Klammern gesetzte Erläuterung oder Datumsangabe, wie das auch bei ungenauen Titeln zur besseren Orientierung des Lesers gehandhabt wird. Dieses Verfahren wurde in den letzten Bänden in wachsendem Masse angewendet und erhöht zweifellos den Nutzwert der Bibliographie. Sie soll deshalb aber keine analytische oder kritische Bibliographie werden — dieser Charakter ist der Spezialbibliographie vorbehalten — sondern bleibt eine Auswahl- und Hinweisbibliographie.

Im Gegensatz zu den meisten Nationalbibliographien, die eine oft sehr willkürliche zeitliche Begrenzung aufweisen, enthält die I. B. O. H. S. auch Arbeiten zur jüngsten Geschichte, insbesondere zu den internationalen Beziehungen (P § 8). Sie muss allerdings hierbei in ihrer Auswahl um so strenger sein, je näher der behandelte Stoff zur Gegenwart liegt.

Diese Grundsätze geben der I. B. O. H. S. ihr eigenes Gepräge. Sie möchte keine bereits bestehende Bibliographie ersetzen. Sie will auch anderwärts geleistete Arbeit nicht wiederholen. Wenn dennoch Überschneidungen vorkommen, weil sie sich nie vermeiden lassen, so wird die Wissenschaft auch aus ihnen sicherlich Gewinn ziehen.

B. Grundregeln für die Gliederung.

Innerhalb eines jeden Abschnitts oder Unterabschnitts werden die Titel in der alphabetischen Reihenfolge der Autorennamen aufgeführt. Slawische Namen werden in lateinischen Buchstaben umschrieben und sind ebenfalls entsprechend dem lateinischen Alphabet eingeordnet. Die diakritischen Zeichen (č, ć, š, ś) finden keine Berücksichtigung. Bei germanischen und skandinavischen Eigennamen werden die Umlaute ä, ö, ø, ü aufgelöst in ae, oe und ue. Die Zusammenziehungen Mc und M' werden wie das ausgeschriebene Mac behandelt.

Anonyme oder kollektive Werke werden alphabetisch nach dem charakteristischen Hauptwort (Stichwort) ihres Titels eingeordnet, Beispiel: Congrès (quatorzième) des sociétés savantes... Festschriften und Aufsatzsammlungen, die im Unterabschnitt B § 3 c aufgenommen sind, werden nach dem Namen des Gelehrten, dem sie gewidmet sind, alphabetisch eingeordnet. Dieser Name ist dann doppelt unterstrichen.

Fettgedruckt werden ebenfalls die Namen jener Gelehrten, denen eine ausführliche biographische Notiz gewidmet ist (B § 3 b), sowie die Namen von Heiligen (G § 4, I § 13 d). In beiden Fällen erfolgt die Einordnung alphabetisch entsprechend den betreffenden Personnennamen.

Falls in einem Unterabschnitt die Titel nach Ländern eingeteilt sind (B § 6 b, K § 2), so gilt für die alphabetische Einordnung die französische Schreibweise des Ländernamens, gleichgültig in welcher Sprache die betreffende Arbeit oder der betreffende Band der I. B. O. H. S. verfasst sind.

Nicht nur Spezialbibliographien sondern auch Quellenveröffentlichungen sind aus der alphabetischen Einordnung der einzelnen Abschnitte oder Unterabschnitte herausgezogen und jeweils an deren Anfang (unmittelbar hinter die Bibliographien) gesetzt worden. Sie sind durch zwei Sternchen (**) gekennzeichnet. Auf diese Weise übersieht der Leser sofort die neuesten Bibliographien und Quellenausgaben, die zu einer bestimmten Frage oder zu einem Zeitabschnitt erschienen sind. Lediglich bei den Kapiteln E, F, G, H, I wurde dieses Verfahren nicht angewendet, da hier ja jeweils ein eigener Abschnitt für Quellen vorgesehen ist.

Soweit das laufende Jahr Gedenkjahr eines bestimmten historischen Ereignisses war, werden die in diesem Zusammenhang erschienenen Arbeiten gesondert und unter einer eigenen Überschrift am Ende jenes Unterabschnitts gruppiert, in den dieses Ereignis normalerweise eingeordnet worden wäre. Gelegentlich sind auch sonst mehrere Bücher oder Artikel der gleichen Frage oder Persönlichkeit gewidmet. In diesem Fall sind die entsprechenden Titel in der alphabetischen Reihenfolge der Autorennamen eingeordnet und dabei mit der gleichen laufenden Nummer versehen wie die innerhalb der Unterabschnitte alphabetisch eingeordneten Stichwörter oder Personennamen.

Wenn ein bereits früher erschienenes Werk in der Folgezeit jährlich Gegenstand einer Besprechung war, so wird auf eine ausführliche Titelangabe verzichtet und lediglich unter dem Autorennamen mit einem Kurztitel auf die Nummer desjenigen Bandes der I. B. O. H. S. verwiesen, in dem dieser Titel ausführlich zitiert wurde. Dieses Verfahren ermöglicht es, den Stand der Kritik eines bestimmten Werkes jährlich weiter zu verfolgen.

Zur besseren Übersichtlichkeit wurde versucht, die Bezeichnungen für Seiten, Tafeln, Illustrationen usw. möglichst zu vereinheitlichen, indem auf die französische oder englische Sprache zurückgegriffen wurde, da diese beiden Sprachen die meisten gleichen Wörter oder Wortabkürzungen dieser Art besitzen. Querverweise für Titel, die ausser dem Abschnitt, in den sie an sich gehören, auch andere Sachgebiete berühren, erfolgen durch Cf. Nr. ... und sind jeweils am Schluss der betreffenden anderen Abschnitte zusammengefasst.

Im Autoren- und Personenregister wurden die Namen der Heiligen, Päpste und römischen Kaiser in ihrer lateinischen Form aufgeführt. Das Ortsregister verweist für Kontinente und grosse Länder lediglich auf die entsprechenden Hinweise, die zu diesen Stichwörtern innerhalb der einzelnen Unterabschnitte zusammengefasst sind, bzw. auf die sie behandelnden allgemeinen Werke. Ohne diese Einschränkung hätte die grosse Anzahl von Einzelverweisen die Benutzbarkeit äusserst erschwert.

MITGLIEDER BEZW. VERTRETER

DER NATIONALEN HISTORIKERAUSSCHÜSSE
UND DER INTERNATIONALEN ORGANISATIONEN
DIE AM XLIX. BANDE DER
« INTERNATIONAL BIBLIOGRAPHY OF HISTORICAL SCIENCES »
MITGEARBEITET HABEN[1]

DEUTSCHE DEMOKRATISCHE REPUBLIK

Dr Peter WICK, Leiter der Abteilung Information und Dokumentation des Zentralinstituts für Geschichte der Akademie der Wissenschaften der DDR (Berlin). – Dr Lutz NOACK, Bibliotheksrat an der Deutschen Bücherei (Leipzig).

DEUTSCHE BUNDESREPUBLIK

Prof. Dr Dr h. c. Hermann HEIMPEL, Max-Planck-Institut für Geschichte (Göttingen), und Frau Gisela ENGELSING, (Bielefeld).

ÖSTERREICH

Univ.-Prof. Dr. Wolfdieter BIHL, Institut für Geschichte, Universität Wien (Wien).

BELGIEN

Léon ZYLBERGELD, archiviste adjoint de la ville de Bruxelles (Bruxelles).

BULGARIEN

Mme Emilia KOSTOVA, attachée de recherches à l'Institut d'Histoire auprès de l'Académie Bulgare des Sciences (Sofia).

KANADA

Normand St PIERRE, Directeur de la Bibliothèque des Archives publiques du Canada (Ottawa).

DÄNEMARK

Bent JØRGENSEN, Chief Librarian, Aalborg Universitetsbibliotek (Aalborg).

---

1. Die alphabetische Anordnung folgt der französischen form der Ländernamen.

SPANIEN

Mme Nuria COLL JULIA, docteur ès sciences historiques (Barcelona).

VEREINIGTE STAATEN VON AMERIKA

Thomas T. HELDE, professor of history, Georgetown University (Washington, D.C.).

FINLAND

Mme Pirjo NEUVONEN, bibliothécaire déléguée à la Bibliothèque Nordique (Paris). − Mme Ilse VAHAKYRO, conservateur à la Bibliothèque de l'université de Turku (Turku).

FRANKREICH

Mlle Catherine MARANDAS, bibliothécaire à la Bibliothèque nationale (Paris). − Michael KEUL, C.N.R.S. (Paris).

GROSSBRITANNIEN

Louis B. FREWER, formerly librarian, Rhodes House Library (Oxford).

UNGARN

Ferenc MUCSI, sous-directeur de l'Institut des sciences historiques de l'Académie des Sciences de Hongrie (Budapest).

IRLAND

Dr Art COSGROVE, on behalf of the Irish Committee of Historical Sciences, University College (Dublin).

ISRAEL

Mrs Libby KAHANE, Reference Service, The Jewish National and University Library (Jerusalem).

ITALIEN

Giunta Centrale per gli Studi Storici (Roma). − Leandro POLVERINI, professore di Storia romana nell'Università di Perugia.

JAPAN

Takeshi KIDO, professor of history, the University of Tokyo (Tokyo).

LUXEMBURG

Gilbert TRAUSCH, directeur de la Bibliothèque nationale (Luxembourg).

NORWEGEN

Dr Wilhelm K. STØREN, conservateur en chef de la Bibliothèque de l'université de Trondheim (Trondheim).

NIEDERLANDE

Th. S. H. BOS, membre du Bureau de la Commission de l'État pour l'histoire néerlandaise (Gouda).

POLEN

Doc. dr hab. Wieslaw BIENKOWSKI, directeur du Service de Documentation scientifique de l'Institut d'Histoire de l'Académie polonaise des Sciences (Krakow).

PORTUGAL

José Gentil DA SILVA, maître de conférences à la Faculté des Lettres et des Sciences Humaines, université de Nice (Nice).

RUMÄNIEN

Dr phil. Michael KEUL, C.N.R.S. (Paris).

SCHWEDEN

Adam HEYMOWSKI, docteur ès lettres, conservateur en chef de la bibliothèque Bernadotte (Stockholm).

SCHWEIZ

Pierre SURCHAT, docteur ès lettres, Bibliothèque nationale Suisse (Berne).

TSCHECHOSLOWAKEI

Prof. Dr Jaroslav PURŠ, membre titulaire de l'Académie Tchécoslovaque des Sciences, directeur de l'Institut d'Histoire tchécoslovaque et mondiale de l'Académie Tchécoslovaque des Sciences.

U.d.S.S.R.

Mme Zelma JANEL, bibliothécaire à l'Institut d'Information scientifique de l'Académie des Sciences de l'U.R.S.S. (Moscou).

INTERNATIONALE ORGANISATIONEN

Fondation Égyptologique Reine Élisabeth (Bruxelles) : Bibliographie Papyrologique (sur fiches) rédigée par Marcel HOMBERT et Georges NACHTERGAEL.

INHALT

ALLGEMEINE HISTORISCHE BIBLIOGRAPHIEN
(p. XXV-XXVII)

A

HILFSWISSENSCHAFTEN
(p. 1-9)

§ 1. Paläographie. 1-17.– § 2. Urkundenlehre. 18-27.– § 3. Buchwesen. 28-56.– § 4. Chronologie. 57-59.– § 5. Genealogie. 60-67.– § 6. Siegel- und Wappenkunde. 68-78.– § 7. Münz-, Mass- und Gewichtskunde. 79-113.– § 8. Sprachliche Hilfsmittel. 114-138.– § 9. Historische Geographie und Geschichte der Geographie. 139-168.– § 10. Ikonographie. 169-181.

B

HANDBÜCHER, ALLGEMEINE ÜBERSICHTSWERKE
(p. 10-45)

§ 1. Historische Kongresse und Organisationen. 182-202.– § 2. Archive, Bibliotheken und Museen (*a.* Archive ; *b.* Bibliotheken ; *c.* Museen). 203-267.– § 3. Geschichte der Geschichtswissenschaft (*a.* Allgemeines ; *b.* Biographien ; *c.* Festschriften). 268-440.– § 4. Methodenlehre, Geschichtsphilosophie und Geschichtsunterricht. 441-537.– § 5. Völker- und Volkskunde. 538-594 – § 6. Allgemeine Geschichte (*a.* Allgemeines ; *b.* Einzelne Staaten). 595-724.– § 7. Staats-und Gesellschaftslehre. 725-743.– § 8. Rechts- und Verfassungsgeschichte. 744-764.– § 9. Wirtschafts-, Verkehrs- und Sozialgeschichte. 765-790.– § 10. Kultur-, Wissenschafts- und Unterrichtsgeschichte. 791-837.– § 11. Kunst- und Kunstgewerbegeschichte. 838-860. – § 12. Religions- und Kirchengeschichte (*a.* Allgemeines ; *b.* Spezialarbeiten). 861-913.– § 13. Geschichte der Philosophie. 914-918.– § 14. Literaturgeschichte. 919-932.

C

VOR- UND FRÜHGESCHICHTE
(p. 46-54)

§ 1. Allgemeines. 933-974.– § 2. Paläolithikum und Mesolithikum. 975-993.

— § 3. Neolithikum. 994-1015.— § 4. Bronzezeit. 1016-1033.— § 5. Eisenzeit. 1034-1052.— § 6. Frühgeschichtliche Völker Europas mit Ausnahme Griechenlands und Italiens. 1053-1110.

D

DIE VÖLKER DES ALTEN ORIENTS
(die hellenistischen Staaten einbegriffen)
(p. 55-62)

§ 1. Altertum (Allgemeines). 1111-1133.— § 2. Vorderasien (Allgemeines). 1134-1144.— § 3. Ägypten. 1145-1196.— § 4. Kyrene. 1197-1202.— § 5. Mesopotamien. 1203-1224.— § 6. Hethiter. 1225-1227.— § 7. Juden und semitische Stämme bis zum Ausgang des Altertums. 1228-1261.— § 8. Iran. 1262-1273

E

GRIECHISCHE GESCHICHTE
(p. 63-70)

§ 1. Klassisches Altertum im Allgemeinen. 1274-1290.— § 2. Vorhellenische Zeit. 1291-1297.— § 3. Quellen und Quellenkunde. 1298-1319.— § 4. Allgemeine und politische Geschichte. 1320-1350.— § 5. Rechts- und Sozialgeschichte. 1351-1368.— § 6. Wirtschafts- und Sozialgeschichte. 1369-1376.— § 7. Literatur-, Philosophie- und Wissenschaftsgeschichte. 1377-1414.— § 8. Religion und Mythologie. 1415-1421.— § 9. Archäologie und Kunstgeschichte. 1422-1448.

F

GESCHICHTE ROMS, DES ALTEN ITALIENS UND DES RÖMISCHEN KAISERREICHS
(p. 71-81)

§ 1. Die Völkerschaften Italiens. 1449-1452.— § 2. Etruskologie. 1453-1458.— § 3. Quellen und Quellenkunde. 1459-1471.— § 4. Allgemeine und politische Geschichte. 1472-1524.— § 5. Rechts- und Verfassungsgeschichte. 1525-1563.— § 6. Wirtschafts- und Sozialgeschichte. 1564-1604.— § 7. Literatur-, Philosophie- und Wissenschaftsgeschichte. 1605-1626.— § 8. Religion und Mythologie. 1627-1638.— § 9. Archäologie und Kunstgeschichte. 1639-1696.

G

GESCHICHTE DER ALTEN KIRCHE BIS AUF GREGOR DEN GROSSEN
(p. 82-84)

§ 1. Quellen. 1697-1712.— § 2. Allgemeines. 1713-1721.— § 3. Spezialarbeiten. 1722-1748.— § 4. Hagiographie. 1749-1753.

H

BYZANTINISCHE GESCHICHTE (SEIT JUSTINIAN)
(p. 85-87)

§ 1. Quellen. 1754-1766.— § 2. Allgemeines. 1767-1773.— § 3. Spezialarbeiten. 1774-1801.

I

GESCHICHTE DES MITTELALTERS
(p. 88-127)

§ 1. Quellen. Quellenkritik. 1802-1948.— § 2. Allgemeine Darstellungen. 1949-1990.— § 3. Politische Geschichte (*a.* Allgemeines; *b.* 476-900; *c.* 900-1300; *d.* 1300-1500). 1991-2118.— § 4. Juden. 2119-2138.— § 5. Islam 2139-2155.— § 6. Wikinger. 2156-2165.— § 7. Rechts- und Verfassungsgeschichte. 2166-2235.— § 8. Wirtschafts- und Sozialgeschichte. 2236-2373. — § 9. Kultur-, Literatur- und Unterrichtsgeschichte. 2374-2442.— § 10. Kunstgeschichte (*a.* Allgemeines; *b.* Spezialarbeiten). 2443-2497.— § 11. Musikgeschichte. 2498-2507.— § 12. Geschichte der Philosophie. 2508-2528.— § 13. Kirchengeschichte (*a.* Allgemeines; *b.* Geschichte des Papsttums; *c.* Ordensgeschichte; *d.* Hagiographie; *e.* Spezialarbeiten). 2529-2669.— § 14. Siedlungsgeschichte, Ortsnamenforschung und Städtebaukunst. 2670-2711.

K

NEUZEIT, ALLGEMEINE WERKE
(p. 128-182)

§ 1. Allgemeines. 2712-2784.— § 2. Einzelne Staaten. 2785-3929.— § 3. Erdentdeckung. 3930-3937.

L

RELIGIONSGESCHICHTE DER NEUZEIT
(p. 183-195)

§ 1. Allgemeines. 3938-3953.— § 2. Katholizismus (*a.* Allgemeines ; *b.* Geschichte des Papsttums ; *c.* Spezialarbeiten ; *d.* Orgensgeschichte ; *e.* Missionsgeschichte). 3954-4076.— § 3. Orthodoxie. 4077-4079.— § 4. Protestantismus. 4080-4193.— § 5. Nichtchristliche Religionen und Sekten. 4194-4220.

M

BILDUNGSGESCHICHTE DER NEUZEIT
(p. 196-229)

§ 1. Allgemeines. 4221-4285.— § 2. Akademien und wissenschaftliche Organisationen 4286-4297.— § 3. Unterrichtsgeschichte. 4298-4419.— § 4. Pressewesen 4420-4472.— § 5. Philosophie und Weltanschauung. 4473-4604.— § 6. Exakte Wissenschaften, Technik, Naturwissenschaften und Medizin. 4605-4703.— § 7. Literatur (*a.* Allgemeines ; *b.* Renaissance ; *c.* Klassizismus ; *d.* Romantik und Gegenwart). 4704-4843.— § 8. Bildende Kunst und Kunstgewerbe (*a.* Allgemeines ; *b.* Architektur ; *c.* Bildhauerei, Malerei, Graphik und Zeichenkunst ; *d.* Kunstgewerbe und Volkskunst). 4844-4934.— § 9. Musik, Theater und Film. 4935-5009.

N

WIRTSCHAFTS- UND SOZIALGESCHICHTE DER NEUZEIT
(p. 230-273)

§ 1. Volkswirtschaftslehre. 5010-5036.— § 2. Allgemeine Wirtschaftsgeschichte. 5037-5138.— § 3. Industrie, Bergbau und Verkehr. 5139-5284.— § 4. Handel. 5285-5326.— § 5. Landwirtschaft und Agrarprobleme. 5327-5451.— § 6. Geld- und Finanzwesen. 5452-5492.— § 7. Bevölkerungsbewegung und Städtebaukunst. 5493-5572.— § 8. Sozial- und Sittengeschichte. 5573-5841.— § 9. Arbeiterbewegung und Sozialismus. 5842-6004.

O

RECHTS- UND VERFASSUNGSGESCHICHTE DER NEUZEIT
(p. 274-279)

§ 1. Allgemeine Rechtsgeschichte. 6005-6021.— § 2. Geschichte des Verfassungsrechts. 6022-6037.— § 3. Staatsrecht und öffentliche Einrichtungen.

6038-6073.— § 4. Zivil- und Strafrecht. 6074-6102.— § 5. Völkerrecht. 6103-6109.

P

GESCHICHTE DER BEZIEHUNGEN ZWISCHEN DEN MODERNEN STAATEN
(p. 280-316)

§. 1. Allgemeines. 6110-6144.— § 2. Kolonialgeschichte (*a*. Allgemeines ; *b* Asien ; *c*. Afrika ; *d*. Amerika ; *e*. Ozeanien). 6145-6319.— § 3. Geschichte von 1500-1789 (*a*. Allgemeines ; *b*. 1500-1648 ; *c*. 1648-1789). 6320-6367.— § 4. Geschichte von 1789-1815. 6368-6391.— § 5. Geschichte von 1815-1910. 6392-6474.— § 6. Geschichte von 1910-1935. Der erste Weltkrieg. 6475-6608.— § 7. Geschichte von 1935-1945. Der zweite Weltkrieg (*a*. Allgemeines ; *b*. Diplomatie. Wirtschaft ; *c*. Kriegshandlungen ; *d*. Widerstand). 6609-6821.— § 8. Geschichte seit 1945. 6822-6921.

R

ASIEN
(p. 317-325)

§ 1. Allgemeines. 6922-6926.— § 2. West- und Zentralasien. 6927-6954.— § 3. Vorderindien und Ceylon. 6955-6991.— § 4. Hinterindien und Insulinde. 6992-7005.— § 5. China. 7006-7080.— § 6. Japan (vor 1868). 7081-7130.— § 7. Korea. 7131-7133.

S

AFRIKA
(von der Urzeit bis zur Kolonisation)
(p. 326-327)

Nos 7134-7153.

T

AMERIKA
(von der Urzeit bis zur Kolonisation)
(p. 328)

Nos 7154-7172.

U

OZEANIEN
(von der Urzeit bis zur Kolonisation)
(p. 329)

N⁰ˢ 7173-7176.

ALLGEMEINE HISTORISCHE BIBLIOGRAPHIEN

I. I. [Allemagne] : Historische Forschungen in der Deutschen Demokratischen Republik 1970-1980. Analysen u. Ber. z. 15. Internationalen Historikerkongress in Bukarest 1980. Berlin, Deutsch. Verl. d. Wiss., 80, in-8, 884 p. *(Z. f. Geschichts wiss.,* 80, Jg. 28, Sonderbd) [1960-1970. Cf. Bibl. 70-71, n° *II.*].

II. Année (L') philologique. Bibliographie critique et analytique de l'antiquité gréco-latine (fondée par J. MAROUZEAU). [T. 47, 48. Cf. Bibl. 78-79, n° *II.*] T. 49 : Bibliographie de l'année 1978 et compléments d'années antérieures. Publ. par Juliette ERNST et par Viktor POESCHL et William C. WEST, avec la collab. de Marianne DUVOISIN-BAMMATE, Ingrid ROBBE-GRILLET, Pierre LANGLOIS, Claude-Lise FOULT, Pierre-Paul CORSETTI et Helga GAERTNER. Paris, Les Belles Lettres, 80, in-8, XXXV-937 p.

III. [Art et archéologie] : Archäologische Bibliographie. Deutsches Archäologisches Institut. [1977, 1978. Cf. Bibl. 78-79, n° *III.*] 1979. Bearb. v. Werner HERMANN in Zusammenarbeit mit Götz LAHUSEN u. Felix PREISSHOFEN. Berlin, de Gruyter, 80, in-4, XXXVI-371 p.– ARTbibliographies modern. Vol. 9 : 1978, number 1, 2. Vol. 10 : 1979, number 1, 2. Vol. 11, 1980, number 1, 2. Publisher : Eric H. BOEHM. Oxford a. Santa Barbara, Calif., Clio, 78-80, 6 vol. in-4, VIII-537, IX-418, VIII-418, VIII-434, IX-388, IX-418 p.– Bibliographia Archaeologica Hungarica. Magyar régészeti irodalom, [1976. Cf. Bibl. 76-77, n° *III.*] 1977, 1978. Réd. par F. FEJÉR Márta. 1979. Réd. par JAKABFFY Imre. *Archaeol. Ért.*, 78, vol. 105, n° 1, p. 140-162 ; 79, vol. 106, n° 1, p. 152-174 ; 80, vol. 107, n° 1, p. 137-151.– Magyar (A) művészettörténeti irodalom bibliográfiája 1975. Összeáll. VADÁSZI Erzsébet, FÖLDES Mária. (Bibliographie de la littérature hongroise de l'histoire de l'art 1975. Réd. par –, –.) *Művészettört. Ért.*, 78, vol. 27, n° 4, p. 276-320.– Répertoire d'art et d'archéologie (de l'époque paléochrétienne à 1939). [1978, 1979. Cf. Bibl. 78-79, n° *III.*] 1980, n.s. t. 16, anc. s. t. 84. Paris, Centre de documentation sciences humaines (C.N.R.S.), 80, 5 fasc. in-4, 212, 198, 183, 179, 217 p.– Répertoire international de la littérature de l'art. International repertory of the literature of art, RILA. [Vol. 4, 5. Cf. Bibl. 78-79, n° *III.*] Vol. 6 : 1980. Williamstown, Mass., Sterling a. Francine Clark Art Institution, 80, in-4, 826 p.

IV. Österreichische historische Bibliographie. Austrian historical bibliography. [1976, 1977. Cf. Bibl. 78-79, n° *IV.*] 1978. Hrsg. v. Günther HÖDL u. Wolfdieter BIHL. Bearb. v. Günther HÖDL, Herbert PAULHART, Wolfdieter BIHL. Salzburg, Neugebauer u. Santa Barbara, Calif., Clio, 80, in-8, 197 p.

V. [Belgique] : Bibliographie de l'histoire de Belgique, 1979. Bibliografie van de geschiedenis van België, 1979. *R. belge Philol. Hist.*, 80, vol. 58, p. 894-992.

VI. [Bulgarie] : Bălgarskata istoričeska nauka. Bibliografija. T. 4 : 1975-1979. (La science historique bulgare. Bibliographie. [Vol. 3. Cf. Bibl. 74-75, n° *V.*] Vol. 4 : 1975-1979). Publiée à l'occasion du XVe Congrès intern. des sciences historiques – Bucarest, août 1980. Red. (Emilija) KOSTAVA. Sofija, Ed. de l'Acad. bulg. des Sciences, 80, in-8°, 901 p.

VII. [Finlande] : LINDGRÉN (Susanne). Finländsk historisk litteratur 1979. Bibliografiskt urval. (La littérature historique de la Finlande. Une sélection bibliographique [1977, 1978. Cf. Bibl. 78-79, n° *VI.*] 1979.) *Hist. T. f. Finland*, 80, t. 65, p. 210-224.

VIII. [France] : Bibliographie annuelle de l'histoire de France, du cinquième siècle à 1958. [Année 1977, 1978. Cf. Bibl. 78-79, n° *VII*.] Année 1979. Réd. par Colette ALBERT-SAMUEL, Brigitte MOREAU, Sylvie POSTEL. Paris, Ed. du C.N.R.S., 80, in-8, LXXXVI-852 p.

IX. [Grande-Bretagne] : Annual bibliography of British and Irish history. Royal historical Society. General ed. : G. R. ELTON. Publications of [1977. Cf. Bibl. 78-79, n° *VIII*.] 1978, 1979. Brighton, Harvester Press, 79-80, 2 vol. in-8, IX-190, 208 p.

X. Historical abstracts. Bibliography of the world's periodical literature. Bibliographie des publications périodiques mondiales. Bibliographie der Zeitschriftenliteratur der Welt. Bibliografía mundial de publicaciones periódicas. Bibliografija mirovoi periodičeskoi literraturij. Eric H. BOEHM, editor. [Vol. 24, 25. Cf. Bibl. 78-79, n° *IX*.] Vol. 26 : 1980. Part A : Modern history abstracts 1450-1914. Part B : Twentieth century abstracts 1914-1978. Santa Barbara, Calif., a. Oxford, Clio, 80, 2 vol. in-4, VI-735, II-613 p.

XI. Bibliographie choisie d'ouvrages d'histoire publiées en Hongrie en [1975. Cf. Bibl. 76-77, n° *XI*.] 1976, 1977. *Acta hist. Acad. Sci. hungaricae*, 78, vol. 24, n°s 3-4, p. 321-365 ; 79, vol. 25, n°s 1-2, p. 205-232.– 1975., 1976., 1977., 1978. évi (Az) Magyarországon megjelent hadtörténelmi irodalom bibliográfia. (Bibliographie de la littérature de l'histoire militaire parus en Hongrie en 1975, [P. 1. Cf. Bibl. 76-77, n° *XI*.] P. 2, 1976, P. 1-2, 1977, 1978) Réd. par VINICZAI István, WINDISCH Aladárné. *Hadtört. Közl.*, 78, vol. 25, n° 1, p. 153-167 ; n° 4, p. 616-632 ; 79, vol. 26, n° 2, p. 351-363 ; 80, vol. 27, n° 1, p. 172-191 ; n° 4, p. 658-672.– Magyarországon (A) megjelent történeti munkák (önálló kötetek, tanulmányok, cikkek) válogatott jegyzéke [1976. Cf. Bibl. 76-77, n° *XI*.] 1977, 1978, 1979. (Liste des ouvrages historiques – monographies, études, articles – parus en Hongrie en 1977, 1978, 1979.) Réd. par ROZSNYÓI Ágnes, Sz. GYIVICSÁN Mária. *Századok*, 78, vol. 112, n° 6, p. 1219-1329 ; 79, vol. 113, n° 6, p. 1191-1306 ; 80, vol. 114, n° 6, p. 1089-1181.

XII. International Committee of Historical Sciences ; Comité International des Sciences Historiques. Lausanne – Paris. International bibliography of historical sciences. Internationale Bibliographie der Geschichtswissenschaften. Bibliografia internacional de ciencias historicas. Bibliographie internationale des sciences historiques. Bibliografia internazionale delle scienze storiche. Vol. [45-46 : 1976-1977. Cf. Bibl. 78-79, n° *X*.] 47-48 : 1978-1979. Ed. with the contribution of the national committees by Michel FRANCOIS and Michael KEUL. Publ. with the assistance of UNESCO and under the patronage of the International Council for Philosophy and Humanistic Studies. München, New York, London a. Paris, 82, in-8, XXVII-458 p.

XIII. [Italie] : Bibliografia storica nazionale. [A.XXXVII-XXXVIII (1975-1976). Cf. Bibl. 78-79, n° *XI*.] Anno XXXIX-XL (1977-1978). Bari, Laterza, 80, in-8, XXXI-469 p. (Giunta centrale per gli Stud. stor.).– Bollettino della Deputazione di storia patria per l'Umbria. Indici dei volumi LIV (1957)-LXXV (1978). A cura di Maria Luisa CIANINI PIEROTTI. *B. Deput. Stor. pa. Umbria*, 80, vol. 76-77, VIII-778 p.

XIV. [Japon] : Historical studies in Japan, 1973-1977, a bibliography. Japan at the XVth International Congress of Historical Sciences in Bucharest. Ed. by the National Committee of Japanese Historians. Tokyo, Univ. of Tokyo Press, 80, in-8, XI-410 p.

XV. [Luxembourg] : Bibliographie d'histoire luxembourgeoise pour l'année [1975, 1976 Cf. Bibl. 76-77, n° *XIV*.] 1977, 1978, 1979 (avec compléments des années précédentes). Luxembourg, Bibliothèque nationale, 78-80, 3 vol. in-8, 68, 60, 62 p.

XVI. [Norvège] : Norsk Bokfortegnelse, (The Norwegian national bibliography.) Årskatalog [1977, 1978. Cf. Bibl. 78-79, n° *XIII*.] 1979. Utarb. ved Universitets-biblioteket i Oslo, Norske avdeling. Publ. by Den norske bokhandlerforening. Oslo, 80, in-4, 555 p.

ALLGEMEINE HISTORISCHE BIBLIOGRAPHIEN XXVII

XVII. [Pays-Bas] : Kroniek. [CR d'ouvrages sur l'histoire des Pays-Bas et de la Belgique.] *Bijdr. Meded. Gesch. Nederland*, 80, vol. 95, p. 172-241, 419-457. [Cf. Bibl. 78-79, n° *XIV.*].

XVIII. [Pologne] : Bibliografia historii Polski XIX wieku. (Bibliographie d'histoire de la Pologne du XIXe s.) T. 2 : 1832-1864. Sous la réd. de Władysław CHOJNACKI. P. 3, [Vol. 2. Cf. Bibl. 76-77, n° *XVIII.*] Vol. 3 Auteurs : Anna DZIERZBICKA et autres. Vol. 4. Auteurs : Anna CZUDOWSKA et autres. Wrocław, Zakł. Narod. im. Ossolińskich, 79 [80], 2 vol. in-8, XXXIII-412, VI-319 p. (Pol. Akad. Nauk, Inst. Hist. Pracownia Bibliografii).— GŁUSZEK (Stanisław), MALCÓWNA (Anna), PERZANOWSKA (Irena). Bibliografia historii polskiej za rok [1975, 1976, Cf. Bibl. 78-79, n° *XV.*] 1978. Réd. Wiesław BIEŃKOWSKI. Wrocław, Zakł. Narod. im. Ossolińskich, 80, in-8, V-399 p. — SKWIROWSKA (Stefania). Bibliographie des travaux des historiens polonais en langues étrangères, parus dans les années [1969-1973. Cf. Bibl. 74-75, n° *XVI.*] 1974-1978. *Acta Poloniae hist.*, 80, vol. 41, p. 329-426.

XIX. [Roumanie] : Bibliografia istorică a României. Bibliographia historica Romaniae. Sub redactia : Stefan PASCU. [Vol. 3, t. 5, Vol. 4. Cf. Bibl. 74-75, n° *XVII.*] Vol. 5 : 1974-1979. Bibliografie selectivă (Bibliographie sélective.) Aut. : Ştefan PASCU, Gheorghe HRISTODOL, Marcel ŞTIRBAN, etc. Traducerea în limba franceză (Trad. en langue franc.) : Delia MARGA. Bucureşti, Ed. Acad., 80, in-4, 453 p.

XX. Bibliographie der Schweizergeschichte. Bibliographie de l'histoire suisse. [1976, 1977. Cf. Bibl. 78-79, n° *XVIII.*] 1978. Bearb. von / Etablie par Pierre Louis SURCHAT. Hrsg. v. d. Schweizer. Landesbibliothek / Publ. par la Bibliothèque Nationale Suisse. Bern, Eidgenöss. Drucksachen- u. Materialzentrale, 80, in-8, XXIV-239 p.

XXI. [Tchécoslovaquie] : Bibliografie dějin Československa za rok 1971. (Bibliographie der Geschichte der Tschechoslowakei für das Jahr 1971.) Edit. Věroslav MYŠKA, Lumir NESVADBÍK, Anna ŠKORUPOVÁ. Praha, Academia, 79, in-8, 392 p.

INTERNATIONAL BIBLIOGRAPHY OF HISTORICAL SCIENCES

A

HILFSWISSENSCHAFTEN

§ 1. Paläographie. 1-17. - § 2. Urkundenlehre. 18-27. - § 3. Buchwesen. 28-56. - § 4. Chronologie. 57-59. - § 5. Genealogie. 60-67. - § 6. Siegel- und Wappenkunde. 68-78. - § 7. Münz-, Mass- und Gewichtskunde. 79-113. - § 8. Sprachliche Hilfsmittel. 114-138. - § 9. Historische Geographie und Geschichte der Geographie. 139-168. - § 10. Ikonographie. 169-181.

§ 1. Paläographie.

1. Beiträge zur Handschriftenkunde und mittelalterlichen Bibliotheksgechichte. Referate der 7. Tagung österr. Handschriftenbearbeiter in Innsbruck/Neustift (Südtirol), Juni 1979. Hrsg. v. Walter NEUHAUSER. Innsbruck, 80, in-8, 153 p. (Innsbrucker Beitr. z. Kulturwiss., Sonderheft 47).

2. CASAMASSIMA (Emanuele), STARAZ (Elena). Varianti e cambio grafico nella scrittura dei papiri latini. Note paleografiche. Scrittura e Civiltà, 77, vol. 1, p. 9-110.

3. Chartae latinae antiquiores. Facsimile-edition of the Latin charters prior to the ninth cent. Ed. by Albert BRUCKNER a. Robert MARICHAL. Part X : Germany. I : Berlin (DDR). II : Bundesrepublik Deutschland und Deutsche Demokratische Republik. /III. Cf. Bibl. 78-79, n° 6/. Dietikon-Zürich, 79, 2 vol. in-fol., VIII-91, VI-62 p. (pl.).

4. D'ITOLLO (Antonio). Il passagio della scrittura beneventana a nuove forme grafiche nei documenti di Terra di Bari (1071-1194). Arch. stor. pugliese, 79, vol. 32, p. 27-49.

5. DURLIAT (Jean). Ecritures "écrites" et écritures épigraphiques. Le dossier des inscriptions byzantines d'Afrique. Studi mediev., 80, ser. 3, a. 21, p. 19-46 (5 pl.).

6. KORTEWEG (A. S.). De Bernulphuscodex in het Rijksmuseum Het Catharijneconvent te Utrecht en verwante handschriften. Amsterdam, Rodopi, 79, in-8, 295 p. (ill.).

7. FONKITCH (Boris L.). Notes paléographiques sur les manuscrits grecs des bibliothèques italiennes. Thesaurismata, 79, t. 16, p. 153-169 (23 pl.).

8. OSLEY (Arthur Sidney). Scribes and sources, a handbook of the Chancery hand in the 16th century. London, Faber, 80, in-8, 292 p. (ill.).

9. PARASSOGLOU (George M.). Dexia kheir kai gony. Some thoughts on the postures of the ancient Greeks and Romans when writing on papyrus rolls. Scrittura e Civiltà, 79, vol. 3, p. 5-21 (6 pl.).

10. PRATESI (Alessandro). Paleographia in crisi ? Scrittura e Civiltà, 79, vol. 3, p. 329-337.

11. PRATO (Giancarlo). Scritture librarie arcaizanti della prima metà dei Paleologi e i Loro modelli. Scrittura e Civiltà, 79, vol. 3, p. 151-193.

12. REVAY (Zoltan). Titkosírások. Fejezetek a rejtjelezés történetébő. (Chiffres. Chapitres de l'histoire du chiffrage.) Budapest, Zrinyi Kiadó, 78, in-8, 239 p.

13. SIRAT (C.). Manuscrits hébreux, paléographie hébraïque. R. Et. juives, 80, t. 139, p. 57-67.

14. TRISTANO (Caterina). Scrittura beneventana e scrittura in manoscritti dell'Italia meridionale. Scrittura e Civiltà, 79, t. 3, p. 89-150.

15. VAN DER GOUW (J. L.). Oudschrift in Nederland. Een leerboek voor de student. (L'ancienne écriture dans les Pays-Bas. Un manuel pour l'étudiant) Alphen aan den Rijn, Canaletto, 78 /79/, in-4, 143 p. (ill.).

16. VEZIN (Jean). Le point d'interrogation, un élément de datation et de localisation des manuscrits. L'exemple de Saint-Denis au IXe siècle. Scriptorium, 80, t. 34, p. 181-196.

17. YEANDLE (Laetitia). The evolution of handwriting in the English-speaking colonies of America. Am. Archivist, 80, vol. 43, n° 3, p. 294-311.

Cf. n°s 1122, 1229, 2382.

A. HILFSWISSENSCHAFTEN

§ 2. Urkundenlehre.

18. BEDOS (Brigitte). L'emploi du contre-sceau au moyen âge : l'exemple de la sigillographie urbaine. Bibl. Ec. Chartes, 80, vol. 138, p. 161-178.

19. BUTTREY (Theodore V.). Documentary evidence for the chronology of the Flavian titulature. Meisenheim am Glan, Hain, 80, in-8, VI-64 p. (ill.). (Beitr. z. klass. Philol., 112)

20. CARILE (Antonio). La cancellaria sovrana dell'impero latino di Costantinopoli (1204-1261). Studi veneziani, 78 /79/, n.s., t. 2, p. 37-73.

21. CSENDES (Peter). Studien zum Urkundenwesen Kaiser Friedrichs II. Mitt.d.Inst.f.österr.Gesch.-Forsch., 80, Bd 88, p. 113-130.

22. GROTEN (Manfred). Untersuchungen zum Urkundenwesen unter den Erzbischöfen Arnold I. und Arnold II. von Köln. Jb.d.köln.Gesch.-Ver, 79, Bd 50, p. 11-38.

23. HAGERMANN (Dieter). Studien zum Urkundenwesen König Heinrich Raspes (1246/47). Deutsch. Arch. f. Erforsch. d. M.-A., 80, Jg. 36, p. 487-548.

24. HERKENRATH (Rainer Maria). Studien zum Magistertitel in der frühen Stauferzeit. Mitt.d.Inst.f.österr.Gesch. -Forsch., 80, Bd 88, p. 3-35.

25. KOCH (Walter). Zu Sprache, Stil und Arbeitstechnik in den Diplomen Friedrich Barbarossas. Mitt.d.Inst.f. österr.Gesch.-Forsch., 80, Bd 88, p.36 -69.

26. LEHMANN (Joachim). Das Registerwesen der Kanzlei der Markgrafen von Brandenburg in der Zeit von 1411 bis 1470. Jb. f. Gesch. d. Feudalismus, 80, Bd 4, p. 229-257.

27. NEUMANN (Ronald). Die Arengen der Urkunden Ottos des Grossen. Arch. f. Diplomatik, 78, Bd 24, p. 292-358.

§ 3. Buchwesen.

✦ 28. BIELSKA (Krystyna). Bibliografia starych druków kaliskich do końca XVIII w. (Bibliographie des livres anciens de Kalisz jusqu'à la fin du XVIIIe s.) Warszawa, Państw.Wydawn. Nauk., 80, in-8, 210 p. (Pozn. Tow. Przyjaciół Nauk. Wydz. Hist. i Nauk Społ. Prace Komisji Hist., 31)

✦ 29. URBAN (Helmut). Buchdruck des 16. und 17. Jahrhunderts. Literaturbericht /1975-1976. Cf. Bibl. 78-79, n° 38./ 1978-1979. Gutenberg-Jb., 80, Jg. 55, p. 183-199.

✦✦ 30. MASETTI ZANNINI (Gian Ludovico). Stampatori e librai a Roma nella seconda metà del Cinquecento. Documenti inediti. Pref.di Francesco BARBERI. Roma, Palombi, 80, in-8, VII-339 p. (tav.)

31. BENZING (Josef). Die Hanauer Erstdrucker Wilhelm und Peter Antonius (1593-1625). Arch. f. Gesch. d. Buchwesens, 80, Bd 21, Sp. 1005-1126.

32. BLANC-ROUQUETTE (Marie-Thérèse). Un imprimeur toulousain au XVIIIe siècle : Jean-Florent Baour, R. franç. Hist. Livre, 80, a. 49, n. sér., n° 27, p. 297-317.

33. BORSA (Gedeon). Az első, aranyfestékkel készült nyomtatvány és annak magyar vonatkozásai. (Le premier livre imprimé avec de la couleur d'or et ses liens avec la Hongrie). Magy. Könyvszle, 80, vol. 96, no 4, p. 217-229. /Sur l'envoi de deux exemplaires de l'incunable imprimé avec de la couleur d'or et intitulé Chronica Hungarorum, Augsburg, E. Ratdolt, 1488, de János Thuróczi/

34. BOZZOLO (Carla), ORNATO (Ezio). Pour une histoire du livre manuscrit au moyen âge. Trois essais de codicologie quantitative. I : La production du livre manuscrit en France du nord. II : La constitution des cahiers dans les manuscrits en papier d'origine française et le problème de l'imposition. III : Les dimensions des feuilles dans les manuscrits français du moyen âge. Paris, Ed. du C.N.R.S., 80, in-8, 361 p.

35. CANART (P.). De la catalographie à l'histoire du livre. Byzantion, 80, t. 50, fasc. 2, p. 563-616.

36. Catalogue des ouvrages imprimés au XVIe siècle. Bibliothèque Sainte-Geneviève, Paris : Sciences, techniques, médecine. Réd. par Jacqueline LINET et Denise HILLART, avec la collab. de Xavier LAVAGNE. München, New York, London et Paris, Saur, 80, in-8, XVI-493 p. (ill.).

37. Cinq siècles d'imprimerie genevoise. Actes du Colloque internat. sur l'hist. de l'imprimerie et du livre à Genève, 27-30 avril 1978. Publ. par J.-D. CANDAUX et B. LESCAZE. Vol. 1, 2. Genève, Soc. d'hist. et d'archéol., 80, 2 vol. in-8, XV-366, 352 p.

38. Corpus der gotischen Lederschnitteinbände aus dem deutschen Sprachgebiet. Von Friedrich Adolf SCHMIDT-KÜNSEMÜLLER. Stuttgart, Hiersemann, 80, in-4, XVI-304 p. (452 ill.). (Denkmäler d. Buchkunst, 4)

39. DIMA-DRĂGAN (Cornelius). Die Bücherschätze des Constantin Brâncoveanu, Fürsten der Walachei. Biblos /Wien/, 80, Jg. 29, p. 27-32.

40. DRUMMOND (H. J. H.). Catalogue of 16th century books in Aberdeen University Library. London, Oxford U.P., 80, in-8, 313 p. - IDEM. Short-title catalogue of books printed on the continent of Europe, 1501-1600, in the Aberdeen University Library. London, Oxford U.P., 80, in-8, 326 p.

41. GANDA (Arnaldo). Marco Roma, sconosciuto editore dei prototipografi milanesi (1473-1477) e un nuovo incunabulo di venuta dei suoi libri. Bibliofilia /Firenze/, 80, a. 82, p. 97-130, 219-246.

42. GELDNER (Ferdinand). Zum frühesten deutschen und italienischen Buchdruck (Mainz - Bayern -Foligno. Johannes Numeister u. Ulrich Han?). Gutenberg-Jb., 79, Jg. 54, p. 18-38.

43. HOLL (Béla). Ferencffy Lőrinc /1577-1640/. Egy magyar könyvkiadó a XVII.században. (L. Ferencffy. Un éditeur hongrois du XVIIe siècle.) Budapest, Magyar Helikon, 80, in-8, 222 p.

44. KIPPITZ (Hans-Joachim). Zum Erfolg verurteilt. Auswirkungen d. Erfindung d. Buchdrucks auf die Überlieferung deutscher Texte bis z. Beginn d. 16. Jh. Gutenberg-Jb., 80, Bd 55, p. 67-78.

45. MAZAL (Otto). Spuren einer "Missa graeca" im Benediktinerstift Kremsmünster. Biblos /Wien/, 80, Jg. 29, p. 159-165.

46. MENDYKOWA (Aleksandra). Kornowie. (Les Korn.) Wrocław, Zakład Narod. im. Ossolińskich, 80, in-8, 340 p. /Korn : famille de libraires-éditeurs à Wrocław, XVIIIe-XIXe s./

47. NERSESSIAN (Vrej). Catalogue of early Armenian books, 1512-1850. London, Brit. Libr., Ref. Div., 80, in-8, 172 p.

48. PIETRAS (Tadeusz). Produkcja katolickiej książki liturgicznej w Polsce od końca XV do połowy XVII wieku. (La production du livre liturgique catholique en Pologne de la fin du XVe au milieu du XVIIe s.) Arch. Bibl. Muz. Kośc., 80, vol. 40, p. 83-117.

49. RAGAB (Hassan). Contribution à l'étude du papyrus (Cyperus papyrus) et à sa transformation en support de l'écriture (papyrus des anciens). Le Caire, Dr. Ragab Papyrus Institute, 80, in-8, 217 p. (112 fig. et plans).

50. ROGLEDI MANNI (Teresa). La tipografia a Milano nel XV secolo. Present. di Giuseppe BILLANOVICH. Firenze, Olschki, 80, in-8, 287 p. (tav.) (Bibl.di Bibliogr.ital., 90)

51. Soupis brněnských tisků. Staré tisky do roku 1800.(Verzeichnis Brünner Drucke. Alte Drucke bis z.J. 1800.) Edit. Vladislav DOKOUPIL. Brno, Stát. vědecká knihovna, Archív města Brna, Musejní spolek, 78, in-8, 603 p. (32 fig.)

52. Soupis starých tisků ve fondech Státní vědecké knihovny v Olomouci. (Verzeichnis d. alten Drucke im Buchfonds d. Staatl. wissensch. Bibliothek in Olmütz.) Vol. II/1 : Krakovské tisky vydané v letech 1501-1800. (Krakauer Drucke d.J. 1501-1800.) Edit. Václav PUMPRLA. Olomouc, Stát. věd. knihovna, 79, in-4, IV-124 p.

53. VAN SICKLE (John). The book-roll and some conventions of the poetic book. Arethusa, 80, vol. 13, p. 5-42.

54. VARBANEC (N. V.). Jokhann Gutenberg i načalo knigopečatanija v Evrope. Opyt novogo pročtenija materiala. (Johann Gutenberg and the beginning of bookprinting in Europe. New analysis of the documents.) Moskva, Kniga, 80, in-8, 303 p.

55. VERNUS (Michel). Une page de l'histoire du livre dans le Jura, les Tonnet, imprimeurs-libraires dolois (1714-1781) R. franç. Hist. Livre, 80, a. 49, n. sér., n° 27, p. 271-295.

56. ŽIVKOVA (Ljudmila). Četveroevangelieto na car Ivan Aleksandăr. S pălno černo-bjalo văzproizveždane na originala i šestdeset i četiri cvetni faksimileta. (Le tétraévangile du tsar Ivan Alexandre /de Bulgarie/. Avec une reproduction complète de l'original en noir et blanc et soixante-quatre fac-similés en couleur.) Sofija, Izd. Nauka i Izkustvo, 80, in-8, 226 p.

Cf. n°s 247, 1122, 1936, 2482, 2492, 4429.

§ 4. Chronologie.

57. BAGNALL (Roger S.), WORP (K. A.). Chronological reckoning in Byzantine Egypt. Greek, roman a. byzant. Stud., 79, vol. 20, p. 279-295. /Cf. Bibl. 78-79, n° 69/

58. BICKERMAN (E. J.). Chronology of the ancient world. Ithaca, N.Y., Cornell U.P., 80, in-8, 223 p.

59. BOBANCU (Şerban), SAMOILĂ (Cornel), POENARU (Emil). Calendarul de la Sarmizegetusa Regia. (Le calendrier de Sarmizegetusa Regia.) Bucuresti, Ed. Acad., 80, in-8, 190 p.

§ 5. Genealogie.

60. BALZER (Oswald). Genealogia Piastów. (Généalogie des Piast.) Warszawa, Wydawn. Artyst. i Filmowe, 80, in-4, XV-574 p. /Reprod. photo-offset de l'éd. orig. Cracovie 1895/

61. CORRE (Pierre). Corpus des jetons armoriés de personnages français. Préf. de Michel PASTOUREAU ; index armorum par Michel POPOFF. Paris, P. de La Perrière, 80, 2 vol. in-4, XI-525 p. (pl., ill.)

62. HERM (Gerhard). Des Reiches

Herrlichkeit. Ein Adelsgeschlecht von d. Kreuzzügen bis zu d. Türkenkriegen. München, Bertelsmann, 80, in-8, 419 p. (Ill., Kt.)

63. KAMPERS (Gerd). Die Genealogie der Könige der Spaniensueben in prosopographischer Sicht. Frühmittelalterl. Stud., 80, Bd 14, p. 50-58.

64. LAPEYRE (André), SCHEURER (Rémy). Les notaires et secrétaires du roi sous les règnes de Louis XI, Charles VIII et Louis XII, 1461-1515 ; notices personnelles et généalogies. 1 : Notices. 2 : Généalogies et index. Paris, Biblioth. nat. 78, 2 vol. in-4, XLIII-320 p., XCI p. de pl.-56 p. (Doc. inédits sur l'Hist. de France. Sér. in-4°.)

65. LEMMEL (Herbert E.). Die genetische Kontinuität des mittelalterlichen Adels. Dargest. am Beisp. d. mainfränk. Uradelsgeschlechts d. Lampert von Gerolzhofen. Neustadt (Aisch), Degener, 80, in-8, 262-12 p. (Kt.). (Genealogie u. Landesgesch., 35)

66. LUTTEROTTI (Markus). Gottfried Freiherr von Banfield - 90 Jahre. Beiträge zur Geschichte der Familie Banfield. Adler, 80, Bd 12 (XXVI), p. 9-14.

67. Répertoire des actes de baptême, mariage, sépulture et des recensements du Québec ancien. Ouvrage publ. sous la dir. de Hubert CHARBONNEAU et Jacques LEGARE. Vol. 1 : Québec, XVIIe siècle. Vol. 2 : Ile d'Orléans et Côte de Beaupré, XVIIe siècle. Vol. 3 : Environs de Québec, XVIIe siècle. Vol. 4 : Trois-Rivières et environs, XVIIe siècle. Vol. 5 : Montréal et environs, XVIIe siècle. Vol. 6 : Recensements nominatifs et documents divers, XVIIe siècle. Vol. 7 : Index général, XVIIe siècle. Montréal, Presses de l'Univ., 80, 7 t. in-8.

§ 6. Siegel-und Wappenkunde.

68. BATTENBERG (Friedrich). Das Hofgerichtssiegel der deutschen Kaiser und Könige 1235-1451. Mit e. Liste d. Hofgerichtsurkunden. Köln u. Wien, Böhlau, 79, in-8, XIII-334 p. (32 Ill.) (Quellen u. Forsch. z. höchsten Gerichtsbarkeit im alten Reich, 6)

69. Corpus der minoischen und mykenischen Siegel. Akad. d. Wiss. u. d. Lit. Mainz. Begr. v. Friedrich MATZ. Im Auftr. d. Komm. f. Archäologie hrsg. v. Ingo PINO /Bd 2, T. 2. Cf. Bibl. 78 -79, n° 88./ Bd 10 : Die Schweizer Sammlungen. Bearb. v. John H. BETTS. Berlin, Mann, 80, in-4, 293 p. (Ill.)

70. Corpus des sceaux français du moyen âge. Archives nationales. Vol. 1 : Les sceaux des villes. Par Brigitte BEDOS. Préf. par Jean FAVIER. Paris, Archives nationales, 80, in-4, 546 p. (ill., pl.)

71. GROTEN (Manfred). Das Aufkommen der bischöflichen Thronsiegel im deutschen Reich. Hist. Jb., 80, Jg. 100, p. 163-197.

72. HAYES - McCOY (Gerard A.). A history of Irish flags from the earliest time. Dublin, Academy Pr., 79, in-8, 240 p. (ill.)

73. HESLOP (T. A.). British seals from the mid ninth century to 1100. J. brit. archaeol. Assoc., 80, vol. 133, p. 1-16 (ill.)

74. JAKOBS (Hermann). Eugen III. und die Anfänge europäischer Stadtsiegel. Nebst Anm. z. Bd IV d. Germania Pontifica. Köln u. Wien, Böhlau, 80, in-8, 64 p. (Stud. u. Vorarb. z. Germania Pontificia, 7)

75. MÄNNIKKÖ (Kyllikki). Sinetti keskiajan tutkimuksessa. (Das Siegel in d. Erforschung d. Mittelalters.) Turun hist. Arkisto, 80, vol. 34, p. 18-36.

76. PASTOUREAU (Michel). Traité d'héraldique. Paris, Picard, 79, 366 p. (pl.)

77. RÖHRIG (Floridus). Das niederösterreichische Landeswappen. Seine Entstehung und Bedeutung. St.Pölten u. Wien. Niederösterr. Pressehaus, 80, in-8, 21 p. (5 Bl. Abb.). (Wiss.Schriftenreihe Niederösterr., 57)

78. VAN D'ELDEN (Stephanie Cain). From shield to emblem : changing fashions in heraldry. Euphorion, 79, vol. 73, p. 334-343.

Cf. n°s 18, 239.

§ 7. Münz-, Mass-und Gewichtskunde.

79. ANOKHIN (V. A.). The coinage of Chersonesus, 4th century B.C. - 12th century A.D.Tr. from the Russ. by H. BARTLETTWELLS. London, Brit. Archaeol.Rep., 80, in-4, 198 p.(ill.). (Brit. Archaeol. Rep., Intern. ser., 69)

80. ARRHENIUS (Birgit). Eine Untersuchung von schwedischem Brakteatengold. Frühmittelalterl. Stud., 80, Bd 14, p. 437-462 (Ill.).

81. BOGDÁN (István). Magyarországi hossz- és földmértékek a XVI. század végéig. (Mesures de longueur et mesures de superficie en Hongrie jusqu'à la fin du XVIe s.) Budapest, Akadémiai Kiadó, 78, in-8, 388 p.

82. BRENOT (Claude), CALLU (Jean-Pierre). Monnaies de fouilles du sud-est de la Gaule : VIe s. av. J.-C. VIe s. ap. J.-C. Glanum, Marseille, Novem Craris. Nanterre, Univ. Paris X, Centre de recherches sur l'Antiquité tardive et le haut-Moyen-âge, 78, in-4, 111 p. (Cahier. Univ. Paris X-Nanterre, Centre de rech. sur l'Antiquité tardive et le haut Moyen-âge, 3)

83. CAPRA (P.). Les espèces, les ateliers, les frappes et les émissions monétaires en Guyenne anglo-gasconne aux XIVe et XVe siècles. Numism. Chron., 79, ser. 7, vol. 19, p. 139-154 ; 80, ser. 7, vol. 20, p. 132-164.

84. CARSON (R.A.G.). Principal coins of the Romans. Vol. 2 : The Principate, 31 B.C. - A.D. 296. London, Brit. Museum, 80, in-4, 176 p. (ill.)

85. CASEY (P. J.). Roman coinage in Britain. Aylesbury. Shire Publ., 80, in-8, 64 p. (ill)

86. Cercetări numismatice. (Recherches numismatiques.) Vol. 3. Bucureşti, Muzeul National de Istorie, 80, in-8, XV-263 p.

87. Coinage in the Latin East. The fourth symposium on coinage and monetary history. Ed. by P. W. EDBURY a. D. M. METCALF. Oxford, British Archaeol. Rep., 80, in-4, 148 p. (British archaeol. Rep., Intern. ser., 77)

88. Corpus nummorum saeculorum IX -XI qui in Suecia reperti sunt. /Vol. 1-2. Cf. Bibl. 78-79, n° 115./ 16/1 : Dalarna : Falun-Rättvik. Ed. Brita MALMER. Stockholm, Almqvist a. Wiksell internat., 80, in-4, XXXIV-107 p. (ill., maps)

89. DEBARD (Jean-Marc). Les monnaies de la Principauté de Montbéliard du XVIe au XVIIIe s. : essai de numismatique et d'histoire économique. Paris, Belles lettres, 80, in-8, 226 p. (24 p. de pl. ill.). (A. litt. Univ. Besançon, 220. Cah. d'Et. comtoises, 26)

90. DONOIU (Ion). Monete dacogetice şi efigii romane. (Monnaies dacogètes et effigies romaines). Bucureşti, Ed. militară, 80, in-8, 203 p.

91. DUMAS (François). Les monnaies normandes (Xe-XIIIe siècles) avec un répertoire des trouvailles. R. numism., 79 /80/, sér. 6, vol. 21, p. 84-140.

92. GADOURY (Victor), COUSINIE (Georges). Monnaies coloniales françaises. T. 1 : 1670-1980. Monaco, V. Gadoury, 79, in-8, 415 p.

93. HERSCHEND (Frands). Myntat och omyntat guld : två studier i öländska guldfynd. (Minted and unminted gold : two studies in the gold of Öland.) Uppsala, Gustavianum, 80, in-8, 270 p. (ill.). /Eng. summaries/

94. HUSZÁR (Lajos). Münzkatalog Ungarns von 1000 bis heute. Budapest, Corvina, 79, in-8, 365 p.

95. JUNGWIRTH (Helmut). Die Stempelschneider der österreichischen Münzen der Ersten und Zweiten Republik. Mitt.d.österr.numism.Ges., 80, Bd 21, p. 121-127.

96. KAMIŃSKI (Czesław), ŻUKOWSKI (Jerzy). Katalog monet polskich 1697-1763 (Epoka saska). (Catalogue des monnaies polonaises 1697-1763. L'époque saxonne.) Warszawa, Krajowa Agencja Wydawn., 80, in-8, 399 p.

97. KOPICKI (Edmund). Katalog podstawowych typów monet i banknotów Polski oraz ziem historycznie z Polska związanych. /T. 1, 2. Cf. Bibl. 76-77, n° 97./ T. 4 : Monety i banknoty okresu porozbiorowego 1772-1886. T. 5, P. 1-2 : 1916-1978. T. 6 : Monety obce władców Polski i pretendentów do Korony Polskiej 1002-1794. (Catalogue des types essentiels des monnaies et billets de banque de la Pologne et des terres historiquement unies à la Pologne. T. 4 : Les monnaies et billets de l'époque d'après les partages 1772-1886. T. 5, P. 1-2 : 1918-1978. T. 6 : Les monnaies étrangères des souverains de la Pologne et des prétendants à la Couronne Polonaise.) Warszawa, Pol. Tow. Archeol. i Numizmat., 78-79 /80/, 4 vol. in-8, 118, 243, 203, 234 p.

98. Kremnická mincovňa. 1328-1978. (Die Münze von Kremnitz 1328-1978). Von Štefan KAZIMÍR, Jozef HLINKA. Martin, Osveta, 78, in-8, 408 p. (16 fig.)

99. MALMER (Brita). Den senmedeltida penningen i Sverige : svenska brakteater med krönt huvud och krönta bokstäver. (Late medieval pennies in Sweden : bracteates with crowned head and crowned letters.) Stockholm, Almqvist a.Wiksell internat., 80, in-8, XV-280 p. (ill.). (Kungl. Vitterhets-, histories- o. antikvitetsakad. handlingar, Antikvariska ser., 31)

100. METCALF (D. M.). Coinage in south-eastern Europe. London, Brit. Mus., Roy. Numism. Soc., 80, in-4, 371 p.

101. MIHĂILESCU-BÎRLIBA (Virgil). La monnaie romaine chez les Daces orientaux. Bucureşti, Ed. Acad., 80, in-8, 312 p. (Bibl. Hist. Romaniae, Monogr., 23)

102. MITCHINER (Michael). Oriental coins and their values. Non-Islamic states and Western colonies, A.D. 600-1979. London, Seaby, 80, in-4, 640 p. (ill.)

103. MOSER (Heinz). Das älteste Inventar der Münzstätte Hall in Tirol aus dem Jahre 1520. Haller Münzbl., 80, Bd 2, n° 15, p. 318-326.

104. NOONAN (Thomas). Monetary circulation in early medieval Rus' : a study of Volga Bulgar dirham finds. Russian Hist., 79-80, vol. 7, p. 294-311. - IDEM. When and how dirhams first reached Russia. Cah. Monde russe et soviétique, 80, vol. 21, p. 401-469. /From Eastern Europe, via the Near East, 9th cent./

105. Numizmatika i épigrafika. (Numismatique et épigraphie. Recueil d'articles.) /Fasc. 12. Cf. Bibl. 78-79, n° 106./ Fasc. 13. Réd. par D. B. ŠELOV. Moskva, Nauka, 80, in-4, 144 p. (AN SSSR. Inst. Arkheol.)

106. PRIDMORE (Fred). Coins of the British Commonwealth of Nations to the end of the reign of George VI, 1952. Pt. 4 : India. /Vol. 1. Cf. 74-75, n° 144./ Vol. 2 : Uniform coinage East India Company, 1835-1858. Imperial period, 1858-1947. London, Spink, 80, in-4, X-245 p. (ill.)

107. ROY (P. C.). Coinage of Northern India, the early Rajputana dynasties, from the 11th to the 13th centuries A.D. New Delhi, Abhinav Publ., London, Books from India, 80, in-8, 182 p. (ill.)

108. SAPRYKIN (S. Ju.). K tipologii dvukh grupp monet Khersonesa. (On the typology of two groups of coins of Chersonesus.) Sovet. Arkheol., 80, n° 3, p. 43-57.

109. SEJBAL (Jiří). Dějiny peněz na Moravě. (Geldgeschichte Mährens.) Brno, Blok, 79, in-8, 209 p. (66 fig., 68 tab.). (Studia numismatica et medailistica, 3)

110. SPASSKI (G.). Gold coins and coin-like gold in the Muscovite state and the first gold pieces of Ivan III. Numism. Chron., 79, ser. 7, vol. 19, p. 166-184 (ill.)

111. STEEN JENSEN (Jørgen). Medaljen över Jan Baptist Tęczyński och Cecilia Vasa. (A medal dedicated to J. B. Tęczyński and Cecilia Vasa.) Göteborg, Numismatiska litteratursällskapet, 79, in-8, 47 p. (ill.)

112. STRONCZYŃSKI (Kazimierz). Pieniądze Piastów od czasów najdawniejszych do roku 1300 rozbiorem źródeł spółczesnych i wykopalisk oraz porównaniem typów menniczych objaśnione. (Les monnaies des Piast depuis l'époque ancienne jusqu'à l'an 1300 étudiées à l'aide des sources contemporaines et des fouilles ainsi que d'une comparaison des genres monétaires.) Warszawa, Wydawn. Artyst. i Filmowe, 80, in-8, 340 p. /Reprod. photo-offset de l'éd. orig. Warszawa 1847/

113. ZIEGLER (Heinz). Die Kölner Mark in neuem Licht. Hans. Gesch.-Bl., 80, Bd 98, p. 39-60.

Cf. n°s 425, 1507, 1584, 1588, 5306.

§ 8. Sprachliche Hilfsmittel.

114. ADAMS (G. B.). The validity of language census figures in Ulster, 1851-1911. Ulster Folklife, 79, vol. 25, p. 113-122.

115. Aleksander Brückner. Z. f. Slawistik, 80, Bd 25, p. 160-332.

116. Ausbildung (Zur) der Norm der deutschen Literatursprache (1470-1730). /1, 2, 3. Cf. Bibl. 76-77, n° 122./ 4 : ADMONI (Wladimir G.). Zur Ausbildung der Norm der deutschen Literatursprache im Bereich des neuhochdeutschen Satzgefüges. Ein Beitr. z. Gesch. d. Gestaltungssysteme d. deutsch. Sprache. Berlin, Akad.-Verl., 80, in-8, 363 p. (Bausteine z. Sprachgesch. d. Neuhochdeutschen 56/4)

117. BÁRCZI (Géza). A magyar nyelv múltja és jelene. Összeáll. és szerk. PAPP László, bev. SZATHMÁRI István. (Le passé et le présent de la langue hongroise. Prés. et réd. par -.) Budapest, Gondolat Kiadó, 80, in-8, 529 p.

118. BIRKFELNER (Gerhard). Am Beginn der modernen russischen Lexikographie. Das deutsch-russische handschriftl. Wörterbuch d. Zentralbibliothek d. Wiener Minoritenkonvents - Cod. XVI. Österr. Osthefte, 80, Jg.22, p. 99-112.

119. BOUVIER (Jean-Claude), MARTEL (Claude). Atlas linguistique et ethnographique de la Provence. Vol. 1, 2. Dessins de Marcel GAILLARD. Paris, Ed. du C.N.R.S., 75-79, 2 vol. in-fol., non paginé.

120. BRASSEUR (Patricia). Atlas linguistique et ethnographique norman. Vol. 1. Paris, Ed. du C.N.R.S., 80, in-fol., non paginé.

121. Deutsches Rechtswörterbuch. Wörterbuch d. älteren deutschen Rechtssprache. In Verbindung mit d. Akad. d. Wiss. d. DDR hrsg. v. d. Heidelberger Akad. d. Wiss. Bd 7, H. /5, 6. Cf. Bibl. 78-79, n° 156./ 7. Weimar, Böhlau, 80, in-4, Sp. 961-1120.

122. DOI (Tadao), MORITA (Takeshi), CHONAN (Minoru). /ed. a. trans./. Hōyaku Nippo-jisho. (Japanese translation, a Japanese-Portuguese dictionary.) Tokyo, Iwanami Shoten, 80, in-8, 904 p.

123. GONDA (Jan). The character of the Indo-European moods, with special regard to Greek und Sanskrit. 2nd ed. Wiesbaden, Harrassowitz, 80, in-8, VIII-211 p.

124. LANHER (Jean), LITAIZE (Alain), RICHARD (Jean). Atlas linguistique et ethnographique de la Lorraine romane. Vol. 1 : Nature - animaux. Paris, Ed. du C.N.R.S., 79, in-fol., 342 p. (pl.)

125. LIGETI (Lajos). A magyar nyelv török kapcsolatai és ami körülöttük van. /Vol. I. Cf. Bibl. 76-77, n° 138./ Vol. II. (Les relations turques de la langue hongroise et ce qui est autour d'elles.) Réd. par SCHÜTZ Ödön. Budapest, Kőrösi Csoma Társaság, 79, in-8, 470 p. (Budapest oriental reprints, A 2 series)

126. MANESSY (Gabriel). Contribution à la classification généalogique des langues voltaïques. Paris, SELAF, 79, in-8, 107 p. (Langues et civils. à tradition orale, 37)

127. MARCHELLO-NIZIA (Christiane).

9. HISTORISCHE GEOGRAPHIE UND GESCHICHTE DER GEOGRAPHIE

Histoire de la langue française aux XIVe et XVe s. Paris, Bordas, 79, 378 p. (Etudes. Sér. bleue)

128. Matériaux pour l'histoire du vocabulaire français. 2 : Datations nouvelles. 15 : Datations et documents lexicographiques réunis par P. ENCKELL. Paris, Klincksieck, 78, in-8, XXX-365 p. (Publ. du Trésor gén. des langues et du parler franç., 26) /Cf. Bibl. 76-77, n° 139./

129. MAZZUCCHI (Carlo Maria). Sul sistema di accentuazione dei testi greci in età romana e bizantina. Aegyptus, 79, a. 59, p. 145-167.

130. MILITZ (Hans-Manfred). "Bürger" im Französischen. Zur Gesch. d. Bezeichnungsgebung v. d. Anfängen bis z. Bürgerl. Rev. (1799). Berlin, Akad. d. Wiss. d. DDR, Zentralinst. f. Sprachwiss., 79, in-8, 229 p. (Linguist. Studien, R. A, 59)

131. PFISTER (Max). Einführung in die romanische Etymologie. Darmstadt, Wiss. Buchges., 80, in-8, 228 p.

132. ROCHER (Rosane). Lord Monboddo, Sanskrit and comparative linguistics. J. am. orient. Soc., 80, vol. 100, n° 1, p. 12-17.

133. RÓNA TAS (András). A nyelvrokonság. Kalandozások a történiti nyelvtudományban. (La parenté des langues. Aventures dans la linguistique historique.) Budapest, Gondolat Kiadó, 78, in-8, 487 p.

134. RYMUT (Kazimierz). Nazwy miast Polski. (Les noms des villes en Pologne.) Wrocław, Zakł. Narod. im. Ossolińskich, 80, in-8, 288 p.

135. Studien zur deutschen Sprachgeschichte des 19. Jahrhunderts. T. 1 u. 2 : Existenzformen d. Sprache. T. 3 : Naturwissenschaftliche u. technische Fachlexik. Berlin, Akademie d. Wiss. d. DDR, Zentralinst. f. Sprachwiss., 80, 3 vol. in-8, 251, 115, 255 p. (Linguist. Stud., R. A, 66/1-3)

136. TAVERDET (Gérard). Atlas linguistique et ethnographique de la Bourgogne. /1, 2. Cf. Bibl. 76-77, n° 152./ 3 : La maison, l'homme, la grammaire. Paris, Ed. du C.N.R.S., 80, in-fol., 344 p. (600 cartes). (Atlas linguistique de la France par régions)

137. VRACIU (Ariton). Limba daco-geţilor. (La langue des Daco-Gètes.) Timişoara, Facla, 80, in-8, 218 p.

138. WAGNER (Heinrich). Origins of pagan Irish religion and the study of names. B. Ulster Place-Name Soc., 79, vol. 2, p. 24-41.

Cf. n° 1893.

§ 9. Historische Geographie und Geschichte der Geographie.

♦ 139. Bibliographie d'histoire de la géographie et de géographie historique. 1976. Rédigé par Roger HERVE, avec la collab. de L. LAGARDE, F. GRIVOT. Paris, Biblioth. nat., 78, in-8, 83 p. (Ministère des Univ. Comité des trav. hist. et scientif., Sect. de géogr.)

140. BALADIE (Raoul). Le Péloponnèse de Strabon. Etude de géographie historique. Paris, Belles Lettres, 80, in-4, XXIV-398 p. (44 pl.). (Coll. d'Et. anc.)

141. BARTHA (Lajos). Jun. Egy háromszáz éves magyar térkép és a nagyszombati meridián kérdése. (Une carte hongroise agée de 300 ans et le problème du méridien de Nagyszombat /Tyrnavia/. Geodézia és Kartográfia, 78, vol. 30, n° 5, p. 379-385.

142. BEŠEVLIEV (Bojan). Basic trends in representing the Bulgarian lands in old cartographic documents up to 1878. Et. balkaniques, 80, a. 16, n° 2, p. 94-123.

143. BROC (Numa). La géographie de la Renaissance, 1420-1620. Paris, Biblioth. nat., 80, in-4, 258 p. (ill). (Mém. de la Sect. de géogr. Comité des trav. hist. et scientif., 9)

144. DÁVID (Zoltán), POLÓNYI (Nóra, T.). Az első magyar nyelvű leíró statisztika. KOVACS (János). Az esztergomi érsekséget illető jószágoknak Geographico Topographica descriptioja 1736-1739. (La première statistique descriptive en langue hongroise. KOVÁCS (János). La description Geographico-Topographica des lieux appartenant à l'archevêché d'Esztergom, 1736-1739.) Budapest, Központi Statisztikai Hivatal Levéltára, 80, in-8, 112 p.

145. DÖRFLINGER (Johannes). Die Erforschung der Erde und ihr kartographischer Niederschlag im Zeitalter der Aufklärung - Grundzüge und Marksteine. Wiener Beitr.z.Gesch.d.Neuzeit, 80, Bd 7, p. 39-54.

146. DONATTINI (Massimo). Giovanni Battista Ramusio e le sue Navigationi. Appunti per una biografia. Critica stor., 80, a. 17, p. 55-100.

147. ENGELMANN (Gerhard). Die Karte Sarmatia des siebenbürgischdeutschen Humanisten Johannes Honterus und ihre Nachdrucke (1542-1628). Organon, 80, vol. 15, p. 239-256.

148. FREEMAN (Thomas Walter). History of modern British geography. London, Longman, 80, in-8, 276 p.

149. HAMANN (Günther). Christoph Columbus zwischen Mittelalter und Neuzeit - Nachfahre und Wegweiser. Wiener Beitr.z.Gesch.d.Neuzeit, 80, Bd

7, p. 15-38.

150. HARVEY (P. D. A.). History of topographical maps : symbols, pictures and surveys. London, Thames a. Hudson, 80, in-4, 290 p. (pl., ill.)

151. Historický místopis Moravy a Slezska v letech 1848-1960. (Topographie historique de la Moravie et de la Silesie des années 1848-1960.) /Vol. 5, Cf. Bibl. 76-77, n° 182./ Vol. 6 : Okresy (Arrondissem.) : Přerov, Hranice, Kroměříž. Edit. Josef BARTOŠ, Jindřich SCHULZ, Miloš TRAPL. Ostrava, Profil, 78, in-8, 291 p. (7 cartes).

152. HODGKISS (Alan Geoffrey). Understanding maps : a systematic history of their development and uses. London, Wm. Dawson, 80, in-4, 208 p. (ill.).

153. JUŠKO (A. A.), ČERNOV (S. Z.). Iz istoričeskoj geografii Moskovskoj zemli. (A contribution to the historical geography of the Moscow region /12th-14th cent./ Sovet. Archeol., 80, n° 2, p. 116-125.

154. LINCOLN (W. Bruce). Petr Petrovich Semenov Tian-Shanskii : the life of a Russian geographer. Newtonville, Mass., Oriental Research Partners, 80, in-8, X-118 p. (Russian biography ser., 8)

155. MALTEZOU (Chryssa). A contribution to the historical geography of the island of Kythira during the Venetian occupation. In : Charanis studies /Cf. n° 411./, p. 151-175.

156. MARTIN (Geoffrey J.). The life and thought of Isaiah Bowman. Hamden, Conn., Shoe String Press, 80, in-8, XVI-272 p. /Am. geographer, 1878-1950./

157. MILOV (L. V.). O drevnejšej istorii kormčikh knig na Rusi. (On the ancient history of the Kormchie /pilot/ books.) Ist.SSSR, 80, n° 59, p. 105-123.

158. POUNDS (Norman J. G.). Historical geography of Europe, 1500-1840. London, a. New York, Cambridge U.P., 80, in-8, 454 p. (75 diagr. a. maps)

159. PÜSPÖKI NAGY (Péter). Nagymorávia fekvéséről. (Sur la situation géographique de la Grande-Moravie.) Valóság, 78, vol. 21, n° 11, p. 60-82.

160. RANDLES (W G. L.). De la terre plate au globe terrestre : une mutation épistémologique rapide, 1480-1520. Paris, A. Colin, 80, in-8, 120 p. (Cah. des Annales, 38)

161. ROOM (Adrian). Place-name changes since 1900, a world gazetteer. London, Routledge, 80, in-8, 224 p.

162. SAFRAI (Zeev). Geografiya historit shel erez shomron. (Historical geography of Samaria in the Roman Byzantine period.) Diss. Jerusalem, Hebrew Univ., 77, in-4, 389, 151, 23 p. /Summary in Eng./

163. SCHULTZ (Hans-Dietrich). Die deutschsprachige Geographie von 1800 bis 1970. Ein Beitr. z. Gesch. ihrer Methodologie. Berlin, Geogr. Inst. d. Freien Univ. Berlin, 80, in-8, 478 p. (Abh. d. Geogr. Inst. d. Freien Univ. Berlin, Anthropogeogr., 29)

164. SEYMOUR (W. A.). History of the Ordnance Survey. London, Wm. Dawson, 80, in-8, 400 p. (ill.)

165. SZÖKE (Béla Miklós). A Kárpátmedence a magyar honfoglalás előestéjén. (Le bassin des Carpates à la veille de sa conquête par les Hongrois.) Valóság, 79, vol. 22, n° 12, p. 1-12.

166. TURNER (Michael Edward). English parliamentary enclosure, its historical geography and economic history. London, Wm. Dawson, 80, in-8, 224 p. (ill.)

167. TYACKE (Sarah), HUDDY (John E.). Christopher Saxton and early Tudor map-making. London, Brit. Libr., Ref. Divn., 80, in-4, 64 p. (ill., pl.)

168. VILKKO (Lauri). Katsaus maamme kartoitus- ja kartastotilanteen kehittymiseen sekä puolustusvoimien sotilaskarttajärjestelmään. (A survey of the development of map drawing and cartography in Finland and the military mapping system of the Defence Forces). Tiede ja Ase, 80, t. 38, p. 142-177.

Cf. n°s 1037, 2151, 4710, 5527.

§ 10. Ikonographie.

✦ 169. Bibliographie zur Symbolik, Ikonographie und Mythologie. Internationales Referateorgan, hrsg. v. M. LUPKER u. H. SCHNEIDER. Bd 12 : 1979. Baden Baden, Koerner, 79, in-8, 183 p.

170. APPUHN (Horst). Einführung in die Ikonographie der mittelalterlichen Kunst in Deutschland. 2. verb. Aufl. Darmstadt, Wiss. Buchges., 80, in-8, VIII-130 p. (32 p. ill.)

171. COURTES (Jean-Marie), DEVISSE (Jean), MOLLAT (Michel). L'image du Noir dans l'art occidental, des premiers siècles chrétiens aux grandes découvertes. Vol. 1, 2. Paris, Bibliothèque des Arts, 1980, 2 vol. in-4, 611, 611 p. (ill., pl.)

172. FROMAGET (M.). Les conceptions et les symboles de la mort dans l'iconographie occidentale. Mél. Sci. relig., 79, a. 36, p. 193-212.

173. GRABAR (André). Les voies de la création en iconographie chrétienne : antiquité et moyen âge. Paris, Flamma-

rion, 79, in-8, 341 p. (115 pl.). -
IDEM. La présentation des peuples dans
les images du Jugement dernier en Europe
orientale. <u>Byzantion</u>, 80, t. 50, fasc.
1, p. 186-197.

174. GUILLERM (Alain). Le système
de l'iconographie galante. <u>XVIIIe siècle</u>, 80, n° 12, p. 177-194.

175. HAUSAMANNA (Torsten). Die
tanzende Salome in der Kunst von der
christlichen Frühzeit bis um 1500 :
ikonographische Studien. Zürich, Juris-
Verl., 80, in-8, 515 p.

176. LA BRETEQUE (François de).
Les lions porteurs de colonnes : évolution de la forme et du contenu d'un motif de l'art roman. <u>Moyen Age</u>, 79, t.
85, sér. 4, t. 34, p. 211-243.

177. LAUF (Detlef-Ingo). Eine Ikonographie des tibetischen Buddhismus.
Graz, Akad. Druck- u. Verl.-Anst., 79,
in-4, 204 p. (ill.)

178. MATEU IBARS (María de los
Dolores). Iconografía de San Vicente
Mártir. 1 : Pintura. Valencia, Inst.
Alfonso el Magnánimo, Diput. prov.,
80, in-8, XXVII-268 p. (185 lams.)

179. MEISEZAHL (Richard O.). Geist
und Ikonographie des Vajrayāna-Buddhismus. Hommage à Marie-Thérèse de Mallmann. Sankt Augustin, VGH Wissenschafts-
Verl., 80, in-4, XIX-257 p. (ill.).
(Beitr. z. Zentralasienforsch., 2)

180. PANOFSKY (Erwin). Studien zur
Ikonologie humanistischer Themen in der
Kunst der Renaissance. Köln, DuMont,
80, in-8, 356 p. (173 ill.)

181. THIERRY (Nicole). Iconographie cappadocienne et géorgienne : similitudes. A propos de l'abside du St.
Sauveur de Mačxvariši. <u>Bedi Kartlisa</u>,
80, vol. 38, p. 96-112.

Cf. n^{cs} <u>425, 1447, 2426</u>.

B

HANDBÜCHER, ALLGEMEINE ÜBERSICHTSWERKE

§ 1. Historische Kongresse und Organisationen. 182-202. - § 2. Archive, Bibliotheken und Museen (a. Archive ; b. Bibliotheken ; c. Museen). 203-267. - § 3. Geschichte der Geschichtswissenschaft (a. Allgemeines ; b. Biographien ; c. Festschriften). 268-440. - § 4. Methodenlehre, Geschichtsphilosophie und Geschichtsunterricht. 441-537. - § 5. Völker- und Volkskunde. 538-594. - § 6. Allgemeine Geschichte (a. Allgemeines ; b. Einzelne Staaten). 595-724. - § 7. Staats- und Gesellschaftslehre. 725-743. - § 8. Rechts-und Verfassungsgeschichte. 744-764. - § 9. Wirtschafts-, Verkehrs- und Sozialgeschichte. 765-790. - § 10. Kultur-, Wissenschafts-und Unterrichtsgeschichte. 791-837. - § 11. Kunst- und Kunstgewerbegeschichte. 838-860. - § 12. Religions- und Kirchengeschichte (a. Allgemeines ; b. Spezialarbeiten). 861-913. - § 13. Geschichte der Philosophie. 914-918. - § 14. Literaturgeschichte. 919-932.

§ 1. Historische Kongresse und Organisationen.

182. Actes du IIe Congrès international de Thracologie, Bucarest, 4-10 sept. 1976. Vol. 1-3. Ed. par Radu VULPE. Bucureşti, Ed. Acad., 80, 3 vol. in-8, 486, 461, 461 p.

183. Actes du XVe Congrès international de Papyrologie /Bruxelles-Louvain, 29 août-3 sept. 1977./. Ed. par Jean BINGEN et Georges NACHTERGAEL. /1e-3e partie. Cf. Bibl. 78-79, n° 229./ 4e partie : Papyrologie documentaire. Bruxelles, Fondation égyptologique Reine Elisabeth, 79, in-8, 279 p. (Papyrologica Bruxellensia, 19)

184. Actes du 103e Congrès national des sociétés savantes, Nancy-Metz, 1978. Section d'archéologie et d'histoire de l'art. /Cf. n° 840./

185. Actes du 104e Congrès national des sociétés savantes, Bordeaux, 1979. Section d'histoire moderne et contemporaine. /Cf. n° 5139./

186. Actes du XLIIe Congrès international des américanistes. Congrès du centenaire, Paris, 2-7 sept. 1976. Vol. 1-6. Paris, Soc. des Américanistes, 78-79, 6 vol. in-4, 592, 622, 362, 645, 364, 669 p. (ill.)

187. BELLOMO (M.). Il XV Congresso internazionale di Scienze storiche. Bucarest, 10-17 agosto 1980. Quad. catanesi, 80, a. 2, p. 815-824.

188. CASTIGLIONE (Laszlo). Hundert Jahre der Ungarischen Archäologischen und Kunsthistorischen Gesellschaft. Acta archaeol. Acad. Sci. hungaricae, 78, vol. 30, n°s 3-4, p. 437-439.

189. Comptes-rendus du 104e Congrès national des sociétés savantes, Bordeaux, 1979. Section des sciences. T. 4 /Cf. n° 799/, 5 /Cf. n° 4866/.

190. Deutscher Historikertag /32, 1978, Hamburg/. Bericht über die 32. Versammlung Deutscher Historiker in Hamburg, 4.-8. Oktober 1978. Stuttgart, Klett, 79, in-8, 304 p. (Gesch. in Wiss. u. Unterr., Beih.)

191. Diritto comune e diritti locali nella storia d'Europa. Atti del Convegno di Varenna (12-15 giugno 1979). Sotto il patrocinio dell' Istituto lombardo e della Regione Lonbardia. Max-Planck-Institut für europäische Rechtsgeschichte (Frankfurt/Main), Instituto nacional de estudios jurídicos (Madrid), Institut d'histoire des anciens pays de droit écrit (Univ. de Montpellier I), Istituto di storia del diritto italiano (Univ. degli studi di Milano). Milano, Giuffrè, 80, in-8, 582 p.

192. ERDMANN (Karl-Dietrich). Die Ökumene der Historiker. Rede d. Präsidenten d. Comité International des Sciences Historiques am 10. Aug. 1980 z. Eröffnung d. 15. Internat. Historikerkongresses in Bukarest. Gesch. in Wiss. u. Unterr., 80, Jg. 31, p. 657-666.

193. First International Congress of Egyptology, Cairo, October 2-10, 1976. Acts. Ed. by Walter F. REINEKE. Berlin, Akad.-Verl., 79, in-8, 704 p. (fig., pl.). (Schr. z. Gesch. u. Kultur d. alten Orients, 14)

194. Florence and Venice : comparisons and relations. Acts of two Conferences at Villa I Tatti in 1976-1977. Organized by Sergio BERTELLI, Nicolai RUBINSTEIN and Craig High SMYTH. Florence, La nuova Italia, 80, in-8, VI-386 p. (ill., tav.). (Villa I Tatti, 5). (Villa I Tatii, The Harvard University Center for Italian Renaissance studies)

2. ARCHIVE, BIBLIOTHEKEN UND MUSEEN

195. International Conference (Fifth) of economic history. Cinquième Conférence internationale d'histoire économique. 8 vol. en 3 tomes. Ed. par Hermann VAN DER WEE, Vladimir A. VINOGRADOV, Grigorii G. KOTOVSKY. La Haye, Paris et New York, 79, 3 vol. in-8, 264-239-164, 218-295, 370-291-206 p. (Ecole des H. E. en Sci. soc., Congrès et colloques, 15)

196. JAKABFFY (Imre), KOVÁCS (Tibor). A Magyar Régészeti és Müvészettörténeti Társulta száz éve. (Les 100 ans de la Société d'Archéologie et d'Histoire de l'art Hongroise.) Magy. tudom. Akad. filoz. tört. Tudom. Oszt. Közl., 78, vol. 27, n°s 1-3, p. 239-254.

197. MICHAŁOWSKI (Kazimierz). The Polish school of Mediterranean archaeology. Kwart. Hist. Nauki Techn., 80, a. 25, n° 4, p. 707-720.

198. Modernisierung und nationale Gesellschaft im ausgehenden 18. und 19. Jahrhundert. Referate e. Deutsch-Polnischen Historikerkonferenz. Hrsg. v. Werner CONZE /u.a./. Berlin, Duncker u. Humblot, 79, in-8, 279 p. (graph. Darst., 1 kt.). (Osteuropastud. d. Hochschulen d. Landes Hessen, R.l. Giessener Abh. z. Agrar- u. Wirtschaftsforsch. d. europ. Ostens, 99)

199. Nord-Skandinaviens historia i tvärvetenskaplig belysning : förhandlingar vid symposium anordnat av Humanistiska fakulteten vid Umeå universitet den 7-9 juni 1978. Utg. av Evert Baudou o. Karl-Hampus Dahlstedt. (The history of Northern Scandinavia : an interdisciplinary symposium, Umeå university, 7th-9th June, 1978. Ed. by Evert BAUDOU a. Karl-Hampus DAHLSTEDT.) Umeå, Umeå univ.-bibl., 80, in-8, VIII-296 p. (ill., maps). /Swedish a. Norwegian text, with Eng. summaries/

200. Párttörténeti (A) Intézet megalakitásának 30. évfordulója. Vass Henrik ünnepi megemlékezése. (Le 30e anniversaire de l'Institut d'histoire du parti. Discours de Henrik Vass.) Párttört. Közl., 78, vol. 24, n° 4, p. 162-169.

201. Stadt und Hochschule im 19. und 20. Jahrhundert. 15. Arbeitstagung in Schwäbisch Gmünd, 12.-14.11.1976. Unter Mitw. v. Hans Eugen SPECKER hrsg. v. Erich MASCHKE u. Jürgen SYDOW. Sigmaringen, Thorbecke, 79, in-8, 207 p. (Stadt in d. Gesch., 5)

202. Travaux et perspectives de l'Ecole française d'Extrême-Orient en son 75e anniversaire. Paris, Ec. franç. d'Extrême-Orient, 76, in-4, 111 p. (Publ. hors série de l'Ec. franç. d'Extrême-Orient)

Cf. n°s 342, 617, 692, 777, 878, 904, 928, 1114, 1124, 1528, 1584, 1680, 2133, 2225, 2417, 3028, 3265, 4096, 5694, 6453, 6644.

§ 2. Archive, Bibliotheken und Museen.

a. Archive.

✦ 203. CHURCHVILLE (Lola H.), GUITE (Paul V.). Writings on archives, historical manuscripts, and current records : 1978. Am. Archivist, 80, vol. 43, n° 3, p. 341-366. /Cf. Bibl. 78-79, n° 263./

✦ 204. Magyar (A) levéltári irodalom bibliográfiája. (Répertoire bibliographique de la littérature archivistique hongroise). /1975, Cf. Bibl. 76-77, n° 240./ 1976-1977. Levéltári Közl., 78, vol. 48-49, p. 307-323.

✦ 205. National union catalog of manuscript collections. /Vol. 16, 17. Cf. Bibl. 78-79, n° 264./ /Vol. 18 : / Catalog 1979. /Vol. ·19 : / Index 1975-1979. Washington, D.C., Libr. of Cong., 80, 2 vol., LVI-232, VIII-583 p.

206. Archives Napoléon : état sommaire. Réd. par Chantal de TOUTIER-BONAZZI. Paris, Archives nat., 79, in-8, 81 p. (fac-sim.)

207. Archives de la Maison de France (branche d'Orléans). T. 1 : Fonds de Dreux (300 AP I, à 2634). Inventaire réd. par Suzanne d'HUART. Préf. de Jean FAVIER. T. 2 : Domaines d'Eu, de Haute-Marne et de Sicile (300 AP II, 1 à 679) ; Louis-Philippe, Marie Amélie, princes et princesses d'Orléans (300 AP III, 1 à 350) ; Fonds Nemours (300 AP IV, 1 à 310). Inventaire réd. par Suzanne d'HUART et par Jacques BOTTIN, Perrine CANAVAGGIO, Marie-Claude DELMAS et Françoise HILDESHEIMER. T. 3 : Princes et princesses d'Orléans, XIX-XXe s. (300 AP III, 351 à 961). Inventaire réd. par Suzanne d'HUART. Paris, Archives nationales ; diff. La Documentation franç., 76-79-80, 3 vol. in-4, 460, 384, 61 p. (ill., cartes)

208. /Archives in the Netherlands: inventories./ De archieven in Gelderland. Alphen aan den Rijn, Samsom, 79, in-8, XLII-283 p. (Overzichten, 2) - De archieven in Zeeland. Ed. by J. J. C. VAN DIJK, R. L. KOOPS and H. UIL. Alphen aan den Rijn, Samsom, 79, in-8, XLVII-177 p. (Overzichten, 3) - De archieven in Noord-Brabant. Alphen aan den Rijn, Samsom, 80, in-8, XLIII-563 p. (Overzichten, 4)

209. Archives nationales : état général des fonds. Publ. sous la dir. de Jean FAVIER. /1, 2. Cf. Bibl. 78-79, n° 268./ 3 : Marine et outre-mer. Sous la dir. de Pierre BOYER, Marie-Antoinette MENIER, Etienne TAILLEMITE; avec la collab. de Marie-Marguerite CAROF, Philippe HENRAT, Catherine MARION, Jean-François MAUREL, etc. 4 : Fonds divers, et additions et corrections aux tomes 1, 2 et 3. Sous la dir. de Robert MARQUANT ; avec la collab. de Jean-Pierre BABELON, Brigitte BEDOS, Feréol de

FERRY, Martine GARRIGUES, etc. Paris, Impr. nationale, 80, 2 vol. in-4, 713, 432 p.

210. BAZILLION (Richard J.). Access to departmental records, cabinet documents, and ministerial papers in Canada. Am. Archivist, 80, vol. 43, n° 2, p. 151-160.

211. Bethlen család (A) levéltára. Repertórium. Összeáll. PAP Gáborné. (Les archives de la famille Bethlen. Répertoire. Réd. par -.) Budapest, Magyar Országos Levéltár, 79, in-8, 73 p. (Levéltári leltárak, 74)

212. BRUCHFORD (Maynard). Academic archives : Überlieferungsbildung. Am. Archivist, 80, vol. 43, n° 4, p. 449-460.

213. CAREY (P. B. R.). The archive of Yogyakarta. Vol. 1. London, Oxford U.P., 80, in-8, 272 p.

214. CUBELLS LLORENS (J.), HERRERA NAVARRO (J.). Inventario de los fondos Comerciales del Archivo Histórico Provincial de Tarragona. Madrid, Subdirección General de Archivos, 80, in-8, 80 p.

215. DAVENPORT (John B.), RYLANCE (Dan). Archival note : sources of business history : the archives of the Hudson's Bay Company. Business Hist. R., 80, vol. 54, n° 3, p. 387-393.

216. Esterházy család (Az) hercegi ágának levéltára. Repertórium. (Les archives de la branche princière de la famille Esterházy. Répertoire.) Réd. par KÁLLAY István. Budapest, Magyar Országos Levéltár, 78, in-8, 271 p. (Levéltári leltárak, 66)

217. Festetics család (A) levéltára. Repertórium. (Les archives de la famille Festetics, Répertoire.) Réd. par KÁLLAY Istvan. Budapest, Magyar Országos Levéltár, 78, in-8, 226 p. (Levéltári leltárak, 73)

218. Guides to the sources for the history of the nations. Guides des sources de l'histoire des nations. Ed. : Internat. Council on Archives / Conseil internat. des Archives. 3rd séries : North Africa, Asia a. Oceania. Vol. 3 : Sources of the hist. of North Africa, Asia a. Oceania in Scandinavia. Part 1 : Sources of the hist. of North Africa, Asia a. Oceania in Denmark. Ed. : The Danish National Archives. Comp. by C. Rise HANSEN. München, New York, London a. Paris, K.G. Saur, 80, 842 p.

219. HACKMAN (Larry J.). The historical records program : the states and the nation. Am. Archivist, 80, vol. 43, n° 1, p. 17-32.

220. HIESTAND (Rudolf). Zum Problem des Templer-Zentralarchivs. Archival. Z., 80, Bd 76, p. 17-38.

221. HINOJOSA MONTALVO (José),

LÓPEZ ELUM (Pedro), RODRIGO LIZONDO (Mateu). Relaciones de la Ciudad de Valencia con el Pontificado durante el Cisma de Occidente (1378-1423). Regesta de los fondos del Archivo Municipal. B. Soc. castell. Cult., 80, t. 56, cuad. 3-4, p. 585-645.

222. MARTINO (Federico). Documenti dell'Universitas di Messina nell'Archivio ducale Medinaceli a Siviglia. Quad. catanesi, 80, a. 2, p. 641-708.

223. MATTHEWS (Noel), WAINWRIGHT (M.Doreen). Guide to manuscripts and documents in the British Isles relating to the Middle East and North Africa. London, Oxford, U.P., 80, in-8, 500 p.

224. MOSELEY (Eva S.). Sources for the "new women's history". Am. Archivist, 80, vol. 43, n° 2, p. 180-190.

225. NAGEL (Roswitha). Der Bestand Preussisches Ministerium der auswärtigen Angelegenheiten im Zentralen Staatsarchiv, Dienststelle Merseburg. Eine Bestandsanalyse. Jb. f. Gesch., 80, Bd 21, p. 375-398.

226. Országos (Az) Vízügyi Levéltár iratainak alaplettára. Összeáll. DÓKA Klára. (Le registre de base des Archives nationales du Régime des Eaux. Réd. par -.) Budapest, 78, in-8, 276 p.

227. O'TOOLE (James M.). Catholic diocesan archives : a renaissance in progress. Am. Archivist, 80, vol. 43, n° 3, p. 284-293.

228. PARAVICINI (Werner). Das Nationalarchiv in Paris. Ein Führer zu den Beständen aus d. Mittelalter u. d. frühen Neuzeit. Préf. de Jean FAVIER. München, New York, London u. Paris, Saur, 80, in-8, 198 p. (Dokumentation West-europa, 4)

229. Perényi család (A) levéltára. Repertórium. Öszszeáll. PATAKY Lajosné. (Les archives de la famille Perényi. Répertoire. Réd. par -.) Budapest, Magyar Országos Levéltár, 79, in-8, 75 p. (Levéltári leltárak, 75)

230. Přehled archivních pomůcek a publikací Státního ústředního archivu v Praze. Zpracoval kolektiv pracovníků Státního ústředního archivu. (Übersicht über die archivalischen Hilfsmittel u. Publikationen d. Staatlichen Zentral-Archivs in Prag. Bearb.v.Kollekt.d. Arb. d.Staatl.Zentral-Archivs. Bd. 1 : Archivalische Hilfsmittel aus d.J. 1954-1972. Bd. 2 : Archivalische Hilfsmittel aus d.J. 1973-1978. Editionen u.thematische Verzeichnisse aus d.J. 1954'1978. Verzeichnis d. gedruckten Werke d. Angestellten d. Staatl. Zentral-Archivs. Praha, Stát.ústřední archiv, 79, 2 vol, in-4, 254, 170 p. (Inventáře a katalogy Státního ústředního archivu v Praze, 24/1, 24/2)

231. Registres du Trésor des chartes. T. 3 : Règne de Philippe /VI/ de Valois. 1e partie : JJ 65 A à 69. 2e partie : JJ 70 à 75. Inventaire analy-

tique, par Jules VIARD et par Aline VALLEE. Paris, Archives nationales, 78-79, 2 vol., in-4, XXI-411, XIV-453 p.

232. TOMCZAK (Andrzej). Zarys dziejów archiwów polskich. /T. 1. Cf. Bibl. 74-75, n° 345/ Cz. 2 : Od wybuchu I wojny światowej doroku 1978. (Précis d'histoire des archives polonaises. P. 2 : Du début de la première guerre mondiale jusqu'à 1978.) Toruń, 80, in-8, 278 p. (Uniw. M. Kopernika. Skrypty i Teksty Pomocnicze.)

233. VASS (Előd). A török iratok gyüjteméneye a Magyar Országos Levéltárban. (Le fonds des documents ottomans dans les Archives Nationales Hongroises.) Levéltári Szle, 79, vol. 29, n° 3, p. 541-556.

234. WELTIN (Max). Die Urkunden des Archivs der niederösterreichischen Stände (2). Mitt.a.d.Niederösterr.Landesarch., 80, H. 4, p. 25-58.

Cf. n° 7010.

b. Bibliotheken.

235. Bibliotheca Rosenthaliana 1880-1980. Studia Rosenth., 80, vol. 14, p. 117-255 (ill.). /Contents : FONTAINE VERWEY (H. de la). De Bibliotheca Rosenthaliana tijdens de bezetting. The Bibliotheca Resenthaliana during the German occupation, p. 121-127.-FUKS (L.). De wordingsgeschiedenis van de Bibliotheca Rosenthaliana. The genesis of the Bibliotheca Rosenthaliana, p. 145-159.-FUKS (L.), FUKS-MANSFELD (R. G.). De handschriftverzameling van de Bibliotheca Rosenthaliana. The collection of manuscripts of the Bibliotheca Rosenthaliana, p. 160-175. -IDEM. Hebreeuwse boekdrukkunst in Nederland. Hebrew typography in the Netherlands, p. 191-204.-HOOGEWOUD (F. J.). Samuel I. Mulder in Hannover en zijn contact met Leeser Rosenthal (1861). Samuel Mulder and his contact with Leeser Rosenthal in Hannover (1861), p. 128-144.-OFFENBERG (A. K.). Hebreeewse incunabelen in de Bibliotheca Rosenthaliana. Hebrew incunabula in the Bibliotheca Rosenthaliana, p. 176-190.-SMIDT VAN GELDER-FONTAINE (R.). Brieven uit Jeresalem (1880-1903). Letters from Jerusalem (1880-1903), p. 239-245.-VAN DER HEIDE (A.). "De Geleerde in zijn Kamer". "The scholar in his study", p. 228-238.-WILLEMSE (D.). De Inquisitie en haar aanwezigheid in de Bibliotheca Rosenthaliana. The Inquisition in the Bibliotheca Rosenthaliana, p. 206-227./

236. Bibliothèques ecclésiastiques au temps de la papauté d'Avignon. T. 1 : 1. Inventaires de bibliothèques et mentions de livres dans les Archives du Vatican (1287-1420). Répertoire. 2. Inventaires de prélats et de clercs non français. Edition. Publ. par Daniel WILLIMAN. Avant-propos de Jacques MONFRIN. Index établis par Marie-Henriette JULLIEN de POMMEROL.

Paris, Ed. du C.N.R.S., 80, in-4, 388 p. (Doc., études et répertoires publ. par l'Inst. de Recherche et d'Hist. des Textes).

237. BOGDÁN (István). Az Országos Levéltár Könyvtárának száz esztendeje. (Les cent ans de la bibliothèque des Archives nationales de Hongrie /1875-1974/.) Levéltári Szle, 79, vol. 29, n°s 1-2, p. 301-318.

238. BOSTOEN (K. J.). De handschriften in de Dutch Church Library (Austin Friars) at London. (Manuscripts in the Dutch Church Library (Austin Friars) at London.) Nederlands Arch. Kerkgesch., 79-80, vol. 60, p. 56-89.

239. Catalogue des sceaux, camées et bulles sassanides de la Bibliothèque nationale et du Musée du Louvre. 2 : Les sceaux et bulles inscrits, réd. par Philippe GIGNOUX. Paris, Biblioth. nat., 78, in-fol., 159 p. (LXXXI p. de pl.)

240. DILLON (Kenneth J.). Scholars' guide to Washington, D.C. for central and east European studies : Albania, Austria, Bulgaria, Czechoslovakia, Germany (FRG and GDR), Greece (ancient and modern), Hungary, Poland, Romania, Switzerland, Yugoslavia. Washington, D.C., Smithsonian Inst. Press, 80, XII-329 p.

241. FINGER (Heinz). Untersuchungen zur Geschichte der Bibliothek des Deutschen Ordens in Mergentheim. Teil 1. Gutenberg-Jb., 80, Jg. 55, p. 325-354 (5 Abb.)

242. HAVASI (Zoltán). The role of the National Library in the sciences and public education of our country /Hungary/. At the 175th anniversary of the founding of the National Széchényi Library. Magy. Könyvszle, 78, vol. 94, n° 1, p. 1-10.

243. Jubilee Volume of the Oriental Collection 1951-1976. Papers presented on the occasion of the 25th anniversary of the Oriental Collection of the Library of the Hungarian Academy of Sciences. Ed. APOR Éva. Budapest, Magyar Tudományos Akadémia Könyvtára, 78, in-8, 224 p. (Keleti tanulmányok, 2)

244. KOCH (Adrienne). James Madison and the Library of Congress. Libr. Cong. quar. J., 80, vol. 37, n° 2, p. 159-161.

245. KÖRMENDY (Kinga). A Knauzhagyaték kódextöredékei és az esztergomi egyház középkori könyvtárának sorsa. (Les fragments de livres manuscrits de l'héritage Knauz /Nándor, 1831-1898/ et le destin de la bibliothèque médiévale de l'Eglise d'Esztergom.) Budapest, Magyar Tudományos Akadémia Könyvtára, 79, in-8, 149 p. (A Magyar Tudományos Akadémia Könyvtárának Közleményei, 82, N.S., 7)

246. LAFONT (Pierre-Bernard),

DHARMA (Po), VIJA (Nara). Catalogues des manuscrits cam des bibliothèques françaises. Paris, Ec. franç. d'Extrême-Orient ; diff. Maisonneuve, 77, in-4, 261 p. (Publ. de l'Ex. franç. d'Extrême-Orient, 114)

247. Manuscrits enluminés d'origine italienne. /Paris,/ Bibliothèque nationale, Département des manuscrits, Centre de recherche sur les manuscrits enluminés. Vol. 1 : VIe-XIIe siècles. Par François AVRIL et Yolanta ZALUSKA. Paris, Bibl. nationale, 80, in-fol., XXII-101 p. (64 pl.)

248. MICHEL (Suzanne P.). Répertoire des ouvrages imprimés en langue italienne au XVIIe siècle conservés dans les bibliothèques de France. T. 7 : Q-R-S. Paris, Ed. du C.N.R.S., 80, in-4, 176 p.

249. MIGLIARDI ZINGALE (Livia). Papiri dell'Università di Genova. /Vol. 1. Cf. Bibl. 74-75, n° 353./ Vol. 2 : n°s 51-90. Firenze, Gonnelli, 80, in-4, XII-92 p. (Papyroligica Florentina, 7)

250. NAWROCKA (Maria). Księgozbiory mieszczan poznańskich w XVIII w. (Les bibliothèques des bourgeois de Poznan au XVIIIe s.) Studia Mater. Dziej. Wielkop. Pomorza, 80, vol. 26, fasc. 2, p. 93-113.

251. RAE (John B.). The Herbert Hoover collection of mining and metallurgy. Technol. a. Cult., 80, vol. 21, n° 4, p. 614-616.

252. Russia, the Soviet Union, and eastern Europe : a survey of holdings at the Hoover Institution on War, Revolution, and Peace. Ed. by Joseph D. DWYER. Stanford, Calif., Hoover Inst. Press, 80, X-233 p. (Hoover Inst. Press Survey, 6)

253. SIFTON (Paul C.). Recent additions to the James Madison papers at the Library of Congress. Libr. Cong. quar. J., 80, vol. 37, n° 2, p. 265-273.

254. SZENTMIHÁLYI (János). Egy könyvtárosi életpálya és tanulságai. Emlékezés Kőhalmi Bélára. (Une carrière de bibliothécaire et ses leçons. En commémoration de Béla Kőhalmi /1884-1970/.) Magy. Könyvszle, 80, vol. 96, n° 2, p. 109-116.

255. TÓTH (István). Telegdi Miklós reneszánsz könyvtára.(La bibliothèque Renaissance de Miklós Telegdi.) Magy. Könyvszle, 79, vol. 95, n° 3, p. 272-284.

256. VÁSÁRHELYI (Judit). A győri székesegyházi könyvtár possessorai. I : Náprági Demeter /1556?-1619?/ könyvtára. II-III : Az "erdélyi" gyüjtemény. -Győri könyvtulajdonosok. IV : Egyéb, sem Erdélyhez, sem Győrhöz nem kapcsolható hazai személyiségek könyvei. (Les possesseurs de la bibliothèque de la cathédrale de Győr /Raab/. I : La bibliothèque de Demeter Náprági. II-III : Le recueil de Transylvanie. - Les propriétaires de livres de Győr. IV : Les livres d'autres personnages du pays n'appartenant ni à la Transylvanie, ni à Győr.) Magy. Könyvszle, 80, vol. 96, n° 2, p. 117-130 ; n° 3, p. 230-263 ; n° 4, p. 325-349.

Cf. n°s 1, 2382, 2415.

c. Museen.

257. BOOCKMANN (Hartmut). Karl IV., die Parler und der schöne Stil ausgestellter Geschichte. Gesch. in Wiss. u. Unterr., 80, Jg. 31, p. 230-243.

258. Corpus vasorum antiquorum : France. /28. Cf. Bibl. 78-79./ 29 : Musée des Beaux-arts et d'archéologie de Rennes. Réd. par Annie France LAURENS et Odette TOUCHEVEU, sous la dir. de Pierre DEVAMBEZ. 30 : Musée des Beaux-arts à Tours. Musée du Berry à Bourges. Réd. par Pierre ROUILLARD, sous la dir. de Pierre DEVAMBEZ. Paris, de Boccard, 79-80, 2 vol. in-fol., 68, 71 p. (ill., pl.)

259. Corpus vasorum antiquorum : New Zealand. Fasc. 1 : Attic protogeometric, geometric and black figure ; Corinthian. By J. R. GREEN. London, Oxford, U.P., 80, in-4, 50 p. (ill., pl.)

260. Corpus vasorum antiquorum : Schweiz = Suisse : Svizera. Fasz. 5 : Ostschweiz, Ticino : Chur, St. Gallen, Winterthur, Bellinzona, Museo civico, Collezione Lombardi, Locarno, Collezione Rossi. Von Ingrid R. METZGER, Matilde CARRARA RONZANI, Hansjörg BLOESCH. Bern, Lang, 79, in-4, IX-93 p. (54 p. Taf.)

261. 150 /Einhundertfünfzig/ Jahre Staatliche Museen zu Berlin. Mit Beitr. aus d. museumsgeschichtl., archäol., hist., kunsthist., volkskundl. u. museumspädag. Bereichen. Berlin, Akad.-Verl., 80, in-4, 668 p. (Abb.).(Forsch. u. Ber. Staatl. Museen zu Berlin, 20-21)

262. HAYES (J. W.). Ancient lamps in the Royal Ontario Museum. I : Greek and Roman clay lamps. A catalogue, with phot. by W. B. ROBERTSON a. others. Toronto, Roy. Ontario Mus., 80, in-4, XIV-226 p. (68 pl.)

263. MORELLI (Emilia). I fondi archivistici del Museo centrale del Risorgimento. XLV : Le carte di Francesco Crispi. Ras.stor.Risorg., 80, a. 67, p. 436-439.

264. Musée National de Cracovie. Collections Czartoryski. Histoire et pièces choisies. Travail collectif sous la dir. de Marek ROSTWOROWSKI. Introd. Zdzisław ŻYGULSKI /Jr./ Trad. du pol. par Maria CIESZEWSKA. Warszawa, Arkady, 80, in-4, 197 p.

265. RAMER (Brian). The technology, examination and conservation of the Fayum portraits in the Petrie Museum. Stud. in Conservation, 79, vol. 24, p. 1-13 (8 fig.)

266. ŠPĚT (Jiří). Přehled vývoje českého muzejnictví. (Übersicht über die Entwicklung d. tschechischen Museumskunde.) 1 : Do roku 1945. (Bis z. J. 1945.) Praha, Stát. pedagog. naklad., 79, in-8, 147 p.

267. ULLREICH (Josef). Das technologische Gewerbemuseum in Wien (1879-1979). Österr.in Gesch.u.Lit., 80, Jg. 24, p. 81-87.

Cf. n° 774.

§ 3. Geschichte der Geschichtswissenschaft.

a. Allgemeines.

268. BERTHOLD (Werner). Zur Geschichte der internationalen und deutschen marxistisch-leninistischen Geschichtswissenschaft (Mitte der dreissiger Jahre bis 1945). Wiss. Mitt. Hist.-Ges. d. DDR, 80, H. 3, p. 25-44.

269. BOURGUIERE (André). Histoire d'une histoire : la naissance des Annales (1929). A.Ec., Soc., Civ., 79, n° 34, n° 6, p. 1346-1359.

270. BÜTTNER (Thea). Die Historiographie und Politologie in der BRD zur Geschichte Afrikas und der nationalen Befreiungsbewegung. Asien, Afrika, Lateinamerika, 80, Bd 8, p. 142-152.

271. BURKHARDT (D.). Byzantium. Gallic perspectives from the reign of Louis XIV to 1900, as reflected in the works of selected historians. Byzantina, 80, t. 10, p. 289-336.

272. BURTON (J. K.). Napoléon and Clio : historical writing, teaching and thinking during the First Empire. Durham, Carolina Academic Press, 79, in-8, XIV-158 p.

273. COCHRANE (Eric). The transition from Renaissance to baroque : the case of Italian historiography. Hist. a. Theory, 80, vol. 19, n° 1, p. 21-38.

274. CRISTIAN (Vasile). Istoriografia generala. (Historiographie générale.) Bucureşti, Ed. didactică şi pedagog., 79, in-8, 311 p.

275. DEGLER (Carl N.). Remaking American history. J. am. Hist., 80, vol. 67, n° 1, p. 7-25. /Presidential address, 1980, Organization of American Historians/

276. DE PAOLI (Gianfranco E.). Cenni sulla storiografia militare napoleonica in Italia dal 1814 al 1861. Ras.stor.Risorg., 80, a. 67, p. 403-416.

277. Deutsche Historiker. Hrsg. von Hans-Ulrich WEHLER. /Bd 2-5. Cf. Bibl. 72, n° 365./ Bd 6, 7. Göttingen, Vandenhoeck u. Ruprecht, 80, 2 vol. in-8, 118, 117 p. (Kleine Vandenhoeck-Reihe, 1461, 1464)

278. DOGLIO (Manuele). La Nuova Rivista Storica e la storiografia del Novecento (1917-1945). Nuova R.stor., 80, a. 64, p. 334-377.

279. FAULENBACH (Bernd). Ideologie des deutschen Weges. Die deutsche Geschichte in der Historiographie zwischen Kaiserreich u. Nationalsozialismus. München, Beck, 80, in-8, XIII-517 p.

280. FERENCZI (László). A magyar felvilágosodás történetszemléletéről. (Sur la conception historique des Lumières hongroises.) Irodtört. Közl., 80, vol. 84, n° 2, p. 164-170.

281. FLORY (Stewart). Who read Herodotus' Histories ? Am. J. Philol., 80, vol. 101, n° 1, p. 12-28.

282. FRANKLIN (John Hope). Mirror for Americans : a century of reconstruction history. Am. hist. R., 80, vol. 85, n° 1, p. 1-14.

283. GLATZ (Ferenc). Történetíro és politika. Szekfű, Steier, Thim és Miskolczy nemzetről és államról. (Historien et politique. /Gyula/ Szekfű /1883-1955/, /Lajos/ Steier /1885-1938/, /József/ Thim /1864-1959. et /Gyula/ Miskolczy /1892-1962/ sur la nation et sur l'Etat.) Budapest, Akad. Kiadó, 80, in-8, 267 p.

284. GONČAROV (L. V.), IL'IN (Ju. M.). Afrikanistika v SSSR (70-e gody). (Die Afrikanistik in der UdSSR in den 70er Jahren.) Nar.Azii Afr., 80, n° 1, p. 137-147.

285. HOLMES (Clive). The country community in Stuart historiography. J. brit. Stud., 80, vol. 19, n° 2, p. 54-73.

286. HUNFALVY (Pál). Die ungarische Sprachwissenschaft. Historischer Überblick. Acta ethnogr. Acad. Sci. hungaricae, 78, vol. 27, n°s 1-4, p. 33-55.

287. IANZITI (Gary). From Flavio Biondo to Lodrisio Crivelli : the beginnings of humanistic historiography in Sforza Milan. Rinascimento, 80, s. é? a. 31, p. 3-40.

288. Istorija i istoriki. Istoriografičeskij ežegodnik. /1975, 1976. Cf. Bibl. 78-79, n° 369./ 1977. (Histoire et historiens. Annuaire historiographique, 1977.) Réd. par M. V. NEČKINA. Moskva, Nauka, 80, in-8, 454 p. (AN SSSR. Nauč. Sovet po probleme "Ist. istorič. nauki" pri Otd. ist. Inst. ist. SSSR)

289. Italia (L') unita nella storiografia del secondo dopoguerra. A cura di Nicola TRANFAGLIA. Milano,

Feltrinelli, 80, in-8, 317 p. (I fatti e le idee 476. Bibl. di Stor. contemp. Testi e saggi, 18)

290. KAMMEN (Michael) a. others. The past before us : contemporary historical writing in the United States. Ithaca, N.Y., Cornell U.P., 80, in-8, 524 p.

291. KINNER (Klaus). Zur Entwicklung der marxistischleninistischen Geschichtswissenschatf der KPD (1917/18-1933). Wiss. Mitt. Hist.-Gesellsch. d. DDR, 80, H. 3, p. 11-24.

292. KOSÁRY (Domokos). A magyar történetirás a "romantika korában". (L'historiographie hongroise à l'"époque du romantisme".) Irodtört. Közl., 78, vol. 82, n°s 5-6, p. 540-561.

293. LINDKVIST (Thomas). Swedish medieval society : previous research and recent development. Scand.J.Hist., 79, vol. 4, p. 253-285.

294. LINNÉ ERIKSEN (Tore). Modern African history : some historiographical observations. Scand.J.Hist., 79, vol. 4, p. 75-97.

295. LITVÁN (György). Ókortudomány és társadalomszemlélet a századfordulo körül. (L'étude de l'antiquité et les conceptions sur la société au tournant du siècle.) Ant. Tanulm., 78, vol. 25, n° 1, p. 1-11.

296. LUCKIJ (E. A.), MURAV'EV (V.A.). Istoriografija istorii SSSR v gody Velikoj Otečestvennoj Vojny. (Historiography of the history of the USSR in the Years of the Great Patriotic War.) Ist. SSSR, 80, n° 3, p. 104-118.

297. MEES (Michele). Strutture e forme della storia dell'interpretazione protocristiana. Misc. francesc., 80, t. 80, p. 314-344.

298. MOISEEVA (G. N.). Drevnerusskaja literatura v khudožestvennom soznanii i istoričeskoj mysli Rossii XVIII v. (The ancient Russian literature in the artistic conciousness and historical thought of Russia in the 18th cent.) Leningrad, Nauka, 80, in-8, 261 p.

299. MOODY (Joseph N.). The third republic and the church : a case history of three French historians /Ernest Lavisse, Alphonse Aulard, Charles Seignobos/. Cath. hist. R., 80, vol. 66, n° 1, p. 1-15.

300. NIEDERHAUSER (Emil). The historian and the national movement - the case of Paisi, Rajić and Lelewel. Studia slavica Acad. Sci. hungaricae, 79, vol. 25, n°s 1-4, p. 273-278. -IDEM. Négy arckép. (Quatre portraits.) Tört. Szle, 80, vol. 23, n° 4, p. 577-590. /Nicolae Iorga 1871-1940 ; Josef Pekař 1870-1937 ; Oskar Halecki 1891-1973 ; Peter Sztojanov Mutafčiev 1883-1943./

301. ODÉN (Birgitta). Forskande kvinnor inom svensk historievetenskap. (Women as researchers within Swedish historical science.) /Svensk/ Hist.T., 80, vol. 100, p. 244-265. /Eng. summary/

302. ÖSTERBERG (Eva). Forskning om det äldre svenska samhället - idag, igar, i morgon ? Några perspectiv. (Research on Sweden's medieval society - to-day, yesterday, to-morrow ? Some perspectives.) /Svensk/ Hist.T., 80, vol. 100, p. 483-499. /Eng. summary/

303. OZANNE (Robert). Trends in American labor history. Labor Hist., 80, vol. 21, n° 4, p. 513-521.

304. Recherche historique (La) en France depuis 1965. Préf. de René GIRAULT. Paris, Ed. du C.N.R.S., 80, in-8, 154 p.

305. SALVESEN (Helge). Tendenser i den historiske sameforskning and saerlig vekt på politikk og forskning. (Tendencies in historical research on the Lapps, with special stress on politics and research.) Scandia, 80, vol. 46, p. 21-52. /Eng. summary/

306. SCHLOBACH (Jochen). Zyklentheorie und Epochenmetaphorik. Studien z. bildl. Sprache d. Geschichtsreflektion in Frankreich von d. Renaissance bis z. Frühaufklärung. München Fink, 80, in-8, 387 p. (Humanist. Bibl., R. 1 : Abh., 7)

307. SCHÜCK (Herman). Centralorgan för den svenska historiska forskningen : "Historisk Tidskrift" från sekelskiftet till 1960-talets början. (The central organ of Swedish historical research : Historisk Tidskrift from the turn of the century to the early 1960's.) /Svensk/ Hist.T., 80, vol. 100, p. 92-139. /Eng. summary/

308. THOMPSON (Homer A.). In pursuit of the past : the American role 1879-1979. Am. J. Archaeol., 80, vol. 84, n° 3, p. 263-370.

309. VARGA (Sándor). Petrik Géza /1845-1925/ Magyarország bibliographiája 1712-1860. c. munkájának kiadástörténete. (L'histoire de la publication de la "Bibliographie de la Hongrie 1712-1860" de Géza Petrik). Magy. Könyvszle, 80, vol. 96, n° 3, p. 264-279.

310. VILLARI (Rosario). Storici americani e ribelli europei. Studi stor., 80, a. 21, p. 487-503.

311. WHITFIELD (Stephen J.). The presence of the past : recent trends in American Jewish history. Am. jewish Hist., 80, vol. 70, n° 2, p. 149-167.

312. WIELGOSZ (Zbigniew). Nowa Marchia w historiografii niemieckiej i polskiej. (La Nouvelle Marche /Brandebourg/ dans l'historiographie allemande et polonaise.) Poznań, Uniw. im. A. Mickiewicza, 80, in-8, 184 p. (Histo-

313. YAVETZ (Zvi). Zeitgeist und deutsche Althistoriker in der ersten Hälfte des 19. Jahrhunderts. Jb. d. Inst. f. deutsche Gesch., 78, Bd 7, p. 255-276.

Cf. n°s 401, 412, 476, 477, 4381, 4397, 5033, 6524.

b. Biographien[1].

314. BLACKMUR (Richard P.). Henry Adams. London, Secker a. Warburg, 8o, in-8, 357 p. -CONTOSTA (David R.). Henry Adams and the American experiment. Boston, Little Brown, 8o, in-8, VIII-159 p. (Libr. of Am. Biogr.) -DUSINBERRE (William). Henry Adams : the myth of failure. Charlottesville, Univ. Press of Va., 8o, in-8, 250 p.

315. KIRÁLY (Péter). Arató Endre, 1921-1977. Magy. Tudom., 78, vol. 23, n° 3, p. 237-239.

316. WILSON (Adrian). The infancy of the history of childhood : an appraisal of Philip Ariès. Hist. a. Theory, 8o, vol. 19, n° 2, p. 132-153.

317. KEYLOR (William R.). Jacques Bainville and the renaissance of royalist history in twentieth-century France. Baton Rouge. La. State U.P., 79, in-8, XXVI-349 p.

318. SZATHMÁRI (István). Géza Bárczi (1894-1975) et la linguistique hongroise. Acta linguist. Acad. Sci. hungaricae, 77, vol. 27, n°s 3-4, p. 355-380.

319. BRAEMAN (John). The historian as activist : Charles A. Beard and the New Deal. South Atlantic Quar., 8o, vol. 79, n° 4, p. 364-374. -NOTE (Ellen). Charles A. Beard's act of faith : context and content. J. am. Hist., 8o, vol. 66, n° 4, p. 850-866.

320. WELLMANN (Imre). Bél Mátyás, 1684-1749. (Mathias Bél.) Tört. Szle, 79, vol. 22, n° 2, p. 381-391.

321. BOBBIO (Norberto). Il liberalismo di I. Berlin. R.stor.ital., 8o, a. 92, p. 612-620. -KOCIS (Robert A.). Reason, development, and the conflicts of human events : Sir Isaiah Berlin's vision of politics. Am. pol. Sci. R., 8o, vol. 74, n° 1, p. 38-52.

322. LINGER (Hartmut). Konstantin Nikolaevič Bestužev-Rjumins Stellung in der russischen Historiographie und seine gesellschaftliche Tätigkeit. Ein Beitr. z. russ. Geistesgesch. d. 19. Jrh. Frankfurt (Main), Bern u. Cirencester, Lang, 8o, in-8, 244 p. (Europ. Hochschulschr. Reihe 3 : Gesch. u. ihre Hilfswiss., 144)

323. HILL (Alette Olin), HILL (Boyd H.) Jr. Marc Bloch and comparative history. Am. hist. R., 8o, vol. 85, n° 4, p. 828-846.

324. FEHN (Klaus). Martin Born zum Gedächtnis. Bl. f. deutsche Landesgesch., 8o, Jg. 116, p. 279-280.

325. WALLERSTEIN (Immanuel). Braudel, le Annales e la storiografia contemporanea. Studi stor., 8o, a. 21, p. 5-19.

326. LAKÓ (György). Budenz József. J. Budenz /1836-1892/.) Budapest, Akad. Kiadó, 8o, in-16, 230 p. (A mult magyar tudósai 9. sor)

327. McNAIRN (Barbara). The method and theory of V. Gordon Childe. Economic, social a. cultural interpretations of prehistory. Edinburgh, Univ. Press, 8o, in-8, 191 p. -TRIGGER (Bruce G.). Vere Gordon Childe, revolution in archaeology. London, Thames a. Hudson, 8o, in-8, 208 p. (33 pl.).

328. JACOBITTI (Edmund E.). Hegemony before Gramsci : the case of Benedetto Croce. J. mod. Hist., 8o, vol. 52, n° 1, p. 66-84.

329. PARIGI (Maristella). Appunti per una storia della fortuna di Cuoco. Ric. stor./Piombino/, 8o, a. 10, p. 141-169.

330. CASALI (Antonio). Profilo di Luigi Dal Pane. Studi stor., 8o, a. 21, p. 877-902.

331. Publications et travaux du professeur Jean Dauvillier. In : Mélanges offerts à J. Dauvillier /Cf. n° 413/, p. XXV-XXXIV.

332. GAMBINO (Luigi). Il problema delle fonti della "Storia delle guerre civili di Francia" del Davila. Stor. Pol., 8o, a. 19, p. 28-70, 261-308.

333. BULHOF (Ilse N.). Wilhelm Dilthey : a hermeneutic approach to the study of history and culture. Boston, Nijhoff, 8o, in-8, 233 p. (Martinus Nijhoff Philos. Libr., 2) -ERMARTH (Michael). Wilhelm Dilthey : the critique of historical reason. Chicago, Univ. of Chicago Press, 78, in-8, XIV-414 p. -RICKMAN (H. P.). Wilhelm Dilthey : pioneer of the human studies. Berkeley a. Los Angeles, Univ. of Calif. Press, 79, in-8, VIII-197 p.

334. GERICS (József). Domanovszky Sándor, az Árpádkori krónikakutatás úttörője. (Sándor Domanovszky, précurseur des recherches concernant les chroniques écrites de l'époque des Arpad.) Századok, 78, vol. 112, n° 2, p. 235-250. - GLATZ (Ferenc). Domanovszky Sándor /1877-1955/ helye a magyar történettudományban. (La place de S. Domanovszky dans la science historique hongroise.) Századok, 78, vol. 112, n° 2, p. 211-234.

---

1. Geordnet nach dem Alphabet der behandelten Personen.

B. HANDBÜCHER, ALLGEMEINE ÜBERSICHTSWERKE

335. KOHLSTRUNK (Irene). Logik und Historie in Droysens Geschichtstheorie. Eine Analyse von Genese u. Konstitutionsprinzipien seiner "Historik". Wiesbaden, Steiner, 80, in-8, VI-182 p. (Frankfurter hist. Abh., 23)

336. MANN (Gunter). Geschichte als Wissenschaft und Wissenschaftsgeschichte bei DuBois-Reymond. Hist. Z., 80, Bd 231, p. 75-100.

337. PARENTE (Fausto). Monsignor /Louis/ Duchesne. R.stor.ital., 80, a. 92, p. 176-190.

338. Walther Eckermann (1899-1978). Wiss. Mitt. Hist.-Ges. DDR, 79, p. 151-153.

339. WEINSTEIN (Fred). On the social functions of intellectuals : a consideration of Erik H. Erikson's contribution to psychoanalysis and psychohistory. In : New directions in psychohistory /Cf. n° 416/, p. 3-19.

340. BERECZKI (Gábor). Fokos-Fuchs Dávid, 1884-1977. (Dávid Fokos-Fuchs.) Nyelvtudom. Közl., 78, vol. 80, n° 1, p. 171-173.

341. MOMIGLIANO (Arnaldo). Uno storico liberale fautore del Sacro Romano Impero : E. A. Freeman. R.stor. ital., 80, a. 92, p. 152-163.

342. Pietro Giannone e il suo tempo. Atti del Convegno di studi nel tricentenario della nascita. Foggia-Ischitella, 23-24 ottobre 1976. A cura di Raffaele AJELLO. Napoli, Jovene, 80, 2 vol. in-8, XV-942 p. compless. (Stor.e Dir., 5)

343. KENNEDY (George A.). Gildersleeve, The Journal, and philology in America. Am. J. Philol., 80, vol. 101, n° 1, p. 1-11.

344. Zoltán Gombocz /1877-1935/ zum Gedächtnis. Univ. Sci. budapestinensis. Sect. lingu., 78, vol. 9, p. 5-147. /Aus d. Inhalt : HARMATTA (J.). Erinnerung an Zoltán Gombocz, p. 9-14. -LIGETI (L.). Zoltán Gombocz als Turkologe, p. 15-23. -LAKÓ (Gy.). Das Schaffen von Zoltán Gombocz auf dem Gebiet der finnisch-ungarischen Linguistik und der Urgeschichte, p. 65-75./

345. HECKER (Hans). Die Anfänge der modernen Universalgeschichte in Russland. T. N. Granovskij und seine universalhist. Konzeption von 1839. Saeculum, 80, Bd 31, p. 44-65.

346. GREGOR (F.), László Hadrovics -Siebzigjährig.- Bibliographie der Publikationen von László Hadrovics (1970-1979). Studia slavica Acad. Sci. hungaricae, 79, vol. 25, n°s 1-4, p. 11-13.

347. MÜHLPFORDT (Günter). Karl Hagen. Ein progressiver Historiker im Vormärz über d. radikale Reformation. Jb. f. Gesch., 80, Bd 21, p. 63-101.

348. CHASE (Myrna). Elie Halévy : an intellectual biography. New York, Columbia U.P., 80, X-293 p.

349. TÖTTÖSSY (Csaba). Bibliography of the scholarly works and papers of J. Harmatta. Acta ant. Acad. Sci. hungaricae, 77, vol. 25, n°s 1-4, p. 13-24.

350. NÉMETH (Lajos). Hauser Arnold, 1892-1978. (Arnold Hauser.) Magy. Tudom., 78, vol. 23, n°s 7-8, p. 616-618.

351. UHR (Carl G.). Eli F. Heckscher, 1879-1952, and his treatise on Mercantilism revisited. Econ.a.Hist., 80, vol. 23, p. 3-39.

352. HILDEBRAND (Karl-Gustav). Emil Hildebrand och Historisk tidskrift. (EMil Hildebrand /1848-1919/ and the Historiske Tidskrift.) /Svensk/ Hist.T., 80, vol. 100, p. 62-91. /Eng. summary/

353. SZABÓ (József). Hunfalvy János. (János Hunfalvy /1820-1888/.) Budapest, Akad. Kiadó, 80, in-16, 195 p. (1 pl.). (A mult magyar tudósai 9. sor.)

354. INNIS (Harold A.). The idea file of Harold Adams Innis. Introd. and ed. by William CHRISTIAN. Toronto, Buffalo a. London, Univ. Press, 80, in-8, XXI-287 p. (Canad. univ. paperbooks, 248) - CR : G. Stevenson, Canad. hist. R., 80, vol. 61, p. 549-550.

355. HOPPÁL (Mihály). Ipolyi Arnold. (A. Ipolyi /1823-1886/.) Budapest, Akad. Kiadó, 80, in-8, 220 p. (1 pl.). (A mult magyar tudósai 9. sor.)

356. LAKÓ (György). Antti Jalava /1846-1909/ als Begründer der finnisch-ungarischen Freundschaftsbeziehungen. A. Univ. Sci. budapest. Sect. linguist., 78, vol. 9, p. 151-164.

357. STOECKER (Erika). A. S. Jerussalimski. Deutsche Gesch. im Leben eines sowjet. Historikers u. Kommunisten. Berlin, Akad.-Verl., 80, in-8, VIII-157 p. (Abb.)

358. SNYDER (Henry). David Jones, Augustan historian and pioneer English annalist. Huntington Libr. Quar., 80, vol. 44, n° 1, p. 11-26.

359. KERN (Liselotte). Fritz Kern, 1884-1950. Universalhistoriker u. Philosoph. Hinweis auf e. unveröff. Nachlass. Bonn, Röhrscheid, 80, in-8, 152 p. (Academica Bonnensia, 6)

360. Bibliographie des travaux de Jean Lafaurie, établie par Raymonde LAFAURIE. In : Mélanges de numismatique /Cf. n° 425/, p. 13-33.

361. SEMPRE (Sylvie). Publications archéologiques de M. Jean Lassus. Antiquités afric., 79, t. 14, p. 11-15.

362. WIĘCKOWSKA (Helena). Joachim Lelewel - uczony - polityk - człowiek.

(J. Lelewel - savant - homme politique - homme.) Warszawa, Czytelnik, 80, in-8, 181 p.

363. LARSON (Robert H.). B. H. Liddell Hart : apostle of limited war. Milit. Affairs, 80, vol. 44, n° 2, p. 70-75.

364. WILSON (Daniel J.). Arthur O. Lovejoy and the quest for intelligibility. Chapel Hill, Univ. of North Carolina Press, 80, XVII-248 p. -IDEM. Arthur O. Lovejoy and the moral of the great chain of being. J. Hist. Ideas, 80, vol. 41, n° 2, p. 249-266.

365. AMELOTTI (Mario). Giuseppe Ignazio Luzzatto (1908-1978). Aegyptus, 79, a. 59, p. 262-264.

366. RÁNKI (György). "Elemér" /Carlile Aylmer/ Macartney. New hungar. Quart., 78, vol. 19, n° 72, p. 146-149.

367. Mályusz Elemér műveinek bibliográfiája. Összeáll. SOÓS István. (Bibliographie des oeuvres d'Elemér Mályusz. Réd. par -.) Tört. Szle, 78, vol. 21, p. 609-621.

368. GILISSEN (J.). L'apport de Meijers à l'histoire du droit. R.Hist. Droit, 80, vol. 48, p. 355-371. -Complément à la bibliographie des travaux historiques de E. M. Meijers (1880-1954). Par R. FEENSTRA. Ibid., p. 373-376.

369. SCHULIN (Ernst). Friedrich Meineckes Stellung in der deutschen Geschichtswissenschaft. Hist. Z., 80, Bd 230, p. 3-29.

370. KIPPUR (Stephen A.). Jules Michelet. A study of mind and sensibility. Albany, State Univ. of N. Y. Press, 80, in-8, 269 p. -PINTACUDA DE MICHELIS (Fiorella). Alle origini della histoire totale : Jules Michelet. Studi stor., 80, a. 21, p. 835-856.

371. KAKUKK (Zsuzsa). Julius Németh (1890-1976). Acta linguist. Acad. Sci. hungaricae, 77, vol. 27, n°s 1-2, p. 3-13.

372. MOMIGLIANO (Arnaldo). Alle origini dell'interesse per Roma arcaica : Niebuhr e l'India. R.stor.ital., 80, a. 92, p. 561-572.

373. DÖMÖTÖR (Tekla). Ortutay Gyula, 1910-1978. (G. Ortutay.) Magy. Tudom. Akad. Nyelv. Irodtudom. Oszt. Közl., 79, vol. 31, n°s 1-2, p. 199-207. -Emlékezés Ortutay Gyulára. (In memoriam Gyula Ortutay.) Ethnographia, 80, vol. 91, n°s 3-4, p. 501-557.

374. KRÜGER (Bruno). Karl-Heinz Otto zum 65. Geburtstag. Ethnogr.-archäol. Z., 80, Jg. 21, p. 485-487.

375. BÜHLER (Winfried). Rudolf Pfeiffer †. Gnomon, 80, Bd 52, p. 402-410. /28. Sept. 1889 - 5. Mai 1979/

376. MOSCATI (Ruggero). In ricordo di Ernesto Pontieri. Arch.stor.Calabria Lucania, 80, a. 47, p. 5-12.

377. DELVOYE (Charles). Hommage à Claire Préaux. B. Assoc. Budé, 79, 5e sér., t. 65, p. 383-390. -LENGER (Marie -Thérèse). Bibliographie des travaux de Claire Préaux. Bruxelles, Ed. de l'Univ. 80, in-8, 24 p. (Univ. Libre de Bruxelles, Centre de Papyrol. et d'Epigr. grecque) -MODRZEJEWSKI (Joseph). Claire Préaux (1904-1979). R. hist. Droit franç. étr., 79, s. 4, a. 57, p. 326-328.

378. Bibliografia degli scritti di Ernesto Ragionieri. Firenze, Olschki, 80, in-8, 151 p. (Istit.Ernesto Ragionieri, Firenze)

379. FITZSIMONS (M. A.). Ranke : History as worship. R. Politics, 80, vol. 42, n° 4, p. 533-555.

380. Arnold Reisberg (1904-1980). Z. f. Geschichtswiss., 80, Jg. 28, p. 1120.

381. SCHMIDT (Walter), STÖCKIGT (Rolf). Karl Reissig (1930-1978). Wiss. Mitt. Hist.-Ges. DDR, 79, p. 148-150.

382. DÖMÖTÖR (Tekla). Róheim Géza és a magyar ősvallaskutatás. (Géza Róheim /1891-1953/ et la recherche de la religion primitive des Hongrois.) Magy. tudom. Akad. Nyelv- és Irodtudom. Oszt. Közl., 78, vol. 30, n° 4, p. 445-450.

383. RUBIN (Joan Shelley). Constance Rourke and American culture. Chapel Hill, Univ. of N.C. Press, 80, in-8, XI-244 p. /Am. cult. historian, active 1915-1941/

384. /Salvatorelli (Luigi) :/ SPADOLINI (Giovanni). Per Luigi Salvatorelli. -SALVATORELLI (Luigi). Il partito della Democrazia. -BOBBIO (Norberto). L'educatore antifascista. -VALIANI (Leo). Lo storico dell'età moderna. -GALANTE GARRONE (Alessandro). Lo storico del Risorgimento. - COMPAGNA (Luigi). L'esperienza de "La nuova Europa". Nuova Antol., 80, a. 115, vol. 541, fasc. 2134, p. 35-115. - GALASSO (Giuseppe). Forze storiche e vita morale nell'opera di Salvatorelli. R. stor.ital., 80, a. 92, p. 412-426.

385. GALANTE GARRONE (Alessandro). Salvemini e il Risorgimento. Nuova Antol., 80, a. 115, vol. 540, fasc. 2133, p. 78-101.

386. BLEIBER (Helmut). Heinrich Scheel 65 Jahre. Z. Gesch.wiss., 80, Jg. 28, p. 1121-1122. - Prof. Dr. Dr. h.c. Heinrich Scheel - Präsident der Historiker-Gesellschaft der DDR. Wiss. Mitt. Hist.-Ges. DDR, 80, p. 5-6.

387. PREUSS (Joachim). Friedrich Schlette zum 65. Geburtstag. Ethnogr.-archäol. Z., 80, Jg. 21, p. 481-483.

388. KANTZENBACH (Friedrich

Wilhelm). Das wissenschaftliche Werden von Hans-Joachim S̲c̲h̲o̲e̲p̲s̲ und seine Vertreibung aus Deutschland 1938. Z. f. Religions- u. Geistesgesch., 80, Bd 32, p. 319-352. -Nachrufe am Grabe von Hans -Joachim Schoeps am 11. Juli 1980 auf dem jüdischen Friedhof in Nürnberg. Ibid., p. 306-318.

389. Albert S̲c̲h̲r̲e̲i̲n̲e̲r̲ (1892-1979). Wiss. Mitt. Hist.-Ges. DDR, 80, p. 156 -158.

390. WORMELL (Deborah). Sir John S̲e̲e̲l̲e̲y̲ and the uses of history. London a. New York, Cambridge U.P., 80, in-8, X-233 p.

391. KELLEY (Donald R.). Johann S̲l̲e̲i̲d̲a̲n̲ and the origins of history as a profession. J. mod. Hist., 80, vol. 52, n° 4, p. 573-598.

392. ILLERICKIJ (V. E.). Sergej Mikhajlovič S̲o̲l̲o̲v̲'̲e̲v̲. (S. M. Solov'ev.) Moskva, Nauka, 80, in-8, 192 p.

393. Helmut S̲t̲o̲e̲c̲k̲e̲r̲ 60 Jahre. Z. f. Geschichtswiss., 80, Jg. 28, p. 1122-1123.

394. Joachim S̲t̲r̲e̲i̲s̲a̲n̲d̲ (1920-1980). Wiss. Mitt. Hist.-Ges. DDR, 80, p. 5-9. -Z. f. Geschichtswiss., 80, p. 378-379.

395. OROSZ (István). A történetíró munkássága. 80 éve született S̲z̲a̲b̲ó̲ István. (L'oeuvre de l'historien. István Szabó est né il y a 80 ans.) Alföld, 78, vol. 29, n° 7, p. 50-56.

396. HAUHIA (Ulla). József S̲z̲i̲n̲n̲y̲e̲i̲ (1857-1943). A. Univ. Sci. budapest. Sect. linguist., 78, vol. 9, p. 165-173.

397. LÉGER (F.). La jeunesse d'Hippolyte T̲a̲i̲n̲e̲. Préf. de Ph. ARIÈS. Paris, Albatros, 80, in-8, 406 p.

398. TÓTH (András). T̲o̲l̲d̲y̲ Ferenc a hagyományőrző és tudományszervező. (Ferenc Toldy. /1805-1875/ conservateur des traditions et organisateur de science.) Irodtört., 80, vol. 12, n° 2, p. 428-442.

399. Bibliography (A) of Arnold J. T̲o̲y̲n̲b̲e̲e̲. Ed. by S. Fiona MARTIN. Foreword by Veronica M. TOYNBEE. New York, Oxford U.P., 80, XI-316 p. - SEMENOV (Ju. N.). Social'naja filosofija A. Tojnbi. Kritičeskij očerk. (The social philosophy of A. Toynbee. Critical essay.) Moskva, Nauka, 80, in-8, 200 p.

400. MOORMAN (Mary), George Macaulay T̲r̲e̲v̲e̲l̲y̲a̲n̲, a memoir. London, H. Hamilton, 80, in-8, 194 p.

401. METTE (Hans Joachim). Nekrolog einer Epoche : Hermann U̲s̲e̲n̲e̲r̲ und seine Schule. Ein wirkungsgeschichtl. Rückblick auf die Jahre 1856-1979. Lustrum, 79-80 /80/, Bd 22, p. 5-106.

402. PASSERIN D'ENTREVES (Ettore).

Nino V̲a̲l̲e̲r̲i̲ (1897-1978). R.stor.ital., 80, a. 92, p. 427-431.

403. Varga Jenő műveinek bibliográfiája. Összeáll. MIHALIK István /et al./ Szerk. P. KÁLMÁN (Katalin. Közrem. STOCK Imréné. (Bibliographie des oeuvres de Jenő Varga /1879-1964/. Prés. par -, réd. par -. Avec la collab. de -.) Budapest, MSZMP Társadalomtud. Intézete, 79 /80/, 222 p.

404. DEL FANTE (Alessandra). Lo Studio di Pisa in un manoscritto inedito di Francesco V̲e̲r̲i̲n̲o̲ secondo. Nuova R.stor., 80, a. 64, p. 396-418.

405. KOPSTEIN (Helga). Elisabeth Charlotte W̲e̲l̲s̲k̲o̲p̲f̲ zum Gedenken. Ethnogr.-archäol. Z., 80, Jg. 21, p. 137-139. -Elisabeth Charlotte Welskopf (1901-1979). Wiss. Mitt. Hist.-Gesellsch. DDR., 80, p. 153-155.

406. Bibliographie des travaux de M. Pierre W̲u̲i̲l̲l̲e̲u̲m̲i̲e̲r̲. In : Mélanges P. Wuilleumier /Cf/ n° 439/, p. XV-XXIV.

407. LADÁNYI (Sándor). Zoványi Jenő, 1865-1958. (J. Zoványi.) Theol. Szle., 78, vol. 21, n°s 9-10, p. 299-301.

408. TÉGLÁSY (Imre). Z̲s̲á̲m̲b̲o̲k̲y̲ János (Sambucus) nyelv- és történelemszemléletéhez. (La conception du language et de l'histoire de János Zsámboky /Sambucus ; 1531-1584/.) Irodtört. Közl., 80, vol. 84, n° 3, p. 245-265.

Cf. n°s 1830, 3265, 3655, 6459.

c. Festschriften[1].

409. Lübeck, Hanse, Nord-Europa. Gedächtnisschrift f. Ahasver von B̲r̲a̲n̲d̲t̲. Hrsg. im Auftr. d. Hansichen Geschichtsvereins v. Klaus FRIEDLAND u. Rolf SPRANDEL. Köln u. Wien, Böhlau, 79, in-8, 404 p. (A ill.)

410. Perennitas. Studi in onore di Angelo B̲r̲e̲l̲i̲c̲h̲. Promossi dalla Cattedra di religioni del mondo classico dell' Univ.degli studi di Roma. Roma, Ediz. dell' Ateneo, 80, in-8, VII-668 p.

411. Charanis studies : essays in honor of Peter C̲h̲a̲r̲a̲n̲i̲s̲. Ed. by Angeliki E. LAIOU-THOMADAKIS. New Brunswick, N. J. Rutgers U.P., 80, IX-328 p. /Cf. n°s 155, 1762, 1764, 1784, 1791, 2660, 6951./

---

1. Die Arbeiten sind alphabetsich geordnet nach den Namen der Historiker, denen die Festschriften gewidmet sind. Die Zahlen zwischen Klammern an Ende jeder Beschreibung verweisen auf die Studien der Festschriften, die ihrem Inhalt entsprechend in den verschiedenen Abschnitten angezeigt werden.

3. GESCHICHTE DER GESCHICHTSWISSENSCHAFT

412. Centenaire de l'Abbé Cochet 1975. Actes du Colloque internat. d'archéologie, Rouen, 3-5 juillet 1975. Rouen, Musée des antiquités de Seine-Maritime, 78, in-8, 630 p. (ill.). /Contient : 1. L'abbé /Jean Benoît/ Cochet et l'archéologie au XIXe siècle, p. 18-161. - 2. La période gallo-romaine, p. 165-361. - 3. La période mérovingienne, p. 365-596./

413. Mélanges offerts à Jean Dauvillier. /Publ. par l'Univ. des Sci. soc. de Toulouse, Centre d'Hist. juridique méridionale./ Toulouse, Centre d'Hist. jur. méridionale, 79, in-8, XLVII-849 p. /Cf. n°s 331, 1642, 2019, 2170, 2175, 2245./

414. Vacat.

415. Geschichte und Gegenwart. Festschr. für Karl Dietrich Erdmann. Hrsg. v. Hartmut BOOCKMANN /u.a./. Neumünster, Wachholtz, 80, in-8, 702 p. (ill.)

416. New directions in psychohistory : the Adelphi papers in honor of Erik H. Erikson. Ed. by Mel ALBIN. Lexington, Mass., D.C. Heath, 80, in-8, XX-217 p. /Cf. n°s 339, 513, 5629, 5799./

417. Recueil d'études normandes en hommage au docteur Jean Fournée. /Cf. n° 903./

418. En la España medieval. Estudios decicados al profesor D. Julio González González. /Cf. n° 1962./

419. Revolution und Demokratie in Geschichte und Literatur. Zum 60. Geburtstag von Walter Grab. Hrsg. v. Julius H. SCHOEPS u. Imanuel GEISS. Unter Mitw. v. Ludger HEID. Duisburg, Braun, 79, in-8, 415 p. (1 ill.) (Duisburger Hochschulbeitr., 12)

420. Preussen, Deutschland und der Westen. Auseinandersetzungen u. Beziehungen seit 1789. Zum 70. Geburtstag v. Prof. Dr. Oswald Hauser. Hrsg. v. Heinrich BODENSIECK. Göttingen u. Zürich, Musterschmidt, 80, in-8, XII-351 p. (ill., graph. Darst.)

421. Mélanges Hans Jucker. /Cf. n° 1426./

422. Miscellanea. Festschr. f. Helmut Krausnick zum 75. Geburtstag. Hrsg. v. Wolfgang BENZ in Verb. mit Ino ARNDT /u.a./. Stuttgart, Deutsche Verl.-Anst., 80, in-8, 222 p. (1 ill.)

423. Umanesimo e Rinascimento. Studi offerti a Paul Oskar Kristeller de V. BRANCA /e altri/. Firenze, Olschki, 80, in-8, 173 p. (tav.). (Bibl. di Lett.ital., 24)

424. SCHIEDER (Theodor). Einsichten in die Geschichte. Essays. /Josef Kroll z. 90. Geburtstag am 8. Nov. 1979./ Frankfurt (Main), Berlin u. Wien, Propyläen, 80, in-8, 525 p.

425. Mélanges de numismatique, d'archéologie et d'histoire offerts à Jean Lafaurie. Ed. par P. BASTIEN, F. DUMAS, H. HUVELIN, C. MORRISON. Paris, Soc. franç. de numismatique, 80, in-4, 286 p. (28 pl.). /Cf. n° 360./

426. Hommages à Jean Lassus. Vol. 1-3. Antiquités afric., 79, t. 14, 283 p. ; 80, t. 15, 351 p. ; t. 16, 249 p. (ill., pl.). -T. 14 : Cf. n° 361. - T. 15 : Cf. n°s 1438, 1477, 1488, 1498, 1594, 1654, 1655, 1689. -T. 16 : Cf. n°s 1231, 1246, 1491, 1508, 1667, 1685./

427. Europa slavica, Europa orientalis. Festschr. für Herbert Ludat zum 70. Geburtstag. Hrsg. v. Klaus-Detlev GROTHUSEN u. Klaus ZERNACK. Berlin, Duncker u. Humblot /in Komm./, 80, in-8, XII-569 p. (Osteuropastud. d. Hochschulen d. Landes Hessen, Reihe 1. Giessener Abh. z. Agrar- u. Wirtschaftsforsch. d. europ. Ostens, 100)

428. Was die Wirklichkeit lehrt. Golo Mann zum 70. Geburtstag. Hrsg. v. Hartmut v. HENTIG u. August NITSCHKE. Frankfurt (Main), S. Fischer, 79, in-8, 364 p. (1 ill.)

429. Filias Charin. Miscellanea di studi classici in onore di Eugenio Manni. Roma, Bretschneider, 80, 6 vol. in-8, XXIII-2240 p. compless. (tav.)

430. Essays in honour of T. W. Moody. /Cf/ n° 3586./

431. Horizons européens de la réforme en Alsace : mélanges offerts à Jean Rott... /Cf. n° 4143./

432. SANTONASTASO (Giuseppe). Scritti minori. A cura di Riccardo CAMPA. Napoli Giannini, 80, in-8, 268 p. (Univ. di Napoli. Quad. della Fac. di Sci. pol., 9)

433. Hommages à la mémoire de Serge Sauneron, 1927-1976. /Cf. n° 1177./

434. Studi di storia medievale e moderna per Ernesto Sestan. /Cf. n° 625./

435. Mélanges Walter Ullman. /Cf. n° 2171./

436. Mélanges J. L. Van der Gouw. /Cf. n° 705./

437. Studien zur antiken Sozialgeschichte. Festschr. Friedrich Vittinghoff. Hrsg. v. Werner ECK u.a., Köln u. Wien, Böhlau, 80, in-8, XV-595 p. (ill.). (Kölner hist. abh., 28)

438. Projekt och perspektiv : rapport från Gunnar T. Westins jubileumsseminarium, Göta kanal 26-28 augusti 1978. Red. Göran Dahlbäck. (Projects and perspectives : report from Gunnar T. Westin's jubilee seminar, Göta Canal, 26th-28th August, 1978. Ed. by Göran DAHLBÄCK.) Stockholm, Almqvist a.Wiksell internat., 79, in-

8, 121 p. (Stockholm stud. in hist., 26)

439. Mélanges de littérature et d'épigraphie latines, d'histoire ancienne et d'archéologie. Hommage à la mémoire de Pierre Wuilleumier. Paris, Belles Lettres, 80, in-8, XXIV-365 p. (pl., carte). (Coll. d'Etudes latines, sér. scientif., 35) /Cf. n° 406./

440. Mélanges Herbert C. Youtie. /Cf. n° 1129./

Cf. n°s 818, 925, 1226, 2232, 3719, 6005.

§ 4. Methodenlehre, Geschichtsphilosophie und Geschichtsunterricht.

♦ 441. LIGOTA (C. R.), STRASSFELD (Robert). Bibliography of works in the philosophy of history, 1973-1974. Hist. a. Theory, 79, vol. 18, p. 1-111.

♦ 442. Théorie et méthode dans l'historiographie roumaine (1965-1979). Bibliographie sélective annotée. Bucarest, Bibliothèque centrale universitaire, 80, in-8, 134 p.

443. ADAMSON (Rolf). Tiden och rummet. (The time-space path.) /Svensk/ Hist.T., 80, vol. 100, p. 500-512. /Eng. summary/

444. ANCSEL (Éva). Történelem és alternativak. A cselekvés választjai. (Histoire et alternatives. Les carrefours de l'action.) Budapest, Kossuth Kiadó, 78, in-8, 209 p.

445. Ansichten einer künftigen Geschichtswissenschaft. Imanuel GEISS, Rainer TAMCHINA (Hrsg.). Bd 1 : Kritik, Theorie, Methode. Bd 2 : Revolution. Ein hist. Längsschnitt. Frankfurt (Main), Berlin, u. Wien, Ullstein, 80, 2 vol. in-8, VIII-189, 224 p. (Ullstein-Buch, 35042, 35043. Ullstein-Materialien)

446. BARSCH (Claus E.). Herrschaftslosigkeit und Geschichte. Zwang u. Willkür als Folgen teleologischer Geschichtsdeutung. Z. f. Religions- u. Geistesgesch., 80, Bd 32, p. 1-12.

447. BALÁZS (Alice). Die Rolle des Geschichtsunterrichts bei der Formung des Menschen des 20. Jahrhunderts. In : Etudes hist. hongr. /Cf. n° 611/, vol. 2, p. 593-611.

448. BARG (M. A.). Kategorii "vsemirno-istoričeskij" i "lokal'no-istoričeskij' v marksistsko-leninskom istorizme. (Les catégories "histoire mondiale" et "histoire locale" dans l'historisme marxiste.) Vopr. Ist., 80, n° 1, p. 61-78.

449. BELELJUBSKIJ (F. B.), KOCAKOVA (N. B.). Problemy istočnikovedenija afrikanskoj istorii v sovetskoj istoriografii. (Les problèmes de l'étude des sources de l'histoire africaine vus par l'historiographie soviétique.) Vopr. Ist., 80, n° 1, p. 118-126.

450. BEREND (T. Iván). History as a discipline - scolary and scholastic. In : Etudes hist. hongr. /Cf. n° 611/, vol. 2, p. 551-574. -IDEM. A történettudomány társadalmi hasznossága. (L'utilité sociale de la science historique.) Valóság, 79, vol. 2, n° 7, p. 11-20.

451. BERTRAND (Michèle). Le marxisme et l'histoire. Paris, Ed. sociales, 79, in-8, 210 p. (Comprendre)

452. Biographie und Geschichtswissenschaft. Aufsätze z. Theorie u. Praxis wiss. biograph. Arbeit. Hrsg. v. Grete KLINGENSTEIN /u.a./. Red. Wolfdieter BIHL, Gernot HEISS. München, Oldenbourg, 79, in-8, 268 p. (Wiener Beitr. z. Gesch. d. Neuzeit, 6)

453. BØE (Jan Bjarne), EKLE (Halvor). Historisk metode og kildekritikk. (Historical method and source critics.) Oslo, Ascheoug, 80, in-8, 111 p. (ill.)

454. BONFIELD (Lynn A.). Conversation with Arthur M. Schlesinger, Jr. : the use of oral history. Am. Archivist, 80, vol. 43, n° 4, p. 461-472.

455. BORSA (Giorgio). Introduzione alla storia. Cos'è, come si scrive, come si studia. Firenze, Le Monnier, 80, in-8, VIII-132 p. (Quad. di Stor., 51)

456. BROWN (Robert Craig). Biography in Canadian history. Canad. hist. Assoc. Pap., 80, p. 1-8.

457. CANNON (John). The historian at work. London, Allen a. Unwin, 80, in-8, 216 p.

458. CHAUNU (Pierre). Histoire et foi. Deux mille ans de plaidoyer pour la foi. Paris, France-Empire, 80, in-8, 320 p. (Actualité de l'Hist.) -IDEM. Histoire et imagination. Paris, Presses univ. France, 80, in-8, 303 p. (graph.) (Histoires)

459.Czas o przestrzeń w procesie historycznym. Materiały z sympozjum zorganizowanego przez Redakcję "Historyki". (Le temps et l'espace dans le processus historique. Matériaux du symposium organisé par la Rédaction de "Historyka".) Par Emanuel ROSTWOROWSKI et autres. Historyka, 80, vol. 10, p. 5-58.

460. DIEHL (Ernst). Geschichtswissenschaft in der Klassenauseinandersetzung unserer Zeit. Einheit, 80, Jg. 35, p. 1264-1271.

461. DRAY (William H.). Perspectives on history. London, Routledge, 80, in-8, 152 p.

462. ELEKES (Lajos). Le problème

4. METHODENLEHRE, GESCHICHTSPHILOSOPHIE UND GESCHICHTSUNTERRICHT

de l'histoire et de la méthode dans la science bourgeoise moderne. In : Etudes hist. hongr. /Cf. n° 462/, vol. 2, p. 515-550.

463. ENGELBERG (Ernst). Theorie, Empirie und Methode in der Geschichtswissenschaft. Gesammelte Aufsätze. Hrsg. v. Wolfgang KUTTLER u. Gustav SEEBER. Berlin, Akad.-Verl., 80, in-8, X-416 p.

464. FUCHS (Walther Peter). Nachdenken über Geschichte. Vorträge u. Aufsätze. Mit e. Geleitw. von Karl Dietrich ERDMANN. Hrsg. v. Gunter BERG u. Volker DOTTERWEICH. Stuttgart, Klett-Cotta, 80, in-8, 374 p.

465. GAGNON (Nicole), HAMELIN (Jean). L'homme historien : introduction à la méthodologie de l'histoire. Avec la participartion de André GARON, Jacques MATHIEU, Jean-Claude SAINT-AMANT, Michel STEWART, etc. Saint-Hyacinthe (Québec), Edisem ; Paris, Maloine, 79, in-8, 127 p. (Méthodes des sci. humaines, 2)

466. GENICOT (Léopold). Simples observations sur la façon d'écrire l'Histoire. Louvain-la-Neuve, Univ. catholique, 80, in-8, 125 p.

467. GLATZ (Ferenc). A szóbeli források és kritikájuk. (Les sources orales de l'histoire et leur critique.) Századok, 80, vol. 114, N° 6, p. 1009-1018.

468. GREW (Raymond). The case for comparing histories. Am. hist. R., vol. 85, n° 4, p. 763-779.

469. GULYGA (A.). Iskusstvo istorii. (The art of history.) Moskva, Sovremennik, 80, in-8, 288 p.

470. HAGER (Bengt Ake). Grepp om historien. (Grip on history.) Vol. 1-3. Lund, Studentlitt., 78-79, 3 vol. in-8, 160, 228, 109 p. (ill.)

471. HAMILTON (Holman). Clio with style. J. south. Hist., 80, vol. 46, n° 1, p. 3-16.

472. HAWKE (G. R.). Economics for historians. London, Cambridge, U.P., 80, in-8, 237 p. (diagr., tab.)

473. HAY (Cynthia). Historical theory and historical confirmation. Hist. a. Theory, 80, vol. 19, n° 1, p. 39-57.

474. HECKENAST (Gusztáv). Mi a történeti tény ? (Qu'est-ce que c'est que le fait historique ?) Tört. Szle, 80, vol. 23, n° 4, p. 677-680.

475. HELLMANN (Manfred). Zur Lage der historischen Erforschung des östlichen Europa in der Bundesrepublik Deutschland. Jb. d. hist. Forsch., 79, /80/; p. 13-38.

476. HENNINGSEN (Lars N.). Grundzüge der dänischen Geschichtsforschung nach 1945 mit besonderer Berücksichtigung der Sozial- und Wirtschaftsgeschichte. Z. d. Ges. f. schles-wig-holstein. Gesch., 80, Bd 105, p. 293-312.

477. HETTNE (Björn). Ekonomisk historia i Sverige under femtio år : institutionell utveckling och forskningsinriktning. (Economic history in Sweden during the last 50 years : institutional development and paradigmatic change.) /Svensk/ Hist.T., 80, vol. 100, p. 140-175. /Eng. summary/

478. HEYDEMANN (Günther). Geschichtswissenschaft im geteilten Deutschland. Entwicklungsgesch., Organisationsstruktur, Funktionen, Theorie u. Methodenprobleme in d. Bundesrepublik Deutschland u. in d. DDR. Frankfurt (Main), Bern u. Cirencester, Lang, 80, in-8, 267 p. (Erlanger hist. Stud., 6)

479. HOLLINGER (David A.). The problem of pragmatism in American history. J. am. Hist., 80, vol. 67, n° 1, p. 88-107.

480. HUMPHREYS (R. Stephen). The historian, his documents, and the elementary modes of historical thought. Hist. a. Theory, 80, vol. 19, n° 1, p. 1-20.

481. HUSZÁR (Tibor). Történelem és szociológia. A cselekvő ember nyomában. (Histoire et sociologie. A la recherche de l'homme en action). Budapest, Magnető Kiadó, 79, in-8, 574 p. (Elvek és utak)

482. JOHANSSON (Ingvar). Paradigmbegreppet och historie- och samhällsvetenskaperna. (The concept of paradigm and the humanities and the social sciences.) Scandia, 80, vol. 46, p. 239-250, 265. /Eng. summary/

483. KAIN (Philip J.). Marx's dialectic method. Hist. a. Theory, 80, vol. 19, n° 3, p. 294-318.

484. KHVOSTOVA (K. V.). Nekotorye aspekty teoretičeskogo podkhoda k srednevekovoj social'no - ėkonomičeskoj istorii. (Quelques aspects de l'approche théorique en histoire économique et sociale du moyen âge.) Vopr. Ist., 80, n° 4, p. 70-81.

485. KMITA (Jerzy). Z problemów epistemologii historycznej. (Les problèmes de l'épistémologie historique.) Warszawa, Państw. Wydawn. Nauk., 80, in-8, 202 p.

486. KOSÁRY (Domokos). A művészetek (irodalom, zene, képzőművészet) történeti diszciplinái és a művelődéstörténet. (Les disciplines historiques des arts-littérature, musique, beaux-arts- et l'histoire culturelle.) Századok, 79, vol. 113, N° 4, p. 591-609.

487. KOZIN (N. G.). Poznanie i istoričeskaja nauka : ėmpiričeskij i teoretičeskij uroven' znanija i poznanija i istoričeskaja nauka. (Knowledge

and historical science.) Saratov, Izdvo Saratov.univ., 80, in-8, 150 p.

488. KÜTTLER (Wolfgang). Wissenschaftssprache, Begriffs- und Theoriebildung in der historischen Forschung und Darstellung. Zum Problem d. Sprache d. Historikers. Z. f. Geschichtswiss., 80, Jg. 28, p. 532-543.

489. Kultur und Ethnos. Zur Kritik d. bürgerl. Auffassungen über d. Rolle d. Kultur in Gesch. u. Gesellsch. Hrsg. v. Bernhard WEISSEL. Berlin, Akad.-Verl., 80, in-8, 300 p. (Veröff. z. Volkskde u. Kulturgesch., 68)

490. LEUSCHNER (Joachim). Geschichte in Vergangenheit und Gegenwart. Eine Einf. Stuttgart, Klett-Cotta, 80, in-8, 203 p.

491. LOH (Werner). Kombinatorische Systemtheorie : Evolution, Geschichte und logisch-mathematischer Grundlagenstreit. Frankfurt a. M., Campus, 80, in-8, XXVI-289 p. (Campus-Forschung, 135)

492. LOONE (E. N.). Sovremennaja filosofija istorii. (Modern philosophy of history.) Tallin, Eesti raamat, 80, in-8, 293 p.

493. MALYŠ (A. I.). Engel's o materialističeskom ponimanii istorii. (Engels über die materialistische Auffassung der Geschichte /zum 160. Geburtstag von Friedrich Engels/.) Vopr.Ist. KPSS, 80, n° 11, p. 42-54.

494. MICCOLI (Paolo). Introduzione alla filosofia della storia. Roma, Urbaniana Univ. Press ; Brescia, Paideia, 80, in-8, 147 p. (Pontif.Univ. Urbaniana.Subsidia Urbaniana, 2)

495. MOMIGLIANO (Arnaldo). Declines and falls. Am. Scholar., 80, vol. 49, n° 1, p. 37-52.

496. MUNZ (Peter). From Wax Weber to Joachim of Floris : the philosophy of religious history. J. relig. Hist., 80, vol. 11, p. 167-200.

497. Nouvelle (La) histoire. Sous la dir. de Jacques LE GOFF et Roger CHARTIER, Jacques REVEL. Paris, Retz-CEPL; 78, in-8, 574 p. (ill.). (Encyclopédies du savoir moderne)

498. OHLER (Norbert). Quantitative Methoden für Historiker. Eine Einführung. München, Beck, 80, in-8, 291 p.

499. OLAFSON (Frederick A.). The dialectic of action : a philosophical interpretation of history and the humanities. Chicago, Univ. of Chicago Press, 79, IX-294 p.

500. PATERINSKI (Andrej). Metodologičeskoto, istoriografskoto i izvorovedskoto značenie na Leninskoto istoričesko nasledstvo. (L'importance méthodologique, historiographique et de l'étude des sources de l'héritage historique léniniste.) Izv.dărž.Arkhivi, 80, n° 40, p. 3-22.

501. PERŠIC (A. I.). K probleme sravnitel'nogo istoričeskogo sinteza. (Zum Problem der vergleichend-historischen Synthese.) Nar.Azii Afr., 80, n° 4, p. 70-82.

502. PŁAZA (Stanisław). Warsztat naukowy historyka wsi Polski feudalnej. (Le métier scientifique de l'historien de la campagne polonaise de l'époque féodale.) Warszawa, Państw. Wydawn. Nauk., 80, in-8, 459 p.

503. REVEL (Jacques). Histoire et sciences sociales : les paradigmes des Annales. A. Ec., Soc., Civ., 79, a. 34, n° 6, p. 1360-1376.

504. RICOEUR (Paul). The contribution of French historiography to the theory of history. London, Oxford, U. P., 80, in-8, 56 p. (Zaharoff Lect.)

505. RIQUELME (John Paul). The Eighteenth Brumaire of Karl Marx as symbolic action. Hist. a. Theory, 80, vol. 19, n° 1, p. 58-72.

506. RÜSEN (Jörn). Zum Problem der historischen Objektivität. Gesch. in Wiss. u. Unterr., 80, Jg. 31, p. 188-198.

507. SAITTA (Armando). Guida critica alla storia e alla storiografia. Roma e Bari, Laterza, 80, in-16, VII-183 p. (Univ. Laterza, 564). -IDEM. Guida critica alla storia antica. Roma e Bari, Laterza, 80, in-16, 189 p. (Univers. Laterza, 579)

508. SCHMIDT (Walter). Nation und deutsche Geschichte in der bürgerlichen Ideologie der BRD. Berlin, Akad.-Verl., 80, in-8, 106 p. (Zur Kritik d. bürgerl. Ideologie, 99)

509. SCHWARTZ (Benjamin I.). Area studies as a critical discipline. J. asian Stud., 80, vol. 40, n° 1, p. 15-26. /Presidential address, Association of Asian Studies, 1980/

510. SMOLENSKIJ (N. J.). Problema "političeskoj istorii" v sovremennoj buržuaznoj istoriografii FRG.(Das Problem der "politischen Geschichte" in der modernen bürgerlichen Historiographie der BRD.) Nov.novejš.Ist., 80, n° 5, p. 158-166.

511. STANNARD (David E.). Shrinking history : on Freud and the failure of psychohistory. Don Mills a. New York, Oxford U. P., 80, in-8, 187 p. -CR : J. C. Cairns, Canad. hist. R., 81, vol. 62, p. 250-251.

512. STEARNS (Peter N.). Modernization and social history : some suggestions, and a muted cheer. J.soc. Hist., 80, vol. 14, n° 2, p. 189-211.

513. STROUT (Cushing). Psyche, Clio, and the artist. In : New directions in psychohistory /Cf. n° 416/,

514. SZÉKELY (Vera). Az archontológia művelésének kérdései. (Problèmes de la pratique de l'archontologie.) Levéltari Szle, 79, vol. 29, n° 3, p. 489-497.

515. TEUTE (Fredrika J.). A historiographical perspective in historical editing. Am. Archivist, 80, vol. 43, n° 1, p. 43-56.

516. Theorie und Erzählung in der Geschichte. Hrsg. v. Jürgen KOCKA u. Thomas NIPPERDEY. München, Deutsch. Taschenbuchverl., 79, in-8, 369 p. (Beitr. z. Historik, 3)

517. Theorien in der Geschichtswissenschaft. Jörn RUSEN, Hans SÜSSMUTH (Hrsg.). Düsseldorf, Schwann, 80, in-8, 176 p. (Gesch. u. Sozialwiss. Studientexte z. Lehrerbildung, 2)

518. TODOROVA (A.). Historical sources and methodological principles of sources analysis. Bulg.hist.R., 80, a. 8, n° 4, p. 89-100.

519. TOLL (William). The "new social history" and recent Jewish historical writing. Am. jewish Hist., 80, vol. 69, n° 3, p. 325-341.

520. TOPOLSKI (Jerzy). Les tendances et l'état actuel des recherches historiques en Pologne. Warszawa, Państw. Wydawn. Nauk., 80, in-8, 12 p. (Acad. Pol. des Sciences, Centre Scientifique à Paris, Conférences, 125)

521. TÔYAMA (Shigeki). Rekishigaku kara rekishikyôiku e. (From historical science to historical education.) Tokyo, Iwasaki Shoten, 80, in-8, 287 p.

522. Üzemtörténetiras (Az) kérdései. Elméleti és módszertani tanulmányok. Szerk. INCZE Miklós. (Les problèmes de l'histoire de l'usine et de l'entreprise. Etude théoriques et méthodologiques. Réd. par -.) Budapest, Magyar Történelmi Társulat, 79, in-8, 322 p.

523. UHLIG (Ralph). Historische Grundlagenforschung als Problem der Geschichtswissenschaft. Zur Analyse d. hist. Aussage. Berlin, Duncker u. Humblot, 80, in-8, 435 p. (10 graph. Darst.). (Hist. Forsch., 17)

524. VASS (Henrik). Einige Gedanken zu den Fragen der zeitgeschichtlichen Quellenausgaben. Acta Univ. debreceniensis, Ser. hist., 78, vol. 27, p. 117-123.

525. VEYNE (Paul). Comment on écrit l'histoire. Augmenté de : Foucault révolutionne l'histoire. Paris, Seuil, 78, in-16, 384 p. (Univers hist.)

526. VIERHAUS (Rudolf). Umrisse einer Sozialgeschichte der Gebildeten in Deutschland. Quellen u. Forsch., 80, Bd 60, p. 395-419.

527. Voraussetzungen und Methoden geschichtlicher Städteforschung. Hrsg. v. Wilfried EHBRECHT. Köln u. Wien, Böhlau, 79, in-4, XX-275 p. (graph. Darst., Kt.). (Städteforsch., Reihe A : Darst., 7)

528. WALKER (Lawrence D.). Historical linguistics and the comparative method of Marc Bloch. Hist. a. Theory, 80, vol. 19, n° 2, p. 154-164.

529. WEHLER (Hans-ULrich). Historische Sozialwissenschaft und Geschichtsschreibung. Stud. zu Aufgaben u. Traditionen deutscher Geschichtswiss. Göttingen, Vandenhoeck u. Ruprecht, 80, in-8, 409 p.

530. WILSON (George Macklin). Time and history in Japan. Am. hist. R., 80, vol. 85, n° 3, p. 557-571.

531. WILSON (Stephen). For a sociohistorical approach to the study of western military culture. Armed Forces a. Soc., 80, vol. 6, n° 4, p. 527-552.

532. WITSCHEY (Walter R. T.). Locating land described in colonial patents by computer analysis. Virginia Mag. Hist. a. Biogr., 80, vol. 88, n° 2, p. 155-169.

533. YOVEL (Yirmiahu). Kant and the philosophy of history. Princeton, N. J., Princeton U.P., 80, in-8, XV-325 p.

534. ZEVELEV (A. I.), NAUMOV (V. P.). Istoriografičeskij fakt : kriterii ocenki i analiza. (Le fait historiographique : critères de l'évaluation et de l'analyse.) Vopr.Ist., 80, n° 5, p. 18-30.

535. ŽUKOV (E. M.). Očerki metodologii istorii. (Etudes sur la méthodologie de l'histoire.) Moskva, Nauka, 80, in-8, 246 p.

536. Bibl. 78-79, n° 651. ŽUKOV (E. M.), BARG (M. A.), ČERNJAK (E. B.), PAVLOV (V. I.). Teoretičeskie problemy vsemirnoistotičeskogo processa. (Les problèmes théoriques du processus historique mondial.) -CR : V. N. Nikiforov, Vopr.Ist., 80, n° 12, p. 130-134.

537. ZVADA (Ján). Předmět dějiny mezinárodního dělnického hnutí a metody výzkumu. (Der Gegenstand Geschichte der internat. Arbeiterbewegung u. seine Forschungsmethoden.) Českoslov. Čas. hist., 78, vol. 26, p. 91-120.

§ 5. Völker- und Volkskunde.

✦ 538. Acta Ethnographica. Index I-XXV (1950-1976). Zusammengest. v. Magda S. GÉMES, Mária G. VARGA. Acta ethnogr. Acad. Sci. hungaricae, 77, vol. 26, n°s 3-4, annexe : p. 1-32.

✦ 539. SCHEIBER (A). Le folklore juif dans la "Revue des études juives". R. Et. juives, 80, t. 139, p. 19-37.

Cf. n° 7154.

540. Afrikanskij ètnografičeskij sbornik. (Recueil éthnographique africain.) /Vol. 11, Cf. BIbl. 78-79, n° 653./ Vol. 12, Réd. par D. A. OL'DEROGGE. Leningrad, Nauka, 80, in-4, 200 p. (ill.). (AN SSSR Tr.Inst.ètnogr.Nov. Ser., t. 109)

541. Agency for cultural affairs /ed./. Nihon minzoku chizu, 7 : Sôsei, Bosei. (Atlas of Japanese folklore, 7 : Funerals, Tombs.) Tokyo, Kokudo-chiri Kyokai, 80, in-8, 467 p.

542. Architecture (L') rurale française. Corpus des genres, des types et des variantes. Coll. dirigée par Jean CUISENIER /T. 1-7. Cf. Bibl. 78-79, n° 657./ T. 8 : Bourgogne, par Richard BUCAILLE et Laurent LEVI-STRAUSS. T. 9 : Provence, par Christine BROMBERGER, Jacques LACROIX, Henri RAULIN. Paris, Berger-Levrault, 80, 2 vol. in-fol., 325, 356 p. (ill.). (Centre d'ethnol. franç. et Musée national des arts et traditions populaires)

543. Armjanskaja ètnografija i fol'klor. Materialy i issledovanija. (Ethnographie et folklore arméniens. Communications et recherches.) /Vol. 8, 9. Cf. Bibl. 78-79, n° 659./ Vol. 10. Réd. par G. G. GEORGJAN. Vol. 11. Réd. par G. A. MIKELJAN. Erevan, Izd-vo AN Arm. SSR, 80, 2 vol. in-4, 140, 166 p. (ill.). /En arménien et russe/

544. ARUTJUNOV (S. A.). K probleme ètničnosti i interètničnosti kul'tury. (Du problème du caractère éthnique et interéthnique de la culture.) Sovet. Ètnogr., 80, n° 3, p. 61-67.

545. BALASSA (Iván), ORTUTAY (Gyula). Magyar néprajz. (Ethnographie hongroise.) Budapest, Corvina Kiadó, 79, in-8, 747 p. -CR : L. Velerdi, Forrás, 79, vol. 11, n° 11, p. 78-81 ; I. Vitányi, Valóság, 79, vol. 22, n° 11, p. 96-97.

546. BARDOUT (Michèle). La paille et le feu : traditions vivantes d'Alsace. Paris, Berger-Levrault, 80, in-8, 180 p. (ill.)

547. BASAEVA (K. D.). Sem'ja i brak u burjat (vtoraja polovina XIX-načalo XX veka). (Buryat family and marriage, second half of the 19th-beginning of the 20th cent.) Novosibirsk, Nauka, 80, in-8, 224 p.

548. BOGINA (Š. A.). Načalo amerikanskoj nacii (ètnokulturnye aspekty). (Les débuts de la nation américaine : aspects ethnoculturels.) Sovet.Ètnogr., 80, n° 1, p. 56-65.

549. BOL'ŠAKOV (A. A.). Korennoe naselenie Kanarskikh ostrovov na rubeže XV i XVI vekov. (Les populations autochtones des îles Canaries, fin du XIe-début du XVIe s.) Sovet. Ètnogr., 80, n° 5, p. 45-58.

550. BRETON (Alain). Les Tzeltal de Bachajon. Habitat et organisation sociale. Nanterre, Laboratoire d'ethnol., 79, in-8, 253 p. (ill., pl.). (Recherches amér., 3)

551. BREUILLE (Luc), DUMAS (Richard), ONDET (Roland), TRAPON (Patrice). Maisons paysannes et vie traditionnelle en Auvergne. Nonette, Ed. C.R.E.E.R., 80, 486 p. (pl., ill.)

552. BRÜCKNER (Aleksander). Mitologia slowiańska i polska. (La mythologie slave et polonaise.) Avant-propos et élabor. de Stanisław URBAŃCZYK. Warszawa, Państw. Wydawn. Nauk., 80, in-8, 383 p.

553. CAYLA (Alfred), CAYLA (Bernard). Habitat et vie paysanne en Quercy. Paris, Garnier, 79, in-8, 222 p., (ill.)

554. CAZENAVE (Annie). Montres et merveilles. Ethnol. franç., 79, n. sér., t. 9, p. 235-256.

555. DEMESSE (Lucien). Techniques et économie des Pygmées Babinga. Paris, Inst. d'Ethnologie, 80, in-8, 301 p.

556. DMITRIEVA (S. I.). Arkhitekturnye i dekorativnye osobennosti tradicionnogo žilišča russkikh Mezeni (v svjazi s istoriej zaselenija kraja). (Traits particuliers de l'architecture et de la décoration de l'habitat traditionnel des Russes de Mezen en liaison avec l'histoire du peuplement de la région.) Sovet. Ètnogr., 80, n° 6, p. 35-49.

557. DURASOV (G. P.). Popytka interpretacii žnacenija nekotorykh obrazov russkoj narodnoj vyšivki arkhaičeskogo tipa. (Essai d'interprétation de la signification de quelques images de la broderie populaire russe de type archaïque.) Sovet. Ètnogr., 80, n° 6, p. 87-98.

558. Etnografija na Bălgarija. T. 1 : Uvod v etnografskata nauka i socialno-normativna kultura. (Ethnographie de la Bulgarie. Vol. 1 : Introduction dans la science ethnographique et culture socio-normative.) Red. Veselin KHADŽINIKOLOV, Rajna PEŠEVA, Delčo TODOROV. Sofija, Izd. bălgarsk.Akad. Naukite, 80, in-8, 375 p.

559. FILLIPETTI (Hervé). Maisons paysannes de l'ancienne France. T. 1 : France septentrionale. Paris, Berger-Levrault, 79, in-4, 287 p. (ill.)

560. FREAL (Jacques). L'architecture paysanne en France : la maison. Paris, Berger-Levrault, 79, in-4, 375 p. (ill.)

561. FREDERICKSON (N. Jaye), GIBB (Sandra). The covenant chain : Indian ceremonial and trade silver : a travelling exhibition of the National Museum of Man. Ottawa, National Museums of Canada, 80, in-8, 168 p. Version franç :

La chaîne d'alliance : l'orfèvrerie de traite et de cérémonie chez les Indiens : une exposition itinérante du Musée national de l'homme. Ottawa, Musée nationaux du Canada, 80, in-8, 168 p. -CR : J. Murray, Queen's Quar., 81, vol. 88, p. 353-354.

562. GAHAMA (Amélie). La reine mère et ses prêtres au Burundi. Nanterre, Laboratoire d'ethnol., 79 /80/, in-8, 78 p. (ill.). (Hist. et civilis. de l'Afrique orient., 2)

563. GOKHMAN (V. I.). Nekotorye materialy k ètničeskoj istorii siamcev. (Quelques matériaux pour l'histoire ethnique des Siamois.) Sovet. Ètnogr., 80, n° 4, p. 122-126.

564. GUNDA (Béla). Ethnographica Carpatho-Balcanica. Budapest, Akad. Kiadó, 79, in-8, 390 p.

565. HAUENSTEIN (Alfred). Rites et coutumes liées à l'élevage du bétail dans le sud de l'Angola. St. Augustin, Anthropos, 80, in-8, 228 p. (ill.). (Collectanea Instituti Anthropos, 17)

566. Histoire et tradition de Champagne. Mélanges d'ethnographie et d'histoire offerts à Germaine Maillet, éd. par Jean-Marie ARNOULT. Cinquantième anniversaire de la fondation du Comité du folklore champenois, 1929-1979. Chalons-sur-Marne, Comité du Folklore Champenois, 79, in-4, 326 p. (ill.)

567. IORDANSKIJ (V. B.). Tropičeskaja Afrika : arkhaičeskoe soznanie i struktura ego kollektivnykh predstavlenij. (Das archaische Bewusstsein und die Struktur seiner kollektiven Vorstellungen im tropischen Afrika.) Nar.Azii Afr., 80, n° 2, p. 64-82.

568. Iroquoiens (Les) : éléments pour leur préhistoire et leur protohistoire, éd. par Claude CHAPDELAINE. Rech. amérindiennes Québec, 80, vol. 10, p. 138-201. /Numéro spécial/

569. ISTOMIN (A. A.). Selenie Ross i kalifornijskie indejcy. (Le village de Ross et les Indiens de Californie.) Sovet. Ètnogr., 80, n° 4, p. 57-69.

570. KOREJTOV (R. Kh.). Mifologičeskie personaži tradicionnykh verovanij nogajcev. (Les personnages mythologiques des croyances traditionnelles des Noghaï.) Sovet. Ètnogr., 80, n° 2, p. 117-127.

571. KOZLOV (V. I.). Ètnorassovye izmenenija v sostave naselenija Velikobritanii. (Changements ethno-raciaux dans la composition de la population de la Grande-Bretagne.) Sovet. Ètnogr., 80, n° 4, p. 40-56.

572. KRETZENBACHER (Leopold). Legendenbilder aus dem Feuerjenseits. Zum Motiv d. "Losbetens" zw. Kirchenlehre u. erzählendem Volksglauben. Wien, Verl.d.Österr.Akad.d.Wiss., 80,

in-8, 54 p. (7 p. Abb.). (S.-B.d.österr. Akad.d.Wiss.,philos.-hist.Kl., 370)

573. KRIVONOGOV (V. P.). Mežètničeskie braki u khakasov v sovremennyj period. (Les mariages interethniques chez les Khakas à l'époque contemporaine.) Sovet. Ètnogr., 80, n° 3, p. 73-86.

574. LÁNG (János). Az östársadalmak. (Les sociétés primitives.) Budapest, Gondolat Kiadó, 78, in-8, 422 p. - CR : G. Vargas, Ethnographia, 79, vol. 90, n° 3, p. 423-424.

575. LAUNAY (Olivier). Le folklore breton. Genève, Ed. Famot, 80, in-8, 341 p. (pl.)

576. LHUISSET (Christian). L'architecture rurale en Languedoc, en Roussillon. Varzy, Les Provinciades, 80, in-4, 399 p. (ill.)

577. MADAEVA (Z. A.). Narodnyj kalendar' čečencev i ingušej v konce XIX-načale XX v. (Le calendrier populaire des Tchétchènes et Ingouches, fin du XIXe-début du XXe s.) Sovet. Ètnogr., 80, n° 6, p. 78-86.

578. MERIOT (Christian). Les Lapons et leur société. Etude d'ethnologie juridique. Toulouse, Privat, 80, in-8, 375 p. (Sciences de l'homme)

579. ORIANO (Michel). Les travailleurs de la frontière : étude sociohistorique des chansons de bucherons, de cow-boys et cheminots américains au XIXe s. Paris, Payot, 80, in-8, 346 p. (musique). (Langages et sociétés)

580. OTT (Sandra). Blessed bread, first neighbours and asymetric exchange in the Basque country. Arch. europ. Sociol., 80, t. 21; p. 40-58.

581. PROKOPEK (Marian). Atlas de l'art populaire et du folklore en Pologne. Trad. du pol. par Jerzy WOLF. Varsovie, Arkady, 80, in-8, 280 p.

582. RABINOVIČ (M. G.). Gorod i tradicionnaja narodnaja kul'tura. (Ville et culture populaire traditionnelle.) Sovet. Ètnogr., 80, n° 4, p. 12-24.

583. ROGAČEVSKAJA (E. M.). Problemy izučenija khudožestvennoj specifiki khorovodnykh igr. (Problèmes de l'étude de la spécifité artistique des jeux de ronde.) Sovet. Ètnogr., 80, n° 5, p. 113-120.

584. ROTH (Klaus). Historische Volkskunde und Quantifizierung. Z. f. Volkskde, 80, Jg. 76, p. 37-57.

585. ŠAFRANOVSKAJA (I. K.), KOMISSAROV (B. N.). Materialy po ètnografii Polinezii v dnevnike E. E. Levensterna. (Matériaux pour l'ethnographie de la Polynésie dans le journal de Ye.Ye. Levenstern.) Sovet. Ètnogr., 80, n° 6, p. 99-107.

586. SEGALEN (Martine). Mari et

femme dans la société paysanne. Paris, Flammarion, 80, in-8, 211 p. (ill.). (Bibl. d'ethnol. hist.

587. SULEJMANOV (È.). Kirgizskaja tradicionnaja metalloobrabotka i ee ètnografičeskie paralleli. (Le traitement kirghiz des métaux et ses parallèles ethnographiques.) Sovet. Étnogr., 80, n° 2, p. 92-102.

588. SUSLOVA (S. V.). Ženskie ukrašenija kazanskikh tatar serediny XIX-načala XX v. Istoriko-etnografičeskoje issledovanie. (Womens' adornements of the Kazan Tatars, middle of the 19th - beginning of the 20th cent.) Historical ethnographical research.) Moskva, Nauka, 80, in-8, 124 p.

589. Tejút fiai (A). Tanulmányok a finnugor népek hitvilágáról. Vál., szerk. és előszó HOPPÁL Mihály. (Les fils de la Voie lactée. Etudes sur la croyance des peuples finno-ougriens. Choisies, réd. et intr. par -.) Budapest, Európa Kiadó, 80, in-8, 470 p.

590. TOKAREV (S. A.). Obyčai i obrjady kak objekt ètnografičeskogo issledovanija. (Coutumes et rites en tant qu'objet de l'étude ethnographique.) Sovet. Étnogr., 80, n° 3, p. 26-36.

591. TRAPPER (Nancy). Matrons and mistresses : women and boundaries in two Middle Eastern tribal societies. Arch. europ. Sociol., 80, t. 21, p. 59-82.

592. TREIDE (Dietrich). Zu einigen aktuellen Fragen der ethnographischen Wirtschafts- und Sozialforschung. Jb. d. Museums f. Völkerkde Leipzig, 80, Bd 32, p. 11-108.

593. VASIL'EV (L. S.). Stanovlenie političeskoj administracii (ot lokal'noj gruppy okhotnikov i sobiratelej k protogosudarstvu-Čifdom). (Das Werden d. polit. Verwaltung, von der lokalen Gruppe von Jägern und Sammlern zum ursprünglichen "Chiefdom"-Staat.) Nar. Azii Afr., 80, n° 1, p. 172-186.

594. VERDIER (Yvonne). Façons de dire, façons de faire : la laveuse, la couturière, la cuisinière. Paris, Gallimard, 79, in-8, 347 p. (pl., ill.). (Bibl. des Sci. humaines)

Cf. n°s 186, 1601, 5558, 5695.

§ 6. Allgemeine Geschichte.

a. Allgemeines.

◆ 595. Arabic historical writing 1975 and 1976. An annotated bibliography of books in history from all parts of the Arab world. Compiled a. annotated by Fawzi ABDULRAZAK. London, Mansell, 79, in-8, XVIII-210 p.

◆ 595. Bibliographie d'études balkaniques. Vol. 13 : 1978. Sofija, Acad.bulg.des Sciences, 80, in-8, 431 p.

◆ 597. Bibliographie de la péninsule arabique. Sciences humaines. Fasc. 1 : Titres concernant toute la péninsule, 1979. Par Paul BONNENFANT. Paris, Ed. du C.N.R.S., 80, in-4, 153 p.

◆ 598. Bibliographie internationale de l'humanisme et de la Renaissance. /T. 9, 10. Cf. Bibl. 78-79, n° 718./ T. 11 : Travaux parus en 1975. Genève, Droz, 80, in-8, CXVI-708 p.

◆ 599. Historische Bücherkunde Südosteuropa. Hrsg. v. Mathias BERNATH. Leitung u. Red. Gertrud KRALLERT. Bd 1 : Mittelalter. /T. 1. Cf. Bibl. 78-79, n° 720./ T. 2. München, Oldenbourg, 80, in-8, p. XVIII-XXVI, 674-1683. (Südosteurop. Arbeiten, 76)

◆ 600. Hungary and Eastern Europe. Research report. In : Etudes hist. hongr. /Cf. n° 617/, vol. 2, p. 613-808. /Contient : I. SZAKÁLY (Ferenc). Up to 1526, p. 615-652. - II. PÉTER (Katalin). 1526-1711, p. 653-667. - III. MISKOLCZY (Ambrus). 1711-1849, p. 668-698. - IV. SZÁSZ (Zoltán). 1849-1918, p. 699-741. - V. ROMSICS (Ignác). 1918-1945, p. 741-770. - VI. GYARMATI (György). Since 1954, p. 770-805./

◆ 601. MEYER (Gerhard). Wege zur Fachliteratur. Geschichtswissenschaft. München, New York, London u. Paris, Saur, 80, in-8, 144 p. (Uni-Taschenbücher, 1001)

◆ 602. SCHETTINI PIAZZA (Enrica). Bibliografia storica dell'Accademia nazionale dei Lincei. Firenze, Olschki, 80, in-8, 180 p. (Biblioteconomia e Bibliogr., 12)

◆ 603. SCHWARZ (Klaus). Der vordere Orient in den Hochschulschriften Deutschlands, Österreichs und der Schweiz. Eine Bibliographie von Diss. u. Habil.-Schr. (1885-1978). Freiburg (Breisgau), Schwarz, 80, in-8, XXIII-721 p. (Islamkundl. Materialien, 5)

Cf. n°s I, VI, VII, XI, XII, XIV, XVIII.

◆◆ 604. Arabes (Les) : histoire et civilisation des Arabes et du monde musulman, des origines à la chute du royaume de Grenade, racontées par les témoins, IXe siècle av. J.-C. - XVe siècle. Textes réunis et prés. par Marc BERGÉ. Paris, Ed. Lidis, 78, in-4, 702 p. (28 p. de pl., ill.). (Hist. ancienne des peuples, 2)

605. BEIN (Alex). Die Judenfrage. Biographie e. Weltproblems. Bd 1, 2. Stuttgart, Deutsche Verl.-Anst., 80, 2 vol. in-8, XVI-464, VII-429 p.

606. BOUTHOUL (Gaston), CARRERE

6. ALLGEMEINE GESCHICHTE

(René), ANNEQUIN (Jean-Louis). Guerres et civilisations : de la préhistoire à l'ère nucléo-spatiale. Préf. de Jean GUITTON. Paris, Fond. pour les Et. de défense nat., 80, in-8, 190 p. (ill.). (Les Sept épées, 14)

607. BOWLE (John). History of Europe : cultural and political survey. London, Secker a. Warburg, 80, in-8, 704 p.

608. CRACCO (Giorgio). L'Europa e il mondo. Dal Medioevo ad oggi. 1 : Europa, Islam, Bisanzio nel Medioevo. Di Giorgio CRACCO. 2 : L'Europa centro del mondo. Di Alfonso PRANDI. 3 : L'Europa e il mondo contemporaneo. Di Francesco TRANIELLO. Torino, Soc.Editr. Intern., 80, 3 vol. in-16, (ill., tav.).

609. De l'antijudaïsme antique à l'antisémitisme contemporain. Av.-propos de Léon POLIAKOV. Etudes réunies par Valentin NIKIPROWETZKY. Villeneuve d'Ascq, Presses univ. de Lille, 79, in-8, 290 p. (Univ. Lille III. Sér. Hist., Hist. de l'art, Archéol.)

610. Dějiny pravěku a starověku. (Geschichte der Urzeit u. d. Altertums.) Von Jan PEČÍRKA u.a. Vol. 1, 2. Praha, Stát. pedagog. nakladatel., 79, 2 vol. in-8, 1091 p. (6 cartes).

611. Etudes historiques hongroises 1980 publiées à l'occasion du XVe Congrès International des Sciences historiques par la Commission nationale des Historiens hongrois. Réd. par Ervin PAMLÉNYI. Vol. 1, 2. Budapest, Akad. Kiado, 80, 2 vol. in-8, 739, 808 p. /Vol. 1. Cf. n°s 779, 1557, 2091, 2113, 2292, 2297, 2321, 2749, 3513, 3522, 4357, 4471, 4792, 5048, 5102, 5230, 5232, 5312, 5390, 5514, 5822, 5885, 5997, 6346, 6365, 6400, 6413. -Vol. 2. Cf. n°s 447, 450, 462, 600, 2762, 3525, 3535, 3569, 3574, 4312, 4450, 4547, 5751, 5896, 5904, 5982, 6507, 6519, 6524, 6596, 6597, 6717./

612. GEISS (Imanuel). Geschichte griffbereit. /1, 2, 6. Cf. Bibl. 78-79, n° 739./ 5 : Staaten. Die nationale Dimension d. Weltgeschichte. Reinbek bei Hamburg, Rowohlt, 80, in-8, 468 p. (rororo, 6239. rororo-Handbuch)

613. Hispania judaica. Studies on the history, language, and literature of the Jews in the Hispanic world. I : History. Ed. by Josep M. SOLA-SOLE, Samuel G. ARMISTEAD a. Joseph H. SILVERMAN. Barcelon, Puvil, 80, in-8, 127 p. (Bibl. univ. Puvill, 1 : Estudios, 2)

614. Histoire générale de l'Afrique. 1 : Méthodologie et préhistoire africaine. Dir. J. KI-ZERBO. 2 : Afrique ancienne. Sous la dir. de G. MOKHTAR. Paris, Jeune Afrique, Stock et Unesco, 80, 2 vol. in-4, 893, 925 p. (ill.). (Unesco. Comité scientif. internat. pour la réd. d'une Hist. gén. de l'Afrique)

615. Histoire générale de l'Europe. Dirigée par Georges LIVET et Roland MOUSNIER. T. 1 : L'Europe des origines au début du XIVe s. Par Pierre GRIMAL, Jean-Jacques MILLOTTE, Marcel PACAU, René RAYNAL. T. 2 : L'Europe du début du XIVe à la fin du XVIIIe s. Par Jean BERENGER, Philippe CONTAMINE, Yves DURAND, Francis RAPP. T. 3 : L'Europe de 1789 à nos jours. Par François-Georges DREYFUS, Roland MARX, Raymond POIDEVIN. Paris, Presses univ. France, 80, 3 vol. in-4, 557, 598, 579 p. (ill., pl.)

616. Historia dyplomacji polskiej. (Histoire de la diplomatie polonaise.) Ouvrage collectif réd. par Gerard LABUDA. T. 1 : Połowa X wieku - 1572. (T. 1 : Du milieu du Xe s. à l'an 1572.) Réd. par Marian BISKUP. Aut. : M. BISKUP et autres. Warszawa, Państw. Wydawn. Nauk., 80, in-8, 874 p. (Pol. Inst. Spraw Międzynarod.)

617. Italia, Venezia e Polonia tra Medio Evo e età moderna. A cura di Vittore BRANCA e Sante GRACIOTTI. /Atti del Congresso tenuto a Venezia nel 1977./ Firenze, Olschki, 80, in-8, XIV-592 p. (Civ. veneziana. Studi, 35)

618. KHOROŠKEVIČ (A. L.). Russkoe gosudarstvo v sisteme meždunarodnykh otnošenii konca XI - načala XVI v. (The Russian state in the system of international relations at the end of the 15th a. beginning of the 16th cent.) Moskva, Nauka, 80, in-8, 291 p.

619. LAW (R.). The horse in West African hsitory. London, Oxford, U.P., 80, in-8, 224 p. (pl.)

620. MAROSI (Endre). A török elleni harc lehetőségei 1352-1718 között. Historiografiai attekentés. (Die Perspektiven des Türkenkrieges zw. 1352 u. 1718. Historiographischer Überblick.) Hadtört. Közl., 80, vol. 27, n° 4, p. 579-597.

621. MERCER (John). The Canary islanders. Their prehistory, conquest a. survival. London, Rex Collings, 80, in-8, 285 p. (16 pl.)

622. Nouvelles études d'histoire, publ. à l'occasion du XVe Congrès international des sciences historiques. Vol. 1, 2. Bucureşti, Ed. Acad., 80, 2 vol. in-8, 326, 386 p.

623. RAUCH (Georg von). Aus der baltischen Geschichte. Vorträge, Unters., Skizzen aus 6 Jh. Hannover-Döhren, v. Hirschheydt, 80, in-8, V-641 p. (Beitr. z. balt. Gesch., 9)

624. Skandinavskij sbornik. (Recueil scandinave.) /Fasc. 23, 24. Cf. Bibl. 78-79, n° 763./ Fasc. 25. Réd. par KH. PIJRIMJAE et alii. Tallin, Eesti raamat, 80, in-8, 251 p. (ill.). (Tartus. univ.) /Rés. en suédois/

625. Studi di storia medievale e moderna per Ernesto Sestan. 1 : Medioevo. 2. Età moderna. Firenze, Olschki, 80, 2 vol. in-8, VIII-958 p. compless.

626. TAYLOR (Alan J. P.). Revolutions and revolutionaries. London, H. Hamilton, 80, in-8, 184 p.

Cf. n°s 186, 199, 427.

b. Einzelne Staaten[1].

Deutschland.

✱ 627. Bibliographie zur Geschichte von Stadt und Hochstift Bamberg, 1945-1975. Mit Bamberger Zs.-Beitr. 1919-1964. Zsgest. f. d. Berichte d. Hist. Vereins Bamberg in d. Staatsbibl. Bamberg. München, New York, London u. Paris, Saur, 80, in-8, XIV-576 p. (Hist. Verein f. d. Pflege d. Gesch. d. ehmaligen Fürstbistums Bamber, Beih. 10)

✱ 628. Mecklenburgische Bibliographie. Regionalbibliographie f. d. Bezirke Rostock, Schwerin u. Neubrandenburg. Berichtsjahre 1945-1964. Bd /1. Cf. Bibl. 78-79, n° 768./ 2. Zusammengest. v. Gerhard BAARCK. Berichtsjahr 1978. Nachträge aus d. Jahren 1965-1977. Zusammengest. v. Gerhard BAARCK. Schwerin, Wiss. Allgemeinbibliothek, 80, 2 vol. in-8, 254, 111 p.

✱ 629. Quellenkunde der deutschen Geschichte. Bibliographie d. Quellen u. d. Lit. z. deutschen Gesch. DAHLMANN-WAITZ. Unter Mitw. zahlr. Gelehrter hrsg. im Max-Planck-Inst. f. Gesch. v. Hermann HEIMPEL u. Herbert GEUSS. 10. Aufl. /Bd 2, Abschlussaufnahme. Cf. Bibl. 70-71, n° 945./ Bd 5 : Abschnitt 158-236. Abschlussaufnahme v. Bd 5. Stuttgart, Hiersemann, 80, in-4, XXIX-828 p.

✱ 630. Sachsen-Anhalt. Regionalbibliographie f. d. Bezirke Halle u. Magdeburg. Bearb. v. Ruth JODL u. Peter HENNING. Berichtsjahre /1971 u. 1972. Cf. Bibl. 78-79, n° 769./ 1973 u. 1974, 1975 u. 1976. Nachtr. 1965-1974. Halle (Saale), Univ.- u. Landesbibliothek, 80, 2 vol. in-8,, XI-494, XI-452 p. (Arbeiten aus d. Univ.- u. Landesbibl. Sachsen-Anhalt in Halle (Saale), 22, 24)

✱ 631. Sächsische Bibliographie. Regionalbibliographie f. d. Bezirke Dresden, Karl-Marx-Stadt u. Leipzig. Hrsg. v. d. Sächs. Landesbibliothek Dresden. Berichtsjahr /1978. Cf. Bibl. 78-79, n° 770./ 1979. Mit Nachtr. aus früheren Jahren (ab 1971) Zusammengest. v. Johannes JANDT u. Hans-Joachim MÜLLER. Dresden, Sächs. Landesbibliothek, 80, in-8, V-175 p.

✱ 632. Thüringen-Bibliographie. Regionalbibliographie f. d. Bezirke Erfurt, Gera u. Suhl. Nationale Forsch. u. Gedenkstätten d. Klass. Deutsch. Lit. in Weimar ; Zentralbibl. d. Deutsch. Klassik. Bearb. v. Doris

___

1. Alphabetisch geordnet nach der französischen Form der Ländernamen.

KUHLES. /1976. Cf. Bibl. 78-79, n° 772./ 1977. (Nachträge 1972 ff.) Weimar, Nat. Forsch.- u. Gedenkstätten d. Klass. Deutsch. Lit., 80, in-8, 230 p.

✱ Cf. n° I.

✱✱ 633. Dokumente zur Geschichte von Staat und Gesellschaft in Bayern. Hrsg. v. Karl BOSL. Abt. 3 : Bayern im 19. und 20. Jahrhundert. /Bd 5. Cf. Bibl. 78-79, n° 773./ Bd 1 : Der moderne bayerische Staat. Eine Verfassungsgesch. vom aufgeklärten Absolutismus bis zum Ende d. Reformepoche. Von Karl MÖCKL. München, Beck, 79, in-8, IX-364 p.

___

634. JAECKEL (Gerhard). Die deutschen Kaiser. Eine illustrierte Gesch. d. deutsch. Herrscher v. Karl d. Grossen bis Wilhelm II. u. Karl I. von Österreich-Ungarn. Mit e. kunstgesch. Beitr. über d. Bildnisse d. Kaiser von Georg Johannes KUGLER. Oldenburg, Hamburg u. München, Stalling, 80, in-4, 190 p. (ill.)

Österreich (Österreich-Ungarn).

✱ Cf. n° IV.

✱✱ 635. HÖLZL (Sebastian). Regesten zu den Urkunden und Akten der Gemeindearchive Fliess und Nauders. Innsbruck, Tiroler Landesarch., 80, in-8, 81 p. (Tiroler Geschichtsquellen, 7) -IDEM. Urkunden und Akten der Gemeindearchive Serfaus und Tösens. Innsbruck, Tiroler Landesarch., 80, in-8, 72 p. (Tiroler Geschichtsquellen, 8)

___

636. BURMEISTER (Karl Heinz). Geschichte Vorarlbergs. Ein Überblick. Wien, Verl. f. Gesch. u. Pol., 80, in-8, 234 p. (Gesch.d.österr.Bundesländer)

637. Geschichte Österreichs. /Hrsg. v. d./ Österr. Akad. d. Wiss., Kommission f. d. Gesch. Österreichs. Bd 1 : PITTIONI (Richard). Urzeit, von etwa 80.000 bis 15 v. Chr. Geb. T. 1, 2 : Anmerkungen u. Exkurse mit einer Literaturübersicht über 25 Jahre Urgeschichtsforschung in Österreich 1954-1978. Wien, Verl. d. Österr. Akad. d. Wiss. 80, 2 vol. in-I, XIV-158, VIII-220 p. (ill.)

638. KLEIN (Kurt). Daten zur Siedlungsgeschichte der österreichischen Länder bis zum 16. Jahrhundert. München, Oldenbourg ; Wien, Verl. f. Gesch. u. Politik, 80, in-8, 304 p. (Materialien z. Wirtschafts- u. Sozialgesch., 4)

6. ALLGEMEINE GESCHICHTE

Belgien

♦ 639. Bulletin d'histoire de Belgique /1977-1978. Cf. Bibl. 78-79, n° 783./ 1977-1978. R. Nord, 80, t. 62, p. 651-709.

♦ 640. Survey of recent historical works on Belgium and the Netherlands. Ed. by C. R. EMERY a. K. W. SWART. Acta Hist. neerlandicae, 79, vol. 12, p. 126-164. /Cf. Bibl. 78-79, n° 784./

♦ Cf. n°s V, XVII.

Bulgarien

♦ Cf. n° VI.

♦♦ 641. Izvori za bălgarskata istorija. T. XXII : Grăcki izvori za bălgarskata istorija, t. 10. (Sources de l'histoire bulgare. Vol. XXII : Sources grecques de l'histoire bulgare, t. 10.) Sofija, Izd. bălgarsk.Akad. Naukite, 80, in-8, 419 p.

642. ANGELOV (D.). Man in the middle ages in Bulgaria. Concept and reality. Bulg.hist.R., 80, a. 8, n° 1, p. 38-52 ; n° 3, p. 32-51.

643. KHRISTOV (Khristo). Bulgaria 1300 years. Sofija, Izd. Sofija-pres, 80, in-8, 274 p.

Finnland

♦ Cf. n° VII.

644. JUTIKKALA (Eino), ARINEN (Kauko). History of Finland. Tr. from the Finn. by Paul SJÖBLOM. London, Heinemann, 79, in-8, 256 p. (maps)

Frankreich

♦ 645. Bibliographie de la France méridionale. Publications de l'année /1977, 1978. Cf. Bibl. 78-79, n° 798./ 1979. A. Midi, 80, t. 92, p. 493-606.

♦ 646. Bibliographie normande /1976-1978. Cf. Bibl. 78-79, n° 795./ 1979. Etablie par M. NORTIER, avec le concours de J.-J. BERTAUX. A. Normandie, 80, a. 30, p. 351-426.

♦ 647. Bibliographie occitane du Périgord : des troubadours à nos jours. Compléments et additions à la "Bibliographie générale du Périgord", décrits, analysés, et prés. par Christian BONNET. 2 : Les Troubadours. 1 : Ouvrages généraux sur les troubadours. Béziers, Centre international de Doc. occitane, 79, in-16, XXXI-359 p. (Publ. du CIDO. Bibliotèca d'Occitania : Sér. bibliographique, 3)

♦ 648. GUENOT (René). Bibliographie lorraine, T. XLV : 1978. A. Est, 79, sér. 5, a. 31, n° 4, p. 337-395. /Cf. Bibl. 78-79, n° 797./

♦ 649. LITTLER (Gérard). Bibliographie alsacienne, 1973-1974 et 1975-1976. Strasbourg, Bibliothèque nationale et univ., 79-80, 2 vol. in-8, X-438, XII-519 p.

♦ Cf. n° VIII.

650. Conflent, Vallespir et montagnes catalanes. Actes du 51e congrès de la Féd. hist. du Languedoc méditerranéen et du Roussillon, organisé à Prades et Villefranche-de-Conflent, les 10 et 11 juin 1978. Montpellier, Univ. Paul Valéry, 80, in-8, 244 p. (ill.)

651. COURSAULT (René). Histoire de la Touraine. Paris, Maisonneuve, 80, in-8, 312 p.

652. Dictionnaire de biographie française. Publ. sous la dir. de Henri TRIBOUT DE MOREMBERT. T. 14 : Flessard - Gachon. T. 15, fasc. 85-87 : Gachot - Gaultier. Paris, Letouzey et Ané, 76-80, 2 vol. in-4, 1528 col., col. 1-768. /Cf. Bibl. 73, n° 610./

653. Enquêtes et documents. 5. Nantes, Centre de recherches sur l'Hist. de la France atlantique, (Univ. Nantes), 80, in-8, 281 p. (ill.).

654. Francuzskij ežegodnik.Stat'i i materialy po istorii Francii /1976, 1977. Cf. Bibl. 78-79, n° 802./ 1978. (Annuaire d'études françaises, 1978) Réd. par V. M. PALIN /et alii/. Moskva, Nauka, 80, in-4, 268 p. (AN SSSR Inst. vseob.ist.) /Rés. en franç./

655. Geschichte Frankreichs. Bd 2 : Von der frühneuzeitlichen Monarchie zur ersten Republik, 1500-1800. Von Jürgen VOSS. München, Beck, 80, in-8, 248 p.

656. Histoire d'Occitanie. Sous la dir. d'André ARMENGAUD et Robert LAFONT. Paris, Hachette, 79, in-8, XXIV-949 p. (cartes). (Inst. d'Et. occitanes)

657. Histoire de Bordeaux. Ed. par Charles HIGOUNET. Toulouse, Privat, 80, in-8, 418 p. (Univers de la France et des pays francophones, Hist. des villes, 46)

658. Histoire de la Bourgogne. Publ. sous la dir. de Jean RICHARD. Toulouse, Privat, 78, in-8, 491 p. (XXVIII p. de pl., ill.). (Univers de la France et des pays francophones, 42. Sér. Hist. des provinces)

659. Histoire de la France urbaine. Sous la dir. de Georges DUBY. 1 : La ville antique, des origines au IXe siècle. 2 : La ville médiévale, des

Carolingiens à la Renaissance. Introd. par Jacques LE GOFF. Paris, Ed. du Seuil, 80, 2 vol. in-4, 600, 658 p. (ill., tables, cartes)

660. Histoire de la Franche-Comté. Sous la dir. de Jean COURTIEU. /1, 3, 4, 5, 9. Cf. Bibl. 78-79, n° 804./ 8 : La Franche-Comté de 1870 à nos jours. Par Jacques GAVOILLE. Wettolsheim, Mars et Mercure, 79, in-8, 169 p. (ill.)

661. Histoire de Nancy. Par Michel PARISSE, René TAVENEAUX, Guy CABOURDIN, Jean Alain LESOURD, Publ. sous la dir. de René TAVENEAUX. Toulouse, Privat, 78, in-8, 506 p. (24 p. de pl., ill.). (Univers de la France et des pays francophones. Sér. Hist. des villes)

662. Histoire de Toulon. Ed. par Maurice AGULHON. Toulouse, Privat, 80, in-8, 400 p. (Univers de la France et des pays francophones, Hist. des villes, 45)

663. Juifs (Les) dans l'histoire de France. Premier colloque international de Haïfa. /Rédaction : A. GRABOIS, et al./ Leiden, Brill, 80, in-4, VIII-233 p.

664. Landes (Les) dans l'histoire : centenaire de la Société de Borda. Actes du XXVIIIe congrès d'études régionales tenu à Mont-de-Marsan et Dax les 24 et 25 avril 2976. Bordeaux, Fédération hist. du Sud-Ouest, 78, in-8, 472 p. (ill.)

665. LOMBARD-JOURDAN (Anne). La Courneuve. Histoire d'une localité de la région parisienne des origines à 1900. Paris ,Ed. du C.N.R.S., 80, in-8, 246 p. (ill.). (Inst. de recherche et d'hist. des textes)

666. MORICEAU (Jean-Marc). La population du sud de Paris aux XVIe et XVIIe s., 1570-1670. DUMONTIER (Patrice). L'Oppidum de Champlan, habitats gaulois et gallo-romain. Corbeil-Essonnes, Soc. hist. et archéol. de Corbeil, d'Etampes et du Hurepoix, 79, in-8, 85 p. (22 p. de pl.). (Mém. et Doc. de la Soc. hist. et archéol. de Corbeil, d'Etampes et du Hurepoix, 12)

667. WEILL (G.). Les Juifs d'Alsace : cent ans d'historiographie. R. Et. juives, 80, t. 139, p. 81-108.

Grossbritannien.

✦ 668. RAE (T. I.). A list of articles on Scottish history published during the year 1979. Scottish hist. R., 80, vol. 59, p. 182-190.

✦ Cf. n° IX.

———

669. CALDWELL (David). Scottish weapons and fortifications, 1100-1800. Edinburgh, J. Donald, 80, in-8, 250 p. (ill.).

670. LOWERSON (John R.). Southern history. A review of the history of southern England. Vol. 2. London, Wm. Dawson, 80, in-8, 224 p.

671. ROBERTS (David), ROBERTS (Clayton). History of England. Vol. 1 : To 1714. Vol. 2 : 1688 to the present. London, Prentice-Hall, 80, 2 vol. in-8, 464, 480 p.

672. Settlements in Scotland 1000 B.C. - A.D. 1000. Scottish Archaeological Forum 10. Ed. by Lisbeth M. THOMS. Edinburgh, Univ. Press, 80, in-8, 87 p. (ill.).

Ungarn.

✦ Cf. n° XI.

———

673. BALÁZS (Péter). Győr a feudalizmus bomlása és a polgári forradalom idején. (La ville de Gyor à l'époque de la dissolution du féodalisme et de la révolution bourgeoise) Budapest, Akad. Kiadó, 80, in-8, 297 p.

674. BENDA (Kálmán), FÜGEDI (Erik). A magyar korona rogénye. (Le roman de la couronne hongroise.) Budapest, Magvető Kiadó, 79, in-8, 254 p. - CR : P. Kulcsár, Kortárs, 79, vol. 23, n° 8, p. 1319-1320.

675. BERTÉNYI (Iván). A magyar korona története. (L'histoire de la couronne hongroise.) Budapest, Kossuth Kiadó, 78, in-8, 169 p. - CR : E. Szuhay-Havas, Társad. Szle, 79, vol. 34, n°1, p. 89-92.

676. Korona (A) kilenc évszázada. Történelmi források a magyar koronáról. Vál. és szerk. KATONA Tamás, bev. GYÖRFFY György. (Les neuf siècles de la couronne. Sources historiques sur la couronne hongroise.) Budapest, Magyar Helikon, 79, in-8, 454 p. (Bibliotheca Historica)

677. NOVÁKI (Gyula), SÁNDORFFY (György), MIKLÓS (Zsuzsa). A Börzsöny hegység őskori és középkori várai. (Les châteaux de lâge primitif et du Moyen-Age de la montagne de Börzsöny.) Budapest, Akadémiai Kiadó, 79, in-8, 125 p. (Fontes archaeologici Hungaricae).

678. SZABÓ (Ervin). Történeti írásai. Vál., sajtő alá rend. és bev. LITVÁN (György). (Les travaux historiques d'Ervin Szabó. Choisis, mis. sous presse et intr. par -.) Budapest, Gondolat Kiadó, 79, in-8, 714 p. (Történetírók Tára).

679. SZENDREY (István). Tanulmányok a magyar nép történetéből. (Etudes sur l'histoire du peuple hongrois.) Debrecen, 80, in-8, 182 p. (Opera Fac. Philos. Univ. de Ludovico Kossuth nominatae, 1)

680. Tanulmányok Budapest múlt-

6. ALLGEMEINE GESCHICHTE

jából. A Budapesti Történeti Múzeum
várostörténeti évkönyve. 21. köt. Főszerk. HORVÁTH Miklós, szerk. KABA
Melinda. (Etudes du passé de Budapest.
Almanach d'histoire du Musée historique de Budapest. Vol. 21. Réd. en chef
-, réd. par -.) Budapest, 79, in-8,
406 p.

681. TARDY (Lajos). Régi hirünk a
világban, (Notre ancienne renommée dans
le monde.) Budapest, Gondolat Kiadó,
79, in-8, 326 p.

Iran.

♦ 682. FRAGNER (Bert G.). Reper-
torium persischer Herrscherurkunden.
Publizierte Orig.-Urkunden (bis 1848).
Freiburg, Schwarz, 80, in-8, XIV-389 p.
(Islamkundl. Materialien, 4)

Irland.

♦ Cf. n° IX.

683. Istorija Irlandii. (History
of Ireland.) Ed. by L. I. GOL'MAN.
Moskva, Mysl', 80, in-8, 390 p.

684. KEE (Robert). Ireland, a
history. London, Weidenfeld a. Nicolson, 80, in-4, 256 p. (pl., ill., maps).

Italien.

♦ 685. Indice cinquantennale
1923-1973 della Miscellanea storica
della Valdelsa. (A cura di Giovanni e
Francesco PARLAVECCHIA). Misc.stor.
Valdelsa, 78-79, a. 84-85, p. 5-105.

♦ Cf. n° XIII.

686. BARGELLINI (Piero). Storia
di une grande famiglia : i Medici.
Firenze, Bonechi, 80, in-4, 428 p.
(ill.)

687. Città (Le) nella storia
d'Italia. Dirett. Cesare DE SETA. /1:/
Firenze. Di Giovanni FANELLI. /2 :/
Bologna. Di Giovanni RICCI. /3 :/ Mes-
sina. Di Amelia IOLI GIGANTE. Bari,
Laterza, 3 vol. in-8, VIII-296, 191,
VI-197 p. (ill.). (Grandi opere).

688. COLAPIETRA (Raffaele). Profilo storico-urbanistico di Trani dalle origini alla fine dell'Ottocento.
Arch.stor.pugliese, 80, a. 33, p. 3-
108.

689. Dizionario biografico degli
Italiani. Vol. XXIV : Cerreto-Chini.
Roma, Istit. dell'Encicl.ital., 80,
in-8, XV-805 p. /Vol. XIX. Cf. Bibl.
76-77, n° 910./

690. Ebrei (Gli) in Toscana dal
Medioevo al Risorgimento. Fatti e momenti. Firenze, Olschki, 80, in-8,

103 p. (tav.). (Stor.dell'ebraismo in
Italia.Stud.e testi, I.Sez.toscana, I)

691. FRANZINA (Emilio). Vicenza.
Storia di una città. Con la collab. di
Neri POZZA. Vicenza, Pozza, 80, in-8,
LXXV-744 p. (ill., tav.)

692. Grado nella storia e nell'
arte. /Atti della X Settimana di studi
aquileiesi. Aquileia, 1979./ Udine,Ar.
graf.friulane, 80, 2 vol. in-8, 595 p.
compless. (ill., tav.). (Antich. altoadriatiche, 17)

693. Storia d'Italia. Annali. /1.
Cf. Bibl. 78-79, n° 840./ /Coordinato-
ri Ruggiero ROMANO, Corrado VIVANTI./
3 : Scienza e Tecnica nella cultura e
nella società dal Rinascimento a oggi.
A cura di Gianni MICHELI. Torino, Einaudi, 80, in-8, XXX-1365 p. (ill.,
tav.)

694. Storia d'Italia. Diretta da
Giuseppe GALASSO. 1 : Longobardi e bi-
zantini. Di Paolo DELOGU, André GUILLOU,
Gherardo ORTALLI. Torino, UTET, 80, in-
8, XII-450 p. (tav.)

695. TABANELLI (Mario). Una città
di Romagna nel Medio Evo e nel Rinascimento. Brescia, Magalini, 80, in-8,
399 p. (ill.). (Avvenimenti e uomini
di Romagna)

Cf. n° 194.

Japan.

♦ Cf. n° XIV.

♦♦ 696. AOKI (Kôji). Hennen hya-
kushô ikki shiryô shûsei. (A chronological compilation of documents of the
peasant uprising.) 4 : Kanën 2 - Meiwa
3. 5 : Meiwa 4 - tenmei 3. 6 : Tenmei
2, Kansei 1. Tokyo, Sanichi Shobô, 80,
3 vol. in-8, 579, 589, 600 p. /Cf. Bibl.
78-79, n° 8054./

♦♦ 697. ENDO (Shizuo). /ed./.
Nihon shimin seikatsu shiryô shûsei.
(A compilation of historical documents
on Japanese popular life.) 28 : Wakan-
sansai-zue (1). 29 : Wakan-sansai-zue
(2). Tokyo, Sanichi Shobô, 80, 2 vol.
in-8, 933, 1014 p.

698. Japonija. Ežegodnik, /1977,
1978. Cf. Bibl. 78-79, n° 847./ 1979.
(Japan, Jahrbuch 1979.) Réd. v. I. I.
KOVALENKO. Moskva, Nauka, 80, in-8,
352 p. (ill.). (AN SSSR.Inst.vostoko-
ved.Inst.Dal'nego vostoka.Nauč.sovet
po koordinac. nauč.-issled.rabot v
oblasti vostokoved. Sekcija po izuč.
Japonii)

Norwegen.

♦ Cf. n° XVI.

699. Istorija Norvegii. Sbornik. (History of Norway.) Ed. by A. S. KAN, Moskva, Nauka, 80, in-8, 710 p.

700. Norsk historisk atlas. (Atlas of Norwegian history.) Av (By) Rolf M. HAGEN et al. Oslo, Cappelen, 80, 386 p.

Niederlande.

✦ 701. PALMBOOM (Ellen), RENTENAAR (Rob). Regionaal-historische bibliografie van Holland over 1979 (met aavullingen uit voorgaande jaren). (Bibliographie historique régionale de la Hollande pour 1979, avec compléments pour les années précédentes.) Holland, 80, vol. 12, p. 112-145.

✦ Cf. n°s XVII, 640.

✦✦ 702. Nederlandse Historische Bronnen. (Dutch historical sources.) Uitgeg. door het Nederlands Historisch Genootschap. 's-Gravenhage, Nijhoff, 79, in-8, 417 p. /Contents : KORT (J. C.) ed. Inwoners van het platteland van Holland : het register van "vrijkopingen van doodslagen" 1371-1396. (The register of redemptions of manslaughter in the countryside of Holland, 1371-1396), p. 1-41. -SMIT (J. G.) ed. Prins Maurits an de Goede Zaak. Brieven van Maurits uit de jaren 1617-1619. (Letters from Prince Maurits van Oranje-Nassau, 1617-1619), p. 43-173. -VAN OPSTALL (M. E.) ed. Laurens Reael in de Staten-Generaal. Het verslag van Reael over de toestand in Oost-Indië anno 1620. (Report of Laurens Reael concerning the situation in the East Indies, 1620), p. 175-213. -VEENENDAAL JR. (A. J.) ed. Een memorie over Anthonie Heinsius raadpensionaris van Holland uit 1727. (Mémoire concernant Heinsius, conseiller pensionnaire de Hollande, 1727), p. 215-237. -HOOYKAAS (G. J.) ed. Herinneringen van J. P. P. baron van Zuylen van Nijevelt, kamerlid en minister, 1849-1853. (Memoirs of Van Zuylen van Nijevelt, member of the Chamber and minister, 1849-1853), p. 239-275. -VELD (N. K. C. A. in 't) ed. Jahresbericht 1942 des Befehlshabers der Sicherheitspolizei und des SD für die besetzten Niederländischen Gebiete, p. 277-415./

703. Algemene Geschiedenis der Nederlanden. (General History of the Netherlands and Belgium.) /Ed. by D. P. BLOK, W. PREVENIER, D. J. ROORDA, a.o./ /Cf. Bibl. 78-79, n° 855./ Vol. 5 : Nieuwe tijd. Sociaal-economische geschiedenis, geografie en demografie 1500-1800. Instellingen 1480-1780. Politiek- en religiegeschiedenis na 1480. (Social-economic, political and religious history.) /Ed. by J. CRAEYBECKX, J. A. FABER, A. M. VAN DER WOUDE, a.o./ Vol. 7 : Nieuwe tijd. Sociaal-economische geschiedenis 1490-1650. Overzeese geschiedenis circa 1590-1680. Socio-culturele geschiedenis 1500-1800. (Social-economic, overseas and cultural history.) /Ed. by J. CRAEYBECKX; J. A. FABER, A. M. VAN DER WOUDE, a.o./ Vol. 8 : Nieuwe geschiedenis. Sociaal-economische geschiedenis 1650-1800. Politieke geschiedenis 1648-1700. Religiegeschiedenis tweede helft 17de eeuw. (Social-economic, political and religious history.) /Ed. by M. CLOET, J. ROELINK, L. E. HALKIN, a.o./ Haarlem, Fibula-Van Dishoeck, 79-80, 3 vol. in-4, 551, 418, 474 p. (ill., tab., graph., maps). - CR : K. W. Swart, Bijdr.Meded.Gesch.Nederland, 80, vol. 95, p. 127-134. I. Schöffer, T.Gesch., 80, vol. 93, p. 255-260. J. A. L. Lancée, Kleio, 80, vol. 21, p. 76-82.

704. Biografisch Woordenboek van Nederland. Eerste deel. (Biographical dictionary of the Netherlands. Vol. 1.) Onder redactie van J. CHARITÉ. Redactiecommissie : I. SCHÖFFER, A. Th. VAN DEURSEN, J. L. HELDRING, a. o. 's-Gravenhage, Nijhoff, 79, in-4, XI-680 p.

705. Scrinium et scriptura. Opstellen betreffende de Nederlandse geschiedenis aangeboden aan professor dr. J. L. Van der Gouw bij zijn afscheid als buitengewoon hoogleraar in de archiefwetenschap en in de paleografie van de veertiende tot de zeventiende eeuw aan de Universiteit van Amsterdam. (Etudes sur l'histoire des Pays-Bas offertes au prof. J. L. Van der Gouw à l'occasion de sa retraite comme professeur extraordinaire d'archivistique et de paléographie du XIVe au XVIIe s. à l'Univ. d'Amsterdam.) /Ed. par C. VAN DE KIEFT, G. VAN HERWIJNEN, C. DEKKER, etc./ Groningen, Van der Kamp, 80, in-8, 496 p. /Paru aussi dans Nederlands Archievenbl., 80, vol. 84, p. 197-496./

Polen.

✦ Cf. n° XVIII.

✦✦ 706. Volumina legum. Leges, statuta, constitutiones et privilegia Regni Poloniae, Magni Ducatus Lithuaniae omniumque provinciarum annexarum, a Commitiis Visliciae anno 1347 celebratis usque ad ultima regni comitia. T. 1 : Ab anno 1347 ad annum 1547. T. 2 : Ab anno 1550 ad annum 1609. T. 3 : Ab anno 1609 ad annum 1640. T. 4 : Ab anno 1641 ad annum 1668. Warszawa, Wydawn. Artyst. i Filmowe, 80, 4 vol. in-4, XXI-288, XII-482, XIII-472, XV-501-XVII p. /Reprod. photo-offset de l'éd. orig. Varsovie 1732-1782./

707. LEWIN (Izaak). Tysiąc lat życia żydowskiego w Polsce. (Mille années de la vie des Juifs en Pologne.) B. żyd. Inst. hist., 80, a. 30, n° 1, p. 3-18.

708. Polski Słownik Biograficzny. (Dictionnaire biographique polonais.) Réd. Emanuel ROSTWOROWSKI. /T. 23, 24. Cf. Bibl. 78-79, n° 863./ T. 25, Wro-

cław, Zakł. Narod. im. Ossolińskich, 80, in-4, XII, 832 p. (Inst.Hist.Pol. Akad.Nauk)

709. WALICHNOWSKI (Tadeusz). Dowody polskości Ziem Zachodnich i Północnych w dokumentach archiwalnych. (Les preuves du caractère polonais des terres de l'ouest et du nord dans les documents d'archives.) Archeion, 80, vol. 70, p. 39-51.

710. Życiorysy historyczne, literackie i legendarne. Ser. 1. (Biographies historiques, littéraires et légendaires. Série 1.) Réd. Zofia STEFANOWSKA, Janusz TAZBIR. Warszawa, Państw. Wydawn. Nauk., 80, in-8, 282 p. /XIe-XIXe s./

Rumänien.

+ Cf. n° XIX.

++ 711. Acte, documente şi scrisori din Şcheii Braşovului. (Actes, documents et lettres de Scheii Brasovului.) Préf. de Alexandru DUŢU. Bucureşti, Minerva, 80, in-8, 432 p.

++ 712. ARMBRUSTER (Adolf). Dacoromana-saxonica. Cronicari români despre saşi. Românii în cronica săsească. (Chroniqueurs roumains sur les Saxons /de Transylvanie/. Les Roumains dans les chroniques saxonnes.) Bucureşti, Ed. ştiinţ. şi enciclop., 80, in-8, 491 p.

++ 713. Cronici turceşti despre Ţările Române. Extrase. Vol. /1. Cf. Bibl. 67, n° 1010./ 3 : Sfîrşitul sec. XVI - începutul sec. XIX. (Chroniques turques concernant les Pays roumains. Extraits. Vol. 3 : Fin du XVIe-début du XIXe s.) Publ. par Mustafa Ali MEHMET. Bucureşti, Ed. Acad., 80, in-8, 444 p.

++ 714. Documenta Romaniae historica. A : Moldova. Vol. /1, 2. Cf. Bibl. 76-77, n° 831./ 3 : 1487-1504. Ed. par C. CIHODARU, I. CAPROŞU, N. CIOCAN. Bucureşti, Ed. Acad., in-8, 650 p.

++ 715. MUŞAT (Mircea). Izvoare şi mărturii străine despre strămoşii poporului român. Culegere de texte. Bucureşti, Ed. Acad., 80, in-8, 158 p. - A paru aussi en franç. : Sources et témoignages étrangers sur les ancêtres du peuple roumain. Recueil de textes. Bucureşti, Ed. Acad., 80, in-8, 154 p.

716. Geschichte der Deutschen auf dem Gebiete Rumäniens. Bd. 1. Hrsg. v. Carl GÖLLNER. Bucureşti, Kriterion, 79, in-8, 459 p.

717. NETEA (Vasile). Conştiinţa originii comune şi a unităţii naţionale în istoria poporului român. (La conscience de l'origine commune et de l'unité nationale dans l'histoire du peuple roumain.) Bucureşti, Albatros, 80, in-8, VIII-254 p.

718. PASCU (Ştefan). Voievodatul Transilvaniei. (La voïvodie de Transylvanie.) /Vol. 1. Cf. Bibl. 70-71, n° 1072./ Vol. 2. Cluj-Napoca, Dacia, 78, in-8.

719. STOICESCU (Nicolae). Continuitatea românilor. Privire istoriografică, istoricul problemei, dovezile continuităţii. (La continuité des Roumains. Aperçu historiographique, historique du problème, les preuves de la continuité.) Bucureşti, Ed. ştiinţ. şi enciclop., 80, in-8, 248 p.

Schweden.

720. Svenska (Den) historien. Utarb. under ledning av Jan Cornell. Huvudförf. o. granskare : Sten Carlsson o. Jerker Rosén. Huvudred. Gunvor Grenholm. (The Swedish history. Dir. by Jan CORNELL ; main authors : Sten CARLSSON a. Jerker ROSÉN ; chief ed. Gunvor GRENHOLM.) Vol. 1-15. New ed. Stockholm, Bonnier, 77-79, 15 vol. in-4, (ill.)

Tschechoslowakei.

+ WILDOVA TOSI (Alena). Bibliografia degli studi italiani sulla Cecoslovacchia (1918-1978). Roma, Bulzoni, 80, in-8, 318 (Il bibliotecario, 4). /Testo anche in ceco e inglese/

+ Cf. n° XXI.

722. Dejiny Bratislavy. (Geschichte Pressburgs.) Von Vladimír HORVÁTH, Darina LEHOTSKÁ, Ján PLEVA. 2. überarb. Ausgabe. Bratislava, Osveta, 78, in-4, 480 p. (68 fig.)

Türkei.

723. EPSTEIN (Mark Alan). The Ottoman Jewish communities and their role in the fifteenth and sixteenth centuries. Freiburg i. Br., Klaus Schwarz, 80, in-8, XII-310 p. (Islamkundl. Untersuchungen, 56)

U.d.S.S.R.

724. ALEF (Gustave). Aristocratic politics and royal policy in Muscovy in the late fifteenth and early sixteenth centuries. Forsch.z. osteurop. Gesch., 80, Bd 27, p. 77-109.

§ 7. Staats- und Gesellschaftslehre.

725. ADAMSON (W. L.). Hegemony and revolution. Antonio Gramsci's political and cultural theory. Los Angeles a. London, Univ. of Calif. Press, 80, in-8, 304 p.

726. AYLMER (G. E.). From office-holding to civil service, the genesis of modern bureaucracy. Trans.roy.hist. Soc., 80, vol. 30, p. 91-108.

727. BULCIOLU (Maria Teresa). L'école saint-simonienne et la femme. Notes et documents pour une histoire du rôle de la femme dans la société saint-simonienne, 1828-1833. Pisa, Goliardica, 80, in-I, 253 p. (Etudes sur l'égalité)

728. DE MATTEI (Rodolfo). Aspetti di storia del pensiero politico. I : Dall'antichità classica al sec. XV. Milano, Giuffrè, 80, in-8, VIII-322 p. (Univ. di Roma. Fac. di Sci. pol., 31)

729. DIAZ (Furio). L'idea di una nuova élite sociale negli storici e trattatisti del Principato. R.stor. ital., 80, a. 92, p. 572-587.

730. FIORE (Tommaso). Scritti politici, 1915-1926. A cura e con introd. di Fabio GRASSI. Bari, De Donato, 80, in-8, 223 p.

731. GAROSCI (Aldo). Gli scritti di Pecchio. Ras.stor.Risorg., 80, a. 67, p. 131-140.

732. HAUBTMAN (Pierre). La philosophie sociale de P.-J. Proudhon. Grenoble, Presses univ., 80, in-8, 293 p.

733. HILDEBRANDT (E.). The Magdeburg Bekenntnis 1550 as a possible link between German and English resistance theories in the sixteenth century. Arch. f. Reformationsgesch., 80, Bd 71, p. 227-253.

734. KÜTTLER (Wolfgang). Totalität und Heterogenität konkret-historischer Gesellschaften. Zur Theoriegesch. u. methodol. Bedeutung d. Begriffs "uklad" besonders im Werk Lenins. Jb. d. Museums f. Völkerkde Leipzig, 80, Bd 32, p. 109-125.

735. LANGE (U.). Teilung und Trennung der Gewalten bei Montesquieu. Staat, 80, Bd 19, p. 213-234.

736. MOSCA (Gaetano). Opere di Gaetano Mosca. /A cura dell/' Istit. di studi storico-politici dell'Univ. di Roma. 6, I : Gaetano Mosca, Guglielmo Ferrero. Carteggio (1896-1934). A cura di Carlo MONGARDINI. Milano, Giuffrè, 80, in-8, 551 p. (ritr.)

737. NITTI (Francesco Saverio). Scritti politici di Francesco S.Nitti. Introd. e cura di Rolando MIERI e Romano P. COPPINI. Milano, Feltrinelli, 80, in-8, 311 p. (SC/10. Scrittori pol.ital., 5)

738. SCHEUNER (Ulrich). Der Beitrag der deutschen Romantik zur politischen Theorie. Opladen, Westdeutscher Verl., 80, in-8, 75 p. (Rhein.-westf. Akad. d. Wiss., Geisteswiss., Vorträge G 248)

739. SCIROCCO (Alfonso). L'eredità di Mazzini nel giudizio di Giovanni Bovio. Ras.stor.Risorg., 80, a. 67, p. 177-191.

740. SEMENOV (Juri I.). Die Bedeutung der Kategorie "sozial-ökonomisches Gefüge" (obščestvenno-èkonomičeskij uklad) für die Analyse der sozial-ökonomischen Struktur der Gesellschaft. Jb. d. Museums f. Völkerkde Leipzig, 80, Bd 32, p. 127-137.

741. STOKES (E. T.). Bureaucracy and ideology : Britain and India in the 19th century. Trans.roy.hist.Soc., 80, vol. 30, p. 131-156.

742. STOLLEIS (M.). "Arcana imperio" und "Ratio status". Bemerkungen z. polit. Theorie d. frühen 17. Jh. Göttingen, Vandenhoeck u. Ruprecht, 80, in-8, 34 p. (Veröff. d. Joachim-Jungius-Ges. d. Wiss. zu Hamburg, 39)

743. SZABÓ (Bálint). Le passage au socialisme et système à plusieurs partis. In : Etudes hist. hongr. /Cf. n° 611/, vol. 2, p. 441-460.

§ 8. Rechts-und Verfassungsgeschichte.

✦ 744. BOULET-SAUTEL (Marguerite), SAUTEL (Gérard), VANDENBOSSCHE (André). Bibliographie en langue française d'histoire du droit /Ve s.-1875/ concernant l'année 1977, T. 19. Ouvrage éd. avec le concours du C.N.R.S. Saint-Maur, Fac. de Droit et de Sci. pol., 80, in-8, 204 p. /Cf. Bibl. 76-77, n° 980./

✦ 745. LE CLERE (Marcel). Bibliographie critique de la police et de son histoire. Paris, Ed. Yzer, 80, in-8, 351 p.

✦✦ 746. Corpus iuris Hibernici ad fidem codicum manuscriptorum recognovit. Ed. by D. A. BINCHY. Baile Atha Cliath, Inst. ard-Léinn Baile Atha Cliath, 78, 6 vol. in-4, 2346 p.

✦✦ 747. Rechtsquellen (Die) des Kantons Graubünden = Le fonti del diritto del cantone dei Grigioni. B : Die Statuten der Gerichtsgemeinden. T. 1 : Der Gotteshausbund. Bd 1 : Oberengadin. Bearb. u. hrsg. v. Andrea SCHORTA unter Mitarbeit v. Peter LIVER. Aarau, Sauerländer, 80, in-4, 669 p. (Slg. schweizerischer Rechtsquellen, Abt. 15)

748. BARDACH (Juliusz). Miasta na prawie magdeburskim w Wielkim Księstwie Litewskim od schyłku XIV do połowy XVII stulecia. (Les villes selon le droit de Magdeburg dans le Grand-Duché de Lituanie de la fin du XIVe au milieu du XVIIe s.) Kwart. hist., 80, a. 87, n° 1, p. 21-51.

749. BARDACH (Juliusz), IZDEBSKI

(Hubert). L'Etat fédéral et le principe fédératif en histoire. Czas. prawnohist., 80, vol. 32, fasc. 1, p. 317-368. /De l'antiquité au XXe s./

750. BOYER (Jean-Claude). L'évolution de l'organisation urbaine des Pays-Bas. Lille, Atelier Reprod. des thèses, Univ. Lille III ; diff. : Paris, H. Champion, 78, in-8, 738 p. (cartes)

751. CSIZMADIA (Andor). Les congrégations générales et les diètes en Transylvanie. Acta jur. Acad. Sci. hungaricae, 79, vol. 21, n°s 3-4, p. 217-248.

752. EILER (Klaus). Stadtfreiheit und Landesherrschaft in Koblenz. Untersuchungen z. Verfassungsentwicklung im 15. u. 16. Jh. Wiesbaden, Steiner, 80, in-8, 396 p. (Geschichtl. Landeskde, 20)

753. Etudes sur l'histoire du droit de mariage de Hongrie. Réd. par Andor CSIZMADIA. Pécs, 79 /80/, in-8, 48 p. (Studia iur. auctoritate Univ. Pécs publicata, 94) /Contient : CSIZMADIA (Andor). Le mariage à l'époque et l'exécution des dispositions du concile de Trente, p. 5-18. - DEGRÉ (Alajos). Le mariage dans la communauté primitive hongroise, p. 19-30. - SOMFAI FILÓ (Erika). Le système matrimonial en Hongrie, p. 31-48./

754. FITCH (Marc). Probate records of the Court of the Archdeacon of London, Index. Vol. 1 : 363-1649. Keele, Univ., Dept. of Hist., Brit. Record Soc., 80, in-8, XX-476 p.

755. GEORGESCU (Valentin A.). Bizanţul şi instituţiile româneşti pînă la mijlocul secolului al XVIII-lea. (Byzance et les institutions roumaines jusqu'au milieu du XVIIIe s.) Bucureşti, Ed. Acad., 80, in-8, 296 p.

756. HATTENHAUER (Hans). Geschichte des Beamtentums. Köln, Bonn u. München, Heymanns, 80, in-8, 486 p.

757. HORVÁTH (Pál). Összehasonlító jogtörténet. Tudománytörténet és módszertan. (Histoire du droit comparative. Histoire de la science et de sa méthodologie.) Budapest, Akadémiai Kiadó, 79, in-8, 363 p. - CR : G. Hamza, Állam- és Jogtud., 79, vol. 22, n° 3, p. 529-534.

758. Istoria dreptului românesc. (Histoire du droit roumain.) Vol. 1. Bucureşti, Ed. Acad., 80, in-8, 664 p.

759. Law-making and law-makers in British history. Papers presented to the Edinburgh legal history conference 1977. Ed. by Alan HARDING. London, Roy. hist. Soc., 80, in-8, VIII-225 p. (Roy. hist. Soc., Studies in Hist. Ser., 22)

760. NIPPEL (Wilfried). Mischverfassungstheorie und Verfassungsrealität in Antike und früher Neuzeit. Stuttgart, Klett-Cotta, 80, in-8, 355 p. (Gesch. u. Ges., 21)

761. PARADISI (B.). Notes critiques sur le problème du droit commun. R. hist. Droit franç. étr., 80, a. 58, p. 423-440.

762. SALITOT-DION (Michèle). Coutume et système d'héritage dans l'ancienne Franche-Comté. Et. rurales, 79, n° 74, p. 5-22.

763. SCHILD (Wolfgang). Alte Gerichtsbarkeit. Vom Gottesurteil bis zum Beginn d. modernen Rechtsprechung. München, Callwey, 80, in-4, 255 p. (ill.)

764. SUCHECKI (Wiktor). Morphology and dynamics of fascism. Czas. prawno-hist., 80, vol. 32, fasc. 1, p. 1-34. /XIIIe-XXe s./

Cf. n° 191.

§ 9. Wirtschafts-, Verkehrs- und Sozialgeschichte.

✦ 765. ARMSTRONG (John), HANNAM (June). List of publications on the economic and social history of Great Britain and Ireland published in 1979. Econ. Hist. R., 80, ser. 2, vol. 33, p. 574-621.

✦ 766. Bibliographia historiae rerum rusticarum internationalis. 1973-1974. Réd. Péter GUNST. Budapest, Mezőgazdasági Muzeum, 78, in-8, 342 p. /1967-1968. Cf. Bibl. 70-71, n° 1160./

✦ 767. Bibliographie internationale de démographie historique. International bibliography of historical demography. 1978. Paris, Soc. de démographie hist., 78, in-8, 79 p. (Comité intern. des Sci. hist. Commission intern. de démogr. hist. Union intern. pour l'étude scientif. de la population) /Cf. Bibl. 78-79, n° 927./

✦ 768. BOGUCKA (Maria). Les recherches polonaises des années 1969-1978. sur l'histoire des villes et de la bourgeoisie jusqu'au déclin du XVIIIe siècle. Acta Poloniae hist., 80, vol. 41, p. 239-257.

769. Adel. (Nobility.) /Ed. by J. C. BOOGMAN, H. SOLY, R. VAN UYTVEN, a. o./ T.Gesch., 80, vol. 93, p. 339-501. /Contents : BELDER (J. de). Veranderingen in de sociaal-economische positie van de Belgische adel in de 19e eeuw (Changes in the social-economic position of the Belgian nobility in the 19th cent.), p. 483-501. -DEGRYSE (K.). Stadsadel en stadsbestuur te Antwerpen in de 18e eeuw. Een sociaal-economische benadering (Social-economic background of the nobility in the Antwerp municipality in the 18th cent.), p. 466-482. - GENICOT (L.). La noblesse médiévale. Pans de lumière et zones

obscures, p. 341-356. -JANSSENS (P.). De Zuidnederlandse adel tijdens het Ancien Régime, 17e-18e eeuw (The nobility in the Southern Netherlands during the 'Ancien Régime'), p. 445-465. - KUYS (J.). De Herlaars : van Brabantse tot Gelderse adel (The noble family Herlaar in 'Brabant' and 'Gelderland', 13th-14th cent.), p. 377-390. -RIDDERSYMOENS (H. de). Adel en Universiteiten in de zestiende eeuw. Humanistisch ideaal of bittere noodzaak (Nobility and the universities in the 16th cent. A humanistic ideal or necessity), p. 410-432. - VAN NIEROP (H. F. K.). 'Het Quade Regiment'. De Hollandse edelen als ambachtsheren, 1490-1650 (The nobles in Holland as lords of the manor), p. 433-444. - VAN WINTER (J. M.). Adel en aristocratie in de middeleeuwen (Nobility and aristocracy in the middle ages), p. 357-376. - WIN (P. de). De adel in het hertogdom Brabant van de vijftiende eeuw. Een terreinverkenning (Nobility in the duchy of Brabant in the 15th cent.), p. 391-409./

770. BENTZIEN (Ulrich). Bauernarbeit im Feudalismus. Landwirtschaftliche Arbeitsgeräte u. -verfahren in Deutschl. v. d. Mitte d. 1. Jh. u. Z. bis um 1800. Berlin, Akad.-Verl., 80, in-8, 271 p. (Abb.). (Veröff. z. Volkskde u. Kulturgesch., 67)

771. BÖHME (Helmut). Europäische Wirtschafts- und Sozialgeschichte. Bd 1 : Morgenland u. Abendland. Staatsbürokratie, Völkerwanderung u. römisches christliches Reich (300-750). Frankfurt (Main), Fischer, 80, in-8, 234 p.

772. BÖKÖNYI (Sándor). "Vadakat terelő juhász..." Az állattartás története. ("Le berger conduisant des bêtes". Histoire de l'élevage.) Budapest, Magvető Kiadó, 78, in-8, 161 p. (Gyorsuló idő)

773. Britain and France : ten centuries. /By D. JOHNSON a. others./ London, Wm. Dawson, 80, in-8, 280 p. /Social conditions/

774. Fort Jesus Museum. Chinese porcelain marks from coastal sites in Kenya : aspects of trade in the Indian Ocean, XIV-XIX centuries. Compiled by Caroline SASSOON. Oxford, Brit. Archaeol. Rep., 78, in-4, 140 p. (ill., maps). (Brit. Arch. Rep., intern. ser., 43)

775. GOODELL (Grace). From status to contract : the significance of agrarian relations of production in the West, Japan, and in "Asiatic" Persia. Arch. europ. Sociol., 80, t. 21, p. 285-325.

776. Histoire économique et sociale de la France. Dir. par Fernand BRAUDEL et Ernest LABROUSSE. /1, 2, 3. Cf. Bibl. 76-77, n° 1041./ 4 : L'ère industrielle et la société d'aujourd' hui, siècle 1880-1980. /T. 1. Cf. Bibl. 78-79, n° 946./ T. 2 : Le temps des guerres mondiales et de la grande crise, 1914-1950. Par Jean BOUVIER, André ARMENGAUD, Pierre BARRAL, François CARON, etc. Paris, Presses univ. France, 80, in-8, p. 589-973 (ill.)

777. Internationales Symposium zur Geschichte des Bergbaus und Hüttenwesens (1978, Freiberg). Vorträge. Internat. Symposium z. Gesch. d. Bergbaus u. Hüttenwesens, Bergakad. Freiberg, 4. bis 8. Sept. 1978. ICOHTEC. Internat. Komitee f. Gesch. d. Technik. Hrsg. v. d. Bergakad. Freiberg im Auftr. d. ICOHTEC. Wiss. Bearb. : Eberhard WACHTLER u. Gisela-Ruth ENGEWALD. Bd 1, 2. Freiberg, 80, 2 vol. in-8, XXIV-285 p., p. 287-548 (ill., Tab.)

778. LE ROY LADURIE (Emmanuel), BAULANT (Micheline). Grape travests from the fifteenth through the nineteenth centuries. J. interdisc. Hist., 80, vol. 10, p. 839-849.

779. MAKKAI (László). Agrarian landscapes of historical Hungary in feudal times. In : Etudes hist. hongr. /Cf. n° 611/, vol. 1, p. 193-208.

780. MARÓTI (Egon). Über die Verbreitung der Wassermühlen in Europa. Acta ant. Acad. Sci. hungaricae, 75, vol. 23, n°s 3-4, p. 255-280.

781. MILITZER (Klaus). Berechnungen zur Kölner Tuchproduktion des 14.-17. Jahrhunderts. Jb. d. Köln. Gesch.Ver., 80, Bd 51, p. 89-106.

782. NADER (Helen). The Mendoza family in the Spanish Renaissance, 1350 to 1550. New Brunswick, N.J., Rutgers U.P., 79, in-8, XIV-275 p.

783. NEVEUX (Hugues). Vie et déclin d'une structure économique : les grains du Cambrésis, fin du XIVe-début du XVIIe s. Av.-propos d'Emmanuel LE ROY LADURIE. Paris et La Haye, Moutor, 80, in-8, XIII-443 p. (pl., ill.). (Civilisations et Soc., 64) -IDEM. Die langfristigen Bewegungen der französischen Getreideproduktion vom 14. bis zum 18. Jahrhundert. Scripta Mercaturae, 79, /80/, p. 75-88.

784. OLŠOVSKÝ (Rudolf), PRŮCHA (Václav), URBANOVÁ (Zora). Stručné dějiny světového hospodářství. (Kurze Geschichte d. Weltwirtschaft.) Praha, Stát. pedagog. nakladat., 78, in-8, 526 p.

785. PARAIN (Charles). Outils, ethnies et développement historique. Paris, Ed. sociales, 79, in-8, 502 p. (ill.).

786. POVOLO (Claudio). Note per un studio dell'infanticidio nella Repubblica di Venezia nei secoli XV-XVIII. At. Istit. veneto Sci. Lett. Ar., 78-79 /79/, t. 137, p. 115-131.

787. SACHSSE (Christoph), TENNSTEDT (Florian). Geschichte der Armenfürsoge in Deutschland vom Spätmittelalter bis zum Ersten Weltkrieg. Stuttgart, Kohlhammer, 80, in-8, 367 p. (19 Abb.).

788. Storia dell'agricoltura europea. Milano, ETAS, 80, in-4, 398 p. (ill.). /Scritti di vari/

789. Suomen taloushistoria. 1 : Agraarinen Suomi. (Histoire économique de la Finlande. 1 : La Finlande agricole.) Toim.-Réd. par Eino JUTIKKALA, Yrjö KAUKIAINEN, Sven-Erik ASTRÖM. Helsinki, Tammi, 80, in-8, 494 p. (ill.)

790. WOOD (James B.). The nobility of the Election of Bayeux, 1463-1666 : continuity through change. Princeton, N.J., Princeton U.P., 80, in-8, XIV-220 p.

Cf. n° 195.

§ 10. Kultur-, Wissenschafts- und Unterrichtsgeschichte.

+ 791. Bibliographie /analytique de l'histoire de la civilisation éthiopienne/, 1976-1977, 1977-1978. Abbay, 77 /78/, cah. 8, p. 143-174 ; 78 /79/, cah. 9, p. 199-217.

+ 792. Bibliographie Geschichte der Technik. Hrsg. v. d. Sächs. Landesbibliothek Dresden. /Jg. 18. Cf. Bibl. 78-79, n° 976./ Jg. 12-13, Berichtsjahr 1972-1973. Bearb. v. Ralf Peter KRÄMER u. Siegfried SAUER unter Mitarb. v. Michael LATOCHA u. Christian ZÜHLKE. Jg. 19, Berichtsjahr 1979. Bearb. v. Michael LATOCHA unter Mitarb. v. Peter HESSE, Ralf Peter KRÄMER u. Siegfried SAUER. Dresden, Sächs. Landesbibliothek, 79-80, 2 vol. in-8, L-428, XLII-349 p.

+ 793. Critical bibliography (/103th, 104th. Cf. Bibl. 78-79, n° 5291./ 105th) for the history of science and its cultural influences (to Jan. 1980). Isis, 80, vol. 71, n° 5, p. 1-295.

+ 794. FRIJHOFF (Willem). Bibliographie d'histoire de l'éducation française. Titres parus au cours de l'année /1976, Cf. Bibl. 78-79, n° 978./ 1977 et suppléments de l'année 1976. Hist. Education, 80, n°s 7-8, 191 p.

+ 795. GOODWIN (Jack). Current bibliography in the history of technology (1978), Technol. a. Culture, 80, vol. 21, n° 2, p. 281-355.

796. AVERINCEV (S. S.). Menjajuščijsja obraz antičnosti. (Das wechselnde Bild der Antike) Obščestv. Nauki, 80, n° 1, p. 118-133.

797. BÂRZU (Ligia). Continuity of the Romanian people's material and spiritual production in the territory of former Dacia. București, Ed. Acad., 80, in-8, 104 p. - Paru aussi en franç. : La continuité de la création matérielle et spirituelle du peuple roumain sur le territoire de l'ancienne Dacie. București, Ed. Acad., 80, in-8, 111 p.

798. BRUSA (Antonio). Aspetti della conoscenza dell'Oriente nell'Occidente. Arch.stor.pugliese, 80, a. 33, p. 185-204.

799. Comptes-rendus du 104e Congrès national des sociétés savantes, Bordeaux, 1979. Section des sciences. T. 4 : Histoire des sciences, médecine, mathématiques. Paris, Bibl. nationale, 79, in-8, 353 p.

800. DAVID (M. D.). The history of civilization. Delhi, Himalaya Publ. House ; London, J.K. Publ., 80, in-8, 355 p.

801. Dějiny přírodních věd v datech. Chronologický přehled. (Geschichte d. Naturwissenschaften in Daten. Chronolog. Übersicht.) Edit. Jaroslav FOLTA, Luboš NOVÝ. Praha, Mladá, fronta, 79, in-8, 360 p.

802. Fejezetek a Pécsi Egyetem történetéből. Szerk. CSIZMADIA (Andor). (Chapitres de l'histoire de l'Université de Pécs. Réd. par -.) Pécs, Pécsi Tudományegyetem, 80, in-8, 368 p.

803. Geschichte der Medizin. Hrsg. : Dietrich TUTZKE. Beitr. v. G. HARIG /u.a./ Berlin, Verl. Volk u. Gesundheit, 80, in-8, 247 p. (Abb.)

804. Handbuch der Kulturgeschichte. Begr. v. Heinz KINDERMANN. Neu hrsg. v. Eugen THURNHER. Unter Mitarb. v. Martin BLOCK /u.a./. /Abt. 2. Cf. Bibl. 78-79, n° 988./ Abt. 2 : Kulturen Kontinental-Südostasiens. Kambodscha, Birma, Thailand, Laos, Vietnam, Malaya. SCHUBERT (Kurt). Die Kultur der Juden. T. 2 : Judentum im Mittelalter. Wiesbaden, Athenaion, 79, 2 vol. in-4, 160, 187 p. (ill.)

805. Handbuch wissenschaftstheoretischer Begriffe. In Verb. mit Karl ACHAM /u.a./ hrsg. v. Josef SPECK. Bd 1 : A-F. Bd 2 : A-Q. Bd 3 : R-Z. Göttingen, Vandenhoeck u. Ruprecht, 80, 3 vol. in-8, XXX-239 p. ; XX p., p. 242-530 ; XX p., p. 532-780. (Uni-Taschenbücher, 966-968)

806. Histoire culturelle de la maladie. Marcel SENDRAIL, Georges BAUDOT, Guy MAZARS, Pierre HARD ... Toulouse, Privat, 80, in-8, XVI-454 p.

807. Histoire générale des techniques. Sous la dir. de Maurice DAUMAS. /4. Cf. Bibl. 78-79, n° 989./ 5 : Les techniques de la civilisation industrielle : transformation, communication, facteur humain. Par M. PERROT, J.-B. ACHE, M. AUDIN, M. DAUMAS, etc. Paris, Presses univ. France, 79, in-8, XI-599 p. (24 p. de pl., ill.)

808. Hogyan éltek elődeink ? Fejezetek a magyar művelődés történetéből. Szerk. HANÁK Péter. (Comment vivaient nos ancêtres ? Chapitres de l'histoire de la culture hongroise.

Réd. par -.) Budapest, Gondolat Kiado, 80, in-8, 232 p. - CR : G. Andor, Pedag.Szle, 80, vol. 30, n° 11, p. 1051 -1052.

809. Humanisme (L') allemand (1480-1540). XVIIIe Colloque internat. de Tours. Ed. par Joël LEFEBVRE et Jean-Claude MARGOLIN. München, Fink ; Paris, Vrin, 79, in-8, 727 p. (Humanist. Bibl., R. 1 : Abh., 38) (De Pétrarque à Descartes, 37)

810. Idée (L') de régulation dans les sciences. Par Gilbert GADOFFRE, G. CANGUILHEM, J. L. RIGAL, Paul-Henry CHOMBART de LAUWE ... Introd. de Jean PIAGET. Paris, Maloine, Doin, 77, in-8, XIII-258 p. (graph.). (Rech. interdisciplinaires. Séminaires interdiscipl. du Collège de France)

811. Istoria ştiinţelor în România. Medicina. (Histoire des sciences en Roumanie. Médecine.) Ed. par Şt.-M. MILCU et B. DUŢESCU. Bucureşti, Ed. Acad., 80, in-8, 289 p. (33 ill.). /Rés. franç./

812. Istorija i metodologija estestvennykh nauk. (Histoire et méthodologie des sciences naturelles. Recueil d'articles.) /Fasc. 19-23. Cf. Bibl. 78-79, n° 992./ Fasc. 24, 25. Réd. par D. I. GORDEEV. Moskva, Izd-vo MGU, 80, 2 vol. in-4, 165, 168 p. (ill.)

813. KIETLICZ-WOJNACKI (Wacław). Polskie osiągnięcia naukowe na obeżyźnie. Od średniowiecza do II wojny światowej. (Les travaux scientifiques polonais à l'étranger. Du Moyen Age à la Seconde guerre mondiale.) Lublin, Wydawn. Lub., 80, in-8, 352 p.

814. KRAWCZUK (Aleksander). Starożytność odległa i bliska. (L'antiquité éloignée et proche.) Warszawa, Pax, 80, in-8, 142 p.

815. LEBRAS (Catherine), JACQUES (Annie). La coiffure en France du Moyen-âge à nos jours. Paris, Delmas, 79, in-fol., 358 p. (ill.)

816. Lübecker Schriften zur Archäologie und Kulturgeschichte. Vorgesch., Mittelalter, Neuzeit. Amt f. Vor- u. Frühgesch. d. Hansestadt Lübeck. Hrsg. ... von Günter P. FEHRING. Bd 2. Frankfurt (Main), Bern u. Las Vegas, Lang, 80, in-4, 202 p. (ill., graph. Darst.)

817. MACLEAN (Ian). The Renaissance notion of women : a study in the fortunes of scholasticism and medical science in European intellectual life. New York, Cambridge U.P., 80, in-8, VII-119 p. (Cambridge Monographs on the Hist. of Medicine)

818. Mélanges à la mémoire de Franco Simone : France et Italie dans la culture européenne. 1 : Moyen Age et Renaissance. Genève, Slatkine, 80, in-8, XXXII-593 p. (Bibl. Franco Simone, Centre d'études franco-italien, Unvi. de Turin et de Savoie, 4)

819. MÜLLER (Klaus Erich). Geschichte der antiken Ethnographie und ethnologischen Theoriebildung /T. 1. Cf. Bibl. 72, n° 872./ T. 2 : Von den Anfängen bis auf die byzantinischen Historiographen. Wiesbaden, Steiner, 80, in-8, VIII-563 p. (Stud. z. Kulturkunde, 52)

820. NIEDERMEIER (Hans). Die Kennzeichnung der Tiere im Altertum und Mittelalter. Z. f. Agrargesch., 80, Jg. 28, p. 182-202.

821. Nôsangyoson-bunkakyôkai /Ed./. Nihon nôsho zensho. (Japanese agricultural books.) 4 : Koka shunjû. (Cultivation and planting.) 32 : Rônôruigo hoka. (The word of elders, etc.) Tokyo, Nôsangyoson-bunkakyôkai, 80, 2 vol. in-8, 402, 386 p.

822. NOWAK (Tadeusz Marian). Studies of the history of military technology in Poland. Kwart. Hist. Nauki Techn., 80, a. 25, n° 4, p. 721-730.

823. OLIVOVÁ (Věra). Lidé a hry. Historická geneze sportu. (Menschen und Spiele. Hist. Genese d. Sportes.) Praha, Olympia, 79, in-8, 604 p. (133 fig.)

824. OTTERBACH (Friedemann). Geschichte der europäischen Tanzmusik : Einführung. Wilhelmshafen, Locarno etc., Heinrichshofen, 80, in-8, 339 p. (Taf., Notenbeisp.). (Taschenbücher z. Musikwiss., 52)

825. PAGELLA (Mario). Storia della scuola. Sintesi storica della scuola dalle origini ai nostri giorni, con particolare riguardo alla scuola italiana. Present. di Italo BERTONI. Bologna, Cappelli, 80, in-8, 291 p. (Scuola e Soc., 5)

826. PERKINSON (H. J.). Since Socrates, studies in the history of Western educational thought. London, Longman, 80, in-8, 240 p.

827. PÓTH (István). Über die Bedeutung von Pest und Ofen in der kulturellen Vergangenheit der Serben. Studia slavica Acad. Sci. hungaricae, 79, vol. 25, n°s 1-4, p. 317-325.

828. REILLY (Kevin). The West and the world, a topical history of civilization. London, Harper, a. Row, 80, in-8, 576 p.

829. SLEMNEV (M. A.). Svoboda naučnogo tvorčestva. (Liberty of scientific work.) Minsk, Nauka i tekhnika, 80, in-8, 239 p.

830. STAROSTIN (B.). Sistemnye sostojanija v istorii nauki. (Systemzustände in der Geschichte der Wissenschaften.) Obščestv.Nauki, 80, n° 6, p. 113-126.

831. STRANIERO (Giorgio). Enciclopedia storica della pedagogia. Milano, Teti, 80, in-16, 258 p. (Bibl. del Calendario, 27)

11. KUNST- UND KUNSTGEWERBEGESCHICHTE

832. SUCHODOLSKI (Bogdan). Dzieje kultury polskiej. (Histoire de culture polonaise.) Warszawa, Interpress, 80, in-8, 637 p.

833. Suomen kulttuurihistoria. (Histoire de la civilisation finlandaise.) /1. Cf. Bibl. 79, n° 998./ 2 : Autonomian aika. (L'ère de l'autonomie.) Comité de réd. : Päiviö TOMMILA, Aimo REITALA, Veikko KALLIO. Porvoo, WS; 80, in-4, 544 p. (ill.)

834. THEVEAU (Paul), CHARLOT (Pierre). Histoire de la pensée française. /1, 2. Cf. Bibl. 76-77, n° 1101./ 3 : XVIIe siècle, 1 : La période baroque. 4 : XVIIe siècle, 2 : La période classique. 5 : XVIIe siècle, 3 : Vers un renouvellement. 6 : XVIIIe siècle, 1 : L'aurore du siècle. 7 : XVIIIe siècle, 2 : La montée des Lumières, 8 : XVIIIe siècle, /2 suite et fin/ : La montée des lumières. 9 : XVIIIe siècle, 3 ; L'incendie du couchant. Paris, Roudil, 78, 7 vol. in-16, 184, 152, 165, 167, 175, 165, 226 p. (Hommes et idées en Litt. franç., 1)

835. VASOLI (Cesare). La cultura delle corti. Bologna, Cappelli, 80, in-16, 278 p. (Univers. Il portolano, 3)

836. VIAL (Jean). Les instituteurs : douze siècles d'histoire. Paris, J.-P. Delarge, 80, in-fol., 259 p. (ill.)

837. WALSH (Katherine). From Columbanus to Luke Wadding : Irish links with Continental Europe in the medieval and early modern period. <u>Innsbrucker hist.Stud.</u>, 80, Bd 3, p. 43-60.

Cf. n° 404.

§ 11. Kunst-und Kunstgewerbegeschichte.

✦ 838. Bibliographie /zur Kunstgeschichte/ des Jahres 1977, 1978, 1979. Mit Nachträgen. Bearb. v. Hilda LIETZMANN. München u. Berlin, Deutscher Kunstverl., 78-80, 3 vol. in-8, 127, 146, 152 p. (Z. f. Kunstgesch., Bibliograph. Teil, Bd 41-43)

✦ 839. Bibliography of the Netherlands Institute for Art History. Vol. 16 : 1971 and 1972, nrs. 1-1884. Part I : Old art. Compiled by S. H. KUHN. The Hague, Rijksbureau voor Kunsthist. Documentaties, s.a., in-8, 324 p.

✦ Cf. n° III.

840. Actes du 103e Congrès national des sociétés savantes, Nancy-Metz, 1978. Section d'archéologie et d'histoire de l'art. La Lorraine : études archéologiques. Paris Bibliothèque nationale, 80, in-8, 338 p. (ill., pl.).

841. ATTERBURY (Paul). English pottery and porcelain : historical survey. London, P. Owen, 80, in-4, 288 p. (ill.)

842. Beiträge zur allgemeinen und vergleichenden Archäologie. Deutsch. Archäol. Inst. Hrsg. von Hermann MÜLLER-KARPE. Bd 1. München, Beck, 79, in-8, VI-450 p. (ill., Kt.).

843. BERIDZE (Vachtang), NEUBAUER (Edith). Die Baukunst des Mittelalters in Georgien. Vom 4. bis zum 18. Jh. Mit Aufnahmen v. Klaus G. BEYER. Berlin, Union-Verl., 80, in-4, 251 p. (Abb.).

844. BIAŁOSTOCKI (Jan). Historia sztuki wśród nauk humanistycznych. (L'histoire de l'art dans le cadre des sciences de l'homme.) Wrocław, Zakł. Narod. im. Ossolińskich, 80, in-8, 196 p. (Wszechnica Pol. Akad. Nauk, Najnowsze Osiągnięcia Nauki)

845. Cambridge encyclopaedia of Archaeology. Ed. by Andrew SHERRATT. London, a. New York, Cambridge U.P., 80, in-6, 495 p. (ill., pl.).

846. Capitals (The) of Europe/ Les capitales de l'Europe. A guide to the sources for the history of their architecture and their construction. Ed. : Intern. Council on Archives. Ed. in chief : SAGVARI Agnes. Ass. : HARRACH Erzsébet C. Budapest, Corvina ; München, New York, London a. Paris, K.G. G. Saur, 80, 359 p. (ill.).

847. Congrès archéologique de France. 134e session, 1976 : Pays d'Arles. 135e session, 1977 : Champagne. Paris, Soc. franç. d'Archéol., 79-80, 2 vol. in-8, 534 p. (ill., pl.).

848. Dictionnaire des châteaux de France. Sous la dir. D'Yvan CHRIST. /T. 2, 4. Cf. Bibl. 78-79, n° 1019./ T. 3 : Alsace : Bas-Rhin, Haut-Rhin, Territoire de Belfort. Par Roland RECHT. T. 9 : Bourgogne, Nivernais : Côte-d'Or, Nièvre, Saône-et-Loire, Yonne. Par Françoise VIGNIER. T. 10 : Franche-Comté, pays de l'Ain : Ain, Doubs, Haute-Saône, Jura. Par Françoise VIGNIER. Paris, Berger-Levrault, 79-80, 3 vol. in-4, 220, 337, 194 p. (cartes).

849. FEICHT (Hieronim). Opera musicologica. Réd. Zofia LISSA. /T. 2. Cf. Bibl. 76-77, n° 1116./ T. 3 : Studia nad muzyką polskiego renesansu i baroku. (T. 3 : Etudes sur la musique de la Renaissance et du baroque polonais.) Krakow, Pol. Wydawn. Muzyczne, 80, in-8, 562 p.

850. FROESCHLÉ-CHOPARD (Marie-Hélène). Décors des églises en Provence orientale témoins de sensibilités religieuses. <u>Provence hist.</u>, 80, t. 30, fasc. 119, p. 35-52.

851. GOLVIN (Lucien). Essai sur l'architecture religieuse musulmane. /Vol. 1, 2. Cf. Bibl. 70-71, n° 1290./ Vol. 4 : L'art hispano-musulman. Paris, Klincksiek, 79, in-4, 323 p. (pl., ill). (Archéol. méditerranéenne, 5)

852. Hevers megye műemlékei. (Les monuments d'art dans le département de Heves). /Vol. 2. Cf. Bibl. 72, n° 904./ Vol. 3. Par VOIT Pál, BAKÓ Ferenc, BARANYAI Béláné. Budapest, Akadémiai Kiadó, 78, in-4, 741 p. (Magyarország műemléki topográfiája, 9)

853. Image (L') du Noir dans l'art occidental. Sous la dir. de Ladislas BUGNER. /1. Cf. Bibl. 76-77, n° 1125./ 2 : Des premiers siècles chrétiens aux grandes découvertes. T. 1 : De la menace démoniaque à l'incarnation de la sainteté. Par Jean DEVISSE. Etude liminaire de Jean Marie COURTÈS. T. 2 : Les Africains dans l'ordonnance chrétienne du monde (XIVe-XVIe s.). Par Jean DEVISSE, Michel MOLLAT /etc./. Fribourg, Office du Livre ; Paris, Bibl. des arts, 79, 2 vol. in-4, 281, 325 p. (ill. en noir et en couleur, cartes).

854. Inventaire général des monuments et des richesses artistiques de la France. 17 : Bourgogne : Côte-d'Or, Nièvre, Saône-et-Loire, Yonne. Réd. par Claudine BERGER et Marie-Hélène FRIZOT, avec la collab. de Madeleine CHABROLIN, Pierre GRAS /etc./. Paris, Impr. nationale, 79, in-4, XX-135 p. /Cf. Bibl. 78-79, n° 1027-1029./

855. Magyarország régészeti topográfiája. (Topographie archéologique de la Hongrie.) /Vol. 4. Cf. Bibl. 72, n° 910./ Vol. 5. HORVÁTH (István), KELEMEN (Mária H.), TORMA (István). Komárom megye régészeti topográfiája. Esztergom és a dorogi járás. Szerk. TORMA István. (La topographie archéologique du comitat de Komárom. Esztergom /Strigonium/ et les districts de Dorog. Réd. par -.) Budapest, Akadémiai Kiadó, 79, in-4, 455 p. (81 pl., 6 cartes).

856. Palais et maisons du Caire du XIVe au XVIIIe siècle. /2. Cf. Bibl. 76-77, n° 1132./ 3. Par Jacques REVAULT, Bernard MAURY, avec la collab. de Mona ZAKARIYA. Le Caire, Inst. franç. d'Archéol. orient., 79, in-fol., VI-181 p. (110 f. de pl.). (Mém. publ. par les membres de l'Inst. franç. d'Archéol. orient. du Caire, 102)

857. RASTAWIECKI (Edward). Słownik rytowników polskich tudzież obcych w Polsce osiadłych lub czasowo w niej pracujących. (Dictionnaire des graveurs polonais et étrangers domiciliés ou travaillant temporairement en Pologne.) Warszawa, Wydawn. Artyst. i Filmowe, 80, in-8, VIII-316 p. /Reprod. photo-offset de l'éd. orig. Poznań 1886/

858. SCHAPIRO (Meyer). Late antiquity, early Christian and mediaeval art. London, Chatto, 80, in-8, 432 p. (ill.).

859. Súpis pamiatok na Slovensku. (Verzeichnis d. Denkmäler in der Slowakei.) Vol. 1 : A-J. Vol. 2 : K-P. Vol. 3 : R-Z. Vol. 4 : Pamiatky na Slovensku. (Denkmäler in der Slowakei.) Edit. Vendelín JANKOVIČ et coll. Bratislava, Obzor, 67-68-69-78, 4 vol. in-4, 536, 582, 564, 736 p.

860. SZENTKIRÁLYI (Zoltán). Az építészet világtörténete. 1, 2 köt. (Histoire universelle de l'architecture. Vol. 1, 2.) Budapest, Képzőművészeti Alap, 80, 2 vol. in-8, 327, 354 p. (Képzőművészeti zsebkönyvtár)

Cf. n° 847.

§ 12. Religions- und Kirchengeschichte.

a. Allgemeines.

861. Dictionnaire d'histoire et de géographie ecclésiastiques. Sous la dir. de Roger AUBERT. T. 18, fasc. /107-108. Cf. Bibl. 78-79, n° 1048./ 108b-109 : Fréron-Funchal. T. 19, fasc. 110 : Funchal-Gagnier. Assisté de J. P. HENDRICKX et J. P. SOSSON. Paris, Letouzey et Ané, 79, 2 fasc. in-4, col. 1-400, 401-656.

862. Handbuch der Dogmengeschichte. Hrsg. v. Michael SCHMAUS /u.a./. /Bd 2, Fasc. 3b, Bd 4, Fasc. 4a. Cf. Bibl. 78-79, n° 1052./ Bd 3 : Christologie, Soteriologie, Ekklesiologie, Mariologie, Gnadenlehre. Fasc. 5b : MARTIN-PALMA (José). Gnadenlehre. Von d. Reformation bis z. Gegenwart. Bd 4 : Sakramente, Eschatologie. Fasc. 1a : FINKENZELLER (Josef). Die Lehre von den Sakramenten im allgemeinen. Von d. Schrift bis z. Scholastik. Freiburg, Basel u. Wien, Herder, 80, 2 vol. in-4, 199, VII-225 p.

863. Handbuch der Kirchengeschichte. Hrsg. v. Hubert JEDIN. /Bd 7. Cf. Bibl. 78-79, n° 1053./ Bd 2 : Die Reichskirche nach Konstantin dem Grossen. Halbbd 1 : Die Kirche von Nikaia bis Chalkedon. Von Karl BAUS, Eugen EWIG. 2. Aufl. Freiburg, Basel u. Wien, Herder, 79, in-8, XVIII-461 p.

864. Historia Kościoła w Polsce. (Histoire de l'Eglise en Pologne.) Réd. Bolesław KUMOR, Zdzisław OBERTYŃSKI. T. 2 : 1764-1945. P. A : 1764-1918. Aut. Julian ATAMAN et autres. P. 2. : 1918-1945. Aut. Kazimierz DOLA et autres. Poznań, Pallotinum, 79 /80/, 2 vol. in-8, 751, 372 p.

865. Kirche am Oberrhein. Festschr. f. Wolfgang MÜLLER. Hrsg. v. Remigius BÄUMER /u.a./. Freiburg. Diöz.-Arch., 80, Bd 100, 594 p.

866. LANCZKOWSKI (Günter). Einführung in die Religionswissenschaft. Darmstadt, Wiss. Buchges., 80, in-8, 116 p.

867. MAAG (Victor). Kultur, Kulturkontakt und Religion. Ges. Stud. z. allgemeinen u. alttestamentlichen Religionsgesch. Zum 70. Geburtstag hrsg. v. Hans Heinrich SCHMIDT u. Odil Hannes STECK. Göttingen u. Zürich, Vandenhoeck u. Ruprecht, 80, in-8, VI-397 p.

12. RELIGIONS- UND KIRCHENGESCHICHTE

868. MURAV'EV (Ju. A.). Religija i vera, illjuzija, znanie. (La religion: foi, illusion, connaissance.) Sovet Ètnogr., 80, n° 4, p. 80-87.

869. OZMENT (St.). The age of reform, 1250-1550. An intellectual and religious history of late medieval and Reformation Europe. New Haven, Conn., a. London, Yale U.P., 80, in-4, XII-458 p.

870. SESTIERI (Lea). Gli ebrei nella storia di tre millenni. Vicende di un anticonformismo. Roma, Carucci, 80, in-8, 344 p. (Coll. di Cult. ebraica, 18)

b. Spezialarbeiten.

✦ 871. ARATO (Paolo), S. J. Bibliographia historiae pontificiae. /Cf. Bibl. 78-79, n° 1057./ Arch. Hist. pontif., 78, t. 16, p. 433-657 ; 79, t. 17, p. 481-730 ; 80, t. 18, p. 437-718.

✦ 872. Bibliographia carmelitana annualis 1978, a cura delle sezione bibliografica dell'Istituto carmelitano, Carmelus, 1979, vol. 26, fasc. 2, p. 355-497.

✦ 873. Bibliografia missionaria. /Anno 37-41. Cf. Bibl. 78-79, n° 1058./ Anno 42 : 1978 ; 43 : 1979. Fondata dal P. Giovanni ROMMERSKIRCHEN, continuata dal P. Willi HENKEL. Roma, Pontificia Univ. Urbaniana, 79-80, 2 vol. in-8, 341, 307 p.

✦ 874. KŁOCZKOWSKI (J.), DEWÈVRE WAFELAER (C.). Bibliographie. R. Hist. ecclés., 80, t. 75, p. 159✦-302✦, 303✦-528✦.

✦ 875. LEDOYEN (Dom Henri). Bulletin d'histoire bénédictine, t. X. R. bénédictine, 79, t. 89, p. 97-176 ; 80, t. 90, p. 177-296.

✦ 876. NOBER (Petrus). Elenchus bibliographicus biblicus. Vol. 57 : 1976. Vol. 58-59, 1977-1978. Roma, Biblical Institute, 78-80, 2 vol. in-8, XLVIII-719, LII-1451 p. /Vol. 54. Cf. Bibl. 74-75, n° 1252./

✦ Cf. n° 169.

✦✦ 877. Statuts, chapitres généraux et visites de l'ordre de Cluny. /T. 5-8. Cf. Bibl. 78-79, n° 1063./ T. 9 : 1747-1790. Par Dom R. GAZEAU. Paris, de Boccard, 79, in-4, 363 p.

878. Abbayes (Les) de Normandie : actes du XIIIe Congrès des Soc. hist. et archéol. de Normandie. Rouen, Soc. libre d'émulation de la Seine-Maritime, 79, in-4, 354 p. (ill.)

879. BARON (Salo Wittmayer). A social and religious history of the jews : late middle ages and era of european expansion, 1200-1650. /Vol. 16. Cf. Bibl. 76-77, n° 1172./ Vol. 17 : Byzantines, mamelukes, and maghribians. New York a. London, Columbia U.P.; Philadelphia, Jewish Publ. Soc. of Am., 80, in-8, 434 p.

880. BONI (A.). Povertà-minorità nella storia francescana e nell'ordinamento attuale. Stud.Ric.francesc., 80, a. 9, p. 47-78.

881. Chrześcijaństwo w Polsce. Zarys przemian 966-1945. (Le christianisme en Pologne. Précis des changements 966-1945.) Ouvrage collectif réd. par Jerzy KŁOCZOWSKI. Lublin, Tow. Nauk. Kat. Uniw. Lub., 80, in-8, 321 p. (Bibl. Hist. Społ.-Religijnej Inst. Geografii Hist. Kościoła w Pol., 1)

882. CONIGLIONE (Matteo A.), FORTE (Stefano L.). Libro dei Frati Professi del convento di S. Domenico di Palermo (1416-1583). Arch.Fr.Praedicatorum, 80, vol. 50, p. 201-272.

883. CONTRERAS (Jaime), DEDIEU (Jean Pierre). Geografía de la Inquisición española : la formación de los distritos (1470-1820). Hispania, 80, t. 40, p. 37-93. /Eng. summary, p. 177./

884. CRAVERI (Marcello). Sante e streghe. Biografie e documenti dal XIV al XVII secolo. Milano, Feltrinelli econ., 80, in-16, 283 p. (Univers. econ., 908)

885. CRONE (Patricia). Slaves on horses : the evolution of the Islamic polity. New York, Cambridge U.P., 80, in-8, IX-302 p.

886. Diocèses (Les) de Chambéry, Tarentaise, Maurienne. Sous la dir. de Jacques LVIE. Paris, Beauchesne, 79, in-8, 299 p. (ill.). (Hist. des diocèses de France, 11)

887. Dizionario degli istituti di perfezione. Diretto da Pietro PELLICCIA (1962-1968- et da Giancarlo ROCCA 1969). /5. Cf. Bibl. 78-79, n° 1071./ 5. Roma, Ediz. paoline, 80, in-8, 1750 col. (ill.)

888. FUHRMANN (Horst). Von Petrus zu Johannes Paul II. Das Papsttum, Gestalt u. Gestalten. München, Beck, 80, in-8, 250 p. (142 ill.). (Beck'sche schwarze Reihe, 223)

889. GALDANOVA (G. R.). Kul't ognja mongolojazyčnykh narodov i ego otraženie v lamaisme. (Le culte du feu chez les populations mongolophones et son reflet dans le lamaïsme.) Sovet. Ètnogr., 80, n° 3, p. 94-100.

890. GROMOV (G. G.). Nekotorye sporne voprosy izučenija religii. (Quelques problèmes controversés de l'étude de la religion.) Sovet. Ètnogr., 80, n° 5, p. 72-83.

891. HIRAOKA (Jokai). Tôdaiji ji-

ten. (A dictionary of Tôdaiji.) Tokyo, Tokyodô Shuppan, 80, in-8, 562 p.

892. Histoire religieuse de la Bretagne. Sous la dir. de Dom Guy-Marie OURY. Chambray-lès-Tours, C.L.D., 80, in-8, 400 p. (Hist. relig. des provinces de France)

893. ISRAELI (R.). Muslims in China. A study of cultural confrontation. London a. Malmö, Curzon Press, 80, in-8, 272 p.

894. KARBOWNIK (Henryk). Ciężary stanu duchownego w Polsce na rzecz państwa od roku 1381 do połowy XVII wieku. (Les charges du clergé en Pologne au profit de l'Etat de 1381 au milieu du XVIIe s.) Lublin, 80, in-8, 178 p. (Tow. Nauk. Kat. Uniw. Lub. Rozprawy Wydz. Hist.-Filozof.)

895. LOURDAUX (Willem). Les Dévots Modernes, rénovateurs de la vie intellectuelle /XVe-XVIe s./. Bijdr. Meded. Gesch. Nederland, 80, Bd 95, p. 279-297.

896. MASOLIVER (Alexandre). Història del monaquisme cristià. II : De sant Gregori el Gran al segle XVIII. Abadia de Montserrat, 80, in-16, 293 p.

897. MASSENZIO (Marcello). Progetto mitico e opera umana. Contributo all'analisi storico-religiosa dei millenarismi. Introd. di Vittorio LANTERNARI. Napoli, Liguori, 80, in-8, 182 p. (Anthropos, 4)

898. MONTEIL (Vincent). L'Islam noir. Une religion à la conquête de l'Afrique. Paris, Seuil, 80, in-8, 475 p.

899. NOLDEN (Reiner). Besitzungen und Einkünfte des Aachener Marienstifts von seinen Anfängen bis zum Ende des Ancien Régime. Z. d. aachen. Gesch.-Ver., 79/80, Bd 86/87, p. 1-456.

900. Ordres (Les) religieux, la vie et l'art. Sous la dir. de Gabriel LE BRAS. 1 : Les Bénédictins. Par Jacques HOURLIER. Les Cisterciens. Par Dom Maur COCHERIL. Les Chartreux. Par Gabriel LE BRAS. Les ordres militaires. Par Dom Maur COCHERIL. Paris, Flammarion, 79, in-8, 735 p. (ill.)

901. PARTNER (Peter). Papal financial policy in the Renaissance and Counter Reformation /1480-1623./ Past a. Present, 80, vol. 88, p. 17-62.

902. PERCHE (François). Sur les routes des pèlerinages en France. Paris, Fayard, 80, 221 p.

903. Recueil d'études normandes en hommage au docteur Jean Fournée. Nogent-sur-Marne, Soc. parisienne d'Hist. et d'Archéol. normandes, 79, in-8, 296 p. (N° spéc. des Cah. Léopold Delisle, 1978)

904. Relazioni del IV Congresso Internazionale di Storia dell'Ordine Agostiniano (Roma, 10-11 ottobre 1979. /Contributi di :/ F. ROJO, G. DIAZ, A. ZUMKELLER, A. DE MEIJER, B. HACKETT, J. C. SCHNAUBELT, A. MARTÍNEZ CUESTA, L. ALVÁREZ GUTIÉRREZ, M. MERINO. Analecta augustiniana, 80, vol. 43, p. 337-446.

905. RIEKKINEN (Vilho). Römer 13. Aufzeichnungen und Weiterführung der exegetischen Diskussion. Helsinki, Suomalainen tiedeakatemia, 80, in-8, VII-251 p. (Diss. hum. litt., t. 23)

906. S. Benedetto e otto secoli (XII-XIX) di vita monastica nel Padovano. Padua, Antenore, 80, in-8, 304 p. (Misc. erudita, 23)

907. Sagesse et religion. Colloque de Strasbourg, oct. 1976. Paris, Presses univ. France, 79, in-8, 232 p. (Biblioth. des centres d'études sup. spécialisées. Centre d'Et. sup. spéc. d'Hist. des religions de Strasbourg)

908. Saint-Thierry : une abbaye du VIe au XXe s. Actes du colloque internat. d'hist. monastique, Reims, Saint-Thierry, 11-18 oct. 1976. Réunis par Michel BUR. Saint-Thierry, Assoc. des Amis de l'Abbaye de St. Thierry, 79, in-4, XVIII-644 p. (pl., ill.)

909. SCHIMMEL (Annemarie). Islam in the Indian subcontinent. Leiden u. Köln, Brill, 80, in-8, 303 p. (Hdb. d. Orientalistik, Abt. 2 : Indien, Bd 4, Abschn. 3)

910. Simvolika kul'tov i ritualov narodov Zarubežnoj Azii. Sbornik statej. (Symbolics of cults and rites of foreign /i.e. non soviet/ Asian peoples. Collection of articles.) Moskva, Nauka, 80, in-8, 207 p.

911. SOLANA VILLAMOR (María Concepción). El culto a Santa Inés y su difusión en Occidente. Ephem. liturgicae, 80, t. 94, p. 411-430.

912. STRAUSS (Walter). Über die Karner in Österreich. Wien, Kath. Akad., 80, in-4, 15 p. (Wien. Kath. Akad. Miscellanea. Arbeitskr. f. Kirchl. Zeit-U. Wien. Diözesangesch., N.R. 14)

913. SZYSZMAN (Simon). Le Daraïsme, ses doctrines et son histoire. Lausanne, l'Age d'homme, 80, in-8, 247 p. (24 pl.). (Bibl. Karaitica, ser. 1, 1)

Cf. n°s 177, 179.

§ 13. Geschichte der Philosophie.

914. COPLESTON (Rev. Frederick Charles). On the history of philosophy. London, Search Press, 80, in-8, 168 p.

915. DAIBER (Hans). Aetius Arabus. Die Vorsokratiker in arabischer Überlieferung. Wiesbaden, Steiner, 80, in-8, IX-823 p. (Veröff. d. Oriental. Komm., 33)

916. Histoire de la philosophie. 1 : Orient, Antiquité, Moyen âge. Publ. sous la dir. de Brice PARAIN. Paris, Gallimard, 79, in-16, XV-1728 p. (Encycl. de la Pléiade, 26)

917. TATARKIEWICZ (Władysław). A history of six ideas. An essay in aesthetics. Transl. from the Pol. by Christopher KASPAREK. Warszawa, Pol. Scientific Publ.; The Hague, Nijhoff, 80, in-8, XIII-383 p. (Melbourne Internat. Philos. Series, 5)

918. TROMPP (G. W.). The idea of historical recurrence in Western thought. From antiquity to the Reformation. Berkeley, Univ. of Calif. Press, 79, in-8, X-381 p.

Cf. n° 809.

§ 14. Literaturgeschichte.

✦ 919. Bibliografie van de Nederlandse taal- en literatuurwetenschap. /1977. Cf. Bibl. 78-79, n° 1101./ 1978. Aangevuld met de bibliografie van de Friese taal- en literatuurwetenschap. 1978. (Bibliography of the Dutch and Frisian literature and linguistics.) 's-Gravenhage etc., Koninkl. Bibliotheek etc., 80, in-4, 372 p.

✦ 920. Bibliographie der deutschen Sprach- und Literaturwissenschaft. /Bd 18. Cf. Bibl. 78-79, n° 1102./ Bd 19 : 1979. Frankfurt (Main), Klostermann, 80, in-8, XLIV-697 p.

✦ 921. MOUDOUÈS (Rose-Marie). Bibliographie d'histoire du théâtre. /Cf. Bibl. 78-79, n° 5622./ R. Soc. Hist. Théâtre, 79, a. 31, p. 333-589.

✦ 922. PIIRAINEN (Ilpo Tapani). Frühneuhochdeutsche Bibliographie. Literatur zur Sprache d. 14.-17. Jh. Tübingen, Niemeyer, 80, in-8, X-77 p. (Bibliograph. Arbeitsmaterialien, 4)

923. BERMEJO CABRERO (José Luis). Derecho y pensamiento político en la literatura española. Madrid, G. Feijoo, 80, in-8, 205 p.

924. CARTOJAN (Nicolae). Istoria literaturii romậne vechi. (Histoire de la littérature roumaine ancienne.) 2e éd. Postface et bibliographies finales par Dan SIMONESCU. Préf. de Dan ZAMFIRESCU. Bucureşti, Minerva, 80, in-8, 589 p.

925. Etudes de langue et de littérature française, offertes à André Lanly. Nancy, Publ. Univ. Nancy II, 80, in-8, XVI-593 p. (cartes).

926. Geschichte der deutschen Literatur von den Anfängen bis zur Gegenwart. Bd 1: WEHRLI (Max). Geschichte der deutschen Literatur vom frühen Mittelalter bis zum Ende des 16. Jahrhunderts. Stuttgart, Reclam, 80, in-8, 1238 p. (Universalbibl., 10294)

927. Histoire littéraire de la France. Par un collectif sous la dir. de Pierre ABRAHAM et Roland DESNE. 11 : 1913-1939. 12 : 1939-1970. Sous la dir. de André DASPRE et Michel DECAUDIN. Paris, Ed. sociales, 79-80, 2 vol. in-4, 493, 501 p. (pl., ill.). /Cf. Bibl. 76-77, n° 1211./

928. Internationales Kolloquium "Probleme der Volksdichtung in Geschichte und Gegenwart". Jb. f. Volkskde u. Kulturgesch., 80, N. F., Bd 8, p. 11-158.

929. JÄHNICHEN (Manfred). Tschechisch-deutsche Literaturbeziehungen. Z. f. Slawistik, 80, Bd 25, p. 334-346.

930. KOPECKÝ (Milan). Pokrokové tendence v české literatuře od konce husitství do Bílé hory. (Fortschrittliche Tendenzen in d. tschechischen Literatur v. Ende d. Hussitenzeit bis z. Schlacht am Weissen Berge.) Brno, Univ. J. E. Purkyně, 79, in-8, 201 p. (Spisy Univ. J. E. Purkyně v Brně. Filozof. fak., 224)

931. Littérature française. Dirigée par Claude PICHOIS. /16/2. Cf. Bibl. 78-79, n° 1109./ 13 : Le Romantisme. 2 : 1843-1869. Paris, Arthaud, 79, in-8, 845 p. (ill.).

932. Trudy otdela drevnerusskoj literatury. T. 35 : Rukopisnoe nasledie literatury Drevnej Rusi. (Works of the Department of Old Russian Literature. Vol. 35 : The Manuscript heritage of old Russian literature /15th-19th cent./.) Ed. by S. D. LIKHAČEV /et alii/. Leningrad, Nauka, 80, in-8, 454 p.

C

VOR- UND FRÜHGESCHICHTE

§ 1. Allgemeines. 933-974. - § 2. Paläolithikum und Mesolithikum. 975-993. - § 3. Neolithikum. 994-1015. - § 4. Bronzezeit. 1016-1033. - § 5. Eisenzeit. 1034-1052. - § 6. Frühgeschichtliche Völker Europas mit Ausnahme Griechenlands und Italiens. 1053-1110.

§ 1. Allgemeines.

* Cf. n°s III, 7154.

933. ALTUNA (J.). Historia de la domesticación animal en el país vasco desde sus origenes hasta la romanización. Munibe, 80, vol. 32, p. 1-163.

934. ANATI (Emmanuel). Valcamonica : 10.000 anni di storia. Con una pref. di Sandro FONTANA. Capo di Ponte, Ediz. del Centro, 80, in-8, 96 p. (ill.). (Stud. camuni, 8)

935. Archäologische Forschungen /in Ungarn/ im Jahre 1978 /und/ 1979. Red. von Alice Sz. BURGER. Archaeol. Ért., 79, vol. 107, n° 2, p. 273-292 ; 80, vol. 107, n° 2, p. 236-258.

936. Archéologie (L') de l'Iraq, du début de l'époque néolithique à 333 avant notre ère. Perspectives et limites de l'interprétation anthropologique des documents. /Colloque intern. du C.N.R.S./, Paris, 13-15 juin 1978. Paris, Ed. du C.N.R.S., 80, in-4, 388 p. (Colloques intern. du C.N.R.S., 580)

937. Arkheologija Vostočnoevropejskoj lesostepi. Mežvuzovskij sbornik. (Archaeology of the Eastern-European forest-steppe. Collection of articles.) Ed. by A. D. PRJAKHIN. Voronež, Izd-vo Voronež. univ., 80, in-8, 165 p.

938. Atlas préhistorique du Midi méditerranéen. Sous la dir. de Gabriel CAMPS et de Henriette CAMPS-FABRER. /1. Cf. Bibl. 78-79, n° 1118./ 3 : Feuille de Draguignan, au 1-100.000. Par André d'ANNA. Paris, Ed. du C.N.R. S., 80, in-4, 158 p. (ill., cartes). (Laboratoire d'anthropol. et de préhist. des pays de la Méditerranée occidentale)

939. ATRIÁN (P.), VICENTE (J.), ESCRICHE (C.), HERCE (A. I.). Carta arqueológica de España : Teruel. Prólogo de M. ALMAGRO. Teruel, Inst. de Est. Turolenses, 80, in-4, 400 p.

940. Beiträge zur Archäologie Nordwestdeutschlands und Mitteleuropas. Hrsg. v. Thomas KRÜGER u. Hans-Georg STEPHAN unter Mitarb. v. Günther KORBEL. Hildesheim, Lax, 80, in-4, X-495 p. (ill., graph. Darst.). (Materialhefte z. Ur- und Frühgesch. Niedersachsens, 16)

941. CLOSE (Angela E.). Current research and recent radiocarbon dates from northern Africa. J.african Hist., 80, vol. 21, p. 145-167.

942. Dizionari terminologici. I : Materiali dell'età del bronzo finale e della prima età del ferro. A cura di Gilda BARTOLONI, Anna Maria BIETTI SESTIERI, Maria Antonietta FUGAZZOLA DELPINO, Cristiana MORIGGI GOVI, Franca PARISE BADONI. Firenze, Centro Di, 80, in-4, 230 p. (ill., tav.). (Min. per i Beni cult. e ambientali. Istit. centrale per il Catal. e la Docuent.)

943. Entstehung (Die) des Menschen und der menschlichen Gesellschaft. IX. Tagung d. Fachgruppe Ur- u. Frühgesch. vom 9-11. Mai 1977 in Frankfurt/O. Historiker-Gesellsch. d. DDR. Im Auftr. d. Hist.-Ges. d. DDR hrsg. v. Friedrich SCHLETTE. Berlin, Akad.-Verl., 80, in-8, 207 p. (Abb.)

944. GÁBORINÉ CSÁNK (Vera). Az ősember Magyarországon. (L'homme préhistorique en Hongrie.) Budapest, Gondolat Kiadó, 80, in-8, 265 p.

945. GENET-VARCIN (Emilienne). Eléments de primatologie. 3 : Les hommes fossiles : découvertes et travaux depuis dix ans. Dessins de Dominique VISSET. Paris, Boubée, 79, in-8, 408 p. (ill.).

946. GRAZIOSI (Paolo). Le pitture preistoriche della grotta di Porto Badisco. Firenze, Giunti-Martello, 80, in-4, 196 p. (ill., tav.). (Origines)

947. GREEN (H. Stephen). Flint arrowheads of the British Isles. Oxford, Brit. Archaeol. Rep., 80, in-4, 469 p. (ill., fig.).

948. GUILAINE (Jean). La France

1. ALLGEMEINES

d'avant la France : du néolithique à l'âge du fer. Paris, Hachette, 80, in-4, 296 p. (37 fig., 28 pl., 6 cartes).

949. Inventaire général des mégalithes de France. Fasc. /5. Cf. Bibl. 76-77, n° 1248./ 6 : Deux-Sèvres. Par G. GERMOND. Paris, Ed. du C.N.R.S., 80, in-4, 290 p. (121 fig., 8 pl.). (Gallia Préhist., Suppl. 1/6)

950. JESUS (Prentiss S. de). The development of prehistoric mining and metallurgy in Anatolia. London, Brit. Archaeol. Rep., 80, in-4, 495 p. (ill., fig., maps).

951. JOHNSTONE (Paul). Sea craft of prehistory. London, Routledge, 80, in-4, 278 p. (ill.).

952. JORIO (Piercarlo). In principio era la pietra. Matrici preistoriche della cultura pastorale alpina. Present. di Carlo CARDUCCI. Torino, EDA, /80,/ in-8, 321 p. (ill.).

953. KOOI (P. B.). Pre-Roman urnfields in the north of the Netherlands. Groningen, Wolters-Noordhoff, 79, in-4, VIII-202 p. (ill., maps).

954. KRASNOV (Ju. A.). Ob istokakh pašennogo zemledelija v Vostočnoj Evrope. (On the Origin of plough agriculture in Eastern Europe.) Sovet.Arkheol., 80, n° 3, p. 15-23.

955. KRUK (Janusz). Gospodarka w Polsce południowowschodniej w V-III tysiącleciu p.n.e. (L'économie en Pologne du sud-est aux Ve-IIIe millénaires av. J.-C.) Wrocław, Zakł. Narod. im. Ossolińskich, 80, in-8, 363 p. (Pol. Akad. Nauk, Inst. Hist. Kult. Mater.)

956. LANDAU (Jeannette). Les représentations anthropomorphes mégalithiques de la région méditerranéenne : 3e au ler millénaire. Paris. C.N.R.S., 77, in-4, 130 p. (40 p. de pl.). (Mémoires Centre de recherches archéol., Publ. de l'IRA n° 7, 1)

957. MARIEZKURRENA (K.). Dataciones de radiocarbono existentes para la prehistoria vasca. Munibe, 79, t. 31, p. 237-255.

958. Modeling change in prehistoric subsistence economies. Ed. by Timothy K. EARLE a. Andrew L. CHRISTENSEN. New York, London, Toronto, etc., Academic Press, 80, in-8, 277 p. (36 fig., 27 tables)

959. MOHRING (Werner). Zur Bewertung von Schlüsselereignissen der Enthroposziogenese bei der historischen Periodisierung der Urgeschichte. Ethnogr.-archäl. Z., 80, Jg. 21, p. 417-426.

960. OKLADNIKOV (A. P.), KIRILLOV (I. I.). Jugo-Vostočnoe Zabajkal'e v êpokhu kamnja i rannej bronzy. (The South-Eastern Baikal area in the Stone and Early Bronze Ages.) Novosibirsk, Nauka, 80, in-8, 177 p.

961. Palaeochistoria, Acta et Communicationes Instituti Bio-Archaeologici Universitatis Groninganae. Volume 20. Haarlem, Fibula-Van Dishoeck, 78, in-4, 220 p. /Contents : BEDAUX (R. M. A.), CONSTANDSE-WESTERMANN (T. S.), HACQUEBARD (L.), a.o. Recherches archéaologiques dans le Delta intérieur du Niger, p. 91-220. -MEIKLEJOHN (Ch.), CONSTANDSE-WESTERMANN (T. S.). The human skeletal material from Swifterbant, earlier neolithic of the northern Netherlands I : Inventory and demography. Final reports on Swifterbant I, p. 39-89. -NEWELL (R. R.), DEKIN (A. A.) Jr. An integrative strategy for definition of behaviorally meaningful archaeological units, p. 7-38./

962. PASSARD (Françoise). L'habitat au néolithique et début de l'Age du Bronze en Franche-Comté. Gallia Préhist., 80, t. 23, fasc. 1, p. 37-114 (62 fig.).

963. PERŠIC (A. I.). Periodizacija pervobytnoj istorii. (La division en périodes de l'histoire de l'époque primitive.) Vopr. Ist., 80, n° 3, p. 70-83.

964. Pervobytnaja arkheologija. Poiski i nakhodki. Sbornik naučnykh trudov. (Primitive archeology research and discoveries. Collected papers.) Ed. by I. I. ARTEMENKO. Kiev, Nauk, dumka, 80, in-8, 261 p.

965. PHILLIPS (Patricia). The prehistory of Europe. London, A. Lane, 80, in-8, 320 p. (ill., fig., map).

966. Pravěké dějiny Čech. (Geschichte der böhmischen Urzeit.) Edit. Radomír PLEINER, Alena RYBOVÁ et coll. Praha, Academia, 78, in-8, 872 p. (54 fig., 10 cartes).

967. SAKELLARIDIS (Margaret). The economic exploitation of the Swiss area in the mesolithic and neolithic periods. Oxford, Brit. Archaeol. Reports, 79, in-4, 433 p. (65 fig.). (Brit. Archaeol. Rep., International ser., 67)

968. TAYLOR (James Allan). Culture and environment in prehistoric Wales : selected essays. London, Brit. Archaeol. Rep., 80, in-4, 387 p. (ill., tab.).

969. THOM (Alexander), THOM (A. S.). Megalithic rings : plans and data for 229 monuments in Britain. London, Brit. Archaeol. Rep., 80, in-4, 405 p. (fig.).

970. TRUMP (David H.). The prehistory of the Mediterranean. London, A. Lane, 80, in-8, X-310 p. (66 fig., 34 pl., 6 maps).

971. Unterlagen zur Keramik des Alten Vorderen Orients, von ihren Anfängen bis zum Ende der vordynastischen Zeit. Bd. 1. Bearb. v. Willi STUCKI. Zürich, EA-Verl., 80, in-4,

299 p. (ill.).

972. WENDORF (Fred), SCHILD (Romuald). Prehistory of the Eastern Sahara. London a. New York, Academic Press, 80, in-8, 432 p. (ill.). (Stud. in archaeol.)

973. WENKE (Robert J.). Patterns in prehistory : mankind's first three million years. New York a. London, Oxford U.P., 80, in-8, 738 p. (ill., tab.)

974. WINKLER (Iudita), TAKÁCS (Matilda). Săpăturile arheologice de la Cicău (jud. Alba). Descoperirile din epocile bronzului și hallstattiană. (Die archäol. Ausgrabungen v. Cicău, Kr. Alba /Rumänien/. Die aus Bronze- u. Hallstattzeit stammenden Entdeckungen.) Acta Musei apulensis, 80, vol. 18, p. 23-51 (26 fig.). /Mit dt. Zsfassung/

Cf. n°s 574, 637, 672, 855, 1176.

§ 2. Paläolithikum und Mesolithikum.

975. AMIRKHANOV (Kh. A.), ANIKOVIC (M. V.), BORZIJAK (I. A.). K probleme perekhoda ot must'e k verkhnemu paleolitu na territorii Russkoj ravniny. (On the problem of the transition from the Mousterian period to the Upper Palaeolithic in the Russian plain and the Caucasus.) Sovet. Arkheol., 80, n° 2, p. 5-22.

976. ARMAND (Jorge). The Middle Pleistocene pebble-tool site of Durkadi in central India. A preliminary report on the excavations of 1970-71, preceded by a description of the main theories on the world lower Palaeolithic. Paléorient, 79 /80/, vol. 5, p. 105-144 (14 tables, 7 pl.).

977. BOUTIÉ (Paul). Les gisements moustériens de la Palestine. Paléorient, 79 /80/, vol. 5, p. 17-65 (28 fig.).

978. CÂRCIUMARU (Marin). Mediul geografic în pleistocenul superior și culturile paleolitice din România. (Le milieu géographique au pléistocène supérieur et les civilisations paléolithiques de la Roumanie.) București, Ed. Acad., 80, 268 p. (88 fig.).

979. CLARK (Grahame). Mesolithic prelude. Edinburgh, Univ. Press, 80, in-8, VIII-122 p. (fig., pl.).

980. COPELAND (Lorraine), HOURS (Francis). La séquence acheuléenne du Nahr el Kébir - région septentrionale du littoral syrien. Paléorient, 78 /79/, vol. 4, p. 5-31 (14 fig.).

981. DELIBRIAS (Georgette), EVIN (J.). Sommaire des datations 14 C concernant la préhistoire de la France. II : Dates parues de 1974 à 1978. B. Soc. préhist. franç., 80, t. 77, n° 7, p. 215-224.

982. FARRAND (W. R.). Chronology and palaeoenvironment of Levantine prehistorie sites as seen from sediment studies. J. archaeol. Sci., 79, vol. 6, p. 369-392 (8 fig.). /Sites of Et Tabun, Israel, Qafza, Israel, Ksar' Aqil, Lebanon/

983. Fin (La) des temps glaciaires en Europe. Chronostratigraphie et écologie des cultures du Paléolithique final. Colloque, Talence, 24-28 mai 1977, sous la dir. de Denise de SONNEVILLE-BORDES. Paris, Ed. du C.N.R.S., 79, 2 vol. infol., XX-894 p. (ill.). (Colloques internat. du C.N.R.S., 271)

984. GAUSSEN (J.). Le paléolithique supérieur de plein air en Périgord. Paris, Ed. du C.N.R.S., 80, in-4, 300 p. (135 fig., 8 pl.). (Suppl. à Gallia Prehist., 14)

985. GIRARD (Catherine). Les industries moustériennes de la Grotte du Renne à Arcy-sur-Cure (Yonne). Gallia Préhist., 80, t. 23, fasc. 1, p. 1-36 (19 fig.).

986. "Homo erectus - seine Kultur und Umwelt" 2. Bilzingsleben-Kolloquium vom 24.-25.8.1978 in Halle/S. und Bilzingsleben. Eine Information über d. Forschungsstand. Ethnogr.-archäol. Z., 79, Jg. 20, p. 577-723 ; 80, Jg. 21, p. 1-74.

987. McMANN (Jean). Riddles of the Stone Age : rock carvings of ancient Europe. London, Thames a. Hudson, 80, in-8, 160 p. (ill.).

988. MORRISON (Alex). Early man in Britain and Ireland. An introduction to Palaeolithic a. Mesolithic cultures. London, Croom Helm ; New York, St. Martin's Press, 80, in-8, 209 p. (55 fig., 3 tables, 16 pl.).

989. MUNDAY (Frederick C.). Levantine-Mousterian technological variability : a perspective from the Negev. Paléorient, 79, 80, vol. 5 p. 87-104 (10 fig.).

990. Paleolit Srednej i Vostočnoj Asii. Istorija i kul'tura Vostoka Asii. (The Palaeolithic in Middle and Eastern Asia. History and culture of the East of Asia.) Ed. by V. E. LARIČEV. Novosibirsk, Nauka, 80, in-8, 168 p.

991. Quaternaire et préhistoire du Nahr el Kébir septentrional : les débuts de l'occupation humaine dans la Syrie du Nord et au Levant. Sous la dir. de Paul SANLAVILLE. Paris, Ed. du C.N.R.S., 79, in-4, 161 p. (pl., cartes, ill.). (Rech. coop. sur programme 438. La Maison de l'Orient méditerranéen, 9. Sér. géogr. et préhist., 1)

992. ROUZAUD (F.). La paléospéléologie. L'homme et le milieu souterrain pyrénéen au Paléolithique supérieur. Arch. Ecol. préhist., 78, n° 3, p. 1-168 (79 fig.).

§ 3. Neolithikum.

993. Sahara (The) and the Nile. Quaternary environment and prehistoric occupation in northern Africa. Ed. by Martin A. J. WILLIAMS a. Hugues FAURE. Rotterdam, Balkema, 80, in-8, XVI-607 p.

994. ARNAL (Jean), BALSAN (Louis). Les longs tumulus à dolmen décentré du département de l'Aveyron. Gallia Préhist., 80, t. 23, fasc. 1, p. 183-207 (13 fig.)

995. BEHRENS (H.), SCHRÖTER (E.). Siedlungen und Gräber der Trichterbecherkultur und Schnurkeramik bei Halle (Saale). Berlin, Deutscher Verl. d. Wiss., 80, 190 p. (85 Fig., 27 Taf.). (Veröff. d. Landesmuseum f. Vorgesch. in Halle, 34)

996. BURGESS (Colin). The age of Stonehenge. London, Dent, 80, in-8, 416 p. (ill.).

997. CETLIN (J. V.). Nekotorye osobennosti tekhnologii gončarnogo proizvodstva v bassejne Verkhnej Volgi v èpokhu neolita. (Some peculiarities of the neolithic pottery-technology of the Upper-Volga basin.) Sovet. Arkheol., 80, n° 4, p. 9-15.

998. FEUSTEL (Rudolf). Neolithische Gerberwerkzeuge aus Knochen. Alt-Thüringen, 80, Bd 17, p. 7-18 (fig.).

999. JOHANSEN (O. S.). Early farming north of the Arctic circle. Norwegian archaeol. R., 79, vol. 12, p. 22-32.

1000. KOSE (Kristina). Settlement ecology of the Early and Middle Neolithic Körös and linear pottery culture in Hungary. London, Brit. Archaeol. Rep., 80, in-4, 238 p. (fig., maps).

1001. KRZAK (Zygmunt). Geneza i chronologia kultury ceramiki sznurowej w Europie. (Genèse et chronologie de la culture de la céramique cordée en Europe.) Wrocław, Zakł. Narod. im. Ossolińskich, 80, in-8, 191 p. (Pol. Akad. Nauk Inst. Hist. Kult. Mater.)

1002. LE MIÈRE (M.). La céramique préhistorique de Tell Assonad, Djezirela, Syrie. Cah. Euphrate, 79, n° 2, p. 3-76 (44 fig.).

1003. MAKKAY (J.). The late Neolithic male statuette of Szegvár and the ancient myth of the "Separation of Heaven and Earth". Acta ant. Acad. Sci. hungaricae, 79, vol. 27, n°s 1-3, p. 1-38.

1004. MIKKELSEN (E.), HØEG (H. I.). A reconsideration of neolithic agriculture in eastern Norway. Norwegian archaeol. R., 79, vol. 12, p. 33-47 (6 fig.).

1005. NIȚU (Anton), BAZARCIUK (Violeta). Considerații cu privire la ceramica Cucuteni AB pe baza descoperirilor recente. (Considérations concernant la céramique Cucuteni AB d'après les découvertes récentes.) Arheol. Moldovei, 80, t. 9, p. 19-61 (16 fig.). /Rés. franç./

1006. PAPE (Wolfgang). Bemerkungen zur relativen Chronologie des Endneolithikums am Beispiel Südwestdeutschlands und der Schweiz. Tübingen, Archaeologi Venatoria, Inst. f. Urgesch. d. Univ. Tübingen, 78, in-4, XV-265 p. (graph. Darst.). (Tübinger Monogr. z. Urgesch., 3)

1007. PRICE (N. P. Stanley). Early prehistoric settlement in Cyprus, a review and gazetteer of sites, c. 6500-3000 B.C. Oxford, Brit. Archaeol. Rep., 80, in-4, XIV-174 p. (fig., maps). (Brit. Archaeol. Rep., Intern. series, 65)

1008. Problèmes de la néolithisation dans certaines régions de l'Europe. Actes du colloque international (Kraków - Mogilany, 27-30 mai 1979) publ. sous la direction de Janusz Krzysztof KOZŁOWSKI et Jan MACHNIK. Wrocław, Zakł. Narod. im. Ossolińskich, 80, in-8, 205 p. (Pol. Akad. Nauk Oddz. w Krakowie. Prace Komisji Archeolog., 21)

1009. ROUBET (Colette). Economie pastorale préagricole en Algérie orientale : le néolitique de tradition capsienne. Exemple : l'Aurès. Paris, Ed. du C.N.R.S., 79, in-4, 595 p. (fig., tableaux).

1010. SIIRIAINEN (Ari). On the cultural ecology of the Finnish Stone Age. Suomen Museo, 80, t. 87, p. 5-40.

1011. SOCHACKI (Zdzisław). Kultura ceramiki promienistej w Europie. (La culture de la céramique radiée en Europe.) Warszawa, 80, in-8, 347 p. (Rozpr. Uniw. Warsz., 146)

1012. TRET'JAKOV (V. P.). O klassifikacii neolitičeskikh stojanok s jamočno-grebenčatoj keramikoj. (On the classification of the Neolithic sites with Pit-Comb pottery.) Sovet. Arkheol., 80, n° 3, p. 5-14.

1013. WEBER (T.). Vergleichende Studien zur Ertebölle-Kultur. Z. f. Archäol., 79, Bd 13, p. 163-217 (16 fig., 1 Kt.).

1014. WEGNER (Helmut). Zur Topographie jungsteinzeitlicher Siedlungen im südlichen Mitteleuropa. Untersuchungen im bayerisch-schwäb. Donauraum. Frankfurt a. M., Bern /etc./, Lang, 80, in-4, 116 p. (Kt.). (Arbeiten z. Urgesch. d. Menschheit, 4)

1015. YEIVIN (Ephrat), OLAMI (Yaakov). Nizzanim : a Neolithic site in Nahal Evtah ; excavations of 1968-1970. Tel Aviv, 79, vol. 6, n°s 3-4, p. 99-135 (ill., map).

Cf. n°s 967, 1120 /Vol. 6/.

§ 4. Bronzezeit.

1016. Bronzo (Il) finale in Italia. Studi a cura di Renato PERONI. Con gli atti del Centro studi di protostoria, 1978-1979. Bari, De Donato, 80, in-8, 163 p. (ill., tav., tab.). (Archeol. Mater. e Probl., I)

1017. BURENHULT (Göran). Götalands hällristningar (utom Göteborgs och Bohus län samt Dalsland). (The rock-carvings of Götaland, excluding Gotheburg country, Bohuslän and Dalsland.) Vol. 1. Tjörnarp, Burenhu.t, 80, in-4, 146 p. (ill.). (Theses a. papers in North-European archaeol., 10) /Eng. summary/

1018. CSÁNYI (Marietta), R. Árokkal körülvett sírok a halomsíros kultúra jánoshidai temetőjében. (Graves surrounded by ditches in the Jánoshida cemetery /Szolnok Country/ of the Tumulus Grave Culture.) Archaeol. Ért., 80, vol. 107, n° 2, p. 153-165.

1019. DAVUDOV (O. M.), KOTOVIČ (V. G.). O periodizacii i khronologii pamjatnikov pozdnej bronzy-rannego železa na Severo-Vostočnom Kavkaze. (On the periodization and chronology of the late Bronze-early Iron Age sites in the North-Eastern Caucasus.) Sovet. Arkheol., 80, n° 4, p. 38-54.

1020. GEVORKJAN (A. C.). Iz istorii drevnejšej metallurgii Armjanskogo nagor'ja. (History of ancient metallurgy in the Armenian highlands.) Erevan, Izd-vo AN Arm. SSR, 80, in-8, 128 p.

1021. GOMEZ (José). Les cultures de l'Age du Bronze dans le bassin de la Charente. Périgueux, Pierre Fanlac, 80, in-fol., 118 p. (84 fig., 4 pl., tables).

1022. HALE (J. R.). Plank-built in the Bronze Age. Antiquity, 80, vol. 54, p. 118-127 (pl., diagr.).

1023. HIRIGOYEN (Robert). La pierre et la pensée : la Vallée des Merveilles, les gravures rupestres du Mont Bégo. Publ. par Berthe LANG-PORCHET et André BLAIN. Paris, Geuthner, 78, in-8, 147 p. (32 pl.).

1024. LAMBOT (B.). L'Age du Bronze dans le département des Ardennes. B. Soc. archeol. champenoise, 80, t. 73, n° 2, p. 23-48 (36 fig.).

1025. MATTHÄUS (Hartmut). Italien und Griechenland in der ausgehenden Bronzezeit. Studien zu einigen Formen d. Metallindustrie beider Gebiete. Jb. d. deutsch. archäol. Inst., 80, Bd 95, p. 109-139 (23 fig.).

1026. MAZAR (Amihai). Hotamot gelil mi-tequfat ha-bronza ha-tikhona we-hameuheret be-erez yisrael. (Cylinder-seals of the middle and late bronze ages in Eretz Israel.) Qadmoniot, 78, vol. 11, n° 1, p. 6-15 (ill.)

1027. NIESIOŁOWSKA-WĘDZKA (Anna).
Procesy urbanizacyjne w kulturach wczesnej i środkowej epoki brązu na terenie Kotliny Karpackiej w świetle oddziaływań kultur kręgu egejsko-bałkańskiego. (Le processus d'urbanisation dans les cultures de l'âge du bronze ancien et moyen sur le territoire du bassin des Carpates à la lumière des influences des civilisations du cercle égéenbalkanique.) Archeol. Polski, 80, vol. 24, fasc. 1, p. 29-77.

1028. OKLADNIKOV (A. P.), MOLODIN (V. I.), KONOPACKIJ (A. K.). Novye petroglify Pribajkal'ja i Zabajkal'ja. (New petroglyphs of the Baikal area.) Novosibirsk, Nauka, 80, in-8, 40 p.

1029. PAUTREAU (Jean-Pierre). Le chalcolithique et l'âge du bronze en Poitou : Vendée, Deux-Sèvres, Vienne. T. 1 : Textes. T. 2 : Planches. Poitiers, CAEP, 79, 2 vol. in-4, 425, 211 p. (106 pl.). (Publ. du Centre d'archéol. et d'ethnol. poitevines, 1)

1030. PIERPOINT (Stephen). Social patterns in Yorkshire prehistory, 1500-750 B.C. London, Brit. Archaeol. Rep., 80, in-4, 326 p. (ill., fig.).

1031. PRYOR (Francis). Catalogue of British and Irish prehistoric bronzes in the Royal Ontario Museum, Toronto. Toronto, Roy. Ontario Museum ; London, Pendragon House, 80, in-4, 80 p.

1032. TADMOR (Miriam). A cult cave of the middle bronze age I near Qedesh. Israel Explor. J., 78, vol. 28, n°s 1-2, p. 1-30 (diagr.).

1033. VAN LEUVEN (J. C.). Economic determinism and Bronze Age Greece. Historia /Wiesbaden/, 80, Bd 29, p. 129-141.

Cf. n°s 7031, 7055.

§ 5. Eisenzeit.

1034. ALMAGRO GORBEA (Ma Josefa). Corpus de las terracotas de Ibiza. Madrid, C.S.I.C., Inst. Español de Prehistoria, 80, in-4, 348 p. (lám., cuadros).

1035. BEMONT (Colette). Le bassin de Gundestrup : remarques sur les décors végétaux. Et. celtiques, 79, t. 16, p. 69-99 (16 fig.).

1036. BULARD (Alain). Fourreaux ornés d'animaux fantastiques affrontés découverts en France. Et. celtiques, 79, t. 16, p. 27-52 (9 fig.).

1037. CARLSSON (Dan). Kulturlandskapets utveckling på Gotland : en studie av jordbruks- och bebyggelseförändringar under järnåldern. (The development of the cultural landscape on Gotland : a study of changes in agriculture and settlement during the Iron Age.) Visby, Press, 79, in-4, 167 p. (ill.). (Kulturgeorg. inst., Stockholms univ. Meddel., 49) /Eng. summary/

6. FRÜHGESCHICHTLICHE VÖLKER EUROPAS MIT AUSNAHME GRIECHENLANDS UND ITALIENS

1038. DOBIAT (Claus). Das hallstattzeitliche Gräberfeld von Kleinklein und seine Keramik. Graz, Landesmus. Joanneum, 80, in-4, 257 p. (p. 258 -388 Abb., 7 Taf.). (Schild v. Steier, Beih. 1)

1039. DRACK (W.). Vier hallstattzeitliche Grabhügel auf dem Homberg bei Kloten, ZH. Annu. Soc. suisse Préhist., 80, Bd 63, p. 93-170.

1040. EDLUND (I. E. M.). The Iron Age and Etruscan vases in the Olcott Collection at Columbia University, New York. Trans. am. philos. Soc., 80, vol. 70, p. 1-84 (25 pl.)

1041. FARBREGO (Oddmunn). Perspektiv på Namdalens jernalder. Undersøkingar på Veiem, Sem, Vaerem og Bertnem. (Perspective on the Iron Age in Namdalen, Norway. Investigations at Veiem, Sem, Vaerem, and Bertnem.) Viking, 80, vol. 43, p. 20-80 (ill.). /Eng. summary/

1042. LAMB (R. G.). Iron Age promontory forts in the Northern Isles. London, Brit. Archaeol. Rep., 80, in-4, 114 p. (ill., fig.).

1043. LORENZ (H.). Totenbrauchtum und Tracht. Untersuchungen z. regionalen Gliederung in d. frühen Latènezeit. Ber. d. röm.-german. Komm., 78 /79/, Bd 59, p. 1-380 (54 fig., 15 Taf., 10 Kt.).

1044. MITHAY (Sándor). A vaszari koravaskori temető és telephely. (The early Iron Age cemetery and settlement of Vaszar /country Veszprém, Hungary/.) Archaeol. Ért., 80, vol. 107, n° 1, p. 53-78.

1045. MOHEN (Jean-Pierre). L'âge du fer en Aquitaine, du VIIIe au IIIe s. av. J.-C. Paris, Soc. préhist. franç., 80, in-4, 562 p. (345 fig., 8 pl.). (Mém. de la Soc. préhist. franç., 14)

1046. SCHLETTE (F.). Zur "früheisenzeithlichen Revolution" der Produkdivkräfte. Klio, 79, Bd 61, p. 251-275 (6 fig.).

1047. SIEGFRIED (Anita). Der Ostalpenraum in der Hallstattzeit und seine Beziehungen zum Mittelmeergebiet. Hamburg, Buske, 80, in-4, IX-221 p. (ill., Taf.). (Hamburger Beitr. z. Archäol., 6)

1048. SKJØLSVOLD (Arne). Refleksjoner omkring jernaldersgravene i sydnorske fjellstrøk. (Some thoughts about the Iron Age burials in the south Norwegian mountains.) Summary. Viking, 80, vol. 43, p. 140-160 (ill.). /Eng. summary/

1049. Untersuchungen zur eisenzeitlichen und frühmittelalterlichen Flur in Mitteleuropa und ihrer Nutzung. Bericht über d. Kolloquien d. Komm. f. d. Altertumskunde Mittel- u. Nordeuropas in d. Jahren 1975 u. 1976. Hrsg. v. Heinrich BECK /u.a./. T. 1. Göttingen, Vandenhoeck u. Ruprecht, 79, in-8, 442 p. (76 ill., graph. Darst. u. Kt.). (Abh. d. Akad. d. Wiss. in Göttingen, Phil.-Hist. Klasse. Folge 3, Nr. 115)

1050. VASILIEV (Valentin), GAIU (C.). Aşezarea fortificată din prima vîrstă a fierului de la Cicău-Corabia, jud. Bistriţa-Năsăud. (Die befestigte Hallstattsiedlung von Cicău-Corabia, Kreis Bistriţa-Năsăud /Rumänien/.) Acta Musei napocensis, 80, vol. 17, p. 31-63 (18 fig.). /Mit dt. Zsfassung/

1051. WELLS (Peter S.). Cultural contact and cultural change. Early Iron Age Central Europe and the Mediterranean world. Cambridge, Univ. Press, 80, in-8, 182 p (37 ill.). (New studies in archaeol.)

1052. WERTIME (Theodore A.), MUHLY (James D.). The coming of the age of iron, New Haven, Conn., Yale U.P., 80, XIX-555 p.

Cf. n° 1019.

§ 6. Frühgeschichtliche Völker Europas mit Ausnahme Griechenlands und Italiens.

* 1053. SZÁBO (M.). Etudes celtiques en Hongrie publiées de 1973 à 1978, Et. celtiques, 80, n° 17, p. 285 -300.

** 1054. Quellen zur Geschichte der Alamannen. /2, 3. Cf. Bibl. 78-79, n° 1205./ 4 : Vom Geographen von Ravenna bis Hermann von Reichenau. Übers. v. Camilla DIRLMEIER. Durchges. u. mit Anm. vers. von Klaus SPRIGADE. Sigmaringen, Thorbecke, 80, in-4, 62 p. (Schr. d. Komm. f. Alamannische Altertumskunde, 6)

** 1055. SZÁDECZKY-KARDOSS (Samu). Az avar történelem forrásai. (Die Quellen der Awarengeschichte.) I : Közép-Ázsiától az Al-Dunáig. (Von Mittelasien bis zur Unteren Donau.) II : Az avar honfoglalás előzményei, lefolyása és feltételezhető elismerése Bizánc részéről. (Die Vorereignisse und der Ablauf der vermutlich auch von Byzanz anerkannten awarischen Landnahme.) III : Az avar-bizánci kapcsolatok alakulása a honfoglalás lezáródásától Sirmium elfoglalásáig. (Die Gestaltung d. awarisch-byzant. Beziehungen von d. Beendigung d. Landnahme bis zur Eroberung v. Sirmium.) IV : A balkáni és alpesi nagy avar-szláv behatolás első évtizede 582-592. (Das erste Jahrzehnt d. grossen awarisch-slawischen Penetration ins Gebiet d. Balkans u. d. Alpen, 582-592.) 1. rész. : Az 582-586/587. évek eseményei. (Die Ereignisse d. Jahre 582-586/587.) 2. rész. : As 587/ 588-592/593.) Közrem. OLAJOS Teréz. (Unter Mitarbeit v.) Archaeol. Ért., 78, vol. 105, n° 1, p. 78-90 ; 79, vol. 106, n° 1, p. 94-111 ; n° 2, p. 231-243 ; 80, vol. 107, n° 1, p. 86-97 ;

n° 2, p. 210-213.

1056. Archaeological and palaeontological studies in Medelpad, northern Sweden. By Evert BAUDOU... Stockholm, Vitterhetshistorie o. antikvitetsakad.; Almqvist a. Wiksell internat., 78, in-4, 97 p. (ill., maps). (Early Norrland, 1)

1057. BABEŞ (M.). Le stade actuel des recherches sur la culture géto-dace à son époque de développement maximum (IIe s. av. n.è. - 1er s. de n.è.). Dacia, 79, t. 23, p. 5-19)

1058. BÓNA (István). Gepiden in Siebenbürgen - Gepiden an der Theiss (Probleme d. Forschungsmethode u. Fundinterpretation.) Acta archaeol. Acad. Sci. hungaricae, 79, vol. 31, n°s 1-2, p. 9-50. -IDEM. A Szegvár-sápoldali lovassír. Adatok a korai avar temetkezési szokásokhoz. (Das Reitergrab von Szegvár-Sápoldal. Beiträge zu d. frühawarischen Bestattungssitten.) Archaeol. Ért., 79, vol. 106, n° 1, p. 3-32.

1059. BORZSÁK (István). Egy hérodotoszi nép irodalmi sorsa. Az északi peremnép - agathyrsosok - irodalmáról. (Le destin littéraire d'un peuple décrit par Hérodote. Sur la littérature du peuple habitant le Nord : Les Agathyrses.) Ant. Tanulm., 78, vol. 25, n° 2, p. 164)172.

1060. BURNS (Thomas S.). The Ostrogoths : Kingship and society. Wiesbaden, Steiner, 80, in-8, 144 p. (Historia, Einzelschr., 36)

1061. DĄBROWSKA (E.). Elément hongrois dans les trouvailles archaéologiques au nord des Carpathes. Acta archaeol. Acad. Sci. hungaricae, 79, vol. 31, fasc. 3-4, p. 341-356.

1062. DAICOVICIU (Hadrian). Le sanctuaire A de Sarmizegetusa Regia. Acta Mus. napocensis, 80, vol. 17, p. 65-79 (9 fig.).

1063. DAUBIGNEY (Alain). Reconnaissance des formes de la dépendance gauloise /avant la conquête romaine/. In : Dialogues d'hist. ancienne /Cf. n° 1120/, t. 5, p. 145-189.

1064. DEMANDT (Alexander). Die Anfänge der Staatenbildung bei den Germanen. Hist. Z., 80, Bd 230, p. 265-291.

1065. DOBESCH (Gerhard). Die Kelten in Österreich nach den ältesten Berichten der Antike. Das norische Königreich u. seine Beziehungen zu Rom im. 2. Jh. v. Chr. Wien, Köln u. Graz, Böhlau, 80, in-8, 500 p. (3 Kt.).

1066. FICHE (Jean-Luc). Processus d'urbanisation indigènes dans la région de Nîmes (VIIe-Ier s. av. n.è.). In : Dialogues d'hist. ancienne /Cf. n° 1120/, t. 5, p. 35-57.

1067. FLEURIOT (Léon). Les origines de la Bretagne : l'émigration. Cartes dessinées par A. LEROUX. Paris, Payot, 80, in-8, 353 p. (13 cartes). (Bibl. hist.)

1068. Fouilles (Les) protohistoriques dans la vallée de l'Aisne : rapport d'activité. /1976. Cf. Bibl. 76-77, n° 1417./ 5 : 1977. Paris, Centre de recherches protohistoriques de l'Univ. Paris I, 77, in-4, VI-277 p. (79 f. de pl.).

1069. FRANKE (Alfred). Rom und die Germanen. Das neue Bild d. deutsch. Frühgesch. Tübingen, Grabert, 80, in-8, 314 p. (ill., graph. Darst., Kt.). (Veröff. aus Hochschule, Wiss. u. Forsch., 7)

1070. FROLOVA (N. A.). Istorija pravlenija Riskuporida V (242-276 g.g. n.e.) po numizmatičeskim dannym. (History of the reign of Rhescuporis V, 242-276 A.D., on account of numismatic data.) Sovet. Arkheol., 80, n° 3, p. 58-76.

1071. FURGER-BUNTI (A.). Der Murus Gallicus von Basel. Annu. Soc. suisse Préhist., 80, t. 63, p. 131-184.

1072. GALLET DE SANTERRE (Hubert). Ensérune. Les silos de la terrasse est. Paris, Ed. du C.N.R.S., 80, in-4, 168 p. (44 pl.). (Suppl. à Gallia, 39)

1073. GARAM (Eva), Sz. A középavarkor sirobulussal keltezhető leletköre. (Le domaine des trouvailles de l'époque avare moyenne datables par des oboles.) Archaeol. Ért., 78, vol. 105, n° 2, p. 206-216.

1074. GEJ (O. A.). Černjakhovskie pamjatniki Severnogo Pričernomor'ja (k postanovke problemy). (The Cherniakhovo culture sites of the North Pontic area.) Sovet. Arkheol., 80, n° 2, p. 45-50.

1075. Germania Slavica. Hrsg. v. Wolfgang H. FRITZE. 1. Berlin, Duncker u. Humblot, 80, in-8, 275 p. (ill., graph. Darst.). (Berliner hist. Stud., 1)

1076. GLODARIU (Ioan), IAROSLAVSCHI (Eugen). Civilizaţia fierului la daci (Sec. II î.e.n. - I e.n.). (Die Eisenzeit bei den Daken, 2. Jh. v. Chr. - 1. Jh. n. Chr.) Cluj-Napoca, Dacia, 79, in-8, 188 p. (74 pl.). /Mit dt. Zsfassung/

1077. GRANTOVSLIJ (E. A.). Problemy izučenija obščestvennogo stroja skifov. (Problems attending the study of Scythian social institutions.) Vestn. drevn. Ist., 80, n° 4, p. 128-155.

1078. HÄUSLER (Alexander). Zu den sozialökonomischen Verhältnissen in der Černjachov-Kultur. Z. f. Archäol., 79, Bd 13, p. 23-65. /3.-4. Jh. n. Chr./

6. FRÜHGESCHICHTLICHE VÖLKER EUROPAS MIT AUSNAHME GRIECHENLANDS UND ITALIENS

1079. HAJDU (Péter), DOMOKOS (Péter). Uráli nyelvrokonaink. (Nos parents de langue dans l'Oural.) Budapest, 78, in-8, 424 p.

1080. HARHOIU (Radu). The fifth-century A. D. treasure from Pietroasa, Romania, in the light of recent research. Tr. from the Romanian /ms./ by Nubar HAMPARTUMIAN. Oxford, Brit. Archaeol. Rep., 77, in-4, 57 p. (ill., pl.). (Brit. Arch. Rep., suppl. ser., 24)

1081. HENSEL (Witold). De l'histoire des recherches archéologiques sur les Slaves du haut Moyen Age. Les aspects sociologiques de l'art mineur slave du haut Moyen Age. Au IVe Congrès International d'Archéologie Slave, Sofia 1980. Trad. du pol. par Armand SOKOŁOWSKI. Varsovie, Inst. de l'Hist. de la Culture Matér. de l'Acad. Pol. des Sciences, 80, in-8, 159 p.

1082. KABELL (Aage). Skalden und Schamanen. Helsinki, Suomalainen tiedeakatemia, 80, in-8, 44 p. (FF Communications, 227)

1083. KISS (Attila). Ein Versuch, die Funde und das Siedlungsgebiet der Ostgoten in Pannonien zwischen 456-471 zu bestimmen. Acta archaeol. Acad. Sci. hungaricae, 79, vol. 31, fasc. 3-4, p. 329-339.

1084. KONOPKA (Marek). Ze studiów nad V i VI w. n.e. w Europie Środkowej ("Problem Słowian" w najnowszej literaturze archeologicznej). (Etudes sur les Ve et VIe s. av. J.-C. en Europe Centrale. La "question des Slaves" dans la récente littérature archéologique.) Archeol. Polski, 80, vol. 24, fasc. 1, p. 153-182.

1085. KUKHARENKO (Ju. V.). Mogil'nik Brest-Trišin. (The burial of Brest-Trishin.) Moskva, Nauka, 80, in-8, 128 p.

1086. KULICKA (Elzbieta). Legenda o rzymskim pochodzeniu Litwinów i jej stosunek do mitu sarmackiego. (La légende sur l'origine romaine des Lituaniens et son rapport avec le mythe sarmate.) Przegl. hist., 80, vol. 71, p. 1-21.

1087. LÁSZLÓ (Gyula). Kettős honfoglalás. (La double occupation du pays /la Hongrie/.) Budapest, Magvető Kiadó, 78, in-8, 213 p.-Cf. HÁRSING (László). Néhány tudományelméleti megjegyzés László Gyula "Kettős honfoglalás" c. könyvéről. (Quelques remarques de théorie scientifique sur le livre "La double occupation du pays" de Gyula László.) Magy. Filoz. Szle, 79, vol. 23, n°s 3-4, p. 466-469. -IDEM. Egy honfoglaláskori falu ásatásáról. (Sur les fouilles d'un village de l'époque de la conquête arpadienne.) Tiszatáj, 78, vol. 32, n° 2, p. 33-40.

1088. Magyar (A) őstörténet - több tudományág szemszögéből. Tanulmányok. (Hungarian prehistory - from the angle of several branches of learning. Studies.) Magy. Tudom., 80, vol. 25, n° 5, p. 321-413.

1089. MALINOWSKI (Tadeusz). Wielkopolska w zaraniu dziejów. (La Grande Pologne à l'aube de l'histoire.) Poznań, Wydawn. Pozn. 80, in-8, 272 p.

1090. MASLENNIKOV (A. A.). O naselenii pribrežnykh rajonov Vostočnogo Kryma v VI-I v.v. do n.ě. (On the population of the Eastern Crimea in the 6th -1st cent. B.C.) Sovet. Arkheol., 80, n° 1, p. 5-17.

1091. MENGHIN (Wilhelm). Kelten, Römer und Germanen : Archäologie und Geschichte. München, Prestel, 80, in-4, 299 p. (ill., Kt.). (Bibl. d. German. Nationalmuseums Nürnberg z. Dt. Kunstu. Kulturgesch., N. F., 1)

1092. MÓCSY (András). Die Einwanderung der Iazygen. Acta ant. Acad. Sci. hungaricae, 77, vol. 25, n°s 1-4, p. 439-446.

1093. MOHAY (A.). Priskos Fragment über die Wanderungen der Steppenvölker (Übersicht über die neueren Forschungen). Acta ant. Acad. Sci. hungaricae, 76, vol. 24, n°s 1-4, p. 125-140.

1094. Mouvements (Les) celtiques du Ve au Ier s. avant notre ère. Actes du XXVIIIe colloque organisé à l'occas. du IXe Congrès intern. des sci. préhist. et protohist., Nice, le 19 sept. 1976. Ed. par Paul-Marie DUVAL et Venceslas KRUTA. Paris, Ed. du C.N.R.S., 79, in-4, 237 p. (ill.).

1095. MULLER (Detlef W.). Die ur- und frühgeschichtliche Besiedlung des Gothaer Landes. Alt-Thüringen, 80, Bd 17, p. 19-180 (51 fig.).

1096. PLEINER (Radomír). Otázka státu ve staré Galii. Ke společenskému zřízení u pevninských Keltů v pozdním laténském období. (The problem of state in Gaul : considerations on the social organization of continental Celts in the late La Tène period.) Praha, Academia, 79, in-8, 112 p.

1097. POLLAK (Marianne). Die germanischen Bodenfunde des 1.-4. Jahrhunderts n. Chr. im nördlichen Niederösterreich. Wien, Verl. d. Österr. Akad. d. Wiss., 80, in-4, 207 p. (201 p. Abb., 3 Kt.). (Stud. z. Ur- u. Frühgesch. d. Donau- u. Ostalpenraumes, 1) (Denkschr. d. österr. Akad. d. Wiss., philos.-hist. Kl., 147)

1098. PREIDEL (Helmut). Die älteste slawische Besiedlung Böhmens. Bohemia, 80, Bd 21, p. 1-14.

1099. ROLLE (Renate). Die Welt der Skythen : Stutenmelker und Pferdebogner : ein antikes Reitervolk in neuer Sicht. Luzern /etc./, Bucher, 80, in-8, 159 p. (ill.).

1100. RUSU (Mircea). Aspects des relations entre les autochtones et les migrateurs (IIIe-IXe s.). R. roumaine Hist., 80, vol. 19, p. 247-266. -IDEM. Bodenständige und Wandervölker im Gebiet Rumäniens (3.-9. Jh.). Acta Musei napocensis, 80, vol. 17, p. 137-157.

1641, 1986, 2003, 2694.

1101. Bibl. 78-79, n° 1234. RYBAKOV (B. A.). Gerodotova skifija. Istoriko-geografičeskij analiz. (La Scythie d'Hérodote. Analyse géographique et historique.) - CR : I. T. Kruglikova, Z. V. Udol'cova, Vopr. Ist. 80, n° 4, p. 135-140.

1102. Strămoșii poporului român : geto-dacii și epoca lor. (Les ancêtres du peuple roumain : les Géto-Daces et leur époque.) București, Ed. politică, 80, in-8, 340 p.

1103. SZABÓ (J. József), VÖRÖS (István). Gepida lelőhelyek Battonya határában. (Gepidische Fundorte in der Gemarkung von Battonya. /Ungarn/.) Archaeol. Ért., 79, vol. 106, n° 2, p. 218-230.

1104. SZILVÁSSY (Johann). Die Skelette aus dem awarischen Gräberfeld von Zwölfaxing in Niederösterreich. Horn, Wien, Berger, 80, in-4, 104 p. (32 p. Abb., 2 Tab.). (Anthropolog. Forsch., 3)

1105. Thracia, Vol. 5 : Problèmes ethno-culturels de la Thrace antique. Sofija, Acad. bulg. des Sciences, 80, in-8, 301 p.

1106. Trakijski pametnici. T. 2 : Trakijski svetilišta. (Monuments thraces. Vol. 2 : Sanctuaires thraces.) Red. Ivan VENEDIKOV, Aleksandăr FOL. Sofija, Izd. Nauka i Izkustvo, 80, in-8, 216 p.

1107. TURCU (Mioara). Geto-Dacii din Cîmpia Munteniei. (Les Géto-Daces de la plaine de Valachie.) București, Ed. științ. și enciclop., 79, in-8, 240 p. (33 fig., 43 pl.).

1108. VARGYAS (Lajos). A honfoglaló magyarság hitvilágának legfejlettebb rétege a nyelv és a folklór tükrében. (La couche la plus développée de la religion des Hongrois à l'époque de l'occupation du pays à travers la langue et le folklore.) Kortárs, 79, vol. 23, n° 1, p. 127-136.

1109. VASILIEV (Valentin). Sciții agatîrși pe teritoriul României. (Les Scythes agathyrses sur le territoire de la Roumanie /env. 600-450 av. J.-C./.) Cluj-Napoca, Dacia, 80, 185 p. (27 pl.).

1110. VINOGRADOV (Ju. G.). Persten'-carja Skila. Političeskaja i dinastijna-ja istorija skifov pervoj poloviny V v. do n. ê. (King Scyle's ring. Political a. dynastic history of the Scythians in the first half of the 5th cent. B. C.) Sovet. Arkheol., 80, n° 3, p. 92-109. /Cf. n° 1365./

Cf. n°s 182, 666, 1120 /Vol. 6/,

D

DIE VÖLKER DES ALTEN ORIENTS
(die hellenistischen Staaten einbegriffen)

§ 1. Altertum (Allgemeines). 1111-1133. - § 2. Vorderasien (Allgemeines). 1134-1144. - § 3. Ägypten. 1145-1196. - § 4. Kyrene. 1197-1202. - § 5. Mesopotamien. 1203-1224. - § 6. Hethiter. 1225-1227. - 7. Juden und semitische Stämme bis zum Ausgang des Altertums. 1228-1261. - § 8. Iran. 1262-1273.

§ 1. Altertum (Allgemeines).

* 1111. MODRZEJEWSKI (Joseph). Chronique. Droits de l'antiquité. Egypte gréco-romaine et monde hellénistique. /Cf. Bibl. 78-79, n° 1243./ R. hist. Droit franç. étr., 80, a. 58, p. 103-131, 491-523.

* 1112. ROBERT (Jeanne), ROBERT (Louis). Bulletin épigraphique. /Cf. Bibl. 78-79, n° 1244./ R. Et. grecques, 79, t. 92, p. 413-541. -IDEM. Bulletin épigraphique. Publié par l'Assoc. pour l'encouragement des études grecques. 8 : 1974-1977. Paris, Belles lettres, 79, in-8, 480 p.

** 1113. Kölner Papyri (P. Köln). Bd 3. Hrsg. v. Bärbel KRAMER, Michael ERLER, Dieter HAGEDORN u. Robert HÜBNER. Opladen, Westdeutscher Verl., 80, in-8, 218 p. (34 pl.). (Abh. d. Rhein.-Westfäl. Akad. d. Wiss., Sonderreihe : Papyrologica Colonensia, 7)

1114. Actes du colloque international sur l'idéologie monarchique dans l'antiquité. Cracovie - Mogilany, du 23 au 26 oct. 1977. Réd. Jozef WOLSKI. Kraków, Państw. Wydawn. Nauk. 80, in-8, 149 p. (Zesz. Nauk. Uniw. Jagiell., 536. Prace Hist., 63)

1115. Altorientalische Forschungen. Red. : Helmut FREYDANK, Friedmar GEISSLER u. a./Bd 6. Cf. Bibl. 78-79, n° 1246./ Bd 7. Berlin, Akad.-Verl., 80, in-8, 305 p. (Abb.). /Cf. n°s 1123, 1169, 1174, 1211, 1216, 1257, 1263, 6954, 6984, 7073./

1116. CHOUQUER (Gérard), FAVORY (François). Contribution à la recherche des cadastres antiques. Avec la collab. de Pierre-Yves BAURES, Daniel CHARRAUT, Jacques DUVERNOY. Paris, Belles Lettres, 80, in-4, 90 p. (ill.). (A. litt. Univ. Besançon, 236. Centre de recherches spécialisées d'Hist. ancienne, 31)

1117. Città (La) antica. Guida Storica e critica. A cura di Carmine AMPOLLO. Roma e Bari, Laterza, 80, in-16, XLIII, 283 p. (Univers. Laterza, 575)

1118. CONDURACHI (E.). Un exemple d'interculturalité : le Sud-Est européen au 1er millénaire avant notre ère. Diogène, 80, n° 111, p. 116-141.

1119. DEL FABBRO (Marina). Il commentario nella tradizione papiracea. Studia papirol., 79, vol. 18, p. 69-132.

1120. Dialogues d'histoire ancienne. /T. 4. Cf. Bibl. 78-79, n° 1248./ T. 5 : 1979. T. 6 : 1980 : Le Pont Euxin et les au-delà. Paris, Belles Lettres, 79-80, 2 vol. in-8, 294, 368 p. (A. litt. Univ. Besançon, 239, 251) /Vol. 5. Cf. n°s 1063, 1066, 1419, 1469, 1482, 1535./

1121. GALLO (Luigi). Popolosità e scarsità di popolazione. Contributo allo studio di un topos. A. Sc. norm. sup. Pisa, 80, s. 3, vol. 10, p. 1233-1270.

1122. GUNDEL (Hans Georg). Papyrustexte als Geschichtsquellen. Schriftträger und Schriften im Altertum. - Sammlungen und Fragmente heute. Giessen, Univ.-Bibliothek, 80, in-8, p. 389-406 (12 fig.). (Kurzberichte aus d. Giessener Papyrussammlungen, 40) /Sonderdruck aus Damals, 80, H. 5/

1123. HEYDE (Doris), LÜBCKE (Adelheid). Ein Jahrzehnt altorientalischer Forschung am Zentralinstitut für Alte Geschichte und Archäologie. In : Altoriental. Forschungen /Cf. n° 1115/, p. 281-305.

1124. Institut français d'archéologie orientale du Caire. Livre du centenaire 1880-1980. Publ. sous la dir. de Jean VERCOUTTER. Le Caire, Inst. franç. d'archéol., 80, in-fol., XLVII-521 p. (fig., 58 pl.). (Mém. publ. par les membres de l'I.F.A.O., 104)

1125. Issledovanija po antičnoj arkheologii Severnogo Pričernomor'ja.

Sbornik naučnykh trudov. (Archaeology of the Eastern-European forest-steppe. Collection of articles.) Ed. by V. A. ANOKHIN. Kiev, Nauk. dumka, 80, in-8, 154 p.

1126. Kavkazsko-bližnevostočnyj sbornik. (Etudes sur le Caucase et le Proche-Orient.) Vol. 6. Réd. par G. G. GIORGADZE. Tbilisi, Mecniereba, 80, in-8, 196 p. (ill.). (AN Gruz. SSR, Inst.ist., arkheol. i ětnogr.) /Vol. 4. Cf. Bibl. 73, n° 1003./

1127. McCASLIN (Dan E.). Stone anchors in antiquity. Coastal settlements and maritime traderoutes in the eastern Mediterranean, ca. 1600-1050 B. C. Göteborg, Aström, 80, in-8, XI-145 p. (fig., pl.). (Stud. in Mediterranean archaol., 61)

1128. MacKENDRICK (Paul). The north African stones speak. Chapel Hill, Univ. of N. C. Press, 80, XXI-434 p.

1129. Miscellanea papyrologica /in memoria di Herbert C. Youtie/. A cura di Rosario PINTAUDI. Firenze, Gonelli, 80, in-4, 413 p. (29 pl.). (Papyrologica Florentina, 7)

1130. Points de vue sur la fiscalité antique. Sous la dir. de Henri VAN EFFENTERRE. Paris, Univ. Paris I, 79, in-8, XI-140 p. (Publ. de la Sorbonne. Sér. Et., 14)

1131. Religions, pouvoir, rapports sociaux. /Table ronde, Besançon, 25 et 26 avril 1977./ Paris, Belles Lettres, 80, in-8, 256 p. (A. litt. Univ. Besançon, 237. Centre de recherches d'hist. ancienne, 32) Contient : ANNEQUIN (Jacques), DUNAND (Françoise). Introduction, p. 7-13. - ANNEQUIN (Jacques). Magie et organisation du monde chez Apulée, p. 171-208. - BRIAND (Pierre). Forces productives, dépendance rurale et idéologie religieuse dans l'Empire achéménide, p. 15-68. - CASANOVA (Antoine). Elaborations théologiques et société d'aujourd'hui : quelques aspects et problèmes, p. 209-256. - DUNAND (Françoise). Cultes égyptiens hors d'Egypte. Essai d'analyse des conditions de leur diffusion, p. 69-148. - SMADJA (Elisabeth). Remarques sur les débuts du culte impérial en Afrique sous le règne d'Auguste, p. 149-169./

1132. SAGRAMOLA (Oreste). L'educazione infantile nel mondo antico. Roma, Bulzoni, 80, in-8, 151 p. (Pedagogia soc. Testi e Stud., 14)

1133. VÁRADY (László). Die Auflösung des Altertums. Beiträge zu einer Umdeutung der Alten Geschichte. Budapest, Akadémiai Kiadó, 78, in-8, 148 p.

Cf. n° 308.

§ 2. Vorderasien (Allgemeines).

1134. BAR-KOCHVA (Bezalel). Hity-Hityashvut zevait we-shilton imperyali be-mamlehet bet seleuqus. (Military settlement and imperialistic government in the Seleucid dynasty.) Safra we-saifa, 78, vol. 2, p. 7-20.

1135. CORSARO (Mauro). Oikonomia del re e oikonomia del satrapo. Sull' amministrazione della chora basilike d'Asia Minore dagli Achemenidi agli Attalidi. A. Sc. norm. sup. Pisa, 80, s. 3, vol. 10, p. 1163-1219.

1136. DIAKONOFF (I.). Artemidi Anaeti anestesen. The Anaetis-dedications in the Rijksmuseum van Oudheden at Leyden and related material from eastern Lydia. A reconstruction. B. Kennis ant. Besch., 79, vol. 53, p. 139-188 (ill., maps).

1137. FISCHER (Thomas). Seleukiden und Makkabäer. Beitr. z. Seleukidengesch. u. zu d. polit. Ereignissen in Judäa während d. 1. Hälfte d. 2. Jh. v. Chr. Bochum, Brockmeyer, 80, in-8, XIII-252 p. (XII Bl. Kt.).

1138. GALILI (E.). Raphia, 217 B. C., revisited. Scripta Class. Israelica, 76/77, vol. 3, p. 52-126 (maps).

1139. NA'AMAN (N.). Nahal mizrayim we-ha-mediniyut ha-ashurit be-ezor ha-gvul im mizrayim. (The Brook of Egypt and the Assyrian policy on the Egyptian border.) Shnaton, 79, vol. 3, p. 138-158. /Summary in Eng./

1140. RUSSELL (H. F.). Preclassical pottery of Eastern Anatolia, based on a survey by Charles Burney of sites along the Euphrates and around Lake Van. Oxford, Brit. Archaeol. Rep., 80, in-4, 176 p. (fig.).

1141. SALOMONSON (J. W.). Kleinasiatische Tonschalen mit Reliefverzierung. Bemerkungen zu einem Fragment der 'Oinophorengattung' in der Universitätssammlung in Utrecht. B. Kennis ant. Besch., 79, vol. 53, p. 117-137 (ill., maps)

1142. ŠELOV (D. B.). Kolkhida v sisteme Pontijskoj deržavy Mitridata VI. (Colchis in the Pontic Empire of Mithridates VI.) Vestn. drevn. Ist., 80, n° 3, p. 28-43.

1143. SOUČKOVÁ (Jana). Starověký Přední východ. (Der Nahe Osten im Altertum.) Praha, Mlada fronta, 79, in-8, 320 p.

1144. YAKAR (Jak), GURSAN-SALZMANN (Ayse). Archaelogical survey in the Malatya and Sivas provinces, 1977, Tel-Aviv, 79, vol. 6, n°s 1-2, p. 34-53. (ill., map)

Cf. n° 1486.

§ 3. Aegypten.

✦ 1145. Annual egyptological bibliography. Bibliographie égyptologique annuelle. /1974, 1975. Cf. Bibl. 78-79, n° 1274./ 1976. Compiled by / Composée par Jacob J. JANSSEN, with the collab. / avec la collab. de Inge HOFFMANN. Leiden, Brill, 80, in-8, X-266 p.

✶ 1146. Bibliografia metodica degli studi di egittologia e di papirologia. /Cf. Bibl. 78-79, n° 1275./ Aegyptus, 79, a. 59, p. 299-422 ; 80, a. 60, p. 283-373.

✶ 1147. GRENIER (Jean-Claude). Temples ptolémaïques et romains : répertoire bibliographique. Index des citations, 1955-1974, réunis par N. SAUNERON. Le Caire, Inst. franç. d'archéol. orient., 80, in-4, XIII-468 p. (Bibl. d'Et. Inst. franç. d'Arcéhol. orient., 75)

✶ 1148. THISSEN (Heinz-Joseph). Demotische Literaturübersicht 10 : 1978 -1979. Enchoria, 80, Bd 10, p. 141-150. /Cf. Bibl. 74-75, n° 1558./

✶ Cf. n° 1111.

✶✶ 1149. BALCONI (Carla), CASANOVA (Gerardo), DARIS (Sergio), PASSONI DELL'ACQUA (Anna). Papiri documentari dell'Università Cattolica del S. Cuore. Aegyptus, 79, t. 59, p. 73-90 (8 pl.).

✶✶ 1150. Greek and Demotic texts from the Zenon Archive. Ed. under the general direction of P. W. PESTMAN. Leiden, E. J. Brill, 80, in-4, XVI-291 p. (1 fasc. de 30 pl.). (Papyrologica Lugduno-Batava, 20)

✶✶ 1151. JARITZ (Horst), MAEHLER (Herwig), ZAUZICH (Karl-Theodor). Inschriften und Graffiti von Brüstung der Chnumtempel-Terrasse in Elephantine. Mitt. d. deutsch. archäol. Inst. Kairo, 79, Bd 35, p. 125-154 (pl.).

✶✶ 1152. LENGER (Marie-Thérèse). Corpus des ordonnances des Ptolémées (C. Ord. Ptol.). Bruxelles, Palais des Académies, 80, in-8, XXIV-418 p. (pl.). (Mém. de la Classe des Lettres et des sci. morales et polit. de l'Acad. Royale de Belgique. Coll. in-8, 2e sér., t. 64, fasc. 2) /Réimpression de l'édition princeps, cf. Bibl. 64, n° 1621, avec p. 369-418 : Supplément à la réimpression/

✶✶ 1153. Tôd : les inscriptions du temple ptolémaïque et romain, copiées par E. DRIOTON, G. POSENER et J. VANDIER ; collationnées et autographiées par Jean-Claude GRENIER. 1 : La salle hypostyle. Textes n°s 1-172. Le Caire, Inst. franç. d'archéol. orient., 80, in-fol., XIII-273 p. (pl., ill.). (Publ. de l'Inst. franç. d'Arcéhol. orient. du Caire, 18)

———

1154. ALDRED (Cyril). Egyptian art in the days of the Pharaohs. London, Thames a. Hudson, 80, in-8, 252 p. (pl., ill.). (World of Art Ser.)

1155. BAINES (John), MALEK (Jaromir). Atlas of ancient Egypt. London, Phaidon Press, 80, in-4, 240 p. (pl., ill.).

1156. BELTZ (Walter). Katalog der koptischen Handschriften der Papyrus-Sammlung der Staatlichen Museen zu Berlin. T. 2. Arch. f. Papyrusforsch., 80, Bd 27, p. 121-222.

1157. BLUMENTHAL (Elke). Die Lehre für König Merikare. Z. f. ägypt. Sprache, 80, Bd 107, p. 5-41.

1158. BONNEAU (Danielle). Ptolémaïs Hormou dans la documentation papyrologique. Chron. d'Egypte, 79, t. 54, p. 310 -326.

1159. BRESCIANI (Edda). I testi demotici della stela "enigmistica" di Moschione e il bilinguismo culturale nell'Egitto greco-romano. Egitto e vicino Oriente, 80, vol. 3, p. 117-145 (6 fig., 3 pl.).

1160. CASANOVA (Gerardo). Il villaggio di Theadelphia e l'archivio di Harthodes. Addenda /Cf. Bibl. 74-75, n° 1579/. Aegyptus, 79, a. 59, p. 112-118.

1161. CRAWFORD (Dorothy J.). Food: tradition and change in Hellenistic Egypt. World Archaeol., 79, vol. 11, p. 136-146.

1162. CRAWFORD (Dorothy J.), QUAEGEBEUR (Jan), CLARYSSE (Willy). Studies on Ptolemaic Memphis. Preface by Willi PEREMANS. Lovanii, 80, in-8, XVI-144 p. (Studia hellenistica, 24)

1163. DARIS (Sergio). Toponimi dell'Ossirinchite : Kerkeurosis. Studia papyrol, 80, t. 19, p. 107-118.

1164. DAVID (Rosalie). Cult of the sun. Myth and magic in ancient Egypt. London, Melbourne a. Toronto, Dent, 80, in-8, 208 p. (34 fig., 36 pl.).

1165. DIETHART (Johannes M.). Prosopographia Arsinoitica. I. s. VI-VIII. (Pros. Ars. I). Wien, Hollinek, 80, in-4, XVIII-389 p. (Mitt. a. d. Papyrussammlung d. Österr. Nationalbibliothek, Papyrus Erzherzog Rainer, N.S., 12)

1166. DOBROVITS (Aladár). Válogatott tanulmányai. I. köt. : Egyiptom és az antik világ. II köt. : Irodalom és vallás az ókori Egyiptomban. (Etudes choisies. Vol. I. : L'Egypte et le monde antique. Vol. II. : Littérature et religion dans l'Egypte antique.) Budapest, Akadémiai Kiadó, 79, in-8, 202, 317 p. (Apolló könyvtár, 7-8)

1167. DRENKHAHN (R.). Die Elephantine-Stele des Sethnacht und ihr historischer Hingergrund. Wiesbaden, Steiner, 80, in-8, X-85 p.

1168. DREW-BEAR (Marie). Le nome

Hermopolite. Toponymes et sites. Missoula, Mont., Scholars Pr., 79, in-8, XVI-401 p. (pl., cartes). (Amer. Stud. in Papyrol., 21)

1169. ENDESFELDER (Erika). Zu einigen Aspekten der ökonomischen Entwicklung in der frühdynastischen Zeit Ägyptens. In : Altoriental. Forschungen /Cf. n° 1115/, p. 5-29.

1170. Etudes sur l'Egypte et le Soudan anciens. 5. Lille, Univ. Lille III ; Paris, Ed. univ., 79, in-8, 384 p. (pl., ill.). (Cah. de recherches de l'Inst. de papyrol. et d'égyptol. de Lille, 5) /2, 3. Cf. Bibl. 76-77, n° 1515./

1171. GOFF (James). Ein politisches Anypotheton. Versuch einer Lösung zur Aporie der Herrschaft. Versöhnung der spirituellen Ordnung mit der empirischen im antiken und altägyptischen Staatswesen. Wien, Inst. f. Afrikanistik, 80, in-8, XXIII, 124 p. (Beitr. z. Agyptologie, 3). (Veröff. d. Inst. f. Afrikanistik u. Ägyptologie d. Univ. Wien, 13)

1172. GOMAA (Farouk). Ägypten während der ersten Zwischenzeit. Wiesbaden, Reichert, 80, in-8, VIII-170 p. (graph. Darst., Kit.). (Tübinger Atlas d. Vorderen Orients, Beih, Reihe B : Geisteswiss., 27)

1173. GRIFFITHS (J. G.). The origins of Osiris and his cult. Leiden, Brill, 80, in-8, XII-287 p. (Numen, Suppl. 40)

1174. GRUNERT (Stefan). Ägyptische Erscheinungsformen des Privateigentums zur Zeit der Ptolmäer : Grundeigentum. In : Altoriental. Forschungen /Cf. n° 1115/, p. 51-76.

1175. HASSAN (Fekri A.). Radiocarbon chronology of archaic Egypt. J. near east. Stud., 80, vol. 39, n° 3, p. 203-208.

1176. HOFFMAN (Michael A.). Egypt before the Pharaohs, the prehistoric foundations of Egyptian civilization. London, Routledge, 80, in-8, 414 p. (ill.).

1177. Hommages à la mémoire de Serge Sauneron, 1927-1976, publiés sous la dir. de Jean VERCOUTTER pour l'Inst. franç. d'Archéol. orient. du Caire. 1 : Egypte pharaonique. 2 : Egypte postpharaonique. Paris, Inst. franç. d'archéol. orient. du Caire, 79, 2 vol. in-4, VI-500, 496 p. (pl.). (Bibl. d'étude. Inst. franç. d'archéol. orient. du Caire, 81-82)

1178. KÁKOSSY (László). Egyipton és az antik csillaghit. (L'Egypte et la croyance aux étoiles dans l'Antiquité.) Budapest, Akadémiai Kiadó, 78, in-8, 347 p. (Apollo könyvtár, 9) - IDEM. Rê fiai. Az ókori Egyiptom története és kultúrája. (Les fils de Rê. Histoire et culture de l'Egypte antique.) Budapest, Gondolat Kiadó, 79, in-8, 446 p.

1179. KANAWATI (Naguib). Governmental reforms in Old Kingdom Egypt. Warminster, Aris a. Phillips, 80, in-8, 163 p.

1180. KEES (Hermann). Der Götterglaube im alten Ägypten. Berlin, Akad.-Verl., 80, in-8, XIV-501 p. (Abb.).

1181. KILLEN (G.). Ancient Egyptian furniture. Vol. 1 : 4000-1300 B.C. Warminster, Aris a. Phillips, 80, in-8, 108 p. (118 pl.).

1182. MICHAŁOWSKI (Kazimierz). The art of ancient Egypt. London, Abrams, 80, in-4, 600 p. (pl., ill., dr., maps).

1183. MÜLLER (Wolfgang). Die Papyrusgrabung auf Elephantine 1906-1908. Das Grabungstagebuch d. 1. u. 2. Kampagne. Forsch. u. Ber. Staatl. Museen, Berlin, 80, Bd 20-21, p. 75-88 (Abb.)

1184. NACHTERGAEL (Georges). Dans les classes d'Egypte d'après les papyrus scolaires grecs. Bruxelles, Ministère de l'Educ. Nationale, 80, in-4, 30 p. (Documents pédagog., 23)

1185. NIBBI (A.). Some remarks on ass and horse in ancient Egypt and the absence of the mule. Z. f. ägypt. Sprache, 79, Bd 106, p. 148-168.

1186. ONASCH (Christian). Der ägyptische und der biblische Seth. Arch. f. Papyrusforsch., 80, Bd 27, p. 99-119.

1187. PEREMANS (Willy). Notes sur l'administration civile et financière de l'Egypte sous les Lagides. Ancient Soc., 79, vol. 10, p. 139-149. /Complète l'étude de l'auteur : Egyptiens et étrangers dans l'administration civile et financière de l'Egypte ptolémaïque. Cf. Bibl. 70-71, n° 1749./

1188. Pharaons (Les) : le monde égyptien. Sous la dir. de Jean LECLANT. 1 : Le temps des pyramides, de la préhistoire aux Hyksos (1560 av. J.-C.). (Par) Cyril ALDRED, Jean-Louis de CENIVAL, Fernand DEBONO, Christiane DESROCHES-NOBLECOURT, etc. 2 : L'empire des conquérants, l'Egypte au Nouvel Empire, 1560-1070 av. J.-C. (Par) Cyril ALDRED, Paul BARGUET, Christiane DESROCHES-NOBLECOURT, Jean LECLANT, etc. 3 : L'Egypte du crépuscule, de Tanis à Méroé, 1070 av. J.-C. - IVe s. après J.-C. (Par) Cyril ALDRED, François DAUMAS, Christiane DESROCHES-NOBLECOURT, Jean LECLANT, etc. Paris, Gallimard, 78-80, 3 vol. in-4, 346, 337, 336 p. (ill., pl.). (L'Univers des formes, 26-28)

1189. ROSATI CASTELLUCCI (Gloria). L'onomastica del Medio Regno come mezzo di datazione. Aegyptus, 80, a. 60, p. 3-72.

1190. SCHLÖGL (Hermann Alexander). Der Gott Tatenen, nach Texten und Bildern des Neuen Reiches. Freiburg/Schweiz, Univ.-Verl. ; Göttingen, Vandenhoeck u. Ruprecht, 80, in-8, 203 p. (ill., Taf.).

1191. STEINMANN (Frank). Untersuchungen zu den in der handwerklich-künstlerischen Produktion beschäftigten Personen und Berufsgruppen des Neuen Reichs. Z. f. ägypt. Sprache, 80, Bd 107, p. 137-157.

1192. TÖRÖK (László). Economic offices and officials in Meroitic Nubia. A study in territorial administration of the late Meroitic kingdom. Studia Aegyptiaca, 79, vol. 5, p. 1-246 (7 cartes).

1193. VAN'T DACK (Edmond). Reizen, expedities en emigratie uit Italië naar Ptolemaeïsch Egypte. (Contribution à l'étude des relations entre l'Italie et l'Egypte ptolémaïque : voyages, expéditions et émigrations en provenance de l'Italie.) Bruxelles 80, in-8, 60 p. (Meded. Acad. Wet., Letteren en schone Kunsten van België, Kl. d. Letteren, Jg. 42, n° 4)

1194. VAN WALSUM (R.). The psš-kf. An investigation of an ancient Egyptian funerary instrument. Oudh. Meded. Leiden, 78-79, vol. 59-60, p. 193-249 (ill.).

1195. VILA (André). La prospection archéologique de la vallée du Nil au sud de la cataracte de Dal (Nubie soudanaise). /8-10. Cf. Bibl. 78-79, n° 1334./. 11 : Récapitulations et conclusions, appendices. 12 : La nécropole de Missiminia, 1 : Les sépultures napatéennes. Paris, Ed. du C.N.R.S., 79-80, 2 vol. in-4, 135, 178 p.

1196. ZILLIACUS (Henrik). Papyrusforskning i Finland. (Papyrologie en Finlande.) Soc. Sci. fennica. Vuosik., 79 /80/, t. 57, 9 p.

Cf. n°s 49, 183, 193, 1124, 1131, 1139, 1243, 1420, 1540.

§ 4. Kyrene.

1197. BACCHIELLI (L.). La Tomba delle Cariatidi ed il decorativismo nell'architettura tardo-ellenistica di Cirene. Quad. Archeol. Libia, 80, t. 11, p. 11-34.

1198. BISI INGRASSIA (A. M.). Note ad alcuni toponimi punici e libici della Cirenaica. Quad. Archeol. Libia, 77, t. 9, p. 125-134.

1199. KONDIS (S. A.). A propos des monnayages royaux lagides en Cyrénaïque sous Ptolémée Ier et II. R. belge Numism. Sigillogr., 78, t. 124, p. 23-47.

1200. LUISI (A.). Nomades e Numidae. Caratterizzazione etnica di un popolo. Cntr. Istit. Stor. ant. Univ. Sacro Cuore, 79, t. 6, p. 57-64.

1201. LUNI (M.). Apporti nuovi nel quadro della viabilità antica della Cirenaica. Quad. Archeol. Libia, 80, t. 10, p. 119-137.

1202. MØRKHOLM (Otto). Cyrene and Ptolemy. I. Some numismatic comments. Chiron, 80, Bd 10, p. 145-159 (pl.)

§ 5. Mesopotamien.

** 1203. Archives royales de Mari, publiées sous la dir. de André PARROT et Georges DOSSIN. 16 : Répertoire analytique. 2 : Tomes I-XIV, XVIII et textes divers hors collection. 1 : Noms propres par Maurice BIROT, Jean-Robert KUPPER et Olivier ROUAULT. Paris, Geuthner, 79, in-4, X-272 p. /10. Cf. Bibl. 67, n° 1706./

** 1204. SALONEN (Erkki). Neubabylonische Urkunden verschiedenen Inhalts. T. 1-3. Helsinki, Suomalainen tiedeakatemia, 75-76-80, 3 vol. in-8, 87, 134, 158 p. (A. Acad. sci. fennicae, 188, 199, 206)

1205. ALEKSEEV (V. P.). Novye dannye k morfologičeskoj kharakteristike naselenija Mesopotamii. (Nouvelles données pour une caractéristique morphologique des populations de la Mésopotamie.) Sovet. Ètnogr., 80, n° 4, p. 70-79.

1206. AMIET (Pierre). La glyptique mésopotamienne archaïque. 2e éd. revue et corr., avec un supl. : Contribution pour les inscriptions, par Maurice LAMBERT. Paris, Ed. du C.N.R.S., 80, in-4, 530 p. (133 pl.). /1e éd. Cf. Bibl. 61, n° 1769./

1207. ASHER-GREVE (Julia M.), SELZ (Gebhard J.). Genien und Krieger aus Nimrūd : neuassyrische Reliefs Assurnasirpals II. und Tiglat-Pilesars III. Zürich, Archäol. Inst. d. Univ. Zürich, 80, in-8, 61 p. (17 fig.). (Zürcher archäol. Hefte, 4)

1208. CAPLICE (Richard). Introduction to Akkadian. Rome, Biblical Instit. press, 80, in-8, X-126 p. (Studia Pohl. Ser. minor., 9)

1209. CHARPIN (Dominique). Archives familiales et propriété privée en Babylonie ancienne : étude des documents de Tell Sifr. Genève, Droz ; Paris, diff. Champion, 80, in-8, VII-357 p. (pl.). (Centre de rech. d'Hist. et de Philol. de la IVe Sect. de l'Ec. pratique des hautes Et., 2. Hautes Et. orientales, 12)

1210. CHIERICI (Averardo). I sumeri. La civiltà dei due fiumi. Milano, Rusconi, 80, in-8, 341 p. (tav.). (Popoli e Civ.)

1211. FREYDANK (Helmut). Zur Lage der deportierten Hurriter in Assyrien. In : Altoriental. Forschungen /Cf. n° 1115/, p. 89-117.

1212. GRAYSON (A. K.). Assyria and Babylonia. Orientalia, 80, n.s., vol. 49,

p. 140-194.

1213. GREEN (M. W.). Animal husbandry at Uruk in the archaic period. J. near east. Stud., 80, vol. 39, n° 1, p. 1-36.

1214. KÄRKI (Ilmari). Die sumerischen und akkadischen Königsinschriften der altbabylonischen Zeit. T. 1 : Isin, Larsa, Uruk. Helsinki, Finnish Oriental Society, 80, in-8, XVIII-193 p. (Studia orientalia, 49)

1215. KIENAST (Burkhart). Die altbabylonischen Urkunden aus Alalah. Welt d. Orients, 80, Bd 11, p. 35-63.

1216. KLENGEL (Horst). Zum Bewässerungsbodenbau am Mittleren Euphrat nach den Texten von Mari. In : Altoriental. Forschungen /Cf. n° 1115/, p. 77-87.

1217. KLÍMA (Josef). Nejstarší zákony lidstva. Chammurapi a jeho předchůdci. (Die ältesten Gesetze der Menschheit. Hammurabi und seine Vorgänger.) Praha, Academia, 79, in-8, 384 p. (8 fig.).

1218. KLOČKOV (I. S.). Vosprijatie vremeni v drevnej Mesopotamii. (Die Auffassung der Zeit im alten Mesopotamien.) Nar. Azii Afr., 80, n° 2, p. 91-102.

1219. KOMORÓCZY (Géza). Die Königshymnen der III. Dynastie von Ur. Acta orient. Acad. Sci. hungaricae, 78, vol. 31, n° 1, p. 33-66. -IDEM. Lobpreis auf das Gefängnis in Sumer. Acta ant. Acad. Sci. hungaricae, 75, vol. 23, n°s 3-4, p. 153-174. - IDEM. A mezopotámiai mitológia mint rendszer. (La mythologie de Mésopotamie comme système.) Ethnographia, 79, vol. 90, n° 3, p. 313-322.

1220. KOMORÓCZY (Géza). A šumer irodalmi hagyomány. Tanulmanyok. (L'héritage littéraire sumérien. Etudes.) Budapest, Magvető Kiadó, 80, in-8, 731 p. (Elvek és utak)

1221. LOMBARDO (Mario). Osservazioni cronologiche e storiche sul regno di Sadiatte. A. Sc. norm. sup. Pisa, 80, s. 3, vol. 10, p. 307-362.

1222. MALBRAN-LABAT (Florence). Eléments pour une recherche sur le nomadisme en Mésopotamie au premier millénaire av. J.-C. 1 : "L'image du nomade". J. asiatique, 80, t. 268, p. 11-33.

1223. VARGYAS (Péter). Az ugariti faluközösségek kérdéséhez. A nem-királyi földön gazdálkodó mezőgazdasági népességről. (Contributions au problème des communautés de village d'Ougarit. Sur la population agraire travaillant sur les terres non-royales.) Ant. Tanulm., 78, vol. 25, n° 2, p. 226-230.

1224. ZADOK (Dan). On some foreign population groups in first-millennium Babylonia. Tel-Aviv, 79, vol. 6, n°s 3-4, p. 164-181.

Cf. n°s 936, 1120 /Vol. 6/, 1139.

§ 6. Hethiter.

** 1225. PETTINATO (Giovanni). Testi amministrativi della biblioteca L. 2769. In collaborazione con Francesco POMPONIO. I. Napoli, Istit. univer. orient., 80, in-4, XLVIII-378 p. (Istit. univer. orient. di Napoli. Semin. di Stud. asiatici. Ser. maior, 2. Mater. epigr. di Ebla, 2)

1226. GIORGADZE (G. G.). Chettologija v SSSR. (Hittite studies in the USSR /in honour of B. Hrozny on the century of his birth/.) Vestn. drevn. Ist., 80, n° 1, p. 113-123.

1227. LEBRUN (René). Hymnes et prières hittites. Louvain-la-Neuve, Centre d'Hist. des Religions, 80, in-8, 500 p.

§ 7. Juden und semitische Stämme bis zum Ausgang des Altertums.

* 1228. MARGAIN (Jean). Bibliographie samaritaine. J. asiatique, 80, t. 268, p. 441-449.

* Cf. n° 876.

** 1229. ALY (Zaki). Three rolls of the early Septuagint : Genesis and Deuteronomy. A photogr. ed. prepared in collab. with the Intern. Photogr. Archive of the Assoc. Intern. de Papyrologues, with preface, intr. a. notes by Ludwig KOENEN. Bonn, Habelt, 80, in-4, XIII-143 p. (57 pl.). (Papyrol. Texte u. Abh., 27)

** 1230. STERN (Menahem). Greek and Latin authors on Jews and Judaism. Vol. 2 : From Tacitus to Simplicius. Jerusalem, Israel Acad. of Sci. a. Humanities, 80, in-8, XVIII-690 p. (Publ. of the Israel Acad. of Sci. a. Humanities, Sect. of Humanities : Fontes ad res Judaicas spectantes)

1231. BERTHIER (André). Un habitat punique à Constantine. Antiquités afric., 80, t. 16, p. 13-26 (9 fig.)

1232. BRINGMANN (Klaus). Die Verfolgung der jüdischen Religion durch Antiochos IV. Ein Konflikt zw. Judentum u. Hellenismus ? Antike u. Abendland, 80, Bd 26, p. 176-190.

1233. CLAUSS (Manfred). Die Entstehung der Monarchie in Juda und Israel. Chiron, 80, Bd 10, p. 1-33.

7. JUDEN UND SEMITISCHE STÄMME BIS ZUM AUSGANG DES ALTERTUMS

1234. DEMSKY (Aaron). The permitted villages of Sebaste in the Rehov mosaic. Israel Explor. J., 79, vol. 29, n°s 3-4, p. 182-193 (map).

1235. FREYNE (Sean). Galilee from Alexander the Great to Hadrian, 323 B. C. E. to 135 C. E. A study of Second Temple Judaism. Wilmington, Glazier ; Notre Dame, Univ. of Notre Dame Press, 80, in-8, XVIII-491 p.

1236. GARBINI (Giovanni). I fenici. Storia e religione. Napoli, Istit. univ. orient., 80, in-8, X-244 p. (Istit. univ. orient. Semin. di Studi asiatici. Ser. minor., II)

1237. GICHON (Mordechai). Hagannat ha-negev be-aspaklaria historit. (The defence of the Negev ; a historical perspective.) Safra we-saifa, 78, vol. 2, p. 21-36 (map)

1238. GJERSTAD (E.). The Phoenician colonization and expansion in Cyprus. Report Dept. Antiq. Cyprus, 79, p. 230-254.

1239. GOLB (Norman). The problem of origin and identification of the Dead Sea scrolls. Proc. am. philos. Soc., 80, vol. 124, n° 1, p. 1-24.

1240. HALPERIN (David J. J.). The Merkabah in Rabbinic literature. New Haven, Conn., Am. Oriental Soc., 80, in-8, X-212 p. (Am. Oriental Ser., 62)

1241. HERZOG (Ze'ev), NEGBI (Ora), MOSHKOVITZ (Shmuel). Excavations at Tel Michal, 1977. Tel Aviv, 78, vol. 5, n°s 3-4, p. 99-130 (ill., maps).

1242. HOFFMANN (Hans-Detlef). Reform und Reformen. Untersuchungen z. einem Grundthema d. deuteronomist. Geschichtsschreibung. Zürich, Theol. Verl., 80, in-8, 383 p. (Abh. z. Theol. d. Alten u. Neuen Test., 66)

1243. HUSS (Werner). Die Beziehungen zwischen Karthago und Ägypten in hellenistischer Zeit. Ancient Soc., 79, vol. 10, p. 119-137.

1244. KAHANE (Tuvia). Ha-Kohanim lemish-merotehem we-lemeqomot hityasvutam. (The priestly courses and their geographical settlements.) Tarbiz, 79, vol. 48, n°s 1-2, p. 9-29. /Summary in Eng./

1245. KÜCHLER (Max). Frühjüdische Weisheitstraditionen : zum Fortgang weisheitl. Denkens im Bereich d. frühjüd. Jahweglaubens. Göttingen, Vandenhoeck u. Ruprecht, 79, in-8, 703 p.

1246. LASSÈRE (Jean-Marie). Remarques sur le peuplement de la Colonia Iulia Augusta Numidica Simitthus. Antiquités afric., 80, t. 16, p. 27-44.

1247. LEINEWEBER (Wolfgang). Die Patriarchen im Licht der archäologischen Entdeckungen. Frankfurt (Main), Bern u. Cirencester, Lang, 80, in-8, 289 p. (Europ. Hochschulschr., Reihe 23 : Theologie, 127)

1248. LICHT (Jacob). An ideal town plan from Qumran ; the description of the new Jerusalem. Israel Explor. J., 79, vol. 29, n° 1, p. 45-59 (diagr.).

1249. MOSCATI (Sabatino). Il mondo punico. Torino, UTET, 80, in-8, 269 p. (ill.). (Stor. univ. dell'Ar. Sez. I : le Civ. antiche e primitive)

1250. NAVEH (Joseph). The Aramaic ostraca from Tel Beer-sheba (seasons 1971-1976). Tel Aviv, 79, vol. 6, n°s 3-4, p. 182-198 (pl.). -IDEM. A Nabatean incantation text. Israel Explor. J., 79, vol. 29, n° 2, p. 111-120 (diag.).

1251. PIETERSMA (Albert). Two manuscripts of the Greek Psalter in the Chester Beatty Library Dublin. Rome, Biblical Institute Press, 78, in-8, VII-79 p. (Analecta biblica, 77)

1252. PUCCI (Marina). Il movimento insurrezionale in Giudea (117-118 A.D.). Scripta class. israelica, 78, vol. 4, p. 63-76. -IDEM. Traiano, la Mesopotamia e gli Ebrei. Aegyptus, 79, a. 59, p. 168-189.

1253. RAHMANI (L. Y.). Glusquemaot we-likut azamot be-shilhe tequfat bayit sheni. (Ossuaries and bone gathering in the late second Temple period.) Qadmoniot, 78, vol. 11, n° 4, p. 102-112 (ill.).

1254. RAPPAPORT (Uriel). Yahase yehudim we-lo yehudim be-eretz Yisrael we-ha mered ha-gadol be-romi. (The relations between Jews and non-Jews and the great war against Rome.) Tarbiz, 78, vol. 47, n°s 1-2, p. 1-14. /Summary in Eng./

1255. SHILOH (Yigal). Elements in the development of town planning in the Israelite city. Israel Explor. J., 78, vol. 28, n°s 1-2, p. 36-51 (diagr.).

1256. STERN (M.). Gerushe ha-hehudim me-roma ba-zeman ha-atik. (The expulsions of Jews from Rome in antiquity.) Zion, 79, vol. 44, p. 1-27. /Summary in Eng./

1257. THIEL (Wilfried). Die Anfänge von Landwirtschaft und Bodenrecht in der Frühzeit Alt-Israels. In : Altoriental. Forschungen /Cf. n° 1115/, p. 127-141.

1258. UTZSCHNEIDER (Helmut). Hosea, Prophet vor dem Ende. Zum Verhältnis v. Gesch. u. Institution in d. alttestamentl. Prophetie. Göttingen, Vandenhoeck u. Ruprecht ; Freiburg/Schweiz, Univ.-Verl., 80, in-8, 255 p. (Orbis biblicus et orientalis, 31)

1259. VATTIONI (Francesco). La lessicografia dei LXX nei papiri. Studia papyrol., 80, t. 19, p. 39-59.

1260. WAGNER (Peter). Der ägyptische

Einfluss auf die phönizische Architektur. Bonn, Habelt, 80, in-8, IX-279 p. (48 ill.). (Habelts Diss.-Drucke, R. klass. Archäol., 12)

1261. WEINGORT (Abraham). Intérêt et crédit dans le droit talmudique. Paris, Librairie gén. du droit, 79, in-8, XXVIII-492 p. (Bibl. d'hist. du droit et droit romain, 21)

Cf. n°s 239, 1032, 1131, 1137, 1186, 1210, 1224.

§ 8. Iran.

** 1262. Corpus inscriptionum Iranicarum. /1, 1. Cf. Bibl. 76-77, n° 1660./ Part 2 : Inscriptions of the Seleucid and Parthian periods and of Eastern Iran and Central Asia. Vol. 2 : Parthian. Parthian economic documents from Nisa. Plates 3. By I. M. DIAKONOFF a. V. A. LIVSHITS. Ed. by D. N. MACKENZIE. London, Lund Humphries, 79, in-4, 3 p., p. 331-536 of plates. /Cf. n° 1827./

1263. ASMUSSEN (Jes. P.). Ideen und Begriffe der agrarischen Sphäre und ihre Bedeutung in der Verkündigung Zarathustras. In : Altoriental. Forschungen /Cf. n° 1115/, p. 159-170.

1264. Cahiers de la délégation archéologique française en Iran. 9. Paris, Assoc. Paléorient, 78 /79/, in-4, 156 p. (ill.). /Contient : CANAL (Denis). La terrasse haute de l'Acropole de Suse, p. 11-55. - LE BRUN (Alain). Le niveau 17B de l'Acropole de Suse (campagne de 1972), p. 57-154./ /Cf. Bibl. 76-77, n° 1662./

1265. CHAUMONT (M. L.). A propos de la chute de Hatra et du couronnement de Shapur Ier. Acta ant. Acad. Sci. hungaricae, 79, t. 27, p. 207-237.

1266. DONDAMAEV (M. A.), LUKONIN (V. G.). Kul'tura i ěkonomika drevnego Irana. (Culture and economy of ancient Iran.) Moskva, Nauka, 80, in-8, 416 p.

1267. GNOLI (Gherardo). Zoroaster's time and homeland. A study on the origins of Mazdeism and related problems. Naples, Istit. univer. orient., 80, in-8, XXIII-279 p. (tav.). (Istit. univ. orient. Semin. di Stud. asiatici. Ser. minor, 7)

1268. HINZ (Walther). Darius und die Perser. Eine Kulturgesch. d. Achämeniden. /Bd 1. Cf. Bibl. 76-77, n° 1668./. Bd 2. Baden-Baden, Holle, 79, in-8, 255 p. (ill., graph. Darst., Kt.).

1269. MOSCATI (Sabatino). Persepoli. Luce e silenzi di un impero scomparso. Testi di Sabatino MOSCATI. Didascalie di Anna BRITT. Fotografie di Tano CITERONI. Milano, Rusconi immagini, 80, in-4, 189 p. (ill.).

1270. SANCISI-WEERDENBURG (H. W. A. M.). Yaunā en Persai. Grieken en Perzen in een ander perspectief. (Greek authors on the Achaemenid history and Persian archaeological and epigraphical evidence.) Groningen, Dijkstra, 80, in-8, X-271 p.

1271. SCHIPPMANN (Klaus). Grundzüge der parthischen Geschichte. Darmstadt, Wiss. Buchges., 80, in-8, IX-132 p. (Kt.). (Grundzüge, 39)

1272. Séquence (La) archéologique de Suse et du Sud-ouest de l'Iran antérieurement à la période achéménide. Actes de la Rencontre internat. de Suse, Iran, 23-28 oct. 1977, organisée par la Délégation archéol. franç., en Iran et par le Centre iranien de rech. archéol. Paléorient, 78 /79/, p. 133-244 (ill.).

1273. SZEMERÉNYI (Oswald). 4 old Iranian ethnic names : Scythian-Skudra-Sogdian-Saka. Wien, Verl. d. Österr. Akad. d. Wiss., 80, in-8, 46 p. (Veröff. d. Iran. Komm. 9) (S.-B. d. österr. Akad. d. Wiss., philos.-hist. Kl., 371)

E

GRIECHISCHE GESCHICHTE

§ 1. Klassisches Altertum im Allgemeinen. 1274-1290. - § 2. Vorhellenische Zeit. 1291-1297. - § 3. Quellen und Quellenkunde. 1298-1319. - § 4. Allgemeines und politische Geschichte. 1320-1350. - § 5. Rechts- und Sozialgeschichte. 1351-1368. - § 6. Wirtschafts- und Sozialgeschichte. 1369-1376. - § 7. Literatur-, Philosophie- und Wissenschaftsgeschichte. 1377-1414. - § 8. Religion und Mytholodie. 1415-1421. - § 9. Archäologie und Kunstgeschichte. 1422-1448.

§ 1. Klassisches Altertum im Allgemeinen.

✶ 1274. Archéologie de l'Afrique antique : bibliographie parue en ... 1977-1978. Bibliographie réunie par Maurice EUZENNAT, Danièle TERRER ; publ. avec la collab. de Sylvie GIRARD et Sylvie SEPERE. Aix-en-Provence, Institut d'archéol. méditerranéenne, 79, in-4, 76 p. /Cf. Bibl. 76-77, n° 1674./

✶ 1275. DESANGES (Jehan), LANCEL (Serge). Bibliographie analytique de l'Afrique antique. /10. Cf. Bibl. 78-79, n° 1414./ 11 : 1975. 12 : 1976. Paris, de Boccard ; Houston, Institute for the Arts, 79-80, 2 vol. in-4, 34, 45 p.

✶ 1276. DREXHAGE (Hans-Joachim). Deutschsprachige Dissertationen zur alten Geschichte, 1844-1978. Wiesbaden, Steiner, 80, in-8, 142 p.

✶ 1277. STEFAN (Alexandra), FISCHER (I.). Bibliografia clasică românească (1976-1977). (Bibliographie classique roumaine.) Studii clas., 80, vol. 19, p. 125-146.

✶ Cf. n° II.

1278. Astronomie (L') dans l'antiquité classique. Actes du colloque tenu à l'Univ. de Toulouse-Le-Mirail, 21-23 oct. 1977. Paris, Belles Lettres, 79, in-8, 260 p. (Coll. d'Et. anc.)

1279. BRAUNERT (Horst). Politik, Recht und Gesellschaft in der griechisch -römischen Antike. Gesammelte Aufs. u. Reden. Hrsg. v. Kurt TELSCHOW u. Michael ZAHRNT. Stuttgart, Klett-Cotta, 80, in-8, 345 p. (Kieler hist. Stud., 26)

1280. ENGELS (Donald). The problem of female infanticide in the Greco-Roman world. Class. Philol., 80, vol. 75, n° 2, p. 112-120.

1281. FINLEY (M. I.). La censure dans l'Antiquité. R. hist., 80, n° 533, p. 3-20.

1282. POLEY (M. I.). Ancient slavery and modern ideology. New York, Viking Press, 80, in-8, 202 p.

1283. GUYOT (Peter). Eunuchen als Sklaven und Freigelassene in der griechisch-römischen Antike. Stuttgart, Klett-Cotta, 80, in-8, 236 p. (Stuttgarter Beitr. z. Gesch. u. Politik, 14)

1284. HELDMANN (Konrad). Mangel an Menschen und kultureller Verfall. Zu einer antiken Diskussion. Philologus, 80, Bd 124, p. 230-253.

1285. KLEIN-FRANKE (Felix). Die klassische Antike in der Tradition des Islam. Darmstadt, Wiss. Buchges., 80, in-8, IX-181 p. (Erträge d. Forsch., 136)

1286. KUBO (Masaaki). Rekishi kijutsu to gûzenteki yôso. (Historical description and accidental elements.) Shisô, 80, n° 677, p. 1-24.

1287. Recherches sur les religions de l'Antiquité classique. Par Raymond BLOCH, Françoise BADER, Dominique BRIQUEL, Etienne COCHE de LA FERTE, José Maria GRAN AYMERICH... Genève, Droz ; Paris, diff. Champion, 80, in-8, 424 p. (pl., ill.). (Centre de rech. d'Hist. et de Philol. de la IVe sect. de l'Ec. pratique des hautes Et. 3 : Hautes Et. du monde gréco-romain, 10)

1288. SZÁDECZKY-KARDOSS (Samu). A történelmi materializmus a periódus váltásokról a görög-római történelemben. (Le matérialisme historique sur les changements de période dans l'histoire grecque et romaine.) Ant. Tanulm., 78, vol. 25, n° 2, p. 231-236.

1289. WARRY (John). Warfare in the classical world. Penicuik, Salamander Books, 80, in-4, 224 p. (ill.).

1290. WEILER (Ingamar). Zum Schicksal der Witwen und Waisen bei den

§ 2. Vorhellenische Zeit.

❖ 1291. RUUD (Inger Marie). Minoan religion. A bibliography. Oslo, Universitetsbiblioteket, 80, in-8, 63 p. (Univ.-Bibl. i Oslo, Skrifter, 10)

1292. GEISS (H.). Die kretisch-mykenische Kultur. Aufstieg und Niedergang. Ethnogr.-archäeol. Z., 80, Bd 21, p. 567-681.

1293. MASTROCINQUE (Attilio). Telmesso e Galeote. Contributo alla storia della precolonizzazione micenea. Critica stor., 80, a. 17, p. 3-22.

1294. MOSCATI (Sabatino). La civiltà mediterranea. Dalle origini della storia all'avvento dell'ellenismo. Milano, Mondadori, 80, in-8, 603 p. (ill.). (Saggi, 145)

1295. NIEMEIER (Wolf-Dietrich). Die Katastrophe von Thera und die spätminoische Chronologie. Jb. d. deutsch. archäol. Inst., 80, Bd 95, p. 1-76.

1296. SCHACHERMEYR (Fritz). Die ägäische Frühzeit. Die Ausgrabungen und ihre Ergebnisse für unser Geschichtsbild. Bd 4. Wien, Verl. d. Österr. Akad. d. Wiss., 80, in-8, 499 p. (67 p. Abb., 1 Kt.). (Myken. Stud., 8) (S.-B. d. österr. Akad. d. Wiss., philos.-hist. Kl., 372) /Bd 1, 2. Cf. Bibl. 76-77, n° 1707./

1297. VAN EFFENTERRE (Henri). Le palais de Mallia et la cité minoenne. Etude de synthèse. Roma, Ediz. dell' Ateneo, 80, 2 vol. in-8, XVI-634 p. compless. (ill., tav.). (Incunabula Graeca, 76)

Cf. n° 69.

§ 3. Quellen und Quellenkunde.

❖ Cf. n°s II, 1112, 1802.

1298. BAGNALL (Roger S.), SIJPESTEIJN (P. J.), WORP (K. A.). Greek ostraka. A catalogue of the collection of Greek ostraka in the National Museum of Antiquities at Leiden, with a chapter on the Greek ostraka in the Papyrological Institue of the University of Leiden. Zutphen, Terra, 80, 2 vol. in-4, XII-233 p., 100 pl.

1299. BARIGAZZI (Adelmo). Per la ricostruzione del Callimaco di Lilla. Prometheus, 80, t. 6, p. 1-20.

1300. DAVENPORT (Guy). Archilochos, Sappho, Alkman. Three lyric poets of the late Greek Bronze Age. Trans., with an introd. Berkeley, Los Angeles a. London, Univ. of Calif. Press, 80, in-8, VIII-176 p.

1301. FRÖHLICH (I.). Le manuscrit latin de Budapest d'une oeuvre historique hellénistique. Acta ant. Acad. Sci. hungaricae, 79, vol. 27, n°s 1-3, p. 149-186.

1302. FROST (Frank J.). Plutarch's Themistocles : a historical commentary. Princeton, N. J., Princeton U. P., 80, in-8, XIII-252 p.

1303. GALLO (Italo). Frammenti biografici da papiri. /Vol. 1. Cf. Bibl. 76-77, n° 1723./ Vol. 2 : La biografia dei filosofi. Roma, Ateneo, 80, in-8, 492 p. (17 pl.). (Testi e Commenti, 6)

1304. GARGIULO (Tristano). Il Prometeo eschileo di Ossirinco : P. Oxy. 2245. B. Comit. Preparaz. Ediz. naz. Class. greci latini, 79, n.s., vol. 27, p. 79-103.

1305. /MENANDROS./ Menander. Ed. with an Eng. trans. in 3 vol. by W. Geoffrey ARNOTT. Vol. 1 : Aspis to Epitrepontes. Cambridge, Mass., Harvard U. P. ; London, Heinemann, 79, in-8, LV-526 p. (Loeb class. libr., 132)

1306. MURAKAWA (Kentarô) /trans. a. commentary/. Arisutoteresu, Atenaijin no kokusei. (Aristotle, The constitution of Athens.) Tokyo, Iwanami Shoten, 80, in-12, 354 p.

1307. NANNINI (Simonetta). Note ad Alcmane. Mus. criticum, 78-79, vol. 13-14, p. 49-72.

1308. Oxyrhynchus Papyri (The). /Vol. 46. Cf. Bibl. 78-79, n° 1468./ Vol. 47 : N°s 3316-3367. Ed. with trans. a. notes by R. A. COLES a. M. W. HASLAM, with contrib. by G. M. BROWNE, T. CARP, D. HUGHES, a. others. London, Egypt Eplor. Soc., 80, in-4, XX-170 p. (8 pl.). (Egypt Explor. Soc., Graeco-Roman Memoirs, 66) - CR /Vol. 46/ : D. Henning, Gnomon, 80, Bd 52, p. 347-350./

1309. /PAMPREPIUS PANOPOLITANUS./ Pamprepii Panopolitani carmina (P. Gr. Vindob. 29788 A-C). Ed. Henricus LIVREA. Leipzig, Teubner, 79, in-8, XI-82 p. (Bibl. scriptorum Graecorum et Romanorum Teubneriana)

1310. PAPADEMETRIOU (John Theophanes). Notes on the Aesop romance. New series I. Rhein. Mus., 80, Bd 123, p. 25-40.

1311. Papyrus grecs de la Bibliothèque Nationale et Universitaire de Strasbourg. Publ. par Jacques SCHWARTZ et ses élèves de l'Inst. Paul Collomp. /N°s 661-700. Cf. Bibl. 78-79, n°1469./ N°s 701-720. Strasbourg, B. N. U., 80, in-8, 32 p.

1312. PINTAUDI (Rosario). I papiri vaticani greci di Aphrodito. Città del Vaticano, Biblioteca Apostolica, 80, in-4, 73 p. (22 pl.)

1313. Poetae elegiaci : Testimonia et fragmenta. Ed. Bruno GENTILI et Carolus PRATO. Leipzig, Teubner, 79, in-8, XIV-242 p. (Bibl. scriptorum Graecorum et Romanorum Teubneriana)

1314. SCHMIDT (Katharina). Kosmologische Aspekte im Geschichtswerk der Poseidonios. Göttingen, Vandenhoeck u. Ruprecht, 80, in-8, 120 p. (Hypomnemata, 63)

1315. SCHUMAN (Verne Brinson). Washington University papyri. I : Non-literary texts (N°s 1-61). Chico, Calif., Scholars Press for the Am. Soc. of Papyrologists, 80, in-8, VII-101 p. (15 pl.). (Am. Studies in Papyrol., 17)

1316. Supplementum epigraphicum graecum. Vol. 27. Editors : H. W. PLEKET a. R. S. STROUD ; assistant-ed.: W. PEETERS a. S. B. ALESHIRE ; advisory ed.: J. BINGEN, P. HERRMANN, G. MIHAILOV a. L. MORETTI. Alphen aan den Rijn a. Germantown, Sijthoff, 80, in-8, XIX-370 p. /Cf. Bibl. 70-71, n° 1999./

1317. TOSI (Renzo). Note al nuovo Stesicoro. Mus. criticum, 78-79, vol. 13-14, p. 125-142.

1318. TREU (Kurt), TREU (Ursula). Menander. Herondas. Werke in einem Band. Aus d. Griech. übertragen. Berlin, Aufbau-Verl., 80, in-8, XXXIV-377 p. (Bibl. d. Antike, Griech. Reihe)

1319. TURNER (E. G.). Greek papyri. London, Oxford, U. P., 80, in-8, 240 p. (ill., maps).

Cf. n° 1427.

§ 4. Allgemeine und politische Geschichte.

1320. BAECHLER (Jean). Les origines de la démocratie grecque. Arch. europ. Sociol., 80, t. 21, p. 223-284.

1321. BERTHOLD (R. M.). Fourth century Rhodes. Historia /Wiesbaden/, 80, Bd 29, p. 32-49.

1322. BOSWORTH (A. B.). Historical commentary on Arrian's "History of Alexander", vol. 1, books 1-3. London, Oxford, U. P., 80, in-8, 416 p. (maps).

1323. BRADFORD (Ernle). The year of Thermopylae. London, Macmillan, 80, in-8, 256 p.

1324. BUCK (Robert J.). A history of Boeotia. Edmonton, Alberta U. P., 79, in-8, XV-205 p. (9 cartes).

1325. CARTLEDGE (P. A.). Sparta and Lakonia. A regional history, 1300-362 B. C. London, Routledge a. Kegan Paul, 79, in-8, XV-401 p.

1326. CONSOLO LANGHER (Sebastiana). I trattati tra Siracusa e Cartagine e la genesi e il significato della guerra del 312-306 a. C. Athenaeum /Pavia/, 80, a. 68, n.s., vol. 58, p. 309-339.

1327. CRAIK (Elizabeth M.). The Dorian Aegean. Boston a. London, Routledge a. Kegan Paul, 80, in-8, X-263 p. (States a. Cities of Ancient Greece)

1328. DAVID (Efraim). Revolutionary agitation in Sparta after Leuctra. Athenaeum /Pavia/, 80, a. 68, n.s., vol. 58, p. 299-308.

1329. FITZHARDINGE (L. F.). The Spartans. London, Thames a. Hudson, 80, 180 p. (150 ill., maps). (Ancient peoples a. places)

1330. FORREST (W. G.). History of Sparta. London, Duckworth, 80, in-8, 160 p.

1331. FUNKE (Peter). Homonoia und Arché. Athen u. d. griechische Staatenwelt vom Ende d. peloponnesischen Krieges bis zum Königsfrieden (404/3-387/6 v. Chr.). Wiesbaden, Steiner, 80, in-8, XI-197 p. (Historia. Einzelschr., 37)

1332. GEHRKE (Hans-Joachim). Zur Geschichte Milets in der Mitte des 5. Jahrhunderts v. Chr. Historia /Wiesbaden/, 80, Bd 29, p. 17-31.

1333. HEISSERER (A. J.). Alexander the Great and the Greeks : the epigraphic evidence. Norman, Univ. of Okla. Press, 80, in-8, XXVII-252 p.

1334. HOOKER (J. T.). The ancient Spartans. London, Toronto a. Melbourne, Dent, 80, in-8, 254 p. (14 fig., 46 pl.).

1335. KNOEPFLER (Denis). Sur une clause du traité de 394 avant J.-C. entre Athènes et Erétrie. Am. J. Philol., 80, vol; 101, n° 4, p. 462-469.

1336. MARASCO (Gabriele). La politica achea nel Peloponneso durante la guerra demetriaca. Atene e Roma, 80, n. s., a. 25, p. 113-122. - IDEM. Storia e propaganda durante la guerra cleomenica. Un episodio del III sec. a. C. R. stor. ital., 80, a. 92, p. 5-34.

1337. MEIER (Christian). Die Entstehung des Politischen bei den Griechen. Frankfurt (Main), Suhrkamp, 80, in-8, 514 p.

1338. MEIER-WELKER (H.). Himera und die Geschichte des griechischen Sizilien. Boppart, Boldt, 80, in-8, 136 p. (ill.).

1339. MURRAY (Oswyn). Early Greece. London, Fontana, 80, in-8, 320 p.

1340. NAKAMURA (Jun). Zen 404 nen no Atenai "Katôha" seiken. (The Athenian oligarchical government in 404 B. C.) Shigaku Zasshi, 80, vol. 89, n° 6, p. 1-35.

1341. PICARD (Olivier). Les Grecs devant la menace perse. Paris, SEDES, 80, in-8, 312 p.

1342. SCHIEBER (A. S.). Pausanias and the Ephorate. Scripta class. israelica, 78, vol. 4, p. 1-9.

1343. SCHULLER (Wolfgang). Griechische Geschichte. München u. Wien, Oldenbourg, 80, in-8, XI-232 p. (6 Kt.). (Oldenbourg-Grundriss d. Gesch., 1)

1344. SEAGER (R.), TUPLIN (C.). The freedom of the Greeks of Asia. On the origins of a concept and the creation of a slogan. J. hell. Stud., 80, vol. 100, p. 141-154.

1345. SEIBERT (Jakob). Die politischen Flüchtlinge und Verbannten in der griechischen Geschichte, von den Anfängen bis zur Unterwerfung durch die Römer. Bd 1, 2. Darmstadt, Wiss. Buchges., 79, 2 vol. in-8, XII-653 p. (Impulse d. Forschung, 30)

1346. SNODGRASS (A.). Archaic Greece. The age of experiment. London, Dent, 80, in-8, 236 p. (43 ill., 24 pl., 14 maps).

1347. TAMURA (Takashi). Dai 1 ji Mitoridates sensôki ni okeru Atenai no seijidôkô. (The political movment in Athens during the first Mithridatic war.) Rekishigaku Kenkyû, 80, n° 485, p. 1-13.

1348. VAN DE MAELE (S.). La retraite de l'armée lacédémonienne après la bataille de Leuctres (371 av. J.-C.). R. Et. grecques, 80, t. 93, p. 204-208.

1349. WALBANK (F. W.). Were there Greek federal states ? Scripta class. israelica, 76-77, vol. 3, p. 27-51.

1350. WIRTH (G.). Zwei Lager bei Gaugamela. Zur grossen Konfrontation 331 v. Chr. Quad. catanesi, 80, a. 2, p. 51-100.

Cf. n°s 1120 /Vol. 5/, 1623.

§ 5. Rechts- und Verfassungsgeschichte.

✦ 1351. ANAGNOSTOU DE CAÑAS (V.), VELISSAROPOULOS (J.). Chronique. Droits de l'antiquité. Monde grec. /Cf. Bibl. 78-79, n° 1512./ R. hist. Droit franç. étr., 80, a. 58, p. 480-493.

✦ Cf. n° 1111.

1352. BERNHARDT (Rainer). Die Immunitas der Freistädte. Historia /Wiesbaden/, 80, Bd 29, p. 190-207.

1353. BRAVO (Benedetto). Sulân. Représailles et justice privée contre des étrangers dans les cités grecques (Etude du vocabulaire et des institutions). A. Sc. norm. sup. Pisa, 80, s. 3, vol. 10, p. 675-987.

1354. CABANES (P.). Société et institutions dans les monarchies de Grèce septentrionale au IVe siècle. R. Et. grecques, 80, t. 93, p. 324-351.

1355. CARTLEDGE (P. A.). The peculiar position of Sparta in the development of the Greek city-state. Proc. Roy. irish Acad., 80, vol. 80, p. 91-108.

1356. DI DONATO (Riccardo). Aspetti del diritto di proprietà in Grecia secondo L. Gernet. A. Sc. norm. sup. Pisa, 80, s. 3, vol. 10, p. 1277-1328.

1357. GALSTERER (Hartmut). Diritto e scienza giuridica in Grecia e a Roma. Critica stor., 80, a. 17, p. 185-198.

1358. HIGGINS (W. E.). Aspects of Alexander's imperial administration : some modern methods an views reviewed. Athenaeum /Pavia/, 80, a. 68, n.s., vol. 58, p. 129-152.

1359. ILARI (V.). Guerra e diritto nel mondo antico. 1 : Guerra e diritto nel mondo greco-ellenistico fino al III secolo. Milano, Giuffrè, 80, in-8, 428 p.

1360. KOŽELENKO (G. A.). Polis i gorod : k postanovke problemy. (Polis and City : a statement of the problem.) Vestn. drevn. Ist., 80, n° 1, p. 3-23.

1361. LONIS (R.). La valeur du serment dans les accords internationaux en Grèce classique. Dialogues Hist. anc., 80, vol. 6, p. 267-280.

1362. MEYER-TERMEER (A. J. M.). Die Haftung der Schiffer im griechischen und römischen Recht. Zutphen, Terra, 78, in-8, X-290 p. (Studia Amstelodamensia ad Epigr., Jus antiquum et Papyrol. partinentia, 13)

1363. NENCI (Giuseppe). Sei decreti inediti da Entella. A. Sc. norm. sup. Pisa, 80, s. 3, vol. 10, p. 1271-1275.

1364. SPAHN (Peter). Oikos und Polis. Beobachtungen zum Prozess der Polisbildung bei Hesiod, Solon und Aischylos. Hist. Z., 80, Bd 231, p. 529-564.

1365. VAMVOUKOS (A.). Fundamental freedoms in Athens of the fifth century. R. int. Droits Antiquité, 79, t. 26, p. 89-124.

1366. VELISSAROPOULOS (Julie). Les nauclères grecs. Recherches sur les institutions maritimes en Grèce et dans l'Orient hellénisé. Genève, Droz ; Paris, Minard, 80, in-8, VIII-381 p. (Centre de Rech. d'Hist. et de Philol. de la IVe Section de l'Ec. Prat. des H.-Et., III : Hautes Et. du monde gréco-romain, 9)

1367. VINOGRADOV (Ju. G.). Die historische Entwicklung der Poleis des nördlichen Schwarzmeergebietes im 5. Jahrhundert. Chiron, 80, Bd 10, p. 63-100. /Cf. n° 1110./

1368. WOLFF (Hans Julius). Das Problem der Konkurrenz von Rechtsordnungen in der Antike. Heidelberg, Winter, 79, in-8, 79 p. (S.-B. d. Heidelb. Akad. d. Wiss., Philos.-hist. Kl., Jg. 1979, 5)

Cf. n° 1372.

§ 6. Wirtschafts- und Sozialgeschichte.

✦ 1369. FANTASIA (U.). Storia antica. Recenti studi sull'agricoltura e la proprietà fondiaria nel mondo greco (1976-1980). A. Sc. norm. sup. Pisa, Lett. Filos., 80, t. 10, p. 1403-1427.

1370. BODEI GIGLIONI (Gabriella). Immagini di una società. Analisi storica dei caratteri di Teofrasto. Athenaeum /Pavia/, 80, a. 68, n.s., vol. 58, p. 73-102.

1371. BRULÉ (Pierre). La piraterie crétoise hellénistique. Paris, Belles Lettres, 78, in-8, VI-190 p. (cartes). (A. litt. Univ. Besançon, 223. Centre de recherches d'Hist. ancienne, 27)

1372. CABANES (Pierre). Société et institutions dans les monarchies de la Grèce septentrionale au IVe siècle. R. Et. grecques, 80, t. 93, p. 324-351.

1373. GILLE (Bertrand). Les mécaniciens grecs. La naissance de la technologie. Paris, Seuil, 80, in-8, 230 p. (ill.).

1374. GOULD (J.). Law, custom, and myth. Aspects of the social position of women in classical Athens. J. hell. Stud., 80, vol. 100, p. 38-59.

1375. KUDLIEN (Fridolf). Der griechische Arzt im Zeitalter des Hellenismus. Seine Stellung in Staat u. Gesellschaft. Wiesbaden, Fr. Steiner, 79, in-8, 130 p. (Akad. Mainz, Abh. d. geistes- u. sozialwiss. Kl., 1979, 6)

1376. MACTOUX (Marie-Madeleine). Esclavage et pratiques discursives dans l'Athènes classique. Paris, Univ. de Besançon, 80, in-8, 217 p. (Centre de Recherches spécialisées d'Hist. anc., Equipe de recherche assoc. au C.N.R.S., 37)

Cf. n°s 1283, 1354, 1366.

§ 7. Literatur-, Philosophie- und Wissenschaftsgeschichte.

1377. /Aristoteles :/ LANG (Helen S.). On memory : Aristotle's corrections of Plato. J. Hist. Philos., 80, vol. 18, n° 4, p. 379)394. - ROUSSEL (M.). Physique et biologie dans la "Génération des Animaux" d'Aristote. R. Et. grecques, 80, t. 93, p. 42-71.

1378. BAUDY (Gerhard J.). Exkommunikation und Reintegration. Zur Genese u. Kulturfunktion frühgriech. Einstellungen zum Tod. Frankfurt a. M., Bern /etc./, Lang, 80, in-8, XX-721 p. (Europ. Hochschulschr., R. 15 : Klass. Sprachen u. Lit., 18)

1379. BOLLACK (J.). La cosmogonie des anciens atomistes. Siculorum Gymnasium, 80, t. 33, p. 11-59.

1380. ČISTJAKOVA (N. A.). Drevnjaja poezija grečeskogo zapada (Vozeraščenie Stesikhora). (Early poetry of the Greek west.) Vestn. drevn. Ist., 80, n° 154, p. 36-52. /Eng. summary/

1381. DERBOLAV (J.). Von den Bedingungen gerechter Herrschaft. Studien z. Platon u. Aristoteles. Stuttgart, Klett-Cotta, 80, in-8, 298 p.

1382. DONNINI MACCIO (M. C.). I Corpuscoli nel pensiero presocratico. Siculorum Gymnasium, 80, vol. 33, p. 311-323.

1383. DUBUISSON (M.). Sur la mort de Polybe. R. Et. grecques, 80, t. 93, p. 72-82.

1384. FALUS (Róbert). Görög harmónia. Tanulmányok. (L'harmonie grecque. Etudes.) Budapest, Gondolat Kiadó, 80, in-8, 450 p.

1385. FARBER (J. Joel). The Cyropaedia /of Xenophon/ and Hellenistic kingship. Am. J. Philol., 79, vol. 100, p. 497-514.

1386. FORSCHNER (M.). Die pervertierte Vernunft. Zur stoischen Theorie d. Affekte. Philos. Jb., 80, Bd 87, p. 258-280.

1387. GENTILI (Bruno). Theatrical performances in the ancient world. Hellenistic and early Roman theatre. Amsterdam, J. G. Gieben, 79, in-8, 117 p. (5 pl.). (London Stud. in class. Philol., 2)

1388. HAEHLING (Raban von). Damascius und die heidnische Opposition im 5. Jahrhundert nach Christus. Betrachtungen zu d. Katalog heidnischer Widersacher /d. Christentums/ in der Vita Isidori. Jb. f. Antike u. Christentum, 80, Jg. 23, p. 82-95.

1389. HAHN (István). Temenos and service land in the Homeric epics. Acta ant. Acad. Sci. hungaricae, 77, vol. 25, n°s 1-4, p. 299-316.

1390. HARTOG (François). Le miroir d'Hérodote : essai sur la représentation de l'autre. Paris, Gallimard, 80, in-8, 386 p. (pl.). (Bibl. des Hist.)

1391. HELD (K.). Heraklit, Parmenides und der Anfang der Philosophie und Wissenschaft. Eine phänomenolog. Besinnung. Berlin, de Gruyter, 80, in-8, XIV-604 p.

1392. Hippocratica. Actes du Colloque hippocratique de Paris (4-9 sept. 1978). Ed. préparée par M. D. GRMEK. Paris, Ed. du C. N. R. S., 80, in-8, 488 p. (Colloques internat. du C.N.R.S. 583)

1393. LACHENAUD (Guy). Mythologies, religion et philosophie de l'histoire dans Hérodote. Lille, Univ. Lille III ; Paris, diff. Champion, 78, in-8, XVI-761 p.

1394. LEFKOWITZ (Mary R.). The quarrel between Callimachus and Apollonius. Z. f. Papyrol. u. Epigr., 80, Bd 40, p. 1-20.

1395. LIEBERMANN (Wolf-Lüder). Überlegungen zu Sapphos "Höchstwert". Antike u. Abendland, 80, Bd 26, p. 51-74.

1396. LOICQ-BERGER (M.-P.). Pour une lecture des romans grecs. Et. class., 80, vol. 48, p. 23-42.

1397. MADARÁSZ-ZSIGMOND (A.). Die Anfänge der griechischen Logik. Acta ant. Acad. Sci. hungaricae, 78, vol. 26, n°s 3-4, p. 291-345.

1398. MARÓTH (Miklós). A görög logika Keleten. (La logique grecque en Orient.) Budapest, Akad. Kiadó, 80, in-8, 174 p. (Apollo könyvtár, 11) - CR : T. Raj, Valóság, 80, vol. 23, n° 11, p. 103-104.

1399. MEILLIER (Claude). Callimaque et son temps. Recherches sur la carrière et la condition d'un écrivain à l'époque des premiers Lagides. Lille, Univ., 79, in-8, 366 p. (Publ. de l'Univ. de Lille, 3°

1400. /Menandros :/ BLUNDELL (John). Menander and the monologue. Göttingen, Vandenhoeck u. Ruprecht, 80, in-8, 91 p. (Hypomnemata, 59) - BORNMANN (Fritz). Il prologo del Misoumenos di Menandro. Atene e Roma, 80, vol. 25, p. 149-162. - GOLDBERG (Sander M.). The making of Menander's comedy. Berkeley, Univ. of Calif. Press ; London, Athlone, 80, in-8, VIII-148 p. - TURNER (Eric G.). Menander and the new society of his time. Chron. Egypte, 79, vol. 54, p. 106-126.

1401. MÜLLER (Reimar). Naturphilosophie und Ethik im antiken Atomismus. Philologus, 80, Bd 124, p. 1-17.

1402. NORDHEIDER (Hans Wilhelm). Chorlieder des Euripides in ihrer dramatischen Funktion. Frankfurt a. M., Bern /etc./, Lang, 80, in-8, 115 p. (Europ. Hochschulschr., R. 15 : Klass. Sprachen u. Lit., 17)

1403. Olympia von den Anfängen bis zu Coubertin. Eine Arbeit aus d. Wiss.-bereich Griech.-Röm. Altertum d. Sektion Orient- u. Altertumswiss. d. Martin-Luther-Univ., Halle-Wittenberg. Von e. Autorenkollektiv unter Leitung v. Joachim EBERT. Leipzig, Koehler u. Amelang, 80, in-8, 187 p. (Abb.)

1404. /Platon :/ ALBERT (K.). Griechische Religion und platonische Philosophie. Hamburg, Meiner, 80, in-8, 136 p. - COMPAGNINO (G.). Metafisica dell'immagine : Platone e il linguaggio della poesia fra magia e retorica. Quad. catanesi Studi class. medievali, 79, t. 1, p. 159-216. - DESCHOUX (Marcel). Platon ou le jeu philosophique. Paris, Belles Lettres, 80, in-8, 436 p. (A. litt. Univ. Besançon, 243) - GRIMALDI (N.). Le statut de l'art chez Platon. R. Et. grecques, 80, t. 93, p. 25-41. - HIROKAWA (Yōichi). Praton no gakuen Akademeia. (Plato's school, Akademeia.) Tokyo, Iwanami Shoten, 80, in-12, 319 p.

1405. PODLECKI (Anthony J.). Festivals and flattery : the early Greek tyrants as patrons of poetry. Athenaeum /Pavia/, 80, a. 68, n.s., vol. 58, p. 371-395.

1406. RICCIARDELLI APICELLA (Gabriella). La cosmogonia di Alcmane. Quand. urbinati Cult. class., 79, n.s., t. 3, p. 7-27.

1407. RÖSLER (Wolfgang). Dichter und Gruppe. Eine Untersuchung zu d. Bedingungen u. z. hist. Funktion früher griech. Lyrik am Beispiel Alkaios. München, Fink, 80, in-8, 297 p. (Theorie u. Gesch. d. Literatur u. d. schönen Künste, Texte u. Abh., 50)

1408. ROMILLY (Jacqueline de). La douceur dans la pensée grecque. Paris, Belles Lettres, 79, in-8, 348 p. (Coll. d'Et. anciennes) - EADEM. Réflexions sur le courage chez Thucydide et chez Platon. R. Et. grecques, 80, t. 93, p. 307-351.

1409. SEIDEL (H.). Von Thales bis Platon. Vorlesungen z. Gesch. d. Philosophie. Berlin, Dietz, 80, in-8, 266 p. (ill.)

1410. STÄDELE (Alfons). Die Briefe des Pythagoras und der Pythagoreer. Meisenheim am Glan, Hain, 80, in-8, 376 p. (Beitr. z. klass. Philol., 115)

1411. SZABÓ (Árpád). The beginnings of Greek mathematics. Budapest, Akadémiai Kiadó, 78, in-8, 580 p. - IDEM. Winkelmessung und die Anfänge der Trigonometrie. Acta ant. Acad. Sci. hungaricae, 76, vol. 24, n°s 1-4, p. 163-182.

1412. /Thukydides :/ KONISHI (Haruo). The composition of Thucydides' History. Am. J. Philol., 80, vol. 101, n° 1, p. 29-41. - POUNCEY (Peter R.). The necessities of war : a study of Thucydides' pessimism. New York, Columbia U. P., 80, XV-195 p.

1413. VOIGTLAENDER (H. D.). Der Philosoph und die Vielen. Die Bedeutung d. Gegensatzes d. unphilosophischen

Menge zu den Philosphen u. d. Problem d. argumentum e consensu omnium im philos. Denken d. Griechen bis auf Aristoteles. Wiesbaden, Steiner, 80, in-8, XIV-698 p.

1414. WOJTCZAK (Jerzy Andrzej). O filozofii Ksenokratesa z Chalcedonu. (La philosophie de Xénocrate de Chalcédoine.) Warszawa, 80, in-8, 105 p. (Rozprawy Uniw. Warsz., 150)

Cf. n°s 1184, 1278, 1373, 1471, 1618.

§ 8. Religion und Mythologie.

1415. BARKERT (Walter). Structure and history in Greek mythology and ritual. Berkeley, Univ. of Calif. Press, 79, in-8, XIX-266 p. (12 fig.). (Sather class. lectures, 47)

1416. DETIENNE (Marcel), VERNANT (Jean-Pierre). La cuisine du sacrifice en pays grec. Avec des contrib. de Jean-Louis DURAND, Stella GEORGOUDI, François HARTOG, Jesper SVENBRO. Paris, Gallimard, 79, in-8, 336 p. (pl., ill.). (Bibl. des Hist.)

1417. DRIJVERS (H. J. W.). Cults and beliefs at Edessa. Leiden, Brill, 80, in-8, XXX-204 p. (34 pl.). (Et. prélim. aux religions orient. dans l'Empire romain, 82)

1418. LITTLETON (C. S.). The problem that was Greece. Some observations on the Greek tradition from the standpoint of the new comparative mythology. Arethusa, 80, vol. 13, p. 141-159.

1419. SERGENT (Bernard). Mythologie et histoire en Grèce ancienne. In : Dialogues d'hist. ancienne /Cf. n° 1120/, t. 5, p. 59-101.

1420. SOLMSEN (Friedrich). Isis among the Greeks and Romans. Cambridge, Mass., a. London, Harvard U. P., 79, in-8, XI-156 p. (Martin class. lectures, 25)

1421. TSAGARAKIS (O.). Homer and the cult of the dead in Helladic times. Emerita, 80, t. 48, p. 229-240.

Cf. n°s 1131, 1232, 1404, 1748.

§ 9. Archäologie und Kunstgeschichte.

✦ Cf. n° III.

1422. BRESCIANI (Edda). Kom Madi 1977 e 1978. Le pitture murali del cenotafio di Alessandro Magno. Pisa, Giardini, 80, in-4, 61 p. (ill., tav.). (Suppl. a EVO II, 1979. Ser. archeol., 1)

1423. CASTIGLIONE (László). Hellénisztikus művészet.(L'art héllénistique). Budapest, Corvina, 80, in-8, 248 p. (8 pl.).

1424. CHAILLEY (Jacques). La musique grecque antique. Paris, Belles Lettres, 79, in-8, 219 p. (ill.). (Coll. d'Et. anciennes)

1425. DANOV (Chr.), IVANOV (T.). Antike Grabmäler in Bulgarien. Sofija, Izd. Sofija-pres., 80, in-8, 72 p.

1426. Eikones. Studien z. griech. u. röm. Bildnis Hans Jucker z. sechzigsten Geburtstag gewidmet. /Hrsg. : Rolf A. STUCKY, Ines JUCKER./ Mit einem Geleitwort v. Thomas GELZER. Bern, Francke, 80, in-4, 211 p. (68 pl.). (Antike Kunst, Beiheft 12)

1427. Etudes crétoises. 21 : Recueil des inscriptions en Linéaire A. /1. Cf. Bibl. 76-77, n° 1888./ 2 : Nodules, scellés et rondelles édités avant 1970. Publ. par Louis GODART et Jean-Pierre OLIVIER. Paris, Geuthner, 79, in-4, LXI-98 p. (Ec. franç. d'Athènes)

1428. Etudes thasiennes. Ec. franç. d'Athènes. 9 : Aliki. 1 : Les deux sanctuaires, par Jean SERVAIS. Les carrières de marbre à l'époque paléochrétienne, par Jean-Pierre SODINI, Anna LAMBRAKI et Tony KOZELJ. Athènes, Ec. franç. ; Paris, diff. de Boccard, 80, in-4, 146 p. (dépl., ill.).

1429. Exploration archéologique de Délos, faite par l'Ecole française d'Athènes. /31. Cf. Bibl. 78-79, n° 1589./ 32 : Le monument aux hexagones et le portique des Naxiens. Par Marie-Christine HELLMANN et Philippe FRAISSE. Paris, de Boccard, 79, in-fol., 136 p. (XVIII-XXIV p. de pl.).

1430. Fouilles de Xanthos. /5. Cf. Bibl. 74-75, n° 1843./ 6: La stèle trilingue du Létôon. Par Henri METZGER, Emmanuel LAROCHE, André DUPONT-SOMMER, Manfred MAYHOFER ; introd. Henri METZGER. Paris, Klincksieck, 79, in-4, 185 p. (XXIII p. de pl., pl., dépl., ill.). (Inst. franç. d'archéol. d'Istambul)

1431. HESSE (Albert). Manuel de prospection géophysique appliquée à la connaissance archéologique. Collab. de Alain JOLIVET et Jean REMY. Dijon, Fac. des Sci. humaines, 78, in-4, 127 p. (IV f. de pl., ill.). (Publ. du Centre de recherches sur les techniques gréco-romaines, 8)

1432. JENKYNS (Richard). The Victorians and ancient Greece. Oxford, Blackwell, 80, in-8, 398 p. (ill.).

1433. JULLY (Jean-Jacques). Les importations de céramique attique, VIe -IVe s., en Languedoc méditerranéen, Roussillon et Catalogne. Paris, Belles Lettres, 80, in-8, 104 p. (cartes). (A. Litt. Univ. Besançon, 231. Centre de recherches d'Hist. ancienne, 30)

1434. KARAGEORGHIS (Vassos). Chronique des fouilles et découvertes archéologiques à Chypre en 1978. B. Corr. hellénique, 79, t. 103, p. 671-724 (100 fig.). /Cf. Bibl. 76-77, n° 1895./

1435. LEEKLEY (Dorothy), NOYES (Robert). Archaeological excavations in Southern Greece. Henley-on-Thames, Gothard House Publ., 80, in-8, 130 p. - IDEM. Archaeological excavations in the Greek islands, Henley-on-Thames, Gothard House Publ., 80, in-8, 130 p.

1436. LUBSEN-ADMIRAAL (S. M.). Cyprische terracotta's in Leiden. (Cypriotic terracotta's in Leiden.) Oudh. Meded. Leiden, 78-79, vol. 59-60, p. 151-177 (ill.)

1437. MATTUSCH (Carol C.). The Berlin foundry cup : the casting of Greek bronze statuary in the early fifth century B. C. Am. J. Archaeol., 80, vol. 84, n° 4, p. 435-444.

1438. MOREL (Jean-Paul). Les vases à vernis noir et à figures rouges d'Afrique avant la deuxième guerre punique et les problèmes des exportations de Grande-Grèce. Antiquités afric., 80, t. 15, p. 29-75 (57 fig.)

1439. NICOLAOU (Kyriakos). Archaeological news from Cyprus 1977-1978. Am. J. Archaeol., 80, vol. 84, n° 1, p. 63-73.

1440. NIEMEYER (Hans Georg). Auf der Suche nach Mainake. Der Konflikt zwischen literarischer und archäologischer Überlieferung (mit e. Anh. v. Brigitte WARNING TREUMANN, Chicago). Historia /Wiesbaden/, 80, Bd 29, p. 165-189.

1441. PRESTIANNI GIALLOMBARDO (Anna Maria), TRIPODI (Bruno). Le tombe regali di Vergina : quale Filippo ? A. Sc. norm. sup. Pisa, 80, s. 3, vol. 10, p. 989-1001.

1442. Salamine de Chypre. Histoire et archéologie. Etat des recherches. /Colloque internat. du C.N.R.S./, Lyon, 13-17 mars 1978. Paris, Ed. du C.N.R.S., 80, in-4, 400 p. (Colloques internat. du C.N.R.S., 578)

1443. SALOME (Marie-Rose). Code pour l'analyse des représentations figurées sur les vases grecs. Paris, Ed. du C.N.R.S., 80, in-4, 161 p. (ill.).

1444. THEODORESCU (Dinu). Le chapiteau ionique grec. Essai monographique. Genève, Droz ; Paris, Centre de Recherches d'Hist. et de Philol. de la IVe Section de l'EPHE, 80, in-8, 184 p. (Hautes Etudes du Monde gréco-romain)

1445. Théssalie (La). Actes de la Table ronde, 21-24 juillet 1975, Lyon, organisée par Bruno HELLY. Lyon, Maison de l'Orient ; Paris, diff. de Boccard, 79, in-4, VIII-346 p. (ill.). (Coll. de la Maison de l'Orient méditerranéen, 6. Sér. archéol., 5)

1446. WINTER (Frederick E.). Tradition and innovation in Doric design III : the work of Iktinos. Am. J. Archaeol., 80, vol. 84, n° 4, p. 399-416.

1447. WOODFORD (Susan), LOUDON (Margot). Two Trojan themes : the iconography of Ajax carrying the body of Achilles and of Aeneas carrying Anchises in black figure vase painting. Am. J. Archaeol., 80, vol. 84, n° 1, p. 25-40.

1448. YNTEMA (D.). Background to a South-Daunian Krater. B. Kennis ant. Besch., 79, vol. 53, p. 1-48, (ill., maps).

Cf. n°^{s} 259, 262, 439, 1657.

F

GESCHICHTE ROMS, DES ALTEN ITALIENS UND DES RÖMISCHEN KAISERREICHS

§ 1. Die Völkerschaften Italiens. 1449-1452. - § 2. Etruskologie. 1453-1458. - § 3. Quellen und Quellenkunde. 1459-1471. - § 4. Allgemeine und politische Geschichte. 1472-1524. - § 5. Rechts- und Verfassungsgeschichte. 1525-1563. - § 6. Wirtschafts- und Sozialgeschichte. 1564-1604. - § 7. Literatur-, Philosophie- und Wissenschaftsgeschichte. 1605-1626. § 8. Religion und Mythologie. 1627-1638. § 9. Archäologie und Kunstgeschichte. 1639-1696.

§ 1. Die Völkerschaften Italiens.

1449. BROWN (Ann Cynthia). Ancient Italy before the Romans. Oxford, Ashmolean Museum, 80, in-8, VI-86 p. (ill.).

1450. CASSOLA (F.). Le popolazioni preromane del Friuli nelle fonti letterarie. Antichità altoadriatiche, 79, t. 15, p. 83-112.

1451. KRASNOVSKAJA (N. A.). Nekotorye problemy dofinikijskoj kolonizacii Sardinii. (Quelques problèmes de la colonisation préphénicienne de la Sardaigne.) Sovet. Ètnogr., 80, n° 5, p. 34-44.

1452. MOSCATI (Sabatino). Nuove scoperte sull'Italia preromana. Nuova Antol., 80, a. 115, vol. 543, fasc. 2136, p. 197-204.

Cf. n° 1326.

§ 2. Etruskologie.

1453. ELSTE (R.). Zur Vorgeschichte der Etrusker. Emmendingen, Senior-Verl., 79, in-8, 70 p. (3 ill.).

1454. GRANT (Michael). The Etruscans. London, Weidenfeld a. Nicolson, 80, in-8, 317 p. (ill., maps). (Hist. of Civilzn.)

1455. HUS (Alain). Les Etrusques et leur destin. Paris, Picard, 80, in-4, 365 p. (50 fig., 24 pl.).

1456. PFIFFIG (Ambros Josef). Herakles in der Bilderwelt der etruskischen Spiegel. Graz, Akad. Druck- u. Verlagsanst., 80, in-4, 99 p.

1457. SAULNIER (Chr.). L'armée et la guerre dans le monde étrusco-romain (VIIIe-IVe s.). Paris, de Boccard, 80, in-8, VI-200 p. (40 ill., 2 cartes).

1458. TIMOFEEVA (N. K.). Religiozno-mifologičeskaja kartina mira ètruskov. (Religious and mythological picture of the Etruscan world.) Novosibirsk, Nauka, 80, in-8, 112 p.

Cf. n°^{s} 1040, 1514.

§ 3. Quellen. Quellenkritik.

✦ Cf. n°^{s} II, 1112, 1802.

1459. ARIAS VILAS (Felipe), LE ROUX (Patrick), TRANOY (Alain). Inscriptions romaines de la province de Lugo. Talence, Univ. de Bordeaux III, Centre Pierre Paris, 79, in-4, VI-157 p. (33 p. de pl.). (Publ. du Centre Pierre Paris, 3)

1460. AVIANUS (Flavius). Fables. Texte établi et trad. par Françoise GAIDE. Paris, Belles Lettres, 80, in-8, 148 p. (Coll. des Univ. de France)

1461. Bibl. 76-77, n° 1917. BAGNALL (Roger S.). The Florida Ostraka. Documents from the Roman army in Upper Egypt. - CR : W. Van Rengen, Chron. d'Egypte, 79, vol. 54, p. 332-336.

1462. Columbia Papyri. Vol. 7 : Fourth century documents from Karanis. Ed. by Roger S. BAGNALL a. Naphtali LEWIS. Missoula, Mont., Scholas Press, 79, in-8, XIV-275 p. (pl.). (Am. Stud. in papyrol., 20)

1463. DE KAT ELIASSEN (Martha H.). List of royal scribes in the Arsinoites in Roman period. Symbolae osloenses, 80, t. 55, p. 95-110.

1464. DRUMMOND (A.). Consular tribunes in Livy and Diodorus. Athenaeum /Pavia/, 80, a. 68, n.s., vol. 58, p. 57-72.

1465. FORNARO (Pierpaolo). Flavio Giuseppe, Tacito e l'impero (Bellum

Judaicum, VI, 284-315 ; Historiae, V, 13). Saggio pubblicato con il contributo del Cons. nazionale delle ricerche. Torino, Giappichelli, 8o, in-8, 195 p.

1466. /Gallus (Gaius Cornelius):/ GIANGRANDE (Giuseppe). An alleged fragment of Gallus. Quad. urbinati Cult. class., 8o, n.s., t. 5, p. 141-153. - MAZZARINO (Santo). Un nuovo epigramma di Gallus e l'antica lettura epigrafica. Un problema di datazione. Quad. catanesi, 8o, a. 2, p. 7-50.

1467. Inscripţiile antice din Dacia şi Scythia Minor. (Inscriptiones Daciae et Scythiae Minoris antiquae.) Ser. 1 : Inscripţiile Daciei romane. (Inscriptiones Daciae romanae.) Vol. 3 : Dacia superior, /le partie. Cf. Bibl. 76-77, n° 1925./ 2e partie : Ulpia Traiana Dacica (Sarmizegetusa). Collegit, commentariis indicibusque instruxit, Dacoromanice vertit Ioan I. RUSSU, adsumptis in operis societatem Ioan PISO et Volker WOLLMANN. - Ser. 2 : Inscripţiile din Scythia Minor. (Inscriptiones Scythiae Monoris.) Vol. 5 : Capidava-Troesmis-Novidunum. Collegit, Dacoromanice vertit, commentariis indicibusque instruxit Emilia DORUŢIU-BOILĂ. Bucureşti, Ed. Acad., 8o, 2 vol. in-8, 484, 351 p. (pl., cartes).

1468. KIERDORF (Wilhelm). Catos "Origines" und die Anfänge der römischen Geschichtsschreibung. Chiron, 8o, Bd 10, p. 205-224.

1469. LAZZARO (L.). Nouvelles données épigraphiques pour l'approche des formes de dépendance en Belgique et dans les Germanies : supplément au CIL XIII. In : Dialogues d'hist. ancienne /Cf. n° 1120/, t. 5, p. 191-231.

1470. MENNELLA (Giovanni). L'onomastica latina nelle epigrafi intemelie, ingaune e sabazie. At. M. Soc. savonese Stor. pa., 8o, n.s., vol. 14, p. 5-23.

1471. /Polybios :/ MOMIGLIANO (Arnaldo). Interpretazioni minime. IV : Polyb., 3, 28. A. Sc. norm. sup. Pisa, 8o, s. 3, vol. 10, p. 1233-1275. - POZNANSKI (L.). A propos du traité de tactique de Polybe. Athenaeum /Pavia/, 8o, a. 68, n.s., vol. 58, p. 340-352. - WEIL (R.). Le commentaire historique de Polybe. R. Et. grecques, 8o, t. 93, p. 186-203.

Cf. n° 1517.

§ 4. Allgemeine und politische Geschichte.

♦ 1472. FAVENTO (S.) et al. Rassegna bibliografica di storia romana. Labeo, 8o, t. 26, p. 117-129, 263-270, 409-428.

♦ 1473. MÓCSY (András). Pannonia-Forschung 1973-1976. Acta archaeol. Sci. hungaricae, 77, vol. 29, n°s 3-4, p. 373-401.

1474. Aufstieg und Niedergang der römischen Welt. Gesch. u. Kultur Roms im Spiegel d. neueren Forsch. Hrsg. v. Hildegard TEMPORINI u. Wolfgang HAASE. 2 : Principat. /Bd 7, 1 ; 9, 2 ; 16 ; 19 ; 23, 1. Cf. Bibl. 78-79, n° 1644./ Bd 13 : Recht. Normen, Verbreitung, Materien. Hrsg. v. Hildegard TEMPORINI. Bd 23 : Religion. Halbbd 2 : Vorkonstantinisches Christentum. Verhältnis zu röm. Staat u. heidn. Religion. Hrsg. v. Wolfgang HAASE. Bd 31 : Sprache u. Literatur. Teilbd 1. Hrsg. v. Wolfgang HAASE. Berlin, u. New York, de Gruyter, 8o, 3 vol. in-8, X-844 ; VII p., 872-1557 ; X-705 p.

1475. BLEICKEN (Jochen). Geschichte der römischen Republik. München u. Wien, Oldenbourg, 8o, in-8, XII-256 p. (Oldenbourg-Grundriss d. Gesch., 2)

1476. BLOIS (L. de). The reign of the emperor Philip the Arabian. Talanta, 78-79, vol. 10-11, p. 11-43.

1477. BOUCHENAKI (Mounir). Récentes recherches et étude de l'antiquité en Algérie. Antiquités afri., 8o, t. 15, p. 9-28 (8 fig.)

1478. BRINGMANN (Klaus). Das Problem einer "Römischen Revolution". Gesch. in Wiss. u. Unterr., 8o, Jg. 31, p. 354-377.

1479. BRUHNS (Hinnerk). Ein politischer Kompromiss im Jahr 70 v. Chr. ; die lex Aurelia indiciaria. Chiron, 8o, Bd 10, p. 263-272.

1480. CASEY (P. J.). The end of Roman Britain : conference papers. London, Brit. Archaeol. Rep., 8o, in-4, 270 p. (fig.).

1481. CAVEN (Brian). The Punic wars. London, Weidenfeld a. Nicolson, 8o, in-8, XII-308 p. (12 pl., 13 maps).

1482. CELS SAINT-HILAIRE (Janine), FEUVRIER-PRÉVOTAT (Claire). Guerres, échanges, pouvoir à Rome à l'époque archaïque. In : Dialogues d'hist. ancienne /Cf. n° 1120/, t. 5, p. 103-143.

1483. CHAMPLIN (Edward). Fronto and Antonine Rome. Cambridge, Mass., a. London, Harvard U. P., 8o, in-8, 185 p.

1484. CHILVER (G. E. F.). Historical commentary on Tacitus' "Histories" I and II. London, Oxford, U. P., 8o, in-8, 292 p. (maps).

1485. CIZEK (Eugen). Epoca lui Traian. Împrejurări istorice şi probleme ideologice. (L'époque de Trajan. Contexte historique et problèmes idéologiques.) Bucureşti, Ed. ştiinţ. şi enciclop., 8o, in-8, 488 p.

1486. DĄBROWA (Edward). L'Asie Mineure sous les Flaviens. Recherches sur la politique provinciale. Trad. du polonais par Elżbieta WILLMAN. Wrocław, Zakł. Narod. im. Ossolińskich, 8o, in-8, 99 p. (Pol. Akad. Nauk, Oddz. w

4. ALLGEMEINE UND POLITISCHE GESCHICHTE

Krakowie, Prace Komisji Filologii Klasycznej, 18)

1487. Dernier (Le) siècle de la République romaine et l'époque augustéenne. Journées d'études, Univ. des Sci. humaines de Strasbourg, Inst. d'Hist. romaine, Strasbourg, 15-16 février 1978. Avec la collab. de H. ZEHNACKER, F. COARELLI, H. PAVIS d'ESCURAC, J. ANDREAU. Strasbourg, Assoc. pour l'étude de la Civil. romaine, 78, in-8, 91 p. (pl., carte). (Contrib. et trav. de l'Inst. d'Hist. romaine, 1)

1488. DESANGES (Jean). Permanence d'une structure indigène en marge de l'administration romaine : la Numidie traditionnelle. Antiquités afric., 80, t. 15, p. 77-89.

1489. DIETZ (Karlheinz). Senatus contra principem : Untersuchungen zur senatorischen Opposition gegen Kaiser Maximinus Thrax. München, Beck, 80, in-8, XXV-421 p. (Vestigia, 29)

1490. ELLIS (P. B.). Caesar's invasion of Britain. New York, Univ. Press, 80, in-8, 144 p. (ill., maps).

1491. FREZOULS (Edmond). Rome et la Maurétanie tingitane : un constat d'échec ? Antiquités afric., 80, t. 16, p. 65-93.

1492. GABLER (Dénes). Pannónia megszállásának néhány kérdése a terra sigillaták tükrében. (Die Besitznahme Pannoniens im Spiegel der Sigillaten.) Archaeol. Ért., 79, vol. 106, n° 2, p. 199-217.

1493. GOFFART (W.). Barbarians and Romans, A.D. 418-584. The techniques of accomodation. Princeton, N. J., Princeton U. P., 80, in-8, XV-279 p.

1494. GREENHALGH (Peter). Pompey, the Roman Alexander. Vol. 1. London, Weidenfeld a. Nicolson, 80, in-8, XIX-267 p.

1495. GRIFFIN (M. T.). Nero's recall of Suetonius Paullinus. Scripta class. israelica, 76/77, vol. 3, p. 138-152.

1496. HAMBLENNE (P.). Une conjuration sous Valentinien /Ier/ ? Byzantion, 80, vol. 50, p. 198-225.

1497. HOLDER (Paul A.). Studies in the auxilia of the Roman army from Augustus to Trajan. London, Brit. Archaeol. Rep., 80, in-4, 353 p. (pl.). (Brit. Archaeol. Rep., Intern. ser., 70)

1498. JACQUES (François). Humbles et notables. La place des humiliores dans les collèges de jeunes et leur rôle dans la révolte africaine de 238. Antiquités afric., 80, t. 15, p. 217-230.

1499. JOHNSON (Stephen). Later Roman Britain. London, Routledge, 80, in-8, 208 p. (ill.). (Britain before the Conquest)

1500. KIENAST (Dietmar). Zur Baupolitik Hadrians in Rom. Chiron, 80, Bd 10, p. 391-412.

1501. KLOFT (H.). Caesar und die Amtsentsetzung der Volkstribunen im Jahre 44 v. Chr. Historia /Wiesbaden/, 80, Bd 29, p. 315-334.

1502. LEHMANN (Gustaf Adolf). Politische Reformvorschläge in der Krise der späten römischen Republik : Cicero, De legibus III und Sallusts Sendschreiben an Caesar. Meisenheim am Glan, Hain, 80, in-8, 122 p. (Beitr. z. klass. Philol., 117)

1503. LO CASCIO (Elio). Gli alimenta e la "politica economica" di Pertinace. R. Filol. class., 80, vol. 108, p. 264-288.

1504. MARÓTH (M.). Le siège de Nisibe en 350 apr. J.-C. d'après des sources syriennes. Acta ant. Acad. Sci. hungaricae, 79, vol. 27, n°s 1-3, p. 239-243.

1505. MÓCSY (András). Illyricum északi határa Claudius előtt. (The northern frontier of Illyricum before Claudius.) Archaeol. Ért., 79, vol. 106, n° 2, p. 177-186.

1506. MUSCA (Dora Alba). Le denominazioni del principe nei documenti epigrafici romani. Contributo alla storia politico-sociale dell'Impero. Bari, Adriatica, 79, in-8, 220 p.

1507. NICOLAS (Etienne Paul). De Néron à Vespasien. Etudes et perspectives historiques, suivies de l'analyse du catalogue et de la reproduction des monnaies oppositionnelles connues des années 67 à 70. Paris, Belles Lettres, 79, 2 vol. in-4, 1500 p. (XXII f. de pl., dépl., ill.). (Coll. d'Et. anciennes)

1508. PEYRAS (Jean). Rucuma, cité de l'Afrique proconsulaire, des origines à la conquête arabe. Antiquités afric., 80, t. 16, p. 45-64, (4 fig., carte)

1509. PFLAUM (H. G.). La carrière de C. Iulius Avitus Alexianus, grand-père de deux empereurs. R. Et. latines, 79 /80/, a. 57, p. 298-314.

1510. PROTASE (Dumitru). Autohtonii în Dacia. (Les autochtones en Dacie.) Vol. 1 : Dacia romană. (La Dacie romaine.) București, Ed. științ. și enciclop., 80, in-8, 309 p. (24 pl.)

1511. ROLDAN HERVAS (J. M.). El nacimiento de la nobilitas y los comienzos del imperialismo romano. Sodalitas, 80, t. 1, p. 11-51.

1512. RUBIN (Z.). The felicitas and the concordia of the Severan house. Scripta class. israelica, 76/77, vol. 3, p. 153-172.

1513. RUSSU (Ion I.). Daco-geții în Imperiul Roman în afară provinciei Dacia traiană. (Les Daco-Gètes dans l'Empire romain en dehors de la province de Dacia Traiana.) București, Ed. Acad., 80, in-8, 115 p.

1514. SAULNIER (Christiane). L'armée et la guerre dans le monde étrusco-roman, VIIIe-IVe s. Paris, diff. de Boccard, 80, in-4, 200 p. (ill.).

1515. SCHULLER (Wolfgang). Ämterkauf im Römischen Reich. Staat, 80, Bd 19, p. 57-71.

1516. SCULLARD (H. H.). History of the Roman world, 753-146 B.C. 3 rd rev. ed. London, Methuen, 80, in-8, 576 p.

1517. SESTON (William). Scripta varia. Mélanges d'histoire romaine, de droit, d'épigraphie et d'histoire du christianisme. Roma, Ecole française de Rome, 80, in-8, 717 p. (ill.). (Coll. de l'Ecole française de Rome, 43)

1518. SHOCHAT (Yanir). Recruitment and the programme of Tiberius Gracchus. Bruxelles, Latomus, 80, in-8, 98 p. (Coll. Latomus, 169)

1519. STARR (Chester G.). The beginnings of imperial Rome : Rome in the mid-republic. Ann Arbor, Univ. of Mich. Press, 80, in-8, X-76 p.

1520. SUCEVEANU (A.). Sugli inizi della dominazione romana in Dobrugia. Quad. catanesi, 80, a. 2, p. 469-499.

1521. SYME (R.). An excentric patrician /M. Acilius Glabrio, consul A. D. 152/. Chiron, 80, Bd 10, p. 427-448.

1522. TÓTH (Endre). Pannónia kora-Flavius kori hadtörténetéhez. (L'histoire militaire de la Pannonie au début de l'époque des Flaviens.) Ant. Tanulm., 78, vol. 25, n° 2, p. 181-191.

1523. VITTINGHOFF (Friedrich). Soziale Struktur und politisches System der hohen römischen Kaiserzeit. Hist. Z., 80, Bd 230, p. 31-55.

1524. WEBSTER (Graham). The Roman invasion of Britain. Totowa, N. J., Barnes a. Noble, 80, in-8, 224 p.

Cf. n°s 19, 1091, 1252.

§ 5. Rechts- und Verfassungsgeschichte.

✦ 1525. HUMBERT (M.). Chronique. Droits de l'antiquité. Monde romain. /Cf. Bibl. 78-79, n° 1711./ R. hist. Droit franç. étr., 80, a. 58, p. 133-157.

✦ Cf. n° 1111.

1526. AICHINGER (A.). Die Reichsbeamten der römischen Macedonia der Prinzipatsepoche. Acta archaeol. Ljubljana, 79, vol. 30, p. 603-691.

1527. ARANGIO-RUIZ (Vincenzo), GUARINO (A.), PUGLIESE (G.). Il diritto romano. La costituzione, fonti, diritto privato, diritto criminale. Roma, Jouvence, 80, in-16, 348 p.

1528. Atti del II Seminario romanistico gardesano. Promosso dall'Istit. milanese di diritto romano e storia dei diritti antichi. 12-14 giugno 1978. Milano, Giuffrè, 80, in-8, XI-557 p. (ill.). (Univ. degli Stud. di Milano. Fac. di Giurispr. Pubbl. dell'Istit. di Dir. rom., 15)

1529. BASTIANINI (Guido). Lista dei prefetti d'Egitto dal 30^a al 299P. Aggiunte e correzioni /Cf. Bibl. 74-75, n° 1932./. Z. f. Papyrol. u. Epigr., 80, Bd 38, p. 75-89.

1530. BENEDEK (Ferenc). Eigentumserwerb an Früchten im römischen Recht. Pécs, 79, in-8, 38 p. (Studia iur. auctoritate Univ. Pécs publicata, 92)

1531. BISCARDI (A.). Some critical remarks on the Roman law of obligations. Scripta class. israelica, 78, vol. 4, p. 106-121.

1532. BOJARSKI (Władysław). Pożytki naturalne w prawie rzymskim. Studium z rzymskiego prawa majątkowego. (Les fruits naturels dans le droit romain. Du droit des choses romain.) Toruń, 79 /80/, in-8, 189 p. (Rozprawy Uniw. M. Kopernika)

1533. CASAVOLA (Franco). Giuristi adrianei. Con note di prosopografia e bibliografia su giuristi del II secolo d. C. di Giacomo DE CRISTOFARO. Napoli, Jovene, 80, in-8, XII-430 p. (tav.).

1534. CLAUSS (M.). Der magister officiorum in der Spätantike (4.-6. Jh.). Das Amt u. sein Einfluss auf d. kaiserl. Politik. München, Beck, in-8, VIII-282 p. (Vestigia, 32)

1535. DABROWA (Edward). Les troupes auxiliaires de l'armée romaine en Syrie au Ier siècle de notre ère. In : Dialogues d'hist. ancienne /Cf. n° 1120/, t. 5. p. 233-254.

1536. DALLA (D.). Senatus Consultum Silanianum. Milano, Giuffrè, 80, in-8, 183 p. (Seminario Giur. Univ. Bologna, 88)

1537. DEMANDT (Alexander). Der spätrömische Militäradel. Chiron, 80, Bd 10, p. 609-636.

1538. ELIA (Febronia). Appunti sull'attività amministrativa e legislativa dell'imperatore Probo. Quad. catanesi, 80, a. 2, p. 573-590.

1539. EL'NICKIJ (L. A.). Novye èpigrafičeskie dannye (Tabula Banasitana) i edikt Karakally o rimskom graždanstve. (The Edict of Caracalla on Roman citizenship and the Tabula Banasitana.) Vestn. drevn. Ist., 80, n° 151, fasc. 1, p. 162-171./Eng. summary/

1540. FOTI TALAMANCA (Giuliana). Ricerche sul processo nell'Egitto greco-romano. /I. Cf. Bibl. 74-75, n° 1943./ II: L'introduzione del giudizio. 1. Milano, Giuffrè, 79, in-8, 337 p. (Univ. di Roma. Pubbl. dell'Istit. di Diritto Romano e dei diritti dell'Oriente mediterr., 48)

1541. GIUFFRE (Vincenzo). Il diritto militare dei Romani. Bologna, Patron, 80, in-8, 92 p.

1542. HAMZA (Gábor). Römisches Recht kontra Rechte der Antike (Möglichkeiten und Grenzen der Rechtsvergleichung). Acta jur. Acad. Sci. hungaricae, 78, vol. 20, n°s 3-4, p. 365-384.

1543. HIRATA (Ryûichi). Shimin kyôdôtai to Roma koku. (The community of citizens and the Roman state : A critical study of Utčenko's view.) Kodai-bunka, 80, vol. 32, n° 2, p. 1-19 ; n° 4, p. 1-22 ; n° 7, p. 1-23.

1544. JACOB (J. P.), MIRBEAU-GAUVIN (J. R.). Du don au mort à la rédemption. Evolution du dépôt funéraire du Bas-Empire à l'apparition du don pro anima. R. Hist. Droit, 80, vol. 48, p. 307-327.

1545. KNAPP (P. C.). Festus 262 L and praefecturae in Italy. Athenaeum /Pavia/, 80, a. 68, n.s., vol. 58, p. 14-38.

1546. LAFFI (Umberto). La lex arae Iovis Salonitanae. Athenaeum /Pavia/, 80, a. 68, n.s., vol. 58, p. 119-127.

1547. MACMULLEN (Ramsay). How many Romans voted ? Athenaeum /Pavia/, 80, a. 68, n.s., vol. 58, p. 454-457.

1548. MARSHALL (B.). Catilina : Court cases and consular candidature. Scripta class. israelica, 76/77, vol. 3, p. 127-137.

1549. MICHEL (J. H.). L'extradition du général en droit romain. Latomus, 80, t. 39, p. 675-693.

1550. MIRKOVIC (Miroslava). Die römische Soldatenehe und der "Soldatenstand". Z. f. Papyrol. u. Epigr., 80, Bd 40, p. 259-271.

1551. MOLNÁR (Imre). Állami beavatkozási kisérletek a haszonbérlet körében a klasszikus rómaj jogban. (Staatliche Einmischungsversuche bei den Pachtverträgen im klassischen römischen Recht.) Acta Univ. szegediensis. Acta jur. et pol., 80, vol. 27, p. 209-224.

1552. MURGA GENER (José L.). Derecho romano clásico. 2 : El processo. Zaragoza, Univ., Secretariato de Publ., 80, in-8, 411 p.

1553. NEESEN (L.). Untersuchungen zu den direkten Staatsabgaben der römischen Kaiserzeit (27 v. Chr. - 284 n. Chr.). Bonn, Habelt, 80, in-8, XIV-311 p. (Antiquitas, R. 1 : Abh. z. allg. Gesch., 32)

1554. NICOLET (Claude). Economie, société et institutions au IIe siècle av. J.-C. De la Lex Claudia à l'Ager exceptus. A. Econo. Soc. Civ., 80, vol. 35, p. 871-894.

1555. OLIVER (James H.). Greek applications for Roman trials. Am. J. Philol., 79, vol. 100, p. 543-558.

1556. PALMA (B.). Le "curae" pubbliche. Studi sulle strutture amministrative romane. Napoli, Jovene, 80, in-8, XII-275 p. (Pubbl. della Fac. giur. dell'Univ. di Napoli, 184)

1557. PÓLAY (Elemér). The contracts in the triptychs found in Transylvania and their Hellenistic features. In : Etudes hist. hongr. /Cf. n° 611/, vol. 1, p. 17-32. - IDEM. A rómaj polgárokat terhelő közszolgáltatások rendje Arcadius Charisiusnak a Digesztàk posztklasszikus jogászának müvében. (Die auf den römischen Bürgern lastende öffentliche Dienstordnung im Werk des Arcadius Charisius, des nachklassischen Juristen der Digesten.) Acta Univ. szegediensis. Acta jur. et pol., 80, vol 27, p. 295-306.

1558. SAULNIER (Christiane). Le rôle des prêtres fétiaux et l'application du "ius fetiale" à Rome. R. hist. Droit franç. étr., 80, a. 58, p. 171-199.

1559. SILLI (Paolo). Mito e realtà dell'aequitas Christiana. Contributo alla determinizione del concetto di aequitas negli atti degli scrinia costantiniani. Milano, Giuffrè, 80, in-8, VIII-203 p. (Univ. di Firenze. Pubbl. della Fac. di Giurispr., 36)

1560. SOTTY (R.). Recherches sur les "utiles actiones". La notion d'action utile en droit romain classique. Grenoble, Service de reprod. des thèses, 80, in-8, 648 p.

1561. SPEIDEL (Michael P.). Guards of the Roman armies : an essay on the singulares of the provinces. Bonn, Habelt, 78, in-8, X-149 p. (3 pl.). (Antiquitas, Reihe I, 28)

1562. VOGLER (Chantal). Constance II et l'administration impériale. Strasbourg, Z.E.C.R., 79, in-8, 326 p. (Groupe de recherche d'hist. romaine de l'Univ. des Sci. humaines de Strasbourg. Etudes et travaux, 3)

1563. WACKE (A.). Fahrlässige Vergehen im römischen Strafrecht. R. int. Droits Antiquité, 79, vol. 26, p. 505-566. - Zum Rechtsschutz Minderjähriger gegen geschäftliche Übervorteilungen, besonders durch die exceptio legis Plaetoriae. R. Hist. Droit, 8o, vol. 48, p. 203-225.

Cf. n°s 1357, 1362, 1368, 1372, 1517.

§ 6. Wirtschafts- und Sozialgeschichte.

1564. ALFÖLDY (Géza). Beiträge zur Prosopographie von Concordia. Aquileia nostra, 8o, a. 51, p. 257-328.

1565. BALLA (Lajos). Prosopographica Dacica. Fonctionnaires impériaux d'ordre sénatorial et d'ordre équestre en Dacie pendant les guerres marcomannes. Acta classica Univ. Sci. Debreceniensis, 79, vol. 15, p. 55-66.

1566. BARLOW (Charles T.). The Roman government and the Roman economy, 92-80 B.C. Am. J. Philol., 8o, vol. 101, n° 2, p. 202-219.

1567. BARNEA (Al.). Aspetti della vita economica della Scythia Minor secondo le fonti letterarie ed epigrafiche (sec. IV-VI d. C.). Quad. catanesi, 8o, a. 2, p. 519-548.

1568. BIRLEY (Anthony). The people of Roman Britain. London, Batsford, 8o, in-8, 224 p. (ill.).

1569. BLANC (A.). La cité de Valence à la fin de l'antiquité. Paris, Belles Lettres, 8o, in-8, 138 p. (97 ill., pl.).

1570. BRANGA (Nicolae). Urbanismul Daciei romane. (L'urbanisme de la Dacie romaine.) Timişoara, Facla, 8o, in-8, 210 p.

1571. DE MARTINO (F.). Storia economica di Roma antica. 1, 2. Firenze, Nuova Italia, 79 /8o/, 2 vol. in-8, VI-582 p. compless. (Il pensiero storico, 75/1-2)

1572. Dévaluations (Les) à Rome. Epoque républicaine et impériale. /1. Cf. Bibl. 78-79, n° 1759./ 2. /Atti del Congresso/ (Gdańsk, 19-21 octobre 1978). Roma, Ecole française de Rome, 8o, in-8, 294 p. (Coll. de l'Ecole franç. de Rome, 37)

1573. EDER (Walter). Servitus publica. Unters. z. Entstehung, Entwicklung u. Funktion d. öffentl. Sklaverei in Rom. Wiesbaden, Steiner, 8o, in 8, XV-187 p. (Forsch. z. antiken Sklaverei, 8)

1574. FERENCZY (Endre). Cliensek és rabszolgák a korai köztársaságban. (Clients et esclaves pendant les premiers siècles de la république romaine.) Ant. Tanulm., 78, vol. 25, n° 2, p. 173-180.

1575. FITZ (Jenő). Der Geldumlauf der römischen Provinzen im Donaugebiet Mitte des 3. Jahrhunderts. Budapest, Akadémiai Kiadó, 78, in-8, 945 p. —

IDEM. A római temetők éremanyaga és a pénzforgalom. (Les médailles trouvées dans les cimetières romains et la circulation de la monnaie.) Numizm. Közl., 79-80, vol. 78-79, p. 23-40.

1576. FREIS (Helmut). Das römische Nordafrika - ein unterentwickeltes Land ? Chiron, 8o, Bd 10, p. 357-390.

1577. FRIER (B. W.). Landlords and tenants in imperial Rome. Princeton, N. J., Princeton U. P., 8o, in-8, XXXII-251 p. (8 pl.).

1578. GRISÉ (Y.). De la fréquence du suicide chez les Romains. Latomus, 8o, t. 39, p. 17-46.

1579. GUILLÉN CABAÑERO (José). Urbs Roma. Vida y costumbres de los Romanos. Vol. 3 : Religión y ejército. Salamanca, Sígueme, '8o, in-4, 628 p. (lams.).

1580. HAHN (István). Der Census des Galerius. Acta ant. Acad. Sci. hungaricae, 76, vol. 24, n°s 1-4, p. 407-417.

1581. HASLER (Klaus). Studien zu Wesen und Wert des Geldes in der römischen Kaiserzeit von Augustus bis Severus Alexander. Bochum, Brockmeyer, 8o, in-8, 213 p. (Bochumer hist. Stud. Alte Gesch., 4)

1582. HAVAS (László). The Plebs Romana in the late 60s B. C. (Part I.). Acta classica Univ. Sci. Debreceniensis, 79, vol. 15, p. 23-33.

1583. HOPKINS (K.). Brother-sister marriage in Roman Egypt. Comp. Stud. in Soc. a. Hist., 8o, vol. 20, p. 303-354. - IDEM. Taxes and trade in the Roman empire (200 B. C. - A. D. 400). J. rom. Stud., 8o, vol. 70, p. 101-125.

1584. Imperial revenue, expenditure and monetary policy in the 4th century A. D. The fifth Oxford syposium on coinage a. monetary history. Ed. by C. E. KING. London, Brit. Archaeol. Rep., 8o, in-4, 280 p. (Brit. Archaeol. Rep., Intern. ser., 76)

1585. KOLENDO (J.). L'agricoltura nell'Italia romana. Roma, Ed. riuniti, 8o, in-8, 222 p. (Bibl. di storia ant., 10)

1586. KRENGEL (Jochen). Der Geldwert in Ägypten in der Zeit des Prinzipats - ein neues statist. Verfahren z. Inflationsberechnung in einer antiken Wirtschaft. Göttinger Misz., 8o, Bd 37, p. 67-91.

1587. LÁNYI (Vera). Pannonia pénzforgalma az első században. (Der Geldumlauf Pannoniens im 1. Jh.) Archaeol. Ert., 79, vol. 106, n° 2, p. 187-198.

1588. LASER (Rudolf). Die römischen und frühbyzantinischen Fundmünzen auf dem Gebiet der DDR. Berlin, Akad.-Verl., 8o, in-4, 498 p. (Abb., Kt.). (Schr. z. Ur- u. Frühgesch., 28)

1589. LEDAY (Alain). Rural settlement in Central Gaul in the Roman period. London, Brit. Archaeol. Rep., 80, in-4, 436 p. (88 pl.).

1590. LEPELLEY (Claude). Les cités de l'Afrique romaine au Bas-Empire. 1 : La permanence d'une civilisation municipale. Paris, Et. augustiniennes, 79, in-4, 422 p. (pl., carte).

1591. ŁOPOSZKO (Tadeusz). Mouvements sociaux à Rome dans les années 57-52 av. J.-C. Trad. du polonais par Maciej ABRAMOWICZ, Tomasz STRÓŻYŃSKI. Lublin, Uniw. M. Curie-Skłodowskiej, 80, in-8, 170 p.

1592. McWHIRR (Alan). Roman brick and tile, studies in the manufacture, distribution and use in the Western Empire. London, Brit. Archaeol. Rep., 80, in-4, 411 p. (ill., fig.).

1593. MARTINDALE (J. R.). Prosopography of the later Roman empire. /Vol. 1. Cf. Bibl. 70-71, n° 2339./ Vol. 2 : 395-527 A. D. London, Cambridge U. P., 80, in-8, 1342 p. (tab.)

1594. PAVIS D'ESCURAC (Henriette). Flaminat et société dans la colonie de Timgad. Antiquités afric., 80, t. 15, p. 183-200.

1595. PETŐ (M.). Neuere topographische und archäologische Angaben zum Leben der Siedlung Gellérthegy-Tabán und Umgebung in der frühen Kaiserzeit. Acta archaeol. Acad. Sci. hungaricae, 79, vol. 31, fasc. 3-4, p. 271-285.

1596. PONSICH (Michel). Implantation rurale antique sur le Bas-Guadalquivir. /1. Cf. Bibl. 74-75, n° 1997./ 2 : La Campana, Palma del Río, Posadas. Préf. de J. M. BLASQUEZ ; participation de J. REMESAL. Madrid, Labo. d'Archéol. de la Casa de Velasquez ; Paris, diff. de Boccard, 79, in-4, 254 p. (pl., ill.). (Publ. de La Casa de Velasquez, Sér. Archéol., 3)

1597. RICKMAN (Geoffrey). The corn supply of ancient Rome. London a. New York, Oxford U. P., 80, in-8, XII-290 p.

1598. SÁGI (Károly). Die spätrömische Umgebung von Keszthely. Acta ant. Acad. Sci. hungaricae, 76, vol. 24, n°s 1-4, p. 391-396.

1599. SAKAGUCHI (Akira). Teiseishoki no Itaria ni okeru tochishoyû kankei. (The alimentary tables and the landholding conditions in Italy during the early Roman empire.) Shigaku Zasshi, vol. 89, n° 2, p. 1-39.

1600. SANTOS YANGUAS (N.). Movimientos sociales en la España del Bajo Imperio. Hispania, 80, vol. 40, p. 237-269.

1601. Sauvages et ensauvagés : Révoltes bagaudes et ensauvagement. Ordre sauvage et paléomarchand. Réd. par Pierre DOCKES et Jean-Michel SERVET. Lyon, Presses univ. de Lyon, 80, in-8, 263 p. (Analyse, épistémologie, hist. écon., 19)

1602. VISY (Zsolt). Római jelzőtornyok és limes-út Intercisa térségében. (Roman signal towers and the limes road in the area of Intercisa.) Archaeol. Ért., 80, vol. 107, n° 2, p. 166-175.

1603. WIELOWIEJSKI (Jerzy). Główny szlak bursztynowy w czasach cesarstwa rzymskiego. (La voie principale de l'ambre aux temps de l'empire romain.) Wrocław, Zakł, Narod. im. Ossolińskich, 80, in-8, 224 p. (Pol. Akad. Nauk, Inst. Hist. Kult. Mater.)

1604. ZEHNACKER (M.). La terre et l'argent (Cicéron, Pro Flacco, 42-50). R. Et. latines, 79 /80/, a. 57, p. 165-186.

Cf. n°s 101, 439, 1283, 1498, 1511, 1554.

§ 7. Literatur-, Philosophie- und Wissenschaftsgeschichte.

✦ 1605. QUELLET (Henri). Bibliographia indicum, lexicorum et concordantiarum auctorum Latinorum = Répertoire bibliographique des index, lexiques et concordances des auteurs latins. Hildesheim u. New York, Olms, 80, in-8, XIII-262 p.

1606. ADAMIK (Tamás). Martialis és költészete.(Martiale et sa poésie.) Budapest, Akad. Kiadó, 79, in-8, 243 p. (Apollo könyvtár, 10)

1607. ANDRÉ (J. M.). Sénèque et la peine de mort. R. Et. latines, 79 /80/, a. 57, p. 278-297.

1608. BORZSÁK (István). Lucanus-tanulmányok. (Etudes sur Lucain.) Ant. Tanulm., 77, vol. 24, n° 2, p. 163-181 ; 78, vol. 25, n° 1, p. 77-84.

1609. BORZSÁK (István). Néhány megjegyzés Tacitus Germaniá jához. (Quelques remarques sur la Germania de Tacite.) Magy. Tudom. Akad. Nyelv. Irodtudom. Oszt. Közl., 79, vol. 31, n°s 1-2, p. 31-39. - IDEM. A tacitizmus kérdéséhez. (Contribution à la question du tacitisme.) Filol. Közl., 80, vol. 26, n° 3, p. 277-288. - IDEM. Von Tacitus zu Ammian. Acta ant. Acad. Sci. hungaricae, 76, vol. 24, n°s 1-4, p. 357-368.

1610. BORZSÁK (István). Palaeographico-meneutica Horatiana. Ant. Tanulm., 78, vol. 25, p. 69-76.

1611. DAVIS (John). a. others. Aspects of Roman civilization. Hemel Hempstead, Merrill, 80, in-8, 270 p.

1612. DUCOS (M.). La crainte de l'infamie et l'obéissance à la loi (Cicéron, De re publica, V, 4, 6). R. Et. latines, 79 /80/, a. 57, p. 145-164.

1613. FALUS (Róbert). Sur la théorie de module de Vitruve. Acta archaeol. Acad. Sci. hungaricae, 79, vol. 31, fasc. 3-4, p. 249-270.

1614. FARO (Silvano). La coscienza della crisi in un anonimo retore del III secolo. Athenaeum /Pavia/, 80, a. 68, n.s., vol. 58, p. 406-428.

1615. GOTOFF (Harold C.). Thrasymachus of Calchedon and Ciceronian style. Class. Philol., 80, vol. 75, n° 4, p. 297-311.

1616. JERPHAGNON (L.). Vivre et philosopher sous les Césars. Paris, Privat, 80, in-8, 264 p. (carte).

1617. KAC (A. L.). Social'naja napravlennost'tvorčestva Plavta. (The social tendency of Plautus' plays.) Vestn. drevn. Ist., 80, n° 1, p. 72-95.

1618. MARÓTH (Miklos). A sztóikus logika kutatásának története és eredményei. (L'histoire et le résultat de la recherche sur la logique stoïcienne.) Ant. Tanulm., 79, vol. 26, n° 1, p. 13-48.

1619. MICHEL (A.). Quelques aspects de la conception philosophique du temps à Rome : l'expérience vécue. R. Et. latines, 79 /80/, a. 57, p. 323 -339.

1620. NÉMETH (Béla). Zu der Interpretation von Catulls 90. Gedicht. Acta classica Univ. Sci. debreceniensis, 79, vol. 15, p. 43-50.

1621. OGILVIE (Robert Maxrwell). Roman literature and society. Harmondsworth, Penguin, 80, in-8, 340 p.

1622. PŐSCHL (Viktor). Politische Wertbegriffe in Rom. Antike u. Abendland, 80, Bd 26, p. 1-17.

1623. SOÓS (István). Einige Angaben zum Porträt des Themistokles in Ciceros Werken. Acta classica Univ. Sci. debreceniensis, 79, vol. 15, p. 35-41.

1624. Sprachen (Die) im römischen Reich der Kaiserzeit. Kolloquium v. 8. -10. Apr. 1974. Hrsg. v. Günter NEUMANN, Jürgen UNTERMANN. Köln, Rheinland-Verl. ; Bonn, Habelt /in Komm./, 80, in-4, 365 p. (Kt.). (Bonner Jb., Beih. 40)

1625. TEYSSIER (M. L.). Le langage des arts et l'expression philosophique chez Cicéron : ombres et lumières. R. Et. latines, 79, /80/, a. 57, p. 187-203.

1626. THILL (Andrée). Alter ab illo. Recherches sur l'imitation dans la poésie personnelle à l'époque d'Auguste. Paris, Belles Lettres, 79, in-8, 546 p.

Cf. n°s 439, 1278, 1379, 1387, 1401.

§ 8. Religion und Mythologie.

* 1627. Religions (Les) dans le monde romain, 200 av. J.-C. à 200 ap. J.-C. Bibliographie analytique des périodiques de 1962 à 1968 dépouillés dans le Bulletin analytique d'histoire romaine. Strasbourg, Assoc. pour l'Et. de la Civ. romaine, 75, in-4, 247 p. (Groupe de rech. d'Hist. romaine, Univ. des Sci. humaines de Strasbourg)

1628. BALLA (Lajos). Les Syriens et le culte de Jupiter Dolichenus dans la région du Danube. Acta class. Univ. Sci. debreceniensis; 76, vol. 12, p. 6-68.

1629. BEARD (M.). The sexual status of Vestal virgins. J. roman Stud., 80, vol. 70, p. 12-27.

1630. COMBET-FARNOUX (Bernard). Mercure romain : le culte public de Mercure et la fonction mercantile à Rome, de la république archaïque à l'époque augustéenne. Rome, Ec. franç. de Rome, 80, in-4, XVI-528 p. (pl.). (Bibl. des Ec. franç. d'Athènes et de Rome, 238)

1631. LE BOURDELLES (M.). Le flamine et le brahmane. Nature de la fonction. Etymologie. R. Et. latines, 79, /80/, a. 57, p. 69-84.

1632. LIOU-GILLE (Bernadette). Cultes héroïques romains : les fondateurs. Paris, Belles Lettres, 80, in-8, 288 p. (Coll. d'Et. anciennes)

1633. MARCOS CASQUERO (M. A.). Lua Saturni. Helmantica, 80, t. 31, p. 207-231.

1634. PÓCZY (Klára). Szent kerületek Aquincum és Brigetio aquaeductusánál. (Sanctuaries at the aqueducts of Aquincum and Brigetio.) Archaeól. Ért., 80, vol. 107, n° 1, p. 3-29.

1635. PRICE (S.). Between man and god : sacrifice in the Roman imperial cult. J. roman Stud., 80, vol. 70, p. 28-43.

1636. SCHILLING (Robert). Rites, cultes, dieux de Rome. Paris, Klincksieck, 79, in-4, XVIII-450 p. (pl.). (Etudes et commentaires, 92) /Reprod. en fac-sim.de textes extraits de diverses revues et publ., 1942-1976/ - IDEM. Le culte de l'Indiges à Lavinium. R. Et. latines, 79 /80/, a. 57, p. 49-68.

1637. TÓTH (István). Four new EPRO volumes about the Mithras-cult. Acta archaeol. Acad. Sci. hungaricae, 78, vol. 30, n°s 1-2, p. 245-255.

1638. VANGAARD (J. H.). The October horse. Temenos, 79, vol. 15, p. 81-95.

9. ARCHÄOLOGIE UND KUNSTGESCHICHTE

Cf. n°s 1131, 1420.

§ 9. Archäologie und Kunstgeschichte.

✦ Cf. n°s III, 1147.

1639. ALICU (Dorin). Tehnici de construcție la Ulpia Traiana Sarmizegetusa. (Bautechniken in Ulpia Traiana Sarmizegetusa.) Acta Mus. napocensis, 80, vol. 17, p. 447-461. /Mit dt. Zsfassung/

1640. APPLEBAUM (S.). The Roman theatre of Scythopolis. Scripta class. israelica, 78, vol. 4, p. 77-105 (diagr. pl.).

1641. Archéologie protohistorique et gallo-romaine en Haute-Loire. Centre d'études Foréziennes, Groupe d'archéol. du Velay, Journée d'étude du 9 mai 1976. Saint-Etienne, Centre d'Et. foréziennes, 78, in-4, 265 p. (ill.). (Archéologie, 5)

1642. BACCRABERE (G.). L'aqueduc antique de Lardenne à Toulouse. In : Mélanges J. Dauvillier /Cf. n° 413/, p. 47-64.

1643. BECK (W.). PLANCK (D.). Der Limes in Südwestdeutschland. Stuttgart, Theiss, 80, 148 p. (128 ill., Kt.).

1644. BENEŠ (Jan). Auxilia Romana in Moesia atque in Dacia. Zu den Fragen d. röm. Verteidigungssystems im Unteren Donauraum u. in d. angrenzenden Gebieten. Praha, Academia, 78, in-8, 124 p. (carte). (Studie Archeol. ústavu ČSAV v Brně, t. 6, vol. 2)

1645. BURGER (Alice), Sz. Das spätrömische Gräberfeld von Somogyszil. Budapest, Akad. Kiadó, 79, in-4, 135 p. (Fontes archaeologici Hungariae)

1646. CASTIGLIONE (László). Pompeji, Herculaneum. A Vezuv kitörésének ezerkilencszázadik évfordulójára. (Pompéi, Herculanum. 1900e anniversaire de l'éruption du Vésuve.) Budapest, Gondolat - Magyar Helikon, 79, in-8, 283 p.

1647. CLARKE (Giles), a. others. Pre-Roman and Roman Winchester. Pt. 2 : The Roman cemetery at Lankhills. London, Oxford U. P., 80, in-6, 510 p. (ill., fig., tab.).

1648. COTTON (M. Alwyn). A late Republican villa at Posto Francolise. London, Brit. School at Rome, 80, in-4, 208 p. (ill.).

1649. CUNLIFFE (Barry). Excavations in Bath, 1950-1975. Bristol, Archaeol. Centre, 80, in-8, 181 p. (ill., fig.). (Cttee. for Rescue Archaeol. in Avon, Glos. and Somerset)

1650. DAUPHIN (Claudine M.). A Roman mosaic pavement from Nablus. Israel Explor. J., 79, vol. 29, n° 1, p. 11-33 (diag.)

1651. DAVIDESCU (Mișu). Drobeta în secolele I-VII e. n. (Drobeta /i.e. Turnu Severin, Roumanie/ du Ier au VIIe s. de notre ère.) Craiova, Scrisul românesc, 80, in-8, 247 p.

1652. ERICSSON (Christoffer H.). Studies in imperial Roman and early Christian architecture. (Roman Architecture expressed in sketches by Francesco di Giorgio Martini.) Helsinki, Soc. Sci. fennica, 80, in-8, 251 p. (Comment. hum. litt., 66)

1653. EUZENNAT (Maurice). Ancient Marseille in the light of recent excavations. Am. J. Archaeol., 80, vol. 84, n° 2, p. 133-140.

1654. FERCHIOU (Naïdé). Une cité antique de la Dorsale tunisienne, aux confins de la Fossa Regia ; Aïn Rchine et ses environs. Antiquités afric., 80, t. 15, p. 231-259 (27 fig.).

1655. FEVRIER (Paul-Albert), GUERY (Roger). Les rites funéraires de la nécropole orientale de Sétif. Antiquités afric., 80, t. 15, p. 91-124 (25 fig.).

1656. FITZ (Jenő). Gorsium-Herculia im 4. Jh. Acta ant. Acad. Sci. hungaricae, 76, vol. 24, n°s 1-4, p. 383-389.

1657. Fouilles de Delphes. 2 : Topographie et architecture. /15. Cf. 76-77, n° 1891./ 16 : Le Stade. 1 : Texte rédigé par Pierre AUPERT. 2 : Planches. Relevés et restaurations par Pierre AUPERT et Olivier CALLOT. Paris, de Boccard, 79-80, 2 vol. in-fol., 210-45 p., XLI f. de pl.)

1658. Fouilles de l'Ecole française de Rome à Bolsena (Poggio Moscini). 5 : La maison aux salles souterraines. 1 : Les terres cuites sous le péristyle. Réd. par Françoise Hélène MASSA-PAIRAULT et Jean-Marie PAILLER. Rome, Ec. franç. de Rome ; Paris, diff. de Boccard, 79, in-4, 279 p. (116 p. de pl., ill., carte) (Mélanges d'Archéol. et d'Hist. Ec. franç. de Rome, Suppl. 6) /Cf. Bibl. 70-71, n°2410./

1659. GÁSPÁR (Dóra). Ein spätrömischer Kästchenbeschlag-Fund von Fenékpuszta. Mit einem Anhang v. Á. CSÉPANY. Acta archaeol. Acad. Sci. hungaricae, 79, vol. 31, fasc. 3-4, p. 313-327.

1660. GEORGES (Jean-Gérard). Les villas hispano-romaines : inventaire et problématique archéologique. Talence, Univ. Bordeaux III, Centre Pierre Paris ; Paris, diff. de Boccard, 79, in-4, 529 p. (LXX p. de pl.). (Publ. du Centre Pierre Paris, 4)

1661. GICHON (Mordechai). Merhazaot romiyim be-erez israel. (Roman bath houses in Eretz-Israel.) Qadmoniot, 78, vol. 11, n°s 2-3, p.

37-53 (maps, diagr., ill.)

1662. GROS (P.). Les statues de Syracuse et les dieux de Tarente. La classe politique romaine devant l'art grec à la fin du IIIe siècle av. J.-C. R. Et. latines, 79 /80/, a. 57, p. 85-113.

1663. HÖLSCHER (Tonio). Die Geschichtsauffassung in der römischen Repräsentationskunst. Jb. d. deutsch. archäol. Inst., 80, Bd 95, p. 265-321.

1664. Invasion and response, the case of Roman Britain. Ed. by Barry C. BURNHAM a. Helen B. JOHNSON. Oxford, Brit. Archaeol. Rep., 79, in-4, V-365 p. (fig., maps). (Brit. Arch. Rep., Brit. ser., 73)

1665. ISAC (Dan), DIACONESCU (Alexandru). Aspecte ale artei provinciale romane la Gilău. (Aspekte römischer Provinzialplastik in Gilau /Rumänien/.) Acta Musei napocensis, 80, vol. 17, p. 115-138, (15 fig.). /Mit dt. Zsfassung/

1666. LŐRINCZ (B.). Die Ziegelstempel des spätrömischen Südostfriedhofes von Intercisa. Acta archaeol. Acad. Sci. hungaricae, 79, vol. 31, fasc. 3-4, p. 293-312.

1667. MARCILLET-JAUBERT (Jean). Bornes milliaires de Numidie. Antiquités afric., 80, t. 16, p. 161-184 (34 fig.).

1668. MARSDEN (Peter Richard V.). Roman London. London, Thames a. Hudson, 80, in-8, 224 p. (ill.).

1669. MORESTIN (Henri). Le temple B de Volubilis. Paris, Ed. du C.N.R.S., 80, in-4, 296 p. (2 dépl., 52 pl.). (Etudes d'Antiquités africaines)

1670. NAGY (Tibor). Aquincum. Stadt und Lager im 4. Jh. Acta ant. Acad. Sci. hungaricae, 76, vol. 24, n°s 1-4, p. 369-382.

1671. NOLL (Rudolf). Das Inventar des Dolichenusheiligtums von Mauer an der Url (Noricum). Wien, Verl. d. Österr. Akad. d. Wiss., 80, in-4, Textteil 125 p., Bildteil 46, X p. Abb., 1 Kt. (Der röm. Limes in Österr., 30)

1672. POP (Constantin). Statuete romane de bronz din Transilvania. (Statuettes romaines de bronze, de Transylvanie.) Acta Musei napocensis, 80, vol. 17, p. 99-113 (14 fig.). /Rés. franç./

1673. POPILLIAN (G.). Necropola daco-romană de la Locusteni. (La nécropole daco-romaine de Locusteni /Roumanie/. Craiova, Scrisul românesc, 80, 169 p. (pl.).

1674. /Poseidonia-Paestum./ Recherches publiées par l'Istit. centrale per il catalogo e la documentazione et l'Ecole française de Rome, avec la collab. dell'Univ. di Salerno, de la Soprintendenza archeol. delle Prov. di Salerno, Avellino e Benevento et du Centre nat. de la recherche scientifique (Service d'architecture antique et Centre Jean Bérard). I : La curia. Par Emanuele GRECO et Dinu THEODORESCU. Roma, Ecole française de Rome, 80, in-8, 59 p. (ill., tav.). (Coll. de l'Ecole française de Rome, 42)

1675. PREDA (Constantin). Callatis. Necropola romano-bizantină. (Callatis /auj. Mangalia, Roumanie/. La nécropole romano-byzantine.) București, Ed. Acad., 80, 134 p. (7 fig., 94 pl.). /Mit dt. Zsfassung/

1676. Recueil général des mosaïques de la Gaule. /II, 3. Cf. Bibl. 76 -77, n° 2183./ III : Province de Narbonnaise. 1 : Partie centrale. Par Henri LAVAGNE. Paris, Ed. du C.N.R.S., 79, in-4, 180 p. (LXXII p. de pl.).

1677. RICHARDSON (L.). Jr. The approach to the temple of Saturn in Rome. Am. J. Archaeol., 80, vol. 84, n° 1, p. 41-62.

1678. RODWELL (Warwick). Temples, churches and religion : recent research in Roman Britain. London, Brit. Archaeol. Rep., 80, in-4, 585 p. (ill., fig.).

1679. Römischen Bronzen (Die) der Schweiz. Hrsg. v. Hans JUCKER. 3 : LEIBUNDGUT (Annalies). Westschweiz, Bern und Wallis. Bd 1, 2. Mainz, Zabern, 80, 2 vol. in-4, XVI-200 p., 211 p. Taf.

1680. Roma arcaica e le recenti scoperte archeologiche. Giornate di studio in onore di U. COLI. Firenze, 29-30 maggio, 1979. Milano, Giuffrè, 80, in-8, VIII-68 p. (Circ. toscano di Dir. rom. e Stor. del Dir., 6)

1681. Roman frontier studies 1979. Papers presented to the 12th International Congress of Roman frontier studies. Ed. by W. S. HANSON a. L. J. F. KEPPIE. Oxford, Brit. Archaeol. Rep., 80, in-4, 1111 p. (Brit. archaeol. Rep., Intern. ser., 71)

1682. RUPRECHTSBERGER (Erwin Maria). Terra Sigillata aus dem Ennser Museum. Bd 2. Linz, Oberösterr. Musealver., 80, in-4, VI-241 p. (Beitr. z. Landeskde v. Oberösterr., 1, 7)

1683. RUTSCHOWSCAYA (Marie-Hélène). Scènes de vendange : une tapisserie d'époque romaine. B. Soc. franç. Egyptol., 80, vol. 89, p. 16-31 (12 fig.).

1684. SADURSKA (Anna). Archeolcgia starożytnego Rzymu. /T. 1. Cf. Bibl. 74-75, n° 2075./ T. 2 : Okres cesarstwa. (Archéologie de la Rome antique. T. 2 : L'époque de l'Empire.) Warszawa, Państw. Wydawn. Nauk., 80, in-8, 517 p.

1685. SALAMA (Pierre). Les voies romaines de Sitifis à Igilgili. Un exemple de politique routière approfondie. Antiquités afric., 80, t. 16, p. 101-133 (6 fig., carte).

1686. SALAMON (Ágnes), BARKÓCZI (László). Régészeti adatok Pannónia későrómai periodizációjához, 376-476. (Données archéologiques sur la périodisation romaine tardive de la Pannonie.) Archaeol. Ért., 78, vol. 105, n° 2, p. 189-205.

1687. SCHINDLER-KAUDELKA (Eleny). Die römische Modelkeramik vom Magdalensberg. Klagenfurt, Verl. d. Landesmus. f. Kärnten, 80, in-4, Textbd 236 p., Tafelbd 100 p., 13 Taf., p. 110-120 Abb. (Archäol. Forsch. z. d. Grabungen a. d. Magdalensberg, 7) (Kärntner Museumsschr., 66)

1688. TABANELLI (Mario). La Romagna romana. Ravenna, Longo, 80, in-8, 182 p. (ill.). (Quad. di Antich. rom., crist., bizant., altomediev., N.S., 9)

1689. TROUSSET (Pol). Les milliaires de Chekiba (Sud tunisien). Antiquités afric., 80, t. 15, p. 135-154 (10 fig.)

1690. TRUMMER (Regina). Die Denkmäler des Kaiserkults in der römischen Provinz Achaia. Graz, DBV-Verl. f. d. Techn. Univ., 80, in-8, 200 p. (p. 201-232 Abb.). (Diss. d. Univ. Graz, 52)

1691. VAN DEN HURK (L. J. A. M.). The tumuli from the Roman period of Esch, province North Brabant, /II. Cf. Bibl. 76-77, n° 1226./ III. Ber. Rijksd. oudh. Bodemonderzoek, 77, vol. 27, p. 91-138.

1692. VAN ES (W. A.), VERLINDE (A. D.). Overijssel in Roman and early medieval times. Ber. Rijksd. oudh. Bodemonderzoek, 77, vol. 27, p. 7-89.

1693. VAN LITH (S. M. E.). Römisches Glas aus Valkenburg, Z. H. Oudh. Meded. Leiden, 78-79, vol. 59-60, p. 1-150 (ill., map).

1694. VERTET (Hugues), BET (Philippe), CORROCHER (Jacques). Recherches sur les ateliers de potiers gallo-romains de la Gaule centrale. 1. Le Blanc-Mesnil, Sites, 80, in-4, 259 p. (pl., ill.). (Revue archéologique Sites, Hors sér., 6)

1695. VONS (P.). The identifications of eavily corroded Roman coins at Velsen : an attempt at a close dating of the early Roman settlement "Velsen I". Ber. Rijksd. oudh. Bodemonderzoek, 77, vol. 27, p. 139-163.

1696. WILSON (Roger John A.). Roman forts, an illustrated introduction to the garrison posts of Roman Britain. London, Bergstrom a. Boyle, 80, in-6, 96 p. (ill.).

Cf. n°s 262, 412, 1425, 1426, 1431, 1473, 1500, 1510, 1570, 1602.

G

GESCHICHTE DER ALTEN KIRCHE
BIS AUF GREGOR DEN GROSSEN

§ 1. Quellen. 1697-1712. - § 2. Allgemeines. 1713-1721. - § 3. Spezialarbeiten. 1722-1748. - § 4. Hagiographie. 1749-1753.

§ 1. Quellen.

✦ Cf. n° 1802.

1697. AMPHOUX (Christian-B.). Les manuscrits grecs de l' "Epître de Jacques" d'après une collation de 25 lieux variants. R. Hist. Textes, 78 /79/, t. 8, p. 247-276.

1698. ARCE (Agustín). Itinerario de la Virgen Egeria (381-384). Ed. crítica. Madrid, B.A.C., 80, in-8, XXI-353 p. (lams.).

1699. AUBINEAU (Michel). Les homélies festales d'Hésychius de Jérusalem. Vol. 1 : Les homélies I-XV. Vol. 2 : Les homélies XVI-XXI et table des deux volumes. Bruxelles, Soc. des Bollandistes, 78-80, 2 vol., LXXVI-596 p., p. 597-1008. (Subsidia hagiographica, 59/1-2)

1700. CAMERON (Ron), DEWEY (Arthur J.). The Cologne Mani codex (P. Colon. inv. nr. 4780) "Concerning the origin of his body". Missoula, Mont., Scholars Press, 79, in-8, 80 p. (SBL texts a. trans. Early Christian literature ser., 3)

1701. COLPE (Carsten). Heidnische, jüdische und christliche Überlieferung in den Schriften aus Nag Hammadi /VIII. Cf. Bibl. 78-79, n° 1871./ IX. Jb. f. Antike u. Christentum, 80, Jg. 23, p. 108-127.

1702. COSTANZA (S.). Vittore di Vita e la Historia persecutionis Africanae provinciae. Vetera Christianorum, 80, a. 17, 7 229-268.

1703. HENRICHS (Albert). The Cologne Mani Codex reconsidered. Harvard Stud. class. Philol., 79, vol. 83, p. 339-367.

1704. KEE (Howard Clark). Origins of Christianity, sources and documents. London, S.P.C.K., 80, in-8, 288 p.

1705. LAMARCHE (Paul), LE DU (Charles). Epître aux Romains V-VIII. Structure littéraire et sens. Paris, Ed. du C.N.R.S., 80, in-8, 112 p.

1706. LAUFEN (Rudolf). Die Doppelüberlieferungen der Logienquelle und des Markusevangeliums. Königstein (Ts.), Bonn, Hanstein, 80, in-8, 614 p. (Bonner bibl. Beitr., 54)

1707. Martyrs (Les) de la grande persécution, 304-311. Trad. du latin, introd. notes et plan de travail par A.-G. MAMMAN. Paris, Desclée De Brouwer, 79, in-16, 156 p. (carte). (Les Pères dans la foi)

1708. /MELITO SARDIANUS, Sanctus:/ Melito of Sardis. On Pascha and fragments. Ed. a. trans. by Stuart George HALL. Oxford, Clarendon Press, 79, in-8, 99 p. (Oxford early Christian texts)

1709. MORARD (Françoise). Encore quelques réflexions sur monachos /Cf. Bibl. 74-75, n° 2148./. Vigiliae christianae, 80, vol. 34, p. 395-401.

1710. Règles monastiques d'Occident, IVe-VIe siècles, d'Augustin à Ferréol. Le May-sur-Evre, Abbaye de Bellefontaine, 80, in-8, 396 p.

1711. Scolies ariennes sur le Concile d'Aquilée. Introd., texte latin, trad. et notes par R. GRYSON. Paris, Cerf, 80, in-8, 386 p. (Sources chrétiennes, 267)

1712. THEODORET DE CYR. Commentaire sur Isaïe I, sect. 1-3. Introd., texte critique, trad., notes par Jean-Noël GUINOT. Paris, Cert, 80, in-I, 334 p. (Sources chrétiennes, 276) - IDEM. Theodoreti Cyrensis quaestiones in Octateuchum. Ed. crítica por Natalio FERNÁNDEZ MARCOS y Ángel SÁENZ-BADILLOS. Madrid, C. S. I. C., 79, in-8, LXII-345 p. (Textos y estudios Cardenal Cisneros de la Biblia poliglota matritense, 17)

Cf. n° 1129.

§ 2. Allgemeines

✦ 1713. Bibliographia patristica.

3. SPEZIALARBEITEN

Internationale patristische Bibliographie. In Verbindung mit vielen Fachgenossen hrsg. v. Wilhlem SCHNEEMELCHER. Bd 16/17 : Die Erscheinungen der Jahre 1971 und 1972. Bd 18/19 : Die Erscheinungen der Jahre 1973 und 1974. Berlin u. New York, de Gruyter, 78-80, 2 vol. in-8, XLV-291, XLVI-307 p. /Cf. Bibl. 64, n° 2393./

✦ 1714. SIEBEN (Hermann Josef). Voces. Eine Bibliographie zu Wörtern und Begriffen aus d. Patristik (1918-1978). Berlin u. New York, de Gruyter, 79, in-8, VI-461 p. (Bibliogr. patristica, Suppl. 1)

1715. BRUCE (F. F.). Men and movements in the primitive church, studies in early non-Pauline Christianity. Exeter, Paternoster Press, 80, in-8, 160 p.

1716. CERAN (Waldemar). Kościół wobec antychrześcijańskiej polityki cesarza Juliana Apostaty. (L'Eglise face à la politique antichrétienne de l'empereur Julien 1' Apostat.) Łódź, 80, in-8, 235 p. (Acta Univ. Lodziensis. Ser. 1, n° 63. Folia Historica)

1717. Eglise (L') dans l'Empire païen. /Vol. 1. Cf. Bibl. 70-71, n° 2466./ Vol. 2 : L'Eglise dans l'Empire romain, IIe-IIIe s. T. 3 : Eglise et cité. Par Charles MUNIER. Paris, Cujas, 79, in-8, 307 p. (Hist. du droit et des institutions de l'Eglise en Occident, 2)

1718. HAENDLER (Gert). Die abendländische Kirche im Zeitalter der Völkerwanderung. Berlin, Ev. Verl.-Anst., 80, in-8, 149 p. (Kirchengesch. in Einzeldarstellungen 1/5)

1719. HERRMANN (Elisabeth). Ecclesia in re publica. Die Entwicklung d. Kirche v. pseudostaatl. zu staatl. inkorporierter Existenz. Frankfurt a. M., Bern u. Cirencester, Lang, 80, in-8, 504 p. (Europ. Forum, 2)

1720. JOSSA (Giorgio). Gesù e i movimenti di liberazione della Palestina. Brescia, Paideia, 80, in-8, 347 p. (Bibl. di Cult. relig. 37)

1721. WINKELMANN (Friedhelm). Die östlichen Kirchen in der Epoche der christologischen Auseinandersetzungen (5.-7. Jh.). Berlin, Evang. Verl.-Anst., 80, in-8, 149 p. (Kt.). (Kirchen-gesch. in Einzeldarstellungen, 1/6)

§ 3. Spezialarbeiten.

✦ Cf. n° 876.

1722. BADEWIEN (Jan). Geschichtstheologie und Sozialkritik im Werk Salvians von Marseille. Göttingen, Vandenhoeck u. Ruprecht, 80, in-8, 210 p. (Forschungen z. Kirchen- u. Dogmengesch., 32)

1723. BLUM (G. G.). Zur religionspolitischen Situation der persischen Kirche im 3. und 4. Jahrhundert. Z. f. Kirchengesch., 80, Bd 91, p. 11-32.

1724. CAPIZZI (Carmelo). Sul fallimento di un negoziato di pace ecclesiastica fra il papa Ormisda e l'imperatore Anastasio I (515-517). Critica stor., 80, a. 17, p. 23-54.

1725. ERDT (Werner). Marius Victorinus Afer, der erste lateinische Pauluskommentator. Stud. zu seinen Pauluskommentaren im Zusammenhang d. Wiederentdeckung d. Paulus in d. abendländischen Theologie d. 4. Jh. Franfurt (Main), Bern u. Cirencester, Lang, 80, in-8, 318 p. (Europ. Hochschulschr., Reihe 23 : Theologie, 135)

1726. GAUTHIER (Nancy). L'évangélisation des pays de la Moselle. La province romaine de Première Belgique entre antiquité et moyen âge, IIIe-VIIIe siècles. Paris, de Boccard, 80, in-8, XXXIII-496 p. (ill., pl., cartes).

1727. GIRARDET (Klaus M.). Das christliche Priestertum Konstantins d. Gr. Ein Aspekt der Herrscheridee d. Eusebius von Caesarea. Chiron, 80, Bd 10, p. 569-592.

1728. GOETZ (Hans-Werner). Die Geschichtstheologie des Orosius. Darmstadt, Wiss. Buchges., 80, in-8, VIII-180 p. (Impulse d. Forschung, 32)

1729. GRANT (Robert M.). Eusebius as church historian. London, Oxford, U.P., 80, in-8, 190 p.

1730. GRIFFE (Elie). Les relations entre évêques au VIe siècle. B. Litt. ecclés., 80, t. 81, p. 55-57.

1731. GRYSON (R.). Les élections épiscopales en Occident au IVe siècle. R. Hist. Relig., 80, vol. 75, p. 257-283.

1732. KIMELMAN (Reuven). Rabbi Yohanan and Origen on the Song of Songs : a third-century Jewish-Christian disputation. Harvard theol. R., 80, vol. 73, n°s 3-4, p. 567-596.

1733. KLAWITER (Frederick C.). The role of martyrdom and persecution in developing the priestly authority of women in early Christianity : a case study of Montanims. Church Hist., 80, vol. 49, n° 3, p. 251-261.

1734. LADARIA (L. F.). El Espíritu en Clemente Alejandrino. Madrid, Publ. Univ. de Comillas, 80, in-8, 288 p.

1735. LÖBMANN (Benno). Zweite Ehe und Ehescheidung bei den Griechen und Lateinern bis zum Ende des 5.

Jahrhunderts. Leipzig, St.-Benno-Verl., 80, in-8, 239 p.

1736. LOHSE (E.). Die Entstehung des Bischofsamtes in der frühen Christenheit. Z. f. d. neutest. Wiss., 80, Bd 71, p. 58-73.

1737. LORENZ (Rudolf). Arius judaizans ? Untersuchungen z. dogmengeschichtl. Einordnung des Arius. Göttingen, Vandenhoeck u. Ruprecht, 80, in-8, 227 p. (Forsch. z. Kirchen- u. Dogmengesch., 31)

1738. MAGNIN (J. M.). Notes sur l'Ebionisme /suite et fin de Bibl. 74-75, n° 2145/. Proche-Orient chrétien, 76, vol. 26, p. 293-318 ; 77, vol. 27, p. 250-276 ; 78, vol. 28, p. 220-248.

1739. MAZZA (Mario). Monachesimo basiliano : modelli spirituali e tendenze economico-sociali nell'impero del IV secolo. Studi stor., 80, a. 21, p. 31-60.

1740. NAGEL (Eduard). Kindertaufe und Taufaufschub : die Praxis 3.-5. Jahrhundert in Nordafrika u. ihre theol. Einordnung bei Tertullian, Cyprian u. Augustinus. Frankfurt a. M., Bern /etc./, Lang, 80, in-8, 252 p. (Europ. Hochschulschr., R. 23 : Theologie, 144)

1741. PAVLOVSKAJA (Aleksandra Ivanovna). Egipetskaja khora v IV v. (La khôra égyptienne au IVe s.) Moskva, Nauka, 79, in-8, 253 p. (13 fig. et cartes). (Akad. Nauk SSSR. Inst. vseobšcej Ist.) - CR : I. S. Svencickaja, Vestn. drevn. Ist., 80, n° 152, fasc. 2, p. 174-178.

1742. PERRONE (Lorenzo). La Chiesa di Palestina e le controversie cristologiche. Dal Concilio di Efeso (431) al secondo Concilio di Costantinopoli (553). Brescia, Paideia, 80, in-8, 335 p. (ill.). (Testi e Ric. di Sci. relig., 18)

1743. PUZICHA (M.). Christus peregrinus. Die Fremdenaufnahme (Mt 25, 35) als Werk der privaten Wohltätigkeit im Urteil der alten Kirche. Münster, Aschendorff, 80, in-8, XII-200 p. (Münster. Beitr. z. Theol., 47)

1744. SAXER (V.). Morts, martyrs, reliques en Afrique chrétienne aux premiers siècles. Les témoignages de Tertullien, Cyprien et Augustine à la lumière de l'archéologie africaine. Paris, Beauchesne, 80, in-8, 340 p. (Théol. hist., 55)

1745. SAYLOR RODGERS (B.). Constantine's pagan vision. Byzantion, 80, t. 50, fasc. 1, p. 259-278.

1746. SCHWAGER (Raymund). Der Gott des Alten Testaments und der Gott des Gekreuzigten. Eine Untersuchung zur Erlösungslehre bei Markion und Irenäus. Z. f. kath. Theol., 80, Bd 102, p. 289-313.

1747. STROBEL (August). Das heilige Land der Montanisten. Eine religionsgeograph. Untersuchung. Berlin u. New York, de Gruyter, 80, in-8, X-308 p. (Religionsgeschichtl. Versuche u. Vorarbeiten, 37)

1748. TIBILETTI (Giuseppe). Le lettere private nei papiri greci del III e IV secolo d. C. Tra paganesimo e cristianesimo. Milano, Vita e Pensiero, 79, in-8, VII-215 p. (4 pl.). (Pubbl. della Univ. Catt., Sci. filol. e Letteratura, 15)

Cf. n°s 1517, 1675, 2659.

§ 4. Hagiographie[1].

1749. MORRISON (Karl F.). From form into form : mimesis and personality in Augustine's historical thought. Proc. am. philos. Soc., 80, vol. 124, n° 4, p. 276-294.

1750. FRAZEE (Charles A.). Anatolian asceticism in the fourth century : Eustathios of Sebastea and Basil of Caesarea. Cath. hist. R., 80, vol. 66, n° 1, p. 16-33.

1751. TROCME (Etienne). Jean-Baptiste dans le quatrième Evangile. R. Hist. Philos. relig., 80, a. 60, fasc. 2, p. 129-152.

1752. LÜDEMANN (Gerd). Paulus, der Heidenapostel. Bd 1 : Studien zur Chronologie. Göttingen, Vandenhoeck u. Ruprecht, 80, in-8, 301 p. (Forsch. z. Religion u. Lit. d. Alten u. Neuen Testaments, 123. - SMYTH (Bernard T.). Paul, the man and the missionary. London, Darton, Longman, 80, in-8, 208 p. - STĘPIEŃ (Jan). La conscience dans l'anthropologie de saint Paul. R. Hist. Philos. relig., 80, a. 60, fasc. 1, p. 1-20.

1753. PESCH (Rudolf). Simon-Petrus. Geschichte u. geschichtl. Bedeutung d. ersten Jüngers Jesu Christi. Stuttgart, Hiersemann, 80, in-8, VI-193 p. (Päpste u. Papsttum, 15)

Cf. n° 911.

---

1. Geordnet in alphabetischer Reihenfolge der lateinischen Heiligennamen.

H

BYZANTINISCHE GESCHICHTE (SEIT JUSTINIAN)

§ 1. Quellen. 1754-1766. - § 2. Allgemeines. 1767-1773. - § 3. Spezialarbeiten. 1774-1801.

§ 1. Quellen.

✦ Cf. n° 1082.

1754. Actes de Lavra /Mont Athos/. Ed. diplomatique par Paul LEMERLE, André GUILLOU, Nicolas SVORONOS, Denyse PAPACHRYSSANTHOU. 3 : De 1329 à 1500. 1 : Texte. 2 : Album. Paris, Lethielleux, 79, 2 vol. in-4, XVIII-230 p., p. CLIII-CCXXIV (fac-sim.). (Archives de l'Athos, 10)

1755. DREW-BEAR (Marie). Deux documents byzantins de Moyenne Egypte. Chron. d'Egypte, 79, t. 54, p. 285-303 (pl.)

1756. FAILLER (A.). Chronologie et composition dans l'Histoire de Georges Pachymère. R. Et. byzant., 80, t. 38, p. 5-103.

1757. FERLUGA (J.). Die Chronik der Priesters von Diokleia als Quelle für die byzantinische Geschichte /2. Hälfte d. 10. - Mitte d. 12. Jh./. Byzantina, 80, t. 10, p. 429-460.

1758. GAUTIER (P.). Le De daemonibus du Pseudo-Psellos. R. Et. byzant., 80, t. 38, p. 105-194.

1759. HEAD (C.). Physical descriptions of the emperors in Byzantine historical writing. Byzantion, 80, t. 50, fasc. 1, p. 226-240.

1760. KAZHDAN (A. P.). L'Histoire de Cantacuzène en tant qu'oeuvre littéraire. Byzantion, 80, t. 50, fasc. 1, p. 279-335.

1761. MALTESE (Enrico V.). Una fonte bizantina per la storia dei rapporti tra Costantinopoli e Genova alla metà del XIV sec. : il "Logos historikos" di Alessio Macrembolite. At. M. Soc. savonese Stor. pa., 80, n.s., vol. 14, p. 55-72.

1762. OIKONOMIDES (Nicolas). The properties of the Deblitzenoi in the fourteenth and fifteenth centuries. In : Charanis studies /Cf. n° 411/, p. 176-198.

1763. OLAJOS (Teréz). Theophulaktos Simokattés és történetiró elődje, Menandros protéktor. (Theophylaktos Simokattés et le protecteur Menandros, son précurseur.) Acta Univ. szegediensis. Acta hist., 79, vol. 66, p. 3-17. -IDEM. Theophylaktos Simokattés "Oikumeniké Historia" c. művének keletkezéstörténetéhez. (Contributions à l'histoire de la genèse de l'Oikumeniké Historia de Théophylacte Simocatta.) Ibid., 80, vol. 67, p. 3-8.

1764. PERTUSI (Agostino). The Anconitan colony in Constantinople and the report of its consul, Benvenuto, on the fall of the city. In : Charanis studies /Cf. n° 411/, p. 199-218.

1765. Politico-historical works of Symeon, Archbishop of Thessalonica (1416/17 to 1429). Critical Greek text, with intr. a. commentary by David BALFOUR. Wien, Akad. d. Wiss., 79, in-8, 319 p. (Wiener byzantin. Stud., 13)

1766. Regestes (Les) des actes du Patriarcat de Constantinople. 1 : Les actes des Patriarches. /Cf. Bibl. 76-77, n° 2267./ 6 : Les Regestes de 1377 à 1410, publ. par J. DARROUZES. Paris, Inst. franç. d'Et. byzantines, 79, in-4, XII-548 p. (Le Patriarcat byzantin, Sér. 1)

§ 2. Allgemeines.

✦ 1767. Bibliographische Notizen und Mitteilungen. Gesamtredaktion : A. HOHLWEG u. Stanislaus HÖRMANN-v. STEPSKI. /Cf. Bibl. 78-79, n° 1971./ Byzant. Z., 80, Bd 73, p. 129-322.

1768. BECK (Hans-Georg). Geschichte der orthodoxen Kirche im byzantinischen Reich. Göttingen, Vandenhoeck u. Ruprecht, 80, in-8, 268 p. (Die Kirche in ihrer Gesch., Lfg. D, 1)

1769. BROWNING (Robert). The Byzantine Empire. London, Weidenfeld a. Nicolson, 80, in-8, 224 p. (ill., pl.).

1770. Kavkaz i Vizantija. Sbornik statej. Vyp. 1, 2. (The Caucasus and

Byzantium. Collection of articles. Part 1, 2.) Ed. by S. T. EREMJAN /et alii/. Erevan, Iz-dvo AN Arm. SSR, 80, 2 vol. in-8, 248, 243 p.

1771. MANGO (Cyril). Byzantium, the empire of New Rome. London, Weidenfeld a. Nicolson, 80, in-8, 334 p. (maps). (Hist. of Civilizn.)

1772. MEYENDORFF (John). Byzantium and the rise of Russia. London, Cambridge U.P., 80, in-8, 326 p.

1773. WATANABE (Kinichi). Chûsei Roma teikoku. (Medieval Roman empire : Reexamination of the world history.) Tokyo, Iwanami Shoten, 80, in-12, 234 p.

§ 3. Spezialarbeiten.

1774. ANASTASI (Rosario). L'università a Bisanzio nell'XI secolo. Siculorum Gymnasium, 79 /80/, t. 32, p. 351-378.

1775. BARNEA (I.). Dinogetia. Ville byzantine du Bas-Danube. Byzantina, 80, t. 10, p. 237-287 (20 pl.).

1776. BROWN (T. S.). The Church of Ravenna and the imperial administration in the seventh century. Eng. hist. R., 79, vol. 94, p. 1-28.

1777. BRYER (Anthony). The late Byzantine monastery in town and countryside. Stud. Church Hist., 79, vol. 16, p. 219-241.

1778. Byzantinische (Der) Bilderstreit. Sozialökonomische Voraussetzungen, ideolog. Grundlagen, gesch. Wirkungen. Eine Sammlung v. Forschungsbeitr. Hrsg. v. Johannes IRMSCHER. Leipzig, Koehler u. Amelang, 80, in-8, 197 p.

1779. CAMERON (Averil). The artistic patronage of Justin II. Byzantion, 80, vol. 50, p. 62-84.

1780. CHEYNET (J. C.). Mantzikert, un désastre militaire ? Byzantion, 80, t. 50, p. 412-438.

1781. CHRYSOS (Evangelos K.). Konzilspräsident und Konzilsvorstand. Zur Frage d. Vorsitzes in d. Konzilien d. byzantin. Reichskirche. Annu. Hist. Conciliorum, 79, t. 11, p. 1-17.

1782. CORSI (Pasquale). Costante II in Italia. Quad. mediev., 79, t. 7, p. 75-109.

1783. DURLIAT (J.). Magister militum - stratelates dans l'empire byzantin (VIe-VIIe siècles). Byzant. Z., 79, Bd 72, p. 306-320.

1784. GEANAKOPLOS (Deno J.). Important recent research in Byzantine-Western relations : intellectual and artistic aspects. 500-1500. In : Charanis studies /Cf. n° 411/, p. 60-78.

1785. GUILLOU (André). Trasformazione delle strutture socio-economiche nel mondo bizantino dal VI all'VIII secolo. Quad. mediev., 80, t. 8, p. 106-115.

1786. HOHLWEG (A.). Kaiser Johannes VIII. Palaiologos und der Kreuzzug des Jahres 1444. Byzant. Z., 80, Bd 73, p. 14-24.

1787. JEFFREYS (E. M.). The Comnenian background to the "Romans d'antiquité". Byzantion, 80, t. 50, fasc. 2, p. 455-486.

1788. KAPLAN (Michel). Quelques remarques sur les paysages agraires byzantins (VIe s. - milieu du XIe s.) R. Nord, 80, vol. 62, p. 155-172.

1789. KOČEV (Nikolaj). De certaines questions relatives aux courants philosophiques et religieux à Byzance et dans les Balkans au XIVe siècle. Bulg. hist. R., 80, a. 8, n° 4, p. 30-48.

1790. KRESTEN (O.). Die angebliche "Metropolis" Agathopolis im 14. Jahrhundert. R. Et. byzant., 80, t. 38, p. 195-218.

1791. LAIOU-THOMADAKIS (Angeliki E.). Saints and society in the late Byzantine empire. In : Charanis studies /Cf. n° 411/, p. 84-114.

1792. MARKUS (R. A.). Country bishops in Byzantine Africa. Stud. Church Hist., 79, vol. 16, p. 1-15.

1793. PULIATTI (Salvatore). Ricerche sulla legislazione "regionale" di Giustiniano/ Lo statuto civile e l'ordinamento militare della prefettura africana. Milano, Giuffrè, 80, in-8, 130 p. (Seminario giur. dell'Univ. di Bologna, 84)

1794. RUNCIMAN (Sir Steven). Mistra : Byzantine capital of the Peloponnese. London, Thames a. Hudson, 80, in-8, 160 p. (ill.).

1795. SARANTI MENDELOVICI (Hélène). A propos de la ville de Patras aux XIIIe-XVe siècles. R. Et. byzant., 80, t. 38, p. 219-232.

1796. SHARF (Andrew). Jews, Armenians and the Patriarch Athanasius I. Bar-Ilan, 79, vol. 16-17, p. 31-48.

1797. SZÁDECZKY-KARDOSS (Samu). Bemerkungen zur Geschichte (Chronologie und Topographie) der sassanidisch-byzantinischen Kriege. Acta ant. Acad. Sci. hungaricae, 76, vol. 24, n°s 1-4, p. 109-114.

1798. TREADGOLD (Warren T.). Notes on the numbers and organization of the ninth-century Byzantine army. Greek, rom. a. byzant. Stud., 80, vol. 21, p. 269-285.

1799. VACALOPOULOS (Apostolos E.).

3. SPEZIALARBEITEN

The flight of the inhabitants of Greece to the Aegean islands, Crete, and Mane, during the Turkish invasions (fourteenth and fifteenth centuries). In : Charanis studies /Cf. n° 411/, p. 272-283.

1800. WASILEWSKI (Tadeusz). Le thème maritime de la Dalmatie byzantine dans les années 805-822 et sa reconstitution par l'empereur Michel III. Acta Poloniae hist., 80, vol. 41, p. 35-49.

1801. WORTLEY (John). Legends of the Byzantine disaster of 811. Byzantion, 80, t. 50, p. 533-562.

Cf. n°s 755, 1675, 2428.

I

GESCHICHTE DES MITTELALTERS

§ 1. Quellen. Quellenkritik. 1802-1948. - § 2. Allgemeine Darstellungen. 1949-1990. - § 3. Politische Geschichte (a. Allgemeines ; b. 476-900 ; c. 900-1300 ; d. 1300-1500). 1991-2118. - § 4. Juden. 2119-2138. - § 5. Islam. 2139-2155. - § 6. Wikinger. 2156-2165. - § 7. Rechts- und Verfassungsgeschichte. 2166-2235. - § 8. Wirtschafts- und Sozialgeschichte. 2236-2373. - § 9. Kultur-, Literatur- und Unterrichtsgeschichte. 2374-2442. - § 10. Kunstgeschichte (a. Allgemeines ; b. Spezialarbeiten). 2443-2497. - § 11. Musikgeschichte. 2498-2507. - § 12. Geschichte der Philosophie. 2508-2528. - § 13. Kirchengeschichte (a. Allgemeines ; b. Geschichte des Papsttums ; c. Ordensgeschichte ; d. Hagiographie ; e. Spezialarbeiten). 2529-2669. - § 14. Siedlungsgeschichte, Ortsnamenforschung und Städtebaukunst. 2670-2711.

§ 1. Quellen. Quellenkritik.

* 1802. Bulletin codicologique. Scriptorium, 79, vol. 33, p. 115-216 ; 80, vol. 34, p. 1*-122*.

1803. Aachener Quellentexte. Von Walter KAEMMERER. Aachen, Mayer, 80, in-8, VIII-347 p. (17 ill. u. graph. Darst.) (Veröff. d. Stadtarch. Aachen, 1)

1804. ALPERTUS VAN METZ (ALPERTUS METTENSIS). Gebeurtenissen van deze tijd en een fragment over bisschop Diederik I van Metz. De diversitate temporum et fragmentum de Deoderico primo episcopo Mettensi. Vertaald en ingeleid door H. VAN RIJ met medewerking van A. SAPIR ABULAFIA. Amsterdam, Verloren, 80, in-8, LIX-132 p. (ill.).

1805. BAGGE (Sverre). Den politiske ideologi i Kongespeilet. (The political ideology in "The King's Mirror".) Bergen, Univ. i Bergen, Historisk institutt, 80, in-8, VII-626 p.

1806. BALARD (Michel). Gênes et l'Outre-mer. /T. 1. Cf. Bibl. 73, n° 1468./ T. 2 : Actes de Kilia du notaire Antonio Ponzo, 1360. Préf. de Hélène AHRWEILER. Paris, La Haye et New York, Mouton, 80, in-8, 212 p.

1807. BATELY (Janet). The compilation of the Anglo-Saxon Chronicle, 60 to 890 : vocabulary as evidence. London, Brit. Acad., 80, in-8, 40 p. (Gollancz Memorial Lect.).

1808. BECKERS (Hartmut). Der Orientierungsbericht Wilhelms von Boldensele in einer ripuarischen Überlieferung des 14. Jahrhunderts. Rhein. Vjsbl., 30, Jg. 44, p. 148-166.

1809. BELLONI (Annalisa). Le collezioni delle "Questiones" di Pillio da Medicina. Storia del testo e tradizione manoscritta con l'ausilio del computer. Ius commune, 80, t. 9, p. 7-137.

1810. BENKŐ (Lóránd). Az Árpád-kor magyar nyelvű szövegemlékei. (Les Textes en langue hongroise de l'époque arpadienne). Budapest, Akad. Kiadó, 80, in-8, 382 p.

1811. BILLSON (Marcus K), III. Joinville's Histoire de Saint Louis : hagiography, history and memoir. Am. Benedictine R., 80, vol. 31, p. 418-442.

1812. BLECUA (Alberto). La transmisión textual de "El Conde Lucanor". Barcelona, Univ. Autónoma, 80, in-16, 135 p.

1813. BOLLÓK (János). A Thonuzoba-legenda történelmi hitele. (La valeur historique de la légende de Thonuzoba.) Századok, 79, vol. 113, n° 1, p. 97-107.

1814. BORSA (Gedeon). Az 1519. évben nyomtatott Gellért-legenda. (La légende de Gellért imprimée en 1519.) Magy. Könyvszle, 80, vol. 96, n° 4, p. 377-384.

1815. BOUHOT (Jean-Paul). Les sources de l'Expositio missae de Rémi d'Auxerre. R. Et. augustiniennes, 80, vol. 26, p. 118-169.

1816. BREYDY (Michel). La conquête arabe de l'Egypte. Un fragment du traditionaliste Uthman ibn Salik (144 -219 A.H. = 761-834 A.D.) identifié dans les Annales d'Eutychios d'Alexandrie (877-940 A.D.). Parole de l'Orient, 77-78 /80/, t. 8, p. 379-396.

1817. CANKOVA-PETKOVA (Genoveva),

ANGELOV (Petăr). Izvori za istorijata na Sofija. IV-XIV vek. (Sources de l'histoire de Sofia. IVe-XIVe s.) Sofija, Izd. nar. Prosveta, 80, in-8, 77 p.

1818. CARPENTIER (Elisabeth). L'historiographie de la bataille de Poitiers au XIVe s. R. hist., 80, n° 533, p. 21-58.

1819. Cartulaire de l'Abbaye de Saint-Corneille de Compiègne. Cartularium monasterii Sancti Corneli Compendiensis. Texte établi par le chanoine MOREL. T. 3 : 1261-1383, Publ. par les soins de Louis CAROLUS-BARRE. Compiègne, Nouv. Ed. latines, 77, in-4, XI-496 p. /T. 1 : 1894 ; T. 2 : 1919/

1820. Censier (Le) de Chomelix et de Saint-Just-près-Chomelix, 1204. Prés. et publ. avec un index onomastique et un glossaire par Marie-Thérèse MORLET. Paris, Ed. du C.N.R.S., 78, in-4, 103 p. (cartes).

1821. Chronicle (The) of Battle Abbey. Ed. a. trans. /from the Latin/ by Eleanor SEARLE. London, Oxford U. P., 80, in-8, XIII-372 p. (Oxford medieval texts)

1822. Chronik (Die) von Montecassino. Hrsg. von Hartmut HOFFMANN. Hannover, Hahn, 80, in-4, L-773 p. (Monumenta Germaniae Historica. Scriptores, 34)

1823. Chronique (La) de Saint-Maixent, 751-1140. Etablie et trad. par Jean VERDON. Paris, Belles Lettres, 79, in-16, XXXI-229 p. (Les classiques de l'Hist. de France au Moyen âge)

1824. Colección de Documentos para la Historia del Reino de Murcia. /IV. Cf. Bibl. 76-77, n° 2366./ V : Documentos de Fernando IV. Ed. de Juan TORRES FONTES. Murcia, Acad. Alfonso el Sabio, 80, in-4, 127 p.

1825. Comptes consulaires de Montréal en Condomois, 1458-1498. Publ. par Charles SAMARAN et l'abbé Gilbert LOUBES. Paris, Bibl. nationale, 79, in-8, 411 p. (ill.). (Coll. de doc. inéd. sur l'hist. de France, section de philol. et d'hist. jusqu'à 1610, sér. in-8, 13)

1826. Corpus des inscriptions de la France médiévale. 5 : Dordogne, Gironde. Textes établis et prés. par Robert FAVREAU, Bernadette LEPLANT, Jean MICHAUD, sous la dir. de Edmond-René LABANDE. Paris, C. N.R.S. ; Poitiers, Univ., 79, in-4, 165 p. (XLVI f. de pl., ill.). (Univ. Poitiers, Centre d'Et. sup. de civilisation médiévale) /Cf. Bibl. 76-77, n° 2357./

1827. Corpus inscriptionum Iranicarum. Part 4 : Persian inscriptions down to the early Safavid period. Vol. 6 : Mazandaran Province. Portfolio 1, plates 1-72 : Eastern Mazandaran 1. Ed. by A. D. H. BIVAR a. Ehsan YARSHATER. London, Lund Humphries, 78, in-4, 12 p.

(72 p. of plates). /Cf. n° 1262./

1828. CSAPODI (Csaba). Az Anonymus-kérdés története. (L'histoire du problème de l'Anonymus.) Budapest, Magvető Kiadó, 78, in-8, 162 p. (Gyorsuló idő)

1829. CZEGLÉDY (Károly). Új arab forrás a magyarok 942. évi spanyolországi kalandozásáról. (Une nouvelle source arabe sur l'incursion des Hongrois en Espagne en 942.) Magy. Nyelv, 79, vol. 75, n° 3, p. 273-282.

1830. DAVID (Abraham). Mifalo hahistoriografi shel gedalya ibn yahya. (The historiographical work of Gedalya Ibn Yahya /author of Shalshelet ha-Kabbalah/.) Jérusalem, Hebrew Univ., 76, in-4, 420-X p. /Summary in Eng./ /Ibn Yahya : historiographer a. Talmudist in Italy, 1515-1578/

1831. DAVRIL (Dom Anselme). Nomenclature des reliques examinées au cours des diverses reconnaissances canoniques. Studia monastica, 79, vol. 21, p. 17-35.

1832. Dawna historiografia śląska. Materiały sesji naukowej odbytej w Brzegu w dniach 26-27 listopada 1977 r. (L'ancienne historiographie de la Silésie /jusqu'au XVIe s./. Matériaux de la session scientifique à Brzeg, 26-27 novembre 1977.) Opole, 80, in-8, 182 p. (Inst. Śląski w Opolu)

1833. DE LEO (Pietro). Documenti imperiali e regi di età normanno-sveva in archivi privati calabresi. B. Istit. stor. ital. Medioevo, 79, a. 88, p. 349-378.

1834. DEUG-SU (I.). L'opera agiografica di Alcuino : la "Vita Vedastis". Studi mediev., 80, s. 3, a. 21, p. 665-706.

1835. Długossiana. Studia historyczne w pięćsetlecie śmierci Jana Długosza. (Długossiana. Etudes historiques pour le 500e anniversaire de la mort de Jan Długosz.) Réd. Stanisław GAWĘDA. Aut. Henryk SAMSONOWICZ et autres. Kraków, Państw. Wydawn. Nauk., 80, in-8, 366 p. (Zesz. Nauk. Uniw. Jagiell., 561. Prace Hist., 65)

1836. Documents relatifs au Clos des galées de Rouen et aux armées de mer du roi de France de 1293 à 1418. Recueillis et analysés par Anne CHAZELAS. /T. 1. Cf. Bibl. 76-77, n° 2367./ T. 2. Paris, Bibliothèque nationale, 78, in-8, 349 p. (Coll. de doc. inéd. sur l'hist. de France, Sect. de Philol. et d'Hist. jusqu'à 1610, sér. in-8, 12)

1837. DUGGAN (Anne). Thomas Becket : a textual history of his letters. London a. New York, Oxford U. P., 80, in-8, XXII-318 p.

1838. EINHARDUS. Vita di Carlo Magno. A cura di Giovanni BIANCHI. Introd. di Claudio LEONARDI. Roma, Salerno editr., 80, in-8, 109 p. (Omikron,

II) /Trad. ital. e testo latino/

1839. Empoli : statuti e riforme. Statuto e riforme del popolo di Santo Andrea (1416-1441). Statuto del Comune di Empoli (1428). Introd., trascrizione e appendice bibliogr. di Fausto BERTI e Mauro GUERRINI. Empoli, Comune, 80, in-8, 196 p. (Fonti e Stud. di Stor. empolese, 2)

1840. GELLING (Margaret). Early charters of the Tames Valley. Leicester, U. P., 80, in-8, 184 p. (maps). (Stud. in Early Engl. Hist.)

1841. GEOFFROY d'HAUTECOMBE. Vie de saint Pierre II de Tarentaise. Trad. du latin par Germain ROCHE. Moûtiers (Savoie), G. Roche, 78, in-8, XVII-109 p. (ill.).

1842. GYÖRFFY (György). A 942. évi magyar vezérnévsor kérdéséhez. (Contributions au problème de la liste des noms de chefs des tribus hongroises de l'an 942.) Magy. Nyelv, 80, vol. 76, n° 3, p. 308-317.

1843. HÄRING (Nikolaus M.). Handschriftliches zu den Werken Gilberts, Bischof von Poitiers (1142-1154). R. Hist. Textes, 78 /79/, t. 8, p. 133-194.

1844. HAINES (Roy Martin). Calendar of the register of Adam De Orleton, Bishop of Worcester, 1327-1333. (Hist. Manuscript Commission, Joint Publ., 27) (Worcester hist. Soc., Publ., n.s., 10)

1845. HARMATTA (János). Erudition, tradition orale et réalité géographique (Le récit sur l'exode des Hongrois chez l'Anonyme.) Acta ant. Acad. Sci. hungaricae, 79, vol. 27, n°s 1-3, p. 285-303.

1846. HAUBRICHS (Wolfgang). Georgslied und Georgslegende im frühen Mittelalter. Text u. Rekonstruktion. Königstein (Ts.), Scriptor, 80, in-8, 577 p. (33 ill., Kt.). (Theorie, Kritik, Gesch., 13)

1847. HEFTI (Paula Maria). Codex Dresden M 68. Edition einer spätmittelalterl. Sammelhandschrift. Bern, Francke, 80, in-8, 509 p.

1848. HEGEDÜS (László). Egy Anjou-kori összeirás nyomában. (Suivant la trace d'un relevé de l'époque des Anjou.) Levéltari Szle, 79, vol. 29, n° 3, p. 579-584.

1849. Heresy and authority in mediaeval Europe : documents in translation. London, Scolar Press ; Philadelphia, Univ. of Pa. Press, 80, in-8, 378 p.

1850. HINCMARUS (Remensis). De ordine palatii. Hinkmar von Reims. Hrsg. u. übers. v. Thomas GROSS u. Rudolf SCHIEFFER /e.a./. Hannover, Hahn, 80, in-8, 119 p. (Monumenta Germaniae Historica. Fontes iuris Germanici antiqui in usum scholarum separatim editi, 3)

1851. Historiens et chroniqueurs du Moyen-âge : Robert de Clari, Villehardouin, Joinville, Froissart, Commynes. Ed. établie et annotée par Albert PAUPHILET. Textes nouveaux commentés par Edmond POGNON. Paris, Gallimard, 79, in-16, XIV-1543 p. (Bibl. de la Pléiade, 48)

1852. HOLINSHEAD (Raphael). Holinshead's Irish chronicles : the history of Ireland... unto the year 1509. Ed. by Liam MILLER and Eileen POWER. Dublin, Dolmen Pr., 79, in-8, XXIV-363 p.

1853. HUGHES (Kathleen). Celtic Britain in the early Middle Ages : studies in Scottish and Welsh sources. Ed. by David DUMVILLE. Ipswich, Boydell Press, 80, in-8, 128 p.

1854. HUYGENS (R. B. C.). Le moine Idung et ses deux ouvrages : Argumentum super quatuor questionibus et Dialogus duorum monachorum. Spoleto, Centro ital. di Studi sull'alto medioevo, 80, in-8, 246 p.

1855. IBN MĀSAWAYH (Yaḥyā Abū Zakarīyā). Le livre des axiomes médicaux = Aphorismi. Par Yūḥannā ibn Māsawayh (Jean Mésué). Edition du texte arabe et des versions latines avec traduction française par Danielle JACQUART et Gérard TROUPEAU. Genève, Droz, 80, in-8, 368 p. (Centre de recherches d'hist. et de philol. de la IVe Section de l'E. P. H. E., 2 : Hautes études orientales, 14)

1856. IMKAMP (Wilhelm). Zur Neuedition der Register Papst Innocenz' III. Röm. Qschr. f. christl. Altertumskde, 80, Bd 75, p. 250-259.

1857. Indiengeschichte (Die) des Rašid ad-Din. Hrsg. v. Karl JAHN. Wien, Verl. d. Österr. Akad. d. Wiss., 80, in-4, 118 p. (80 p. Faks.) (Veröff. d. Iran. Komm., 8) (Denkschr. d. österr. Akad. d. Wiss., philos. hist. Kl., 144)

1858. JACOBSEN (Peter Christian). Die Titel princeps und domnus bei Flodoard von Reims. Mittellat. Jb., 78, Bd 13, p. 50-72.

1859. JÁNOSI (Mónika). A Szent István törvényeit tartalmazó kódex. (Les manuscrits contenant les lois de saint Etienne de Hongrie.) Magy. Könyvszle, 78, vol. 94, n°s 3-4, p. 225-254.

1860. Jewish-christian (The) debate in the high middle ages : a critical edition of the Nizzahon Vetus with an intr., transl. a. commentary. Ed. a. transl. by David BERGER. Philadelphia, Jewish Pub. Soc. of Am., 79, XVIII-422-164 p. (Judaica, Texts a. Transls., 4)

1861. JOHANEK (Peter). Studien

zur Überlieferung der Konstitutionen des II. Konzils von Lyon (1274). Z. d. Savigny-Stiftung f. Rechtsgesch., Kanon. Abt., 79, Bd 96, p. 149-216.

1862. JUKHAS (Peter). Starite madžarski khroniki za prabălgarite. (Les chroniques hongroises anciennes relatives aux Protobulgares.) Ist. Pregl., 80, a. 36, n° 5, p. 109-118.

1863. JUNYENT SUBIRÀ (Eduard). Diplomatari de la catedral de Vic. Segles IX-X. Vic, Patronat d'Estudis Ausonencs, 80, in-4, 136 p.

1864. JUVENAL DES URSINS (Jean). Ecrits politiques. Publ., pour la Soc. de l'hist. de France, par P. S. LEWIS, avec le concours de Anne-Marie HAYEZ. T. 1. Paris, Klincksieck, 78, in-8, 551 p. (pl.).

1865. Kaiserlichen privilegia (Die) de non apellando. Mit e. Abh. eingel. u. in Zsarb. mit Elsbeth MARKERT regestiert u. in e. Ausw. hrsg. v. Ulrich EISENHARDT. Köln u. Wien, Böhlau, 80, a. Bd, XX-351 p. (Quellen u. Forsch. z. höchsten Gerichtsbarkeit im alten Reich, 7)

1866. KAPITÁNFFY (I.). Römischrechtliche und kanonistische Terminologie in der ungarischen Historiographie des 12-14. Jh. Acta ant. Acad. Sci. hungaricae, 75, vol. 23, n°s 3-4, p. 355-362.

1867. KEIL (Gundolf). Der "Kodex Kohlhauer". Ein iatromathematischhauswirtschaftliches Arzneibuch aus dem mittelalterlichen Oberfranken. I : Beschreibung der Handschrift. Sudhoffs Arch., 80, Bd 64, p. 130-150.

1868. KEYNES (Simon). The diplomas of King Aethelred "the Unready", 978-1016 : a study in their use as historical evidence. London a. New York, Cambridge U. P., 80, in-8, XIX-295 p. (Cambridge Stud. in Medieval Life a. Thought, 3d ser., 13)

1869. Kniha počtů královského města Loun z let 1450-1472 a 1490-1491. Liber rationum regalis civitatis Lunae ad annos 1450-1472 et 1490-1491 pertinens. Edit. Jaroslav VANIŠ. Praha, Academia, 79, in-4, 968 p. (8 fig.).

1870. KOLLER (Heinrich). Die Aufgaben der Städte in der Reformatio Friderici (1442). Hist. Jb., 80, Jg. 100, p. 198-216.

1871. Korona (A) elrablása. Kottaner Jánosné emlékirata, 1439-1440. (Der Raub der Krone. Die Denkwürdigkeiten der Helena Kottanerin.) Übers. u. hrsg. v. Károly MOLLAY. 2. Aufl. Budapest, Magyar Helikon, 79, in-8, 95 p. (Bibliotheca historica)

1872. KRISTÓ (Gyula). Rómaiak és vlachok Nyesztornál és Anonymusnál. (Romains et "Vlachs" chez Nestor et l'Anonymus.) Századok, 78, vol. 112, n° 4, p. 623-661. - IDEM. Szempontok

Anonymus Gestájának megítéléséhez. (Remarques concernant l'appréciation de la geste de l'Anonymus.) Acta Univ. szegediensis. Acta hist., 79, vol. 66, p. 45-59.

1873. Kuun-Kódex (A). 1-2. köt. Sajtó alá rend. és előszó : VARGA Imre. (Le codex Kuun. T. 1, 2. Mis sous presse et préf. --.) Budapest, Magyar Helikon, 79, 2 vol. in-8, 202, 240 p. /Ed. fac-sim./

1874. LABUDA (Gerard). Miejsce Banderia Prutenorum w twórczości historiograficznej Jana Długosza. (La place de la Banderia Prutenorum dans l'oeuvre historiographique de J. Długosz.) Studia źródłozn., 80, vol. 25, p. 23-25.

1875. LABUDA (Gerard). O opacie Stanisławie, autorze kroniki Oliwskiej z połowy XIV wieku. (L'abbé Stanislas - auteur de la Chronique d'Oliva du milieu du XIVe s.) Komunikaty maz.-warm., 80, a. 29, n° 1, p. 3-16.

1876. LADÁNYI (Erzsébet). Libera villa, civitas, oppidum. Terminológiai kérdések a magyar városfejlődésben. (Libera villa, civitas, oppidum. Problèmes terminologiques dans le développement des villes hongroises.) Tört. Szle, 80, vol. 23, n° 3, p. 450-477.

1877. LANFRANC. Letters. Ed. by Helen CLOVER a. Margaret GIBSON. Tr. from the Latin. London, Oxford U. P., 80, in-8, 220 p. (Mediaeval Texts)

1878. LĂZĂRESCU (George). Prime testimonianze italiane sulla Romania. Quad. catanesi, 80, a. 2, p. 125-136.

1879. LE BOUVIER (Gilles). Les Chroniques du roi Charles VII par Gilles Le Bouvier (dit Héraut Berry). Publ. par Henri COURTEAULT et Léonce CELIER, avec la collab. de Marie-Henriette JULLIEN de POMMEROL, pour la Soc. de l'Hist. de France. Paris, Klincksieck, 79, in-8, XLIV-541 p.

1880. Lettres communes. Urbain V ; analysées d'après les registres dits d'Avignon et du Vatican. /4. Cf. Bibl. 78-79, n° 2075./ 5 : 15,819-18,435. Publ. par Michel et Anne-Marie HAYEZ, avec la collab. de Janine MATHIEU. Rome, Ec. franç. de Rome ; Paris, diff. de Boccard, 79, in-4, 485 p. (Bibl. des Ec. franç. d'Athènes et de Rome. 3e sér.: Registres et lettres des papes du XIVe s., 5 bis)

1881. Lettres des premiers chartreux. Introd., texte critique, trad. et notes par un chartreux. Vol. 1 : S. Bruno, Guigues, S. Anthelme. Vol. 2 : Les moines de Portes : Bernard, Jean, Etienne. Paris, Ed. du Cerf, 62-80, 2 vol. in-8, 277, 240 p. (Sources chrétiennes, 88, 274)

1882. /Liber confraternitatum Augiensis./ Das Verbrüderungsbuch der Abtei Reichenau. Einl., Reg., Faks. Hrsg. v. Johanne AUTENRIETH /u.a./.

Hannover, Hahn, 79, in-4, CXIX-231-164 p. (Monumenta Germaniae Historica. Libri memoriales et necrologia, nova series, 1)

1883. Livre (Le) secret des cathares : apocryphe d'origine bogomile = Interrogatio Johannis. Ed. critique, trad. et commentaire par Edina BOZÓKY. Paris, Beauchesne, 80, in-8, 243 p. (carte). (Textes, dossiers, doc., 2)

1884. McCULLOH (J.). Hrabanus Maurus' Martyrology : the method of composition. Sacris erudiri, 78-79 /79/, vol. 23, p. 417-461.

1885. MAGGI BEI (Maria Teresa). Per un'analisi delle fonti del Liber Floriger di Gregorio da Catino. B. Istit. stor. ital. Medioevo, 79, a. 88, p. 317-348.

1886. Majmuni kodex (A.). Mose Majmuni törvénykodexe. A budapesti "Misné Tóra" legszebb lapjai. Vál. és bev. SCHEIBER Sándor. (Le Codex de Maïmon. Le Code de Moïse Maïmonide. Les plus belles pages de la "Michne Tora" de Budapest. Choisies et intr. par-.) Budapest, Magyar Helikon-Corvina, 80, in-8, 34 p. (66 pl.).

1887. MALINGOUDIS (Ph.). Die mittelalterlichen kyrillischen Handschriften der Hämus-Halbinsel. T. 1 : Die bulgarischen Handschriften. Thessaloniki, Assoc. hellénique d'Et. slaves, 79, in-8, 121 p.

1888. MARCIANO' (Ada Francesca). Padova, 1399. Le processioni dei Bianchi nella testimonianza di Giovanni di Conversino. Padova, Centro grafico edit., 80, in-8, 191 p. (ill.). (I centri stor. del Veneto. Fonti e testi, I)

1889. MASON (Emma). Beauchamp cartulary charters, 1100-1268. London, Public Record Office, 80, in-8, LX-287 p. (Pipe Roll Soc.)

1890. Mátyás-graduále (A). Bev. és magy. SOLTÉSZ Zoltánné. (Le graduel Mathias. Intr. et commenté par-.) Budapest, Magyar Helikon, 80, in-8, 146 p.

1891. MAYER (Hans Eberhard). Ein Deperditum König Balduins III. von Jesusalem als Zeugnis seiner Pläne zur Eroberung Ägyptens. Miszelle. Deutsch. Arch. f. Erforsch. d. M.-A., 80, Jg. 36, p. 549-566.

1892. MEDEIROS (Marie-Thérèse de). Jacques et chroniqueurs. Une étude comparée de récits contemporains relatant la jacquerie de 1358. Paris, Champion, 79, in-8, 210 p. (Nouv. Bibl. du Moyen -âge, 7)

1893. MENKE (Hubertus). Das Namengut der frühen karolingischen Königsurkunden. Ein Beitr. z. Erforsch. d. Althochdeutschen. Heidelberg, Winter, 80, in-8, 503 p. (ill.). (Beitr. z. Namenforsch., Beih. 19)

1894. Mittelalterlichen Traktate (Die) de modo opponendi et respondendi. Einl. u. Ausg. d. einschlägigen Texte. Lambert Marie de RIJK. Münster, Aschendorff, 80, in-8, 379 p. (Beitr. z. Gesch. d. Philos. u. Theol. d. M.-A. N.F. 17)

1895. MÖHRING (Hannes). Saladin und der dritte Kreuzzug. Aiyubid. Strategie u. Diplomatie im Vergleich vornehml. d. arab. mit d. lat. Quellen. Wiesbaden, Steiner, 80, in-8, XI-250 p. (2 Kt.). (Frankfurter hist. Abh., 21)

1896. NENNIUS. British history and the Welsh annals. Ed. a. trans. by John MORRIS. London a. Chichester, Phillimore ; Totowa, N.J., Rowman a. Littlefield, 80, in-8, 104 p.

1897. NIE (G. de). Roses in January : a neglected dimension in Gregory of Tours' Historiae. J. medieval Hist., 79, vol. 5, p. 259-289.

1898. NORTIER (Michel). Contribution à l'étude de la population de la Normandie au bas Moyen âge, XIVe-XVIe s., inventaire des rôles de fouage et d'aide. /3. Cf. Bibl. 74-75, n° 2309./ 4 : Rôles de fouage paroissiaux de 1461 à 1497. Nogent-sur-Marne, Soc. parisienne d'Hist. et d'Archéol. normandes, 76, in-8, 271 p. (Cah. Léopold Delisle, 25. Répertoires période. de Doc. normande, 12)

1899. ODERMATT (Ambros). Ein Rituale in beneventinischer Schrift : Roma, Biblioteca Vallicelliana, Cod. C 32, Ende des 11. Jahrhunderts. Freiburg/Schweiz, Univ.-Verl., 80, in-8, 376 p. (Spicilegium Friburgense, 26)

1900. OLIVI (Pietro di Giovanni). Un trattato di economia politica francescana : il De emptionibus et venditionibus, de usuris, de restitutionibus di Pietro di Giovanni Olivi. A cura di Giacomo TODESCHINI. Roma, Istit. stor. ital. per il Medio Evo, 80, in-8, 114 p. (Stud. stor., 125/126)

1901. Oorkondenboek van Gelre en Zutphen tot 1326. (Charters of Gelre and Zutphen until 1326.) /I : 28 augustus 1214-9 juni 1322. Ed. by/ E. J. HARENBERG, F. KETNER, M. DILLO. 's-Gravenhage, Nijhoff, 80, in-4, XLIV-362 p. (Rijks Geschiedk. Publ.)

1902. PAIS (Dezső). A veszprémvölgyi apácák görög oklevele mint nyelvi emlék, (Le diplôme en langue grecque des religieuses de Veszprémvölgy comme document linguistique. Budapest, 39 /79 !/, in-8, 40 p. (A Magyar Nyelvtudományi Társaság kiadványai, 50) /Ed. fac-sim./

1903. PENONCINI (Edoardo). Una fonte della Vita Nicolai Acciaioli del Palmieri. B. Istit. stor. ital. Medioevo, 79, a. 88, p. 379-392.

1904. PETERSOHN (Jürgen). Otto von Bamberg und seine Biographen. Grund-

1. QUELLEN. QUELLENKRITIK

formen u. Entwicklung d. Ottobildes im hohen u. späten Mittelalter. Z. f. bayer. Landesgesch., 80, Bd 43, p. 3-27.

1905. PETROVICS (István). Azzonfolua alio nomine Felzeged. Acta Univ. szegediensis. Acta hist., 80, vol. 67, p. 67-75. /Au sujet de l'histoire de la ville de Szeged, 1327/30-1405./

1906. PEYRONNET (Georges). Les sources documentaires de l'histoire médiévale de la Bretagne en Angleterre. /Suite de Bibl. 78-79, n° 2088./ A. Bretagne, 80, t. 87, n° 1, p. 5-15.

1907. PHILLIPS (J. R. S.). Documents on the early stages of the Bruce invasion of Ireland, 1315-1316. Proc. roy. Irish Acad., 79, vol. 79, sect. C, p. 247-270.

1908. PRELOG (Jan). Die Chronik Alfons' III. Unters. u. krit. Ed. d. 4 Red. Frankfurt (Main), Bern u. Cirencester, Lang, 80, in-8, CXCVII-192 p. (graph. Darst.). (Europ. Hochschulschr. Reihe 3 : Gesch. u. ihre Hilfswiss., 134)

1909. Procès en nullité de la condamnation de Jeanne d'Arc. Ed. par la Soc. de l'hist. de France. Vol. 1 : Texte /latin/, établi et publ. par Pierre DUPARC. Paris, Klincksieck, 79, in-8, XXIII-525 p.

1910. PRONAY (Nicholas), TAYLOR (John). Parliamentary texts of the later middle ages. London a. New York, Oxford U. P., 80, in-8, 230 p.

1911. Rechtsbronnen der stad Reimerswaal. (Sources du droit de la ville de Reimerswaal.) /Ed. by/ R. HUYBRECHT. Versl. Meded. oud-vaderl. Recht, 78, N.R., vol. 1, p. 47-143.

1912. Recueil des actes de Philippe Auguste, roi de France. /3. Cf. Bibl. 66, n° 2471./ 4 : Années du règne XXXVII à XLIV, 1er nov. 1215-14 juil. 1223. Publ. sous la dir. de Charles SAMARAN par Michel NORTIER. Paris, Impr. nat. ; Klincksieck, 79, in-4, 525 p. (Chartes et diplômes relatifs à l'Hist. de France)

1913. Recueil des actes des premiers seigneurs d'Olliergues, publ. par Lucien DROUOT. Clermont-Ferrand, Inst. d'Et. du Massif Central, 79, in-4, 259 p. (pl.). (Publ. de l'Inst. d'Et. du Massif Central, 18)

1914. Regesta Bohemiae et Moraviae aetatis Venceslai IV. (1378 dec. -1419 aug. 16). Tomus I ; Fontes archivi capituli metropol. eccl. Pragensis. /Fasc. 4. Cf. Bibl. 76-77, n° 2427./ Fasc. 5 : 1395-1396. Edidit Věra JENŠOVSKÁ. Praga, Academia, 78, in-4, p. 1085-1380.

1915. Regesta Imperii. Hrsg. v. d. Komm. f. d. Neubearb. d. Regesta Imperii bei d. Österr. Akad. d. Wiss. u. d. Deutsch. Komm. f. d. Bearb. d.

Regesta Imperii. J. F. BÖHMER. /Hauptt. erschienen 1972./ 4 : Ältere Staufer. Abt. 3 : Die Regesten des Kaiserreiches unter Heinrich VI, 1165 (1190-1197). Namenreg., Erg. u. Berichtigungen, Nachtr. Bearb. v. Karin u. Gerhard BAAKEN. Köln u. Wien, Böhlau, 79, in-4, VII-202 p.

1916. Rekeningen van de domeinen van Putten 1379-1429. (The accounts of the domains of Putten 1379-1429.). Vol. 1, 2. /Ed. by/ J. L. VAN DER GOUW.'s-Gravenhage, Nijhoff, 80, 2 vol. in-4, XXXVIII-498, X-619 p. (maps). (Rijks Geschiedk. Publ., gr. s., 170, 171)

1917. Rekeningen (De) van de grafelijkheid van Holland uit de Beierse periode. Uitgeg. door de Werkgroep Holland 1300-1500 onder verantwoordelijkheid van D. E. H. DE BOER, H. P. H. JANSEN en D. J. FABER. Serie II : De rekeningen van de gerechtelijke ambtenaren. Deel 1393-1396 (Baljuwen en drossaards). (The accounts of the county of Holland. The accounts of the bailiffs and the sheriffs, 1393-1396.) 's-Gravenhage, Nijhoff, 80, in-4, XXXVII-125 p. (Rijks Geschiedk. Publ., gr. s., 174)

1918. Répertoire des documents nécrologiques français. Publ. sous la dir. de Pierre MAROT par Jean-Loup LEMAITRE. Vol. 1, 2. Paris, Imprimerie nat. et Klincksieck, 80, 2 vol., VIII-1517 p. (16 p.). (Recueil des historiens de France. Obituaires, 7)

1919. Repertorium der lateinischen Sermones des Mittelalters. Für d. Zeit von 1150-1350. Von Johann Baptist SCHNEYER. /H. 8. Cf. Bibl. 78-79, n° 2100./ H. 9 : Anonyme Predigten. Bibliotheken O-Z. Münster, Aschendorff, 80, in-8, VIII-906 p. (Beitr. z. Gesch. d. Philos. u. Theol. d. M.-A., 43)

1920. ROBINSON (Jan Stuart). Die Chronik Hermanns von Reichenau und die Reichenauer Kaiserchronik. Deutsch. Arch. f. Erforsch. d. M.-A., 80, Jg. 36, p. 84-136.

1921. ROGERS (Kenneth H.). Lacock Abbey charters. Trowbridge, Landsdown, 80, in-8, VI-147 p. (Wilts. Record Soc.)

1922. Saint John the Almsgiver Life. Ed. by Kenneth URWIN. Vol. 1. London, Anglo-Norman Text soc., Westfield College, 80, in-8, 216 p.

1923. SAUER (Hans). Zur Überlieferung und Anlage von Erzbischof Wufstans "Handbuch". Deutsch. Arch. f. Erforsch. d. M.-A., 80, Jg. 36, p. 341-384.

1924. SAXO GRAMMATICUS. The history of the Danes. Vol. 1 : English text, trans. by Peter FISHER. Ed. by Hilda Ellis DAVIDSON. Vol. 2 : Commentary. Cambridge, Brewer, 79-80, 2 vol. in-8, 297, 160 p.

1925. SCHLÖGL (Waldemar). Zum Problem des Identitätsnachweises in mittelalterlichen Handschriften. Hist. Jb., 80, Jg. 100, p. 131-162.

1926. SCHMITZ (Gerhard). Zur Überlieferung von Thegans Vita Hludowici und der Kapitulariensammlung des Ansegis. Rhein. Vjsbl., 80, Jg. 44, p. 1-15.

1927. SCHWARZ (Ulrich). Regesta Amalfitana. Die älteren Urkunden Amalfis in ihrer Überlieferung. /1, 2. Cf. Bibl. 78-79, n° 2113./ 3. Quellen u. Forsch., 80, Bd 60, p. 1-156.

1928. Scientia et Virtus. Un commentaire anonyme de la Consolation de Boèce. Intr. par Sándor DURZSA. Budapest, Magyar Tudományos Akadémia Könyvtára, 78, in-8, 97 p. (A Magyar Tudományos Akadémia Könyvtáránák Közleményei, N.S., 5)

1929. SEMPAD, connétable d'Arménie. La chronique attribuée au connétable Smbat-Introd., trad., /de l'arménien/ et notes par Gérard DEDEYAN. Paris, Geuthner, 80, in-4, 139 p. (pl.). (Doc. relatifs à l'hist. des croisades, 13)

1930. SIGAL (Pierre-André). Histoire et hagiographie : les Miracula aux XIe et XIIe siècles. A. Bretagne, 80, t. 87, p. 237-257.

1931. SILVESTRI (Anna Maria). Una fonte per la storia della guerra d'Otranto nel 1480-1481. Arch. stor. pugliese, 80, a. 33, p. 205-246.

1932. SIMON (V. Péter). A Nibelungének magyar vonatkozásai. (Relations hongroises dans le chant des Nibelungen.) Századok, 78, vol. 112, n° 2, p. 270-325.

1933. SOKOLOFF (Michael), YAHALOM (Joseph). Christian palimpsests from the "Cairo Geniza". R. Hist. Textes, 78 /79/, t. 8, p. 109-132.

1934. SPICKER-WENDT (Angelika). Die Querimonia Egilmari Episcopi und die Responsio Stephani Papae. Stud. zu d. Osnabrücker Quellen d. Karolingerzeit. Köln u. Wien, Böhlau, 80, in-8, XI-162). (Stud. u. Vorarb. z. Germania Pontifica, 8)

1935. STRAND (Birgit). Kvinnor och män i Gesta Danorum. (Women and men in the Gesta Danorum.) Göteborg, Göteborgs univ., 80, in-6, 365 p. (Kvinnohistoriskt arkiv, 18) /Eng. summary/

1936. SZÉKELY (György). Mátyás király és a morva főváros. Diplomatika és nyomdatörténest. (Le roi Mathias /1458-1490/ et la capitale morave. Diplomatique et histoire de la typographie.) Századok, 80, vol. 114, n° 4, p. 600-614.

1937. THEODORICUS DE NIEHEIM. Historisch-politische Schriften des Dietrich von Nieheim. Historie de gestis Romanorum principum. Cronica. Gesta Karoli Magni imperatoris. Hrsg. v. Katharina COLBERG u. Joachim LEUSCHNER. Stuttgart, Hiersemann, 80, in-4, LXIII-514 p. (Monumenta Germaniae Historica. Staatsschriften d. späteren Mittelalters, Bd 5, Stück 2)

1938. THOMSON (R. M.). The satirical works of Berengar of Poitiers. An ed. with intr. Med. Stud., 80, vol. 42, p. 89-138.

1939. THURÓCZY (János). A magyarok krónikája. Ford. HORVÁTH János. (Les chroniques des Hongrois. Trad. par -.) Budapest, Magyar Helikon, 78, in-8, 567 p. (Bibliotheca Hungarica)

1940. Urkunden (Die) Friedrichs I. Bearb. v. Heinrich APPELT. /1. Cf. Bibl. 74-75, n° 2353./ T. 2 : 1158-1167. Unter Mitw. v. Maria HERKENRATH u. Walter KOCH. Hannover, Hahn, 79, in-4, VIII-770 p. (Monumenta Germaniae Historica. Diplomata. /4/. Die Urkunden d. deutsch. Könige u. Kaiser, Bd 10, T. 2)

1941. Von den fünf Zeiten vor Christi Geburt. Ein spätmittelalt. Grundriss d. alten Gesch. nach Johannes de Marignolis u. Otto von Freising. Hrsg. v. Heribert A. HILGERS. München, Fink, 80, in-8, 128 p.

1942. WEBSTER (Jill R.). Unlocking lost archives : medieval Catalan Franciscan communities. Cath. hist. R., 80, vol. 66, n° 4, p. 537-550.

1943. WENTA (Jarosław). Zaginiony rocznik oliwski z XIII/XIV wieku. (Un annuaire disparu d'Oliva du XIIIe/XIVe s.) Zap. hist., 80, vol. 45, n° 3, p. 7-24.

1944. Wiener Ratsurteile des Spätmittelalters. Hrsg. v. Heinrich DEMELIUS. Wien, Köln u. Graz, Böhlau, 80, in-8, 394 p. (Fontes rerum Austriacarum, Abt. 3, Bd 6)

1945. WORSTBROCK (Franz Josef). Die Biblia metrica des Dietrich Engelhus und ihre Überlieferung. Deutsch. Arch. f. Erforsch. d. M.-A., 80, Jg. 36, p. 177-192.

1946. WRIGHT (J. Robert). The accounts of John of Stratton and John Gedeney, constables of Bordeaux, 1381-1390. An edition with particular notes on their ecclesiastical a. liturgical significance. Med. Stud., 80, vol. 42, p. 238-307.

1947. ZIELINSKI (Herbert). Zu den Urkunden der beiden letzten Normannenkönige Siziliens, Tankreds und Wilhelms III. (1190-1194). Deutsch. Arch. f. Erforsch. d. M.-A., 80, Jg. 36, p. 433-486.

1948. ZÖLLNER (Walter). Probleme der Erforschung der jüngeren Papsturkunden. Jb. f. Gesch. d. Feudalismus, 80, Bd 4, p. 59-74.

2. ALLGEMEINE DARSTELLUNGEN

Cf. n°s 68, 221, 706, 2403.

§ 2. Allgemeine Darstellungen.

♦ 1949. BRATHER (Hans-Stephan). Neuere mediävistische Nachschlagewerke und Bibliographien. Annotierte Auswahlbibliogr. f. d. Jahre 1960-1978/79. Jb. f. Gesch. d. Feudalismus, 80, Bd 4, p. 363-415.

♦ 1950. FELGENHAUER (Fritz). Bibliographie zur Archäologie des Mittelalters in Österreich. Z. f. Archäol. d. M.-A., 80, Jg. 8, p. 169-219.

♦ 1951. International medieval bibliography. Publications of Jan.-June, July-Dec. /1978. Cf. Bibl. 78-79, n° 2137./ 1979, 1980. Directed by P. H. SAWYER. Ed. by Richard J. WALSH. Leeds, Univ., 79-80, 4 vol. in-4, LVI-270, XLIV-194, XLVI-225, XLIX-243 p.

♦ 1952. MARSINA (Richard). L'historiographie slovaque du moyen âge en 1960-1977. Studia hist. slov., 80, vol. 11, p. 69-99.

1953. Aufruhr und Empörung ? Studien z. bäuerlichen Widerstand im Alten Reich. Hrsg. v. Peter BLICKLE. München, Beck, 80, in-8, XII-320 p.

1954. BAJOMI LÁZÁR (Endre). Arpadine. Kalandozások a magyar-francia kapcsolatok multjában.(Arpadine. Vagabondages dans le passé des relations franco-hongroises.) Budapest, Szépirodalmi Kiadő, 80, in-8, 354 p.

1955. BOSL (Karl). Europa im Aufbruch. Herrschaft, Gesellschaft, Kultur vom 10. bis zum 14. Jh. München, Beck, 80, in-8, 419 p.

1956. CHITTOLINI (Giorgio). La formazione dello stato regionale e le istituzioni del contado. Torino, Einaudi, 79, in-8, XLI-352 p. (Piccola Bibl. Einaudi, 375)

1957. Cinq-centième anniversaire de la bataille de Nancy (1477). Actes du colloque organisé par l'Inst. de recherche régionale en sci. soc., humaines et écon. de l'Univ. Nancy II (Nancy, 22-24 sept. 1977). Nancy, Univ. Nancy II, 78, in-8, 447 p. (pl., ill.). (A. Est, Mémoires, 62) /Contient les sections I : Présentation, p. 7-32. - II : Aspects culturels, p. 33-144. - III : Aspects économiques, p. 145-204. - IV : Aspects politiques, p. 205-359. - V : Aspects militaires, p. 361-447./

1958. CONTAMINE (Philippe). La guerre au Moyen âge. Paris, Presses univ. France, 80, in-16, 516 p. (Nouv. Clio, 24)

1959. CUVILLIER (Jean-Pierre). L'Allemagne médiévale : naissance d'un Etat : VIIIe-XIIIe siècles. Paris, Payot, 79, in-8, 447 p. (cartes). (Bibl. hist.)

1960. DUMONTIER (Michel). L'empire des Plantagenêts, Aliénor d'Aquitaine et son temps. Paris, Copernic, 80, 160 p. (200 doc. iconographiques)

1961. EHLER (Joachim). Elemente mittelalterlicher Nationsbildung in Frankreich (10.-13. Jh.). Hist. Z., 80, Bd 231, p. 565-687.

1962. En la España medieval. Estudios decicados al profesor D. Julio González González. Ed. por Miguel Angel LADERO QUESADA. Madrid, Ed. de la Univ. Complutense, 80, in-8, 619 p.

1963. FELTEN (Franz J.). Äbte und Laien im Frankreich. Studien z. Verhältnis v. Staat u. Kirche im frühen Mittelalter. Stuttgart, Hiersemann, 80, in-8, 368 p. (Monogr. z. Gesch. d. M.-A., 20)

1964. GRAUS (František). Die Nationenbildung der Westslawen im Mittelalter. Sigmaringen, Thorbecke, 80, in-8, 260 p.

1965. GUSTAFSSON (Harald). Isländsk medeltid : gamla och nya perspektiv. (Iceland's medieval period : old and new perspectives.) /Svensk/ Hist. T., 80, vol. 100, p. 513-525.

1966. HAVLÍK (Lubomír E.). Morava v 9.-10. století. K problematice politického postavení, sociální a vládní struktury a organizace. (Moravia in the 9th a. 10th cent. On the problems of Moravia's political situation, social a. governmental structure a. organization.) Praha, Academia. 78, in-8, 160 p.

1967. Italia. (Italie.) Ouvrage collectif, réd. par Eleonora TABACZYŃSKA. Wrocław, Zakł. Narod. im. Ossolińskich, 80, in-8, 580 p. (Pol. Akad. Nauk, Inst. Hist. Kult. Mater. Kultura Europy Wczesnośredniowiecznej, 10)

1968. Jaime I y su época. X Congreso de Historia de la Corona de Aragón. Comunicaciones. Zaragoza, Inst. Fernando el Católico, 80, in-fol., 637 p. (ill.). /Contiene : ALABART FERRÉ (Francesc). Incògnites biogràfiques del jurisconsult de Jaume I, Vidal de Canyelles, p. 151-159 ;-ALSINA PRAT (Engracia). Jaime el Conquistador y sus relaciones con los Santos Lugares, p. 7-16 ;-BISSON (Thomas N.). Las finanzas del joven Jaime I (1213-1228), p. 161-208 ;-BURNS S. J. (Robert I.). A medieval earthquake : Jaume I, Al-Azrag, and the early history of Onteniente in the Kingdom of Valencia, p. 209-244 ; -IDEM. Jaume I and the Jews of the Kingdom of Valencia, p. 245-322 ;-IDEM. The spiritual life of Jaume the Conqueror king of Arago-Catalonia, 1208-1276, portrait and self-portrait, p. 323-357 ;-CAÑADA JUSTE (Alberto). Castillos de Sancho el Fuerte en los dominios de la Corona de Aragón, p. 359-364 ;-CATEURA BENNASSER (Pablo).

Sobre la aportación aragonesa a la conquista de Mallorca (1229-1232), p. 17-40 ;-CASTELL MAIQUES (Vincente). Los obispos de Segorbe-Albarracín en la conquista de Valencia y su reino. Identificación de un obispo desconocido : Pedro Ginés (1215 ?-1223 ?), p. 365-400 ;-IDEM. Actitud del rey Jaime I ante la controversia de los metropolitanos de Toledo y Tarragona por la diócesis de Valencia (1238-1246), p. 557-558 ;-CERVERO (Lluis), BATLLORI (Miquel). El comte Dionís d'Hongria, senyor de Canals, al seguici de la reina Violant : la descendència de Dionís als regnes de València i d'Aragó, p. 559-577 ;-CORDA (Mario). Pisa, Genova e l'Aragona all'epoca di Giacomo nelle fonti narrative, p. 579-588 ;-DANÚS (Micaela). Conquista y repoblación de Mallorca : notas sobre Nicolau Bovet, p. 41-63 ;-DEL ESTAL (Juan Manuel). Alicante en la política territorial de los dos Jaimes de Aragón, p. 65-80 ;-IDEM. Antiguo traslado notarial desconocido (7 sept. 1308) de ciertos fueros a la ciudad y reino de Valencia desde el año 1231 al 1301, p. 401-414 ;-FONSECA (Luis Adão da). Contribución para el estudio de las relaciones diplomáticas entre Portugal y Aragón en la Edad Media : el tratado de Alianza de 1255, p. 547-556 ;-GONZÁLEZ ANTÓN (Luis). Notas acerca de la evolución preparlamentaria en Aragón en el reinado de Jaime I, p. 415-429 ;-GUAL LÓPEZ (José Miguel), ZAFRA SERRANO (Juan). Nuevas aportaciones al itinerario de Jaime I el Conquistador, p. 81-88 ;-HERNÁNDEZ I SANCHIS (Jesús-Emili). Repobladors d'Albal (València) en temps de Jaume I, p. 89-92 ;-IDEM. Un topònim del "Llibre del Repartiment" : Alboayal (hui Albal), p. 93-99 ;-LEROY (Béatrice). La ribera navarraise entre les royaumes de Navarre et d'Aragon dans la première moitié du XIIIe siècle, p. 431-447 ;-LLADONOSA PUJOL (José). Jaime I el Conquistador y la ciudad de Lérida, p. 449-459 ;-LUTTRELL (Anthony). Malta e Gozo : 1222-1268, p. 589-603 ;-MARTÍNEZ ORTIZ (José). Turolenses en la conquista e integración de Valencia y su reino, p. 101-117 ;-MASSIP (J.). Els òrgans de la administració de justicia a Tortosa des de la carta de població a les costums, p. 461-473 ;-MUNDÓ (Anscari M.). El pacte de Cazola del 1179 i el "Liber Feudorum Maior". Notes paleogràfiques i diplomàtiques, p. 119-129 ;-OLLIC I CASTANYER (Immaculada). Vigatans a la conquesta de Mallorca i València (Referències extretes dels testaments de Vic del segle XIII), p. 131-148 ;-PALACIOS MARTÍN (Bonifacio). La frontera de Aragón con Castilla en la época de Jaime I, p. 475-495 ;-PASCUAL MARTÍNEZ (Lope). Los oficios en la corte de Jaime I, p. 497-513 ;- PÉREZ-BUSTAMANTE (Rogelio). El gobierno y la administración de los territorios de la Corona de Aragón bajo Jaime I el Conquistador y su comparación con el régimen de Castilla y Navarra, p. 515-536 ;-SARDINA PARAMO (Juan Antonio). Tópoi retóricos y temática iusnaturalista en la labor legislativa de Jaime I y su continuación en las cortes medievales catalanas, p. 537-544 ;-SIMÓ SANTONJA (Vicente L.). Jaime I y la unidad de España, p. 605-610 ;-VAJAY (Szabolcsde). Eudoquía Cómnena, abuela bizantina de Jaime el Conquistador, p. 611-631./

1969. JANSSEN (Wilhelm). Die niederrheinischen Territorien in der zweiten Hälfte des 14. Jahrhunderts. Rhein. Vjsbl., 80, Bd 44, p. 47-67.

1970. KIDO (Takeshi). Maguna Karuta no seiki. (The century of Magna Carta : Politics and constitution in medieval England, 1199-1307.) Tokyo, Tôdai Shuppan, 80, in-12, 284 p.

1971. KUČERA (Matúš). Genèse de l'Etat et de la société féodale en Slovaquie à la lumière de l'historiographie solvaque (1960-1977). Studia hist. slov., 80, vol. 11, p. 39-67.

1972. LE GOFF (Jacques). Les trois fonctions indo-européennes : l'historien et l'Europe féodale. A. Ec., Soc., Civ., 79, a. 34, p. 1187-1215.

1973. Lexikon des Mittelalters. Hrsg. u. Berater Robert AUTY /u.a./. 1 : Aachen bis Bettelordenskirchen. München u. Zürich, Artemis, 80, in-4, XVIp.-2108 Sp.

1974. MARCUS (G. J.). The conquest of the north Atlantic. New York, Oxford U. P., 80, in-8, XIV-224 p.

1975. Medieval town (The) in Britain. Papers from the first Gregynog Seminar in local history, dec. 1978. Ed. by Philip RIDEN. Cardiff, Univ. College, Dpt. of Extra-Mural Studies, 80, in-8, VIII-98 p. (Cardiff Papers in local hist., 1)

1976. MEUTHEN (Erich). Das 15. Jahrhundert. München u. Wien, Oldenbourg, 80, in-8, 248 p. (Oldenbourg Grundriss d. Gesch., 9)

1977. MORGHEN (Raffaello). La lezione del Medioevo Cristiano. Quad. catanesi, 80, a. 2, p. 453-468.

1978. Occident et Orient au Xe siècle. Actes du IXe congrès de la Soc. des historiens médiévistes de l'enseignement sup. public, Dijon, 2-4 juin 1978. Paris, Belles Lettres, 79, in-4, III-288 p. (cartes). (Publ. de l'Univ. Dijon, 57)

1979. PERROY (Edouard). Etudes d'histoire médiévale. Paris, Publ. de la Sorbonne, 79, in-4, XVI-820 p. /Recueil de textes extraits de diverses revues et publications, 1924-1975/

1980. POLY (Jean-Pierre), BOURNAZEL (Eric). La mutation féodale, Xe-XIIe siècles. Paris, Presses univ. France, 80, in-8, 511 p. (cartes). (Nouvelle Clio, 16)

1981. RACINE (Pierre). Plaisance du Xe à la fin du XIIIe siècle. Essai d'histoire urbaine. T. 1-3. Lille,

3. POLITISCHE GESCHICHTE

Atelier de Reprod. des thèses Univ. de Lille III ; diffusion : Paris, Champion, 79, 3 vol. in-8, LX-1544 p. (6 fig.)

1982. RÁSONYI (László). Bulaqs and Oruzs in medieval Transylvania. Acta orient. Acad. Sci. hungaricae, 79, vol. 33, n° 2, p. 129-151.

1983. SAMARAN (Charles). Recueil d'études. Genève, Droz ; Paris, Champion, 78, 2 vol. in-8, XV-907 p. (ill.). (Publ. du Centre de recherches d'Hist. et de Philol., VIe Sect., Ec. pratique des hautes Etudes, Hautes Et. médiévales et mod., 31) /Reprod. en fac-sim. d'extraits de diverses revues, 1901-1976/

1984. SCHNEIDER-SCHNEKENBURGER (Gudrun). Churrätien im Frühmittelalter, auf Grund der archäologischen Quellen. München, Beck, 80, in-4, VIII-225 p. (ill., graph. Darst.). (Münchner Beitr. z. Vor- u. Frühgesch., 26)

1985. SZŰCS (Jenő). Nép és ország a korai középkorban. (Peuple et pays au haut Moyen-Age.) Világtörténet, 79, n° 1, p. 5-24.

1986. VANNEUFVILLE (Eric). De l'Elbe à la Somme : l'espace saxon-frison, des origines au Xe siècle. Escautpont, A. Lévêque, 79, in-8, 188 p. (ill.).

1987. VERBRUGGEN (J.-F.). L'art militaire dans l'empire carolingien, 714-1000. R. belge Hist. milit., 79-80, vol. 23, p. 289-310, 393-411.

1988. VIOLANTE (Cinzio). Economia, società, istituzioni a Pisa nel medioevo. Saggi e ricerche. Bari, Dedalo, 80, in-8, 399 p.

1989. Zeit (Die) der frühen Herzöge. Von Otto I. zu Ludwig d. Bayern. Hrsg. v. Hubert GLASER. 1 : Beiträge zur bayerischen Geschichte und Kunst, 1180-1350. 2 : Katalog der Ausstellung auf der Burg Trausnitz in Landshut, 14. Juni-5. Okt. 1980. München, Hirmer; München u. Zürich, Piper, 80, 2 vol. in-4, 566, XVIII-264 p. (ill., graph. Darst., Kt., Noten). (Wittelsbach u. Bayern, 1)

1990. ZUMTHOR (Paul). Parler du Moyen-âge. Paris, Ed. de Minuit, 80, in-8, 109 p. (Critique)

§ 3. Politische Geschichte.

a. Allgemeines.

1991. ANATI (Emmanuel). I comuni. Alle radici della civiltà europea. Milano, Jaca book, 80, in-8, 200 p. (tav.). (Già e non ancora, 55)

1992. BISHKO (Charles Julian). Studies in mediaeval Spanish frontier history. London, Variorum Repr., 80, in-8, 336 p. (maps)

1993. CHRISTIANSEN (Eric). The northern crusades : the Baltic and the Catholic frontier. 1100-1525. Minneapolis, Univ. of Minnesota Press, 80, XV-273 p. (New Stud. in Medieval Hist.)

1994. Constituirea statelor feudale româneşti. (La formation des Etats féodaux roumains.) Redactor coordonator : Nicolae STOICESCU. Bucureşti, Ed. Acad., 80, in-8, 328 p.

1995. GYÖRFFY (György). Arpad. Persönlichkeit und historische Rolle. Acta ant. Acad. Sci. hungaricae, 78, vol. 26, n°s 1-2, p. 115-136.

1996. JAMES (Edward). Visigothic Spain, new approaches. London, Oxford, U. P., 80, in-8, 318 p.

1997. KOSÁRY (Domokos). Magyar külpolitika Mohács előtt. (La politique extérieure hongroise avant Mohacs.) Budapest, Magvető Kiado, 78, in-8, 203 p. (Gyorsuló idő)

1998. KRISTÓ (Gyula). A feudalis széttagolódás Magyarországon. (Le démembrement féodal en Hongrie.) Budapest, Akad. Kiadó, 79 /80/, 242 p.-- IDEM. Levedi törzsszövetségétől Szent István allamáig. (Du fédéralisme tribal de Levedi jusqu'à l'Etat de Saint Etienne.) Budapest, Magvető Kiadó, 80, in-8, 574 p. (Elvek és utak)

1999. PRESTWICH (Michael). The three Edwards : war and state in England, 1272-1377. London, Weidenfeld a. Nicolson ; New York, St. Martin's Press, 80, in-8, 336 p. (tab., maps)

2000. TARDY (Lajos). A tatárországi rabszolgakereskedelem és a magyarok a XIII-XV. században.(Le commerce des esclaves en Tartarie et les Hongrois aux XIIIe-XVe s.) Budapest, Akad. Kiadó, 80, in-8, 241 p. (Körösi Csoma kiskönyvtár, 17)

Cf. n° 1963.

b. 476-900.

2001. AFFELDT (Werner). Untersuchungen zur Königserhebung Pippins. Das Papsttum und d. Begründung d. karolingischen Königtums im Jahre 751. Frühmittelalt. Stud., 80, Bd 14, p. 95-187.

2002. Anglo-Saxon studies in archaeology and history. Vol. 1. Oxford, Brit. Archaeol. Rep., 80, in-4, 273 p. (ill.). (Brit. Archaeol. Rep., British ser.)

2003. DITTEN (Hans). Protobulgaren und Germanen im 5.-7. Jahrhundert (vor der Gründung des ersten Bulgarischen Reiches). Bulg. hist. R., 80, a. 8, n° 3, p. 51-77.

2004. JARNUT (Jörg). Untersuchungen zu den fränkisch-alemannischen Beziehungen in der ersten Hälfte des 8. Jahrhunderts. Schweiz. Z. f. Gesch., 80, Bd 30, p. 7-28.

2005. KOSSMANN (Oskar). Der Feldzug Karls des Grossen gegen die Wilzen. Z. f. Ostforsch., 80, Jg. 29, p. 577-600.

2006. McKEON (Peter R.). The empire of Louis the Pious : faith, politics and personality. R. bénédictine, 80, t. 90, p. 50-62.

2007. NOBLE (Thomas F.). Louis the Pious and his piety re-considered. R. belge Philol. Hist., 80, t. 58, p. 297-316.

2008. ROUCHE (Michel). L'Aquitaine des Wisigoths aux Arabes, 418-781 : naissance d'une région. Paris, Ed. de l'E.H.E.S.S. ; J. Touzot, 79, in-8, 776 p. (pl., cartes). (Bibl. gén. de l'Ec. des hautes Et. en Sci. soc.)

2009. SAITTA (B.). Un momento di disgregazione nel regno visigoto di Spagna : la rivolta di Ermenegild. Quad. catanesi, 79, a. 1, p. 81-134.

2010. SCHRAMM (Gottfried). Die erste Generation der altrussischen Fürstendynastie. Philologische Argumente f. d. Historizität von Rjurik u. seinen Brüdern. Jb. f. Gesch. Osteuropas, 80, Bd 28, p. 321-333.

2011. TÓTH (Endre). Sabaria-Szombathely karoling vára. (Le château carolingien de Sabaria-Szombathely.) Vasi Szle, 78, vol. 32, n° 3, p. 396-413.

2012. WALLACE-HADRILL (J. M.). Carolingian Renaissance Prince : Emperor Charles the Bald. London, Brit. Acad., 80, in-8, 32 p. (Raleigh Lect.)

2013. WOLFRAM (Herwig). Die Karolingerzeit in Niederösterreich. St. Pölten, Wien, Niederösterr. Pressehaus, 80, in-8, 31 p. (Wiss. Schriftenreihe Niederösterr., 46)

Cf. n°s 1067, 2227, 2535.

c. 900-1300.

2014. BAKAY (Kornél). A magyar államalapítás. (La fondation de l'Etat hongrois.) Budapest, Gondolat Kiadó, 78, in-8, 238 p. (Magyar História) - CR : Gergely, Tiszatáj, 79, vol. 33, n° 9, p. 96-97 ; T. Wehli, Ars hungarica, 79, vol. 7, n° 1, p. 156.

2015. BARROW (G. W. S.). The Anglo-Norman era in Scottish history. /1097-1296/. London a. New York, Oxford U. P., 80, in-8, XXIII-232 p.

2016. BORAWSKA (Danuta). Margrabia Miśni Ekkehard i Ludolfingowie. (Ekkehard Ier, margrave de Meissen, et les Liudolfing.) Kwart. hist., 79, /80/, a. 86, n° 4, p. 933-949.

2017. BRODMAN (James W.). Military redemptionism and the Castilian reconquest, 1180-1250. Milit. Affairs, 80, vol. 44, n° 1, p. 24-28.

2018. BROWN (Reginald Allen). Proceedings of the second Battle Conference on Anglo-Norman Studies, 1979. Ipswich, Boydell Press, 80, in-8, 224 p. (ill., fig.)

2019. BRUGUIERE (Marie-Bernadette). Le mariage de Philippe-Auguste et d'Isambour de Danemark /1193/, aspects canoniques et politiques. In : Mélanges J. Dauvillier /Cf. n° 413/, p. 135-156.

2020. CUOZZO (Errico). Milites e testes nella contea normanna di Principato. B. Istit. stor. ital. Medioevo, 79, a. 88, p. 121-164.

2021. DICKERHOF (Harald). Über die Staatsgründung des ersten Kreuzzugs. Hist. Jb., 80, Jg. 100, p. 95-130.

2022. DOMENEC RUIZ (J. E.). Guerra y agresión en la Europa feudal. El ejemplo catalán. Quad. catanesi, 80, a. 2, p. 265-324.

2023. EHLERS (Joachim). Elemente mittelalterlicher Nationsbildung in Frankreich (10.-13. Jh.). Hist. Z., 80, Bd 231, p. 565-587.

2024. ENZENSBERGER (Horst). Der "böse" und der "gute" Wilhelm. Zur Kirchenpolitik der normannischen Könige von Sizilien nach d. Vertrag von Benevent (1156). Deutsch. Arch. f. Erforsch. d. M.-A., 80, Jg. 36, p. 385-432.

2025. FEDALTO (Giorgio). Perché le crociate. Saggio interpretativo. Bologna, Pàtron, 80, in-8, 70 p. (Il mondo mediev. Sez. di Stor. bizantina e slava, 3)

2026. FONT (Márta), F. II. Géza orosz politikája, 1141-1152. (La politique de Géza II envers la Russie.) Acta Univ. szegediensis. Acta hist., 80, vol. 67, p. 33-39.

2027. FÜGEDI (Erik). A befogadó : a középkori magyar királyság. (La patrie choisie : le royaume médiéval de Hongrie.) Tört. Szle, 79, vol. 22, n° 2, p. 355-376.

2028. GILLINGHAM (John). Richard I and Berengaria of Navarre. The alliance with Navarre against France and Richard's supposed homosexuality. B. Inst. hist. Research, 80, vol. 53, p. 157-173.

2029. GODFREY (John). 1204 : the Unholy Crusade. London, Oxford U. P., 80, in-8, 196 p.

2030. HALLAM (Elizabeth M.). Capetian France, 987-1328. London, Longman, 80, in-8, 366 p.-EADEM. The King and the Princes in 11th-century France.

3. POLITISCHE GESCHICHTE

B. Inst. hist. Research, 80, vol. 53, p. 143-156.

2031. Heinrich der Löwe. Hrsg.: v. Wolf-Dieter MOHRMANN. Göttingen, Vandenhoeck u. Ruprecht, 80, in-8, 514 p. (21 ill.). (Veröff. d. Niedersächs. Archivverwaltung, 39)

2032. HILPERT (Hans-Eberhard). Richard of Cornwall's candidature for the German throne and the Christmas 1256 Parliament at Westminster. J. medieval Hist., 80, vol. 6, p. 185-198.

2033. HOFFMANN (Erich). Beiträge zur Geschichte der Stadt Schleswig und des westlichen Ostseeraums im 12. und 13. Jahrhundert. Z. d. Ges. f. schleswig-holstein. Gesch., 80, Bd 105, p. 27-76.

2034. JACKSON (Peter). The crisis in the Holy Land in 1260. Eng. hist. R., 80, vol. 95, p. 481-513.

2035. JAPPE ALBERTS (W.). Overzicht van de Nederrijnse territoria tussen Maas en Rijn + 800-1288. (The history of the region between Rhine and Meuse, north of the line Cologne - Maastricht.) Assen, Van Gorcum, 79, in-8, 251 p. (ill., maps). (Maaslandse monografieën, 28)

2036. JORDAN (William Chester). Louis IX and the challenge of the crusade : a study in rulership. Princeton, N.J., Princeton U. P., 79, in-8, XV-291 p.

2036 a. KAPELLE (William E.). The Norman conquest of the north : the region and its transformation, 1000-1135. Chapel Hill, Univ. of N. C. Press, 79, in-8, 329 p.

2037. KOSSMANN (Oskar). Die Namen der ersten Herrscher Polens und das Lechitenproblem. Z. f. Ostforsch., 80, Jg. 29, p. 1-47.

2038. KRISTÓ (Gyula). Oroszok az Árpád-kori Magyarországon. (Russes en Hongrie à l'époque des Arpad.) Acta Univ. szegediensis. Acta hist., 80, vol. 67, p. 57-66.

2039. KRZEMIEŃSKA (Barbara). Boj knížete Břetislava I. o upevnění českého státu (1039-1041). (Der Kampf Fürst Břetislava I. um die Festigung d. böhmischen Staates, 1039-1041.) Praha, Academia, 79, in-8, 75 p. (9 fig.). (Rozpravy Československ. akad. věd. Řada společ. věd., vol. 89, T. 5). - EADEM. Wann erfolgte der Anschluss Mährens an den böhmischen Staat ? Studia historica, 80, t. 19, p. 195-243.

2040. LABARGE (Margaret Wade). Gascony, England's first colony, 1204-1453. London, H. Hamilton, 80, in-8, 288 p.

2041. LEEDOM (J. W.). The English settlement of 1153. History, 80, vol. 65, p. 347-364.

2041 a. LEYSER (K. J.). Rule and conflict in early medieval society : Ottonian Saxony. Bloomington, Indiana U. P., 79, in-8, X-190 p.

2042. McNEILL (T. E.). Anglo-Norman Ulster, the history and archaeology of an Irish barony, 1177-1400. Edinburgh, J. Donald, 80, in-8, 200 p. (ill.).

2043. MAKK (Ferenc). Megjegyzések Kálmán külpolitikájához. (Remarques sur la politique extérieure de Coloman /roi de Hongrie, 1095-1116/.) Acta Univ. szegediensis, Acta hist., 80, vol. 67, p. 21-31. - IDEM. Megjegyzések II. Géza történetéhez. (Remarques sur l'histoire du roi Géza II /1141-1162/.) Ibid., 78, vol. 62, p. 3-23. - IDEM. Megjegyzések a II. Géza-kori magyar-bizánci konfrontácio kronológiájához. (Remarques sur la chronologie de la confrontation magyaro-byzantine pendant le règle de Géza II.) Ibid., 80, vol. 67, p. 41-56. - IDEM. Megjegyzések III. István történetéhez. (Remarques sur l'histoire de roi Istvan III /1162-1172/.) Ibid., 79, vol. 66, p. 29-43.

2044. MAYER (Hans Eberhard). Ein Deperditum König Balduins II. von Jerusalem als Zeugnis seiner Pläne zur Eroberung Ägyptens. Deutsch. Arch. f. Erforsch. d. M.-A., 80, Bd 36, p. 549-566.

2045. MEISEL (Janet). Barons of the Welsh frontier : the Corbet, Pantulf, and Fitz Warin families, 1066-1272. Lincoln, Univ. of Nebr., Press, 80, in-8, XIX-231 p.

2046. MESTERHÁZY (Károly). Die landnehmenden ungarischen Stämme. Acta archaeol. Acad. Sci. hungaricae, 78, vol. 30, n°s 3-4, p. 313-347.

2047. MIRANDA CALVO (José). La reconquista de Toledo por Alfonso VI. Toledo, Inst. de Est. Visigótico-Mozárabes de San Eugenio, 80, in-4, 198 p. (ill.).

2048. MÜLLER-MERTENS (Eckhard). Die Reichsstruktur im Spiegel der Herrschaftspraxis Ottos des Grossen. Mit historiogr. Prolegomena z. Frage Feudalstaat auf deutsch. Boden, seit wann deutsch. Feudalstaat ? Berlin, Akad.-Verl., 80, in-8, 309 p. (Kt.). (Forsch. z. mittelalterl. Gesch., 25)

2049. Ó CORRÁIN (Donnchadh). High-kings, Vikings and other kings. Irish hist. Stud., 79, vol. 21, p. 283-323.

2050. OPLL (Ferdinand). Amator ecclesiarum. Studien z. relig. Haltung Friedrich Barbarossas. Mitt. d. Inst. f. österr. Gesch.-Forsch., 80, Bd 88, p. 70-93.

2051. PJADYŠEV (G. E.). Pokhod Igorja v 1185 godu. Mesto Bitvy. (The march of Igor in 1185. The site of the battle.) Ist. SSSR, 80, n° 4, p. 42-65.

2052. POPPE (Andrzej). Das Reich der Rus im 10. und 11. Jahrhundert. Wandel d. Ideenwelt. Jb. f. Gesch. Osteuropas, 80, Bd 28, p. 334-354.

2053. PRAWER (Joshua). Crusader institutions. New York, Oxford U. P., 80, in-8, XV-519 p.

2054. PROCTER (Evelyn S.). Curia and Cortes in Léon and Castile, 1072-1295. London a. New York, Cambridge U. P., 80, in-8, XVI-318 p. (Cambridge Iberian a. Lat. Am. Stud.)

2055. PRZYBYSZEWSKI (Bolesław). Upadek Bolesława Śmiałego. (Le déclin de Boleslas le Hardi /roi de Pologne, 1058-1079/.) Roczn. Kraków, 80, vol. 50, p. 19-38.

2056. RENNA (Thomas). Aristotle and the French monarchy, 1260-1303. Viator, 78, t. 9, p. 309-324.

2057. RESMINI (Bertram). Das Arelat im Kräftefeld der französischen, englischen und angiovinischen Politik nach 1250 und das Einwirken Rudolfs von Habsburg. Köln u. Wien, Böhlau, 80, in-8, VIII-377 p. (5 Kt.). (Kölner hist. Abh., 25)

2058. ROZENKRANZ (Edwin). Dzieje polityczne Gdańska w XII stuleciu. (Histoire politique de Gdańsk au XIIe s.) Studia Mater. Dziej. Wielkop. Pomorza, 80, vol. 26, fasc. 2, p. 5-34.

2059. RYMAR (Edward). Królewna szwedzka Marianna na tronie zachodniopomorskim w latach 1238-1252. (Marianna fille du roi de la Suède sur le trône de la Poméranie occidentale dans les années 1238-1252.) Zap. hist., 80, vol. 45, n° 2, p. 7-24. /Marianna, épouse de Barnim I, prince de Szczecin, 1220-1278/

2060. SPREMIC (Momcillo). La peninsola balcanica tra Oriente ed Occidente del secolo XIII. Medievalia, 80, t. 1, p. 35-48.

2061. SZAKÁLY (Ferenc). Phases of Turco-Hungarian warfare before the battle of Mohács (1365-1526). Acta orient. Acad. Sci. hungaricae, 79, vol. 33, n° 1, p. 65-111.

2062. SZEGFŰ (László). Gellért püspök halála. (La mort de l'évêque Gellért.) Acta Univ. szegediensis. Acta hist., 79, vol. 66, p. 19-28.- IDEM. Vata népe. (Le peuple de Vata.) Ibid., 80, vol. 67, p. 11-19. /Contributions à l'histoire de la révolte des payens hongrois en 1046 dirigée par Vata./

2063. TORRES FONTES (Juan). La reincorporación de Cartagena a la corona de Castilla. Anu. Hist. Derecho español, 80, t. 50, p. 327-352.

2064. WALACHOWICZ (Jerzy). Geneza i ustrój polityczny Nowej Marchii do początków XIV wieku. (La genèse et le système politique de la Nouvelle Marche /Brandebourg/ jusqu'au début du XIVe s.) Poznań, Państw. Wydawn. Nauk., 80, in-8, 187 p. (Pozn. Tow. Przyj. Nauk, Prace Komisji Hist., 34)

2065. Werden (Das) der Steiermark. Die Zeit der Traungauer. Festschrift z. 800. Wiederkehr d. Erhebung z. Herzogtum. Hrsg. v. Gerhard PFERSCHY. Graz, Wien u. Köln, Böhlau, 80, in-8, 422 p. (Veröff. d. Steiermärk. Landesarchivs, 10)

2066. WOLF (Armin). Wer war Kuno "von Öhningen" ? Überlegungen zum Herzogtum Konrads von Schwaben (997) und zur Königswahl vom Jahr 1002. Deutsch. Arch. f. Erforsch. d. M.-A., 80, Jg. 36, p. 25-83.

2067. WOZNIAK (F. E.). The Crimean question, the Black Bulgarians, and the Russo-Byzantine treaty of 944. J. medieval Hist., 79, vol. 5, p. 115-126.

2068. ZABOROV (M. .A). Krestonoscy na Vostoke. (Crusaders in the East.) Moskva, Nauka, 80, in-8, 320 p.

d. 1300-1500.

2069. ALEXANDER (Michael Van Cleave). The first of the Tudors : a study of Henry VII and his reign. Totowa, N.J., Rowman a. Littlefield, 80, in-8, X-280 p.

2070. AUFGEBAUER (Peter). Die ersten Wettinischen Kurfürsten von Sachsen und ihr "Kammerknecht" Abraham von Leipzig (ca 1390-ca 1450.) Bl. f. deutsche Landesgesch., 80, Jg. 116, p. 121-138.

2071. BACZKOWSKI (Krzysztof). Walka Jagiellonów z Maciejem Korwinem o koronę czeską w latach 1471-1479. (La lutte des Jagellon contre Mathias Corvin pour la couronne tchèque, 1471-1479.) Kraków, 80, in-8, 217 p. (Uniw. Jagiell. Rozprawy Habilitacyjne, 40)

2072. BENKER (Gertrud). Ludwig der Bayer. Ein Wittelsbacher auf d. Kaiserthron, 1282-1347. München, Callwey, 80, in-8, 327 p. (ill., Kt.).

2073. BLOM (Grethe Authen). Hyllingen av Håkon (VI) Magnusson, Båhus 17. juli 1344. (The swearing allegiance to king Håkon VI Magnusson at Båhus, July 17, 1344.) /Norsk/ Hist. T., 80, vol. 59, p. 333-354. /Eng. summary/

2074. BOCCIA GLEIJESES (Lydia). Giovanna II di Napoli, una regina di paglia. Napoli, Soc. editr. napol., 80, in-8, 203 p.

2075. /Bourgondië en de Noordelijke Nederlanden. (Burgundy and the Northern Netherlands.):/ Bijdr. Meded. Gesch. Nederland, 80, vol. 95, p. 359-490. /Contents : BARTIER (J.). Quelques réflexions à propos d'un mémoire de

3. POLITISCHE GESCHICHTE

Raymond de Marliano et de la fiscalité à l'époque de Charles le Téméraire, p. 349-362. - CONTAMINE (Ph.). L'art de la guerre selon Philippe de Clèves, seigneur de Ravenstein (1456-1528) : innovation ou tradition ? p. 363-376. - JANSEN (H. P. H.). Modernization of the government : the advent of Philip the Good in Holland, p. 254-264. - JONGKEES (A. G.). Charles le Téméraire et la souveraineté : quelques considérations, p. 315-334. - LOURDAUX (W.). Les Dévots Modernes, rénovateurs de la vie intellectuelle, p. 279-297. - PARAVICINI (W.). Expansion et intégration. La noblesse des Pays-Bas à la cour de Philippe le Bon, p. 298-314. - RICHARD (J.). Les pays bourguignons méridionaux dans l'ensemble des Etats des ducs Valois, p. 335-348. - VAUGHAN (R.). 500 years after the Great Battles, p. 377-390. - WALSH (R. J.). Diplomatic aspects of Charles the Bold's relations with the Holy See, p. 265-278.

2076. BROWN (Alison). The Guelf party in 15th century Florence : the transition from communal to Medicean state. Rinascimento, 80, s. 2, a. 31, p. 41-86.

2077. BROWN (Elizabeth A. R.). The ceremonial of royal succession in Capetian France : the funeral of Philip V. Speculum, 80, vol. 55, n° 2, p. 266-293.

2078. CHRISTENSEN (A. E.). Kalmarunionen og nordisk politik 1319-1439. (L'Union de Kalmar et la politique scandinave, 1319-1439). København, Gyldendal, 80, in-8, 308 p. (pl.).

2079. DESPUT (Joseph). Die Schlacht von Guinegate vom 7. August 1479 : Maximilians Kampf um das burgundische Erbe. Österr. in Gesch. u. Lit., 80, Jg. 24, p. 1-15.

2080. DEUTSCH (Robert), ANDREESCU (Ştefan). Dracula oder Vlad Ţepeş, Fürst der Walachei. Eine historiograph. Untersuchung rumän. Beiträge. Schweiz. Z. f. Gesch., 80, Bd 30, p. 59-71.

2081. DRABINA (Jan). Stosunek Wrocławia do krucjat antytureckich w latach 1453-1529. (Wrocław face aux croisades antiturques dans les années 1453-1529.) Śląski Kwart. hist. Sobótka, 80, a. 35, n° 1, p. 1-17.

2082. EDBURY (Peter). The murder of King Peter I of Cyprus (1359-1369). J. medieval Hist., 80, vol. 6, p. 219-233.

2083. FAVIER (Jean). La guerre de Cent ans. Paris, Fayard, 80, in-8, 678 p. (pl., cartes).

2084. HAZAI (György). Ein Bericht über die Lage des ungarisch-türkischen Grenzgebiets in den letzten Jahren der Regierungszeit von Matthias Corvinus. Studia slavica Acad. Sci. hungaricae, 79, vol. 25, fasc. 1-4, p. 183-187.

2085. HERKOMMER (Hubert). Kritik und Panegyrik. Zum literar. Bild Karls IV. (1346-1378). Rhein. Vjsbl., 80, Jg. 44, p. 68-116.

2086. HYE (Franz-Heinz). Innsbruck. Geschichte und Stadtbild bis zum Anbruch der Neuen Zeit. Tiroler Heimatbl., 80, Jg. 55, p. 3-113.

2087. JÄHNIG (Bernhart). Hat Kaiser Karl IV. im Jahre 1355 mit Hochmeister Winrich von Kniprode verhandelt ? Bl. f. deutsche Landesgesch., 80, Jg. 116, p. 77-119.

2088. JANSSEN (Wilhelm). Die niederrheinischen Territorien in der zweiten Hälfte des 14. Jahrhunderts. Rhein. Vjbl., 80, Jg. 44, p. 47-67.

2089. JONES (A. E.). The trial of Joan of Arc. Chichester, B. Rose, 80, in-8, 315 p.

2090. KREKIC (Barisa). Dubrovnik, Italy and the Balkans in the Late Middle Ages. London, Variorum Repr., 80, in-8, 332 p.

2091. KRISTÓ (D. /Gyula/). Laslo Kan i Transilvania. (Ladislas Kán /mort vers 1318/ et la Transylvanie.) In : Etudes hist. hongr. /Cf. n° 611/, vol. 1, p. 33-60. - A rozgonyi csata. (La bataille de Rozgony /15-06-1312/.) Budapest, Akadémiai Kiadó, 78, in-8, 111 p. (Sorsdöntő történelmi napok, 3)

2092. KUBINYI (András). A királyi tanács az 1490. évi interregnum idején. II. Ulászló választasi feltételeinek létrejötte. (Le Conseil Royal au temps de l'interrègne de 1490. Sur les conditions d'éligibilité de Ulászló II.) Levéltari Közl., 78, vol. 48-49, p. 61-80.

2093. LANDER (J. R.). Government and community : England, 1450-1509. Cambridge, Mass., Harvard U. P.; London, E. Arnold, 80, in-8, VII-406 p. (The New Hist. of England.)

2094. LARNER (John). Italy in the age of Dante and Petrarch, 1216-1380. London, Longman, 80, in-8, 292 p.

2095. McNIVEN (Peter). Prince Henry and the English political crisis of 1412. History, 80, vol. 65, p. 1-16.

2096. MÁLYUSZ (Elemér). A négy Tallóci fivér. (Les quatre frères Tallóci.) Tört. Szle, 80, vol. 23, n° 4, p. 531-576. /Le rôle des bans dalmato-croates Matko, Franko, Petko et Iovan Tallóci pendant les années 1430-1450/

2097. MATANOV (Khr.). Parents serbes et byzantins du Tsar Ivan Alexandre /de Bulgarie, 1331-1371/ (quelques questions non élucidées des liens dynastiques dans les Balkans au XIVe siècle). Et. balkaniques, 80, a. 16, n° 4, p. 104-117.

2098. MEEK (Christine E.). The commune of Lucca under Pisan rule,

1342-1369. Cambridge, Mass., Medieval Acad. of Am., 80, in-8, VII-127 p. (Speculum Anniversary Monographs, 6)

2099. MIKULKA (Jaromír). Zur Frage nach Kaiser Karls IV. "Slawentum" und zum "slawischen" Programm seiner Politik. Jb. f. Gesch. d. Feudalismus, 80, Bd 4, p. 173-185.

2100. MILITZER (Klaus). Ursachen und Folgen der innerstädtischen Auseinandersetzung in Köln in der zweiten Hälfte des 14. Jahrhunderts. Köln, Wamper, 80, in-8, 379 p. (1 Kt.). (Veröff. d. Köln. Gesch.-Verl., 36)

2101. PACZOLAY (Péter). Savonarola és Machiavelli. Az ideálok válságától a válság realizmusáig. (Savonarola and Machiavelli. From the crisis of ideals to the realism of crisis.) Magy. Filoz. Szle, 80, vol. 24, n° 5, p. 732-758.

2102. PATZE (Hans). Karl IV., Kaiser im Spätmittelalter. Bl. f. deutsche Landesgesch., 80, Jg. 116, p. 57-75.

2103. PAVAN (Elisabeth). Police des moeurs, société et politique à Venise à la fin du Moyen âge. R. hist., 80, n° 536, p. 241-288.

2104. PEXA (Herbert). Peter von der Linden. Vom Linzer Bürger zum geadelten Gutsbesitzer in Böhmen und Stifter des Klosters Forbes (Borovany). Hist. Jb. Linz, 79 /80/, p. 21-58.

2105. RABINOVIČ (M. G.). Voennoe delo na Rusi èpokhi Kulikovskoj bitvy. (L'art militaire en Russie à l'époque de la bataille de Kulikovo.) Vopr. Ist., 80, n° 7, p. 103-116.

2106. SANFILIPPO (Mario). Guelfi e ghibellini a Firenze : la pace del cardinal Latino. Nuova R. stor., 80, a. 64, p. 1-25.

2107. SCHMIDT (Gerhard). Die Hausmachtpolitik Kaiser Karls IV. im mittleren Elbegebiet. Jb. f. Gesch. d. Feudalismus, 80, Bd 4, p. 186-214.

2108. SEIBT (Ferdinand). Böhmen und Europa unter den Luxemburgern. Kirche im Osten, 80, Bd 23, p. 32-61.

2109. SIPIONE (Enzo). Il Regno di Sicilia sotto la dinastia aragonese. I successori di Federico II (1337-1412). Catania, Giannotta, 80, in-I, 241 p.

2110. SPĚVÁČEK (Jiří). Karl IV. Sein Leben und seine staatsmännische Leistung. Praha, Academia, 78, in-8, 212 p. (4 fig.). - IDEM. Karel IV. Život a dílo 1316-1378. (Karl IV. Leben u. Werk.) Praha, Svoboda, 79, in-8, 720 p. (160 fig.). - IDEM. Karl IV. - Darstellungen und Wirklichkeit. Historia /Wiesbaden/, 80, Bd 19, p. 5-58.

2111. SPIERALSKI (Zbigniew). Die Jagiellonische Verbundenheit bis zum Ende des 15. Jahrhunderts. Acta Poloniae hist., 80, vol. 41, p. 51-83.

2112. STRAYER (Joseph R.). The reign of Philip the Fair. Princeton, N. J., Princeton U. P., 80, in-8, XVI-450 p.

2113. SZÉKELY (György). Antal Budai Nagy /? -1437/ et la guerre des paysans de Transylvanie. In : Etudes hist. hongr. /Cf. n° 611/, vol. 1, p. 85-99.

2114. TEKE (Zsuzsa). Hunyadi János és kora. (Janos Hunyadi /1470/09-1456/ et son époque.) Budapest, Gondolat Kiadó, 80, in-8, 233 p. (Magyar História)

2115. THEILMANN (John M.). The miracles of King Henry VI of England. Historian, 80, vol. 42, n° 3, p. 456-471.

2116. TYRRELL (Joseph M.). Louis XI. Boston, Twayne Pub. of G. K. Hall, 80, 201 p. (Twayne's World Leaders Ser., 82)

2117. VODOFF (Wladimir). La place du grand-prince de Tver dans les structures politiques russes de la fin du XIVe et au XVe siècle. Forsch. z. osteurop. Gesch., 80, Bd 27, p. 32-63.

2118. WEBBER (Ronald). The Pensants' Revolt, the uprising in Kent, Essex, East Anglia and London during the reign of King Richard II. Sudbury, Dalton, 80, in-8, 136 p.

Cf. n°s 618, 1786, 6331.

§ 4. Juden.

2119. Art et archéologie des Juifs en France médiévale. Sous la dir. de Bernard BLUMENKRANZ. Toulouse, Privat, 80, in-8, 392 p.

2120. ASCHOFF (Diethard). Die Juden in Westfalen zwischen Schwarzem Tod und Reformation (1350-1530). Westfäl. Forsch., 80, Bd 30, p. 78-107.

2121. AWERBUCH (Marianne). Weltflucht und Lebensverneinung der "Frommen Deutschlands". Ein Beitr. z. Daseinsverständnis d. Juden Deutschlands nach d. Kreuzzügen. Arch. f. Kulturgesch., 78 /80/, Bd 60, p. 53-93. /12.-13. Jh./

2122. BOESCH GAJANO (Sofia). Per una storia degli Ebrei in Occidente tra antichità e medioevo. Quad. mediev., 80, t. 8, p. 12-43.

2123. COHEN (Mark R.). Jewish self-government in medieval Egypt. The origins of the office of Head of the Jews, c. 1065-1126. Princeton, N. J., Princeton U. P., 80, in-8, 386 p.

2124. EIDELBERG (Shlomo). Trial by ordeal in medieval Jewish history : laws, customs and attitudes. Am. Acad. jewish Research, Proc., 78-79 /80/, vol. 46-47, p. 105-120.

2125. GIL (Moshe). Ha-mifgash ha-bavli. (The Babylonian encounter.) Tarbiz, 79, vol. 48, n°s 1-2, p. 35-73. /Summary in Eng./ /Discusses exilarch Bostanai and his struggle against Muslim invaders in the 7th cent./

2126. GLADSTEIN-KESTENBERG (Ruth). Hezqat ha-yishuv, herem ha-yishuv we-ha-miziyut yeme ha-benayim. (The right of settlement, the ban on settlement and medieval reality /in Germany/.) Tarbiz, 78, vol. 47, n°s 3-4, p. 216-229. /Summary in Eng./

2127. HACKER (J.). Kroniqot hadashot al gerush ha-yehudim mi-sefarad ; sibotaw we-tozaotaw. (New chronicles on the expulsion of the Jews from Spain, its causes a. results.) Zion, 79, vol. 44, p. 201-228. /Summary in Eng./

2128. HERMESDORF (B. H. D.). Een jurist uit de Zuidelijke Nederlanden over de rechtspositie der joden. (Un juriste de Brabant sur la condition juridique des Juifs /c. 1490/.) Versl. Meded. oud-vaderl. Recht, 78, N. R., vol. 1, p. 17-45.

2129. KISTER (M. J.), KISTER (Menahem). Al yehude arav ; he'arot. (On the Jews of Arabia /in the 6th cent./ ; some notes.) Tarbiz, 79, vol. 48, n°s 3-4, p. 231-247. /Summary in Eng./

2130. KNIEWASSER (Manfred). Die antijüdische Polemik des Petrus Alphonsi (getauft 1106) und des Abtes Petrus Venerabilis von Cluny († 1156). Kairos, 80, N. F. Jg. 22, p. 34-76.

2131. LEROY (Béatrice). Le royaume de Navarre et les Juifs au XIVe et XVe siècles : entre l'accueil et la tolérance. Sefarad, 78 /80/, vol. 38, p. 263-292.

2132. SAITTA (Biagio). I Giudei nella Spagna visigota. Da Recardo a Sisebuto. Quad. catanesi, 80, a. 2, p. 221-264.

2133. Settimane di studio del Centro italiano di studi sull'alto Medioevo. XXVI : Gli Ebrei nell'alto Medioevo, 30 marzo-5 aprile 1978. Spoleto, presso la sede del Centro, 80, 2 vol. in-8, 1080 p. compless. (tav.). (Centre ital. di Stud. sull'alto Medioevo)

2134. SIMONSOHN (S.). Mawo le-yahase ha-afifyorim we-ha-yehudim biyeme ha-benayim. (Prolegomena to a his ory of the relations between the papacy and the Jews in the middle ages.) Zion, 79, vol. 44, p. 66-93.

2135. Studies in medieval Jewish history and literature. Ed. by Isadore TWERSKY. Cambridge, Mass., Harvard U. P., 79, in-8, X-374 p. (Harvard Judaic Monographs, 2)

2136. SUÁREZ FERNÁNDEZ (Luis). Judíos españoles en la Edad Media. Madrid, Rialp, 80, in-8, 286 p.

2137. TWERSKY (Isadore). Introduction to the code of Maimonides (Mishneh Torah). New Haven, Conn., Yale U. P., 80, in-8, XVI-641 p. (Yale Judaica ser., 22)

2138. TYLOCH (Witold). Die Judenschutzbriefe von Boleslaw dem Frommen von Grosspolen und von Kasimir dem Grossen, König von Polen. Kairos, 80, N.F. Jg. 22, p. 114-121.

Cf. n°s 690, 723, 2663.

§ 5. Islam.

✦ 2139. WERNER (Manfred W.). The Arab/Muslim presence in medieval central Europe. Int. J. Middle East Stud., 80, vol. 12, p. 59-79.

✦ Cf. n° 597.

2140. ÁLVAREZ DE MORALES (Camilo). "El libro de la almohada" de Ibn Wafid de Toledo (Recetario médico árabe del siglo XI). Toledo, Inst. Prov. de Invest. y Est. Toledanos, 80, in-4, IX-488 p.

2141. BULLIET (Richard W.). Conversion to Islam in the medieval period : an essay in quantitative history. Cambridge, Mass., Harvard U. P., 79, in-8, 158 p.

2142. DE PASQUALE (Giuseppe). L'Islam in Sicilia. Palermo, Flaccovio, 80, in-8, 116 p.

2143. ENGINEER (Ashgan Ali). The Bohras. London, Vikas, 80, in-8, 300 p.

2144. GABRIELI (Francesco), SCERRATO (Umberto). Gli Arabi in Italia. Milano, Credito Italiano, 79, in-8, 769 p.

2145. GATTO (L.). L'eco della conquista araba della Sicilia nelle fonti cristiane. Quad. catanesi, 79, a. 1, p. 25-80.

2146. GÓMEZ NOGALES (Salvador). La política como única ciencia religiosa en al-Fārābī. Prólogo de Miguel CRUZ HERNÁNDEZ, Madrid, Inst. Hispano-Árabe de Cultura, 80, in-4, XV-113 p. (2 hojas)

2147. GROSSMAN (A.). Yahaso shel ha-halifa al-mamun el ha-yehudim. (The attitude of the Caliph Al-Ma'mun /813-833/ to the Jews.) Zion, 79, vol. 44, p. 94-110. /Summary in Eng./

2148. HORVÁTH (Pál). A próféta "igazi" utódai. A siita iszlám történetéből. (Les "vrais" successeurs du Prophète. De l'histoire de l'Islam chiite.) Budapest, Kossuth Kiadó, 79, in-8, 113 p.

2149. KENNEDY (Hugh). The early

Abbasid Caliphate. London, Croom Helm, 80, in-8, 240 p.

2150. MARÓTH (Miklós). Griechische Theorie und orientalische Praxis in der Staatskunst von al-Fārābī. Acta ant. Acad. Sci. hungaricae, 78, vol. 26, n°s 3-4, p. 465-469.

2151. MIQUEL (André). La géographie humaine du monde musulman jusqu' au milieu du XIe siècle. /T. 2. Cf. Bibl. 76-77, n° 2695./ T. 3 : Le milieu naturel. La Haye, Paris et New York, Mouton, 80, in-8, XX-543 p. (cartes). (Civilisations et sociétés, 68)

2152. MOTTAHEDEH (Roy P.). Loyalty and friendship in an early Islamic society /Būyid dynasty, 945-1055/. Princeton, N.J., Princeton U.P., 80, in-8, X-209 p. (Princeton Stud. on the Near East)

2153. PROZOROV (S. M.). Arabskaja istoričeskaja literatura v Irake, Irane i Srednej Azii v VII-seredine X v. Šiitskaja istoriografija. (Arab historical literature in Iraq, Iran and Middle Asia in the 7th-middle of the 10th cent. Shiite historiography.) Moskva, Nauka, 80, in-8, 247 p.

2154. SAITTA (Armando). Dal regno moro di Granada alla Granada cattolica. Critica stor., 80, a. 17, p. 349-398, 537-581.

2155. WALDMAN (Marilyn Robinson). Toward a theory of historical narrative : a case study in Perso-Islamic historiography. Columbus, Ohio State U.P., 80, in-8, VIII-214 p. /Work of Abu'l Fazl al-Bayhaqi, 11th c./

Cf. n°s 851, 1124, 1816, 1827, 2349.

§ 6. Wikinger.

2156. BAILEY (Richard N.). Viking age sculpture in Northern England. London, Collins, 80, in-8, 288 p. (61 pl.)

2157. BENSON (Sven). Tind Hallkelssons saga. (La saga de Tind Hallkelsson.) Helsingfors, 80, in-8, p. 27-39. (Skr. svenska Litteratursälls. Finland, 490. - Studier i nordisk filologi, 62)

2158. BERNAGE (Georges), FICHET (Paul), MABIRE (Jean). Les Vikings en Normandie. Paris, Copernic, 79, in-4, 192 p. (Hist. et traditions)

2159. BINNS (Alan Lawrie). Viking voyagers. London, Heinemann, 80, in-8, 224 p.

2160. GOETZ (Hans-Werner). Zur Landnahmepolitik der Normannen im Fränkischen Reich. A. d. hist. Ver. f. d. Niederrhein, 80, H. 183, p. 9-17.

2161. GRAHAM-CAMPBBELL (James). Viking artefacts. London, Brit. Museum, 80, in-4, 316 p. (ill.).

2162. MAGNUSSON (Magnus). Vikings! London, Bodley Head, 80, in-4, 320 p. (ill.).

2163. MANN (Faith). Evidence for Viking expansion in the North, 800-1000. B. Cleveland Teesside local Hist. Soc., 80, vol. 39, p. 1-15.

2164. RANDSBORG (Klavs). The Viking age in Denmark. The formation of a state. London, Dickworth, 80, in-8, 212 p. (57 fig., 16 pl.).

2165. WILSON (David M.). Economic aspects of the Vikings in the West - the archaeòlogical basis : the Félix Neubergh lecture. Göteborg, Göteborgs univ., 80, in-8, 36 p.

Cf. n°s 2049, 2255.

§ 7. Rechts- und Verfassungsgeschichte.

✦ 2166. KUTTNER (Stephan), HORWITZ (Steven). Select bibliography. B. med. canon Law, 79, n.s., vol. 9, p. 89-131.

✦ Cf. n° 744.

2167. ADAM (Wolfgang). Herrschaftsgefüge und Verfassungsdenken im Reich zur Zeit der Absetzung König Wenzels. Frankfurt (Main), Bern u. Cirencester, Lang, 80, in-8, 227 p. (Europ. Hochschulschr., Reihe 3 : Gesch. u. ihre Hilfswiss., 129)

2168. ALEKSEEV (Ju. G.). Pskovskaja sudnaja gramota i ee vremja. Razvitie feodalnykh otnošenij na Rusi XIV-XV vv. (Pskov court charter and its time : development of feudal relations in Russia, 14th-15th cent.) Leningrad, Nauka, 80, in-8, 243 p.

2169. ALONSO (María Luz). La sucesión "mortis causa" en los documentos toledanos de los siglos XII-XV. Anu. Hist. Derecho español, 80, t. 50, p. 941-970.

2170. ARVIZU (Fernando de). Las causas de desheredación el el derecho altomedieval de Aragón y Navarra. In : Mélanges J. Dauvillier /Cf. n° 4137, p. 1-14.

2171. Authority and power. Studies in mediaeval law and government presented to Walter Ullman on his 70th birthday. Ed. by Brian TIERNEY a. Peter LINEHAM. LINEHAM. London, Cambridge U. P., 80, in-8, 274 p.

2172. BERMEJO CABRERO (José Luis). Los primeros secretarios de los reyes. Anu. Hist. Derecho español, 79, t. 49, p. 187-296.

2173. BISSON (Thomas N.). Conservation of coinage. Monetary exploitation and its restraint in France, Cata-

lonia and Aragon (c. 1000-1225 A. D.).
Oxford, Clarendon Press, 79, in-8, XIX
-250 p. (11 pl.).

2174. BOISARD (Marcel A.). On the
probable influence of Islam on Western
public and international law. Int. J.
Middle East Stud., 80, vol. 11, p. 429
-450.

2175. BONGERT (Yvonne). Solidarité
familiale et procédure criminelle au
moyen âge : la procédure ordinaire au
XIVe siècle. in : Mélanges J. Dauvillier .Cf. n° 413/, p. 99-116.

2176. BOOCKMANN (Andrea). Urfehde
und ewige Gefangenschaft im mittelalterlichen Göttingen. Göttingen, Vandenhoeck u. Rprecht, 80, in-8, 125 p.
(Stud. z. Gesch. d. Stadt Göttingen,
13)

2177. CARPENTER (David). The fall
of Hubert De Burgh /Chief justiciar,
1215-1232/. J. brit. Stud., 80, vol.
19, n° 2, p. 1-17.

2178. COHEN (Esther). Patterns of
crime in fourteenth-century Paris.
French hist. Stud., 80, vol. 11, n° 3,
p. 307-327.

2179. COHN (Samuel). Criminality
and the state in Renaissance Florence,
1344-1466. J. soc. Hist., 80, vol. 14,
n° 2, p. 211-234.

2180. COUDERT (Jean). Juge ou partie ? L'intervention du comté de Vaudémont dans les successions féodales
(XVe et XVIe siècles). A. Est, 80,
sér. 5, a. 32, p. 43-74.

2181. DIOS (Salustiano de). Ordenanzas del Consejo Real de Castilla
(1385-1490). Hist. Instit. Doc., 80, t.
7, p. 269-320.

2182. DOUGLAS (Audrey W.). Tenure
in elemosina : origins and establishment in twelfth-century England. Am. J.
legal Hist., 80, vol. 24, p. 95-132.

2183. FRYDE (E. B.). The financial
policies of the royal governments and
popular resistance to them in France
and England, c. 1270-c. 1420. R. belge
Philol. Hist., 79, vol. 57, p. 824-
860.

2184. GARCÍA MARÍN (José María).
La legítima defensa hasta fines de la
Edad Media. Notas para su estudio.
Anu. Hist. Derecho español, 80, t. 50,
p. 413-438.

2185. GRIFFITHS (R. A.). Public
and private bureaucracy in England and
Wales in the 15th century. Trans. roy.
hist. Soc., 80, vol. 30, p. 109-130.

2186. HADJU (Robert). The position
of noblewomen in the pays des coutumes,
1100-1300. J. Family Hist., 80, vol. 5,
p. 122-144.

2187. HARDING (Alan). Political
liberty in the middle ages. Speculum,
80, vol. 55, n° 3, p. 423-443.

2188. HARSGOR (Mikhaël). Recherches sur le personnel du Conseil du roi
sous Charles VIII et Louis XII. Lille,
At. Reprod. Thèses, Univ. Lille III ;
Paris, diff. Champion, 80, 4 vol. in-8,
2761 p.

2189. HAYASHI (Takeshi). Doitsu
chûsei toshi to toshihô. (German medieval cities and municipal laws.) Tokyo,
Sôbunsha, 80, in-8, 380 p.

2190. HEHL (Ernst-Dieter). Kirche
und Krieg im 12. Jahrhundert. Studien
z. kanon. Recht u. polit. Wirklichkeit.
Stuttgart, Hiersemann, 80, in-8, IX-
310 p. (Monogr. z. Gesch. d. M.-A.,
19)

2191. HEMPTINNE (Th. de), VANDERMAESEN (M.). De ambtenaren van de centrale administratie van het graafschap
Vlaanderen van de 12de tot de 14de
eeuw. (Les fonctionnaires des institutions centrales du comté de Flandre,
du XIIe au XIVe s.) T. Gesch., 80, vol.
93, p. 177-209.

2192. HOEHNE (Hans). Pilii Medicinensis Summula de reorum exceptionibus "Precibus et instantia". Ius commune, 80, t. 9, p. 139-209.

2193. HYAMS (Paul R.). King, lords,
and peasants in medieval England : the
common law of villeinage in the twelfth
and thirteenth centuries. London a. New
York, Oxford U. P., 80, in-8, XII-295
p. (Oxford Hist. Monographs)

2194. ISENMANN (E.). Reichsfinanzen und Reichssteuern im 15. Jahrhundert. Z. f. hist. Forsch., 80, Bd 7,
p. 129-218.

2195. JACOB (Robert). La minorité
de Robert VI de Wavrin : questions de
bail, garde et douaire dans la coutume
d'Artois au XIVe s. d'après la jurisprudence du parlement. Liège, Fac.
Droit ; Paris, diff. Libr. techniques,
78, in-4, 167-XXXVII p. (Coll. scientif. de la Fac. Droit, Econ. et Sci.
soc. de Liège, 43)

2196. JANSSEN (Wilhelm). Die
kurkölnischen Territorialrechnungen
des Mittelalters. Jb. f. westdeutsche
Landesgesch., 80, Jg. 6, p. 97-115.

2197. JEANCLOS (Yves). L'arbitrage en Bourgogne et en Champagne du XIIe
au XVe siècle. Etude de l'influence du
droit savant, de la coutume et de la
pratique. Dijon, Centre de recherches
hist., 77, in-8, X-347 p. (Publ. du
Centre de recherches hist. de la Fac.
de Droit et de Sci. pol., Univ. de
Dijon, 3)

2198. KAISER (Reinhold).Steuer und
Zoll in der Merowingerzeit. Francia, 79
/80/, Bd 7, p. 1-17.

2199. KRIEGER (Karl-Friedrich).
Die Lehnshoheit der deutschen Könige
im Spätmittelalter (ca. 1200-1437).

(Aalen, Scientia, 79, in-8, CI-663 p. (Unters. z. deutsch. Staats- u. Rechtsgesch., N. F. 23)

2200. KUBINYI (András). A magyarországi városok országrendiségének kérdéséhez, különös tekintettel az 1459-1526 közötti időre. (Contributions à la question des villes de Hongrie, membres des ordres des états, spécialement à l'époque de 1459 à 1526.) Tanulmányok Budapest multjából, 79, vol. 21, p. 7-49.

2201. MARBACH (Johannes). Strafrechtspflege in den hessischen Städten an der Werra am Ausgang des Mittelalters. München, Minerva, 80, in-8, XII-231 p.

2202. MARTÍNEZ CARRILLO (Mª de los Llanos). Revolución urbana y autoridad monárquica en Murcia durante la Baja Edad Media (1395-1420). Murcia, Univ., Acad. Alfonso el Sabio, 80, in-4, 391 p. (ill.).

2203. MENOZZI (D.). La critica all'autenticità della Donazione de Costantino in un manoscritto della fine del XIV secolo. Cristianesimo nella Storia, 80, t. 1, p. 123-154.

2204. NARDI (Paolo). Studi sul banchiere nel pensiero dei Glossatori. Milano, 79, in-8, 292 p. (Quaderni di Studi senesi, 44)

2205. NIKOLAY-PANTER (Marlene). Untersuchungen zur spätmittelalterlichen Grundherrschaft. Das Beispiel Benratherhof. Jb. f. westdeutsche Landesgesch., 80, Jg. 6, p. 69-95.

2206. NOICHL (Elisabeth). Die "Gründungsurkunde" des Chorherrenstifts Dietramszell. Eine Tegernseer Fälschung aus dem letzten Viertel des 12. Jahrh. Archival. Z., 80, Bd 76, p. 39-56.

2207. NORTIER (Michel), BALDWIN (John W.). Contributions à l'étude des finances de Philippe Auguste. Bibl. Ec. Chartes, 80, vol. 138, p. 5-33.

2208. ONO (Yoshihiko). 1311 nen no Ottô no tokkenhuyo ni tsuite. (Zur Ottonischen Handveste von 1311 : Die Bedeutung in der Entwicklung der ständischen Verfassung des Landes Niederbayern.) Shigaku Zasshi, 80, vol. 89, n° 11, p. 1-38.

2209. OURLIAC (Paul). Etudes d'histoire du droit médiéval. Paris, A. et J. Picard, 79, in-4, LV-636 p. (portr.). /Recueil de textes extraits de diverses revues et publ., 1938-1977/

2210. PADOA SCHIOPPA (Antonio). Il ruolo della cultura giuridica in alcuni atti giudiziari italiani dei secoli XI e XII. Nuova R. stor., 80, t. 64, p. 265-289.

2211. PFEIFFER (Gerhard). Geschichtliche Aspekte des Vereinsrechts in der Reichsstadt Nürnberg /14.-15.

Jh./. Archival. Z., 79, Bd 75, p. 148-181.

2212. PORTEAU-BITKER (Annick). Criminalité et délinquance féminines dans le droit pénal des XIIIe et XIVe siècles. R. hist. Droit franç. étr., 80, a. 58, p. 13-56.

2213. ROUCHE (Michel). Les survivances antiques dans trois cartulaires du Sud-Ouest de la France aux Xe et XIe siècles. Cah. Civ. méd., 80, vol. 23, p. 93-108.

2214. SÄNGER (Margret). Die Burgfrieden der Grafen von Katzenelnbogen. Bl. f. deutsche Landesgesch., 80, Jg. 116, p. 189-234.

2215. SALCEDO IZU (Joaquín). La autonomía municipal según las cortes castellanas de la Baja Edad Media. Anu. Hist. Derecho español, 80, t. 50, p. 223-242.

2216. SCHELLE (Karel). Ordály jako důkazní prostředek v procesním právu. (Ordeals as a means of proof in trial law in Slovakia.) Slov. Archiv., 80, vol. 15, p. 117-149.

2217. SCHEPER (Burchard). Anmerkungen zur Entstehung des Rates in Deutschland mit besonderer Berücksichtigung der nordwestdeutschen Städte. Alte Stadt, 80, Jg. 7, p. 237-256.

2218. SCHNEIDMÜLLER (Bernd). Karolingische Tradition und frühes französisches Königtum. Unters. z. Herrschaftslegitimation d. westfränkisch-französischen Monarchie im 10. Jh. Wiesbaden, Steiner, 79, in-8, VI-241 p. (Frankfurter hist. Abh., 22)

2219. SERPER (Arié). L'administration royale de Paris au temps de Louis IX. Francia, 79 /80/, Bd 7, p. 123-139.

2220. SIVERY (G.). La rémunération des agents des rois de France au XIIIe siècle. R. hist. Droit franç. étr., 80, vol. 58, p. 587-607.

2221. SLASKI (Kazimierz). Zur Frage der Volkstums- und Staatszugehörigkeit des Kulmerlandes vom Frühen Mittelalter bis 1230. Bl. f. deutsche Landesgesch., 80, Jg. 116, p. 33-56.

2222. SPRANDEL (Rolf). Mittelalterliche Verfassungs- und Sozialgeschichte vom Blickpunkt einer Landschaft : Mainfranken. Z. f. hist. Forsch., 80, Bd 7, p. 401-422.

2223. Städte und Ständestaat. Zur Rolle d. Städte bei d. Entwicklung d. Ständeverfassung in europ. Staaten vom 13. bis 15. Jh. Im Auftr. d. Zentralinst. f. Gesch. an d. Akad. d. Wiss. d. DDR hrsg. v. Bernhard TÖPFER. Berlin, Akad.-Verl., 80, in-8, 246 p. (Forsch. z. mittelalterl. Gesch., 26)

2224. STELZER (Winfried). Die Summa Monacensis (Summa "Inperatorie maiestati") und der Neustifter Propst Konrad von Albeck. Ein Beitrag zur Verbreitung der französischen Kanonistik im frühstaufischen Deutschland. Mitt. d. Inst. f. österr. Gesch.-Forsch., 80, Bd 88, p. 94-112.

2225. Structures féodales et féodalismes dans l'Occident méditerranéen (Xe-XIIIe s.). Bilan et perspectives de recherches. Colloque internat. organisé par le CNRS et l'Ecole française de Rome (Rome, 10-13 oct. 1978). Rome, Ecole franç. de Rome, 80, in-8, 768 p. (Coll. de l'Ecole franç. de Rome, 14)

2226. Studien zur Geschichte des sächsisch-magdeburgischen Rechts in Deutschland und Polen. Hrsg. v. Dietmar WILLOWEIT u. Winfried SCHICH. Frankfurt a. M., Bern /etc/, Lang, 80, in-8, VIII -192 p. (Rechtshist. R., 10)

2227. TELLENBACH (Gerd). Die geistigen und politischen Grundlagen der karolingischen Thronfolge. Zugleich eine Studie über kollektive Willensbildung und kollektives Handeln im neunten Jahrhundert. Frühmittelalterl. Stud., 79, Bd 13, p. 184-302.

2228. TSURUSHIMA (Hirokazu). 11, 12 seiki Ingurando no "feodum" gainen ni tsuite. (The concept "feodum" in Kent, c. 1040-c. 1200.) Seiyôshi Kenkyû, 80, n° 9, p. 34-59.

2229. TURLAN (Juliette M.), TIMBAL (Pierre Cl.). Justice laïque et lien matrimonial en France au moyen âge. R. Droit canonique, 80, vol. 30, p. 347-363.

2230. ULLMANN (Walter). Jurisprudence in the Middle Ages. London, Variorum Repr., 80, in-8, 390 p.

2231. VOLKERT (Wilhelm). Die älteren bayerischen Landtafeln (14.-15. Jh.). Archival. Z., 79, Bd 75, p. 250-262.

2232. Welsh law (The) of women. Studies presented to Professor Daniel A. Binchy on his eightieth birthday, 3 June 1980. Ed. by Dafydd JENKINS a. Morfydd E. OWEN. Cardiff, Cardiff U. P., 80, in-8, XIV-253 p.

2233. WILLOWEIT (Dietmar). Gebot und Verbot im Spätmittelalter - vornehmlich nach südhessischen und mainfränkischen Weistümern. Hess. Jb. f. Landesgesch., 80, Bd 30, p. 94-130.

2234. WINTER (Johanna Maria von). Die Hamaländer Grafen als Angehörige der Reichsaristokratie im 10. Jahrhundert. Rhein. Vjsbl., 80, Jg. 44, p. 16 -46.

2235. ZECCHINO (Ortensio). Le assise di Ruggiero II. Problemi di storia delle fonti e di diritto penale. Napoli, Jovene, 80, in-8, 199 p. (Publ. della Fac. giur. dell'Univ. di Napoli, 135)

Cf. n°s 68, 121, 1865, 1988, 2273, 2342.

§ 8. Wirtschafts- und Sozialgeschichte.

∗ 2236. BARTOLI (Marco). Donna e società nel tardo medioevo. Guida bibliografica. Cultura e Scuola, 80, t. 19, p. 81-88.

2237. ABEL (Wilhelm). Strukturen und Krisen der spätmittelalterlichen Wirtschaft. Stuttgart u. New York, Fischer, 80, in-8, 132 p. (7 graph. Darst.). (Quellen u. Forsch. z. Agrargesch., 32)

2238. Archaeology (The) of mediaeval ships and harbours in Northern Europe. Papers based on those presented to an Internat. Symposium on Boat and Ship Archaeology at Bremerhaven in 1979. Ed. by Sean McGRAIL. Oxford, Brit. Archaeol. Rep., 79, in-4, IX-260 p. (ill.). (Brit. Archaeol. Rep., Intern. ser., 66)

2239. ARNOLD (Klaus). Kind und Gesellschaft im Mittelalter und Renaissance. Beiträge u. Texte z. Gesch. d. Kindheit. Paderborn, Schöningh ; München, Lurz, 80, in-8, 201 p. (8 Abb.)

2240. ASAERT (G.). Antwerp ships in English harbours in the fifteenth century. Acta Hist. neerlandicae, 79, vol. 12, p. 29-47.

2241. ASAJI (Keizo). 13 seiki Wirutoshâ no sezokuryô shôen. (The lordship in the Wiltshire manor of Adam Stratton.) Shirin, 80, vol. 63, n° 4, p. 65-96.

2242. BACCHI (Teresa). La struttura delle aziende fondiarie nel territorio ferrarese (secoli XI-XII). B. Istit. stor. ital. Medioevo, 79, a. 88, p. 87-120.

2243. BALLETTO (Laura). Mercanti italiani in Oriente nel sec. XII da Savona a Bisanzio (1179). At. M. Soc. savonese Stor. pa., 80, n. s., vol. 14, p. 25-37.

2244. BAUTIER (Robert-Henri), BAUTIER (Anne-Marie). Contribution à l'histoire du cheval au Moyen Age : l'élevage du cheval. B. philol. hist. Com. Trav. hist. sci., 78 /80/, p. 9-75.

2245. BEAULIEU (Michèle). Le costume, miroir des mentalités de la France médiévale (1350-1500). In : Mélanges J. Dauvillier /Cf. n° 413/, p. 65-87 (ill.).

2246. BENSACI (Mékia). Familles et individualités pisanes en relations avec le Maghrib /XIIIe-XVe s./. Cah. Tunisie, 80, vol. 28, p. 57-75.

2247. BERNARD (Jacques). The maritime intercourse between Bordeaux and Ireland, c. 1450-c. 1520. Irish econ. soc. Hist., 80, vol. 7, p. 7-21.

2248. BOLENS (Lucie). Pain quotidien de disette dans l'Espagne musulmane. A. Ec. Soc. Civ., 80, vol. 35, p. 462-476.

2249. BOLTON (J. L.). The mediaeval English economy, 1150-1500. London, Dent, 80, in-8, 400 p. (ill., tab., map). (Everyman's Univ. Libr.)

2250. BOROSY (András). Főurak, familiárisok, udvari harcosok Magyarországon a XIII. században. (Magnaten, Familiaren, Hofkrieger in Ungarn im 13. Jh.) Hadtört. Közl., 78, vol. 25, n°3, p. 315-338.

2251. BRITNELL (R. H.). Minor landlords in England and medieval agrarian capitalism. Past a. Present, 80, vol. 89, p. 3-22.

2252. BRUNNER (Karl). Die Kuenringer. Adeliges Leben in Niederösterreich. St. Pölten, Wien, Niederösterr. Pressehaus, 80, in-8, 25 p. (Wiss. Schriftenreihe Niederösterr., 53)

2253. BUSHKOVITCH (Paul). Towns and castles in Kievan Rus' : boiar residence and landownership in the eleventh and twelfth centuries. Russian R., 80, vol. 7, p. 251-264.

2254. CAMMAROSANO (Paolo). La nobiltà del Senese dal secolo VIII agli inizi del secolo XII. B. senese Stor. pa., 79 /80/, t. 86, p. 9-48.

2255. CAPELLE (Torsten). Bemerkungen zum isländischen Handwerk in der Wikingerzeit und im Mittelalter. Frühmittelalt. Stud., 80, Bd 14, p. 423-436. - IDEM. Parallelüberlieferung, Tradition und Quellenlücke im ur- und frühgeschichtlichen Fundgut. Bemerkungen zum Holz als Werkstoff. Ibid., p. 410-422.

2256. CARPENTER (D. A.). Was there a crisis of the knightly class in the thirteenth century ? The Oxfordshire evidence. Eng. hist. R., 80, vol. 95, p. 721-752.

2257. CETWIŃSKI (Marek). Rycerstwo śląskie do końca XIII wieku. Pochodzenie, gospodarka, polityka. (La chevalerie en Silésie jusqu'à la fin du XIIIe siècle. Origine, économie, politique.) Wrocław, Zakł. Narod. im. Ossolińskich, 80, in-8, 243 p. (Travaux de la Soc. des Sciences et des Lettres de Wrocław, Ser. A, 210)

2258. CHARBONNIER (Pierre). Une autre France. La seigneurie rurale en Basse Auvergne du XIVe au XVIe siècle. Vol. 1, 2. Clermont-Ferrand, Inst. d'Et. du Massif Central, 80, 2 vol. in-8, V-668 p., p. 669-1293. (Publ. de l'Inst. d'Et. du Massif Central, 20)

2259. Chasse (La) au moyen âge. Actes du Colloque de Nice, 22-24 juin 1979, Centre d'études médiévales. Paris, Belles Lettres, 80, in-8, 554 p. (ill.) (Publ. de la Fac. des lettres et des sci. humaines de Nice, 20)

2260. CHRISTOPHERSEN (Axel). Håndverket i forandring : studier i horn- og beinhåndverkets utvikling i Lund C, a 1000-1350. (The transformation of handicraft : studies in the development of antler and bone working in Lund, ca. 1000-1350.) Bonn, Habelt ; Lund, Liberläromedel/Gleerup, 80, in-4, 236 p. (ill.). (Acta archaeol. Lundensia, Ser. prima in-4, 13) /Eng. summary/

2261. CIONCI (Alarico), MONTANARI (Valerio). Lo sviluppo dell'arte della lana a Bologna nella prima metà del XIII secolo. Carrobbio, 80, a. 6, p. 105-122.

2262. COHEN (Esther). Roads and pilgrimage : a study in economic interaction. Studi mediev., 80, ser. 3, a. 21, p. 321-341.

2263. COHN (Samuel). Criminality and the state in Renaissance Florence, 1344-1466. J. soc. Hist., 80, vol. 14, p. 211-233.

2264. COMBA (Rinaldo). Commercio e vie di comunicazione del Piemonte sud-occidentale nel basso Medioevo, /I. Cf. Bibl. 76-77, n° 2823./ II : Gli itinerari di collegamento con il Piemonte settentrionale. B. stor. bibliogr. subalpino, 80, a. 78, p. 369 -472.

2265. COMMEAUX (Charles). La vie quotidienne en Bourgogne au temps des ducs de Valois, 1364-1477. Paris, Hachette-Littérature, 79, in-8, 381 p. (ill.).

2266. COSTA (Mário Júlio de Almeida). Os contratos agrarios e a vida economica em Portugal na Idade Media. Anu. Hist. Derecho español, 79, t. 49, p. 141-163.

2267. CROOK (David). The early Remembrancers of the Exchequer. B. Inst. hist. Research, 80, vol. 53, p. 11-23.

2268. CSŐRE (Pál). A magyar erdő-gazdálkodás története. Középkor. (Histoire de l'économie forestière hongroise. Moyen-Age.) Budapest, Akad. Kiadó, 80, in-8, 310 p.

2269. DAHLMAN (Carl J.). The open field system and beyond : a property rights analysis of an economic institution. New York, Cambridge U. P., 80, in-8, VIII-234 p.

2270. DEMANDT (Karl E.). Die Anfänge der staatlichen Armen- und Elen-

8. WIRTSCHAFTS- UND SOZIALGESCHICHTE

denfürsorge in Hessen. Hess. Jb. f. Landesgesch., 80, Bd 30, p. 176-235.

2271. DESPORTES (Pierre). Réceptions et inscriptions à la bourgeoisie de Lille aux XIVe et XVe siècles. R. Nord, 80, t. 62, p. 541-571.

2272. Deutsche Königspfalzen. Beiträge zu ihrer hist. u. archäol. Erforsch. /Bd 2. Cf. Bibl. 65, n° 3141./ Bd 3; Göttingen, Vandenhoeck u. Ruprecht, 79, in-4, 336 p. (ill., graph. Darst., Kt.). (Veröff. d. Max-Planck-Inst. f. Gesch., 11)

2273. DOCKES (Pierre). La libération médiévale. Avec la collab. de Bernard ROSIER. Paris, Flammarion, 79, in-8, 321 p. (Nouv. Bibl. scientif.)

2274. DOMANOVSZKY (Sándor). Gazdaság és társadalom a középkorban. Tanulmányok. Vál. és bev. GLATZ Ferenc. (Société et économie au Moyen-Age. Etudes. Choisies et intr. par. -.) Budapest, Gondolat Kiadó, 79, in-8, 371 p. (Történetirók Tara)

2275. DUBOIS (Henri). Techniques et coûts des transports terrestres dans l'espace bourguignon aux XIVe et XVe siècles. A. Bourgogne, 80, vol. 52, p. 65-82.

2276. DUFOURCQ (Charles-Emmanuel). Rapports entre l'Afrique et l'Espagne au XIIIe siècle. Medievalia, 80, t. 1, p. 83-102.

2277. ÉGETŐ (Melinda). Középkori szőlőművelésünk történetéhez. (To the question of mediaeval wine culture in Hungary.) Ethnographia, 80, vol. 91, n° 1, p. 53-78.

2278. EGGENDORFER (Anton). Die Tullner Fleischhauerordnung von 1267. Mitt. a. d. niederösterr. Landesarch., 80, H. 4, p. 12-24.

2279. ELLIS (Steven G.). Taxation and defence in late medieval Ireland ; the survival of scutage. J. Roy. Soc. Antiq. Ireland, 77, vol. 107, p. 5-28.

2280. ENDREI (Walter). Industrial revolution in the Middle Ages ? Technikatört. Szle, 79, vol. 11, p. 233-236.

2281. Enfant (L') au moyen âge (littérature et civilisation). Aix-en-Provence, Publ. du C.U.E.R.M.A., 80, in-8, 460 p.

2282. ENGEL (Evamaria). Zu einigen Aspekten spätmittelalterlicher Stadt-Land-Beziehungen vornehmlich im Bereich von Hansestädten. Jb. f. Gesch. d. Feudalismus, 80, Bd 4, p. 151-172.

2283. ENNEN (Edith). Die Frau in der mittelalterlichen Stadtgesellschaft Mitteleuropas. Hans. Gesch.-Bl., 80, Jg. 98, p. 1-22.

2284. Europäische Wirtschafts- und Sozialgeschichte im Mittelalter. Hrsg. v. Jan A. VAN HOUTTE. Stuttgart, Klett-Cotta, 80, in-8, XVIII-830 p. (Hdb. d. europ. Wi.- u. Sozialgesch., 2)

2285. FOOTE (Peter G.), WILSON (David M.). The descendants of Thrall. Scand. R., 80, vol. 68, n° 3, p. 35-48 (ill). /Slavery in Scandinavia/

2286. FÜGEDI (Erik). Középkori rokonsági terminológiánk kérdéséhez. (On the question of Hungarian mediaeval kinship terminology.) Ethnographia, 80, vol. 91, n°s 3-4, p. 361-371.

2287. GERBET (Marie-Claude). La noblesse dans le royaume de Castille : étude sur ses structures sociales en Estrémadure, 1454-1516. Paris, Publ. de la Sorbonne, 79, in-8, 540 p. (ill.) (Publ. de la Sorbonne, N.S. Recherches, 32)

2288. GILKAER (Hans Torben). In honore Sancti Kanuti martyris : Konge og Knudsgilder i det 12. århundrede. (In honore S. Kanuti martyris : König und Knutsgilden im 12. Jahrhundert.) Scandia, 80, vol. 46, p. 121-162, 257-258. /Dt. Zsfassung/

2289. GOTTFRIED (Robert S.). Bury St. Edmunds and the populations of late medieval towns, 1270-1530. J. brit. Stud., 80, vol. 20, n° 1, p. 1-31.

2290. GRITSCH (Helmut). Die Pataria von Mailand (1057-1075). Innsbrucker hist. Stud., 80, Bd. 3, p. 7-42.

2291. GUAL CAMARENA (Miguel). Tárifas hispano-lusas de portazgo, peaje, lezda y hospedaje (siglos XI y XII). Anu. Est. med., 74-79 /80/, t. 9, p. 365-392. /Eng. summary, p. 319-320/

2292. GYÖRFFY (György). Zur Frage der demographischen Wertung der päpstlichen Zehntlisten. In : Etudes hist. hongr. /Cf/ n° 611/, vol. 1, p. 61-84.

2293. HABERMANN (Wolfgang). Der Getreidehandel in Deutschland im 14. und 15. Jahrhundert. Ein Literaturbericht. /T. 1. Cf. Bibl. 78-79, n° 2535./ T. 2 : Exkurs. Scripta Mercaturae, 79 /80/, p. 89-96.

2294. HÄNDLER-LACHMANN (Barbara). Die Berufstätigkeit der Frau in den deutschen Städten des Spätmittelalters und der beginnenden Neuzeit. Hess. Jb. f. Landesgesch., 80, Bd 30, p. 131-175.

2295. HARDT-FRIEDERICHS (Friederun). Markt, Münze und Zoll im Ostfränkischen Reich bis zum Ende der Ottonen. Bl. f. deutsche Landesgesch., 80, Jg. 116, p. 1-31.

2296. HAUCK (Karl), PADBERG (Lutz v.). Gemeinschaftsstiftende Kulte der Seegermanen /5.-8. Jh./ Frühmittelalterl. Stud., 80, Bd 14, p. 463-617 (ill.).

2297. HECKENAST (Gusztáv). Die Produktionsverhältnisse des Eisenwesens im mittelalterlichen Ungarn. In : Etudes hist. hongr. /Cf. n° 611/, vol. 1, p. 235-254. - IDEM. A vashámor elterjedése Magyarországon, 14-15. század. (L'extension de la forge en Hongrie, XIVe-XVe s.) Tört. Szle, 80, vol. 23, n° 1, p. 1-29.

2298. HELLE (Knut). Neueste norwegische Forschungen über deutsche Kaufleute in Norwegen und ihre Rolle im norwegischen Aussenhandel im 12. bis 14. Jahrhundert. Hans. Gesch.-Bl., 80, Jg. 98, p. 23-38.

2299. HENNEBICQUE (Régine). Espaces sauvages et chasses royales dans le Nord de la France, VIIe-IXe siècles. R. Nord, 80, t. 62, p. 35-57.

2300. HIGOUNET-NADAL (Arlette). La démographie des villes françaises au moyen âge. A. Démogr. hist., 80, p. 187-210. - IDEM. Périgueux aux XIVe et XVe siècle : étude de démographie historique. Bordeaux, Fédération hist. du sud-ouest, 78, in-4, 458 p. (ill., dépl., cartes). (Et. et documents d'Aquitaine, 4)

2301. HOSHINO (Hidetoshi). L'arte della lana in Firenze nel basso Medioevo. Il commercio della lana e il mercato dei panni fiorentini nei secoli XIII-XV. Firenze, Olschki, 80, in-8, 356 p. (Bibl. stor. toscana, 21)

2302. INGSTAD (Anne Stine). "Frisisk klede" ? En diskusjon omkring noen fine tekstiler fra yngre jernalder ("Frisian cloth" ? Thoughts about some fine textiles from younger Iron Age.) Summary. Viking, 80, vol. 43, p. 81-95 (ill.). /Eng. summary/

2303. ISENMANN (Eberhard). Reichsfinanzen und Reichssteuern im 15. Jahrhundert. Z. f. hist. Forsch., 80, Bd 7, p. 1-76, 129-218.

2304. ISHIDOYA (Jûrô). Roshia no Horôpu. (The Kholop of medieval Russia.) Tokyo, Taimeidô, 80, in-8, 498 p.

2305. JACQUART (Danielle). Le regard d'un médecin sur son temps : Jacques Despars (1380 ?-1458). Bibl. Ec. Chartes, 80, vol. 138, p. 35-86.

2306. JAKOBI (F. J.). Früh- und hochmittelalterliche Sozialstrukturen im Spiegel liturgischer Quellen. Gesch. in Wiss. u. Unterr., 80, Jg. 31, p. 1-20.

2307. KERHERVE (Jean). Testaments et histoire sociale : le réseau des relations et des affaires d'Yvonnet Flourée dit Prioris, officier de finances breton du XVe siècle. A. Bretagne, 79, t. 86, p. 525-552.

2308. KILMURRY (Kathy). The pottery industry of Stamford, Lincolnshire, c. A.D. 850-1250. Its manufacture, trade a. relationship with continental wares, with a classification a. chronology. Oxford, British Archaeol. Reports, 80, in-4, X-348 p. (ill., maps). (Brit. Archaeol. Rep., British ser., 84)

2309. KLAPISCH-ZUBER (Christiane). Genitori naturali e genitori di latte nella Firenze del Quattrocento. Quad. stor.; 80, t. 44, p. 543-563.

2310. KONRAD (Ruprecht). Früher Adel am Obermain /8.-9. Jh./. Arch. f. Gesch. v. Oberfranken, 80, Bd 60, p. 19-43.

2311. KRESS (Helga). Meget samstavet må det tykkes deg : om kvinneopprör og genretvang i Sagaen om Laksdölene. (On women's revolt and the genre constraint in the Icelandic Laksdaela Saga.) /Svensk/ Hist. T., 80, vol. 100, p. 266-280. /Eng. summary/

2312. KRÜGER (Hans-Jürgen). Der lothringische Adel im Hochmittelalter. Zum Buch v. Michel Parisse /La noblesse lorraine. Cf. Bibl. 76-77, n° 2895/. Jb. f. westdeutsche Landesgesch., 80, Jg. 6, p. 25.

2313. KUČERA (Matúš). Probleme der Entstehung und Entwicklung des Feudalismus in der Slowakei. Studia hist. slov., 78, t. 10, p. 11-42.

2314. KUEHN (Thomas). Honor and conflict in a fifteenth-century Florentine family. Ric. stor. /Piombino/, 80, a. 10, p. 287-310.

2315. LABARGE (Margaret Wade). The baronial household of the 13th century. Brighton, Harvester Press, 80, in-8, 240 p.

2316. LINDGREN (Uta). Bedürftigkeit - Armut - Not. Studien z. spätmittelalterl. Sozialgeschichte Barcelonas. Münster, Aschendorff, 80, in-8, VIII-264 p. (Span. Forsch. d. Görresges., R. 2, Bd 18)

2317. LOMBARD (Maurice). Etudes d'économie médiévale. /2. Cf. Bibl. 74-75, n° 2767./ 3 : Les textiles dans le monde musulman, du VIIe au XIIe s. Paris et La Haye, Mouton, 78, in-8, 316 p. (cartes). (Civilis. et Soc., 61)

2318. LUČIĆ (Josip). Obrti i usluge u Dubrovniku do početka XIV stoljeća. (Craft and services in Dubrovnik to the beginning of the 14th cent.) Zagreb, Sveučilište u Zagrebu - Inst. za Hrvatsku Povijest, 79, in-8, 284 p. (Monogr., 7)

2319. MAESSCHALK (E. de). De criteria van de armoede aan de middeleuwse universiteit te Leuven. (The criteria of poverty at the medieval university of Louvain.) R. belge Philol. Hist., 80, t. 58, p. 337-352.

2320. MAKKAI (László). L'apport de l'Europe orientale à l'évolution des moyens de transport : cheval-étrier -char. Technikatört. Szle, 79, vol. 11, p. 75-83.

2321. MÁLYUSZ (Elemér). Die Entstehung der ständischen Schichten im mittelalterlichen Ungarn. In : Etudes hist. hongr. /Cf. 611/, vol. 1, p. 101-132.

2322. MASCHKE (Erich). Die Familie in der deutschen Stadt des späten Mittelalters. Vorgetr. am 5. Februar 1977. Heidelberg, Winter, 80, in-8, 98 p. (S.-B. d. Heidelberger Akad. d. Wiss. Phil.-Hist. Klasse, Jg. 1980, Abh. 4)

2323. NAUBERT (Claude Guy). La marine catalane et ie trafic des grains (1356-1361). Mél. Casa de Velazquez, 80, t. 16, p. 125-140.

2324. MESTERHÁZY (Károly). Nemzetségi szervezet és az osztályviszonyok kialakulása a honfoglaló magyarságnál. (Le système de clan et la formation des conditions de classes chez les Hongrois à l'époque de la conquête arpadienne.) Budapest, Akad. Kiadó, 80, in-8, 177 p.

2325. MOORE (R. I.). Family, community and cult on the eve of the Gregorian reform. Trans. roy. hist. Soc., 80, vol. 30, p. 49-69.

2326. MOXÓ (Salvador de). La desmembración del dominio en el señorío medieval. Anu. Hist. Derecho español, 80, t. 50, p. 909-940.

2327. MUELLER (Reinhold C.). L'imperialismo monetario veneziano nel quattrocento. Soc. e Storia, 80, t. 3, p. 277-297.

2328. MÜLLER (Róbert). V. századi bronzművesműhelvy maradványai Keszthely-Fenékpusztárol. (Reste d'un atelier de bronze du Ve s. à Keszthely-Fenékpuszta.) Archaeol. Ért., 78, vol. 105, n° 1, p. 11-29.

2329. NASO (Irma). Il collegio dei medici di Novara negli ultimi anni del Quattrocento. Contributo alla storia dei gruppi professionali al termine del medioevo. Studi Stor. medioevale, 79, t. 4, p. 265-361.

2330. NICHOLAS (D.). The English trade at Bruges in the last years of Edward III. J. medieval Hist., 79, vol. 5, p. 23-61 (ill., map, tab.).

2331. ÖSTERBERG (Eva). Bonde eller bagerska - vanliga svenska kvinnors ekonomiska ställning under senmedeltiden : några frågor och problem. (Peasant or baker - economical status of ordinary Swedish women during the late medieval period : some questions and problems.) /Svensk/ Hist. T., 80, vol. 100, p. 281-297. /Eng. summary./

2332. OHLER (Norbert). Die Urbare des Klosters Adelhausen von 1327 und 1423. Zur Wirtschafts- u. Sozialgesch. des Breisgaus. Alemann. Jb., 76-78 /79/, p. 111-182 (Abb., Kt.).

2333. PARISSE (Michel). Les ministériaux en Empire : ab omni jugo servili absoluti. Jb. f. westdeutsche Landesgesch., 80, Jg. 6, p. 1-24.

2334. PAYER (Pierre J.). Early medieval regulations concerning marital sexual relations. J. medieval Hist., 80, vol. 6, p. 353-376.

2335. Paysage (Le) rural, réalité et représentation : actes du Xe congrès des historiens médiévistes de l'enseignement supérieur public, Lille, Villeneuve d'Ascq, 18-19 mai 1979. Lille, R. Nord, 80, in-8, VI-319 p. (ill.). (R. Nord, 80, n° 244 /spécial/.)

2336. PERNOUD (Régine). La femme au temps des cathédrales. Paris, Stock, 80, in-8, 300 p.

2337. PETERSEN (Erling Ladewig). Der Kieler Umschlag in nordwesteuropäischer Perspektive. Hans. Gesch.-Bl., 80, Jg. 98, p. 61-75.

2338. PETERSON (Toby). The Arab influence on western European cooking. J. medieval Hist., 80, vol. 6, p. 317-341.

2339. PHILIPP (Werner). Zur Frage nach der Existenz altrussische Stände. Forsch. z. osteurop. Gesch., 80, Bd 27, p. 64-76.

2340. PILET (Christian). Nécropole de Frenouville : étude d'une population de la fin du IIIe à la fin du VIIe siècle. London, Brit. Archaeol. Rep., 80, in-4, 780 p.

2341. PINTO (Giuliano). Note sull' indebitamento contadino e lo sviluppo della proprietà fondiaria cittadina nella Toscana tardomedievale. Ric. stor., 80, t. 10, n° 2, p. 3-19.

2342. Pobreza (La) y la asistencia a los pobres en la Cataluña medieval. Volumen misceláneo de estudios y documentos. Director Manuel RIU. Barcelona, C.S.I.C., 80, in-4, 390 p. /Contiene : BATLLE IBGALLART (Carme), CASAS I NADAL (Montserrat). La caritat privada i les institucions benèfiques de Barcelona (segle XIII), p. 117-190. - BAUCELLS (Josep). Gènesi de la Pia Almonia de la Seu de Barcelona : els fundadors, p. 17-75. - BORRÀS I FELIU (Antoni). L'ajuda als pobres en els testaments de Catalunya i València del segle XV, p. 363-371. - CLARAMUNT (Salvador). Los ingresos del "Bací o Plat dels Pobres" de la parroquia de Santa María del Pi de Barcelona, de 1434 à 1456, p. 373-390. - GUILLERÉ (Christian). Assistance et charité à Gerone au début du XIVème siècle, p. 191-202. - PÉREZ SANTAMARÍA (Aurora). El hospital de San Lázaro o Casa dels Malalts o Masells, p. 77-115. - RIU (Manuel), PINTÓ (Joan). La documentación de la primera mitad del siglo XIC conservada el Archivo de la Basílica de Santa María del Mar (Barcelona). Inventario de las series de Pergaminos, p. 205-293. - VINYOLES I VIDAL (Teresa Maria). Ajudes a donzelles pobres a maridar, p. 295-362./

2343. POLÍVKA (Miloslav). A contribution to the problem of property differentiation of the lesser nobility in the pre-Hussite period in Bohemia. Hosp. Děj., 78, vol. 2, p. 331-364.

2344. POPPE (Danuta). Economie et société d'un bourg provençal au XIVe siècle : Reillanne en Haute-Provence. Préparé sous la dir. de Georges DUBY. Trad. du pol. par Lidia CARMINATI-NAWROCKA, D. POPPE, Jan STODOLNIAK. Wrocław, Zakł. Narod. im. Ossolińskich, 80, in-8, 265 p. (Acad. Pol. des Sciences, Inst. d'Hist. de la Culture Matér.)

2345. RACINE (Pierre). Les associations des métiers en Italie durant le haut Moyen Age. Nuova R. stor., 80, a. 64, p. 505-523.

2346. RAZI (Zvi). Life, marriage and death in a medieval parish : economy, society and demography in Halesowen, 1270-1400. New York, Cambridge, U. P., 80, in-8, XI-162 p. (Past a. Present Pub.)

2347. RÖSENER (Werner). Die spätmittelalterliche Grundherrschaft im südwestdeutschen Raum als Problem der Sozialgeschichte. Z. f. d. Gesch. d. Oberrheins, 79, Bd 127, p. 17-69.

2348. RÜTHING (Heinrich). Zur Wirtschaftsgeschichte des Klosters Böddeken vom 14. bis zum 16. Jahrhundert. Westfäl. Z., 80, Bd 130, p. 150-166.

2349. SAMARRAI (Alauddin). Medieval commerce and diplomacy : Islam and Europe. Canad. J. Hist., 80, vol. 15, p. 1-21.

2350. SÁNCHEZ ALBORDNOZ (Claudio). Une société d'exception dans l'Europe féodale. Anu. Hist. Derecho español, 80, t. 50, p. 639-651.

2351. SARAZA SÁNCEEZ (Esteban). Notes sur la condition sociale des vassaux seigneuriaux dans le royaume d'Aragon aux XIVe et XVe siècles. Moyen Age, 80, t. 86, p. 5-27.

2352. SCHNEIDER (Jean). Les Lombards en Lorraine. Annu. Soc. Hist. Archéol. Lorraine, 79, t. 79, p. 65-98.

2353. SCHÜTT (Hans-Friedrich). Gilde und Stadt. Z. d. Ges. f. schleswig-holstein. Gesch., 80, Bd 105, p. 77-136.

2354. SCHULZ (Eberhard). Zur Mentalität von Stadt und Land im 13. Jahrhundert. Alte Stadt, 80, Jg. 7, p. 257-275.

2355. SIMMS (Katherine). Guesting and feasting in Gaelic Ireland. J. roy. Soc. Antiq. Ireland, 78, vol. 108, p. 67-100.

2356. SIVERY (Gérard). Structures agraires et vie rurale dans le Hainaut à la fin du Moyen-âge. /1. Cf. Bibl. 76-77, n° 2920./ 2. Lille, Presses univ., 80, in-8, p. 364-729 (ill.)

2357. Soziale Ordnungen im Selbstverständnis des Mittelalters. Hrsg. v. Albert ZIMMERMANN. Für d. Druck besorgt v. Gudrun VUILLEMIN-DIEM. /Halbbd 1. Cf. Bibl. 78-79, n° 2620./ Halbbd 2. Berlin u. New York, de Gruyter, 80, in-8, VIII p., p. 338-619. (Misc. mediaevalia, 12)

2358. Soziale Wesen (Das) des Bürgertums im Feudalismus. Wiss. Mitt. Hist.-Ges. d. DDR, 80, H. 1-2, p. 1-157.

2359. SVANIDZE (A. A.). Srednevekovyj gorod i rynok v Švecii, XIII-XV v. v. (Medieval town and market in Sweden, 13th-14th cent.) Moskva, Nauka, 80, in-8, 360 p.

2360. SZÉKELY (György). Kereskedelem és városi agglomerációk Közép-Európában IV. Károly korában. (Trade and urban agglomerations in Central Europe in the time of Charles IV.) Agrártört. Szle, 80, vol. 22, n°s 1-2, p. 21-25.

2361. TANGHERONI (Marco). Demografia e storia nella Pisa medievale : lo stato della questione. Ras. volterrana, 80, a. 56, p. 107-115.

2362. TEKE (Zsuzsa). Velencei-magyar kereskedelmi kapcsolatok a XIII-XV. században. (Les relations commerciales entre Venise et la Hongrie aux XIIIe-XVe s.) Budapest, Akadémiai Kiadó, 79, in-8, 88 p. (Értekezések a történeti tudományok köréből, N.S., 86)

2363. TREXLER (Richard C.). Public life in Renaissance Florence. New York, Academic Press, 80, in-8, XXVIII-591 p.

2364. UITZ (Erika). Zur gesellschaftlichen Stellung der Frau in Verbindung mit der Entwicklung von Ehe und Familie in der Stadt der Feudalepoche. Wiss. Z. d. päd. Hochschule Magdeburg, 80, Jg. 17, H. 6, p. 543-565.

2365. UNGER (Richard W.). The ship in medieval economy, 600-1600. London, Croom Helm ; Montreal, McGill-Queen's U. P., 80, in-8, 304 p. (ill.)

2366. VANIŠ (Jaroslav). Hospodaření královského města Loun v druhé polovině 15. století. Příspěvek k městskému hospodaření královských měst v Čechách. (Die Wirtschaftsgebarung d. Gemeinde der königl. Stadt Louny in d. 2. Hälfte d. 15. Jh. Ein Beitrag z. städtischen Wirtschaftsgebarung d. Königl. Städte in Böhmen.) Praha, Ústav československých a světových dějin ČSAV, 79, in-8, 239 p. (13 fig.). (Práce z hospodářských dějin, 1)

2367. VERDON (Jean). Les loisirs au Moyen Age. Paris, Tallandier, 80, in-8, 329 p. (pl.). - IDEM. Fêtes et divertissements en Occident durant le haut moyen-âge. J. medieval Hist., 79, vol. 5, p. 303-314 (ill.)

2368. WEINBERGER (Stephen). Les

conflits entre clercs et laïcs dans la Provence du XIe s. A. Midi, 80, t. 92, p. 269-279.

2369. WENSKY (Margret). Die Stellung der Frau in der stadtkölnischen Wirtschaft im Spätmittelalter. Köln u. Wien, Böhlau, 80, in-8, IX-374 p. (Quellen u. Darst. z. hansischen Gesch., N.F., 26)

2370. WERNER (Ernst). Ökonomische und soziale Strukturen im 10. und 11. Jahrhundert. Z. f. Geschichtswiss., 80, Jg. 28, p. 455-468.

2371. WIESIOŁOWSKI (Jacek). Szlachta w mieście. Przemieszczenia i migracje szlachty między wsią i miastem w Polsce XV wieku. (La noblesse dans les villes. Déplacements et migrations de la noblesse entre la campagne et la ville en Pologne au XVe s.) Studia Mater. Dziej. Wielkop. Pomorza, 80, vol. 27, fasc. 1, p. 47-75.

2372. WYROZUMSKI (Jerzy). Handel Krakowa ze Wschodem w średniowieczu. (Le commerce de Cracovie avec l'Est au Moyen Age.) Roczn. Kraków, 80, vol. 50, p. 57-64.

2373. ZIEGLER (Heinz). Die Kölner Mark in neuem Licht. Mit bes. Berücks. d. Normannorum pondus. Hans. Gesch.-Bl., 80, Jg. 98, p. 39-60.

Cf. n°s 293, 502, 783, 1953, 1988, 2204, 2441, 2673, 2686, 2687, 2689.

§ 9. Kultur-, Literatur- und Unterrichtsgeschichte.

★ 2374. Bibliographie /de civilisation médiévale/. /Cf. Bibl. 78-79, n° 2135./ Cah. Civ. méd., 78, a. 21, n° spéc., 190 p.

★ 2375. LEONARDI (Claudio). Medioevo latino. Bollettino bibliografico della cultura europea dal secolo VI al XIII. Spoleto, Centro ital. di studi sull'alto medioevo, 80, in-8, 520 p. - Cf. LEONARDI (Claudio), GLENISSON (Jean). Medioevo latino. Bollettino bibliografico della cultura europea dal secolo VI al XIII. Studi mediev., 80, ser. 3, t. 21, p. 925-936.

★ Cf. n° 647.

2376. ALEXANDRE-GRAS (Denise). Le "Canzoniere" de Boiardo : du pétrarquisme à l'inspiration personnelle. Saint-Etienne, Univ., Centre d'études de la Renaissance, 80, in-8, 221 p.

2377. BÄUML (Franz H.). Varieties and consequences of medieval literacy and illiteracy. Speculum, 80, vol. 55, n° 2, p. 237-265.

2378. BANASZKIEWICZ (Jacek). Fabularyzacja przestrzeni. Średniowieczny przykład granic. (L'affabulation de l'espace. Un exemple médiéval de frontières.) Kwart. hist., 79 /80/, a. 86, n° 4, p. 987-999.

2379. BARLOW (Frank). The King's evil. Eng. hist. R., 80, vol. 95, p. 3-27.

2380. BECK (Marcel). Wilhelm Tell: Sage oder Geschichte ? Deutsch. Arch. f. Erforsch. d. M.-A., 80, Jg. 36, p. 1-24.

2381. BERSCHIN (Walter). Griechisch-lateinisches Mittelalter. Von Hieronymus zu Nikolaus von Kues. Bern u. München, Francke, 80, in-8, 363 p. (2 pl.).

2382. BISCHOFF (Bernhard). Die südostdeutschen Schreibschulen und Bibliotheken in der Karolingerzeit. /T. 1. Cf. Bibl. 74-75, n° 2830./ T. 2: Die vorwiegend österreichischen Diözesen. Mit 25 Schriftproben. Wiesbaden, Harrassowitz, 80, in-8, 300 p.

2383. BRESSON (Alain). Mediaeval chassification and cataloguing : classification practices and cataloguing methods in France from the 12th to the 15th centuries. Biggleswade, Colver Publ., 80, in-8, 120 p.

2384. CARPENTIER (Christine). Sir Thoman Malory and 15th-century local politics. B. Inst. hist. Research, 80, vol. 53, p. 31-43.

2385. CECCHETTI (Bartolomeo). La vita dei veneziani nel 1300. Introd. di Ugo STEFANUTTI. Sala Bolognese, Forni, 80, in-8, 18, 162, 196 p. (ill., tav.). (Coll. di Bibliogr. e Stor. veneziana, 13) /Fac.-sim. dell'ediz. di Venezia del 1885. Segue : La vita dei veneziani nel 1300 : le vesti, dello stesso A. Fac.-sim. dell'ediz. di Venezia del 1886/

2386. CHARMASSON (Thérèse). Recherches sur une technique divinatoire : la géomancie dans l'Occident médiéval. Genève, Droz ; Paris, H. Champion, 80, in-8, VI-400 p. (ill.). (Centre de recherches d'hist. et de philol. de la IVe Section de l'Ecole pratique des hautes études, 5 : Hautes études méd. et mod., 44)

2387. COURTENAY (William J.). The effect of the Black Death on Englisch higher education. Speculum, 80, vol. 55, p. 696-714.

2388. CSAPODI (Csaba). Magyarországi kódexek a bécsi Österreichische Nationalbibliothekban. (Les livres manuscrits de Hongrie dans l'Österreichische Nationalbibliothek de Vienne.) Magy. Könyvszle, 79, vol. 95, n° 4, p. 391-400.

2389. DALES (Richard C.). The de-animation of the heavens in the middle ages. J. Hist. Ideas, 80, vol. 41, p. 531-550.

2390. DOMOKOS (Leslie S.). János Vitéz, the father of Hungarian humanism (1408-1472). New hungar. Quart., 79, vol. 20, n° 74, p. 142-150.

2391. ECKERT (Willehard Paul). Albert der Grosse als Naturwissenschaftler. Angelicum, 80, t. 52, p. 472-495.

2392. Francesco Petrarca, citizen of the world. Proceedings of the World Petrarch Congress, Washington, D. C., April 6-13, 1974. Ed. by Aldo S. BERNARDO. Padua, Antenore ; Albany, N. Y., SUNY-Press, 80, in-8, XXIII-315 p. (Ente naz. Francesco Petrarca, Studi sul Petrarca, 8)

2393. GABRIEL (Astrik L.). Intellectual relations between the University of Paris and the University of Cracow in the 15th century. Studia źródłozn., 80, vol. 25, p. 37-63.

2394. Genova e i genovesi a Palermo. Atti delle manifestazioni culturali tenutesi a Genevo, 13 dicembre 1978-13 gennaio 1979. Comune di Genova, Prov. di Genova, Soprintendenza per i beni artistici e storici della Liguria. Genova, Sagep, 80, in-8, 172 p. (ill.).

2395. Gesellschaftliche Sinnangebote mittelalterlicher Literatur. Mediaevistisches Symposium an d. Univ. Düsseldorf. Hrsg. v. Gert KAISER. München, Fink, 80, in-8, 160 p. (Forsch. z. Gesch. d. älteren deutsch. Lit., 1)

2396. GRABOIS (Aryeh). Illustrated encyclopaedia of mediaeval civilization. London, Octopus Books, 80, in-4, 752 p. (pl., ill.).

2397. GRAYSON (Cecil). The world of Dante : essays on Dante and his times. London, Oxford U. P., 80, in-8, 264 p.

2398. GUENEE (Bernard). Histoire et culture historique dans l'Occident médiéval. Paris, Aubier Montaigne, 80, in-8, 446 p.

2399. HAGENLOCHER (Albrecht). Quellenberufungen als Mittel der Legitimation in deutschen Chroniken des 13. Jahrhunderts. Jb. d. Ver. f. niderdeutsche Sprachforsch., 79, Bd 102, p. 15-171.

2400. Historiographie (L') en Occident, du Ve au XVe s. Actes du congrès de la Soc. des historiens médiévistes de l'enseignement supérieur, Tours, 10-12 juin 1977. Rennes, A. de Bretagne, 80, in-8, 421 p. (ill.). (A. Bretagne, 80, n° 2 /spécial/.)

2401. HOFFMANN (Walter). Deutsch und Latein im spätmittelalterlichen Köln. Rhein. Vjsbl., 80, Jg. 44, p. 117-147.

2402. Interpretation (The) of medieval lyric poetry. Ed. by W. T. JACKSON. London, MacMillan, 80, in-8, VIII-239 p.

2403. Istočnikovedenie literatury Drevnej Rusi. Sbornik statej. (Study of the sources of the old Russian literature.) Ed. by D. S. LIKHAČEV. Leningrad, Nauka, 80, in-8, 295 p. (AN SSSR, Inst. rus. lit.-Puškin dom.)

2404. KAPPLER (Claude). Monstres, démons et merveilles à la fin du Moyen âge. Paris, Payot, 80, in-8, 348 p. (ill.). (Le regard de l'Hist.)

2405. KAZAKOVA (N. A.). Zapadnaja Evropa v russkoj pis'mennosti XV-XVI vv. Iz istorii meždunarodnykh svjazej Rossii. (Western Europe in Russian written language of the 15th-16th centuries. From the history of Russia's international cultural contacts.) Leningrad, Nauka, 80, in-8, 278 p.

2406. KLEIN (Francesca). Considerazioni sull'ideologia della città di Firenze tra Trecento e Quattrocento (Giovanni Villani-Leonardo Bruni). Ric. stor. /Piombino/, 80, a. 10, p. 311-336.

2407. KNAPP (Fritz Peter). Historischen Wahrheit und poetische Lüge. Die Gattungen weltl. Epik u. ihre theoretische Rechtfertigung im Hochmittelalter. Deutsche Vjschr. f. Lit. -Wiss., 80, Bd 54, p. 581-635.

2408. KOPPITZ (Hans-Joachim). Studien zur Tradierung der weltlichen mittelhochdeutschen Epik im 15. und beginnenden 16. Jahrhundert. München, Fink, 80, in-8, 300 p.

2409. KRATZMANN (Gregory). Anglo-Scottish literary relations, 1430-1550. London, Cambridge U. P., 80, in-8, 282 p.

2410. LABANDE (Edmond René). Pellegrini o crociati ? Mentalità e comportamenti a Gerusalemme nel secolo XII. Aevum, 80, t. 54, p. 217-230.

2411. LE FAY-TOURY (Marie-Noëlle). La tentation du suicide dans le roman français du XIIe siècle. Paris, Champion, 79, in-8, 209 p. (Essays sur le Moyen Age, 4)

2412. LIEBERTZ-GRÜN (Ursula). Gesellschaftsdarstellung und Geschichtsbild in Jans Enikels Weltchronik. Mit Notizen zu Geschichtserkenntnis und Geschichtsbild im Mittelalter. Euphorion, 80, Bd 75, p. 71-99.

2413. LIEDGREN (Jan). Ärkebiskop Birger som latinsk prosastilist : några anteckningar av en diplomatarieutgivare. (Erzbischof Birger Gregersen /+ 1383/ als lateinischer Prosastilist.) Kyrkohist. Årsskr., 80, vol. 80, p. 69-73. /Eng. summary/

2414. McGRATH (Fergal). Education in ancient and medieval Ireland. Dublin, Studies 'Special Publications', 79, in-8, IX-286 p.

9. KULTUR-, LITERATUR- UND UNTERRICHTSGESCHICHTE

2415. McKITTERICK (Rosamond). Charles the Bald (823-877) and his library : the patronage of learning. Eng. hist. R., 80, vol. 95, p. 28-47.

2416. MANACORDA (Giuseppe). Storia della scuola in Italia. Il Medio Evo. Present. di Eugenio GARIN. Firenze, Le lettere, 80, 2 vol. in-8, (ritr., tav.) /Fac.-sim. dell'ediz. di Palermo del 1914/

2417. Medieval narrative. A symposium. Proceedings of the Third Internat. Symposium organized by the Centre for the Study of Vernacular Literature in the middle ages, held at Odense Univ. on 20-21 nov. 1978. Ed. by Hans BEKKER-NIELSEN, Peter FOOTE, Andreas HAARDER a. Preben Meulengracht SØRENSEN. Odense, Univ. Press, 79, in-8, 139 p.

2418. Medioevo rurale. Sulle tracce della civiltà contadina. A cura di Vito FUMAGALLI e Gabriella ROSSETTI. Bologna, Il Mulino, 80, in-8, 459 p.

2419. MEZEY (László). Deákság és Európa. Irodalmi müveltségünk alapvetésének vázlata. (Latinité et Europe /1000-1500/. Esquisse de la base de notre culture littéraire.) Budapest, Akadémiai Kiadó, 79, in-8, 281 p.

2420. MORRISON (Karl F.). Otto of Freising's quest for the hermeneutic circle. Speculum, 80, vol. 55, n° 2, p. 207-236.

2421. MÜCK (Hans-Dieter). Untersuchungen zur Überlieferung und Rezeption spätmittelalterlicher Lieder und Spruchgedichte im 15. und 16. Jahrhundert. Die Streuüberlieferung v. Liedern u. Reimpaarrede Oswalds v. Wolkenstein. Bd 1 : Untersuchungen. Bd 2 : Synoptische Ed. Göppingen, Kümmerle, 80, 2 vol. in-8, 316, 163 p. (Göppinger Arbeiten z. Germanistik, 263)

2422. NANNINGA (Jutta). Realismus in mittelalterlicher Literatur, untersucht an ausgewählten Grossfromen spätmittelalterlicher Epik. Heidelberg, Winter, 80, in-8, 246 p.

2423. NITSCHKE (August). Albertus Magnus - ein Wegbereiter der modernen Wissenschaft. Hist. Z., 80, Bd 231, p. 1-20.

2424. OGRINC (Will H. L.). Western society and alchemy from 1200 to 1500. J. medieval Hist., 80, vol. 6, p. 103-133.

2425. PARK (Katharine). The Readers at the Florentine Studio according to comunal fiscal records (1357-1380, 1413-1446). Rinascimento, 80, a. 31, s. 2, p. 249-312.

2426. PICKERING (F. P.). Essays on mediaeval German literature and iconography. London, Cambridge U. P., 80, in-8, 228 p. (Anglica Germanica Ser.)

2427. PISCHEL (Barbara). Kulturgeschichte und Volkskunst der Wandalen. Frankfurt (Main), Bern u. Cirencester, Lang, 80, in-8, 434 p. (ill.). (Europ. Hochschulschr., Reihe 19 : Volkskunde, Ethnologie. Abt. A : Volkskunde, 17)

2428. RENTSCHLER (Michael). Griechische Kultur und Byzanz im Urteil westlicher Autoren des 11. Jahrhunderts. Saeculum, 80, Bd 31, p. 112-156.

2429. POULLE (Emmanuel). Equatoires et horlogerie planétaire du XIIIe au XVIe siècle. Genève, Droz ; Paris, Champion, 80, 2 vol. in-8, 1162 p. (ill.). (Coll. des Trav. de l'Acad. internat. d'Hist. des Sci., 27)

2430. RIDOLFI (Roberto). Il Savonarola e gli studi. Bibliofilia /Firenze/, 80, a. 82, p. 183-187.

2431. ROBERTSON (D. W.), Jr. Essays in medieval culture. Princeton, N. J., Princeton U. P., 80, in-8, XX-404 p.

2432. ROBINSON (A. N.). Literatura Drevnej Rusi v literaturnom processe srednevekov'ja XI-XIII vv. Očerki lit.-ist. tipologii. (The old Russian literature.) Moskva, Nauka, 80, in-8, 335 p. (AN SSSR. Inst. mir. lit.)

2433. SAMMUT (Alfonso). Unfredo duca di Gloucester e gli umanisti italiani. Padova, Antenore, 80, in-8, XXIV-247 p. (tav.). (Medioevo e umanesimo, 41)

2434. SPĚVÁČEK (Jiří). Ekonomické a politické zdroje rozkvětu české kultury ve 14. století. (Ökon. u. polit. Quellen der Blütezeit böhm. Kultur im 14. Jh.) Čas. Mat. morav., 78, vol. 97, p. 333-342.

2435. SUÑEN (Luis). Jorge Manrique. Madrid, E.D.A.F., 80, in-16, 277 p.

2436. THUM (Bernd). Aufbruch und Verweigerung. Literatur u. Gesch. am Oberrhein im hohen Mittelalter. Aspekte e. gesch. Kulturraums. Waldkirch (Br.), Waldkircher Verl.-Ges., 80, in-8, XIX-519 p. (1 ill.).

2437. TŘÍŠKA (Josef). Starší pražská univerzitní literatura a karlovská tradice. (Die ältere Prager Universitätsliteratur u. d. Karls-Tradition.) Praha, Univ. Karlova, 78, in-8, 173 p.

2438. Über Bürger, Stadt und städtische Literatur im Spätmittelalter. Bericht über Kolloquien d. Komm. z. Erforsch. d. Kultur d. Spätmittelalters 1975-1977. Hrsg. v. Josef FLECKENSTEIN u. Karl STACKMANN. Göttingen, Vandenhoeck u. Ruprecht, 80, in-8, 328 p. (Abh. d. Akad. d. Wiss. in Göttingen. Phil.-Hist. Klasse, Folge 3, Nr. 121)

2439. UIBLEIN (Paul). Fakultätsakten als Personengeschichtliche Quellen Mitt. d. Inst. f. österr. Gesch.-Forsch., 80, Bd 88, p. 329-332.

2440. VERGER (Jacques). Tendances actuelles de la recherche sur l'histoire de l'éducation en France au Moyen Age (XIIe-XVe siècles). Hist. Educ., 80, n° 6, p. 9-33.

2441. WENZEL (Horst). Die Autobiographie des späten Mittelalters und der frühen Neuzeit. 1 : Die Selbstdeutung des Adels. 2 : Die Selbstdeutung des Stadtbürgertums. München, Fink, 80, 2 vol. in-8, 244, 242 p. (Spätmittelalt. Texte, 3, 4)

2442. WERNER (Ernst). Stadt und Geistesleben im Hochmittelalter. 11. bis 13. Jh. Weimar, Böhlau, 80, 227 p. (Forsch. z. mittelalterl. Gesch., 30)

Cf. n°s 1812, 1855, 2150, 2572, 4281.

§ 10. Kunstgeschichte.

a. Allgemeines.

Cf. n° III.

2443. BADSTÜBNER (Ernst), BEYER (Klaus G.). Kirchen der Mönche. Die Baukunst d. Reformorden im Mittelalter. Berlin, Union-Verl., 80, in-8, 286 p. (Abb.).

2444. CALKINS (Robert). Monuments of mediaeval art. London, Phaidon, 80, in-8, 299 p. (ill.).

2445. GILBERT (Creighton E.). Italian art, 1400-1500 : sources and documents. London. Prentice-Hall, 80, in-8, 226 p.

2446. MAROSI (Ernő). Magyarorszagi müvészet a 12-13. században. Historiográfiai vázlat és kutatási helyzetkép. (L'art en Hongrie aux XIIe-XIIIe s. Esquisse historiographique et état de la recherche.) Tört. Szle, 80, vol. 23, n° 1, p. 124-149.

2447. Pozdně gotické umění v Čechách. 1471-1526. (Spätgotische Kunst in Böhmen. Die Kunst des Höfischen Kreises 1471-1526.) Von Jaromír HOMOLKA, Josef KRÁSA, Václav MENCL, Jaroslav PEŠINA, Josef PETRÁŇ. Praha, Odeon, 78, in-4, 529 p. (České dějiny, 51)

2448. Recueil général des monuments sculptés en France pendant le haut Moyen âge, IVe-Xe siècles. 1 : Paris et son département. Rédigé par Denise FOSSARD, May VIEILLARD-TROIEKOUROFF et Elisabeth CHATEL. Paris, Bibliothèque nationale, 78, in-4, XXIII-220 p. (CXXVI p. de pl., ill.). (Mém. de la section d'Archéol. Comité des trav. hist. et scientif., 2)

2449. SPEAKE (George). Anglo-Saxon animal art and its Germanic background. Oxford, Clarendon Press, 80, in-8, 121 p. (21 fig., 16 pl.).

b. Spezialarbeiten.

2450. ABBAD (Francisco). El arte román en Aragón y Navarra (estado de la cuestiones). Anu. Est. med., 74-79 /80/, t. 9, p. 523-540.

2451. ASEEV (Ju. S.). Istoki. Iskusstvo Kievskoj Rusi. (Roots. The art of Kiev Russia) Kiev, Mistectvo, 80, in-8, 214 p. - IDEM. K voprosu o vremeni osnovanija Kievskogo Sofijskogo sobora. (On the time of foundation of the church of St. Sofia in Kiev.) Sovet. Arkheol., 80, n° 3, p. 128-141.

2452. BÁLINT (Csanád). Vestiges archéologiques de l'époque tardive des Sassanides et leurs relations avec les peuples des steppes. Acta archaeol. Acad. Sci. hungaricae, 78, vol. 30, n°s 1-2, p. 173-212.

2453. BARROW (George Lennox). The round towers of Ireland : a study and gazeteer. Dublin, Academy Pr., 79, in-4, 232 p. (ill.).

2454. BAZZANA (André). Céramiques médiévales : les méthodes de la description analytique appliquées aux productions de l'Espagne orientale. Les poteries décorées. Chronologie des productions médiévales. Mél. Casa de Velazquez, 80, t. 16, p. 57-96.

2455. BRACKENBURY (M.). L'architecture médiévale de la haute vallée de l'Arc. 1 : Inventaire. 2 : Texte. 3 : Illustrations. Paris, CORDA, /c. 80/, 3 vol. in-4, 185, 141, 166 p. (ill., pl.). (Comité de recherche et du développement en architecture)

2456. BÜTTNER (Horst), MEISSNER (Günter). Bürgerhäuser in Europa. Leipzig, Edition Leipzig, 80, in-4, 351 p. (Abb.).

2457. CARVILL (Geraldine). Norman splendour : Duiske Abbey, Graignamanagh. Belfast, Blackstaff, 79, in-8, 119 p. (ill.).

2458. Céramique médiévale (La) en Méditerranée occidentale, Xe-XVe siècles. /Colloque internat. du CNRS/ Valbonne, 11-14 sept. 1978. Paris, Ed. du CNRS, 80, in-4, 466 p. (281 p.). (Colloques intern. du CNRS, 584)

2459. CHATELET (Albert). Les primitifs hollandais. La peinture dans les Pays-Bas du Nord au XVe siècle. Paris, Bibliothèque des arts ; Fribourg, Office du livre, 80, in-4, 264 p. (ill.).

2460. Corpus vitrearum Medii Aevi. Deutsche Demokratische Republik. Hrsg. v. Institut f. Denkmalpflege in d. DDR. Bd 1 : Die mittelalterliche Glasmalerei in Erfurt. T. 1 : DRACHENBERG (Erhard), MAERCKER (Karl-Joachim), SCHMIDT (Christa). Die mittelalterliche Glasmalerei in d. Ordenskirchen u. im Angermuseum zu Erfurt. T. 2 : DRACHENBERG (Erhard). Die mittelalterliche Glasmalerei im Erfurter Dom. Textbd. Berlin, Akad.-

10. KUNSTGESCHICHTE

Verl., 76-80, 2 vol. in-4, VIII-278, X-434 p. (Abb.).

2461. Corpus vitrearum Medii Aevi. Great Britain. Vol. 1 : County of Oxford. A catalogue of medieval stained glass, by Peter A. NEWTON, with the assistance of Jill KERR. London, Oxford U. P., 80, in-4, XXIII-270 p. (ill., fig., pl.).

2462. CZAGÁNY (István). A budavári gótika külföldi stílushatása. (Les effets du style gothique au château de Buda.) Épités-Épitészettudom., 79, vol. 11, n°s 3-4, p. 399-407.

2463. DEUBLER-PAULI (Erica), GAMBONI (Dario). Suger, Théophile, Le guide du pèlerin. Eléments de théorie de l'art au XIIe siècle. Et. Lettres, 80, sér. 4, t. 3, n° 2, p. 44-91.

2464. DIDIER (Rober). A propos de quelques sculptures françaises en bois du XIIIe siècle. R. Archéol. Hist. d'Art Louvain, 79, vol. 12, p. 81-103.

2465. DIDIER (Robert), RECHT (Roland). Paris, Prague, Cologne et la sculpture de la seconde moitié du XIVe siècle. A propos de l'exposition des Parlers à Cologne. B. monum., 80, vol. 138, p. 173-219 (ill.).

2466. FLETCHER (Eric). The influence of Merovingian Gaul on Northumbria in the seventh century. Med. Archaeol., 80, vol. 24, p. 69-86 (ill., maps).

2467. GASOL ALMENDROS (Josep M.). L'evangelari de Terrassa. Els pergamins de la British Library. Terrassa, Fund. Soler i Palet, 80, in-4, 50 p.

2468. GAVÍN (Josep M.). Inventari d'esglésies. 6 : Alt Camp-Baix Camp-Tarragonès. 7 : Baix Cinca-Garrigues-Llitera-Segrià. Barcelona, Artestudi, 80, 2 vol. in-8, 302, 247 p. (ill.).

2469. Ghiberti e la sua arte nella Firenze del '300-'400. A cura di Massimiliano G. ROSITO. Firenze, 79, in-8, 170 p. (Settimane dello stutio)

2470. HEITZ (Carol). L'architecture religieuse carolingienne : les formes et leurs fonctions. Paris, Picard, 80, in-4, 288 p. (ill.). (Grands manuels Picard)

2471. JAHN (Wolfgang). Der Maler Hans Memling aus Seligenstadt. Arch. f. hess. Gesch., 80, Bd 38, p. 45-94 (ill.).

2472. KÜHNEL (Harry). Abbild und Sinnbild in der Malerei des Spätmittelalters. S.-B. d. österr. Akad. d. Wiss., philos.-hist. Kl., 80, Bd 374, p. 83-100.

2473. Lorenzo Ghiberti nel suo tempo. Atti del Convegno internazionale di studi (Firenze, 18-21 ottobre 1978). Firenze, Olschki, 80, in-8, XII -667 p.

2474. LOVAG (Zsuzsa). A középkori bronzmüvesség emlékei Magyarországon. (Les objets de bronze du Moyen-âge en Hongrie.) Budapest, Corvina Kiadó, 79, in-8, 54 p.

2475. MURRAY (Hilary). Documentary evidence for domestic buildings in Ireland, c. 400-1200 in the light of archaeology. Med. Archaeol., 79, vol. 23, p. 81-97.

2476. NORDMAN (Carl Axel). Finlands medeltida konsthantverk. (Arts and crafts in medieval Finland.) Helsingfors, Museiverket, 80, in-8, 133 p. (ill.). /Summary in Eng./

2477. OLAGUER-FELIU ALONSO (Fernando). Las rejas de la catedral de Toledo. Toledo, Inst. Prov. de Invest. y Est. Toledanos, 80, in-4, 302 p. (ill.).

2478. PLADEVALL (Antoni), ADELL (Joan Albert). El monestir romànic de Sant Llorenç del Munt. Pròleg de Jordi VIGUÉ. Barcelona, Artestudi, 80, in-8, 288 p. (ill.).

2479. RAE (Edwin D.). The medieval fabric of the cathedral church of St. Patrick in Dublin. J. roy. Soc. Antiquaries Ireland, 79 /80/, vol. 109, p. 29-73.

2480. RAPPOPORT (P. A.). Polockoe zodčestvo XII v. (The Polotsk architecture of the XIIth century.) Sovet. Arkheol., 80, n° 3, p. 142-161.

2481. REUDENBACH (Bruno). Säule und Apostel. Überlegungen zum Verhältnis von Architektur und architekturexegetischer Literatur im Mitelalter. Frühmittelalterl. Stud., 80, Bd 14, p. 310-351 (ill.).

2482. ROTH (Uta). Studien zur Ornamentik frühchristlicher Handschriften des insularen Bereichs. Von d. Anfängen bis z. Book of Durrow. Ber. d. röm.-german. Komm., 79, /80/, Jg. 60, p. 5-225 (ill., Kt.).

2483. RUEL (Françoise). Le concept d'entrée dans l'architecture religieuse du Moyen Age. Mél. Casa de Velazquez, 80, t. 16, p. 97-112.

2484. SCOTT (Margaret). History of dress. Vol. 1 : Late Gothic Europe, 1400-1500. London, Mills. a. Boon, 80, in-4, 256 p. (ill., pl.).

2485. SENÉ (Alain). Recherches sur la composition des tympans, XIe-XIIIe s. : les traditions géométriques. Lille, At. Reprod. Thèses, Univ. Lille III ; Paris, diff. Champion, 79, 2 vol. in-4, 510 p. CCLXII p. (ill.).

2486. SKUBISZEWSKI (Piotr). Polska sztuka średniowieczna czy sztuka średniowieczna w Polsce ? (Art médiéval polonais ou art médiéval en Pologne ?) Kwart. hist., 79 /80/, a. 86, n° 4, p. 891-916.

2487. STALLEY (R. A.). Mellifont Abbey : a study of its architectural history. Proc. roy. irish Acad., Section C, 80, vol. 80, p. 263-354 (ill.).

2488. STEJSKAL (Karel), NEUBERT (Karel). Umění na dvoře Karla IV. (Die Kunst am Hofe Karls IV.) Praha, Artia, 78, in-4, 229 p.

2489. STOEPKER (H.). Medieval parish churches in Northeastern North Brabant and Limburg, I. With drawings by G. C. F. DEKKER. Ber. Rijksd. oudh. Bodemonderzoek, 77, vol. 27, p. 217-236 (ill.).

2490. THIERRY (Nicole). Note d'un voyage archéologique en Haute-Svanétie (Géorgie). Bedi Kartlisa, 79, vol. 37, p. 133-179. - IDEM. Notes d'un second voyage en Haute-Svanétie (Géorgie). Ibid., 80, vol. 38, p. 51-95 (ill., cartes).

2491. THIERY (Antonio). Note sulla sculptura europea dell'Alto Medio Evo (secoli VIII-IX). Anu. Est. med., 74-79 /80/, t. 9, p. 75-126 (ill.).

2492. THOMAS (Marcel). L'âge d'or de l'enluminure : Jean de France, duc de Berry, et son temps. Paris, Ed. Vilo, 79, in-4, 119 p. (pl.).

2493. TÓTH (Melinda). La cathédrale de Pécs au XIIe siècle. Problèmes que posent les recherches d'un décor sculptural. Acta Hist. Artium Acad. Sci. hungaricae, 78, vol. 24, n°s 1-4, p. 43-59.

2494. VARGA (Livia). Die mittelalterliche Baugeschichte der Evangelischen Kirche in Mühlbach /Siebenbürgen/. Acta hist. Artium Acad. Sci. hungaricae, 79, vol. 25, n°s 3-4, p. 187-235.

2495. WEHLI (Tünde). Die Admonter Bibel. Acta Hist. Artium Acad. Sci. hungaricae, 77, vol. 23, n°s 3-4, p. 173-285.

2496. WERNER (Joachim). Der goldene Armring des Frankenkönigs Childrich und die germanischen Handgelenkringe der jüngeren Kaiserzeit. Frühmittelalt. Stud., 80, Bd 14, p. 1-41.

2497. ZIEGLER (Charlotte). Ein unbekanntes Werk des "Lehrbüchermeisters". Österr. Z. f. Kunst u. Denkmalpflege, 80, Jg. 34, p. 1-8.

Cf. n°s 33, 176, 247, 412, 851.

§ 11. Musikgeschichte.

2498. CATTIN (Giulio), GALLO (F. Alberto). Ricerche sulla musica a S. Giustiniano di Padova all'inizio del Quattrocento. A. musicol., 77 /80/, vol. 7, p. 17-50 (12 pl.).

2499. DYER (Joseph). A thirteenth century choirmaster : the Scientia artis musicae of Elias Salmon. Musical Quar., 80, vol. 66, p. 83-111.

2500. FISCHER (Hermann), WOHNHAAS (Theodor). Organa Benedictina Bavarico-Suevica /9.-15. Jh./. Stud. u. Mitt. z. Gesch. d. Benediktinerordens, 79, Bd 90, p. 315-355.

2501. HUCKE (Helmut). Toward a new historical view of Gregorian chant /6th-11th cent./. J. am. musicol. Soc., 80, vol. 33, p. 437-467.

2502. MARCUSSON (Olaf). Comment a-t-on chanté les prosules ? Observations sur la technique des tropes de l'alleluia. R. Musicol., 79, vol. 65, p. 119-159.

2503. MULLALLY (Robert). The polyphonic theory of the bassa danza and the ballo. The treatises of Domenico da Piacenza, Guglielmo Ebreo and Antonio Cornazano. Music R., 80, vol. 41, p. 1-10.

2504. SANDERS (Ernest H.). Consonance and rhythm in the organum of the 12th and 13th centuries. J. am. musicol. Soc., 80, vol. 33, p. 264-286.

2505. VARGYAS (Lajos). Protohistoire de la musique hongroise. Studia musicol. Acad. Sci. hungaricae, 78, vol. 20, n°s 1-4, p. 3-73.

2506. ZAK (Sabine). Musik als "Ehr und Zier" im mittelalterlichen Reich. Studien z. Musik im höfischen Leben, Recht und Zeremoniell. Neuss, Dr. Päffgen, 79, in-8, 347 p.

2507. ZOLNAY (László). A magyar muzsika régi századaiból. (Les siècles passés de la musique hongroise.) Budapest, Magvető Kiadó, 79, in-8, 417 p.

§ 12. Geschichte der Philosophie.

* 2508. RUELLO (Francis). Bulletin d'histoire des idées médiévales. Rech. Sci. relig., 80, t. 68, p. 111-155. /Cf. Bibl. 78-79, n° 2759./

2509. Albertus Magnus, doctor universalis, 1280/1980. Hrsg. v. Gerbert MEYER u. Albert ZIMMERMANN. Mainz, Matthias-Grünewald-Verl., 80, in-8, 534 p. (Walberger Stud., Phil. Reihe, 6)

2510. BALTES (Matthias). Gott, Welt, Mensch in der Consolatio philosophiae, des Boethius : die Consolatio philosophiae als ein Dokument platonischer und neuplatonischer Philosophie. Vigiliae christianae, 80, Bd 34, p. 313-340.

2511. BRESLAUER (S. Daniel). Philosophy and imagination : the politics of prophecy in the view of Moses Maimonides. Jewish quart. R., 80, vol. 70, p. 153-171.

2512. BRUNI (Leonardo). Studi sull'epistolario di Leonardo Bruni. Di Francesco Paolo LUISO. A cura di Lucia GUALDO ROSA. Con pref. di Raffaello MORGHEN. Roma, Istit. stor. ital. per il Medio Evo, in-8, XXX-248 p. (Stud. stor., 122/124)

2513. DALES (Richard C.). The de-animation of the heavens in the middle ages. J. Hist. Ideas, 80, vol. 41, n° 4, p. 531-550.

2514. DE ROSSA (Daniela). Coluccio Salutati : il cancelliere e il pensatore politico. Firenze, La nuova Italia, 80, in-8, XV-183 (Bibl. di Stor., 28, Pubbl. del Semin. di Stor. mediev. della Fac. di Lett. dell'Univ. di Firenze, 3)

2515. D'ONOFRIO (Giulio). Giovanni Scoto e Boezio : tracce degli "Opuscula sacra" e della "Consolatio" nell'opera eriugeniana. Studi mediev., 80, s. 3, t. 21, p. 707-752.

2516. Dzieje filozofii średniowiecznej w Polsce. (Histoire de la philosophie médiévale en Pologne.). Réd. Zdzisław KUKSEWICZ. T. 7 : KORELEC (Jerzy Bartłomiej) : Filozofia moralna. (Philosophie morale.) Wrocław, Zakł. Narod. im. Ossolinskich, 80, in-8, 240 p. (Pol. Akad. Nauk Inst. Filozofii i Socjologii)

2517. ELDERS (Léon). La connaissance de l'être et l'entrée en métaphysique /XIIIe s./. R. thomiste, 80, vol. 80, p. 533-548.

2518. LEGOWICZ (Jan). Historia filozofii średniowiecznej Europy zachodniej. (Histoire de la philosophie médiévale de l'Europe Occidentale.) Warszawa, Państw. Wydwn. Nauk., 80, in-8, 637 p.

2519. LIBERA (Alain de). Logique et existence selon saint Albert le Grand. Arch. Philos., 80, t. 43, p. 529-558.

2520. LOHR (Charles H.). Die Entwicklung des mittelalterlichen Denkens. Theol. u. Philos., 80, Bd 55, p. 361-383.

2521. Multiple Averroès : actes du colloque international organisé à l'occasion du 850e anniversaire de la naissance d'Averroès, Paris, 22-23 sept. 1976. Paris, Belles Lettres, 78, in-4, 387 p. (pl.).

2522. NALDINI (Mario). Gregorio Nisseno e Giovanni Scoto Eriugena. Note sull'idea di creazione e sull' antropologia. Studi mediev., 79, s. 3, t. 20, p. 501-533.

2523. POTTS (Timothy C.). Conscience in medieval philosophy. Cambridge, London a. New York, Cambridge U. P., 80, in-8, XIII-152 p.

2524. Sprache und Erkenntnis im Mittelalter. Akten d. VI. Internat. Kongresses für Mittelalt. Philosophie d. Soc. Internat. pour l'Etude de la Philosophie Médiévale, 29. Aug.-3. Sept. 1977 in Bonn. Hrsg. v. Jan P. BECKMANN /u.a./. Unter Leitung v. Wolfgang KLUXEN. Halbbd 1. Berlin u. New York, de Gruyter, 80, in-8, XXIII-546 p. (Misc. mediaevalia, 13)

2525. TRINKAUS (Charles). The poet as philosopher : Petrarch and the formation of Renaissance consciousness. New Haven, Conn., Yale U. P., 79, in-8, XI-147 p.

2526. WARD (Benedicta). Miracles and the mediaeval mind : theory, record and event, 1000-1215. Menston, Scolar Press, 80, in-8, 336 p.

2527. WEBER (Edouard). La relation de la philosophie et de la théologie selon Albert le Grand. Arch. Philos., 80, t. 43, p. 559-588.

2528. WILLIAMS (Paul L.). The moral philosophy of Peter Abelard. Washington, D. C., U. P. of America, 80, in-8, III-187 p.

Cf. n° 2056.

§ 13. Kirchengeschichte.

a. Allgemeines.

2529. Genèse et débuts du Grand Schisme d'Occident. /Colloque internat. du C.N.R.S.,/ Avignon, 25-28 sept. 1978. Paris, Ed. du C.N.R.S., 80, in-4, 656 p. (fig., carte). (Colloques internat. du C.N.R.S., 586)

2530. KLANICZAY (Gábor). Kereszténység és ideológia a középkorban. Mozgáslehetőségek egy zárt ideológiai rendszerben, 1-2. (Christianisme et idéologie au Moyen-Age. Possibilités du mouvement dans un système idéologique fermé, 1-2.) Világosság, 79, vol. 20, n° 6, p. 352-360 ; n° 7, p. 416-424.

2531. KUTTNER (Stephan). Mediaeval councils, decretals and collections of canon law. London, Variorum Repr., 80, in-8, 380 p.

2532. LANDAU (Peter). Die Entstehung der systematischen Dekretalensammlungen und die europäische Kanonistik des 12. Jahrhunderts. Z. d. Savigny-Stiftung f. Rechtsgesch. Kanon. Abt., 79, Bd 96, p. 120-148.

2533. MULDOON (James). Popes, lawyers and infidels : the Church and the non-Christian world, 1250-1550. Liverpool, U. P., 80, in-8, XI-212 p.

2534. OAKLEY (Francis). The western church in the later middle ages. Ithaca, N. Y., Cornell U. P., 79, in-8, 345 p.

b. Geschichte des Papsttums.

2535. ANGENENDT (Arnold). Das geistliche Bündnis der Päpste mit den Karolingern (754-796). Hist. Jb., 80, Jg. 100, p. 1-94.

2536. BELLETZKIE (Robert Joseph). Pope Nicholas I and John of Ravenna : the struggle for ecclesiastical rights in the ninth century. Church Hist., 80, vol. 49, n° 3, p. 262-272.

2537. CHATILLON (F.). En parcourant le récit du retour de Grégoire XI à Rome. R. Moyen Age latin, 80, vol. 36, n° 3-4, p. 107-121.

2538. DEL POZO CHACÓN (José A.). Bulas correspondientes a Clemente VII y Benedicto XIII en el Archivo de la Catedral de Valencia. B. Soc. castell. Cult.. 80, t. 56, cuad. 3-4, p. 208-241.

2539. FOREVILLE (R.). Oracles pontificaux au temps du Grand Schisme d'Occident. Année canon., 80, t. 24, p. 33-51.

2540. FRIED (Johannes). Der päpstliche Schutz für Laienfürsten. Die polit. Gesch. d. päpstlichen Schutzprivilegs für Laien (11.-13. Jh.). Vorgel. am 30. Juni 1979 von Peter CLASSEN. Heidelberg, Winter, 80, in-8, 351 p. (Abh. d. Heidelberger Akad. d. Wiss. Phil.-Hist. Klasse, Jg. 80, Abh. 1)

2541. HEISER (Lothar). Die Responsa ad consulta Bulgarorum des Papstes Nikolaus I. (858-867). Ein Zeugnis päpstlicher Hirtensorge u. e. Dokument unterschiedlicher Entwicklungen in d. Kirchen von Rom u. Konstantinopel. Trier, Paulinus-Verl., 79, in-8, VI-503 p. (Trierer theol. Stud., 36)

2542. LAUFS (Manfred). Politik und Recht bei Innozenz III. Kaiserprivilegien, Thronstreitreg. u. Egerer Goldbulle in d. Reichs- u. Rekuperationspolitik Papst Innozenz' III. Köln u. Wien, Böhlau, 80, in-8, VIII-335 p. (Kölner hist. Abh., 26)

2543. MACCARRONE (Michele). Die Cathedra Sancti Petri im Hochmittelalter. Vom Symbol d. päpstlichen Amtes z. Kulturobjekt. Röm. Qschr. f. christ-1. Altertumskde, 80, Bd 75, p. 171-207. - IDEM. Il Pellegrinaggio a San Pietro e il giubileo del 1300. I : I "limina Apostolorum". R. Stor. Chiesa Italia, 80, a. 34, p. 363-429.

2544. PETERSOHN (Jürgen). Kaiser, Papst und praefectura urbis zwischen Alexander III. und Innozenz III. Probleme d. Besetzung u. Chronologie d. römischen Praefektur im letzten Viertel d. 12. Jh. Quellen u. Forsch., 80, Bd 60, p. 157-188.

2545. SCHMALE (Franz-Josef). Die "Absetzung" Gregors VI. in Sutri und die synodale Tradition. Annu. Hist.

Conciliorum, 79, t. 11, p. 55-103. - IDEM. Synoden Papst Alexanders II. (1061-1073). Anzahl, Termine, Entscheidungen. Ibid., p. 307-338.

2546. SCHRÖTER (Elisabeth). Der Vatikan als Hügel Apollons und der Musen. Kunst und Panegyrik von Nikolaus V. bis Julius II. Röm. Qschr. f. christ-1. Altertumskde, 80, Bd 75, p. 208-240.

2547. SCHÜLLER-PIROLI (Susanne). Die Borgia-Päpste Kalixt III. und Alexander VI. München, Oldenbourg, 80, in-8, 421 p.

2548. SCHWARZ (Brigide). Die Abbreviatoren unter Eugen IV. Päpstliches Reservationsrecht, Konkordatspolitik u. kuriale Ämterorganisation (mit 2 Anh. : Konkordate Eugens IV ; Aufstellung der Bewerber). Quellen u. Forsch., 80, Bd 60, p. 200-274.

2549. SPENCE (R.). Gregory IX's attempted expeditions to the latin Empire of Constantinople : the crusade for the union of the Latin and Greek Churches. J. medieval Hist., 79, vol. 5, p. 163-176 (ill.).

2550. THOMSON (John A. F.). Popes and Princes, 1417-1517. London, Allen a. Unwin, 80, in-8, 256 p.

Cf. n°s 1856, 2594.

c. Ordensgeschichte.

2551. BREATNACH (Pádraig A.). The origins of the Irish monastic tradition at Ratisbon (Regensburg). Celtica, 80, vol. 13, p. 58-77.

2552. BROUETTE (Emile). Table générale des abbées, prieurs conventuels et prévôts de l'ordre de Prémontré des origines à la fin du XVe siècle. Studia monastica, 80, vol. 22, p. 135-156.

2553. CASAGRANDE (Giovanna). L'Ordine francescano secolare nelle prime fonti francescane. Italia francesc., 80, a. 55, p. 203-220.

2554. CHAUVIN (Benoît). Un cas exemplaire de l'esprit cistercien primitif et son évolution : l'abbaye de Balerne et la propriété de l'église de Cognos au XIIe siècle. Cîteaux, 80, t. 31, p. 131-162.

2555. COURTENAY (W.). Augustinianism at Oxford in the fourteenth century. Augustiniana, 80, t. 30, p. 58-70.

2556. DECARREAUX (Jean). Moines et monastères à l'époque de Charlemagne. Paris, Tallandier, 80, 356 p. (pl.).

2557. DI AGRESTI (Guglielmo). Sviluppi della riforma monastica savonaroliana. Firenze, Olschki, 80, in-8, XXIII-238 p. (Bibl. della Riv. di Stor.

13. KIRCHENGESCHICHTE

e Letter. relig. Stud. e testi, 6)

2558. DÍAZ MARTÍN (Luis Vicente). Los maestres de las ordenes militares en el reinado de Pedro I de Castilla. Hispania, 80, t. 40, p. 285-356.

2559. Edifices monastiques et culte en Lorraine et en Bourgogne, du VIIIe au XIe s. Recueil d'études, publ. par Carol HEITZ et François HEBER-SUFFRIN. Nanterre, Univ. Paris X, 77, in-4, 129 p. (ill.). (Cahier. Univ. Paris X-Nanterre, Centre de recherches sur l'Antiquité tardive et le haut moyen-âge, 2)

2560. Espansione del francescanismo tra Occidente e Oriente nel secolo XIII. Atti del VI Convegno internazionale, Assisi, 12-14 ottobre 1978. Assisi, Soc. internaz. di Studi francescani, 79, in-8, 340 p.

2561. Geistlichen Ritterorden (Die) Europas. Hrsg. v. Josef FLECKENSTEIN u. Manfred HELLMANN. Sigmaringen, Thorbecke, 80, in-8, 429 p. (Vorträge u. Forsch., 26)

2562. GREEN (Bernard). The English Benedictine Congregation, a short history. London, Catholic Truth Soc., 80, in-8, 100 p. (ill.).

2563. GUTIÉRREZ (David). Atti capitolari dell'antica provincia agostiniana di Pisa. I : 1410-1420. Analecta augustiniana, 80, vol. 43, p. 7-56.

2564. HELLSTRÖM (Jan-Arvid). "Andens och munkarnas tidsålder", utkast till ett forskningsprogram kring det iro-keltiska munkväsendet, den högmedeltida klosterrörelsen och den s.k. gregorianska reformrörelsen. ("The age of the spirit and the monks": outlines of a research project on the Iro-Celtic abbey, the monasticism of the High Middle Ages and the Gregorian reform movement). Kyrkohist. Årsskr., 80, vol. 80, p. 51-68. /Eng. summary/

2565. HORN (Walter), BORN (Ernest). The plan of St. Gall : a study of the architecture and economy of, and life in a paradigmatic Carolingian monastery. Vol. 1, 2, 3. Berkeley a. Los Angeles, Univ. of Calif. Press, 79, 3 vol. in-8, XXVIII-356, XII-359, XXXIV-267 p.

2566. Istituzioni monastiche e istituzioni canonicali in Occidente (1123-1215). Atti della settima Settimana internazionale di studio. Mendola, 28 agosto-3 settembre 1977. Milano, Vita e Pens., 80, in-8, XV-807 p. (ill., tav.) (Publ. dell'Univ. catt. del S. Cuore. Misc. del Centro di Stud. mediev., 9)

2567. KROLL (Hildegard). Zum Charakter des Prämonstratenserordens in den ersten Jahrzehnten seines Bestehens. Analecta praemonstratensia, 80, Bd 56, p. 21-40.

2568. LECLERCQ (Jean). Nouveaux aspects de la vie clunisienne : à propos des monastères de Lombardie. Studia monastica, 80, t. 22, p. 29-42.

2569. LE GOFF (Jacques). Les ordres mendiants au Moyen Age. Histoire, 80, n° 22, p. 44-51.

2570. MANSELLI (Raoul). I Frati Minori nella storia religiosa del secolo XIII. Quad. catanesi, 79, a. 1, p. 7-24.

2571. MUSUMECI (Anna M.). I poveri e la povertà nel pensiero e nell'opera di Pietro di Blois. Quad. catanesi, 80, a. 2, p. 325-372.

2572. O'CARROLL (Maura). The educational organization of the Dominicans in England and Wales 1221-1348. A multidisciplinary approach. Arch. Fr. Praedicatorum, 80, t. 50, p. 23-62.

2573. PADEN (William D.), Jr. De monarchis rithmos facientibus : Helinant de Froidmont, Bertran de Born, and the Cistercian general chapter of 1199. Speculum, 80, vol. 55, n° 4, p. 669-685.

2574. PAOLINI (Lorenzo). Le origini della "Societas Crucis". R. Stor. Letter. relig., 79, t. 15, p. 173-229.

2575. PETERS (Wolfgang). Die Gründung des Prämonstratenserstifts Ursberg. Zur Klosterpolitik d. Augsburger Bischöfe im beginnenden 12. Jh. Z. f. bayer. Landesgesch., 80, Bd 43, p. 575-689.

2576. ROBINSON (David M.). The geography of Augustinian settlement in medieval England and Wales. Oxford, Brit. Archaeol. Reports, 80, in-4, 547 p. (Brit. Arch. Rep., British Ser., 80)

2577. SAÍNZ DE LA MAZA LASOLI (Regina). La Orden de Santiago en la Corona de Aragón. La encomienda de Montalbán (1210-1327). Zaragoza, Inst. Fernando el Católico, 80, in-4, 488 p.

2578. SANTUCCI (Francesco). Movimento religioso femminile e francescanesimo nel secolo XIII. Italia francesc., 80, a. 55, p. 126-129.

2579. SZAFRANIEC (Kazimierz). Z dziejów Jasnej Góry. Próba wyjaśnienia genezy klasztoru i sanktuarium w świetle analizy źródeł historycznych. (De l'histoire de Jasna Góra /Częstochowa/. Un essai concernant la genèse du monastère et du sanctuaire à la lumière d'une analyse des sources historiques.) Warszawa, Akad. Teologii Katol., 80, in-8, 172 p.

2580. WEHRLI-JOHNS (Martina). Geschichte des Zürcher Predigerkonvents (1230-1524) : Mendikantentum zw. Kirche u. Stadt. Zürich, Rohr, 80, in-8, XII-270 p. (ill., Taf.).

2581. WOLLASCH (Joachim). Parenté noble et monachisme réformateur : observations sur les "conversions" à la vie monastique aux XIe et XIIe siècles. R. Hist., 80, a. 104, t. 263, p. 3-24.

Cf. n°s 2566, 2609.

d. Hagiographie[1].

2582. BOESCH GAJANO (Sofia). La proposta agiografica dei "Dialogi" di Gregorio Magno. Studi mediev., 80, s. 3, t. 21, p. 623-664.

2583. BRESC (Geneviève), BRESC (Henri). Les saints protecteurs de bateaux, 1200-1460. Ethnol. franç., 79, n. sér., t. 9, n° 2, p. 161-178.

2584. KOPPENBERG (Peter). Hagiographische Studien zu den Biskupa sögur. Unter bes. Berücks. d. Jóns saga helga. Bochum, Scandia, 80, in-8, XX-292 p. (Scandia, wiss. Reihe, 1)

2585. MINOIS (Georges). Culte des saints et vie religieuse dans le diocèse de Tréguier au XVe siècle. A. Bretagne, 80, t. 87, p. 17-42.

2586. VAUGHN (Sally N.). St. Anselm and the English investiture controversy reconsidered. J. medieval Hist., 80, vol. 6, p. 61-86.

2587. DESHUSSES (Jean), HOURLIER (Jacques). Saint Benoît dans les livres liturgiques. Studia monastica, 79, vol. 21, fasc. 1-2, p. 143-204. - HOURLIER (Jacques). La translation /des reliques de saint Benoît/ d'après les sources narratives. Studia monastica, 79, vol. 21, p. 213-239. - PENCO (Gregorio). S. Benedetto nella storia della cristianità occidentale. Studium, 80, a. 76, p. 311-328.

2588. BASCHER (Dom Jacques de). La Vita de saint Bernard d'Abbeville, abbé de Saint-Cyprien de Poitiers et de Tiron. R. Mabillon, 80, t. 59, p. 417-450.

2589. CORVINO (Francesco). Bonaventura da Bagnoregio francescano e pensatore. Bari, Dedalo libri, 80, in-8, 552 p. (Saggi, 53)

2590. Greatest (The) Englishman : essays on St. Boniface and the church at Crediton. Ed. by Timothy REUTER. Exeter, Paternoster Press, 80, in-8, 140 p. - JARNUT (Jörg). Bonifatius und die fränkischen Reformkonzilien (743-748). Z. d. Savigny-Stiftung f. Rechtsgesch., Kanon. Abt., 79, Bd 96, p. 1-26. - SLADDEN (John Cyril). Boniface of Devon, apostle of Germany. Exeter, Paternoster Press, 80, in-8, 256 p.

2591. BARTOLI (Marco). Analisi storica e interpretazione psicanalitica di una visione di S. Chiara d'Assisi. Arch. francisc. hist., 80, t. 73, p. 442-472.

2592. ENGLEBERT (Omer). St. Francis of Assisi. Chawton, Alton, Redemptorist Publ., 80, in-8, 282 p. - HABIG (Marion A.). St. Francis of Assisi : omnibus of sources. London, S.P.C.K., 80, in-8, 1924 p. - MANSELLI (Raoul). S. Francesco d'Assisi. Roma, Bulzoni, 80, in-8, 362 p. (Bibl. di Cult., 182) - MARINI (Alfonso). Una fonte italiana su S. Francesco del sec. XIV. La Vita dei cod. Vaticano Capponiano 207 e Assisano, Chiesa Nuova 8. Arch. francisc. hist., 80, a. 73, p. 3-68. - SCHMUCKI (Ottaviano). La "Lettera a tutto l'Ordine" di San Francesco. Italia francesc., 80, a. 55, p. 245-276.

2593. CORBET (Patrick). La diffusion du culte de saint Gilles au Moyen Age (Champagne, Lorraine, nord de la Bourgogne). A. Est, 80, sér. 5, a. 32, p. 3-42.

2594. GANDOLFO (Emilio). Gregorio Magno servo dei servi di Dio. Milano, IPL, 80, in-8, V-172 p. (La Bibbia e i Padri) - RICHARDS (Jeffrey). Consul of God, the life and times of Gregory the Great. London, Routledge, 80, in-8, 320 p. (ill.).

2595. SUCHOŃ (Benigna). Święta Jadwiga księżna śląska. (Sainte Hedwige duchesse de Silésie.) Nasza Przeszł., 80, vol. 53, p. 5-132.

2596. BARLOW (Frank). The canonization and the early Lives of Hugh I, abbot of Cluny. Analecta bollandiana, 80, t. 98, p. 297-334.

2597. VAN HERWAARDEN (Jan). The origins of the cult of St. James of Compostela. J. medieval Hist., 80, vol. 6, p. 1-35.

2598. DUNIN-WASOWICZ (Teresa). Santi fomani nella Polonia altomedievale. Il culto di San Maurizio e della legione tebana. Quad. mediev., 79, t. 7, p. 43-56.

2599. GAMBER (Klaus). Der Erzbischof Methodius von Mähren vor der Reichsversammlung in Regensburg des Jahres 870. Ostkirchl. Stud., 80, Bd 29, p. 30-38. - STÖKL (Günther). Kyrill und Method - Slawenlehrer oder Slawenapostel. Wirklichkeit u. Legende. Kirche im Osten, 80, Bd 23, p. 13-31.

2600. FOLZ (Robert). Saint Oswald, roi de Northumbrie. Etude d'hagiographie royale. Analecta bollandiana, 80, t. 98, p. 49-74.

2601. EASTING (Robert). Peter of Cornwall's account of St. Patrick's purgatory. Analecta bollandiana, 79, t. 97, p. 397-416.

2602. TORRELL (Jean-Pierre). "Miraculum". Une catégorie fondamentale chez Pierre le Vénérable. R. thomiste, 80, vol. 80, p. 337-386, 549-566.

---

1. Geordnet in alphabetischer Reihenfolge der lateinischen Heiligennamen.

2603. WIRTH (G.). Anmerkungen zur Vita des Severin von Noricum. Quad. catanesi Studi class. medievali, 79, t. 1, p. 217-266.

2604. KJÖLLERSTRÖM (Sven). Sankt Sigfrid, Sigfridslegenden och Växjö stift. (Saint Sigfrid, the Sigfrid legend and the Diocese of Växjö /Sweden/.) Kyrkohist. Arsskr., 80, vol. 80, p. 27-33. /Eng. summary/

2605. ULEWICZ (Tadeusz). St. Stanislaus of Szczepanow in old Polish literature and culture. Aevum, 80, vol. 54, p. 287-314.

2606. DEUG-SU (I.). L'opera agiografica di Alcuino : la "Vita Willibrordi". Studi mediev., 80, s. 3, t. 21, p. 47-96.

Cf. n° 1831.

e. Spezialarbeiten.

* Cf. n° 2166.

2607. Assistance et charité. 13e session d'Hist. religieuse du Midi de la France aux XIIe et XIIIe siècles, Fanjeaux. 1977. Toulouse, Privat, 78, in-16, 435 p. (ill., pl.). (Cah. de Fanjeaux, 13)

2608. AUBRUN (Michel). Caractères et portée religieuse et sociale des "Visiones" en Occident du VIe au XIe siècle. Cah. Civ. méd., 80, vol. 23, p. 109-130.

2609. AVRIL (Joseph). Recherches sur la politique paroissiale des établissements monastiques et canoniaux (XIe-XIIIe s.). R. Mabillon, 80, vol. 59, p. 453-517.

2610. BASTARD-FOURNIE (Michelle). Le purgatoire dans la région toulousaine au XIVe et au début du XVe siècle (dévotion médiévale). A. Midi, 80, t. 92, p. 5-34.

2611. Beiträge zur Geschichte der Konversen im Mittelalter. Hrsg. v. Kaspar ELM. Berlin, Duncker u. Humblot, 80, in-8, 103 p. (Berliner hist. Stud., 2. Ordensstudien, 1)

2612. BERNS (Wolf-Rüdiger). Burgenpolitik und Herrschaft des Erzbischofs Balduin von Trier. (1307-1354). Sigmaringen, Thorbecke, 80, in-8, 232 p. (1 Kt.). (Vorträge u. Forsch., Sonderbd 27)

2613. BOSHOF (Egon). Untersuchungen zur Kirchenvogtei in Lothringen im 10. und 11. Jh. Z. d. Savigny-Stiftung f. Rechtsgesch., Kanon. Abt., 79, Bd 96, p. 55-119.

2614. BOSWELL (John). Christianity, social tolerance, and homosexuality : gay people in western Europe from the beginning of the Christian era to the fourteenth century. Chicago, Univ. of Chicago Press, 80, in-8, XVIII-424 p.

2615. BOYER (Régis). La vie religieuse en Islande, 1116-1264, d'après la "Sturlunga saga" et les "Sagas des évêques". Paris, Fond. Singer-Polignac, 79, in-8, 512 p.

2616. CAMPBELL (James). The church in Anglo-Saxon towns. Stud. Church Hist., 79, vol. 16, p. 119-135.

2617. CEGNA (Romolo). Fonti escatologiche del rivoluzionarismo ussita. R. Stor. Letter. relig., 79, t. 15, p. 349-371. - IDEM. Idea wolności w ruchach heretyckich późnego średniowiecza. Waldyzm europejski. (L'idée de liberté dans les mouvements hététiques du bas Moyen Age : les vaudois en Europe.) Kwart. hist., 79 /80/, a. 86, n° 4, p. 951-964.

2618. CHIFFOLEAU (Jacques). La comptabilité de l'au-delà. Les hommes, la mort et la religion dans la région d'Avignon à la fin du moyen âge (vers 1320 - vers 1480). Préf. de Jacques LE GOFF. Rome, Ecole franç.: diff. Paris, de Boccard, 80, in-8, X-494 p. (graph., pl.). (Coll. de l'Ecole franç. de Rome, 47) - IDEM. Les confréries, la mort et la religion en Comtat-Venaissin à la fin du Moyen Age. Mél. Ec. franç. Rome. Moyen Age, Temps mod., 79, t. 91, p. 785-825.

2619. CHRISTIANSON (Gerald). Cesarini, the conciliar cardinal : the Basel years, 1431-1438. St. Ottilien, EOS, 79, in-8, X-214 p. (Kirchengeschichtl. Quellen u. Studien, 10)

2620. DEKKER (C.). The formation of arcdeaconries in the diocese of Utrecht in the second half of the eleventh century and the first quarter of the twelfth. Acta Hist. neerlandicae, 79, vol. 12, p. 1-28.

2621. DELCOR (Mathias). La société cathare en Cerdagne : nobles et bergers du XIIe au XIVe siècle /suite de Bibl. 78-79, n° 2848/. B. Litt. ecclés., 80, t. 81, p. 17-49.

2622. DELPOUX (Charles). Les comtes de Toulouse et le catharisme. Cah. Et. cathares, 80, n° spécial, 134 p.

2623. DENTON (J. H.). Robert Winchelsey and the Crown, 1294-1313 : a study in the defence of ecclesiastical liberty. London, Cambridge, U. P., 80, in-8, 341 p. (Stud. in mediaeval life a. thought)

2624. DE SANDRE GASPARINI (Giuseppina). Uno studio sull'episcopato padovano di Pietro Barozzi (1487-1507) e altri contributi sui vescovi veneti nel Quattrocento. Problemi e linee di ricerca. R. Stor. Chiesa Italia, 80, a. 34, p. 81-122.

2625. DYER (Christopher). Lords and peasants in a changing society, the estates of the Bishopric of Worcester, 680-1540. London, Cambridge U. P., 80, in-8, 427 p. -Tab., maps, dr.). (Past a. Present Publ.)

2626. EYNUM (Caroline Walker). Docere verbo et exemplo : an aspect of twelfth-century spirituality. Missoula, Mont., Scholars Press, 79, in-8, XVII-266 p. (Harvard Theol. Stud., 31)

2627. FINK (Karl August). "Sic in sua obedientia nuncupatus". Quellen u. Forsch., 80, Bd 60, p. 189-199.

2628. FISCHER (Joseph A.). Die Freisinger Bischöfe von 906 bis 957. München, Seitz /in Komm./, 80, in-8, 163 p. (Stud. z. altbayer. Kirchengesch., 6)

2629. Vacat.

2630. GRIFFE (Elie). Le Languedoc cathare et l'Inquisition (1229-1329). Paris, Letouzey et Ané, 80, in-8, 324 p.

2631. GROTEN (Manfred). Priorenkolleg und Domkapitel von Köln im Hohen Mittelalter. Zur Gesch. d. Kölnischen Erzstifts u. Herzogtums. Bonn, Röhrscheid, 80, in-8, 289 p. (Rhein. Arch., 109)

2632. GRYSON (R.). Dix ans de recherches sur les origines du célibat ecclésiastique. Réflexions sur les publications des années 1970-1979. R. théol. Louvain, 80, vol. 11, p. 156-185.

2633. HAMILTON (Bernard). The Latin church in the Crusader states : secular church. London, Variorum Repr., 80, in-8, X-410 p. (maps). - IDEM. A medieval urban church : the case of the crusader states. Stud. Church Hist., 79, vol. 16, p. 159-170.

2634. HAMMER (Carl I.) Jr. Country churches, clerical inventories and the Carolingian renaissance in Bavaria. Church Hist., 80, vol. 49, n° 1, p. 5-17.

2635. Historiographie du catharisme. 14e session d'histoire religieuse du Midi de la France aux XIIe et XIIIe siècles, Fanjeaux, 1978. Toulouse, Privat, 79, in-16, 443 p. (pl.). (Cah. de Fanjeaux, 14)

2636. Istituzioni ecclesiastiche della Toscana medioevale. /Scritti di/ Ch. WICKHAM /e altri/. Galatina, Congedo, 80, in-8, 159 p. (Stud. e Ric. Commiss. ital. per la Stor. delle pievi e delle parrocchie, 1)

2637. JACKSON (Peter). The crisis in the Holy Land in 1260. Eng. hist. R., 80, vol. 95, p. 481)513.

2638. JOCHENS (Jenny M.). The Church and sexuality in medieval Iceland. J. medieval Hist., 80, vol. 6, p. 377-392.

2639. KAMPERS (Gerd). Zum Weihealter der Bischöfe im spanischen Westgotenreich : Rechtsnorm und Rechtswirklichkeit. Z. d. Savigny-Stiftung f. Rechtsgesch., Kanon. Abt., 79, Bd 96, p. 320-333.

2640. KHOROŠEV (A. S.). Cerkov' v social'no-politiĉeskoj sisteme Novgorodskoj respubliki. (The Church in the socio-political system of the Novgorod republic /XI-XV cent./) Moskva, Izd-vo MGU, 80, in-8, 224 p.

2641. KOSZTOLNYIK (Zoltan J.). The church and Béla III of Hungary (1172-1196) : the role of archbishop Lukács of Esztergom. Church Hist., 80, vol. 49, n° 4, p. 375-386.

2642. LASKER (Daniel J.). Averroistic trends in Jewish-Christian polemics in the later middle ages. Speculum, 80, vol. 55, n° 2, p. 294-304.

2643. LONGERE (Jean). Théologie et pastorale de la pénitence chez Alain de Lille. Cîteaux, 79, t. 30, p. 125-188.

2644. MACCARRONE (Michele). Il pellegrinaggio a San Pietro e il giubileo del 1300. 1 : I "limina Apostolorum". R. Stor. Chesa Italia, 80, t. 34, p. 363-429.

2645. MAILLET (Germaine). Religion et traditions populaires aux XIIe et XIIIe s. Châlon-sur-Marne, Comité du Folklore champenois, 78, in-8, 99 p. (Trav. du Comité du folklore champenois, 7)

2646. MARTÍNEZ-MILLÁN (José). En torno al nacimiento de la Inquisición medieval a través de la censura de libros en los Reinos de Castilla y Aragón (1232-1480). Hispania, 80, t. 40, p. 5-35. /Eng. summary, p. 177/

2647. Medieval (The) mystical tradition in England. Papers read at the Exeter symposium, July 1980. Ed. by Marion GLASSCOE. Exeter, Univ., 80, in-8, VI-249 p. (Exeter medieval Eng. Texts a. Studies)

2648. MERLO (Grado G.). La coercizione all'ortodossia : comunicazione e imposizione di un messaggio religioso egemonico (sec. XIII-XIV). Soc. e Storia, 80, t. 3, p. 807-825.

2649. MIETHKE (Jürgen). Die handschriftliche Überlieferung der Schriften des Juan Gonsalez, Bischof von Cadiz († 1440). Zur Bedeutung der Bibl. d. Domenico Capranica f. d. Verbreitung ekklesiologischer Traktate d. 15. Jh. (mit e. Anh. : Inhaltsübers. über d. Miszellanhandschrift Vat. lat. 4039). Quellen u. Forsch., 80, Bd 60, p. 275-324.

2650. MUNDHENK (Johannes). Forschungen zur Geschichte der Externsteine. Bd 1 : Architektonisch-archäologische Bestandsaufnahme. Lemgo, Wagener, 80, in-4, 192 p. (ill.). (Lippische Stud., 5)

2651. MUZZARELLI (Maria Giuseppina). Una componente della mentalità occidentale : i Penitenziali nell'alto medioevo. Bologna, Pàtron, 80, 344 p. (Il mondo medievale)

2652. NELSON (Janet L.). Charles the Bald and the church in town and countryside. Stud. Church Hist., 79, vol. 16, p. 103-118.

2653. PATSCHOVSKY (Alexander). Waldenserverfolgung in Schweidnitz 1315. Deutsch. Arch. f. Erforsch. d. M.-A., 80, Jg. 36, p. 137-176.

2654. PUIG I OLIVER (Jaume de). El procés dels lul.listes valencians contra Nicolau Eimeric en el marc del Cisma d'Occident. B. Soc. castell. Cult., 80, t. 56, cuad. 3-4, p. 319-463.

2655. RIEDMANN (Josef). Die Übernahme der Hochstiftsverwaltung in Brixen und Trient durch Beauftragte Kaiser Friedrichs II. im Jahre 1236. Mitt. d. Inst. f. österr. Gesch.-Forsch., 80, Bd 88, p. 131-163.

2656. SCHRÖDER (Isolde). Die westfränkischen Synoden von 888 bis 987 und ihre Überlieferung. München, Monumenta Germaniae Historica, 80, in-8, LIV-413 p. (Monumenta Germaniae Historica. Hilfsmittel, 3)

2657. SEVE (Roger). La seigneurie épiscopale de Clermont des origines à 1337. R. Auvergne, 80, vol. 99, p. 85-268.

2658. STAHLEDER (Helmuth). Bischöfliche und adelige Eigenkirchen des Bistums Freising im frühen Mittelalter und die Kirchenorganisation im Jahre 1315. Oberbayer. Arch., 79, Bd 104, p. 117-188 ; 80, Bd 105, p. 7-69.

2659. STANCLIFFE (Clare E.). From town to country : the Christianisation of the Touraine, 370-600. Stud. Church Hist., 79, vol. 16, p. 43-59. -EADEM. Kings and conversions : some comparisons between the Roman mission to England and Patrick's to Ireland. Frühmittelalterl. Stud., 80, Bd 14, p. 59-94.

2660. STRAYER (Joseph R.). The case of bishop Guichard of Troyes. In : Charanis studies /Cf. n° 411/, p. 248-260.

2661. STRUSS (Lothar). Epische Idealität und Historische Realität. Der Albigenserkreuzzug u. d. Krise d. Zeitgeschichtsdarst. in d. occitan., altfranz. u. latein. Historiographie. München, Fink, 80, in-8, 200 p. (Theorie u. Gesch. d. Lit. u. d. schönen Künste, 51)

2662. SZŰCS (Jenő). A keresztény-ség belső politikuma a XIII. század derekán. IV. Béla király és az egyház. (L'aspect politique du christianisme au milieu du XIIIe s. Le roi Béla IV /1235-1270/ et l'Eglise.) Tört. Szle, 78, vol. 21, n° 1, p. 158-181.

2663. TA-SHMA (Israel). Yeme idayhem ; perek be-hitpathut ha-halakha bi-yeme ha-benayim. (Judeo-Christian commerce on Sundays in medieval Germany and Provence.) Tarbiz, 78, vol. 47, n°s 3-4, p. 197-215. /Summary in Eng./

2664. TABBACH (Vincent). Le temporel des archevêques de Rouen aux derniers siècles du moyen âge. J. medieval Hist., 80, vol. 6, p. 199-217.

2665. Viterbo città pontificia. A cura di Mario PETRASSI. Testi di Mario PETRASSI /e altri/. Roma, Editalia, 80, in-4, 196 p. (ill., tav.).

2666. VONES (Ludwig). Die "Historia Compostellana" und die Kirchenpolitik des nordwestspanischen Raumes, 1070-1130. Ein Beitr. z. Gesch. d. Beziehungen zw. Spanien u. d. Papsttum zu Beginn d. 12. Jahrh. Köln u. Wien, Böhlau, 80, in-8, XII-628 p. (Kölner hist. Abh., 29)

2667. WOLTER (Heinz). Erfahrungen und Probleme bei der Erforschung und Darstellung der Partikularsynoden Deutschlands und Italiens zwischen 916 und 1215. Annu. Hist. Conciliorum, 79, t. 11, p. 38-54.

2668. WOOD (Ian N.). Early Merovingian devotion in town and country. Stud. Church Hist., 79, vol. 16, p. 61-76.

2669. ZAWADZKI (Roman Maria). Spuścizna pisarska Stanisława ze Skarbimierza. Studium źródłoznawcze. (L'héritage littéraire de Stanisław de Skarbimierz. Etude des sources.) Krakow, Tow. Teolog., 79 /80/, in-8, 267 p. /Sermons, XIVe-XVe s./

Cf. n° 1726.

§ 14. Siedlungsgeschichte, Ortsnamenforschung und Städtebaukunst.

2670. BÁLINT (Csanád). Természeti földrajzi tényezők a honfoglaló magyarok megtelepedésében. (Die Rolle d. geogr. Gegebenheiten /der Bodenarten/ bei d. Ansiedlung d. landnehmenden Ungarn.) Ethnographia, 80, vol. 91, n° 1, p. 35-52 (carte).

2671. BOHÁČ (Zdeněk). Dějiny osídlení středního Povltaví v době předhusitské. (Siedlungsgeschichte d. mittleren Laufes d. Vltava in vorhussitischer Zeit.) Praha, Zemědělské muzeum, 78, in-8, 199 p., (10 cartes). (Prameny a studie, 19. K dějinám osídlení, 2)

2672. BORDONE (Renato). Assestamenti del territorio suburbano : le diminutiones villarum veterum del comune di Asti. B. stor. bibliogr. subalpino, 80, a. 78, p. 127-177.

2673. BRADLEY (John). The topography and layout of medieval Drogheda. J. Louth archaeol. hist. Soc., 78, vol. 19, p. 98-127 (ill.).

2674. BUSSI (Rolando). Popolamento e villaggi abbandonati in Italia tra Medioevo ed età moderna. Firenze, La nuova Italia, 80, in-8, 117 p. (ill.). (Strumenti, 109)

2675. ČERNÝ (Ervín). Zaniklé středověké osady a jejich plužiny. Metodika historickogeografického výzkumu v oblasti Drahanské vrchoviny. (Untergegangene mittelalterl. Siedlungen u. ihre Ackergründe. Methodik d. hist.-geograph. Forschung im Bereich d. Höhenzuges Drahanská vrchovina.) Praha, Academia, 79, in-8, 168 p. (fig.). (Studie ČSAV, 79, n° 1)

2676. CONTI (Simonetta). Le sedi umane abbandonate nel Patrimonio di s. Pietro. Firenze, Olschki, 80, 195 p. (ill., tav.). (Commiss. per la Geogr. stor. delle sedi umane in Italia, 5)

2677. DESBORDES (Jean-Michel), TANDEAU DE MARSAC (Martine), VERYNAUD (Georges). Les origines de la vie urbaine en Limousin. A. Midi, 80, t. 92, p. 381-399 (7 fig.).

2678. DONAT (Peter). Haus, Hof und Dorf in Mitteleuropa vom 7. bis 12. Jahrhundert. Archäologische Beitr. z. Entwicklung u. Struktur d. bäuerl. Siedlung. Berlin, Akad.-Verl., 80, in-8, 255 p. (Abb., Kt.). (Schr. z. Ur- u. Frühgesch., 33)

2679. ENNEN (Edith). Aachen im Mittelalter, Sitz des Reiches - Ziel der Wallfahrt - Werk der Bürger. Z. d. aachen. Gesch.-Ver., 79/80, Bd 86/87, p. 457-487.

2680. GOEHRKE (Carsten). Die Anfänge des mittelalterlichen Städtewesens in eurasischer Perspektive. Saeculum, 80, Bd 31, p. 194-220.

2681. GRAHAM (B.). The evolution of urbanization in medieval Ireland. J. hist. Geogr., 79, vol. 5, p. 111-126.

2682. HODGES (R.). Trade and urban origins in Dark Age England : an archaeological critique of the evidence. Ber. Rijksd. oudh. Bodemonderzoek, 77, vol. 27, p. 191-215.

2683. HOLL (I.). Sopron (Ödenburg) im Mittelalter. Acta archaeol. Acad. Sci. hungaricae, 79, vol. 31, n°s 1-2, p. 105-145.

2684. IAMBOR (P.). Contribuţii documentare privind unele aşezări româneşti din vestul ţării la începutul feudalismului. (Urkundl. Beiträge zur frühmittelalterl. Geschichte einiger im

Westen d. Landes gelegenen rumän. Siedlungen.) Acta Musei napocensis, 80, vol. 17, p. 159-175.

2685. JAKOBSSON (Svante). Osilia-Maritima 1227-1346 : studier kring tillkomsten av svenska bosättningar i Balticum, i synnerhet inom biskopsstiftet Ösel-Wiek. (Studies of the establishment of Swedish settlements in the Baltic countries, especially in the bishopric of Ösel-Wiek.) Stockholm, Almqvist a. Wiksell internat., 80, in-8, 172 p. (Studia hist. Upsaliensia, 112) /Eng. summary. Dt. Zsfassung/

2686. KACZMARCZYK (Zdzisław). Das Fortleben der römischen Städte auf dem Balkan im Mittelalter /5.-8. Jh./. Acta Poloniae hist., 80, vol. 41, p. 5-33.

2687. KATZINGER (Willibald). Die Anfänge der Marktsiedlungen in Oberösterreich. Österr. in Gesch. u. Lit., 80, Jg. 24, p. 145-159.

2688. KIESER (Otto). Die Wüstung "Alte Stadt" bei Bitterfeld - eine Kaufmannssiedlung. Jb. f. d. Gesch. Mittel- u. Ostdeutschlands, 80, Bd 29, p. 1-12.

2689. KÜTTLER (Wolfgang). Stadt und Bürgertum im Feudalismus. Zu theoret. Problemen d. Stadtgeschichtsforsch. in d. DDR. Jb. f. Gesch. d. Feudalismus, 80, Bd 4, p. 74-112.

2690. Lazio medievale. Ricerca topografica su 33 abitati delle antiche diocesi di Alatri, Anagni, Ferentino, Veroli. Prem. di Isa BELLI BARSALI. Roma, Multigrafica, 80, in-8, XVI-306 p. (ill., tav.).

2691. LEŚNY (Jan). Stałe i doraźne umocnienia nawodne Słowian nabałtyckich oraz ich miejsce we wczesnośredniowiecznym systemie obronnym. (Les fortifications lacustres permanentes et provisoires des Slaves et leur place dans le système défensif du Haut Moyen Age XIIe s.) Studia Mater. Dziej. Wielkop. Pomorza, 80, vol. 27, fasc. 1, p. 5-29.

2692. LEUDEMANN (Norbert). Deutsche Bischofsstädte im Mittelalter. Zur topographischen Entwicklung d. deutsch. Bischofsstadt im Heiligen Römischen Reich. München, Holler, 80, in-8, 252 p. (graph. Darst., Kt.).

2693. LUZZATI (Michele). Demografia e insediamenti nel contado pisano nel Quattrocento (1428-1491). Ras. volterrana, 80, a. 56, p. 71-106.

2694. MAFART (Bertrand-Yves). L'abbaye Saint-Victor de Marseille. Etude anthropologique de la nécropole des IVe-VIe siècles. Paris, Ed. du C.N.R.S., 80, in-4, 436 p. (133 fig., 231 tabl.). (Paléoécologie de l'homme fossile, 4)

2695. MAKSAY (Ferenc). Das Agrarsiedlungssystem des mittelalterlichen

Ungarn. Acta hist. Acad. Sci. hungaricae, 78, vol. 24, n°s 1-2, p. 83-108.

2696. METT (Rudolf). Der Königsberg im Hassgau. Ursprung u. Entwicklung d. Stadt Königsberg in Franken bis zum 14. Jj. Ein Beitr. z. fränkischen Siedlungsgesch. Hofheim, Holl, 80, in-8, 195 p. (ill., graph. Darst., Kt.).

2697. MILITZER (Klaus), PRZYBILLA (Peter). Stadttentstehung, Bürgertum und Rat. Halberstadt u. Quedlinburg bis zur Mitte d. 14. Jh. Göttingen, Vandenhoeck u. Ruprecht, 80, in-8, 281 p. (Veröff. d. Max-Planck-Inst. f. Gesch., 67)

2698. NÄGLER (Thomas). Die Ansiedlung der Siebenbürger Sachsen. București, Kriterion, 79, in-8, 259 p. (24 pl.).

2699. NEAMȚU (Eugenia), NEAMȚU (Vasile), CHEPTEA (Stela). Orașul medieval Baia în secolele XIV-XVII. Cercetări arheologice din anii 1967-1976. (La ville médiévale de Baia /Roumanie/. Recherches archéolog. des années 1967-1976.) Iași, Junimea, 80, in-8, 288 p.

2700. NIEDERMAIER (Paul). Siebenbürgische Städt. Forschungen z. städtebaulichen u. architekton. Entwicklung v. Handwerksorten zw. d. 12. u. 16. Jh. Köln, Böhlau, 79, in-8, 316 p. (Siebenbürgisches Archiv, Ser. 3, 15)

2701. PERIN (Patrick). La datation des tombes mérovingiennes : historique, méthodes, applications. Avec une contrib. de René LEGOUX. Genève, Dorz, 80, in-4, XVIII-433 p. (ill., pl.). (Centre de recherches d'hist. et de philol. de la IVe Sect. de l'Ecole pratique des hautes études, 5 : Hautes études méd. et mod., 39)

2702. RADFORD (Courtenay Arthur R.). Pre-conquest boroughs of England. London, Brit. Acad., 80, in-8, 24 p. (ill.). (M. Wheeler Archaeol. Lect.)

2703. RAHTZ (Philip Arthur). a. others. Anglo-Saxon cemeteries : symposium proceedings. Oxford, Brit. Archaeol. Rep., 80, in-4, 389 p. (fig.).

2704. RICHTER (Miroslav). Archeologický výzkum českých měst 13. století. (Archaeological research into Bohemian towns of the 13th cent.) Hosp. Děj., 79, vol. 4, p. 5-41.

2705. RUBIO VELA (Agustín). Sobre la población de Valencia en el cuatrocientos (Nota demográfica). B. Soc. castell. Cult., 80, t. 56, cuad. 2, p. 158-170.

2706. SAWYER (P. H.). English mediaeval settlement. London, E. Arnold, 80, in-4, 184 p.

2707. Studien zur Sachsenforschung. Hrsg. v. Hans-Jürgen HASSLER. /1. Cf. Bibl. 76-77, n° 3285./ 2. In Verb. mit Ulla Lund HANSEN /u.a./. Hildesheim, Lax, in-4, 526 p. (ill.).

2708. VERWERS (W. J. H.). North Brabant in Roman and early medieval times, II : The Merovingian cemetery of Alphen reconsidered. Ber. Rijksd. oudh. Bodemonderzoek, 77, vol. 27, p. 165-189.

2709. Významné slovanské náleziská na Slovensku. (Die bedeutsamen slawischen Fundorte in d. Slowakei.) Edit. Bohuslav CHROPOVSKÝ. Bratislava, Veda, 78, in-8, 268 p. (1 carte).

2710. ŽEMLIČKA (Josef). Formation of the town network in Bohemia : the lower Ohře river area under culminating feudalism (13th-14th century.) Hosp. Děj., 78, vol. 2, p. 193-224. - IDEM. K charakteristice středověké kolonizace v Čechách. (Zur Charakteristik d. mittelalterl. Kolonisation in Böhmen.) Československ. Čas. hist., 78, vol. 26, p. 58-81. - IDEM. Přemyslovská hradská centra a počátky měst v Čechách. (Die Burgzentren d. Přemyslidenzeit u. die Anfänge d. Städte in Böhmen.) Ibid., p. 559-586.

2711. Zentralität als Problem der mittelalterlichen Stadtgeschichtsforschung. Hrsg. v. Emil MEYNEN. Köln u. Wien, Böhlau, 79, in-4, XX-294 p. (22 Kt., 1 Bl. Kt.-Beil.). (Städteforsch. Reihe A : Darst., 8)

Cf. n°s 412, 672, 1067, 1095, 1692, 1876, 2238, 2253.

K

NEUZEIT, ALLGEMEINE WERKE

§ 1. Allgemeines. 2212-2784. - § 2. Einzelne Staaten. 2785-3929. - § 3. Erdentdeckung. 3930-3937.

§ 1. Allgemeines.

✦ 2712. Novodobé dějiny v československé historiografii. Marxistickoleninská teorie. Bibliografie 1977,1978 (L'histoire moderne dans l'historiographie tchécoslovaque. La théorie marxiste-leniniste. Bibliographie 1977, 1978.) Par Alexandr JEŽEK et Krista GAVALIEROVÁ. Praha, Rudé právo, 78-79, 2 vol. in-8, 407, 476 p.

✦ Cf. I, VI, VII, X, XI, XII.

2713. ADELMAN (Jonathan R.). The revolutionary armies : the historical development of the Soviet and Chinese people's liberation armies. Westport, Conn., Greenwood Press, 80, X-230 p. (Contrib. in Pol. Sci., 38)

2714. AMBRI (Mariano). I falsi fascismi : Ungheria, Jugoslavia, Romania, 1919-1945. Con un saggio introduttivo di Renzo DE FELICE. Roma, Jouvence, 80, in-8, 293 p. (Stor., 3)

2715. Armée (L') aux époques des grandes transformations sociales /XVe-XXe s./ Publ. à l'occasion du XVe Congrès International des Sciences Historiques à Bucarest /août 1980/. Réd. Eugeniusz KOZŁOWSKI, Jan WIMMER. Varsovie, Ed. du Min. de la Défense Nationale, 80, in-8, 410 p. (Inst. Militaire d'Hist.)

2716. BARNES (James J.), BARNES (Patience P.). Hitler's Mein Kampf in Britain and America : a publishing history, 1930-1939. London a. New York, Cambridge U.P., 80, in-3, XIII-157 p.

2717. BERCE (Yves-Marie). Révoltes et révolutions dans l'Europe moderne, XVIe-XVIIIe siècles. Paris, Presses univ. de France, 80, in-8, 264 p.(L'Historien)

2718. BONNEY (Richard). The English and French civil wars. History, 80,vol. 65, p. 365-382.

2719. BREUNIG (Charles). The age of revolution and reaction, 1789-1850. London, Benn, 80, in-8, 319 p.

2720. BURNS (E. Bradford). The poverty of progress : Latin America in the nineteenth century. Berkeley a.Los Angeles, Univ. of Calif. Press, 80, in-8, 183 p.

2721. CARR (E. Hallett). From Napoleon to Stalin and other essays. London, Macmillan, 80, in-8, 288 p.

2722. CARSTAIRS (Andrew McLaren). A short history of electoral systems in Western Europe. London, Allen a. Unwin, 80, in-8, 256 p.

2723. Dějiny Latinské Ameriky.(Geschichte Latein-amerikas.) Von Josef POLIŠENSKY u. a. Praha. Svoboda, 79, in-8, 829 p.

2724. Demokratische Bewegung (Die) in Mittel-europa im ausgehenden 18.und frühen 19. Jahrhundert. Ein Tagungsbericht. Bearb. u. hrsg. v. Otto BÜSCH u. Walter GRAB unter Mitarb. v. Jürgen SCHMÄDEKE u. Monika WÖLK. Berlin, Colloquium-Verl., 80, in-8, XXI-460 p. (Einzelveröff. d. Hist. Komm. zu Berlin, 29)

2725. DIÓSZEGI (István). Nemzet, dinasztia, külpolitika. (Nation, dynastie, politique extérieure.) Budapest, Magvető Kiadó, 79, in-8, 164 p. (Gyorsuló idő)

2726. DUFFY (Michael). Military revolution and the State, 1500-1800. Exeter, Univ., 80, in-8, 91 p.

2727. EGUCHI (Bokurô). Sekaishi ni okeru genzai. (The present time in world history.) Tokyo, Otsuki Shoten, 80, in-12, 220 p.

2728. Esprit créole et conscience nationale. Essais sur la formation des consciences nationales en Amérique latine. T.1. Par Joseph PÉREZ, Bernard LAVALLÉ, Maurice BIRCKEL, Yves AGUILA, Jean LAMORE, Béatrice CHENOT. Paris, Ed. du C.N.R.S., 80, 152 p. (Inst.d'études ibériques et ibéro-amér. de l'Univ. de Bordeaux III)

2729. Faschismus-Forschung. Positionen, Probleme, Polemik. Hrsg. v. Dietrich EICHHOLTZ u. Kurt GOSSWEILER. Berlin, Akad.-Verl., 80, in-8, 459 p.

2730. Federalisme : geschiedenis en actualiteit van een staatsvorm. /Ed. by J.C. BOOGMAN, a.o./ Bijdr. Meded. Gesch. Nederland, 79, vol. 94, p. 373-679. /Contents : AGULHON (M.). Conscience nationale et conscience régionale en France de 1815 à nos jours, p. 615-638. - BOER (W. den). The Dutch Republic and antiquity, p. 419-436.- BOOGMAN (J.C.). The Union of Utrecht, its genesis and consequences, p. 377-407.- BURNS (J.H.). Ex Uno Plura ? The British experience, p. 561-587.- CARR (R.). The regional problem in Spain, p. 639-659.- DITTRICH (Z.R.). Der russische Vielvölkerstaat zwischen Zentralismus und Föderation, p. 661-679.- MORRIS (R.B.). Federalism: USA style, p. 451-469.- NIPPERDEY (Th.). Der Föderalismus in der deutschen Geschichte, p. 497-547.- OZOUF (M.). La révolution française et la perception de l'espace national : fédérations, fédéralisme et stéréotypes régionaux, p. 589-613.- SCHULTE NORDHOLDT (J.W.).The example of the Dutch Republic for American Federalism, p. 437-449.- STADLER (P.). Der Föderalismus in der Schweiz. Entwicklungstendenzen im 19./20. Jahrhundert, p. 549-560.- VAN ROMPAEY (J.). Essai de synthèse de l'évolution de la réforme de l'Etat en Belgique de 1961 à 1979, p. 469-495.- VERDAM (P.J.).Centralisation et décentralisation aux Pays-Bas à l'époque contemporaine, p. 409-417./

2731. FIEDOR (Karol). Ruch pacyfistyczny. Studia nad genezą i formami dzialania do1939 roku. (Le mouvement pacifiste. Etudes sur la genèse et les formes d'activité jusqu'à 1939.) Dzieje najnowsze, 80, a. 12, n°2, p. 51-91.

2732. GILBERT (Felix). The end of the European era, 1890 to the present. London, Benn, 80, in-8, 550 p.

2733. GOSSWEILER (Kurt). Über Ursprünge und Spielarten des Faschismus. Jb. f. Gesch. d. sozialist. Länder Europas, 80, Bd 24, H. 1, p. 7-36.

2734. GRENVILLE (J.A.S.). World history of the 20th century, Vol.1 : Western dominance, 1900-1945. Brighton, Harvester Press, 80, in-8, 296 p.

2735. HINRICHS (E.). Einführung in die Geschichte der frühen Neuzeit. München, Beck, 80, in-8, 237 p. (Beck'sche Elementarbücher)

2736. Hommes et destins. Dictionnaire biographique d'outre-mer. Préf. de Robert CORNEVIN. /1, 2. Cf. Bibl. 76-77, n° 3325./ 3 : Madagascar. Paris, Acad. des Sci. d'outre-mer, 79, in-8, 453 p. (Publ. de l'Acad. des Sci. d'outre-mer. Trav. et mémoires, nouv. sér., 9)

2737. HUFTON (Olwen H.). Europe : privilege and protest, 1730-1789. London, Fontana, 80, in-8, 400 p.

2738. HULL (Richard W.). Modern Africa, change and continuity. London, Prentice-Hall, 80, in-8, 274 p.

2739. IBINGIRA (Grace Stuart). African upheavals since independence. London, Benn, 80, in-8, 349 p.

2740. JEMNITZ (János). Szociális és politikai változások Nyugat-Európában az első világháború után, 1918-1920. (Changements sociaux et politiques en Europe occidentale, après la première guerre mondiale.) Párttört. Közl., 80, vol. 26, n°2, p. 57-76.

2741. Jew (The) in the modern world A documentary history, ed. by Paul R. MENDES-FLOHR a. Jehuda REINHARZ. London a. New York, Oxford U.P., 80, in-8, XIX-556 p. (fig.).

2742. JUDIN (Ju. A.). Vysšie organy gosudarstva v stranakh Tropičeskoj Afriki. (Nekotorye politiko-pravovye problemy kapitalističeskoj orientacii). (Supreme state bodies in Tropical Africa : some political and legal problems of capitalist orientation.) Moskva,Nauka, 80, in-8, 238 p.

2743. KAWANO (Kenji) /ed./.Yôroppa: 1930 nendai. (Europe in the 1930's.) Tokyo, Iwanami Shoten, 80, in-8, 512 p.

2744. KEEN (B.), WASSERMAN (M.). A short history of Latin America. London, Houghton Mifflin, 80, in-8, 560 p.

2745. Kereszténydemokrácia (A) Nyugat-Európában 1944-1958. Tanulmányok. Szerk. GERGELY (Jenő). (La démocratie chrétienne en Europe de l'Ouest. Etudes. Réd. par -.) Budapest, Kossuth Kiadó, 80, in-8, 338 p.

2746. KIERNAN (Victor G.). The State and society in Europe, 1550-1650. Oxford, Blackwell, 80, in-8, 320 p.

2747. Kiesstelsels en stemgedrag. /Ed. by I. SCHÖFFER, R. Van Eenoo, C.B. WELS./ T. Gesch., 79, vol. 92, p. 291-505. /Contient : BLOK (L.). Van eene wettelijke fictie tot eene waarheid.Beschouwingen over kiesstelsel en kiesrecht in Nederland in eerste helft van de negentiende eeuw (The electoral system and suffrage in the Netherlands in the first half of the 19th cent.), p. 391-412.- BRUIN (R.E. de). Democratie in Utrecht 1795-1798 (Democracy in Utrecht 1795-1798), p. 377-390.- CAULIER-MATHY (N.), GERIN (P.). Les sénateurs élus dans la province de Liège durant le régime censitaire (1831-1893), p.413-425.- DEWACHTER (W.). De machtstoewijzingsfunctie van de voorkeurstemmen bij de Belgische parlementsverkiezingen (Preference votes in the Belgian electoral system), p. 492-505.-FEUCHTWANGER (E.J.). The development of the electoral system in Britain in the nineteenth and twentieth centuries and its impact on the structure of politics. Problems and research, p. 361-376.- HUIZINGA (J.J.). Een gebroken spiegel. Zeventig jaar districtenstelsel (1848-1917).(The constituency voting system in the Netherlands, 1848-1917), p. 426-437.- KUPFERMAN (F.). Les élections en France, de la Restauration aux débuts de la IIIe

République, p. 353-360.- TALSMA (J.).
Geeft met verschuldigde eerbied te kennen. Petities over kiesstelsel en kiesrecht uit de periode 1848-1850 (Petition on the electoral system and the suffrage in the Netherlands 1848-1850), p. 438-451.- VAN DEN BERG (J.Th.J.).De evenredige vertegenwoordiging in Nederland (Proportional representation in the Netherlands), p. 452-472.- VAN EENOO (R.). De evolutie van de kieswetgeving in België van 1830 tot 1919.(The evolution of the election laws in Belgium 1839-1919), p. 333-352.- VILANOVA (M.). La stabilité de l'électorat catalan dans la circonscription de Gérone, entre 1931 et 1936, p. 473-491.- WELS (C.B.). Stemmen en kiezen 1795-1922 (The election system in the Netherlands, 1795-1922), p. 313-332.- WITTE (E.). Verkiezingsonderin België (Analyse des résultats électoraux en Belgique), p. 293-312./

2748. KLASSEN (Peter J.). Europe in the Reformation. London, Prentice-Hall, 80, in-8, 320 p.

2749. KÖPECZI (Béla). Lumières et nation en Europe Centrale et Orientale. In : Etudes hist. hongr. /Cf. n° 611/, vol. 1, p. 381-402.

2750. KOSCHWITZ (Hansjürgen).Streitkräfte und politisches System. Zur Rolle d. Militärs in Staaten d. dritten Welt. Österr. milit. Z., 80, Jg. 18, p. 34-42.

2751. KOSUKHIN (I.D.). Formirovanie idejnopolitičeskoj strategii v afrikanskikh stranakh socialističeskoj orientacii (genezis i razvitie ideologii). (Formation of ideological and political strategy in African countries of socialist orientation. Genesis and ideology of development.) Moskva, Nauka, 80, in-8, 261 p.

2752. KRIEGER (Leonard). Kings and philosophers, 1689-1789. London, Benn, 80, in-8, 354 p.

2753. MAMMARELLA (Giuseppe). Storia d'Europa dal 1945 a oggi. Roma e Bari, Laterza, 80, in-8, VIII-551 p. (Stor. e Soc.)

2754. MAYEUR (Jean-Marie). Des partis catholiques à la démocratie chrétienne, XIXe-XXe siècles. Paris, A. Colin, 80, in-8, 248 p. (Coll. U.)

2755. Mémorial (Le) polynésien, Coll. dir. par Philippe MAZELLIER. 1 : 1521-1833. 2 : 1834-1863. 3 : 1864-1891, (par) Bent DANIELSSON, avec la collab. de Marie-Thérèse DANIELSSON et Eric MONOD. 5 : 1914-1939, (par) Jean Marie DALLET, Bent DANIELSSON, Philippe Christian GLEIZAL et Jean-Louis SAQUET. Papeete, Hibiscus, 77-79, 5 vol. in-fol., 496, 496, 496, 496, 541 p. (ill.).

2756. MOMIGLIANO (Arnaldo). Storia e memorie ebraiche del nostro tempo. R. stor. ital., 80, a. 92, p. 191-198.

2757. Mondo (Il) contemporaneo. A cura di Nicola TRANFAGLIA. /Cf. Bibl. 78-79, n° 2988./ Storia d'Europa. A cura di Bruno BONGIOVANNI, Gian Carlo JOCTEAU, Nicola TRANFAGLIA. 3 : Storia dell'Asia. A cura di Enrica COLLOTTI PISCHEL. Firenze, La nuova Italia, 80, 2 vol. in-8, XIX-463, XVII-453 p.

2758. NOLTE (Hans-Heinrich). Zur Stellung Osteuropas im internationalen System der frühen Neuzeit. Aussenhandel u. Sozialgesch. bei d. Bestimmung d. Regionen. Jb. f. Gesch. Osteuropas,80, Bd 28, p. 161-197.

2759. Obščestvo i gosudarstvo v Tropičeskoj Afrike. (Society and State in tropical Africa.) Ed. by An. A.GROMYKO. Moskva, Nauka, 80, in-8, 277 p.

2760. ÔE (Shinobu). Sekaishi oyobi nihonshi ni okeru Nichiro sensô. (The Russo-Japanese war in the world and Japanese history.) B. Fac. Humanities a soc., Sci., Ibaraki Univ., soc.Sci., 80, n° 13, p. 19-34.

2761. ORMOS (Mária). Über die theoretischen Interpretationen des Faschismus. Acta Univ.debreceniensis, Ser., hist., 78, vol. 27, p. 5-29.

2762. ORMOS (Mária), INCZE (Miklós). Faschimus und Krise. Über einige theoret. Fragen d. europäischen faschist. Erscheinungen. In : Etudes hist.hongr. /Cf. n° 611/, vol. 2, p. 391-410.- IIDEM. Über die Typen der mitteleuropäischen faschistischen Staatensysteme zwischen den zwei Weltkriegen. Acta Univ. debreceniensis, Ser. hist., 78, vol. 27, p. 51-63.

2763. PACH (Zsigmond Pál). Európa a XVI-XVII. században. (L'Europe aux XVIe et XVIIe siècles. Introduction d'histoire universelle pour le troisième volume de l'Histoire de la Hongrie.) Tört. Szle, 79, vol. 22, n°2, p. 297-340.

2764. PAWŁOWSKI (Albert). Terroryzm w Europie XIX i XX wieku. (Le terrorisme en Europe aux XIXe et XXe s.) Zielona Góra, Wyższa Szkoła Pedagog., 80, in-8, 248 p.

2765. PAYNE (Stanley G.). Fascism: comparison and definition. Madison, Univ. of Wis. Press, 80, in-8, VIII-234 p.

2766. PETZOLD (Joachim). Die objektive Funktion des Faschismus im subjektiven Selbstverständnis der Faschisten. Z. f. Geschichtswiss., 80, Jg. 28, p. 357-372.

2767. PIPPIDI (Andrei). Hommes et idées du Sud-Est européen à l'aube de l'âge moderne. Bucureşti, Ed. Acad.; Paris, Ed. du C.N.R.S., 80, in-8, 372 p. (pl., carte).

2768. PLUMYENE (Jean). Histoire du nationalisme. 1 : Les nations romantiques, le XIXe siècle. Paris, Fayard,

79, in-8, 79, 462 p. (pl., cartes).

2769. RÁNKI (György). Hitel vagy piac. Fordulópontok a nagyhatalmak küzdelmében a délkelet-európai hegemóniáért. (Crédit ou marché. Tournants dans la lutte des grandes puissances pour l'hégémonie en Europe du Sud-Est) Valóság, 80, vol. 23,n° 3, p. 10-25.

2770. SCHULZE (Winfried). Bäuerlicher Widerstand und feudale Herrschaft in der frühen Neuzeit. Stuttgart-Bad Cannstatt, Frommann-Holzboog, 80, in-8, 344 p. (Neuzeit im Aufbau,6)

2771. Storia d'Italia e d'Europa. Comunità e popoli. A cura di Massimo GUIDETTI. 4 : Il barocco e gli inizi dell'assolutismo. Milano, Jaca book, 80, in-8, 661 p. (tav.).

2772. STROMBERG (Roland N.).Europe in the 20th century. London, Prentice-Hall, 80, in-8, 500 p.

2773. Studia Latinoamericana.- Latin-amerikai tanulmányok. Vol. X. : Estudios Andinos. Red. Sándor GYIMESI. Szeged, 78, in-8, 103 p. (Acta Univ. szegediensis. Acta hist., 63) /Contient: Bolivia : el significado de la independencia. p. 3-10.- VILLALPANDO (Abelardo). Fundación, grandeza y desventura de la Villa Imperial de Potosí, p. 11-19.- ANDERLE (Ádám). El kuraka en la sociedad colonial. Hipótesis del trabajo, p. 21-28.- GULYÁS (András). "Modelos" de Peruanidad en "Todas las sangres" de José María Arguedas /1911-1969/, p. 29-41.- ANDERLE (Ádám). Communistas y apristas en los años treinta en el Peru, 1930-1935, p. 43-103./

2774. SZÉKELY (Gábor). A Komintern és a fasizmus, 1921-1929. (Le Komintern et le fascisme.) Budapest, Kossuth Kiadó, 80, in-8, 272 p. - CR : R. Csonka, Társad. Szle, 80, vol. 35, n° 11, p. 93-95.

2775. SZÉKELY (György). Politikai elmélet és politikai valóság a reneszánsz korában. (Conception et réalité politiques à l'époque de la Renaissance.) Századok), 79, vol. 113, n°6, p. 1013-1037.

2776. SZEPSI CSOMBOR (Márton). Europica Varietas. Budapest, Szépirodalmi Kiadó, 79, in-8, 329 p.

2777. Tôyobunko kindaichûgokukenkyû iinkai /ed./. Meiji ikô nihonjin no chûgokuryokôki. (Chinese travels by the Japanese since the Meiji period) Tokyo, Tôyobunko, 80, in-8, 348 p.

2778. VALABREGA (Guido). Medio Oriente. Aspetti e problemi. Milano, Marzorati, 80, in-8, 321 p., (Clio,I)

2779. VELIZ (Claudio). The centralist tradition of Latin America. Princeton. N.J., Princeton U.P., 80, in-8, XII-355 p.

2780. WALKER (Christopher J.). Armenia : the survival of a nation. New York, St. Martin's Press, 80, in-8, 446 p.- Eng. ed. : Armenia, a modern history. London, Croom Helm, 80, in-8, 448 p.

2781. WATANABE (Masaharu). Hurontia gakusetsu no sôgôteki kenkyû. (A synthetic study of the frontier thesis) Tokyo, Kondô Shuppansha, 80, in-8,592 p.

2782. WEHRLE (Kurt). Analektik und Dialektik der restaurativen Intention. Ein Grundlagenbeitrag z. kontinentaleurop. Verhaltensproblematik 1780-1840. Basel /etc./, Helbing u. Lichtenhahn, 80, in-8, 246 p. (Basler Beitr. z. Geschichtswiss., 141)

2783. WILLIAMS (Ernest Neville). Dictionnary of English and European history, 1485-1789. London, A. Lane, 80, in-8, 480 p.

2784. Z dziejów słowiańszczyzny i Europy Środkowej w XIX i XX wieku.(De l'histoire des Slaves et de l'Europe Centrale aux XIXe et XXe s.) Recueil d'études sous la réd. de Tadeusz CIEŚLAK. T. 1. Wrocław, Zakł. Narod. im. Ossolińskich, 80, in-8, 135 p. (Pol. Akad. Nauk, Komitet Nauk Hist., Komisja Hist. Narodów Słowiańskich i Europy Środkowej)

§ 2. Einzelne Staaten[1].

Südafrika.

2785. BALICKI (Jan). Historia Burów. Geneza państwa apartheidu. (Histoire des Boers. Genèse de l'Etat d' apartheid.) Wrocław, Zakł. Narod. im. Ossolińskich, 80, in-8, 302 p.

2786. BROOKS (Alan), BRICKHILL (Jeremy). The whirlwind before the storm : the origins and development of the uprising in Soweto and the rest of South Africa, June-December,1976. London, Internat. Defence and Aid Fund for S. Africa, 80, in-8, 396 p.

2787. DRIVER (C.J.). Patrick Duncan : South African and Pan-African. London, Heinemann Educ., 80, in-8,326p.

2788. GRINBERG (Daniel). Geneza apartheidu. (La genèse de l'apartheid) Wroclaw, Zaklad Narod. im. Ossolinskich, 80, in-8, 246 p. (Azja, Afryka, Ameryka Lacinska. Hist.)

Albanien.

2789. NIEDERHAUSER (Emil). Az albán nemzeti mozgalom kezdetei, 1878-1912. (Les commencements du mouvement national albanais.) Valóság, 78, vol. 21, n°12, p. 51-60.

---

1. Alphabetisch geordnet nach der französischen Form der Ländernamen.

Deutschland.

♦ 2790. BREITMAN (Richard). Negative integration and parliamentary politics : literature on German social democracy, 1890-1933. Central european Hist., 80, vol. 13, n°2, p. 175-197.

♦ 2791. HÜTTENBERGER (Peter). Bibliographie zum Nationalsozialismus. Göttingen, Vandenhoeck u. Ruprecht, 80, in-8, 214 p. (Arbeitsbücher z. mod. Gesch., 8)

♦ Cf. n° I.

♦♦ 2792. Akten der Reichskanzlei. Weimarer Republik. Hrsg. f. d. Hist. Komm. bei d. Bayer. Akad. d. Wiss. v. Karl Dietrich ERDMANN, für d. Bundesarchiv v. Hans BOOMS. /Cf. Bibl. 76-77, n° 3385./ Das Kabinett Bauer, 21. Juni 1919 bis 27. März 1920. Bearb.v. Anton GOLECKI. Boppard (Rhein), Boldt, 80, in-8, C-889 p.

♦♦ 2793. Erste deutsche Nationalversammlung (Die) 1848-49. Handschriftliche Selbstzeugnisse ihrer Mitglieder. Hrsg. u. erl. von Wilfried FIEDLER. Königstein (Ts.), Athenäum, 80, in-4, 440 p.

♦♦ 2794. Gespräche mit Rathenau. Hrsg. v. Ernst SCHULIN. München, Deutsch. Taschenbuch-Verl., 80, in-8, 420 p. (dtv, 2922. dtv-Dokumente)

♦♦ 2795. HEINEMANN (Gustav W.).Wir müssen Demokraten sein. Tagebuch d. Studienjahre 1919-1922. Hrsg. v. Brigitte u. Helmut GOLLWITZER. Mit e. Einf. v. Eberhard JÄCKEL. München, Kaiser, 80, in-8, 256 p. (Ill.).

♦♦ 2796. HITLER (Adolf). Sämtliche Aufzeichnungen, 1905-1924. Hrsg. v. Eberhard JÄCKEL zus. mit Axel KUHN. Stuttgart, Deutsche Verl.-Anst., 80, in-8, 1315 p. (Quellen u. Darst. z. Zeitgesch., 21)

♦♦ 2797. Krisenjahr (Das) 1923. Militär u. Innenpolitik 1922-1924. Bearb. v. Hienz HÜRTEN. Düsseldorf, Droste, 80, in-4, LXIII-392 p. (Quellen z. Gesch. d. Parlamentarismus u. d. polit. Parteien. Reihe 2 : Militär u. Politik, 4)

♦♦ 2798. Politik und Wirtschaft in der Krise, 1930-1932. Eingel. v. Gerhard SCHULZ. Bearb. v. Ilse MAURER u. Udo WENGST unter Mitw. v. Jürgen HEIDEKING. T. 1, 2. Düsseldorf, Droste, 80, 2 vol. in-4, CXXXVII-854 p., XXII p., p. 857-1593. (Quellen z. Gesch. d. Parlamentarismus u. d. politischen Parteien, Reihe 3 : Die Weimarer Republik, 4)

♦♦ 2799. Procečat po podpalvaneto na Rajkhstaga i Georgi Dimitrov. Dokumenti. T. 1 : 27 fevruari - 20 septemvri 1933 godina. (Le procès de l'incendie du Reichstag et Georgi Dimitrov. Documents.) Sofija, Partizdat, 80, in-8, 678 p.

♦♦ 2800. Public opinion in semisovereign Germany. The HIGOG surveys 1949-1955. Ed. by Anna J. MERRITT a. Richard L. MERRITT. Urbana, Chicago a. London, Univ. of Ill. Press, 80, in-8, XXV-275 p.

2801. ARETIN (Karl Otmar Frhr.von). Vom Deutschen Reich zum Deutschen Bund. Göttingen, Vandenhoeck u. Ruprecht, 80, in-8, 213 p. (Deutsche Gesch., 7)(Kleine Vandenhoeck-Reihe, 1455)

2802. BAACK (Lawrence J.). Christian Bernstorff and Prussia : diplomacy and reform conservatism, 1818-1832. New Brunswick, N. J., Rutgers U.P., 80, in-8, XIV-379 p.

2803. BAIER (Roland). Der deutsche Osten als soziale Frage. Eine Studie zur preuss. u. deutsch. Siedlungs- u. Polenpolitik in d. Ostprovinzen während d. Kaiserreichs u. d. Weimarer Republik. Köln u. Wien, Böhlau /in Komm./, 80, in-8, XX-766 p. (Diss. z. neueren Gesch., 8)

2804. BAJOHR (Stefan). Weiblicher Arbeitsdienst im "Dritten Reich". Ein Konflikt zwischen Ideologie und Ökonomie. Vjhefte f. Zeitgesch., 80, Jg.28, p. 331-357.

2805. BARKAI (Avraham). Wirtschaftliche Grundanschauungen und Ziele der NSDAP (mit einem unveröffentlichten Dokument aus dem Jahre 1931). Jb. d. Inst. f. deutsche Gesch., 78, Bd 7, p. 355-386.

2806. Barthold Heinrich Brockes (1680-1747). Dichter u. Ratsherr in Hamburg. Neue Forsch. zu Persönlichkeit u. Wirkung. Hrsg. v. Hans-Dieter LOOSE. Hamburg, Christians, 80, in-8, 217 p. (1 Ill.). (Beitr. z. Gesch.Hamburgs, 16)

2807. BARTILLA (Michael-Josef).Der badische Staatsmann und Jurist Josef Schmitt, 1874-1939. Ein Beitr. z. badischen Gesch. u. z. Gesch. d. Staatskirchenrechts in d. Weimarer Republik. Frankfurt (Main), Haag u. Herchen, 80, in-8, XIII-200 p.

2808. BECKER (Winfried). Die angebliche Lücke der Gesetzgebung im preussischen Verfassungskonflikt. Hist. Jb., 80, Jg. 100, p. 257-285.

2809. BENSER (Günter). Das Jahr 1945. Vom antifaschist. Widerstand z. antifaschist. demokr. Umwälzung /in der DDR/. Z. f. Geschichtswiss., 80, Jg. 28, p. 311-323.

2810. BERNDT (Roswitha). Imperialistische Reichsreformpläne in der Weimarer Republik. Wiss. Z. d. Univ.Halle-Wittenberg, Ges. R., 80, Jg. 29, H.2, p. 31-42.

2. EINZELNE STAATEN

2811. BESIER (Gerhard). Preussische Kirchenpolitik in der Bismarckära. Die Diskussion in Staat u. Evangelischer Kirche um e. Neuordnung d. kirchlichen Verhältnisse Preussens zwischen 1866 u. 1872. Mit e. Vorw. v. Klaus SCHOLDER. Berlin u. New York, de Gruyter, 80, in-8, XII-608 p.(Veröff. d. Hist. Komm. zu Berlin, 49)

2812. BEST (Heinrich). Interessenpolitik und nationale Integration 1848/49. Handelspolit. Konflikte im frühindustriellen Deutschland. Göttingen, Vandenhoeck u. Ruprecht, 80, in-8,433 p. (Krit. Stud. z. Geschichtswiss.,37)

2813. BIBÖ (Istvan). A német hisztéria okai és története. (Les causes et l'histoire de l'hystérie allemande.) Tört. Szele, 80, vol. 23, n°2, p. 169-195.

2814. BIEWER (Ludwig). Reichsreformbestrebungen in der Weimarer Republik. Fragen z. Funktionalreform u. z. Neugliederung im Südwesten d. Deutsch. Reiches. Frankfurt (Main), Bern u. Cirencester, Lang, 80, in-8, 215 p. (Europ. Hochschulschr., Reihe 3 : Gesch. u. ihre Hilfswiss., 118)

2815. BILLSTEIN (Aurel). Fremdarbeiter in unserer Stadt, 1939-1945. Kriegsgefangene und deportierte "fremdvölkische Arbeitskräfte" am Beispiel Krefelds. Frankfurt a. M., Röderberg, 80, in-8, 195 p. (Ill.).

2816. Biographisches Handbuch der deutschsprachigen Emigration nach 1933. International biographical dictionary of central European émigrés 1933-1945. Hrsg. v. Institut für Zeitgeschichte München u. von d. Research Foundation for Jewish Immigration. Unter d. Gesamtleitung v. Werner RÖDER u. Herbert A. STRAUSS. Bd 1 : Politik, Wirtschaft, öffentliches Leben. Leitung u. Bearb. Werner RÖDER, Herbert A. STRAUSS unter Mitw. v. Dieter Marc SCHNEIDER, Louise FORSYTH. München, New York, London u. Paris, Saur, 80, in-4, LVIII-875 p.

2817. BLACKBOURN (David). Class, religion, and local politics in Wilhelmine Germany. The Centre Party in Württemberg before 1914. Wiesbaden, Steiner; New Haven, Yale U.P., 80, in-8, XV-267 p. (Veröff. d. Inst. f. Europ. Gesch. Mainz. Abt. Universalgesch., Beih. 9)

2818. BLEIBER (Helmut). Die Haltung von Gutsherren, Behörden und Bürgertum zur revolutionären Bewegung der schlesischen Bauern und Landarbeiter im Frühjahr 1848. Reaktionen u. Reflexionen. Jb. f. Gesch., 80, Bd 21, p. 103-146.

2819. BLEIBER (Helmut), SCHMIDT (Walter). Die deutschen Bauernbewegungen im Spannungsfeld zwischen Reform und Revolution während der bürgerlichen Umwälzung 1789 bis 1871. Z.f.Geschichtswiss., 80, Jg. 28, p. 1079-1095.

2820. BOCK (Helmut). Die Illusion der Freiheit. Deutsche Klassenkämpfe z. Zeit d. franz. Julirevolution 1830 bis 1831. Berlin, Dietz, 80, in-8, 254 p. (Abb.).

2821. BORST (Otto). Die heimlichen Rebellen. Schwabenköpfe aus 5 Jahrhunderten. Stuttgart, Theiss, 80, in-8, 425 p. (29 Ill.).

2822. BRAUN (Rainer). Die Glockenenteignung 1917/18. Ein Beitrag z.Metallmobilmachung am Oberrhein im ersten Weltkrieg. Jb. f. fränk. Landesforsch., 80, Bd 40, p. 153-176.

2823. BUCHELER (Heinrich). Hoepner. Ein deutsches Soldatenschicksal des zwanzigsten Jahrhunderts. Herford,Mitler, 80, in-8, 228 p. (Taf., Kt.).

2824. BUTTLAR (Madeleine von). Die politischen Vorstellungen des F.A.L.v. d. Marwitz. Ein Beitr. zur Genesis u. Gestalt konservativen Denkens in Preussen. Frankfurt (Main), Bern u. Cirencester, Lang, 80, in-8, 124 p. (Schriftenreihe z. Politik u. Gesch., 13)

2825. CANIS (Konrad). Bismarck und Waldersee. Die aussenpolitischen Krisenerscheinungen u. d. Verhalten d. Generalstabes 1882-1890. Berlin, Akad.-Verl., 80, in-8, 328 p. (Schr. d. Zentralinst. f. Gesch., 60)

2826. CHILDS (David). Germany since 1918. London, Batsford, 80, in-8, 224p.

2827. ConfessioAugustana und Confutatio. Der Augsburger Reichstag 1530 u. d. Einheit d. Kirche. Internat. Symposion d. Ges. z. Hrsg.d. Corpus Catholicorum in Augsburg v. 3.-7. September 1979. In Verb. mit Barbara HALLENSLEBEN hrsg. v. Erwin ISERLOH. Münster, Aschendorff, 80, in-8, XII-749 p. (Ill.).(Reformationsgesch. Stud. u. Texte, 118)

2828. Deutsche (Der)Militarismus in Geschichte und Gegenwart, Studien, Probleme, Analysen. Hrsg.-Koll. : Karl NUSS (Leiter). Berlin, Militärverl. d. DDR, 80, in-8, 301 p.

2829. DIEFENDORF (Jeffry M.). Businessmen and politics in the Rhineland, 1789-1834. Princeton, N.J., Princeton U.P., 80, in-8, XIV-401 p.

2830. DIRRIGL (Michael). Ludwig I. König von Bayern, 1825-1848. München, Hugendubel, 80, in-8, 1308 p. (Das Kulturkönigtum d. Wittelsbacher, 1)

2831. DREWNIAK (Bogusław). Problematyka wschodniopruska w propagandzie niemieckiej okresu międzywojennego.(La problématique de la Prusse Orientale dans la propagande allemande de la période de l'entre-deux-guerres.) Konunikaty maz.-warm., 80, a. 29, n°1, p. 41-55.

2832. EISENBEISS (Wilfried). Die bürgerliche Friedensbewegung in Deutschland während des Ersten Weltkrieges.

Organisation, Selbstverständnis u. polit. Praxis 1913/14-1919. Frankfurt (Main), Bern u. Cirencester, Lang, 80, in-8, 445 p. (Erlanger hist. Stud.,5)

2833. ELEY (Geoff). Reshaping the German right : radical nationalism and political change after Bismarck. New Haven, Conn., Yale U.P., 80, in-8,XII-387 p.

2834. ELIAY (Mordechai). Ha-rav Yitzhak Dov ha-levi Bamberger; ha-ish we-tequfato. (Rabbi Seligmann Baer Bamberger /1807-1878/ : the man and his time.) Sinai, 79, vol. 84, p. 61-71.

2835. ELTZ (Erwein H.). Die Modernisierung einer Standesherrschaft.Karl Egon III. u. d. Haus Fürstenberg in d. Jahren nach 1848/49. Sigmaringen,Thorbecke, 80, in-8, 268 p. (Ill., graph. Darst., 1 Kt.).

2836. ENDRES (Rudolf). Der "Fränkische Separatismus" - Franken und Bayern im 19. und 20. Jahrhundert.Mitt. d. Ver. f. Gesch. Nürnberg, 80, Bd 67, p. 157-183.

2837. ERDMANN (Karl-Dietrich). Preussen - von der Bundesrepublik Deutschland her gesehen. Gesch. in Wiss. u. Unterr., 80, Jg. 31, p. 335-353.

2838. FAVRAT (Paul). La pensée de Paul de Lagarde : 1827-1891. Contribution à l'étude des rapports de la religion et de la politique dans le nationalisme et le conservatisme allemands au XIXe s. Lille, At. Reprod. Thèses Univ. Lille III; Paris, diff. Champion, 79, in-8, 667 p.

2839. FERENCZ (Benjamin B.). Less than slaves : Jewish forced labor and the quest for compensation. Cambridge, Mass., Harvard U.P., 79, in-8, XXII-249 p.

2840. Forschungsergebnisse zur Geschichte des deutschen Imperialismus vor 1917. Hrsg. v. Boris A. AISIN u. W. GUTTSCHE. Berlin, Akad.-Verl., 80, in-8, 262 p. (Internat. Reihe d. Zentralinst. f. Gesch. d. Akad. d. Wiss. d. DDR)

2841. FREIMARK (Peter). Sprachverhalten und Assimilation. Die Situation der Juden in Norddeutschland in d. 1. Hälfte d. 19. Jh. Saeculum, 80, Bd 31, p. 240-261.

2842. GAGLIARDO (John G.). Reich and nation : the Holy Roman Empire as idea and reality, 1763-1806. Bloomington a. London, Indiana U.P., 80, in-8, XIV-366 p.

2843. GALL (Lothar). Bismarck. Der weisse Revolutionär. Frankfurt (Main), Berlin u. Wien, Propyläen, 80, in-8, 812 p. (Ill.).

2844. Geschichte original am Beispiel der Stadt Münster. Hrsg. v.Stadtarch. Münster durch Hans GALEN /u.a./. /1,2. Cf. Bibl. 78-79, n° 3106./ 3 : Utopia 1534/35. Entstehung u. Untergang d. "Gemeinde Christi", d. sogenannten Wiedertäufer. Dokumente,Fragen, Erl. Darst. v. Karl-Heinz KIRCHHOFF. 4 : HAUNFELDER (Bernd). Erhebung der Bürger, 1848-1849. Dokumente, Fragen, Erl., Darst. Münster, Aschendorff, 79-80, 2 vol. in-4, 15, 15 p. (31 Bl.Ill.).

2845. GEYER (Michael). Aufrüstung oder Sicherheit. Die Reichswehr in d. Krise d. Machtpolitik 1924-1936. Wiesbaden, Steiner, 80, in-8, VIII-555 p. (Veröff. d. Inst. f. Europ. Gesch. Mainz. Abt. universalgesch., 91)

2846. GRATHWOL (Robert P.). Stresemann and the DNVP : reconciliation or revenge in German foreign policy, 1924-1928. Lawrence, Regents Press of Kan., 80, in-8, XIII-299 p.

2847. HAFFNER (Sebastian),VENOHR (Wolfgang), Preussische Profile. Friedrich II, Neithardt von Gneisenau,Otto von Bismarck, Theodor Fontane, Helmuth von Moltke, Friedrich Engels, Erich Ludendorff, Wilhelm II, Henning von Treschkow, Ernst Niekisch. Königstein (Ts.), Athenäum, 80, in-8, 268 p.

2848. HAGEN (William W.). Germans, Poles, and Jews : the nationality conflict in the Prussian east, 1722-1914. Chicago, Univ. of Chicago Press, 80, in-8, IX-406 p.

2849. HARDTWIG (Wolfgang). Von Preussens Aufgabe in Deutschland zu Deutschlands Aufgabe in der Welt. Liberalismus und borussianisches Geschichtsbild zwischen Revolution und Imperialismus. Hist. Z., 80, Bd 231, p. 265-324.

2850. HAUF (Reinhard). Die preussische Verwaltung des Regierungsbezirks Königsberg, 1871-1920. Köln u. Berlin, Grote, 80, in-8, 280 p. (Stud. z. Gesch. Preussens, 31)

2851. HAUPTMEYER (Carl-Hans). Souveränität, Partizipation und absolutistischer Kleinstaat. Die Grafschaft Schaumburg (-Lippe) als Beisp.Hildesheim, Lax, 80, in-8, VIII-248 p. (1Kt.). (Quellen u. Darst. z. Gesch. Niedersachsens, 91)

2852. HAYES (Peter). "A question mark with epaulettes" ? Kurt von Schleicher and Weimar politics. J. mod. Hist., 80, vol. 52, n° 1, p. 35-65.

2853. HEFFTER (Heinrich). Otto Fürst zu Stolberg-Wernigerode. T. 1. Hrsg. v. Werner PÖLS. Husum, Matthiesen, 80, in-8, 424 p. (1 Ill.). (Hist. Stud., 434)

2854. HEHN (Paul N.). The collapse of the Weimar republic and the national socialist revolution, 1923-1933 : the view from Warsaw and Moscow. Polish R., 80, vol. 25, n° 3-4, p. 28-48.

2855. HEINEMAN (John L.). Hitler's first foreign minister : Constantin Freiherr von Neurath : diplomat and statesman. Berkeley a. Los Angeles, Univ. of Calif. Press, in-8, X-359 p.

2856. HEITZER (Heinz). Die Befreiung durch die Sowjetunion und der Beginn der antifaschistisch-demokratischen Umwälzung. Z. f. Geschichtswiss. 80, Jg. 28, p. 711-729.

2857. HERRE (Franz). Kaiser Wilhelm I., der letzte Preusse. Köln, Kiepenheuer u. Witsch, 80, in-8, 541 p. (Ill.).

2858. HERWIG (Holger Heinrich). Luxury fleet, the Imperial German Navy, 1888-1918. London a. Boston, Allen a. Unwin, 80, in-8, 332 p. (ill.).

2859. HILLGRUBER (Andreas). Die gescheiterte Grossmacht. Eine Skizze d. Deutschen Reiches 1871-1945. Düsseldorf, Droste, 80, in-8, 118 p.

2860. HINRICHS (Ernst), NORDEN (Wilhelm). Regionalgeschichte, Probleme und Beispiele. Mit e. Beitr. v. Brigitte MENSSEN u. Anna-Margarete TAUBE. Hildesheim, Lax, 80, in-8, VIII-224 p. (graph. Darst.). (Veröff. d. Hist.Komm. für Niedersachsen u. Bremen, 34.Quellen u. Unters. z. Wirtschafts- u. Sozialgesch. Niedersachsens in d. Neuzeit,6)

2861. INFIELD (Glenn B.). Hitler's secret life. Feltham, Hamlyn, 80,in-8, 312 p. (ill.).

2862. JAHN (Peter). Russophilie und Konservatismus. Die russophile Lit. in d. deutsch. Öffentlichkeit 1831-1852. Stuttgart, Klett-Cotta, 80, in-8, 333 p. (Gesch. u. Theorie d. Politik. Unterreihe A : Gesch., 2)

2863. KAWA (Rainer). Georg Friedrich Rebmann (1768-1824). Stud. zu Leben u. Werk e. deutsch. Jakobiners. Bonn, Bouvier, 80, in-8, 737 p. (Abh. z. Kunst-, Musik- u. Lit.-Wiss., 290)

2864. KLEMPERER (Klemens von).Glaube, Religion, Kirche und der deutsche Widerstand gegen den Nationalsozialismus. Vjhefte f. Zeitgesch., 80, Jg. 28, p. 293-309.

2865. KLUGE (Dankwart). Das Hossbach-Protokoll, die Zerstörung einer Legende. Leoni-am-Starnberger See, Druffel, 80, in-8, 164 p. (Deutsche Argumente, 5)

2866. KÖVICS (Emma). A Páneurópa mozgalom politikai terveinek fogadtatása Németországban, 1924-1932.(Die Aufnahme der politischen Pläne der Pan-Europa-Bewegung in Deutschland.) Acta Univ. debreceniensis. Ser. hist., 80, vol. 29, 31, p. 221-241.

2867. Kommunisten im Reichstag. Reden u. biogr. Skizzen. Forschungsgruppe "Gesch. d. Parlamentar. Kampfes d. KPD in d. Zeit d. Weimarer Rep." an d. Sekt. Marxismus-Leninismus d. Martin-Luther-Univ. Halle-Wittenberg; Inst. f. Marxismus-Leninismus beim ZK d. SED. Berlin, Dietz, 80, in-8, 532p.

2868. KORELL (Günter). Jürgen Wullenwever. Sein sozial-polit. Wirken in Lübeck u. d. Kampf mit d. erstarkenden Mächten Nordeuropas. Weimar, Böhlau, 80, in-8, 137 p. (Abh. z. Handels- u. Sozialgesch., 19)

2869. Krone und Verfassung. König Max I. Joseph u. d. neue Staat. Hrsg. v. Hubert GLASER. 1 : Beiträge zur bayerischen Geschichte und Kunst,1799-1825. 2 : Katalog der Ausstellung im Völkerkundemuseum in München, 11.Juni-5. Okt. 1980. München, Hirmer; München u. Zürich, Piper, 80, 2 vol. in-4,500, XX-732 p. (Ill., Kt., graph. Darst.). (Wittelsbach u. Bayern, 3)

2870. KÜTTLER (Wolfgang), SEEBER (Gustav). Forschungsprobleme der Geschichte des deutschen Bürgertums und der deutschen Bourgeoisie. Z. f. Geschichtswiss., 80, Jg. 28, p. 203-222.

2871. KUHN (Axel). Elemente des Bonapartismus im Bismarck-Deutschland. Jb. d. Inst. f. deutsche Gesch., 78, vol. 7, p. 277-298.

2872. KUROPKA (Joachim). Stimmung und Lage der Bevölkerung in Westfalen zu Kriegsbeginn 1939. Westfäl. Forsch., 80, Bd 30, p. 169-197.

2873. LANGEWIESCHE (Dieter). Republik, konstitutionelle Monarchie und "soziale Frage". Grundprobleme d. deutsch. Revolution von 1848/49. Hist. Z., 80, Bd 230, p. 529-548.

2874. LARGE (David Clay). The politics of law and order : a history of the bavarian Einwohnerwehr, 1918-1921. Philadelphia, Am. Philos. Soc., 80,87 p. (Trans. of the Am. Philos. Soc.,n° 70, pt. 2)

2875. LEE (Loyd E.). The politics of harmony : civil service, liberalism, and social reform in Baden, 1800-1850. Newark, Univ. of Del. Press, 80, in-8, 271 p.

2876. Linksliberalismus in der Weimarer Republik. Die Führungsgremien d. Deutsch. Demokrat. Partei u. d. Deutsch. Staatspartei 1918-1933. Eingel. v. Lothar ALBERTIN. Bearb. v.Konstanze WEGNER in Verb. mit Lothar Albertin. Düsseldorf, Droste, 80, in-4, LXXIII-870 p. (Quellen z. Gesch. d. Parlamentarismus u. d. polit. Parteien. Reihe 3 : Die Weimarer Republik, 5)

2877. LOZEK (Gerhard). Illusion und Tatsachen. Anachronist. BRD-Geschichtsschreibung über d. DDR.Berlin, Dietz, 80, in-8, 143 p. (Abb.).

2878. LUKS (Leonid). Die Weimarer Republik im Spiegelbild der polnischen Geschichtsschreibung nach 1945.Vjhefte f. Zeitgesch., 80, Jg. 28, p.410-439.

2879. MARCINIAK (Piotr). Marks i Engels o rewolucji niemieckiej 1848-1849. (Marx et Engels sur la révolution allemande de 1848-1849.) Z. Pola Walki, 80, a. 23, n° 3, p. 17-37.

2880. MASER (Werner). Adolf Hitler, das Ende der Führer-Legende. Düsseldorf u. Wien, Econ, 80, in-8, 447 p. (Ill.).

2881. MERKL (Peter H.). The making of a stormtrooper. Princeton, N.J., Princeton U.P., 80, in-8, XIX-328 p. /study of 337 SA members, 1930s/

2882. MICHALSKI (Gabrielle). Der Antisemitismus im deutschen akademischen Leben in der Zeit nach dem 1. Weltkrieg. Frankfurt a. M., Bern/etc./, Lang, 80, in-8, 245 p. (Europ. Hochschulschr., R. 3 : Gesch. u. ihre Hilfswiss., 128)

2883. MITTENZWEI (Ingrid). Aufgeklärter Absolutismus und Klassenverhältnisse in Brandenburg-Preussen. Jb. f. Gesch. d. Feudalismus, 80, Bd 4, p. 315-341.

2884. MÜLLER (Michael). Die preussische Rheinprovinz unter den Einfluss von Julirevolution und Hambacher Fest 1830-1834. Jb. f. westdeutsche Landesgesch., 80, Jg 6, p. 271-290.

2885. Nationalsozialisten (Die). Analysen faschistischer Bewegungen. Reinhard MANN (Hrsg.). Stuttgart, Klett-Cotta, 80, in-8, 224 p. (graph. Darst, Kt.). (Hist.-sozialwissenschaftl.Forsch, 9)

2886. NEUBERGER (Helmut). Freimaurerei und Nationalsozialismus. Bd 1 : Der völkische Propagandakampf und die deutsche Freimaurerei bis 1933. Hamburg, Bauhütten-Verl., 80, in-8, 337 p.

2887. Neue Forschungen zur brandenburg-preussischen Geschichte. Hrsg.in Zsarb. mit d. Preuss. Hist. Komm. von Friedrich BENNINGHOVEN, Cécile LOWENTHAL-HENSEL. 1. Köln u. Wien, Böhlau, 79, in-8, VI-369 p. (Veröff. aus d. Archiven Preuss. Kulturbesitz, 14)

2888. NEUHAUS (Helmut). Ferdinands I. Reichstagsplan 1534/35. Polit. Meinungsumfrage im Kampf um die Reichsverfassung. Zweiter Teil. Mitt. d. österr. Staatsarch., 80, Bd 33, p. 22-57.

2889. NIEWYK (Donald L.). The Jews in Weimar Germany. Baton Rouge, La. State U.P., 80, in-8, VIII-229 p.

2890. ORLOV (B.S.). SDPG : idejnaja bor'ba vokrug programmnykh ustanovok 1945-1975 gg. (West German SPD : ideological struggle on programme guidelines, 1945-1975.) Moskva, 80, in-8,335p.

2891. ORLOVA (M.I.). Marksistskaja istoriografija Nojabr'skoj revoljucii v Germanii. (L'historiographie marxiste de la Révolution de novembre en Allemagne.) Vopr. Ist., 80, n°5, p.59-75.

2892. PÄTZOLD (Kurt). Rassismus und Antisemitismus in der Kriegsideologie des faschistischen Deutschen Reiches (1939-1941). Z. f. Geschichtswiss., 80, Jg. 28, p. 425-441.

2893. PETZOLD (Joachim). Class und Hitler. Über d. Förderung d. frühen Nazibewegung durch d. Alldeutschen Verband u. dessen Einfluss auf d. nazist. Ideol. Jb. f. Gesch.,80, Bd 21, p. 247-288.- IDEM. Monopole - Mittelstand - NSDAP. Zu ideolog. Auseinandersetzungen zw. d. Interessenvertretern d. Mittelstandes u. d. Monopolkapitals in d. faschist. Partei 1932. Z. f. Geschichtswiss., 80, Jg. 28, p. 862-875.

2894. Politische Ordnungen und soziale Kräfte im Alten Reich. Hrsg. v. Hermann WEBER. Wiesbaden, Steiner, 80, in-8, VIII-202 p. (Veröff. d.Inst. f. Europ. Gesch. Mainz. Abt. Universalgesch., Beih. 8) (Beitr. z. Sozial- u. Verfassungsgesch. d. Alten Reiches,2)

2895. Preussen im Rückblick. Hrsg. v. Hans-Jürgen PUHLE u. Hans-Ulrich WEHLER. Göttingen, Vandenhoeck u. Ruprecht, 80, in-8, 323 p. (Gesch. u. Ges., Sonderh. 6)

2896. Preussen in der deutschen Geschichte. Hrsg. von Dirk BLASIUS. Königstein (Ts.), Verlagsgruppe Athenäum, Hain, Scriptor, Hanstein, 80, in-8, 360 p. (Neue wiss. Bibl., 111. Gesch.)

2897. Preussische Reformen 1807-1820. Hrsg. von Barbara VOGEL. Königstein (Ts.), Verlagsgruppe Athenäum, Hain, Scriptor, Hanstein, 80, in-8, IX-331 p. (Neue wiss. Bibl., 96.Gesch.)

2898. Preussischer Staat und Evangelische Kirche in der Bismarckära. Hrsg. v. Gerhard BESIER. Gütersloh, Mohn, 80, 132 p. (Texte z. Kirchen- u. Theologiegesch., 25)

2899. RAUMER (Kurt von), BOTZENHART (Manfred). Deutschland um 1800. Krise und Neugestaltung von 1789 bis 1815. Wiesbaden, Akad. Verl.-Ges. Athenaion, 80, in-4, 678 p. (Deutsche Gesch. im 19. Jh., 1)

2900. REINERS (Ludwig). Bismarcks Aufstieg, 1815-1864. München, Deutsch. Taschenbuch-Verl., 80, in-8, 460 p. (Ill.). (dtv, 1573. Biogr.)

2901. RHODES (James M.). The Hitler movement. A modern millenarian revolution. Stanford, Calif., Hoover Inst. Press, 80, in-8, 253 p. (Hoover Inst. Publ., 213)

2902. RITTER (Gerhard A.). Wahlgeschichtliches Arbeitsbuch. Materialien z. Statistik d. Kaiserreichs 1871-1918. Unter Mitarb. v. Merith NIEHUSS. München, Beck, 80, in-8, 204 p.(graph. Darst., Kt.).

2903. ROHLFES (Joachim). Geschichtsbewusstsein und historische Identität im Angesicht des Nationalsozialismus. Gesch. in Wiss. u. Unter., 80, Jg. 31, p. 305-313.

2904. ROMEYK (Horst). Düsseldorfer Regierungspräsidenten 1918 bis 1945. Rhein. Vjsbl., 80, Jg. 44, p. 237-299.

2905. RUBLACK (Hans-Christoph). Nördlingen zwischen Kaiser und Reformation. Arch. f. Reformationsgesch., 80, Jg. 71, p. 113-133.

2906. SANDER (Hartmut). Die politischen Wahlen im Regierungsbezirk Koblenz 1918 bis 1924. Jb. f. westdeutsche Landesgesch., 80, Jg. 6, p. 319-342.

2907. SCHIFFERS (Reinhard). Der Hauptausschuss des Deutschen Reichstags 1915-1918. Formen u. Bereiche d. Kooperation zwischen Parlament u. Regierung. Düsseldorf, Droste, 79, in-8, 305 p. (Beitr. z. Gesch. d. Parlamentarismus u. d. polit. Parteien, 67)

2908. SCHMIDT (Walter). Die Kommunisten und der preussische Vereinigte Landtag 1847. Marx-Engels-Jb., 80, Jg. 3, p. 318-364.

2909. SCHNEIDER (Annerose). Zur Argumentation in den Flugschriften der Bauernkriegszeit. Jb. f. Gesch. d. Feudalismus, 80, Bd 4, p. 259-288.

2910. SCHÖLLGEN (Gregor).Sozialpolitik im Kaiserreich. Rhein. Vjsbl., 80, Jg. 44, p. 228-236.

2911. SCHRÖCKER (Alfred). Die Amtsauffassung des Mainzer Kurfürsten Lothar Franz von Schönborn (1655-1729). Mitt. d. österr. Staatsarch., 80, Bd 33, p. 106-126.- IDEM. Der Nepotismus des Lothar Franz von Schönborn. Z. f. bayer. Landesgesch., 80, Bd 43, p. 93-157.

2912. SCHÜTZ (Friedrich). Das Verhältnis der Behörden zur Mainzer Fastnacht im Vormärz (1838-1846). Jb. f. westdeutsche Landesgesch., 80, Jg. 6, p. 291-318.

2913. SCHULTHEIS (Herbert). Juden in Mainfranken 1933-1945. Unter bes. Berücks. d. Deportationen Würzburger Juden. Bad Neustadt (Saale), Rötter, 80, in-8, XIV-941 p. (78 p. Ill., 1 Kt.). (Bad Neustädter Beitr. z. Gesch. u. Heimatkunde Frankens, 1)

2914. SCHULTZE (Renate). Zur Herausbildung der wirtschaftlich-organisatorischen Funktion der Arbeiter-und-Bauern-Macht nach der Grünung der DDR. Z. f. Geschichtswiss., 80, Jg. 28, p. 609-623.

2915. SCHULZ (Gerhard). Reparationen und Krisenprobleme nach Wahlsieg der NSDAP 1930. Betrachtungen zur Regierung Brüning. Vjschr. f. Soz.- u. Wirtschaftsgesch., 80, Bd 67, p.200-222.

2916. SIGGEMANN (Jürgen). Die Kasernierte Polizei und das Problem der inneren Sicherheit in der Weimarer Republik. Eine Studie zum Auf- u. Ausbau d. ineerstaatl. Sicherheitssystems in Deutschland 1918/19-1933. Frankfurt (Main), R.G. Fischer, 80, in-8, 269 p. /getr. pag./.

2917. SLAMA (Carlo). Lacrime di pietra. Gli orrori del lager segreto dove si costruivano le V2. Present.di Roberto DAMIANI. Milano, Mursia, 80, in-8, 199 p. (ill., tav.). (Testim. fra cronaca e Stor., 110)

2918. SOHL (Klaus). Entstehung und Verbreitung des Braunbuchs über Reichstagsbrand und Hitlerterror 1933/1934. (Mit drei bibliogr. Übersichten). Jb. f. Gesch., 80, Bd 21, p. 289-327.

2919. STAMMER (Martin). Die Anfänge des mecklenburgischen Liberalismus bis zum Jahre 1848. Köln u. Wien, Böhlau, 80, in-8, V-132 p. (Schr. z. mecklenb. Gesch., Kultur u. Ldeskde,3)

2920. STEGER (Bernd). Berufssoldaten oder Prätorianer. Die Einflussnahme d. bayer. Offizierskorps auf d. Innenpolitik in Bayern u. im Reich 1918-1924. Frankfurt (Main), R.G. Fischer, 80, in-8, 346 p.

2921. STONE (Norman). Hitler, an introduction. London, Hodder, 80, in-8, 224 p.

2922. STÜTTGEN (Dieter). Die preussische Verwaltung des Regierungsbezirks Gumbinnen, 1871-1920. Köln u. Berlin, Grote, 80, in-8, 444 p. (21 Ill.). (Stud. z. Gesch. Preussens, 30)

2923. SWEET (Paul R.). Wilhelm von Humboldt : a biography. /Vol. 1. Cf. Bibl. 78-79, n° 3253./ Vol. 2 : 1808-1835. Columbus, Ohio State U.P., 80, in-8, X-572 p.

2924. THOMPSON (Wayne C.). In the eye of the storm : Kurt Riezler and the crises of modern Germany. Iowa City, Univ. of Iowa Press, 80,in-8, XI-301 p. /Cf. n° 6595./

2925. TOKODY (Gyula). Németország. 1918-1919. (L'Allemagne.) Budapest, Akad. Kiadó, 80, in-8, 239 p.

2926. TOMASZEWSKI (Jerzy). "Noc krysztalowa" w relacjach polskich konsulatów. (La "Nuit de cristal" /9-11-1938/ dans les relations des consulats polonais.) B. żyd. Inst. hist., 80, a. 30, n° 2-3, p. 149-167.

2927. Um Glauben und Reich. Kurfürst Maximilian I. Hrsg. v. Hubert GLASER. 1 : Beiträge zur bayerischen Geschichte und Kunst, 1573-1657. 2 : Katalog der Ausstellung in der Residenz in München, 12. Juni-5. Okt. 1980.München, Hirmer; München u. Zürich, Piper, 80, 2 vol. in-4, 488, XX-592 p. (Ill., Kt.). (Wittelsbach u. Bayern, 2)

2928. VENOHR (Wolfgang). Dokumente deutschen Daseins. 500 Jahre deutscher Nationalgeschichte 1445-1945... mit kompletten Streitgesprächen zwischen Sebastian HAFFNER u. Hellmut DIWALD. Königstein (Ts.), Athenäum, 80, in-8, 321 p.

2929. VORMBAUM (Thomas). Politik und Gesinderecht im 19. Jahrhundert (Vornehmlich in Preussen 1810-1918). Berlin, Duncker u. Humblot, 80, in-8, 425 p. (Schr. z. Rechtsgesch., 21)

2930. WAWRYKOWA (Maria). Dzieje Niemec 1789-1871. (Histoire de l'Allemagne, 1789-1871.) Warszawa, Państ. Wydawn. Nauk., 80, in-8, 653 p.

2931. WEHOWSKY (Stephan). Religiöse Interpretation politischer Er fahrung. Eberhard Arnold u. d. Neuwerkbewegung als Exponenten d. religiösen Sozialismus z. Z. d. Weimarer Republik. Göttingen, Vandenhoeck u. Ruprecht, 80, in-8, 271 p. (Göttinger theol.Arbeiten, 16)

2932. Weimarer Republik (Die).Belagerte civitas. Hrsg. v. Michael STÜRMER. Königstein (Ts.), Verlagsgruppe Athenäum, Hain, Scriptor, Hanstein, 80, in-8, 407 p. (graph. Darst) (Neue wiss. Bibl., 112. Gesch.)

2933. WÖLK (Monika). Der preussische Volksschulabsolvent als Reichstagswähler 1871-1912. Ein Beitr. z.histor. Wahlforschung in Deutschland. Mit einer Einf. v. Otto BÜSCH. Berlin, Colloquium-Verl., 80, in-8, XIV-585 p.

2934. WUERMELING (Henric L.).Volksaufstand. Die Gesch. d. Revolution von 1705 u. d. Sendlinger Mordweihnacht. München u. Wien, Langen-Müller, 80,in-8, 304 p. (19 Ill.).

2935. ZEISE (Roland). Der Kongress deutscher Volkswirte und seine Rolle beim Abschluss der bürgerlichen Umwälzung (1858-1871). Jb. f. Gesch., 80, Bd 21, p. 147-167.

2936. ZGÓRNIAK (Marian). "Lebensraum" w doktrynie politycznej i wojennej III Rzeszy. ("Lebensraum" dans la doctrine politique et militaire du IIIe Reich.) Studia hist., 80, a. 23, n° 4, p. 621-632.

Cf. n° 5871.

Argentinien.

2937. GUY (Donna J.). Argentine sugar politics : Tucumán and the generation of eighty. Tempe, Center for Latin Am. Stud., Ariz. State Univ., 80, in-8, XII-162 p.

2938. LEONARD (Virginia W.). Education and the churh-state clash in Argentina, 1954-1955. Cath. hist. R., 80, col. 66, n° 1, p. 34-52.

2939. POTASH (Robert A.). The army and politics in Argentina, 1945-1962 : from Perón to Frondizi. London, Athlone Press; Stanford, Calif., Stanford U.P., 80, in-8, IX-418 p.

Australien

2940. ACHMATOWICZ-OTOK (Anna).Rozmieszczenie emigrantów polskich w Australii. (The distribution of Polish emigrants in Australia.) Przegl.polon., 80, a. 6, fasc. 1, p. 33-46.

2941. COULTHARD-CLARK (Chrisopher David). Heritage of spirit : the biography of Major-General Sir William Throsby Bridges /1861-1915/. Carlton, Vic., Melbourne U.P., 80, in-8, X-220 p. (pl., maps).

2942. CURR (Geoffrey G.). Liberalism, location and suburban development in Melbourne, 1870-1890. Hist. Stud., 80, vol. 19, p. 41-58.

2943. DAVISON (Graeme). The rise and fall of marvellous Melbourne. Melbourne, U.P., 80, in-8, 316 p. (ill., tab.).

2944. McQUILTON (John). The Kelly outbreak, 1878-1880, the geographical dimension of social banditry. Melbourne, U.P., 80, in-8, 264 p.

Österreich (Österreich-Ungarn).

◆ Cf. n° IV.

◆◆ 2945. GLAISE VON HORTENAU (Edmund). Ein General im Zwielicht. Die Erinnerungen Edmund Glaises v. Hortenau. Hrsg. v. Peter BROUCEK. Bd 1. Wien, Köln u. Graz, Böhlau, 80, in-8, 565 p. (Veröff. d. Komm. f. Neuere Gesch. Österr., 67)

◆◆ 2946. Protokolle des Klubvorstandes der Christlichsozialen Partei 1932-1934. Hrsg. v. Walter GOLDINGER. Wien, Verl. f. Gesch. u. Pol., 80, in-8, 400 p. (Stud. u. Quellen z. Österr. Zeitgesch., 2)

◆◆ 2947. Protokolle des Ministerrates der Ersten Republik, 1918-1938. Abt. 8, Bd 1 : Kabinett Dr. Engelbert Dollfuss 20. Mai bis 18. Okt. 1932. Hrsg. v. Rudolf NECK u. Adam ANDRUSZKA. Wien, Österr. Staatsdruckerei, 80, in-8, XLIII-680 p.

2948. ALLMAYER-BECK (Johann Chritoph). Das Heerwesen im Zeitalter Maria Theresias und Josephs II.(1740-1790). Österr. milit. Z., 80, Jg. 18, p. 454-461.

2. EINZELNE STAATEN

2949. ALTFAHRT (Margit). Die politische Propaganda für Maximilian II. (Erster Teil). Mitt. d. Inst. f. österr. Gesch.-Forsch., 80, Bd 88, p. 283-312.

2950. AMBRUS (Victor G.), LINDSAY (D.). Under the Double Eagle : Three centuries of history in Austria and Hungary. London, Oxford U.P., 80, in-8, 240 p.

2951. BARKER (Thomas M.). Generalleutnant Ottavio Fürst Piccolomini.Zur Korrektur eines ungerechten historischen Urteils. Österr. Osthefte, 80, Jg. 22, p. 322-369.

2952. BARTA (János) Jun. A nevezetes tollvonás. II. József visszavonja rendeleteit. (Le trait de plume célèbre. Joseph II révoque ses ordres.) Budapest, Akadémiai Kiadó, 78, in-8, 143 p. (Sorsdöntő történelmi napok, 4)

2953. BEALES (Derek). Joseph II's "Rêveries". Mitt. d. österr. Staatsarch., 80, Bd 33, p. 142-160.

2954. BEN-AVNER (Yehuda). Ha-ma' amad ha-ezrahi shel yehude ha-kesarut ha-ostrit. (The civil state of Jews in the Austrian Empire in the First decade of the reign of Emperor Francis Joseph I, 1849-1859.) Ramat-Gan, Bar Ilan Univ., 78, in-4, 160-11 p. /Summary in Engl./

2955. BIEŃKOWSKI (Wiesław). Das soziale, politische und kulturelle Leben Österreich-Ungarns in den Jahren 1901-1905 im Lichte der Briefe aus Wien (Listy z Wiednia) von Kazimierz Kelles-Kraus. Zesz. nauk. Uniw. Jagiell, 80, n° 582 /Prace hist., fasc. 68/, p. 5-28.

2956. BÖLÖNY (József). Közös miniszterek - horvát bánok - fiumei kormányzók, 1867-1918. (Ministres communs - Bans de la Croatie - Gouverneurs de Fiume.) Levéltári Közl., 78, vol. 48-49, p. 123-164.

2957. BOYER (John). Veränderungen im politischen Leben Wiens. Die Grossstadt Wien, der Radikalismus der Beamten und die Wahl von 1891. 1. Teil.Jb. d. Ver. f. Gesch. d. Stadt Wien, 80,Bd 36, p. 95-173.

2958. BRENNER (Gabriele). Wien in der ersten Hälfte des 19. Jahrhunderts aus der Sicht französischer Besucher. Österr. in Gesch. u. Lit., 80, Jg. 24, p. 16-27.

2959. Deux fois l'Autriche : après 1918 et après 1945. Actes du colloque de Rouen, 8-12 nov. 1977. Sous la dir. de Félix KREISSLER. Vol. 1-3. Rouen, Univ. de Haute-Normandie, Centre d'Et. et de recherches autrichiennes, 78-79, 3 vol. in-8, 376, 336, 508 p. (N°s spéc. d'Austriaca, juillet 1978, février et nov. 1979)

2960. EHALT (Hubert Ch.). Ausdrucksformen absolutistischer Herrschaft.Der Wiener Hof im 17. u. 18. Jh. München, Oldenbourg, 80, in-8, 256 p. (Ill.). (Sozial- u. wirtschaftshist. Stud.,14)

2961. EPPEL (Peter). Zwischen Kreuz und Hakenkreuz. Die Haltung der Zeitschrift "Schönere Zukunft" zum Nationalsozialismus in Deutschland 1934-1938. Wien, Köln u. Graz, Böhlau, 80, in-8, 407 p. (Veröff. d. Komm. f. Neuere Gesch. österr., 69)

2962. GULICK (Charles A.). Austria from Habsburg to Hitler. Vol. 1 : Labor, workshop of democracy. Vol. 2 : Fascism, subversion of democracy. Berkeley,Univ. of Calif. Press, 80, 2 vol. in-8,XXIII-1906 p.

2963. HAENDEL (Wilhelm). The last battle and fall of the Austrian monarchy. London, New Horizon, 80, in-8, 142 p.

2964. HANÁK (Péter). Viszonylagosság és látszálagosság a századforduló Monarchiájában. (Relativité et illusion au tournant du siècle dans la Monarchie Austro-Hongroise.) Világosság, 79,vol. 20, n°4, p. 215-223.

2965. HEISZLER (Vilmos). Revansvágy és realitásérzék. Albrecht főherceg /1817-1895/ hadseregszervezési és katonapolitikai nézetei 1866-1870 között. (Revanchelust und Realitätssinn. Erzherzog Albrechts heeresorganisator. u. militärpolit. Anschauungen zw. 1866 u. 1870.) Hadtört. Közl., 80, vol. 27, n° 4, p. 555-578.

2966. HUTER (Franz). Ein Kaiserjägerbuch. T. 1 : Die Kaiserjäger und ihre Waffentaten, 1816-1918. Innsbruck, Bergisel-Mus., 80, in-8, 112 p. (16 Bl. Abb.).

2967. KÁLLAY (István). Metternich kancellár hagyatékára vonatkozó iratok az Országos Levéltárban. (Documents concernant la succession du chancelier Metternich conservés dans les Archives Nationales Hongroises.) Levéltari Szle, 79, vol. 29, n° 23, p. 425-430.

2968. KISS (Endre). A "k.u.k.világrendszer" pusztulása Bécsben. (La chute de l'Empire Austro-Hongrois à Vienne.) Budapest, Magvető Kiadó, 79, in-8, 210 p. (Gyorsuló idő)

2969. KITCHEN (Martin). The coming of Austrian fascism. London, Croom Helm, 80, in-8, 299 p.

2970. KNAPP (Vincent J.). Austrian social democracy, 1889-1919. Washington, D. C., U. P. of America, 80, in-8, X-296 p.

2971. KÖFNER (Gottfried). Eine oder wieviele Revolutionen ? Das Verhältnis zw. Staat u. Ländern in Deutschösterreich im Okt. u. Nov. 1918. Jb. f. Zeitgesch., 79 /80/, p. 131-167.

2972. KREISSLER (Félix). La prise

de conscience de la nation autrichienne : 1938, 1945, 1978. Paris, Presses univ. France, 80, 2 vol. in-4, 985 p. (ill.). (Publ. de l'Univ. Rouen)

2973. LACK (John). Residence,workplace, community : local history in metropolitan Melbourne. Hist. Stud., 80, vol. 19, p. 16-40.

2974. LÖW (Raimund). Otto Bauer und die russische Revolution. Wien,Europaverl., 80, in-8, XI-226 p. (Materialen z. Arbeiterbew., 15)

2975. McGILL (William J.). In search of a unicorn : Maria Theresa and the religion of state. Historian, 80, vol. 42, n° 2, p. 304-319.

2976. MADARAS (Éva). Lueger és az osztrák keresztény-szociálisok megítélése a magyar polgári sajtóban, 1895-1897. (Lueger und die Beurteilung der österreichischen Christlich-Sozialen in der ungarischen bürgerlichen Presse.) Acta Univ. debreceniensis. Ser. hist., 80, vol. 29, n° 31, p.152-188.

2977. MATSCH (Erwin). Geschichte des des Auswärtigen Dienstes von Österreich (-Ungarn) 1720-1920. Wien, Köln u. Graz, Böhlau, 80, in-8, 203 p. (4 Bl-Abb.).

2978. MORTON (Frederic). Nervous splendour : Vienna, 1888-1889. London, Weidenfeld a. Nicolson, 80, in-8, 340 p. (ill.).

2979. PEYFUSS (Max Demeter), KONECNY (Elvira). Der Weg der Familie Dumba von Mazedonien nach Wien. Mitt. d. Inst. f. österr. Gesch.-Forsch., 80, Bd 88, p. 313-327.

2980. PISZCZEK-SZTOPKO (Olga).Granice Republiki Austriackiej 1918-1938 i po 1945. (Les frontières de la République d'Autriche dans les années 1918-1938 et après 1945.) Studia hist., 80, a. 23, n° 2, p. 231-242.

2981. REIMANN (Viktor). Die Dritte Kraft in Österreich. Wien, München u. Zürich, Molden, 80, in-8, 311 p.

2982. REINALTER (Helmut). Aufgeklärter Absolutismus und Revolution. Zur Gesch. d. Jakobinertums u. d. frühdemokrat. Bestrebungen in d. Habsburgermonarchie. Wien, Köln u. Graz, Böhlau, 80, in-8, 560 p.

2983. RIETRA (M.). Jung Österreich. Dokumente und Materialien zur liberalen österreichischen Opposition 1835-1848. Amsterdam, Rodopi, 80, in-8,648 p. (ill.).

2984. RING (Éva). Újabb adatok az 1797-re tervezett lengyel-magyar Habsburg-ellenes felkelés kérdéséhez. (Nouveaux documents sur l'insurrection polono-hongroise projetée contre les Habsbourg pour l'an 1797.) Századok, 79, vol. 113, n°5, p. 827-850.

2985. ROTH (Benno). Die Markterhebung Seckaus anlässlich des Kaiserbesuches Leopolds I. am 21. bis 23. August 1660. Seckau, Selbstverl., 80, in-8, 21 p. (8 Taf.). (Seckauer geschichtl. Stud., 32)

2986. SAPPER (Christian). Jozef Graf O'Donnell, Hofkammerpräsident 1808-1810. Mitt. d. österr. Staatsarchiv., 80, Bd 33, p. 161-192.

2987. SCHAUSBERGER (Norbert).Österreich. Der Weg der Republik 1918-1980. Graz u. Wien, Leykam, 80, in-4, 239 p.

2988. SCHOBER (Richard). Tirol und Fürst Albert von Thurn und Taxis. Verhandlungen zur Restauration der Monarchie nach dem Ersten Weltkrieg. Innsbrucker hist. Stud., 80, Bd 3, p. 131-158.

2989. SCHORSKE (Carl E.). Fin-de-siècle Vienna : politics and culture. New York, A. A. Knopf, 80, in-8, XXX-378 p.

2990. SKED (Alan). The survival of the Habsburg Empire. Radetzky, the imperial army and the class war, 1848. London a. New York, Longman, 79, in-8, XIV-289 p.

2991. SOMOGYI (Éva). Az osztrák liberálisok és a dualizmus problémái az 1870-es évek második felében. (Les libéraux en Autriche et les problèmes du dualisme dans la seconde moitié des années 1870.) Tört. Szle, 78, vol. 21, n° 1, p. 1-32.

2992. SZÁSZ (Zoltán). Über den Quellenwert des Nachlasses von Franz Ferdinand. Acta hist. Acad. Sci. hungaricae, 79, vol. 25, n°s 3-4, p. 299-315.

2993. TEPLY (Karl). Türkische Sagen und Legenden um die Kaiserstadt Wien. Wien, Köln u. Graz, Böhlau, 80, in-8, 162 p. (4 Bl. abb.).

2994. THIRIET (Jean-Michel).Comportement et mentalité des officiers autrichiens au XVIIIe siècle. Mitt. d. österr. Staatsarch., 80, Bd 33, p. 127-141.

2995. TWERASER (Kurt). Der Linzer Gemeinderat 1880-1914. Glanz und Elend bürgerlicher Herrschaft. Hist. Jb.Linz, 79 /80/, p. 293-341.

2996. URBAŃCZYK (Andrzej). Die polnischen Abgeordneten aus Galizien im österreichischen konstituierenden Reichstag 1848-1849. Zesz. nauk. Uniw. Jagiell., 80, n° 582 /Prace hist.,fasc. 68/, p. 151-178.

2997. Was blieb von Joseph II. ? Eine Dokumentation. Internationales Symposion Melk 1980. St. Pölten, Wien, Niederösterr. Pressehaus, 80, in-8, 132 p. (Edition Morgen)

2998. WEISSENSTEINER (Friedrich).

Sektionschef Dr. Richard Schüller und die Wirtschaftspolitik der Ersten Österreichischen Republik. **Österr. in Gesch. u. Lit.**, 80, Jg. 24, p. 217-237.

Belgien.

+ Cf. n°s V, XVII.

2999. STENGERS (Jean). Léopold III et le gouvernement. Les deux politiques belges de 1940. Paris, Duclot,80, in-8, 248 p.

Bolivien.

3000. DEMELAS (Danièle). Nationalisme sans nation ? La Bolivie aux XIXe-XXe s. Paris, Ed. du C.N.R.S.,80, in-8, 227 p. (ill.). (Amérique latinc, pays ibériques)

Brasilien.

+ 3001. DUTRA (Francis A.). A guide to the history of Brazil, 1500-1822, the literature in English. Oxford,Clio Press, 80, in-8, 625 p.

3002. GRAHAM (Sandra Lauderdale). The Vintem riot and political culture: Rio de Janeiro, 1880. **Hisp. am. hist. R.**, 80, vol. 60, n°3, p. 431-449.

3003. LEVINE (Robert M.). Perspectives on the mid-Vargas years : 1934-1937. **J. inter-am. Stud. a. World Affairs**, 80, vol. 22, n°1, p. 57-80.

3004. LOVE (Joseph I.). São Paulo in the Brazilian federation, 1889-1937. Stanford, Calif., Stanford U.P., 80, in-8, XX-398 p.

3005. TOPIK (Steven). State interventionism in a liberal regime : Brazil, 1889-1930. **Hisp. am. hist. R.**,80, vol. 60, n°4, p. 593-616.

Bulgarien.

+ Cf. n° VI.

++ 3006. JONOV (Mikhail). Evropa otnovo otkriva bălgarite. XV-XVIII vek. (L'Eurpa découvre de nouveau les Bulgares. XVe-XVIIIe s.). Sofija, Izd. Nauka i Izkustvo, 80, in-8, 223 p.

++ 3007. Macedoine (La). Recueil de documents et matériaux. Sofia,Acad. bulg. des sciences, 80, in-4, 893 p.

++ Cf. n° 641.

3008. ALEKSANDROV (Emil). Meždunarodnata kulturna politika na socialističeska Bălgarija. (La politique culturelle internationale de la Bulgarie socialiste.) Sofija, Izd. oteč. Front, 80, in-8, 213 p.

3009. MITEV (Jono). Săedinenieto 1885. (L'Union de 1885.) Sofija, Voen. Izd., 80, in-8, 368 p.

3010. PANDEV (Kostadin). Političeski iskanija i programi na bălgarskoto nacionalnoosvoboditelno dviženie v Makedonija i Odrinsko, 1878-1912. (Revendications et programmes politiques du mouvement bulgare de libération nationale en Macédoine et dans la région d'Andrinople, 1878-1912.) **Ist. Pregl.**, 80, a. 36, n°6, p. 21-48.

Burundi.

3011. NSANZE (Augustin). Un domaine royal au Burundi : Mbuye (env.1850-1945). Paris, Soc. franç. d'hist.d'outre-mer, 80, in-8, 93 p. (cartes).(Bibl. d'hist. d'outre-mer, n.s., 4)

Kanada.

+ 3012. BISHOP (Olga B.). Bibliography of Ontario history, 1867-1976 : cultural, economic, political, social. Assisted by Barbara I. IRWIN a. Clara G. MILLER. Toronto, Univ. Press, 80, in-4, XVIII-1760 p. (Ontario hist. studies series) - CR : E. Jones, **Canad. hist. R.**, 81, vol. 62, p. 249-250. P. Neary, **Ontario Hist.**, 81, vol. 73, p. 55, 57.

++ 3013. Yankees in Canada : a collection of nineteenth century travel narratives, Collected by James DOYLE. Downsview, Ont., ECW Press, 80, in-8, 231 p.

3014. EAYRS (James George). In defence of Canada. Vol. 1 : From the Great War to the Great Depression.Vol. 2 : Appeasement and rearmament. Vol.3: Peace-making and deterrence. Vol. 4 : Growing up allied. Toronto, Univ. Press 64-80, 4 vol. in-8, 382, 261, 448,431 p. (Studies in the structure of power; decision-making in Canada) - CR /Vol. 4/ : J. English, **Canad. hist. R.**, 81, vol. 62, p. 105-107. J. Gellner, **Canad. J. pol. Sci.**, 80, vol. 13, p. 834-835. R. Bothwell, **Queen's Quar.**, 80, vol. 87, p. 712.

3015. GIBBINS (Roger). Prairie politics and society : regionalism in decline. Toronto, Butterworths, 80, in-8, 228 p.

3016. GILLIS (Peter). Big business and the origins of the conservative reform movement in Ottawa, 1890-1912.

J. canad. Stud., 80, vol. 15, n°1, p. 93-109.

3017. Histoire nationale du Québec : de sa découverte à aujourd'hui. Par une réunion d'enseignants, Michel ALLARD et al. MOntréal, Guérin, 80, in-8, XVII-335 p.

3018. HORN (Michiel). The League for Social Reconstruction : intellectual origins of the democratic left in Canada, 1930-1942. Toronto a. Buffalo, N.Y., Univ. of Toronto Press, 80, in-8, XII-270 p.- IDEM. Professors in the public eye : Canadian universities, academic freedom, and the League for Social Reconstruction. Hist. Educat. Quar., 80, vol. 20, n°4, p. 425-448.

3019. MILLER (Carman). The Canadian career of the 4th Earl of Minto : the education of a Viceroy. Gerrards Cross, C. Smythe, 80, in-8, XIV-225 p.

3020. MORTON (W.L.). Contexts of Canada's past : selected essays of W. L. Morton, ed. and with an introd. by A.B. McKILLOP. Toronto, Macmillan in assoc. with the Inst. of Canadian Studies, Carleton Univ., 80, in-8, 289 p. (Carleton library, 123) - CR : D. Owram,Queen's Quar., 81, vol. 88, p. 162-163.

3021. Newfoundland in the nineteenth and twentieth centuries : essays in interpretation. Ed. by James HILLER a. Peter NEARY. Toronto, Univ. Press, 80, in-8, VIII-289 p. (Canad. univ. paperbooks, 251)

3022. OWRAM (Douglas). Promise of Eden : the Canadian expansionist movement and the idea of the West, 1856-1900. Toronto a. Buffalo, Univ. of Toronto Press, 80, in-8, X-264 p. (Canad. univ. paperbooks, 245) - CR : A. W. Rasporich, Alberta Hist., 81, vol. 29, n°2, p. 38. A. Smith, Canad. hist. R., 81, vol. 62, p. 207-208. G. Friesen, Sask. Hist., 81, vol. 34, p. 37-38.

3023. Répertoire des parlementaires québécois, 1867-1978, réalisé par Yves BEAULIEU et al., sous la dir. d' André LAVOIE. Québec, Bibliothèque de la Législature, Service de documentation politique, 80, in-8, XV-796 p.- C.R. : E. Forsey, Canad. hist. R., 81, vol. 14, p. 152-153.

Chile.

3024. SANTANA (Roberto). Paysans dominés. Lutte sociale dans les campagnes chiliennes (1920-1970). Paris,Ed. du C.N.R.S., 80, in-8, 188 p.

3025. SATER (William F.). The abortive Kronstadt : the Chilean naval mutiny of 1931. Hisp. am. hist. R., 80, vol. 60, n°2, p. 239-268.

Kolumbien.

* 3026. Contributi alla bibliografia colombiana. Di Gabriela DE PAOLI, Maria Giuseppina LUCIA, Graziella GALLIANO. Genova, Tilgher, 80, in-8, 140p.

3027. DREKONJA-KORNAT (Gerhard). Leviathan in Lateinamerika : Der Fall Kolumbien. Wiener Beitr. z. Gesch. d. Neuzeit, 80, Bd 7, p. 237-254.

Kuba.

3028. XX /Dvadcat'/ let Kubinskoj revolucii : materialy meždunarodnoj konferencii "XX let Kubinskoj revolucii" (Moskva, dekabr' 1978 g.). (20 years of the Cuban revolution : materials of the international conference "20 years of the Cuban revolution", Moscow, Dec. 1978.) Red. by O.T. BOGOMOLOV, Moskva, Nauka, 80, in-8, 384 p.

3029. ZUJKOV (G.N.), Social'no-ekonomičeskie predposylki Kubinskoj revolucii. (Socio-economic preconditions of the Cuban revolution.) Moskva, Nauka, 80, in-8, 168 p.

Ägypten.

3030. VATIKIOTIS (P.J.). History of Egypt, from Muhammed Ali to Sadat. 2nd rev. ed. London, Weidenfeld a. Nicolson, 80, in-8, 528 p.

Ecuador.

3031. MARTZ (John D.). The regionalist expression of populism : Guayaquil and the CFP, 1948-1960. J. interam. Stud. a. World Affairs, 80, vol. 22, n°3, p. 289-314.

Spanien.

**3032. Kollektivismus und Freiheit. Quellen zur sozialen Revolution im Spanischen Bürgerkrieg 1936-1939.Hrsg. v. Walther L. BERNECKER. München, Deutsch. Taschenbuch-Verl., 80, in-8, 501 p. (dtv, 2920. dtv-Dokumente)

3033. BARREDA FONTES (José María), CARRETERO ZAMORA (Juan Manuel). Una fuente inédita sobre la guerra de Sucesión : memoria anónima sobre el sitio de Barcelona de 1705. Hispania,80, t. 50, n° 146, p. 631-668.

3034. BOYD (Carolyn P.). Praetorian politics in liberal Spain. Chapel Hill, Univ. of N.C. Press, 79, in-8, XVII-376 p. /1917-1923/

3035. FERNÁNDEZ-SANTAMARIA (José A.). Reason of state and statecraft in Spain, 1595-1640. J. Hist. Ideas, 80, vol. 41, n°3, p. 355-380.

3036. GIL NOVALES (Alberto). Il problema della rivoluzione nel liberalismo spagnolo (1808-1868). R. stor. ital., 80, a. 92, p. 360-383.

3037. GUARNER VIVANCO (Vicenç). L'aixecament militar i la guerra civil a Catalunya (1936-1939). Abadia de Montserrat, 80, in-8, 390 p.

3038. HERMET (Guy). Les catholiques dans l'Espagne franquiste. 1 : Les acteurs du jeu politique. Paris, Presses de la Fond. nat. des Sci. pol., 80, in-8, 370 p.

3039. KAMEN (Henry). Spain in the later 17th century, 1665-1700. London, Longman, 80, in-8, 436 p.

3040. MECHOULAN (Henry). Le sang de l'autre ou l'homme de Dieu : Indiens, Juifs, Morisques dans l'Espagne du Siècle d'Or. Paris, Fayard, 79, in-8,302p.

3041. NAKATSUKA (Jirô). Asturias ni okeru busôhôki to commune. (Insurrección y communa en Asturias.) Shigaku Zasshi, 80, vol. 89, n°8, p. 1-40.

Cf. n° 4452.

Vereinigte Staaten
von Amerika.

∗ 3042. Antislavery newspapers and periodicals. Vol. 1 : 1817-1845. Vol. 2 : 1835-1865. Ed. by John W. BLASSINGAME, Mae C. HENDERSON. Boston, G.K. Hall, 80, 2 vol. in-8, XVI-550, XVI-615 p.

∗ 3043. Writings on American history. A subject bibliography of articles. /1977-1978. Cf. Bibl. 78-79, n° 3458./ 1978-1979. Ed. by Gordon A. SINGER, James J. DOUGHERTY, Cecelia J. DADIAN. Millwood. N.Y., Kraus Intern. Pub.,80, XI-203 p.

∗∗ 3044. BERNARD DE RUSSAILH (A.). Journal de voyage en Californie à l'époque de la ruée vers l'or (1850-1852). Texte éd. et présenté par Sylvie CHEVALLEY. Paris, Aubier-Montaigne, 79, in-8, 240 p.

∗∗ 3045. CALHOUN (John C.). The papers. /Vol. 11. 12. Cf. Bibl. 78-79, n° 3462./ Vol. 13 : 1835-1837. Ed. by Clyde N. WILSON. Columbia, Univ. of S.C. Press, 80, XXII-681 p.

∗∗ 3046. DOUGLAS (William O.). The court years, 1939-1975 : the autobiography of William O. Douglas /Supreme Court justice/. New York, Random House, 80, in-8, XI-434 p.

∗∗ 3047. JACKSON (Andrew). The papers of Andrew Jackson. Vol. 1 : 1770-1803. Ed. by Sam B. SMITH,Harriet Chappell OWSLEY a. others. Knoxville, Univ. of Tenn. Press, 80, in-8, XXXIX-529 p.

∗∗ 3048. JAY (John). The winning of the peace. /Vol. 1. Cf. Bibl. 76-77, n° 3786./ Vol. 2 : Unpublished papers, 1780-1784. Ed. by Richard B. MORRIS a. others. New York, Harper a. Row, 80,X-765 p.

∗∗ 3049. LIVINGSTON (William). The papers. Vol. 1 : June 1774-June 1777. Vol. 2 : July 1777-Dec. 1778. Ed. by Carl E. PRINCE a. others. Trenton, N.J Hist. Commission, 79-80, 2 vol., XXVI-434, XXXI-600 p.

∗∗ 3050. /MacVEAGH (Lincoln)./ Ambassador MacVeagh reports : Greece, 1933-1947. Ed. by John O. IATRIDES. Princeton, N.J. Princeton U.P., 80,XI-769 p.

∗∗ 3051. MORRIS (Robert). The papers, 1781-1784. /Vol. 4. Cf. Bibl.78-79, n° 3476./ Vol. 5 : April 16-July 20, 1782. Ed. by E. James FERGUSON, John CATANZARITI a. others. Pittsburgh, Pa., Univ. of Pittsburgh Press, 80, XXXIX-649 p.

∗∗ 3052. Public papers of the presidents of the United States. Jimmy Carter /1978. Cf. Bibl. 78-79, n°3480./ 1979. Vol. 1 : January 1 to June 22, 1979. Vol. 2 : June 23 to December 31, 1979. Washington, D.C., Government Printing Office, 80, 2 vol., IX-1144-A58, IX-1158-A119 p.

∗∗ 3053. RADFORD (Arthur W.). From Pearl Harbor to Vietnam : the memoirs of Admiral Arthur W. Radford. Ed. by Stephen JURIKA, Jr. Stanford, Calif., Hoover Inst. Press, 80, XII-476 p. (Hoover Inst. Pub., 221)

∗∗ 3054. WASHINGTON (Booker T.). The papers. /Vol. 8. Cf. Bibl. 78-79, n° 3481./ Vol. 9 : 1906-1908. Ed. by Louis R. HARLAN, Raymond W. SMOCK. Urbana, Univ. of Ill. Press, 80, in-8, XXXII-747 p.

∗∗ 3055. WASHINGTON (George). The diaries. /Vol. 3,4,5. Cf. Bibl. 78-79, n° 3482./ Vol. 6 : January 1790-December 1799. Ed. by Donald JACKSON, Dorothy TWOHIG. Charlottesville, Univ. Press of Va., 80, in-8, XVII-554 p.

∗∗ 3056. WEBSTER (Daniel). The papers : correspondence. /Vol. 2,3. Cf. Bibl. 76-77, n° 3805./ Vol. 4 : 1835-1839. Ed. by Charles M. WILTSE, Harold D. MOSER. Hanover, N.H., U.P. of New England, 80, XXVI-562 p.

∗∗ 3057. WILSON (Woodrow). The papers. /Vol. 31. Cf. Bibl. 78-79, n° 3483./ Vol. 26 : Contents and index, vols. 14-25, 1902-1912. Vol. 32 : January 1-April 16, 1915. Vol. 33 : April 17-July 21, 1915. Vol. 34 : July 21-September 30, 1915. Vol. 35 : October

1, 1915- January 27, 1916. Ed. by Arthur S. LINK a. others. Princeton, N. J., Princeton U.P., 80, 5 vol., VII-319, XX-563, XXII-575, XX-567, XXII-563 p.

3058. ABBOTT (Philip). Furious fancies : American political thought in the post-liberal era. Westport,Conn., Greenwood Press, 80, X-265 p. (Contrib. in Pol. Sci., 35)

3059. ABZUG (Robert H.). Passionate liberator : Theodore Dwight Weld and the dilemma of reform. New York, Oxford U.P., 80, XI-370 p.

3060. ADAMS (David Keith). Franklin D. Roosevelt and the New Deal. London, Hist. Assoc., 80, in-8, 40 p.

3061. AKERS (Charles W.). Abigail Adams : an American woman. Boston, Little,Brown a. Co., 80, X-207 p. (Libr. of Am. Biogr.)

3062. ARGERSINGER (Peter H.). "A place on the ballot" : fusion politics and antifusion laws. Am. hist. R., 80, vol. 85, n° 2, p. 287-306.

3063. ARNOLD (Peri E.). The "great engineer" as administrator : Herbert Hoover and modern bureaucracy. R. Politics, 80, vol. 42, n° 3, p. 329-348.

3064. ASHBY (Warren). Frank Porter Graham : a southern liberal. Winston-Salem, N.C., John F. Blair, 80, in-8, X-386 p.

3065. BACON (Margaret Hope). Valiant friend : the life of Lucretia Mott. New York, Walker, 80, in-8, X-265 p.

3066. BAIRD (W. David). The Quapaw Indians : a history of the downstream people. Norman, Univ. of Okla. Press, 80, in-8, XIV-290 p. (Civ. of the Am. Indian Ser., 152)

3067. BANNER (Lois W.). Elizabeth Cady Stanton : a radical for women's rights. Boston, Little, Brown a. Co., 80, in-8, XIII-189 p. (Libr. of Am. Biogr.)

3068. BANNING (Lance). The moderate as revolutionary : an introduction to Madison's life. Libr. Cong. quar. J., 80, vol. 37, n° 2, p. 162-175.

3069. BARBER (James David). The pulse of politics, the rhythm of Presidential elections in the 20th century. London, Benn, 80, in-8, 352 p.

3070. BARBROOK (Alec), BOLT (Christine). Power and protest in American life. New York, St. Martin's Press,80, in-8, XIV-375 p.

3071. BENEDICT (Michael Les). Southern democrats in the crisis of 1876-1877. J. south. Hist., 80, vol. 46, n° 4, p. 489-524.

3072. BESCHLOSS (Michael R.). Kennedy and Roosevelt : the uneasy alliance. New York, W.W. Norton, 80, in-8, 318 p. /Joseph Kennedy, U.S. amb. to G.B./

3073. BLODGETT (Geoffrey). The mugwump reputation, 1870 to the present. J. am. Hist., 80, vol. 66, n°4, p. 867-887.

3074. BLUM (John Morton). The progressive presidents : Roosevelt, Wilson, Roosevelt, Johnson. New York, W. W. Norton, 80, in-8, 221 p.

3075. BOLKHOVITINOV (N.N.). SŠA : problemy istorii i sovremennaja istoriografija. (The USA : problems of history and present day historiography.) Moskva, Nauka, 80, in-8, 406 p.

3076. BOURKE (Paul F.), DEBATS (Donald A.). Identifiable voting in nineteenth-century America : toward a comparison of Britain and the United States before the secret ballot. Perspectives in am. Hist., 77-78, vol. 11, p. 259-288.

3077. BROWN (Thomas). Southern whigs and the politics of statesmanship, 1833-1841. J. south. Hist., 80, vol.46, n° 3, p. 361-380.

3078. BROWNE (Gary Lawson).Baltimore in the nation, 1789-1861. Chapel Hill, Univ. of N.C. Press, 80, in-8, XIII-349 p.

3079. BULLOUGH (William A.). The blind boss and his city : Christopher Augustine Buckley and nineteenth-century San Francisco. Berkeley a. Los Angeles, Univ. of Calif. Press, 79, in-8, XVI-347 p.

3080. CASTEL (Albert). The presidency of Andrew Johnson. Lawrence, Regents Press of Kansas, 79, in-8, VIII-262 p. (Am. Presidency Ser.)

3081. CHERN (Kenneth S.). Dilemma in China : America's policy debate, 1945. Hamden, Conn., Shoestring Press, 80, in-8, 277 p.

3082. CLARFIELD (Gerard H.). Timothy Pickering and the American republic. Pittsburgh, Pa., Univ. of Pittsburgh Press, 80, in-8, VIII-320 p.

3083. CLOKEY (Richard M.). William H. Ashley : enterprise and politics in the trans-Mississipi west. Norman,Univ of Ockla. Press, 80, in-8, XIII-305 p.

3084. CLOUD (Preston). The improbable bureaucracy : the United States Geological Survey, 1879-1979. Proc. am. philos. Soc., 80, vol. 124, n° 3, p. 155-167.

3085. CLUBB (J.M.). Partisan realignment : voters, parties and government in American history. London,Sage Publ., 80, in-8, 312 p.

3086. COHEN (Warren I.). Dean Rusk. Totowa, N.J., Cooper Square Pub., 80, in-8, XII-375 p. (Am. Secretaries of State a. Their Diplomacy, 19)

3087. COWARD (John Wells). Kentucky in the new republic : the process of constitution making. Lexington, Univ. Press of Ky, 79, in-8, 220 p.

3088. CROFTS (Daniel W.). The union party of 1861 and the secession crisis. Perspectives in am. Hist., 77-78, vol. 11, p. 327-376.

3089. CUFF (Robert D.). The politics of labor administration during world war I. Labor Hist., 80, vol. 21, n°4, p. 546-569.

3090. DAWIDOFF (Robert). The education of John Randolph. New York, W. W. Norton, 79, in-8, 346 p.

3091. DeBENEDETTI (Charles). The peace reform in American history. Bloomington, Indiana U.P., 80, in-8, XVII-245 p.

3092. DONNO (Antonio). Il socialismo americano durante la seconda guerra mondiale : la Young People's Socialist League. Nuova R. stor., 80, a. 64, p. 305-333.

3093. DRINNON (Richard). Facing west : the metaphysics of Indian-hating and empire-building. Minneapolis, Univ. of Minn. Press, 80, in-8, XX-571 p.

3094. DURHAM (Walter T.). James Winchester, Tennessee pioneer. Gallatin, Tenn., Sumner County Libr. Board, 79, in-8, XII-281 p.

3095. DYER (Thomas G.). Theodore Roosevelt and the idea of race. Baton Rouge, La. State U.P., 80, in-8, XIII-182 p.

3096. ENGS (Robert F.). Freedom's first generation : black Hampton, Virginia, 1861-1890. Philadelphia, Univ. of Pa. Press, 79, in-8, XX-236 p.

3097. ERŠOVA (E.N.). Dviženie za mir, protiv militarizma i vojny v SŠA (1965-1978). (The movement for peace, against militarism and war in the USA.) Moskva, Nauka, 80, in-8, 221 p.

3098. FEHRENBACHER (Don E.). The South and three sectional crises. Baton Rouge, La. State U.P., 80, in-8, XII-81 p.

3099. FELDBERG (Michael). Turbulent era : riot and disorder in Jacksonian America. New York a. London, Oxford, U.P., 80, in-8, 144 p.

3100. FOLEY (Michael). The new Senate : liberal influence on a conservative institution, 1959-1972. New Haven, Yale U.P., 80, in-8, X-342 p.

3101. FONER (Eric). Politics and ideology in the age of the civil war.
New York, Oxford U.P., 80, 250 p.

3102. GAL (Allon). Brandeis of Boston. Cambridge, Mass., Harvard U.P., 80, in-8, XI-271 p.

3103. GEELHOED (Bruce). Executive at the Pentagon : re-examinning the role of Charles E. Wilson in the Eisenhower administration. Milit. Affairs, 80, vol. 44, n° 1, p. 1-8.

3104. GEIDEL (Peter). The National Women's Party and the origins of the equal rights amendment, 1920-1923. Historian, 80, vol. 42, n° 4, p. 557-582.

3105. GENOVESE (Eugene D.). From rebellion to revolution : Afro-American slave revolts in the making of the modern world. Baton Rouge, La. State U.P., 79, in-8, XXVI-173 p.

3106. GERBER (David). A politics of limited options : northern black politics and the problem of change and continuity in race relations historiography. J. soc. Hist., 80, vol. 14, n° 2, p. 235-256.

3107. GILJE (Paul A.). The Baltimore riots of 1812 and the breakdown of the Anglo-American mob tradition. J. soc. Hist., 80, vol. 13, n° 4, p. 547-564.

3108. GILLETTE (William). Retreat from reconstruction, 1869-1879. Baton Rouge, La. State U.P., 79, in-8, XIV-463 p.

3109. GOBLE (Danny). Progressive Oklahoma : the making of a new kind of state. Norman, Univ. of Okla. Press, 80, in-8, XI-276 p.

3110. GOSNELL (Harold F.). Truman's crises : a political biography of Harry S. Truman. Westport, Conn., Greenwood Press, 80, in-8, XV-656 p. (Contrib. in Pol. Sci., 33)

3111. GRAEBNER (William). The unstable world of Benjamin Spock : social engineering in a democratic culture, 1917-1950. J. am. Hist., 80, vol. 67, n° 3, p. 612-629.

3112. GREENSTEIN (Fred I.). Eisenhower as an activist president : a new look at new evidence. Pol. Sci. Quar., 80, vol. 94, n° 4, p. 575-600.

3113. HAGERMAN (Edward). The reorganization of field transportation and field supply in the army of the Potomac, 1863 : the flying column and strategic mobility. Milit. Affairs, 80, vol. 44, n°4, p. 182-187.

3114. HANDLIN (Oscar), HANDLIN (Lillian). Abraham Lincoln and the union. Boston, Little, Brown a. Co., 80, in-8, X-204 p. (Libr. of Am. Biogr.)

3115. HARRISON (Cynthia E.). A "new frontier" for women : the public policy of the Kennedy administration. J. am. Hist., 80, vol. 67, n° 3, p.630-646.

3116. HERKEN (Gregg). "A most deadly illusion" : the atomic secret and American nuclear weapons policy, 1945-1950. Pacific hist. R., 80, vol. 49, n° 1, p. 51-76.

3117. HOADLEY (John F.). The emergence of political parties in Congress, 1789-1803. Am. pol. Sci. R.,80, vol. 74, n° 3, p. 757-779.

3118. HOLMES (William F.).Moonshining and collective violence : Georgia, 1889-1895. J. am. Hist., 80, vol. 67, n° 3, p. 589-611.

3119. HOPKINS (Anne H.), LYONS (William). Toward a classification of state electoral change : a note on Tennessee, 1837-1976. J. Politics, 80, vol. 42, n° 1, p. 209-226.

3120. HUNTLEY (William B.). Jefferson's public and private religion. South Atlantic Quar., 80, vol. 79, n° 3, p. 286-301.

3121. HUTSON (James H.). Pierce Butler's records of the federal constitutional convention. Libr. Cong. quar. J., 80, vol. 37, n° 1, p. 64-73.

3122. JENNINGS (Thelma). The Nashville Convention : southern movement for unity, 1848-1951. Memphis, Tenn., Memphis State U.P., 80, in-8, VII-309 p.

3123. JOHNSON (Evans C.).Oscar W. Underwood : a political biography. Baton Rouge, La. State U.P., 80, in-8, XVI-480 p.

3124. JOHNSON (Robert T.). Part-time leader : senator Charles L. McNary and the McNary-Haugen bill.Agric Hist., 80, vol. 54, n° 4, p. 527-541.

3125. KENNEY (David M.). Over here. The first world war and American society. New York, Oxford U.P., 80, in-8, VII-404 p.

3126. KERR (K. Austin). Organizing for reform : the Anti-Saloon League and innovation in politics. Am. Quar., 80, vol. 32, n° 1, p. 37-53.

3127. KETCHAM (Ralph). Party and leadership in Madison's conception of the presidency. Libr. Cong. quar.J., 80, vol. 37, n° 2, p. 242-258.

3128. KIRBY (John B.). An uncertain context : America and black Americans in the twentieth century. J. south. Hist., 80, vol. 46, n° 4, p.571-586.

3129. KLOTTER (James C.). Sex, scandal, and suffrage in the gilded age. Historian, 80, vol. 42, n°2, p. 225-243.

3130. KWONG (Peter). Chinatown,New York : labour and politics, 1930-1950. London, Monthly Review, 80, in-8, 192p.

3131. LADER (Lawrence). Power on the left : American radical movements since 1949. London, Benn, 80, in-8,488p.

3132. LEE (Lawrence B.). California water politics : opposition to the CVP, 1944-1950. Agric. Hist., 80, vol. 54, n° 3, p. 402-420.

3133. LICHTMAN (Allan J.). Prejudice and the old politics : the presidential election of 1928. Chapel Hill, Univ. of N.C. Press, 79, in-8, XIII-366 p.

3134. LIENESCH (Michael). The constitutional tradition : history, political action, and progress in American political thought, 1787-1793. J. Politics, 80, vol. 42, n° 1, p. 2-30.

3135. LITWACK (Leon F.). Been in the storm so long : the aftermath of slavery. New York, A.A. Knopf, 79, in-8, XVI-651 p.

3136. LOMASK (Mitton). Aaron Burr, the years from Princeton to Vice President, 1756-1805. London, Faber, 80, in-8, 471 p.

3137. LONGFORD (Lord). Nixon, a study in extremes of fortune. London, Weidenfeld a. Nicolson, 80, in-8, 205p.

3138. LOVELL (S.D.). The presidential election of 1916. Carbondale, Southern Ill. U.P., 80, in-8, VIII-229 p.

3139. LUNARDINI (Christine A.), KNOCK (Thomas J.). Woodrow Wilson and woman suffrage : a new look. Pol. Sci. Quar., 80, vol. 95, n° 4, p. 655-672.

3140. McCAUGHEY (Elizabeth P.). From loyalist to founding father : the political odyssey of William Samuel Johnson. New York, Columbia U.P., 80, in-8, XI-362 p.

3141. MacCOLL (E. Kimbard). The growth of a city : power and politics in Portland, Oregon, 1915 to 1950.Portland, Ore., Georgian Press, 79, in-8, XIII-717 p.

3142. McKNIGHT (Gerald D.). Republican leadership and the Mexican question, 1913-1916 : a failed bid for party resurgence. Mid-Am., 80, vol. 62, n°2, p. 105-122.

3143. MARION (David E.). Alexander Hamilton and Woodrow Wilson on the spirit and form of a responsible republican government. R. Politics, 80, vol. 42, n° 3, p. 309-328.

3144. MAY (Gary). China scapegoat : the diplomatic ordeal of John Carter Vincent. Washington, D.C., New Republic Books, 79, 370 p.

2. EINZELNE STAATEN

3145. MAY (Irvin M.) Jr. Marvin Jones : the public life of an agrarian advocate. College Station, Texas A & M U.P., 80, in-8, XV-296 p. /U.S. Congressman, 1916-1940/

3146. MAYFIELD (John). Rehearsal for republicanism : free soil and the politics of antislavery. Port Washington, N.Y., Kennikat Press, 80, in-8, 220 p.

3147. MILES (Michael W.). The odyssey of the American right. New York, U.P., 80, X-371 p. /Right wing republicanism since 1930s/

3148. MILLETT (Allan R.). Semper fidelis : the history of the United States Marine Corps. New York, Macmillan, 80, in-8, XVIII-782 p.

3149. MONEYHON (Carl H.). Republicanism in reconstruction Texas. Austin, Univ. of Texas Press, 80, in-8, XVI-319 p.

3150. MROZEK (Donald J.). The Croatan incident : the U.S. navy and the problem of racial discrimination after world war II. Milit. Affairs, 80, vol. 44, n° 4, p. 187-192.

3151. NEUSTADT (Richard Elliott). Presidential power : the politics of leadership from F.D.R. to Carter. London, Wiley, 80, in-8, 304 p.

3152. O'CONNOR (John E.). William Paterson : lawyer and statesman, 1745-1806. New Brunswick, N.J., Rutgers U.P., 79, in-8, XV-351 p.

3153. OHLINE (Howard A.). Slavery, economics, and congressional politics, 1790. J. south. Hist., 80, vol. 46, n° 3, p. 335-360.

3154. OLSSEN (Erik). The progressive group in Congress, 1922-1929. Historian, 80, vol. 42, n°2, p. 244-263.

3155. ORTIZ (Roxanne Dunbar).Roots of resistance : land tenure in New Mexico, 1680-1980. Los Angeles, Chicano Stud. Research Center a. Am. Indian Stud. Center, Univ. of Calif., 80, in-8, VI-202 p. (Chicano Stud. Research Center Pub., 10)

3156. PARKER (Albert C.E.). Beating the spread : analyzing American election outcomes. J. am. Hist., 80, vol. 67, n° 1, p. 61-87.

3157. PARMET (Herbert S.). Jack: the struggles of John F. Kennedy. New York, Dial Press, 80, in-8, XVII-586p.

3158. PEROTIN (Claude). Les écrivains anti-esclavagistes aux Etats-Unis, de 1808 à 1861. Paris, Presses univ. France, 79, in-8, 390 p. (Publ. de la Sorbonne Sér. N.S. Recherches, 35)

3159. PERRY (Lewis), FELLMAN (Michael) a. others. Antislavery recon-

sidered : new perspectives on the abolitionists. Baton Rouge, La. State U.P., 79, in-8, XVI-348 p.

3160. Politische (Das) System der USA. Geschichte u. Gegenwart. Hrsg. v. Karl-Heinz RÖDER. Berlin, Staatsverl. d. DDR, 80, in-8, 345 p. (Studien z. polit. System d. Imperialismus, 1)

3161. PORTER (David L.). The seventy-sixth congress and world war II, 1939-1940. Columbia, Univ. of Mo. Press, 79, in-8, X-236 p.

3162. POWERS (Thomas). The man who kept the secrets : Richard Helms and the C.I.A. London, Weidenfeld a. Nicolson, 80, in-8, 393 p.

3163. PURYEAR (Elmer R.). Graham A. Barden : conservative Carolina congressman. Buies Creek, N.C., Campbell U.P., 79, in-8, IX-235 p. /U.S. Representative from N. Carolina, 1934-1960/

3164. RAYBACK (Joseph G.). A myth re-examined : Martin van Buren's role in the presidential election of 1816. Proc. am. philos. Soc., 80, vol. 124, n°2, p. 106-118.

3165. RICHARDS (Kent D.). Isaac I. Stevens : young man in a hurry. Provo, Utah, Brigham Young U.P., 79, in-8, XIV-484 p. /Stevens : first governor of Washington Territory, 1853/

3166. RITCHIE (Donald A.). James M. Landis : dean of the regulators. Cambridge, Mass., Harvard U.P., 80, in-8, IX-267 p.- IDEM. Reforming the regulatory process : why James Landis Changed his mind. Business Hist. R., 80, vol. 54, n° 3, p. 283-302.

3167. ROAZEN (Paul). Erik H. Erikson's America : the political implications of ego psychology. J. Hist. behavorial Sci., 80, vol. 16, n°4, p. 333-341.

3168. ROBACK (Thomas H.). Motivation for activism among republican national convention delegates : continuity and change, 1972-1976. J. Politics, 80, vol. 42, n° 1, p. 181-201.

3169. ROSKE (Ralph J.). His own counsel : the life and times of Lyman Trumbull. Reno, Univ. of Nevada Press, 79, in-8, 232 p. (Nevada Stud. in Hist. a. Pol. Sci., 14)

3170. RYAN (Thomas G.). Farm prices and the farm vote in 1948. Agric.Hist., 80, vol. 54, n° 3, p. 387-401.

3171. SAVAGE (Henry). Discovering America, 1700-1875. London, Harper a. Row, 80, in-8, 396 p.

3172. SCHNABEL (James F.), WATSON (Robert J.), CONDIT (Kenneth W.). The history of the Joint Chiefs of Staff : the Joint Chiefs of Staff and national policy. Vol. 1 : 1945-1947. Vol. 2 : 1947-1949. Vol. 3, Pt. 1, 2 : The Korean war. Wilmington, Del., Michael Glazier, 80, 4 vol., in-8, XXI-460, XVI-567,XXI-562, XVII-563-1117 p.

3173. SCHULTZ (Harold S.). James Madison : father of the constitution? Libr. Cong. quar. J., 80, vol. 37, n° 2, p. 215-222.

3174. SHALHOPE (Robert E.). John Taylor of Caroline : pastoral republican. Columbia, Univ. of S.C. Press,80, in-8, IX-304 p.

3175. ŠKUNDIN (M.Z.). K istorii gosudarstvenno-monopolitističeskoj politiki SŠA 1929-1939. (On the history of the US state-monopolistic social politicy.) Moskva, Nauka, 80, in-8, 213 p.

3176. SMITH (Elbert B.). Francis Preston Blair. New York, Free Press, 80, in-8, XV-481 p.

3177. SPENCER (Thomas T.). The air mail controversy of 1934. Mid-Am., 80, vol. 62, n° 3, p. 161-172.

3178. SPILLER (Roger J.). Calhoun's expansible army : the history of a military idea. South Atlantic Quar., 80, vol. 79, n° 2, p. 189-203.

3179. STAMPP (Kenneth M.). The imperilled union, essays on the background of the Civil War. London a.New York, Oxford U.P., 80, in-8, 336 p.

3180. STANLEY (Gerald). The slavery issue and election in California, 1860. Mid-Am., 80, vol. 62, n° 1, p. 35-46.

3181. STARR (Stephen Z.). The union cavalry in the civil war. Vol.1: From Fort Sumter to Gettysburg, 1861-1863. Baton Rouge, La. State U.P., 79, in-8, XIV-507 p.

3182. STEFFEN (Jerome O.). Comparative frontiers : a proposal for studying the American West. Norman, Univ. of Okla. Press, 80, in-8, XIX-139 p.

3183. STIEBER (Jack). Labor's walkout from the Korean war Wage Stabilization Board. Labor Hist., 80, vol. 21, n° 2, p. 239-260.

3184. STOFF (Michael B.). Oil, war, and American security : the search for a national policy on foreign oil, 1941-1947. New Haven, Conn., Yale U.P., 80, in-8, XII-249 p.

3185. STUART (Paul). The Indian Office : growth and development of an American institution, 1865-1900. Ann Arbor, UMI Research Press, 79, in-8, XVI-243 p. (Stud. in Am. Hist. a.Cult., 12)

3186. SWANBERG (W.A.). Whitney father, Whitney heiress. New York, Charles Scribner, 80, in-8, XIII-518p.

3187. SYMONDS (Craig L.). Navalists and antinavalists : the naval policy debate in the United States, 1785-1827. Newark, Univ. of Del.Press, 80, in-8, 252 p.

3188. SZYSZKOWSKI (Wacław). Twórcy Stanów Zjednoczonych. Waszyngton, Jefferson, Hamilton. (Les fondateurs des Etats-Unis. Washington, Jefferson, Hamilton.) Warszawa, Wiedza Powszechna, 80, in-8, 427 p.

3189. TAYLOR (Graham D.). The New Deal and American Indian tribalism : the administration of the Indian reorganization act, 1934-1945. Lincoln, Univ. of Neb. Press, 80, in-8, XIII-203 p.

3190. THOMAS (E.M.). The confederate nation, 1861-1865. London, Harper a. Row, 80, in-8, 384 p.

3191. TÓTH (Csaba). Robert Owen és a New Harmony. Egy brit reformterv sorsa az 1820-as évek Amerikájában. (Robert Owen et la New Harmony. Le destin du projet réformateur en Amérique dans les années 1820.) Világosság, 79, vol. 20, n° 7, p. 440-449.

3192. TRAUTMAN (Frederic). The voice of terror : a biography of Johann Most. Westport, Conn., Greenwood Press, 80, in-8, XXV-288 p. (Contrib. in Pol. Sci., 42)

3193. TURNER (James). Understanding the populists. J. am. Hist., 80, vol. 67, n° 2, p. 354-373.

3194. VARSORI (Antonio). La "Mazzini Society". Nuova Antol., 80, a. 115, vol. 543, fasc. 2136, p. 106-124.

3195. VAUGHN (Stephen). Holding fast the inner lines : democracy, nationalism and the Committee on Public Information. Chapel Hill, Univ. of N. C. Press, 80, XIV-397 p. (Suppl. Vol., Papers of Woodrow Wilson)

3196. WALTMAN (Jerold). Origins of the federal income tax. Mid-Am.,80, vol. 62, n° 3, p. 147-160.

3197. WHITE (Gerald T.). Billions for defense : government financing by the Defense Plant Corporation during world war II. University, Univ. of Ala. Press, 80, in-8, VIII-194 p.

3198. WIDENOR (William C.). Henry Cabot Lodge and the search for an American foreign policy. Berkeley a. Los Angeles, Univ. of Calif. Press, 80, in-8, XI-389 p.

3199. WILLIAMS (Walter L.). United States Indian policy and the debate over Philippine annexation : implications for the origins of American imperialism. J. am. Hist., 80, vol. 66, n° 4, p. 810-831.

3200. WILSON (Evan M.). Decision on Palestine : how the U.S. came to recognize Israel. Stanford, Calif.,

Hoover Inst. Press, 79, in-8, XVIII-244 p. (Hoover Inst. Pub., 218)

3201. WUBBEN (Herbert H.). Civil War Iowa and the Copperhead movement. Ames, Iowa State U.P., 80, in-8, XI-280 p.

3202. ZANGRANDO (Robert I.). The NAACP crusade against lynching, 1909-1950. Philadelphia, Temple U.P., 80, in-8, IX-309 p. /National Association for the Advancement of Colored People/

3203. ZINN (Howard). People's history of the United States. London, Longman, 80, in-8, 628 p.

Finnland.

+ Cf. n.° VII.

3204. KIRBY (D.G.). Finland in the twentieth century. Minneapolis, Univ. of Minn. Press, 79, in-8, X-253 p.

3205. Näkökulmia Suomen itsenäsyyteen 1917-1977. Esitelmiä ja artikkeleita. (Views on Finnish independence, 1917-1977. Lectures and articles.) Jyväskylä, Inst. of General History, Studies, 4)

3206. NYGÅRD (Toivo). Itä-Karjalan pakolaiset 1917-1922. (The East-Karelian exiles 1917-1922.) Jyväskylä, Jyväskylän yliopisto, 80, in-8, 137 p. (Stud. hist. Jyväskyläensia, 19) /Summary in Engl./

3207. PIOTROWSKI (Bernard).Fiński ruch narodowy w XIX wieku. (Le mouvement national finnois au XIXe s.) Kwart. hist., 80, a. 87, n° 1, p. 53-68.

3208. Pohjois-Karjalan historia. (L'histoire de la Carélie du Nord). /T.1-2. Cf. 76-77, n° 3971./ T. 3 : 1722-1809. Par Veijo Saloheimo. Joensuu, Joensuun korkeakoulu, 80, in-4, 636 p. (Joensuun korkeakoulun julk., Ser. A, 18)

3209. PUNTILA (Lauri A.). Politische Geschichte Finnlands 1809-1977. Aus dem Finn. übertr. von C.A. WILLEBRAND. Helsinki, Otava, 80, in-8, 274 p. (Kt.).

3210. SELÉN (Kari). C.G.E.Mannerheim ja hänen puolustusneuvostonsa 1931-1939. (C.G.E. Mannerheim and his Council of National Defence, 1931-1939) Helsinki, Otava, 80, in-8, 400 p.

3211. TOIVANEN (Pekka). Kaakkoisraja ja sen linnoitukset. (The southeast border and its fortresses.)Lappeenranta, 80, in-4, 100 p. (Etelä-Karjalan museo, Julkaisusarja, 7) /Summary in Engl./

3212. UPTON (Anthony F.). The Finnish revolution 1917-1918. Minneapolis, Univ. of Minnesota Press, 80, in-8, VII-608 p. (Nordic ser., 2)

3213. URSIN (Matti). Pohjois-Suomen tuhot ja jälleenrakennus Saksalaissodan 1944-1945 jälkeen. (War damage and reconstruction in Northern Finland after the Lapland war of 1944-1945.) Rovaniemi, 80, in-8, 486 p. (Stud.hist. septentrionalia, 2) /Summary in Eng./

Frankreich

+ 3214. GODECHOT (Jacques). La période révolutionnaire et impériale : publications des années 1972 à 1978. R. hist., 80, a. 104, t. 263, p.101-147.

+ 3215. OLIVIER (Philippe). Bibliographie des travaux relatifs à Gilbert Motier, marquis de La Fayette (1757-1834), et à Adrienne de Noailles, marquise de La Fayette (1759-1807). Clermont-Ferrand, Inst. d'Et. du Massif Central, 79, in-4, XX-87 p. (Publ. de l'Inst. d'Et. du Massif Central,17)

+ 3216. WESSELING (H.L.). Vele ideeën over Frankrijk. /Compte-rendu de quinze titres sur l'histoire de France./ T. Gesch., 80, vol. 93, p.221-246.

+ Cf. n° VIII.

++ 3217. BIVER (Marie-Louise).Fêtes révolutionnaires à Paris /documents réunis/. Paris, Presses univ. France, 79, in-8, 223 p. (pl.).

++ 3218. Catalogue des actes de Henri II. T. 1 : 31 mars-31 déc. 1547, par Jean-Paul LAURENT, Marie-Thérèse de MARTEL, Marie-Noëlle MATUSZEK-BAUDOUIN. Paris, Impr. nationale, 79, in-4, XV-691 p.

++ 3219. CHAPON (Charles). Documentation : l'armée de terre française, le 2 septembre 1939 et le 9 mai 1940. R. hist. Armées, 79, n°4, p. 164-192.

++ 3220. CLOSON (Francis-Louis). Commissaire de la République du général de Gaulle : Lille, sept. 1944-mars 1946. Paris, Julliard, 80, in-16, 221 p. (pl.).

++ 3221. Déclaration des biens des communautés : 1665-1670, (Intendance de Dijon). Rédigé par l'intendant BOUCHU. Publ. par Dominique BARBERO et Guy BRUNET. 1 : Bailliage de Bugey, bailliage du pays de Gex. 2 : Bailliage de Bresse. Val-de-Fier, ECU, 78, 2 vol. in-8, 523, 559 p. (carte, fac-sim.)

++ 3222. GUICHARD (Olivier). Mon général. Paris, Grasset, 80, in-8,466p.

++ 3223. Lafayette in the age of the American revolution : selected letters and papers, 1776-1790. /Vol. 2. Cf. Bibl. 78-79, n° 3640./ Vol. 3 : April 27, 1780-March 29, 1781. Ed. by Stanley J. IDERDA a. others, Ithaca,

N.Y., Cornell U.P., 80, Xli-577 p.

** 3224. Lettres, décisions et actes de Napoléon à Pont-de-Briques et au camp de Boulogne, an VI (1798) - an XII (1804). Publ. par Fernand Emile BEAUCOUR. Levallois, F.-E. Beaucour, 79, in-4, 626 p. (pl., ill.). (Mém.de la Soc. de sauvegarde du Château impérial de Pont-de-Brique, 1)

** 3225. LYAUTEY (Hubert). Un Lyautey inconnu : correspondance et journal inédits, 1874-1934, /publ.par/ André LE REVEREND. Paris, Perrin, 79, in-8, 363 p. (pl.).

** 3226. MONNERVILLE (Gaston). Vingt-deux ans de présidence /mars 1947-octobre 1968/. Paris, Plon, 80, in-8, 480 p.

** 3227. Papiers (Les) de Richelieu : section politique intérieure, correspondance et papiers d'Etat, réunis par Pierre GRILLON. /3. Cf. Bibl. 78-79, n° 3643./ 3bis : Index des tomes I,II,III, corrections et additions (1624-1628). Paris, Pédone, 80, in-4, 167 p. (Monumenta Europae historica)

** 3228. ROCHE (Emile). Avec Joseph Caillaux : mémoires, souvenirs et documents. Préf. par Jean-Baptiste DUROSELLE. Paris, Publ. de la Sorbonne, 80, in-8, XII-221 p. (Publ. de la Sorbonne. Sér. Documents, 31)

** 3229. Soulèvement populaire : Romans 1580. Ed. par Philippe VENAULT, Philippe BLON, Joël FARGES; présenté par Emmanuel LE ROY LADURIE. Paris, Albatros, 79, in-8, 328p. (carte).(Coll. Histoires imaginaires, 1) /Attribué à Antoine GUERIN d'après J. Roman/

3230. Actes du Colloque Girondins et Montagnards (Sorbonne, 14 déc. 1975). Sous la dir. d'Albert SOBOUL. Paris, Soc. d'Et. robespierristes, 80, in-8, 364 p. (cartes).

3231. ARNAL (Oscar L.). Why the French christian democrats were condemned. Church Hist., 80, vol. 49, n°2,p. 188-202.

3232. BARNAVI (Elie). Le parti de Dieu. Etude sociale et politique des chefs de la Ligue parisienne, 1585-1594. Louvain, Nauwelaerts, 80, in-8, 388 p. (Publ. de la Sorbonne, n.s., Recherches, 34)

3233. BECKER (Jean-Jacques).Union sacrée et idéologie bourgeoise /pendant la 1e Guerre mondiale/. R. hist., 80, t. 263, n° 535, p. 65-74.

3234. BERNSTEIN (Serge). Histoire du parti radical. 1 : La recherche de l'âge d'or : 1919-1926. Paris, Presses de la Fond. nat. des Sci. pol., 80,in-8, 486 p. (cartes).

3235. BERTAUD (Jean-Paul). La Révolution armée : les soldats-citoyens et la Révolution française. Paris, R. Laffont, 79, in-8, 379 p. (Les Hommes et l'Hist.)

3236. BLUCHE (Frédéric). Le bonapartisme. Aux origines de la droite autoritaire (1800-1850). Paris, Nouv. Ed. latines, 80, in-8, 368 p.

3237. BOURGEOIS (Louis). Quand la cour de France vivait à Lyon, 1491-1551. Paris, Fayard, 80, in-8, 314 p.

3238. BOUSSARD (Isabel). Vichy et la Corporation paysanne. Paris,Presses de la Fondation nat. des Sci. pol., 80, in-8, 414 p.

3239. BREDIN (Jean-Denis). Joseph Caillaux. Paris, Hachette, 80, in-4, 373 p. (carte).

3240. BRUNET (Jean-Paul). Saint-Denis, la ville rouge. Socialisme et communisme en banlieu ouvrière, 1890-1939. Paris, Hachette, 80, in-8, 462p.

3241. BUTLER (Rohan). Choiseul. Vol. 1 : Father and son, 1719-1954. Oxford, Clarendon Press, 80, in-8,1133p.

3242. CASTRIES (René de La Croix, duc de). Les hommes de l'émigration, 1789-1814 (les émigrés). Paris, Tallandier, 79, in-8, 414 p. (pl.).

3243. CERNY (Philip G.). The politics of grandeur : ideological aspects of the Gaulle's foreign policy. London a. New York, Cambridge U.P.,80, in-8, XI-319 p.

3244. ČERTKOVA (G.S.). Grakkh Babef vo vremja termidorianskoj reakcii. (Gracchus Babeuf during the Thermidorian reaction.) Moskva, Nauka, 80, in-8, 209 p.

3245. CHALARON (Frédéric). Le bonapartisme dans la vie politique du Puy-de-Dôme (1848-1879). R. Auvergne, 80, t. 84, p. 317-341.

3246. CHASSENIEUX (Dominique). Les élections, les députés et les cahiers de doléances des trois ordres de la province du Bourbonnais aux Etats généraux de 1789. Moulins, R. des Cahiers bourbonnais, 79, in-4, 60 p.(ill).

3247. CHRISTOPHE (Paul). 1936: les catholiques et le Front populaire. Paris, Desclée 79, in-8, 308 p.

3248. COHEN (David). La promotion des Juifs en France à l'époque du Second Empire (1852-1870). T. 1, 2. Aix-en-Provence, Univ. de Provence, 80, 2 vol. in-8, 330, 538 p. (Etudes hist., 5)

3249. COLOMBANI (José). Aux origines de la Corse française : politique et institutions, 1768-1790.Ajaccio, Colombani, 78, in-8, 279 p. (pl., carte dépl., ill.).

2. EINZELNE STAATEN

3250. COPPOLANI (Jean-Yves). Les élections en France à l'époque napoléonienne. Paris, Albatros, 80, in-8,XVIII-499 p.

3251. CORDEWIENER (André). Organisations politiques et mieux de presse en régime censitaire : l'expérience liégeoise de 1830 à 1848. Paris,Belles Lettres, 78, in-8, 504-19 p. (Bibl. de la Fac. de philos. et lettres de l'Univ. Liège, 220)

3252. CROOK (M.H.). Federalism and the French Revolution, the revolt of Toulon in 1793. History, 80, vol.65, p. 383-397.

3253. CROSS (Gary S.). The politics of immigration in France during the era of world war I. French hist. Stud., 80, vol. 11, n°4, p. 610-632.

3254. DALOTEL (Alain), FAURE(Alain), FREIERMUTH (Jean-Claude). Aux origines de la Commune : le mouvement des réunions publiques à Paris, 1868-1870. Paris, Maspero, 80, in-8, 374 p.

3255. DANEL (Raymond), CUNY (Jean). L'aviation française de nombardement et de renseignement de 1918 à 1940.Paris, Larivière, 80, in-8, 400 p.

3256. DÁNIEL (Ágnes). Gondolatok az ember és polgár jogai 1789-es deklarációja fordításának néhány változatáról. (Réflexions sur quelques variantes de la traduction de la Déclaration des droits de l'homme et du bourgeois de 1789.) Filol. Közl., 80, vol. 26, n°2, p. 224-231.

3257. Découverte (La) de la France au XVIIe siècle. Neuvième colloque de Marseille organisé par le Centre Méridional de Rencontres sur le XVIIe s., 25-28 janv. 1979. Paris, Ed. du CNRS, 80, in-8, 660 p. (Colloques internat. du CNRS, 590)

3258. De Gaulle par l'affiche.Commentaire de Jean-Pierre GUICHARD. Paris, Plon, 80, in-4, 42 p. (ill.). (Inst. Charles De Gaulle)

3259. DEWALD (Jonathan). The formation of a provincial nobility : the magistrates of the Parlement of Rouen, 1499-1610. Princeton, N.J., Princeton U.P., 80, XV-402 p.

3260. DIESBACH (Ghislain de),GROUVEL (Robert). Echec à Bonaparte : Louis-Edmond de Phélippeaux, 1767-1799. Paris, Librairie acad. Perrin, 80, in-8, 320 p. (ill.).

3261. DI RIENZO (Eugenio). Politica e istituzioni culturali in Francia tra ancien régime e rivoluzione. Studi stor., 80, a. 21, p. 565-594.

3262. DOYLE (William). Origins of the French revolution. London a. New York, Oxford U.P., 80, in-8, 247 p.

3263. DUCATEL (Paul). Histoire de la Troisième République vue à travers l'imagerie populaire et la presse satirique. /T. 4. Cf. Bibl. 78-79, n°3702./ T. 5 : De la République à l'Etat français, 1924-1940. Paris, Grassin, 79,in-4, 245 p. (pl.).

3264. Vom autoritären zum liberalen Bonapartismus. Der politische Systemwechsel in Frankreich 1858/60.Hist. Z., 80, Bd 230, p. 549-575.

3265. Edgar Quinet, ce juif errant: actes du Colloque internat. de Clermont-Ferrand, Univ. Clermont-Ferrand II,Centre de rech. révolutionnaires et romantiques, 1975. Publ. par Simone BERNARD-GRIFFITHS et Paul VIALLANEIX. Clermont-Ferrand, Fac. des Lettres et Sci.humaines, 78, in-4, 317 p. (pl.). (Fac. des Lettres et Sci. humaines de l'Univ.Clermont-Ferrand II, Nouv. Sér., 2)

3266. ELLIS (Jack D.). The early life of Georges Clemenceau, 1841-1893. Lawrence, Regents Press of Kansas, 80, in-8, XIX-272 p.

3267. Entourage (L') et de Gaulle. Ouvrage collectif : colloque, mai 1978, Paris, prés. par Gilbert PILLEUL.Paris, Plon, 79, in-8, 385 p. (Coll. Espoir)

3268. FARRAR (Marjorie M.). Politics versus patriotism : Alexandre Millerand as french minister of war.French hist. Stud., 80, vol. 11, n° 4, p. 577-609.

3269. FILIPPINI (Jean-Pierre). Une famille juive de Livourne, au service du roi de France au XVIIIe siècle : les Calvo de Silva. R. Et. juives, 79, t. 138, fasc. 3-4, p. 255-289.

3270. FORSTENZER (Thopas R.).French provincial police and the fall of the Second Republic. Social fear and counter-revolution. Princeton, N.J., Princeton U.P., 80, in-8, 336 p.

3271. FRANKENSTEIN (Robert). Intervention étatique et réarmement en France, 1935-1939. R. écon., 80, vol. 31, p. 743-781.

3272. Bibl. 78-79, n° 3709. FURET (François). Penser la Révolution française.- Cf. GUERCI (Luciano). Furet et la Rivoluzione francese. Studi stor., 80, a. 21, n°2, p. 227-240.- HIRSCH (Jean-Pierre). Pensons la Révolution française. A. Econ., Soc., Civ., 80, a. 35, n° 2, p. 320-333.- LEFORT (Claude). Penser la révolution dans la Révolution française. Ibid., p. 334-352.- ROMANO (Sergio). A propos de la Révolution française de François Furet. Mél. Ec. Rome, Moyen Age, Temps mod., 79, t. 91, n° 2, p. 543-553.

3273. GAILLARD (Lucien). La naissance du parti socialiste : Marseille il y a cent ans. Marseille, Laffitte, 80, in-8, 236 p. (ill.).

3274. GALLAHER (John G.). The students of Paris and the revolution of

1848. Carbondale, Southern Ill. U.P., 80, in-8, XX-128 p.

3275. GODECHOT (Jacques). Regards sur l'époque révolutionnaire. Toulouse, Privat, 80, in-fol., 441 p.

3276. GORDON (Bertran M.). Collaborationism in France during the second world war. Ithaca, N.Y., Cornell U.P., 80, in-8, 393 p.

3277. Grands notables du Premier Empire. Notices de biographie sociale publ. sous la dir. de Louis BERGERON et Guy CHAUSSINAND-NOGARET. /T. 1-4.Cf. Bibl. 78-79, n° 3717./ 5 : Gard, par Armand COSSON. Hérault, par Henri MICHEL. Drôme, par Gérard-Albert ROCH.6: Alpes Maritimes, Corse, par Jean-Yves COPPOLANI. Aude, par Jean-Claude GEGOT. Pyrénées-Orientales, par Geneviève GAVIGNAUD. Bouches-du-Rhône, par l'Abbé Paul GUEYRAUD. Paris, Ed. du C.N.R.S., 80, 2 vol. in-8, 234, 244 p.

3278. GUN (Nerin E.). Pétain-Laval-de Gaulle. Paris, A. Michel, 80, in-8, 462 p.

3279. HARRIS (R.D.). Necker,reform statesman of the Ancient Regime. Berkeley, Los Angeles a. London, Univ. of Calif. Press, 79, in-8, 259 p.

3280. HOFFMAN (Robert L.). More than a trial : the struggle over captain Dreyfus. New York, Free Press,80, in-8, VIII-247 p.

3281. HOLZAPFEL (Kurt), BROST (Harald). Zur Dialektik von inneren und äusseren Faktoren im französischen Revolutionszyklus. Z. f. Geschichtswiss., 80, Jg. 28, p. 35-47.

3282. HUNT (Lynn), LANSKY (David), HANSON (Paul). The failure of the liberal Republic in France, 1795-1799 : the road to Brumaire. J. mod. Hist., 80, vol. 51, p. 734-759.

3283. IRVINE (William D.). French conservatism in crisis : the Republican Federation of France in the 1930s. Baton Rouge, La. State U.P., 79, in-8, XX-256 p.

3284. JOHANCSIK (János). A francia szocialista párt (SFIO) eszmei arculata az 1960-as évek első felében.(L'aspect idéologique du parti socialiste français (SFIO) dans la première moitié des années 1960.) Párttört. Közl., 78,vol. 24, p. 122-161.- IDEM. A társadalom szerkezetének és a pártok bázisának változásai Franciaországban, 1951-1973. (Changements de structure dans la société et la base des partis politiques en France.) Ibid., p. 3-48.

3285. KELLY (George Armstrong). Conceptual sources of the Terror.Eighteenth-Cent. Stud., 80, vol. 14, n°1, p. 18-36.

3286. KENNEDY (Michael). Les clubs des Jacobins et la presse sous l'Assemblée nationale, 1789-1791. R. hist.,80, n° 535, p. 49-64.

3287. KRUMEICH (Gerd). Aufrüstung als Problem der französischen Innenpolitik vor dem Ersten Weltkrieg. Die Einführung d. dreijährigen Dienstpflicht 1913-14. Wiesbaden, Steiner, 80, in-8, 297 p. (Veröff. d. Inst. f. Europ.Gesch. Mainz, 96. Abt. Universalgesch.)

3288. KRUMEICH (Gerd). Raymond Poincaré et l'affaire du Figaro. R. hist., 80, n° 536, p. 364-373.

3289. KUPFERMAN. Le procès de Vichy : Pucheu, Pétain, Laval. Bruxelles, Complexe, 80, in-8, 190 p.

3290. LABORIE (Pierre). Résistants, vichyssois et autres. L'évolution de l'opinion et des comportements dans le Lot de 1939 à 1944. Paris, Ed. du CNRS, 80, in-8, 396 p.

3291. LA GORCE (Paul-Marie de). Naissance de la France moderne : l'après guerre, 1944-1952. Paris, Grasset, 78, in-8, 525 p.

3292. LEVY (Darlene Gay). The ideas and careers of Simon-Nicolas-Henri Linguet : a study in eighteenth-century French politics. Urbana, Univ. of Ill. Press, 80, in-8, X-384 p.

3293. LEYGUES (Jacques Raphaël), BARRE (Jean-Luc). Delcassé. Paris, Encre Ed., 80, in-8, 262 p.

3294. Limousin (Le) au XVIIe s. : littérature, histoire, histoire religieuse. Colloque pluridisciplinaire, Limoges, 9-10 oct. 1976, sous le patronage de la Soc. d'Et. du XVIIe s. Limoges, Trames, 79, in-8, 253 p. (ill.). (Trames, 1979, n° spéc.)

3295. LJUBLINSKAJA (A.D.). Krest'-janskie vosstanija na Jugo-Zapade Francii v 30-kh godakh XVII v. (Les révoltes paysannes dans le Sud-Ouest de la France dans les années 30 du XVIIe s.) Nov. novejš. Ist., 80, n° 4, p. 58-74.

3296. LUCET (Charles). Lamartine, Tocqueville, Gobineau... Les ministres des Affaires étrangères de la Seconde République et leurs cabinets. R. Hist. dipl., 79, a. 93, p. 247-277.

3297. LYNN (John A.). The growth of the French army during the seventeenth century. Armed Forces a. Soc., 80, vol. 6, n° 4, p. 568-585.

3298. MADJARIAN (Grégoire), BERGIER (Aude). Conflits, pouvoirs et société à la Libération. Paris, Union générale d'Ed., 80, in-8, 440 p.

3299. MAIORINI (Grazia). L'organizzazione del M.R.P. nei primi anni della Quarta Repubblica. Stor. Pol., 80, a. 19, p. 695-745.

3300. MARGADANT (Ted W.). French peasants of 1851. Princeton, N.J., Prin-

2. EINZELNE STAATEN

ton, N.J., Princeton U.P., 79, in-8, XXIV-379 p.

3301. MASSON (Philippe). La marine française en 1939-1940. R. hist.Armées, 79, n° 4, p. 57-77.

3302. MAZGAJ (Paul). The Action Française and revolutionnary syndicalism. Chapel Hill, Univ. of N.C. Press, 79, in-8, IX-281 p.

3303. Mémorial des Corses. Sous la dir. de Francis POMPONI. 2 : Soumissions et résistances, 1553-1796. Par François CASTA, Fernand ETTORI, Ange ROVERE, etc. 3 : La présence française, 1796-1914. Par François CASTA, Fernand ETTORI, Ange ROVERE, Pascal SANTINI, etc. 4 : L'île éprouvée, 1914-1945. Par Pierre-Jean GIORGI, Jean-François MAZZONI. Ajaccio, Mémorial des Corses, 79-80, 3 vol. in-fol., 512, 512, 512p. (ill.).

3304. MIQUEL (Pierre). Les guerres de religion. Paris, Fayard, 80, in-8, 596 p. (carte).

3305. MITCHELL (Allan). The xenophobic style : French counterespionage and the emergence of the Dreyfus affair. J. mod. Hist., 80, vol. 52, n° 3, p. 414-425.

3306. MOUSNIER (Roland). Les institutions de la France sous la monarchie absolue, 1598-1789. /1. Cf. Bibl. 74-75, n° 3987./ 2 : Les organes de l'Etat et la société. Paris, Presses univ.France, 80, in-8, 670 p. (Hist. des institutions)

3307. MURAT (Inès). Colbert. Paris, Fayard, 80, in-8, 456 p. (pl.).

3308. NELLEN (H.J.M.). Ismael Boulliau (1605-1694), nieuwsjager en correspondent. (Biographie de Ismael Boulliau). Nijmegen, Nelle, 80, in-8,XXXVI-786 p. (ill., portr.)

3309. ORLEA (Manfred). La noblesse aux Etats Généraux de 1576 et de 1588. Etude polit. et sociale. Paris, Presses univ. de France, 80, in-8, 183 p.(Publ. de la Sorbonne, sér. NS recherches,39)

3310. Paroisses et communes de France. Dictionnaire d'histoire administrative et démographique publ. par le Laboratoire de démographie historique de l'Ecole des hautes études en sci. soc., sous la dir. de Jacques DUPAQUIER et Jean-Pierre BARDET. T. 11 : Aude, par Marie-Caroline ROEDERER,sous la dir. de M. MOLLAT et J.-P.- BARDET. Paris, Ed. du C.N.R.S.,79, in-8, 555 p. (cartes).- T. 58 : Nièvre, par Philippe CANU, sous la dir. de Pierre CHAUNU et J.-P. BARDET. Paris, Ed. du C.N.R.S., 79, in-8, 469 p. (cartes). - T. 74 : Haute-Savoie, par Dominique BARBERO. Paris, Ed. du C.N.R.S., 80, in-8, 422p. (cartes). /Cf. Bibl. 78-79, n° 3773./

3311. PELISSIER (Pierre). Philippe Pétain. Paris, Hachette, 80, in-8,359p.

3312. PEZET (Maurice). La Provence des rebelles : révoltes populaires du XVIIe s. à nos jours. Paris, Seghers, 80, in-16, 252 p. (pl.). (Mémoire vive)

3313. POMMAREDE (Pierre). La séparation de l'Eglise et de l'Etat en Périgord. Périgueux, P. Fanlac, 77, in-4, 719 p. (140 p. de pl., ill.).

3314. POWIS (Jonathan K.). Order, religion, and the magistrates of a provincial Parliament in sixteenth-century France. Arch. f. Reformationsgesch., 80, Jg. 71, p. 180-197.

3315. PROST (Antoine). Les anciens combattants et la société française, 1914-1939. Avec la collab. de Philippe BILLOIS. 1 : Histoire. 2 : Sociologie. 3 : Mentalités et idéologies. Paris, Presses de la Fond. nat. des Sci. pol., 77, 3 vol. in-4, 237, 261, 268 p. (pl, ill.).

3316. Protestants (Les) dans les débuts de la Troisième République,1871-1885. Actes du colloque, Paris, 3-6 oct. 1978, réunis par André ENCREVE et Michel RICHARD. Paris, Soc. de l'Hist. du protestantisme franç., 79, in-8, 751 p. (carte). (Suppl. au B. Soc.Hist. Protestantisme franç., juil.-sept.1979)

3317. Provinces et Etats dans la France de l'Est. Le rattachement de la Franche-Comté à la France : espaces régionaux et espaces nationaux. Actes du colloque de Besançon, 3-4 oct. 1977. Paris, Belles lettres, 79, in-8, 460 p. (ill.). (A. litt. Univ. Besançon, 216. Cah. d'Et. comtoises. 24)

3318. RAJSFUS (Maurice). Des Juifs dans la Collaboration : l'Union générale des israélites de France, 1941-1944, précédé d'une courte étude sur les Juifs de France en 1939. Préf. de Pierre VIDAL-NAQUET. Paris, EDI, 80, in-8, 403 p. (pl.).

3319. RANUM (Orest). Courtesy, absolutism, and the rise of the French state, 1630-1660. J. mod. Hist., 80, vol. 52, n° 3, p. 426-451.

3320. RAO (Anna Maria). La Révolution française et l'émigration politique. Les réfugiés italiens en 1799. A. hist. Révol. franç., 80, a. 52, p. 225-261.

3321. RICHARD (Guy). Les institutions politiques de la France de Louis XV à Giscard d'Estaing. Paris, Flammarion, 79, in-8, 389 p. (ill.).

3322. RIVET (Auguste). La vie politique dans le département de la Haute-Loire de 1815 à 1974. Le Puy, Cahiers de Haute-Loire, 79 /80/, in-8, XVI-643 p. (ill.).

3323. RIZZO VENCI (Guido). Gli uomini del Trimvirato di Luigi XV e del primo governo di Luigi XVI. Stor. Pol., 80, a. 19, p. 407-434.

3324. ROINCE (Job de). Histoires de chouans. /T.1. Cf. Bibl. 78-79, n° 3789./ T. 2 : Figures de chouans.Paris, F. Lanore, 80, in-8, 181 p.

3325. RUSSEL MAJOR (J.). Representative government in early modern France. New Haven a. London, Yale U.P.,80, in-8, XVI-732 p.

3326. SERRA (Maurizio). Una cultura dell'autorità. La Francia di Vichy. Roma e Bari, Laterza, 80, in-8, 257 p. (Bibl. di Cult. mod., 832)

3327. SILVER (Judith). French peasant demands for popular leadership in the Vendômois (Loir-et-Cher). 1852-1890. J. soc. Hist., 80, vol. 14, n°2, p.277-294.

3328. ŚLADKOWSKI (Wiesław). Emigracja polska we Francji 1871-1918. (L'émigration polonaise en France 1871-1918.) Lublin, Wydawn. Lub., 80, in-8, 373 p.

3329. SMITH (Michael Stephen).Tariff reform in France, 1860-1900 : the politics of economic interest. Ithaca, N.Y., Cornell U.P., 80, in-8, 272 p.

3330. STEIN (Louis). Beyond death and exile : the Spanish republicans in France, 1939-1955. Cambridge, Mass., Harvard U.P., 79, in-8, VIII-306 p.

3331. STURDY (D.J.). The formation of a "robe" dynasty : Etienne d'Aligre II (1560-1635), chancellor of France. Eng. hist. R., 80, vol. 95, p. 48-73.

3332. SUTHERLAND (N.M.). The Huguenot struggle for recognition. New Haven, Conn. a. London Yale U.P., 80, in-8, X-394 p.

3333. TUGAN-BARANOVSKIJ (D.M.). Buonarotti protiv Direktorii i Napoleona. (Filippo Buonarotti kontra Direktorium und Napoleon.) Nov. novejš.Ist., 80, n° 5, p. 127-135.

3334. VATIN (Philippe). Publicité et politique : la propagande pour l'emprunt en France de 1915 à 1920. R.Hist. mod., 80, t. 27, p. 208-236.

3335. VIDAL DE LA BLACHE (Jacques). Marie-Caroline, duchesse de Berry. Paris, Ed. France-Empire, 80, in-8, 230 p. (pl.).

3336. VOITURIEZ (Albert-Jean). L'affaire Darlan : l'instruction judiciaire. Paris, J.-C. Lattès, 80, in-8, 275 p.

3337. WAGNEROVÁ (Jarmila). Boj Francouzské komunistické strany za vytvořeni programu lidové fronty proti fašismu a válce. (Der Kampf d. Französischen Kommunist. Partei für die Bildung eines Programms d. Volksfront gegen Faschismus u. Krieg.) Praha, Univ. Karlova, 79, in-8, 141 p.

3338. WATTS (Derek A.). Cardinal de Retz, the ambiguities of a 17th-century mind. London a. New York U.P.,80, in-8, 306 p.

3339. WEBER (Eugen). The second republic, politics, and the peasant. French hist. Stud., 80, vol. 11, n°4, p. 521-550.

3340. WICK (Daniel L.). The court nobility and the French revolution : the example of the society of thirty. Eighteenth-cent. Stud., 80, vol. 13, n° 3, p. 263-284.

3341. ZACHAR (József). Berczényi László /1689-1778/, a Rákóczi-szabadságharc kapitánya, Franciaország marsallja. Válogatott források. Szerk. HECKENAST Gusztáv, MOLNÁR Mátyás. (L. Bercsényi, capitaine de la guerre d'indépendance de Rákóczi, maréchal de France. Sources choisies. Réd. par -.)Vaja, 79, in-8, 168 p. (Folia Rákócziana,1)
- IDEM. Bercsényi László (1689-1778). Halálának 200. évfordulójára. (Der 200. Jahrestag des Todes L. Bercsényis.) Hadtört. Közl., 78, vol. 25, n° 1, p. 68-114.- IDEM. A francia királyság 18. századi magyar huszárai. Történelmistatisztikai tanulmány. (Ungarische Husaren d. franz. Königreiches aus d. Zeit d. 18. Jh. Hist.-statist. Studien) Ibid., 80, vol.27, n° 4, p. 523-554.

3342. ZIEBURA (Gilbert). Frankreich 1789-1870. Entstehung e. bürgerl.Gesellschaftsformation. Frankfurt (Main) u. New York, Campus, 79, in-8, 245 p.

3343. ZIERER (Otto). Robespierre oder die reine Ideologie. München u. Berlin, Herbig, 80, in-8, 580 p.

Cf. n°s 655, 3987, 8903.

Grossbritannien und Nordirland.

* 3344. Victorian bibliography for 1979. Ed. by Richard C. TOBIAS. Victorian Stud., 80, vol. 23, n°4, p. 531-610.

* Cf. n° IX.

** 3345. AMERY (Leo). Diaries. Ed. by John BARNES a. David NICHOLSON.Vol. 1 : 1896-1929. London, Hutchinson, 80, in-8, 652 p.

** 3346. GILBERT (Martin). Winston S. Churchill. Companion vol. 5 /to Bibl. 76-77, n° 4228./ : Documents. Pt. 1 : The Exchequer years, 1922-1929.London, Heinemann, 80, in-8, 1536 p.

** 3347. LEE (Jennie). My life with Nye /Bevan/. London, Cape, 80,in-8, 280 p.

** 3348. PALMERSTON (Lord). Letters to Laurence and Elizabeth Sulivan,1804-1813. Ed. by Kenneth BOURNE. London, Roy. Hist. Soc., 80, in-8, 350 p.

2. EINZELNE STAATEN

** 3349. SANDERS (Sir Robert).Country gentleman in politics : the political diaries of Sir Robert Sanders,First Lord Bayford, 1910-1935, ed. by John RAMSDEN. Brighton, Harvester Press,80, in-8, 280 p.

** 3350. WALPOLE (Horace). Miscellaneous correspondence. Ed. by W.S.LEWIS a. others. New Haven, Yale U.P.; London, Oxford U.P., 80, 3 vol. in-8, LXXI-389, VIII-470, VIII-307 p. (The Yale Edition of Horace Walpole's Correspondence, vol./37, 38, 39. Cf.Bibl. 74-75, n° 4063./ 40, 41, 42)

3351. ADDISON (Paul). The political beliefs of Winston Churchill.Trans. roy. hist. Soc., 80, vol. 30, p. 23-47.

3352. ARATÓ (Endre). A nemzetiségi kérdés Nagy-Britanniában. (Le problème des nationalités en Grande-Bretagne.) Budapest, Kossuth Kiadó, 78, in-8,393p.

3353. AUSPOS (Patricia). Radicalism, pressure groups, and party politics : from the National Education League to the National Liberal Federation. J.brit. Stud., 80, vol. 20, n° 1, p. 184-204.

3354. BEATTY (Charles). Our Admiral, biography of Admiral of the Fleet Earl Beatty, 1871-1936. London, W.H. Allen, 80, in-8, 224 p. (ill.).

3355. BECKETT (J.V.). The making of a pocket borough : Cockermouth 1722-1756. J. brit. Stud., 80, vol. 20, n°1, p. 140-157.

3356. BEESLY (Patrick). A very special Admiral, the biography of Admiral John Henry Godfrey. London, H. Hamilton, 80, in-8, 256 p.

3357. BEHRENS (Robert). The Conservative Party from Heath to Thatcher : policies and politics, 1974-1979. Farnborough, Saxon House, 80, in-8, 180 p.

3358. BOND (Brian). British military policy between the two world wars. London a. New York, Oxford U.P., 80, in-8, XV-419 p. (maps).

3359. BOSANQUET (Nicholas), TOWNSEND (Peter). Labour and equality : a Fabian study of Labour in power, 1974-1979. London, Heinemann Edic., 80, in-8, 312 p.

3360. BREWER (John), STYLES (John). An ungouvernable people. The English and their law in the seventeenth a. eighteenth centuries. London, Hutchinson, 80, in-8, 400 p.

3361. BRYANT (Sir Arthur). Elizabethan delivrance. London, Collins,80, in-8, 272 p.

3362. BURROUGHS (Peter). The human cost of imperial defence in the early Victorian age. Victorian Stud., 80, vol. 24, n°1, p. 7-32.

3363. BUSCH (Briton Cooper). Hardinge of Penshurst : a study in the old diplomacy. Hamden, Conn., Archon Books, 80, 381 p. (The Conf. on Brit. Stud. Biogr. Ser., new ser., 1)

3364. BUTLER (David Edgeworth), SLOMAN (Anne). British political facts, 1900-1979. London, Macmillan, 80, in-8, 512 p.

3365. CANNADINE (David). Lords and landlords, the aristocracy and the towns, 1774-1967. Leicester, U.P., 80, in-8, 496 p. (maps, ill.).

3366. CEADEL (Martin). Pacifism in Britain, 1914-1945 : defining of a faith. London, Oxford U.P., in-8, 352p. (Oxf. Hist. Monogr.) - IDEM. The first British referendum : the Peace ballot, 1934-1935. Eng. hist. R., 80, vol. 95, p. 810-839.

3367. CHILDS (John). The army, James II and the glorious revolution. Manchester, U.P., 80, in-8, 245 p.

3368. COATES (David). Labour in power ? Study of the Labour government, 1974-1979. London, Longman, 80, in-8, XVI-304 p.

3369. COWARD (B.). The Stuart age. London, Longman, 80, in-8, 516 p.

3370. COWLING (M.). Religion and public doctrine in modern England.London, Cambridge U.P., 80, in-8, 476 p.

3371. CRAIG (Frederick Walter S.). British parliamentary election results, 1974-1979. London, Parliamentary Res. Services, 80, in-8, 304 p.

3372. CROWE (Edward W.). Cross-voting in the British house of commons : 1945-1974. J. Politics, 80, vol. 42, n°2, p. 487-510.

3373. CRUICKSHANKS (Eveline) a. others. Divisions in the House of Lords on the transfer of the Crown and other issues, 1689-1694, ten new lists,. B. Inst. Research, 80, vol. 53, p. 56-87.

3374. Culture and politics from Puritanism to the Enlightenment. Ed. by Perez ZAGORIN. Berkeley a. Los Angeles, Univ. of Calif. Press, 80, in-8, XIV-284 p. (Publ. from the Clark Library Professorship, UCLA, 5)

3375. DAVIES (John). Cardiff and the Marquesses of Bute. Cardiff, Univ. Wales Press, 80, in-8, 344 p. (ill.).

3376. DEWEY (P.E.). Food production and policy in the United Kingdom,1914-1918. Trans. roy. hist. Soc., 80, vol. 30, p. 71-89.

3377. DUNBABIN (J.P.D.). British elections in the 19th and 20th centuries, a regional approach. Eng.hist.R.,

80, vol. 95, p. 241-267.

3378. EGREMONT (Max). Balfour, a life of Arthur James Balfour. London, Collins, 80, in-8, 352 p. (ill.).

3379. ERICKSON (Carolly). Great Harry : Henri VIII. London, Dent, 80, in-8, 428 p.

3380. EVANS (John T.). Seventeenth-century Norwich : politics, religion and government, 1620-1690. London, Oxford U.P., 80, in-8, 360 p. (fig.,tab.).

3381. FAIR (John D.). British interparty conferences : a study of the procedure of conciliation in British politics, 1867-1921. London a. New York, Oxford U.P., 80, in-8, X-354 p.- IDEM. The conservative basis of the dormation of the national government of 1931. J. brit. Stud., 80, vol. 19, n° 2, p.142-164.

3382. FETTER (Frank Whitson). The economist in parliament : 1780-1868. Durham, N.C., Duke U.P., 80, in-8,XII-306 p.

3383. FLEGMANN (Vilma). Called to account, the Political Accounts Committee of the House of Commons, 1965/66-1977/78. Farnborough, Gower, 80, in-8, 327 p. (fig., tab.).

3384. FLOREY (R.A.). The General Strike of 1926, the economic, political and social causes. London, J. Calder, 80, in-8, 192p. (ill.).

3385. FRANKLAND (Noble). Prince Henry, Duke of Gloucester. London, Weidenfeld a. Nicolson, 80, in-8, XV-344 p. (ill., pl.).

3386. FRASER (Antonia). Royal Charles : Charles II and the restoration. New York, Knopf, 79, in-8, XVIII-524p.

3387. GASH (Norman). Aristocracy and people : Britain, 1815-1865. Cambridge, Mass., Harvard U.P., 79, in-8, 375 p. (The New Hist. of England)

3388. GENTLES (Ian). The sale of bishops' lands in the English revolution, 1646-1660. Eng. hist. R., 80,vol. 95, p. 572-596.

3389. GILAM (Abraham). Anglo-Jewish attitudes toward Benjamin Disraeli during the era of emancipation. Jewish soc. Stud., 80, vol. 42, n° 3-4, p. 313-322.

3390. GILBERT (Arthur N.). Why men deserted from the eighteenth-century British army. Armed Forces a. Soc.,80, vol. 6, n° 4, p. 553-567.

3391. GOWEN (Robert Joseph). British legerdemain at the 1911 imperial conference : the dominions, defense planning, and the renewal of the Anglo-Japanese alliance. J. mod. Hist., 80, vol. 52, n° 3, p. 385-413.

3392. GREGG (Edward). Queen Anne. Boston a. London, Routledge, 80, in-8, XII-483 p.

3393. GRIFFITHS (Richard). Fellow travellers of the Right : British enthusiasts for Nazi Germany, 1933-1939. London, Constable, 80, in-8, 416 p.

3394. HAMILTON (Elizabeth). Illustrious lady : biography of Barbara Villiers, Countess of Castlemaine and Duchess of Cleveland. London, H. Hamilton, 80, in-8, 248 p. (ill.).

3395. HILL (Christopher). Some intellectual consequences of the English revolution. London, Weidenfeld a. Nicolson; Madison, Univ. of Wis. Press, 80, in-8, 101 p.

3396. HIRSCHBERG (D.R.). The government and church patronage in England, 1660-1670. J. brit. Stud., 80, vol. 20, n°1, p. 109-139.

3397. HORNE (Thomas). Politics in a corrupt society : William Arnall's defense of Robert Walpole. J. Hist. Ideas, 80, vol. 41, n° 4, p. 601-614.

3398. HOUGH (Richard). Mountbatten, hero of our time. London, Weidenfeld a. Nicolson, 80, in-8, 290 p.

3399. HUDSON (Winthrop S.). The Cambridge connection and the Elizabethan settlement of 1559. Durham, N.C., Duke U.P., 80, in-8, X-158 p.

3400. JALLAND (Patricia). The liberals and Ireland : the Ulster question in British politics to 1914.Brighton, Harvester Press; New York, St Martin's Press, 80, in-8, 303 p.

3401. JEPHCOTT (Fabio). Londra agli inizi del XVIII secolo : la recente storiografia anglosassone e i problemi aperti. Stor. Pol., 80, a. 19, p. 343-361, 508-525.

3402. JOLLIFFE (W.K.). Raymond Asquith, life and letters. London, Collins, 80, in-8, 305 p.

3403. JONES (Philipp D.). The Bristol bridge riot and its antecedents : eighteenth-century perception of the crowd. J. brit. Stud., 80, vol. 19, n° 2, p. 74-92.

3404. JUDSON (Margaret A.). From tradition to political reality : a study of the ideas set forth in support of the Commonwealth government in England, 1649-1653. Hamden, Conn., Archon Books, 80, in-8, X-121 p. (Stud. in British Hist. a. Cult., 7)

3405. JUNGE (Hans-Christoph). Flottenpolitik und Revolution. Die Entstehung d. engl. Seemacht während d. Herrschaft Cromwells. Stuttgart, Klett-Cotta, 80, in-8, 368 p. (Veröff. d. Deutschen Hist. Inst. London, 6)

2. EINZELNE STAATEN

3406. KAREV (V.M.). Frènsis Bèkon: političeskaja biografija. (François Bacon, eine politische Biographie.) Nov. novejš. Ist., 80, n°3, p. 154-164; n°4, p. 123-141.

3407. KENDALL (Alan). Robert Dudley, Earl of Leicester. London, Cassell, 80, in-8, 259 p. (ill.).

3408. KRIEGEL (Abraham D.). Liberty and whiggery in early nineteenth-century England. J. mod. Hist., 80, vol. 52, n° 2, p. 253-278.

3409. LAMBERT (Sheila). Procedure in the House of Commons in the early Stuart period. Eng. hist. R., 80, vol. 95, p. 753-781.

3410. LAW (Christopher M.). British regional development since World War I. Newton Abbot, David a. Charles, 80, in-8, 176 p. (ill.).

3411. LEE (J.M.). The Churchill coalition, 1940-1945. Hamden, Conn., Archon Books; London, Batsford, 80, in-8, 192 p.

3412. LEE (J.M.). The British civil service and the war economy, bureaucratic conceptions of the "lessons of history" in 1918 and 1945. Trans.roy. hist. Soc., 80, vol. 30, p. 183-198.

3413. LEE (Maurice) Jr. Government by pen : Scotland under James VI and I. Urbana, Univ. of Ill. Press, 80,in-8, XIV-232 p.

3414. LENMAN (Bruce). The Jacobite risings in Britain, 1689-1746. London, Eyre Methuen, 80, in-8, 300 p.

3415. LEWIN (Ronald). The Chief, biography of Field Marshal Lord Wavell. London, Hutchinson, 80, in-8, 282 p. (ill.).

3416. LOACH (Jennifer), TITTLER (Robert). Mid-Tudor polity, 1540-1560. London, Macmillan, 80, in-8, 240 p. (Problems in Focus)

3417. McCALMAN (Janet). Respectability and working-class politics in late-Victorian London. Hist. Stud., 80, vol. 19, p. 108-124.

3418. MALTBY (Arthur). Ireland in the 19th century, a breviate of official publications. Oxford, Pergamon Press, 80, in-6, 300 p.

3419. MIDDLEMAS (Keith). Politics in industrial society. The experience of the British system since 1911. London, Deutsch, 80, in-8, 512 p.

3420. MILLAR (Gilbert John).Tudor mercenaries and auxiliaries, 1485-1547. Charlottesville, Univ. Press of Va., 80, in-8, XV-223 p.

3421. MILLER (S.T.). Society and the state, 1750-1950. London, Macdonald a. Evans, 80, in-8, 256 p.

3422. MORGAN (Kenneth Owen),MORGAN (Jane). Portrait of a progressive : the political career of Christopher, viscount Addison. London a. New York, Oxford U.P., 80, in-8, IX-326 p.

3423. MORRILL (John S.). Seventeenth-century Britain, 1603-1714.London, Wm. Dawson, 80, in-8, 176 p.

3424. MURAOKA (Kenji). Vikutoria jidai no seiji to shakai. (Politics and society in Victorian England.) Tokyo, Minerva Shobô, 80, in-8, 326 p.

3425. Newman and Gladstone : centennial essays. Ed. by J.D. BASTABLE. Dublin, Veritas, 79, in-8, 324 p.

3426. NORTON (Philip). Dissension in the House of Commons, 1974-1979. London, Oxford U.P., 80, in-8, 560 p.

3427. OSBORNE (Robert D.). The Northern Ireland parliamentary electoral system : the 1929 reapportionment. Irish Geogr., 79, vol. 12, p. 42-56. (ill.).

3428. PALLISER (David M.) Tudor York. London, Oxford U.P., 80, in-8, 346 p. (tab., maps). (Oxford Hist.Monogr.)

3429. PETERS (Marie). Pitt and popularity. The patriot minister and London opinion during the Seven Years'War. Oxford, Clarendon Press, 80, in-8,XIV-309 p.

3430. PHILLIPS (Gregory D.). Lord Willoughby de Broke and the politics of radical toryism, 1909-1914. J.brit. Stud., 80, vol. 20, n°1, p. 205-224.

3431. PHILLIPS (John A.). Popular politics in unreformed England. J.mod. Hist., 80, vol. 52, n°4, p. 599-625.

3432. PLOWDEN (Alison). Elizabeth Regina, 1588-1603. London, Macmillan, 80, in-8, 224 p.

3433. POCOCK (J.G.A.) a. others. Three british revolutions : 1641,1688, 1776. Princeton, N.J., Princeton U.P., 80, in-8, IX-468 p.

3434. Problemy britanskoj istorii. 1980. (Problèmes d'histoire britannique, 1980. Recueils.) Réd. par I. I. ŽIGALOV et alii. Moskva, Nauka, 80, in-8, 311 p. /Cf. Bibl. 78-79, n°3902./

3435. PUGH (Evelyn L.). John Stuart Mill and the women's question in Parliament, 1865-1868. Historian, 80, vol. 42, n° 3, p. 399-418.

3436. PUGH (Martin). Women's suffrage in Britain, 1867-1928. London, Hist. Assoc., 80, in-8, 40 p. (ill.).

3437. QUINTRELL (B.W.). The making of Charles I's Book of Orders. Eng.hist. R., 80, vol. 95, p. 553-572.

3438. RAMSDEN (John). The making

of Conservative Party policy, the Conservative Research Department since 1929. London, Longman, 80, in-8, 336p.

3439. ROSKILL (Stephen Wentworth). Admiral of the Fleet Earl Beatty. London, Collins, 80, in-8, 448 p.

3440. ROYLE (Edward). Radicals, secularists and republicans : popular freethought in Britain, 1866-1915. Manchester, U.P., 80, in-8, 392 p.

3441. SAGER (Eric W.). The social origins of Victorian pacifism. Victorian Stud., 80, vol. 23, n° 2, p. 211-236.

3442. SCOTT (Arthur Finlay). The early Hanoverian age, 1714-1760, commentaries of an era. London, Croom Helm, 80, in-8, 176 p.

3443. SHARP (Buchanan). In contempt of all authority : rural artisans and riot in the west of England, 1586-1660. Berkeley a. Los Angeles, Univ. of Calif. Press, 80, in-8, XI-292 p.

3444. SHKOLNIK (Esther Simon). Petticoat power : the political influence of Mrs Gladstone. Historian, 80, vol. 42, n° 4, p. 631-648.

3445. SHRAPNEL (Norman). The seventies : Britain's inward march. London, Constable, 80, in-8, 272 p.

3446. SPIERS (Edward M.). Haldane: army reformer. Edinburgh, U.P., 80, in-8, 240 p.

3447. STANNAGE (T.). Baldwin thwarts the Opposition. London, Croom Helm, 80, in-8, 320 p.

3448. STANSKY (Peter). Gladstone, a progress in politics. London, Benn, 80, in-8, 201 p.

3449. STEELE (I.K.). The Empire and provincial elites, an interpretation of some recent writings on the English Atlantic, 1675-1740. J. imp. Commonw. Hist., 80, vol. 8, p. 2-32.

3450. STEVENSON (David). Alasdair MacColla and the Highland problem in the 17th century. Edinburgh, J. Donald, 80, in-8, 334 p.

3451. STRACHAN (Hew). The early Victorian army and the 19th-century revolution in government. Eng. hist. R., 80, vol. 95, p. 782-809.

3452. TURNER (John). Lloyd George's secretariat. London a. New York, Cambridge U.P., 80, in-8, VII-254 p. (Cambridge Stud. in the Hist. a. Theory of Politics)

3453. VIGVÁRI (András). Az angol Munkáspárt ideológiai és politikai irányvonala a harmincas években. (La ligne politique et idéologique du Parti travailliste anglais dans les années trente.) Párttört. Közl., 79, vol. 25, n°4, p. 124-153.

3454. WEDGWOOD (Barbara), WEDGWOOD (Hensleigh). The Wedgwood circle, 1730-1897. London, Studio Vista, 80, in-8, 386 p. (ill., pl.).

3455. WENDE (Peter). Probleme der Englischen Revolution. Darmstadt, Wiss. Buchges., 80, in-8, 146 p.

3456. WICKWIRE (Franklin), WICKWIRE (Mary). Cornwallis : the imperial years, Chapel Hill, Univ. of N.C. Press, 80, in-8, XI-340 p.

3457. WILLIAMS (Roger). Nuclear power decisions : British policies, 1953-1978. London, Croom Helm, 80, in-8, 320 p.

3458. WYMER (Ivor Keith). Labour in office, 1974-1976 and the quest for socialism. London, New Horizon, 80, in-8, 167 p.

3459. WYNDHAM (Katherine S.H.). Crown land and royal patronage in mid-sixteenth century England. J. brit. Stud., 80, vol. 19, n°2, p. 18-34.

3460. YOUNG (Peter). The Great Civil War, 1642-1648. Bourne End, Spurbooks, 80, in-8, 164 p. (ill.).

Cf. n°s 2069, 4435, 5476.

Griechenland.

3461. DANOVA (Nadja). Nacionalnijat văpros v grăckite političeski programi prez XIX vek. (La question nationale dans les programmes politiques grecs au XIXe s.) Sofija, Izd. Nauka i Izkustvo, 80, in-8, 335 p.

3462. SARAFIS (S.). Elas, the Greek resistance army. Tr. from the Gr. by S. MOODY. London, Merlin Press, 80, in-8, 800 p. (ill., maps).

Guatemala.

3463. BOOTH (John A.). A Guatemalan nightmare : levels of political violence, 1966-1972. J. inter-am. Stud. a. World Affairs, 80, vol. 22, n° 2, p. 195-226.

3464. GRIEB (Kenneth G.). Guatemalan caudillo : the regime of Jorge Ubico, Guatemala 1931-1944. Athens, Ohio U.P., 79, in-8, XVII-384 p.

Ungarn

♦ 3465. Magyar Tanácsköztársaság (A) hadtörténelme. Az 1969-1978. években megjelent irodalom bibliográfiája. Összeáll : VINICZAI István, WINDISCH Aladárné. (Die Militärgeschichte d. Ungar. Räterepublik. Bibliographie d. in den Jahren 1969-1978 erschienenen Literatur.) Hadtört. Közl., 79, vol. 26, n° 1, p. 160-182.

2. EINZELNE STAATEN

* Cf. n° XI.

** 3466. Bethlen Gábor krónikásai. Krónikák, emlékiratok, naplók a nagy fejedelemről. Összeáll., bev. és szerk. MAKKAI László. (Les chroniqueurs de Gábor Bethlen. Chroniques, mémoires, journaux sur le prince illustre. Prés. intr. et réd. par -.) Budapest, Gondolat Kiadó, 80, in-8, 301 p.

** 3467. "... édes Hazámnak akartam szolgálni." Összeáll. DOMOKOS Pál Péter. ("... j'ai voulu servir ma patrie." Réd. par -.) Budapest, Szent István Társulat, 79, in-8, 1519 p. /Contient : KÁJONI (János) /1629-1687/. Cantionale Catholicum; - PETRÁS (Incze János) /1813-1886/. Tudósitások. (Chroniques.)/

** 3468. EÖTVÖS (József). Művei. Reform és hazafiság. Publicisztikai irások. (Les oeuvres de József Eötvös. Réforme et patriotisme. Ecrits politiques.) I-III. t. Budapest, Magyar Helikon, 78, 3 vol. in-8, 593, 636, 858 p. - IDEM. Naplójegyzetek 1870. augusztus (6) -től kezdve 1870 november 30-ig. Közread. és jegyz. CZEGLE Imre. (Notes de journal, /6/ août 1870 - 30 nov.1870. Publ. et annot.par -) Tört. Szle, 78, vol. 21, n°2, p. 364-410.

** 3469. Földet, köztársaságot, állami iskolát ! Viták a magyar parlamentben 1944-1948. Vál., bev. BALOGH Sándor. (Terres, république, écoles d'Etat ! Débats dans le parlement hongrois 1944-1948. Choisis et intr.par-.) Budapest, Gondolat Kiadó, 80, in-8, 510 p.

** 3470. HECKENAST (Gusztáv).Kajali Pál (1662-1710), kuruc szenátor, országos főhadbiró válogatott iratai. (Ecrits choisis de Pál Kajali, sénateur couroutz, juge militaire général.)Vaja, Szabolcs-Szatmár megyei muzeumok, 80, in-8, 87 p. (Folia Rákócziana, 3)

** 3471. HILLER (István). Az utolsó napok ... Szálasi soproni parlamentjének jegyzőkönyvei. (Les derniers jours ... Les procès-verbaux du parlement de Sopron /Ödenburg/ de /Ferenc/ Szálasi.) Válóság, 80, vol. 23, n°2,p. 86-98.

** 3472. JÓSIKA (Miklós). Emlékiratai. (Mémoires /1794-1865/.) Budapest, Szépirodalmi Kiadó - Magyar Helikon, 78, in-8, 456 p.

** 3473. Károlyi Mihály levelezése. (La correspondance de Mihály Károly.) Vol. 1 : 1905-1920. Réd. par LITVÁN György. Budapest, Akadémiai Kiadó, 78, in-8, 806 p. - CR : E.H. Haraszti,Books by and on Károlyi, New hungar. Quart., 79, vol. 20, n° 73, p. 66-72; J. Varga, Magy Könyvszle, 79, vol. 95, n°2, p. 211-212.

** 3474. KEMÉNY (János), BETHLEN (Miklós). Művei. Jegyz. WINDISCH Éva. (Oeuvres de János Kemény et de Miklós Bethlen. Annotées par -.) Budapest, Szépirodalmi Kiadó, 80, in-8, 1321 p. (Magyar remekirók)

** 3475. KISS (Sándor). Emlékeim Kiss János altábornagyról. (Mes souvenirs sur le général de division János Kiss /1883-1944/.) Budapest, Zrinyi Kiadó, 79, in-8, 217 p. (16 pl.).

** 3476. Küzdelem, bukás, megtorlás. Emlékiratok, naplók az 1848-49-es forradalom és szabadságharc végnapjairól. 1-2. köt. Szerk. TÓTH Gyula.(Lutte, chute, répression. Mémoires, journaux de la révolution et de la guerre d'indépendance de 1848-49. T.1, 2. Réd.par-) Budapest, Szépirodalmi Kiadó, 79, 2 vol. in-8, 539, 481 p. (Magyar Századok) - CR : R. Ratzky, Valóság, 80,vol. 23, n°7, p. 109-111.

** 3477. Monumenta Rusticorum in Hungaria Rebellium anno MDXIV. Maiorem partem collegit Antonius FEKETE NAGY, ediderunt Victor KENÉZ, Ladislaus SOLYMOSI, red. Geisa ÉRSZEGI. Budapest,Akadémiai Kiadó, 79, in-8, 728 p., 38 tb. (Publicationes Archivi Nationalis Hungarici II, Fontes, 12)

** 3478. /RÁKÓCZI (Ferenc) II :/ Rákóczi Ferenc (II.) fejedelem emlékiratai a magyar-országi háboruról,1703- től annak végéig. - Mémoires du prince François II Rákóczi sur la guerre de Hongrie depuis 1703 jusqu'à sa fin. Avec une postface et des commentaires de Béla KÖPECZI. Texte établi et apparat critique par Ilona KOVÁCS. Budapest, Akadémiai Kiadó, 78, in-8, 543 p. (25 tabl.). (Archivum Rákóczianum, Series III : Scriptores. Oeuvres de François II Rákóczi, 1) - IDEM. Vallomások.- Emlékiratok. Szerk., jegyz. és utószó: HOPP Lajos. (Confessio.- Mémoires.Réd., notes et épilogue de -.) Budapest,Szépirodalmi Kiadó, 79, in-8, 987 p.(Magyar remekirók.)- CR : I. Varga, Irodtört. Közl., 80, vol. 84, n°2, p. 236-239.

** 3479. SÁNDOR (Pál). Sur la conception politique de /Ferenc/ Deák.Une de ses lettres inédites de 1842. Acta hist. Acad. Sci. hungaricae, 80, vol. 26, n°s 1-2, p. 179-204.

** 3480. "Szálasi naplója". A nyilasmozgalom a II. világháború idején. Irta és összeáll. KARSAI Elek. (Le journal de /Ferenc/ Szálasi. Le mouvement des croix-flèchées pendant la IIe guerre mondiale. Réd. par.-) Budapest,Kossuth Kiadó, 78, in-8, 490 p.- CR : I. Bart, New hungar. Quart., 79, vol. 20, n°74, p. 187-189; I. Pinter, Társad. Szle, 79, vol. 34, n°2, p. 95-97; M. Sükösd, Valóság, 79, vol. 22, n°2, p. 33-41; L. Tilkovszky, Századok, 79,vol. 113, n°6, p. 1131-1135.

** 3481. SZÉCHENYI (István). Napló. (Journal.) Budapest, Gondolat Kiadó,78, in-8, 1534 p. - CR : I. Fenyő, Uj Irás,

79, vol. 19, n°7, p. 47-58; Z. Kenyeres, Jelenkor, 79, vol. 22, n°2, p. 177-185, et New hungar. Quart.,79, vol. 20, n° 75, p. 158-166; L. Tilkovszky, Társad. Szle, 79, vol. 34, n°6, p. 99-102.

** 3482. Tanuságtevők. Visszaemlékezések a magyarországi 1918-1919-es forradalmak résztvevőitől. Vál. és szerk. PETRÁK Katalin. (Témoins. Mémoires sur les participants des révolutions de 1918-1919 en Hongrie. Choix et réd. par -.) Budapest, Kossuth Kiadó, 78, in-8, 790 p.

** 3483. VADÁSZ (Sándor). "Nagyon bizalmas élelmezési helyzetjelentés, 1919. július 25." (Classified report on the situation of provision, 25th July 1919.) Agrártört. Szle, 80, vol. 22, n°s 3-4, p. 463-47!.

** 3484. Vasárnapi Kör (A). Dokumentumok. Összeáll. és bev. KARÁDI Éva, VEZÉR Erzsébet. (Le Cercle de Dimanche. Documents. Prés. et intr. par -.) Budapest, Gondolat Kiadó, 80, in-8, 405 p. - CR : E. Gábor, Irodtört., 80, vol. 12, n°4, p. 1084-1087; L. Perecz, Valóság, 80, vol. 23, n° 12, p. 102-105.

** 3485. Zászlóbontók. A magyar forradalmi ifjúsági mozgalom 1917-1919. Válogatott írások. Vál., szerk. és bev. SVÉD László. (Avec l'étendard dans la main. Le mouvement de la jeunesse hongroise révolutionnaire 1917-1919.Ecrits choisis. Choisis, réd. et intr. par-.) Budapest, Móra Kiadó, 80, in-8, 588 p. (72 pl.).

3486. ANDICS (Erzsébet). A konzervatívok tervei és tervezetei a forradalom és szabadsághac fegyveres felszámolására 1848/49-ben. (Plans et projets des conservateurs en 1848/49 pour faire échouer la révolution.) Századok, 80, vol. 114, p. 752-780.

3487. BARTA (Gábor). An d'illusions. Notes sur la double élection de rois après la défaite de Mohács. Acta hist. Acad. Sci. hungaricae, 78, vol. 24, n°s 1-2, p. 1-40.

3488. BELLÉR (Béla). Az ellenforradalmi rendszer német nemzetiségi politikájának válsága 1931-1932-ben. (La crise de la politique du régime contre-révolutionnaire vis-à-vis des nationalités en 1931-1932.) Tört. Szle, 80, vol. 23, n°3, p. 478-496.

3489. BENCZÉDI (László). Rendiség, abszolutizmus és centralizáció a XVII. századvégi Magyarországon. (Le système des Ordres, absolutisme et centralisation en Hongrie à la fin du XVIIe s. /1664-1685/.) Budapest, Akad. Kiadó, 80, in-8, 180 p. (Ertekezések a történeti tudományok köréből, N.S., 91) - IDEM. A rendi anarchia és a rendi központosítás tendenciái 17. századvégi Habsburg-ellenes küzdelmeinkben. (Les tendances de l'anarchie féodale et de la centralisation féodale dans nos luttes contre les Habsbourg à la fin du XVIIe siècle.) Századok, 79, vol. 113, n°6, p. 1038-1051.- IDEM.A Habsburg-abszolutizmus inditékai és megvalósulása az 1670-es évek Magyarországán.(Les motifs d'absolutisme des Habsbourg et sa réalisation en Hongrie dans les années 1670.) Tört. Szle,78, vol. 21,n°s 3-4, p. 535-556.- IDEM. A Thököly-felkelés helye a magyar történelemben. (The place of the Thököly uprising in Hungarian history.) Magy. Tudom., 79, vol. 24, n°5, p. 337-345.

3490. BENDA (Kálmán). "Egy lengyel királyi tanácsos levele", 1710 /par Domokos Brenner, ?-1721/. Magy.Könyvszle, 79, vol. 95, n°3, p. 252-265. - IDEM. Emberbarát vagy hazafi ? Tanulmányok a felvilágosodás korának magyarországi történetéből. (Philanthrope ou patriote ? Etudes concernant l'histoire de l'époque des Lumières en Hongrie.) Budapest, Gondolat Kiadó, 78, in-8,439 p. - CR : I. Mészáros, Magy. Paedag., 79, n°2, p. 233-235; L. Sziklay,Kortárs, 79, vol. 23, n°8, p. 1320-1322.

3491. BENDA (Kálmán). Pázmány Péter politikai pályakezdése. (Le début de la carrière politique de Péter Pázmány /1570-1637/.) Magy. tudom. Akad.Nyelv. Irodtudom. Oszt. Közl., 79, vol. 31, n°s 3-4, p. 273-280.

3492. BEREND (T.Iván). Utunk a hetvenes évtizedig. (Notre chemin jusqu'à la décennie de 70.) Párttört. Közl.,80, vol. 26, n°3, p. 3-21; Közgazd. Szle, 80, vol. 27, n°s 7-8, p. 782-796.

3493. BESSENYEI (József). Mindszenthi Gábor emlékirataink /1556 k./ történeti forrásértéke. (La valeur comme source historique du mémoire de Gábor Mindszenthi/env. 1556/.) Tört.Szle, 78, vol. 21, n°s 3-4, p. 570-587.

3494. /Bethlen (Gábor) :/ BARCZA (József). Bethlen Gábor, a református fejedelem. (G. Bethlen, prince protestant). Budapest, A Magyarországi Református Egyház sajtóosztálya, 80, in-8, 215 p.- Bethlen Gábor állama és kora. Tanulmányok. Szerk. KOVÁCS Kálmán. (L'Etat et l'époque de Gábor Bethlen. Etudes. Réd. par -.) HERNÁDI (László Mihály). Bethlen bibliográfia 1613-1980. (Bibliographie de Bethlen 1613-1980.) Budapest, Eötvös Loránd Tudományegyetem Magyar Állam- és Jogtudományi Tanszék, 80, in-8, 179 p.-Bethlen Gábor emlékezete. Vál., szerk., bev. és előszó MAKKAI László (Im memoriam Gábor Bethlen. Choix, réd. et intr. par -.) Budapest, Magyar Helikon, 80, in-8, 463 p.- NAGY (László). Bethlen Gábor életútja legendák és tények tükrében. (The life of Gábor Bethlen as reflected by legends and facts.) Folia historica, 80, vol. 8, p. 7-31.- IDEM. Bethlen Gábor, a hadvezér. (Gábor Bethlen, der Armeeführer.) Hadtört. Közl., 80, vol. 27, n°3, p. 379-404.- PÉTER (Katalin). Bethlen Gábor uralkodásának első szakasza. (La première phase du règne de Gábor Bethlen.) Confessio,80, vol. 3, n°1, p. 25-40. - TRÓCSÁNYI

(Zsolt). Bethlen Gábor erdélyi állama.
(L'Etat transylvain de Gábor Bethlen.)
Jogtudom. Közl., 80, vol. 35, n°10, p.
617-622. /Cf. n°s 4224, 4280, 4725./

3495. BONA (Gábor). Az 1848-49-es
szabadságharc katonai vezetésének nemzetiségi
összetételéről. (Sur la composition
du commandement militaire de la
guerre d'indépendance de 1848-49 du
point de vue de la nationalité.) Valóság,
78, vol. 21, n°7, p. 80-93.-IDEM.
Az aradi vértanuk. (Die Märtyrer von
Arad /1849/.) Hadtört. Közl., 79, vol.
26, n°3, p. 453-461.

3496. Budapest története. (Histoire
de Budapest.) Réd. en chef : GEREVICH
(László. Vol. 4 : SPIRA (György),
VÖRÖS (Károly). Budapest története a
márciusi forradalomtól az őszirózsás
forradalomig. Szerk. VÖRÖS Károly.(L'
histoire de Budapest depuis la révolution
de mars jusqu'à la révolution de
1918. Réd. par -.) Vol. 5 : A forradalmak
korától a felszabadulásig. Szerk.
HORVÁTH Miklós. (De l'époque des révolutions
jusqu'à la libération. Réd.
par -.) Budapest, Akad. Kiadó, 78-80,
2 vol. in-8, 809, 665 p. - CR (vol.4):
I. Kállay, Századok, 78, vol. 112, n°
6, p. 1202-1205; A. Toth, Müvészettort.
Ért., 79, vol. 29, n°1, p. 83.

3497. CSORBA (Csaba). Esztergom
hadi krónikája. (Les chroniques militaires
de la ville d'Esztergom.) Budapest,
Zrinyi Kiadó, 78, in-8, 233 p.

3498. DÉNES (Iván Zoltán). "Fontolva
haladás" és kiváltságőrzés. A
reformkori konzervativ párt ideológiai
sajátosságai. ("Le progrès prudent" et
la défense des privilèges. Les traits
caractéristiques du Parti conservatif
à l'époque des Réformes.) Valóság, 79,
vol. 22, n° 12, p. 13-27.- IDEM. A
"fontolva haladás" illuziókeltő érvei
és elvei. (Misleading arguments and
principles of "Prudent Progressivism".)
Magy. Filoz. Szle, 80, vol. 24, n°2,
p. 168-195.

3499. FODOR (Pál). Török várerődítési
munkák Magyarországon a XVIXVII.
században. (Türkische Befestigungsarbeiten
in Ungarn im 16. u. 17.
Jh.) Hadtört. Közl., 79, vol. 26, n°3,
p. 375-398.

3500. GERGELY (András). A fiumei
vasút vitája az utolsó rendi országgyűlésen.
Kisérlet a magyar politikai
erőviszonyok átrendezésére az 1848-as
forradalom előtt. (Le débat sur le chemin
de fer de Rijeka au cours de la
dernière Diète. Essai de transformation
des forces politiques hongroises
avant la révolution de 1848.) Századok,
79, vol. 113, n°4, p. 610-642.

3501. GERGELY (András), SZÁSZ
(Zoltán). Kiegyezés után. (Après le
Compromis.) Budapest, Gondolat Kiadó,
78, in-8, 259 p. (Magyar História)

3502. GLETTLER (Monika). Pittsburg
- Wien - Budapest. Programm und
Praxis d. Nationalitätenpolitik bei d.
Auswanderung d. ungar. Slowaken nach
Amerika um 1900. Wien, Verl. d. Österr.
Akad. d. Wiss., 80, in-8, 504 p. (4 Kt.)
(Schr. d. DDr. Franz Josef Mayer-Gunthof-Fonds,
13) (Stud. z. Gesch. d.
Österr.-Ungar. Monarchie, 19)

3503. GLUCK (Mary). Politics versus
culture : radicalism and the Lukacs
circle in turn of the century Hungary.
East european Quar., 80, vol. 14, n°2,
p. 129-154.

3504. GÖMÖRI (György). Az angolok
magyarságképe a XVII. század első felében.
(L'image de la Hongrie en Angleterre
dans la première moitié du XVIIe
siècle.) Filol. Közl., 80, vol. 26, n°
3, p. 355-364.

3505. HABUDA (Miklós). A Magyar
Dolgozók Pártja munkáspolitikájának
néhány kérdése a Központi Vezetőség
1953. júniusi határozata után. (Quelques
questions de la politique ouvrière
du Parti des Travailleurs Hongrois,
après la résolution du Comité Central
de juin 1953.) Párttört. Közl., 80,
vol. 26, n°1, p. 23-55.

3506. Haladó egyetemi ifjuság (A)
mozgalmai Magyarországon, 1918-1945.
(Les mouvements de la jeunesse universitaire
progressiste en Hongrie,1918-
1945.) Réd. en chef : VASS Henrik, réd.
et intr. par SZABÓ Ágnes. Budapest,
Kossuth Kiadó, 78, in-8, 397 p.- CR :
Mme Barla, M.K. Nagy, Társad. Szle.,
78, vol. 33, n°5, p. 87-89; J. Gergely,
Párttört. Közl., 79, vol. 25, n°1, p.
230-233.

3507. IZSÁK (Lajos). A konzervativ-liberális
polgári ellenzék kiszoritása
a politikai életből Magyarországon,
1947-1949. (L'élimination de la vie politique
de l'opposition conservative-libérale
dans la Hongrie de 1947-1949.)
Századok, 80, vol. 114, n°6, p.939-978.
- IDEM. A Radikális Demokrata Pártszövetség
1944-1949. (L'alliance des
partis radical et démocrate.) Párttört.
Közl., 80, vol. 26, n°1, p. 56-89.

3508. KARDOS (József). A szentkoronaeszme
metamorfózisa a 19. században.
(La métamorphose de l'idée de
"sainte couronne" au XIXe siècle.)
Levéltári Szle, 79, vol. 29, n°3, p.
431-446.

3509. /Károlyi (Mihály) :/ HAJDU
(Tibor). Károlyi Mihály. Politikai
életrajz. (M. Károlyi. Biographie politique.)
Budapest, Kossuth Kiadó, 78,in-
8, 610 p. - CR : A. Szabo, Társad.Szle,
78, vol. 33, n°10, p. 116-119; T. Erényi,
Párttört. Közl., 79, vol. 24, n°1,
p. 220-226; E.H. Haraszti, New hungar.
Quart., 79, vol. 20, n°73, p. 66-72;
G. Kronstein, Pedag. Szle, 79, vol.
29, n°1, p. 84-86; Zs. Papp, Valóság,
79, vol. 22, n°2, p. 42-46.- JEMNITZ
(János), LITVÁN (György). Szeretne az
igazságot. Károlyi Mihály élete. (Il
a aimé la justice. La vie de Mihály
Károlyi.) Budapest, Gondolat Kiadó,78,

in-8, 451 p.- CR : E. H. Haraszti,Books by and on Károlyi, New hungar. Quart., 79, vol. 20, n°73, p. 66-72; I.Romsics, Acta hist. Acad. Sci. hungaricae, 78, vol. 24, n°s 3-4, p. 314-315.- LITVÁN (György). Mihály Károlyi et la France. Nouv. Et. hongroises, 79, vol. 14, p. 235-251.

3510. KATZBURG (Nathaniel). Anti Jewish legislation in Hungary, 1940-1941. Bar-Ilan, 79, vol. 16-17, p. 71-88.

3511. KIRALY (Béla K.). Ferenc Deak the social reformer in the revolution of 1848-1849. East european Quar., 80, vol. 14, n°4, p. 411-422.

3512. KÖPECZI (Béla). La guerre d'Indépendance hongroise du début du XVIIIe siècle et l'Europe. Nouv. Et. hongroises, 77, vol. 12, p. 227-237.

3513. /Kossuth (Lajos):/ FEKETE (Miklós). Kossuth katonai irodája.(Die Militärkanzlei Kossuths.) Hadtört.Közl, 78, vol. 25, n°3, p. 385-402.-KABDEBÓ (Tamás). Kossuth és Magyarország. Chartista értékelés a magyar szabadságharcról. (Kossuth et la Hongrie. Une critique chartiste de la guerre d'indépendance hongroise.) Századok, 79, vol. 113, n°4, p. 659-681.- Kossuth Lajos az ügyvéd. Szerk. KÁRPÁTI László. (L. Kossuth, avocat. Réd. par -.) Budapest, Országos Ügyvédi Tanács, 78, in-8,279 p.- CR : A. Degre, Levéltári Szle, 78, vol. 28, n°2, p. 417-419; P. Horváth, Magy. Jog., 79, vol. 26, n°1, p.77-79. - SPIRA (György). Kossuth és az utókor. Magy. Tudom., 79, vol. 24, n°s 8-9, p. 647-666.- Also in Eng. : Kossuth and posterity. In : Etudes hist. hongr./Cf. n° 611/, vol. 1, p. 529-549. - VARGA (Zoltán). Kossuth és a Békepárt.(Kossuth et le Parti de la Paix.) Acta Univ. debreceniensis, Ser. hist., 79, vol. 26, p. 107-139.

3514. KOVÁCS (Endre). Bem a magyar szabadságharcban. (/Józef/ Bem /1794-1850/ dans la lutte pour l'indépendance de la Hongrie.) Budapest, Zrinyi Kiadó, 79, in-8, 379 p.

3515. KOVÁCS (Sándor Iván).Zrinyi tanulmányok. (Etudes sur Zrinyi.) Budapest, Szépirodalmi Kiadó, 79, in-8,196 p.

3516. KUBINYI (András). A Szávaszentdemeter-nagyolaszi győzelem 1523-ban. Adatok Mohács előzményéhez. (Der Sieg bei Szávaszentdemeter-Nagyolaszi im J. 1523.) Hadtört. Közl., 78, vol. 25, n° 2, p. 194-222.

3517. LITVÁN (György). "Magyar gondolat - szabad gondolat". Nacionalizmus és progresszió a századeleji Magyarországon. (Pensée hongroise - pensée libre. Nationalisme et progrès dans la Hongrie du début du siècle.) Budapest, Magvető Kiadó, 78, in-8,164 p. (Gyorsuló idő) - CR : A. Kardos, Világosság, 79, vol. 20, n°3, p. 182-185.

3518. Magyar (A) népi demokrácia története. Szerk. BALOGH Sándor,JAKAB Sándor. (L'histoire de la démocratie populaire hongroise, Réd. par -.) Budapest, Kossuth Kiadó, 78,in-8, 382 p. - CR : J. Blaskovits, Társad. Szle,78, vol. 33, n°10, p. 114-116; G. Kronstein, Pedag. Szle, 79, vol. 29, n°3, p. 261-262; S. Orbán, Századok, 79, vol. 113, n°6, p. 1136-1138; I. Szomszéd, Szakszerv. Szle, 79, vol. 8, n° 1, p. 87-88; I. Tóth, Párttört. Közl., 79, vol. 25, n°1, p. 216-220.

3519. Magyarország társadalma és gazdasága, 1945-1980. (La société et l'économie de la Hongrie.) Budapest, Központi Statisztikai Hivatal, 80, in-8, 92 p.

3520. Magyarország története.Egyetemi tankönyv. (Histoire de Hongrie. Manuel universitaire.) /Vol. 4. Cf. Bibl. 72, n° 736./ Vol. 5 : 1918-1919. Szerk. NEMES Dezső. A kötet szerzői : HAJDU Tibor; NEMES Dezső, SIKLÓS András. (Réd. par -. Ecrit par -.) Budapest, Tankönyvkiadó, 80, in-8, 303 p.

3521. Magyarország története/1918-1945. Cf. Bibl. 76-77, n° 4372./1890-1918. /1, 2. rész./ Főszerk. HANÁK Péter, szerk. MUCSI Ferenc. (Histoire de la Hongrie, 1890-1918. T.1,2. Réd. en chef : -, réd. par -.) - Magyarország története 1848-1890. /1, 2. rész./Főszerk. KOVÁCS Endre, szerk. KATUS László. (Hist. de la Hongrie, 1848-1890. T. 1, 2. Réd. en chef : -, réd. par -.) Magyarország története 1790-1848./1,2. rész./ Főszerk. MÉREI Gyula, szerk. VÖRÖS Károly. (Hist. de la Hongrie, 790-1848. T. 1,2. Réd. en chef : -, réd. par -.) Budapest, Akad. Kiadó,78-80, 6 vol. in-8, 608 p., p. 609-1422, 768 p., p. 769-1760, 663 p., 665-1456. (Magyarország története tiz kötetben, 7/1-2, 6/1-2, 5/1-2 - CR 1890-1918 : I. Bart, New hungar. Quart., 79, vol. 20, n° 73, p. 143-145; D. Szőke, Hevesi Szle, 79, vol. 7, n°1, p. 76-77; L.Varga, Társad. Szle, 79, vol. 34, n°1, p. 85-89.

3522. MAKSAY (Ferenc). "Le pays de noblesse nombreuse". In : Etudes hist. hongr. /Cf. n° 611/, vol. 1, p. 167-191.

3523. MERÉNYI (László). Boldog békeidők. Magyarország 1900-1914. (I Belle Epoque en Hongrie, 1900-1914.) Budapest, Gondolat Kiadó, 78, in-8, 237 p. (Magyar História)

3524. MOLNÁR (János). A Szociá demokrata Párt uj politikai irányvonalanak kialakulasa. (La formatic de la nouvelle tendance politique d Parti Social-Démocrate /1935-1945/.) Századok, 78, vol. 112, n°3, p. 442-496.

3525. MUCSI (Ferenc). "Découverte de la Hongrie". Formation du programme politique du radicalisme bourgeois. In: Etudes hist. hongr. /Cf. n°611/, vol.2, p. 7-29.- IDEM. Kunfi a Magyarországi

2. EINZELNE STAATEN

Szociáldemokrata Párt vezetésében 1909-1914. (/Zsigmond/ Kunfi dans la direction du Parti Social-Démocrate de Hongrie.) Tört. Szle, 80, vol. 23, n°1, p. 97-101.

3526. NAGY (László). Kurucok és labancok a magyar történelemben. (Kuruzen und Labanzen in der ungarischen Geschichte.) Hadtört. Közl., 79, vol.26, n°2, p. 250-274.- IDEM. "Öreg" Rákóczi György hajdúkatonái. (Die Haiduken des "alten" György Rákóczy.) Acta Univ. debreceniensis. Ser. hist., 79, vol.28, p. 5-58.- A végvári dicsőség nyomában. (A la recherche de la gloire des forteresses de frontière.) Budapest,Zrinyi Kiadó, 78, in-8, 275 p. - CR : L. Benczédi, Hadtört. Közl., 79, vol. 26, n° 3, p. 489-490; A. Gaál, Dunatáj, 79, vol. 2, n°2, p. 72-75.

3527. NAGY (Zsuzsa), L. Bethlen /István/ liberális ellenzéke. A liberális polgári partok 1919-1931. (L'opposition libérale d'István Bethlen.Les partis bourgeois libéraux.) Budapest, Akad. Kiadó, 80, in-8, 242 p.- EADEM. A hazai liberális ellenzék a világgazdasági válság idején, 1928-1932. (L'opposition libérale hongroise à l'époque de la crise mondiale.) Századok, 78, vol. 112, n° 3, p. 403-441.

3528. NÉMEDI (Lajos). Hazafiúi Magyar Társaság, 1779-1780. (La Société Patriotique Hongroise.) Irodtört. Közl., 78, vol. 82, n°3, p. 286-302.

3529. NEVELŐ (Irén). A háború és a magyarországi munkásság, 1914-1917.(La guerre et les ouvriers en Hongrie.) Budapest, Kossuth Kiadó, 80, in-8,224 p.- CR : I. Dolmányos, Társad. Szle, 80, vol. 35, n°7, p. 85-86; S. Gábor, Párttört. Közl., 80, vol. 26, n°4, p. 236-237.

3530. PÁSZTOR (Emil). A tizenötödik aradi vértanu. Kazinczy Lajos. Dokumentum-életrajz. (Le quinzième martyr d' Arad : Lajos Kazinczy /1820-1849/. Une biographie en documents.) Budapest, Zrinyi Kiadó, 79, in-8, 195 p.

3531. PERJÉS (Géza). Mohács /1526/. Budapest, Magvető Kiadó, 79, in-8,465p. p.

3532. PÉTER (Katalin). Köznemesi publicisztika, köznemesi politika a 17. század derekán. Az országgyülési pasquillus.(Tracts politiques : la politique de la noblesse au milieu du XVIIe siècle. Le Pasquillus de la Diète.) Tört. Szele, 79, vol. 22, n°2, p. 200-226.

3533. PINTÉR (István). A magyarországi szociáldemokrata párt politikája a második világháború előestéjén. (La politique du Parti social-démocrate de Hongrie à la veille de la seconde guerre mondiale.) Budapest, Akadémiai Kiadó, 79, in-8, 189 p.- IDEM. Az 1935-ös választásokról és a M/agyarországi/ Sz/ociáldemokrata/ P/árt/ társadalmi bázisáról. (Les élections de 1935 et la base sociale du Parti social-démocrate de Hongrie.) Párttört. Közl., 78, vol. 24, n°4, p. 175-197.

3534. PINTÉR (István), SZABÓ (Bálint). A népfrontmozgalom Magyarországon. (Le mouvement du Front populaire en Hongrie.) Budapest, Kossuth Kiadó, 78, in-8, 217 p.- CR : P. Póth, Századok, 79, vol. 113, n°6, p. 1139-1141.

3535. PÖLÖSKEI (Ferenc). Das ungarische Regierungssystem vor dem Verfall der Österreichisch-Ungarischen Monarchie. In : Etudes hist. hongr. /Cf. n° 611/, vol. 2, p. 31-62.

3536. Rákóczi / Ferenc, II./ - tanulmányok. Szerk. KÖPECZI Béla, HOPP Lajos, R. VÁRKONYI Ágnes. (Etudes sur /Ferenc II./ Rákóczi. Réd. par -.)Budapest, Akad. Kiadó, 80, in-8, 779 p.

3537. RUSZOLY (József). A választási biráskodás Magyarországon 1848-1948. (Juridiction électorale en Hongrie, 1848-1948.) Budapest, Közgazdasági és Jogi Kiadó, 80, in-8, 563 p.

3538. SALAMON (Konrád). A Márciusi Front. (Le Front de Mars.) Budapest, Akad. Kiadó, 80, in-8, 180 p. (Értekezések a történeti tudományok köréből, N.S., 92)

3539. SCHULHOF (Izsák). Budai krónika, 1686. Utószó : SZAKÁLY Ferenc. (La chronique de Buda, 1686. Epilogue de -.) Budapest, Magyar Helikon, 79, in-8, 100 p. (Bibliotheca Historica)

3540. SPIRA (György). A nemzetiségi kérdés a negyvennyolcas forradalom Magyarországán. (Le problème des nationalités dans la Hongrie de la révolution de 1848.) Budapest, Kossuth Kiadó, 80, in-8, 245 p.

3541. STRASSENREITER (Erzsébet). A fordulat éve és a két munkáspárt egyesülése. (L'année du tournant /1948/ et la fusion des deux partis ouvriers.) Párttört. Közl., 78, vol. 24, n° 2, p. 3-40.

3542. SUGÁR (István). A budai vár és ostromai. (Le château de Buda et ses sièges.) Budapest, Zrinyi Kiadó, 79,in-8, 357 p.

3543. SZABÓ (Dániel). A Néppárt az 1896. évi országgyülési választásokon. (Le Parti Populaire au cours des élections parlementaires de 1896.) Századok, 78, vol. 112, n°4, p. 730-756.

3544. SZAKÁLY (Ferenc). Egy "világtörténeti curiosum" : magyar adóztatás a török hódoltságban. (Une "curiosité d'histoire mondiale" : la taxation hongroise sur les territoires occupés par les Turcs.) Valóság, 79, vol. 22, n°5, p. 23-37.- IDEM. Nándorfehérvár 1521-es ostromához. (Die Belagerung Nándorfehérvárs im J. 1521.) Hadtört. Közl., 78, vol. 25, n°4, p. 484-490.- IDEM. Remarques sur l'armée de Iovan Tcherni. Acta hist. Acad. Sci. hungaricae, 78, vol. 24, n°s 1-2, p. 41-82.

3545. SZÁNTÓ (Imre). A végvári rendszer kiépítése és fénykora Magyarországon 1541-1593. (La construstion et l' âge d'or du système de forteresses aux frontières de la Hongrie.) Budapest, Akad. Kiadó, 80, in-8, 161 p.

3546. /Széchenyi (Istvan) :/ BARTA (János). A Széchenyi-élmény. Utóhang a Napló megjelenéséhez. (L'expérience de Széchenyi. Epilogue à l'occasion de la parution de son "Journal" /Cf. n°3481./.) Alföld, 80, vol. 31, n°3, p. 65-74. - GERGELY (András). Széchenyi naplói. (Les journaux de Széchenyi.) Tiszatáj, 80, vol. 34, n°5, p. 50-55.- KOSÁRY (Domokos). Széchenyi a naplóíró és a történeti személyiseg. (/ István/ Széchenyi, journaliste et personalité historique.) Irodtört., 79, vol. 61, n°3, p. 489-525.- LACKÓ (Mihály). Széchenyi és Kossuth vitája. (Le débat entre /István/ Széchenyi et /Lajos/ Kossuth.) Budapest, Gondolat Kiadó, 78, in-8,303 p. (Magyar História) - CR : A. Gergely, Tiszatáj, 78, vol. 32, n°9, p. 86-89; L. Lengyel, Valóság, 78, vol. 21, n°10, p. 99-101; L.T. Szabó, Világosság, 78, vol. 19, n°7, p. 445-447.- OROSZ (István). Széchenyi István telekdijterve és Kossuth. (Le plan de István Széchenyi concernant la rédemption des tenures serviles et Kossuth.) Acta Univ. debreceniensis, Ser. hist., 79, vol. 28,p. 5-19.- SPIRA (György). Széchenyi a negyvennyolcas forradalomban. (Széchenyi et la révolution de 1848.) Budapest, Akad. Kiadó, 79, in-8, 266 p. (Korunk tudománya)

3547. SZEKERES (Antal). Az Ideiglenes Nemzeti Kormány Debrecenben. (Le Gouvernement National Provisoire à Debrecen.) Debrecen, Hajdu-Bihar megyei Levéltár, 79, in-8, 46 p. (A Hajdu-Bihar megyei Levéltár Közleményei, 14)

3548. SZELESTEI (N. László).Zrinyi Miklós tanácsai a császárnak 1664 tavaszán. (Les conseils de Miklós Zrinyi donnés à l'empereur au printemps de 1664.) Irodtört. Közl., 80, vol. 84, n°2, p. 185-198.

3549. SZŐKE (Domonkos). Németh László vitája Szekfű Gyulával az ellenforradalmi rendszer lehetséges "reformjáról" 1934-36 között. (László Németh's polemic with Gyula Szekfű on the possible "reform" of the counterrevolutionary system between 1934 and 1936.) Acta Univ. debreceniensis. Ser. hist., 80, vol. 30, p. 57-73.

3550. Tanulmányok a magyarországi lengyel emigráció történetéből 1939-1945. Szerk. LAGZI István. (Etudes sur l'histoire de l'émigration polonaise en Hongrie 1939-1945. Réd. par -.) Budapest és Szeged, Lengyel Tájékoztató és Kulturális Központ, 79, in-8, 123p.

3551. TILKOVSZKY (Loránt). Die Entfaltung der Krise der deutschen Bewegung in Ungarn, 1930-1932. Acta hist. Acad. Sci. hungaricae, 80, vol. 26,n°s 1-2, p. 105-165.- IDEM. Törekvések a magyarországi német mozgalom radikalizálására, 1932-1933. (Tendances de radicalisation dans le mouvement allemand de Hongrie.) Századok, 79, vol. 113, n°3, p. 421-477. /Cf. n°s 6596, 6682./

3552. URBÁN (Aladár). Kormányválság és Batthyány Lajos ügyvezető miniszterelnöksége 1848 szeptemberében. (La crise de cabinet et la fonction de premier ministre délégué de Lajos Batthyány /1806-1849/ en sept. 1848.) Századok, 78, vol. 112, n°6, p. 1039-1096.

3553. VARGA (János). A kormányszervek előkészületei az 1843. évi diétara. (Préparatifs des organes gouvernementaux à la diète de 1843.)Századok, 80, vol. 114, n°5, p. 727-751.

3554. VÁRKONYI (Ágnes), R. Magyarország keresztútjain. Tanulmányok a XVII. századról (Aux carrefours de la Hongrie. Etudes concernant le XVIIe s.) Budapest, Gondolat Kiadó, 78, in-8, 430 p.- CR : F. Rottler, Társad. Szle, 79, vol. 34, n°s 7-8, p. 142-144.- EADEM. Jobbágykatonák tehermentessége Rákóczi rendeleteiben és a valóságban. (L'exemption des serfs-soldats des redevances seigneuriales dans les édits de /François II/ Rákóczi et en réalité.) Valóság, 78, vol. 21, n°1, p. 17-31.

3555. VARSÁNYI (Péter István). Adalékok Csernovics Péter kormánybiztos és a délvidéki katonai vezetők kapcsolatához 1848 nyarán. (Beiträge zur Verbindung des Regierungskommissars Péter Csernovics /1810-1892/ mit den militärischen Führern in Südungarn im Sommer 1848.) Hadtört. Közl., 78, vol. 25,n° 3, p. 363-384.- IDEM. A karlócai ütközet. Ujabb adalékok a szabadságharc első csatájához. (Das Gefecht von Karlóca. Neues Material zur ersten Schlacht des Freiheitskampfes /1848-49/. Ibid., 80, vol. 27, n°3, p. 455-463.

3556. VASS (Előd). A török adózás kérdéséhez. (Problems of Turkish contributions in Hungary of the 16th cent.) Agrártört. Szle, 80, vol. 22, n°s 3-4, p. 521-526.

3557. VIGH (Károly). Bajcsy-Zsilinszky Endre külpolitikai nézeteinek alakulása. (L'évolution des vues sur la politique extérieure d'Endre Bajcsy-Zsilinszky /1886-1944/.) Budapest,Akadémiai Kiadó, 79, in-8, 171 p. (Értekezések a történeti tudományok köréből, 85)

3558. WELLMANN (Imre). Société et économie au temps de la guerre d'Indépendance de Rákóczi. Nouv. Et. hongroises, 77, vol. 12, p. 185-200.

Cf. n° 4439.

Die Revolution des Jahres 1918 und die ungarische Räterepublik, 1919.

3559. HAJDU (Tibor). The Hungarian Soviet Republic. Budapest, Akadémiai Kiadó, 79, in-8, 172 p. (Studia hist. Acad. Sci. hungaricae, 131) - IDEM. Március huszonegyedike. (Le 21 mars /1919/.) Budapest, Kossuth Kiadó, 79, in-8, 123 p. (Népszerü történelem)

3560. HANÁK (Péter). Wege zum ungarischen Oktober 1918. Das politische Engagement der radikalen Intelligenz. Österr. Osthefte, 80, Jg. 22, p. 5-21.

3561. HUNYADI (Károly). Le rôle historique de Béla Kun /1886-1939/. Nouv. Et. hongroises, 79, vol. 14, p. 59-71.

3562. JÓZSA (Antal). Az internacionalisták szervezése és a Magyar Tanácsköztársaság katonai megsegítése. (Die Organisierung d. Internationalisten u. die militärische Hilfeleistung an die Ungarische Räterepublik.) Hadtört.Közl, 79, vol. 26, n°1, p. 22-45.

3563. KENDE (János). Forradalomról forradalomra. (Les deux révolutions en Hongrie, 1918-1919.) Budapest, Gondolat Kiadó, 79, in-8, 226 p. (Magyar História.) - CR : A. Gergely, Tiszatáj, 80, vol. 34, n°11, p. 105-106.

3564. KENDE (János), SIPOS (Péter). Politikai programok Magyarországon az 1918-as polgári demokratikus forradalom előestéjén. (Programmes politiques en Hongrie à la veille de la révolution démocratique bourgeoise.) Párttört. Közl., 78, vol. 24, n°3, p.116-143.

3565. KŐVÁGÓ (László). A Magyarországi Tanácsköztársaság és a nemzeti kérdés. (La République des Conseils hongroise et le problème des nationalités.) Budapest, Kossuth Kiadó, 79, in-8, 188 p. - CR : J. Galántai,Társad. Szle, 79, vol. 34, n°12, p. 102-105.- IDEM. The International Socialist Federation of Hungary in 1919. Acta hist. Acad. Sci. hungaricae, 79, vol. 25,n°s 1-2, p. 1-26.

3566. KOVÁCS (Kálmán). A Magyarországi Tanácsköztársaság visszhangja kilenc europai tőkés ország sajtójában. (Le retentissement de la République des Conseils dans la presse de neuf pays capitalistes d'Europe.) Levéltári Szle, 79, vol. 29, n°s 1-2, p.119-148.

3567. KUN (Béla). Szocialista forradalom Magyarországon. Sajtó alá rend. és szerk. VASS Henrik, BORSÁNYI György. (Une révolution socialiste en Hongrie. Mis sous presse et réd. par -.) Budapest, Kossuth Kiadó, 79, in-8, 529 p. - CR : B. Esti, Párttört. Közl., 79, vol. 25, n°4, p. 222-225; E. Liptai, Társad. Szle, 79, vol. 34, n°9, p. 91-94.

3568. Magyar Tanácsköztársaság (A) 60. évfordulója. Tudományos ülészak. Budapest, 1979. március 6-7. Szerk.

KÖPECZI Béla. (Le 60e anniversaire de la République des Conseils Hongroise. Séance scientifique. Budapest, 6-7 mars 1979. Réd. par -.) Budapest, Akad.Kiadó, 80, in-8, 403 p.

3569. NEMES (Dezső). Forradalmak és Tanácsköztársaság Magyarországon, 1918-1919. (Révolutions et la République des Conseils en Hongrie.) Budapest, Kossuth Kiadó, 79, in-8, 91 p.- IDEM. Észrevételek Borsányi György : Kun Béla politikai életrajza cimű munkájához. (Remarques à propos de l'ouvrage de György Borsányi, intitulé : Biographie politique de Béla Kun.) Párttört.Közl., 79, vol. 25, n°3, p. 33-110.- IDEM. La Grande Révolution d'Octobre et la République Hongroise des Conseils. Nouv.Et. hongroises, 79, vol. 14, p. 3-27. - IDEM.Die Grosse Sozialistische Oktoberrevolution, die Entfaltung des revolutionären Kampfes in Ungarn und die Ungarische Räterepublik. In : Etudes hist. hongr. /Cf. n° 611/, vol. 2, p. 125-154.

3570. ROMSICS (Ignác). A Tanácsköztarsasag tömegbazisa a Duna-Tisza közén. 1919-marcius-junius. (La base de masse de la République des Conseils sur le territoire s'étendant entre les fleuves Danube et Tisza. Mars-juin 1919) Szazadok, 79, vol. 113, n°2, p. 230-270.

3571. SIKLÓS (András). Magyarország 1918-1919. Események, képek, dokumentumők. (Hongrie, 1918-1919. Evénements, images, documents.) Budapest, Kossuth Kiadó - Magyar Helikon, 78, in-8, 431p. - CR : G. Balázs, Pedag. Szle, 79,vol. 29, n°3, p. 260; M. Farkas, Párttört. Közl., 79, vol. 25, n°2, p. 163-166;T. Hetés, Társad. Szle, 79, vol. 34, n°3, p. 116-118; T. Tüskés, Kortars, 79,vol. 23, n°3, p. 484-485.

3572. Tanácshatalom (A) jogpolitikája 1919-ben. Szerk. KOVÁCS Kálmán. (La politique juridique de la République des Conseils en 1919. Réd. par-.) Budapest, Magyar Jogász Szövetség,79, in-8, 184 p. (Jogtörténeti értekezések)

3573. VADÁSZ (Sándor). A forradalmi Magyarország külföldi megítéléséhez 1919-ben. (Appréciation de la Hongrie révolutionnaire à l'étranger, en 1919.) Párttört. Közl., 80, vol. 26, n°3, p. 95-115.

3574. VASS (Henrik). L'influence internationale de la République Hongroise des Conseils. Nouv. Et. hongroises, 79, vol. 14, p. 41-57.- Also in Eng.: The international influence of the Hungarian Republic of Councils. In : Etudes hist. hongr. /Cf. n° 611/, vol. 2, p. 155-172.- IDEM. A Tanácsköztársaság a magyar történelemben. (La République des Conseils dans l'histoire hongroise) Párttört. Közl., 79, vol. 25, n°3, p. 111-124.

3575. VIGH (Károly). Vörös Pest vármegye. (Le comitat de Pest rouge /1919/.) Budapest, Pest megyei Levéltár, 79, in-8, 253 p.

Iran.

3576. FORBIS (William Hunt). The fall of the Peacock throne : the story of Iran. London, Harper a. Row, 80, in-8, 320 p.

3577. HOVEYDA (Fereydoun). The fall of the Shah. London, Weidenfeld a. Nicolson, 80, in-8, 192 p.

3578. PERRY (John R.). Karim Khan Zand : a history of Iran, 1747-1779. Chicago, Univ. of Chicago Press, 79, XI-340 p. (Pub. of the Center for Middle Eastern Stud., 12)

3579. SAIKAL (Amin). The rise and fall of the Shah. London, Angus a. Robertson, 80, in-8, 277 p. (ill.).

3580. SAVIK (Stein). Iran-- Islam med gevaer. (Iran -- Islam under arms.) Oslo, Cappelen, 80, in-8, 103 p.

3581. SAVORY (Roger Mervyn). Iran under the Safavids. London, Cambridge U.P., 80, in-8, 277 p.

Cf. n°s 6559, 6940.

Irland.

✦ Cf. n° IX.

✦✦ 3582. O'CONNELL (Daniel). The correspondance. /Vol. 5,6. Cf. Bibl.76-77, n° 4410./ Vol. 7 : 1841-45. Ed. by Maurice R. O'CONNELL. Dublin, Irish Manuscripts Comm., 79, in-8, VIII-366p.

3583. BAILEY (Anthony). Acts of Union : reports on Ireland, 1973-1979. London, Faber, 80, in-8, 192 p.

3584. BOWMAN (John). De Valera on Ulster, 1919-1920 : what he told America. Irish Stud. int. Affairs, 79, vol. 1, p. 3-18.

3585. CURRAN (Joseph M.). The birth of the Irish Free State : 1921-1923. University, Univ. of Ala. Press, 80, in-8, VI-356 p.

3586. Ireland under the Union : varieties of tension. Essays in honour of T.W. Moody, ed. by F.S.I. LYONS a. R.A.J. HAWKINS. London, Oxford U.P., 80, in-8, X-337 p. (tab.).

3587. McCARTNEY (Donal). Democracy and its nineteenth century Irish critics. Dublin, National Univ. Ireland, 79, in-8, 23 p. (O'Donnell lecture,22)

3588. MURPHY (Maura). The ballad singer and the role of the seditious ballad in nineteenth-century Ireland : Dublin Castle's view. Ulster Folklife, 79, vol. 25, p. 79-L02 (ill.).

3589. NEWSINGER (John). Revolution and Catholicism in Ireland, 1848-1923. European Stud. R., 79, vol. 9, p. 457-480.

3590. SHEEHY (Jeanne). The rediscovery of Ireland's past : Celtic revival, 1830-1930. London, Thames a. Hudson,80, in-4, 208 p. (ill., pl.).

3591. WOESTE (Karl). Englands Staats- und Kirchenpolitik in Irland 1795-1869. Dargest. an d. Entwicklung d. irischen Nationalseminars Maynooth College.Frankfurt (Main), Bern u. Cirencester,Lang, 80, in-8, 354 p. (Europ. Hochschulschr. Reihe 23 : Theologie, 113)

Israel.

3592. BEN-AVRAM (Baruch). Miflagot wezeramim politiyim bitequfat ha-bayit haleumi. (Political parties and organizations during the British mandate for Palestine, 1918-1948.) Jerusalem, Hist. Soc. of Israel, 78, in-8, 285 p.

3593. HARRIS (William Wilson). Taking root : Israeli settlement in the West Bank, the Golan and Gaza, Sinai, 1967-1980. London, Wiley, 80, in-8,248p.

3594. SEGRE (Dan V.).A crisis of identity : Israel and zionism. New York, Oxford U.P., 80, in-8, X-182 p.

Italien.

✦ Cf. n° XIII.

✦✦ 3595. CORIO (Giacinto). Lettere di Giacinto Corio a Camillo Cavour(1843-1855). /A cura/ di Alfonso BOGGE. Santena, Fondaz. Camillo Cavour, 80, in-8, LVI-474 p. (Fondaz. Camillo Cavour. Stud. e Doc., 9)

✦✦ 3596. D'ANNUNZIO (Gabriele).Scritti politici di Gabriele D'Annunzio.Introd. e cura di Paolo ALATRI. Milano, Feltrinelli, 80, in-8, 308 p. (SC/10. Scrittori pol. ital., 4)

✦✦ 3597. SELLA (Quintino). Epistolario di Quintino Sella. A cura di Guido e Marisa QUAZZA. I : 1842-1865.Roma, Istit. per la Stor. del Risorg. ital., 80, in-8, XI-764 p. (tav., ritr.).(Istit. per la Stor. del Risorg. ital. scient. Ser. II : Fonti, 71)

✦✦ 3598. Statuti di Castel del Piano sul Monte Amiata (1571). A cura di Ildebrando IMBERCIADORI. Firenze, Olschki, 80, in-8, 446 p. (Fonti sui comuni rurali toscani, 8)

✦✦ 3599. TANUCCI (Bernardo). Epistolario. Pref. di M. D'ADDIO. 1 : 1723-1746. 2 : 1746-1752. A cura di R. P. COPPINI, L. DEL BIANCO, R. NIERI. Roma, Ediz. di Stor. e Letter, 80, 2 vol. in-8, LXXX-960, 800 p. (ritr.,tav.).

3600. ADLER (Winfried). La politica del fascismo in Valle d'Aosta. B. stor. bibliogr. subalpino, 80, a. 78, p. 223-276.

3601. ALFASSIO GRIMALDI (Ugoberto). Il re buono /Umberto I/. Milano, Feltrinelli econ., 80, in-16, 475 p.(tav.). (Univers. econ., 89)

3602. ANGIOLINI (Franco). Osservazioni su diplomazia e politica dell' Italia non spagnola nell'età di Filippo II. R. stor. ital., 80, a. 92, p.432-469.

3603. BARBAGALLO (Francesco).Mezzogiorno e questione meridionale (1860-1980). Napoli, Guida, 80, in-8, 112 p. (Aggiornamenti) - IDEM. Stato, parlamento e lotte politico-sociali nel Mezzogiorno (1900-1914). Napoli, Guida, 80, in-8, 543 p.

3604. BARBIERI (Michele). La rivoluzione del 1831 tra municipalismo e bonapartismo. Risorgimento, 80, a. 32, p. 305-340.

3605. BELLI BARSALI (Isa). Ville e committenti dello Stato di Lucca.Lucca, Pacini, 80, in-4, 714 p. (ill., tav.).

3606. BENVENUTI (Feliciano).Venezia nel Settecento. Nuova Antol., 80, a. 115, vol. 542, fasc. 2135, p. 123-142.

3607. BENZONI (Alberto). Il Partito socialista dalla Resistenza a oggi. Venezia, Marsilio, 80, in-8, 195 p. (Ric., 52)

3608. BERTELLI (Sergio). Il gruppo. La formazione del gruppo dirigente del PCI, 1936-1948. Milano, Rizzoli, 80,in-8, 424 p. (Saggi Rizzoli)

3609. BONFANTI (Giuseppe). Dalla svolta di Salerno al 18 aprile 1948. Brescia, La scuola, /80?/ in-8, 233 p. (tav.). (Doc. e Testim. di Stor. contemp., 7)

3610. BRACALINI (Romano). Il re vittorioso. La vita, il regno e l'esilio di Vittorio Emanuele III. Pref. di Ugoberto ALFASSIO GRIMALDI. Milano,Feltrinelli, 80, in-8, 268 p. (Stor.Feltrinelli)

3611. BRUSATIN (Manlio). Venezia nel Settecento. Stato, architettura, territorio. Torino, Einaudi, 80, in-8, XXXIII-422 p. (ill., tav.). (Saggi,617)

3612. BULLARD (Melissa Meriam). Filipp Strozzi and the Medici : favor and finance in sixteenth-century Florence and Rome. London a. New York, Cambridge U.P., 80, in-8, IX-197 p. (Cambridge Stud. in Early Modern Hist.)

3613. BUTTICCI (Giulio). Dal Risorgimento al Partito d'azione. Ricordi e cronache di un quarantennio. Introd.di Mario POMILIO. Lanciano, Carabba, 80, in-8, 255 p. (Testi e Monogr., 7)

3614. CACIAGLI (Giuseppe). I feudi medicei. Pisa, Pacini, 80, in-8, 190 p. (tav.).

3615. CANZIO (Stefano). La dittatura debole. Storia dell'Italia fascista e dell'antifascismo militante dal 1926 al 1945. Milano, La pietra, 80, in-8, 762 p. (tav.).

3616. CAPECELATRO GAUDIOSO (Domenico). Una capitale, un re, un popolo. Pref. di Lucia STEFANELLI CERVELLI. Napoli, Gallina, 80, in-8, 270 p. /Ferdinando I, re delle Due Sicilie/

3617. CATALANO (Franco). Una difficile democrazia. Italia 1943-1948. Messina e Firenze, D'Anna, 80, 3 vol. in-8 (tav.).

3618. CECCUTI (Cosimo). Idee e programmi di Ricasoli sullo sfondo della Toscana del 1848, con documenti inediti. Nuova Antol., 80, a. 115, vol. 542,fasc. 2135, p. 79-100.

3619. COLAPIETRA (Raffaele). Le insorgenze di massa in Abruzzo in età moderna (Prima parte). Stor. Pol., 80, a. 19, p. 577-642.

3620. CONTI (Vittorio). Paolo Mattia Doria. Dalla repubblica dei togati alla repubblica dei notabili. Firenze, Olschki, 78, in-8, 266 p. (Bibl. dell' Arch. stor. ital., 20)

3621. CORRENTI (Santi). La Sicilia del Cinquecento. Il nazionalismo isolano. Milano, Mursia, /80,/ in-8, 326p. (Stor. e Doc., 35)

3622. CORSINI (Umberto). La guerra rustica nel Trentino e Michael Gaismair. Studi trentini Sci. stor., 80, a. 59, p. 149-183.

3623. CUMMINGS (Raymond L.). Come la Nunziatura di Napoli informava Roma nel 1859-1860. Ras. stor. Risorg., 80, a. 67, p. 154-175.

3624. CUTOLO (Eugenio). Aldo Moro. La vita, l'opera, l'eredità. Milano, Teti, 80, in-8, 254 p. (Stud. e Doc.).

3625. D'AGOSTINO (Guido), MANDOLINI (M.). Napoli alle urne (1946-1979). Napoli, Guida, 80, in-8, 161 p. (Studio Sud, 14)

3626. DE FELICE (Franco). L'età giolittiana. Torino, Loescher, 80, in-8, 318 p. (Doc. della Stor., 2)

3627. DE LAUGIER (Cesare), BEDESCHI (Giulio). Gli italiani in Russia. 1812, 1941-1943. Milano, Mursia, 80, in-8, 245 p. (tav.). (Testim. tra cronaca e Stor., 112)

3628. DEL COL (Andrea). Il controllo della stampa a Venezia e i processi di Antonio Brucioli (1548-1559). Critica stor., 80, a. 17, p. 457-510.

3629. DI LALLA (Manlio). Storia della Democrazia cristiana. 1. Torino, Marietti, 80, in-8, 543 p.

3630. DI PORTO (Bruno). Gli Ebrei nel Risorgimento. Nuova Antol., 80, a. 115, vol. 543, fasc. 2136, p. 256-272.

3631. DRAKE (Richard). Byzantium for Rome : the politics of nostalgia in Umbertian Italy, 1878-1900. Chapel Hill, Univ. of North Carolina Press, 80, in-8, XXVII-308 p.

3632. FANTI (Mario). La Fabbrica di S. Petronio in Bologna dal XIV al XX secolo. Storia di una istituzione. Roma, Herder, 80, in-8, XIII-279 p. (tav.). (Italia sacra, 32)

3633. FANTOZZI MICALI (Osanna), ROSELLI (Piero). Le soppressioni dei conventi a Firenze. Riuso e trasformazioni dal sec. XVIII in poi. Firenze, L.E.F., 80, in-8, 317 p. (ill.).

3634. FINLAY (Robert). Politics in Renaissance Venice. New Brunswick,N.J., Rutgers U.P.; London, Benn, 80, in-8, XVII-308 p.

3635. FUMAGALLI CARULLI (Ombretta). Società civile e società religiosa di fronte al Concordato. Premesse di E. CORECCO e O. GIACCHI. Milano, Vita e Pens., 80, in-8, XVIII-371 p.

3636. GALANTE (Severino). La fine di un compromesso storico. Pci e Dc nella crisi del 1947. Milano, Angeli, 80, in-8, 299 p. (Coll. dell'Istit.di Sci. stor. della Fac. di Sci. pol.dell' Univ. di Padova e del Cesdoc. Sez. 2 : Stud. e Ric., 3)

3637. GALLI (Giorgio). Storia del socialismo italiano. Roma e Bari, Laterza, 80, in-8, VIII-372 p. (Stor. e Soc.)

3638. GIACCHERO (Giulio). Genova e Liguria nell'età contemporanea. 1 : La rivoluzione industriale, 1815-1900. 2 : Fra guerre e riforme, 1900-1969. Genova, Sagep, 80, 2 vol. in-8, 1005p. compless. (tav.). (Il periplo)

3639. GIANFEROTTI (Giulio). Il pensiero di V.E. Orlando e la giuspubblicistica italiana fra Ottocento e Novecento. Milano, Giuffrè, 80, in-8, XII-465 p. (Quad. di Studi senesi, 48)

3640. GIOVANNINI (Elio). Lelio Basso e la rifondazione socialista del 1947. Cosenza, Lerici, 80, in-16, 75p.

3641. GIUFFRIDA (Romualdo). Politica ed economia nella Sicilia dell' Ottocento. Palermo, Sellerio, 80, in-8, X-297 p. (Bibl. siciliana di Stor. e Letter., 10)

3642. GUALERNI (Gualberto). Ricostruzione e industria. Per una interpretazione della politica industriale nel secondo dopoguerra, 1943-1851. Milano, Vita e Pens., 80, in-8, 229 p.

(Probl. econ. d'oggi, 19)

3643. Guerra e Resistenza nelle regioni alpine occidentali, 1940-1945. A cura di Ettore PASSERIN D'ENTREVES. Milano, Angeli, 80, in-8, 171 p. (Saggi e Ric. dell'Istit. di Sci. pol. Gioele Solari, Univ. di Torino, 20)

3644. HASLER (August B.). Das Duce-Bild in der faschistischen Literatur. Quellen u. Forsch., 80, Bd 60, p. 420-506.

3645. Idéologies et politiques : contributions à l'histoire récente des intellectuels italiens. Réd. par G.SARO, M. FAVRE-COMMUNAL, L. GARCIA-PIGNIDE, P. LAROCHE, etc. Abbeville, F. Paillart, 79, in-8, 320 p. (Centre de recherche Univ. Paris VIII-Vincennes,Cultures, idéologies et soc. des XIXe et XXe s. Sect. ital., 3)

3646. LA TERRA (Giovanni). Le sommosse nel Ragusano, dicembre 1944-gennaio 1945; I fasci siciliani nel Ragusano in un processo del 1894. Ragusa, Sicilia Punto L. Coop. Zuleima, 80, in-16, 149 p. (Stor. Interventi, I)

3647. LENTI (Libero). La "non belligeranza" a Pavia. Nuova Antol., 80, a. 115, vol. 541, fasc. 2134, p. 122-134.

3648. Lezioni di storia d'Italia, 1848-1948. Di F. ANDREUCCI /e altri/. Roma, Edit. riuniti, 79, in-16, 286 p. (Mater. di orientamento e di studio, 10)

3649. LILL (Rudolf). Geschichte Italiens vom 16. Jahrhundert bis zu den Anfängen des Faschismus. Darmstadt, Wiss. Buchges., 80, in-8, XI-351 p. (Kt.).

3650. MAGGI (Gianfranco). Giovani cattolici e questione sociale (1867-1874). Present. di Fausto FONZI. Roma, A.V.E., 80, in-8, VIII-143 p. (Fonti e Stud. di Stor. dell'Azione catt.,4)

3651. MAZZONIS (Francesco). Storia della Chiesa e origini del partito cattolico. Studi stor., 80, a. 21, p.363-400.

3652. MISEFARI (Enzo), MARZOTTI (Antonio). L'avvento del fascismo in Calabria. Cosenza, Pellegrini, 80, in-8, 199 p. (tav.).

3653. MOLA (Aldo Alessandro).L'imperialismo italiano. La politica estera dall'unità al fascismo. Roma, Edit. riuniti, 80, in-16, XXX-245 p. (Univers., 106)

3654. MONTELEONE (Franco). Storia della RAI dagli alleati alla DC, 1944-1954. Roma e Bari, Laterza, 80, in-16, XI-243 p. (Tempi nuovi, 114)

3655. MORELLI (Emilia). Le fonti della biografia di Vittorio Emanuele II di Giuseppe Massari. Ras. stor. Risorg., 80, a. 67, p. 14-57.

2. EINZELNE STAATEN

3656. MOSCATI (Ruggero). Da Vittorio Emanuele II a Umberto I. Clio /Roma/, 80, a. 16, p. 133-154.

3657. NADA (Narciso). Dallo Stato assoluto allo Stato costituzionale. Storia del regno di Carlo Alberto dal 1831 al 1848. Torino, Istit. per la Stor. del Risorg., Comit. di Torino, 80, in-8, 182 p. (Pubbl. del Comit. di Torino dell'Istit. per la Stor. del Risorg. ital., nuova ser., 8)

3658. Napoli nel Cinquecento e la Toscana dei Medici. Di Adelaide CIRILLO MASTROCINQUE /e altri/. Napoli, Ediz. scient. ital., 80, in-8, 260 p.(tav.).

3659. Nascita (La) della Toscana. Dal convegno di studi per il IV centenario della morte di Cosimo I de' Medici. A cura di M. TARASSI. Firenze, Olschki, 80, in-8, 310 p.

3660. ONOFRI (Nazario Sauro). La strage di Palazzo d'Accursio. Origine e nascita del fascismo bolognese,1919-1920. Milano, Feltrinelli, 80, in-8, 326 p. (Stor.)

3661. PAULINICH (Marina). Joseph de Maistre e la relazione del giugno 1813 a Vittorio Emanuele di Savoia. A. Sc. norm. sup. Pisa, 80, s. 3, vol.10, p. 451-482.

3662. Per la storia sociale e religiosa del Mezzogiorno d'Italia. A cura di Giuseppe GALASSO e Carla RUSSO. 1. Introd. di Giuseppe GALASSO. Napoli, Guida, 80, in-8, XXXI-577 p. (Esperienze, 57)

3663. PERODI (Emma). Roma italiana, 1870-1895. A cura di Bruno BRIZZI. Roma, Centro romano editor., 80, in-8, 900 p. (tav.). (Le quinte della Stor.)

3664. PERRA (Gianfranco), CONTI (Giovanni). Sesto Fiorentino dall'antifascismo alla Resistenza. Pref. di Gianpasquale SANTOMASSIMO. Milano, Vangelista, 80, in-8, 341 p. (Stor. del mondo contemp.)

3665. PINCHERLE (Marcella). Fra Vienna e Parma : l'inizio del ducato di Maria Luigia. Aurea Parma, 80, a. 64, p. 268-288.

3666. PIROMALLI (Antonio). Società, cultura e letteratura in Emilia e Romagna. Firenze, Olschki, 80, in-8, 175p. (Bibl. dell'Arch. Romanicum, Ser.I,155)

3667. Reggio e i territori estensi dall'antico regime all'età napoleonica. Atti del Convegno di studi. 18-19-20 marzo '77, Reggio Emilia. A cura di Marino BERENGO e Sergio ROMAGNOLI. Parma, Pratiche, 80, 2 vol. in-16, 708 p. compless.

3668. ROVERI (Alessandro). L'affermazione dello squadrismo fascista nelle campagne ferraresi, 1921-1922. Ferrara, Bovolenta, 79, in-8, IX-120 p. (I presupposti, 2)

3669. RUTENBURG (V.I.). Istoki Risordžimento. Italija v XVII-XVIII vv. (Roots of Risorgimento Italy in the 17th-18th cent.) Leningrad, Nauka, 80, in-8, 305 p.

3670. SÁRKÖZY (Péter). Az olasz nemzeti egység gondolata a Cinquecento nyelvi vitáiban. (L'idée de l'unité nationale italienne dans les discussions linguistiques du Cinquecento.) Filol. Közl., 80, vol. 26, n°1, p. 20-34.

3671. SBARBERI (Franco). I communisti italiani e lo Stato, 1929-1945. Milano, Feltrinelli, 80, in-8, 260 p. (I fatti e le idee, 461. Bibl. di Stor. contemp. Ric. di Stor. ital., 17)

3672. SCAGLIA (Giovan Battista). Aldo Moro dall'azione cattolica all' azione politica. Studium, 80, a. 76, p. 59-82.

3673. SILVESTRI (Mario). Cento anni di storia d'Italia (1861-1961). 2 : Da guerra a guerra (1914-1939). Milano, Editor. nuova, 80, in-16, 223 p.

3674. SINISI (Agnese). Le aziende calabresi dei principi Serra di Gerace nella prima metà del XIX secolo.Arch. stor. Calabria Luciana, 80, a. 47, p. 149-220.

3675. SPADOLINI (Giovanni). L'Italia dei laici. Lotta politica e cultura dal 1925 al 1980. Firenze, Le Monnier, 80, in-8, X-445 p. (Quad. di Stor., 50)

3676. SPADOLINI (Giovanni). Il "mio" Ricasoli, con documenti inediti. Nuova Antol., 80, a. 115, vol. 542, fasc. 2135, p. 50-78.- IDEM. Ricasoli protagonista di Firenze capitale. Nuova Antol., 80, a. 115, vol. 540, fasc. 2133, p. 370-378.

3677. SPADOLINI (Giovanni),CECCUTI (Cosimo). Chiesa e Stato dal Risorgimento alla repubblica. Firenze, Le Monnier, 80, in-16, VII-106 p. (tab.). (Stor. parallela, Sez. 4)

3678. SPINI (Giorgio). Cosimo I e l'indipendenza del principato mediceo. Firenze, Vallecchi, 80, in-8, XXIV-264 p. (tav.). (Coll. stor.)

3679. Storia d'Italia dall'unità alla Repubblica. 2 : L'Italia liberale (1861-1900). Di Raffaele ROMANELLI. Bologna, Il mulino, 79, in-16, 538 p. (Univ. paperbacks Il mulino, 87)

3680. Storia dell'Italia contemporanea diretta da Renzo DE FELICE. /2, 3. Cf. Bibl. 78-79, n° 4109./ 4 : Crisi europea e guerra mondiale, 1930-1943. Napoli, Ediz. scient. ital., 80, in-8, 364 p. (tav.).

3681. TOGNARINI (Ivan). Fascismo, antifascismo, Resistenza in una città operaia. 1 : Piombino dalla guerra al crollo del fascismo (1918-1943).Firenze,

Clusf, 80, in-8, 328 p. (tav., tab.).

3682. TURCHI (Marcello). Gli anni d'esilio della duchessa Luisa Maria di Borbone. Aurea Parma, 80, a. 64, p.111-136, 292-319.

3683. TURI (Gabriele). Aspetti dell'ideologia del PSI (1890-1910). Studi stor., 80, a. 21, p. 61-94.

3684. Uomini e volti del fascismo. A cura di Ferdinando CORDOVA. Roma,Bulzoni, 80, in-8, 579 p. (Stor. e Doc.,6)

3685. VAGLIA (Ugo). I confini del Caffaro. 1752 e lo stato dei conti di Lodrone. 1817. (Present. di D. ONGARI.) Studi trentini Sci. stor., 80, a. 59, p. 239-290.

3686. VANNONI (Gianni). Massoneria, fascismo e Chiesa cattolica. Roma e Bari, Laterza, 80, in-8, 297 p. (Bibl.di Cult. mod., 829)

3687. VENTURA (Angelo). Il problema storico del terrorismo italiano. R. stor. ital., 80, a. 92, p. 125-151.

3688. WHITE (Caroline). Patrons and partisans : a study of politics in two southern italian communiti. New York, Cambridge U.P., 80, in-8, XII-196 p.

3689. ZUCCHI (Manuele). Problemi sociali e cultura a Bologna sotto il regime napoleonico dai giornali del tempo. Carrobbio, 80, a. 6, p. 389-400.

Cf. n°s 289, 3960, 4516, 6068.

Japan.

+ Cf. n° XIV.

3690. BERQUE (Augustin). La rizière et la banquise. Colonisation et changement culturel à Hokkaïdo. Paris, Publ. orientalistes de France, 80, in-8, 272 p.

3691. DAVID (M.D.). History of modern Japan. New Delhi, Himalaya Publ. House; London, J.K. Publ., 80, in-8, 352 p.

3692. DREA (Edward J.). The 1942 Japanese general election : political mobilization in wartime Japan. Lawrece, Center for East Asian Stud., Univ. of Kansas, 79, 223 p. (International Stud, East Asian Ser. Research Pub., 11)

3693. UNO (Shunichi). Dai ichiji Katsura naikaku no seiritsu ni tsuite. (The formation of the first Katsura cabinet.) Jinbun Kenkyû /Chiba/, 80, n°9, p. 19-56.

3694. YOSHIDA (Yutaka). Showakyôkô zengo no shakaijôsei to gunbu. (Military authorities and the social conditions in the time of the Showa panic.)

Nihonshi Kenkyû, 80, n° 219, p. 40-67.

Cf. n° 698.

Kenia.

3695. HAZLEWOOD (Arthur D.). The economy of Kenya : the Kenyatta era. London, Oxford U.P., 80, in-8, 242 p. (tab.).

Liberia.

3696. SUNDIATA (I.K.). Black scandal : America and the Liberian labor crisis, 1929-1936. Philadelphia, Inst. for the Stud. of Human Issues, 80, in-8, IX-230 p.

Libyen.

3697. HA-COHEN (Mordecai). Higgid Mordecai; Histoire de la Libye et de ses Juifs, lieux d'habitation et coutumes. Jerusalem, Institut Ben-Zvi,78, in-8, 410 p. /In Hebrew/

3698. TOVMASJAN (S.A.). Livija na puti nezavisimosti i socialnogo progressa. (Libya on the road of independence and social progress.) Moskva, Nauka,80, in-8, 206 p.

Malta.

3699. ELLIOTT (Peter). The Cross and the Ensign, the naval history of Malta, 1798-1979. London, P. Stephens, 80, in-8, 217 p.

3700. WITUCH (Tomasz). Dzieje Malty. (Histoire de Malte.) Warszawa, Książka i Wiedza, 80, in-16, 290 p.

Marokko.

+ 3701. Nouvel inventaire bibliographique des travaux sur les juifs du Maroc, révisé et compilé par Arrik DE-LOUYA. 1. Paris, A. Delouya, 78, in-16, 153 p.

3702. SEDDON (David). Moroccan peasants, a century of change in the Eastern Rif, 1870-1970. London, Wn.Dawson, 80, in-8, 236 p.

Mexiko.

3703. BRADING (D.A.). Caudillo and peasant in the Mexican revolution. London, Cambridge U.P., 80, in-8, 314 p. (Latin Amer. Stud.)

3704. CAMP (Robert A.). University environment and socialization : the case of Mexican politicians. Hist. Educat. Quar., 80, vol. 20, n°3, p.313-336.

3705. HALL (Linda B.). Alvaro Obregōn and the politics of Mexican land reform, 1920-1924. Hisp. am. hist. R., 80, vol. 60, n°2, p. 213-238.

3706. HODGES (D.), GANDY (R.).Mexico, 1910-1916 : reform or revolution. London, Zed Press, 80, in-8, 192 p.

3707. KATZ (Friedrich). Verschwörung und Revolution. Die mexikanische Revolution aus d. Sicht d. kaiserl. Deutschland. Wiener Beitr. z. Gesch.d. Neuzeit, 80, Bd 7, p. 214-236.

3708. RUIZ (Ramon Eduardo). The great rebellion : Mexico, 1905-1924. New York, W.W. Norton, 80, in-8, XII-530 p. (Revolutions in the Modern World)

Norwegen.

3709. GREVE (Tim). Haakon VII : menneske og monark. (Haakon VII : man and monarch.) Oslo, Gyldendal, 80, in-8, 418 p. (ill.).

Cf. n° 3800.

Neuseeland.

3710. GUSTAFSON (Barry). Labour's path to political independence, the origins and establishment of the New Zealand Labour Party, 1900-1919. Wellington, Oxford U.P., 80, in-4, 200 p. (ill.).

Panama.

3711. MENDEZ (J. Ignacio). Azul y Rojo : Panama's independance in 1840. Hisp. am. hist. R., 80, vol. 60, n°2, p. 269-293.

Paraguay.

3712. LEWIS (Paul H.). Paraguay under Stroessner, Chapel Hill, Univ. of N.C. Press, 80, in-8, XI-256 p.

3713. WARREN (Harris Gaylord).The Paraguayan revolution of 1904.Americas, 80, vol. 36, n°3, p. 365-384.

3714. WILLIAMS (John Hoyt). The rise and fall of the Paraguayan republic, 1800-1870. Austin, Texas, Inst. of Latin Am. Stud., 79, in-8, X-286 p.

Niederlande.

✦ Cf. n° XVII.

✦✦ 3715. Briefwiseeling (De) van Anthonie Heinsius 1702-1720. (The correspondence of Anthonie Heinsius 1702-1720.) /Vol. 1. Cf. Bibl. 76-77, n° 4582./ Vol. 2 : 1703. Vol. 3 : 1704.

Ed. by A. J. VEENENDAAL Jr. 's-Gravenhage, Nijhoff, 78-80, 2 vol., in-4, VIII-667, VIII-537 p. (Rijks Geschiedk. Publ., gr. s., 163, 169)

✦✦ 3716. GROEN VAN PRINSTERER (G.). Schriftelijke nalatenschap. Briefwisseling. (Correspondence.) /4. Cf. Bibl. 68-69, n° 5822./ 5 : 1827-1869. Bewerkt door J.L. VAN ESSEN. 's-Gravenhage,Nijhoff, 80, in-4, X-903 p. (Rijks Geschiedk. Publ., gr. s., 175)

3717. ABMA (G.). Geloof en politiek. Confessionele partijvorming in Friesland. Ontstaan en eerste jare (1852-1871). (The genesis a. development of the confessional party in Friesland, 1852-1871.) Leeuwarden, Friese Pers, 80, in-4, 530 p. (ill.).

3718. BOSSCHER (D./F.J./). Om de erfenis van Colijn. De ARP op de grens van twee werelden 1939-1952. (History of the ARP /Antirevolutionary Party/, 1939-1952.) Alphen aan den Rijn, Sijthoff, 80, in-8, 480 p. (ill., portr.).

3719. Figuren en figuraties. Acht opstellen aangeboden aan J.C. Boogman. Groningen, Wolters-Noordhoff, 79, in-8, VII-222 p. (Hist. Studies, uitgegeven vanwege het Inst. voor Gesch. der Rijksuniv. te Utrecht, 37) /Contents : BLOK (L.). Rond de kieswet van 1850 : gedane zaken namen geen keer (The electionlaw of 1850), p. 155-167.- HOOYKAAS (G.J.). Het reglement van de Raad van Ministers van 1850 : beschouwingen en bescheiden over 'Thorbecke's eigenlijke revolutie' (The Cabinet-regulations of 1850 : 'Thorbecke's real revolution'), p. 169-191.- MIJNHARDT(W. W.). De Nederlandse Verlichting : een terreinverkenning (The Dutch Enlightenment : an exploration), p. 1-25.-RUIG (E. de). Wilhelm Heinrich Wackenroder: het alledaagse leven en de kunst (Wackenroder : the daily life and the art), p. 41-59.- VAN HIMBERGEN (E.J.). Grondwettige Herstelling ('The True Principle of the Dutch State restored'), p. 27-39.- VAN SAS (N.C.F.). Een Amsterdamse realist : Willem Frederick Röell (W.F. Röell, a realist at Amsterdam), p. 61-111.- VON SANTEN (J.H.). De Amstelsociëteit : liberale organisatie in Nederland in de jaren 1846-1851. (The 'Amstelsociëteit' : a liberal organisation in the Netherlands 1846-1851), p. 113-154.- WELS (C.B.). Van Karnebeek's breuk met de traditie (Van Karnebeek's break with the tradition), p. 193-221./

3720. GRAYSON (J.G.). The civic militia in the County of Holland,1560-81 : politics and public order in the Dutch Revolt. Bijdr. Meded. Gesch.Nederland, 80, vol. 95, p. 35-63.

3721. GUTMANN (Myron P.). War und rural life in the early modern Law Countries /1620-1750/. Assen, Van Gorcum, 80, in-8, 322 p. (9 ill.). Maaslandse monogr., 31)

3722. HAITSMA MULIER (E.O.G.). The myth of Venice and Dutch republican thought in the seventeenth century. Trans. by G.T. MORAN. Assen, Van Gorcum, 8o, in-8, XII-237 p. (ill.).(Speculum historiale, 11)

3723. JANSEN (J.C.G.M.). Overheid en joden in het huidige Limburg in de 18e en vroege 19e eeuw. (Public authorities and the Jews in Dutch Limburg in the 18th and early 19th centuries.) Stud. soc.-econ. Gesch. Limburg, 78, n°1. 23, p. 1-62.

3724. KOSSMANN (E.H.). Volkssouvereiniteit aan het begin van het Nederlandse ancien régime. (Souveraineté du peuple au début de l'ancien régime en Hollande.) Bijdr. Meded. Gesch. Nederland, 8o, vol. 95, p. 1-34.

3725. PUCHINGER (G.). Colijn en het einde van de coalitie. II. De geschiedenis van de kabinetsformaties 1925-1929. (Colijn and the end of the coalition. The formation of the governments 1925-1929.) Kampen, Kok, 8o, in-4, 922 p. (ill., portr.).

3726. ROORDA (D.J.). William III and the Utrecht "Government-Regulation": background, events and problems. Acta Hist. neerlandicae, 79, vol. 12, p.85-109.

3727. RU (J.H. de). Landbouw en Maatschappij. Analyse van een boerenbeweging in de crisisjaren. ("Agriculture and Society". Analysis of a farmer's movement in the northern part of the Netherlands, 1931-1940.) S.l, s.n., 8o, in-8, X-377 p. ,'Diss. Wageningen/

3728. TAAL (G.). Liberalen en Radicalen in Nederland, 1872-1901. (Les libéraux et l'Union Radicale aux Pays-Bas, 1872-1901.) Den Haag, Nijhoff,8o, in-8, VIII-617 p.

3729. VAN DEURSEN (A. Th.). De raadpensionaris Jacob Cats. (Grand Pensionary Jacob Cats.) T. Gesch., 79, vol. 92, p. 149-161.

Peru.

3730. ANNA (Timothy E.). The fall of the royal government in Peru. Lincoln, Univ. of Nebr. Press, 8o, XI-291 p.

Philippinen.

3731. GEORGE (T.J.S.). Revolt in Mindanao : the rise of Islam in Philippine politics. New York, Oxford, U.P., 8o, in-8, 294 p.

Polen.

◆ Cf. n° XVIII.

✦✦ 3732. ORZELSKI (Świętosław). Bezkrólewia ksiąg ośmioro czyli Dzieje Polski od zgonu Zygmunta Augusta r. 1572 aż do r. 1575 skreślone. (Huit livres d'interrègne ou Histoire de la Pologne depuis le décès de Sigismond Auguste en 1572 jusqu'à l'an 1576.Trad. des manuscrits /latins/ de la Bibliothèque Impériale Publique, avec biographie et annotations par Włodzimierz SPASOWICZ. T.1-3. Warszawa, Wydawn. Artyst. i Filmowe, 8o, 3 vol., in-8, 292, 336, 271 p. /Reprod. photo-offset. de l'éd. orig. Petersburg-Mohilew 1856-1858/

✦✦ 3733. WORCELL (Stanisław).Pisma społeczne i polityczne. (Oeuvres sociales et politiques.) Choix de textes, avant-propos et annotations par Piotr MARCINIAK. Warszawa, Książka i Wiedza, 8o, in-8, XLIX-298 p. (Bibl. Rewolucyjnego Nurtu Pol. Myśli Społ.)

3734. AJNEKIEL (Andrzej). Polska po przewrocie majowym. Zarys dziejów politycznych Polski 1926-1939. (La Pologne après le coup d'Etat de mai.Précis d'histoire politique de la Pologne 1926-1939.) Warszawa, Wiedza Powszechna, 8o, in-8, 724 p. (Bibl. Wiedzy Hist. Historia Pol.)

3735. ANDRZEJEWSKI (Marek). Socjaldemokratyczna Partia Wolnego Miasta Gdańska 1920-1936. (Le Parti social-démocrate de la Ville Libre de Gdańsk, 1920-1936.) Gdańsk, Zakł. Narod. im. Ossolińskich, 8o, in-8, 243 p. (Gdańskie Tow. Nauk., Wydz. I Nauk Społ. i Humanist. Prace Komisji Hist.) -IDEM. Organ gdańskiej socjaldemokracji "Volkswacht" (1910-1919). (L'organe de la social-démocratie de Gdańsk.) Roczn. Gdańsk, 8o, vol.40, fasc.2, p.119-129.

3736. ANUSIEWICZ (Marian), WRZOSEK (Mieczysław). Kronika powstań śląskick 1919-1921. (La chronique des insurrections polonaises en Silésie 1919-1921.) Warszawa, Wydawn. Min. Obrony Narod., 8o, in-8, 256 p.

3737. BREYER (Richard), KORZEC (Paweł). Polnische Nationalitätenpolitik und deutsche Volksgruppe in Lageberichten des polnischen Innenministeriums aus den Jahren 1935 und 1937. Z. f. Ostforsch.,8o, Jg. 29, p. 260-366.

3738. BROWN (Mark Liam). The Polish question and public opinion in France 1830-1846. Antemurale , 8o, vol. 24, p. 77-300.

3739. BRUN-ZEJMIS (Julia). The "Russian idea" and "the Polish question" : some Russian views on the Polish insurrection of 1830. East european Quar., 8o, vol. 14, n°3, p. 315-316.

3740. DOMINICZAK (Henryk). W walce o Polskę Ludową. Udział Wojska Polskiego w przeobrażeniach ustrojowo-

2. EINZELNE STAATEN

społecznych i gospodarczych 1944-1948. (En lutte pour la Popolgne Populaire. La participation de l'Armée Polonaise aux transformations constitutionnelles, sociales et économiques 1944-1948.) Warszawa, Wydawn. Min. Obrony Narod., 80, in-8, 246 p.

3741. Dzieje Gdyni. (Histoire de Gdynia.) Sous la réd. de Roman WAPIŃSKI. Auteurs : Kazimierz CHRUŚCIŃSKI et autres. Wrocław, Zakł. Narod. im. Ossolińskich, 80, in-8, 338 p.

3742. FOUNTAIN (Alvin Marcus) II. Roman Dmowski : party, tactics, ideology, 1895-1907. Boulder, Colo., East European Quar., 80, in-8, XIII-240 p.

3743. GIERTYCH (Jedrzej). Jozef Pilsudski, 1914-1919. Vol. 1. London, Author, 80, in-8, 547 p. /in Polish/

3744. GROTT (Bogumił). Rola katolicyzmu w ideologii obozu narodowego w świetle pism jego ideologów i krytyki katolickiej (Zarys problematyki badawczej). (Le rôle du catholicisme dans l'idéologie du camp national à la lumière des ouvrages de ses idéologues et de la critique catholique.) Dzieje najnowsze, 80, a. 12, n° 1, p. 63-94.

3745. HALBERSZTADT (Jerzy).Polsko-niemiecka umowa gospodarcza z 17 marca 1930 r. (Case study mechanizmu podejmowania decyzji politycznych w II Rzeczypospolitej). (La convention économique polono-allemande du 17 mars 1930. Case-Study concernant le mécanisme des décisions politiques dans la IIe République.) Przegl. hist., 80, vol. 71, p. 51-76.

3746. HOROWITZ (Zevi Halevi). Letoldot ha-kehilot be-polin. (A history of the Jewish communities of Poland.) Jerusalem, Mosad Harav Kook, 78, in-8, 560 p.

3747. JABŁOŃSKI (Henryk). Niepodległość i tradycje narodowe. W 60 rocznicę odbudowy państwowości polskiej. (L'indépendance et les traditions nationales. Pour le 60e anniversaire de la restauration de l'Etat polonais.) Warszawa, Młodzieżowa Agencja Wydawn., 79 /80/, in-8, 229 p.

3748. KACZMAREK (Zygmunt). Obóz Wielkiej Polski-geneza i działalność społeczno-polityczna w latach 1926-1933. (The Camp of Great Poland. The origin a. political a. social activity in the years 1926-1933.) Poznań, 80, in-8, 89 p. (Roczn. Akad. Roln. w Poznaniu. Rozprawy Naukowe, 103)

3749. KIRKOR (Stanisław). Un nouveau supplément à la correspondance de Napoléon I; pièces inédites concernant la Pologne 1808-1815. Antemurale, 79, vol. 23, p. 51-74; 80, vol. 24, p.67-73.

3750. KOSIM (Jan). Pod pruskim zaborem. Warszawa w latach 1796-1806. (Sous l'occupation prussienne. Varsovie dans les années 1796-1806.) Warszawa, Państw. Inst. Wydawn., 80, in-8, 219 p. (Bibl. Wiedzy o Warszawie)

3751. ŁEMPICKI (Stanisław). Mecenat wielkiego kanclerza. Studia o Janie Zamoyskim. (Le mécénat du grand chancelier. Etudes concernant Jan Zamoyski) Choix de textes et avant-propos par Stanisław GRZYBOWSKI. Warszawa,Państw. Inst. Wydawn., 80, in-8, 611 p. (Klasycy Historiografii)

3752. LESLIE (Robert Frank) a. others. The history of Poland since 1863. London a. New York, Cambridge U.P., 80, in-8, XII-494 p. (Soviet a. East European Stud.)

3753. Łódź. Dzieje miasta. (Łódź. Histoire de la ville.) Réd. Ryszard ROSIN. T. 1 : Do 1918 r. (Jusqu'à l'an 1918.) Réd. Bohdan BARANOWSKI, Jan Fijałek. Auteurs : Kazimierz BADZIAK et autres. Warszawa, Państw. Wydawn. Nauk, 80, in-8, 674 p.

3754. MOLENDA (Jan). Piłsudczycy a narodowi demokraci 1908-1918. (Les partisans de Piłsudzki et les démocrates nationaux, 1908-1918.) Warszawa, Książka i Wiedza, 80, in-8, 523 p.

3755. Na warsztatach historyków polskiej myśli politycznej. (On workshops of historians studying Polish political thought) Wrocław, Zakł.Narod. im. Ossolińskich, 80, in-8, 285 p.(Pol. Myśli Polityczna XIX i XX wieku, 4)

3756. POLONSKY (Antony), DRUKIER (Boleslaw). The beginnings of communists rule in Poland, December 1943-June 1945. London, Routledge, 80, in-8, 472 p. (maps).

3757. PRZYBYLSKI (Henryk). Chrześcijańska Demokracja i Narodowa Partia Robotnicza w latach 1926-1937. (La Démocratie Chrétienne et le Parti National ouvrier dans les années 1926-1937.) Warszawa, Państw. Wydawn.Nauk., 80, in-8, 384 p.

3758. ŚLIWA (Michał). Myśl państwowa socjalistów polskich w latach 1918-1921. (La pensée nationale des socialistes polonais dans les années 1918-1921.) Kraków, Wydawn. Nauk. Wyższej Szkoły Pedagog., 80, in-8, 191 p.(Prace Monograficzne Wyższej Szkoły Pedagog. w Krakowie, 38)

3759. TARCZYŃSKI (Marek). Generalicja powstania listopadowego. (Les généraux de l'insurrection de novembre /1830/.) Warszawa, Wydawn. Min. Obrony Narod., 80, in-8, 432 p.

3760. THACKERAY (Frank W.). Antecedents of revolution : Alexander I and the Polish kingdom, 1815-1825.Boulder, Colo., East European Monographs, 80, in-8, 197 p. (East European Monographs, 67)

3761. WAPIŃSKI (Roman). Narodowa Demokracja 1893-1939. Ze studiów nad dziejami myśli nacjonalistycznej. (La Démocratie Nationale. Etudes sur l'histoire de la pensée nationaliste, 1893-1939.) Wrocław, Zakład Narod. im. Ossolińskich, 80, in-8, 337 p.

3762. Warszawa, jej dzieje i kultura. (Varsovie, son histoire et sa culture.) Réd. : Aleksander GIEYSZTOR, Janusz DURKO. Auteurs : Zofia BARANOWICZ et autres. Warszawa, Arkady, 80, in-4, 667 p.

3763. Warszawa stolica Polski. (Varsovie, capitale de la Pologne.) Réd. Józef KAZIMIERSKI. Warszawa, Państw. Wydawn. Nauk., 80, in-8, 434 p.

3764. WOSIŃSKI (Henryk). Stronnictwo Demokratyczne w latach II wojny światowej. (Le Parti Démocrate au cours de la IIe guerre mondiale.) Warszawa, Epoka, 80, in-8, 158 p. (Wydawnictwa Problemowe, Ogólnospoł. i Polit., 5)

3765. WYRWA (T.). Politique et religion en Pologne au temps de la Réforme. R. hist., 80, n° 533, p. 59-80.

3766. Zamość. Z przeszłości twierdzy i miasta. (Zamość. De l'histoire de la forteresse et de la ville.) Réd. Albin KOPRUKOWNIAK, Adam Andrzej WITUSIK. Auteurs : Władysław ĆWIK et autres. Lublin, Wydawn. Lub., 80, in-8, 413 p.

3767. ŻŁOBIŃSKA (Łucja). Propaganda morska w publicystyce proszwedzkiej w okresie trzeciego bezkrólewia (1587). (La propagande maritime dans le journalisme prosuédois aux temps du troisième interrègne, 1587.) Roczn.Gdańsk, 80, vol. 40, fasc.1, p. 109-133.

Cf. n° 2996.

Rumänien.

* Cf. n° XIX.

** 3768. BOTORÁN (Constantin), MATICHESCU (Olimpiu). Documente străine despre lupta poporului român pentru făurirea statului național unitar.(Documents étrangers sur la lutte du peuple roumain pour la création de l'Etat national unitaire.) Cluj-Napoca,Dacia, 80, 336 p. (Testimonia)

** 3769. Culegere de documente și materiale privind istoria României (1929-1933). (Collection de documents et matériaux concernant l'histoire de la Roumanie.) Coordonator : Doina SMÂRCEA. București, Univ., 80, in-8, 473p.

** 3770. Cronici turcești privind țările romăne. Extrase. (Chroniques turques concernant les pays roumains. Extraits.) Vol. 3 : Sfîrșitul sec. al XVI-lea - începutul sec. al XIX-lea. (Fin du XVIe - début du XIXe s.) Vol. întocmit de Mustafa A. MEHMET. București, Ed. Acad., 80, in-8, XVI-444 p. (17 fig.).

** 3771. CUZA (Alexandru Ioan), NEGRI (Costache). Corespondență.(Correspondance.) București, Minerva, 80, in-8, 569 p.

** 3772. Documente și însemnări românești din secolul al XVI-lea. (Rumänische Urkunden u. Aufzeichnungen aus dem 16. Jh.) Text u. Index v. Gheorghe CHIVU, Magdalena GEORGESCU, Magdalena IONIȚĂ, Alexandru MAREȘ u. Alexandra ROMAN-MORARIU. Einl. v. Alexandru MAREȘ. București, Ed. Acad., 79, in-8, 500 p. (fig., fac-sim.).

** 3773. Revoluția din 1821 condusă de Tudor Vladimirescu. Documente externe. (La révolution de 1821 conduite par Tudor Vladimirescu. Documents étrangers.) București, Ed. Acad., 80, 495 p.

** 3774. ROSETTI (C.A.). Corespondență. (Correspondance.) Ed. soignée, préf., notes et commentaires par Marin BUCUR. București, Minerva, 80, in-8, 432 p.

** 3775. SCHESAEUS (Christianus). Opera quae supersunt omnia. Ed. Franciscus CSONKA. Budapest, Akad. Kiadó, 79, in-8, 547 p. (Bibliotheca scriptorum medii recentisque aevorum, 4) /Schesaeus (1536?-1585), ab 1558 evang. Pfarrer in Mediasch, sächsischer Schriftsteller in Siebenbürgen/

** Cf. n° 713.

3776. ANDREESCU (Ștefan). Restitutio Daciae. Relațiile politice dintre Țara Românească, Moldova și Transilvania în răstimpul 1526-1593. (Les relations polit. entre la Valachie, la Moldavie et la Transylvanie, de 1526 à 1593.) București, Albatros, 80, in-8, 235 p.

3777. BĂRBUȚĂ (Nicolae), BOCȘAN (Nicolae). Independența României în opinia belgiană. (L'indépendance de la Roumanie dans l'opinion belge.) Cluj-Napoca, Dacia, 80, in-8, 324 p.

3778. BARTA (Gábor). Az erdélyi fejedelemség születése. (La naissance de la principauté de Transylvanie.) Budapest, Gondolat Kiadó, 79, in-8, 280 p. (Magyar História)

3779. BERCIU-DRĂGHICESCU (Adina). O domnie umanistică în Moldova : Despot Vodă. (Un règne humaniste en Moldavie: le prince Despot /1561-1563/.) București, Albatros, 80, in-8, 148 p.

3780. CIOBANU (Veniamin). Jurnal ieșean la sfîrșit de veac (1775-1800). (Fin de siècle à Iași au fil des jours.) Iași, Junimea, 80, in-8, 176 p. (8 pl).

3781. CIPĂIANU (George). Vincențiu Babeș (1821-1907). Timișoara, Facla, 80, in-8, 235 p.

3782. File din istoria militară a

2. EINZELNE STAATEN

poporului român. Studii. (Feuilles de l'histoire militaire du peuple roumain. Etudes.) Vol. 7. Coordonator de ediţie : general-major dr. Ilie CEAUŞESCU. Bucureşti, Ed. militară, 80, in-8,288p.

3783. GOSZTONY (Peter). Rumänien im August 1944. Österr. milit. Z., 80, Jg. 18, p. 48-54.

3784. GRECESCU (Ion). Nicolae Titulescu. Gîndire şi acţiune. (N. Titulescu. Pensée et action.) Bucureşti, Ed. politică, 80, in-8, 263 p.

3785. KING (Robert R.). A history of the Romanian communist party. Stanford, Calif., Hoover Inst. Press, 80, in-8, XVI-190 p. (Hists. of Ruling Communist Parties, Hoover Press Pub., 233)

3786. MADIEVSKIJ (S.A.). Političeskaja sistema Rumynii, poslednjaja tret' XIX-načalo XX v : monarkhija, parlament, pravitel'stvo. (The political system in Rumania, last third of the 19th-beginning of the 20th cent.: monarchy, parliament, government.)Moskva, Nauka, 80, in-8, 332 p.

3787. MISKOLCZY (Ambrus). Társadalmi és nemzeti kérdés az utolsó erdélyi rendi országgyülésen. (La question sociale et nationale à la dernière Diète transylvaine /1848/.) Századok, 79, vol. 113, n°5, p. 851-883.

3788. MUREŞAN (Camil). Răscoala lui Horea în corespondenţa diplomatică britanică. (Der Aufstand des Horea in d. Korrespondenz d. brit. Diplomatie.) Studia Univ. Babeş-Bolyai /Cluj/, 80, a. 25, n°1, p. 14-14. /Mit dt. Zsfassung/

3789. NAGY (László). Erdélyi "boszorkányperek" a politikai hatalom szolgálatában. ("Procès de sorcellerie" en Transylvanie au service du pouvoir politique /XVIe-XVIIe s./.) Századok, 78, vol. 112, n°6, p. 1097-1141.

3790. NEAGOE (Stelian). Viaţa universitară clujeană interbelică. Triumful raţiunii împotriva violenţei.(La vie universitaire de Cluj dans l'entredeux-guerres. Le triomphe de la raison contre la violence.) Vol. 1, 2. Cluj-Napoca, Dacia, 80, 2 vol. in-8, 264, 391 p.

3791. PLATON (Gheorghe). Geneza revoluţiei române de la 1848. Introducere la istoria modernă a României. (La genèse de la révolution roumaine de 1848. Introduction à l'histoire moderne de la Roumanie.) Iaşi, Junimea, 80, in-8, 303 p.

3792. Studii privind istoria Aradului. (Etudes concernant l'histoire de la ville d'Arad.) Bucureşti, Ed. politică, 80, in-8, 265 p.

3793. TRÓCSÁNYI (Zsolt). A rendi reformmozgalom Erdélyben, 1790-1811.

(Le mouvement réformiste des Ordres transylvains.) Századok, 79, vol. 113, n°5, p. 749-790.

3794. URBÁN (Aladár). A székely katonaság segitségül hivása 1848 májusában. (Der Hilferuf des szeklerischen Militärs im Mai 1848.) Hadtört. Közl., 80, vol. 27, n°3, p. 405-422.

Cf. n° 3494.

Schweden.

** 3795. Prästeståndets riksdagsprotokoll. På riksgäldskontorets uppdrag utg. av Lennart Thanner. (The Riksdag minutes of the Estate of Clergymen. Ed. by Lennart THANNER.) /Vol. 8 : 1734. Cf. Bibl. 78-79, n° 4301./ Vol. 5 : 1719-1720. Stockholm, Riksdagens förvaltningskontor, 80, in-8, V-518 p.

** 3796. SAINTE-CATHERINE (Etienne de). Relation du royaume de Suède par M. de Sainte-Catherine, 1606. Publ. pour la première fois par Swen ANDOLF. Göteborg, Acta Univ. Gothoburgensis, 80, in-8, 72 p. (Coll. romanica gothoburgensia)

** 3797. Stockholms tänkeböcker från år 1592. D. 13 (1622-1623); 14 (1624-1625). Red. av Sven Olsson,Naemi Särnqvist. (Stockholm memoranda books from 1592 onwards. /Vol. 8. Cf. Bibl. 66, n° 4564./ Vol. 13 (1622-23), 14 (1624-25). Ed. by Sven OLSSON, Naemi SÄRNQVIST. Stockholm, Stockholms stadsarkiv, 78-79, 2 vol. in-8, 609, 590 p.

3798. BÄCK (Henry). Den utrikespolitiska dagordningen : makt, protest och internationella frågor i svensk politik, 1965-1973. (The foreign policy procedure : power, protest and international questions in Swedish politics, 1965-73.) Stockholm, Stockholms univ., 79, in-8, 278 p. (Stockholm stud. in politics, 14) /Eng. summary/

3799. BUCHHOLZ (Werner). Staat und Ständegesellschaft in Schweden zur Zeit des Überganges vom Absolutismus zum Ständeparlamentarismus 1718-1720. Stockholm, Almqvist o. Wiksell internat., 79, in-8, XII-189 p. (6 pl.). (Stockholm stud. in hist., 27) (Studies presented to the Internat. comm. for the hist. of representative a. parliamentary institutions, 62)

3800. EMANUELSON (Kjell). Den svensk-norska utrikesförvaltningen 1870-1905 : dess organisations- och verksamhetsförändring. (The Swedish-Norwegian foreign administration,1870-1905 : changes in its organization and activity.) Lund, LiberLäromedel/Gleerup, 80, in-8, 173 p. (Bibl. hist.Lundensis, 48) /Eng. summary/

3801. ERICSSON (Birgitta) Central

power and the local right to dispose over the forest common in eighteenth-century Sweden : a micro-study of the decision-making process during Sweden's Age of Frredom. Scand. H. Hist., 80, vol. 5, p. 75-92.

3802. Helsingborgs historia.Under red. av Gösta Johannesson. D.6/1 : Personhistoriska anteckningar. Av Margit ROOTH. (History of the town of Helsingborg. Ed. by Gösta JOHANNESSON. /Part 5/1-3. Cf. Bibl. 78-79, n°4310./ P. 6/1 : Biographical notes. By Margit ROOTH.) Stockholm, Almqvist o. Wiksell, 79, in-4, 570 p.

3803. HOLMQUIST (Bengt M.) Svensk armémateriel under 350 år : från Kungl. Krigskollegiums tillkomst år 1630 fram till våra dagar. (Swedish war munitions during 350 years : from the foundation of the Royal Board of War in 1630 until the present day.) Stockholm, Liber-Förlag/Allmänna förl., 80, in-8, 96 p. (ill.).

3804. JOHANSON (Gösta). Liberal splittring, skilsmässa och återförening, 1917-1934. (Swedish liberalism, 1917-1934 : from Karl Staaf to Carl Ekman.) Stockholm, Folk o. samhälle, 80, in-8, 421 p.

3805. KARLBOM (Rolf). Gustav V och midsommarkrisen 1941. (King Gustav V and the Midsummer crisis, 1941.) Personhist. T., 80, vol. 76, p. 1-7.

3806. LARSSON (Hans Albin). Partireformationen : från bondeförbund till centerparti. (A party reform : from a farmers'union to a centre party.) Lund, LiberLäromedel/Gleerup,80, in-8, 233 p. (ill.). (Bibl. hist. Lundensis, 47) /Eng. summary/

3807. LÖVGREN (Anna-Brita). Handläggning och inflytande : beredning, föredraning och kontrasignering under Karl XIs envälde. (Cognizance and influence of : preparation, stating the case and countersigning during the absolute rule of Charles XI.) Lund,Liber-Läromedel/Gleerup, 80, in-8, VIII-237 p. (Bibl. hist. Lundensis, 46) /Eng. summary/

3808. WÓJTOWICZ (Wit Jan). Tradycje i współczesność socjaldemokracji. (Les traditions et le présent de la social-démocratie suédoise.) Poznań, Wydawn. Pozn., 80, in-8, 299 p.

Schweiz.

* Cf. n° XX.

3809. DORAND (Jean-Pierre).Chemins de fer et régions dans le canton de Fribourg entre 1848 et 1878 : " la guerre des bourgs". Fribourg, Ed.universitaires, 80, in-8, II-315 p. (cartes). (Et. et recherches d'hist.contemp., sér. Mém. de licence, 39)

3810. STETTLER (Peter). Die Kommunistische Partei der Schweiz 1921-1931. Ein Beitr. z. schweizer. Parteiforschung u. z. Gesch. d. schweizer. Arbeiterbewegung im Rahmen d. Kommunist Internationale. Bern, Francke, 80, in-8, 627 p. (Taf., graph. Darst.). (Helvetia politica, Ser. B, 15)

Tansania.

3811. ILIFFE (John). The modern History of Tanganyika. London, Cambridge U.P., 80, in-8, 616 p. (maps, tab.). (African Stud.)

3812. NYERERE (Julius K.). The Arusha Declaration, ten years after. Birmingham, Third World Publ., 80, 51 p. (United Republic of Tanzania)

Tschechoslowakei.

* 3813. Bibliografie článků z komunistického a pokrokového tisku v Československu 1918-1945. (Auswahl-Bibliographie v. Artikeln aus d. kommunist. u. fortschrittl. Presse in der ČSR aus den Jahren 1918-1945.) /2. Cf. Bibl. 70-71, n° 5242./ Tom. 3 : 1929-1932. Vol. 1, 2, 3. Edit. Josef KŮSTKA, Irena STRNADOVÁ, Zora DZIAČKOVÁ.Praha-Martin, Ústav marxismu-leninismu ÚV KSČ - Matica slovenská, 77-78, 3 vol. in-4, 964, 1080, 644 p.

* 3814. Cesta k Februáru. Výberová bibliografia. (Der Weg zum Februar /1948/. Auswahlbibliographie.) Edit. Eva ANDRÍSEKOVÁ u. Krista GAVALIEROVÁ. Bratislava, Ústav marxizmu-leninizmu ÚV KSS, 78, in-8, 304 p.

* Cf. n°s XXI, 5575.

** 3815. Obrození národa. Svědectví a dokumenty. (Die Wiedergeburt des Volkes. Zeugnisse u. Dokumente.) Edit. Jan NOVOTNÝ. Praha, Melantrich, 79,in-8, 423 p.

** 3816. Obrozená Národní fronta. 1948-1949. (Die erneuerte Nationale Front.) Edit. R. HLUŠIČKOVÁ, A. NOSKOVÁ, J. ŽABKA. Praha, Státní ústřední archív, 79, in-4, 449 p. (Edice dokumentů z fondů Státního ústředního archívu v Praze, 9)

** 3817. VAJANSKÝ (Svetozár Hurban). Korešpondencia Svetozára Hurbana Vajanského. (Die Korrespondenz S. Vajanskýs.) Vol. 1 (1860-1890). Vol. 2 (1890-1916). Vol. 3 (Auswahl von Briefen aus d. J. 1860-1916.) Bratislava,Veda, 67-72-78, 3 vol. in-8, 608, 616, 608p.

3818. BARNOVSKÝ (Michal).Sociálne triedy a revolučné premeny na Slovensku v rokoch 1944-1948. (Die sozialen der Klassen u. die revolutionären Um-

2. EINZELNE STAATEN

wandlungen in der Slowakei in den Jahren 1944-1948.) Bratislava, Veda, 78, in)8, 228 p.

3819. BOHATA (Ivan). Protilidová úloha četnictva v letech 1918-1938. (Die volksfeindliche Rolle der Gendarmerie in den Jahren 1918-1938.) Praha, Federální ministerstvo vnitra, 78, in-8, 94 p.

3820. CESAR (Jaroslav), SNÍTIL (Zdeněk). Československá revoluce 1944-1948. (Die tschechoslowakische Revolution 1944-1948.) Praha, Svoboda, 79, in-8, 415 p.

3821. Ez volt a Sarló. Tanulmányok, emlékezések, dokumentumok. (C'était la Faucille. Etudes, mémoires, documents.) Budapest, Kossuth Kiadó; Bratislava, Madách Kiadó, 78, in-8, 432 p. /Mouvement des intellectuels hongrois radicaux de gauche en Tchécoslovaquie,1928-1934/

3822. GALANDAUER (Jan). Bohumír Šmeral. Praha, Horizont, 78, in-8,152p.

3823. Geschichte der Teschoslowakischen Republik 1918-1948. Hrsg. v. Victor S. MAMATEY u. Radomir LUŽA.Wien, Köln u. Graz, Böhlau, 80, in-8, 553 p. (Forsch. z. Gesch. d. Donauraumes, 3)

3824. GOSIOROVSKÝ (Miloš). Z histórie česko-slovenských vzťahov.(From the history of Czech-Slovak relationships.) Bratislava, Pravda, 78, in-8, 232 p.

3825. HARNA (Josef). Kritika ideologie a programu českého národního socialismu. (Kritik d. Ideologie u. d. Programms d. tschechischen Nationalsozialismus.) Praha, Academia, 78, in-8, 132 p. (Studie ČSAV, 78, n°1)

3826. KLIMKO (Jozef). Slovenská republika rád. Pokus o socialistickú štátnosť. (Die Slowakische Räterepublik Versuch um eine sozialist. Staatlichkeit.) Bratislava, Pravda, 79, in-8, 216 p. (38 fig.).

3827. KOČÍ (Josef). České národní obrození. (Die tschechische nationale Wiedergeburt.) Praha, Svoboda, 78, in-8, 457 p.

3828. KOŘALKA (Jiří). Fünf Tendenzen einer modernen nationalen Entwicklung in Böhmen. Österr. Osthefte, 80, Jg. 22, p. 199-213.

3829. KRÁL (Václav). Historické mezníky ve vývoji Československa. (Historische Marksteine in d. Entwicklung d. Tschechoslowakei.) Praha, Horizont, 78, in-8, 228 p.- IDEM. Die Regierungskoalition und das Münchener Diktat im Jahre 1938. Historica /Praha/, 80, t. 20, p. 177-238.

3830. LIPSCHER (Ladislav). Die Juden im Slowakischen Staat 1939-1945. München u. Wien, Oldenbourg, 80, in-8, 210 p. (Veröff. d. Collegium Carolinum, 35)

3831. MATES (Pavel). Právní problémy zespolečenštění průmyslu v Československu 1945-1947. (Die Rechtsprobleme d. Nationalisierung d. Industrie in d. Tschechoslowakei 1945-1947.) Brno,Univ. J. E. Purkyně, 78, in-8, 149 p. (Acta Univ. Brunensis. Iuridica, 26)

3832. MLYNAR (Zdenek). Night frost in Prague, the end of humane socialism, Tr. from the Czech by P. WILSON. London, C. Hurst, 80, in-8, V-300 p.

3833. MLÝNSKÝ (Jaroslav). Únor 1948 a akční výbory Národní fronty. (Der Februar 1948 und die Aktionsausschüsse d. Nationalen Front.) Praha, Academia, 78, in-8, 224 p. (23 fig.).

3834. PEŤKO (Emil). Cestou revolúcie. (Auf dem Wege der Revolution.) Bratislava, Pravda, 79, in-8, 550 p.

3835. PLEVZA (Viliam). História československej súčasnosti. (Geschichte der tschechoslowakischen Gegenwart.) Bratislava, Sloven. pedagog. naklad., 78, in-8, 464 p. - IDEM. Národnostná politika KSČ a česko-slovenské vzťahy. (Die Nationaltätenpolitik der Kommunist. Partei der Tschechoslowakei u. die tschechisch-slowakischen Beziehungen.) Bratislava, Práca, 79, in-8, 432 p.

3836. PLEVZA (Viliam), PLEVZOVÁ (Vlasta). Slovenská inteligencia v komunistickom hnutí, 1921-1938. (Die slowakische Intelligenz in d. kommunist. Bewegung.) Bratislava, Pravda, 79, in-8, 352 p.

3837. PODZIMEK (Jaroslav). Vývoj československé statistiky 1919-1945 v událostech a datech. (Die Entwicklung d. tschechoslowak. Statistik 1919-1945 in Ereignissen u. Daten.) Praha, Výzk. ústav sociál. ekonom. informací, 79, in-8, 118 p.

3838. Retrospektivní lexikon obcí československé socialistické republiky 1850-1970. (Retrospektives Lexikon d. Gemeinden d. Tschechoslowak. Sozialist. Republik 1850-1970.) Tom. 1, vol.1,2. Tom. 2, vol. 1,2. Praha, Statist. a evid. vydavat. tiskopisů, 78, 4 vol. in-4, 1187, 906 p. (cartes).

3839. SLEZÁK (Lubomír). Zemědělské osídlování pohraničí českých zemí po druhé světové válce. (Die landwirtschaftl. Besiedlung d. Grenzgebiete d. böhmischen Länder nach d. Zweitem Weltkrieg.) Brno, Blok, 78, in-8, 192 p.

3840. STRAKA (Jaroslav). Študentské hnutie na Slovensku v období národnej a demokratickej revolúcie. (Die Studentenbewegung in d. Slowakei im Zeitraum d. Volks- u. Demokrat. Revolution.) Bratislava, Smena, 78, in-8, 184 p. (16 fig.).

3841. SUDA (Zdeněk L.). Zealots and rebels : a history of the communist party of Czechoslovakia.Stanford,Calif.,

Hoover Inst. Press, 80, in-8, XI-412p.
(Hists. of Ruling Communist Parties,
Hoover Press Pub., 234)

3842. VARTÍKOVÁ (Marta). Idey Veľkého októbra vo Februári 1948. (Die
Ideen d. Grossen Sozialist. Oktoberrevolution im Februar 1948.) Bratislava, Sloven. pedagog. naklad., 78, 136
p. (24 fig.).

3843. VOŠAHLÍKOVÁ (Pavla). Slovenské politické smery v období prechodu
k imperialismu. (Das slowakische politische Denken in der Übergangsperiode
zum Imperialismus.) Praha, Academia,
79, in-8, 168 p., 2 fig.

3844. Vplyv Veľkej októbrovej socialistickej revolúcie a revolučná situácia na Slovensku v rokoch 1917-1920.
Výberový katalóg. (Der Einfluss d.Grossen Sozialist. Oktoberrevolution u.d.
revolutionäre Situation in d. Slowakei
in d. J. 1917-1920. Auswahlkatalog.)
Edit. Justína GINTEROVÁ, Gabriela RIPKOVÁ, Alica PAULUSOVÁ, Júlia CHREŇOVÁ.
Vol. 1,2. Martin, Matica slovenská,78,
2 vol. in-8, 945 p.

3845. VRABLIC (Emil). Revolúcia a
druhá etapa znárodnenia na Slovensku.
(Die Revolution u. die zweite Etappe
d. Nationalisierung in d. Slowakei.)
Bratislava, Práca, 79, 128 p. (8 fig.)

3846. ŽÁČEK (Václav). Josef Václav
Frič. Praha, Melantrich, 79, in-8,396
p. (48 fig.). (Odkazy pokrokových osobností naší minulosti, 52)

3847. ZUBEREC (Vladimír). Revolučné tradície slovenského ľudu. (Die
revolutionären Traditionen d. slowakischen Volkes.) Martin, Osveta, 78,
in-8, 248 p. (24 fig.).

Türkei.

** 3848. AḤMED SINAN /BIHIŠTI/.
Die Chronik des Aḥmed Sinan Čelebi gen.
Bihišti. Eine Quelle z. Gesch. d. osmanischen Reiches unter Sultan Bâyezid
II. Von Brigitte MOSER. München, Trofenik, 80, in-8, 293 p. (Beitr. z.
Kenntnis Südosteuropas u. d. Nahen
Orients, 35)

3849. FINDLEY (Carter V.). Bureaucratic reform in the Ottoman empire :
the Sublime Porte, 1789-1922. Princeton, N.J., Princeton U.P., 80, in-8,
XXXIII-455 p. (Princeton Stud. on the
Near East)

3850. KÖHBACH (Markus). Ein türkischer Robinson. Österr. Osthefte,80,
Jg. 22, p. 55-61.

3851. ŁĄTKA (Jerzy Stefan).Polacy
w Turcji. (Les Polonais en Turquie.)
Lublin, Pol. Centrum Kult.-Oświat.Uniw.
M. Curie-Skłodowskiej, 80, in-8, 105p.
(Z Dziejów Polonii)

3852. ROSENTHAL (Steven T.) The
politics of dependency : urban reform
in Istanbul. Westport, Conn., Greenwood Press, 80, in-8, XXIX-220 p.(Contrib. in Comparative Colonial Stud.,3)

3853. WITUCH (Tomasz). Tureckie
przemiany. Dzieje Turcji 1878-1923.
(Les transformations de la Turquie,
1878-1923.) Warszawa, Państw. Wydawn.
Nauk., 80, in-8, 288 p.

Cf. n° 723.

Uganda.

3854. GRAHAME (Iain). Amin and
Uganda, personal memoir. London, Granada Publ., 80, in-8, 240 p.

2855. OLOK-APIRE (P.A.). Idi Amin's
rise to power, the inside story. London, Zed Press, 80, in-8, 192 p.

3856. SMITH (George Ivan). The
ghosts of Kampala, the rise and fall
of Idi Amin. London, Weidenfeld a. Nicolson, 80, in-8, 208 p.

U.d.S.S.R.

* 3857. GORELIK (Ju.M.). Dokumental'nye publikacii po istorii Velikoj
Otečestvennoj vojny 1941-1945 godov.
(Documentary publications on the history of the Great Patriotic War of
1941-1945.) Ist. SSSR., 80, n°3, p.119-127.

** 3858. KOTOSHIKIN (Grigorij). O
Rossii v carstvovanie Alekseja Mikhajloviča. (Russia in the reign of Aleksej
Mikhajlovič.) Ed. by E. PENNINGTON.
London, Oxford U.P., 80, in-8, 742 p.

3859. ABRAHAM (Heinz). Sowjetrussland 1917-1918. Die Errichtung u. Festigung d. ersten sozialist. Staates
d. Welt. Berlin, Dietz, 80, in-8, 249
p. (Abb.).

3860. ALEŠČENKO (N.M.). Moskovskij
Sovet v 1941-1945 gg. (The Moscow Soviet v 1941-1945 gg. (The Moscow Soviet in 1941-1945.) Moskva, Nauka, 80,
in-8, 342 p.

3861. ALUF (I.A.), TITARENKO (S.L.).
V.I. Lenin ob istoričeskom opyte pervoj rossijskoj revoljucii. (W.I.Lenin
über die historische Erfahrung der
ersten russischen Revolution.) Vopr.
Ist. KPSS, 80, n°1, p. 17-30.

3862. AMBURGER (Erik). Ingermanland. Eine junge Provinz Russlands im
Wirkungsbereich d. Residenz u. Weltstadt St. Petersburg-Leningrad. Teilbd
1,2. Köln, Wien, Böhlau, 80, 2 vol.in-8, XVI-675 p., p. 678-1047. (XVI p.
Ill., Kt.). (Beitr. z. Gesch. Osteuro-

2. EINZELNE STAATEN

pas, 13) - IDEM. Statthalterschaftsverfassung und Städtegründung in Russland im letzten Viertel des 18. Jahrhunderts. Jb. f. Gesch. Osteuropas, 8°, Bd 28, p. 17-30.

3863. APINE (I.). Nacional'naja politika Kommunističeskoj partii Latvii (oktjabr' 1917 g-Janvar' 1920 g). (National Policy of the Communist Party of Latvia, Oct. 1917-Jan. 1920.) Riga, Avots, 8°, in-8, 237 p.

3864. ARONSON (I. Michael). Geographical and socioeconomic factors in the 1881 anti-Jewish pogroms in Russia. Russian R., 8°, vol. 39, n°1, p. 18-31.
- IDEM. Russian commissions on the Jewish question in the 1880's. East european Quar., 8°, vol. 14, n°1, p. 59-74.

3865. BABIKOVA (E.N.). Dvoevlastie v Sibiri. (Diarchy in Siberia.) Tomsk, Izd-vo Tom. un-ta, 8°, in-8, 159 p.

3866. BIALER (Seweryn). Stalin's successors : leadership, stability and change in the Soviet Union. London, Cambridge U.P., 8°, in-8, 312 p. (tab.)

3867. BORISENKO (V.J.). Bor'ba demokratičeskikh sil za narodnoe obrazovanie na Ukraine v 60-90-kh godakh XIX v. (The democratic forces struggle for national education in the Ukraine in the 1860s-1890s.) Kiev, Naukova dumka, 8°, in-8, 155 p.

3868. CARR (E. Hallett). The Russian Revolution from Lenin to Stalin, 1917-1929. London, Macmillan, 8°, in-8, 216 p. (Papermacs)

3869. CARRERE D'ENCAUSSE (Hélène). L'agitation révolutionnaire en Russie de 1898 à 1904, vue par les représentants de la France. R. Hist. mod.contemp. 8°, vol. 27, p. 408-442.

3870. COHEN (Stephen F.) a.others. The Soviet Union since Stalin. London, Macmillan, 8°, in-8, 352 p.

3871. CZERSKA (Danuta). Działalność Fiodora (Filareta) Romanowa w okresie "smuty". (L'activité de Fiodor - Philarete - Romanow aux temps des troubles.) Studia hist., 8°, a. 23, n°4, p. 535-556.

3872. CZÖVEK (István). Egy XIX. századi költő-diplomata gondolatai korából. (Les pensées d'un poète-diplomate /Fiodor I. Tiutcheff, 1803-1873/ du XIXe s. sur son époque). Acta Univ. debreceniensis, Ser. hist., 8°, vol. 29, 31, Egyetemes tört. tanulm., n°s 13-14, p. 122-151.

3873. CZOLLEK (Roswitha), ŠTEINMANIS (Josef). Der Faschismus im Baltikum in der sowjetischen Historiographie. Jb. f. Gesch. d. sozialist.Länder Europas, 8°, Bd 24, H.1, p. 85-102.

3874. Dějiny SSR. (Geschichte der UdSSR.) Bd 2 : 1900-1917. Obdobi imperialismu. (Die Zeit des Imperialismus.)

Von Karel HERMAN. Bd 1 : 1861-1900.Von Alena ZÁVADOVÁ. Praha, Stát. pedagog. nakladat., Filozof. fakulta Univ.Karlovy, 78-79, 2 vol. in-8, 92, 104 p.

3875. DOLMÁNYOS (István). Ragyogó október. A nagy oroszországi szocialista forradalom története. (L'octobre rayonnant. L'histoire de la Grande Révolution socialiste russe.) Budapest, Kossuth Kiado, 79, in-8, 686 p.

3876. DRIZULIS (A.A.). V.I. Lenin i revoljucionnaja Latvija. (V.I. Lenin and revolutionary Latvia.) Riga,Avots, 8°, in-8, 229 p.

3877. EDELMAN (Robert). Gentry politics on the eve of the Russian revolution : the nationalist party,1907-1917. New Brunswick, N.J., Rutgers U.P., 8°, in-8, XVII-252 p.

3878. FAUST (Wolfgang). Russlands goldener Boden. Der sibirische Regionalismus in der 2. Hälfte des 19. Jh. Köln, Böhlau, 8°, in-8, 683 p. (Diss. zur neueren Gesch., 9)

3879. GELBARD (Arye). Ha-bund harusi bishnat 1917. (The Russian Bund in 1917 /from the February Revolution until the German occupation of the Ukraine/.) Tel-Aviv, Univ., 78, in-4; 540-XLII p. /Summary in Eng./

3880. General'naja repeticija.Khronika revolucionnykh sobytij 1905-1907 godov v Moske i Podmoskov'e. (Répétition générale. Chronique des événements révolutionnaires de 1905-1907 à Moscou et dans ses environs.) Moskva, Moskovskij rabočij, 8°, in-8, 384 p. (ill.).

3881. HAIMSON (Leopold H.). The Mensheviks after the October revolution. Russian R., 8°, vol. 39, n°2,p. 181-209; n°4, p. 442-461.

3882. HAMM (Michael F.). Riga's 1913 city election : a study in Baltic urban politics. Russian R., 8°, vol. 39, n°4, p. 442-461.

3883. HITTLE (J. Michael). The service city : state and townsmen in Russia, 1600-1800. Cambridge, Mass., Harvard U.P., 79, in-8, VIII-297 p.

3884. IGLÓI (E.). Problema teorii carskoj vlasti v istoričeskoj publicistike smutnogo vremeni. (Le problème de la théorie du pouvoir des tsars dans la littérature historique des "temps des troubles".) Studia slavica Acad. Sci. hungaricae, 79, vol. 25, n°s 1-4, p. 195-206.

3885. JOSSELSON (Michael), JOSSELSON (Diana). The commander : a life of Barclay de Tolly. London a. New York, Oxford U.P., 8°, in-8, IX-275 p.

3886. JUKHNEVA (N.V.). Ob étničeskikh aspektakh izučenija naselenija dorevoljucionnogo Peterburga. (Les aspects ethniques de l'étude de la population de Pétersbourg prérévolutionnaire.) Sovet. Ètnogr., 80, n°1, p.20-33.

3887. KAPPELER (Andreas). Die Anfänge eines russischen Chinabildes im 17. Jahrhundert. Saeculum, 80, Bd 31, p. 27-43.

3888. KATKOV (George). Russia 1917: the Kornilov affair. Kerenski and the break-up of the Russian army. London a. New York, Longman, 80, in-8, XIV-210p.

3889. KERIMBAEV (S.K.). Sovetskij Kirgizstan v Velikoj Otečestvennoj vojne 1941-1945 gg. (Soviet Kirghizstan in the Great Patriotic War, 1941-1945.) Frunze, Ilim, 80, in-8, 301 p.

3890. KHOVRATOVIČ (I.M.). Georgij Vasil'evič Čičerin. (G. Chicherin.) Moskva, Mysl', 80, in-8, 108 p.

3891. KOVÁCS (Endre). Herzen. Budapest, Gondolat Kiadó, 78, 338 p.- CR : J. Szabó, Pedag. Szle, 79, vol. 29,n° 2, p. 170-171.

3892. KRAUSZ (Tamás). Pokrovszkij és az orosz abszolutizmus vitája az októberi forradalom után. (/M.N./ Pokrovski et le débat sur l'absolutisme russe après la Revolution d'Octobre.) Tört. Szle, 80, vol. 23, n° 4, p. 627-648. - IDEM. "Szocializmus egy országban". ("Socialism in one country".) Acta Univ. debreceniensis. Ser. hist., 80, vol. 29, n°31, p. 242-269.

3893. KÜTTLER (Wolfgang). Bauernbewegung und demokratische Revolution in Russland. Zur Agrar- u. Bauernfrage in bürgerl.-demokrat. Revolutionen d. Epoche d. Imperialismus. Z.f.Geschichtswiss., 80, Jg. 28, p. 1096-1114.

3894. KUNG (Andres). A dream of freedom : four decades of national survival versus Russian imperialism in Estonia, Latvia and Lithuania, 1940-1980. Tr. from the Swed. Cardiff, Boreas Publ. House, 80, in-8, VIII-272p.

3895. KURAMOCHI (Shunichi). Soren gendaishi I. (Contemporary history of the U.S.S.R.) Tokyo, Yamakawa Shuppan, 80, in-8, 374 p.

3896. MEDVEDEV (Roy A.). Nikolai Bukharin : the last years. Transl. by A.D.P. BRIGGS. New York, W.W. Norton, 80, in-8, 176 p. /Cf. Bibl. 78-79, n° 4426./ - IDEM. The October revolution. Transl. by George SAUNDERS. New York, Columbia U.P., 79, in-8, XIX-240 p.

3897. MEN'HART /MENYHART/ (Lajos). Russkaja obščestvenno-političeskaja mysl' na rubeže stoletij, 1895-1906 gg. (La pensée sociale et politique russe à la fin du XIXe et au début du XXe s.) Acta Univ. debreceniensis, Ser.hist., 80, vol. 29, n° 31, p. 189-220.- IDEM. Velikaja Oktjabrskaja socialističeskaja Revoljucija v novejšej sovetskoj istoriografii. (La Grande révolution socialiste d'octobre dans l'historiographie sovietique récente.) Acta Univ. debreceniensis, Ser. hist., 78, vol. 27, p. 185-199.

3898. MOSSE (W.E.). Aspects of Tsarist bureaucracy, the State Council in the late 19th century. Eng. hist.R., 80, vol. 95, p. 268-292.

3899. MOTYL (Alexander J.). The turn to the right : the ideological origins and development of Ukrainian nationalism, 1919-1929. Boulder, Colo., East European Quar., 80, in-8, 212 p. (East European Monographs, 65)

3900. MUSTERD (C.). Sovjet interpretaties van de Februari-revolutie in Petrograd. (Soviet interpretation of the February Revolution in Petrograd.) T. Gesch., 80, vol. 93, p. 1-34.

3901. NIENHAUS (Ursula D.). Revolution und Bürokratie. Staatsverwaltung u. Staatskontrolle in Sowjetrussland 1917-1924. Frankfurt (Main), R. G. Fischer, 80, in-8, 345 p.

3902. PIPES (Richard). Struve : liberal on the right, 1905-1944. Cambridge, Mass., Harvard U.P., 80, in-8, XIX-526 p. (Russian Research Center Stud., 80)

3903. POLIKARPOV (V.D.). K izučeniju leninskoj koncepcii istorii graždanskoj vojny v Rossii. (On the study of Lenin's concept of the History of Civil War in Russia.) Ist.SSSR, 80, n°2, p. 25-45.

3904. POTEKHIN (M.N.). Petrogradskaja trudovaja kommuna 1918-1919 gg. (Petrograd's working commune 1918-1919.) Leningrad, Izd-vo Leningr. un-ta, 80, in-8, 143 p.

3905. Problemy razvitija kapitalizma i revolucionnogo dviženija v Latvii. Sbornik statej. (Problems of development of capitalism and revolutionary movement in Latvia.) Ed. by A. K. BIRON. Riga, Zinatne, 80, in-8,222p.

3906. RAUCH (Gerhard von). Zarenreich und Sowjetstaat im Spiegel der Geschichte. Aufsätze u. Vorträge. Zum 75. Geburtstag hrsg. v. Michael GARLEFF u. Uwe LISZKOWSKI. Göttingen, Frankfurt (Main) u. Zürich, Musterschmidt, 80, in-8, XII-388 p.

3907. REXHEUSER (Rex). Dumawahlen und lokale Gesellschaft. Studien z. Sozialgesch. d. russischen Rechten vor 1917. Köln u. Wien, Böhlau, 80, in-8, VII-254 p. (Beitr. z. Gesch. Osteuropas, 12)

3908. ROSSING (Niels), BØNNE (Birgit). Apocryphical - not apocryphical. A critical analysis of the discussion concerning the correspondence between Tsar Ivan IV Groznyj and Prince Andrej Kurbskij. København, Rosenkilde a. Bagger, 80, in-8, 184 p. (Københavns Univ. Slaviska Inst. Studier, 7)

3909. SENN (Alfred Erich). Jonas

Basanavičius : the patriarch of the Lithuanian national renaissance. Newtonville, Mass., Oriental Research Partners, 80, in-8, 93 p.

3910. SOLOV'EV (M.E.). Bol'ševiki i Fevral'skaja revoljucija 1917 goda. (Bolsheviks and the February Revolution of 1917.) Moskva, Vysšaja škola, 80, in-8, 183 p.

3911. SPLIET (Herbert). Russland. Von d. Autokratie d. Zaren zur imperialen Grossmacht. Psych. Anomalien d. Zaren im Wandel ihrer Genetik. Hrsg.v. d. Carl-Schirren-Ges., Lüneburg.Neetze-Lüneburg, Wesemann, 79, in-8, 604 p. (8 Bl. Ill.)

3912. STANISLAVSKIJ (A.L.). Kazackoe dviženie 1615-1618 godov. (Le mouvement des cosaques des années 1615-1618.) Vopr. Ist., 80, n°1, p. 104-116.

3913. SUBTELNY (Orest). Russia and the Ukraine : the difference that Peter I made. Russian R., 80, vol. 39, n°1, p. 1-17.

3914. THURSTON (Robert W.). Police and people in Moscow, 1906-1914. Russian R., 80, vol. 39, n°3, p. 320-338.

3915. TRUŠ (M.I.). Meždunarodnaja dejatel'nost'V.I. Lenina : God velikogo Oktjabria. (International activity of V. I. Lenin. The year of the Great October.) Moskva, Politizdat,80, in-8, 302 p.

3916. UMANSKIJ (A.P.). Teleuty i russkie v XVII-XVIII vekakh. (Teleuts and Russians in the 17th-18th cent.) Novosibirsk, Nauka, 80, in-8, 296 p.

3917. VOLIN (M.S.). V.I. Lenin i programmnye dokumenty 25 oktjabrja 1917 g. (W.I. Lenin und die Programmdokumente vom 25. Okt. 1917.) Vopr.Ist. KPSS, 80, n°9, p. 42-49.

3918. WEBER (Herman). Lenin, his life and works. London, Macmillan,80, in-8, 240 p.

3919. WILDMAN (Alan K.). The end of the Russian imperial army : the old army and the soldiers' revolt (March-April 1917). Princeton, N.J., Princeton U.P., 80, in-8, XXVI-402 p. (ill., maps)

3920. ŽMUROVSKIJ (D.P.). Respublika Sovetov. Edinstvo fronta i tyla, 1918-1920 gg. (The Soviet Republic. Unity of front and rear.) Minsk, 80, in-8, 180 p.

Cf. n° 296.

Venezuela.

3921. AIZENBERG (Isidoro). "Die or leave" : an anti-Jewish riot in 19th-century Venezuela. Am. jewish Hist., 80, vol.69, n°4, p. 478-487.

Jugoslawien.

3922. BALFOUR (Neil), MACKAY (Sally). Paul of Yugoslavia. London, H.Hamilton, 80, in-8, 364 p.

3923. BEHSCHNITT (Wolf Dietrich). Nationalismus bei Serben und Kroaten 1830-1914. Analyse und Typologie der nationalen Ideologie. München, Oldenbourg, 80, in-8, 423 p. (Südosteurop. Arbeiten, 74)

3924. MARTIC (Milos). Dimitrije Ljotic and the Yugoslav national movement Zhor, 1935-1945. East european Quar., 80, vol. 14, n°2, p. 219-239.

3925. PERIČIĆ (Šime). Dalmacija uoči pada Mletačke Republike. (Dalmatia on the eve of the fall of the Venetian republic /1770-1797/.) Zagreb, Sveučilište u Zagrebu, 80, in-8, 266p. (Centar za Povijest Znanosti, Odjel za Hrvatska Povijest, Monogr., 10)

3926. SAJTI (Enikö A.). Útkeresés. A Jugoszláv Kommunista Párt nemzetiség-politikai koncepciójának formálódása az 1920-as években. (Recherche d'une voie. La formation de la conception de politique minoritaire du Parti Communiste Yougoslave dans les années 1920.) Századok, 79, vol. 113, n°3, p. 375-420.

3927. SKORIC (Sofija). The populism of Nikola Pasić : the Zurich period. East european Quar., 80, vol. 14, n°4, p. 469-485.

3928. WEHLER (Hans-Ulrich).Nationalitätenpolitik in Jugoslawien. Die deutsche Minderheit 1918-1978. Göttingen, Vandenhoeck u. Ruprecht, 80, in-8, 164 p.

3929. WILSON (Duncan). Tito's Yugoslavia. London, Cambridge U.P., 80,in-8, 269 p.

§ 3. Erdentdeckung.

** 3930. DURIEUX (Marcel). Ordinary heroes : the journal of a French pioneer in Alberta. Trans. and ed. by Roger MOTUT a. Maurice LEGRIS; with an introd. by L.G. THOMAS. Edmonton,Univ. of Alberta Press, 80, in-8, XVIII-115p. - CR : R. Huel Alberta Hist., 80, vol. 28, n°4, p. 39-40. K. Munro, Canad. hist. R., 81, vol. 62, p. 238-239.

** 3931. GILBERT (George). Journal of George Gilbert on Captain Cook's Third Voyage. Ed. by Christine HOLMES. Caliban Books, 80, in-8, 200 p.

3932. BERCUSON (David Jay).Opening the Canadian West. Toronto, Grolier, 80, in-8, 96 p. (Focus on Canad.history series)

3933. CLENDENNEN (G.W.), CUNNINGHAM (I.C.). David Livingstone, a catalogue of documents. Edinburgh, Nat. Libr. of Scotland, 8o, in-8, XXIV-348p.

3934. CONNELL (Gordon). The mystery of Ludwig Leichhardt. Melbourne, U.P., 8o, in-8, 108 p. (maps).

3935. HILDER (Brett). The voyage of Torres. The discovery of the southern coastline of New Guinea and Torres Strait by captain Luis Baëz de Torres in 1606. St. Lucia, Univ. of Queensland Press, 8o, in-8, XXXII-194p.

3936. KRENDL (Peter). Ein neuer Brief zur ersten Indienfahrt Vasco da Gamas. Mitt. d. österr. Staatsarch., 8o, Bd 33, p. 1-21.

' 3936a. ROSE (Lisle A.). Assault on eternity : Richard E. Byrd and the exploration of Antarctica, 1946-1947. Annapolis, Md., Naval Inst. Press, 8o, X-292 p.

3937. WHISEHUNT (Donald W.),GENGER (Anita). A clash of egos : Robert E. Peary and John W. Goodsell. Historian, 8o, vol. 42, n°4, p. 612-630.

Cf. n°s 4659, 6153.

L

RELIGIONSGESCHICHTE DER NEUZEIT

---

§ 1. Allgemeines. 3938-3953. - § 2. Katholizismus (a. Allgemeines; b. Geschichte des Papsttums; c. Spezialarbeiten; d. Ordensgeschichte; e. Missionsgeschichte). 3954-4076. - § 3. Orthodoxie. 4077-4079. - § 4. Protestantismus. 4080-4193. - § 5. Nichtchristliche Religionen und Sekten. 4194-4220.

§ 1. Allgemeines.

3938. BAYLEY (Peter C.). French pulpil oratory, 1598-1650, a study in themes and styles with a descriptive catalogue of printed texts. London, Cambridge U.P., 80, in-8, 323 p.

3939. BEECHING (Jack). The open road, Christan missionaries, 1515-1914. London, Hutchinson, 80, in-8, 325 p.

3940. BENVENUTI (Sergio). La Protestanten-Patent dell'8 aprile 1861 e il movimento per l'unità di fede nel Tirolo. Studi trentini Sci. stor., 80,a. 59, p. 397-462.

3941. BITSKEY (István). Hitviták tüzében. (Luttes dogmatiques à l'époque de la Réformation.) Budapest, Gondolat Kiadó, 78, in-8, 249 p. (Magyar História) - CR : A. Gergely, Tiszatáj, 78, vol. 32, n°9, p. 83-85; I. Lőkös, Archivum /Budapest/, 78, vol. 7, p. 118-121; D. Szőke, Alföld, 78, vol.29, n° 5, p. 77-78.

3942. BOURDEAUX (Michael). Land of crosses, the struggle for religious freedom in Lithuania, 1939-1978. Chulmleigh, Augustine Publ. Co., 80, in-8, XX-340 p.

3943. HALLENCREUTZ (Carl F.). En medveten minoritet: linjer i sydöstasiatisk kyrkohistoria. (A conscious minority : outlines of Church history in South-Eastern Asia.) Kyrkohist. Årsskr., 80, vol. 80, p. 34-50. /Eng. summary/

3944. Historische Kritik in der Theologie. Beiträge zu ihrer Gesch. Hrsg. v. Georg SCHWAIGER. Göttingen, Vandenhoeck u. Ruprecht, 80, in-8,345 p. (Stud. z. Theologie u. Geistesgesch. d. 19. Jh., 32)

3945. JAMES (Janet Wilson) a.others. Women in American religion. Philadelphia, Univ. of Pa. Press, 80, in-8, 274 p.

3946. KIEFNER (Theo). Die Waldenser auf ihrem Weg aus dem Val Cluson durch die Schweiz nach Deutschland 1532-1755. Bd. 1 : Reformation u. Gegenreformation im Val Cluson 1532-1730. Göttingen, Vandenhoeck u. Ruprecht,80, in-8, 535 p.

3947. LEHMANN (Hartmut). Hexenverfolgungen und Hexenprozesse im alten Reich zwischen Reformation und Aufklärung. Jb. d. Inst. f. deutsche Gesch., 78, vol. 7, p. 13 70.

3948. McCLUNG HALLMAN (Barbara). Italian "Natural Superiority" and the Lutheran question : 1517-1546. Arch. f. Reformationsgesch., 80, Jg. 71, p. 134-148.

3949. MANDROU (Robert). Magistrats et sorciers en France au XVIIe siècle: une analyse de psychologie historique. Paris, Ed. du Seuil, 80, in-8, 576 p. (L'univers hist.)

3950. PLONGERON (Bernard). Les projets de réunion des communions chrétiennes, du Directoire à l'Empire. R. Hist. Eglise France, 80, t. 66, p.17-49.

3951. PUGH (Wilma J.). Catholics, protestants, and testamentary charity in seventeenth-century Lyon and Nîmes. French hist. Stud., 80, vol. 11, n°4, p. 479-504.

3952. TODD (Margo). Humanists, Puritans and the spiritualized household. Church Hist., 80, vol. 49, n°1, p. 18-34.

3953. TUMA (Tom), MUTIBWA (Phares M.). A century of Christianity in Uganda, 1877-1977. Nairobi, Kenya, Uzima Press; Birmingham, Third World Publ., 80, in-8, 189 p.

Cf. n°s 3765, 4488, 4828.

§ 2. Katholizismus.

a. Allgemeines.

** 3954. NEWMAN (John Henry,Cardinal). Letters and diaries. Vol. 4 :

The Oxford Movement, July 1833 - Dec. 1834. Ed. at the Birmingham Oratory, with notes a. an intr. by Ian KER a. Thomas GORNALL. Vol. 5 : Liberalism in Oxford, Jan. 1835 - Dec. 1836. Ed. by Thomas GORNALL. London, Oxford U.P., 80, 2 vol. in-8, 428, 440 p. /Cf. Bibl. 78-79, n° 4539./

3955. DELUMEAU (Jean). Le catholicisme entre Luther et Voltaire. 2e éd. mise à jour. (Nouvelle Clio, 30 bis) /le éd. Cf. Bibl. 70-71, n° 5473./ Paris, Presses univ. France, 79, in-8, 374 p.

3956. HALSEY (William M.). The survival of American innocence : Catholicism in an era of disillusionment, 1920-1940. Notre Dame, Ind., Univ. of Notre Dame Press, 80, in-8, XV-230 p. (Notre Dame Stud. in Am. Catholicism, 2)

3957. Histoire des catholiques en France du XVe siècle à nos jours. Sous la dir. de F. LEBRUN. Toulouse, Privat, 80, in-8, 530 p. (ill., cartes).

3958. TAVENEAUX (René). Le catholicisme dans la France classique, 1610-1715. Paris, Soc. d'éd. d'enseignement sup., 80, 2 vol. in-16, 576 p. (pl.). (Regards sur l'Hist., 34-35. Hist. mod.) - IDEM. Permanences jansénistes au XIXe siècle. XVIIe Siècle, 80, a. 32, p. 397-414.

b. Geschichte des Papsttums.

** 3959. Nuntiaturberichte aus Deutschland. Nebst ergänzenden Aktenstücken. Die Kölner Nuntiatur. Im Auftr. d. Görresges. hrsg. v. Erwin ISERLOH. /Bd 6. Cf. Bibl. 76-77, n° 4981./ Bd 7 : Nuntius Pier Luigi Carafa (1624 Juni - 1627 August). Bearb. v. Joseph WIJNHOVEN. T. 1. Paderborn, München, Wien u. Zürich, Schöningh, 80, in-8, LXXIV-768 p.

** Cf. n° 6694.

3960. BRESSAN (Edoardo). Mito di uno stato cattolico e realtà del regime : per una lettura dell'Osservatore Romano alla vigilia della Conciliazione. Nuova R. stor., 80, a. 64, p. 81-128.

3961. DUPUIS (A.). La diplomatie du Saint-Siège après le Deuxième Concile du Vatican. Paris, Téqui, 80, in-8, 343 p.

3962. GILBERT (Felix). The pope, his banker, and Venice. Cambridge, Mass., Harvard U.P., 80, in-8, VI-157p.

3963. HOLLERBACH (Alexander). Die Lateranverträge im Rahmen der neueren Konkordatsgeschichte. Röm. Qschr. f. christl. Altertumskde. 80, Bd 75, p. 51-75.

3964. Ioannes Paulus II, Papa /Karol Wojtyła/. Karol Wojtyła e il sinodo dei vescovi. Città del Vaticano, Libr. editr. vaticana, 80, in-8, 431p. (Stor. e attualità, I)

3965. MARTIN (A. Lynn). Papal policy and the European conflict, 1559-1572. Sixteenth Cent. J., 80, vol. 11, n°2, p. 35-48.

3966. REINERMAN (Alan J.). Austria and the Papacy in the age of Metternich. Vol. 1 : Between conflict and cooperation, 1809-1830. Washington, D.C., Catholic Univ. of America Press, 79, in-8, X-254 p.

3967. ROTTSTOCK (Felicitas). Studien zu den Nuntiaturberichten aus dem Reich in der zweiten Hälfte des sechzehnten Jahrhunderts. Nuntien u. Legaten in ihrem Verhältnis zu Kurie, Kaiser u. Reichsfürsten. München, Minerva, 80, in-8, ILII-312 p. (Minerva-Fachser. Geisteswiss.)

3968. TRAMONTIN (Silvio). Angelo Roncalli nunzio a Parigi. Studium, 80, a. 76, p. 37-46.

3969. WOJTYSKA (Henryk Damian). Zur Entstehung und Organisation der polnischen Nuntiatur bis 1572. Mitt. d. österr. Staatsarch., 80, Bd 33, p. 58-76.

Cf. n°s 901, 6399, 6436, 6507, 6591, 6678, 6721, 6739, 6853.

c. Spezialarbeiten.

** 3970. Barbe (Le) et l'inquisiteur : procès du barbe vaudois Pierre Griot par l'inquisiteur Jean de Roma, Apt, 1532. Texte établi, trad. du latin et prés. par Gabriel AUDISIO. Aix-en-Provence, Edisud, 79, in-8, 193 p. (ill.).

** 3971. BRIÇONNET (Guillaume), MARGUERITE D'ANGOULEME. Correspondance 1521-1524. T. 1 : 1521-1522. T. 2 : 1523-1524. Ed. du texte et annotations par Christine MARTINEAU et Michel VEISSIERE, avec le concours de Henry HELLER. Genève, Droz, 75-79, 2 vol. in-8, 232, 368 p. (Travaux d'humanisme et de Renaissance)

** 3972. PLUNKETT (Oliver), Saint. The letters of Oliver Plunkett, 1625-81, Archbishop of Armagh and Primate of All Ireland. Ed. by John HANLY. Dublin, Dolmen Pr., 79, in-8, XXIV-599p.

** 3973. Processi del S. Uffizio di Venezia contro ebrei e giudaizzanti. A cura di Pier Cesare IOLY ZORATTINI. I. (1548-1560). Firenze, Olschki, 80, in-8, XI-383 p. (Stor. dell'ebraismo in Italia. Stud. e testi, 2 Sez. veneta, I)

3974. BAUM (Gregory). Catholics

2. KATHOLIZISMUS

and Canadian socialism : political thought in the thirties and forties. Toronto, J. Lorimer, 80, in-8, 240 p.

3975. BERGERON (Henri-Paul). Saint Joseph dans la prédication française au XVIIe siècle /suite de Bibl. 78-79, n° 4587./. Cah. Joséphologie, 79, vol. 27, p. 167-206; 80, vol. 28, p. 5-44, 169-196.

3976. BITSKEY (István). Humanista erudició és barokk világkép Pázmány Péter prédikációiban. (Erudition humaniste et vision universelle baroque dans les prédications de Péter Pázmány /1570-1637/.) Budapest, Akadémiai Kiadó, 79, in-8, 206 p. (Humanizmus és reformáció, 8)

3977. BOLAND (André), S.J. La crise moderniste hier et aujourd'hui. Un parcours spirituel. Paris, Beauchesne, 80, in-8, 132 p.

3978. BORNEWASSER (J.). Die Aufklärung und die Katholiken in den Nördlichen Niederlanden. Arch. Gesch.kath. Kerk Nederland, 79, vol. 21, p. 304-318.

3979. BOWMAN (Frank Paul). Les problèmes de l'éloquence sacrée à l'époque romantique (1777-1851). R. Hist. litt. France, 80, a. 79, p. 209-220.

3980. BRUIN (C.C. de). Middeleeuwse Levens van Jezus als leidraad voor meditatie en contemplatie. (Medieval 'Vitae Christi' as guide to meditation and contemplation in the Netherland.) /1. Cf. Bibl. 78-79, n° 4593./ Nederlands Arch. Kerkgesch., 79-80, vol.60, p. 162-181.

3981. BRUTI LIBERATI (Luigi). Per una storia del clero "irredento" /in Italia/ durante la Grande guerra. Risorgimento, 80, a. 32, p. 176-202.

3982. CADRECHA Y CAPARROS (Miguel Ángel). San Juan de la Cruz. Una eclesiología de amor. Burgos, Monte Carmelo, 80, in-8, 348 p.

3983. CAMPBELL (Leon G.). Church and state in colonial Peru : the bishop of Cuzco and the Túpac Amaru rebellion of 1780. J. Church a. State, 80, vol. 22, n°2, p. 251-270.

3984. CHAUSSE (G.). Jean-Jacques Lartigue, premier évêque de Montréal. Montréal, Fides, 80, in-8, 276 p.

3985. CHINNICI (Joseph P.). The English catholic enlightenment : John Lingard and the cisalpine movement, 1780-1850. Shepherdstown, W. Va., Patmos Press, 80, in-8, XII-261 p.

3986. COOGAN (M. Jane) BVM. The redoubtable John Hennessy : first archbishop of Dubuque. Mid-Am., 80, vol. 62, n°1, p. 21-34.

3987. COSTIGAN (Richard F.). Rohrbacher and the ecclesiology of Ultramontanism. Roma, Univ. Gregoriana, 80, in-8, XXX-263 p. (Misc. Historiae pontificae, 47)

3988. CURRAN (Robert Emmett) S.J. The McGlynn affair and the shaping of the new conservatism in American catholicism, 1886-1894. Cath. hist. R., 80, vol. 66, n°2, p. 184-204.

3989. DANTE (Francesco). Una fonte per lo studio della religiosità romana nel '700 : i processi di Rosa Venerini, Giovanni Battista De Rossi e Benoit-Joseph Labre. Clio/Roma/, 80, a. 16, p. 198-222.

3990. DECOT (Rolf). Religionsfrieden und Kirchenreform. Der Mainzer Kurfürst u. Erzbischof Sebastian von Heusenstamm 1545-1555. Wiesbaden, Steiner, 80, in-8, VII-282 p. (Veröff. d. Inst. f. Europ. Gesch. Mainz, 100.Abt. f. Abendl. Religionsgesch.)

3991. DELPAR (Helen). Colombian liberalism and the Roman catholic church 1863-1886. J. Church a. State, 80, vol. 22, n°2, p. 271-294.

3992. EVANS (John Whitney). The Newman movement : Roman catholics in American higher education, 1883-1971. Notre Dame, Ind., Univ. of Notre Dame Press, 80, in-8, XVI-248 p.

3993. FERDINANDO (Padre) DA RIESE PIO X. San Francesco d'Assisi nella vita e negli scritti di Tommaso da Olera (1563-1631). Italia francesc., 80, a. 55, p. 277-294.

3994. FIEY (J.M.). De quelques saints vénérés au Liban. Proche-Orient Chrétien, 78, vol. 28, p. 18-43.

3995. FROESCHLE-CHOPARD (Marie-Hélène). La religion populaire en Provence orientale au XVIIIe s. Préf. d'Alphonse DUPRONT. Paris, Beauchesne, 80, in-8, 418 p. (ill.).

3996. GARCIA CARCEL (Ricardo).Herejía y sociedad en el siglo XVI : la inquisición en Valencia, 1530-1609. Barcelona, Peninsula, 80, in-8, 348 p.

3997. GÓRSKI (Karol). Studia i materiały z dziejów duchowości. (Etudes et matériaux pour l'histoire de la spiritualité /en Pologne/.) Warszawa, Akad. Teologii Katol., 80, in-8, 455 p.

3998. GROOT (A.J. de). Nieuwe bescheiden betreffende het voormalig bisdom Groningen. (New documents concerning the former diocese Groningen.) Arch. Gesch. Kath. Kerk Nederland, 79, vol. 21, p. 175-261.

3999. HIBBARD (Caroline M.) Early Stuart Catholicism : revisions and re-revisions. J. mod. Hist., 80, vol. 52, n°1, p. 1-34.

4000. Histoire de la messe, XVII-XIXe siècles. Actes de la 3e rencontre d'histoire religieuse, Fontevraud, 6 oct. 1979. Angers, Presses de l'Univ., 80, in-8, 170 p.

4001. HITCHCOK (James). Postmortem on a rebirth : the Catholic intellectual renaissance. Am. Scholar, 80,vol. 49, n°2, p. 211-226.

4002. ISAMBERT (François), TERRENOIRE (Jean-Paul). Atlas de la pratique religieuse des catholiques en France, d'après les enquêtes diocésaines et urbaines du chanoine F. Boulard (1898-1977). Paris, Ed. du C.N.R.S., 80, 192 p. (fig., cartes).

4003. KAPLAN (Steven L.). Religion, subsistence, and social control : the uses of Sainte Geneviève. Eighteenth-Cent. Stud., 80, vol. 13, n°2, p. 142-168.

4004. KUMOR (Bolesław). Ustrój i organizacja Kościola polskiego w okresie niewoli narodowej (1772-1918). (Le système et l'organisation de l'Eglise en Pologne à l'époque de la captivité nationale, 1772-1918.) Kraków, Pol.Tow. Teolog., 80, in-8, 743 p.

4005. LARKIN (Emmett). The making of the Roman Catholic Church in Ireland, 1850-1860. Chapel Hill, Univ.of N.C. Press, 80, in-8, XXIV-520 p.

4005a. LARREY (M.F.). Towards a reevaluation of the Counter-Reformation. Communio, 80, vol. 7, p. 207-224.

4006. LEE (James H.). Bishop Clemente Munguia and clerical resistance in the Mexican reform, 1855-1857. Cath. hist. R., 80, vol. 66, n°3, p. 374-391.

4007. LEPAGE (Jean). Les saints protecteurs de navires dans la Normandie des XVIIIe et XIXe siècles. A. Normandie, 80, a. 30, p. 35-53.

4008. LITAK (Stanisław). Struktura terytorialna kościoła łacińskiego w Polsce w 1772 roku. (La structure territoriale de l'Eglise catholique latine en Pologne en 1772.) Lublin, Tow. Nauk. Kat. Uniw. lub., 80, in-8, 527p. (Kat. Uniw. Lub. Inst. Geografii Hist. Kościoła w Pol. Mater. do Atlasu Hist. Chrześcijaństwa w Pol., 4)

4009. LUYKX (P.). Katholieken en Rotary in Nederland 1930-1964. (Catholics and Rotary in the Netherlands 1930-1964.) Arch. Gesch. Kath. Kerk Nederland, 79, vol. 21, p. 63-104.

4010. McKEOWN (Elizabeth). The national bishops' conference : an analysis of its origins. Cath. Hist. R., 80, vol. 66. n° 4, p. 565-583.

4011. METZLER (Josef). Die Synoden in China, Japan und Korea, 1570-1931. Paderborn, Schöningh, 80, in-8, XVII-324 p. (Konziliengesch., R. A : Darst.).

4012. MICHEL (Louis). La dîme et les revenus du clergé d'Anjou à la fin de l'Ancien Régime. A. Bretagne, 79, t. 86, p. 565-605.

4013. MISCAMBLE (Wilson D.). Catholics and American foreign policy from McKinley to McCarthy : a historiographical survey. Dipl. Hist., 80, vol.4, n°3, p. 223-240.

4014. MOORE (Walter L.) Jr. "Protean man" : did John Eck contradict himself at Leipzig ? Harvard theol.R., 79, vol. 72, n°3-4, p. 245-266.

4015. MORIARTY (Thomas F.). The Irish American response to Catholic emancipation. Cath. hist. R., 80, vol. 66, n° 3, p. 353-373.

4016. NEWMAN (Jeremiah). Maynooth and Georgian Ireland. Galway, Kenny, 79, in-8, 267 p. (ill.).

4017. PAGLIA (Vincenzo). La Pietà dei carcerati. Confraternite e società a Roma nei secoli XVI-XVIII. Premessa di Gabriele DE ROSA. Roma, Ediz. di Stor. e Letter., 80, in-8, XII-370 p. (tav.). (Bibl. di Stor. soc., II)

4018. PAUL (Harry W.). The edge of contingency : French Catholic reaction to scientific change from Darwin to Duhem. Gainesville, Univ. Presses of Fla., 79, in-8, 213 p.

4019. PLENKIEWICZ (Maciej). Kościół katolicki w Wolnym Mieście Gdańsku 1933-1939. (L"Eglise catholique dans la Ville Libre de Gdansk, 1933-1939.) Bydgoszcz, Wyższa Szkoła Pedagog., 80, in-8, 199 p.

4020. PLONGERON (Bernard). Permanence d'une idéologie de "civilisation chrétienne" dans le clergé constitutionnel. Stud. in XVIIth-Cent.Culture, 78, vol. 7, p. 263-287.

4021. Répertoire des visites pastorales de la France. Recherche coopérative sur programme 206 du C.N.R.S. Dir. par Gabriel LE BRAS, François de DAINVILLE, Jean GAUDEMET et André LATREILLE. 1e série : Anciens diocèses jusqu'en 1970. /T. 1. Cf. Bibl. 76-77, n° 5065./ T. 2 : Cahors-Lyon. - 2e série : Diocèses concordataires et postconcordataires, à partir de 1801. /T.2. Cf. Bibl. 78-79, n° 4670./ T. 1 : Agen-Lyon. Paris, Ed. du C.N.R.S., 80, 2 vol. in-8, 476, 366 p. (cartes).

4022. Religion (La) populaire en Aquitaine. Actes du XXIXe Congrès d' Etudes régionales tenu à Libourne et Saint-Emilion, 23-24 avril 1977. Bordeaux, Féd. hist. du Sud-Ouest, 79,in-8, 203 p. (ill.).

4023. ROOT (John D.). The "academia of the Catholic religion" : Catholic intellectualism in Victorian England. Victorian Stud., 80, vol. 23, n°4, p. 461-479.

4024. RUMMEL (Friedrich v.).Franz Ferdinand von Rummel. Lehrer Kaiser Josephs I. und Fürstbischof von Wien

2. KATHOLIZISMUS

(1644-1716). Wien, Verl. f. Gesch. u. Pol., 8°, in-8, 163 p. (Österreich Arch.)

4025. SAUER (Walter). Katholisches Vereinswesen in Wien. Zur Geschichte des christlich-sozial-konservativen Lagers vor 1914. Salzburg, W. Neugebauer, 80, in-8, 336 p. (Gesch. u. Sozialkde 5 = Reihe : "Forschungen")

4026. SAVARD (Pierre). Aspects du catholicism canadien-français au XIXe siècle. Montréal, Fides, 80, in-8,196 p. (Coll. Essais et recherches : Section histoire) - CR : J. R. Miller, Canad. hist. R., 81, vol. 62, p. 82-83.

4027. STELLA (Pietro). Giansenismo e agiografia in Italia tra '700 e '800. Salesianum, 80, vol. 42, p. 835-853.

4028. TACKETT (Timothy), LANGLOIS (Claude). Ecclesiastical structures and clerical geography on the eve of the French revolution. French hist. Stud., 80, vol. 11, n°3, p. 352-370.

4029. Vacat.

4030. THOMAS (Samuel J.). The American press and the encyclical Longinqua oceani /1895/. J. Church a. State, 80, vol. 22, n° 3, p. 475-486.

4031. TRAMONTIN (Silvio). Profilo di storia della Chiesa italiana dall' unità ad oggi. Torino, Marietti, 80, in-8, 157 p. (tav.).

4032. VILLENEUVE (Roland). La mystérieuse affaire Grandier : le diable à Loudun. Paris, Payot, 80, in-8, 247 p. (ill.). (Bibl. hist.)

4033. VOISINE (Nive). Louis-François Laflèche, deuxième évêque de Trois-Rivières. T. 1 : Dans le sillage de Pie IX et de Mgr Bourget, 1818-1878. Saint-Hyacinthe, Québec, Edisem, 80, in-8, 320 p. - CR : R. Perin, Canad. hist. R., 81, vol. 62, p. 80-82. G. Laperrière, R. Hist. Amérique franç., 80-81, vol. 34, p. 463-464.

4034. WILLINGER (Franz). Kleiner Kaplan zwischen 1938 und 1945. Die Ereignisse rund um den März 1938, vier Jahrzehnte später gesehen. Wien, Kath. Akad., 80, in-4, 19 p. (Wien. Kath. Akad. Miscellanea. Arbeitskr. f.Kirchl. Zeit- u. Wien. Diözesangesch., N.R.15)

4035. ZAMBARBIERI (Annibale). Loisy in Italia. Prospettive generali e il caso Semeria. R. Stor. Chiesa Italia, 80, a. 34, p. 123-162.

Cf. n°s 1131, 3313, 3651, 3677, 4278.

d. Ordensgeschichte.

**•4036. POLGÁR (Ladislaus). Bibliographia de historia Societatis Iesu,

/1976. Cf. Bibl. 78-79, n° 4699./1977, 1978. Arch. hist. Soc. Iesu, 78, a.47, p. 402-491; 79, a. 48, p. 345-420.

**4037. Kierownictwo duchowe w klasztorach żeńskich w Polsce XVI-XVIII wieku. (La direction spirituelle dans les couvents féminins en Pologne aux XVIe-XVIIIe s.) Textes et commentaires de Karol GÓRSKI. Warszawa, Akad. Teologii Kat., 80, in-8, 366 p. (Textus et Studia Hist. Theologiae in Pol. Excultae Spectantia, 11)

**4038. VALVERENS (J.-B.), O.Praem. Acta et decreta capitulorum ordinis praemonstratensis. T. 4 : 1588-1660 /suite/. Analecta praemonstratensia, 79, t. 55. fasc. 3-4, p. 33-64; 80, t. 56, fasc. 1-2, p. 65-96.

4039. BECKER (Felix). Die politische Machtstellung der Jesuiten in Südamerika im 18. Jahrhundert. Zur Kontroverse um d. "Jesuitenkönig" Nikolaus I. von Paraguay. Mit e. Faks. d. "Histoire de Nicolas I" (1756). Köln u. Wien, Böhlau, 80, in-8, VIII-357 p. (Lateinamerikan. Forsch., 8)

4040. BORKOWSKA (Małgorzata).Mniszki. (Les nonnes.) Kraków, Znak, 80,in-8, 193 p. /Biographies de bénédictines polonaises, XVIe-XXe s./

4041. BYGOTT (Ursula M.I.). With pen and tongue : the Jesuits in Australia, 1865-1939. Melbourne, U.P.,80, in-8, 444 p.

4042. CUSHNER (Nicholas P.).Lords of the land : sugar, wine, and Jesuit estates of coastal Peru, 1600-1767. Albany, State Univ. of N.Y. Press, 80, in-8, LX-225 p.

4043. D'ANDREA (G.F.). Il monastero femminile di S. Chiara di Napoli alla metà del sec. XVII. Studi Ric. francesc., 80, a. 9, p. 167-184.

4044. ELIZANDO (F.). Las constituciones capuchinas de 1552. Laurentianum, 80, t. 21, p. 206-250.

4045. ESPOSITO (Luigi Guglielmo). I Domenicani d'Abruzzo e di Napoli fra restaurazione e unità (1815-1861).Arch. Fr. Praedicatorum, 80, vol. 50, p. 411-514. - IDEM. Dati statistici su i Domenicani di Puglia nel Seicento. Arch. stor. pugliese, 80, a. 33, p. 325-344.

4046. ESZER (Ambrosius). Zur Geschichte der Congrégation du Saint-Sacrement. Arch. Fr. Praedicatorum, 80, vol. 50, p. 307-386.

4047. EVANGELISTI (Gino). La presoppressione della Compagnia di Gesù a Bologna. Carrobbio, 80, a. 6, p.123-134.

4048. FERRARI (M. Claudia). Il problema della soppressione della Compagnia di Gesù nel carteggio di Bernardo Tanucci. Stor. Pol., 80, a. 19, p.643-694.

4049. FRIEDMAN (Ellen G.). Trinitarian hospitals in Algiers : an early example of health care for prisoners of war. Cath. hist. R., 80, vol. 66, n°4, p. 551-564.

4050. FRIJHOFF (Willem), JULIA (Dominique). Les Oratoriens de France sous l'Ancien Régime : premiers résultats d'une enquête. R. Hist. Eglise France, 79, t. 65, p. 225-265.

4051. FURLONG (Monica). Merton, a biography of Thomas Merton. London, Collins, 80, in-8, 394 p.

4052. HELLRIEGEL (Ludwig). Benediktiner als Seelsorger im linksrheinischen Gebiet des ehemaligen Erzbistums Mainz, vom Ende des 17. bis zum Anfang des 19. Jahrhunderts. Unter bes. Berücks. d. Propstei Schwabenheim. Münster, Aschendorff, 80, in-8, VIII-184 p. (Beitr. z. Gesch. d. alten Mönchtums u. d. Benediktinerordens, 34)

4053. LUNN (David). The English Benedictines, 1540-1688, from Reformation to revolution. London, Burns a. Oates, 80, in-8, 282 p.

4054. MAUZAIZE (Jean). Le rôle et l'action des capucins de la province de Paris dans la France religieuse du XVIIe siècle. Lille, Atelier Reprod. Thèses, Univ. Lille III; Paris, diff. Champion, 78, 3 vol. in-8, CLXVI-1550p.

4055. MITCHELL (David). The Jesuits, a history. London, Macdonald a. Jane's, 80, in-8, 320 p.

4056. MORRISSEY (Thomas J.).James Archer of Kilkenny : an Elizabethan Jesuit. Dublin, Studies 'Special Publications', 79, in-8, VII-56 p.

4057. NIEDERQUELL (Theodor). Die Kanoniker des Peterstifts in Fritzlar, 1519-1803. Marburg, Elwert, 80, in-8, VI-302 p. (Veröff. d. Hist. Komm. f. Hessen, 41)

4058. PÉREZ CASTAÑEDA (María Ángeles), COUTO DE LEÓN (María Dolores). Pruebas para el ingreso de religiosas en las Órdenes de Santiago, Calatrava y Alcántara. Madrid, Minist. de Cultura, 80, in-4, 267 p. - EAEDEM. Pruebas para el ingreso de religiosos en las Órdenes de Calatrava, Alcántara y Montesa. Madrid, Minist. de Cultura, 80, in-4, 226 p.

4059. SEROUET (Pierre), O.C.D. Spiritualité et relations internationales. Carmels d'Espagne, de France et des Pays-Bas au début du XVIIe siècle. Carmel, 80, n°3, p. 239-252.

4060. TESTA (Cherubino). Ricerche sulla restaurazione dell'ordine agostiniano nel Regno di Napoli (1815-1818).

Analecta augustiniana, 80, vol. 43,p. 255-302.

4061. ZARAGOZA PASCUAL (Ernesto). Los generales de la Congregación de San Benito de Valladolid. T. 3 : Los Abades trienales, 1568-1613. Prólogo de Pedro ALONSO Y ALONSO. Zamora, Monte Casino, 80, in-8, 418 p. (ill.)./T. 1. Cf. Bibl. 73, n° 2041./

Cf. n° 5529.

e. Missionsgeschichte.

+ Cf. n° 873.

4062. BLOCK (David). Links to the frontier : Jesuit supply of its Moxos missions, 1683-1767. Americas, 80,vol. 37, n°2, p. 161-178.

4063. BRESLIN (Thomas A.). China, American Catholicism, and the missionary. University Park, Pa. State U.P., 80, in-8, 116 p.

4064. CARBONNEAU (Robert) C.P. The Passionists in China, 1921-1929 : an essay in mission experience. Cath.hist. R., 80, vol. 66, n° 3, p. 392-416.

4065. FENNING (Hugh). Records of the Dominicans of Goa (1700-1835).Arch. Fr. Praedicatorum, 80, vol. 50, p.387-410.

4066. JONES (D.H.). The catholic mission and some aspects of assimilation in Sénégal, 1817-1852. J.african Hist., 80, vol. 21, p. 323-340.

4067. LEONE (Alba Rosa). La politica missionaria del Vaticano tralle due guerre. Studi stor., 80, a. 21, p. 123-156.

4068. LINDEN (Ian). The Catholic church and the struggle for Zimbabwe. London, Longman, 80, in-8, 324 p.

4069. MINAMIKI (George H.) S.J. The Yasukuni shrine incident and the Chinese rites controversy. Cath.hist. R., 80, vol. 66, n°2, p. 205-229.

4070. SACCARDO (Graziano). Note sulla metodologia missionaria dei Cappuccini al Congo e all'Angola. Italia francesc., 80, a. 55, p. 465-502.

4071. SACCONE (Salvatore). Il viaggio di padre Domenico Bernardi in Brasile ed in Africa nel quadro dell' attività missionaria dei cappuccini agli inizi dell'età moderna. Con il testo della relazione del Viaggio. Bologna, Pàtron, 80, in-8, 238 p. (ill.).

4072. SPIERTZ (M.G.). De ontwikkelingsgang van de katholieke missie in Friesland 1609-1689. (The catholic mission in Friesland 1609-1689.) Arch. Gesch. Kath. Kerk Nederland, 79, vol. 21, p. 262-292.

4. PROTESTANTISMUS

4073. SZCZĘCH (Florian Franciszek). Działalnćsć misyjna bł /ogosławionego/ Maksymiliana Marii Kolbego w Japonii. Studium socjologiczne. (L'activité missionnaire du bienheureux Maximilien Maria Kolbe au Japon. Etude sociologique.) Niepokalanów, OO. Franciszkanie, 80, in-8, XIV-154 p.

4074. WILTGEN (Ralph M.). The founding of the Roman Catholic church in Oceania, 1825 to 1850. Canberra, Australian National U.P., 79, in-8, 610 p. (ill., maps).

4075. ZAPŁATA (Feliks). Rodzimy charakter Kościoła w Afryce i na Madagaskarze. (Le caractère local de l'Eglise en Afrique et au Madagascar.) Płock, Wydawn. Diecezjalne, 80, in-8, 222 p. (Mater. i Studia Księży Werbistów,12) /Missions des Pères du Verbe Divin en Afrique/

4076. Zmagania polonijne w Brazylii. (Les luttes de l'émigration polonaise au Brésil.) Ed. de Tadeusz DWORECKI. T. 1 : Polscy werbiści 1900-1978. (T. 1 : Les Pères polonais du Verbe Divin 1900-1978.) Warszawa, Akad. Teologii Katol., 80, in-8, 840 p.

Cf. n° 3939.

§ 3. Orthodoxe Kirche.

4077. Bălgarskata patriaršija prez vekovete. Sbornik. (Le patriarcat bulgare au cours des siècles. Recueils.) Sofija, Sinod. Izd., 80, in-8, 186 p.

4078. KAHLE (Wilhelm). Die Orthodoxie im baltischen Raum. Kirche im Osten, 78-79, Bd 21-22, p. 78-107.

4079. TSIMHONI (Daphne). The Greek Orthodox patriarchate of Jerusalem during the formative years of the British mandate in Palestine. Asian a. african Stud., 78, vol. 12, n°1, p.77-122.

Cf. n°s 3871, 4152.

§ 4. Protestantismus.

** 4080. CLAPINSON (Mary). Bishop Fell and nonconformity : visitation documents from the Oxford diocese,1682-1683. Oxford, Bodleian Libr., Oxf.Record Soc., 80, in-8, XLII-94 p.

** 4081. Classicale acta 1573-1620. Particuliere synode Zuid-Holland I : Classis Dordrecht 1573-1690. (Acta of the classis Dordrecht, 1573-1690. /Ed. by/ J.P. VAN DOOREN. 's-Gravenhage, Nijhoff, 80, in-4, XXXIV-580 p.(Rijks Geschiedk. Publ., kl. s., 49)

** 4082. Documenta Anabaptistica Neerlandica. /1. Cf. Bibl. 74-75, n° 4875./ Tweede deel : Amsterdam (1536-1578). /Ed. by/ A.F. MELLINK. Leiden, Brill, 80, XXIX-338 p. (Kerkhist.Bijdr., 6/2)

** 4083. LUTHER (Martin). Werke. Kritische Gesamtausg. Briefwechsel./Bd 14. Cf. Bibl. 70-71, n° 5641./ Bd 15 : Personen- u. Ortsregister. Bd 16 : Sonderregister "Luther", Korrespondentenverzeichnis, Bibelstellenregister, Zitatenregister. Bd 60 : Nachträge, Gesch. d. Luther-Ausgaben v. 16. bis zum 19. Jh. Weimar, Böhlau, 78-80, 3 vol. in-4, XV-363, XVI-210, XV-637p.

** 4084. MELANCHTHON (Philipp).Melanchthons Briefwechsel. Krit. u. kommentierte Gesamtausgabe. Im Auftr. d. Heidelberger Akad. d. Wiss. hrsg. v. Heinz SCHEIBLE. Bd /2. Cf. Bibl. 78-79, n° 4740./ 3 : Regesten 2336-3420 (1540-1543). Bad Cannstatt, Frommann-Holzboog, 79, in-4, 466 p.

** 4085. Quaccheri (I). Eversione e non violenza. Gli scritti essenziali (1650-1700). A cura di Giorgio VOLA. Torino, Claudiana, 80, in-8, 254 p. (ill., tav.).(Riforma protest. nei secoli)

** 4086. Registres de la Compagnie des pasteurs de Genève. Publ. sous la dir. des Archives d'Etat de Genève.6: 1589-1594. Publ. par Sabine CITRON et Marie-Claude JUNOD. Genève, Droz, 80, in-4, XVIII-356 p. (Travaux d'humanisme et Renaissance, 180)

** 4087. SEKLUCJAN (Jan). Wybór pism. (Oeuvres choisies.) Ed. et avant-propos par Stanisław ROSPOND. Olsztyn, Pojezierze, 79 /80/, in-8, LXVII-227p. (Literatura Warmii i Mazur w Dawnych Wiekach)

** 4088. VERMIGLI (Pietro Martire). The political thought of Peter Martyr Vermigli : selected texts a. commentary. Comp. by Robert M. KINGTON. Genève, Droz, 80, in-4, XXVI-198 p. (Travaux d'Humanisme et de Renaissance, 178)

** 4089. WESLEY (John). Letters, 1721-1739, Ed. by Frank BAKER. London, Oxford U.P., 80, in-8, 786 p. (John Wesley Works, 25)

4090. ARRINGTON (Leonard J.).Mormonism : from its New York beginnings. New York Hist., 80, vol. 61, n°4, p. 387-410.

4091. BAKER (Derek). Reform and Reformation : England and the continent, c. 1500-c.1750. Oxford, Blackwell, 80, in-8, 336 p. (Stud. in Church Hist.)

4092. BAKER (J. Wayne). Heinrich Bullinger and the Covenant : the other reformed tradition. Athens, Ohio, Ohio U.P., 80, in-8, XXVI-300 p.

4093. BALTZELL (E. Digby). Puritan Boston and Quaker Philadelphia : two protestant ethics and the spirit of class authority and leadership. New York, Free Press, 79, in-8, XII-585 p.

4094. Baptists in Canada : search for identity amidst diversity. Ed. by Jarold K. ZEMAN. Burlington, Ont., G. R. Welch, 80, in-8, IX-282 p. - CR : S. Ivison, Canad. hist. R., 81, vol. 62, p. 245-246.

4095. BARANOWSKI (Shelley). The 1933 German protestant church elections : Machtpolitik or accommodation? Church Hist., 80, vol. 49, n°3, p.298-315.

4096. BARTON (Peter F.). Vom Kaisertum Österreich zur Massendemokratie der Republik Österreich. Hundert Jahre "Gesellschaft für die Geschichte des Protestantismus in Österreich". Jb. d. Ges. f. d. Gesch. d. Prot. i. Österr., 80, J°. 96, p. 11-52.

4097. BAUKS (Friedrich Wilhelm). Die evangelischen Pfarrer in Westfalen von der Reformationszeit bis 1945. Bielefeld, Luther-Verl., 80, in-8, XXXI-624 p. (Beitr. z. westfäl. Kirchengesch.,4)

4098. BIANCO (Cesare). La comunità di "fratelli" nel movimento ereticale modenese del '500. R. stor. ital., 80, a.92, p. 621-679.

4099. BINDER (Ludwig), SCHEERER (Josef). Die Bischöfe der Evangelischen Kirche A. B. in Siebenbürgen. 2. Teil: Die Bischöfe d. Jahre 1867-1969. Köln u. Wien, Böhlau, 80, in-8, 245 p. (7 Abb.). (Schr. z. Landeskunde Siebenbürgens, 4)

4100. BLANKE (Gustav H.). Early theories about the nature and origin of the Indians and the advent of Mormonism. Amerikastudien, 80, Jg. 25, p. 243-268.

4101. BOTEIN (Stephen). Income and ideology : Harvard-trained clergymen in the eighteenth century. Eighteenth-Cent. Stud., 80, vol. 13, n°4, p. 396-413.

4102. BOTTA (István). Mélius Péter /1536-1574/ ifjúsága. A magyarországi reformáció lutheri és helvét irányai elkülönülésének kezdete. (La jeunesse de Péter Mélius. Les commencements de la séparation de la réformation luthérienne et helvétique en Hongrie.) Budapest, Akadémiai Kiadó, 78, in-8, 218p. (Humanizmus és reformáció, 7) - CR : M. Márkus, Magy. Könyvszle, 79, vol. 95, n°1, p. 105-106; M. Márkus, Confessio, 79, vol. 3, n°3, p. 127-128.

4103. BOYD (Kenneth M.). Scottish church attitudes to sex, marriage and the family, 1850-1914. Edinburgh, J. Donald, 80, in-8, 412 p.

4104. BRÄUER (Siegfried). Die Vorgeschichte von Luthers "Ein Brief an die Fürsten zu Sachsen von dem aufrührerischen Geist". Luther-Jb., 80, Jg. 47, p. 40-70.

4105. BROOKS (Peter Newman). Reformation principle and practice : essays in honour of A.G. Dickens. Menston, Scolar Press, 80, in-8, 256 p.

4106. BRUMBERG (Joan Jacobs). Mission for life : the story of the family of Adoniram Judson, the dramatic events of the first American foreign mission, and the course of evangelical religion in the nineteenth century. New-York, Free Press, 80, in-8, XVI-302 p.

4107. BRYNER (Erich). Der Briefwechsel Heinrich Bullingers mit poinischen und litauischen Adeligen. Kirche im Osten, 80, Bd 23, p. 62-83.

4108. CARPENTER (Joel A.). A shelter in the time of storm : fundamentalist institutions and the rise of evangelical protestantism, 1929-1942. Church Hist., 80, vol. 49, n°1, p. 62-75.

4109. CLYMER (Kenton J.). Religion and American imperialism : methodist missionaries in the Philippine islands, 1899-1913. Pacific hist. R., 80, vol. 49, n°1, p. 29-50.

4110. COCHLOVIUS (Joachim). Bekenntnis und Einheit der Kirche im deutschen Protestantismus, 1840-1850. Gütersloh, Mohn, 80, in-8, 320 p. (Die Lutherische Kirche. Gesch. u. Gestalten, 3)

4111. COCHRAN (Alice Cowan). Miners, merchants, and missionaries : the roles of missionaries and pioneer churches in the Colorado gold rush and its aftermath, 1858-1870. Metuchen, N.J., Scarecrow Press, 80, in-8, XI-287 p. (Am. Theol. Libr. Assoc. Monograph Ser.,15)

4112. COLEMAN (B.I.). The Church of England in the mid-19th century, a social geography. London, Hist. Assoc., 80, in-8, 48 p.

4113. COLEMAN (Michael C.). Not race, but grace : presbyterian missionaries and American Indians, 1837-1893. J. am. Hist., 80, vol. 67, n°1, p. 41-60.

4114. COLLINSON (Patrick). Archbishop Grindal, 1519-1583 : the struggle for a reformed church. Berkeley a. Los Angeles, Univ. of Calif. Press; London, Cape, 80, in-8, 368 p.

4115. CRAWFORD (Patricia M.). Denzil Holles, 1598-1680, a study of his political career. London, Roy. Hist. Soc., 80, in-8, VIII-243 p.

4116. DÁN (Róbert). Mathias Vehe-Glirius és Dávid Ferenc. Dávid Ferenc halálának 400. évfordulójára. (Mathias Vehe-Glirius et Ferenc David. A l'occasion du 400e anniversaire de la mort de Ferenc Dávid.) Magyar. tudom. Akad. Filoz. Törttudom. Oszt. Oszt. Közl., 79, vol. 28, n°s 1-3, p. 185-207.

4117. DANIEL (David P.). Ecumenicity or orthodoxy : the dilemma of the protestants in the lands of the Austrian

Habsburgs. Church Hist., 80, vol. 49, n°4, p. 387-400.

4118. DAWSON (Jan C.). Puritanism in American thought and society : 1865-1910. New England Quar., 80, vol. 53, n°4, p. 508-526.

4119. DEBARD (Jean-Marc). Visites pastorales et vie paroissiale. Un exemple luthérien montbéliardais : Abbévillers, du XVIe au XVIIIe siècle. B.Soc. Hist. Prot. franç., 80, t. 126, p.347-413.

4120. DELP (Robert W.). A spiritualist in Connecticut : Andrew Jackson Davis, the Hartford years, 1850-1854. New England Quar., 80, vol. 53, n°3, p. 345-362. /Davis : Am.spiritualist, 1826-1910/

4121. ERDT (Terrence). Jonathan Edwards : art and the sense of the heart. Amherst, Univ. of Mass. Press, 80, in-8, XIV-123 p.

4122. FAULENBACH (Heiner). Grundlinien der Entwicklung des Protestantismus in der Synode An der Agger. Rhein. Vjsbl., 80, Jg. 44, p. 167-181.

4123. FIRPO (Massimo). John Locke e il socinianesimo. R. stor. ital.,80, a. 92, p. 35-124.

4124. GARRISSON-ESTEBE (Janine). Protestants du Midi, 1559-1598. Toulouse, Privat, 80, in-8, 368 p. (fig.).

4125. GERRISH (B.A.). Schleiermacher and the Reformation : a question of doctrinal development. Church Hist., 80, vol. 49, n°2, p. 147-159.

4126. GIRARDIN (Benoît). Rhétorique et théologie : Calvin, Le Commentaire de l'Epitre aux Romains. Paris, Beauchesne, 79, in-8, 396 p.

4127. GORDON (Frank J.). The German evangelical churches and the struggle for school in the Weimar republic. Church Hist., 80, vol. 49, n°1, p.47-61.

4128. GOW (B.A.). Madagascar and the Protestant impact. London, Longman, 80, in-8, XXII-266 p.

4129. GRANE (Leif). Den historiske baggrund for Confessio Augustana.(The historical background of the Confession of Augsburg.) Kyrkohist.Årsskr., 80, vol. 80, p.11-18. /English summary/

4130. GREAVES (Richard L.). The nature and intellectual milieu of the political principles in the Geneva bible marginalia. J. Church a. State, 80, vol. 22, n°2, p. 233-250.

4131. GREYERZ (Kaspar v.). The late city Reformation in Germany.The case of Colmar, 1522-1628. Wiesbaden, Steiner, 80, in-8, XIV-237 p.

4132. GYENGE (Imre). Zwei Feudal-herren und zwei Konfessionen. Glaubensstreitigkeiten d. Lutheraner u. Calvanisten Westungarns im 16. Jh. Jb. d. Ges. f. d. Gesch. d. Prot. i. Österr., 80, Jg. 96, p. 214-223.

4133. HAILE (H.G.). Luther. An experiment in biography. Garden City, N.Y., Doubleday, 80, in-8, X-422 p.

4134. HALE (Robert). The Benedictine spirit in Anglicanism. Am. benedictine R., 79, vol. 30, p. 226-248.

4135. HATCH (Nathan O.). The Christian movement and the demand for a theology of the people. J. am. Hist., 80, vol. 67, n°3, p. 545-567.

4136. HEAL (Felicity). Of prelates and princes, a study of the economic and social position of the Tudor episcopate. London, Cambridge U.P., 80,in-8, 363 p. (tab., maps).

4137. HEININEN (Simo). Die finnischen Studenten in Wittenberg. Helsinki, 80, in-8, 115 p. (Schr. d. Luther-Agricola-Ges., Ser. A, 19)

4138. HERON (Alasdair). A century of protestant theology. London, Lutterworth Press, 80, in-8, 240 p.

4139. HIGMAN (F.M.). Un pamphlet de Calvin restitué à son auteur. R. Hist. Philos. relig., 80, a. 60,fasc. 2, p. 167-180.

4140. HOENDERDAAL (G.J.). Arminius en Episcopus. Nederlands Arch. Kerkgesch., 79-80, vol. 60, p. 203-235.

4141. HOOD (Fred J.). Reformed America : the middle and southern states, 1783-1837. University, Univ. of Ala. Press, 80, in-8, 254 p. /Reformed Protestantism/

4142. HOPKINS (C. Howard). John R. Mott, 1865-1955 : a biography. Grand Rapids, Mich., William B. Eerdmans,79, in-8, XVII-816 p. /Am. YMCA leader/

4143. Horizons européens de la réforme en Alsace : mélanges offerts à Jean Rott pour son 65e anniversaire. Strasbourg, Libr. Istra, 80, in-8,380 p. (pl., portr.). (Coll. Grandes Publ. Soc. savante d'Alsace et des régions de l'Est, 17)

4144. HULTSCH (Eric). "Zur Bildung guter Christen und nützlicher Bürger". Ein Beitrag z. Geschichte d. evang. Schulwesens zw. 1781 u. 1861 in Wien. Jb. d. Ges. f. d. Gesch. d. Prot. i. Österr., 80, Jg. 96, p. 235-262.

4145. JECKER (H.). Die Basler Täufer. Studien z. Vor- u. Frühgeschichte. Basler Z. f. Gesch. u. Altertumskde, 80, Bd 80, p. 5-132.

4146. JONGE (Chr. de). De irenische ecclesiologie van Franciscus Junius. Onderzoek naar de plaats van het geschrift "Le Paisable Chrestien" (1593) in zijn theologisch denken. (The eirenical views of the church held by Franciscus Junius, particularly so far as they are set forth in his "Le Paisable Chrestien".) S.l., s.n., 80, in-8, IX-316 p. (Diss. Leiden)

4147. JONGE (H.J. de). De bestudering van het Nieuwe Testament aan de Noordnederlandse universiteiten en het Remonstrants Seminarie van 1575 tot 1700. (The study of the New Testament in the universities in the Dutch Republic and the Remonstrant Seminary,1575-1700.) Amsterdam /etc./, Noord-Hollandsche U.M., 80, in-4, 99 p. (ill.).(Verh. d. Koninkl. Nederlandse Akad. van Wetenschappen, afd. Letterkunde, N. R.,106)

4148. KENDALL (R.T.). Calvin and English Calvinism to 1649. London,Oxford, U.P., 80, 250 p. (Oxford Theol. Monogr.)

4149. KEUTE (Hartwig). Reformation und Geschichte. Kaspar Hedio als Historiograph. Göttingen, Vandenhoeck u. Ruprecht, 80, in-8, 423 p. (Göttinger theolog. Arbeiten, 19)

4150. KIEFNER (Theo). Die Waldenser aud ihrem Weg aus dem Val Cluson durch die Schweiz nach Deutschland, 1532-1755. Bd 1 : Reformation und Gegenreformation im Val Cluson, 1532-1730. Göttingen, Vandenhoeck u. Ruprecht, 80, in-8, 535 p. (Ill., Taf.).

4151. KIRSCH (George B.). Clerical dismissals in colonial and revolutionary New Hampshire. Church Hist., 80, vol.49, n° 2, p. 160-177.

4152. KLINGER (G.). La doctrine de la Croix et de la Résurrection de Rudolf Bultmann en confrontation avec la théologie de l'Église d'Orient. Istina, 80, a. 25, n°3, p. 176-211.

4153. KNOTT (John R.) Jr. The sword of the spirit. Puritan responses to the Bible. Chicago a. London, Univ. of Chicago Press, 80, in-8, 194 p.

4154. KOIZUMI (Tôru). Erizabesuchô seishokusha no shikôyôshiki. (An Elizabethan minister's logic : The casuistry of William Perkins.) Shigaku Zasshi, 80, vol. 89, n°3, p. 26-66.

4155. KÖNYA (István). Kálvinizmus és társadalomelmélet. A kálvini szociális doktrina teológiai-elméleti alapjainak bírálata. (Calvinisme et théorie sociale. La critique théologico-théorique des fondements de la doctrine sociale calviniste.) Budapest,Akad. Kiadó, 79, in-8, 484 p.- CR : I. Bán, Világosság, 80, vol. 21, n°10, p. 650-654.

4156. LEONE (Mark P.). Roots of modern Mormonism. Cambridge, Mass., Harvard U.P., 79, in-8, IX-250 p.

4157. LIEBMANN (Maximilian).Urbanus Rhegius und die Anfänge der Reformation.

Beitr. zu seinem Leben, seiner Lehre u. seinem Wirken bis zum Augsburger Reichstag von 1530 mit e.Bibliographie seiner Schriften. Münster, Aschendorff, 80, in-8, XVI-479 p. (Reformationsgesch. Stud. u. Texte, 117)

4158. LUDOLPHY (Ingetraut). Die religiöse Einstellung Friedrichs des Weisen, Kurfürst von Sachsen, vor der Reformation als Veraussetzung seiner Lutherschutzpolitik. Jb. d. Ges. f. d. Gesch. d. Prot. i. Österr., 80, Jg.96, p. 74-89.

4159. McGIFFERT (Michael). Covenant, crown, and commons in Elizabethan Puritanism. J. brit. Stud., 80, vol. 20, n°1, p. 32-52.

4160. MAGYARI (István). Az országokban való sok romlásoknak okairól. Sajtó alá rend. KATONA Tamás, utószó : MAKKAI László. (Sur les causes de l'effondrement du pays. Mis sous presses par -, épilogue de -.) Budapest,Magyar Helikon, 79, in-8, 224 p. (Bibliotheca Historica)

4161. MARCEL (Pierre). Calvin et Copernic. La légende ou les faits ? La science et l'astronomie chez Calvin. R. réformée, 80, t. 31, n°121, 210 p.

4162. MARSDEN (George M.). Fundamentalism and American culture : the shaping of twentieth-century evangelicalism, 1870-1925. New York, Oxford U.P., 80, in-8, XIV-306 p.

4163. MARSHALL (Gordon). Presbyteries and profits : Calvinism and the development of capitalism in Scotland, 1560-1707. London, Oxford U.P., 80,in-8, 416 p.

4164. MASER (Peter). Baron Hans Ernst von Kottwitz (1757-1843) und die Erweckungsbewegung des 19. Jahrhunderts. Kirche im Osten, 78-79, Bd 21-22, p. 126-140.

4165. MEIJERING (Eginhard P.).Calvin wider die Neugierde. Ein Beitr.z. Vergleich zw. reformator u. patrist. Denken. Nieuwkoop, de Graaf, 80, in-8, 122 p. (Bibl. himanistica et reformatorica, 29)

4166. MOKRZECKI (Lech). Socynianizm w dysputach gdańskich profesorów w świetle wybranych publikacji z XVII-XVIII wieku. (Le socinianisme dans les polémiques des professeurs de Gdańsk à la lumière de publications choisies des XVIIe-XVIIIe siècles.) Roczn. Gdańsk., 80, vol. 40, fasc. 1, p.147-160.

4167. NICHOLLS (David). Social change and early protestantism in France : Normandy, 1520-62. European Stud. R., 80, vol. 10, p. 279-308.

4168. NIJENHUIS (W.). Variants within Dutch Calvinism in the sixteenth century. Acta Hist. neerlandicae, 79, vol. 12, p. 48-64.

4169. PARKER (Harold M.) Jr. The Cassville convention : aborted birth of a southern presbyterian church. Historian, 80, vol. 42, n°4, p. 612-630.

4170. PHAIR (P.B.). Seventeenth century regal visitations. Analecta hibernica, 78, vol. 28, p. 81-102.

4171. REIJONEN (Mikko). Uskonnonvapauden toteuttaminen Suomessa vuosina 1917-1922. (Die Durchführung der Religionsfreiheit in Finnland in den Jahren 1917-1922.) Helsinki, 80, in-8, 366 p. (Suomen Kirkkohist. Seur. Toim., 119)

4172. REINERTH (Karl). Die Gründung der evangelischen Kirchen in Sibenbürgen Köln u. Wien, Böhlau, 79, in-8, 348 p. (Studia transilvanica, 5)

4173. Repent and believe : the Baptist experience in Maritime Canada. Ed. by Barry M. MOODY. Hantsport, N.S., Lancelot Press for Acadia Divinity College and Baptist Historical Committee of the United Baptist Convention of the Atlantic Provinces, 80, in-8, XI-217p. (Baptist heritage in Atlantic Canada, 2) - CR : S. Ivison, Canad. hist. R., 81, vol. 62, p. 246.

4174. ROSS (Robert W.). So it was true : the American protestant press and the nazi persecution of the Jews. Minneapolis, Univ. of Minnesota Press, 80, in-8, XVII-374 p.

4175. ROTT (Jean). Correspondance de Martin Bucer : liste alphabétique des correspondants. Strasbourg, Assoc. des publ. de la Fac. de théol. protestante, 77 /80/, in-8, 100 p.

4176. SCHRÖER (Alois). Die Reformation in Westfalen. Der Glaubenskampf e. Landschaft. Bd 1 : Die westfälische Reformation im Rahmen der Reichs- und Kirchengeschichte. Die weltlichen Territorien u. d. privilegierten Stände. Die zweite Reformation. Ergebnisse. Münster, Aschendorff, 79, in-8, XVI-695 p. (1 Bl. Kt.-Beil.).

4177. SCHÜTZEICHEL (Heribert). Katholische Calvin-Studien. Trier, Paulinus-Verl., 80, in-8, 136 p.(Trierer theol. Studien, 37)

4178. SCHWARTZ (Hillel). The French prophets : the history of a millenarian group in eighteenth-century England. Berkeley a. Los Angeles, Univ. of Calif. Press, 80, in-8, XVI-382 p.

4179. SEAVER (Paul). The Puritan work ethic revisited. J. brit. Stud., 80, vol. 19, n°2, p. 35-53.

4180. SHAW (G.P.). Patriarch and patriot : William Grant Broughton,1788-1854, colonial statesman and ecclesiastic. Melbourne, U.P., 80, in-8, 347 p.

4181. SHIELS (Richard D.). The second great awakening in Connecticut: critique of the traditional interpretation. Church Hist., 80, vol. 49, n°4, p. 401-415.

4182. Stadtbürgertum und Adel in der Reformation. Studien z. Sozialgesch. d. Reformation in England u. Deutschland. The urban classes, the mobility and the reformation. Hrsg. v. Wolfgang J. MOMMSEN in Verb. mit Peter ALTER u. Robert W. SCRIBNER. STuttgart, Klett-Cotta, 79, in-8, 392 p. (graph.Darst.). (Veröff. d. Deutsch. Hist. Inst.London, 5)

4183. STAUFFER (Richard). Le calvinisme et les universités. B. Soc.Hist. Prot. franç., 80, t. 126, p. 27-51.

4184. THOLFSEN (Trygve R.). Moral education in the Victorian Sundayschool. Hist. Educat. Quar., 80, vol. 20, n°1, p. 77-100.

4185. THOMPSON (W.D.J. Cargill). Studies in the Reformation : Luther to Hooker. Ed. by C.W. DUGMORE. London, Athlone Press, 80, in-8, 280 p.

4186. TOKARCZYK (Andrzej). Protestantyzm. (Le protestantisme.) Warszawa, Iskry, 80, 391 p.

4187. TOLONEN (Markku). Suomen papiston valtiopäiväedustus vapaudenajalla. (La représentation du clergé finlandais à la Diète pendant 1'ère de la liberté.) Helsinki, Suomen historiallinen seura, 80, in-8, 212 p. (Hist. Tutkimuksia, 113)

4188. VARGA (Béla). Dávid Ferenc /ca. 1510-1579/ és az unitárius vallás. (Ferenc Dávid et la religion unitaire.) Budapest, Unitárius Egyház, 79, in-8, 164 p.

4189. VOGELER (Albert R.). Disestablishmentarianism at flood tide, 1877. J. Church a. State, 80, vol. 22, n°2, p. 295-306.

4190. WILSON (Charles Reagan). The religion of the lost cause : ritual and organization of the southern civil religion, 1865-1920. J. south. Hist., 80, vol. 46, n°2, p. 219-238.

4191. WOOD (Gordon S.). Evangelical America and early Mormonism. New York Hist., 80, vol. 61, n°4, p. 359-386.

4192. ZARET (David). Ideology and organization in Puritanism. Arch.europ. Sociol., 80, t. 21, p. 82-115.

4193. ZURMÜHLEN (Karl-Heinz). Reformatorische Vernunftkritik und neuzeitliches Denken. Dargest. am Werk M. Luthers u. Fr. Gogartens. Tübingen, Mohr, 80, in-8, IX-337 p. (Beiträge z. hist. Theologie, 59)

Cf. n°s 2811, 2898, 3316, 3332, 3396, 5686.

§ 5. Nichtchristliche Religionen und Sekten

• 4194. KLAGSBALD (Victor). Catalogue des manuscrits /hébreux/ marocains /XVIe-XIXe s./ de la collection /David/ Klagsbald. Index établis par Robert ATTAL. Paris, éd. du C.N.R.S., 80, in-4, 156 p. (13 pl.). (Etudes de paléogr. hébraïque)

• Cf. n° 3973.

4195. ABITOL (Michel). Ha-pe'ilut ha-ziyonit be-zfon Afrika ad sof milhemet ha-olam ha-shniya. (Zionist activity in North Africa up to the end of the second world war.) Pe'amin, 79, n° 2, p. 65-91.

4196. ALUF (Nathan). Bahren; qehila shehayeta. (Bahrein; a community that was.) Tel-Aviv, Misrad Ha-bitahon, 79, in-8, 204 p. /On the Jewish community, since the middle ages/

4197. BENAYAHU (Meir). Rabbi Shimshon Morpugo. (Rabbi Samson Morpugo.) Sinai, 79, vol. 84, p. 134-165. /17th cent. Italian rabbi a. physician./

4198. BIHL (Wolfdieter). Die Juden in der Habsburgermonarchie 1848-1918. Studia judaica austriaca, 80, Bd 8, p. 5-73.

4199. BLEICH (Judith). The emergence of an orthodox press in nineteenth-century Germany. Jewish soc. Stud., 80, vol. 42, n° 3-4, p. 323-344.

4200. CAMPBELL (Bruce F.). Ancient wisdom revised : a history of the theosophical movement. Berkeley a. Los Angeles, Univ. of Calif. Press, 80, in-8, X-249 p.

4201. DEHERGNE (Joseph), LESLIE (Donald Daniel). Juifs de Chine. A travers la correspondance inédite des Jésuites du XVIIIe s. Préf. de Jacques GERNET. Paris, Belles Lettres; Roma, Inst. Historicum S.J., 80, in-8, 250 p. (pl.). (Bibl. Inst. hist. Soc.Jesu, 41)

4202. EISENBACH (Artur). Das galizische Judentum während des Völkerfrühlings und in der Zeit des Kampfes um seine Gleichberechtigung. Studia judaica austriaca, 80, Bd 8, p. 75-92.

4203. ELKIN (Judith Laikin). Jews of the Latin American republics. Chapel Hill, Univ. of N.C. Press, 80, in-8, XV-298 p.

4204. ENDELMAN (Todd M.). The Jews of Georgian England, 1714-1830 : tradition and change in a liberal society. London, Jewish Publ. Soc. of Amer., Jewish Chronicle Publ., 80, in-8, 370 p. (ill.).

4205. ESPOSITO (John L.) a.others. Islam and development : religion and sociopolitical change. Syracuse, N.Y., Syracuse U.P., 80, in-8, XIX-268 p. (Contemporary Issues in the Middle East)

4206. FREIDENREICH (Harriet Pass). The Jews of Yugoslavia : a quest for community. Philadelphia, Jewish Pub. Soc. of Am., 79, in-8, XIV-323 p./Belgrade, Sarajevo, Zagreb, 1800-1941/

4207. FUKS (L.). Sabatianisme in Amsterdam in het begin van de 18e eeuw. Enkele beschouwingen over Reb Leib Oizers en zijn werk. Sabbatianism in Amsterdam in the beginning of the 18th century. Some reflections on Reb Leib Oizers and his work. Studia Rosenth., 80, vol. 14, p. 20-28.

4208. HÄUSLER (Wolfgang). Probleme der Geschichte des westungarischen Judentuus in der Neuzeit. Burgenländ. Heimatbl., 80, Jg. 42, p. 32-38, 69-100.

4209. HYMAN (Paula). From Dreyfus to Vichy : the remaking of French Jewry, 1905-1939. New York, Columbia U.P., 79, in-8, XII-338 p.

4210. KAHANE (Reuven). Religious diffusion and modernization : a preliminary reflection on the spread of Islam in Indonesia and its impact on social change. Arch. europ. Sociol., 80, t. 21, p. 116-138.

4211. KAPLAN (Yosef). Yizhak orobio di qastro ubene hugo. (Isaac /Baltasar/ Orobio de Castro and his circle.) Jerusalem, Hebrew Univ., 78, in-4, XXXIII-672 p. /Orobio de Castro : Jewish philosopher, physician a. apologist, c. 1620-1687/

4212. KORNBERG (Jacques). Theodore Herzl : a reevaluation. J. mod. Hist., 80, vol. 52, n° 2, p. 226-252.

4212a. Libre pensée et religion laïque en France : de la fin du Second Empire à la fin de la Troisième République. CERDIC /Centre de recherche et de documentation des institutions chrétiennes/. Journée d'étude tenue à l' Univ. de Paris XII, 10 nov. 1979.Introd. par J.-M. MAYEUR. Strasbourg, CERDIC, 80, in-8, 257 p. (Recherches institutionnelles, 5. Institutions et histoire)

4213. LITTMAN (Michael). Yahadut mizrayyim bameot ha-shesh-esrewe-ha-shva-esre. (Egyptian Jewry in the XVIth and XVIIth centuries according to the responsa of contemporary rabbis.) Diss. Ramat-Gan, Bar Ilan Univ., 78, in-4, 395-5 p. /Summary in Eng./

4214. RAGINS (Sanford). Jewish responses to anti-semitism in Germany, 1870-1914 : a study in the history of ideas. Cincinnati, Ohio, Hebrew Union College Press, 80, in-8, XIII-226 p.

4215 REINHARZ (Jehuda). Ideology

and structure in German zionism, 1882-1933. Jewish soc. Stud., 80, col. 42, n°2, p. 119-146.

4216. SHIMONI (Gideon). Jews and Zionism, the South African experience, 1910-1967. London a. Cape Town, Oxford U.P., 80, in-8, 442 p.

4217. /Sifre Zikkaron. Memorial Books./ Tel-Aviv, Irgun Yoze ... be-Yisrael (Union of the Remnants of the Jewish Community of ... in Israel, 76-79, 15 vol. /Memorial books of the following Jewish Communities destroyed during World War II, were published : Poland : Annopol, Jarosław, Międzyrzec Podlaski, Mińsk Mazowiecki, Przedbórz, Wodzisław. USSR : Berežany, Radekhov, Skala, Stepan, Turets, Javorov. Romania: Mărculeşti, Marghita. Czechoslovakia : Topolčany./ /Cf. Bibl. 76-77, n°5281./

4218. SPITZER (Shlomo). Der Einfluss des Chatam Sofer und seiner Pressburger Schule auf die jüdischen Gemeinden Mitteleuropas im 19. Jahrhundert. Studia judaica austriaca, 80, Bd 8, p. 111-121.

4219. WEISBROT (Robert). The Jews of Argentina : from the inquisition to Peron. Philadelphia, Jewish Pub. Soc. of Am., 79, in-8, XIII-348 p.

4220. WERBER (Eugen). Zur Geschichte der jüdischen Gemeinde in Novi Sad (Neusatz). Studia judaica austriaca, 80, Bd 8, p. 93-109.

Cf. n°s 2741, 3701, 3731, 4342, 4488, 6963.

M

BILDUNGSGESCHICHTE DER NEUZEIT

---

§ 1. Allgemeines. 4221-4285. - § 2. Akademien und wissenschaftliche Organisationen. 4286-4297. - § 3. Unterrichtsgeschichte. 4298-4419. - § 4. Pressewesen. 4420-4472. - § 5. Philosophie und Weltanschauung. 4473-4604. - § 6. Exakte Wissenschaften. Technik, Naturwissenschaften und Medizin. 4605-4703. - § 7. Literatur (a. Allgemeines; b. Renaissance; c. Klassizismus; d. Romantik und Gegenwart). 4704-4843. - § 8. Bildende Kunst und Kunstgewerbe (a. Allgemeines; b. Architektur; c. Bildhauerei, Malerei, Graphik und Zeichenkunst; d. Kunstgewerbe und Volkskunst). 4844-4934. - § 9. Musik, Theater und Film. 4935-5009.

§ 1. Allgemeines.

** 4221. FORSTER (Georg). Werke. Sämtliche Schriften, Tagebücher, Briefe. Hrsg. v. d. Akad. d. Wiss. d. DDR, Zentralinst. f. Literaturgesch. Bd /13, 14. Cf. Bibl. 78-79, n° 4894./ 16 : Briefe 1790 bis 1791. Bearb. v. Brigitte LEUSCHNER u. Siegfried SCHEIBE. Berlin, Akad.-Verl., 80, in-8, 660 p.

** 4221a. Letters to Erik Benzelius the younger /Swedish archbishop, 1675-1743/ from learned foreigners. Ed. by Alvar ERIKSON. Vol. 2 : 1697-1743.Göteborg, Vetenskaps- o. vitterhetssamh, 80, in-8, XIV-542 p. (Acta Regiae Soc. scient. et litt. Gothoburg., Humaniora, 16)

4222. AVRAMOV (Petăr). Kulturnata revoljucija v Bălgarija. (La révolution culturelle en Bulgarie) Sofija, Partizdat., 80, in-8, 242 p.

4223. BALDWIN (P.M.). Liberalism, nationalism, and degeneration : the case of Max Nordau. Central european Hist., 80, vol. 13, n°2, p. 99-120.

4224. BENDA (Kálmán). Bethlen Gábor és a magyar művelődés. (Gábor Bethlen et la culture hongroise.) Tiszatáj, 80, vol. 34, n°10, p.65-75.

4224a. BITSKEY (István). Nemzetkösi barokk-kutatás és magyar barokk irodalom. (Les recherches internationales sur le baroque et la littérature baroque en Hongrie.) Magy. Tudom.Akad. Nyelv. Irodtudom. Oszt. Közl., 79,vol. 31, n°s 3-4, p. 243-258.

4225. BONORAND (Conradin). Joachim Vadian und der Humanismus im Bereich des Erzbistums Salzburg. St. Gallen, Fehr, 80, in-8, 252 p. (Vadian-Studien, 10)

4226. BRAHMER (Mieczysław). Powinowactwa polsko włoskie. Z dziejów wzajemnych stosunków kulturalnych.(Les alliances polono-italiennes. De l'histoire des rapports culturels.) Warszawa, Państw. Wydawn. Nauk., 80, in-8, 375 p. /XVIe-XXe s./

4227. CASTELLAN (G.). Les fonctions culturelles de la ville du Sud-Est européen, XVIIIe-XXe s. Et. balkaniques, 80, a. 16, n°4, p. 27-39.

4228. CÂNDEA (Virgil). Raţiunea dominantă. Contribuţii la istoria umanismului românesc. (Reason prevailing. Contributions to the history of Romanian humanism.) Cluj-Napoca, Dacia, 79, in-8, 381 p.

4229. Culture et pouvoir au temps de l'Humanisme et de la Renaissance : actes du Congrès Marguerite de Savoie, Annecy, Chambéry, Turin, 29 avril-4 mai 1974, publiés par Louis TERREAUX. Genève, Slatkine; Paris, Champion, 78, in-8, VI-392-XXIV p. (Publ. du Centre d'Et. franco-italien des Univ. Turin et Savoie)

4230. Culture et religion en Espagne et en Italie aux XVe et XVIe s. Par Manuel BALLESTERO, Jacqueline BRUNET, Françoise DESCROISETTE, etc. Abbeville, impr. F. Taillart, 80, in-8, 196 p. (pl.). (Doc. et travaux de l' équipe de recherche Culture et Société au XVIe s., Univ. de Paris VIII-Vincennes, 4)

4231. Culture et société en Espagne et en Amérique latine au XIXe s. Centre d'études ibériques et ibéroaméricaines de l'Univ. de Lille III (Colloque, Lille, 1977/ Textes réunis par Claude DUMAS. Lille, Univ. de Lille III, 80, in-8, 199 p. (graph.).

4232. Curé (Le) Meslier et la vie intellectuelle, religieuse et sociale à la fin du 17e et au début du 18e s. Actes du colloque international de Reims, 17-18 oct. 1974. Reims, Bibl. de l'Univ., 80, in-4, VIII-607 p.

1. ALLGEMEINES

4233. DANIJAROV (S.S.). Kul'turnoe stroitel'stvo v Kirgizskoj SSR v gody dovoennykh pjatiletok. (Cultural construction in the Kirghiz SSR during the pre-war Five-year plans.) Frunze,Ylim, 80, in-8, 281 p.

4234. DAVIS (Stephen P.). The concept of poverty in the Encyclopedia Britannica from 1810 to 1975. Labor Hist., 80, vol. 21, n°1, p. 91-101.

4235. Deutschlands kulturelle Entfaltung. Die Neubestimmung d. Menschen. Hrsg. v. Bernhard FABIAN /u.a./.München, Kraus, 80, in-8, XIII-282 p. (Ill., Noten). (Stud. z. 18. Jh., 2-3)

4236. ELLIS (Joseph J.). After the revolution : profiles of early American culture. New York, W.W. Norton,79, in-8, XVI-256 p.

4237. Exil in der Tschechoslowakei, in Grossbritannien, Skandinavien und in Palästina. Mit Beitr. v. Ursula BEHSE. Leipzig, Reclam, 80, in-8, 746 p. (Abb.). (Kunst u. Lit. im antifaschist. Exil 1933-1945, 5. Reclams Universal-Bibl., 848)

4238. Exil in der UdSSR. Hrsg.v. Klaus JARMATZ, Simone BARCH, Peter DIEZEL. Leipzig, Reclam, 79, in-8,661 p. (Abb.). (Kunst u. Lit. im antifaschist. Exil 1933-1945, 1. Reclams Universal-Bibl., 806)

4239. GENČEV (Nikolaj). Bălgarsko kulturno Văzrždane. (La Renaissance culturelle bulgare.) Ist. Pregl., 80, a. 36, n° 5, p. 3-19.

4240. GUBOGLO (M.N.). Izučenie dvujazyčija v SSSR. (Die Erforschung der Zweisprachigkeit in der Sowjetunion.) Obščestv. Nauki, 80, n°4, p. 126-139.

4241. HEPPNER (Harald). Die Reisen Hammer-Purgstalls ins Osmanische Reich und ihre kulturellen Auswirkungen. Bl. f. Heimatkde /Graz/, 80, Jg. 54, p.111-118.

4242. HEYCK (T.W.). From men of letters to intellectuals : the transformation of intellectual life in nineteenth-century England. J. brit. Stud., 80, vol. 20, n°1, p. 158-183.

4243. Humanismus und Reformation als kulturelle Kräfte in der deutschen Geschichte. Ein Tagungsber. Hrsg. v. Lewis W. SPITZ in Verb. mit Otto BÜSCH u. Bodo ROLLKA. Mit Beitr. v. Christiane D. ANDERSSON /u.a./. Berlin u. New York, de Gruyter, 80, in-8, XV-214 p. (Ill.). (Veröff. d. Hist. Komm. zu Berlin, 51)

4244. Idee, istituzioni, scienza ed arti nella Firenze dei Medici. A cura di Cesare VASOLI. Firenze, Giunti-Martello, 80, in-8, XVI-231 p. (tav.).

4245. Intellectuel (L') et le prince en Italie au début du XVIe s.Table ronde tenue à l'Univ. Paris X-Nanterre à l'occasion du XVIIe Congrès de la SIES /Soc. des italianistes de l'enseignement sup./, 28 sept.-1er oct. 1978. Nanterre, Centre de recherches de langue et litt. italiennes, 79, in-4, 57 p. (Doc. de travail et prépub. Centre de recherches de langue et litt. italiennes, Univ. Paris X-Nanterre,16)

4246. ISAEVIČ (Ju.D.). Ukrainskaja kul'tura XVIII stoletija. (La culture ukrainienne au XVIIIe s.) Vopr. Ist., 80, n°8, p. 85-97.

4247. JAFFE (Kineret S.). Genius: its changing role in eighteenth-century French aesthetics. J. Hist. Ideas, 80, vol. 41, n°4, p. 579-600.

4248. KIESSLING (Wolfgang). Exil in Lateinamerika. Leipzig, Reclam,80, in-8, 577 p. (Abb.). (Kunst u. Lit.im antifaschist. Exil 1933-1945, 4. Reclams Universal-Bibl., 847)

4249. KING (Richard H.). A southern Renaissance : the cultural awakening of the American South, 1930-1955. London a. New York, Oxford U.P., 80, in-8, XI-350 p.

4250. KINMONTH (Earl H.). Makamura Keiu and Samuel Smiles : a Victorian Confucian and a Confucian Victorian. Am hist. R., 80, vol. 85, n°3, p. 535-558.

4251. KOSÁRY (Domokos). Művelődés a XVIII. századi Magyarországon. (La culture en Hongrie au XVIIIe s.)Budapest, Akad. Kiadó, 80, in-8, 758 p. - CR : L. Mészáros, Pedag. Szle, 80, vol. 30, n°12, p. 1132-1134.

4252. KOWALCZYK (Jerzy). W kręgu kultury dworu Jana Zamoyskiego.(Dans les milieux culturels de la cour de Jean Zamoyski.) Lublin, Wydawn. Lub., 80, in-8, 342 p.

4253. KURZWEIL (Edith). The age of structuralism : Lévi-Strauss to Foucault. New York, Columbia U.P.,80, in-8, XI-256 p.

4254. LEDBETTER (Pat), LEDBETTER (Bill). The agitator and the intellectuals : William Lloyd Garrison and the New England Transcendentalists. Mid-Am., 80, vol. 62, n°3, p. 173-186.

4255. LEVERENZ (David). The language of Puritan feeling : an exploration in literature, psychology, and social history. New Brunswick, N.J. Rutgers U.P., 80, in-8, XI-346 p.

4256. Loches au XVIe s. : aspects de la vie intellectuelle artistique et sociale. Actes du colloque organisé par les Amis du pays lochois et le Centre d'Et. sup. de la Renaissance, Univ. François Rabelais, Loches, mai 1975. Marseille, Laffitte, 79, in-8, 274 p. (ill.).

4257. LOUŽIL (Jaromír). Bernard

Bolzano. Studie s ukázkami z díla.
(Eine Studie mit Beispielen aus seinem Werk.) Praha, Melantrich, 78, in-8, 408 p. (36 fig.). (Odkazy pokrokových osobností naší minulosti, 49)

4258. MACLEAN (Ian). The Renaissance notion of woman. A study in the fortunes of Scholasticism and medical science in European intellectual life. New York, Cambridge U.P., 80, in-8, VII-119 p. (Cambridge monogr. on the hist of medecine)

4259. Magyar-lengyel kulturális kapcsolatok. - Polsko-węgierskie stosunki kulturalne. 1948-1978. /Tanulmányok./ Szerk. KISS Csaba, PABINIAK Henryk. (Relations culturelles hungaro-polonaises.) /Etudes./ Réd. par -.) Budapest, Tankönyvkiadó, 80, in-8, 129p

4260. MARICA (George Em.) Studii de istoria şi sociologia culturii române ardelene din secolul al XIX-lea. (Etudes de l'histoire et de la sociologie de la culture roumaine en Transylvanie du XIXe s.) T. 3. Cluj-Napoca, Dacia, 80, in-8, 252 p. /T. 1. Cf.Bibl. 76-77, n° 5314./

4261. Modèles et moyens de la réflexion politique au XVIIIe s. Actes du Colloque organisé par l'Université lilloise des Lettres, Sci. humaines et Arts, du 16 au 19 oct. 1973. /1,2. Cf. Bibl. 78-79, n° 4929./ 3 : Débats et combats idéologiques : sociétés de pensée, loges, clubs, mythes. Villeneuve d'Ascq, Publ. de l'Univ. Lille III,79, in-8, 354 p.

4262. Monstres et prodiges au temps de la Renaissance. Univ. Paris, Sorbonne, Centre de recherches sur la Renaissance, Colloques Paris, 1979-1980. Dir. de la publ. : M.T. JONES-DAVIES. Paris, diff. J. Touzot, 80,in-8, 138 p. (Univ. Paris-Sorbonne, Inst. de recherches sur les Civ. de l'Occ. mod., Centre de recherches sur la Renaissance, 5)

4263. NISBET (Robert). History of the idea of progress. New York, Basic Books, 80, XI-370 p.

4264. Norges kulkurhistorie.(Cultural history of Norway.) Hovedred. (Editor:) Ingrid SEMMINGSEN. /Bd. 1,2.Cf. Bibl. 78-79, n° 4933./ Bd 3 : Fra forfall til ny vekst (Vol. 3 : From decay to new growth.) Oslo, Norbok, 80, in-8, 336 p. (ill.).

4265. PESCATELLO (Ann M.). The Leyenda Negra and the African in sixteenth- and seventeenth-century Iberian thought. Cath. hist. R., 80,vol. 66, n°2, p. 169-183.
zwiazki
4266. Polsko-rosyjskie społeczno-kulturalne na przełomie XIX i XX wieku. (Les relations socio-culturelles polono-russes à la fin du XIXe et au début du XXe s.) Réd. de Marian LECZYK, avant-propos de Ludwik BAZYLOW. Warszawa, Książka i Wiedza, 80, in-8,398 p. (Pol.-Radziecka Kom. Hist. Pol.Akad. Nauk)

4267. Présence et influence de l' Espagne dans la culture italienne de la Renaissance : Machiavel, Guichardin, Castiglione, Calmo, la troisième personne de politesse. Textes réunis par André ROCHON. Paris, Univ. Sorbonne nouv., 78, in-8, 329 p. (Centre de rech. sur la Renaissance italienne,7)

4268. Reisen und Reisebeschreibungen im 18. und 19 Jahrhundert als Quellen der Kulturbeziehungsforschung.Hrsg. v. B. I. KRASNOBAEV /u.a./. Berlin, Camen, 80, in-8, 403 p. (Stud. z.Gesch. d. Kulturbeziehungen in Mittel- u.Osteuropa, 6)

4269. RICHARDSON (Gunnar). Kulturuppfattning, samhällsstruktur och utbildningspolitik i 1880-talets Sverige. (Cultural characteristics,social structure and educational policy in Sweden during the 1880's.)/Svensk/Hist T., 80, vol. 100, p. 3-28. /Eng.summary/

4270. ROLLINS (Richard M.). The long journey of Noah Webster. Philadelphia, Univ. of Pa. Press, 80, in-8, XI-195 p.

4271. ROSENSTONE (Robert A.) Learning from those "imitative" Japanese: another side of the American experience in the Mikado's empire. Am. hist.R., 80, vol. 85, n°3, p. 572-595.

4272. SALMON (J.M.H.). Cicero and Tacitus in sixteenth-century France. Am. hist. R., 80, vol. 85, n°2, p.307-331.

4273. SCHLEIFER (James T.). The making of Tocqueville's Democracy in America. Chapel Hill, Univ. of N.C. Press, 80, in-8, XXV-387 p.

4274. SCHOEPS (Hans-Joachim).Deutsche Geistesgeschichte der Neuzeit. Ein Abriss in 5 Bd. /Bd 2,3,4. Cf.Bibl 78-79, n° 4939./ Bd 5 : Von der Neuzeit zum Atomzeitalter. Mainz, v.Hase u. Koehler, 80, in-8, 327 p.

4275. SCOTT (Donald M.). The popular lecture and the creation of a public in mid-nineteenth century America. J. am. Hist., 80, vol. 66, n°4, p. 791-809.

4276. Staatsdienst und Menschlichkeit. Studien zur Adelskultur des späten 18. Jh. in Schleswig-Holstein u. Dänemark. Hrsg. v. Christian DEGN u. Dieter LOHMEIER. Neumünster, Wachholtz, 80, in-8, 462 p. (40 Ill.). (Kieler Stud. z. deutschen Literaturgesch.,14)

4277. STAUM (Martin S.). The class of moral and political sciences, 1795-1803. French hist. Stud., 80, vol. 11, n°3, p. 371-397.

4278. STERK (J./J.B.M.M./). Philips van Bourgondië (1465-1524), Bisschop van Utrecht als protagonist van de Renaissance. Zijn leven en maecenaat. (Philip of Burgundy, bishop of Utrecht and Maecenas.) Zutphen, De Walburg Pers, 80, in-8, 332 p. (ill., portr.). (Walburg biografieën, 2)

4279. STRNAD (Alfred A.). Die Hohenemser in Rom. Das römische Ambiente des jungen Marcus Sitticus von Hohenems. Innsbrucker hist. Stud., 80, Bd 3, p. 61-130.

4280. TARNÓC (Márton). Erdély müvelődese Bethlen Gábor és a két Rákóczi György korában. (La culture de la Transylvanie à l'époque de Gábor Bethlen et des deux György Rákóczi.) Budapest, Gondolat Kiadó, 78, in-8, 268 p. - CR : L. Nagy, Századok, 79, vol. 113, n°5, p. 904-907; K. Péter, Irodtört. Közl., 79, vol. 83, n°3, p. 346-347.

4281. THIEM (John). L'Europe et les intellectuels. L'essor de l'intellectuel dans l'Europe de la Renaissance. Cadmos, 80, a. 3, n°10, p. 47-71.

4282. Uczeni wrocławscy (1945-1979). (Les savants de Wrocław, 1945-1979.) Réd. Jan TRZYNADLOWSKI. Wrocław,Zakł. Narod. im. Ossolińskich, 80, in-8,404 p. (Prace Wrocł. Tow. Nauk. Ser. A., 207)

4283. WHITFIELD (Stephen J.).Into the dark : Hanna Arendt and totalitarianism. Philadelphia, Temple U.P., 80, in-8, XII-338 p.- IDEM. The imagination of disaster : the response of American Jewish intellectuals to totalitarianism. Jewish soc. Stud., 80, vol. 42, n°1, p. 1-20.

4284. WOHL (Robert). The generation of 1914. Cambridge, Mass., Harward U.P., 79, in-8, IX-307 p.

4285. ZEIL (Wilhelm). Positionen und Leistungen der Slawistik in Deutschland 1871-1917. Ein Beitr. z. Gesch. d. deutsch.-slaw. Wiss.-u. Kulturbeziehungen. Jb. f. Gesch. d. sozialist. Länder Europas, 80, Bd 24, H. 1. p.117-153.

Cf. n° 3374.

§ 2. Akademien und wissenschaftliche Organisationen.

** 4286. Discursuri de recepție la Academia română. (Discours de réception à l'Académie roumaine.) Ed. Îngrijită de Octav PĂUN şi Antoaneta TĂNĂSECU. Prefață de Octav PĂUN. Documentar de Antoaneta TĂNĂSESCU. București, Albatros, 80, in-8, 397 p.

4287. ANDRAE (Carl-Göran). Om lärda sammanslutningar. (On /Swedish/ learned societies.) /Svensk/Hist. T., 80,vol.
100, p. 29-61 /Eng. summary/

4288. BIEŃKOWSKI (Wiesław).Polskie instytucje naukowe między rewolucją 1905 a I wojną światową (Struktura organizacyjna, węzłowa problematyka naukowa, oblicze ideowo-polityczne.) (Les institutions scientifiques polonaises entre la révolution de 1905 et la le guerre mondiale. Structure organique, principale problématique scientifique, aspects idéologique et politique.) Studia hist., 79 /80/, a. 22, n°4, p. 553-581.

4289. BITTEL (Kurt). The German perspective and the German Archaeological Institute. Am. J. Archaeol., 80, vol. 84, n° 3, p. 271-277.

4290. FROST (Stanley Brice).McGill University, for the advancement of learning. Vol. 1 : 1801-1895. Montreal, McGill-Queen's U.P., 80, in-8, XXII-313 p.

4291. KLEINEIDAM (Erich). Universitas studii Erffordensis. Überblick über d. Gesch. d. Univ. Erfurt. T./2. Cf. Bibl. 68-69, n° 3890./ 3 : Die Zeit der Reformation und Gegenreformation 1521-1632. Leipzig, St.-Benno-Verl., 80, in-8, XX-315 p. (Erfurter theol. Studien, 42)

4292. KOSÁRY (Domokos). Akadémiai tervek a 18. századi Magyarországon. (Projets pour la fondation d'une Académie en Hongrie au XVIIIe s.) Tört. Szle, 79, vol. 22, n°2, p. 341-354.

4293. LA GORCE (Jérôme de). L'Académie royale de musique en 1704, d'après les documents inédits conservés dans les archives nationales. R. Musicol., 79, t. 65, p. 160-191.

4294. LEBEL (Maurice). Apport de la Société royale du Canada à la vie intellectuelle du pays dans le domaine des humanités et des sciences sociales (1882-1978). M. Soc. roy. Canada, 79 vol. 17, acad. 1, p. 3-15.

4295. RAISZ (Rózsa). Tudományos tevékenységi formák a Magyar Nyelvtudományi Társasag 1904-től 1945-ig terjedő működésében. (Les formes de l' activité scientifique de la Société Linguistique Hongroise de 1904 à 1945.) Budapest, 79, in-8, 56 p. (A Magyar Nyelvtudományi Társaság kiadványai,152)

4296. ROLBIECKI (Waldemar). Polska Stacja Naukowa w Paryżu. (Le Centre Scientifique Polonais à Paris.) Nauka polska, 80, a. 28, n° 7-8, p.81-99.

4297. VOSS (Jürgen). Die Akademien als Organisationsträger der Wissenschaften im 18. Jahrhundert. Hist. Z., 80, Bd 231, p. 43-74.

§ 3. Unterrichtsgeschichte.

• 4298. Bibliographie zur Geschichte der Universität Tübingen. Bearb.v. Friedrich SECK, Gisela KRAUSE, Ernestine STÖHR. Im Auftr. d. Univ. hrsg. v. d. Universitätsbibl. Tübingen,Mohr, 80, in-8, XX-647 p. (Contubernium,27)

•• 4299. ANDRITSCH (Johann). Die Matrikeln der Universität Graz. Bd 2: 1630-1662. Graz, Akad. Druck- u. Verlagsanst., 80, in-8, XLIV-513 p.(Abb.)

•• 4300. ARNOLD (Thomas). Letters of Thomas Arnold the Younger, 1850-1900. Ed. by James BERTRAM. Wellington a. London, Oxford U.P., 80, in-8,312p.

•• 4301. Dokumentumok a magyar közoktatás reformjáról, 1945-1948. Összeáll. és bev. DANCS Istvánné.(Documents sur la réforme de l'enseignement public en Hongrie, 1945-1948.Réd. et intr. par -.) Budapest, Kossuth Kiadó, 79, in-8, 861 p. (Uj Magyar Központi Levéltár. Források a magyar népi demokrácia történetéhez, 3)

•• 4302. Dokumentumok a magyar nevelés történetéből, 1849-1919.Szerk. és jegyz. KÖTE Sándor, RAVASZ János. (Documents concernant l'histoire de la pédagogie hongroise 1849-1919. Réd.et annotée par--.) Budapest, Tankönyvkiadó, 79, in-8, 622 p.

•• 4303. KOMENSKÝ (Jan Amos).Dílo Jana Amose Komenského. (L'oeuvre de Jean Amos Comenius.) /Vol. 13,14,18. Cf. Bibl. 74-75, n° 5071./ Vol. 3,12. Edit. coll. Praha, Academia, 78, 2 vol in-8, 640, 416 p. (fig.).

•• 4304. University of Oxford. Epistolae Academicae, 1508-1597, ed. by W.T. MITCHELL. Oxford, Hist. Soc., 80, in-8, XXXII-423 p. (Oxford hist. Soc., Publ., n.s., 26)

4305. ALBERDI (Ramón). La formación profesional en Barcelona. Política. Pensamiento. Instituciones, 1875-1923. Prólogo de Emili GIRALT I RAVENTÓS. Barcelona, Edic. Don Bosco, 80, in-8, 788 p.

4306. Album promotorum (Het) van de academie te Harderwijk. Bewerkt door O. SCHUTTE. (The 'Album promotorum' of the university at Harderwijk.) Zutphen, De Walburg Pers, 80, in-8, 362 p. (ill.). (Werken Gelre, 36)

4307. AMBROSOLI (Luigi). Libertà e religione nella riforma Gentile. Firenze, Vallecchi, 80, in-8, 228 p. (Il pellicano. Educazione e Sc. nella Stor. d'Italia)

4308. ARNOVE (Robert)a. others.Philanthropy and cultural imperialism : the foundations at home and abroad. Boston, G.K. Hall, 80, in-8, 473 p.

4309. AVRICH (Paul). The modern school movement : anarchism and education in the United States. Princeton, N.J.,Princeton U.P., 80, in-8, XIII-447 p.- IDEM.Kropotkin in America /in 1897 and 1901/. Int. R. soc. Hist.,80, vol. 25, p. 1-34.

4310. BAKER (Donald N.),HARRIGAN (Patrick J.). The making of Frenchmen. Current directions in the history of education in France, 1679-1979.Waterloo, Ont., Hist. Reflexions Press, Univ. of Waterloo, 80, in-8, 616 p.

4311. BALOGH (István). A nagyenyedi kollégium és Debrecen. (Les Collèges de Nagyenyed /Aiud/ et de Debrecen /1629-1765/.) Confessio, 80, vol. 3, n°1, p. 41-47.

4312. BALOGH (Sándor). Die Frage des fakultativen Religionsunterrichts /in Ungarn/ und die Kirchen (Frühjahr 1947). In : Etudes hist. hongr. /Cf. n°611/, vol. 2, p. 483-514.

4313. BANTOCK (G.H.). Studies in the history of educational theory.Vol. 1. London, Allen a. Unwin, 80, in-8, 304 p.

4314. BARTNICKA (Kalina). Działalność edukacyjna Jana Śniadeckiego. (L' activité éducative de Jean Śniadecki) Wrocław, Zakł. Narod. im. Ossolińskich, 80, in-8, 444 p. (Pol. Akad. Nauk,Inst. Hist. Nauki, Oświaty i Techn.,Zakład Dziejów Oświaty. Monografie z Dziejów Oświaty, 23)

4315. BÉLLER (Béla). Az 1918/19-es forradalmak közoktatáspolitikája. (La politique d'enseignement public des révolutions de 1918 et 1919.) Századok, 79, vol. 113, n°2, p.183-229.

4316. BIEŃKOWSKI (Tadeusz). Komenski w nauce i tradycji. (Komensky dans la science et la tradition.) Wrocław, Zakł. Narod. im. Ossolińskich, 80, in-8, 104 p. (Pol. Akad. Nauk, Inst.Hist. Nauki, Oświaty i Techn., Zakł. Dziejów Oświaty. Monografie z Dziejów Oświaty, 24)

4317. BLACK (George), BEVON (John). The loss of fear : education in Nicaragua before and after the revolution. London, World Univ. Service, 80, in-8, 80 p. (ill., maps).

4318. BLACKBURN (Gilmer W.). The portrayal of christianity in the history textbooks of nazi Germany.Church Hist., 80, vol. 49, n°4, p. 433-445.

4319. BOOY (E.P. de). Kweekhoven der wijsheid. Basis- en vervolgonderwijs in de steden van de provincie Utrecht van 1580 tot het begin der 19e eeuw. (Primary education and continuation-education in the towns of the province Utrecht, 1580 - ca. 1800.)Zutphen,

3. UNTERRICHTSGESCHICHTE

De Walburg Pers, 80, in-8, 288 p.(ill., maps, tab.). (Stichtse Hist. Reeks,5)

4320. BOTS (H.), MATTHEY (I.), MEIJER (M.). Noord-Brabantse studenten 1550-1750. (Students from North-Brabant.) Tilburg, Stichting Zuidelijk Hist. Contact, 79, in-8, XXVI-819 p. (Bijdr. tot de gesch. van het zuiden van Nederland, 44)

4321. BOURGADE (Germaine). Contribution à l'étude de l'éducation féminine à Toulouse, de 1830 à 1914. Toulouse, Assoc. des Publ. de l'Univ. de Toulouse-Le Mirail, 79, in-8, 280 p. (pl.).

4322. BRIZZI (Gian Paolo), D'ALESSANDRO (Alessandro), DEL FANTE (Alessandra). Università, principe,gesuiti. La politica farnesiana dell'istruzione a Parma e Piacenza (1545-1622).Introd. di Cesare VASOLI. Roma, Bulzoni, 80, in-8, 223 p. (Bibl. del Cinquecento. Centro Stud. Europa delle corti, 12)

4323. BROMBERG (Alan B.). Free speech at Mr. Jefferson's university: the case of professor Leon Whipple. Virginia Mag. Hist. a. Biogr., 80,vol. 88, n°1, p. 3-18. /Univ. of Virginia/

4324. BURNS (Augustus M.) III. Graduate education for blacks in North Carolina, 1930-1951. J. south. Hist., 80, vol. 46, n°2, p. 195-218.

4325. CAMBI (Franco). Antifascismo e pedagogia (1930-1945). Momenti e figure. Firenze, Vallecchi, 80, in-8, 243 p. (Il pellicano. Educazione e Sc. nella Stor. d'Italia)

4326. CHANDLER (Margaret Ross). A century of challenge : the history of the Ontario School for the Blind.Belleville, Ont., Mika, 80, in-8, 269 p.

4327. COHEN (Habiba S.). Elusive reform, the French universities,1968-1978. London, Benn, 80, in-8, 280 p.

4328. CREMIN (Lawrence A.). American education : the national experience, 1783-1876. New York, Harper a.Row, 80, in-8, XII-607 p.

4329. CRESSY (David). Literacy and the social order : reading and writing in Tudor and Stuart England. London a. New York, Cambridge U.P., 80, in-8, X-246 p. (ill., maps).

4330. DANIEL (Philip T.K.). A history of discrimination against black students in Chicago secondary schools. Hist. Educat. Quar., 80, vol. 20, n°2, p. 147-162.

4331. DELHOME (Danielle), GAULT (Nicole), GONTIER (Josiane). Les premières institutrices laïques. Paris, Mercure de France, 80, in-8, 252 p. (pl.).

4332. DESRAMAUT (Francis). Don Bosco à Nice. La vie d'une école professionnelle catholique entre 1875 et 1919. Paris, Apostolat des Editions, 80, in-8, 397 p.

4333. DINER (Steven J.). A city and its universities : public policy in Chicago, 1892-1919. Chapel Hill, Univ. of N.C. Press, 80, in-8, 263 p.

4334. DUNFORD (J.E.). Her Majesty's Inspectorate of Schools in England and Wales, 1860-1870. Leeds, Univ., Museum of the Hist. of Educ., 80, in-8, 95 p.

4335. EBERT (Hans). Geschichte in praktischer Absicht. Zur Geschichtswiss. an Technischen Hochschulen unter bes. Berücks. d. Technischen Univ. Berlin. Technikgesch., 80, Bd 47, p.133-153.

4336. ECKERT (Alfred). Evangelische Schulordnungen und "Lehrverträge". Einzelheiten aus d. Schulleben d. deutsch. Reformation sowie pädagogische Folgerungen d. Gegenreformation in Böhmen. Bohemia, 80, Bd 21, p. 15-58.

4337. ENGEL (Arthur). Political education in Oxford, 1823-1914. Hist. Educat. Quar., 80, vol. 20, n°3, p. 257-280.

4338. FELKAI (László). Eötvös József közoktatásügyi tevékenysége. (L'activité de József Eötvös dans le domaine de l'enseignement public.)Budapest, Akadémiai Kiadó, 79, in-8,323p.

4339. FLETCHER (Sheila). Feminists and bureaucrats : a study in the development of girls' education in the nineteenth century. London a. New York, Cambridge U.P., 80, in-8, VII-249 p.

4340. FRĄCKOWIAK (Wiktor). Walka posłów polskich o język ojczysty w nauczaniu elementarnym na Pomorzu w okresie hakaty (1894-1914.) (La lutte des députés polonais pour la langue maternelle dans l'enseignement primaire en Poméranie à l'époque de la "Hakata" /Deutscher Ostmarkenverein/, 1894-1914.) Roczn. Gdańsk, 80, vol.40, fasc. 2, p. 87-117.

4341. FRIJHOFF (W.Th.M.). Een weinig bekend hoofdstuk uit de agrarische geschiedenis van Gelderland.De pogingen tot oprichting van een veeartsenijschool te Zutphen (1805-1813). (L'école vétérinaire à Zutphen, 1805-1813.) Gelre, 78-79, vol. 70, p. 97-139 (ill.).

4342. FUCHS (Abraham). Yeshivot hungaria bigdulatan u-vehurbanan. (Hungarian "Yeshivot" from grandeur to holocaust.) Jerusalem, author, 78,in-8, 607 p. (ill., fac-sim.). /History of the rabbinical academies of Slovakia, Hungary, Transylvania, Carpatho-Ukraine, Maramureş a. Burgenland since the 18th cent./

4343. GARLAND (Martha McMackin).

Cambridge before Darwin, the ideal of a liberal education, 1800-1860. London, Cambridge U.P., 80, in-8, 196 p.

4344. GYÁRFÁS (Endre). Apáczai /Csere János, 1625-1659/. Budapest, Gondolat Kiadó, 79, in-8, 298 p.

4345. HAMMAR (E.). L'enseignement du français en Suède jusqu'en 1807. Méthodes et manuels. Stockholm, Akademi-litteratur, 80, in-8, 210 p.

4346. HEBRARD (Jean). Ecole et alphabétisation au XIXe siècle (approche psycho-pédagogique de documents historiques). A. Ec. Civ. Soc., 80,a. 35, p. 66-80.

4347. HECKSCHER (August). St.Paul's the life of a New England school. New York, Charles Scribner, 80, in-8, XV-398 p.

4348. HERBST (Jurgen). Beyond the debate over revisionism : three educational pasts writ large. Hist. Educat. Quar., 80, vol. 20, n°2, p. 131-146.

4349. HODINKA (László). Schwarz Gyula közoktatásügyi statisztikai tevékenysége. (L'activité concernant la statistique de l'enseignement public de Gyula Schwarz /1838-1900/.) Magy. Paedag., 80, n° 1, p. 67-80.

4350. JACOWAY (Elizabeth). Yankee missionaries in the South : the Penn School experiment. Baton Rouge, La. State U.P., 80, in-8, XVI-301 p./school for blacks, 1862-1948/

4351. JONES (Jacqueline). Soldiers of light and love : northern teachers and Georgia blacks, 1865-1873. Chapel Hill, Univ. of N.C. Press, 80, in-8, XIII-273 p. (Fred W. Morrison Ser. in Southern Stud.)

4352. KAESTLE (Carl F.), VINOVSKIS (Maris A.). Education and social change in nineteenth-century Massachusetts. London a. New York, Cambridge U.P., 80, in-8, XXI-349 p.

4353. KELEMEN (Elemér). A néptanítók helyzete közoktatásunk polgári átalakulásának időszakában. (La situation des maîtres d'école /en Hongrie/ à l'époque de la transformation bourgeoise de notre enseignement public.) Pedag. Szle, 80, vol. 30, n°1, p. 47-57.

4354. KLOČKOV (V.F.). Rol'Krasnoj Armii v likvidacii negramotnosti i podgotovke kadrov sela v gody socialističeskogo stroitel'stva. (The role of the Red Army in the elimination of illiteracy and training of cadres for the country-side in the years of the socialist construction.) Ist. SSSR,80, n° 3, p. 94-103.

4355. KÚTE (Sándor). A Tanácsköztársaság közoktatáspolitikai és pedagógiai törekvései. (Les aspirations pédagogiques dans la politique de l' enseignement public de la République des Conseils /hongroise/.) Budapest, Tankönyvkiadó, 79, in-8, 290 p.

4356. KORMOS (László). A Tiszántuli Református Egyházkerületi Levéltár Ratio Educationisra vonatkozó forrásai. (Quellen zur Geschichte und zur Wirkung der "Ratio Educationis" im Archiv des Reformierten Kirchendistrikts von Tiszántúl.) Acta Univ. debreceniensis. Ser. hist., 79, vol. 28, p. 117-211.

4357. KOSÁRY (Domokos). Les réformes scolaires de l'absolutisme éclairé en Hongrie entre 1765 et 1790. In : Etudes hist. hongr. /Cf. n° 611/, vol. 1, p. 403-427.

4358. KOUSSER (J. Morgan). Progressivism - for middle class whites only: North Carolina education, 1880-1910. J. south. Hist., 80, vol. 46, n°2, p. 169-194.

4359. KOZIEŁŁO-POKLEWSKI (Bohdan), WRZESIŃSKI (Wojciech). Szkolnictwo polskie na Warmii, Mazurach i Powiślu w latach 1919-1939. (L'enseignement public polonais en Warmie et Mazurie dans les années 1919-1939.) Olsztyn, Pojezierze, 80, in-8, 268 p.

4360. KRASNOBAEV (B.I.). Načal'-nyj period dejatel'nosti Moskovskogo universiteta. (The initial period of activities at the Moscow State University.) Ist. SSSR, 80, n°3, p. 128-141.

4361. KÜPPERS (Heinrich). Weimarer Schulpolitik in der Wirtschafts- und Staatskrise der Republik. Vjhefte f. Zeitgesch., 80, Jg. 28, p. 20-46.

4362. KUKUŠKIN (Ju. S.), ŠELESTOV (D.K.). Moskovskomu universitetu - 225 let. (L'Université de Moscou a 225 ans.) Vopr. Ist., 80, n°1, p. 21-31.

4363. KULUŠKIN (Ju. S.), VDOVIN (A.I.). Moskovskij Universitet na sovremennom etape. (The Moscow University at present.) Ist. SSSR, 80, n°3, . 142-155.

4364. LANDAU (Zbigniew). Infrastruktura oświatowa i naukowa Drugiej Rzeczypospolitej na tle porównawczym. (L'infrastructure de l'instruction publique et scientifique de la Seconde République /polonaise/ à base comparative.) Przegl. hist.-oświat., 80, a. 23, n°3, p. 291-303.

4365. LA VOPA (Anthony J.). Prussian schoolteachers : profession and office, 1763-1848. Chapel Hill, Univ. of N.C. Press, 80, in-8, X-220 p.

4366. Lehrentwicklung (Die) im Rahmen der Konfessionalität. Von Bernhard LOHSE /u.a./. Göttingen, Vanden-Hoeck u. Ruprecht, 80, in-4, XXVIII-664 p. (Handbuch d. Dogmen- u. Theologiegesch., 2)

3. UNTERRICHTSGESCHICHTE

4367. LEWIS (D. Gerwyn). The university and colleges of education in Wales, 1925-1978. Cardiff, Univ.Wales Press, 80, in-8, 312 p.

4368. Lire et écrire: l'alphabétisation des Français de Calvin à Jules Ferry. 1. Réd. par François FURET et Jacques OZOUF. 2. Réd. par M. JEORGER, V. NAHOUM, M.L. NETTER, Y. PASQUET, etc. Sous la dir. de François FURET et Jacques OZOUF. Paris, Ed. de Minuit, 77, 2 vol. in-8, 390, 379 p. (pl.,ill). (Le sens commun. Centre de recherches hist. de l'Ec. des hautes Et. en Sci. soc.)

4369. LOMIČ (Václav), HORSKÁ (Pavla). Dějiny Českého vysokého učení technického. Díl 1. (History of the Czech Technical University. Part One : 1707-1918.) /Vol. 1. Cf. Bibl. 73, n° 3625./ Vol. 2. Praha, České vysoké učení technické, 78, in-8, 452 p.

4370. LOWE (R.). Biography and education, some 18th and 19th century studies. Evington, Leicester, Hist.of Educ. Soc., 80, in-4, 76 p.

4371. McCANN (Peadar). Cork city's eighteenth-century charity schools : origins and early history. J. Cork hist. archaeol. Soc., 79, vol. 84, p. 102-111.

4372. McCAUGHEY (Robert A.). Four academic ambassadors : international studies and the American university before the second world war. Perspect. in am. Hist., 79, vol. 12, p. 561-607.

4373. McCLELLAND (Charles E.). State, society and university in Germany, 1700-1914. London, Cambridge U. P., 80, in-8, 381 p. (tab.).

4374. MARQUIS (Jean-Claude). L'enseignement primaire en Seine-Inférieure de 1814 à 1914. A. Normandie, 80, a. 30, p. 139-153.

4375. MÁTEJ (Jozef). Škola,výchova a učiteľ v klérofašistickej Slovenskej republike. (Schule, Erziehung und Lehrer in der klerofaschistischen Slowakischen Republik.) Bratislava, Sloven. pedagog. nakladat., 78, in-8, 312 p.

4376. MAXWELL (I.C.M.). Universities in partnership : the Inter-University Council and the growth of higher education in developing countries, 1946-1970. Edinburgh, Scott. Acad. Press, 80, in-8, 496 p. (ill.).

4377. MELIN (Vuokko). Alkuopetus Suomen maaseudulla ennen oppivelvollisuuslakia 1866-1921. (Basic education in rural Finland prior to the act of compulsory education 1866-1921.) /T.1. Cf. 78-79, n° 5067./ T. 2 : Alkuopetuksen liittäminen kunnalliseen oppivelvollisuuskouluun 1906-1921. (The integration of basic education into communal compulsory schools 1906-1921) Tampere, 80, in-8, 347 p. (Acta Univ. Tamperensis, Ser. A, 117) /Summary in Eng./

4378. MÉSZÁROS (István). Az 1777-i és az 1806-i Ratio Educationis tankönyvei. (Les manuels scolaires de la Ratio Educationis de 1777 et de 1806.) Magy. Könyvszle, 80, vol. 96, n°4, p. 350-369.

4379. MINOIS (Georges). L'enseignement secondaire en Bretagne à la fin de l'Ancien Régime : l'exemple de Tréguier. R. hist., 80, t. 263, n°534, p. 297-319.

4380. MOUSNIER (Roland). La famille, l'enfant et l'éducation en France et en Grande-Bretagne du XVIe auXVIIIe s. /1, 2. Cf. Bibl. 74-75, n° 5140./ 3. Paris, Centre de Doc. univ., 75, in-8, p. 363-465. (Les cours de la Sorbonne)

4381. MUTTER (Bernd). Die Geschichtswissenschaft in Münster zwischen Aufklärung und Historismus. Unter bes. Berücks. d. hist. Disziplin an d. Münsterschen Hochschule. Münster, Aschendorff, 80, in-8, 521 p. (Veröff. d. Hist. Komm. für Westfalen, 22 B.) (Gesch. Arbeiten z. westfäl. Landesforsch. Geistesgesch. Gruppe,1)

4382. OMOLEWA (Michael). The promotion of London university examinations in Nigeria, 1887-1951. Int. J. african hist. Stud., 80, vol. 13, n° 4 p. 651-671.

4383. OPENSHAW (Roger). Lilliput under siege : New Zealand society and its schools during the "red scare", 1919-1922. Hist. Educat. Quar., 80, vol. 20, n°4, p. 403-424.

4384. OSTENC (M.). L'éducation en Italie pendant le fascisme. Paris, Publ. de la Sorbonne, 80, in-8, 422p.

4385. PARKER (G.). An educational revolution ? The growth of literacy and schooling in early modern Europe. T. Gesch., 80, vol. 93, p. 210-220.

4386. PAZ (D.G.). The politics of working class education in Britain, 1830-1850. Manchester, U.P., 80, in-8, 214 p.

4387. PELICIER (Yves), THUILLIER (Guy). Edouard Séguin (1812-1880), l' instituteur des idiots. Paris, Economica, 80, in-4, 186 p. (Sciences humaines)

4388. PERREL (Jean). Les filles à l'école avant la Révolution. R. Auvergne, 80, t. 94, p. 291-316.

4389. PFAFF (Richard William).Montague Rhodes James. Menston, Scolar Press, 80, in-8, 480 p.

4390. PLEŚNIARSKI (Bolesław), WRÓBLEWSKA (Teresa). Gimnazjum Polskie i Liceum Ogólnokształcące w Kwidzyniu (1937-1939, 1945-1977.) (Le Collège

Polonais et le Lycée d'Enseignement Général de Kwidzyń, 1937-1939, 1945-1977.) Gdańsk, Zakł. Narod. im. Ossolińskich, 80, in-8, 280 p.

4391. POLIŠENSKÝ (Josef). Komenský, Hartlib a anglická buržoazní revoluce. (Comenius, Hartlib and the English Revolution in the 17th cent.) Českoslov. Čas. hist., 78, vol. 26,p. 228-248.

4392. PONOMAREV (D.K.). Problemy prosveščenija i podgotovki kadrov v Afrike (1960-1975). (Problems of education and training in Africa.)Moskva, Nauka, 80, in-8, 114 p.

4393. POWELL (Arthur G.). The uncertain profession : Harvard and the search for educational authority. Cambridge, Mass., Harvard U.P., 80, in-8, VIII-341 p.

4394. RAPHELSON (Alfred C.). Psychology at Michigan : the Pillsbury years, 1897-1947. J. Hist. behavioral Sci., 80, vol. 16, n°4, p. 301-312.

4395. RASHID (Salim). The growth of economic studies at Cambridge : 1776-1860. Hist. Educat. Quar., 80, vol. 20, n°3, p. 281-294.

4396. REITMAYER (Ladislav).Přehled vývoje tělesné výchovy na území ČSSR. (Übersicht über die Entwicklung d.Körpererziehung auf d. Gebiet d. Tschechoslowak. Sozialist. Republik.)Praha, Stát. pedagog. naklad., 78, in-8,200p.

4397. RIESINGER (Waltraud),MARQUARDT-RABIGER (Heidrun). Die Vertretung des Fachs Geschichte an der Universität Erlangen von deren Gründung (1743) bis zum Jahre 1933. Jb. f.fränk. Landesforsch., 80, Bd 40, p. 177-259.

4398. ROBINSON (Ira). Cyrus Adler, Bernard Revel and the prehistory of organized Jewish scholarship in the United States. Am. jewish Hist., 80, vol. 69, n°4, p. 497-505.

4399. RODEN (Donald). Schooldays in imperial Japan : a study in the culture of a student elite. Berkeley a. Los Angeles, Univ. of Calif.Press, 80, in-8, XIII-300 p.

4400. ROZBICKI (Michał). Samuel Hartlib. Z dziejów polsko-angielskich związków kulturalnych w XVII wieku. (De l'histoire des relations culturelles polono-anglaises au XVIIe s.)Wrocław, Zakł. Narod. im. Ossolińskich, 80, in-8, 114 p. (Pol. Akad. Nauk, Komitet Neofilologiczny)

4401. SCHILLING (Donald G.). The dynamics of education policy formation : Kenya 1928-1934. Hist. Educat. Quar., 80, vol. 20, n°1, p. 51-76.

4402. SCHNAPPER (Bernard). La correction paternelle et le mouvement des idées au XIXe siècle (1789-1935). R. hist., 80, a. 104, t. 263, p. 319-349.

4403. Schooling and society in twentieth century British Columbia.Ed. by J. Donald WILSON a. David C. JONES. Calgary, Detselig Enterprises, 80, in-8, 191 p. _ CR : P. E. Roy, Canad.hist. R., 81, vol. 62, p. 248-249.

4404. SHINN (Terry). L'Ecole Polytechnique, 1794-1914. Préf. de François FURET. Paris, Presses de la Fondation nat. des Sci. pol., 80, in-8, 261 p.

4405. SHRADER (Victor L.). Ethnicity, religion, and class : progressive school reform in San Francisco. Hist. Educat. Quar., 80, vol. 20, n°4, p. 385-402.

4406. SŁOWIKOWSKI (Tadeusz).Pijarskie podręczniki do nauczania historii w Polsce w XVIII wieku. (Les manuels piaristes pour l'enseignement de l'histoire en Pologne au XVIIIe s.) Nasza Przeszł., 80, vol. 54, p. 181-229.

4407. STORY (Ronald). The forging of an aristocracy : Harvard and the Boston upper class, 1800-1870. Middleton, Conn., Wesleyan U.P., 80, in-8, XV-256 p.

4408. STRZEMSKI (Michał). Instytut Agronomiczny w Marymoncie (1816-1862). (L'Institut Agronomique à Marymont /Varsovie/, 1816-1862.) Puławy, Centr. Bibl. Rolnicza, 80, in-8, V-323 p.

4409. SZÁNTÓ (Imre). A katolikus faluso kisiskolai oktatás helyzete Magyarországon a XIX. század első felében. (Die Lage des Katholischen Volksunterrichts in den Dörfern Ungarns in der ersten Hälfte d. 19. Jh.) Acta Univ. szegediensis. Acta hist., 79, vol. 65, p. 3-50.

4410. SZASZ (Margaret Connell). "Poor Richard" meets the native American : schooling for young Indian women in eighteenth-century Connecticut.Pacific hist. R., 80, vol. 49, n°2, p.215-236.

4411. SZUFLIK (Władysław). Szkolnictwo podstawowe na Ziemiach Zachodnich i Północnych w latach 1945-1970. (L'enseignement public primaire sur les Terres Occidentales et du Nord /de la Pologne/ dans les années 1945-1970) Kielce, Wyższa Szkoła Pedagog. im. J. Kochanowskiego, 80, in-8, 298 p.

4412. TÓTH (Lajos). Tessedik Sámuel pedagógiai reformtevékenysége. Függelék : Tessedik 1803. évi szentpétervári Pályázati Értekezése. (L' activité de Sámuel Tessedik /1742-1820/ pour la réforme de la pédagogie. Appendice : Le Traité de Concours de Saint-Pétersbourg de Tessedik en 1803.)Budapest, Tankönyvkiadó, 80, in-8, 342 p. (Neveléstörténeti Könyvtár)

4413. Uniwersytet Łódzki 1945-1980. (L'Université de Łódź, 1945-1980.)Łódź, Uniw. Łódzki, 80, in-8, 95 p.

4414. WICKS (Peter C.). Education, British colonialism,and a plural society in West Malaysia : the development of formal education in the British settlements along the Straits of Malacca, 1786-1874. Hist. Educat. Quar.,80, vol. 20, n°2, p. 163-188.

4415. Wissenschaft und Gesellschaft. Beitr. zur Gesch. d. Technischen Univ. Berlin, 1879-1979. Im Auftr. ... hrsg. von Reinhard RÜRUP. Bd 1, 2. Berlin, Heidelberg u. New York, Springer, 79, 2 vol. in-4, XV-610, VI-273 p. (Ill., graph. Darst., Kt.).

4416. WITTWER (Wolfgang W.). Zur Entstehung und Entwicklung sozialdemokratischer Schulpolitik vor 1918.Programmatik u. Agitation unter bes. Berücksichtigung Preussens. Arch. f. Sozialgesch., 80, Bd 20, p. 357-414.

4417.WOLFF (Richard J.). Catholicism, fascism, and Italian education from the Riforma Gentile to the Carta Della Scuola, 1922-1939. Hist. Educat. Quar., 80, vol. 20, n°1, p. 3-26.

4418. WROCZYŃSKI (Ryszard).Dzieje oświaty polskiej 1795-1945. (Histoire de l'enseignement public polonais 1795-1945.) Warszawa, Państw. Wydawn. Nauk., 80, in-8, 374 p.

4419. YATES (Barbara A.) White views of black minds : schooling in King Leopold's Congo. Hist. Educ.Quar, 80, vol. 20, n°1, p. 27-50.

Cf. n° 3867, 4127, 4851, 6187.

§ 4. Pressewesen.

✦ 4420. Bibliographie de la presse française politique et d'information générale, 1865-1944. /T. 72, 83. Cf. Bibl. 78-79, n° 5116./ T. 49 : Maine-et-Loire. Réd. par Catherine GUICHARD. Paris, Bibliothèque nat., 80, in-8,85p.

✦ 4421. LEFEVRE (P.). Répertoire des journaux et périodiques de l'arrondissement de Mons (1786-1940). Louvain, Nauwelaerts, 80, in-8, 402 p.

✦ Cf. n 3042.

✦✦ 4422. Korespondencja z Ameryki w prasie polskiej na Śląsku (1868-1900). (La correspondance de l'Amérique dans la presse polonaise en Silésie 1868-1900.) Choix et éd. de Danuta PIATKOWSKA. Avant-propos par Andrzej BROŻEK. Wrocław, Zakł. Narod. im. Ossolińskich, 80, in-8, 189 p. (Prace Opol. Tow.Przyjaciół Nauk, Wydz. Nauk Hist.-Społ.)

✦✦ 4423. Mercurius Veridicus 1705-1710. Az első hazai hirlap hasonmás kiadása. Bev. BENDA Kálmán. (Mercurius Veridicus 1705-1710. Edition en fac-similé du premier quotidien hongrois. Intr. par -.) Budapest, Magyar Helikon, 79, in-8, 141 p. (Bibliotheca Historica)

✦✦ 4423a. Program és hivatás.Magyar folyóiratok programcikkeinek válogatott gyüjteménye. Vál. és jegyz. KŐKAY György, OLTVÁNYI Ambrus, VARGHA Kálmán. Bev. VARGHA Kálmán. (Programme et vocation. Recueil choisi d'articles de programmes des périodiques hongrois.) Budapest, Gondolat Kiadó, 78, in-8, 822 p. (Nemzeti Könyvtár. Müvelődéstörténet) - CR : G. Fülöp, Magy. Könyvszle, 79, vol. 95, n°2, p. 420-422; G. Siki, Vigilia, 79, vol. 44, n°5, p. 351-353.

4424. ALBERT (Pierre). Histoire de la presse nationale au début de la Troisième République : 1871-1879. 1 : Le monde de la presse. 2 : La vie des journaux. Lille, At. Reprod. Thèses, Univ. Lille III; Paris, diff. Champion, 80, 2 vol. in-8, 1599 p. (graph.).

4425. ARNDT (Karl J.), OLSON (May E.). Die deutschsprachige Presse Amerikas/ The German language press of the Americas. Bd 3 : Deutsch-amerikanische Presseforschung von d. amer. Revolution bis 1976/ German American press research from the American Revolution to the Bicentennial. München, New York, London u. Paris, Saur, 80, in-8, XII-848 p.

4426. BARILE (Laura). Il secolo 1865-1923. Storia di due generazioni della democrazia lombarda. Milano, Guanda, 80, in-8, 388 p. (Stud. e Ric. sul giornalismo, 13)

4427. BOKHANOV (A.N.). Birževaja pressa Rossii. (The stock exchange press in Russia /1913-1914/. Ist.SSSR, 80, n°2, p. 134-144.

4428. BOTH (Ödön). Szemere Bertalan belügyminiszter sajtórendelete és a vezetése alatt álló minisztérium sajtóügyi tevékenysége 1848-ban.(Presseverordnung des Innenministers Bertalan Szemere und die Tätigkeit des unter seiner Leitung stehenden Ministeriums in Presseangelegenheiten im J. 1848.) Acta Univ. szegediensis.Acta jur. et pol., 80, vol. 27, p. 107-138.

4429. BROTEN (Delores), BIRDSALL (Peter). Paper phoenix : a history of book publishing in English Canada. Victoria, B.C., CANLIT, 80, in-8, 84 p.

4430. Canadian newspapers : the inside story. Ed. Walter STEWART. Edmonton, Hurtig, 80, in-8, 256 p.

4431. CHOISEL (Francis). La presse française face aux réformes de 1860. R. Hist. mod., 80, t. 27, p. 374-390.

4432. CURL (Donald W.). Murat Halstead and the Cincinnati Commercial. Boca Raton, Univ. Presses of Fla., 80, in-8, IX-186 p. (A Florida Atlantic Univ. Book) /Halstead : political journalist, active 1860-1904/

4433. ENGBLOM (Lars-Åke). Arbetarpressen i Göteborg : en studie av arbetarpressens förutsättningar,arbetarrörelsens presspolitik och tidningskonkurrensen i Göteborg 1890-1965.(The labour press in Göteborg : a study of the conditions of the labour press,the press policy of the labour movement and the press competition in Göteborg, 1890-1965.) Göteborgs, Göteborgs univ., 80, in-8, 413 p. (ill.). (Meddel.från Ekon.-hist. inst. vid Göteborgs univ., 46) /eng. summary/

4434. ERÉNYI (Tibor). Az ideológia és a kultúra kérdési a Szocialismus c. folyóiratban, 1906-1918. (Les questions de l'idéologie et de la culture dans la revue intitulée "Socialisme".) Párttört. Közl., 80, vol. 26, n°2, p. 32-56.

4435. FAVRETTI ROSSINI (Rema). Il discorso e il potere. Analisi dei rapporti fra politica e stampa in Gran Bretagna. Bologna, Pàtron, 80, in-8, 198 p. (Linguist. gener. e stor., 17)

4436. FENYŐ (Mario D..). The review "Nyugat" and big business. Acta hist. Sci. hungaricae, 78, vol. 24, n°s 3-4, p. 289-296.

4437. FRANK (Larry J.). The United States navy v. the Chicago Tribune. Historian, 80, vol. 42, n°2, p. 284-303.

4438. FREI (Norbert). Nationalsozialistische Eroberung der Provinzpresse.Gleichschaltung, Selbstanpassung u. Resistenz in Bayern. Stuttgart, Deutsche Verl.-Anst., 80, in-8, 363 p. (Stud. z. Zeitgesch., 16)

4439. GÁL (Judit). A sajtópolitika irányítása a Telekikormány idején.(La direction de la politique de presse sous le gouvernement de Teleki, 1939-1941.) Levéltári Szle, 79, vol. 29, n°s 1-2, p. 181-199.

4440. GEIGER (Ruth). Zeitschriften 1848 in Berlin. Die Zeitschrift als Medium bürgerlicher Öffentlichkeit u. ihr erweiterter Funktionszusammenhang in d. Berliner Revolutionsmonaten von 1848. Berlin, Guhl, 80, in-8, 264 p.

4441. Historia prasy polskiej pod red. Jerzego Łojka. (Histoire de la presse polonaise, réd. par Jerzy Łojek. /T.1, 2. Cf. Bibl. 76-77, n° 5518./.) T. 3 : Prasa polska w latach 1918-1939. (La presse polonaise dans les années 1918-1939.) Auteur Andrzej PACZKOWSKI. T. 4 : Prasa polska w latach 1939-1945. (La presse polonaise dans les années 1939-1945.) Auteurs : Jerzy JAROWIECKI, Jerzy MYŚLIŃSKI, Andrzej NOTKOWSKI. Warszawa, Państw. Wydawn. Nauk., 80, 2 vol. in-8, 534, 196 p.

4442. HUDEC (Vladimír). Československá Žurnalistika v antifašistickém odboji let 1939 až 1945. (Die tschechoslowakische Journalistik im antifaschistischen Widerstand in d. J. 1939 bis 1945.) Praha, Novinář, 78, in-8, 308 p.

4443. INFELISE (Mario). I Remondini di Bassano. Stampa e industria nel Veneto del Settecento. Bassano del Grappa, Tassotti, 80, in-8, 216 p. (tav.).

4444. KLEINERT (Annemarie). Die frühen Modejournale in Frankreich. Studien zur Literatur d. Mode von d. Anfängen bis 1848. Berlin, Erich Schmidt 80, in-8, 372 p. (Studienr. Romania,5)

4445. KLIER (John D.). The Jewish question in the reform era Russian press, 1855-1865. Russian R., 80, vol. 39, n° 3, p. 301-319.

4446. KMIECIK (Zenon). Prasa polska w rewolucji 1905-1907. (La presse polonaise pendant la révolution de 1905-1907.) Warszawa, Państw. Wydawn. Nauk., 80, in-8, 274 p. - IDEM.Program polityczny "Głosu Warszawskiego (1908-1909) i "Gazety Warszawskiej" (1909-1915). (Le programme politique de "Glos Warszawski" /La Voix de Varsovie/ 1908-1909 et de "Gazeta Warszawska" /Journal de Varsovie/ 1909-1915.) Warszawa, Państw. Wydawn. Nauk., 80, in-8, 220 p. (Pol. Akad. Nauk. Inst. Badań Liter. Pracownia Hist. Czasopiśmiennictwa Pol. XIX i XX w. Mater. i Studia do Hist. Prasy i Czasopiśmiennictwa Pol., 20)

4447. LEINO-KAUKIAINEN (Pirkko). Sensuuri ja sananvapaus Suomessa.(Censorship and freedom of speech in Finland.) Helsinki, 80, in-8, 182 p.(Hist. of Finnish press, Publ., 17)

4448. ŁOJEK (Jerzy). Les journaux polonais d'expression française au siècle des Lumières. Trad. en français par Monika MATYSIAK. Wrocław, Zakład Narod. im. Ossolińskich, 80, in-8,64p. (L'Acad. Pol. des Sciences, l'Inst.de Recherches Littér., Centre d'Hist. de la Presse)

4449. Magyar (A.) sajtó története. (L'histoire de la presse hongroise.) Réd. en chef : Miklós SZABOLCSI. Vol. 1 : 1705-1848. Réd. par György KOKAY. Budapest, Akadémiai Kiadó, 79, in-8, 830 p.

4450. MÁRKUS (László). A legújabbkori magyar sajtótörténetirás módszertanáról, különös tekintettel az 1919-1944 közötti magyar sajtó történetére. Századok, 79, vol. 113, n°5, p. 884-902.- Auch Deutsch : Über die Methodologie der modernen ungarischen Pressehistoriographie unter besonderer Berücksichtigung der Geschichte des ungarischen Pressewesens zwischen 1919-1944. In : Etudes hist. hongr. /Cf.n° 611/, vol. 2, p. 261-286.

4451. MÁRKUS (L.), VÁSÁRHELYI (M.). Die Rolle der Presse in der Verbreitung der Kriegspropaganda in der konterrevolutionären Periode. Acta hist.Acad Sci. hungaricae, 79, vol. 25, n°s 3-4, p. 343-366.

4452. MELLONI (Alessandra), PEÑA-MARÍN (Cristina). El discurso político en la prensa madrilena del franquismo. Roma, Bulzoni, 80, in-8, 270 p. (ill.). (Bibl. di Cult., 185)

4453. MYSLIŃSKI (Jerzy). Polskie czasopiśmiennictwo socjalistyczne do 1918 r. - instrument towarzyszący powstaniu i rozwojowi ruchu robotniczego. (Les publications périodiques socialistes en Pologne jusqu'à 1918 comme instrument accompagnant la formation et le développement du mouvement ouvrier.) Kwart. Hist. Prasy pol., 80, a. 19, n° 2, p. 21-32.

4454. NAŁĘCZ (Daria). Rozwój prasy a kształtowanie się zawodu dziennikarskiego na ziemiach polskich. (Le développement de la presse et la formation de la profession de journaliste sur les terres polonaises.) Kwart. Hist. Prasy pol., 80, a. 19, n° 2, p. 85-93.

4455. NEJTEK (Vilém M.). Novinář Karel Havlíček Borovský. (Der Journalist Karel Havlíček Borovský.) Praha, Novinář, 79, in-8, 296 p. (21 fig.).

4455a. NEUCHTERLEIN (James A.). The dream of scientific liberalism : the New Republic and American progressive thought, 1914-1920. R. Politics, 80, vol. 42, n°2, p. 167-190.

4456. NOTKOWSKI (Andrzej). Państwowa polityka prasowa Drugiej Rzeczypospolitej 1918-1919. Centralne ośrodki dyspozycji (resorty ministerialne. Biuro propagandy wewnętrznej). (La politique de l'Etat concernant la presse pendant la Seconde République /polonaise/ 1918-1939. Les centres de la disposition : ressorts ministériels. Agence de la propagande de l'intérieur.) Kwart. hist. Prasy pol., 80, a. 19,n° 4, p. 5-34.

4457. PALAZZOLO (Iolanda Maria). Editori, librai e intellettuali.Vieusseux e i corrispondenti siciliani.Napoli, Liguori, 80, in-8, 197 p. (Coll. di testi e di Crit., 26)

4458. PIERSON (John D.). Tokutomi Soho, 1863-1957 : a journalist for modern Japan. Princeton, N.J., Princeton U.P., 80, in-8, VIII-453 p.

4459. PONZO (Giovanni). Le origini della libertà di stampa in Italia (1846-1852). Milano, Giuffrè, 80, in-8, XI-440 p. (Univ. di Roma. Fac. di Sci. pol., 30)

4460. POPKIN (Jeremy D.). The right-wing press in France, 1792-1800. Chapel Hill, Univ. of N.C. Press, 80, in-8, XIX-234 p.

4461. ROSS (Robert W.). So it was true. The American protestant press and the Nazi persecution of the Jews.
Minneapolis, Univ. of Minn. Press,80, in-8, XVII-374 p.

4462. SABBATUCCI (Giovanni). La stampa del combattentismo (1918-1925). Bologna, Cappelli, 80, in-8, 292 p. (Stor., I)

4463. SARATOWICZ-STOLARZEWICZOWA (Janina). Echa powstań śląskich i plebiscytu w wybranych czasopismach polsko-amerykańskich. (Les échos des insurrections de Silésie et du plébiscite dans des publications périodiques polono-américaines choisies.) Warszawa, Pax, 80, in-8, 158 p.

4464. STARTT (James D.). Journalism's unofficial ambassador : a biography of Edward Price Bell, 1869-1943. Athens, Ohio U.P., 79, in-8, XIII-260 p. /Bell, head of foreign news service of Chicago Daily News, 1920's to 1931/

4465. STEINBERG (Salme Harju). Reformer in the marketplace : Edward W. Bok and The Ladies' Home Journal.Baton Rouge, La. State U.P., 79, in-8, XIX-193 p.

4466. Storia della stampa italiana. A cura di Valerio CASTRONOVO e Nicola TRANFAGLIA. /1-3. Cf. Bibl. 78-79, n° 5166./ 5 : La stampa italiana dalla Resistenza agli anni Sessanta. Di Giovanni DE LUNA, Nanda TORCELLAN, Paolo MURIALDI. Roma e Bari, Laterza, 80, in-8, 330 p. (Stor. z. Soc.)

4467. SURDICH (Francesco). L'attenzione della Gazzetta piemontese per le prime iniziative di esplorazione ed espansione coloniale italiana in Africa (1880-1885). B. stor. bibliogr.subalpino, 80, a. 78, p. 525-568.

4468. SZILÁGYI (János). A Népszava irodalompolitikája 1919 és 1929 között (La politique littéraire du journal Népszava entre 1919 et 1929.) Budapest, Akadémiai Kiadó, 79, in-8, 218 p. (Irodalomtörténeti füzetek, 96)

4469. THAMER (Jutta). Zwischen Historismus und Jugendstil. Zur Ausstattung d. Zeitschrift "Pan" (1895-1900). Frankfurt (Main), Bern u. Cirencester, Lang, 80, in-8, 260 p. (Ill.). (Europ. Hochschulschr. Reihe 28 : Kunstgesch., 8)

4470. TYROWICZ (Marian). Władysław Wolert i jego poglądy na dzieje prasy światowej. (Władysław Wolert et ses idées sur l'histoire de la presse mondiale.) Kwart. Hist. Prasy pol., 80, a. 19, n° 1, p. 5-18. /Wolert (1890-1946) : théoricien et historien polonais de la presse/

4471. URBÁN (Aladár). Reformtörekvések és történelmi tanulságok. Az alkotmányos fejlődés korabeli eredményei és a politikai publicisztika kezdetei Magyarországon 1841-1842. Századok, 80, vol. 114, n°1, p. 26-51. - Also in English : Attempts at reform and the lessons of history-constitutional models and the beginnings of political journalism in feudal Hungary, 1841-1842. In : Etudes hist. hongr. /Cf. n°611/, vol. 1, p. 463-492.

4472. WALTER (Richard J.). The socialist press in turn-of-the-century Argentina. Americas, 80, vol. 37, n°1, p. 1-24.

Cf. n°s 2961, 3286, 4785, 7022.

§ 5. Philosophie
und Weltanschauung.

♦ 4473. Hegel bibliography. Background material on the internat. reception of Hegel within the context of the history of philosophy. Comp.by Kurt STEINHAUER. Keyword index by Gitta HAUSEN. München, New York, London u. Paris, Saur, 80, in-8, XVI-894 p.

♦ 4474. Martin Buber. A bibliography of his writings. Comp. by Margot COHN, Rafael BUBER. München, New York, London a. Paris, Saur; Jerusalem, Magnus Press, Hebrew Univ., 80, in-4, 160 p.

♦ 4475. /Rousseau (Jean-Jacques):/ WIRZ (Charles). Chronique des années 1972-1977 et compléments à la chronique des années 1966-1971. A. Soc.J.-J. Rousseau, 72-77, t. 39, p. 465-635.

♦ 4476. SPEAR (Frederick A.).Bibliographie de Diderot. Répertoire analytique international. Genève Droz, 80, in-8, LVIII-906 p. (Hist. des idées et critiques littéraire, 187)

♦♦ 4477. PEPE (Gabriele). Epistolario. A cura di Pasquale Alberto DE LISIO. 1 : (1807-1829). Napoli, Soc. editr. napol., 80, in-8, CX-531 p.

♦♦ 4478. ROUSSEAU (Jean-Jacques). Correspondance complète. Ed. critique, établie et annotée par Ralph A. LEIGH. /T. 30-33. Cf. Bibl. 78-79, n° 5427./ T. 34 : Août-déc. 1767. T. 35 : Janv.-juin 1768. T. 36 : Juin-déc. 1768. Oxford, Voltaire Foundation, 79-80, 3 vol. in-8, XXVII-303, XXVII-352, XXXIV-363 p. (ill., pl.).

4479. AKKERMAN (F.). Studies in the posthumous works of Spinoza on style, earliest translation and reception, earliest and modern edition of some texts. Meppel, Krips Repro, 80, in-8, VI-283 p.

4480. AKAGI (Shôzô). 17 seiki no Riberutan to Dekaruto shisô. (Descartes' thought and the Libertins in the 17th century.) Shisô, 80, n° 671, p.1-24; n° 672, p. 86-113; n° 673, p.100-120.

4481. ALAVOUTUNKI (Janni). The Strauss debate in Sweden : some remarks on the reception of Hegelianism. Scand. J. Hist., 80, vol. 5, p. 137-148.

4482. ARNOLD (Alfred). Wilhelm Wundt, sein philosophisches System. Berlin, Akad.-Verl., 80, in-8, 293 p.

4483. AUGUSTIJN (C.). Erasmus und die Juden. Nederlands Arch. Kerkgesch., 79-80, vol. 60, p. 22-38.

4484. BELLOTTA (Ireneo). Engels e la religione. Aspetti attuali della prima critica marxista alla religione. Pref. di Saverio MERLO. Introd. di Ambrogio DONINI. Torino, Claudiana,80, in-8, 124 p. (Piccola Coll. mod., 39)

4485. BLUHM (William T.),WINTFELD (Neil), TEGER (Stuart H.). Locke's idea of God : rational truth or political myth ? J. Politics, 80, vol.42, n°2, p. 414-438.

4486. BLUM (Paul Richard). Aristoteles bei Giordano Bruno. Studien zur philosophischen Rezeption. München, Fink, 80, in-8, 168 p. (Die Geistesgesch. u. ihre Methoden, 9)

4487. BRANN (Noel C.). The conflict between reason and magic in seventeenth-century England : a case study of the Vaughan-Moore debate. Huntington Libr. Quar., 80, vol. 43, n°2, p. 103-124.

4488. /Buber (Martin):/ CHAVANNES (B.). Martin Buber et Franz Rosenweig, amis et collaborateurs. Istina, 80, a. 25, n°s 1-2, p. 119-128. - DUPUY (B.). Le christianisme dans l'oeuvre de Martin Buber. Ibid., p. 148-160. -GIRARD (F.). La pensée socialiste de Martin Buber. Ibid., p. 95-108. - JACOB (E.). La théologie biblique de Martin Buber. Ibid., p. 19-27. - KESSLER (C.). Martin Buber et le judaïsme libéral.Ibid, p. 129-140. - LEVINSON (P.N.). Martin Buber : sa vision du judaïsme dans la dialectique prêtre-prophète. Ibid., p. 109-118.- NEHER (A.). Le sionisme du Maharal de Prague d'après Martin Buber. Ibid., p. 55-62. - PFISTERER (R.). Martin Buber et les chrétiens. Ibid., p. 141-147. - POMA (A.). Mythe et histoire sacrée chez Martin Buber dans "Der Glaube der Propheten". Ibid., p. 45-54.- RAPHAEL (F.). Le sionisme de Martin Buber. Ibid., p. 62-94. - VERGOTE (H.). La relation chez Sören Kierkegaard et Martin Buber. P. 5-18.

4489. BURLAK (V.N.). Otraženie idej marksizma v russkoj progressivnoj obščestvennoj mysli 1840-1860 godov. (The impact of Marxist ideas on the Russian progressive social consciousness during the period of 1840-1860.) Moskva, Izd-vo MGU, 80, in-8, 175 p.

4490. BUSINO (Giovanni). La cultura italiana tra '800 e '900 e le origini del nazionalismo. R. stor. ital., 80, a. 92, p. 470-481.

5. PHILOSOPHIE UND WELTANSCHAUUNG

4491. CABADA CASTRO (Manuel).Feuerbach y Kant. Dos actitudes antropológicas. Madrid, Publ. Univ. de Comillas, 80, in-8, 196 p.

4492. CARPI (Umbert). Gramsci e le avanguardie intellettuali. Studi stor, 80, a. 21, p. 19-30.

4493. CAWS (Peter). Two centuries of philosophy in America. Oxford,Blackwell, 80, in-8, 400 p.

4494. COHEN (L. Jonathan). Some historical remarks on the Baconian conception of probablity. J. Hist.Ideas, 80, vol. 41, n°2, p. 219-232.

4495. COLONNA d'ISTRIA (Gérard), FRAPET (Roland). L'art politique chez Machiavel : principes et méthodes. Paris, J. Vrin, 80, in-8, 218 p. (Bibl. d'Hist. de la Philos.)

4496. CURTI (Merle). Human nature in American thought : a history.Madison, Univ. of Wis. Press, 80, in-8, XVII-453 p.

4497. DAHL (Eva-Lena). Överideologi och politiskt handlingsprogram : en studie i Lockes och Rousseaus tänkande. (Ideology a. political program of action : a study in the political thought of Locke and Rousseau.) Göteborg,Göteborgs univ., 80, in-8, XII-350 p.(Gothenburg stud. in the hist. of science a. ideas, 3) /Engl. summary/

4498. DANFORD (John W.). The problem of language in Hobbes's political science. J. Politics, 80, vol. 42, n° 1, p. 102-134.

4499. DANN (Otto). Gleichheit und Gleichberechtigung. Das Gleichheitspostulat in d. alteurop. Tradition u. in Deutschland bis zum ausgehenden 19. Jh. Berlin, Duncker u. Humblot, 80,in-8, 266 p. (Hist. Forsch., 16)

4500. DEPRUN (Jean). La philosophie de l'inquiétude en France au XVIIIe s. Paris, J. Vrin, 79, in-8, 454 p.(ill.). (Bibl. d'Hist. de la Philos.)

4501. Deutsche Aufklärung bis zur Französischen Revolution, 1680-1789. Hrsg. v. Rolf GRIMMINGER. München u. Wien, Hanser, 80, in-8, 1099 p. (Hanser Sozialgesch. d. deutschen Lit.vom 16. Jh. bis z. Gegenwart, 3)

4502. Dialektik des Geschichtsprozesses in der Epoche des Übergangs vom Kapitalismus zum Sozialismus. 5. Philosophie-Kongress d. DDR; 21. bis 23. Nov. 1979 in Berlin. Berlin, Dietz, 80, in-8, 361 p.

4503. DIETZE (Walter). Johann Gottfried Herder. Abriss seines Lebens u. Schaffens. Berlin u. Weimar, Aufbau-Verl., 80, in-8, 161 p. (Abb.)

4504. DODGE (Guy Howard). Benjamin Constant's philosophy of liberalism : a study in politics and religion. Chapel Hill, Univ. of N.C. Press, 80, in-8, XII-194 p.

4505. DUFFIN (Kathleen E.). Arthur O. Lovejoy and the emergence of novelty. J. Hist. Ideas, 80, vol. 41, n°2, p. 267-282.

4506. DVORCOV (A.T.). Žan-Žak Russo. (J.-J. Rousseau.) Moskva, Nauka, 80, in-8, 112 p.

4507. EATON (Henry L.). Marx and the Russians. J. Hist. Ideas, 80, vol. 41, n°1, p. 89-112.

4508. Enlightenment and Romanian society. Ed. by Pompiliu TEODOR. Cluj-Napoca, Dacia, 80, in-8, 280 p.

4509. Enzyklopädie Philosophie und Wissenschaftstheorie. Unter ständiger Mitw. v. Siegfried BLASCHE /u.a./ In Verb. mit Gereon WOLTERS hrsg. v. Jürgen MITTELSTRASS. Bd 1 : A-G. Mannheim, Wien u. Zürich, Bibliogr. Inst., 80, 835 p. (Ill., graph. Darst.).

4510. Erforschung der deutschen Aufklärung. Hrsg. von Peter Pütz.Königstein (Ts.), Verl.-Gruppe Athenäum, Hain, Scriptor, Hanstein, 80, in-8,XI-365 p. (Neue wiss. Bibliothek, 94. Literaturwiss.)

4511. ESPOSITO (Roberto). La politica e la storia. Machiavelli e Vico. Napoli, Liguori, 80, in-16, 297 p. (Teorie & oggetti, 5)

4512. FERRIER (Francis). Guillaume Gibieuf et sa philosophie de la liberté. Paris, J. Vrin, 80, in-8, IV-223p. (pl.). (Bibl. d'Hist. de la Philos.)

4513. FESTA (Saverio). Gobetti. Assisi, Cittadella editr., 80, in-16, 547 p. (Orizzonte filos.)

4514. FÖLDÉNYI (F. László). A fiatal Lukács /György/. Egy gondolatkör rekonstrukciójának kísérlete. (Le jeune /György/ Lukács. Essai de reconstruction d'un système d'idées) Budapest, Magvető Kiadó, 80, in-8, 157 p. (Gyorsulo ido)

4515. FREEMAN (Michael). Edmund Burke and the critique of political radicalism. Chicago, Univ. of Chicago Press, 80, in-8, 250 p.

4516. /Freimaurer :/ HAMMERMAYER (Ludwig). Der Wilhelmsbadener Freimaurer-Konvent von 1782. Ein Höhe- u. Wendepunkt in d. Gesch. d. deutschen u. europ. Geheimgesellschaften. Heidelberg, Lambert Schneider, 80, in-8,246 p. - HASS (Ludwik). Sekta farmazonii warszawskiej. Pierwsze stulecie wolnomularstwa w Warszawie (1721-1821).(La secte des francs-maçons à Varsovie.Le premier siècle de la franc-maçonnerie à Varsovie, 1721-1821.) Warszawa,Państw. Inst. Wydawn., 80, in-8, 673 p. (Tow. Miłośników Hist. w Warszawie. Bibl.Wiedzy o Warszawie) - KUN (Miklós). A baloldali szabadkőművesség mint ideológia és szervezeti keret a 19. század közepén. (La franc-maçonnerie de gauche en tant que cadre idéologique et organisationnel au milieu du XIXe s.) Századok, 79, vol. 113, n°5, p. 791-826. - LIGOU (Daniel), DESBROSSE (Jean-Claude). La Franc-maçonnerie à Châlon-sur-Saône et à Mâcon au XVIIIe siècle. Paris, Lauzeray, 79, in-8, 92 p. (ill.). - Massoneria (La) nella storia d'Italia. A cura di Aldo A. MOLA. Con una nota del gran maestro Ennio BATTELLI. Roma Atanòr, 80, in-8, 157 p. (ill., tav.). - MELLOR (Alec). La Grande Loge nationale française. Hist. de la franc-maçonnerie régulière, ses principes, ses structures. Paris, P. Belfond, 80, in-8, 257 p. (pl.). /Cf. n° 2886./

4517. GALOČKIN (V.I.). Idei utopičeskogo socialzma v vozzrenijakh N.V. Šelgunova. (N.V. Shelgunov's conception of the Utopian socialism.) Vestn. MGU. Teorija nauč. Kommunizm., 80, n° 5, p. 56-64.

4518. GARGETT (Graham). Voltaire and Protestantism. Oxford, Voltaire Foundation, 80, in-8, 532 p. (Studies on Voltaire, 188)

4519. GLEISSNER (Richard). The levellers and natural law : the Putney debates of 1647. J. brit. Stud., 80, vol. 20, n°1, p. 74-89.

4520. GOLDSTEIN (Leslie). Mill, Marx, and women's liberation. J. Hist. Philos, 80, vol. 18, n°3, p. 319-334.

4521. GOTTFRIED (Paul). Conservative millenarians : the romantic experience in Bavaria. New York, Fordham U.P., 80, in-8, 176 p.

4522. GOTTFRIED (Paul). On the social implications and contexts of the Hegelian dialectic. J. Hist. Ideas, 80, vol. 41, n°3, p. 421-432.

4523. GOUHIER (Henri). Etudes sur l'histoire des idées en France depuis le XVIIe siècle. Paris, J. Vrin, 80, VIII-186 p. (Bibl. d'Hist. de la Philos.)

4524. GROVER (Robinson A.). The legal origins of Thomas Hobbes's doctrine of contract. J. Hist. Philos., 80, vol. 18, n°2, p. 177-194.

4525. HALL (A. Rupert). Philosophers at war, the quarrel between Newton and Leibniz. London, Cambridge U. P., 80, in-8, 338 p.

4526. HARMAT (Márta). "Pisma russkogo putešestvennika" Karamzina i nekotorye problemy russkogo Prosveščenija. (Les "Lettres d'un voyageur russe" de Karamzin et quelques problèmes des Lumières russes.) Studia slavica Acad. Sci. hungaricae, 78, vol. 24, n°s 1-2, p. 81-98.

4527. HAWKINS (M.J.). Traditionalism and organicism in Durkheim's early writings, 1885-1893. J. Hist. behavioral Sci., 80, vol. 16, n°1, p.31-44.

4528. HAYMAN (Ronald). Nietzsche : a critical life. London a. New York, Oxford U.P., 80, in-8, XXIII-424 p.

4529. Herder-Kolloquium 1978. Referate u. Diskussionsbeitr. Im Auftr. d. Nationalen Forsch.- u. Gedenkstätten d. Klass. Deutsch. Lit. in Weimar hrsg. v. Walter DIETZE in Zusammenarb. mit Hans-Dietrich DAHNKE /u.a./ Weimar, Böhlau, 80, in-8, 424 p.

4530. HERMANN (István). La préparation idéologique de la République Hongroise des Conseils : György Lukács et son cercle. Nouv. Et. hongroises, 79, vol. 14, p. 73-85.

4531. HOBERMAN (Louisa S.).Hispanic American political theory as a distinct tradition. J. Hist. Ideas, 80, vol. 41, n°2, p. 199-218.

4532. HOLZBERG (Niklas). Willibald Pirckheimer als Wegbereiter der griechischen Studien in Deutschland. Mitt. d. Ver. f. Gesch. Nürnberg, 80, Bd 67, p. 60-78.

4533. IOANNISJAN (A.R.). Žjul' Gej i puti razvitija francuzskogo utopičeskogo kommunizma v 30-kh-40-kh godakh XIX stoletija. (Jules Gay et les voies du développement du communisme utopique français dans les années trente et quarante du XIXe s.) Nov.novejš. Ist., 80, n°1, p. 80-91· n°2, p. 120-135.

4534. Jacob Boehme ou l'obscure lumière de la connaissance mystique. Colloque organisé par le Centre de recherche sur l'hist. des idées de l'Univ. de Picardie, 1975, Chantilly. Paris, J. Vrin, 79, in-8, 166 p. (Bibl. d'Hist. de la Philos.)

4535. KAMENSKIJ (Z.A.). Russkaja filosofija načala XIX veka i Šelling. (Russian philosophy of the beginning of the 19th cent. and Schelling.) Moskva, Nauka, 80, in-8, 36 p. (AN SSSR Inst. filos.)

4536. KEARNS (E.J.). Ideas in 17th century France. Manchester, U.P., 80, in-8, 230 p.

4537. KELLEY (Donald R.). The prehistory of sociology : Montesquieu, Vico, and the legal tradition. J.Hist. behavioral Sci., 80, vol. 16, n°2, p. 133-144.

4538. KELLY (Aileen). The destruction of idols : Alexander Herzen and Francis Bacon. J. Hist. Ideas, 80, vol. 41, n°4, p. 635-662.

4539. KELLY (Patrick). Locke and Molyneux : the anatomy of a friendship. Hermathena, 79, vol. 126, p. 38-54.

4540. KEOHANE (Nannerl O.). Philosophy and the state in France : the

5. PHILOSOPHIE UND WELTANSCHAUUNG

Renaissance to the Enlightenment. Princeton, N.J., Princeton U.P., 80, in-8, XII-501 p.

4541. KINNER (Klaus). Forschungen zur Geschichte des Marxismus-Leninismus in Deutschland 1917-1945. Wiss. Z. d. Univ. Leipzig, Ges. R.,80, Jg. 29, p. 377-383.

4542. KIRSCH (Irving). Demonology and science during the scientific revolution. J. Hist. behavorial Sci., 80, vol. 16, n°4, p. 359-368.

4543. KISS (Endre). Über die ungarische Wirkung Fr. Nietzsches bis 1918-19. A. Univ. Sci. budapest. Sect.philos. et sociol., 78, vol. 12, p. 137-151.

4544. KÖPECZI (Béla). Lukács /György/ in 1919. New hungar. Quart., 79, vol. 20, n° 75, p. 65-76.

4545. KOSSOK (Manfred). Karl Marx und die Grundlegung wissenschaftlicher Revolutionsauffassung. Z. f. Geschichtswiss., 80, Jg. 28, p. 99-118.

4546. KRAYNAK (Robert P.). John Locke : from absolutism to toleration. Am. pol. Sci. R., 80, vol. 74, n°1, p. 53-69.

4547. LACKÓ (Miklós). A 100%. Ideológia, kultúra, irodalom. Adalékok Lukács György publicisztikai működéséhez az 1920-as évek második felében. (La revue 100%. Idéologie, culture, littérature. Contributions à l'activité comme journaliste de György Lukács dans la seconde moitié des années 1920.) Századok, 79, vol. 113, n°1, p. 43-96. - IDEM. Politik, Kultur, Literatur.Beiträge z. publizist. Tätigkeit v. Georg Lukács in d. zweiten Hälfte d. zwanziger Jahre. In : Etudes hist. hongr. /Cf. n° 611/, vol. 2, p. 317-349.

4548. LARIZZA LOLLO (Mirella). Scienza, industria e società. Saint-Simon e i suoi primi seguaci. Milano, Il saggiatore, 80, in-8, 275 p. (Lo spazio pol., II)

4549. LEARY (David E.). German idealism and the development of psychology in the nineteenth century. J. Hist. Philos., 80, vol. 18, n°3, p.299-318.- IDEM. The historical foundation of Herbart's mathematization of psychology. J. Hist. behavorial Sci.,80, vol.16, n°2, p. 150-163.

4550. LEY (Hermann). Geschichte der Aufklärung und des Atheismus. Bd 3,2. Berlin, Deutsch. Verl. d. Wiss., 80, in-8, 677 p.

4551. Lezioni sull'illuminismo. Atti del Seminario di studi organizzato dalla Provincia di Reggio Emilia, ottobre 1978-febbraio 1979. Introd. di Paolo ROSSI. Milano, Feltrinelli, 80, in-8, 278 p. (SC/10,97)

4552. Livres et Lumières au pays de Liège (1730-1830). Sous la dir. de Daniel DROIXHE, Pol-P. GOSSIAUX, Hervé HASQUIN et Michèle MAT-HASQUIN. Liège, Desoer, 80, in-8, 401 p.

4553. LUDASSY (Mária). Az ész államáig és tovább : XVIII. századi francia utópisták. (Jusqu'à l'Etat de la raison et plus loin : les utopistes français au XVIIIe s.) Budapest, Magvető Kiadó, 79, in-8, 205 p. (Gyorsuló idő)

4554. MAEDA (Yôichi). Pasukaru anse" chûkai dai 1. (Commentary on Pascal's "Pensées", 1.) Tokyo, Iwanami Shoten, 80, 259 p.

4555. Magyar gondolkodók. 17. század. Vál., jegyz. TARNÓC Márton. (Penseurs hongrois. XVIIe siècle. Choix et notes par -.) Budapest, Szépirodalmi Kiadó, 79, in-8, 1267 p.

4556. Magyar (A) marxista filozófia a két világháború között, 1920-1944. Vál. és szerk. NYIRI Kristóf. (La philosophie marxiste hongroise entre les deux guerres, 1920-1944. Choix et réd. de ––.) Budapest, Kossuth Kiadó, 79, in-8, 437 p.- CR:I.Hüvely, Társad.Szle, 80, vol. 35, n° 6, p. 86-90.

4557. Marxsche (Die) Lehre von der historischen Mission der Arbeiterklasse im ideologischen Widerstreit. Ein Beitr. z. Auseinandersetzung mit Marx-Engels-Verfälschungen. Berlin, Dietz, 80, in-8, 254 p.

4558. MATHIEU (Vittorio). Cancro in Occidente. Le rovine del giacobinismo. Milano, Editor. nuova, 80, in-8, 293 p.

4559. MÁTRAI (László). Die atomistische Auffassung von der Struktur der Materie in der ungarischen Philosophie des XVII. Jahrhunderts. Univ. Sci. budapest. Sect. philos. et sociol. 77, vol. 11, p. 3-25.

4560. MAZZUCCHELLI (Mario). Saint-Just. Milano, Dall'Oglio, 80, in-8, 454 p. (Coll. stor.)

4561. MBAEKWE (Iheanyi J.S.). The images of Africa in Sweden before 1914: a study of six types of persuasive ideas.) Lund, Lunds univ., 79, in-4, VI-187 fol. (Meddel. Statsvet. inst., Lunds univ., 1980 :1)

4562. MELZER (Arthur M.). Rousseau and the problem of bourgeois society. Am. pol. Sci. R., 80, vol. 74, n°4, p. 1019-1033.

4563. MESTERHÁZI (Miklós). Ernst Bloch és Lukács György. A "kronológia homogenitása". (Ernst Bloch et György Lukács. La "homogénéité de la chronologie".) Világosság , 80, vol. 21, n° 5, p. 288-296.

4564. Méthodes chez Pascal. Actes du Colloque tenu à Clermont-Ferrand, 10-13 juin 1976, sous les auspices de la Société des amis de Port-Royal.Paris, Presses univ. France, 79, in-8, 544 p.

4565. MJALO (K.G.). Ideologija molodežnoj "kontrkultury" na Zapade.(Die Jugendideologie der "Konterkultur" im Westen.) Obščestv. Nauki, 80, n°1, p. 134-148.

4566. MORRISON (James C.). Vico and Spinoza. J. Hist. Ideas, 80, vol. 41, n°1, p. 49-68.

4567. MUNGELLO (David E.). Malebranche and Chinese philosophy.J.Hist. Ideas, 80, vol. 41, n°4, p. 551-578.

4568. N.G. Černyševskij i sovremennost'. (N.G. Chernyshevski and the present time. Collection.) Ed. by M.T.YOVČUK. Moskva, Nauka, 80, in-8, 416 p.

4569. NAGY (Géza). Az egyedi egyetemes (Jean-Paul Sartre). Egy polgári filozófus- művész egyéni és társadalmi kalandja a XX. században. (L'Universel individuel : Jean-Paul Sartre. L'aventure sociale et individuelle d'un philosophe-artiste du XXe s.) Budapest, Akad. Kiadó, 80, in-8, 174 p. (Modern Filológiai Füzetek, 31)

4570. NORTON (David Fate), STEWART-ROBINSON (J.C.). Thomas Reid on Adam Smith's theory of morals. J. Hist.Ideas, 80, vol. 41, n°3, p. 381-398.

4571. NOVÁK (Zoltán). A Vasárnapi Társaság. Lukács Györgynek és csoportosulásának eszmei válsága, kiútkeresésük az első világháború időszakában. (La Société de Dimanche. La crise idéologique de György Lukács et du groupe autour de lui, leur recherche d'une issue à l'époque de la première guerre mondiale.) Budapest, Kossuth Kiadó,79, in-8, 302 p. - CR : L.F. Lendvai, Társad. Szle, 79, vol. 34, n°6, p. 108-110.—IDEM. The Sunday Society. The alliance of Georg Lukács and Béla Balázs and their ideological crisis during the Great War. A. Univ. Sci. budapest. Sect. philos. et sociol., 77, vol. 11, p. 103-128.

4572. NYIRI (Kristóf) A Monarchia szellemi életéről. Filozófiatörténeti tanulmányok. (Sur la vie spirituelle de la Monarchie /Austro-Hongroise/. Etude d'histoire de la philosophie.) Budapest, Gondolat Kiadó, 80, in-8, 247 p.

4573. PAIS (István). Francis Bacon und die neuzeitliche Desanthropomorphisation. A. Univ. Sci. budapest.Sect. philos. et sociol., 77, vol. 11, p. 87-102.

4574. PASTORI (Paolo). Rivoluzione e continuità in Proudhon e Sorel. Milano, Giuffrè, 80, in-8, 244 p. (Univ. di Roma. Fac. di Sci. pol., 29)

4575. PAVANINI (Giulio). Hegel,la politica e la storia. Introd. di Remo BODEI. Bari, De Donato, 80, in-8, 160 p. (Ideol. e Soc.).

4576. Pensée hispanique et philosophie française des Lumières. Ouvrage collectif de l'équipe de philosophie ibérique et ibéro-américaine. Préf. de José Luis ABELLAN. Toulouse, Assoc.des Publ. de l'Univ. Toulouse-Le Mirail,80, in-8, 182 p. (Sér. A, 45)

4577. POCOCK (J.G.A.), ASHCRAFT (Richard). John Locke. Berkeley a. Los Angeles, Univ. of Calif. Press, 80,in-8, 123 p.

4578. RAMBO (Lewis R.). Ethics, evolution and the psychology of William James. J. Hist. behavioral Sci., 80, vol. 16, n°1, p. 50-57.

4579. REEDIJK (Cornelis). Tandem bona causa triumphat. Zur Gesch. d. Gesamtwerkes d. Erasmus v. Rotterdam. Basel u. Stuttgart, Helbing u. Lichtenhahn, 80, in-8, 59 p. (Vorträge d.Aeneas-Silvius-Stiftung d. Univ. Basel, 16)

4580. REINALTER (Helmut). Aufgeklärter Absolutismus und Revolution. Zur Geschichte d. Jakobinertums u. d. frühdemokrat. Bestrebungen in d. Habsburgmonarchie. Wien, Köln u. Graz, Böhlau, 80, in-8, 560 p. (Veröff. d. Komm. f. Neuere Gesch. Österr., 68)

4581. ROBINSON (David). Emerson's natural theology and the Paris naturalists : toward a theory of animated nature. J. Hist. Ideas, 80, vol. 41, n°1, p. 69-88.

4582. ROOT (John David). The philosophical and religious thought of Arthur James Balfour (1848-1930). J.brit. Stud., 80, vol. 19, n°2, p. 120-141.

4583. ROSE (P.L.). Bodin and the great god of nature. The moral and religious univers of a judaiser. Genève, Droz, 80, in-8, 238 p.

4584. ROSTWOROWSKI (Emanuel). Polska w Europie oświeconych. (La Pologne dans l'Europe des "philosophes".)Kwart. hist., 80, a. 87, n°1, p. 3-19.

4585. ROTH (Jack J.). The cult of violence : Sorel and the Sorelians. Berkeley a. Los Angeles, Univ. of Calif. Press, 80, in-8, XI-359 p.

4586. SCARCELLA (Cosimo).Condorcet. Dottrine politiche e sociali. Lecce, Milella, 80, in-8, 311 p.

4587. SCHROETER (Gerd). Max Weber as outsider : his nominal influence on german sociology in the twenties. J. Hist. behavorial Sci., 80, vol.16, n°4, p. 317-332.

4588. Science et dialectique chez Hegel et Marx. Travaux du groupe Recherche sur Science Dialectique. Sous la dir. de M. VADEE. Paris, Ed. du C.N.R.S., 80, in-4, 116 p. (Centre de recherche et de documentation sur Hegel et Marx. E.R.A. 248 - Univ. de Poitiers)

4589. 700 /Siedemset/ lat myśli polskiej. Filozofia i myśl społeczna w latach 1865-1895. (700 ans de pensée polonaise. Philosophie et pensée sociale dans les années 1865-1895.) Ed. et annotations par Anna HOCHFELDOWA, Barbara SKARGA. P. 1, 2. Warszawa, Państw. Wydawn. Nauk., 80, 2 vol. in-8, 638, 649 p. (Z prac Zakł. Hist. Pol. Filozofii Nowożytnej Inst. Filozofii i Socjologii Pol. Akad. Nauk.)

4590. ŠKURINOV (P.S.). Pozitivizm v Rossii XIX veka. (Positivism in 19th cent. Russia.) Moskva, Izd-vo MGU, 80, in-8, 416 p.

4591. SMITH (G.W.). J.S. Mill on Edgar and Réville : an episode in the development of Mill's conception of freedom. J. Hist. Ideas, 80, vol. 41, p. 433-452.

4592. STAUM (Martin S.). Cabanis: Enlightenment and medical philosophy in the French revolution. Princeton, N.J., Princeton U.P., 80, in-8, XI-430 p.

4593. STEIGERWALD (Robert).Bürgerliche Philosophie und Revisionismus im imperialistischen Deutschland. Berlin, Akad.-Verl., 80, in-8, 353 p. (Schr. z. Philos. u. ihrer Gesch., 18)

4594. THOM (Martina). Ideologie und Erkenntnistheorie. Untersuchung am Beisp. d. Entstehung d. Kritizismus u. Transzendentalismus Immanuel Kants. Berlin, Deutscher Verlag der Wiss.,80, in-8, 227 p.

4595. TOEWS (John Edward). Hegelianism : the path toward dialectical humanism, 1805-1841. New York, Cambridge U.P., 80, in-8, X-450 p.

4596. TOJBIN (I.M.). Puškin i filosofsko-istoričeskaja mysl' v Rossii na rubeže 1820- i 1830 godov. (Pushkin and the philosophico-historical thought in Russia on the borderline of the 1820s-1830s.) Voronež, Izd-vo Voronež. univ., 80, in-8, 123 p.

4597. VÁSÁRY (István). Östörténet és nemzeti tudat a reformkorban. (Préhistoire et conscience nationale à l' âge des réformes /en Hongrie/.) Irodtört. Közl., 80, vol. 84, n°1, p. 15-25.

4598. VAUGHAN (Karen Iversen).John Locke : economist and social scientist. Chicago, Univ. of Chicago Press; London, Athlone Press, 80, in-8, XIV-178p.

4599. VIRGOULAY (René). Blondel et le modernisme : la philosophie de l' action et les sciences religieuses, 1896-1913. Paris, Ed. du Cerf, 80,in-8, 577 p.

4600. Voltaire, Rousseau, 1778-1978. Paris, A. Colin, 79, in-8, 560 p. (N° spéc. R. Hist. litt. France,79, n°2-3) /Recueil de communications présentées au Colloque intern. pour le bicentenaire de Voltaire et de Rousseau, 3-7 juillet 1978, Paris./

4601. Voltaire, Rousseau et la tolérance. Actes du colloque franco-néerlandais des 16 et 17 nov. 1978 à la maison Descartes d'Amsterdam. Amsterdam, Maison Descartes; Lille, Presses univ., 80, in-8, 179 p. (Travaux et mém. de la Maison Descartes, Amsterdam, 2)

4602. WARD (Patricia A.). Joseph Joubert and the critical tradition. Platonism and romanticism. Genève, Droz, 80, in-8, 155 p. (Hist. des idées et critique littér., 189)

4603. YACK (Bernard). The rationality of Hegel's concept of monarchy. Am.pol. Sci. R., 80, vol. 74, n°3, p. 709-720.

4604. ZSIGMOND (László). A Comte-i pozitivizmus szinevaltozása. (La transfiguration du positivisme de Comte.) Századok, 79, vol. 113, n°1, p. 3-42. - IDEM. Le sort de l'héritage de Saint-Simon : la manifestation de l'école saint-simonienne sous la direction d' Enfantin et Bazard, l'engagement de Comte pour élaborer le système scientifique du positivisme et de la sociologie. 1825-1826. Acta hist. Acad.Sci. hungaricae, 78, vol. 24, n°s 3-4, p. 225-248.

Cf. n°s 280, 4211.

§ 6. Exakte Wissenschaften, Technik, Naturwissenschaften und Medizin.

✦ 4605. CULE (John). Wales and medicine, source liste for printed books and papers showing the history of medicine in relation to Wales and Welshmen. Aberystwyth, Nat. Libr. of Wales, 80, in-8, XVII-229 p.

✦ 4606. General bibliography of C.G. Jung's writings. Compiled by Lisa RESS with collab. Princeton, N.J.,Univ. Press, 79, in-8, X-263 p. (Bollingen ser., 20)

✦ 4607. KONOPKA (Stanisław). Polska bibliografia lekarska dziewiętnastego wieku (1801-1900).(Bibliographie médicale polonaise du XIXe siècle,1801-1900.) /T. 5-7. Cf. Bibl. 78-79, n° 5292./ T. 8 : Piwowarski - Ramazzini. T. 9 : Ramię - Skowroński. Warszawa, Państw. Zakł. Wydawn. Lek., 80, 2 vol. in-8, 495, 521 p.

✦ 4608. OUTRAM (Dorinda). Letters of George Cuvier, a summary catalogue of manuscript and printed materials preserved in Europe, the United States of America and Australia. Chalfont St. Giles, Brit. Soc. for the Hist. of Sci., 80, in-8, IV-102 p.

✦ Cf. n° 795.

** 4609. ALPINI (Prospero).Histoire naturelle de l'Egypte : 1581-1584. Trad. du latin et prés. par R. de FENOYL; annot. de R. de FENOYL et S. SAUNERON; index de Marcelle DESDAMES. Le Caire, Inst. franç. d'Archéol. orient, 79, 2 vol. in-16, XXXI-583 p. (pl., dépl.). (Coll. des voyageurs occidentaux en Egypte, 20) - IDEM. La médecine des Egyptiens : 1581-1584. Trad.du latin présentée et annotée par R. de FENOYL; index de Marcelle DESDAMES. Le Caire, Inst. franç. d'archéol. orient, 80, 2 vol. in-16, XIII-589 p. (pl.). (Coll. des voyageurs occidentaux en Egypte, 21)

** 4610. FOURIER (Joseph). Joseph Fourier face aux objections contre sa théorie de la chaleur : lettres inédites, 1808-1816. Publ. par John HERIVEL, avec la collab. de Pierre COSTABEL. Paris, Bibliothèque nat., 80, in-4, 86 p. (Mém. de la Sect. des Sc. Comité des Trav. hist. et scientif., 8)

** 4611. MERSENNE (Le P. Marin). Correspondance. Publ. et annotée par Cornelis de WAARD et Armand BEAULIEU. Ed. entreprise sur l'initiative de Mme Paul TANNERY et continuée par le C.N.R.S. /T. 13. Cf. Bibl. 76-77, n° 5652./ T. 14 : 1646. Paris, Ed. du C.N.R.S., 80, in-8, 784 p. (109 fig., 3 pl.).

4612. ANTALL (József). Gesundheitliche Aufklärung und Gesundheitserziehung in Ungarn im 18.-19. Jahrhundert. Orvostört. Közl., 78, vol. 24, n°4, p. 25-37.

4613. BALAN (Bernard). L'ordre et le temps : l'anatomie comparée et l' histoire des vivants au XIXe s. Paris, J. Vrin, 79, in-8, 610 p. (L'Hist.des Sci. Textes et études)

4614. BEAUNE (Jean-Claude) La technologie introuvable : recherche sur la définition et l'unité de la technologie à partir de quelques modèles du XVIIIe et XIXe s. Paris, Vrin, 80, in-8, 285 p. (L'Hist. des Sci.)

4615. BELLONI (Luigi). Per la storia della medicina. Sala Bolognese, Forni, 80, in-8, XXIII-357 p. /Riproduzione di scritti pubbl. in Simposi clinici, 1964-1976/

4616. BENEDEK (István). Semmelweis. (/Ignác Fülöp/ Semmelweis.) Budapest, Gondolat Kiadó, 80, in-8, 272 p.

4617. BENKŐ (Samu). Apa és fiu. Bolyai-tanulmányok. (Père et fils. Etudes sur les Bolyai /Farkas et János/.) Budapest, Magvető Kiadó, 78, in-8,393p. (Elvek és utak) - CR : L. Vekerdi, Irodtört. Közl., 79, vol. 83, n°3, p. 334-336.

4618. BOGOLJUBOV (A.N.). Russkaja nauka XVIII veka. (La science en Russie au XVIIIe s.) Vopr. Ist., 80, n°4, p. 82-94.

4619. BUCK (Pierre). American science and modern China, 1876-1936. London a. New York, Cambridge U.P.,80, in-8, IX-283 p. (dr., tab., maps).

4620. Budget (Le) des hospices civils de Lyon, 1800-1976 : histoire économique d'une grande entreprise de santé. Sous la dir. de Maurice GARDEN. Lyon, Presses univ. de Lyon, 80, in-16, 148 p. (ill.). (Univ. Lyon II, Centre Pierre Léon; Assoc. lyonnaise d'écon. médicale)

4621. BULLOUGH (Vern L.). Homosexuality : a hsitory. New York, New Am. Libr., 79, IX-196 p.

4622. BURNHAM (John C.). Psychotic delusions as a key to historical cultures : Tasmania, 1830-1940. J. soc.Hist. 80, vol. 13, n°3, p. 368-383.

4623. CLARK (Ronald William).Freud, the man and the cause. London, Weidenfeld a. Nicolson, 80, in-8, 652 p.

4624. COHEN (I. Bernard). The Newtonian revolution, with illustrations of the transformation of scientific ideas. London a. New York, Cambridge U.P., 80, in-8, XVI-404 p.

4625. COPEMAN (William Sydney C.). The history of the Society Worshipful of Apothecaries of London, 1617-1967. London, The Society, 80, in-6, 128 p. (pl.).

4626. DEAN (Dennis R.). Graham island, Charles Lyell, and the craters of elevation controversy. Isis, 80, vol. 71, n° 259, p. 571-588.

4627. DICK (Steven J.). The origins of the extraterritorial life debate and its relation to the scientific revolution. J. Hist. Ideas, 80, vol.41, n°1, p. 3-28.

4628. ENGLISH (Peter C.). Shock, physiological surgery, and George Washington Crile : medical innovation in the progressive era. Westport,Conn., Greenwood Press, 80, in-8, XI-271 p. (contrib. in Medical Hist., 5)

4629. ESTES (J. Worth). Hall Jackson and the purple foxglove : medical practice and research in revolutionary America, 1760-1820. Hanover, N.H.,Univ. Press of New England, 79, in-8, XVI-291 p.

4630. EYLER (John W.). Victorian social medicine : the ideas and methods of William Farr. Baltimore, Md., Johns Hopkins U.P., 79, in-8, X-262 p.

4631. FULLMER (June Z.). Technology, chemistry, and the law in early 19th-century England. Technol. a. Cult, 80, vol. 21, n°1, p. 1-28.

4632. GATES (Barbara T.). Suicide and the Victorian physicians. J. Hist. behavorial Sci., 80, vol. 16, n°2, p. 164-174.

6. EXAKTE WISSENSCHAFTEN, TECHNIK, NATURWISSENSCHAFTEN UND MEDIZIN

4633. GAUCHET (Marcel), SWAIN (Gladys). La pratique de l'esprit humain : l'institution asilaire et la révolution démocratique. Paris, Gallimard, 80, in-8, 520 p. (Bibl. des Sci. humaines)

4634. GELFAND (Toby). Deux cultures, une profession : les chirurgiens français au XVIIIe siècle. R. Hist.mod. 80, t. 27, p. 468-484.

4635. GELIS (Jacques). Accoucheur de campagne sous le Roi Soleil.Toulouse, Privat, 79, in-8, 150 p.

4636. GOLBECK (Amanda L.). Quantification in ethnology and its appearance in regional culture trait distribution studies (1888 to 1939). J. Hist. behavorial Sci., 80, vol. 16, n°3, p. 228-240.

4637. GOLDSMITH (Maurice). The Sage, the life of J.D. Bernal. London, Hutchinson, 80, in-8, 255 p.

4638. GOLLIN (Alfred). The Wright brothers and the British authorities, 1902-1909. Eng. hist. R., 80, vol.95, p. 293-320.

4639. GOODCHILD (Peter). J. Robert Oppenheimer, shatterer of worlds. London, B.B.C., 80, in-4, 301 p. (ill.).

4640. HALE (Matthew) Jr. Human science and social order : Hugo Münsterberg and the origins of applied psychology. Philadelphia, Temple U.P., 80, in-8, XII-239 p.

4641. HAMMOND (Michael). Anthropology as a weapon of social combat in late-nineteenth-century France.J.Hist. behavorial Sci., 80, vol. 16, n°2, p. 118-132.

4642. HANKINS (Thomas L.). Sir William Rowan Hamilton. Baltimore,Md., Johns Hopkins U.P., 80, in-8, XXI-474p.

4643. HAWKINS (Hugh). Transatlantic discipleship : two American biologists and their German mentor. Isis, 80, vol. 71, n° 257, p. 197-210./Ernst Heinrich Ehlers; John Mason Tyler,Henry Baldwin Ward : 1870s-80s/

4644. HERRMANN (Berns). Kleine Geschichte der Leichenbranduntersuchung. Fornvännen,80, vol. 75, p. 20-29. /Mit schwed. Zsfassung/

4645. HILDESHEIMER (Françoise). Le bureau de la santé de Marseille sous l'Ancien Régime. Le renfermement de la contagion. Préf. du Dr J.-N. BIRABEN. Marseille, Fédération hist. de Provence, 80, in-8, 260 p. (graphiques).- EADEM. La protection sanitaire des côtes françaises au XVIIIe siècle. R. Hist. mod., 80, t. 27, p. 443-467.

4646. HINKLE (Roscoe C.). Founding theory of American sociology, 1881-1915. Boston a. London, Routledge,80, in-8, XIV-376 p.

4647. HOMET (Jean-Marie). La pratique astronomique en Provence à la fin du XVIIe s. A. Midi, 80, t. 92, fasc. 2, p. 151-160.

4648. JACYNA (L.S.). Science and social order in the thought of A.J.Balfour. Isis, 80, vol. 71, n° 256, p.11-34.

4649. JONES (Colin). The treatment of the insane in eighteenth- and early nineteenth-century Montpellier.Medical Hist., 80, vol. 24, p. 371-390.

4650. JONES (Daniel P.). American chemists and the Geneva protocol.Isis, 80, vol. 71, n°258, p. 426-440.

4651. JORDI GONZÁLEZ (Ramón).Notas sobre boticarios y drogueros a finales del siglo XVI. Testigos en un pleito. 1587-1589. Est. Doc. Arch. Protocolos Barcelona, 80, vol. 8, p. 171-22.

4652. KOTTLER (Malcolm Jay). Darwin, Wallace, and the origin of sexual dimorphism. Proc. am. philos. Soc.,80, vol. 124, n°3, p. 203-226.

4653. LÁNCZOS (Kornél). Einstein évtizede, 1905-1915. (La décennie d' Einstein.) Budapest, Magvető Kiadó, 78, in-8, 233 p. (Gyorsuló idő)

4654. LENOIR (Timothy). Kant,Blumenbach, and vital materialism in German biology. Isis, 80, vol. 71, n°256, p. 77-108.

4655. LEPENIES (Wolf). Naturgeschichte und Anthropologie im 18.Jahrhundert. Hist. Z., 80, Bd 231, p.21-41.

4656. LIVANOVA (A.). Landau, a great physicist and teacher. Oxford, Pergamon Press, 80, in-8, 226 p.(ill.).

4657. LOCKWOOD (Rose). The scientific revolution in seventeenth century New England. New England Quar., 80, vol. 53, n°1, p. 76-95.

4658. LUDWIG (Karl-Heinz). Arbeit, Technik und Arbeitszeit im Geschichtsverlauf. Technikgesch., 80, Bd 47, p. 181-193.

4659. LYTE (Charles). Sir Joseph Banks. Newton Abbot, David a. Charles, 80, in-8, 232 p. (pl., ill.).

4660. Materiały i dokumenty do dziejów nauki polskiej w czasie II wojny światowej. (Matériaux et documents pour l'histoire de la science polonaise pendant la seconde guerre mondiale.) T.1. Sous la réd. de Zygmunt KOLANKOWSKI et Leon ŁOŚ. Wrocław, Zakł. Narod. im. Ossolińskich, 80, in-8, 124 p. (Pol. Akad. Nauk Archiwum oraz Koło ZBoWiD przy Pol. Akad.Nauk)

4661. MORANTZ (Regina Markell), ZSCHOCHE (Sue). Professionalism, feminism, and gender roles : a comparative study of nineteenth-century medical therapeuthics. J. am. Hist., 80, vol.

4662. NACCACHE (Bernard). Marx critique de Darwin. Paris, Vrin, 80, in-8, 160 p. (L'Hist. des Sciences)

4663. NAYLOR (R.H.). Galileo's theory of projectile motion. Isis, 80, vol. 71, n° 259, p. 550-570.

4664. NÉMETHY (Ferenc). Semmelweis bécsi kórtörténete és a hozzá csatolt iratok. (Le manuel de pathologie de Vienne de Semmelweis et les documents joints.) Orvostört. Közl., 78, vol.24, n°s 1-2, p. 23-92. /En hongrois et en allemand/

4665. NISSENBAUM (Stephen). Sex, diet, and debility in Jacksonian America : Sylvester Graham and health reform. Westport, Conn., Greenwood Press, 80, in-8, XVII-196 p. (Contrib. in Medical Hist., 4)

4666. Organization (The) of science and technology in France, 1808-1914. Ed. by Robert FOX a. George WEISZ.London, Cambridge U.P., 80, in-8, 356 p. (tab., fig.)

4667. Origines (Les) de la biologie moléculaire. Hommage à Jaques Monod. Prés. par André LWOFF et Agnès ULLMANN. Paris et Montréal, Etudes vivantes, 80, in-8, 258 p.

4668. PAULINYI (Oszkár). Der erste Bau von Stauseen und des wassergetriebenen grossen Kehrrades zur Bekämpfung der Wassernot von Zechen (1505-1508). Acta hist. Acad. Sci.hungaricae, 78, vol. 24, n°s 1-2, p. 109-132.

4669. PEDRON (François). Histoire d'Ambroise /Paré/, chirurgien du roi. Paris, Orban, 80, in-8, 467 p.

4670. PETREL (Jacques). La négation de l'atome dans la chimie du XIXe s. : cas de Jean-Baptiste Dumas. Paris, C.N.R.S., 79, in-16, 142 p. (Cah. d' Hist. et de Philos. des Sci., 13)

4671. PIEKIEŁKO (Alicja). Początki krakowskiego Ogrodu Botanicznego (1783-1809). (Les débuts du Jardin des Plantes à Cracovie, 1783-1809.) Kwart.Hist. Nauki Techn., 80, a. 25, n°1, p.67-87.

4672. PYENSON (Lewis). Einstein's education : mathematics and the laws of nature. Isis, 80, vol. 71, n° 258, p. 399-425.

4673. REDONDI (P.). L'accueil des idées de Sadi Carnot : de la légende à l'histoire. Paris, Vrin, 80, in-8, 240 p.

4674. RIEGERT (Paul W.). From arsenic to DDT : a history of entomology in Western Canada. Toronto, Univ.Press, 80, in-8, XII-357 p.

4675. ROSSITER (Margaret W.). "Women's work" in science, 1880-1910. Isis, 80, vol. 71, n°258, p. 381-398.

4676. SARDI BUCCI (Deanna). La peste del 1630 a Firenze. Ric. stor. /Piombino/,80, a. 10, p. 49-92.

4677. SCHILLER (Francis). Paul Broca : founder of French anthropology, explorer of the brain. Berkeley a.Los Angeles, Univ. of Calif. Press, 79,in-8, IX-350 p.

4678. Science, technology, and Canadian history : the First Conference on the Study of the History of Canadian Science and Technology, Kingston, Ontario. Les sciences, la technologie et l'histoire canadienne : premier Congrès sur l'histoire des sciences et de la technologie canadiennes,Kingston, Ontario. Ed. by Richard A.JARRELL a. Norman R. BALL. Waterloo, Ont.,Wilfrid Laurier Univ. Press, 80, in-8, XVI-246 p.- CR : A. McLaren, Canad. hist. R., 81, vol. 62, p. 246-247.

4679. SEGAL (docteur Alain). Les progrès de l'exploration visuelle des organes aux XVIIe et XVIIIe siècles. Hist. Sci. méd., 79, t. 13, p. 395-406.

4680. SERVOS (John W.). The industrial relations of science : chemistry at MIT /Massachusetts Institute of Technology/, 1900-1939. Isis, 80,vol. 71, n°259, p. 531-549.

4681. SHAPIRO (Alan E.). The evolving structure of Newton's theory of white light and color. Isis, 80, vol. 71, n°257, p. 211-235.

4682. SHOWALTER (Elaine). Victorian women and insanity. Victorian Stud., 80, vol. 23, n°2, p. 157-182.

4683. SILLŐ-SEIDL (Georg). Unveröffentlichte und neuentdeckte Semmelweis-Dokumente. Orvostört. Közl., 78, vol. 24, n°s 1-2, p. 187-210.

4684. SIMONYI (Károly). A fizika kultúrtörténete. (L'histoire culturelle de la physique.) Budapest, Gondolat Kiadó, 78, in-4, 478 p. - CR : L. Vekerdi, Valóság, 79, vol. 22, n°5, p. 102-105.

4685. SLOAN (Douglas). Science in New York City, 1867-1907. Isis, 80, vol. 71, n° 256.

4686. SPENCE (Clark C.). The rainmakers : American "Pluviculture" to world war II. Lincoln, Univ. of Nebr. Press, 80, in-8, X-181 p.

4687. STENICO (Renico). Peste e colera nel Trentino. Studi trentini Sci. stor., 80, a. 59, p. 347-360.

4688. SUCHODOLSKI (Bogdan). The development of science in Poland in the 19th and 20th centuries. Kwart. Hist. Nauki Techn., 80, a. 25, n°4, p. 677-686.

4689. SULLOWAY (Frank J.). Freud, biologist of the mind : beyond the psychoanalytic legend. New York,Basic Books, 79, in-8, XXVI-612 p.

4690. SZABADVÁRY (Ferenc), FEHÉR (György). Die Rolle des Staates in der Förderung des wissenschaftlich-technischen Fortschrittes in Ungarn vor 1914. Technikatört. Szle, 79, vol. 11, p.31-34.

4691. SZÉNÁSSY (Barna). Bolyai János (1802-1860). Budapest, Akadémiai Kiadó, 78, in-8, 196 p. (A mult magyar tudósai)

4692. SZLATKY (Mária). Magyar nyelvű, kéziratos orvosló könyvek a 17. századból. (Livres médicaux manuscrits en langue hongroise du XVIIe s. Magy.Könyvszle, 80, vol. 96, n°2, p. 131-148.

4693. TALLMADGE (John). From chronicle to quest : the shaping of Darwin's "Voyage of the Beagle".Victorian Stud., 80, vol. 23, n°3, p.325-347.

4694. THEODORIDES (Jean). Un zoologiste de l'époque romantique : J.-V. Audouin (1791-1841). Paris, Bibliothèque Nationale, 80, in-4, 130 p.

4695. TIBENSKÝ (Jan). Dejiny vedy a techniky na Slovensku. (Geschichte d. Wissenschaft u. Technik in d. Slowakei.) Bratislava, Osveta, 79, in-8, 536 p.

4696. VARGA (József). Bánki Donát. (D. Bánki /1895-1922/.) Budapest,Akad. Kiadó, 80, in-16, 227 p. (1 pl.). (A mult magyar tudósai 9. sor.)

4697. VASOLI (Cesare). Sperimentalismo e tradizione negli schemi enciclopedici di uno scienziato gesuita del Seicento. Critica stor., 80, a.17, p. 101-127. /Francesco Lana Terzi/

4698. VOGEL (Morris J.). The invention of the modern hospital : Boston, 1870-1930. Chicago, Univ. of Chicago Press, 80, in-8, IX-171 p.

4699. Voprosy istorii estestvoznanija i tekhniki.(De l'histoire des sciences naturelles et de la technique. Recueil d'articles. Fasc. 3 (67) - 4 (68). Moskva,Nauka, 80, in-4, 184 p. (ill.). /Cf. Bibl. 78-79, n° 5383./

4700. VUCINICH (Alexander). Soviet physicists and philisophers in the 1930s : dynamics of a conflict. Isis, 80, vol. 71, n°257, p. 236-250.

4701. WARNER (John Harley). "The nature-trusting heresy" : American physicians and the concept of the healing power of nature in the 1850's and 1860's. Perspect. in am. Hist., 77-78, vol. 11, p. 291-324.

4702. WEART (Spencer R.). Scientists in power. Cambridge, Mass., Harvard U.P., 79, in-8, XIII-343 p./Joliot-Curie circle of nuclear physicists, Collège de France/

4703. WILSON (Leonard G.). Geology on the eve of Charles Lyell's first visit to America, 1841. Proc. am. philos. Soc., 80, vol. 124, n°3, p.168-202.

Cf. n°s 693, 807, 4018, 4592,4739, 5152, 5275, 5282, 5335, 5648, 6880.

§ 7. Literatur.

a. Allgemeines.

✳ 4704. ARBOUR (Roméo). Répertoire chronologique des éditions de textes littéraires : l'ère baroque en France. Vol. 1, 1-2 : 1585-1615. Vol. 2 : 1616-1628. Vol. 3 : 1629-1643. Genève,Droz, 77-80, 4 vol. in-8, XXVIII-567, 640, XIX-904, XX-857 p. (Hist. des idées et critique littéraire, 165/-2, 178, 191)

✳ 4705. Bibliografia piśmiennictwa polskiego na Śląsku "Śląski Korbut". (Bibliographie de la littérature polonaise en Silésie "Korbut Silésien".) Red. Jan ZAREMBA. T. 2 : Bibliografia piśmiennictwa polskiego na Śląsku XVII i XVIII w. (Bibliographie de la littérature polonaise en Silésie aux XVIIe et XVIIIe s.) Ouvrage collectif réd. par J. ZAREMBA. Wrocław, Zakł. Narod. im. Ossolińskich, 80, in-8, 226 p.(Pol. Akad. Nauk, Oddz. w Katowicach. Prace Komisji Historycznoliter., 2)

✳ 4706. Bibliographie zur deutschen Literaturgeschichte des Barockzeitalters. Begr. v. Hans PYRITZ,fortgeführt u. hrsg. v. Ilse PYRITZ. T.2, Fasz. 1. Frankfurt (Main), Bern u.Cirencester, Lang, 80, in-8, XXI-146 p.

✳ 4707. RANCOEUR (René). Bibliographie de la littérature française du moyen âge à nos jours. Publ. par la Soc. d'Hist. litt. de la France. /1977. Cf. Bibl. 78-79, n° 5393./Année 1978, 1979. Paris, Colin, 79-80, 2vol. in-4, 501, 397 p.

4708. ANTOINE (Régis). Les écrivains français et les Antilles, des premiers Pères Blancs aux surréalistes Paris, Maisonneuve et Larose, 80, in-8, 429 p.

4709. CSAPODI GÁRDONYI (Klára). Humanista kódexek nyomában. (A la recherche des livres manuscrits humanistes.) Budapest, Magvető Kiadó, 78,in-8, 145 p. (Gyorsuló idő)

4710. DELL'ACQUA (Marzio). Descrizione inedita del Ducato di Parma di Giovanni Antonio Magini. Aurea Parma, 80, a. 64, p. 163-172.

4711. Dizionario della letteratura

mondiale del 900. Diretto da Francesco Licinio GALATI. Roma, Ediz. paoline,3 vol. in-8, XXXI-3420 p. compless.

4712. FÜLÖP (Géza). A magyar olvasóközönség a felvilágosodás idején és a reformkorban. (Les lecteurs hongrois à l'époque des Lumières et des réformes.) Budapest, Akadémiai Kiadó, 78, in-8, 290 p.

4713. Image (L') du monde renversé et les représentations littéraires et para-littéraires de la fin du XVIe s. au milieu du XVIIe s., Colloque internat., Tours, 17-19 nov. 1977. Etudes réunies par Jean LAFOND et Augustin REDONDO. Paris, J. Vrin, 79, in-4,194 p. (pl.). (De Pétrarque à Descartes, 40. Groupe de rech. Civilisation et Renaissance de l'Univ. François Rabelais)

4714. JUSZYŃSKI (Hieronim). Dykcyonarz poetów polskich. T. 1-2. (Dictionnaire des poètes polonais. T.1-2). Warszawa, Wydawn. Artyst. i Filmowe, 80, 2 vol. in-8, 235, 466 p. /Reprod. photo-offset de l'éd. orig. Kraków 1820/

4715. KAGARLICKIJ (Ju.I.). Šekspir i Volter. (Shakespeare and Voltaire.) Moskva, Nauka, 80, in-8, 111 p.

4716. MARAIS (Jean-Luc). Littérature et culture "populaires" aux XVIIe et XVIIIe siècles : réponses et questions. A. Bretagne, 80, t. 87, p. 65-105.

4717. MÁRQUEZ (A.). Literatura e inquisición en España (1478-1834). Madrid, Taurus, 80, in-8, 274 p.

4718. MOLL (Jaime). Les éditions de Quevedo dans la donation Olague à la bibliothèque de la Casa Velazquez /Madrid/. Mél. Casa de Velazquez, 80, t. 16, p. 457-494.

4719. Recherches sur le roman historique en Europe, XVIIIe-XIXe s.T./1. Cf. Bibl. 78-79, n° 5404./ 2. (Par) Michel BARIDON, Mathilde CHALEAT,Nelly CLEMESSY, Albert DEROZIER, etc.. Paris, Belles Lettres, 79, in-8, 206 p. (A. litt. Univ. Besançon, 233)

4720. WOODCOCK (George). The world of Canadian writing : critique and recollections. Vancouver, Douglas a.Mc Intyre, 80, in-8, XI-306 p.

4721. Z dziejów życia literackiego w Polsce XVI i XVII wieku. (De l'histoire de la vie littéraire en Pologne aux XVIe et XVIIe s.) Ouvrage collectif réd. par Hanna DZIECHCIŃSKA.Avantpropos par Stefan ŻÓŁKIEWSKI. Wrocław, Zakł. Narod. im. Ossolińskich, 80,in-8, 273 p. (Studia Starop., 48)

b. Renaissance.

◆ 4722. LONGEON (Claude). Bibliographie des oeuvres d'Etienne Dolet : écrivain, éditeur, imprimeur. Genève, Droz; Paris, diff. Champion, 80, in-4, LXXVII-213 p. (ill.). (Trav. d'Humanisme et Renaissance, 174)

◆ 4723. Shakespeare-Bibliographie für 1978. Mit Nachträgen aus früheren Jahren. Bearb. v. Karl-Heinz MAGISTER. /1977. Cf. Bibl. 78-79, n° 5409./ Shakespeare-Jb., 80, Bd 116, p. 193-274.

4724. BARLAY (Ö. Szabolcs). Boldizsár Batthyány und sein Humanisten-Kreis. Die ersten Jahrzehnte der Güssinger Bibliothek. Magy. Könyvszle,79, vol. 95, n° 3, p. 231-251.

4725. BITSKEY (István). Irodalompolitika Bethlen Gábor és a két Rákóczi György udvarában. (La politique littéraire à la cour de Gábor Bethlen et des deux György Rákóczi). Magy. Könyvszle, 80, vol. 96, n°1, p.1-14.

4726. CAREY (John). John Donne : life, mind and art. London, Faber, 80, in-8, 192 p.

4727. COMBET (Louis). Cervantès ou les Incertitudes du désir : d'une approche psychostructurale de l'oeuvre de Cervantès. Lyon, Presses univ.,80, in-8, 593 p.

4728. English Renaissance studies, presented to Dame Helen Gardner in honour of her 70th birthday. Ed. by John CAREY. London a. New York, Oxford U.P., 80, in-8, VIII-304 p. /Eng.literature, 1558-1702/

4729. Kochanowski. Z dziejów badań i recepcji twórczości. (Kochanowski. Histoire des recherches et de la réception de ses oeuvres.) Choix de textes, éd. et avant-propos par Mirosław KOROLKO. Warszawa, Państw. Wydawn. Nauk., 80, in-8, 713 p.

4730. KUPISZ (Kazimierz). Studia z literatury kobiecej XVI stulecia we Francji. (Etude de la litterature féminine du XVIe siècle en France.) T. 1. Łódź, Zakł. Narod. im. Ossolińskich, 80, in-8, 204 p. (Łódzkie Tow. Nauk. Prace Wydz. I Językozn., Nauki o Literaturze i Filozofii, 80)

4731. Valeurs (Les) chez les mémorialistes français du XVIIe s. avant la Fronde. Colloque organisé par le Centre de Philol. et de Litt. romanes, Univ. des Sci. humaines de Strasbourg, et le Centre Littéraire et Spiritualité de la Fac. des lettres de l'Univ. Metz, Strasbourg-Metz, 18-20 mai 1978. Actes publ. par Noémi HEPP et Jacques HENNEQUIN. Paris, Klincksieck, 79,in-8, 380 p. (Actes et colloques, 22.)

Cf. n° 2409.

c. Klassizismus.

✦ 4732. HENNING (Hans). Goethe-Bibliographie /1977. Cf. Bibl. 78-79,n° 5420./ 1978. Goethe-Jb., 80, Bd 97,p. 291-324.

✦ 4733. Internationale Bibliographie zur deutschen Klassik 1750-1850. Bearb. v. Gottfried GÜNTHER u. Siegfried SEIFERT. Folge /18. Cf. Bibl.73, n° 3955./ 19 : 1972, 1. u. 2. Halbjahr. 20 : 1973, 1. u. 2. Halbjahr.21:1974, 1. u. 2. Halbjahr.22:1975, 1. u. 2. Halbjahr.23:1976. Weimar, Nat. Forschungs- u. Gedenkstätten d. klass. deutsch. Literatur, 74-80, 9 vol. in-8, 216, 236, 216, 235, 243, 251, 215, 243, 384 p.

✦✦ 4734. Briefe an Goethe. Gesamtausgabe in Regestform. Hrsg. : Karl-Heinz HAHN. Bd 1 : 1764-1795. Weimar, Böhlau, 80, in-8, 497 p.

✦✦ 4735. Briefwisseling (De) van Pieter Corneliszoon Hooft. (The correspondence of P.C. Hooft.) /Vol. 2. Cf. Bibl. 76-77, n° 5816./ Vol. 3 : 1638-1647. Ed. by H.W. VAN TRICHT,F.L.ZWAAN, D. KUIJPER, a.o.Culemborg, Tjeenk Willink/Noorduijn, 79, in-8, 869 p.(portr.).

✦✦ 4736. Carteggio Magliabechi. Lettere di Borde, Arnaud e associati lionesi ad Antonio Magliabechi (1661-1700). A cura di Salvatore USSIA. Firenze, Olschki, 80, in-8, 241 p.(Bibl. dell'Arch. Romanicum, Ser. I, 160)

✦✦ 4737. Correspondance littéraire du président /Jean/ Bouhier. 1 : Lettres de Denis-François Secousse, 1738-1746. Prés. et annotés par Henri DURANTON. 2 : Lettres de l'abbé Claude-Pierre Goujet, 1737-1746. Prés. et annot. par Henri DURANTON. 3-4 : Lettres de Pierre-Joseph Toulhier, abbé d'Olivet, 1719-1745. Prés. et annot. par Christiane LAUVERGNAT-GAGNIERE et par Henri DURANTON. 4 : Lettres de l'abbé /Jean-Baptiste/ Bonardy, 1726-1745, et de Jean-Bernard Michault. Prés. et annot. par Henri DURANTON. 6-7 : Lettres du marquis de Caumont, 1732-1745. Prés. et annot. par Henri DURANTON avec la collab. de Jean MARCILLET-JAUBERT et Bernard YON. 8 : Lettres de Mathieu Marais. 1 : 1724-1726. Prés. et annot. par Henri DURANTON. Saint-Etienne, Univ., 74-80, 8 vol. in-8, 117, 142, 349, 153, 273, 308 p.

4738. CLIFFORD (James L.). Dictionary /Samuel/ Johnson. London, Heinemann, 80, in-8, 352 p. (ill.).

4739. FREUDENTHAL (Gad). Littérature et sciences de la nature en France au début du XVIIIe s. R. Synthèse, 80, t. 101, sér. gén., n° 99-100, p. 267-296.

4740. GOREAU (Angeline). Reconstructing Aphra, a social biography of Aphra Benn. London, Oxford U.P.; New York, Dial Press, 80, in-8, X-339 p. (pl.).

4741. GYENIS (Vilmos). Ráday Pál /1677-1733/ az emlékirő. (P. Ráday, le mémoraliste.) Irodtört. Közl., 79, vol. 83, n°3, p. 245- 263.

4742. HÖHLE (Thomas). Mehring, Rilla und Entwicklungsprobleme der marxistischen Lessingforschung.Weimarer Beitr., 80, Jg. 26, H. 3, p. 5-31.

4743. NOWAK-DŁUŻEWSKI (Juliusz). Okoliczn ściowa poezja polityczna w Polsce. Dwaj królowie rodacy. (La poésie politique de circonstance en Pologne. Deux rois compatriotes.) Ed., élaboration et postface par Stefan NIEZNANOWSKI. Warszawa, Pax, in-8, 262 p.

4744. Russkaja kul'tura XVIII veka i zapadnoevropejskie literatury. Sbornik statej. (Russian culture of the 18th century and West European literature. Collection.) Ed. by M.P.ALEKSEEV. Moskva, Nauka, 80, in-8, 230 p. (AN SSSR Inst. rus. lit.)

4745. RYNDUCH (Zbigniew). Andrzej Maksymillian Fredro (Portret literacki). (A. M. Fredro. Portrait littéraire.) Gdańsk, Zakł. Narod. im. Ossolińskich, 80, in-8, 222 p. (Gdańskie Tow. Nauk, Wydz. I Nauk Społ. i Humanist. Ser. Monografii, 73)

4746. SELLS (A. Lytton). Thomas Gray, his life and works. London, Allen a. Unwin, 80, in-8, 320 p.

4747. SKARD (Sigmund). Classical tradition in Norway : an introduction with bibliography. Oslo, 80, in-8, 203 p. (4 pl., ill.).

4748. TREUE (Wilhelm). Geld und Land in Goethes Faust II. Scripta Mercaturae, 79 /80/, p. 45-64.

4749. WOLF (Roland). Der französische Roman um 1780. Frankfurt a. M., Bern /etc./, Lang, 80, in-8, 411 p. (Europ. Hochschulschr., R. 13 : Franz. Sprache u. Lit., 66)

d. Romantik und Gegenwart.

✦ 4750. HOWARD-HILL (Trevor Howard) British literary bibliography and textual criticism, 1890-1969. London, Oxford U.P., 80, in-8, 864 p. (Index to British literary bibliography, 6)

✦✦ 4751. BURNEY (Fanny). Journals and letters, ed. by P. HUGHES. /Vol. 7. Cf. Bibl. 78-79, n° 5449./ Vol. 8: 1815. London, Oxford U.P., 80, in-8, 624 p.

✦✦ 4752. BYRON (Lord George Gordon) Letters and journals. Ed. by L.A.MAR-

CHAND. /Vol. 8. Cf. Bibl. 78-79, n° 5450./ Vol. 9 : 1821-1822. "In the wind's eye". Vol. 10 : 1822-1823. A heart for every fate. London, J. Murray, 79-80, 2 vol. in-8, 248, 256 p.

✹✹ 4753. CHATEAUBRIAND (François-René, vicomte de). Correspondance générale. Publ. par Pierre RIBERETTE. T. 1 : 1789-1807. T. 2 : 1808-1814. Paris, Gallimard, 77-79, 2 vol. in-8, 682, 408 p.

✹✹ 4754. HARDY (Thomas). Collected letters, /ed. by/ Richard Little PURDY a. Michael MILLGATE. /Vol. 1. Cf. Bibl. 78-79, n° 5452./ Vol. 2 : 1893-1901. London, Oxford U.P., 80, in-8, 320 p.

✹✹ 4755. HEINE (Heinrich). Werke, Briefwechsel, Lebenszeugnisse. Hrsg. v. d. Nationalen Forsch.- u. Gedenkstätten d. Klass. Deutsch. Lit. in Weimar u. d. Centre National de la Recherche Scientifique in Paris. Säkularausg. Bd /26. Cf. Bibl. 78-79, n° 5453./ 27 : Briefe an Heine 1852-1856. Kommentar. Bearb. : Christa STÖCKER. Berlin, Akad.-Verl.; Paris, Ed. du C.N.R.S., 80, in-8, 322 p.

✹✹ 4756. HETZEL (Jules), HUGO (Victor). Correspondance. T. 1 : Publicationde Napoléon-le-Petit et de Châtiments, 1852-1853. Paris, Klincksieck, 79, in-8, 542 p.

✹✹ 4757. JAMES (Henry). Letters, ed. by Leon EDEL. Vol. 1,2. London, Macmillan, 74-80, 2 vol. in-8, XXXVI-493, 472 p.

✹✹ 4758. LA TOUCHE (Rose). John Ruskin and Rose La Touche, her unpublished diaries of 1861 and 1867. Ed.by Van Akin BURD. London, Oxford U.P., 80, in-8, 208 p.

✹✹ 4759. MARCEL (Pierre), PEGUY (Charles). Correspondance, 1905-1914: 398 textes réunis, classés et annotés par Julie SABIANI. Paris, Cahiers de l'Amitié Charles Peguy, 80, in-8,237p.

✹✹ 4760. MARTIN DU GARD (Roger). Correspondance générale. Ed. prés'. et établie par Maurice RIEUNEAU, avec la collab. d'André DASPRE et de Claude SICARD. T. 1 : 1896-1913. T. 2 : 1914-1918. Paris, Gallimard, 80, 2 vol. in-8, 414, 301 p.

✹✹ 4761. MASEFIELD (John).Letter to Florence Lamont. Ed. by Corliss a. Lansing LAMONT. London, Macmillan,80, in-8, VIII-288 p. (ill.).

✹✹ 4762. NICOLSON (Harold).Diaries and letters, 1930-1964. Ed. by Stanley OLSEN. London, Collins, 80, in-8,424p.

✹✹ 4763. PROUST (Marcel). Correspondance. T. 5 : 1905. T. 6 : 1906. Texte établi, prés. et annoté par Philip KOLB. Paris, Plon, 79-80, 2 vol. in-8, XX-415, XXX1-383 p.

✹✹ 4764. SPENDER (Stephen).Letters to Christopher : Stephen Spender's letters to Christopher Isherwood,1929-1939. Ed. by Lee BARTLETT. Glasgow, Lodestone Books, 80, in-8, 300 p.(ill).

✹✹ 4765. WAUGH (Evelyn). Letters. Ed. by Mark AMORY. London, Weidenfeld a. Nicolson, 80, in-8, 664 p.

✹✹ 4766. WOOLF (Virginia). Diary, ed. by A.O.BELL. /Vol. 2. Cf. Bibl.78-79, n° 5460./ Vol. 3 : 1925-1930.London, Hogarth Press, 80, in-8, 416 p.-EADEM. Letters, ed. by Nigel NICOLSON a. Joanne TRAUTMAN. Vol. 6 : Leave the letters till we're dear. London,Hogarth Press, 80, in-8, 576 p. /Vol. 4. Cf. Bibl. 78-79, n° 5460./

✹✹ 4767. ZOLA (Emile). Correspondance. /T. 1. Cf. Bibl. 78-79, n°5461/ T. 2 : 1868-1877. Paris, Ed.du C.N.R.S.; Montréal, Presse de l'Univ., 80, in-8, 644 p.

4768. ABRET (Helga). Hugo Salus und Jaroslav Vrchlický. Das Verhältnis beider Dichter an Hand einiger unveröffentlichter Salus-Briefe. Österr.in Gesch. u. Lit., 80, Jg. 24, p. 28-34.

4769. ALPERS (Antony). The life of Katherine Mansfield. London,Cape, 80, in-8, 448 p.

4770. ALTNER (Robert). Stendhal, a biography. London, Allen a. Unwin, 80, in-8, 320 p.

4771. ANGELOV (Bonju). Iz istorijata na rusko-bǎlgarskite literaturni vrǎzki. T. /1. Cf. Bibl. 78-79, n° 965./ 2. (A travers l'histoire de liens littéraires russo-bulgares.) Vol. 2.Sofija, Izd. bǎlgarsk. Akad. Naukite, 80, in-8, 200 p.

4772. ANIKST (A.A.). Teorija dramy na Zapade v pervoj polovine XIX veka: ėpokha romantizma. (Theory of Western drama. The first half of the 19th cent.) Moskva, Nauka, 80, in-8, 343 p.

4773. BAER (Florence E.). Sources and analogues of the Uncle Remus Tales /of Joel Chandler Harris/. Helsinki, Suomalainen tiedeakatemia, 80, in-8, 188 p. (FF Communications, 228)

4774. BATOWSKI (Henryk). Ze słowiańskich mickiewiczianów. Przyczynki historyczne o stosunku Adama Mickiewicza do narodów słowiańskich. (Les "mickiewicziana" slaves. Contributions historiques sur l'attitude d'Adam Mickiewicz à l'égard des nationa slaves.) Warszawa, Państw. Inst. Wydawn., 80, in-8, 179 p.

4775. Beiträge zur Geschichte der rumäniendeutschen Dichtung. 1 : Die Literatur der Siebenbürger Sachsen in den Jahren 1849-1919. Red. v. Carl GÜLLNER u. Joachim WITTSTOCK.Bukarest,

7. LITERATUR

Kriterion, 79, in-8, 430 p. (fac-sim., pl.).

4776. BELL (Alan). Sidney Smith. London, Oxford U.P., 80, in-8, 240 p.

4777. CALDER (Jenni). R.L.S., life study of Robert Louis Stevenson. London, H. Hamilton, 80, in-8,256 p.(ill).

4778. Čekhov i Lev Tolstoj.Sbornik. (Chekhov and Lev Tolstoy. Collection.) Ed. by L.D. OPUL'SKAJA /et alii/. Moskva, Nauka, 80, in-8, 328 p. (AN.SSSR. Inst. mir. lit.)

4779. CHAPPLE (J.A.V.), SHARPS (John Geoffrey). Elizabeth Gaskell, a portrait in letters. Manchester, U.P., 80, in-8, 190 p.

4780. CRICK (Bernard). George Orwell, a life. London, Secker a. Warburg, 80, in-8, 544 p. (ill.).

4781. DAVIES (Hunter). William Wordsworth. London, Weidenfeld a. Nicolson, 80, in-8, 400 p.

4782. DAY-LEWIS (Sean). Cecil Day-Lewis, an English literary life. London, Weidenfeld a. Nicolson, 80, in-8, 360 p.

4783. Decadentismo (Il) e Roma. /Scritti di/ Fiorella BARTOCCINI /e altri/. Roma, Istit. di Stud. rom., 80, in-8, 104 p. (tav.). (Quad. di Stud. rom. Ser. I, 44)

4784. FIRST (Ruth), SCOTT (Ann). Olive Schreiner. London, Deutsch, 80, in-8, 384 p.

4785. FRANK (Tibor). A Hungarian Quarterly irodalompolitikája 1936-1944. (La politique littéraire du Hungarian Quaterly, 1936-1944.) Filol. Közl.,78, vol. 24, n°1, p. 55-65.

4786. FRIED (István). A kelet-közép-európai romantika jellegzetességeiről. (Caractéristiques du romantisme en Europe centre-orientale.) Filol. Közl., 80, vol. 26, n°2, p. 153-168.

4787. Vacat.

4788. GIEBELS (L.A.M.). Jacob Israel de Haan in Palestina. Studia Rosenth., 80, vol. 14, p. 44-78.

4789. GILL (Austin). Early Mallarmé. Vol.1: Parentage, early years and juvenalia London, Oxford U.P., 80, in-8, 286 p.

4790. GÖTZE (Karl-Heinz). Grundpositionen der Literaturgeschichtsschreibung im Vormärz. Frankfurt (Main), Bern u. Cirencester, Lang, 80, in-8, 629 p. (Europ. Hochschulschr. Reihe 1: Deutsche Sprache u. Lit., 343)

4791. GREZSA (Ferenc). Németh László vásárhelyi korszaka. (L'époque de /Hódmező/vásárhely de László Németh /1901-1975/.) Budapest, Szépirodalmi Kiadó, 79, in-8, 415 p. - CR : M. Béládi, Alföld,80, vol. 31, n°2, p. 81-85; M. Czine, Forrás, 80, vol. 12, n°8, p. 65-72; T. Tüskés, Jelenkor, 80, vol.23, n°3, p.281-284.

4792. HANÁK (Peter). The start of Endre Ady's literary career (1903-1905). In : Etudes hist. hongr. /Cf. n° 611/, vol. 1, p. 711-739.

4793. HOFMANN (E.). Les "Principes de politiques" de Benjamin Constant.1: La genèse d'une oeuvre et l'évolution de la pensée de leur auteur,1784-1806. 2 : Texte établi d'après les manuscrits de Lausanne et de Paris, avec une introd. et des notes. Genève, Droz, 80, 2vol. in-8, 420, 690 p.

4794. HUMFREY (Belinda). Recollections of the Powys brothers : Llewelyn, Theodore and John Cowper. London, P. Owen, 80, in-8, 288 p.

4795. HYSLOP (Loys Boe). Baudelaire man of his time. New Haven, Yale U.P., 80, in-8, 208 p.

4796. JORDENS (Ann-Mari). The Stenhouse circle : literary life in mid-19th century Sydney. Melbourne, U.P., 80, in-8, 198 p.

4797. Jules Verne, écrivain du XIXe siècle. Colloque d'Amiens, 11-13 nov. 1977. Univ. de Picardie, Soc. des études romantiques, Soc. Jules Verne,Centre univ. de recherches verniennes.T.1: Nouvelles recherches sur Jules Verne et le voyage. T. 2 : Jules Verne : filiations, rencontres, influences.Paris, Minard, 78-80, 2 vol. in-8, 115 p., p. 117-221.

4798. KEENE (Dennis). Yokomitsu Riichi, modernist. New York, Columbia U.P., 80, in-8, 228 p.

4799. KILPATRICK (Sarah). Fanny Burney. Newton Abbot, David a. Charles, 80, in-8, 216 p. (ill.).

4800. KORG (Jacob). George Gissing, a critical biography. Brighton, Harvester Press, 80, in-8, 320 p.

4801. KOVÁCS (Endre). Sienkiewicz. Budapest, Gondolat Kiado, 80, in-8, 300 p.

4802. KRASUSKI (Jerzy). Obraz Zachodu w twórczości romantyków polskich. (L'image de l'Ouest dans les oeuvres des romantiques polonais.) Poznań, Wydawn. Pozn., 80, in-8, 274 p.

4803. KULINIČ (A.V.). Sergej Esenin : žizn'i tvorčestvo. (S. Esenin. His life and creative work.) Kiev, Izdvo pri Kiev. univ., 80, in-8, 207 p.

4804. LARÈS (M.). T.E. Lawrence, la France et les Français. Paris, Impr. nationale, 80, in-8, 558 p. (cartes).

4805. LEBEDEV (A.A.). Griboedov : fakty i gipotezy. (Griboedov : facts and hypothesies.) Moskva, Iskusstvo, 80, in-8, 307 p.

4806. LEES-MILNE (James). Harold Nicolson, a biography. Vol. 1 : 1886-1929. London, Chatto, 80, in-8, 424 p.

4807. LEHMANN (John). Rupert Brooke, his life and his legend. London, Weidenfeld a. Nicolson, 80, in-8,178p.

4808. LEROY (Géraldi). Les idées politiques et sociales de Charles Péguy. Lille, Univ. de Lille III, Service de Reprod. des Thèses, 80, 2 vol., in-8, 852 p.

4809. LUFT (David S.). Robert Musil and the crisis of European culture, 1880-1942. Berkeley a. Los Angeles, Univ. of Calif. Press, 80, in-8, XII-323 p.

4810. McCORMACK (W.J.). Sheridan Le Fanu and Victorian Ireland. London, Oxford U.P., 80, in-8, 322 p. (ill.).

4811. MANDER (Rosalie). Mrs.Browning, the story of Elizabeth Barrett. London, Weidenfeld a. Nicolson, 80,in-8, 162 p.

4812. Mann Thomas és Magyarország. Vál. és szerk. MÁDL Antal, GYŐRI (Judit. (Thomas Mann et la Hongrie. Choisi et réd. par -.) Budapest, Gondolat Kiadó, 80, in-8, 413 p.

4813. MARTIN (Robert Bernard). Tennyson, the unquiet heart. London, Oxford U.P., 80, in-8, 656 p.

4814. MEYERS (Jeffrey). The enemy: a biography of Wyndham Lewis. London, Routledge, 80, in-8, 408 p.

4815. MONSARRAT (Ann). Uneasy Victorian : Thackeray the man. London, Cassell, 80, in-8, 480 p.

4816. MORGAN (Ted). Somerset Maugham. London, Cape, 80, in-8, 726 p.

4817. MOSS (Jane Byers). Pathological images in the Quebec novel. Am. R. canad. stud., 80, n°1, p. 39-47.

4818. Mythes et représentations de la femme au XIXe s. Paris, Champion,80, in-8, 256 p. (N° spécial de Romantisme, 77, 13-14.)

4819. NÜSSIG (Manfred), ROSENBERG (Johanna), SCHRADER (Bärbel). Literaturdebatten in der Weimarer Republik.Zur Entw. d. marxist. literatur-theoret. Denkens 1918-1933. Akad. d. Wiss. d. DDR, Zentralinst. f. Literaturgesch. Berlin u. Weimar, Aufbau-Verl., 80,in-8, 811 p.

4820. Obraznoe slovo A. Bloka.Sbornik. (The image-bearing word of A.Blok.) Ed. by A.N. KOŽIN. Moskva, Nauka, 80, in-8, 216 p. (AN SSSR, Inst. rus.lit.)

4821. OLIVER (Hermia). Flaubert and an English governess : the quest for Julia Herbert. London, Oxford U.P., 80, in-8, 212 p.

4822. OSBORNE (Charles). W.H.Auden, the life of a poet. London, Eyre Methuen, 80, in-8, 336 p. (ill.).

4823. PRATT (Norma Fain). Culture and radical politics : yiddish women writers, 1890-1940. Am. jewish Hist., 80, vol. 70, n°1, p. 68-90;

4824. Přehled dějin in české literatury 19. stoleti. (Übersicht über die Gesch. d. tschechischen Literatur d.19. Jh.) 1 : Národní obrození. (Die Nationale Wiedergeburt.) Red. Vladimir ŠTĚPÁNEK. Praha, Univ. Karlova, in-8,396p.

4825. PROSPER (Jean-Georges). Histoire de la littérature mauricienne de langue française. Port-Louis, Ed. de l'Océan indien, 78, in-8, 344 p.

4826. PYMAN (Avril). The life of Alexander Blok. Vol. 2 : The release of harmony, 1908-1921. London, Oxford, U.P., 80, in-8, 430 p.

4827. RICHARDSON (Joanna). Keats and his circle. London, Cassell, 80, in-8, 126 p.

4828. Romantisme et religion : théologie des théologiens et théologie des écrivains. Centre de recherche Litérature et spiritualité de l'Université de Metz. Colloque interdisciplinaire, Metz, 20-22 oct. 1978, sous le patronage de la Soc. des études romantiques. Actes publ. par Michel BAUDE et Marc-Mathieu MÜNCH. Paris, Presses univ. France, 80, in-8, 455 p.

4829. ROSS (Michael). Alexandre Dumas. Newton Abbot, David a. Charles, 80, in-8, 256 p. (ill.).

4830. SAINT-PAULIEN. Napoléon,Balzac et l'Empire de La Comédie humaine. Paris, A. Michel, 80, in-8, 501 p.

4831. SAMMONS (Jeffrey L.). Heinrich Heine, a modern biography. Oxford, Carcanet Press, 80, in-8, 408 p.

4832. SAVEL'EVA (L.J.). Anti'čnost' v russkoj poèzii konca XVIII-načala XIX veka. (Antiquity in the Russian poetry of the end of the 18th-beginning of the 19th cent.) Kazan', Izd-vo Kazan. un-ta, 80, in-8, 120 p.

4833. SCHNELLE (Kurt). Überlegungen zum II. Internationalen Schriftstellerkongress zur Verteidigung der Kultur während des nationalrevolutionären Krieges in Spanien 1937. Ein Beitr. z. Verhältnis v. Literatur u. Gesch.Beitr. z. roman. Philol., 80, Jg. 19, p. 7-29.

4834. SCHNEIDER (Sigrid). Das Ende Weimars im Exilroman. Literar. Strategien z. Vermittlung v. Faschismustheorien. München, New York, London u. Paris, Saur, 80, in-8, XI-575 p. (Kommunikation u. Politik, 13)

4835. Słownik współczesnych pisarzy polskich. (Dictionnaire des écrivains polonais contemporains.) Série 2. Ouvrage collectif réd. par Jadwiga CZACHOWSKA. /T.2. Cf. Bibl. 78-79, n°5525./ T. 3 : U-Ż. Suppléments, index. Warszawa, Państw. Wydawn. Nauk., 80, in-8, 576 p.

4836. SŐTÉR (István). Tanulmányok a XIX. századról. (Etudes sur le XIXe s.) Budapest, Szépirodalmi Kiadó, 79, in-8, 770 p.

4837. STERN (Virginia F.). Gabriel Harvey, his life, marginalia and library. London, Oxford U.P., 80, in-8,306p.

4838. TAUSKY (Thomas E.). Sara Jeanette Duncan, novelist of Empire. Gerrards Cross, C. Smythe, 80, in-8, X-300 p.

4839. TAYLOR (Ronald J.). Literature and society in Germany, 1918-1945.. Brighton, Harvester Press, 80, in-8, 320 p.

4840. TUNIMANOV (V.A.). Tvorčestvo Dostoevskogo, 1854-1862. (The creative work of Dostoevski.) Leningrad, Nauka, 80, in-8, 294 p. (AN SSSR Inst. rus. lit.-Puškin. dom)

4841. TURNER (Arlin). Nathaniel Hawthorne, a biography. London a. New York, Oxford U.P., 80, in-8, 472 p.

4842. WALDEN (Keith). The great march of the /Royal Canadian/ Mounted Police in popular literatur, 1873-1973. Canad. hist. Assoc. Pap., 80, p. 33-56.

4843. WILLIAMS (Roger L.). The horror of life. Chicago, Univ. of Chicago Press, 80, in-8, XIII-381 p. /Medical histories of Charles Baudelaire, Jules de Goncourt, Gustave Flaubert, Guy de Maupassant, Alphonse Daudet/

Cf. n° 931.

§ 8. Bildende Kunst und Kunstgewerbe.

a. Allgemeines.

* Cf. n° III.

4844. ABSE (Joan). John Ruskin,the passionate moralist. London, Quartet Books, 80, in-8, 400 p. (ill.).

4845. ALEXANDER (Charles C.). Here the country lies : nationalism and the arts in twentieth-century America. Bloomington, Indiana U.P., 80, XIV-336p.

4846. ALLOWAY (Lawrence). Topics in American art since 1945. London, Benn, 80, in-8, 283 p.

4847. BOASE (T.S.R.). Giorgio Vasari : the man and the book. Princeton, N.J., Princeton U.P., 79, in-8, XXIV-367 p. (Bollingen Ser. 35, n° 20)

4848. CHRISTENSEN (Carl C.). Art and the reformation in Germany. Athens, Ohio State U.P.; Detroit, Mich., Wayne State U.P., 79, in-8, 269 p.

4849. DUKELSKAYA (Larisa). The Hermitage, English art, 16th-19th centuries - painting, sculpture, prints, drawings and minor arts. Tr. from the Russ. by P.S. TAYLOR. Wellingborough, Collet's; Leningrad, Aurora, 80, in-4, 316 p. (pl., ill.).

4850. HAIMAN (György). A Kner család és a magyar könyvművészet, 1882-1944. (La famille Kner et la bibliophilie hongroise.) Budapest, Corvina, 79, in-8, 66 p. - CR : M. Mészárosné Varga, Magy. Könyvszle, 80, vol. 96, n°3, p. 313-316.

4851. Kunstonderwijs in Nederland. (History of art education in the Netherlands.) /Ed. by A. MARTIS, H. MIEDEMA, et al./ Haarlem, Fibula-Van Dishoeck, 80, in-8, 300 p. (ill.). (Nederlands Kunsthist. Jaarboek, 79, vol. 30) /Contents : FEY (I.). 'Schoonheids- en kunstonderwijs voor het volk'. De invloed van de reformpedagogie op het tekenonderwijs in Nederland rond 1900 ('Aesthetic and Art education for the people'. The influence of reform pedagogy on drawing teaching in the Netherlands around 1900), p. 197-232.- HOFKAMP (J.), VAN UITERT (E.). De Nieuwe Kunstschool (1933-1943). (The New Art School, 1933-1943), p. 233-300.- KNOLLE (P.). De Amsterdamse stadstekenacademie, een 18de-eeuwse 'Oefenschool' voor modeltekenaars. Met een lijst van redevoeringen. (The Amsterdam City Drawing Academy, an 18th-century 'Training School' for life drawing. With a list of lectures), p. 1-41.- MARTIS (A.). Het ontstaan het van kunstnijverheidsonderwijs in Nederland en de geschiedenis van de Quellinusschool te Amsterdam (1879-1924). (The rise of the applied art education in the Netherlands and the Netherlands and the history of the Quellinusschool in Amsterdam, 1879-1924), p. 79-171.- OFFERHAUS (J.). Van Isaac en Apollo. De prijswinnende tekeningen van de Amsterdamse stadstekenacademie. (Of Isaac and Apollo. The pricewinning drawings of the Amsterdam City Drawing Academy), p. 43-78.- TRAPPENIERS (M.). Mathieu Lauweriks als leraar in het kunstnijverheidsonderwijs (Lauweriks as instructor in applied art education), p. 173-196./

4852. LIED (Norbert). Octavian Secundus Fugger (1549-1600) und die Kunst. Tübingen, Mohr, 80, in-8, X-342 p. (71 Ill.). (Schwäbische Forschungsgemeinschaft b. d. Komm. f. Bayer. Landesgesch. Reihe 4, Bd 18) (Studien z.Fuggergesch., 27).

4853. Newfoundland photography, 1849-1949, researched and selected by Antonia McGRATH; from the collection of the Newfoundland Museum. St. John's, Nfld., Breakwater Books,80, in-8, 94 p.

4854. ROSSI (Sergio). Dalle botteghe alle accademie. Realtà sociale e teorie artistiche a Firenze dal XIV al XVI secolo. Pref. di Maurizio CALVESI. Milano, Feltrinelli, 80, in-8, 197 p. (I fatti e le idee, 458)

4855. SMITH (Bernard). Place, taste and tradition, a study of Australian art since 1788. Melbourne a. London, Oxford U.P., 80, in-8, 304 p. (ill.).

4856. SOBIESZCZANSKI (Franciszek Maksymilian). Wiadomości historyczne o sztukach pięknych w dawnej Polsce, zawierające opis dziejów i zabytków budownictwa, rzeźby, snycerstwa, malarstwa i rytownictwa, z krótką wzmianką o życiu i dziełach znakomitszych artystów krajowych lub w Polsce zamieszkałych. T. 1-2. (Nouvelles historiques concernant les beaux arts dans l'ancienne Pologne et contenant la description de l'histoire et des monuments d'architecture, sculpture, gravure, peinture et ciselure avec une brève notice sur la vie et les oeuvres des plus éminents artistes du pays ou domiciliés en Pologne. T. 1,2.) Warszawa, Wydawn. Artyst. i Filmowe, 80, 2 vol., in-8, VII-326; 409 p. /Reprod. photo-offset de l'éd. orig. Varsovie 1847-1849/

4857. STEPHENS (Meic). The arts in Wales, 1950-1975. Cardiff, Oriel, 80, in-4, 342 p. (ill.). (Welsh Arts Council)

4858. WILLIAMS (Robert C.). Russian art and American money, 1900-1940. Cambridge, Mass., Harvard U.P., 80, in-8, VI-309 p.

4859. WILMERDING (John). American Light, the Luminist movement, 1850-1875. London, Harper a. Row, 80, in-4, 320 p. (ill.).

Cf. n° 2447.

b. Architektur.

4860. ARELLANO GARCÍA (Mario). La capilla mozárabe o del Corpus Christi. Toledo, Inst. de Est. Visigótico-Mozárabes de San Eugenio, 80, in-8, 279 p. (ill.).

4861. Bâtiments (Les) à usage industriel aux XVIIIe et XIXe s. en France. Réd. par Maurice DAUMAS, Claudine FONTANON, Gérard JIGAUDON, Dominique LARROQUE, etc. Dir. : Jacques PAYEN. Paris, Centre de doc. d'Hist. des techniques, 78, in-8, 330 p. (102 p. de pl., ill.). (Publ. du Centre de doc. d'Hist. des techniques)

4862. BORSI (Franco). L'architettura del principe. Firenze, Giunti-Martello, 80, in-4, 292 p. (ill.).

4863. BROWN (Jonathan), ELLIOTT (J.H.). A palace for a king : the Buen Retiro and the court of Philip IV. New Haven a. London, Yale U.P., 80, in-8, XVI-296 p.

4864. CARLI (Carlo Fabrizio). Architettura e fascismo. Roma, Volpe, 80, in-16, 173 p. (tav.). (L'architrave, N.S., I)

4865. COLE (David). The work of Sir Gilbert Scott. London, Architectural Press, 80, in-8, 256 p. (ill.).

4866. Comptes-rendus du 104e Congrès national des sociétés savantes, Bordeaux, 1979. Section des sciences. T. 5 : Colloque d'archéologie industrielle. Paris, Bibl. nationale, 79, in-8, 216 p.

4867. DAUMAS (Maurice). L'archéologie industrielle en France. Paris, R. Laffont, 80, in-8, 463 p. (ill.). (Les hommes et l'histoire)

4868. DESWARTE (Sylvie), LEMOINE (Bertrand). L'architecture et les ingénieurs : deux siècles de construction. Paris, Ed. du Moniteur, 80, 254 p. (ill.).

4869. Formation architecturale (La) au dix-huitième siècle en France : rapport de recherche. /Fondation Royaumont; recherche effectuée pour le Comité de la recherche et du développement en architecture./ Sous la dir. de Laurent PELPEL. Paris, Fondation Royaumont, 80, in-8, 222 p. (ill.).

4870. GALLET (Michel). Claude-Nicolas Ledoux (1736-1806). Paris, Picard, 80, in-4, 303 p. (Architectures)

4871. GLOTON (Jean-Jacques). Renaissance et baroque à Aix-en-Provence : recherches sur la culture architecturale dans le Midi de la France, de la fin du XVe au début du XVIIIe s., Rome, Ec. franç.; Paris, diff. de Boccard, 79, 2 vol. in-4, XXIX-473 p., CCX-16 p. de pl. (Bibl. des Ec. franç. d'Athènes et de Rome, 237)

4872. HORAT (Heinz). Die Baumeister Singer im schweizerischen Baubetrieb des 18. Jahrhunderts. Luzern, Rex, 80, in-8, in-8, 407 p. (170 ill.). (Luzerner hist. Veröff., 10) /Franz, Johann Anton u. Jakob Singer/

4873. HOUWINK (P.). Jan Stuyt (1868-1934) en de vernieuwing van de kerkelijke bouwkunst. (Stuyt and the new church architecture in the Netherlands.) Arch. Gesch. kath. Kerk Nederland, 79, vol. 21, p. 25-62.

4874. KUYPER (W.). Dutch classicist architecture. A survey of Dutch architecture, gardens and Anglo-Dutch architectural relations from 1625 to 1700. Delft, Delft Univ. Press, 80, in-4, XXX-615 p. (ill.).

4875. LAHAISE (Robert). Les édifices conventuels du Vieux Montréal : aspects ethno-historiques. LaSalle, Québec, Hurtubise HMH, 80, in-8, 597 p. (Coll. Ethnologie) (Cahiers du Québec, CQ 50)

4876. LISCOMBE (R.W.). William Wilkins, 1778-1839. London a. New York,

8. BILDENDE KUNST UND KUNSTGEWERBE

Cambridge U.P., in-8, XV-297 p.(ill.).

4877. LORENZ (Hellmut). Enrico Zuccallis Projekt für den Wiener Stadtpalast Kaunitz-Liechtenstein. Österr. Z. f. Kunst u. Denkmalpflege, 80, Jg. 34, p. 16-22.

4878. LUTYENS (Mary). Edwin Lutyens by his daughter. London, J. Murrey,80, in-8, 288 p.

4879. MAGIRIUS (Heinrich),SEIFERT (Siegfried). Die Kanzel der Katholischen Hofkirche zu Dresden. Die ursprüngl. Gestalt u. Veränderungen an einem Meisterwerk von Balthasar Permoser. Österr. Z. f. Kunst. u. Denkmalpflege, 80, Jg. 34, p. 23-34.

4880. MIDDLETON (Robin). Neoclassical and 19th century architecture. London, Academy Editions, 80, in-4,400 p. (ill.).

4881. PASINI (Ernesto). La casa-comune e il Narkomfin di Ginzburg,1928-29. Roma, Officina, 80, in-8, 148 p. (ill.). (Architettura. Opere,3)

4882. RIZZI (Wilhelm Georg). Die Barockisierung der ehemaligen Augustiner-Eremitenkirche in Bruck/Leitha und einige neue Beiträge zu den Landkirchenbauten Johann Lucas von Hildebrandts. Österr. Z. f. Kunst u. Denkmalpflege, 80, Jg. 34, p. 35-47.

4883. ROBINSON (Philip). Urban vernacular housing in Newtownards, County Down. Folklife, 79, vol. 17, p. 20-38 (ill.).

4884. RYKWERT (Joseph). The first moderns. The architects of the eighteenth century. Cambridge, Mass., a. London, MIT Press, 80, VIII-585 p.(ill).

4885. Soufflot et l'architecture des Lumières. /Colloque international du C.N.R.S./, Lyon, 18-22 juin 1980. Paris, Ed. du C.N.R.S., 80, in-4,312p.

4886. SUMMERSON (Sir John). The life and work of John Nash, architect. London, Allen a. Unwin, 80, in-4, 288 p. (ill.).

4887. WATKIN (David). The rise of architectural history. London, Architectural Press, 80, in-8, 128 p.

4888. WRIGHT (Gwendolyn). Moralism and the model home : domestic architecture and cultural conflict in Chicago, 1873-1913. Chicago, Univ. of Chicago Press, 80, VIII-382 p.

c. Bildhauerei, Malerei, Graphik und Zeichenkunst.

♦ 4889. BALDACCHINI (Lorenzo).Bibliografia delle stampe popolari religiose del XVI-XVII secolo. Biblioteche Vaticana, Alessandrina, Estense.Firenze, Olschki, 80, in-8, 133 p. (tav.). (Bibliotecnomia e Bibliogr., 13)

♦♦ 4890. MANET (Julie). Journal 1893-1899 : sa jeunesse parmi les peintres impressionnistes et les hommes de lettres. Paris, Klincksieck, 79, in-8, 288 p. (pl.).

♦♦ 4891. TURNER (Joseph M.W.). Collected correspondence. Ed. by John GAGE. London, Oxford U.P., 80, in-8, 344 p.

4892. ALLODI (Mary). Printing in Canada : the earliest views and portraits. Les débuts de l'estampe imprimée au Canada : vues et portraits.With contributions from Peter WINKWORTH et al. Toronto, Royal Ontario Museum, 80, in-8, XXVIII-244 p.- CR : M. Bell, Queen's Quar., 81, vol. 88, p. 354-356.

4893. BAKER (Suzanne Devonshire). Artists of Alberta. Edmonton, Univ.of Alberta Press, 80, in-8, 97 p.

4894. BOIME (Albert). Thomas Couture and the eclectic vision. New Haven, Conn., Yale U.P., 80, in-8, XXII-683 p.

4895. BOUSQUET (Jacques). Recherches sur le séjour des peintres français à Rome au XVIIe siècle. Montpellier, A.L.P.H.A., 80, in-8, 248 p.

4896. BROOKNER (Anita). Jacques-Louis David. London, Chatto, 80, in-4, 224 p. (ill.).

4897. CIPRIANI (Giovanni). Il mito etrusco nel Rinascimento fiorentino. Firenze, Olschki, 80, in-8, VIII-260p. (tav.). (Bibl. di Stor. toscana mod. e contemp. Stud. e Doc., 22)

4898. CORNEA (Andrei). "Primitivii" picturii românești moderne. (Les "primitives" de la peinture roumaine moderne.) București, Meridiane, 80, 122 p. (46 ill.).

4899. GAUNT (William). Court painting in England from Tudor to Victorian times. London, Constable, 80, in-8, 240 p. (pl., ill.).

4900. GROTKAMP-SCHEPERS (Barbara). Die Mannheimer Zeichnungsakademie(1756/59-1803) und die Werke der ihr angeschlossenen Maler und Stecher. Frankfurt (Main), Haag u. Herchen, 80, in-8, VIII-368 p. (Kunstgesch., 4)

4901. HAYES (John). The art of Graham Sutherland. London, Phaidon Press, 80, in-4, 192 p. (pl., ill.).

4902. HILL (Charles C.). The Royal Canadian Academy 1880-1913. Ottawa, National Museums of Canada, 80, in-8,223p.

4903. HOURS (Madeleine). Jean-Baptiste-Camille Corot. Paris, Cercle d'Art, 79, in-4, 164 p. (ill.).

4904. KATONA (Imre). Brueghel és a

Batthyányak. (Brueghel et les Battyány.) Budapest, Magvető Kiadó, 79, in-8, 139 p. (Gyorsuló idő)

4905. KOLLER (Manfred). Das Altarbild der heiligen Magdalena in Weiden und sein Maler Anton Hertzog. Österr. Z. f. Kunst u. Denkmalpflege, 80, Jg. 34, p. 48-51.

4906. MORRIS (Jerrold). 100 years of Canadian drawings : 1880-1980. Toronto, Methuen, 80, in-8, X-197 p. - Version franç. : 100 ans de dessins canadiens. Trad. de l'anglais par Gilles TOUPIN. Montréal, France-Amérique, 80, in-8, X-192 p.

4907. MOTZ (Sigrid-Jutta). Fabrikdarstellungen in der deutschen Malerei von 1800 bis 1850. Frankfurt (Main), Haag u. Herchen, 80, in-8, 134 p.(128 p. ill.).

4908. NAGY (Katalin), S. /Marc/ Chagall. Budapest, Gondolat Kiadó,80, in-8, 269 p. (Szemtől szemben)

4909. NIALL (Ian). Portrait of a country artist; C.F. Tunnicliffe,1901-1979. London, Gollancz, 80, in-4, 160 p. (pl., ill.).

4910. NOVAK (Barbara). Nature and culture : American landscape and painting, 1825-1875. New York, Oxford U.P., 80, XI-323 p.

4911. PASSERON (Roger). Daumier témoin de son temps. Fribourg, Office du Livre; Paris, Bibliothèque des Arts, 79, in-4, 323 p. (ill.).

4912. PILLAT (Cornelia). Pictura murală în epoca lui Matei Basarab. (La peinture murale à l'époque de Matei Basarab /prince de Valachie, 1632-1654/.) Bucureşti, Meridiane, 80, in-4, 104 p. (106 ill.).

4913. RICHARDSON (Joanna). Gustav Doré, a biography. London, Cassell,80, in-4, 176 p. (ill.).

4914. RICHTER (Otmar), RICHTER (Gisela). Die freigelegten Standtafeln des Birthälmer Altares. Österr. Z. f. Kunst u. Denkmalpflege, 80, Jg. 34, p. 9-16.

4915. SAINT-GUILHEM (F.), SCHRENK (Klaus). L'oeuvre lithographique d'Honoré Daumier. Paris, A. Hubschmid,1978, 2 vol. in-4, XXI-1287 p. (ill.).

4916. SCHNAPPER (Antoine). David. Paris, Bibl. des Arts, 80, in-4, 316 p. (190 ill.).

4917. SOUCHAL (François). Les frères Coustou : Nicolas (1658-1733),Guillaume (1677-1746) et l'évolution de la sculpture, du dôme des Invalides aux chevaux de Marly. Paris, de Boccard, 80, in-4, 280 p. (56 pl.). - IDEM. De Cambrai à Versailles, les frères Marsy /Gaspard et Balthazard/, sculpteurs du Roi. R. Nord., 1980, t. 62, p. 383-413.

4918. SZABADI (Jusit). A magyar szecesszió müvészete. Festészet,grafika, szobrászat. (L'art de la Sécession hongroise. Peinture, graphique et sculpture.) Budapest, Corvina, 79, in-8,141p.

4919. TERNOIS (Daniel). Ingres. Paris, F. Nathan, 80, in-4, 192 p. (ill.).

4920. VALLIER (Dora). Henri Rousseau. Paris, Flammarion, 79, in-4, 95 p. (ill.).

d. Kunstgewerbe und Volkskunst.

✦✦ 4921. MORISON (Stanley), UPDIKE (D.B.). Selected correspondence. Ed.by David McKITTERICK. London, Scolar Press, 80, in-8, XXXVI-217 p. (ill.). /Morison : typographical expert/

4922. ALBIS (Jean d'), ROMANET (Céleste). La porcelaine de Limoges. Paris, Weber, 80, in-4, 256 p. (258 ill.).

4923. BELFORT (Anne-Marie).Faïences et porcelaines européennes. Paris, Hachette, 79, in-4, 207 p. (ill.).

4924. BLOCH-DERMANT (Janine). The art of French glass, 1860-1914. London, Thames a. Hudson, 80, in-4, 205 p.(pl., ill.).

4925. CASSAN (Claude-Gérard). Les orfèvres de la Normandie, du XVIe au XIXe siècle, et leurs poinçons. Répertoire biographique. Paris, De Nobele, in-4, 276 p. (ill.).

4926. DAHL (Hjördis). Bruksryor längs Finlands kuster. (Pile rugs for everyday use along the coasts of Finland.) Helsingfors, 80, in-8, p. 1-84 (ill.). (Skr. svenska Litteratursälls. Finland, 489.- Folklivstudier, 13)/Summary in Eng./

4927. Décors (Les) peints à Lyon et dans la campagne lyonnaise du XVIe au XVIIIe s. Réd. par Marie-Félicie PEREZ. Lyon, Inst. d'Hist. de l'art de l'Univ. Lyon II, 79, in-4, 63 p. (14 f. de pl., ill.). (Trav. de l'Inst. d' Hist. de l'art de Lyon, 5)

4928. KNOBLOCH (Mieczysław). Polska biżuteria. (Les bijoux polonais.) Wrocław, Zakł. Narod. im. ossolińskich, 80, in-8, 106 p. (Pol. Rzemiosło i Pol. Przemysł)

4929. KOÓS (Judit). Style 1900. A szecesszió iparmüvészete Magyarországon. (Le style 1900. Les arts décoratifs de la Sécession en Hongrie.) Budapest, Képzőművészeti Alap, 79, in-8, 396 p.

4930. MACIEJEWSKI (Marian). Broń palna wojsk polskich 1797-1831. (L'arme à feu de l'armée polonaise, 1797-1831.) Wrocław, Zakł. Narod. im. Ossolińskich, 80, in-8, 165 p. (Muzeum

Oręża Pol. w Kołobrzegu)

4931. MEIKLE (Jeffrey L.). Twentieth century limited : industrial design in America, 1925-1939. Philadelphia, Temple U. P., 79, in-8, XIV-249p.

4932. OHRN (Karin Becker). Dorothea Lange and the documentary tradition. Baton Rouge, La. State U.P., 80, in-8, XVI-277 p. /documentary photography/

4933. POPPLEWELL (Séan P.).Domestic decorative painting in Ireland : 1720 to 1820. Studies, 79, vol. 68, p. 46-65.

4934. WACHA (Georg). Übersicht über italienische Zinngiesser nördlich der Alpen. Adler, 80, Bd 12 (XXXVI),p. 73-77.

§ 9. Musik, Theater und Film.

* 4935. Studia musicologica. Register. Tom. 1-20. 1961-1978. Compil. by Zsuzsanna SZEPESI, András WILHELM. Studia musicol. Acad. Sci. hungaricae,79, vol. 21, n°1, p. 1-77.

* Cf. n° 921.

** 4936. Şcoala muzicală de la Putna. Manuscrisul nr. 56/544/576 I de la Mănăstirea Putna "Anthologhion". (L'école de musique de Putna /Roumanie/. Le manuscrit n°56/544/576 I du Monastère de Putna "Anthologhion".) Ed. îngrijită, prefaţată şi adnotată de /Ed. préparée, préfacée et annotée par/ Gheorghe CIOBANU, Marion IONESCU, Titus MOISESCU. Bucureşti, Ed. muzicală, 80,448 p. (Izvoare ale muzicii româneşti, 3. Documenta)

** 4937. SZEKERES-FARKAS (Márta). Dokumente über Ludwig Bösendorfers Tätigkeit in Ungarn. Studia musicol.,77, vol. 19, n°s 1-4, p. 425-442.

4938. ANQUETIN (Alain). Symboles, mythes et stéréotypes nationaux dans les cinémas français et allemands,1933-1939. Relations int., 80, n° 24, p.465-484.

4939. ARNOLD (Denis). Giovanni Gabrieli and the music of the Venetian High Renaissance. London, Oxford U.P., 80, in-8, 334 p.

4940. BÁRDOS (Kornél). A tatai Esterházyak zenéje, 1727-1846. (La musique des Esterházy de Tata.) Budapest, Akadémiai Kiadó, 78, in-8, 259 p.- CR: Ö. Sz. Barlay, Magy. Zene, 79, vol.30, n°3, p. 320-322.

4941. BERTIN-MAGHIT (Jean-Pierre). Le cinéma français sous Vichy : les films français de 1940 à 1944. Paris, Albatros, 80, in-8, 195 p. (pl.).

4942. BOOTH (Michael R.). Prefaces to English 19th-century theatre. Manchester, U.P., 80, in-8, 243 p.

4943. BORSA (Gedeon). Das Gesangbuch von Gál Huszár 1560. Studia musicol., 76, vol. 18, n°s 1-4, p. 259-283.

4944. BRADBROOK (M.C.). John Webster, citizen and dramtist. London, Weidenfeld a. Nicolson, 80, in-8, 218p.

4945. BRADBY (David) a. others. Performance and politics in popular drama : aspects of popular entertainment in theatre, film and television, 1800-1976. London, Cambridge U.P., 80, in-8, 331 p.

4946. BREVAN (B.). Les changements de la vie musicale parisienne de 1774 à 1799. Paris, Presses Univ. France, 80, in-8, 200 p.

4947. BUCKNELL (Peter Arthur). Commedia dell'Arte at the Court of Louis XIV. London, Stainer a. Bell, 80, in-8, 128 p. (pl., ill.).

4948. CEPLAIR (Larry), ENGLUND (Steven). The inquisition in Hollywood: politics in the film community, 1930-1960. Garden City, N.Y. Anchor Press, 80, in-8, XIV-536 p.

4949. CHANIECKI (Zbigniew). Organizacje zawodowe muzyków na ziemiach polskich do końca XVIII wieku. (Les organisations professionelles des musiciens sur les terres polonaises jusqu'à la fin du XVIIIe s.) Kraków, Pol. Wydawn. Muzyczne, 80, in-8, 155 p. (Muzyka Pol. w Dokumentacjach i Interpretacjach. Ludzie. Dzieła. Sprawy)

4950. CRABBE (John). Hector Berlioz, rational romantic. London, Kahn a. Averill, 80, in-8, 144 p.

4951. CSIMASZ TÓTH (Kálmán). Maróthy György /1715-1744/ és a kollégiumi zene. (György Maróthy et la musique au Collège.) Budapest, Akadémiai Kiadó, 78, in-8, 240 p. - CR : B. Holl, Magy. Könyvszle, 79, vol. 95, n°2, p. 217-218; G. Szomjas-Schiffert, Ethnographia, 79, vol. 90, n°3, p. 452-453; B. Tóth, Confessio, 79, vol. 3, n°2, p. 124-128.

4952. DOMOKOS (Pál). Hangszeres magyar tánczene a 18. században. (La musique de danse instrumentale au XVIIIe siècle.) Budapest, Akadémiai Kiadó,78, in-8, 183 p.

4953. DROZDOWSKI (Bohdan). The 20th century Polish theatre. Tr. from the Polish by C. ITZIN. London, Calder,80, in-8, 256 p. (ill.).

4954. DUNNING (A.). Count Unico Wilhelm Van Wassenaer (1692-1766). A master unmasked or the Pergolesi-Ricciotti puzzle solved. Buren, Knuf, 80, in-4, VIII-33 p. (ill., portr.).

4955. DUVAL (René). Histoire de la

radio en France. Paris, A. Moreau, 80, in-8, 444 p. (Bibl. des media)

4956. Dzieje teatru w Krakowie. (Histoire du théâtre à Cracovie.) T.2: JABŁOŃSKI (Zbigniew). Dzieje teatru w Krakowie w latach 1781-1830. (Histoire du théâtre à Cracovie dans les années 1781-1830.) GOT (Jerzy). Okres 1796-1809.) Kraków, Wydawn. Liter., 80, in-8, 563 p.

4957. EDWARDS (Sydney). Celebration : 25 years of British theatre. London, W.H. Allen, 80, in-8, 272 p.

4958. EKSTEINS (Modris). War, memory, and politics : the fate of the film All Quiet on the Western Front. Central european Hist., 80, vol. 13, n°1, p. 60-82.

4959. ESCOBAR (Roberto), GIACCI (Vittorio). Il cinema del fronte popolare. Francia, 1934-37. Milano, Il formichiere, 80, in-8, 240 p. (tav.).(Cinema)

4960. FARIS (Alexander). Jacques Offenbach. London, Faber, 80, in-8, 272 p. (ill.).

4961. HARDING (J.). Jacques Offenbach. London, J. Calder, 80, in-8,240 p. (ill.). (Opera Libr.)

4962. HARRIS (Anthony). Night's black agents : witchcraft and magic in 17th-century English drama. Manchester, U.P., 80, in-8, 218 p. (ill.).

4963. HEADINGTON (Christopher).History of Western music. London, Bodley Head, 80, in-4, 360 p.

4964. HEINEMANN (Margot). Puritanism and theatre : Thomas Middleton and opposition drama under the early Stuarts. London, Cambridge U.P., 80, in-8, 300 p. (Past a. Present Publ.)

4965. HILLESTRÖM (Gustaf). Drottningholmsteatern förr och nu. = The Drottningholm theatre - past and present. New ed. Stockholm, Natur o. kultur, 80, in-8, 125 p. (ill.). /Swedish a. Eng. parallell text/

4966. HOGAN (Robert), BURNHAM (Richard), POTEET (Daniel P.). The Abbey theatre /Dublin/, 1910-15. Dublin, Dolmen Pr., 79, in-8, 532 p.

4967. HUNT (Hugh). The Abbey, Ireland's national theatre, 1904-1978.Dublin, Gill a. Macmillan, 79, in-8,XIII-306 p. (ill.).

4968. Igy láttuk Kodályt. Harmincöt emlékezés. Irta MOLNÁR Antal et al. Szerk. BÓNIS Ferenc. (Notre /Zoltán/ Kodály. 35 mémoires. Ecrit par ---.Réd. par ---.) Budapest, Zeneműkiadó, 79,in-8, 335 p.

4969. KEYS (Ivor). Mozart, his music in his life. London, Elek, 80, in-8, 248 p.

4970. KRASOVSKAYA (Vera).Nijinsky. London, Collier-Macmillan, 80, in-6, 320 p. (ill.).

4971. LANDON (H.C. Robbins). Haydn, the early years. London, Thames a. Hudson, 80, in-8, 640 p.

4972. LAZARD (Madeleine). Le théâtre en France au XVe siècle. Paris, Presses univ. France, 80, in-16, 253 p. (Littératures modernes, 25)

4973. LÜTTMANN (Reinhard). Das Orgelregister und sein instrumentales Vorbild in Frankreich und Spanien vor 1800. Kassel, Bern /etc./, Bärenreiter, 79, in-8, III-365 p. (Veröff. d. orgelwiss. Forschungsstelle im Musikwiss. Seminar d. Westfäl. Wilhelmsuniv. Münster, 10)

4974. McGAHA (Michael D.). The theatre in Madrid during the Second Republic. London, Grant a. Cutler, 80, in-8, 105 p.

4975. MACHARD (R.). Jean-Joseph Cassanea de Mondonville, virtuose, compositeur et chef d'orchestre. Préf. de N. DUFOURCQ. Béziers, Centre internat. de documentation occitane, Soc. de Musicologie du Languedoc, 80, in-8, 268 p.

4976. McVAY (Gordon). Isadora /Duncan/ and Esenin. London, Macmillan,80, in-8, 347 p.

4977. MARÓTHY (János). A cselekvő ember zenéje. Munkásmozgalom és zenekultúra. (La musique de l'homme actif. Mouvement ouvrier et culture musicale.) Párttört. Közl., 79, vol. 25, n°4, p. 43-61.

4978. MATTHEW-WALKER (Robert). Rachmaninoff, his life and times. Tunbridge Wells, Midas Books, 80, in-4, 160 p. (ill.).

4979. MEYER (Christian). Sebastien Virdung. Musica getutscht. Les instruments et la pratique musicale en Allemagne au début du XVIe siècle. Paris, Ed. du C.N.R.S., 80, in-4, 160 p. (46 fig., 10 p. de musique).

4980. MITRY (Jean). Histoire du cinéma : art et industrie. /T.3 : Cf. Bibl. 74-75, n° 5880./ T.4 : Les années 30. T. 5 : Les années 40. Paris, Ed. univ., 80, 2 vol. in-8, 735, 652 p. (ill., pl.).

4981. MOHR (Albert Richard). Das Frankfurter Opernhaus, 1880-1980. Ein Beitr. z. Frankfurter Theatergesch. Frankfurt a. M., Kramer, 80, 372 p.

4982. MONSON (Karen). Alban Berg. London, Macdonald a. Jane's, 80, in-8, 416 p.

4983. MULLIN (Michael), MURELLO (Karen Morris). The theatre at Stratford-upon-Avon, a catalogue-index to productions of the Shakespeare Memorial/

9. MUSIK, THEATER UND FILM

Royal Shakespeare theatre, 1879-1978. London, Library Assoc., 80, 2 vol. in-8, 1060 p.

4984. MUNDY (Simon). Elgar, his life and times. Tunbridge Wells, Midas Books, 80, in-4, 144 p. (ill.).

4985. Musikgeschichte in Bildern. Hrsg. v. Heinrich BESSELER u. Werner BACHMANN. Bd 4, /Lfg. 1. Cf. Bibl. 68-69, n° 7650./ Lfg. 2 : Konzert. Öffentl. Musikdarbietung vom 17. bis 19. Jh. Heinrich W. SCHWAB. 2., durchges.Aufl. Leipzig, Deutsch. Verl. f. Musik, 80, in-4, 228 p. (Abb.).

4986. NAVASKY (Victor S.). Naming names. New York, Viking Press, 80, in-8, XXIII-482 p. /House Un-American Activities Committee investigation into motion picture industry, 1947 and 1951/

4987. NICOLL (Allardyce). The Garrick stage : theatres and audience in the 18th century. Manchester, U.P.,80, in-4, 192 p. (ill.).

4988. NIJINSKY (Romola). Nijinsky. London, Gollancz, 80, in-8, 576 p.(ill).

4989. NORRIS (Gerald). Stanford, the Cambridge jubilee and Tchaikovsky. Newton Abbot, David a. Charles, 80,in-8, 576 p.

4990. PASINETTI (Francesco).Storia del cinema. Dalle origini ad oggi.Pref. di Luigi CHIARINI. Con una nota di Michelangelo ANTONIONI e un saggio di Glauco PELLEGRINI. Venezia, Marsilio, 80, in-8, XVI-447 p. (tav.). /Ripr. dell'ediz. di Roma del 1939/

4991. PETNEKI (Anna). Mihály Sztáray, ein ungarischer Komponist in der zweiten Hälfte des 18. Jahrhunderts. Studia musicol., 77, vol. 19, n°s 1-4, p. 349-424.

4992. PHILLIPS (Henry). The theatre and its critics in 17th century France. London, Oxford U.P., 80, in-8, 272 p. (Mod. Lang. a. Lit. Monogr.)

4993. PINTUS (Pietro). Storia e film. Trent'anni di cinema italiano (1945-1975). Roma, Bulzoni, 80, in-8, 191 p. (Stud. cinematogr., 9)

4994. PROCTOR (George A.). Canadian music of the twentieth century. Toronto, Buffalo a. London, Univ. Press,80, in-8, XXVI-297 p.

4995. RAMOS-GIL (Carlos). Hacia una revisión del teatro lorquiano. R. Lit., 80, t. 42, p. 131-157.

4996. RATHER (L.J.). The dream of self-destruction : Wagner's Ring and the modern world. Baton Rouge, La. State U.P., 79, in-8, XX-215 p.

4997. Recherches sur la musique française classique. Publ. avec le concours du C.N.R.S. /T. 18 . Cf. Bibl. 78-79, n° 5657./ T. 19 : 1979. Paris, Picard, 80, in-4, 323 p. (ill.). (La vie musicale en France sous les rois Bourbons)

4998. ROUBINE (Jean-Jacques). Théâtre et mise en scène, 1880-1980. Paris, Presses univ. France, 80, in-8, 225 p. (Littératures modernes)

4999. SMART (James R.). Emile Berliner and nineteenth-century disk recordings. Libr. Cong. quar. J., 80,vol. 37, n° 3-4, p. 422-440.

5000. SOLOMNIK (I.N.). Kukol'nye tradici Vostoka i sovremennyj teatr.' (Les traditions de marionnettes de l' Orient et le théâtre moderne.) Sovet. Ètnogr., 80, n°6, p. 114-130.

5001. SORLIN (Pierre). The film in history : restaging the past. Totowa, N.J., Barnes a. Noble, 80, in-8, XIII-226 p.

5002. SPEHR (Paul C.). Filmmaking at the American Mutoscope and Biograph Company 1900-1906. Libr. Cong. quar.J., 80, vol. 37, n° 3-4, p. 413-421.

5003. STASSINOPOULOS (Arianna). Maria, beyond the Callas legend. London, Weidenfeld a. Nicolson, 80, in-8, 329 p. (ill.).

5004. SZENDREI (Janka). A középkori magyar hangjegyírás. (La notation musicale hongroise au Moyen-Age.) Magy.Zene, 78, vol. 19, n°2, p. 130-143.

5005. TABORSKI (Roman). Warszawskie teatry prywatne w okresie Młodej Polski 1905-1918. (Les théâtres privés à Varsovie aux temps de la "Jeune Pologne", 1905-1918.) Warszawa, Państw.Wydawn. Nauk., 80, in-8, 210 p. (Z. prac Inst. Literatury Pol. Uniw. Warsz.)

5006. ULLRICH (Hermann). Franz Oliva. Ein vergessener Freund Beethovens. Jb. d. Ver. f. Gesch. d. Stadt Wien, 80, Jg. 36, p. 7-29.

5007. Voies (Les) de la création théâtrale. T. 7 : Mises en scène des années 20 et 30. T. 8 : Théâtre, histoire, modèles. Recherches sur les textes dramatiques et les spectacles du XVe du XVIIIe siècles. Paris, Ed. du C.N.R.S., 79-80, 2 vol. in-4, 537,353p.

5008. WEAVER (William). The golden century of Italian opera from Rossini to Puccini. London, Thames a. Hudson, 80, in-4, 256 p. (ill., pl.).

5009. YOUNG (Percy Marshall). Sir George Grove. London, Macmillan, 80, in-8, 352 p.

Cf. n°s 849, 4293.

N

WIRTSCHAFTS- UND SOZIALGESCHICHTE DER NEUZEIT

§ 1. Volkswirtschaftslehre. 5010-5036. - § 2. Allgemeine Wirtschaftsgeschichte. 5037-5138. - § 3. Industrie, Bergbau und Verkehr. 5139-5284. - § 4. Handel.5285-5326. - § 5. Landwirtschaft und Agrarprobleme. 5327-5451. - § 6. Geld- und Finanzwesen. 5452-5492. - § 7. Bevölkerungsbewegung und Städtebaukunst. 5493-5572. - § 8. Sozial- und Sittengeschichte. 5573-5841. - § 9. Arbeiterbewegung und Sozialismus. 5842-6004.

§ 1. Volkswirtschaftslehre.

∗ 5010. SZÉCHENYI (István). Hitel. (Crédit) Budapest, Közgazdasági és Jogi Kiadó, 79, in-8, 270 p. /Ed. facsimile/

5011. BERG (Maxime). The machinery question and the making of political economy, 1815-1848. London a. New York, Cambridge U.P., 80, in-8, X-379 p. (ill.).

5012. BERKOWITZ (Edward), McQUAID (Kim). Creating the welfare state : the political economy of twentieth-century reform. New York, Praeger, 80, XV-185 p. (Praeger Special Stud.)

5013. BOTS (A.C.A.M.). Theorie en werkelijkheid : klassieke economen over economie en bevolking. (Theory and reality : classical economists on economy and population.) Econ. soc.-hist.Jb., 79, vol. 42, p. 45-106.

5014. BOURCIER de CARBON (Luc). Essai sur l'histoire de la pensée et des doctrines économiques. /2. Cf.Bibl 72, n° 4647./ 3 : L'économique par le progrès social. 1 : De Pareto à nos jours. Paris, Montchrestien, 79, in-8, 776 p.

5015. CHAVANCE (Bernard). Le capital socialiste. Histoire critique de l'économie politique du socialisme, 1917-1954. Paris, Le Sycomore, 80, in-8, 325 p.

5016. CONKIN (Paul K.). Prophets of prosperity : America's first political economists. Bloomington, Indiana U.P., 80, in-8, XII-333 p.

5017. Ekonomičeskaja ènciklopedija. Političeskaja èkonomija. (Encyclopédie économique. Economie politique). En 4 vol. Réd. par A.M. RUMJANCEV. /Vol. 3. Cf. Bibl. 78-79, n° 5679./ Vol. 4. Moskva, Nauka, Sovet. ènciklopedija, 80, in-4, 672 p. (ill.). (Otd. èkon. AN SSSR. Ènciklop., slovari, spravočniki)

5018. FALUVÉGI (Lajos). Conditions of Hungarian economic development and financial policy. Acta econ., 80, vol. 24, n°s 3-4, p. 213-232.

5019. FINOIA (Massimo). Il pensiero economico italiano (1850-1950). Bologna, Cappelli, 80, in-8, XVI-824 p. (Bibl. Cappelli)

5020. FITZGERALD (Edmund Volpy K.). The political economy of Peru, 1956-1978 : economic development and the restructuring of capital. London, Cambridge U.P., 80, in-8, 360 p. (tab.).

5021. GARRATY (John A.). Unemployment in history : economic thought and public policy. New York, Harper a.Row, 78, in-8, XII-273 p.

5022. HOROWITZ (Daniel). Consumption and its discontents : Simon N. Patten, Thorstein Veblen, and George Gunton. J. am. Hist., 80, vol. 67, n° 2, p. 301-317.

5023. KRAUSE (Werner), RUDOLPH (Günther). Grundlinien des ökonomischen Denkens in Deutschland 1848 bis 1945. Berlin, Akad.-Verl., 80, in-8, XIII-615 p. (Schr. d. Zentralinst. f. Wi.-Wiss., 4)

5024. LÁNG (Imre). Keynes és a New Deal. (Keynes et le New Deal.) Tört. Szle, 78, vol. 21, n°1, p. 33-69. - IDEM. A konzervativizmus támadása a New Deal ellen. (L'attaque du conservatisme contre le New Deal.) Századok, 78, vol. 112, n°5, p. 815-849.

5025. McCASKIE (T.C.). Office,land and subjects in the history of the Manwere Fekuo of Kumase, an essay in the political economy of the Asante state. J. african Hist., 80, vol. 21, p. 189-208.

5026. McCOY (Drew R.). The elusive republic : political economy in Jeffersonian America. Chapel Hill, Univ. of N.C. Press, 80, in-8, IX-268 p.- IDEM. Jefferson and Madison on Malthus : population growth in Jeffersonian political economy. Virginia Mag. Hist. a. Biogr., 80, vol. 88, n°3, p. 259-276.

5027. MÁTYÁS (Antal). A polgári közgazdaságtan története az 1870-es évektől napjainkig. A marginális "forradalomtól" a keynesi "forradalmon" át napjaink monetáris ellenforradalmáig. Budapest, Közgazdasági és Jogi Kiadó, 79, in-8, 622 p. - Also in Eng. : History of modern non-Marxian economics. From marginalist revolution through the Keynesian revolution to contemporary monetarist counter-revolution. Budapest, Akad. Kiadó, 80, in-8,591 p.

5028. NEIMANIS (George J.).Militia vs. the standing army in the history of economic thought from Adam Smith to Friedrich Engels. Milit. Affairs, 80, vol. 44, n°1, p. 28-33.

5029. NUCCIO (Oscar). Investigazioni nella storia del pensiero economico. Roma, Ediz. dell'Ateneo, 80, in-8, 373 p. /In appendice : Discorso sulla moneta di N. Copernico/

5030. ØSTERUD (Øivind). "The dextrous management of a skilful politician" : rapsodi over merkantilismens nedgang. (A rapsody over the dissolution of mercantilism.) Scandia, 80, vol. 46, p. 5-20. /Eng. summary/

5031. PALMER (Bruce). "Man over money" : the southern populist critique of American capitalism. Chapel Hill, Univ. of N.C. Press, 80, in-8, XVIII-311 p. (Fred W. Morrison Ser.in Southern Stud.)

5032. PERROT (Jean-Claude). Le premier dictionnaire d'économie politique en langue française (1784-1788). R. Synthèse, 80, t. 101, sér. 3, n°s 97-98, p. 63-76.

5033. RASHID (Salim). Economists, economic historians and mercantilism. Scand. econ. Hist. R., 80, vol. 28, p. 1-14.

5034. SUNDBERG (Gunnar). Merkantilismens två ansikten. (The two faces of the mercantile system /in Sweden/.) /Svensk/ Hist. T., 80, vol. 100, p. 452-458. /Eng. summary/

5035. THIRLWALL (A.P.), CRABTREE (Derek). Keynes and the Bloomsbury Group. London, Macmillan, 80, in-8, 128 p.

5036. WILLMAN (Alpo). Julkiset menot vuosina 1950-1977. Kasvu- ja rakennepoliittinen tarkastelu. (Public expenditure in Finland, 1950-1977 : A growth and structural policy survey.) Helsinki, Suomen Pankki, 80, in-8,125 p. (Suomen Pankin julk., Sarja A, 51) /Summary in Eng./

Cf. n°s 4598, 5041.

§ 2. Allgemeine Wirtschaftsgeschichte.

♦ 5037. PERROT (Jean-Claude).L'âge d'or de la statistique régionale française : an IV-1804. Bibliographie. Paris, Soc. des Et. robespierristes, 77, in-4, 235 p.

♦ 5038. VOLKMANN (Hans-Erich).Wirtschaft im Dritten Reich. Eine Bibliographie. Unter Mitarbeit v. Lutz KÖLLNER. Bd 1 : 1933-1939. München, Bernard u. Graefe, 80, in-8, XI-294 p. (Schr. d. Bibl. f. Zeitgesch., 20)

♦♦ 5039. Quellen zur Bevölkerungs-, Sozial- und Wirtschaftsstatistik Deutschlands, 1815-1875. Hrsg. v. Wolfgang KÖLLMANN. Bd 1 : Quellen zur Bevölkerungsstatistik Deutschlands 1815-1875. Bearb. v. Antje KRAUS. Boppard (Rhein), 80, in-8, XII-348 p. (Forsch. z.deutsch. Sozialgesch., 2)

♦♦ 5040. Quellen zur deutschen Wirtschafts- und Sozialgeschichte im 19. Jahrhundert bis zur Reichsgründung. Hrsg. v. Walter STEITZ. Darmstadt,Wiss. Buchges., 80, in-8, XVIII-470 p.(graph. Darst., 1 Kt.) (Ausgew. Quellen z. deutsch. Gesch. d. Neuzeit, 36)

5041. ABDEL-FADIL (Mahmoud). The political economy of Nasserism : a study in employment and income distribution in urban Egypt, 1952-1972. London, Cambridge U.P., 80, in-8, 140 p. (tab., dr.).

5042. Afrika v 70-80-e gody. Stanovlenie nacional'noj ekonomiki i strategija razvitija. (Africa in the 1970s-1980s. Formation of national economy and development strategy.) Ed. by A.A. GROMYKO. Moskva, Nauka, 80, in-8,325p.

5043. AHRENS (Gerhard). "Es sind wahrhaft amerikanische Zustände". Aus dem Briefwechsel d. Juristenfamilie Voigt über d. hamburgische Wirtschaftskrise von 1854. Scripta Mercaturae,79 /80/, p. 97-132.

5044. ARKHIPOV (V.A.). Častnaja arenda gosudarstvennykh predprijatij v period nepa. (Le bail privé des entreprises d'Etat dans la période de la N.E.P. /URSS/.) Vopr. Ist., 80, n°3, p. 15-30.

5045. BAIER (Stephen). The economic history of Central Niger. London, Oxford U.P., 80, in-8, 340 p. (maps, tab.). (Stud. in Afr. Affairs)

5046. BAUMAN (John F.), COODE (Thomas H.). Depression report : a new dealer tours eastern Pennsylvania.Pennsylvania Mag.Hist., 80, vol. 104, n°1,

p. 96-109.

5047. BEREND (T. Iván). Aspects spécifiques de la transformation économique de la Hongrie après 1945. Nouv. Et. hongroises, 79, vol. 14, p. 159-166.- IDEM. L'économie hongroise et les tendances de développement de l'économie mondiale au XXe siècle. Ibid., 78, vol. 13, p. 3-14. - IDEM. The Hungarian economy and the world market in the 20th century. Acta oecon., 80, vol. 24, n°s 1-2, p. 1-20. - IDEM. A Nagy Válság és Közep-Kelet-Európa. (La Grande Crise et l'Europe Centre-orientale.) Valóság, 79, vol. 22, n°11, p. 1-10.

5048. BEREND (T. Iván), RÁNKI (György). Underdevelopment and economic growth. Studies in Hungarian social and economic history. Budapest, Akadémiai Kiadó, 79, in-8, 299 p. - IDEM. Gazdasági elmaradottság és a külkereskedelem szerepe a XIX. századi Európában.(Le sous-développement économique et le rôle du commerce extérieur en Europe au XIXe s.) Tört.Szle, 78, vol. 21, n°2, p. 253-280. - IDEM. Underdevelopment in Europe in the context of east-west relations in the 19th century. In : Etudes hist.hongr. /Cf. n° 611/, vol. 1, p. 687-710.

5049. BEROV (L.). Le salaire des fonctionnaires d'Etat et du secteur municipal dans les pays balkaniques pendant le capitalisme manufacturier et la révolution industrielle. Et.balkaniques, 80, a. 16, n°1, p. 58-86.

5050. BOGOMOLOV (O.). Ėkonomičeskie swjazi meždu socialističeskimi i kapitalističeskimi stranami. (Wirtschaftsbeziehungen zwischen sozialist. u. kapitalist. Staaten.) Mirov. èkon. meždunar. otn., 80, n°3, p. 41-51.

5051. BRASACCHIO (Giuseppe).Storia economica della Calabria. 4. : Dalla restituzione del Regno all'occupazione francese (1734-1806). 5 : Il decennio francese (1806-1815). 6 : La Calabria dalla Restaurazione (1816) alla fine del Regno (1860). Chiaravalle Centrale, Effe Emme, 77-80, 3 vol. in-8, 319,146, 304 p. (La Calabria) /1,2. Cf. Bibl. 76-77, n° 1014./

5052. BRUCHEY (Stuart W.) a.others. Small business in American life. New York, Columbia U.P., 80, in-8, VIII-391 p.

5053. CAMPOY (Emilio). Política fiscal y desamortizaciones de Carlos IV en Toldedo (1793-1808). Toledo,Caja de Ahorros Provincial, 80, in-8, 301p.

5054. CLEMENS (Paul G.E.). The Atlantic economy and colonial Maryland's eastern shore : from tobacco to grain. Ithaca, N.Y., Cornell U.P., 80, in-8, 249 p.

5055. CRAFTS (N.F.R.). National income estimates and the British standard of living debate : a reappraisal of 1801-1831. Explor. in econ. Hist., 80, vol. 17, n°2, p. 176-188.

5056. DAVIES (R.W.). The industrialization of Soviet Russia. Vol. 1 : The socialist offensive : the collectivization of Soviet agriculture, 1929-1930. Vol. 2 : The Soviet collective farm, 1929-1930. Cambridge, Mass., Harward U.P.; London, Macmillan, 80, 2 vol. in-8, XXI-491, X-216 p.

5057. DI LEO (Rita). Occupazione e salari nell'URSS, 1950-1977. Milano, ETAS libri, 80, in-8, 198 p. (Bibl.di Econ., 1)

5058. Economie et société en Languedoc-Roussillon de 1789 à nos jours. Centre d'Hist. contemp. du Languedoc méditerranéen et du Roussillon, Univ. Paul Valéry, Colloque, Montpellier, 25-26 sept. 1976. Montpellier, Univ. Paul Valéry, 78, in-8, 482 p. (ill.).

5059. Economy and society in pre-industrial South Africa. Ed. by Shula MARKS a. Anthony ATMORE. London, Longman, 80, in-8, XII-388 p.

5060. EHMER (Josef). Familienstruktur und Arbeitsorganisation im frühindustriellen Wien. Wien, Verl. f.Gesch. u. Politik: München, Oldenburg, 80, in-8, 279 p. (Sozial- u. wirtschaftshist. Stud., 13)

5061. Életszinvonal (Az) alakulása Magyarországon 1950-1975. Szerk. GADÓ Ottó. (L'évolution du niveau de vie en Hongrie. Réd. par -.) Budapest,Kossuth Kiadó, 78, in-8, 244 p. - CR : J.Barta, Keresk. Szle, 78, vol. 19, n°10, p.44: J. Wilcsek, Közgazd. Szle, 78, vol.25, n°12, p. 1509-1521.

5062. Encyclopedia of American economic history : studies of the principal movements and ideas. Vol. 1,2,3. Ed. by Glenn PORTER. New York, Charles Scribner, 80, 3 vol. in-8, XII-483 p., p., 487-893, 894-1286.

5063. ENGELBOURG (Saul). Power and morality : American business ethics, 1840-1914. Westport, Conn., Greenwood Press, 80, in-8, XVI-181 p. (Contrib. in Econ. a. Econ. Hist., 28).- IDEM. The council of economic advisers and the recession of 1953-1954 /U.S.A./. Business Hist. R., 80, vol. 54, n°2, p. 192-214.

5064. Entre faim et loup : les problèmes de la vie et de l'émigration sur les hautes terres françaises au XVIIIe s. Actes de la Rencontre interuniversitaire, Fac. des lettres et sci. humaines, Univ. Clermont-Ferrand II, Inst. d'Et. du Massif central, 8 avril 1976. Clermont-Ferrand, Inst. d'Et.du Massif Central, 78, in-4, 301 p.(ill.). (Publ. de l'Inst. d'Et. du Massif central, 16)

5065. ERŠOV (S.A.), CYSINA (G.A.). Profsojuzy i meždunarodnye monopolii. (Trade unions and international monopolies.) Moskva, Profizdat,80,in-8,231p.

2. ALLGEMEINE WIRTSCHAFTSGESCHICHTE

5066. FALK (Waltraud). Allgemeines und Besonderes beim Übergang vom Kapitalismus zum Sozialismus als Ausgangspunkt einer vergleichenden Wirtschaftsgeschichte des Sozialismus. Jb.f.Wirtschaftsgesch., 80, t. 2, p. 9-30.

5067. FRISS (István). Ten years of economic reform in Hungary. Acta oecon, 78, vol. 20, n°s 1-2, p. 1-19.

5068. Gazdasági elmaradottság, kiutak és kudarcok a XIX. századi Európában. Tanulmányok. Szerk. BEREND T. Iván, RÁNKI György. (Retard économique, issues et échecs dans l'Europe du XIXe siècle. La périphérie européenne à l'époque de la Révolution industrielle. Etudes. Réd. par -,-.) Budapest, Közgazdasági és Jogi Kiadó, 79, in-8,508p.

5069. GEORGE (P.J.), OKSANEN(E.H.). An index of aggregate economic activity in Canada, 1896-1939 : a factor analytic approach. Explor. in econ. Hist., 80, vol. 17, n°2, p. 165-175.

5070. GUTH (Klaus). Kleinbäuerliche Leinenweberei im Sechsämterland (1789-1825). Jb. f. fränk. Landesforsch., 80, Bd 40, p. 117-132.

5071. HARNISCH (Hartmut). Bauern, Feudaladel, Städtebürgertum. Untersuchungen über d. Zusammenhänge zw. Feudalrente, bäuerl. u. gutsherrl. Warenproduktion u. d. Ware-Geld-Beziehungen in d. Magdeburger Börde u. d. nördöstl. Harzvorland von d. frühbürgerl. Revolution bis z. Dreissigjähr. Krieg. Weimar, Böhlau, 1980, in-8, 215 p. (Kt.). (Abh. z. Handels- u. Sozialgesch., 20)

5072. HEGEMANN (Margot). Kurze Geschichte des RGW. Unter Mitarb. v. Hedi KÄTZEL. Berlin, Deutsch. Verl. d. Wiss., 80, in-8, 375 p. (Abb.). /RGW= Rat für Gegenseitige Wirtschaftshilfe/

5073. HESSE (Horst). Auswirkungen nazionalsozialistischer Politik auf die bayerische Wirtschaft (1933-1939). Z. f. bayer. Landesgesch., 80, Bd 43, p. 379-485.

5074. HOLTHAUS (Ewald). Die Entwicklung der Produktivkräfte im Deutschland nach der Reichsgründung bis zur Jahrhundertwende. Ein geschichtssoziolog. Beitr. unter bes. Berücks. d. Zyklizität d. Wirtschaftsexpansion u. d. Lage d. arbeitenden Klasse.Frankfurt (Main), Haag u. Herchen, 80, in-8, 380 p.

5075. HORI (Kazuo). Nihon teikokushugi no Chôsen shokuminchika katei ni okeru zaiseikaikaku. (Fiscal reform in the process of colonization in Korea by the Japanese imperialism.) Nihonshi Kenkyû, 80, n° 217, p. 1-38.

5076. HÜTTERMANN (Franz-Josef). Die Preisentwicklung und deren Ursachen während der Kontinentalsperre in Köln - dargest. an ausgew. Produkten. Scripta Mercaturae, 79 /80/, p. 161-180.

5077. KEARL (J.R.), POPE (Clayne L.), WIMMER (Larry T.). Household wealth in a settlement economy : Utah, 1850-1870. J. econ. Hist., 80, vol.40, n°3, p. 477-496.

5078. KLEP (P.M.M.). Het historisch moderniseringproces van bevolking en arbeid : Belgisch Brabant 1700-1900. (Population and labour in transformation : Belgian Brabant.) Econ. soc.-hist. Jb., 79, vol. 42, p. 15-25.

5079. KLIMA (Arnost). Die Manufaktur in Böhmen. Scripta Mercaturae, 79 /80/, p. 1-44.

5080. KOPAČKA (Ludvík). Development of the sectorial structure of economy and of the branch structure of industry in Czechoslovakia after the year 1945. Hosp. Děj., 78, vol. 2, p. 97-129 (4 fig.).

5081. KRIEDTE (Peter). Spätfeudalismus und Handelskapital. Grundlinien d. europ. Wirtschaftsgesch. vom 16. bis zum Ausgang d. 18. Jh. Göttingen, Vandenhoeck u. Ruprecht, 80, in-8,223 p. (30 graph. Darst.).

5082. KRÓLIKOWSKI (Ludwik). Wizje społecznego świata. Pisma wybrane.(Les visions du monde social. Oeuvres choisies.) Choix et avant-propos par Adam SIKORA. Warszawa, Książka i Wiedza, 80, in-8, LVII-185 p. (Bibl. Rewol. Nurtu Po. Myśli Społ.)

5083. KROMPHARDT (Jürgen).Konzeptionen und Analysen des Kapitalismusvon seiner Entstehung bis zur Gegenwart. Göttingen, Vandenhoeck u. Ruprecht, 80, in-8, 257 p.

5084. KUZNESOF (Elizabeth Anne). The role of the merchants in the economic development of São Paulo, 1765-1850. Hisp. am. hist. R., 80, vol.60, n°4, p. 571-592.

5085. LAPIE (Forrest), COLLONS (Michael). The extent of British economic recovery in the 1930's. Econ. a. Hist., 80, vol. 23, p. 40-60.

5086. LARRAIN MELO (José Manuel). Movimento de precios en Santiago de Chile, 1749-1808. Una interpretación metodológica. Jb. f. Gesch. Lateinamerikas, 80, Bd 17, p. 199-259.

5087. LEE (Susan Previant),PASSELL (Peter). Economic view of American history. London, Benn, 80, in-8,416 p.

5088. LEVY (Claude-Frédéric). Capitalistes et pouvoir au siècle des Lumières. /T. 2. Cf. Bibl. 78-79, n° 5762./ T. 3 : La monarchie buissonnière, 1718-1723. Paris et La Haye,Mouton, 80, in-8, 531 p. (pl.).

5089. LINDERT (Peter H.). English occupations, 1670-1811. J. econ. Hist., 80, vol. 40, n°4, p. 685-712.

5090. LIPPERT (Inge). Bedarfsdeckung als Aspekt bei der Bewertung volkstümlicher Sachgüterproduktion.Das Hafnerhandwerk im Königreich Bayern 1817. Jb. f. fränk. Landesforsch., 80, Bd 40, p. 131-153.

5091. McCLOSKEY (Donald N.). Magnanimous Albion : free trade and British national income, 1841-1881. Explor. in econ. Hist., 80, vol. 17, n°3, p. 303-320.

5092. MARR (William L.), PATERSON (Donald G.). Canada, an economic history. Toronto, Macmillan, 80, in-8, XX-539 p. - CR : K.H. Norrie, Canad. hist. R., 81, vol. 62, p. 339-340.

5093. MÉSZÁROS (László). Kecskemét gazdasága a török uralom első évtizedeiben. (Agriculture, handicraft and trade conditions of Kecskemét in the first decades of Turkish rule.) Agrártört. Szle, 79, vol. 21, n°s 1-2, p. 142-220.

5094. MINCHINTON (Walter Edward). Reactions to social and economic change, 1750-1939. Exeter, Univ., 80, in-4, 117 p. (Pap. in Econ. Hist.)

5095. MORINEAU (Michel). La dîme et l'enjeu /à propos de la croissance vraie/. A. hist. Révol. franç., 80, a. 52, p. 161)180.

5096. MÜLLER (Michael). Säkularisation und Grundbesitz. Zur Sozialgesch. d. Saar-Mosel-Raumes 1794-1813. Boppard, Boldt, 80, in-8, VII-444 p. (Forsch. d. deutschen Sozialgesch.,3)

5097. Négoce et industrie en France et en Irlande aux XVIIIe et XIXe siècles. Actes du Colloque franco-irlandais d'histoire, Bordeaux, mai 1978. Sous la dir. de L.M. CULLEN et P.BUTEL. Paris, Ed. du C.N.R.S., 80, in-4, 160 p. (fig.).

5098. NEUMANN (Gerd). Die ökonomischen Entwicklungsbedingungen des RGW. Versuch einer wirtschaftshist. Analyse. Bd 1 : 1945-1958. Berlin, Akad.-Verl., 80, in-8, IX-216 p.(Forsch. z. Wi.-Gesch., 13) /RGW = Rat für Gegenseitige Wirtschaftshilfe/

5099. NOTARIO (Paola). La vendita dei beni nazionali in Piemonte nel periodo napoleonico, 1800-1814. Milano, Banca Commerciale ital., 80, in-8,649 p. (Studi e ricerche di stor. econ. ital. nell'età del Risorgimento)

5100. OBERDÖRFER (Lutz). Britischfranzösische Wirtschaftsbeziehungen zu Nordeuropa vor dem zweiten Weltkrieg unter besonderer Berücksichtigung Dänemarks und Norwegens. Nordeuropa, 80, Jg. 13, p. 57-69.

5101. O'BRIEN (Patrick), KEYDER (Caglar). Les voies de passage vers la société industrielle en Grande-Bretagne et en France (1780-1914). A. Ec., Soc., Civ., 79, a. 34, p. 1284-1303. /Cf. Bibl. 78-79, n° 5784./

5102. PALOTÁS (Emil). Célok és a történeti realitás. Osztrák-magyar gazdasági törekvések a Balkánon a berlini kongresszus időszakában.Századok, 79, vol. 113, n°6, p. 983-1012. - Auch in Deutsch : Ziele und geschichtliche Realität. Wirtschaftsbestrebungen Österreich-Ungarns auf dem Balkan zur Zeit des Berliner Kongresses im Jahre 1878. In : Etudes hist. hongr. /Cf.n° 611/, vol. 1, p. 651-685.

5103. PONEDELKO (G.). Protivorečivoe razvitie ispanskoj ėkonomiki /1970-e gg./. (Die Widerspruchsvolle Entwicklung der spanischen Wirtschaft.) Mirov. ėkon. meždunar. Otn., 80, n°10, p. 81-92.

5104. PONNAMBALAM (Satchi). Dependent capitalism in crisis /in Sri Lanka, 1948-1979/. London, Zed Press,80, in-8, 240 p.

5105. PRŮCHA (Václav). 30 let socialistické ekonomiky Československa. (30 Jahre sozialistischer Wirtschaft in der Tschechoslowakei.) Praha, Horizont, 78, in-8, 152 p.

5106. QUIRINI-POPŁAWSKA (Danuta). Działalność Sebastiana Montelupiego w Krakowie w drugiej połowie XVI wieku. (L'activité de Sebastiano Montelupi à Cracovie dans la seconde moitié du XVIe s.) Kraków, 80, in-8, 186 p.(Univ. Jagiell. Rozprawy Habilitacyjne, 41) /Montelupi (1516-1600) : banquier, commerçant et directeur de la poste polonaise entre Cracovie et Venise/

5107. RÁKOS (István). Gazdaság és társadalom tagozódása Szegeden, 1720-1777. (La structure de l'économie et de la société à Szeged.) Acta Univ. szegediensis. Acta hist., 78, vol.62, p. 23-60.

5108. REISSIG (Harald). Das Berliner Lagerhaus 1713-1816. Zum Einfluss von Regierung und Wirtschaft auf d. Entwicklung e altpreuss. Staatsmanufaktur. Jb. f. d. Gesch. Mittel- u. Ostdeutschlands, 80, Bd 29, p. 68-95.

5109. RINAUDO (Y.). Usure et crédit dans les campagnes du Var au XIXe siècle. A. Midi, 80, t. 92, fasc. 4, p. 431-452.

5110. ROMANOW-BOBIŃSKA (Klara). Economic relations of South-Eastern Europe between the two world wars. Acta Poloniae hist., 80, vol. 41, p. 147-169.

5111. ROUTH (Guy). Occupation and pay in Great Britain, 1900-1979. London, Macmillan, 80, in-8, 288 p.

5112. ROZALIEV (Ju. N.). Ėkonomičeskaja istorija Tureckoj Respubliki. (Economic history of the Turkish Republic.) Moskva, Nauka, 80, in-8, 304 p.

5113. RUEDA HERNÁNZ (Germán). La desamortización de Mendizábal en Valladolid (1836-1853). Transformaciones y

2. ALLGEMEINE WIRTSCHAFTSGESCHICHTE

constantes en el mundo rural y urbano de Castilla la Vieja. Prólogo de Luis Miguel ENCISO RECIO. Valladolid, Inst cultural Simancas, 80, in-4, XVII-694p

5114. SAMSONOWICZ (Henryk). War Jagiellonisches Ostmitteleuropa eine Wirtschaftseinheit ? Acta Poloniae hist., 80, vol. 41, p. 85-97.

5115. SANDOS (James A.). International water control in the lower Rio Grande basin, 1900-1920. Agric. Hist., 80, vol. 54, n°3, p. 490-501.

5116. SCAMMELL (William McConnell). The international economy since 1945. London, Macmillan, 80, in-8, X-226 p.

5117. SCHINZINGER (Francesca).Freihandel im geeinten Italien - Hindernis für die Entwicklung des Südens im 19. Jahrhundert ? Scripta Mercaturae, 79 /80/, p. 65-74.

5118. SCHNAKENBOURG (Christian). Histoire de l'industrie sucrière en Guadeloupe (XIXe-XXe siècle). La crise du système esclavagiste, 1835-1847. Paris, l'Harmattan, 80, in-8, 256 p.

5119. SEIBOLD (Gerhard). Die wirtschaftlichen Interessen des Hauses Hohenlohe in den Niederlanden. Ein Beitr. z. Erforsch. d. ökon.Situation d. Grafschaft im 17. Jh. Jb. f. fränk. Landesforsch., 80, Bd 40, p. 73-118.

5120. SELLA (Domenico). Crisis and continuity : the economy of Spanish Lombardy in the seventeenth century. Cambridge, Mass., Harvard U.P., 79, in-8, IX-255 p.

5121. SKODLARSKI (Janusz). Ewolucja gospodarki światowej w latach 1938-1947. (L'évolution de l'économie mondiale au cours des années 1938-1947.) Kwart. hist., 79 /80/, a. 86, n°3, p. 687-700.

5122. SMITH (M. St.). Tariff reform in France, 1860-1900. The politics of economic interest. Ithaca, N. Y., a. London, Cornell U.P., 80, in-8, 272 p.

5123. SPEED (P.F.). The growth of the British economy, 1700-1850.Oxford, Wheaton, 80, in-8, 204 p. (ill.).

5124. SPIESS (Kurt). Periphere Sowjetwirtschaft : das Beispiel Russisch-Fernost, 1897-1970. Zürich /etc./, Atlantis, 80, in-8, 200 p. (Beitr.z. Kolonial- u. Ubersegesch., 17)

5125. STUKE (Horst). Sozialgeschichte, Begriffsgeschichte, Ideengeschichte. Gesammelte Aufsätze.Hrsg. v. Werner CONZE u. Heilwig SCHOMERUS. Stuttgart, Klett-Cotta, 79, in-8,293 p. (Industrielle Welt, 27)

5126. TILLY (Richard H.). Kapital, Staat und sozialer Protest in der deutschen Industrialisierung. Gesammelte Aufsätze. Göttingen, Vandenhoeck u.

Ruprecht, 80, in-8, 320 p. (Krit.Stud. z. Geschichtswiss., 41)

5127. TONIOLO (Gianni). L'economia dell'Italia fascista. Roma e Bari, Laterza, 80, in-8, XIX-353 p. (Libri del tempo,170)

5128. TREUE (Wilhelm). Wirtschaft und Technik in Preussen bis zu den Reformen. Jb. f. d. Gesch. Mittel-u. Ostdeutschlands, 80, Bd 29, p. 30-67.

5129. VAIZEY(John). Capitalism and socialism, a history of industrial growth. London, Weidenfeld a. Nicolson, 80, in-8, 283 p.

5130. VALARCHÉ (Jean). L'évolution socio-économique du Nivernais au XXe siècle et sa portée politique. Schweiz. Z. f. Gesch.,80, vol. 30, p. 204-227.

5131. VÁRKONYI (Ágnes). R. Gazdaság és társadalom a XVII. század második felében. (Economie et société dans la seconde moitié du XVIIe siècle.) Tört. Szle, 79, vol. 22, n°1, p. 109-126.

5132. VOVELLE (Michel). Ville et campagne au XVIIIe siècle : Chartres et la Beauce. Préf. d'Ernest LABROUSSE. Paris, Ed. sociales, 80, in-8, 306 p. (ill.). (Problèmes-Hist.)

5133. WILLIAMSON (Jeffrey G.). Earnings inequality in nineteenth-century Britain. J. econ. Hist., 80, vol. 40, n°3, p. 457-476.

5134. WILLIS (F. Roy). Development planning in eighteenth-century France : Corsica's plan Terrier.French hist. Stud., 80, vol. 11, n°3, p.328-351.

5135. WITTMAN (Tibor). Estudios económicos de Hispanoamérica colonial. Budapest, Akad. Kiadó, 79, in-8,294 p.

5136. WRIGHT (J.F.). Britain in the age of economic management, an economic history since 1939. London, Oxford U.P., 80, in-8, 214 p. (fig., tab.). (Opus Books)

5137. ZIMÁNYI (Vera). Gazdasági és társadalmi fejlődés Mohácstól a 16. század végéig. (Evolution économique et sociale /de la Hongrie/ de Mohács à la fin du XVIe s.) Századok, 80,vol. 114, n° 4, p. 511-574.

5138. Wirtschaft und Staat in Deutschland. Eine Wirtschaftsgesch.d. staatsmonopolist. Kapitalismus in Deutschl. vom Ende d. 19. Jh. bis 1945 in 3 Bd. Inst. f. Wirtschaftsgesch.d. Akad. d. Wiss. d. DDR. Hrsg. v. Helga NUSSBAUM u. Lotte ZUMPE. Bd /1,2. Cf. Bibl. 78-79, n° 5818./ 3 : ZUMPE(Lotte). Wirtschaft u. Staat in Deutschl. 1933 bis 1945. Mit e.Kap. über Aussenhandel u. Okkupationswirtschaftspol. 1939 bis 1945. Von Berthold PUCHERT. Berlin, Akad.-Verl., 80, in-8, 552 p.

Cf. n°s 89, 3384, 3519, 3641, 6289,6880.

§ 3. Industrie
Bergbau und Verkehr.

5139. Actes du 104e Congrès national des sociétés savantes, Bordeaux, 1979. Section d'histoire moderne et contemporaine. 1 : Les transports de 1610 à nos jours. Paris, Bibliothèque Nationale, 80, in-8, 452 p. (ill.).

5140. ALEKSANDROVSKAJA (L.).Razvitie promyšlennosti v Afrike : podkhody i prioritety. (Die Industrieentwicklung in Afrika : Einstellungen und Prioritäten.) Mirov. èkon. meždunar. Otn., 80, n°4, p. 97-108.

5141. ALFORD (B.W.E.), HARVEY (C. E.). Copperbelt merger : the formation of the Rhokana corporation, 1930-1932. Business Hist. R., 80, vol. 54, n°3, o. 331-358.

5142. ALMQVIST (Sven). Almqvist & Wiksell : ett boktryckeriföretags historia : perioden 1839-1910. (Almqvist & Wiksell : history of a printing-house, 1839-1910.) Stockholm, AWE/Geber, 79, in-4, 410 p. (ill.).

5143. AMATORI (Franco). Cicli produttivi, tecnologie, organizzazione del lavoro. La siderurgia a ciclo integrale dal piano autarchico alla fondazione dell'Italsider (1937-1961). Ric. stor. /Piombino/, 80, a. 10, p. 557-611.

5144. AMICO (Eleanor), NEUFFER (M rk). Beyond the Adirondacks : the story of St. Regis Paper Company.Westport, Conn., Greenwood Press, 80, in-8, XI-219 p. (Contrib. in Economics a. Econ. Hist., 35)

5145. ATACK (Jeremy), BATEMAN (Fred), WEISS (Thomas). The regional diffusion and adoption of the steam engine in American manufacturing. J. econ. Hist., 80, vol. 40, n°2, p. 281-308.

5146. BAKSAY (Zoltán). A gyáripari munkanélküliség történetéhez Magyarországon 1920-1950. (Données pour l' histoire du chômage dans l'industrie manufacturière en Hongrie, 1920-1950.) Századok, 78, vol. 112, n° 5, p. 850-898.

5147. BARTRIP (P.W.J.). The state and the steam-boiler in nineteenth century Britain. Int. R. soc. Hist., 80, vol. 25, p. 77-105.

5148. BASKAKOVA (M.). Osobennosti naučno-tekhničeskoj politiki Japonii. (Besonderheiten der wissenschaftlich-technischen Politik Japans.) Mirov. èkon. meždunar. Otn., 80, n°2, p. 72-81.

5149. BAUDANT (Alain). Pont-à-Mousson (1918-1939). Stratégies industrielles d'une dynastie lorraine. Paris, Publ. de la Sorbonne, 80, in-8, X-507 p.

5150. BAUMGART (Inge), BENNECKENSTEIN (Horst). Der Kampf des deutschen Finanzkapitals in den Jahren 1897-1914 für ein Reichspetroleummonopol. Jb. f. Wirtschaftsgesch., 80, t. 2, p. 95-120.

5151. BEJLINA (E.È.). Èkonomičeskaja politika partii i ee osuščestvlenie v promyšlennosti SSSR v uslovijakh razvitogo socializma (1961-1970 gg.). (La politique économique du parti et sa réalisation dans l'industrie de l' URSS dans les conditions du socialisme développé, 1961-1970.) Moskva, Izd-vo MGU, 80, in-8, 216 p.

5152. BEZILLA (Michael). Electric traction on the Pennsylvania railroad, 1895-1968. University Park, Pa. State U.P., 80, in-8, 233 p.

5153. BLACKFORD (Mansel G.).Pioneering a modern small business : Wakefield seafoods and the Alaskan frontier. Greenwich, Conn., JAI Press, 79, in-8, XX-210 p. (Ind. Development a. the Social Fabric, 6)

5154. BLAZY (Maurice). La Compagnie des mines de Bruay et la première guerre mondiale : 1910-1925. Contrib. à l'hist. du bassin houiller du Nord et du Pas-de-Calais. Arras, 78, in-4, p. 116-172. (ill.). /Extr. du B. de la Comm. départ. des monuments hist. du P. de C., 1977/

5155. BOOTH (Henry). Booth and the "Rocket", a biography of Henry Booth, 1789-1869. Ilfracombe, Stockwell,80, in-8, 224 p.

5156. BRADFORD (Peg). Canadian Northern Railway and the men who made it work. Toronto, Initiative Pub.House, 80, in-8, 135 p.

5157. BULFERETTI (Luigi). La siderurgia piemontese e valdostana nel sec. XVIII. Ric. stor. /Piombino/, 80, a. 10, p. 519-555.

5158. BUSCH (Briton Cooper). Elephants and whales : New London and desolation, 1840-1900. Am. Neptune, 80, vol. 40, n°2, p. 117-126.

5159. CAMPBELL (R.H.). The rise and fall of Scottish industry, 1707-1939. Edinburgh, J. Donald, 80, in-8, 218 p.

5160. CANCILA (Orazio). Impresa, redditi, mercato nella Sicilia moderna. Roma e Bari, Laterza, 80, in-8, XI-298 p. (Bibl. di Cult. mod., 835)

5161. CARLISLE (Rodney). The "American century" implemented : Stettinius and the Liberian flag of convenience. Business Hist. R., 80, vol.54, n°2, p. 175-191.

5162. CAYEZ (Pierre). Crises et croissance de l'industrie lyonnaise, 1850-1900. Paris, Ed. du C.N.R.S.,80, in-8, 357 p. (ill.).

5163. CHASSAGNE (Serge).Oberkampf: un entrepreneur capitaliste au siècle des Lumières. Paris, Aubier-Montaigne, 80, in-8, 349 p. (pl., ill.). (Coll. hist.)

5164. CHEAPE (Charles W.). Moving the masses : urban public transit in New York, Boston, and Philadelphia, 1880-1912. Cambridge, Mass., Harvard U.P., 80, VII-285 p. (Harvard Stud. in Business Hist., 31)

5165. CIZAKCA (Murat). Price history and the Bursa silk industry : a study in Ottoman industrial decline, 1550-1650. J. econ. Hist., 80, vol.40, n°3, p. 533-550.

5166. CLAWSON (Dan). Bureaucracy and the labour process, the transformation of United States industry,1860-1920. London, Monthly Review, 80, in-8, 352 p.

5167. COLEMAN (Donald Cuthbert). Courtaulds, an economic and social history. /Vol. 1-2. Cf. Bibl. 68-69, n° 7905./ Vol. 3 : Crisis and change. London, Oxford U.P., 80, in-8, 360 p. (ill., fig., tab.).

5168. COMBS (Harry B.), CAIDIN (Martin). Kill Devil Hill, the epic of the Wright brothers, 1899-1909.London, Secker a. Warburg, 80, in-8, 480 p. (ill.).

5169. CONDIT (Carl W.). The port of New York : a history of the rail and terminal system from the beginnings to Pennsylvania station. Chicago, Univ. of Chicago Press, 80, in-8,XVII-456 p.

5170. CONNER (Valerie J.). "The mothers of the race" in world war I : the /U.S./ National War Labor Board and women in industry. Labor Hist., 80, vol. 21, n°1, p. 31-54.

5171. CONSTANTINE (S.). Unemployment in Britain between the wars.London, Longman, 80, in-8, 128 p. (Seminar Stud. in Hist.).

5172. COX (Thomas R.). Transition in the woods : log drivers, raftsmen, and the emergence of modern lumbering in Pennsylvania. Pennsylvania Mag.Hist., 80, vol. 104, n° 3, p. 345-364.

5173. CROUZET (F.). Essor, déclin et renaissance de l'industrie française des locomotives, 1838-1914. R.Hist. écon. soc., 79, p. 112-210.

5174. DAMJANOV (Simeon). Problemi na industrialnoto razvitie na balkanskite strani v kraja na XIX i načaloto na XX vek. (Problèmes du développement industriel des pays balkaniques à la fin du XIXe et au début du XXe s.)

Ist. Pregl., 80, a. 36, n°3, p. 42-65.

5175. Dějiny Třineckých železáren VŘSR, 1839-1979. (Geschichte der Eisenwerke in Třinec.) Edit. J. VYTISKA et coll. Praha, Práce, 79, in-4, 296 p. (112 fig.).

5176. DJAKONOVA (I.A.), Nobelevskaja korporacija v Rossii. (Nobel's corporation in Russia.) Moskva, Mysl', 80, in-8, 160 p.

5177. DÓKA (Klára). A pest-budai céhes ipar válsága 1840-1892. (La crise de l'industrie corporative à Pest-Buda, 1840-1892.) Budapest, Akadémiai Kiadó, 78, in-8, 237 p.

5178. DÓKA (Klára). A Rába szabályozása 1762-1895. (The regulation of the river Rába /Raab/ between 1762 and 1895.) Technikatört. Szle, 79, vol.11, p. 85-101.

5179. DUDEK (František). Vývoj cukrovarnického průmyslu v českých zemích do roku 1872. (Die Entwicklung d. Zuckerindustrie in d. böhm. Ländern bis z. J. 1972.) Praha, Academia, 79, in-8, 220 p. (10 fig.).

5180. EMMERSON (George S.).L.T.C. Rolt and the Great Eastern affair of Brunel versus Scott Russell. Technol. a. Cult., 80, vol. 21, n°4, p.553-569.

5181. EZELL (John Samuel). Innovations in energy : the story of Kerr-McGee /oil-well drilling firm/.Norman, Univ. of Okla. Press, 79, in-8, XIV-542 p.

5182. FACCHINI (Francesco). Alle origini di Brescia industriale.Brescia, Micheletti, 80, in-8, 431 p. (Strumenti di lavoro, 3)

5183. FELDMAN (Gerald A.). Arbeitskonflikt im Ruhrbergbau 1919-1922.Zur Politik von Zechenverband u. Gewerkschaften in d. Überschichtenfrage. Vjhefte f. Zeitgesch., 80, Jg. 28, p. 168-223.

5184. FELL (James E.)Jr. Ores to metals : the Rocky Mountain smelting industry. Lincoln, Univ. of Nebr.Press, 79, in-8, XI-341 p.

5185. FLICK (Carlos). The movement for smoke abatement in 19th-century Britain. Technol. a. Cult., 80, vol. 21, n°1, p. 29-50.

5186. FRANCIS (Hywel), SMITH(David) The Fed : history of the South Wales miners in the 20th century. London, Lawrence a. Wishart, 80, in-8, 514 p. (ill.).

5187. FRITZ (Martin). Shipping in Sweden, 1850-1913. Scand. econ. Hist. R., 80, vol. 28, p. 147-160.

5188. GARNER (Richard L.). Silver production and entrepreneurial structure in 18th-century Mexico. Jb. f.

Gesch. Lateinamerikas, 80, Bd 17, p. 157-185.

5189. GHEZA FABBRI (Lia). Drappieri, strazzaroli, zavagli : una compagnia bolognese fra il XVI e il XVIII secolo. Carrobbio, 80, a. 6, p. 163-180.

5190. GIEBELHAUS (August W.). Business and government in the oil industry : a case study of Sun Oil, 1876-1945. Greenwich, Conn., JAI Press, 80, in-8, XVI-332 p.

5191. GONZÁLEZ ENCISO (Agustín). Estado e industria en el siglo XVIII: la fabrica de Guadalajara. Madrid,Fundación universitaria española, 80, in-8, 722 p.

5192. GOURVISH (T.R.). Railways and the British economy, 1830-1914. London, Macmillan, 80, in-8, 72 p. (Stud. in Econ. a. Soc. Hist.)

5193. HAAS (J.M.). Work and authority in the British state shipyards from the seventeenth century to 1870. Proc. am. philos. Soc., 80, vol. 124, n° 6, p. 419-428.

5194. HANAGAN (Michael P.). The Logic of solidarity : artisans and industrial workers in three French towns, 1871-1914. Urbana, Univ. of Ill Press, 80, in-8, XV-261 p. /Loire valley/

5195. HART (Peter Edward), CLARKE (Roger). Concentration in British industry. 1935-1975. London, Cambridge U.P., 80, in-8, 164 p. (tab.). (Nat. Inst. of Econ. a. Soc. Research)

5196. HASEGAWA (Shin). 1920 nendai no denkikikai kôgyô. (The electrical equipment industry in the 1920's : A study of its growth factors and characters.) Rekishigaku Kenkyû, 80, n° 486, p. 19-40.

5197. HAUMANN (Heilo). Kapitalismus im zaristischen Staat, 1906-1917. Organisationsformen, Machtverhältnisse u. Leistungsbilanz im Industrialisierungsprozess. Königstein/Ts., Hain, 80, in-8, 324 p.

5198. HELLER (Klaus). Die Anfänge der fabrikgesetzlichen Regelungen im kaiserlichen Russland. Vjschr. f. Soz.- u. Wirtschaftsgesch., 80, Bd 67, p.177-199.

5199. HOLMES (William F.). Labor agents and the Georgia exodus, 1899-1900. South Atlantic Quar.,80, vol.79, n°4, p. 436-448.

5200. HUNTER (Louis C.). A history of industrial power in the United States, 1780-1930. Vol. 1 : Waterpower in the century of the steam engine. Charlottesville, Univ. Press of Va., 79, in-8, XXIV-606 p.

5201. JENEI (Károly), PETÖ (Iván). A Papiripari Vállalat Füzfői Papirgyárának ötven éve, 1928-1978. (50 ans de l'usine de papier de Füzfő.)Füzfő, Papiripari Vállalat, 78, in-8, 334 p.

5202. JOHNSON (James P.).The politics of soft coal : the bituminous industry from world war I through the New Deal. Urbana, Univ. of Ill. Press, 79, in-8, XII-258 p.

5203. KANEFSKY (John), ROBEY(John). Steam engines in 18th-century Britain: a quantitative assessment. Technol.a. Cult., 80, vol. 21, n°2, p. 161-186.

5204. KIESEWETTER (Hubert). Erklärungshypothesen zur regionalen Industrialisierung in Deutschland im 19. Jahrhundert. Vijschr. f. Soz.- u.Wirtschaftsgesch., 80, Bd 67, p. 305-333.

5205. KLEIN (Hanns). Der erste deutsche Bergarbeiterstreik im Jahre 1816 auf den Saargruben Grosswald und Russhütte. Jb. f. westdeutsche Landesgesch., 80, Jg. 6, p. 251-269.

5206. KOEPKE (Robert L.). The loi des patentes of 1844. French hist.Stud., 80, vol. 11, n°3, p. 398-430.

5207. KOONEN (J.E.W.), TERCIE (K.J.M.). Het mijnreglement 1906 en hoe het tot stand kwan. (Dutch mine-regulations, 1906.) Econ. soc.-hist. Jb., 79, vol. 42, p. 215-261.

5208. LEGGET (Robert F.). Railways of Canada. Vancouver, Douglas a. Mc Intyre, 80, in-8, 255 p.

5209. LEVINE (Solomon B.), KAWADA (Hisashi). Human resources in Japanese industrial development. Princeton,N.J., Princeton U.P., 80, in-8, XI-332 p.

5210. LICHTENSTEIN (Nelson). Auto worker militancy and the structure of factory life. J. am. Hist., 80, vol. 67, n°2, p. 335-353.

5211. LOOSE (Rainer). Bergbau und Bevölkerung am Donnersberg um 1780/90. Jb. f. westdeutsche Landesgesch., 80, Jg. 6, p. 157-185.

5212. McGOULDRICK (Paul), TANNEN (Michael). The increasing pay gap for women in the textile and clothing industries, 1910 to 1970. J. econ.Hist., 80, vol. 40, n°4, p. 799-814.

5213. MacLEAN (J.). Gegevens over de Nederlandse en Belgische glasindustrie 1800-1850. (Dutch and Belgian glass-works.) Econ. soc.-hist. Jb.,79, vol. 42, p. 107-155.

5214. MALANIMA (Paolo). Industria e agricoltura in Toscana tra Cinque e Seicento. Studi stor., 80, a. 21, p. 281-310.

5215. MEISSL (Gerhard). Industriearbeit in Wien 1870-1913. Die zeitgenössische Industriestatistik als Quelle für die Analyse industriebetrieblicher Standortenwicklung und Arbeitsorganisation. Jb. d. Ver. f. Gesch. d. Stadt Wien, 80, Jg. 36, p. 174-229.

5216. MÉREY (Klára), T. Az ipar története a kapitalizmus idején egy Duna menti kistájban (Paks-Mohács között).(L'histoire de l'industrie dans la région entre Paks et Mohács pendant le capitalisme.) Levéltári Szle, 79, vol. 29, n°s 1-2, p. 225-257.

5217. MEYER (Stephen). Adapting the immigrant to the line : Americanization in the Ford factory, 1914-1921. J. soc. Hist., 80, vol. 14, n°1, p.67-82.

5218. MILLER (Harry). Potash from wood ashes : frontier technology in Canada and the United States.Technol. a. Cult., 80, vol. 21, n°2, p.187-208.

5219. MORELLI (Roberta). Sullo "stato d'infanzia" della siderurgia seicentesca : le ferriere e i forni di Follonica e Cornia (1640-1680). Ric. stor. /Piombino/ 80, a. 10, p. 479-517.

5220. MORRISON (T.A.). Cornwall's central mines, the northern district, 1810-1895. Penzance, A. Hodge, 80, in-8, 400 p. (ill.).

5221. MOSSER (Alois). Die Industrieaktiengesellschaft in Österreich 1880-1913. Versuch einer hist. Bilanz- und Betriebsanalyse. Wien, Verl. d. österr. Akad. d. Wiss., 80, in-8, 338 p. (p. 197-314 Diagr. u. Tab.).(Stud. z. Gesch. d. Österr.-Ungar. Monarchie, 18)

5222. NARDINELLI (Clark). Child labor and the factory acts. J. econ. Hist., 80, vol. 40, n° 4, p. 739-756.

5223. NELSON (Daniel). Frederick W. Taylor and the rise of scientific management. Madison, Univ. of Wis. Press, 80, in-8, XII-259 p.

5224. NICANDER (Eric). Järnvägsinvesteringar i Sverige 1849-1914. (Railway investment in Sweden, 1849-1914.) Lund, Ekon.-hist. fören., 80, in-8, 166 p. (map). (Skrifter utg. av Ekon.-hist. fören. i Lund, 28) /Eng. summary/

5225. OCHSENWALD (William). The Hijaz railroad. Charlottesville,Univ. Press of Va., 80, in-8, XVI-169 p.

5226. OLSSON (Lars). Då barn var lönsamma : om arbetsdelning, barnarbete och teknologiska förändringar i några svenska industrier under 1800- och början av 1900-talet. (When children were profitable : on the division of labour, child labour and technological changes in some Swedish industries during the 19th a. at the beginning of the 20th cent.) Stockholm, Tiden, 80, in-8, 182 p. /Eng.summary./

5227. Ó MÓRDHA (Pilip). The linen industry in the Clones area (1660-1840).

Clogher Rec., 79, vol. 10, p. 144-153.

5228. OSHIMA (Eiko). 1920 nendai ni okeru kumiaiseishi no kôkakushi seisan. (Reeling higher-class raw silk by the co-operative manufactures of sericulturists in the 1920's.) Rekishigaku Kenkyû, 80, n° 486, p. 41-58.

5229. Ózdi Kohászati Üzemek (Az) története. Szerk. BEREND T. Iván. (Histoire des Usines de Métallurgie d'Ózd. Réd. par -.) Ózd, Ózdi Kohászati Üzemek, 80, in-8, 545 p.

5230. PACH (Zsigmond Pál). A Levante-kereskedelem erdélyi útvonala a 15-16. század fordulóján. Századok, 78, vol. 112, n° 6, p. 1005-1038.- Also in Eng. : The Transylvanian route of Levantine trade at the turn of the 15th and 16th centuries. In : Etudes hist. hongr. /Cf. n° 611/, vol. 1, p. 133-166.

5231. PARKER (John P.). Cape Breton ships and men. Toronto, McGraw-Hill Ryerson, 80, in-8, 197 p.

5232. PAULINYI (Oszkár). A bányajoghatóság centralizációjának első kísérlete Magyarországon. A Miksaféle bányarendtartás bevezetésének előtörténetéből. Századok, 80, vol. 114, n°1, p. 1-25.- Auch in Deutsch : Der erste Anlauf zur Zentralisation der Berggerichtsbarkeit in Ungarn. Aus der Vorgeschichte der Maximilianischen Bergordnung. In : Etudes hist. hongr. /Cf. n° 611/, vol. 1, p. 209-233. - IDEM. A Garam-vidéki hét szabad királyi bányaváros 1542. hatvanadadójának a lajstromai. Forrástani elemzés.(Les listes de soixantièmes des sept villes minières royales de la région du Hron en 1542. Analyse des sources.) Tört. Szle, 80, vol. 23, n°3, p. 349-375.- IDEM. Bányagazdálkodás a fejlett feudalizmus időszakában. (L'exploitation des mines en Hongrie à l'époque du féodalisme développé.) Tört. Szle,79, vol. 22, n°s 3-4, p. 614-629.- IDEM. Kimutatások a körmöcbányai bányakamarai körzet nemesfémtermeléséről a XVI. század első felében. (Statistiques sur la production des métaux précieux du territoire de la Chambre de mine de Kremnica dans la seconde moitié du XVIe s.) Századok, 78, vol. 112, n°2, p. 326-346.

5233. PAZDUR (Jan). Początki reklamy fabrycznej w Polsce. (Les débuts de la publicité des manufactures en Pologne.) Kwart. Hist. Kult. mater., 80, a. 28, n°2, p. 211-221.

5234. PÉTERI (György). A Magyar Tanácsköztársaság iparirányítási rendszere. (Le système de direction industrielle de la République des Conseils Hongroise.) Budapest, Közgazdasági és Jogi Kiadó, 79, in-8, 287 p.

5235. POGÁNY (Mária). Vállalkozók, mérnökök, munkások a magyar vasútépítés hőskorában, 1845-1873. (Entrepreneurs, ingénieurs, ouvriers au début de la construction des chemins de fer hongrois.) Budapest, Akad. Kiadó, 80, in-8, 170 p. (Értekezések a történeti tudományok köréből, 90)

5236. POLLARD (S.) A new estimate of British coal production, 1750-1850. Econ. Hist. R., 80, vol. 33, p. 212-235.

5237. POWELL (Christopher). The economic history of the British building industry, 1815-1979. London, Architectural Press, 80, in-8, 224 p. (ill.).

5238. PRATT (Joseph A.). The petroleum industry in transition : antitrust and the decline of monopoly control in oil. J. econ. Hist., 80, vol. 40, n°4, p. 815-837.

5239. PURŠ (Jaroslaw). Možnosti spektrální analýzy vývoje parního pohonu v průmyslu jako indexu hospodářských cyklů v 19. století. (The possibilities of analysing the development of steam power in the industry as an index of economic cycles in the 19th Cent.) Hosp. Děj., 78, vol. 1, p. 9-32

5240. PUSATERI (C. Joseph). Enterprise in radio : WWL and the business of broadcasting in America. Washington, D.C., Univ. Press of America, 80, in-8, XII-366 p.

5241. RANDIER (Jean). Histoire de la marine marchande française, des premiers vapeurs à nos jours. Paris, Ed. maritimes et d'outre-mer, 80, in-4, 452 p. (ill., pl.).

5242. RÁNKI (György). A pannon térség ipari fejlődésének összehasonlító regionális vizsgálatához. (Contributions à l'étude régionale comparative du développement industriel du territoire pannonien.) Magy. tudom. Akad. Filoz. Törttudom. Oszt. Közl., 79, vol. 28, n°s 1-3, p. 153-163.

5243. READER (William Joseph). Macadam. London, Heinemann, 80, in-8, 276 p.

5244. RICHARDSON (Elmo). BLM's billion-dollar checkerboard : managing the O and C lands. Santa Cruz.,Calif., Forest Hist. Soc., 80, in-8, X-200 p. /Forest lands a. lumber industry.BLM: U.S. Bureau of Land Management; O and C : Oregon a. California railroad/

5245. RIEDL (Rudolf). Historie plynárenství a jeho vývoj v Československu. (Geschichte d. Gasindustrie u. ihrer Entwicklung in d. Tschechoslowakei.) Praha, Stát. pedagog. naklad., 78, in-8, 175 p. (35 fot., 1 carte). (Sborník Vysoké školy chemicko-technologické v Praze, A-20)

5246. ROUSSO (Henry). L'organisation industrielle de Vichy (perspectives de recherches). R. Hist. 2e Guerre mond., 79, a. 29, p. 27-44.

5247. RULE (John). The experience of labour in 18th century industry. London, Croom Helm, 80, in-8, 240 p.

5248. SCHARF (Lois). To work and to wed : female employment, feminism, and the great depression. Westport, Conn., Greenwood Press, 80, in-8,XIII-240 p. (Contrib. in Women's Stud.,15)

5249. SCHEELE (Irmtraut). Industrialisierung und Austernzucht im 19. Jahrhundert. Sudhoffs Arch., 80, Bd 64, p. 330-350.

5250. SCHMITT (Frederick P.) a. others. Thomas Welcome Roys : America's pioneer of modern whaling. Charlottesville, Univ. Press of Va., 80, in-8, XIV-253 p. (Mariners Museum Pub., 38)

5251. SCHMITT (J.-M.). Aux origines de la Révolution industrielle en Alsace. Investissements et relations sociales dans la vallée de Saint-Amarin au XVIIIe siècle. Strasbourg, Istra, 80, in-8, 391 p.

5252. SCHÖN (Lennart). British competition and domestic change : textiles in Sweden, 1820-1870. Econ. a. Hist., 80, vol. 23, p. 61-76.

5253. SCHOLL (L.U.). Technische, ökonomische und soziale Veränderungen in der Rheinschiffahrt nach 1816. Möglichkeiten einer Technikgeschichte in den Niederlanden. Econ. soc.-hist. Jb., 79, vol. 42, p. 156-180.

5254. SCHRÖDER (Wilhelm Heinz). Die Entwicklung der Arbeitszeit im sekundären Sektor in Deutschland 1871 bis 1913. Technikgesch., 80, Bd 47, p. 252-302.

5255. ŠEBELÍK (Vladimír). Vývoj koksárenství na území ČSSR od počátků do roku 1975. (Die Entwicklung d. Kokereiwesens auf d. Gebiete d. ČSSR von seinen Anfängen bis z. J. 1975.)Praha, Technickoekonom. výzk. ústav hutního průmyslu, 79, in-8, 183 p. (Řada pojednání z dějin československ. hutnictví železa, 18)

5256. SHILS (Edward B.) a. others. Industrial peacemaker : George W.Taylor's contribution to collective bargaining. Philadelphia, Univ. of Pa. Press, 79, in-8, XI-244 p.

5257. SINNHUBER (Karl A.). Strukturveränderungen der Industrie im Vereinigten Königreich von Grossbritannien und Nordirland seit 1945. Österr. in Gesch. u. Lit., 80, Jg. 24, p. 34-54.

5258. SMITH (John Graham).Origins and early development of the heavy chemical industry in France. London, Oxford U.P., 80, in-8, 384 p. (fig., tab.).

5259. SMITH (Malcolm). Planning and building the British bomber force, 1934-1939. Business Hist. R., 80, vol.

54, n°1, p. 35-62.

5260. SNAPER (F.). De generale lijsten van de schepen die in de periode 1758-1761 en 1783-1786 in Holland zijn binnengekomen. (Lists of incoming ships in Holland 1758-1761 and 1783-1786.) Econ. soc.-hist. Jb., 79, vol. 42, p. 26-44.

5261. SUBOCKIJ (Ju.). Melkie predprijatija v promyšlennosti SŠA.(Kleinbetriebe in der USA-Industrie.)Mirov. ékon. meždunar. Otn., 80, n°1, p. 70-80.

5262. TADDEI (Francesca). Il Pignone di Firenze (1944-1954). Con un saggio di Lirio MANGALAVITI : Il Pignone tra Resistenza e ricostruzione.Firenze, La nuova Italia, 80, in-16, 144p. (Toscana-sindacato, 3)

5263. TAKAMURA (Naosuke). Chûgoku ni okeru Nihon bôsekigyô no keisei. (The formation of the Japanese cotton spinning industry in China.) Shakaikeizai-shigaku, 80, vol. 45, n°5, p. 83-112.

5264. Tevan Nyomda- és Kiadóvállalat (A) történetéből, 1903-1949. Szerk. SZABÓ Ferenc. (Sur l'histoire de l'imprimerie et maison d'édition Tevan, 1903-1949. Réd. par -.) Békéscsaba,78, in-8, 164 p. (Bibliotheca Bekesiensis, 16)

5265. TODOROVA (Cvetana).Probleme der kapitalistischen Industrialisierung Bulgariens vom Anfang des 20. Jahr-Hunderts bis zum Ersten Weltkrieg.Bulg. hist. R., 80, a. 8, n°4, p. 3-22.

5266. TROTTIER (Louise). Les forges : historiographie des forges de Saint-Maurice. Montréal, Boréal Express, 80, in-8, 170 p.

5267. VAN DEN EERENBEEMT (H.F.J.M.). De Nederlandsche Maatschappij ter bevordering van Nijverheid en de proeven met een inheemse zijde teelt 1850-1875. (The "Nederlandsche Maatschappij ter bevordering van Nijverheid" and the Dutch silk-culture 1850-1875.) Econ. soc.-hist. Jb., 79, vol. 42, p. 181-214.

5268. VAN DER POLS (K.). The introduction of the steam engine to the Netherlands. Acta Hist. neerlandicae, 79, vol. 12, p. 110-125.

5269. VÁRFALVI (Tamás). A 80 éves magyar állami hajózás géphajói. (Les bateaux à moteur de la navigation d' Etat Hongroise à 80 ans.) Budapest, Gépipari Tudományos Egyesület, 79, in-8, 424 p. (Műszaki történelmi sorozat, 12)

5270. VARGA (László). Állami ipartámogatás a dualizmus időszakában a századforduló után. (Préférences données par l'Etat à l'industrie à l'époque du dualisme après le tournant du siècle.) Századok, 78, vol. 112, n°4, p. 662-703.- IDEM. Állami ipartämogatás a dualizmus korában, 1880-1900. (La subvention accordée à l'industrie par l'Etat à l'époque du Dualisme.) Tört. Szle, 80, vol. 23, n°2, p. 196-226.

5271. VAYSSIERE (Pierre). Un siècle de capitalisme minier au Chili, 1830-1930. Paris, Ed. du C.N.R.S.,80, in-8, 344 p.

5272. VELIKY (János). A kossuthi ipartämogató politika értelmezéséhez. (L'interprétation de la politique de subvention de l'industrie de Kossuth.) Acta Univ. debreceniensis, Ser. hist., 79, vol. 26, p. 67-89.

5273. VENTURINI (Fiorenza). Storia italiana dei trafori del San Gottardo. Milano, Pan, 80, in-16, 183 p. (Il timone, 99)

5274. VIETOR (Richard H.K.). Environmental politics and the coal coalition. College Station, Texas A & M U. P., 80, in-8, XIV-285 p. (Environmental Hist. Ser., 2)

5275. VILAIN (Lucien-Maurice). L' évolution des locomotives à vapeur de la Compagnie des chemins de fer de l' Est, 1853-1938, avec aperçu sur l'évolution des voitures à voyageurs.Paris, Pygmalion, 80, in-8, 286 p. (ill.).

5276. VOLKMANN (Hans-Erich). L'importance économique de la Lorraine sous le IIIe Reich (compte tenu particulièrement de l'industrie de la minette.) R. Hist. 2e Guerre mond., 80, a. 30, p. 69-93.

5277. WARD (James A.). J. Edgar Thomson : master of the Pennsylvania /railroad, 19th c./. Westport, Conn., Greenwood Press, 80, in-8, XVIII-265p. (Contrib. in Economics a. Econ. Hist., 33)

5278. WEBB (Steven B.). Tariffs, cartels, technology, and growth in the German steel industry, 1879 to 1914. J. econ. Hist., 80, vol. 40, n°2, p. 309-330.

5279. WEBER (Wolfhard). Technische Entwicklung und Arbeitszeit im deutschen Bergbau in der Frühindustrialisierung 1770-1810. Technikgesch., 80, Bd 47, p. 194-214.

5280. WETZEL (Kurt). Railroad management's response to operating employees' accidents, 1890-1913. Labor Hist., 80, vol. 21, n°2, p. 351-368.

5281. WHITESIDE (N.). Industrial welfare and labour regulation in Britain at the time of the first World War. Int. R. soc. Hist., 80, vol. 25, p. 307-331.

5282. WISE (George). A new role for professional scientists in industry : industrial research at General Electric, 1900-1916. Technol. a. Cult., 80, vol. 21, n°3, p. 408-430.

5283. YARMIE (A.H.). Employer's organizations in mid-Victorian England. Int. R. soc. Hist., 80, vol. 25, p.209-235.

5284. ZŘÍDKAVESELÝ (František). Počátky elektrifikace Moravy. 1918-1919. (Die Anfänge d. Elektrifizierung Mährens.) Brno, Technické muzeum, 78, in-8, 152 p. (12 fig., 3 cartes).

Cf. n°s 3642, 3809, 4668, 4866, 4867, 5478, 5522, 5550.

§ 4. Handel.

5285. ADAMS (Donald R.) Jr. American neutrality and prosperity, 1793-1808 : a reconsideration. J.econ.Hist., 80, vol. 40, n°4, p. 713-738.

5286. ALLAIRE (Gratien). Les engagements pour la traite des fourrures. R. Hist. Amérique franç., 80-81, vol. 34, p. 3-26.

5287. ANGELI (Stefano). Banchieri e commercianti di sete a Milano nel periodo della Restaurazione. Studi stor., 80, a. 21, p. 311-338.

5288. BÁCSKAI (Vera), NAGY (Lajos). Market areas, market centres and towns in Hungary in 1828. Acta hist. Acad. Sci. hungaricae, 80, vol. 26, n°s 1-2, p. 1-25.- IIDEM. Matematikai módszerek alkalmazási lehetőségei a történetudományban. A Faktoranalizis alkalmazása Magyarország 19. sz. eleji piacközpontjainak vizsgálatánál. (Possibilités d'emploi des méthodes mathématiques dans la science historique. Emploi de l'analyse factorale pour l'étude des centres commerciaux de la Hongrie du début du XIXe s.) Tört. Szle, 79, vol. 22, n° 2, p. 283-296.

5289. BIRKEN (Andreas). Die Wirtschaftsbeziehungen zwischen Europa und dem Vorderen Orient im ausgehenden 19. Jahrhundert. Wiesbaden, Reichert, 80, in-8, VIII-403 p. (graph. Darst., Kt.). (Tübinger Atlas d. Vorderen Orients. Beih. Reihe B : Geisteswiss., 37)

5290. BOGUCKA (Maria). Z badań nad handlem Gdańsk-Turku w XVI i pierwszej połowie XVII wieku. (Etudes sur le commerce entre Gdańsk et Turku au XVIe et dans la première moitié du XVIIe s.) Zap. hist., 80, vol. 45, n° 3, p. 25-30.

5291. BROWN (Jennifer S.H.). Strangers in blood : fur trade company families in Indian country. Vancouver, Univ. of British Columbia Press, 80, in-8, XIII-255 p. - CR : J.E. Foster, Beaver, 80-81, Outfit 311, Winter, p. 60-61. C. Devens, Canad. hist. R., 81, vol. 62, p. 342-343. J. V. Matthews, Ontario Hist., 81, vol. 73, p. 62-64.

5292. BUR (Márta). A balkáni kereskedők és a magyar borkivitel a XVIII. században. (Les marchands des Balkans et l'exportation du vin hongrois au XVIIIe siècle). Tört. Szle, 78, vol. 21, n°2, p. 281-313.

5293. BUSHKOVITCH (Paul). The merchants of Moscow 1580-1650. Cambridge, London a New York, Cambridge U.P., 80, in-8, XII-217 p.

5294. CROUZET (François). Toward an export economy : British exports during the industrial revolution. Explor. in econ. Hist., 80, vol. 17, n° 1, p. 48-93.

5295. DI GIANFRANCESCO (Mario). Politica commerciale e scambi con l' estero nel Regno delle Due Sicilie. Risorgimento, 80, a. 32, p. 65-104.

5296. DUNN (Ross E.). Bū Ḥimāra's European connexion, the commercial relations of a Moroccan warlord. J. african Hist., 80, vol. 21, p. 235-253.

5297. FEDOROWICZ (J.K.). England's Baltic trade in the early 17th century : Anglo-Polish commercial relations. London, Cambridge U.P., 80, in-8, 334 p. (dr., tab., maps). (Stud. in Econ. Hist.)

5298. GOLDIN (Claudia D.), LEWIS (Frank D.). The role of exports in American economic growth during the Napoleonic wars, 1793 to 1807.Explor. in econ. Hist., 80, vol. 17, n°1, p. 6-25.

5299. GREEN-PEDERSEN (S.E.).Colonial trade under the Danish flag. A case study of the Danish slave trade to Cuba, 1790-1807. Scand. J. Hist., 80, vol. 5, p. 93-120.

5300. GROTH (Andrzej). Piławskie księgi celne z lat 1638-1712. (Les livres douaniers de Piława /Baltijsk, Lituanie/ des années 1638-1712.) Zap. hist., 80, vol. 45, n°1, p. 133-141.

5301. GULDON (Zenon), STĘPKOWSKI (Lech). Z dziejów handlu Rzeczypospolitej w XVI-XVIII wieku. Studia i materiały. (De l'histoire du commerce de la République /polonaise/ aux XVIe-XVIIIe s. Etudes et matériaux.)Kielce, Wyższa Szkoła Pedagog. im. J. Kochanowskiego, 80, in-8, 331 p.

5302. HANSON (John R.). Trade in transition : exports from the Third World, 1840-1900. London, Academic Press, 80, in-8, 197 p.

5303. HARLEY (C. Knick). Transportation, the world wheat trade, and the Kuznets cycle, 1850-1913. Explor. in econ. Hist., 80, vol. 17, n°3, p. 275-302.

5304. HYMAN (Paula E.). Immigrant women and consumer protest : the New York City kosher meat boycott of 1902. Am. jewish Hist., 80, vol. 70, n°1, p. 91-105.

5305. ISRAEL (J.I.), Some further data on the Amsterdam Sephardim and their trade with Spain during the 1650 s. Studia Rosenth., 80, vol. 14, p. 7-19.

5306. IVANYOSI-SZABÓ (Tibor). Az aranyforint forgalma Kecskeméten,1662-1711. (La circulation du florin d'or à Kecskemét.) Numizm. Közl., 79-80, vol. 78-79, p. 63-76.

5307. KAREV (V.P.). Nekotorye voprosy organizacii vnešney torgovli Sovetskogo gosudarstva v vosstanovitel'-nyj period 1921-1925 gg. (Some problems of organization of the Soviet State's foreign trade in the period of reconstruction, 1921-1925.) Ist. SSSR, 80, n. 6, p. 137-146.

5308. KOEN (E.M.). Notarial records relating to the Portuguese Jews in Amsterdam up to 1639. /Cf. Bibl. 78-79,n° 5988./ Studia Rosenth., 80, vol. 14, p. 79-102.

5309. LÁNG (Imre). The conflict between American and British commercial policies prior to World War II. Acta hist. Acad. Sci. hungaricae, 79, vol. 25, n°s 3-4, p. 267-297.

5310. LÓPEZ DE COCA CASTAÑER (José Enrique), LÓPEZ BELTRAN (Mª Teresa). Mercaderes genoveses en Málaga (1487-1516). Los hermanos Centurión e Ytalian. Hist. Instit. Doc., 80, vol. 7, p. 95-123.

5311. MARREY (Bernard). Les grands magasins, des origines à 1939. Paris, Picard, 79, in-8, 272 p. (ill.).

5312. MÉREI (Gyula). Der Aussenhandel des Königreichs Ungarn (1790-1848). In : Etudes hist. hongr. /Cf. n°611/, vol. 1, p. 429-461.

5313. MÉSZÁROS (László). Der Handelsverkehr der slawisierten "Latini" aus Ragusa in den Ofner türkischen Zollbüchern (1550-1580). Studia slavica Acad. Sci. hungaricae, 78, vol. 24, n°s 1-2, p. 177-186.

5314. MOSER (Caroline O.N.). Why the poor remain poor : the experience of Bogotá market traders in the 1970s. J. inter-am. Stud. a. World Affairs,80, vol. 22, n°3, p. 365-388.

5315. NICHOLAS (S.J.). The American export invasion of Britain : the case of the engineering industry, 1870-1914. Technol. a. Cult., 80, vol. 21, n°4, p. 570-588.

5316. OLORUNFEMI (A.). Effects of war-time trade controls on Nigerian cocoa traders and producers, 1939-1945: a case study of the hazards of a dependent economy. Int. J. african hist. Stud., 80, vol. 13, n°4, p. 672-689.

5317. OLSON (Alison G.). The Board of Trade and London-American interest groups in the 18th century. J. imp. Commonw. Hist., 80, vol. 8, p. 33-50.

5318. PASKALEVA (Virdžinija). A contribution to the history of trade in the Bulgarian lands during the first half of the 19th century. Bulg. hist. R., 80, a. 8, n°2, p. 27-48.

5319. PRICE (Jacob M.). Capital and credit in British overseas trade : the view from the Chesapeake, 1700-1776. Cambridge, Mass., Harvard U.P., 80, in-8, VIII-233 p.

5320. RICHARDS (W.A.). The import of firearms into West Africa in the 18th century. J. african Hist., 80, vol. 21, p. 43-59.

5321. ROBERTS (Richard). Long distance trade and production : Sinsani in the 19th century. J. african Hist., 80, vol. 21, p. 169-188.

5322. SCHUHMACHER (W. Wilfrid). South African light on American fur trade vessels. Am. Neptune, 80, vol. 40, n°1, p. 46-49.

5323. STEIN (Robert Louis). The French slave trade in the eighteenth century : an Old Regime business. Madison, Univ. of Wis. Press, 79, in-8, XVII-250 p.

5324. UNGER (Richard W.). Dutch herring, technology, and international trade in the seventeenth century. J. econ. Hist., 80, vol. 40, n°2, p.253-280.

5325. WATSON (I.B.). Foundation for Empire, English private trade in India, 1659-1760. London, Vikas, 80, in-8, 384 p.

5326. ZINGG (Paul J.). To the shores of Barbary : the ideology and pursuit of American commercial expansion, 1816-1906. South Atlantic Quar., 80, vol. 79, n°4, p. 408-424.

Cf. n°s 5448, 5628, 6225, 7053.

§ 5. Landwirtschaft und Agrarprobleme.

✦ 5327. ROGERS (Earl M.), ROGERS (Susan H.). Significant books on agricultural history published in 1978. Agric. Hist., 80, vol. 54, n°4, p.542-547. /Cf. Bibl. 76-77, n° 6540./

✦ Cf. n° 766.

5328. Agrárpolitika és agrárátalakulás Magyarországon, 1944-1962. (Politique et transformation agraires en Hongrie.) Réd. par BALOGH Sándor, PÖLÖSKEI Ferenc. Budapest, Akadémiai Kiadó, 79, in-8, 240 p.

5329. Agricoltura e società nella Maremma grossetana dell'800. Giornate di studio per il centenario ricasoliano

(Grosseto, 9-11 maggio 1980). Pref. di Giovanni SPADOLINI. Firenze, Olschki, 80, in-8, XII-348 p. (Bibl. stor. toscana. Sez. di Stor. del Risorg.,4)

5330. Agriculture et colonisation au Québec : aspects historiques, compilé par Normand SEGUIN. Montréal, Boréal Express, 80, in-8, 220 p. (Etudes d' hist. du Québec, 9) /Contient : BERNIER (Bernard). La pénétration du capitalisme dans l'agriculture, p. 73-91. - BLOUIN (Claude). La mécanisation de l'agriculture entre 1830 et 1890, p. 93-111. - DAGENAIS (Pierre). Le mythe de la vocation agricole, p. 65-71. - FAUCHER (Albert). Explication socio-économique des migrations dans l'histoire du Québec, p. 141-157.- LAROUCHE (Daniel). Le mouvement de concession des terres à Laterrière, p. 165-179. - LEMELIN (Charles). Les répercussions sociales de l'industrialisation sur l'agriculture, p. 53-63. - MONETTE (René). Essai sur le mode de mise en valeur des exploitations agricoles, p. 39-51. - PERRON (Normand). Genèse des activités laitières, 1850-1960, p.113-140. - SEGUIN (Normand). L'économie agro-forestière : genèse du développement au Saguenay au 19e siècle, p.159-164.- IDEM. L'histoire de l'agriculture et de la colonisation au Québec depuis 1850, p. 9-37.- IDEM. Problèmes théoriques et orientation de recherche, p. 181-197./

5331. ANFIMOV (A.M.), ZYRJANOV (P.N.). Nekotorye čerty évolucii russkoj krest'janskoj obščiny v poreformennyj period (1861-1914). (Some features of the evolution of the peasant commune in Russia in the post-reform period.) Ist. SSSR, 80, n°4, p. 26-44.

5332. ASMUSS (Burkhard). Das Einkommen der Bauern in der Herrschaft Kronburg im frühen 16. Jahrhundert. Probleme b. d. Berechnung landwirtschaftlicher Erträge. Z. f. bayer. Landesgesch., 80, Bd 43, p. 45-91.

5333. Aspects de la recherche sur l'histoire des forêts françaises.Table ronde, Paris, 2 févr. 1980. Paris,Inst. d'Hist. mod. et contemp., 80, in-8,51p.

5334. BADGER (Anthony J.). Prosperity road : the New Deal, tobacco, and North Carolina. Chapel Hill. Univ. of N.C. Press, 80, in-8, XVIII-295 p.(The Fred W. Morrison Ser. in Southern Stud.)

5335. BAKER (T. Lindsay). Turbine type windmills of the great plains and midwest. Agric. Hist., 80, vol. 54,n° 1, p. 38-51.

5336. BARRON (Hal Seth). The impact of rural depopulation on the local economy : Chelsea, Vermont, 1840-1900. Agric. Hist., 80, vol. 54, n°2, p. 318-335.

5337. BARTA (János)Jun. A felvilágosult abszolutizmus parasztpolitikája a Habsburg- és a Hohenzollern-Monarchiában. (The peasant policy of the enligh-

tened absolutism in the Habsburg and Hohenzollern monarchies.) Agrártört. Szle, 78, vol. 20, n°s 3-4, p. 395-443.

5338. BECNEL (Thomas). Labor, church, and the sugar establishment : Louisiana, 1887-1976. Baton Rouge, La. State U.P., 80, in-8, XIII-222 p.

5339. BERAN (Zdeněk). Krmivová základna v soustavě českého zemědělství 1750-1938. (Die Futtergrundlage im tschechischen Landwirtschaftssystem 1750-1938.) Praha, Zemědělské muzeum, 78, in-8, IX-223 p. (13 tab., 23 fig.). (Prameny a studie, 11)

5340. BERGER (Alain), MAUREL (Frédéric). La viticulture et l'économie du Languedoc du XVIIIe siècle à nos jours. Montpellier, Ed. du Faubourg, 80, in-8, 211 p. (ill.).

5341. BLAKE (Nelson Manfred).Land into water-water into land : a history of water management in Florida. Tallahassee, Univ. Presses of Fla., 80, in-8, VIII-344 p. (Florida State Univ. Book)

5342. BODNÁR (László). A társadalmi tényezők szerepe a Mátraaljai történelmi borvidék kialakulásában. (The role of social factors in the evolution of the historical wine region of Mátraalja.) Agrártört. Szle, 80, vol. 22, n°s 3-4, p. 434-462.

5343. BOGDÁN (István). Gabonaféléink térfogatsúlya a XVIII/XIX.század fordulóján. (The volume weight of cereals grown in Hungary at the turn of the 18th a. 19th cent.) Agrártört.Szle, 80, vol. 22, n°s 3-4, p. 527-594.

5344. BONDARČUK (V.S.). Ital'janskoe krest'janstvo v XVIII v : agrarnye otnošenija i social'noe dviženie v Sardinskom korolevstve. (Italian peasantry in the 18th cent. : Agrarian relations and social movement in the Sardinian kingdom.) Moskva, Izd-vo MGU, 80, in-8, 236 p.

5345. BOUSSARD (Isabel). Etat de l'agriculture française aux lendemains de l'Occupation (1944-1948). R. Hist. 2e Guerre mond., 79, a. 29, p. 69-95.

5346. BROWN (D. Clayton). Electricity for rural America : the fight for the REA /Rural Electrification Administration, from 1935/. Westport, Conn., Greenwood Press, 80, in-8, XVI-178 p. (Contrib. in Econ. a. Econ. Hist.,29)

5347. BRUMONT (Francis). La rente de la terre en Rioja occidentale à l' époque moderne. Mél. Casa de Velazquez, 80, t. 16, p. 237-272.

5348. BUZA (János). A hódoltság gazdagparaszti állattartásának néhány kérdése. Szénaárak 1660-ban. (Einige Probleme der Viehhaltung wohlhabender Bauern /in Ungarn/ unter der Türkenherrschaft. Heupreise im Jahre 1660.) Ethnographia, 80, vol. 91, n°2, p.237-249.

5349. CAPIE (Forrest), PERREN (Richard). The British market for meat, 1850-1914. Agric. Hist., 80, vol. 54, n°4, p. 502-515.

5350. CHERWINSKI (W.J.C.). Wooden horses and rubber cows : training British agricultural labour for the Canadian Prairies, 1890-1930. Canad. hist. Assoc. Pap., 80, p. 133-154.

5351. CHOMBART DE LAUWE (Jean). L'aventure agricole de la France de 1945 à nos jours. Paris, Presses univ. France, 79, in-8, 376 p.

5352. CLOUT (Hugh). Agriculture in France on the eve of the railway age. London, Croom Helm; Totowa, N.J.,Barnes a. Noble, 80, in-8, 239 p.

5353. COLOMBO (Diana). Agricoltura e trasformazione dell'ambiente nella prima età moderna. Studi stor., 80, a. 21, p. 171-188.

5354. CORAZZOL (Gigi). Fitti e livelli a grano: un aspetto del credito rurale nel Veneto del' 500. Milano, Angeli, /80?/ in-8, 112 p. (Stud. e Ric. stor., 5)

5355. Cukorrépa-termesztés (A) Magyarországon, 1808-1938. Szerk.SZEMZŐ Béla. (La production de betteraves sucrières en Hongrie, 1808-1938. Réd. par -.) Budapest, Akad. Kiadó, 79, in-8, 286 p. - CR : L. Magassy, Növénytermelés, 80, vol. 29, n° 3, p. 285-286.

5356. CURTIS (L.P.) Jr. Incumbered wealth : landed indebtedness in post-famine Ireland. Am. hist. R., 80, vol. 85, n°2, p. 332-367.

5357. DANDOM (David B.). The resisted revolution : urban America and the industrialization of agriculture,1900-1930. Ames, Iowa State U.P., 79, in-8, IX-195 p.

5358. DANEO (Camillo). Breve storia dell'agricoltura italiana, 1860-1970. Milano, Modadori, 80, in-8, 237 p. (tab.). Saggi, 138)

5359. DESJEUX (Dominique). La question agraire à Madagascar. Administration et paysannat de 1895 à nos jours. Paris, l'Harmattan, 79, in-8, 195 p.

5360. DURAND (Georges). Vin, vigne et vignerons en Lyonnais et Beaujolais (XVIe-XVIIIe siècles). Paris et La Haye, Mouton, 79, in-8, 540 p.

5361. EARLE (Carville), HOFFMAN (Ronald). The foundation of the modern economy : agriculture and the costs of labor in the United States and England, 1800-1860. Am. hist. R., 80, vol. 85, n°5, p. 1055-1094.

5362. FAUST (Drew Gilpin). Culture, conflict and community : the meaning of power on an antebellum plantation. J. soc. Hist., 80, vol. 14, n°1, p.83-98.

5363. FEHÉR (György). Az aratás gépesítésének elterjedése, különös tekintettel a McCormick Cég magyarországi tevékenységére 1850-1900. (The spread of mechanization of harvesting, with special regard to the business activity of the firm McCormick in Hungary 1850-1900.) Technikatört. Szle, 79, vol. 11, p. 143-167.

5364. FEOKTISTOVA (L. Kh.). Zemledelie u ėstoncev. XVIII-načalo XX v. Sistemy i tekhnika. (Estonian agriculture, 18th-beginning of the 20th cent. Systems a. technics.) Moskva, Nauka,80, in-8, 191 p.

5365. FISHER (J.R.). The economic effects of cattle disease in Britain and its containment, 1850-1900. Agric. Hist., 80, vol. 54, n°2, p. 278-294.

5366. FRIEDMANN (Karen J.). Urban food marketing in Los Angeles, 1850-1885. Agric. Hist., 80, vol. 54, n°3, p. 433-445.

5367. FRUHAUF (Christian). Forêt et société. De la forêt paysanne à la forêt capitaliste en pays de Sault sous l'Ancien Régime (vers 1670-1791).Paris, C.N.R.S., 80, in-8, 30i p. (ill., tabl., cartes). (Centre régional de publ. de Toulouse)

5368. GAÁL (László). A magyar állattenyésztés multja.(Le passé de l'élevage hongrois. Le passé de la production végétale hongroise.) Budapest, Akadémiai Kiadó, 78, in-8, 637 p.-IDEM A takarmányozás Magyarországon, 1920-1945. (Feeding in Hungary.) Agrártört. Szle, 80, vol. 22, n°s 1-2, p. 97-140.

5369. GARRABOU (Ramon), SERRA(Eva). L'agricoltura catalana nei secoli XVI-XX. Studi stor., 80, a. 21, p. 339-362.

5370. GAUTHIER (Florence). Le système agraire communautaire picard (fin XVIIIe-début XIXe siècle). A hist. Révol. franç., 80, a. 52, p. 181-204.

5371. GEDAY (Gusztáv). Entz Ferenc. (F. Entz /1805-1877/.) Budapest, Akad. Kiadó, 80, in-16, 234 p. (A mult magyar tudósai 9. sor.)

5372. GILBAR (Gad G.). Persian agriculture in the late Qajar period, 1860-1906; some economic and social aspects. Asian a. african Stud., 78, vol. 12, n°3, p. 312-365.

5373. GONDA (Béla). A biológiai alapok a magyar mezőgazdaság fejlesztésében 1858-1978. (Biological bases of the development of agriculture in Hungary.) Agrártört. Szle, 80, vol.22, n°s 1-2, p. 197-245.

5374. Gosudarstvo i agrarnaja ėvolucija v razvivajuščikhsja stranakh Azii i Afriki. Sbornik statej. (State and agrarian evolution in developing countries of Asia and Africa. Collection of articles.) Ed. by V.G. RASTJANNIKOV. Moskva, Nauka, 80,in-8, 229 p.

5375. GRANTHAM (George W.). The persistence of open-field farming in nineteenth-century France. J. Econ. Hist., 80, vol. 40, n° 3, p. 515-532.

5376. GREGORY (Paul R.). Grain marketings and peasant consumption, Russia, 1885-1913. Explor. in econ. Hist., 80, vol. 17, n°2, p. 135-164.

5377. GUNST (Peter). Vlijanie industrializacii na sel'skoe khozjajstvo Zapadnoj i Vostočnoj Evropy v XIX-XX vekakh. (L'influence de l'industrialisation sur l'agriculture de l'Europe Occidentale et Orientale aux XIX-XXe s.) Acta Hist. Acad. Sci. hungaricae, 80, vol. 26, n°s 1-2, p. 77-103.

5378. HALLAGAN (William S.). Labor contracting in turn-of-the-century California agriculture. J. econ. Hist., 80, vol. 40, n°4, p. 757-776.

5379. HAUSHOFER (Heinz). Die agrargeschichtlichen und agrarsoziologischen Aussagen Oswald Spenglers. Eine Überprüfung nach rund 60 Jahren. Z. f.Agrargesch., 80, Jg. 28, p. 141-156.

5380. HEGYI (Imre). A népi erdőkielés történeti formái. Az Északkeleti-Bakony erdőgazdálkodása az utolsó kétszáz évben. (Formes historiques de l' usage des forêts par le peuple. La sylviculture dans le Nord-Est de la région de Bakony dans les derniers deux cents ans.) Budapest, Akad. Kiadó, 78, in-8, 319 p.

5381. HERRMANN (Klaus). Die Einführung von Landmaschinen in Württemberg im 19. Jahrhundert. Ein Beitrag z. Gesch. d. landtechnischen Innovationstransfers. Scripta Mercaturae, 79/80/, p. 133-160. - IDEM. Die deutsche Weinwirtschaft während des zweiten Weltkrieges. Z. f. Agrargesch., 80, Jg.28, p. 157-181.

5382. HERSTAD (John). Folkevekst, åkerbruk og kornimport i Norge tidlig på 1800-tallet. (Population increase, agriculture and import of cereals in early 19th cent. in Norway.) /Norsk/ Hist. T., 80, vol. 59, p. 355-388./Eng. summary/

5383. Historia chłopów polskich. Opracowanie zbiorowe. (Histoire des paysans polonais. Travail collectif.) Réd. Stefan INGLOT. /T.1. Cf. Bibl.70-71, n° 7333./ T.3 : Okres II Rzeczypospolitej i okupacji hitlerowskiej./T.3: L'Epoque de la IIe République et de l' occupation nazie.) Aut. Jan BORKOWSKI et autres. Warszawa, Lud. Spółdz. Wydawn., 80, in-8, 715 p.

5384. HUBSCHER (Ronald Henri). L' agriculture et la société rurale dans le Nord-Pas-de-Calais, du milieu du XIXe s. à 1914. Arras, Comm. départ. des monuments hist. du Pas-de-Calais, 79-80, 2 vol. in-4, 964 p. (dépl.,ill.) (Mém. de la Commission départementale des monuments hist. du Pas-de-Calais, 20)

5385. IKNI (Guy). Recherches sur la propriété froncière ; problèmes théoriques et de méthode (fin XVIIIe-début XIXe siècle.). A. hist. Révol. franç., romaines, 80, a. 52, n° 241, p. 390-424.

5386. JAKIMENKO (N.A.). Sovetskaja istoriografija pereselenija krest'jan v Sibir' i na Dal'nij Vostok (1861-1917.). (Soviet historiography of the peasant migration to Siberia and the Far East.) Ist. SSSR, 80, n°5, p. 91-104.

5387. JELEČEK (Leoš). Ground rent and land fund in Bohemia in the second half of the 19th century. Hosp. Děj., 78, vol. 2, p. 131-168.

5388. JOHNSON (D.S.). Cattle smuggling on the Irish border, 1932-38. Irish econ. soc. Hist., 79, vol. 6, p. 41-63.

5389. JONSSON (Ulf). Jordmagnater, landbönder och torpare i sydöstra Södermanland 1800-1880. (Large landowners, farmers and crofters in south eastern Södermanland /Sweden/, 1800-1880.) Stockholm, Almqvist a. Wiksell internat., 80, in-8, 231 p. (Stockholm stud. in econ. hist., 5)

5390. KÁLLAY (István). A magyarországi nagybirtok kormányzata, 1711-1848. (L'administration de la grande propriété en Hongrie.) Budapest, Akad. Kiadó, 80, in-8, 337 p. (Magyar Országos Levéltár kiadványai, 3. Hatóság- és hivataltörténet, 5) - IDEM. Management of big estates in Hungary between 1711 and 1848. In : Etudes hist. hongr. /Cf. n° 611/, vol. 1, p. 339-361.

5391. KANYAR (József). Somogy megye agrártársadalma az első földreformtól a szocialista mezőgazdaságig, 1920-1945. (La société agraire du comitat de Somogy, de la première réforme agraire jusqu'à l'agriculture socialiste.) Budapest, Akad. Kiadó, 80, in-8, 378 p.

5392. KIRÁLY (István). Az 1891-es agrárszocialista mozgalom és az 1905-06. évi dunántuli arató- és cselédsztrájkok összehasonlitása. (Comparison of the Agrarian Socialist Movement of 1891 and the Harvesters' and Farm Servants' strikes in Transdanubia in 1905-1906.) Agrártört. Szle, 80, vol. 22, n°s 3-4, p. 311-348.

5393. KISS (József). A Jászkun kerület parasztsága a német lovagrend földesúri hatósága idején, 1702-1731. (La paysannerie du district de Jászkun à l'époque de l'Ordre Teutonique comme seigneur.) Budapest, Akadémiai Kiadó, 79, in-8, 297 p.

5394. KÜVÉR (György). Az orosz obscsina történetéhez. Áttekintés a hetvenes évek szovjet szakirodalmáról. (Contributions à l'histoire de l'obchtchina russe. Vue d'ensemble sur la littérature historique soviétique des années 1970.) Tört. Szle, 78, vol.21, n°2, p. 338-354.

5. LANDWIRTSCHAFT UND AGRARPROBLEME

5395. KOLOSSA (Tibor), PUSKÁS (Julianna). A 100 kat. holdon felüli birtokterület tulajdoni és birtokkezelési struktúrája Magyarországon 1911-ben. (The Owners and the estate management patterns of landed estates of over 100 cad. "hold"-s in Hungary,1911.) Agrártört. Szle, 78, vol. 20, n°s 3-4, p. 444-480.

5396. KOVÁCS (Ágnes). Az úrbéres viszony alakulása a csongrád-vásárhelyi uradalom mezővárosaiban, 1722-1848. (Serfdom in the boroughs of the Csongrád-/Hódmező-/vásárhely estate.) Agrártört. Szle, 79, vol. 21, n°s 3-4, p. 414-431.

5397. LACINA (Vlastislav). Zadlužení kapitalistického zemědělství v českých zemích v letech 1918-1938. (Die Verschuldung d. kapitalist. Landwirtschaft in d. böhm. Ländern in d. Jahren 1918 bis 1938.) Praha, Academia, 78, in-8, 212 p.

5398. LESCARRET (Jean-Pierre). Le système agro-pastoral de la Haute-Lande et son évolution depuis le XVIIe siècle : l'exemple de Saugnac-et-Muret. A. Midi, 80, t. 92, p. 179-201.

5399. LEWIS (Frank), McINNIS (Marvin). The efficieny of the French-Canadian farmer in the nineteenth century. J. econ. Hist., 80, vol. 40, n°3, p. 497-514.

5400. LOM (František). Vývoj kapitalistických krizí a jejich důsledky v zemědělské malovýrobě. (Die Entwicklung d. kapitalist. Krisen u. ihre Folgen im landwirtschaftl. Kleinbetrieb.) Praha, Zemědělské muzeum, 79, in-8, 223 p. (Prameny a studie, 20)

5401. McCALLUM (John). Unequal beginnings : agriculture and economic development in Quebec and Ontario until 1870. Toronto, Univ. Press, 80, in-8, 148 p. (The State a. econ. life) - CR : E. Haslett, Canad. hist. R., 81, vol. 62, p. 357-358. W.R. Smith,Canad. J. Econ., 81, vol. 14, p. 364-368.

5402. McDONALD (Forrest), McWHINNEY (Grady). The South from self-sufficiency to peonage : an interpretation. Am hist. R., 80, vol. 85, n°5, p. 1095-1118.

5403. McGREGOR (Alex). From sheep range to agribusiness : a case history of agricultural transformation on the Columbia plateau. Agric. Hist.,80, vol. 54, n°1, p. 11-27.

5404. McGUIRE (Robert A.). A portfolio analysis of crop diversification and risk in the cotton South. Explor. in econ. Hist., 80, vol. 17, n°4, p. 342-371.- IDEM. U.S. agricultural statistics : state estimates, 1866-1914. Agric. Hist., 80, vol. 54, n°2, p.336-342.

5405. MAGNUSSON (Lars). Ty som ingenting angelägnare är än mina bönders conservation ... : godsekonomi i östra Mellansverige vid mitten av 1700-talet. (As my greatest concern is the conservation of my peasants... : estate economy in eastern Sweden in the mid-18th century.) Stockholm, Almqvist a. Wiksell internat., 80, in-8, 203 p. (Uppsala stud. in econ. hist., 20) /Eng. summary/

5406. MANDON (Guy). Progrès agricoles et défrichements en Périgord au XVIIIe siècle. B. Soc. hist. archéol. Périgord, 80, t. 107, p. 153-183.

5407. MARDER (Brenda L.). Stewards of the land : the American Farm School and modern Greece. Boulder, Colo.,East European Quar., 79, in-8, XI-234 p. /agric. educat., 1902-1949/

5408. MARTINS (Susanna Wade). A great estate at work : the Holkham estate and its inhabitants in the nineteenth century. New York, Cambridge, U.P., 80, in-8, XIV-289 p.

5409. MATĚJEK (František). Moravské lánové rejstříky. (Die mährischen Hufenregister.) Sborn. arch. Pracì., 79, vol. 29, p. 117-159 (8 fig.).

5410. MÉSZÁROS (Károly). A Nagyatádi-féle földreformtörvények megalkotása, 1-2. (The framing of Nagyatádi Szabó's land reform bills.) Agrártört. Szle, 78, vol. 20, n°s 3-4, p. 481-525; 79, vol. 21, n°s 1-2, p. 40-94.

5411. MÖRNER (Magnus). Samers och indianers rätt till jorden- en historisk jämförelse inför Högsta domstolen. (The Sami and the Indian land rights - a historical parallel at the Swedish Supreme Court /in 1979/.) /Svensk Hist. T., 80, vol. 100, p. 423-451. /Eng. summary/

5412. MORELL (Mats). On the stratification of the Swedish peasant class. Scand. econ. Hist. R., 80, vol. 28, p. 15-32.

5413. NASCIMBENE (Adalberto). Braccianti, contadini e lotte agrarie in Lombardia alla fine dell'800. Risorgimento, 80, a. 32, p. 12-64.

5414. NILÉN (Lars). Agrar intressepolitik : från bondeförbund till centerparti. (Agrarian interest politics: from Bondeförbund to Centerparti.) Scandia, 80, vol. 46, p. 199-250, 263-264. /Eng. summary/

5415. NORRIE (Kennth H.). Cultivation techniques as a response to risk in early Canadian prairie agriculture. Explor. in econ. Hist., 80, vol. 17, n°4, p. 386-399.

5416. OGE (Frédéric). Le pouvoir et les montagnards : trois siècles de conflits forestiers dans le Donnezan. A. Midi, 80, t. 92, fasc. 1, p. 67-85.

5417. OKUDA (Hiroshi). Koruhôzu no tochiseiri 1928-1930 nen. (Land consoladation of collective farms : Soviet Russia 1928-1930.) Keizaigaku Ronshû, 80, n°46, p. 82-101; n° 47, p. 67-86.

5418. OROSZ (István). Albrecht Thaer és a "racionális" mezőgazdaság. (A. Thaer et la rationalité dans l'agriculture.) Acta Univ. debreceniensis. Ser. hist., 78, vol. 27, p. 139-155.

5419. OUELLET (Fernand). Libéré ou exploité! Le paysan québécois d'avant 1850. Hist. soc., 80, vol. 13, p. 339-368.

5420. PALACIOS (Marco). Coffee in Colombia, 1850-1970, an economic, social and political history. London, Cambridge U.P., 80, in-8, 340 p.

5421. PALÁDI-KOVÁCS (Attila). A magyar parasztság rétgazdálkodása.Praxis rusticorum Hungariae in oeconomia pratorum. Budapest, Akadémiai Kiadó, 79, in-8, 542 p.

5422. PAPP (Imre). Földbirtokmegoszlás és differenciálódás a francia agrártársadalomban a polgáru forradalom előtti évtizedekben. (Répartition de la propriété foncière et différenciation dans la société agraire en France à la veille de la révolution bourgeoise.) Acta Univ. debreceniensis, Ser., hist., 80, vol. 29, n° 31, p.69-121.

5423. Peasants in Africa. Historical a. contemporary perspectives. London a. Beverly Hills, Calif., Sage,80, in-8, 319 p. (Sage ser. on Afr. modernization a development, 4)

5424. PENYIGEI (Dénes). Tessedik Sámuel. (S. Tessedik /1742-1820/.) Budapest, Akad. Kiadó, 80, in-8, 274p. (Agrártörténeti tanulmányok, 9)

5425. PETERSON (Trudy Huskamp). Agricultural exports, farm income,and the Eisenhower administration. Lincoln, Univ. of Nebr. Press, 79, in-8, XII-222 p.

5426. PISANI (Donald J.). Water law reform in California, 1900-1913. Agric. Hist., 80, vol. 54, n°2, p.295-317.

5427. POWELL (Lawrence N.). New masters : northern planters during the civil war and reconstruction. New Haven, Conn., Yale U.P., 80, XIV-253 p. (Yale Hist. Pub., Misc., 124)

5428. RÁCZ (István). The formation of the system of detached farmsteads. Agrártört. Szle, 77, vol. 19, Suppl. 27 p.

5429. RÁKOS (István). A legelőelkülönözési törvény végrehajtása Hódmezővásárhelyen, 1836-1847. (Die Durchführung des Gesetzes über die Weideabsonderungen in Hódmezővásárhely.) Acta Univ. szegediensis. Acta hist., 79, vol. 65, p. 51-67.

5430. RIVES (Jean). Dîme et défrichements en Gascogne et Quercy au XVIIIe s. A. Midi, 80, t. 92, fasc. 1, p. 57-66.

5431. SAMBUK (S.M.). Politika carizma v Belorussii vo vtoroj polovine XIX veka. (Tsarism policy in Belorussia in the second half of the 19th cent.) Minsk, Nauka i tekhnika, 80,in-8, 223 p.

5432. SMITH (J. Harvey). La crise d'une économie régionale : la monoculture viticole et la révolte du Midi (1907). A. Midi, 80, t. 92, fasc. 3., p. 317-334.

5433. STATTIN (Jan). Hushållningssällskapen och agrarsamhällets förändring : utveckling och verksamhet under 1800-talets första hälft. (Economic societies and changes in Swedish agrarian society during the first half of the 19th century.) Stockholm, Almqvist a. Wiksell internat., 80, in-8, 244 p. (Studia hist. Upsaliensia, 113)/Eng. summary/

5434. STAUDACHER (Christian).Struktur und aktuelle Tendenzen im Siedlungsbild Oberösterreichs. Österr. in Gesch. u. Lit., 80, Jg. 24, p. 171-194.

5435. SVANIDZE (I.A.). Agrarnye preobrazovanija v Alžire. (Transformations dans l'agriculture de l'Algérie.) Vopr. Ist., 80, n°6, p. 78-89.

5436. SZATMARY (David P.). Shays' rebellion : the making of an agrarian insurrection. Amherst, Univ. of Mass. Press, 80, in-8, XIV-184 p. /Massachusetts, 1786-1787/

5437. SZENTI (Tibor). A tanya. Hagyományos és átalakuló paraszti élet a Hódmezővásárhely-kopáncsi tanyavilágban. (Le hameau. Vie traditionnelle et innovations des paysans dans les environs de Hódmezővásárhely-Kopáncs.) Budapest, Gondolat Kiadó, 79, in-8, 273 p.

5438. SZILÁGYI (Miklós). A halászat jelentősége a paraszti önellátasban és árutermelésben. (The significance of fishing in the self-supply and commodity production of peasants Agrártört. Szle, 78, vol. 20, n°s 1-2, p. 81-100.

5439. TESSEDIK (Sámuel),BERZEVICZY (Gergely). A parasztok állapotáról Magyarországon. Szerk. ZSIGMOND Gábor. (Sur l'état des paysans en Hongrie. Réd. par -.) Budapest, Gondolat Kiadó, 79, in-8, 434 p. (A magyar néprajz klasszikusai)

5440. TÓTH (Ágnes). A dohánytermesztés története Kubában 1717-1886. Tabacco production in Cuba.Agrártört. Szle, 80, vol. 22, n°s 3-4, p. 472-520.

5441. ULBRICHT (Otto). Englische Landwirtschaft in Kurhannover in der zweiten Hälfte des 18. Jahrhunderts.

Ansätze zu hist. Diffusionsforschung. Berlin, Duncker u. Humblot, 80, in-8, 407 p. (Schr. z. Wi.-u. Sozialgesch., 32)

5442. URBÁN (László). A termelőszövetkezeti szervezés megindulása és kiszélesedése Szolnok megyében, 1948-1950. (First steps and extension of cooperative farm organization in County Szolnok /Hungary/.) Agrártört.Szle, 80, vol. 22, n°s 1-2, p. 141-171.

5443. VARGA (Gyula). Szolgalegények élete és munkája Debrecen környékén. A 20. század első fele. (Leben und Wirken von Jungknechten in der Gegend von Debrecen. 1. Hälfte des 20. Jh.) Ethnographia, 80, vol. 91, n°s 3-4, p. 403-422.

5444. VARINE (Béatrice de). Villages de la vallée de l'Ouche aux XVIIe et XVIIIe siècles : la seigneurie de Magny-sur-Ouche. Roanne, Horvath, 79, in-8, 290 p. (pl., ill.).

5445. VIRÁGH (Ferenc). Agrár és agrárszocialista mozgalmak Békés megyében a dualizmus korában 1867-1914.(Mouvements agraires et agro-socialistes dans le département de Békés à l'époque du dualisme 1867-1914. Békéscsaba, 79, in-8, 185 p.

5446. VÖRÖS (Károly). A parasztság változása a XIX. században. Problémák és kérdőjelek. (Le changement de la paysannerie au XIXe siècle. Problèmes.) Ethnographia, 78, vol. 89, n°1, p. 1-13.

5447. VOIGT (Arnold). Zum Verhältnis von Feudalismus und Kapitalismus in Lateinamerika. Das Beispiel d.Grossgrundbesitzverhältnisse in d. Landwirtschaft Chiles. Jb. f. Wirtschaftsgesch., 80, t. 4, p. 27-47.

5448. VONGLIS (Bernard). Le commerce des céréales à Reims au XVIIIe s. Reims, Univ., 80, in-16, 238 p.

5449. VOROB'EV (V.M.), DEGTJAREV (A. Ja.). Osnovnye čerty razvitija sel'skogo rasselenija na Severo-Zapade Rusi v XVI-XVII vekakh. (Basic trends in the development of rural habitation in the North-West of Russia in the 16 th-17th cent.) Ist. SSSR, 80, n°5, p. 109-180.

5450. WELLMANN (Imre). A magyar mezőgazdaság a XVIII. században. (L' agriculture hongroise au XVIIIe s.) Budapest, Akadémiai Kiadó, 79, in-8, 194 p. (Agrártörténeti tanulmányok,6) - IDEM. Közösségi rend és egyéni törekvések a 18. századi falu életében. (L'ordre de la communauté et les aspirations individuelles dans la vie des villages à partir du XVIIIe s.) Tört. Szle, 80, vol. 23, n°3, p. 376-449.

5451. WILLIAMSON (Jeffrey G.). Greasing the wheels of sputtering export engines : midwestern grains and American growth. Explor. in econ.Hist. 80, vol. 17, n°3, p. 189-217.

Cf. 783, 3376, 3702, 3727, 5056, 5109, 5214.

§ 6. Geld- und Finanzwesen.

** 5452. Kataster der kontribuablen Güter in der Grafschaft Mark 1705. Bearb. v. Willy TIMM. Münster, Aschendorff, 80, in-8, XXIII-441 p. (1 Kt.). (Westfälische Schatzungs- u. Steuerreg., 6) (Veröff. d. Hist. Komm. f. Westfalen, 30)

5453. AMBRUS (Béla). A Magyarországi Tanácsköztársaság pénzrendszere. (Le système monétaire de la République des Conseils hongroise.) Budapest, Akadémiai Kiadó, 79, in-8, 286 p. (72 pl.).

5454. ANDERSSON (Bertil). Göteborgs riksgäldsdiskont 1797-1804. (The Gothenburg National Debt Discount Company, 1797-1804.) /Svensk/ Hist. T., 80,vol. 100, p. 459-482. /Eng. summary/

5455. CARMAGNANI (Marcello),ANNINO (Antonio). Le finanze di due stati oligarchico-patrimoniali : Argentina e Cile (1860-1914). R. stor. ital., 80, a. 92, p. 736-767.

5456. CHALINE (Jean-Pierre). L'évolution d'une place financière : Rouen, du Directoire à la Seconde guerre mondiale. Et. normandes, 80, n°2, p. 31-51.

5457. CLEMENTI (Alessandro). L'arrendamento dei sali di Puglia. Una controversia fiscale del sec. XVIII. L'Aquila, Japadre, 80, in-8, 149 p. (Coll. di testi stor., 12)

5458. COPPINI (Romano Paolo). Finanza internazionale e Stato italiano: il prestito del 1863. Ric. stor./Piombino/, 80, a. 10, p. 381-414.

5459. SA SILVA (José-Gentil). A propos de Nice : dépréciation de la monnaie courante et protection des patrimoines (XVIe-XVIIIe siècles). A. Fac. Lettres Nice, 79, n°37, p. 45-68.

5460. DEBEIR (Jean-Claude). Inflation et stabilisation en France (1919-1928). R. écon., 80, vol. 31, p. 622-646.

5461. DE GENNARO (Giuseppe). L'esperienza monetaria di Roma in età moderna (secc. XVI-XVIII). Tra stabilizzazione ed inflazione. Napoli, Ediz. scient. ital., 80, in-8, 276 p. (tav.). (Pubbl. della Fac. giur. dell'Univ. di Bari. Sci. pol., 1)

5462. DOMOKOS (Pál Péter). Háromszék és Csikszék adóügyi összeírása, 1703. (Tax rolls of two counties in Transylvania, 1703.) Agrártört Szle,

77, vol. 19, n°s 3-4, p. 434-510; 78, vol. 20, n°s 1-2, p. 198-282. /Háromszék = Trei Scaune, Csik-Ciuc, Romania/

5463. DROGUET (Alain). Une ville au miroir de ses comptes : les dépenses de Marseille à la fin du XIVe siècle. Provence hist., 80, t. 30, p.171-213.

5464. GOLONKA (Barbara). Finanse miasta Brzegu w ostatnim ćwierćwieczu panowania Piastów (1649-1675). (Les finances de la ville de Brzeg dans le dernier quart du siècle du règne des Piast, 1649-1675.) Opole, Inst.Śląski, 80, in-8, 165 p.

5465, GREEN (Edwin). Debtors to their profession : the history of the Institute of Bankers, 1879-1979. London, Methuen, 80, in-8, 268 p.

5466. HAMASHITA (Takeshi). Chûgoku tsûshôginkô no setsuritsu to Hongkong Shanghai ginkô. (The establishment of the imperial bank of China and the Hongkong and Shanghai bank : The proposals by Sheng Xuan-huai in 1896.) Hitotsubashi Ronsô, 30, vol. 84, n°4, p. 32-48.

5467. HOLTFRERICH (Carl-Ludwig). Die deutsche Inflation 1914-1923. Ursachen u. Folgen in internationaler Perspektive. Berlin u. New York, de Gruyter, 80, in-8, IX-360 p.

5468. HORVÁTH (Štefan), VALACH (Ján). Peňažníctvo na Slovensku 1918-1945. (Das Geldwesen in der Slowakei 1918-1945.) Bratislava, Alfa, 78, in-8, 216 p.

5469. JUDANOV (Ju.). Zapadnoevropejskij kapital v stranakh Latinskoj Ameriki. (Westeuropäisches Kapital in den Ländern Lateinamerikas.) Mirov. ékon. mezdunar. Otn., 80, n°11, p. 81-90.

5470. KÜRNER (Martin H.). Solidarités financières suisses au XVIe siècle. Contribution à l'hist. monétaire, bancaire et financière des cantons suisses et des Etats voisins. Lausanne, Payot, 80, in-8, 516 p. (69 fig.). (Bibl. hist. vaudoise, 66)

5471. LECIEJEWSKI (Klaus). Über Monopol und Währungsentwicklung vor dem ersten Weltkrieg. Jb. f. Wirtschaftsgesch.,80, T. 2, p. 71-93.

5472. MESSNER (Robert). Der Franziszeische Grundsteuerkataster. Ein Überblick über seinen Werdegang und sein Wirken. V. Teil. Jb. d. Ver. f. Gesch. d. Stadt Wien, 80, Jg. 36, p. 30-54.

5473. MORINEAU (Michel). Budgets de l'Etat et gestion des finances royales en France au XVIIIe s. R.hist., 80, n°536, p. 289-336 p.

5474. MORRISON (Grant). A New York city creditor and his upstate debtors: Isaac Bronson's moneylending, 1819-1836. New York Hist., 80, vol. 61, n° 3, p. 255-276.

5475. MUNN (C.W.). Scottish provincial banking companies, 1747-1864.Edinburgh, J. Donald, 80, in-8, 320 p.

5476. MURRAY (Bruce K.). The People's Budget, 1909-1910 : Lloyd George and Liberal politics. London, Oxford, U.P., 80, in-8, 362 p.

5477. NISHIMURA (Shizuya). Kokusai kinhonisei to Rondon kinyûshijô. (International gold standard and London financial market.) Tokyo, Hôseidaigaku Shuppankyoku, 80, in-8, 460 p.

5478. PĂUN (Nicolae). Aspecte ale problemei capitalului străin în industria petrolieră din România înainte și după legea minelor din 1924. (Aspects of the foreign capital question in the oil-industry in Romania before and after the mines law of 1924.) Studia Univ. Babeş-Bolyai /Cluj/, 80, a. 25, n°2, p. 38-54. /Eng. summary/

5479. PERJÉS (Géza). Jelentés az 1728. évi adóösszeirás gépi feldolgozásáról. (Report on the mechanical processing of the tax assessment of the year 1728.) Agrártört. Szle, 78, vol. 20, n°s 1-2, p. 11-80.

5480. PURDEN (Christene). Agents for change : credit unions in Saskatchevan. Regina, Credit Union Central, 80, in-8, X-293 p.- CR : I. Macpherson, Canad. hist. R., 81, vol. 62, p. 239-240.

5481. RILEY (James C.). International government finance and the Amsterdam capital market, 1740-1815. London a. New York, Cambridge U.P., 80, in-8, X1-365 p.

5482. ROGARI (Ubaldo). La crisi della finanza locale dal 1861 ai nostri giorni attraverso l'esame dei bilanci e dei conti consuntivi. Firenze, Sandron, 80, in-8, 54 p. (Coll. di Econ., finanza e contabilità pubbl.)

5483. RUDIN (Ronald). A bank merger unlike the others : the establishment of the Banque Canadienne Nationale. Canad. hist. R., 80, vol. 61, p. 191-212.

5484. SCHIEMANN (Jürgen). Die deutsche Währung in der Weltwirtschaftskrise 1929-1933. Währungspolitik u. Abwertungskontroverse unter d. Bedingungen d. Reparationen. Bern u. Stuttgart, Haupt, 80, in-8, 358 p. (graph. Darst.). (Soziooökon. Forsch., 12)

5485. SEDILLOT (René). Histoire du franc. Paris, Sirey, 79, in-8, 305 p.

5486. SMALLWOOD (James M.). An Oklahoma adventure : of banks and bankers. Norman, Univ. of Okla. Press, 79, in-8, XIV-242 p. (Oklahoma Horizons Ser.)

5487. SWAINSON (Nicola). The development of corporate capitalism in Kenya, 1918-1977. London. Heinemann Educ., 80, in-8, 306 p.

5488. TÓTH (Tibor). Hitelezők és adósok. A kölcsönforgalom kerdéséhez Somogyban, 1756-1882. (Créanciers et débiteurs. Contributions au problème de la circulation des prêts à Somogy.) Budapest, Központi Statisztikai Hivatal, 79, in-8, 156 p. (Történeti statisztikai füzetek, 2)

5489. Trust Companies Institute of Canada. The Canadian trust industry. Toronto, McGraw-Hill Ryerson, 80, in-8, 136 p.

5490. VARGA (Ilona). Az államháztartás új vonásai a XVII. századi Oroszországban. (The new features of budget in Russia in the 17th cent.) Acta Univ. szegediensis, Acta hist., 78, vol.64, p. 33-60.

5491. WEBER (Fritz), HAAS (Karl). Deutsches Kapital in Österreich. Zur Frage der deutschen Direktinvestitionen in der Zeit vom Ende des Ersten Weltkrieges bis zur Weltwirtschaftskrise. Jb. f. Zeitgesch., 79 /80/, p. 169-235.

5492. WICKER (Elmus). A reconsideration of the causes of the banking panic of 1930. J. econ. Hist., 80 vol. 40, p. 571-584.

Cf. n°s 3612, 5649, 6494, 7086.

§ 7. Bevölkerungsbewegung und Städtebaukunst.

Cf. n° 767.

5493. ALEXANDER (J.T.). Bubonic plague in early modern Russia. Public health a. urban disaster. Baltimore a. London, Johns Hopkins U.P., 80, in-8, XVII-385 p.

5494. ANDERSON (Barbara A.). Internal migration during modernization in late nineteenth-century Russia. Princeton, N.J., Princeton U.P., 80, in-8, XXV-222 p.

5495. ANDREWS (George Reid). The Afro-Argentines of Buenos Aires,1800-1900. Madison, Univ. of Wisc. Press, 80, in-8, XIV-286 p.

5496. BADE (Klaus J.). Massenwanderung und Arbeitsmarkt im deutschen Nordosten von 1880 bis zum Ersten Weltkrieg. Überseeische Auswanderung, interne Abwanderung u. kontinentale Zuwanderung. Arch. f. Sozialgesch., 80, Bd 20, p. 265-323.

5497. BATER (James H.). The soviet city : ideal and reality. Beverly Hills, Calif., Sage Pub., 80, XII-196 p.(Explorations in Urban Analysis, 2)-IDEM.

Transience, residential persistence, and mobility in Moscow and St. Petersburg, 1900-1914. Slavic R., 80, vol.39, n°2, p. 239-254.

5498. BLACKFORD (Mansel G.).Civic groups, political action, and city planning in Seattle, 1892-1915. Pacific hist. R., 80, vol. 49, n°4, p. 557-580.

5499. BRUK (S.I.). Ètnodemografičeskie processy v SSSR (po materialam poslevoennykh perepisej naselenija). (Ethnodemographic processes in the USSR: data of the past-war census.) Ist.SSSR, n°5, p. 24-47.

5500. BRUK (S.I.), KABUZAN(V.M.). Dinamika i ètničeskij sostav naselenija Rossii v èpokhu imperializma (konec XIX v.-1917 g.) (Dynamics and ethnical composition of the population of Russia in the imperialst epoch, late 19th cent. - 1917.) Ist. SSR, 80, n°3, p. 74-94. IIDEM.Ètničeskij sostav naselenija Rossii (1719-1917 gg.). (Composition ethnique de la population de la Russie, 1719-1917.) Sovet. Ètnogr., 80, n°6,p. 18-34.

5501. BUCHINGER (Erich). Die "Landler" in Siebenbürgen Vorgesch., Durchführung u. Ergebnis e. Zwangsumsiedlung im 18. Jh. München, Oldenbourg, 80,in-3, 458 p. (Buchreihe d. Südostdeutsch. Hist., Komm., 31)

5502. BUTCHER (John G.). The British in Malaya, 1880-1941. The social history of a European community in colonial south-east Asia. London, Oxford U.P., 80, in-3, 294 p. (fig., tab., maps).

5503. CALOT (Gérard). Données comparées sur l'évolution de la fécondité selon le rang de naissance en Allemagne fédérale et en France.Population, 79, a. 34, n° spécial, p. 1291-1347.

5504. CHOKO (Marc). Crises du logement à Montréal, 1860-1939. Montréal, Ed. coopératives Albert Saint-Martin, 30, in-8, 282 p. (Coll. Thèses)

5505. DEROUET (Bernard). Une démographie sociale différentielle : clés pour un système auto-régulateur des populations rurales d'Ancien Régime. A. Ec., Soc., Civ., 80, a. 35, p. 3-41.

5506. DUPAQUIER (Jacques). La population française aux XVIIe et XVIIIe siècles. Paris, Presses univ. France, 79, 128 p. (Que sais-je ? 1786)

5507. FELDENKIRCHEN (Wilfried). Aspekte der Bevölkerungs- und Sozialstruktur der Stadt Köln in der Französischen Zeit (1794-1814). Rhein.Vjsbl., 80, Jg. 44, p. 182-227.

5508. FESTY (Patrick). La fécondité des pays occidentaux de 1870 à 1970. Paris, Presses univ. France, 79, in-8, 398 p. (graph.). (Trav. et Doc. Inst. nat. d'Et. démographiques, 85)

5509. FUJITA (Kôichirô). 18 seiki-kôhanki ni Sawâtoranto no okeru "Toshi no fukko". ("Urban reconstruction" in Sauerland in the second half of the 18th century.) Tochiseido Shigaku,80, n°87, p. 46-61.

5510. GANIAGE (Jean). La population du Beauvaisis : transformations économiques et mutations démographiques (1790-1975). A.Géogr., 80, a.89, p. 1-36.

5511. GHIRINGHELLI (Robertino). Gian Domenico Romagnosi e gli "Annali Universali di Statistica" (1827-1835). Risorgimento, 80, a. 32, p. 221-280.

5512. GOUY (Patrice). Pérégrination des Barcelonnettes au Mexique. Grenoble, Presses univ., 80, in-8,159 p. (pl., ill.).

5513. GUZEVATYJ (Ja.). Voprosy teorii narodonaselenija i razvivajuščiesja strany. (Einige Probleme der Bevölkerungstheorie und die Entwicklungsländer.) Mirov. ėkon. meždunar. Otn., 80, n°8, p. 64-77.

5514. GYIMESI (Sándor). Incomes, public constructions and investments in the Hungarian towns in the 18th century. In : Etudes hist. hongr./Cf. n° 611/, vol. 1, p. 363-379.

5515. HAARSTAD (Kjell). Sult, sykdom, død. Et teoretisk problem belyst med empirisk materiale. (Hunger, disease, death. A theorical problem illustrated by empirical material.)/Norsk/ Hist. T., 80, vol. 59, p. 1-25./Eng. summary/

5516. HACKER (Werner). Auswanderungen aus Baden und dem Breisgau (obere und mittlere rechtsseitige Oberrheinlande im 18. Jahrhundert). Stuttgart, Aale, Theiss, 80, in-8, 743 p. (graph. Darst.).

5517. HAINES (Michael). Fertility and occupation : population patterns in industrialization. New York, Academic Press, 79, in-8, XIII-275 p.

5518. HAUTMANN (Hans), HAUTMANN (Rudolf). Die Gemeindebauten des Roten Wien 1919-1934. Wien, Schönbrunn-Verl., 80, in-4, 514 p. (33 Bl. Pl.).

5519. HÜRGER (Hermann). Mortalität, Krankheit und Lebenserwartung der Penzberger Bergarbeiterschaft im 19. und beginnenden 20. Jahrhundert. Z.f. bayer. Landesgesch., 80, Bd 43, p.185-222.

5520. HOOGENBERK (E.J.). Het idee van de Hollandse stad. Stedebouw in Nederland 1900-1930 met de internationale voorgeschiedenis. (The Dutch town idee. Townplanning in the Netherlands 1900-1930 with its historical and international context.) Delft, Univ.Pers, 80, in-8, 247 p. (ill., portr.,maps).

5521. HORSKÁ (Pavla). On the problem of urbanization in the Czech lands at the turn of the 19th and 20th centuries. Hosp. Děj., 78, vol. 2, p. 259-294.

5522. ICHIOKA (Yuji). Amerika nadeshiko : Japanese immigrant women in the United States, 1900-1924. Pacific hist. R.,80, vol. 49, n°2, p.339-358.- IDEM. Japanese immigrant labor contractors and the Northern Pacific and the Great Northern Railroad Companies, 1898-1907. Labor Hist., 80,vol. 21, n°3, p. 325-350.

5523. KAHN (Judd). Imperial San Francisco : politics and planning in an American city, 1897-1906. Lincoln, Univ. of Nebr. Press, 79, in-8, 263p.

5524. KÁRMÁN (Tamásné). A nemzetközi összehasonlitó népesedés-statisztika fejlődése a XIX. század utolsó negyedében. Luigi Bodio. (Le développement de la statistique démographique comparative pendant les derniers 25 ans du XIXe s. Luigi Bodio.). Demográfia, 78, vol. 21; n°4, p. 493-504.

5525. KATUS (László). A demográfiai átmenet kérdései Magyarországon a 19. században. (Les problèmes de la transition démographique en Hongrie au XIXe s.) Tört. Szle, 80, vol. 23, n°2, p. 270-288.

5526. KIRPIČNIKOV (A.N.). Drevnij Orešek : istorikoarkheologičeskie očerki o gorode-kreposti v istoke Nevy. ("Oreshek" : historical and archeological essays on the fortress on the Neva river.) Leningrad, Nauka, 80, in-8, 127 p.

5527. KŘIVKA (Josef). Nové osady vzniklé na území Čech v letech 1654-1854. (Die auf dem Gebiet Böhmens i. d.J. 1654-1854 entstandenen Neusiedlungen.) Praha, Ústav československ. a světových dějin ČSAV, 78, in-8, 387 p. (Historickogeografické prace, 2)

5528. KRÜGER (Kersten). Albrecht Dürer, Daniel Speckle und die Anfänge frühmoderner Stadtplanung in Deutschland. Mitt. d. Ver. f. Gesch. Nürnberg, 80, Bd 67, p. 79-97.

5529. LE BRAS (Hervé), DINET (Domonique). Mortalité des religieux : les Bénédictins de Saint-Maur aux XVIIe et XVIIIe siècles. Population, 80, a. 35, p. 347-383.

5530. LEBRUN (François). Les crises démographiques en France aux XVIIe et XVIIIe siècles. A. Ec., Soc., Civ., 80, a. 35, p. 205-234.

5531. LEES (Lyn Hollen). Exiles of Erin : Irish migrants in Victorian London. Manchester, Manchester U.P., 79, in-8, 227 p. (ill.).

5532. LEPETIT (Bernard), ROYER (Jean-François). Croissance et taille des villes : contribution à l'étude de l'urbanisation au début du XIXe siècle.

7. BEVÖLKERUNGSBEWEGUNG UND STÄDTEBAUKUNST

A. Ec., Soc., Civ., 80, a. 35, p. 987-1010.

5533. LESCURE (Michel). Les sociétés immobilières en France au XIXe s. : contribution à l'histoire de la mise en valeur du sol urbain en économie capitaliste. Paris, Publ. de la Sorbonne, 80, in-8, 84 p. (ill.). (Publ. de la Sorbonne, Sér. Et., 15)

5534. LUKÁCS (Ágnes), B. Magyarország népessége törvényhatóságok szerint az 1820-as években. (La population de la Hongrie selon les municipalités pendant les années 1820.) Budapest, Központi Statisztikai Hivatal, 79, in-8, 152 p. (Történeti Statisztikai Füzetek, 1)

5535. MACKENZIE (Donald). Statistics in Britain, 1865-1930, the social construction of scientific knowledge. Edinburgh, U.P., 80, in-8, 210 p.

5536. MAIRE (Camille). L'émigration des Lorrains en Amérique, 1815-1970. Metz, Centre de recherches Relations internat. de l'Univ. de Metz, 80, in-8, 188 p. (ill.). (Publ. du Centre de recherches Relat. internat. de l' Univ. de Metz, 13)

5537. MELOSI (Martin V.) a. others. Pollution and reform in American cities, 1870-1930. Austin, Univ. of Texas Press, 80, in-8, XII-212 p.

5538. Migrations (Les) internationales de la fin du XVIIIe siècle à nos jours. Publ. sur recommandation du Conseil Internat. de la Philos. et des Sci. Humaines, avec le concours financier de l'U.N.E.S.C.O. Paris, Ed. du C.N.R.S., 80, in-4, 728p. (Commission Internat. d'Hist. des Mouvements soc. des Structures soc.)

5539. MOLINIER (Alain). En Vivarais au XVIIIe s. : une croissance démographique sans révolutions agricole. A. Midi, 80, t. 92, fasc. 3, p. 301-316.

5540. MOREDA (Vicente Perez). La crisis de mortalidad en la Espana interior (siglos XVI-XIX). Madrid, Siglo XXI, 80, in-8, 526 p.

5541. Mouvements de population dans l'Océan Indien. Actes du 4e Congrès de l'Assoc. hist. internat. de l'Océan Indien et du 14e Colloque de la Commission internat. d'hist. maritime tenu à Saint Denis de la Réunion, du 4 au 9 sept. 1972. Paris, Champion, 79 /80/, in-8, 459 p. (Bibl. de l'Ecole Prat. des Hautes Etudes, IVe section : Sci. hist. et philol., 327.

5542. NIETYKSZA (Maria). Les recherches polonaises sur la ville de l'époque du capitalisme (jusqu'à 1939). Acta Poloniae hist., 80, vol. 41, p. 259-281.

5543. Obyvatelstvo českých zemí v letech 1754-1918. (Die Bevölkerung d. böhmischen Länder in d. J. 1754-1918.)

T. 1 : 1754-1865. T. 2 : 1866-1918. Praha, Český statist. úřad, 78, 2 vol. in-4, 191, 148 p.

5544. OLSON (Sherry H.). Baltimore: the building of an American city. Baltimore, Md., a. London, Johns Hopkins U.P., 80, IX-432 p. (ill., maps.).

5545. PAŃKO (Grażyna). Liczba i rozmieszczenie ludności polskiej w Czechosłowacji w okresie międzywojennym. (Le nombre et la répartition de la population polonaise en Tchécoslovaquie dans la période de l'entre-deux-guerres.) Slaski Kwart. hist. Sobotka, 80, a. 35, n°1, p. 39-50.

5546. PITRONOVÁ (Blanka). Haličské migrace na Ostravsko. (Die galizische Migration in das Ostrava-Gebiet.)Opava, Slezský ústav ČSAV, 79, in-8, 197 p. (1 carte). (Studie o vývoji průmyslu a průmyslových oblastech, 7)

5547. POLJAKOV (Ju.A.), KISELEV (I.N.). Čislennost' i nacionalnyj sostav neselenija Rossii v 1917 godu. (Etat numérique et ethnique de la population de la Russie en 1917.)Vopr. Ist., 80, n°6, p. 39-49.

5548. POUSSOU (Jean-Pierre). Les crises démographiques en milieu urbain: l'exemple de Bordeaux (fin XVIIe-fin XVIIIe siècle). A. Ec., Soc., Civ., 80, a. 35, p. 235-252.

5549. Préétude concernant l'évolution des structures familiales dans la région Nord Pas-de-Calais. Réd.par Catherine BAICHERE, Jules THIBAUT. Villeneuve d'Asq, Centre d'analyse du développement, 78, in-4, 206 p. (Commissariat général au plan, CORDES)

5550. Problemy współzależności industrializacji i urbanizacji w Polsce XIX i XX wieku. (Les problèmes de l'interdépendance de l'industrialisation et de l'urbanisation en Pologne aux XIXe et XXe s.) Aut. : Irena PIETRZAK-PAWŁOWSKA et autres. Roczn. Dziej. społ. gosp., 80, vol. 41, p. 273-296.

5551. PUSKÁS (Julianna). Kivándorlás-bevándorlás-etnikum. Kutatások az Egyesült Államokban és Európában. (Emigration-immigration-ethnie. Recherches aux Etats-Unis et en Europe.) Tört. Szle, 80, vol. 23, n°4, p. 649-675.

5552. RÁCZ (István). A paraszti migráció és politikai megítélése Magyarországon 1849-1914.(La migration des paysans et son appréciation politique en Hongrie.) Budapest, Akad. Kiadó, 80, in-8, 238 p. (Agrártörténeti tanulmányok, 8) - CR : Z. Fejős, Valóság, 80, vol. 23, n°12, p. 105-107.

5553. Räumliche Bevölkerungsbewegung in sozialistischen Ländern. Hrsg. v. Parviz KHALATBARI. Berlin, Akad.-Verl., 80, in-8, 432 p. (Beitr. z. Demographie 4)

5554. Regionale Mobilität in Schleswig-Holstein 1600-1900. Theorie, Fallstudien, Quellenkunde, Bibliographie. Hrsg. v. Jürgen BROCKSTEDT. Neumünster, Wachholtz, 79, in-8, 239 p. (graph. Darst., Kt.). (Stud. z. Wirtschafts- u. Sozialgesch. Schleswig-Holsteins,1)

5555. RONSIN (Francis). La grève des ventres. Propagande néo-malthusienne et baisse de la natalité française, XIXe-XXe siècles. Paris, Aubier-Montaigne, 80, in-8, 254 p. (ill.).

5556. SILBER (Jacques). Some demographic characteristics of the Jewish population in Russia at the end of the nineteenth century. Jewish soc. Stud., 80, vol. 42, n°3-4, p. 269-292.

5557. SLICHER VAN BATH (B.H.). De historische demografie van Latijns Amerika. Problemen en resultaten van onderzoek. (The historical demography of Latin America. Problems and the results of the research.) T. Gesch., 79, vol. 92, p. 527-556.

5558. STAROVOJTOVA (G.V.). O formirovanii tatarskoj ètnodispersnoj gruppy v naselenii Peterburga-Leningrada. (De la formation du groupe ethnique dispersé des Tatars dans la population de Pétersbourg-Léningrad.) Sovet. Ètnogr., 80, n°1, p. 34-45.

5559. STECKEL (Richard H.). Antebellum southern white fertility : a demographic and economic analysis. J. econ. Hist., 80, vol. 40, n°2, p.331-350.

5560. SUTCLIFFE (Anthony). La victoire de l'immeuble de rapport : un problème de l'histoire des grandes villes européennes au XIXe siècle. Hist. soc., 80, vol. 13, p. 215-224.

5561. TEISSEYRE-SALLMANN (Line). Urbanisme et société : l'exemple de Nîmes aux XVIIe et XVIIIe siècles. A. Ec., Soc., Civ., 80, a. 35, p. 965-986.

5562. Urbanistica fascista. Ricerche e saggi sulle città e il territorio e sulle politiche urbane in Italia tra le due guerre. A cura di Alberto MIONI. Milano, Angeli, 80, in-8, 344p. (ill.). (Coll. di Stor. urbana,2)

5563. VERLINDEN (Charles). Die transatlantische Zwangsmigration afrikanischer Neger und ihre Folgen. Wiener Beitr. z. Gesch. d. Neuzeit., 80, Bd 7, p. 73-94.

5564. VIDALENC (Jean). Les étrangers en Seine-Inférieure jusqu'au milieu du XIXe siècle. Et. normandes,79, n° spécial, p. 135-170.

5565. Vienna rossa. La politica residenziale nella Vienna socialista, 1919-1933. A cura di Manfredo TAFURI. Milano, Electa, 80, in-8, 289 p.(ill.). (Saggi & Doc.)

5566. VINOVSKIS (Maris A.).Studies in American historical demography.London, Academic Press, 80, in-8, XVI-528p.

5567. VLASOVA (I.V.). Struktura i čislennost' semej russkikh krest'jan Sibiri v XVII - pervoj polovine XIX v. (Structure et importance numérique des familles des paysans russes de la Sibérie aux XVIIe-début XIXe s.) Sovet. Ètnogr., 80, n°3, p. 37-50.

5568. VÖRÖS (Karoly). Forschungsprobleme der Urbanisation im XIX.Jahrhundert. Acta hist. Acad. Sci. hungaricae, 78, vol. 24, n°s 3-4, p. 277-288.

5569. WAKATSUKI (Yasuo). Japanese emigration to the United States 1866-1924 : a monograph. Perspect. in am. Hist., 79, vol. 12, p. 387-516.

5570. WILLERSLEV (Richard). Den svenske invandring til Bornholm 1850-1914. (The Swedish immigration to Bornholm, 1850-1914.) Scandia, 80, vol.46, p. 53-80. /Eng. summary/

5571. WUNDER (Gerd). Die Bevölkerung der Reichsstadt Windsheim im Jahr 1546. Jb. f. fränk. Landesforsch., 80, Bd 40, p. 31-71.

5572. ZEITLIN (Richard H.). White eagles in the north woods : Polish immigration to rural Wisconsin, 1857-1900. Polish R., 80, vol. 25, n°1, p. 69-92.

Cf. n°s 666, 5382, 5601.

§ 8. Sozial- und Sittengeschichte.

+ 5573. ERMAKOVA (E.V.). Istorija rabočego klassa SSSR na stranicakh istoričeskoj periodiki (vtoraja polovina 20-kh-30-e gody.) (History of the USSR working class in historical periodicals, second half of the 1920s-1930s.) Ist. SSSR, 80, n°2, p. 74-86.

+ 5574. LIGHT (Beth), STRONG-BOAG (Veronica). True daughters of the North: Canadian women's history : an annotated bibliography. Toronto, OISE Press,80, in-8, V-210 p. (OISE bibliography series, 5)

+ 5575. Soupis literatury k sociálním dějinám ČSR 1918-1938. (Literaturverzeichnis z. Sozialgeschichte d.Tschechoslowak. Republik 1918-1938.) Vol.1: Sociální politika. (Sozialpolitik.) Vol. 2 : Sociální poměry. (Soziale Verhältnisse.) Vol.3 : Sociální hnuti. (Soziale Bewegung.) Edit. Zdenēk DEYL. Praha, Ústav československých a světových dějin ČSAV, 73-75-79, 3 vol. in-8, 245, 413, 425 p. (Práce oddēl.novějších českoslov. dějin. Rada 2, Vol.2/ a, b, c)

+ Cf. n° 4422.

++ 5576. CHARLE (Christophe). Les

8. SOZIAL- UND SITTENGESCHICHTE

hauts fonctionnaires en France au XIXe siècle /choix de textes/. Paris, Gallimard-Julliard, 80, in-8, 268 p.(Coll. Archives, 82) /Cf. n° 5630./

** 5577. Inwentarze dóbr żywieckich z XVIII wieku zawierające obciążenia feudalne ich ludności. (Inventaire des biens de Żywiec au XVIIIe s. contenant les charges féodales de leur population.) Ed. Franciszek LENCZOWSKI. Żywiec, Tow. Miłośników Ziemi Żywieckiej, 80, in-8, 236 p.

** 5578. LE ROY LADURIE (Emmanuel). L'argent, l'amour et la mort en pays d'oc /précédé du roman de l'abbé Fabre Jean-l'ont-pris, éd. et trad. par Philippe GARDY/. Paris, Ed. du Seuil,80, in-8, 590 p.

** 5579. Pioneer and gentlewomen of British North America, 1713-1867. Ed. by Beth LIGHT a. Alison PRENTICE. Toronto, New Hogtown Press, 80, in-8, IV-245 p. (Doc. in Canadian women's history, 1) - CR : P.G. Skidmore,Canad. hist. R., 81, vol. 62, p. 359-360. M. Horn, Ontario Hist., 81, vol. 73, p. 57-58.

** 5580. VERRI (Pietro). Viaggio a Parigi e Londra (1766-1767). Carteggio di Pietro e Alessandro Verri. A cura di Gianmarco GASPARI. Milano,Adelphi, 80, in-8, XII-805 p. (tav.).(Classici, 42)

5581. Actes (Les) notariés : source de l'histoire sociale, XVIe-XIXe s. Actes du colloque de Strasbourg, mars 1978, réunis par Bernard VOGLER; av.-propos par Georges LIVET. Strasbourg, ISTRA, 79, 367 p. (ill.). (Grandes Publ. Soc. savante d'Alsace et des régions de l'Est, 16)

5582. Ämterkäuflichkeit. Aspekte sozialer Mobilität im europ. Vergleich (17. u. 18. Jh.). Internat. Colloquium in Berlin, 1.-3. Nov. 1978, ... am Fachbereich Geschichtswiss. d. Freien Univ. Berlin. Unter Mitw. v. Adolf M. BIRKE u. Ilja MIECK hrsg. v. Klaus MALETTKE. Berlin, Colloquium-Verl., 80, in-8, XVI-229 p. (Einzelveröff. d.Hist. Komm. zu Berlin, 26)

5583. Aimer en France : 1760-1860. Actes du colloque internat. de Clermont-Ferrand, 20-22 juin 1977, recueillis et prés. par Paul VIALLANEIX et Jean EHRARD. Clermont-Ferrand, Univ., Fac. Lettres et Sci. humaines, 80, 2 vol., in-4, 662 p. (pl.). (Fac. Lettres et Sci humaines, Univ. Clermont-Ferrand II. Nouv. Sér., 6/1-2)

5584. ALATRI (Paolo). I magistrati nella società francese del Settecento. Studi stor., 80, a. 21, p. 789-796.

5585. ALEXANDER (John K.). Render them submissive : responses to poverty in Philadelphia, 1760-1800. Amherst, Univ. of Mass. Press, 80, in-8, XI-234 p.

5586. ALLIO (Renata). Iniziative economiche delle Società di Mutuo Soccorso piemontesi (1850-1880). B. stor. bibliogr. subalpino, 80, a. 78, p.179-222.

5587. ANDERSON (Michael). Approaches to the history of the Western family, 1500-1914. London, Macmillan, 80, in-8, 96 p. (Stud. in Econ. a. Soc. Hist.)

5588. ANDERSON (O.). Did suicide increase with industrialization in Victorian England ? Past a. Present, 80, vol. 86, p. 143-173.

5589. ARNSTBERG (Karl-Olov), EHN (Billy). Etniska minoriteter i Sverige förr och nu. 2. omarb. uppl. (Estonian minorities in Sweden - past and present. 2., rev. ed.) Lund, LiberLäromedel, in-8, 138 p. (Handböcker i etnologi)

5590. AUDET (Bernard). Le costume paysan dans la région de Québec au XVIIe siècle, île d'Orléans. Montréal, Leméac, 80, in-8, 214 p. (Coll. Connaissance)

5591. BÁCSKAI (Vera). Pest társadalomtörténetének vizsgálata a házasságkötések alapján. (L'étude de l'histoire sociale de Pest sur la base des mariages. /1735-1830.) Tanulmányok Budapest Multjából, 79, vol. 21, p.49-105.

5592. BADINTER (Elisabeth). L'amour en plus : histoire de l'amour maternel, XVIIe-XXe siècles. Paris, Flammarion, 80, in-8, 372 p.

5593. BARBER (Marilyn). The women Ontario welcomed : immigrant domestics for Ontario homes, 1870-1930. Ontario Hist., 80, vol. 72, p. 148-172.

5594. BARRET (Pierre), GURGAND (Noël). Ils voyageaient la France : vie et traditions des compagnons du Tour de France au XIXe siècle. Préf. de R. LECOTTE. Paris, Hachette, 80, in-8, 467 p.

5595. BARRIO GOZALO (Maximiliano). La esclavitud en el Mediterráneo occidental en el siglo XVIII. Los exlavos del rey en España. Critica stor., 80, a. 17, p. 198-256.

5596. BÁRSONY (István). A váradi püspökség Bihar megyei birtokainak jobbágysága a XVIII. század első harmadában. (Die Leibeigenen auf den Gütern des Bistums Várad im Komitat Bihar im ersten Drittel des 18. Jh.) Acta Univ. debreceniensis, Ser. hist., 79, vol. 28, p. 59-115.

5597. BARTH (Gunther). City people: the rise of modern city cultures in nineteenth-century America. New York, Oxford U.P., 80, VIII-289 p.

5598. BARZAGHI (Antonio). Donne o cortigiane ? La prostituzione a Venezia. Documenti di costume dal XVI al XVIII secolo. Appendici : Catalogo di tutte le principali et più honorate cortigiane ..., La tariffa delle puttane di Venezia. Verona, Bertani, 80, in-8, 194 p. (tav.). (Evidenze,42)

5599. BASEN (Neil K.). Kate Richards O'Hare : the "first lady" of American socialism, 1901-1917. Labor Hist., 80, vol. 21, n°2, p. 165-199.

5600. BELL (Jonathan). Hiring fairs in Ulster. Ulster Folklife, 79, vol. 25, p. 67-78.

5601. BELL (Rudolph M.). Fate and home, family and village : demographic and cultural change in rural Italy since 1800. Chicago, Univ. of Chicago Press, 79, in-8, XIII-269 p.

5602. BERGAD (Laird W.). Toward Puerto Rico's grito de lares : coffee, social stratification, and class conflicts, 1828-1868. Hisp. am. hist. R., 80, vol. 60, n°4, p. 617-642.

5603. BERGER (Michael L.). The devil wagon in god's country : the automobile and social change in rural America, 1893-1929. Hamden, Conn., Shoe String Press, 79, in-8, 269 p.

5604. BERROL (Selma). When uptown met downtown : Julia Richman's work in the Jewish community of New York,1880-1912. Am. jewish Hist., 80, vol. 70, n°1, p. 35-51.

5605. BETKE (Carl). Pioneers and police on the Canadian Prairies,1885-1914. Canad. hist. Assoc. Pap., 80, p. 9-32.

5606. BERLIN (Ira). Time, space, and the evolution of Afro-American society in British mainland North America. Am. hist. R., 80, vol. 85, n°1, p. 44-78.

5607. BILSON (Geoffrey). A darkened house : cholera in nineteenth-century Canada. Toronto, Buffalo a. London, Univ. of Toronto Press, 80, in-8, VIII-222 p. (Social hist. of Canada, 31) - CR : S.E.D. Shortt, Queen's Quar., 81, vol. 88, p. 132-134.

5608. BJÖRNFOT (Britt), SJÖBERG (Marja). Ensamma med skammen : barnamörderskor i Västernorrlands län 1861-1890. (Alone with the shame : female infanticides in the County of Västernorrland, 1861-1890.) /Svensk/Hist. T., 80, vol. 100, p. 320-338.

5609. BLAIR (Karen J.). The clubwoman as feminist : true womanhood redefined, 1868-1914. New York, Holmes a. Meier, 80, in-8, XV-199 p,

5610. BLOCK (Alan A.). East Side, West Side : organizing crime in New York, 1930-1950. Cardiff, Univ. College Cardiff Press, 80, in-8, VIII-226p. (ill.).

5611. BLUCHE (François). La vie quotidienne au temps de Louis XVI.

Paris, Hachette-Littérature, 80, in-8, 396 p.

5612. BOBNEVA (M.I.). Social'noje razvitie ličnosti : psikhologičeskaja problema. (Die soziale Entwicklung der Persönlichkeit : das psychologische Problem.) Obščestv. Nauki, 80, n°1,p. 89-101.

5613. BODNAR (John). Immigration, kinship, and the rise of working-class realism in industrial America. J.soc. Hist., 80, vol. 14, n°1, p. 45-66.

5614. BOGDÁN (István). Régi magyar mulatságok. (Anciennes distractions hongroises.) Budapest, Magvető Kiadó, 79, in-8, 223 p. - CR : M. Hernádi, Magy. Tudom., 79, vol. 24, n°11, p. 874-875.

5615. BORCHERT (James). Alley life in Washington : family, community, religion, and folklife in the city,1850-1970. Urbana, Univ. of Ill. Press, 80, in-8, XIV-326 p. (Blacks in the New World)

5616. BOWMAN (Shearer Davis). Antebellum planters and Vormärz Junkers in comparative perspective. Am. hist. R., 80, vol. 85, n°4, p. 779-808.

5617. BREMNER (Robert H.). The public good : philanthropy and welfare in the Civil War era. New York, A.A. Knopf, 80, in-8, XVIII-234 p.(Impact of the Civil War Ser.)

5618. BROUSEK (Karl Maria). Wien und seine Tschechen. Integration u. Assimilation einer Minderheit im 20. Jh. Wien, Verl. f. Gesch. u. Pol.,80, in-8, 148 p. (Schriftenreihe d. Österr. Ost- u. Südosteuropa-Inst., 7)

5619. BROWER (Daniel R.). Urban Russia on the eve of world war one : a social profile. J. soc. Hist., 80, vol. 13, n°3, p. 424-437.

5620. BURCHELL (R.A.). The San Francisco Irish, 1848-1880. Berkeley a. Los Angeles, Univ. of Calif.Press; Manchester, Univ. Press, 80, in-8, VIII-227 p.

5621. BURGESS (Keith). The challenge of Labour : shaping British society, 1850-1930. London, Croom Helm, 80, in-8, 272 p.

5622. BURIN (S.N.). Konflikt ili soglasie ? Social'nye problemy kolonial'nogo juga SŠA (1642-1763 gg.(Conflict or consent ? Social problems of the US colonial South, 1642-1763.) Moskva, Nauka, 80, in-8, 231 p.

5623. BURNETT (John). The social history of housing. London, Methuen, 80, in-8, 352 p.

5624. BUTEL (Paul), POUSSOU (Jean-Pierre). La vie quotidienne à Bordeaux au XVIIIe siècle. Paris, Hachette-Littérature, 80, in-8, 347 p.

8. SOZIAL- UND SITTENGESCHICHTE

5625. CABANTOUS (Alain). La mer et les hommes : pêcheurs et matelots dunkerquois, de Louis XIV à la Révolution. Dunkerque, Westhock, 80, in-8, 351 p. (ill.). (Coll. Histoire)

5626. CARDOSO (Lawrence A.).Mexican emigration to the United States, 1897-1931 : socio-economic patterns. Tucson, Univ. of Ariz. Press, 80, in-8, XV-192 p.

5627. CASTAN (Nicole). Les criminels du Languedoc. Les exigences d'ordre et les voies du ressentiment dans une société pré-révolutionnaire (1750-1790). Toulouse, Assoc. des Publ. de l'Univ. de Toulouse-Le Mirail, 80, in-8, VIII-363 p. (Publ. de l'Univ. de Toulouse-Le Mirail, sér. A, 47)

5628. CATY (Roland), RICHARD (Eliane). Contribution à l'étude du monde du négoce marseillais de 1815 à 1870: l'apport des succéssions. R. hist.,80, n°535, p. 337-364.

5629. CAVALLO (Dominick). Sexual politics and social reform : Jane Addams, from childhood to Hull House. In : New directions in psychohistory /Cf. n° 416/, p. 161-182.

5630. CHARLE (Christophe). Le recrutement des hauts fonctionnaires en 1901. A. Ec., Soc., Civ., 80, a. 35, p. 380-409. /Cf. n° 5576./

5631. CHERUBINI (Arnaldo). Medicina e lotte sociali (1900-1920). Roma, Il Pens. scient., 80, in-8, X-358 p. (Soc. e salute, 15)

5632. CLARK (Samuel). Social origins of the Irish land war /1870s-1880s/. Princeton, N.J., Princeton U. P., 79, in-8, X-418 p.

5633. Classes moyennes (Les) au Maghreb. Ouvrage collectif par Abdelkader ZGHAL, Abdelmalek SAYAD,Charles-Robert AGERON, Nicholas S. HOPKINS, etc. Paris, Ed. du C.N.R.S., 80, in-8, 396 p. (Cah. du Centre de recherches et d'études sur les soc. méditerranéennes, 11)

5634. COLAFEMMINA (Cesare). Ebrei in Capitanata : Serracapriola, Deliceto, Apricena, Cerignola. Arch. stor. pugliese, 80, a. 33, p. 247-256.

5635. COMITI (Vincent-Pierre).La géographie médicale de la Corse à la fin du XVIIIe s. Genève, Droz, 80,in-4, 142 p. (ill.). (Publ. du Centre de rech. d'Hist. et de Philol. de l'Ec. et mod., 41)

5636. Concept (Le) de classe dans l'analyse des sociétés méditerranéennes, XVIe-XXe s. Actes des Journées d'études, Bendor, 5, 6, 7 mai 1977, Univ. Nice. Nice, Centre de la Méditerranée mod. et contemp., 78, in-4, IV-185 p. (Cah. de la Méditerranée) /Cf. n° 6049./

5637. CONNELL (Robert William), IRVING (T.H.). Class structure in Australian history. London, Longman, 80, in-8, 396 p.

5638. CONNELLY (Mark Thomas). The response to prostitution in the progressive era. Chapel Hill, Univ. of N.C. Press, 80, in-8, X-261 p.

5639. CRUDEN (Robert). Many and one. A social history of the United States. Englewood Cliffs, N.J., Prentice Hall, 80, in-8, X-441 p.

5640. CSETRI (Elek), IMREH (István). Erdély változó társadalmi 1767-1821. (Gesellschaftliche Schichtung d. Bevölkerung Siebenbürgens.) Bucureşti, Kriterion, 80, in-8, 140 p.

5641. CUMES (J.W.C.). Their chastity was not too rigid : leisure time in early Australia. London, Longman, 80, in-8, XVIII-378 p.

5642. CUNNINGHAM (Hugh). Leisure in the industrial revolution, 1750-1880. New York, St. Martin's Press, 80, 222 p.

5643. DANBOM (David B.). "For the period of the war." Thorstein Veblen, wartime exigency, and social change. Mid-Am., 80, vol. 62, n°2, p. 91-104.

5644. DANIELS (Douglas Henry). Pioneer urbanities : a social and cultural history of black San Francisco. Philadelphia, Temple U.P., 80, in-8, XX-228 p.

5645. DANIELS (Kay), MURNANE(Mary). Uphill all the way, a documentary history of women in Australia. Brisbane, Queensland U.P., 80, in-8, 348 p.(ill).

5646. DEAK (Istvan). The social and psychological consequences of the disintegration of Austria-Hungary in 1918. Österr. Osthefte, 80, Jg. 22,p. 22-31.

5647. DEGLER (Carl N.). At odds : women and the family in America from the revolution to the present. New York, Oxford U.P., 80, in-8, XIV-527p.

5648. DELLA PERUTA (Franco).Sanità pubblica e legislazione sanitaria dall'unità a Crispi. Studi stor., 80, a. 21, p. 713-760.

5649. DERLANGE (Michel). De la répartition fiscale de la capitation à la définition d'un corps social : l'exemple provençal. A. Midi, 80, t. 92, p. 281-300.

5650. Deutsche Offizierskorps(Das), 1860-1960. Büdinger Vorträge 1977. In Verb. mit d. Militärgeschichtl. Forschungsamt hrsg. v. Hanns Hubert HOFMANN. Boppard, Boldt, 80, in-8, 455 p. (Deutsche Führungsschichten in d. Neuzeit, 11)

5651. DEWALD (Jonathan). The formation of a provincial nobility : the magistrates of the Parliament of Rouen, 1499-1610. Princeton, N.J., Princeton U.P., 80, in-8, XVI-402 p.

5652. DINGLE (A.E.). The campaign for prohibition in Victorian England. London, Croom Helm, 80, in-8, 224 p.

5653. Dirty (The) thirties in Prairie Canada : 11th Western Canada Studies Conference. Ed. by R.D. FRANCIS, H. GANZEVOORT. Vancouver, Tantalus Research, 80, in-8, 173 p. (B.C. geographical series, 26)

5654. DŁUGOBORSKI (Wacław). Protoindustrialne struktury i antagonizmy społeczne : tkacze śląscy 1790-1850. (Les structures et antagonismes sociaux protoindustriels : les tisserands silésiens, 1790-1850.) Śląsk. Kwart. hist. Sobótka, 80, a. 35, n°3, p. 445-476.

5655. DUMONT (Paul). La structure sociale de la communauté juive de Salonique à la fin du 19e s. R. hist., 80, n° 534, p. 351-394.

5656. Eléments pour une histoire du peuple de Paris au 19e siècle. Réd. par J.O. RETEL, avec la collab. de Catherine BIVILLE. Paris, Centre de sociol. urbaine, 78, in-8, 314 p.(ill). (Ministère de l'Equipement)

5657. ELPHICK (Richard),GILLIOMEE (H.). The shaping of South African society, 1652-1820. London, Longman, 80, in-8, 416 p.

5658. ELWITT (Sanford). Social reform and social order in late nineteenth-century France : the Musée Social and its friends. French hist. Stud., 80, vol. 11, n°3, p. 431-451.

5659. ERDEI (Ferenc). A magyar társadalomról. Szerk. KULCSÁR Kálmán. (Sur la société hongroise, Réd. par-.) Budapest, Akad. Kiadó, 80, in-8, 402p. (Erdei Ferenc összegyűjtött művei)

5660. EVANS (R.J.). The history of European women : a critical survey of recent research. J. mod. Hist.,80, p. 656-675.

5661. EVANS (William McKee).From the land of Canaan to the land of Guinea : the strange odyssey of the sons of Ham. Am. hist. R., 80, vol. 85, n°1, p. 15-43. /general discussion of history of slavery/

5662. Familie und soziale Plazierung. Studien zum Verhältnis von Familie, sozialer Mobilität u. Heiratsverhalten an westfälischen Beisp. im späten 18. u. 19. Jh. Jürgen KOCKA u. a. Opladen, Westdeutsch., Verl., 80, in-8, 443 p. (Forschungsber. d. Landes Nordrhein-Westfalen, 2953)

5663. FEDJUKIN (S.A.). Nekotorye aspekty izučenija istorii sovetskoj intelligencii. (Certains aspects de l'étude de l'histoire de l'intelligensia soviétique.) Vopr. Ist., 80, n°9, p. 17-31.

5664. FISCHER (Thomas). Städtische Armut und Armenfürsorge im 15. und 16. Jahrhundert. Sozialgesch. Unters. am Beispiel d. Städte Basel, Freiburg i. Br. u. Strassburg. Göttingen, Schwartz, 79, in-8, 349 p. (Göttinger Beitr. z. Wirtschafts-u. Sozialgesch., 4)

5665. FISCHER (Jacob). The response of social work to the depression. Boston, G.K. Hall, 80, in-8, XXI-266p.

5666. GARCIA (Mario T.). The Chicana in American history : the Mexican women of El Paso, 1880-1920 : a case study. Pacific hist. R., 80, vol. 49, n°2, p. 315-338.

5667. GAUSSENT (Jean-Claude). Les gens de mer à Agde au XVIIIe s. A.Midi, 80, t. 92, fasc. 2, p. 161-178.

5668. GAVINS (Raymond). Urbanization and segregation : black leadership patterns in Richmond, Virginia, 1900-1920. South Atlantic Quar., 80, vol. 79, n°3, p. 257-273.

5669. GILBERT (Alan D.). The making of post-Christian Britain : the history of the secularization of modern society. London, Longman, 80,in-8, 192 p.

5670. GOLOMB (Deborah Grand). The 1893 congress of Jewish women : evolution or revolution in American Jewish women's history ? Am. jewish Hist., 80, vol. 70, n°1, p. 52-67.

5671. GOOSE (N.). Household size and structure in early Stuart Cambridge. Soc. Hist., 80, vol. 5, p. 347-386.

5672. GORGES (Irmela). Sozialforschung in Deutschland 1872-1914.Gesellschaftl. Einflüsse auf Themen- u. Methodenwahl d. Vereins für Socialpolitik. Königstein (Ts.), Hain, 80, in-8, IX-540 p. (Schr. d. Wissenschaftszentrums Berlin, 14 Generalsekretariat)

5673. GRAEBNER (William). A history of retirement : the meaning and function of an American institution, 1885-1978. New Haven, Conn., Yale U. P., 80, in-8, X-293 p.

5674. GRISSA (Mohamed). Pouvoirs et marginaux à Paris sous le règne de Louis XIV (1661-1715). Tunis, Publ.de l'Univ., 80, in-8, 419 p.

5675. GRISWOLD (Robert L.). Apart but not adrift : wives, divorce, and independence in California, 1850-1890. Pacific hist. R., 80, vol. 49, n°2, p. 265-284.

5676. GRISWOLD DEL CASTILLO (Richard). The Los Angeles barrio, 1850-1890 : a social history. Berkeley a. Los Angeles, Univ. of Calif. Press,

79, in-8, XIV-217 p.

5677. GROSSHENNRICH (Franz-Josef). Die Mainzer Fastnachtsvereine. Geschichte, Funktion, Organisation u. Mitgliederstruktur. Ein Beitr. z.volkskundlich-sozialwiss. Analyse d.Vereinswesens. Wiesbaden, Steiner, 80, in-8, XII-505 p.(Mainzer Stud. z. Sprach- u. Volksforsch., 4)

5678. GUEST (Dennis). The emergence of social security in Canada. Vancouver, Univ. of British Columbia Press, 80, in-8, XI-257 p. - CR : J.E. Struthers, Canad. hist. R., 80, vol. 61, p. 550-551.

5679. GUIRAL (Pierre), THUILLIER (Guy). La vie quotidienne des députés en France de 1871 à 1914. Paris, Hachette, 80, in-8, 379 p.

5680. GUTMAN (Myron P.). War and rural life in the early modern Low Countries. Princeton, N.J. Princeton U.P., 80, in-8, XVI-311 p.

5681. HABAKKUK (Sir John). The rise and fall of English landed families, 1600-1800, II. Trans. roy.hist. Soc., 80, vol. 30, p. 199-221. /Presidential Address/

5682. HAMMARSTRÖM (Ingrid). Ideology and social policy in the mid-nineteenth century. Scand. J. Hist., 79, vol. 4, p. 163-185.

5683. HARRIGAN (Patrick J.). Mobility, élites and education in French society of the Second Empire. Gerrards Cross, C. Smythe, 80, in-8, XVI-204p. - IDEM. Lycéens et collégiens sous le Second Empire. Etude statistique sur les fonctions sociales de l'enseignement secondaire public d'après l'enquête de Victor Duruy, 1864-1865.Paris, Ed. de la Maison des Sci. de l'Homme; Lille, Publ. de l'Univ. Lille III,79, in-4, 34-148 p. (Matériaux pour une sociologie hist. de l'Education)

5684. Harvard encyclopedia of American ethnic groups. Ed. by Stephan THERNSTROM a. others. Cambridge,Mass., Belknap Press of Harvard U.P., 80, XXV-1.076 p.

5685. HASSAN (Riaz). Suicide in Singapore. Arch. europ. Sociol., 80, t. 21, p. 183-222.

5686. HEAL (Felicity). Of prelates and princes. A study of the economic and social position of the Tudor episcopate. Cambridge, London a. New York, Cambridge U.P., 80, in-8, XVI-363 p.

5687. HEITZ (Gerhard), VOGLER (Günter). Bauernbewegungen in Europa vom 16. bis zum 18. Jahrhundert. Z.f. Geschichtswiss., 80, Jg. 28, p.442-454.- IIDEM. Agrarfrage, bäuerlicher Klassenkampf und bürgerliche Revolution in der Übergangsepoche vom Feudalismus zum Kapitalismus. Ibid., p.

1060-1078.

5688. HILL (Mary A.). Charlotte Perkins Gilman : the making of a radical feminist, 1860-1896. Philadelphia, Temple U.P., 80, in-8, XI-362 p.

5689. HORTON (James Oliver),HORTON (Lois E.). Black Bostonians : family life and community struggle in the antebellum north. New York, Holmes a. Meier, 79, in-8, XV-175 p.

5690. HORVÁTH (Róbert). Az ujraházasodások alakulása Magyarországon 1890 és 1977 között. (Les remariages en Hongrie entre 1890 et 1977.Demográfia, 80, vol. 23, n°1, p. 52-71.

5691. HOUSTON (Cecil J.), SMYTH (William J.). The sash Canada wore : a historical geography of the Orange Order in Canada. Toronto, Univ. Press, 80, in-8, XII-215 p. - CR : C. Harris, Canad. Geogr., 81, vol. 25, p. 100-101. B. D. Palmer, Canad. hist. R., 81, vol. 62, p. 211-212.

5692. HUGUES (Daniel J.). Occupational origins of Prussia's generals, 1871-1914. Central european Hist.,80, vol. 13, n°1, p. 3-33.

5693. HUSZÁR (Tibor). Falurajz - társadalomrajz. A fiatal Erdei Ferenc műhelyében. (Village - société. Dans l'atelier du jeune Ferenc Erdei /1910-1971/.) Szociológia, 78, n°4, p. 491-510.

5694. Immagini del Settecento in Italia. A cura della Società italiana di studi sul secolo XVIII. /Atti di un Congresso tenuto a Roma nel 1979/.Roma e Bari, Laterza, 80, in-8, VII-215 p. (Bibl. di Cult. mod., 826)

5695. ITKONEN (Erkki). Einige Gesichtspunkte zur Frühgeschichte der Lappen und des Lappischen. Suom.-ugr. Seur. Aikak., 80, t. 76, p. 5-22.

5696. JAKAB (Miklós). Társadalmi változás és a magyar értelmiség,1944-1948. (Le changement social et l'intelligence hongroise.) Budapest, Kossuth Kiadó, 79, in-8, 278 p. - CR: E. Strassenreiter, Társad. Szle, 79, vol. 34, n°5, p. 100-102.

5697. JEDRY (Christopher M.). The world of John Cleveland : family and community in eighteenth-century New England. New York, W.W. Norton, 79, in-8, XIII-234 p.

5698. JENSEN (Joan M.), MILLER (Darlis A.). The gentle tamers revisited : new approaches to the history of women in the American west. Pacific hist. R., 80, vol. 49, n°2, p. 173-214.

5699. JOHNSON (Eric A.), McHALE (Vincent). Socioeconomic aspects of the delinquency rate in imperial Germany. J. soc. Hist., 80, vol. 13, n° 3, p. 384-403.

5700. JOHNSON (Michael P.). Planters and patriarchy : Charleston,1800-1860. J. south Hist., 80, vol. 46, n° 1, p. 45-72.

5701. JOYCE (Patrick). Work, society, and politics : the culture of the factory in later Victorian England New Brunswick, N.J., Rutgers U.P.,80, in-8, XXV-356 p.

5702. KAELBLE (Hartmut). Long-term changes in the recruitment of the business elite : Germany compared to the U.S., Great Britain and France since the industrial revolution. J. soc. Hist., 80, vol. 13, n°3, p. 404-423.

5703. KÁLDY NAGY (Gyula). Rural and urban life in the age of sultan Suleiman. Acta orient. Acad. Sci. hungaricae, 78, vol. 32, n°3, p. 285-319.

5704. KERO (Reino). The Finns in North America. Destinations and composition of immigrant societies in North America before world war I. Turku,Turun yliopisto, 80, in-8, 97 p. (A.Univ. Turkuensis, Ser. B, 150)

5705. KIENIEWICZ (Stefan).Pomiędzy Stadionem a Goslarem. Sprawa włościańska w Galicji w 1848 r. (Entre /Franz/ Stadion et /Julian/ Goslar. La question des paysans de la Galicie en 1848.) Wrocław, Zakł, Narod. im. Ossolińskich, 80, in-8, 155 p.

5706. KLEIN (Herbert S.). The structure of the hacendado class in late eighteenth-century Alto Perú : the intendencia de La Paz. Hisp. am. hist. R., 80, vol. 60, n°2, p. 191-212.

5707. KLIMANOVA (T.V.). A.V. Lunačarskij o formirovanii sovetskoj intelligencii. (A.V. Lounatcharski sur la formation de l'intelligentsia soviétique.) Vopr. Ist., 80, n°7, p.20-30.

5708. KLOTTER (James C.). The black South and white Appalachia. J. am. Hist., 80, vol. 66, n° 4, p. 832-849.

5709. KOLCHIN (Peter). In defense of servitude : American proslavery and Russian proserfdom arguments, 1760-1860. Am. hist. R., 80, vol.85, n°4, p. 809-827.

5710. KOSSOK (Manfred). Bemerkungen zum Verhältnis von Agrarstruktur, Agrarbewegung und bürgerlichem Revolutionszyklus. Z. f. Geschichtswiss., 80, Jg. 28, p. 1039-1059.

5711. KOSTASH (Myrna). Long way from home : the story of the sixties generation in Canada. Toronto, J. Lorimer, 80, in-8, XXXVII-300 p. - CR : I.M. Drummond, Canad. hist. R., 81, vol. 62, p. 215-217.

5712. KRASZEWSKI (Piotr). Problem osadnictwa polskiego w Peru w okresie międzywojennym. (La question de la colonisation polonaise au Pérou aux temps de l'entre-deux-guerres.)Studia hist., 79 /80/, a. 22, n°4, p. 583-605.

5713. KREN (George M.), RAPPOPORT (Leon). The holocaust and the crisis of human behavior. New York, Holmes a. Meier, 80, in-8, 176 p.

5714. KUCZYNSKI (Jürgen).Geschichte des Alltags des deutschen Volkes.Studien. 1 : 1600-1650. Mit einem Abschn. über Arbeit u. Arbeitswerkzeuge v. Wolfgang JACOBEIT. Berlin, Akad.-Verl., 80, in-8, 379 p.

5715. KULCSÁR (Kálmán). A mai magyar társadalom. (La société hongroise de notre époque.) Budapest, Kossuth Kiadó, 80, in-8, 320 p.

5716. KUZNESOF (Elizabeth Anne). The role of the female-headed household in Brazilian modernization : 1765 to 1836. J. soc. Hist., 80, vol. 13, n°4, p. 589-614.

5717. KYLE (Gunhild). Kvinnan under 1900-talet - konflikten mellan produktion och reproduktion. (Woman during the 20th century - a conflict between production and reproduction.) /Svensk/ Hist. T., 80, vol. 100, p. 355-369.

5718. LALOUETTE (Jacqueline). La consommation de vin et d'alcool au cours du XIXe et au début du XXe siècle. Ethnol. franç., 80, n. sér., t. 10, p. 287-302.

5719. LANGEWIESCHE (Dieter). Zur Freizeit des Arbeiters. Bildungsbestrebungen u. Freizeitgestaltung österr. Arbeiter im Kaiserreich u. in d. Ersten Republik. Stuttgart, Klett-Cotta, 80, in-8, 437 p. (4 Abb., 13 Tab.). (Industrielle Welt, 29)

5720. LAPSANSKY (Emma Jones)."Since they got those separate churches": Afro-Americans and racism in Jacksonian Philadelphia. Am. Quar., 80,vol. 32, n°1, p. 54-78.

5721. LARSON (Brooke). Rural rhythms of class conflict in eighteenth-century Cochabamba. Hisp. am. hist.R., 80, vol. 60, n°3, p. 407-430.

5722. LAURENCIN (Michel). La vie quotidienne en Touraine au temps de Balzac. Paris, Hachette-Littérature, 80, in-8, 334 p.

5723. LEVINE (David). Illiteracy and family during the first industrial revolution. J. soc. Hist., 80, vol.14, n°1, p. 25-44.

5724. LEVITT (Ian), SMOUT (T.C.). The state of the Scottish working class in 1843. Edinburgh, Scottish Acad. Press, 80, in-8, 294 p.

8. SOZIAL- UND SITTENGESCHICHTE

5725. LIAGHAT (Gholam A.). Changes in a new middle class through the analysis of census data : the case of Iran between 1956-1966. Middle East J., 80, vol. 34, n°3, p. 343-350.

5726. LÖNNQVIST (Bo). Skärgårdsbebyggelse och skärgårdskultur i Nyland. (Habitation and cultural features in the archipelago of Nyland province /Finland/.) Helsingfors, 80, in-8, p. 127-197 (ill.). (Skr. svenska Litteratursälls. Finland, 489.- Folklivsstudier, 13) /Summary in Eng./

5727. LOGEAY (Pierre). Contribution à l'étude de la pathologie des compagnons du Tour de France aux XVIIIe et XIXe siècles. Paris, Fac. Saint-Antoine, 79, in-8, 282 p. (ill.).

5728. McCLYMER (John F.). War and welfare : social engineering in America, 1890-1925. Westport, Conn., Greenwood Press, 80, in-8, XVI-248 p. (Contrib. in Am. Hist., 84)

5729. McCUAIG (Katherine). 'From social reform to social service'. The changing role of volunteers : the antituberculosis campaign, 1900-30. Canad. hist. R., 80, vol. 61, p. 480-501.

5730. McDONALD (Forrest), McDONALD (Ellen Shapiro). The ethnic origins of the American people, 1790. William a. Mary Quar., 80, vol. 37, n°2, p. 179-199.

5731. McHUGH (Paul). Prostitution and Victorian social reform. New York, St. Martin's Press, 80, in-8, 306 p.

5732. MACRY (Paolo). Introduzione alla storia della società moderna e contemporanea. Bologna, Il Mulino,80, in-8, 240 p. (La nuova scienza)

5733. Magyar tanyarendszer (A) múltja. Szerk. PÖLÖSKEI Ferenc,SZABAD György. (Le passé du système des hameaux hongrois. Réd. par -.) Budapest, Akad. Kiadó, 80, in-8, 449 p. - CR : P.P. Tóth, Valóság, 80, vol. 23, n°11, p. 106-108.

5734. MARRARA (Danilo). Nobiltà civica e patriziato. Una distinzione terminologica nel pensiero di alcuni autori italiani dell'età moderna. A. Sc. norm. sup. Pisa,80, s. 3, vol.10, p. 219-232.

5735. MARTIN (J.W.). Elizabethan familists and English separatism. J. brit. Stud., 80, vol. 20, n°1, p. 53-72.

5736. MARTIN-FUGIER (Anne). La place des bonnes : la domesticité féminine à Paris en 1900. Paris, Grasset, in-8, 382 p. (fig.).

5737. MARWICK (Arthur). Class image and reality in Britain, France, and the USA since 1930. New York, Oxford U.P., 80, in-8, 416 p.

5738. MATTSSON (Viking). Ammor och barnafödande i Malmö 1750-1850. (Nativity and wet-nurses in Malmoe, 1750-1850.) Scandia, 80, vol. 46, p. 173-198, 261-262. /English summary/

5739. MATZ (Klaus-Jürgen). Pauperi mus und Bevölkerung. Die gesetzl. Ehebeschränkungen in d. süddeutsch. Staaten während d. 19. Jh. Stuttgart, Klett-Cotta, 80, in-8, 311 p. (3 graph. Darst.) (Industrielle Welt, 31)

5740. MAURO (Frédéric). La vie quotidienne au Brésil au temps de Pedro Segundo, 1831-1889. Paris, Hachette, 80, in-8, 316 p. (ill.). (La vie quotidienne)

5741. MAZSU (János). A szellemi foglalkozásúak jövedelmi viszonyainak alakulása a dualizmus idöszakában. (Income conditions of brain workers in the dualistic era /in Hungary/.) Acta Univ. debreceniensis. Ser. hist., 80, vol. 30, p. 5-55.

5742. MILLER (Marc). Working women and world war II. New England Quar., 80, vol. 53, n° 1, p. 42-61.

5743. MISKOLCZY (Ambrus). Népesség, társadalom és gazdaság a reformkori Erdélyben. (Population, société et richesse en Transylvanie à l'époque de la crise du féodalisme.) Tört. Szle, 80, vol. 23, n°3, p. 509-529.

5744. MONTGOMERY (David). To study the people : the American working class. Labor Hist., 80, vol. 21, n°4, p. 485-512.

5745. MÜLLER-LIST (Gabriele). Die Sozialstruktur der evangelischen Einwohner Bonns im 19. Jahrhundert.Bonn, Röhrscheid, 80, in-8, 3241 p. (graph. Darst., Kt.). (Veröff. d. Stadtarch. Bonn, 25)

5746. MUGFORD (Jane). Australian social surveys : journal extracts, 1974-1978. Canberra, Austral. Nat. Univ.; London, Eurospan, 80, in-8, 293 p.

5747. NAGY (Zsuzza L.). "Középosztály, kispolgárság a két világháború között. A francia társadalomtörténeti irodalomról. ("La classe moyenne", la petite bourgeoisie entre les deux guerres. Sur la littérature française d' histoire sociale.) Tört. Szle, 79, vol. 22, n°1, p. 144-155.

5748. NÉMEDI (Dénes). A szintézis keresése. Erdei Ferenc szociológiája, a 40-es évek elsö felében. (La recherche de la synthèse. La sociologie de Ferenc Erdei pendant la première moitié des années 40.) Szociológia, 78, n°4, p. 511-525.

5749. NIOSI (Jorge E.). La bourgeoisie canadienne : la formation et le développement d'une classe dominante. Montréal, Boréal Express, 80, in-8, 241 p. (Coll. Histoire et sociétés)

5750. OLIN (Spencer C.) Jr. The Oneida community and the instability of charismatic authority. J. am. Hist., 80, vol. 67, n°2, p. 285-300.

5751. ORBÁN (Sandór). Social transformation of the Hungarian peasantry after the Liberation. On the historical postponement of the disintegration of the peasantry in East-Europe. In : Etudes hist. hongr., /Cf. n° 611/, vol. 2, p. 461-482.

5752. ORTON (Diana). Made of gold, a biography of Angela Burdett Coutts. London, H. Hamilton, 80, in-8, 288 p. (ill.).

5753. PARR (Joy). Labouring children : British immigrant apprentices to Canada, 1869-1924. London, Croom Helm, 80, in-8, 192 p.

5754. PASTUSIAK (Longin). Współczesna Polonia w Chicago. Cz. 1,2.(La "Polonia" contemporaine à Chicago, p.1, 2.) Przegl. polon., 80, a. 6, fasc.2, p. 25-40; fasc. 3, p. 35-49.

5755. PEASE (William H.), PEASE (Jane H.). Paternal dilemmas : education, property, and patrician persistence in Jacksonian Boston. New England Quar., 80, vol. 53, n°2, p. 147-167.

5756. PELORSON (Jean-Marc). Les Letrados, juristes castillans sous Philippe III : recherches sur leur place dans la société, la culture et l'Etat. Poitiers, Pelorson, 80, in-8, 549 p.

5757. PERRY (Mary Elizabeth).Crime and society in early modern Seville. Hanover, N.H.,a. London, Univ. Press of New England, 80, in-8, VIII-298 p.

5758. PESSEN (Edward). How different from each other were the antebellum North and South ? Am. hist. R., 80, vol. 85, n°5, p. 1119-1149.

5759. PÉTER (Katalin). A barokk korszak társadalma. (La société de l' époque baroque.) Magy. Tudom. Akad. Nyelv. Irodtudom. Oszt. Közl., 79, vol. 31, n°s 3-4, p. 259-271.- EADEM. Az erdélyi társadalom élete a 17. század elsö felében. (La vie de la société transylvaine dans la première moitié du XVIIe s.) Századok, 80, vol. 114, n°4, p. 575-599.

5760. PETULLA (Joseph M.). American environmentalism : values, tactics, priorities. College Station, Texas A & M U.P., 80, in-8, XIV-239 p. (Environmental Hist. Ser., 1)

5761. PHILIPS (J.F.R.). Gezondheidszorg in Limburg. Groei en acceptatie van gezondheidsvoorzieningen 1850-1940. (Growth and acceptation of the public health in Dutch Limburg 1850-1940.) Assen, Van Gorcum, 80, in-8, XXXIX-378 p. (tab., graph.).(Maaslandse monogr., 32)

5762. PHILLIPS (George Harwood). Indians in Los Angeles, 1781-1875 : economic integration, social disintegration. Pacific hist. R., 80, vol.49, n°3, p. 427-452.

5763. PLECK (Elizabeth Hafkin). Black migration and poverty : Boston 1865-1900. London a. New York, Academic Press, 79, in-8, XVIII-239 p.(Stud. in Social Discontinuity)

5764. POISSON (Jean-Paul). Pour une étude sociale des milieux artistiques : les artistes parisiens de la première moitié du XVIIe siècle. M. Féd. Soc. hist. Ile-de-France, 78/79/, t. 29, p. 131-170.

5765. POLENBERG (Richard). One nation divisible : class, race, and ethnicity in the United States since 1938. New York, Viking Press, 80, in-8, 363 p.

5766. PRESTWICH (P.E.). French workers and the temperance movement. Int. R. soc. Hist., 80, vol. 25, p.35-52.

5767. PREZIOSI (Anna Maria). Borghesia e fascismo in Friuli negli anni 1920-1922. Roma, Bonacci, 80, in-8, 221 p. (I fatti della Stor. Saggi,4)

5768. Prosopographie des élites françaises (XVIe-XXe siècles). Guide de recherche. Paris, Centre national de la Recherche scientifique. Inst. d'Hist. mod. contemporaine, 80, 178 p.

5769. QUIST (Gunnar). Policy towards women and the women's struggle in Sweden. Scand. H. Hist., 80, vol.5, p. 51-74.

5770. RIBUFFO (Leo P.). Henry Ford and The International Jew. Am. jewish Hist., 80, vol. 69, n°4, p.437-477.

5771. RIESS (Steven A.). Teaching base : professional baseball and American culture in the progressive era. Westport, Conn., Greenwood Press, 80, in-8, XIV-268 p. (Contrib. in Am.Stud., 48)

5772. RILEY (Glena). "Not gainfully employed" : women on the Iowa frontier, 1833-1870. Pacific hist. R., 80, vol. 49, n°2, p. 237-264.

5773. ROBIN (Jean). Elmdon : continuity and change in a north-west Essex village, 1861-1964. Foreword by Audrey RICHARDS. New York, Cambridge U.P., 80, in-8, XXXIV-260 p.

5774. RODEN (Donald). Baseball and the quest for national dignity in Meiji Japan. Am. hist. R., 80, vol.85, n°3, p. 511-534.

5775. RODGERS (Daniel T.). Socializing middle-class children : institutions, fables, and work values in nineteenth-century America. J. soc. Hist.,

8. SOZIAL- UND SITTENGESCHICHTE

80, vol. 13, n°2, p. 354-367.

5776. ROEBUCK (Peter). Yorkshire baronets, 1640-1760 : families, estates, and fortunes. London a. New York, Oxford U.P., 80, in-8, XIV-414 p.(Univ. of Hull Pub.) - IDEM. The making of an Ulster great estate : the Chichesters, barons of Belfast and viscounts of Carrickfergus, 1599-1648. Proc. roy. irish Acad., 79, vol. 79, sect. C, p. 1-25.

5777. RONDEAU (Daniel), BAUDIN (François). Chagrin lorrain : la vie ouvrière en Lorraine, 1870-1914.Paris, Ed. du Seuil, 79, in-8, 145 p.

5778. ROSE (June). Elizabeth Fry. London, Macmillan, 80, in-8, 232 p.

5779. ROSENBERG (Wolfgang).Anfänge und Entwicklung der Arbeiterklasse Neuseelands. Jb. f. Wirtschaftsgesch., 80, T. 2, p. 121-139.

5780. ROY (Patricia E.). British Columbia's fear of Asians, 1900-1950. Soc. Hist., 80, vol. 13, p. 161-172.

5781. RUGGIERO (Guido). Violence in early Renaissance Venice. New Brunswick, N.J., Rutgers U.P., 80, in-8,XV-235 p. (Crime, Law, a. Deviance Ser.)

5782. RUSSELL (Edward C.). Customs and traditions of the Canadian Armed Forces. Ottawa, Deneau a. Greenberg; Dept. of the Secretary of State, 80, in-8, XVI-265 p.- Version franç. : Coutumes et traditions des Forces armées canadiennes. Trad. de Jacques GOUIN. Québec, Ed. du Pélican; Ottawa, Ministère de la Défense nationale, Centre d'éd. du Gouvernement du Canada, 80, in-8, 339 p.

5783. SAALFELD (Diedrich). Die ständische Gliederung der Gesellschaft Deutschlands im Zeitalter des Absolutismus. Ein Quantifizierungsversuch. Vjschr. f. soz.- u. Wirtschaftsgesch., 80, Bd 67, p. 457-483.

5784. SACHSSE (Christoph),TENNSTEDT (Florian). Geschichte der Armenfürsorge in Deutschland. Vom Spätmittelalter bis zum Ersten Weltkrieg. Stuttgart, Berlin, Köln u. Mainz, Kohlhammer,80, in-8, 367 p. (19 Ill.).

5785. SAKHAREV (V.V.). Rabočij klass socialističeskoj Čekhoslovakii (1948-1960 gg.) (The working class of socialist Czechoslovakia, 1948-1960.) Kiev, 80, in-8, 175 p.

5786. SALOUTOS (Theodore).Cultural persistence and change : Greeks in the Great Plains and Rocky Mountain west, 1890-1970. Pacific Hist. R., 80, vol. 49, n°1, p. 77-104.

5787. SANDBERG (Lars G.), STECHEL (Richard H.). Soldier, soldier, what made you grow so tall ? A study of height, health and nutrition in Sweden, 1720-1881. Econ. a. Hist., 80, vol.23,

p. 91-105.

5788. SANDOS (James A.). Prostitution and drugs : the United States army on the Mexican-American border, 1916-1917. Pacific hist. R., 80, vol. 49,n° 4, p. 621-646.

5789. SAUM (Lewis O.). The popular mood of pre-civil war America. Westport Conn., Greenwood Press, 80, in-8,XXIV-338 p. (Contrib. in Am. Stud., 46)

5790. SAVARD (Pierre). Affrontement de nationalismes aux origines du scoutisme canadien-français. M. Soc. roy. Canada, 79, vol. 17, acad. 1, p. 41-56.

5791. SCARDAVILLE (Michael C.). Alcohol abuse and tavern reform in late colonial Mexico City. Hisp. am. hist. R., 80, vol. 60, n°4, p. 643-671.

5792. SCHARF (Lois). To work and to wed. Female employment, feminism and the Great Depression. Wesport,Conn. a. London, Greenwood, 80, in-8, XIII-240 p.

5793. SCHEFFERS (Henning). Höfische Konvention und die Aufklärung. Wandlungen d. Honnête-homme-Ideals im 17. u. 18. Jh. Bonn, Bouvier, 80, in-8, 287 p. (Stud. z. Germanistik, Anglistik u. Komparatistik, 93)

5794. SCHENK (Herrad). Die feministische Herausforderung.150 Jahre Frauenbewegung in Deutschland. München, Beck, 80, in-8, 245 p. (Beck'sche schwarze Reihe, 213)

5795. SCHILLING (Renate). Lage und Struktur der ländlichen Bevölkerung im Schwedish-Pommern Ende des 17. Jahrhunderts. Jb. f. Gesch. d. Feudalismus, 80, Bd 4, p. 289-314.

5796. SCOTT (Anne Firor). Almira Lincoln Phelps : the self-made woman in the nineteenth century. Maryland hist. Mag., 80, vol. 75, n°3, p.203-216.

5797. SERMAN (William). Les origines des officiers français, 1848-1870. Paris, Publ. de la Sorbonne, 79, in-8, 406 p. (ill.). (Publ. de la Sorbonne, sér. N.S. Recherches, 33)

5798. SHICK (Tom W.). Behold the promised land : a history of Afro-American settler society in nineteenth-century Liberia. Baltimore, Md., Johns Hopkins U.P., 80, in-8, XV-208 p.(Johns Hopkins Stud. in Ataln tic Hist. a.Cult.)

5799. SHORTER (Edward). Women's diseases before 1900. In : New directions in psycho-history /Cf. n° 416/, p. 183-208.

5800. SLACK (Paul). Books of Orders, the making of English social policy, 1577-1631. Trans. roy. hist.Soc., 80, vol. 30, p. 1-22.

5801. SLATTA (Richard W.). Rural criminality and social conflict in nineteenth-century Buenos Aires province. Hisp. am. hist. R., 80, vol.60, n°3, p. 450-472.

5802. SMITH (Daniel Blake). Inside the grat house : planter family life in eighteenth-century Chesapeake society. Ithaca, N.Y., a. London, Cornell U. P., 80, in-8, 305 p.

5803. SOCOLOW (Susan Migden). Marriage, birth, and inheritance : the merchants of eighteenth-century Buenos Aires. Hisp. am. hist. R., 80, vol.60, n°3, p. 387-406.

5804. SOLNON (Jean-François). 215 bourgeois gentilshommes au XVIIIe siècle : les secrétaires du roi à Besançon. Préf. de Jean MEYER. Paris, Belles Lettres, 80, in-8, 467 p. (ill.). (A. litt. Univ. Besançon, 244. Cah. d'Et. comtoises, 28)

5805. SOSSON (J.P.). Corporation et paupérisme aux XIVe et XVe siècles. Le salariat du bâtiment en Flandre et en Brabant, et notamment à Bruges. T. Gesch., 79, vol. 92, p. 557-575. (tab., graph.).

5806. SOUBEYROUX (Jacques). Paupérisme et rapports sociaux à Madrid au XVIIIe s. Lille, At. Reprod. Thèses, Univ. Lille III; Paris, diff. Champion, 78, 2 vol. in-8, 1125 p. (carte, ill.).

5807. SPIERS (Edward M.). The army and society, 1815-1914. London, Longman, 80, in-8, 318 p. (Themes in British soc. hist.)

5808. Społeczeństwo staropolskie. (La société dans l'ancienne Pologne.) Sous la réd. d'Andrzej WYCZAŃSKI./T.1. Cf. Bibl. 76-77, n° 7045./ T. 2 : Studia i szkice. (Etudes et essais.) Warszawa, Państw. Wydawn. Nauk., 79 /80/, in-8, 337 p. (Pol. Akad. Nauk Inst. Hist.)

5809. STADIN (Kekke). Den gömda och glömda arbetskraften : stadskvinnor i produktionen under 1600 och 1700-talen. (The concealed and forgotten labour power : town women as wage earners during the 17th and 18th centuries.) /Svensk/ Hist. T., 80, vol.100, p. 298-319. /Eng. summary/

5810. Städtische Führungsgruppen und Gemeinde in der werdenden Neuzeit. Hrsg. v. Wilfried EHBRECHT. Köln u. Wien, Böhlau, 80, in-4, XX-453 p.(graph. Darst., Kt.-Beil.). (Städteforsch., Reihe A. : Darst., 9)

5811. Städtische Gesellschaft und Reformation. Hrsg. v. Ingrid BÁTORI. Stuttgart, Klett-Cotta, 80, in-8, 313 p. (graph. Darst.). (Spätmittelalter u. frühe Neuzeit, 12. Kleine Schr. 2)

5812. STEARNS (Peter N.). The effort at continuity in working-class culture. J. mod. Hist., 80, vol. 52, n°4, p. 626-655.

5813. Storia della società italiana. Diretta da Giovanni CHERUBINI /e altri/. Coordinatore Idomeneo BARBADORO. 14 : Il blocco di potere nell'Italia unita. Di Roberto GUERRI, Teresa ISENBURG, Giorgio MORI, Ettore ROTELLI. Milano, Teti, 80, in-8, 395 p. /7. Cf. Bibl. 74-75, n° 6784./

5814. Vacat.

5815. STROUSE (Jean). Alice James: a biography. Boston, Houghton Mifflin, 80, in-8, XV-367 p.

5816. ŚWIĄTKOWSKI (Andrzej). Amerykańska polityka społeczna wobec imigrantów. (La politique sociale des Etats-Unis à l'égard des immigrés.) Kraków, Państw. Wydawn. Nauk., 80, in-8, 206p. (Zesz. Nauk. Uniw. Jagiell., 560. Prace Polonijne, 4)

5817. TAKAKI (Ronald T.). Iron cages : race and culture in 19th century America. London, Athlone Press, 80, in-8, XVIII-361 p.

5818. TILLY (Louise A.), SCOTT (Joan W.). Women, work, and family. New York, Holt, Rinehart a. Winston, 78, in-8, XIV-274 p.

5819. TOLL (William). The resurgence of race : black social theory from reconstruction to the pan-African conferences. Philadelphia, Temple U.P., 79, in-8, IX-270 p.

5820. TÓTH (Zoltán). A szekszárdi mezővárosi blokk felbomlása a századfordulón. A hagyományos kistermelői együttes mobilitási modelljei. (Disintegration of the Szekszárd Country-Town Block at the turn of the century. Models of mobility in the traditional small-scale producer community.) Agrártört. Szle, 80, vol. 22, n°s 3-4, p. 349-433.

5821. TRAER (James F.). Marriage and the family in eighteenth-century France. Ithaca, N.Y., a. London, Cornell U.P., 80, in-8, 208 p.

5822. TRÓCSÁNYI (Zsolt). Dignitäradel und Beamtenintelligenz der Regierungsbehörden im Siebenbürgen des 16.-17. Jahrhunderts. In : Etudes hist. hongr. /Cf. n°617/, vol. 1, p. 255-277.

5823. TICKER (Barbara M.). The family and industrial discipline in ante-bellum New England. Labor Hist., 80, vol. 21, n°1, p. 55-74.

5824. TYRRELL (Ian R.). Sobering up : from temperance to prohibition in antebellum America, 1800-1860. Westport, Conn., Greenwood Press, 79, in-8, XII-350 p. (Contrib. in Am. Hist., 82)

5825. UJVÁRY (Zsuzsanna J.). Kassa város polgársága a 16. század végén és a 17. század első felében. (Les citoyens de la ville de Košice à la fin du XVIe et dans la première moitié du XVIIème siècle.) Tört. Szle, 79, vol. 22, n°s 3-4, p. 577-591.

5826. URBAN (Otto). Kapitalismus a česka společnost. K otázkám formování české společnosti v 19. století. (Kapitalismus u. d. tschechische Gesellschaft. Zu Fragen d. Formierung d. tschech. Gesellschaft im 19. Jh.) Praha, Svoboda, 78, in-8, 379 p.

5827. VAN DEURSEN (A. Th.). Het kopergeld van de Gouden Eeuw. (Life of the ordinary people in Holland in the 17th cent.) /I-III. Cf. Bibl. 78-79, n° 6548./ IV : Hel en hemel. Assen,Van Gorcum, 80, in-8, X-148 p. (ill.).

5828. VASIL'EV (B.N.). Čislennost', sostav, territorial'noe razmeščenie fabrično-zavodskogo proletariata evropejskoj časti Rossii i Zakavkaz'ja v 1913-1914 godakh. (Strength, composition and territorial distribution of the factory proletariat of European Russia and the Transcaucasus in 1913-1914.) Ist. SSR.,80, n°2, p. 100-113.

5829. VERSINI (Xavier). La vie quotidienne en Corse au temps de Mérimée. Paris, Hachette-Littérature, 79, in-8, 224 p.

5830. VÖRÖS (Károly). Budapest legnagyobb adófizetői 1873-1917. (Ceux qui ont payé le plus d'impôt à Budapest.) Budapest, Akadémiai Kiadó, 79, in-8, 186 p.

5831. VOLPI (Domenico). La vita e i costumi nel Sei e Settecento (Dal barocco all'illuminismo). Illustrato con dipinti, stampe e documenti dell' epoca. Milano, Mursia, 80, in-8, 156 p. (ill.). (Vita e costumi)

5832. WALKOWITZ (Judith R.). Prostitution and Victorian society : women, class, and the State. London a. New York, Cambridge U.P., 80, in-8, IX-347 p.

5833. WALSH (John Edward). Rakes and ruffians : the underworld of Georgian Dublin. Dublin, Four Courts Pr., 79, in-8, XIII-119 p.

5834. WEISBROD (Carol). The boundaries of Utopia. New York, Pantheon, 80, in-8, XXII-297 p. /Am. utopian communities, 19th c./

5835. WEST (Elliott). The saloon on the Rocky Mountain mining frontier. Lincoln, Univ. of Nebr. Press, 79, in-8, XVII-197 p.

5836. WHEATON (Robert), HAREVEN (Tamara K.) a. others. Family and sexuality in French history. Philadelphia, Univ. of Pa. Press, 80, in-8, IX-274 p.

5837. WHITE (Jerry). Rothschild buildings : life in an East End tenement block, 1887-1920. Boston, Routledge a. Kegan Paul, 80, in-8, XVIII-301 p. (Hist. Workshop Ser.)

5838. WHITE (Richard). Land use, environment, and social change : the shaping of Island county, Washington. Seattle, Univ. of Wash. Press, 80, in-8, XI-234 p. - IDEM.Poor men on poor lands : the back-to-the-land movement of the early twentieth century - a case study. Pacific. hist. R., 80, vol. 49, n°1, p. 105-132.

5839. WIGFIELD (W. MacDonald). The Monmouth rebellion, a social history. Bradford-on-Avon, Moonraker Press, 80, in-8, 176 p. (ill., maps).

5840. WOOD (James B.). The nobility of the Election of Bayeux, 1463-1666 : continuity through change. Princeton, N.J., Princeton U.P., 80, in-8, XIV-220 p.

5841. ZIEMBA (Jan). Kształtowanie się proletariatu Zagłębia Dąbrowskiego (1865-1914). (La formation du prolétariat dans le bassin houiller de Dąbrowa, 1865-1914.) Warszawa, Państw. Wydawn. Nauk., 80, in-8, 222 p.

Cf. n°s 551, 552, 2287, 2870, 3259, 3309, 3519, 3818, 4210, 4231, 4276, 4407, 5058, 5059, 5096, 5107, 5131, 5226, 5230, 5293, 5329, 5412, 5502, 6092.

§ 9. Arbeiterbewegung und Sozialismus.

+ 5842. Bibliographie zur Geschichte der deutschen Arbeiterschaft und Arbeiterbewegung 1863 bis 1914. Berichtszeitraum 1945-1975. Mit e. forschungsgesch. Einl. Klaus TENFELDE, Gerhard A. RITTER (Hrsg.). Bonn, Neue Ges., 80, in-8, 687 p. (Arch. f. Sozialgesch., Beih. 8)

+ 5843. FLERE (E.C.M.). Relatie van de Katholieke sociale beweging in Duitsland - met name de Volksverein für das Katholische Deutschland - en de Katholieke sociale beweging in Belgie en Nederland. Voorlopige bibliografie van Belgische en Nederlandse literatuur. (Le 'Volksverein ...' et le mouvement social et catholique en Belgique et les Pays-Bas. Bibliographie provisoire.) Stud. soc.-econ. Gesch. Limburg, 79, vol. 24, p. 83-126.

+ 5844. Komunistická internacionála a Komunistická strana Československa. Bibliografický sborník 1919-1943.(Die Kommunistische Internationale und die Kommunistische Partei der Tschechoslowakei. Bibliographischer Sammelband 1919-1943.) Edit. Bohumil PELIKÁN. Vol. 1, 2, 3. Praha, Ústav marxismu-leninismu ÚV KSČ, 79, 3 vol., in-8, 397, 386, 394 p. (Bibliografie a informace Knihovny Ústavu marxismu-leninismu ÚV KSČ, 34)

* 5845. SWANSON (Dorothy). Annual bibliography on american labor history, 1979. Labor Hist., 80, vol. 21, n°4, p. 570-596.

* 5846. VOIGT (Harry). Auswahlbibliographie zum militärrischen Erbe von Friedrich Engels. Hrsg. v. d. Informations- u. Dokumentationsstelle d. Militärakad. "Friedrich Engels", Berlin, Militärverl. d. DDR, 80, in-8, 204 p.

* Cf. n°s 2790, 5575.

** 5847. Arbeiter-, Soldaten- und Volksräte in Baden, 1918/19. Bearb. v. Peter BRANDT u. Reinhard RÜRUP. Düsseldorf, Droste, 80, in-4, CXXII-504 p. (1 Kt.). (Quellen z. Gesch. d. Rätebewegung in Deutschl., 3)

** 5848. Břevnovský sjezd 1878. Edice archivních dokumentů. (Der konstituierende Parteitag der tschechischen /tschechoslowakischen/ Sozialdemokratischen Partei in Prag-Břevnov im J. 1878. Edition d. Archivdokumente.) Edit. Bořivoj INDRA, Jan STANĚK, Jaroslav LAMEŠ, Jan ROUBÍČEK, Vladimíra HRADECKÁ, Radko GUBA. Praha, Státní oblastní archiv, 78, in-8, 281 p. (phot.)

** 5849. Chartism and society, an anthology of documents. Ed. by F.C. MATHER. London, Bell a. Hyman, 80, in-8, 488 p.

** 5850. Congrès (Les) de l'Internationale communiste. Textes publ. sous la dir. de Pierre BROUE. /1. Cf. Bibl. 74-75, n° 6817./ 2 : Du premier au deuxième Congrès de l'Internationale communiste, mars 1919-juillet 1920. Présentation, introd. et notes de Pierre BROUE; trad. de Jaqueline BOIS, Jean-Marie BROHM, Andreas STREIFF. Paris, Et. et Doc. internationales, 79, in-8, 510 p. (Doc. pour l'Hist. de la Troisième Internationale)

** 5851. FEHÉR (Lajos). Igy történt. Visszaemlékezések. (Cela c'est passé ainsi. Mémoires.) Budapest, Magvető Kiadó, 79, in-8, 579 p. (Tények és tanuk) - CR : M. Czine, Jelenkor, 79, vol. 22, n°11, p. 1035-1036; P. Sipos, Társad. Szle, 79, vol. 34, n°10, p.111-113.

** 5852. HONECKER (Erich). Aus meinem Leben. Berlin, Dietz, 80, in-8, IX-481 p. (Abb.).

** 5853. MARX (Karl), ENGELS (Friedrich). Gesamtausgabe (MEGA). Hrsg. vom Inst. f. Marxismus-Leninismus beim ZK d. KPdSU u. vom Inst. f. Marxismus-Leninismus beim ZK d. SED. Abt. 2 "Das Kapital" und Vorarbeiten. /Bd 3, T. 3, 4. Cf. Bibl. 78-79, n° 6576./ Bd 2 : MARX (Karl). Ökonomische Manuskripte und Schriften 1858-1861. Text. Apparat. Bd 3 : MARX (Karl). Zur Kritik der politischen Ökonomie (Ms. 1861-1863). T. 5 : Text. Apparat. - Berlin, Dietz, 80, 4 vol. in-8, 31-293 p.; p. 299-507;37 p., p. 1543-1888; 128 p. (Abb.).

** 5854. Marx és Engels ismeretlen levelei. Közli S. VINCZE Edit. (Lettres inédites de Marx et Engels. Publ. par-.) Párttört. Közl., 78, vol. 24, n°2, p. 173-178. /K. Marx - Bernhard Kraus, Sept. und Okt. 1875; F. Engels - Wiener Arbeiter - Bildungsverein, Dez. 1892/

** 5855. MARX (Jenny), MARX (Laura), MARX (Eleanor). Lettres inédites : collection Bottigelli. Les filles de Karl Marx. Introd. de Michelle PERROT; déchiffrage, trad. (de l'anglais), présentation et notes de Olga MEIER;notes de Michel TREBITSCH. Paris, A. Michel, 79, in-8, 386 p. (pl.). (H comme Histoire)

** 5856. Szabó Ervin ismeretlen levelei Eduard Bernsteinhez. (Lettres inédites d'Ervin Szabó adressées à Edouard Bernstein.) Publ. par VADÁSZ Sándor. Párttört. Közl., 78, vol. 24, n°2, p. 179-184. /1901, 1903/ - Szabó Ervin levelezése. (La correspondance d'Ervin Szabó.) /Vol. 1. Cf. Bibl. 76-77, n° 7100./ vol. 2 : 1905-1918. Réd. par LITVÁN György, SZŰCS László. Budapest, Kossuth Kiadó, 79, in-8, 1041 p. - CR : G. Balázs, Társad. Szle, 79, vol. 34, n°5, p. 97-100; E.B. Juhász, Magy. Könyvszle, 79, vol. 95, n°3, p. 321.

5857. ACOCELLA (Giuseppe). Sturzo e il sindacato. Mezzo secolo di storia del sindacalismo nel pensiero politico di Luigi Sturzo. Roma, Lavoro, 80, in-8, III-216 p. (Stud. e Ric., 10)

5858. ANTONOV (V.S.). "Severnyj sojuz russkikh rabočikh" : nekotorye voprosy istorii ego sozdanija. ("Union de Nord des ouvriers russes" : quelques problèmes de l'histoire de sa création.) Vopr. Ist., 80, n°2, p. 29-39.

5859. ARAGNO (Giuseppe). Socialismo e sindacalismo rivoluzionario a Napoli in età giolittiana. Roma, Bulzoni, 80, in-8, 149 p. (Stor. e Doc., 4)

5860. ARDELT (Rudolf G.). Die österreichische Sozialdemokratie und der Kriegsausbruch 1914. Die Krise einer polit. Elite. Jb. f. Zeitgesch., 79 /80/, p. 59-130.

5861. Associazionismo (L') operaio in Italia (1870-1900) nelle raccolte della Biblioteca nazionale centrale di Firenze. Catalogo a cura di Fabrizio DOLCI. Con una present. di Diego MALTESE e uno scritto introd. di Franco DELLA PERUTA. Firenze, Giunta reg. toscana, 80, in-4, X-506 p. (tav.). (Invent. e Catal. toscani, 5) (Bibl. naz. centrale. Firenze)

5862. BAILEY (Stephen). The Berlin strike of January 1918. Central european Hist., 80, vol. 13, n°2, p. 158-174.

9. ARBEITERBEWEGUNG UND SOZIALISMUS

5863. Bakounine : combats et débats. Colloque internat. 28-29 janv. 1977, organisé par l'Inst. nat. d'Et. slaves, avec le concours du Lab. de slavistique de l'Univ. Paris I et du Centre d'Et. sur l'URSS et l'Europe orientale. Publ. par Jacques CATTEAU. Paris, Inst. d'Et. slaves, 79, in-8, 254 p. (pl.). (Coll. hist. de l'Inst. d'Et. slaves, 26)

5864. BARTEL (Horst), SCHRÖDER (Wolfgang), SEEBER (Gustav). Das Sozialistengesetz 1878-1890. Illustrierte Gesch. d. Kampfes d. Arbeiterklasse gegen d. Ausnahmegesetz. Zentralinst. f. Gesch. d. Akad. d. Wiss. d. DDR. Berlin, Dietz, 80, in-4, 392 p. (Abb., Kt.).

5865. BAZYLOW (Ludwik), LECZYK (Marian), PIRKO (Michał). Historia międzynarodowego ruchu robotniczego. (Histoire du mouvement ouvrier international.) Warszawa, Wydawn. Min.Obrony Narod., 80, in-8, 543 p.

5866. BERLANSTEIN (Lenard R.). Growing up as workers in nineteenth-century Paris : the case of the orphans of the Prince Imperial. French hist. Stud., 80, vol. 11, n°4, p. 551-576.

5867. BOGLIARI (Francesco). Il movimento contadino in Italia, Dall' unità al fascismo. Torino, Loescher, 80, in-8, 346 p. (Doc. della Stor.,28)

5868. BOURQUE (Gilles), DOSTALER (Gilles). Socialisme et indépendance. Montréal, Boreéal Express, 80, in-8, 223 p.

5869. BROCKWAY (Fenner). Britain's first socialists. London, Quartet Books, 80, in-8, 176 p.

5870. BRODIE (M. Janine), JENSON (Jane). Crisis challenge and change : party and class in Canada. Toronto, Methuen, 80, in-8, IX-314 p.

5871. CALKINS (Kenneth R.). Hugo Haase : democrat and revolutionary. Durham, N.C., Carolina Acad. Press,79, X-254 p.

5872. CEDERQVIST (Jane). Arbetare i strejk : studier rörande arbetarnas polistika mobilisering under industrialismens genombrott : Stockholm 1850-1909. (Workers on strike : the political mobilization of the working class in Stockholm, 1850-1909.) Stockholm, LiberFörlag, 80, in-8, 176 p. (ill.). (Monogr. utg. av Stockholm kommunalförvaltn., 4) /Eng. summary/

5873. CHAJN (Leon). Solidarność lewicy polskiej z Republiką Hiszpańską. (La solidarité de la gauche polonaise avec la République d'Espagne.) Z Pola Walki, 80, a. 23, n°3, p. 93-110.

5874. CHRISTOFFERSON (Thomas R.). The French national workshops of 1848: the view from the provinces. French hist. Stud., 80, vol. 11; ,°4, p. 505-520.

5875. CROMPTON (Gerald W.). Issues in British trade union organization 1890-1914. Arch. f. Sozialgesch., 80, Bd 20, p. 219-263.

5876. DEME (Péter). Tudományos emlékűlés Kunfi Zsigmond születésenek 100. évfordulóján. (Séance commémorative scientifique à l'occasion du centenaire de la niassance de Zsigmond Kunfi.) Párttört. Közl., 79, vol. 25, n°3, p. 220-227.

5877. DENK (Hans Dieter). Die christliche Arbeiterbewegung in Bayern bis zum Ersten Weltkrieg. Mainz,Matthias-Grünewald-Verl., 80, in-8,LXXIX-429 p. (Veröff. d. Komm. f. Zeitgesch. Reihe B : Forsch., 29)

5878. DILIGENSKIJ (G.). Revoljucionnaja bor'ba i gosudarstvo. (Revolutionskampf und der Staat.) Mirov. ékon. meždunar. Otn., 80, n°2, p. 28-40.

5879. DION (Gérard). La grève de l'amiante : trente ans après. M. Soc. roy. Canada, 79, vol. 17, acad. 1, p. 31-40.

5880. DITTRICH (Eckhard). Arbeiterbewegung und Arbeiterbildung im 19. Jahrhundert. Mit e. Einf. v. Michael VESTER. Bensheim, päd.-extra-Buchverl., 80, in-8, XVIII-418 p.

5881. DLUBEK (Rolf). Revolutionstheorie und Parteiauffassung bei Marx und Engels. Zu konzeptionellen Fragen in Forsch. u. Auseinandersetzung. Beitr. z. Marx-Engels-Forsch., 80, Bd 7, p. 103-121.

5882. DUMONT (Paul). La Fédération Socialiste Ouvrière de Salonique à l' époque des guerres balkaniques. East european Quar., 80, vol. 14, n°4, p. 383-410.

5883. ELWOOD (R.C.). Lenin and the Brussels "unity" conference of July 1914. Russian R., 80, vol. 39,n° 1, p. 32-49.

5884. EMIG (Brigitte). Die Veredelung des Arbeiters. Sozialdemokratie als Kulturbewegung. Frankfurt a. M. u. New York, Campus, 80, in-8, 356 p.

5885. ERÉNYI (Tibor). Istorija rabočego klassa - istorija rabočego dviženija. (Histoire de la classe ouvrière - histoire du mouvement ouvrier.) In : Etudes hist. hongr. /Cf. n° 611/, vol. 1, p. 587-628. - IDEM. Szocializmus a századelőn. Tanulmányok a magyarországi munkásmozgalom történetéből. (Le socialisme au début du siècle. Etudes de l'hist. du mouvement ouvrier hongrois.) Budapest, Kossuth Kiadó, 79, in-8, 513 p. - CR . F. Mucsi, Társad. Szel,79, vol. 34, n°6, p.102-105; F. Pölöskei, Párttört. Közl.,79, vol. 25, n°3, p. 238-242.

5886. ERICSSON (Tom). I skuggan av storstrejken : krigsmakten och den militära föreningsrätten. (In the shadow of the general strike /in Sweden, 1909/ : the army and the right to form military unions.) Scandia, 80, vol.46, p. 81-96. /Eng. summary/

5887. Etudes et documents sur Saint-Nazaire et le mouvement ouvrier. 1 : De 1848 à 1920. Réd. par Jean AUBIN, Pol BAUDOIN, Annette BIGAUD, Robert GAUTIER... Saint-Nazaire, AREMORS,80, in-16, 352 p. (Assoc. de recherches et d'études du mouv. ouvrier de la région de Saint-Nazaire)

5888. FALTYS (Antonín). Za rudým praporem. Z počátků dělnického hnutí v západních Čechach. (Der roten Fahne nach. Über die Anfänge d. Arbeiterbewegung in Westböhmen.) Plzeň, Západočeské nakladat., 79, in-8, 106 p.

5889. FAVILLI (Paolo). Il socialismo italiano e la teoria economica di Marx (1892-1902). Napoli, Bibliopolis, 80, in-8, 198 p. (Studi, testi, Doc.,I)

5890. FELKAI (László). A munkásság művelődési törekvései a dualizmus korában. (Les aspirations culturelles des ouvriers à l'époque de la Monarchie Austro-Hongroise.) Budapest, Tankönyvkiadó, 80, in-8, 118 p.

5891. FONER (Philip S.). Women and the American labor movement : from colonial times to the eve of world war I. New York, Free Press, 79, in-8, XI-621 p.

5892. FRICKE (Dieter). Kleine Geschichte des Ersten Mai. Die Maifeier in d. deutsch. u. internat. Arbeiterbewegung. Berlin, Dietz, 80, in-8,296 p. (Abb.).

5893. GABAĽ (Andrej). Zápas o jednotu robotníckej triedy. K 60.výročiu založenia Kominterny. (Der Kampf um die Einheit d. Arbeiterklasse. Zum 60. Jahrestag d. Gründung d. Komintern.) Bratislava, Práca, 79, in-8, 160 p.

5894. GABIN (Nancy). Women workers and the UAW /United Automobile Workers/ in the post-world war II period : 1945-1954. Labor Hist., 80, vol. 21, n°1, p. 5-30.

5895. GEORGES (Bernard), TINTANT (Denise). Léon Jouhaux : dans le mouvement syndical français. Avec la collab. de Marie-Anne RENAULT. /1. Cf. Bibl. 62, n° 6622./ 2. Paris, Presses univ. France, 79, in-8, 486 p.

5896. GERGELY (Jenő). A Keresztény Szakszervezetek Nemzetközi Szövetségének újjászervezése és tevékenysége, 1945-1961. (Réorganisation et activité de l'Union Internationale des Syndicats chrétiens.) Párttört Közl., 80, vol. 26, n°2, p. 103-128. - IDEM. A keresztény szakszervezeti mozgalom létrejötte és nemzetközi kapcsolatainak kialakulása az I. világháború

előtt. (La naissance du syndicat chrétien /hongrois/ et le développement de ses relations internationales avant la première guerre mondiale.) Tört.Szle, 80, vol. 23, n°1, p. 30-51. - IDEM. Vlijanije social'nyck enciklik na katoličeskie obščestvennye dviženija v Vengrii (1919-1939). (L'influence des encycliques sociales sur les mouvements sociaux catholiques hongrois 1919-1939) In : Etudes hist. hongr. /Cf. n° 611/, vol. 2, p. 287-315.

5897. GORELOV (I.E.). Bol'ševiki i legal'nye organizacii raboČego klassa (1907-1910). (Bolsheviks and legal organisations of the working class.) Moskva, Vysšaja škola, 80, in-8, 206p.

5898. HASKÓ (Katalin). A francia szocialisták a II. Internacionáléban, 1890-1900. (Les socialistes français et la IIe Internationale.) Párttört. Közl., 80, vol. 26, n°4, p. 70-108.

5899. HAUPT (Georges). L'historien et le mouvement social. Paris, Maspéro, 80, in-8, 341 p. (Bibl. socialste)

5900. HEILBRONER (Robert L.). Marxism : for and against. New York, W.W. Norton, 80, in-8, 186 p.

5901. HENNICKE (Otto). Zum politischen und militärischen Charakter der Roten Ruhrarmee. Militärgesch., 80,Bd 19, p. 300-315.

5902. HÖPFNER (Christa),SCHUBERT (Irmtraud). Lenin in Deutschland.Inst. f. Marxismus-Leninismus beim ZK d.SED. Berlin, Dietz, 80, in-8, 215 p. (Abb., Kt.).

5903. HORRALL (S.W.). The Royal North-West Mounted Police and labour unrest in Western Canada, 1919.Canad. hist. R., 80, vol. 61, p. 169-190.

5904. JEMNITZ (János). A háboru és a gyarmati kérdés a II. Internacionálé 1907. és 1910. évi kongreszszusán. (La guerre et le problème colonial aux Congrès de la IIe Internationale en 1907 et 1910.) Budapest, Akadémiai Kiadó, 78, in-8, 188 p. (Értekezések a történeti tudományok köréből, N.S., 84) - IDEM. The international labour movement between 1914 and 1917. The efforts of socialists in the Entente countries to convene the Stockholm Conference. In : Etudes hist. hongr. /Cf. n° 611/, vol. 2, p. 91-123.

5905. JEMNITZ (János). Az 1909. júliusi barcelonai általános sztrájk és nemzetközi visszhangja. (La grève générale de juillet 1909 à Barcelone et son retentissement international.) Párttört. Közl., 79, vol. 25, n°2, p. 116-140.

5906. JEMNITZ (János). Pál Justus and the British Labour Party. New hungar. Quart., 80, vol. 21, n°79, p.137-144. - IDEM. Zsigmond Kunfi /1879-1929/ and the British Labour Movement. Ibid, 80, vol. 21, n° 77, p. 153-158. IDEM.

Rónai Zoltán 1919 utáni sajtótevékenységéről. (Esquisses de l'activité de journaliste de Zoltán Rónai /1880-1940/ après 1919.) Századok, 80, vol. 114, n°5, p. 818-845.

5907. JENA (Detlef). Zum Problem der Verlagerung des Zentrums der internationalen revolutionären Bewegung nach Russland an der Wende vom 19.zum 20. Jahrhundert. Wiss. Z. d. Univ. Halle-Wittenberg. Ges. R.,80, Jg. 29, H.5, p. 17-30.

5908. JENKINS (Mick). The General Strike of 1842 /in Great Britain/.London, Lawrence a. Wishart, 80, in-8, 288 p. (ill., maps).

5909. JOHNSON (Robert Eugene).Peasant and proletarian : the working class of Moscow in the late nineteenth century. New Brunswick, N.J., Rutgers U.P., 79; Leicester, U.P., 80, in-8, XII-225 p. (fig., maps).

5910. JURRIËNS (R.). De algemene mijnstaking in Limburg (21 juni - 2 juli 1917). Startpunt van institutioneel overleg tussen werkgevers in de steenkolenmijnindustrie. (Miners-strike in Dutch Limburg, 1917. A begin of institutional consultations between employers and employed in the coal-mine industry.) Econ. soc.-hist. Jb., 79, vol. 42, p. 262-297.

5911. KAESELITZ (Hella). Die Nachkriegspolitik der kommunistischen Parteien entwickelter kapitalistischer Länder Europas. Beitr. z. Gesch. d. Arbeiterbewegung, 80, Jg. 22, p. 643-656.

5912. KAHN (Lawrence M.). Unions and internal labor markets : the case of the San Francisco longshoremen. Labor Hist., 80, vol. 21, n°3, p. 369-391.

5913. KEALEY (Gregory S.). Toronto workers respond to industrial capitalism, 1867-1892. Buffalo, N.Y., Univ. of Toronto Press, 80, in-8, XVIII-433p.

5914. KENDE (János), SIPOS (Péter). Munkásmozgalom és munkásművelődés Magyarországon a kapitalizmus viszonyai között. (La culture et le mouvement ouvrier hongrois dans les conditions du capitalisme.) Párttört. Közl., 80, vol. 26, n°1, p. 3-21. - CR : Tarsad. Szle, 80, vol. 35, n° 7, p. 89-90.

5915. KIRCHEISEN (Peter). Zur militär- und aussenpolitischen Programmatik der Sozialistischen Arbeiter-Internationale. Kontroversen u. Wandlungen zwischen 1933 u. 1939. Jb. f. Gesch., 80, Bd 21, p. 329-374.

5916. KIRSCHNER (Béla). A K/ommunisták/ M/agyarországi/ P/ártja/ stratégiai irányvonalának alakulása. (La formation de la stratégie de Parti des Communistes de Hongrie, 1919-1921.) Budapest, Akad. Kiadó, 80, in-8, 159 p. (Értekezések a történeti tudományok

köréből, N.S., 89) - IDEM. A Komintern IV. Kongresszusa és a KMP stratégiai vonala. (Le IVe Congrès du Komintern et la ligne stratégique du Parti des Communistes de Hongrie.) Párttört.Közl. 80, vol. 26, n°2, p. 3-31.- IDEM. A magyar kommunisták politikai nézeteinek alakulása a Komintern 1923 júniusi plénuma és V. kongresszusa között. (Evolution des idées politiques des communistes hongrois pendant la période allant de la session plénière en juin 1923 au Ve Congrès du Komintern.) Századok, 80, vol. 114, n°6, p. 915-938.

5917. KLÖNNE (Arno). Die deutsche Arbeiterbewegung. Geschichte, Ziele, Wirkungen. Unter Mitarb. v. Barbara KLAUS u. Karl Theodor STILLER.Düsseldorf u. Köln, Diederichs, 80, in-8, 382 p.

5918. KNAPP (Vincent J.). Austrian social democracy, 1889-1914. Washington, D.C., Univ. Press of America,80, in-8, X-296 p.

5919. KODEDOVÁ (Oldřiška). První ruská revoluce a dělnické hnutí v Předlitavsku v letech 1905-1907. (Die Erste russische Revolution und die Arbeiterbewegung in Zisleithanien in d. J. 1905-1907.) K dějinám dělnického hnutí v Rakousku-Uhersku a v Rusku v letech 1867-1917. (Zur Geschichte der Arbeiterbewegung in Österreich-Ungarn und in Russland in d. J. 1867-1917.) Brno, Archív města Brna - Muzejní spolek, 79, in-8, p. 103-117.

5920. KONDOR (Viktória), ZÖLDHELYI-DEÁK (Zsuzsa). P. A. Kropotkin and Court Ervin Batthyány /1877-1934/. Studia slavica Acad. Sci. hungaricae, 78, vol. 24, n°s 1-2, p. 121-135.

5921. KRAUSE (Hans-Dieter). Die Londoner Delegiertenkonferenz von 1871 - eine wichtige Etappe im Kampf von Marx und Engels um die Partei der Arbeiterklasse. Marx-Engels-Jb., 80, Jg. 3, p. 196-220.

5922. KRIEGER (Wolfgang). Das gewerkschaftliche Unterstützungswesen in Grossbritannien in den zwanziger Jahren. Arch. f. Sozialgesch., 80, Bd 20, p. 119-146.

5923. KRUG (Peter). Gewerkschaften und Arbeiterbildung. Gewerkschaftl. Bildungsarbeit v. ihren Anfängen bis z. Weimarer Republik. Köln, Bund, 80, in-8, 267 p.

5924. Küzdelmes evszázad. Fejezetek a magyar munkásmozgalom történetéből. (Un siècle mouvementé. Chapitres de l'histoire du mouvement ouvrier hongrois.) Réd. en chef : VASS Henrik.Réd. par SIPOS Péter. Budapest, Táncsics Kiadó, 78, in-8, 323 p.

5925. KUN (Miklós). Un tournant décisif dans la vie de Bakounine. Données inédites sur son évolution idéologique et sur son activité conspiratrice. Acta hist. Acad. Sci. hungaricae, 80, vol. 26, n°s 1-2, p. 27-75.

5926. LAURIE (Bruce). Working people of Philadelphia, 1800-1850. Philadelphia, Temple U.P., 80, in-8, XIII-273 p.

5927. LAZEROW (Jama). "The workingman's hour" : the 1886 labor uprising in Boston. Labor Hist., 80, vol. 21, n°2, p. 200-220.

5928. LITVÁN (György). Szabó Ervin befejezetlen műve. A társadalmi osztályok és az osztályharc elmélete. (L' oeuvre inachevée d'Ervin Szabó. Les classes sociales et la théorie de la lutte des classes.) Világosság, 80, vol. 21, n°5, p. 281-287. - IDEM. Elmélet és gyakorlat Szabó Ervin munkásságában. (Théorie et pratique dans les oeuvres d'Ervin Szabó /1877-1918/.) Tört. Szle, 78, vol. 21, n°1, p.70-89.

5929. LUCKHARDT (K.), WALL (B.). Organize or starve, the history of the South African Congress of Trade Unions. London, Lawrence a. Wishart, 80, 500 p. (ill.).

5930. LUNDVIK (Bertil). Solidaritet och partitaktik : den svenska arbetarrörelsen och spanska inbördeskriget 1936-1939. (Solidarity and party tactics : the Swedish labour movement and the Spanish civil war, 1936-1939.) Stockholm, Almqvist a. Wiksell internat., 80, in-8, 215 p. (Studia hist. Upsaliensia, 114) /Eng.summary/

5931. MACINTYRE (Stuart). A proletarian science : Marxism in Britain, 1917-1933. New York, Cambridge U.P., 80, in-8, XII-286 p.

5932. MAEHL (William Harvey). August Bebel : shadow emperor of the German workers. Philadelphia, Am. Philos. Soc., 80, XIV-560 p. (Memoirs of the Am. Philos. Soc., 138) - IDEM. German social democratic agrarian policy, 1890-1895, reconsidered. Central european Hist., 80, vol. 13, n°2, p. 121-158.

5933. MARTIN (Richard). Le congrès des métiers et du travail et la guerre civile espagnole. R. Hist. Amérique franç., 79-80, vol. 33, p. 575-581.

5934. MARTIN (Ross M.). TUC : the growth of a pressure group, 1868-1976. London a. New York, Oxford U.P., 80, in-8, XIII-394 p. /TUC = Trades Union Congress/

5935. MERLO (Valerio). La polemica del 1923 sul collaborazionismo sindacale /in Italia/. Studium, 80, a. 76, p. 47-58.

5936. MICCICHE (Giuseppe Salvatore). Il sindacato in Sicilia, 1943-1971. Roma, Editr. sindacale ital., 80, in-8, 252 p. (Coll. stor.).

5937. MICHALKIEWICZ (Stanisław). Trudne początki ruchu robotniczego na Górnym Śląsku. (Les débuts difficiles du mouvement ouvrier en Haute-Silésie.) Zaranie śląskie, 80, a. 43, n°3, p.405-434.

5938. MILEI (D'ërd' /György/). O načal'nom rastprostranenija v Vengrii idej leninizma. (Sur les débuts de la propagation en Hongrie des idées léninistes.) Acta hist. Acad. Sci. hungaricae, 78, vol. 24, n°s 3-4, p. 171-223.

5939. Mouvement (Le) ouvrier au Québec : aspects historiques. Compilé par Fernand HARVEY. Montréal, Boréal Express, 80, in-8, 330 p. (Etudes d' hist. du Québec, 10) - CR : J. Rouillard, R. Hist. Amérique franç., 80-81, vol. 34, p. 452-453. /Contient : BABCOCK (Robert). Samuel Gompers et les travailleurs québécois, 1900-1914, p. 131-149. - BOIVIN (Jean). Règles du jeu et rapport de force dans les secteurs public et para-public québécois, p. 263-278. - DAVID (Hélène). L'état des rapports de classe au Québec de 1945 à 1967, p. 229-261. - DAVID (Hélène). La grève et le bon Dieu, p. 163-184. - DOFNY (Jacques), BERNARD (Paul). L'évolution historique du syndicalisme au Québec, p. 151-162. - HARVEY (Fernand). Les Chevaliers du travail, les Etats-Unis et la société québécoise, 1882-1902, p. 69-130. - HARVEY (Fernand). L'histoire des travailleurs québécois : les variations de la conjoncture et de l'historiographie, p. 9-48. - HEAP (Margaret). La grève des charretiers de Montréal, 1864, p. 49-67. ROUILLARD (Jacques). L'action politique ouvrière au début du 20e siècle, p. 185-213. - TREMBLAY (Louis-Marie). L'influence extragène en matière de direction syndicale au Canada, p. 215-227./

5940. MULLER (Jean). De la guerre. Le discours de la Deuxième Internationale, 1889-1914. Préf. de Madeleine REBERIOUX. Postface de Jean-Claude FAVEZ. Genève, Droz, 80, in-8, XV-306p.

5941. MUSSO (Stefano). Gli operai di Torino, 1900-1920. Pref. di Francesco CIAFALONI. Milano, Feltrinelli, 80, in-16, 226 p. (I nuovi testi,225)

5942. MUSZYŃSKI (Jerzy). Lenin o teorii i praktyce dyktatury proletariatu. (Lénine sur la théorie et la pratique de la dictature du prolétariat.) Zaranie śląskie, 80, a. 43, n° 3, p. 435-453.

5943. OBERMANN (K.). Weydemeyer in Amerika : Neues zur Biographie von Joseph Weydemeyer (1854-69). Int. R. soc. Hist., 80, vol. 25, p. 176-208.

5944. OLIVARI (Michele). Anarcosindicalismo e lotta di classe in Catalogna (1911-1914). A. Sc. norm.sup. Pisa, 80, s. 3, vol. 10, p. 283-305.

5945. OLSSON (Tom). Pappersmassestrejken 1932 : en studie av facklig ledning och opposition. (The paper pulp strike, 1932 : a study in trade union leadership and opposition.)Lund, Arkiv för studier i arbetarrörelsens hist., 80, in-8, 495 p. (Arkiv avhandlingsser., 10) /Eng. summary/

5946. PANAYOTOPOULOS (Alkiviades). The Hellenic contribution to the Ottoman labour and socialist movement after 1908. Et. balkaniques, 80, a. 16, n°1, p. 38-57.

5947. PERILLO (Gaetano), GIBELLI (C.). Storia della Camera del lavoro di Genova. Dalie origini alla seconda guerra mondiale. Roma, Editr. sindacale ital., 80, in-8, 463 p. (Coll. stor.)

5948. PETERS (I.A.). Stranicy proletarskoj solidarnosti : podderžka českimi i slovackimi trudjaščimisja dela socialističeskogo stroitel'stva v SSSR (1926-1932). (Pages of proletarian solidarity, support of the socialist construction in the USSR by Czech and Slovak working people.)Kiev, Nauk. dumka, 80, in-8, 167 p.

5949. PETRÁK (Katalin). A szervezett munkásság küzdelme a korszerű társadalombiztositásért. (Les luttes des ouvriers organisés pour la sécurité sociale moderne.) Budapest, Táncsics Kiadó, 78, in-8, 442 p.

5950. PETZINA (Dietmar). Gewerkschaften und Monopolfragen um und während der Weimarer Republik. Arch. f. Sozialgesch., 80, Bd 20, p. 195-217.

5951. PIKARSKI (Margot), UEBEL (Günter). Die KPD lebt ! Flugblätter aus d. antifaschist. Widerstandskampf d. KPD 1933-1945. Berlin, Dietz, 80, in-8, 294 p. (Abb.).

5952. Poland and international worker's mouvement. Studies and materials. Transl. from Pol. Warszawa, Książka i Wiedza, 80, in-8, 246 p. (Inst. of the Workers Movement, Higher School of Social Sciences, Pol. United Worker's Party Central Committe in Warsaw)

5953. PRICE (Richard). Masters, unions and men : work control in building and the rise of labor, 1830-1914. London a. New York, Cambridge U.P., 80, in-8, XI-355 p. (ill.).

5954. Problemy istorii i politiki kommunističeskoj partii. Sbornik statej. (Problèmes of history and policy of the Communist parties. Collection of articles.) Ed. by A.I. SOBOLEV. Moskva, 80, in-8, 328 p.

5955. PROTHERO (I.J.). Artisans and politics in early nineteenth-century London : John Gast and his times. Baton Rouge, La. State U.P., 79, in-8, XI-418 p.

5956. RASPUTNIS (B.I.). Sovetskaja istoriografija sovremennogo rabočego dviženija. (Soviet historiography of modern workers' movement /P. 2 : Sociopolitical problems/.) L'vov, Izd-Vo L'vov univ., 80, in-8, 167 p.

5957. RATZ (Ursula). Sozialreform und Arbeiterschaft. Die "Gesellschaft für Soziale Reform" u. d. sozialdemokratische Arbeiterbewegung von d.Jahrhundertwende bis zum Ausbruch d. Ersten Weltkrieges. Berlin, Colloquium-Verl., 80, in-8, X-330 p. (Einzelveröff. d. Hist. Komm. zu Berlin, 27.Publ. z. Gesch. d. Arbeiterbewegung)

5958. REISBERG (Arnold). Von der I. zur II. Internationale. Die Durchsetzung d. Marxismus im Kampf um d. Wiederherstellung d. Arbeiterinternationale. Berlin, Dietz, 80, in-8, 236 p. (Abb.).

5959. RENZSCH (Wolfgang). Handwerker und Lohnarbeiter in der frühen Arbeiterbewegung. Zur sozialen Basis v. Gewerkschaften u. Sozialdemokratie im Reichsgründungsjahrzehnt. Göttingen, Vandenhoeck u. Ruprecht, 80, in-8,260 p. (Krit. Stud. z. Gesch.-Wiss., 43)

5960. RÉTI (László). A magyarországi textilipari munkásmozgalom. (Le mouvement ouvrier dans l'industrie textile en Hongrie.) Budapest, Táncsics Kiadó, 80, in-8, 312 p. (32 pl.).

5961. RITTER (Gerhard A.). Staat, Arbeiterschaft und Arbeiterbewegung in Deutschland. Vom Vormärz bis z. Ende d. Weimarer Republik. Berlin u. Bonn, Dietz, 80, in-8, 146 p. - IDEM. Staat und Arbeiterschaft in Deutschland von der Revolution 1848/49 bis zur nationalsozialistischen Machtergreifung. Hist. Z., 80, Bd 231, p.325-368.

5962. RIZZI (Franco). Contadini e comunismo. La questione agraria nella terza Internazionale, 1919-1928.Milano, Angeli, 80, in-8, 251 p. (Stor. delle ideol. e delle istit. contemp., I)

5963. ROBERT (Jean-Louis). La scission syndicale de 1921 : essai de reconnaissance des formes. Paris, Centre de recherches d'Hist. des mouv.sociaux et du syndicalisme, 80, in-8, 235 p. (ill.). (Publ. de la Sorbonne. Sér.N. S. Recherches, 36)

5964. RONCI (Donatella). Olivetti anni '50. Patronalsocialismo, lotte operaie e Movimento Comunità. Pref.di Franco FERRAROTTI. Milano, Angeli, 80, in-8, 168 p. (La Soc., 79)

5965. ROSS (Dorothy). Socialism and American liberalism : academic social thought in the 1880's. Perspect in am. Hist., 77-78, vol. 11, p. 5-79.

5966. ROYLE (Edward). Chartism. London, Longman, 80, in-8, 148 p. (Seminar Stud. in Hist.)

5967. RUBEL (Maximilien). Marx, life and works. London, Macmillan, 80, in-8, 160 p.

5968. Ruch zawodowy w Polsce.Zarys dziejów. (Le mouvement syndicaliste en Pologne. Précis d'histoire.) Réd.Stanisław KALABIŃSKI. /T. 1. Cf. Bibl. 74-75, n° 6967./ T. 2 : 1918-1944. P. 1 : Jusqu'à l'an 1929. Aut. : Lucjan KIESZCZYŃSKI, Maria KORNILUK. Warszawa, Centr. Rada Związków Zawod., Biuro Hist., 80, in-8, 502 p.

5969. SAGNES (Jean). Le mouvement ouvrier du Languedoc : syndicalistes et socialistes de l'Hérault, de la fondation des bourses du travail à la naissance du Parti communiste. Toulouse, Privat, 80, in-8, 320 p. (ill.). (Le Midi et son hist.)

5970. SALVATORE (Nick). Railroad workers and the great strike of 1877 : the view from a small midwest city.Labor Hist., 80, vol. 21, n°4, p. 522-545.

5971. SÁNDOR (Tibor). Clara Zetkin és a német szociáldemokrata nőmozgalom. (Clara Zetkin et le mouvement social-, démocrate des femmes allemandes.)Párttört. Közl., 78, vol. 24, n°2, p. 146-172.

5972. SCHÖNHOVEN (Klaus). Expansion und Konzentration. Studien z. Entwicklung d. freien Gewerkschaften im Wilhelminischen Deutschland, 1890 bis 1914. Stuttgart, Klett-Cotta, 80, in-8, 432 p. (4 Abb., 55 Tab.). (Industrielle Welt, 30) - IDEM. Selbsthilfe als Form von Solidarität. Das gewerkschaftliche Unterstützungswesen im Deutschen Kaiserreich bis 1914. Arch. f. Sozialgesch., 80, Bd 20, p. 147-193.

5973. SCHRÖDER (Wolfgang). Der "Berliner Entwurf" des Vereinigungsprogramms von 1875 und seine Stellung im Vereinigungsprozess von SDAP und ADAV. Die erste Fixierung d. Programmu. Organisationsvorstellungen für eine vereinte Arbeiterpartei vom Januar 1875. Jb. f. Gesch., 80, Bd 21, p.169-245.

5974. SETON-WATSON (Hugh). Imperialist revolutionaries : world communism in the 1960s and 1970s. London, Hutchinson, 80, in-8, 184 p.

5975. SEWELL (William H.) Jr.Work and revolution in France : the language of labor from the Old Regime to 1848. London a. New York, Cambridge U.P., 80, in-8, X-340 p.

5976. SILBERNER (Edmund). Rosa Luxemburg, ihre Partei und die Judenfrage. Jb. d. Inst. f. deutsche Gesch., 78, Bd 7, p. 299-338.

5977. SIPOS (Péter). Magyarországi Szociáldemokrata Párt és a szakszervezetek kapcsolataihoz az 1920-as évékben. (Les rapports entre le Parti Social-démocrate de Hongrie et les syndicats dans les années 1920.) Párttört. Közl., 79, vol. 25, n°4, p. 3-42.

5978. ŚLIWA (Michał). Myśl polityczna Mieczysława Niedziałkowskiego (1893-1940). (La pensée politique de Mieczysław Niedziałkowski, 1893-1940.) Warszawa, Państw. Wydawn. Nauk., 80, in-8, 200 p.

5979. Storia del movimento operaio, del socialismo e delle lotte sociali in Piemonte. Diretta da Aldo AGOSTI e Gian Mario BRAVO. /1. Cf. Bibl. 78-79, n° 6715./ 3 : Gli anni del fascismo, l'antifascismo e la Resistenza. Bari, De Donato, 80, in-8, 509 p.

5980. STRAW (Richard). An act of faith : southeastern Ohio miners in the coal strike of 1927. Labor Hist., 80, vol. 21, n°2, p. 221-238.

5981. SVÉD (László). A magyar kommunista ifjúsági mozgalom kezdetei. (Les débuts du mouvement de la jeunesse communiste hongroise /1918-1919/.) Párttört. Közl., 78, vol. 24, n°4, p. 3-48.

5982. SZABÓ (Ágnes), PINTER (István). Legal and underground labour movement in Hungary 1919-1945. In : Etudes hist. hongr. /Cf. n° 6117,vol. 2, p. 233-260.

5983. SZABÓ (Ágnes), VARGA (Lajos). Garbai Sándor (1879-1946). Párttört. Közl., 79, vol. 25, n°3, p. 174-219.

5984. SZABÓ (Éva). Adalékok Böhm Vilmos politikai életrajzához. (Données de la biographie politique de Vilmos Böhm /1880-1949/.) Tört. Szle, 80, vol. 23, n°2, p. 227-240.

5985. SZAKÁCS (Kálmán). Kibontakozási törekvések a szociáldemokrata földmunkásmozgalomban 1908-1912 között. (Tendances de dégagement dans le mouvement social-démocrate des ouvriers agricoles /en Hongrie/ entre 1908 et 1912.) Párttört. Közl., 79, vol. 25, n°2, p. 3-36.

5986. TAKAHASHI (Kaoru). Purehânohu to dai-ichiji-sekaitaisen. (Plekhanov and World war I.) Russia-shi Kenkyû, 80, n°31, p. 2-17.

5987. TARTAKOWSKY (Danielle). Les premiers communistes français. Paris, Presses de la Fondation nat. des Sci. pol., 80, in-8, 215 p.

5988. TESTI (Arnaldo). Il socialismo americano nell'età progressista. Il Social-democratic party del Wisconsin, 1900-1920. Venezia, Marsilio, 80, in-8, 264 p. (Ric., 66. Nordamericana, 6)

5989. THOMAS (Paul). Karl Marx and the Anarchists. London, Routledge, 80, in-8, 416 p.

5990. TOMICKI (Jan). Socjalistyczna Międzynarodówka Robotnicza wobec światowego kryzysu gospodarczego i zwycięstwa faszyzmu w Niemczech. (L'Internationale socialiste ouvrière vis-

9. ARBEITERBEWEGUNG UND SOZIALISMUS

à-vis de la crise économique mondiale et la victoire du fascisme en Allemagne.) Dzieje najnowsze, 80, A. 12, n° 2, p. 23-49.

5991. TSUZUKI (Chushichi).Edward Carpenter, 1844-1929 : prophet of human fellowship. London a. New York, Cambridge U.P., 80, in-8, X-237 p.

5992. Új erők születése. A magyarországi munkásmozgalom történetének kronológiája a dualizmus és a két forradalom időszakában, 1868-1919. augusztus 1. Szerk. S. VINCZE Edit, BARNA Zoltán, VÉRTES Róbert. (La naissance des forces nouvelles. Chronologie del'histoire du mouvement ouvrier hongrois à l'époque du Dualisme et des deux révolutions, 1868- 1er août 1919. Réd. par -.) Budapest, Akadémiai Kiadó, 79, in-8, 861 p. - CR : P. Hanák, Társad. Szle, 79, vol. 34, n°lo, p. 108-111.

5993. URBÁN (Károly). Révai József, 1898-1959. (József Révai). Párttört. Közl., 78, vol. 24, n°3, p. 162-222.

5994. UVA (Bruno). Il sindacato italiano nel secondo dopoguerra. Clio /Roma/, 80, a. 16, p. 223-258.

5995. VARGA (Lajos). Az Oroszországi Szociáldemokrata Munkáspárt első, 1903-as agrárprogramja. (Le premier programme agraire de 1903 du Parti Ouvrier Social-démocrate de Russie.) Párttört. Közl., 78, vol. 24, n°3, p. 77-115.

5996. Velikijat oktomvri i socialističeskite revoljucii v Centralna i Jugoiztočna Evropa. (Le Grand Octobre et les révolutions socialistes en Europe Centrale et du Sud-Est.) Réd. : Khr. KHRISTOV, M. ISUSOV, St. KOLEV, V. ČIČOVSKA et Kr. MITOVSKA. Sofija, Izd. bălgarsk. Akad. Naukite, 80, 280p.

5997. VINCZE (Edit), S. Kampf für die Legalisierung der Sozialdemokratischen Partei in Ungarn in den siebziger Jahren des 19. Jahrhunderts. In : Etudes hist. hongr. /Cf. n° 611/, vol. 1, p. 551-585. - EADEM. A szocialisták küzdelmei a szervezkedés szabadságáért. Az 1878. évi első magyarországi munkás-kongresszus. (La lutte des socialistes pour la liberté d'association. Le premier congrès ouvrier de Hongrie, 1878.) Párttört. Közl., 78, vol. 24, n°2, p. 41-73. - EADEM. Szakadás és egység a magyarországi szocialista munkásmozgalomban. A Magyarországi Általános Munkáspárt megalakulásának századik évfordulója. (Rupture et unité dans le mouvement ouvrier socialiste de Hongrie. A l'occasion du centième anniversaire de la fondation du Parti Ouvrier Général de Hongrie.) Ibid., 80, vol. 26, n°3, p. 29-70. - EADEM. Az oroszországi és magyarországi munkásmozgalom együttműködésének tradíciói, 1868-1914. (Les traditions de coopération du mouvement ouvrier socialiste de la Russie et de la Hongrie.) Ibid., n°4, p. 3-35.

5998. WALICKI (Andrzej). Marks i Engels o sprawie polskiej. Koncepcja narodu i ujęcie kwestii narodowej. (Marx et Engels sur la question polonaise. Une conception de la nation et de la question nationale.) Z Pola Walki, 80, a. 23, n°2, p. 3-27.

5999. WEINER (Robert). Karl Marx's vision of America : a biographical and bibliographical sketch. R. Politics, 80, vol. 42, n°4, p. 465-503.

6000. WENDT (Bernd-Jürgen). "Deutsche Revolution" - "Labour Unrest". Systembedingungen d. Streikbewegungen in Deutschland u. England 1918-1921. Arch. f. Sozialgesch., 80, Bd 20, p. 1-55.

6001. WILLIAMS (Robert C.). Collective immortality : the syndicalist origins of proletarian culture, 1905-1910. Slavic R., 80, vol. 39, n°3, p. 389-402.

6002. WINBERG (Christer). Tingstens idékritik och den tidiga svenska socialdemokratin. (Herbert Tingsten's criticism of ideas and early Swedish Social Democracy.) Scandia, 80, vol. 46, p. 97-116. /Eng. summary/

6003. WOHLGEMUTHOVÁ (Renata). Cestou k břevnovskému sjezdu 1878. (Auf dem Wege zum Parteitag in Prag-Břevnov 1878.) Praha, Práce, 78, in-8, 120 p.

6004. WUNDERER (Hartmann). Arbeitervereine und Arbeiterparteien.Kultur-u. Massenorganisationen in d. Arbeiterbewegung (1890-1933). Frankfurt (Main) u. New York, Campus-Verl., 80, in-8, 303 p. (Ill.).

Cf. n°s 537, 3384, 3810, 4433, 4434, 4453, 5205.

O

RECHTS- UND VERFASSUNGSGESCHICHTE DER NEUZEIT

§ 1. Allgemeine Rechtsgeschichte. 6005-6021. - § 2. Geschichte des Verfassungsrechts. 6022-6037. - § 3. Staatsrecht und öffentliche Einrichtungen. 6038-6073. - § 4. Zivil- und Strafrecht. 6074-6102. - § 5. Völkerrecht. 6103-6109.

§. 1. Allgemeine Rechtsgeschichte.

* Cf. n° 744.

6005. Arbeiten zur Rechtsgeschichte. Festschrift f. Gustaf Klemens Schmelzeisen. Im Auftr. d. Karlsruher Geistes- u. Sozialwiss. Fak. hrsg. v. Hans-Wolf THÜMMEL. Stuttgart, Klett-Cotta, 80, in-8, 392 p. (ill.). (Karlsruher kulturwiss. Arbeiten, 2)

6006. BREWER (John), STYLES (John) a. others. An ungovernable people : the English and their law in the seventeenth and eighteenth centuries. London, Hutchison ; New Brunswick, N.J., Rutgers U. P., 80, in-8, 400 p.

6007. COSGROVE (Richard A.). The rule of law : Albert Venn Dicey, Victorian jurist. London, Macmillan, 80, in-8, 336 p. - IDEM. The Boer war and the modernization of British martial law. Milit. Affairs, 80, vol. 44, n° 3, p. 124-218.

6008. DORLE (F.). Le poids de la tradition juridique nationale russe dans le droit soviétique. R. Hist. Droit, 80, vol. 48, p. 99-123.

6009. Geschichte (Zur) der Rechtspflege der DDR 1949-1961. Akad. f. Staats- u. Rechtswiss. d. DDR, Lehrstuhl Gesch. d. Rechtspflege. Von einem Autorenkoll. unter Leitung v. Hilde BENJAMIN. Berlin, Staatsverl. d. DDR, 80, in-8, 443 p.

6010. HAHN (Peter-Michael). "Absolutistische" Polizeigesetzgebung und ländliche Sozialverfassung. Jb. f. d. Gesch. Mittel- u. Ostdeutschlands, 80, Bd 29, p. 13-29.

6011. HENRY (Jean-Robert), BALIQUE (François). La doctrine coloniale du droit musulman algérien. Bibliographie systématique et introd. critique. Paris, Ed. du C.N.R.S., 79, /80/, in-8, 180 p. (Cah. du Centre de Recherches et d'Et. sur les Soc. méditerr., 10)

6012. JASPERS (A. Ph. C. M.). Rechtspreken in de maatschappij. Een onderzoek naar opvattingen over plaats en funktie van de rechtspraak in het Nederlandse ekonomische, sociale en politieke bestel van de 18de tot het begin van de twintigste eeuw. (La place et la fonction de la jurispridence dans la société néerlandaise depuis le début du XVIIIe jusqu'au début du XXe s.) Den Haag etc., Univ. Pers Leiden etc., 80, in-8, XII-515 p. (Rechthist. studies, 5)

6013. LEVAGGI (Abelardo). La interpretación del derecho en la Argentina en el siglo XIX. R. Hist. Derecho /Buenos Aires/, 80, t. 7, p. 23-121.

6014. MANCHESTER (A. M.). Modern legal history of England and Wales, 1750-1950. London, Butterworth, 80, in-8, 500 p.

6015. NÈVE (P. L.). Enige opmerkingen over de betekenis van het Rijkskamergerecht voor de receptie van het geleerde recht in de Nederlanden. (Das Reichskammergericht und die Rezeption des gelehrten Rechts in den Niederlanden.) R. Hist. Droit, 80, vol. 48, p. 151-179.

6016. PIANO MORTARI (Vincenzo). Gli inizi del diritto moderno in Europa. Napoli, Liguori, 80, in-8, 443 p.

6017. PORTNOV (V. P.). V. I. Lenin i stanovlenie revoljucionnoj zakonnosti v pervye gody Sovetskoj Vlasti (1917-1920 gg.). (V. I. Lenin and the creation of the revolutionary law in the initial years of Soviet power.) Ist. SSSR, 80, n° 2, p. 46-55.

6018. SARLÓS (Béla). A Tanácsköztársaság jogalkotásának történelmi jelentősége. (L'importance historique de la législation de la République des Conseils /hongroise/.) Jogtudom. Közl., 79, vol. 34, n° 8, p. 480-493.

6019. SCHMIDT (Eberhard). Beiträge zur Geschichte des preussischen Rechtsstaates. Berlin, Duncker u. Humblot, 80, in-8, 450 p. (Schr. z. Verfassungsgesch., 32)

3. STAATSRECHT UND ÖFFENTLICHE EINRICHTUNGEN

6020. THIREAU (J.-L.). Charles Du Moulin (1500-1566). Etudes sur les sources, la méthode, les idées politiques et économiques d'un juriste de la Renaissance. Genève, Droz, 80, in-8, 460 p. (Travaux d'Humanisme et de Renaissance, 176)

6021. URFUS (Valentin). Římskoprávní vzdělanost a její vklad do vývoje státoprávních představ. Od středověku do konce feudalismu (Die römischrechtliche Bildung u. ihr Einfluss auf die Entwicklung d. staatsrechtl. Vorstellungen. Vom Mittelalter bis z. Ende d. Feudalismus.) Brno, Univ. J. E. Purkyně, 78, in-8, 134 p. (Spisy právnické fakulty Univ. J. E. Purkyně v Brně, 25)

Cf. n°s 2747, 3360.

§ 2. Geschichte des Verfassungsrechts.

6022. AULINGER (Rosemarie). Das Bild des Reichstages im 16. Jahrhundert. Beitr. au typologischen Analyse schriftl. u. bildl. Quellen. Göttingen, Vandenhoeck u. Ruprecht, 80, in-8, 490 p. (ill.). (Schriftenreihe d. Hist. Komm. bei d. Bayer. Akad. d. Wiss., 18)

6023. BARSH (Russel Lawrence), HENDERSON (James Youngblood). The road : Indian tribes and political liberty. Berkeley a. Los Angeles, Univ. of Calif. Press, 80, in-8, XX-301 p.

6024. BØRRESEN (Beate). M. J. Monrads syn på kongedømmet (M. J. Monrad's view on monarchy.) /Norsk/ Hist. I., 80, vol. 59, p. 236-258. /Eng. summary/

6025. BOLDT (Hans). Parlamentarismustheorie. Bemerkungen zu ihrer Gesch. in Deutschland. Staat, 80, Bd 19, p. 385-412.

6026. CUDDIHY (William), HARDY (B. Carmon). A man's house was not his castle : origins of the fourth amendment to the United States constitution. William a. Mary Quar., 80, vol. 37, n° 3, p. 371-400.

6027. DUKER (William F.). A constitutional history of habeas corpus. Westport, Conn., Greenwood Press, 80, in-8, 349 p. (Contrib. in Legal Stud., 13)

6028. EILER (Klaus). Stadtfreiheit und Landesherrschaft in Koblenz. Unters. z. Verfassungsentwicklung im 15. u. 16. Jh. Wiesbaden, Steiner, 80, in-8, XXIX-396 p. (7 graph. Darst.) (Gesch. Landeskunde, 20)

6029. Geschichtlichen Grundlagen (Die) der modernen Volksvertretung. Die Entwicklung von d. mittelalt. Korporationen zu d. modernen Parlamenten. Hrsg. v. Heinz RAUSCH. Bd 1 : Allgemeine Fragen und europäischer Überblick. Darmstadt, Wiss. Buchges., 80, in-8, X-540 p. (Wege d. Forsch., 196)

6030. KOUSSER (J. Morgan). Separate but not equal : the Supreme Court's first decision on racial discrimination in schools. J. south. Hist., 80, vol. 46, n° 1, p. 17-44.

6031. LANGE (Ulrich). Die politischen Privilegien der schleswig-holsteinischen Stände 1588-1675. Veränderung v. Normen polit. Handelns. Neumünster, Wachholtz, 80, in-8, 346 p. (Quellen u. Forsch. z. Gesch. Schleswig-Holsteins, 75)

6032. McMINN (W. G.). Constitutional history of Australia. Melbourne, Oxford, U. P., 80, in-8, 228 p.

6033. MASTIAS (Jean). Le Sénat de la Ve République : réforme et renouveau. Paris, Economica, 80, in-8, X-527 p. (ill.). (Politique comparée, Sér. : Institutions pol. et constitutionnelles et adm. franç.)

6034. NAUNIN (Helmut). Grundzüge der verfassungsmässigen Ordnungen Westfalens in der Neuzeit. Westfäl. Z., 80, Bd 130, p. 9-30.

6035. Österreichische Verfassung (Die) von 1918 bis 1938. Protokoll d. Symposiums in Wien am 19. Oktober 1977. München, Oldenbourg, 80, in-8, 298 p. (Veröff. Wiss. Komm. d. Theodor-Körner-Stiftungsfonds u. d. Leopold-Kunschak-Preises zur Erforsch. d. Österr. Gesch. d. Jahre 1918 bis 1938, 6)

6036. PETRACCHI (Adriana). Norma e prassi costituzionale nella Serenissima Repubblica di Genova. I : La riforma del 1528. II : Modifiche attuate al sistema "Garibetto" e "Leges novae". Nuova R. stor., 80, a. 64, p. 41-80, 524-564.

6037. WALTER (Gero). Der Zusammenbruch des Heiligen Römischen Reichs Deutscher Nation und die Problematik seiner Restauration in den Jahren 1814/15. Heidelberg u. Karlsruhe, Müller, 80, in-8, XI-162 p. (Stud. u. Quellen z. Gesch. d. deutsch. Verfassungsrechts. Reihe A : Stud., 12)

§ 3. Staatsrecht und öffentliche Einrichtungen.

❋❋ 6038. Entwurf (Der) einer Polizeiordnung für das Herzogtum Sachsen-Lauenburg aus dem Jahre 1591. Brigitte HEMPEL. Frankfurt (Main), Bern u. Cirencester, Lang, 80, in-8, 284 p. (Reichtshist. Reihe, 11)

❋❋ 6039. Ordnungen (Die) des Reichshofrates 1550-1760. Halbband 1 : Bis 1626. Eingeleitet u. hrsg. v. W. SELLERT. Köln u. Wien, Böhlau, 80, in-8, IX-263 p. (Quellen u. Forsch. z. höchsten Gerichtsbarkeit im Alten Reich, 8/1)

** Cf. n° 5576.

6040. Administration (L') de Paris, 1789-1977. Actes du Colloque /organisé par l'Inst. franç. des sci. administratives et la IVe section de l'Ecole pratique des hautes études, Paris/, 6 mai 1978. Genève, Droz ; Paris, Champion, 79, in-4, IX-146 p. (Centre de recherches d'hist. et de philol. de la IVe Section de l'Ecole prat. des hautes études, 5 : Hautes études médiév. et modernes, 37)

6041. Administration (L') des douanes en France sous le Consulat et l'Empire : 1800-1815. Rédigé par Jean CLINQUART. Neuilly-sur-Seine, Assoc. pour l'Hist. de l'Administr. des douanes, 79, in-16, 429 p. (pl., ill.).

6042. BARRETT (Bernard). The civic frontier : the origin of local communities and local governments in Victoria. Melbourne, U. P., in-8, 329 p.

6043. BIRAL (Alessandro), CAVARERO (Adriana), PACCHIANI (Claudio). Teorie politiche e Stato nell'epoca dell'assolutismo. Roma, Istit. dell'Encicl. ital., 80, in-16, 134 p. (Bibl. biographica, 25)

6044. BLANCHARD (Anne). Les ingénieurs du roy, de Louis XIV à Louis XVI : étude du corps des fortifications. Montpellier, A. Blanchard, 79, in-16, 635 p. (ill.). (Et. militaires, 9)

6045. BRINK (A. A. B. J. ten). Discussie over de leiding van de PTT in de jaren 1924-1926. (Discussion on the management of the /Dutch/ PTT.) Econ. soc.-hist. Jb., 79, vol. 42, p. 298-364.

6046. CADONI (Giorgio). Leggi costituzionali della Repubblica fiorentina dal 1494 al 1512. Stor. Pol., 80, a. 19, p. 770-802.

6047. CHECKLAND (O.). Philanthropy in Victorian Scotland. Edinburgh, J. Donald, 80, in-8, 420 p.

6048. CHOJNACKI (Władysław). Pruskie rozporządzenia w języku polskim dla ludności dawnych Prus Książęcych w XVI-XIX wieku. (Les ordonnances prussiennes en langue polonaise pour la population de l'ancienne Prusse Ducale aux XVIe-XIXe s.). Komunikaty maz.-warm., 80, a. 29, n° 2, p. 135-153.

6049. Communautés rurales et pouvoirs dans les pays méditerranéens, XVIe-XXe s. Actes des journées d'études, Bendor, 26-28 avril 1978, Univ. Nice, Centre de la Méditerranée mod. et contemp., 80, in-4, 267 p. (Cah. de la Méditerranée) /Cf. n° 5636./

6050. DOYLE (Don H.). Rules of order : Henry Martyn Robert and the popularization of American parliamentary law. Am. Quar., 80, vol. 32, n° 1, p. 3-18.

6051. Etat (L') et sa police en France, 1789-1914. Avec la collab. de Jacques AUBERT, Michel EUDE, Claude GOYARD, Pierre GUIRAL. Genève, Droz ; Paris, diff. Champion, 79, in-4, 213 p. (Publ. du Centre de recherches d'Hist. et de Philol. de la IVe Sect. de l'Ec. pratique des hautes Et. 5 : Hautes Et. médiévales et mod.)

6052. FIROIU (Dumitru V.). Drepul la organizare în Transilvania (1849-1918). (Le droit de l'organisation en Transylvanie, 1849-1918.) Acta Musei napocensis, 80, vol. 17, p. 259-276. /Rés. franç./

6053. Gesellschaftlichen (Die) Organisationen in der DDR. Stellung, Wirkungsrichtungen u. Zusammenarbeit mit d. sozialist. Staat. Von e. Autorenkoll. Berlin, Staatsverl. d. DDR, 80, in-8, 286 p.

6054. HALL (Kermit J.). The politics of justice : lower federal judicial selection and the second party system, 1829-1861. Lincoln, Univ. of Nebr. Press, 79, in-8, XVII-268 p.

6055. HANSON (Elizabeth C.). The politics of social security, the 1938, Act and some later developments. London a. Wellington, N. Z., Oxford U. P., 80, in-8, 182 p. (tab.)

6056. HARGITAI BÁRCZY (Orsolya). Az Országos Községi Törzskönyvbizottság története, 1867-1948. (Histoire du Comité National /hongrois/ pour la définition des noms des communes.) Statiszt. Szle, 79, vol. 57, n° 10, p. 995-1012.

6057. HELLER (K.). Die Anfänge fabrikgesetzlicher Regelungen im Kaiserlichen Russland. Vjschr. f. Soz.- u. Wirtschaftsgesch., 80, Bd 67, p. 177-199.

6058. KAMIŃSKA (Krystyna). Sądownictwo miasta Torunia do połowy XVII w. na tle ustroju sądów niektórych miast Niemiec i Polski. (La juridiction de la ville de Toruń jusqu'au milieu du XVIIe s. à la lumière de l'organisation des tribunaux de certaines villes en Allemagne et en Pologne.) Warszawa, Państw. Wydawn. Nauk., 80, in-8, 187 p. (Tow. Nauk. w Toruniu, Studia Iuridica, 16/2)

6059. KLOSS (B. M.). Nikonovskij svod i russkie letopisi XVI-XVII vekov. (Nikon's summary and Russian chronicles of the 16th-17th cent.) Moskva, Nauka, 80, in-8, 312 p.

6060. LANZINNER (Maximilian). Fürst, Räte und Landstände. Die Entstehung d. Zentralbehörden in Bayern 1511-1598. Göttingen, Vandenhoeck u. Ruprecht, 80, in-8, 454 p. (Veröff. d. Max-Planck-Inst. f. Gesch., 61)

6061. LAWSON (Steven F.). Progressives and the Supreme Court : a case for judicial reform in the 1920s. Historian, 80, vol. 42, n° 3, p. 419-436.

6062. LEUPEN (P.). The emperor's precedence, Jacobus de Middelburg and his treatise "De praecellentia potestatis imperatorie" (1500). R. Hist. Droit, 80, vol. 48, p. 227-242.

6063. MOUSNIER (Roland). Institutions de la France sous la monarchie absolue (1598-1789). 1 : Société et Etat. 2 : Les organes de l'Etat et la société. Paris, Presses univ. de France, 74-80, 2 vol. in-8, 587, 671 p.

6064. PEARCE (Clifford). The machinery of change in local government, 1888-1974. London, Allen a. Unwin. 80, in-8, 240 p.

6065. Potere centrale e strutture periferiche nella Toscana del '500. A cura di Giorgio SPINI. Firenze, Olschki, 80, in-8, 233 p. (tav.). (Stud. sulla Toscana medicea, 2)

6066. Préfets (Les) en France, 1800-1940. Colloque organisé le 26 avril 1975 par l'Inst. franç. des sci. administratives et la IVe sect. de l'E.P.H.E. Communications présentées par Jacques AUBERT, Pierre GUIRAL, Bernard LE CLERE, Howard MACHIN... Genève, Droz ; Paris, diff. Champion, 78, in-4, 181 p. (Publ. du Centre de rech. d'Hist. et de Philol. de la IVe sect. de l'Ec. pratique des hautes Et. 5. Hautes Et. médiévales et modernes, 32)

6067. QUARTHAL (Franz). Landstände und landständisches Steuerwesen in Schwäbisch-Österreich. Stuttgart, Müller u. Gräff, 80, in-8, XXXVIII-519 p. (1 Kt.). (Schr. z. südwestdeutschen Landeskde, 16)

6068. RUDATIS (Stefania). L'organizzazione dei ministeri dopo lo Statuto albertino : dal Primo Ufficiale al Segretario Generale (1848-1854). B. stor. bibliogr. subalpino, 80, a. 78, p. 473-524.

6069. SCHULZ (Peter). Die politische Einflussnahme auf die Entstehung der Reichskammergerichtsordnung 1548. Köln u. Wien, Böhlau, 80, in-8, X-242 p. (Quellen u. Forsch. z. höchsten Gerichtsbarkeit im alten Reich, 9)

6070. STUMP (Ulrich). Preussische Verwaltungsgerichtsbarkeit 1875-1914. Verfassung, Verfahren, Zuständigkeit. Berlin, Duncker u. Humblot, 80, in-8, 357 p. (Schr. z. Rechtsgesch. 20)

6071. THUILLIER (Guy). Bureaucratie and bureaucrates en France au XIXe s. Préf. de Jean TULARD. Genève, Droz ; Paris, diff. Champion, 80, in-4, XIX-670 p. (Publ. du Centre de rech. d'Hist. et de philol. de la IVe sect. de l'Ec. pratique des hautes Et. 5 : Hautes Et. médiévales et mod., 38)

6072. TRÓCSÁNYI (Zsolt). Erdély központi kormányzata 1540-1690. (Le gouvernement centralisé de la Transylvanie.) Budapest, Akad. Kiadó, 80, in-8, 438 p. (Magyar Országos Levéltár kiadványai, 3. Hatóság- és hivataltörténet, 6)

6073. UMLAUF (Joachim). Die deutsche Arbeiterschutzgesetzgebung 1880-1890. Ein Beitr. z. Entwicklung d. sozialen Rechtsstaates. Berlin, Duncker u. Humblot, 80, in-8, 99 p. (Schr. z. Verfassungsgesch., 31)

Cf. n°s 2180, 3306, 3321, 3831, 5584, 5630.

§ 4. Zivil- und Strafrecht.

** 6074. Calendar of Assize records. Kent indictments, Elizabeth I. Ed. by James Swanston COCKBURN. London, H. M. Stationery Office, 80, in-4, VII-703 p.

6075. CASTAN (Nicole). Justice et répression en Languedoc à l'époque des Lumières. Paris, Flammarion, 80, in-8, 313 p. (ill.).

6076. DERSCH (Gisela). Begünstigung, Hehlerei und unterlassene Verbrechensanzeige in der gemeinrechtlichen Strafrechtsdoktrin bis zum Erlass des Reichsstrafgesetzbuchs. Göttingen u. Zürich, Muster-Schmidt, 80, in-8, XI-200 p. (Göttinger Studien z. Rechtsgesch. 14)

6077. DUMAN (Daniel). Pathway to professionalims : the English bar in the eighteenth and nineteenth centuries. J. soc. Hist., 80, vol. 13, n° 4, p. 615-628.

6078. EBELING (Helmut). Schwarze Chronik einer Weltstadt. Hamburger Kriminalgeschichte 1919-1945. Hamburg, Kabel, 80, in-8, 509 p. (ill.).

6079. GALL (H. Chr.). Bronnen van de Nederlandse codificatie. Personenen familierecht 1798-1820. (Sources du droit néerlandais codifié des personnes et de la famille.) Leiden, Elve /Labor Vincit, 80, in-8, CVIII-509 p.

6080. GORDON (Michael D.). The perjury statute of 1563 : a case history of confusion. Proc. am. philos. Soc., 80, vol. 124, n° 6, p. 438-454.

6081. HARADA (Sumitaka). Kindai tochi-chintaihô no kenkyû. (A study of the modern law of land rent : The structure and historical evolution of French law of agricultural land rent.) Tokyo, Tôdai Shuppankai, 80, in-8, 494 p.

6082. HINDUS (Michael Stephen).

Prison and plantation : crime, justice, and authority in Massachusetts and South Carolina, 1767-1878. Chapel Hill, Univ. of N. C. Press, 80, in-8, XXVIII -285 p. (Stud. in Legal Hist.)

6083. HUUSSEN (M. A. H.). Le droit de mariage au cours de la Révolution française. T. Rechtsgesch., 79, vol. 47, p. 9-51, 99-127.

6084. Impossible (L') prison. Recherches sur le système pénitentiaire au XIXe siècle. Réunies par Michelle PERROT ; débat avec Michel FOUCAULT. Paris, Seuil, 80, in-8, 317 p. (Univers hist.)

6085. KATONA (Géza). Bizonyitási ezközök a XVII-XIX. században. A kriminalisztika magyarországi előzményei. (Les moyens de la production de preuves aux XVIIe-XIXe s. Les antécédents de la criminalistique en Hongrie.) Budapest, Közgazdasági és Jogi Kiadó, 79, in-8, 407 p.

6086. KING (Walter J.). Vagrancy and local law enforcement : why be a constable in Stuart Lancashire ? Historian, 80, vol. 42, n° 2, p. 264-283.

6087. LAINGUI (André). Grotius et le droit pénal. XVIIe Siècle, 80, n° 126, p. 37-58.

6088. LEWIS (Jane). The politics of motherhood : child and maternal welfare in England, 1900-1939. London, Croom Helm, 80, in-8, 240 p.

6089. LOGETTE (Aline). La délinquance féminine devant la cour souveraine de Lorraine et Barrois (1708-1713) A. Est, 80, sér. 5, a. 32, p. 133-159. - IDEM. La peine capitale devant la cour souveraine de Lorraine et Barrois à la fin du règne de Louis XIV. XVIIe Siècle, 80, a. 32, p. 7-19.

6090. LUKÁCS (Tibor). A magyar népbírósági jog és a népbíróságok, 1945-1950. (Le droit du Tribunal Populaire hongrois et les Tribunaux populaires.) Budapest, Közgazdasági és Jogi Kiadó, 79, in-8, 503 p. -- CR : P. Schönwald, Magy. Jog., 80, vol. 27, n° 11, p. 1044-1046.

6091. MAIER (Karlheinz Rudolf). Die Bürgschaft in süddeutschen und schweizerischen Gesetzbüchern, 16.-18. Jh. Tübingen, Mohr, 80, in-8, XI-254 p. (Jurist. Stud. 67)

6092. MATZ (Klaus-Jürgen). Pauperismus und Bevölkerung. Die gesetzlichen Ehebeschränkungen in den süddeutschen Staaten während des 19. Jh. Stuttgart, Klett-Cotta, 80, in-8, 311 p. (Industrielle Welt, 31)

6093. REID (John Phillip). Law for the elephant : property and social behavior on the Overland Trail. San Marino, Calif., Huntington Libr., 80, in-8, X-437 p.

6094. Słownik biograficzny adwokatów polskich. (Dictionnaire biographique des avocats polonais /morts avant 1918/.) Com. réd. Zdzisław CZESZEJKO-SOCHACKI et autres. T. 1 : A -F. Warszawa, Wydawn. Prawnicze, 80, in-8, 92.

6095. SOLOMON (Peter H.). Jr. Soviet penal policy, 1917-1934 : a reinterpretation. Slavic R., 80, vol. 39, n° 2, p. 195-217.

6096. TÁRKÁNY SZŰCS (Ernő). Jogi népszokások parasztságunk öröklési rendjében, 1700-1945. (Legal folk customs in the order of succession of peasants in Hungary.) Agrártört. Szle, 80, vol. 22, n°s 3-4, 273-310.

6097. TRAER (James F.). Marriage and the family in eighteenth-century France. Ithaca, N.Y., Cornell U. P., 80, in- 208 p. /Legal study/

6098. VARGA (János). Deák Ferenc és az első magyar polgári büntetőrendszer tervezete. (Ferenc Deák et le premier projet de système pénal bourgeois en Hongrie.) Zalaegerszeg, Zala megyei Levéltár, 80, in-8, 171 p. (Zalai Gyüjtemény, 15)

6099. WALKER (Samuel). Popular justice : a history of American criminal justice. New York, Oxford U. P., 80, in-8, XIII-287 p.

6100. WHITE (G. Edward). Tort law in America : an intellectual history. London a. New York, Oxford U. P., 80, in-8, XVI-283 p.

6101. Wissenschaft und Kodifikation des Privatrechts im 19. Jahrhundert. Hrsg. v. Helmut COING u. Walter WILHELM. /4. Cf. Bibl. 78-79, n° 6907./ 5 : Geld und Banken. Frankfurt (Main), Klostermann, 80, in-8, V-168 p. (Stud. z. Rechtswiss. d. 19. Jh., 5)

6102. ZEVENBERGEN (J. A.). De Surinaamse huwelijkswetgeving in historisch en maatschappelijk perspectief. (History of the current marriage law of Surinam.) Deventer, Kluwer, 80, in-8, VIII-187 p.

§ 5. Völkerrecht.

6103. BEST (Geoffrey). Humanity in warfare. New York, Columbia U. P., 80, in-8, XI-400 p.

6104. KAHN (Gilbert N.). Presidential passivity on a nonsalient issue : president Franklin D. Roosevelt and the 1935 World Court fight. Dipl. Hist., 80, vol. 4, n° 2, p. 137-160.

6105. MICKOLUS (Edward F.). Transnational terrorism : chronology of events, 1968-1979. London, Aldwych Press, 80, in-8, 1056 p. (tab.)

6106. OON kak instrument po podderžaniju i ukrepleniju mira. Meždunarodno-pravovye problemy. (The UNO as an instrument of maintenance and consolidation of peace ; international law aspects.) Ed. by M. M. AVAKOV. Moskva, Meždunar. otn., 80, in-8, 261 p.

6107. OUDENDIJK (J. K.). Van Vollenhoven's "The three stages in the evolution of the law of nation". R. Hist. Droit, 80, vol. 48, p. 3-27.

6108. Sovetskij ežegodnik meždunarodnogo prava, /Cf. Bibl. 78-79, n° 6917./ 1980. (Annuaire soviétique de droit international. 1980.) Réd. par E. T. USENKO. Moskva, Nauka, 80, in-8, 452 p. (Sovet. assoc. meždunar. prava) /Eng. summaries/

6109. TAYLOR (Idris Rhea) Jr. International legal aspects of the great powers' mediation of the Rumanian-Bulgarian territorial dispute, 1912-1913. East european Quar., 80, vol. 14, n° 1, p. 23-37.

P

GESCHICHTE DER BEZIEHUNGEN ZWISCHEN DEN MODERNEN STAATEN

§ 1. Allgemeines. 6110-6144. - § 2. Kolonialgeschichte (a. Allgemeines ; b. Asien; c. Afrika ; d. Amerika ; e. Ozeanien). 6145-6319. - § 3. Geschichte von 1500-1789 (a. Allgemeines ; b. 1500-1648 ; c. 1648-1789). 6320-6367. - § 4. Geschichte von 1789-1815. 6368-6391. - § 5. Geschichte von 1815-1910. 6392-6474. - § 6. Geschichte von 1910-1935. Der erste Weltkrieg. 6475-6608. - § 7. Geschichte von 1935-1945. Der zweite Weltkrieg (a. Allgemeines ; b. Diplomatie. Wirtschaft ; c. Kriegshandlungen ; d. Widerstand). 6609-6821. - § 8. Geschichte seit 1945. 6822-6921.

§ 1. Allgemeines.

** 6110. United States (The) and Russia : the beginning of relations, 1765-1815. Ed. by Nina N. BASHKINA a. others. Washington, D.C., Government Printing Office, 80, LXXXII-1,184 p.

6111. Affirmation (L') des Etats nationaux indépendants et unitaires du centre et du sud-est de l'Europe (1821 -1923). Bucureşti, Ed. Acad., 80, in-8, 362 p. (Bibl. hist. Romaniae. Etudes, 62)

6112. AMORT (Čestmír). Pokrokové tradice československo-bulharského přátelství. (Die fortschrittl. Traditionen d. tschechoslowak.-bulgar. Freundschaft.) Praha, Horizont, 78, in -8, 176 p.

6113. ATKIN (Muriel). Russia and Iran, 1780-1828. Minneapolis, Univ. of Minn. Press, 80, in-8, XII-216 p.

6114. BRYSON (Thomas A.). Tars, turks, and tankers : the role of the United States navy in the Middle East. 1800-1979. Metuchen, N.J., Scarecrow Press, 80, in-8, XIII-269 p.

6115. CAMPUS (Eliza). Din politica externă a României 1913-1947. (Pages de la politique extérieure de la Roumanie.) Bucureşti, Ed. politică, 80, in-8, 635 p.

6116. CHANDLER (David). Atlas of military strategy : the art, theory and practice of war, 1618-1878. London, Arms a. Armour Press, 80, in-4, 208 p. (maps, ill.).

6117. CIOBANU (Veniamin). Relaţiile politice româno-polone între 1699-1848. (Les relations politiques polono-roumaines de 1699 à 1848.) Bucureşti, Ed. Acad., 80, in-8, 238 p.

6118. COHEN (Warren I.). America's response to China, an interpretative history of Sino-American relations. 2nd rev. ed. London, Wiley, 80, in-8, 286 p. (America a. the World) /1st ed. Cf. Bibl. 70-71, n° 8004./

6119. CORTADA (James W.). Spain in the 20th century world : essays on Spanish diplomacy, 1877-1978. London, Aldwych Press, 80, in-8, 296 p. (tab.). /Cf. n° 6411./

6120. FATEMI (Faramarz S.). The U.S.S.R. in Iran, the background and history of Russian and Anglo-American conflict in Iran, its effect on Iranian nationalism and the fall of the Shah. London, Tantivy Press, 80, in-8, 219 p.

6121. FINDLING (John E.). Dictionary of American diplomatic history. Westport, Conn., a. London, Greenwood Press, 80, in-8, XVIII-622 p.

6122. GATZKE (Hans W.). Germany and the United States : a "special relationship ?" Cambridge, Mass., Harvard U. P., 80, in-8, XVI-314 p. (Am. Foreign Policy Libr.)

6123. HILLGRUBER (Andreas), HILDEBRAND (Klaus). Kalkül zwischen Macht und Ideologie. Der Hitler-Stalin-Pakt, Parallelen bis heute ? Zürich, Interfrom, 80, in-8, 75 p. (Texte u. Thesen, Sachgebiet Politik, 125)

6124. JONES (James Rees). Britain and the world, 1649-1815. London, Fontana, 80, in-8, 352 p.

6125. JUHÁSZ (Gyula). Hungarian foreign policy 1919-1945. Budapest, Akad. Kiadó, 79, in-8, 356 p. /Cf. n° 6714./

6126. KERTESZ (Stephen D.). Achievements and pitfalls of American diplomacy, 1776-1980. R. Polilics, 80, vol. 42, n° 2, p. 216-248.

6127. LANGLEY (Lester D.). The United States and the Caribbean, 1900-1970. Athens, Univ. of Ga. Press, 80, in-8, VIII-324 p.

6128. LOW (Alfred D.). The Soviet Union, the Austrian communist party, and the Anschluss question, 1918-1938. Slavic R., 80, vol. 39, n° 1, p. 1-26.

6129. MADDUX (Thomas R.). Years of estrangement : American relations with the Soviet Union, 1933-1941. Gainesville, Univ. Presses of Fla., 80, in-8, IX-238 p.

6130. MARINI (Alfred J.). Political perceptions of the marine forces : Great Britain, 1699, 1739 and the United States, 1798, 1804. Milit. Affairs, 80, vol. 44, n° 4, p. 171-177.

6131. Meždunarodnyj ežegodnik. Politika i ėkonomika. Vyp. /1978, 1979. Cf. Bibl. 78-79, n° 6944./ 1980 g. (Annuaire international. Politique et économie. Fasc. 1980.) Réd. par O. N. BYKOV. Moskva, Politizdat, 80, in-8, 270 p.

6132. PACH (Zsigmond Pál). East-West relations in early modern Europe. New hungar. Quart., 79, vol. 20, n° 76, p. 140-147.

6133. PASCU (Ştefan), MARINESCU (C. Gh.). Răsunetul internaţional al luptei românilor pentru unitate naţională. (Le retentissement international de la lutte des Roumains pour l'unité nationale.) Cluj-Napoca, Dacia, 80, in-8, 435 p. (pl.).

6134. Polska myśl zachodnia w Poznaniu i Wielkopolsce. Jej rozwój i realizacja w wiekach XIX i XX. (La pensée occidentale polonaise à Poznań et dans la Grande Pologne. Son développement et sa réalisation aux XIXe et XXe s.) Réd. scientifique Andrzej KWILECKI. Warszawa, Państw. Wydawn. Nauk., 80, in-8, 338 p. /La politique de la Pologne à l'égard de l'Allemagne/

6135. România în relaţiile internaţionale, 1699-1939. (La Roumanie dans les relations internationales.) Coordonateurs : L. BOICU, V. CRISTIAN, Gh. PLATON. Iaşi, Junimea, 80, in-8, 567 p.

6136. ROOSEN (William). Early modern diplomatic ceremonial : a systems approach. J. mod. Hist., 80, vol. 52, n° 3, p. 452-476.

6137. RUBIN (Barry). Paved with good intentions : the American experience and Iran /from 1905-1906 to 1979/. New York, Oxford U. P., 80, in-8, XII)426 p. /Cf. n° 6899./

6138. SCHALLER (Michael). The United States and China in the 20th century. New York a. London, Oxford U. P., 80, in-8, 208 p.

6139. SCHEICHT (Alfred). The rôle of foreign powers in the history of Lebanon and Syria from 1799 to 1861. J. asian Hist., 80, vol. 14, p. 97-126.

6140. SLADKOVSKIJ (M. I.). Kitaj i Anglija. (China and Great Britain.) Moskva, Nauka, 80, in-8, 351 p.

6141. TREADGOLD (Donald W.). The United States and east Asia : a theme with variations. Pacific hist. R., 80, vol. 49, n° 1, p. 1-28.

6142. VARG (Paul A.). Sino-American relations past and present. Dipl. Hist., 80, vol. 4, n° 2, p. 101-112.

6143. WANDYCZ (Piotr S.). The United States and Poland. Cambridge, Mass., Harvard U. P., 80, in-8, IX-465 p. (Am. Foreign Policy Libr.)

6144. WESLEY-SMITH (Peter). The unequal treaty, 1898-1997 : China, Great Britain and Hong Kong's New Territories. London a. Singapore, Oxford U. P., 80, in-8, 286 p. (ill., maps)

Cf. n° 420.

§ 2. Kolonialgeschichte.

<u>a</u>. Allgemeines.

∗ 6145. Reappraisals in overseas history. Essays on post-war historiography about European expansion. Ed. by P. C. EMMER a. H. L. WESSELING. Leiden, Leiden Univ. Press, 79, in-8, VIII-248 p. (Comparative studies in overseas history, 2) /Contents : BAGLEY (C. A.). English-language historiography on British expansion in India and Indian reactions since 1945, p. 21-53. - BLEY (H.). The history of European expansion. A review on German -language writing since World War II, p. 140-160. - BLUSSÉ (L.). Japanese historiography and European sources, p. 193-222. - BRUNSCHWIG (H.). French historiography since 1945 concerning black Africa, p. 84-97. - HOPKINS (A. G.). European expansion into West-Africa. A historiographical survey of English-language publications since 1945, p. 54-68. - MIEGE (J. L.). Historiography of the Maghrib, p. 69-83. - STEENSGAARD (N.). European expansion. Nordic historiography after 1945, p. 182-190. - STENGERS (J.). Belgian historiography since 1945, p. 161-181. - TELKAMP (G. J.). Post-colonial bibliography : some usefull titles, p. 225-240. - WESSELING (H. L.). Dutch historiography on European expansion since 1945, p. 122-139. - WESSELING (H. L.), EMMER (P. C.). What is overseas history ? Some reflections on a colloquium and a problem, p. 3-17. - WINIUS (G. D.). Iberian historiography on European expansion since World War II, p. 101-121./

6146. EROFEEV (N. A.). Anglijskij kolonializm i stereotip irlandca v XIX v. (Britischer Kolonialismus und der Stereotyp des Iren im 19. Jh.) Nov. novejš. Ist., 80, n° 5, p. 60-73.

6147. Expansion and reaction. Essays on European expansion and reaction in Asia and Africa. Ed. by. H. L. WESSELING. Leiden, Univ. Press, 78, in -8, VIII-200 p. (Comparative studies in overseas history, 1) /Contents : BRAUDEL (F.). The expansion of Europe and the 'Longue Durée' p. 17-27. - BRUNSCHWIG (H.). French expansion and local reactions in black Africa in the time of imperialism (1880-1914), p. 116-140. - EISENSTADT (S. N.). European expansion and the civilisation of modernity, p. 167-186. - HEESTERMANS (J. C.). Was there an Indian reaction? Western expansion in Indian perspective, p. 31-58. - MIEGE (J. L.). French action and indigenous reactions in the Maghreb, 1880-1914, p. 103-115. - ROBINSON (R.). European imperialism and indigenous reactions in British West Africa, 1880-1914, p. 141-163. - SCHOFFER (I.). Dutch "expansion" and Indonesian reactions. Some dilemmas of modern colonial rule (1900-1942), p. 78-99. - Wesseling (H. L.). Expansion and reaction. Some reflections on a symposium and a theme, p. 2-14. - ZÜRCHER (E.). "Western expansion and Chinese reaction". A theme reconsidered, p. 59-77./

6148. KIRK-GREENE (Anthony H. M.). A biographical dictionary of the British colonial governors. Vol. 1 : Africa. Stanford, Calif., Hoover Inst. Press, 80, in-8, XII-320 p.

6149. LEBERGOTT (Stanley). The returns to U.S. imperialism, 1890-1929. J. econ. Hist., 80, vol. 40, n° 2, p. 229-252.

6150. MORGAN (D. J.). Official history of colonial development. Vol. 1 : The origins of British aid policy, 1924-1945. Vol. 2 : Developing British colonial resources, 1945-1951. Vol. 3 : Reassesment of British aid policy, 1951-1965. Vol. 4 : Changes in British aid policy, 1951-1970. Vol. 5 : Guidance towards self-government in British colonies, 1941-1971. London, Macmillan, 80, 5 vol. in-8, 288, 416, 352, 288, 400 p.

6151. MORRIS-JONES (W. H.), FISCHER (Georges). Decolonization and after : the British and French experience. London, F. Cass, 80, in-8, 388 p.

6152. SALGÓ (László), BALOGH (András). A gyarmati rendszer története, 1870-1955. (Histoire des systèmes coloniaux.) Budapest, Kossuth Kiadó, 80, in-8, 454 p.

6153. SURDICH (Francesco). Esplorazioni geografiche e sviluppo del colonialismo nell'età della rivoluzione industriale. I : Fasi e caratteristiche dell'espansione coloniale. Firenze, La nuova Italia, 80, in-8, 156 p. (Strumenti, 106)

Cf. n° 6421.

b. Asien.

✹✹ 6154. Transfer (The) of power in India, 1942-1947. Ed. by Nicholas MANSERGH. /Vol. 6, 7. Cf. Bibl. 76-77, n° 7561./ Vol. 8 : The interim government, July 3 - Nov. 1, 1946. Vol. 9 : The fixing of a time limit, Nov. 4, 1946 - March 22, 1947. London, H. M. Stationery Office, 79-80, 2 vol. in-4, 1186, 1178 p.

6155. ANAK AGUNG GDE AGUNG (Ide). 'Renville' als keerpunt in de Nederlands-Indonesische onderhandelingen. The Renville-Agreement /1948/. A turning-point in the Dutch-Indonesian negotiations. Alphen aan den Rijn, Sijthoff, 80, in-8, 403 p.

6156. BAKER (D. E. U). Changing political leadership in an Indian province : Central Provinces and Berar, 1919-1939. Delhi, Oxford U. P., 80, in-8, 246 p.

6157. BALOGH (András). Társadalom és politika a gyarmati Indiában. (Société et politique dans l'Inde coloniale.) Budapest, Kossuth Kiadó, 79, in-8, 293 p.

6158. BEST (Gary Dean). Ideas without capital : James H. Wilson and east Asia, 1885-1910. Pacific hist. R., 80, vol. 49, n° 3, p. 453-470.

6159. DROOGLEVER (P. J.). De Vaderlandse Club 1929-1942. Totoks en de Indische politiek. The Fatherland Club 1929-1942. "Totoks" and politics in the Netherlands East Indies. Franeker, Wever, 80, in-8, 423 p. (ill.).

6160. FASSEUR (C.). Een koloniale paradox. De Nederlandse expansie in de Indonesische archipel in het midden van de negentiende eeuw (1830-1870). (A colonial paradox. The Dutch expansion in the Indonesian archipelago, 1830-1870.) T. Gesch., 79, vol. 92, p. 162-186 (tab., graph.).

6161. FOREST (Alain). Le Cambodge et la colonisation française : histoire d'une colonisation sans heurts, 1897-1920. Paris, Harmattan, 79, XII-542 p. (cartes). (Centre de Doc. et de Rech. sur l'Asie du Sud-est et le monde insulindien, 1)

6162. HARA (Motoko). "Asia" no koro. (Asian days : Naito Konan and the Seikyôsha.) Research Inst. for oriental Cultures, Gakushûin Univ., 80, n° 10, p. 1-59.

6163. HOMAN (G. D.). The United States and the Indonesian question,

December 1941-December 1946. T. Gesch., 80, vol. 93, p. 35-56.

6164. LOCHER-SCHOLTEN (E. B.). Een liberaal autocraat, gouverneur-generaal mr. J. P. graaf van Limburg Stirum (1916-1921). (Van Limburg Stirum, governor-genral of the Dutch East Indies, 1916-1921. Bijdr. Meded. Gesch. Nederland, 80, vol. 95, p. 64-126.

6165. MALHOTRA (P. C.). The administration of Lord Elgin in India, 1894-1899. London, Vikas, 80, in-8, 216 p.

6166. MAY (Glenn Anthony). Social engineering in the Philippines : the aims, execution, and impact of American colonial policy, 1900-1912. Westport, Conn., Greenwood Press, 80, in-8, XXVII-268 p. (Contrib. in Comp. Colonial Stud., 2)

6167. NAJMAN (Andrzej). U początków wietnamskiego ruchu narodowego : Phan Boi Chau. (Les débuts du mouvement national au Viet-nam : Phan Boi Chau.) Dzieje najnowsze, 80, a. 12, n° 2, p. 93-122.

6168. NIKITIN (N. I.). Voennoslužilye ljudi i osvoenie Sibiri v XVII veke. (Conscripts and the development of Siberia in the 17th cent.) Ist. SSSR, 80, n) 2, p. 161-173.

6169. PAULUSZ (J. H. O.). The 1638 Westerwolt Treaty in Ceylon : charges of Dutch deceit disproved. Bijdr. Taal-, Land-, Volkenkde, 80, vol. 136, p. 321-352.

6170. POLLAK (Oliver B.). Empires in collision : Anglo-Burmese relations in the mid-nineteenth century. Westport, Conn., Greenwood Press, 79, in-8, XIV-214 p. (Contrib. in Comp. Colonial Stud., 1)

6171. SKRYNNIKOV (R. G.). Sibirskaja ékspedicija Ermaka. (L'expédition d'Ermak en Sibérie.) Vopr. Ist., 80, n° 3, p. 38-54.

6172. WESTPHAL (Wilfried). Herrscher zwischen Indus und Ganges. Das britische Kolonialreich in Indien. München, Bertelsmann, 80, in-8, 413 p.

6173. YAPP (Malcolm E.). Strategies of British India : Britain, Iran, and Afghanistan, 1978-1850. London a. New York, Oxford U. P., 80, in-8, VIII-682 p. (maps).

Cf. n°s 5502, 6958, 6962.

c. Afrika.

✱ 6174. BRUNSCHWIG (Henri). Bulletin historique : Afrique Noire (1976-1979). R. hist., 80, a. 104, t. 263, p. 149-194. /Cf. Bibl. 78-79, n° 6995./

✱✱ 6175. Asante embassy (An) on the Gold Coast : The mission of Akyempon Yaw to Elmina, 1869-1872. Ed. by René BAESJOU. Leiden, Afrika-Studiëcentrum ; Cambridge, Univ., Afr. Stud. Centre, 79, in-8, 250 p. (Afr. soc. research doc., 11)

✱✱ 6176. FREEMAN-GREENVILLE (G. S. P.). The Mombasa rising against the Portuguese, 1631, from sworn evidence. Tr. from the Latin, Span., and Ital. London, Oxford, U. P., 80, in-8, 124 p.

✱✱ Cf. n° 3225.

6177. Africa come storia. Elementi del dibattito sulla natura della transizione nelle società e nei sistemi africani. Di Anna Maria GENTILI, Giorgio MIZZAU e Irma TADDIA, con saggi di Silvana CONTENTO /e altri/. Present. di Bernardo BERNARDI. Milano, Angeli, 80, in-8, 437 p. (La Soc., 77)

6178. BAILES (Howard). Technology and imperialism : a case study of the Victorian army in Africa. Victorian Stud., 80, vol. 24, n° 1, p. 83-102.

6179. BALLARD (Charles). John Dunn and Cetshwayo, the material foundations of political power in the Zulu Kingdom, 1857-1878. J. african Hist., 80, vol. 21, p. 75-91.

6180. BANDINI (Franco). Gli italiani in Africa. Storia delle guerre coloniali (1882-1943). Milano, Mondadori, 80, in-16, 425 p. (Gli Oscar. 1218. Doc., 51)

6181. CAMPIGLIO (Giorgio). Storia dell'Africa bianca. Milano, Pan, 80, in-8, 334 p. (ill.). (Coll. stor., 5)

6182. CELL (John W.). On the eve of decolonisation : the Colonial Office's plans for the transfer of power in Africa, 1947. J. imp. Commonw. Hist., 80, vol. 8, p. 235-257.

6183. COHEN (William B.). The French encounter with Africans : white response to blacks, 1530-1880. Bloomington a. London, Indiana U. P., 80, in-8, XIX-360 p.

6184. DRESCHLER (Horst). Let us die fighting : Namibia under the Germans. London, Zed Press, 80, in-8, 320 p.

6185. EDSMAN (Björn M.). Lawyers in Gold Coast politics, c. 1900-1945 : from Mensah Sarbah to J. B. Danquah. Stockholm, Almqvist a. Wiksell internat., 79, in-8, 263 p. (Studia hist. Upsaliensia, 111)

6186. ELLIS (Stephen). The political elite of Imerina and the revolt of the Menalamba, the creation of a colonial myth in Madagascar, 1895-1898. J. african Hist., 80, vol. 21, p. 219-234.

6187. ESSIBEN (Madiba). Colonisation et évangélisation en Afrique : l'héritage scolaire du Cameroun (1885-1956). Bern, Lang, 80, in-8, 293 p. (Etudes d'hist. intellectuelle du christianisme, 23)

6188. GIFFORD (James M.). The Cuthbert company : an episode in African colonization. South Atlantic Quar., 80, vol. 79, n° 3, p. 312-320.

6189. GRASSI (Fabio). Le origini dell'imperialismo italiano. Il caso somalo (1896-1915). Lecce, Milella, 80, in-8, 578 p. (tav., tab.). (Bibl. di Stor. della Soc. contemp.)

6190. GUY (J.). The destruction of the Zulu kingdom. London, Longman, 80, in-8, 302 p.

6191. HANSEN (Holger Bernt). European ideas, colonial attitudes and African realities : the introduction of a church constitution in Uganda 1898-1908. Int. J. african hist. Stud., 80, vol. 13, n° 2, p. 240-280.

6192. Health in tropical Africa during the colonial period. Based on the proceedings of a symposium held at New College, Oxford, 21-23 March 1977. Ed. by E. E. SABBEN-CLARE, D. J. BRADLEY a. K. KIRKWOOD. London, Oxford U. P., 80, in-8, IX-276 p. (fig., tab., map)

6193. HOPKINS (Antony G.). Property rights and empire building : Britain's annexation of Lagos, 1861. J. econ. Hist., 80, vol. 40, n° 4, p. 777-789.

6194. HOUBERT (Jean). Réunions, I: French decolonisation in the Mascareignes. J. Commonw. compar.Pol., 80, vol. 18, p. 145-171.

6195. IBRAHIM (Hassan Ahmed). Imperialism and neo-mahdism, in the Sudan : a study of British policy towards neo-mahdism 1924-1927. Int. J. african hist. Stud., 80, vol. 13, n° 2, p. 214-239.

6196. ISAACMAN (Allen) a. others. "Cotton is the mother of poverty", peasant resistance against forced cotton cultivation in Mozambique, 1938-1961. Int. J. african hist. Stud., 80, vol. 13, n° 4, p. 581-615.

6197. JONES (Adam), JOHNSON (Marion). Slaves from the windward coast. J. african Hist., 80, vol. 21, p. 17-34.

6198. JOSEPH (Richard A.). Church, state, and society in colonial Cameroun. Int. J. african hist. Stud., 80, vol. 13, n° 1, p. 5-32.

6199. JURQUET (Jacques). La révolution nationale algérienne et le Parti communiste français. /1, 2. Cf. Bibl. 74-75, n° 7252./ 3 : 1939-1945. Paris, Ed. du Centenaire, 79, in-8, 465 p.

6200. KAKE (Ibrahima Baba). L'influence des Afro-Americains sur des nationalistes noirs francophones d'Afrique (1919-1945). Présence africaine, 79, n. sér., n° 112, p. 48-65.

6201. KARUGIRE (S.R.). The political history of Uganda. London, Heinemann Educ., 80, in-8, 247 p.

6202. KUKLICK (Henrika). The imperial bureaucrat : the colonial administrative service in the Gold Coast, 1920-1939. Stanford, Calif., Hoover Inst. Press, 79, in-8, XVI-225 p. (Hoover Colonial Stud., Hoover Inst. Pub., 217)

6203. LAFFONT (Pierre). Histoire de la France en Algérie. Paris, Plon, 79, in-8, 541 p. (pl.).

6204. LANDA (R. G.). Krizis kolonial'nogo režima Alžira, 1931-1954. (Crisis of the colonial regime in Algeria, 1931-1954.) Moskva, Nauka, 80, in-8, 270 p.

6205. LEGUEN (Marcel). Histoire de l'île de la Réunion. Paris, l'Harmattan, 79, in-8, 263 p.

6206. LEWIS (I. M.). A modern history of Somalia. Nation a. state in the Horn of Africa. London a. New York, Longman, 80, in-8, X-280 p. (maps).

6207. MAHSAS (Ahmed). Le mouvement révolutionnaire en Algérie, de la 1ère guerre mondiale à 1954. Essai sur la formation du mouvement national. Paris, Ed. de l'Harmattan, 79, in-8, 367 p.

6208. MAIER (Donna). Competition for power and profits in Kete-Krachi, West Africa, 1875-1900. Int. J. african hist. Stud., 80, v. 13, n° 1, p. 33-50.

6209. MAYLAM (Paul). Rhodes, the Tswana and the British : colonialism, collaboration and conflict in the Bechuanaland Protectorate, 1885-1899. London, Greenwood Press, 80, in-8, 280 p. (Contrib. in Comparative Colonial Stud.)

6210. MILLER (Joseph C.). The African past speaks : essays in oral history. London, Wm. Dawson, 80, in-8, 248 p.

6211. MILLS (Wallace G.). The roots of African nationalism in the Cape Colony temperance, 1866-1898. Int. J. african hist. Stud., 80, vol. 13, n° 2, p. 197-213.

6212. MORRIS-JONES (Wyndraeth Humphreys). From Zimbabwe to Rhodesia, behing and beyond Lancaster House. London, F. Cass, 80, in-8, 136 p.

6213. NAGY (László). Az antiimperialista egységfront Algériában, 1935-1939. (Le front anti-impérialiste uni en Algérie.) Párttört. Közl., 80, vol. 26, n° 4, p. 109-131.

6214. OVENDALE (Ritchie). Profit or patriotism : Natal, the Transvaal and the coming of the second Anglo-Boer war. J. imp. Commonw. Hist., 80, vol. 8, p. 209-234.

6215. PORTER (A. N.). The origins of the South African war : Joseph Chamberlain and the diplomacy of imperialism, 1895-1899. Manchester, Univ. Press ; New York, St. Martin's Press, 80, in-8, XIV-321 p.

6216. PRINS (Gwyn). The hidden hippopotamus : reappraisal in African history ; the early colonial experience in western Zambia. New York, Cambridge U. P., 80, in-8, XVI-319 p. (African Stud. Ser., 28)

6217. ROSSI (Gianluigi). L'Africa italiana verso l'indipendenza (1941-1949). Milano, Giuffrè, 80, in-8, XVIII-626 p. (Univ. di Roma. Fac. di Sci. pol., 33)

6218. SAUNDERS (Christopher). Black leaders in Southern African history. London, Heinemann Educ., 80, in-8, 160 p.

6219. SBACCHI (Alberto). Il colonialismo italiano in Etiopia (1936-1940). Milano, Mursia, 80, in-8, 372 p.

6220. SCHREUDER (D. M.). The scramble for southern Africa, 1877-1895 : the politics of partition reappraised. London a. New York, Cambridge U.P., 80, in-8, XIII-384 p. (Cambridge Commonwealth Ser.)

6221. SIVAN (Emmanuel). Sinat yehudim be-algeria ke-toleda shel mazav coloniali. (Antisemitism in Algeria as a product of the colonial situation.) Pe'amim, 79, n° 2, p. 92-108.

6222. SIVERS (Peter von). Les plaisirs du collectionneur : capitalisme fiscal et chefs indigènes en Algérie (1840-1860). A. Ec., Soc., Civ., 80, a. 35, p. 679-699.

6223. SKINNER (David E.). Thomas George Lawson /1814-1891/, African historian and administrator in Sierra Leone. Stanford, Calif., Hoover Inst. Press, 80, in-8, XIV-242 p. (maps). (Hoover colonial studies)

6224. SY (Moussa Oumar). Provinces, cantons et villages du Soudan français des origines à l'indépendance. I : La colonie du Soudan. B. Inst. fond. Afrique noire, 78, t. 40, p. 489-512.

6225. TAIEB (Jacques). Le commerce extérieur de la Tunisie aux premiers temps de la colonisation (1881-1913). Ibla, 80, a. 43, n° 145, p. 79-115.

6226. Tanzania under colonial rule. Ed. by M. H. Y. KANIKI. London, Longman, 80, in-8, VIII-392 p.

6227. TLILI (Béchir). Les forces démocratiques de Tunisie dans les années 1937-1939. Cah. Tunisie, 79, t. 27, p. 161-300.

6228. WANQUET (Claude). Histoire d'une révolution : la Réunion, 1789-1803. 1 : Le temps des espérances, 1789-1793. Marseille, Laffitte, 80, in-8, 779 p. (ill.).

6229. WARBURG (Cabriel). Slavery and labour in the Anglo-Egyptian Sudan. Asian a. african Studies, 78, vol. 12, n° 2, p. 221-246.

6230. WEISKEL (Timothy C.). French colonial rule and the Baule peoples : resistance and collaboration, 1889-1911. London, Oxford U. P., 80, in-8, 252 p. (Stud. in Afr. Affairs)

Cf. n°s 3011, 4066, 4467, 5359, 6148, 6837.

d. Amerika.

✦ 6231. ADAMS (Thomas R.). The American controversy : a bibliographical study of the British pamphlets about the American disputes, 1764-1783. Vol. 1 : 1764-1777. Vol. 2 : 1778-1783. Providence, R. I., Brown U. P., New York, Bibliogr. Soc. of Am., 80, 2 vol., XXX-536 p., p. 537-1,102.

✦ 6232. Bibliographie d'histoire de l'Amérique française. /Cf. Bibl. 78-79, n° 7066./ Sous la dir. de Paul AUBIN et Paul-André LINTEAU. R. Hist. Amér. franç., 79-80, vol. 33, p. 107-142, 283-315, 608-639.

✦✦6233. CARLANDER (Christopher). Resan till St. Barthélémy : dr Christopher Carlanders resejournal 1787-1788 : anteckningar saml. och bearb. av Sven Ekvall, färdigställda och utg. av Christer Wijkström. (A journey to St. Barthélémy : dr Chr. Carlander's travel diary, 1787-88 : notes collected by Sven EKWALL, ed. by Christer WIJKSTROM.) Stockholm, Vetenskapsakad., 79, in-8, 121 p. (ill.). (Bidrag t. Kungl. Svenska vetenskapsakad. hist., vol. 13)

✦✦ 6234. CHASTELLUX (François-Jean de). Voyages dans l'Amérique septentrionale dans les années 1780, 1781 et 1782. Première réédition /par Jacques JOURQUIN/ depuis 1788, augmentée d'une notice bibliographique, d'annexes et de lettres inéd. en franç. de Washington à Chastellux. Préf. du Duc de CASTRIES. Paris, Tallandier, 80, in-8, 566 p. (Bibliothèque Geographia)

✦✦ 6235. LAURENS (Henry). The papers. /Vol. 6. 7. Cf. Bibl. 78-79, n° 7071./ Vol. 8 : Oct. 10, 1771-April 19. 1773. Ed. by George C. ROGERS, Jr., David R. CHESNUTT. Columbia, Univ. of S. C. Press, 80, XXIII-783 p.

✦✦ 6236. Letters of delegates to Congress, 1774-1789. /Vol. 1, 2. Cf. Bibl. 78-79, n° 7073./ Vol. 3 : January 1-May 15, 1776. Vol. 4 : May 16-August 15, 1776. Vol. 5 : August 16-

December 31, 1776. Ed. by Paul H. SMITH a. others. Washington, D. C., Libr. of Cong., 78-79, 3 vol., XXIX-735, XXVIII-739, XXX-767 p.

∗∗ 6237. West-Indisch plakaatboek. /Ed. by/ J. A. SCHILTKAMP a. J. Th. de SMIDT. /Vol. 1, 2. Cf. Bibl. 78-79, n° 7074./ Vol. 3 : Nederlandse Antillen. Bovenwinden. Publikaties en andere wetten betrekking hebbend op St. Maarten, St. Eustatius /en/ Saba, 1648/1681-1816. (Resolutions and laws in the Dutch Antilles.) /Ed. by/ J. Th. de SMIDT, T. VAN DER LEE. Amsterdam, Emmering, 79, in-8, XXVIII-482 p. (ill., maps). (Werken der Stichting tot uitgaaf der bronnen van het oudvaderlandse recht, 4)

6238. ANDRE-VINCENT (Ph.-I.), O. P. Bartolomé de Las Casas, prophète du Nouveau Monde. Préf. par André SAINT-LU. Paris, Tallandier, 80, in-8, 275 p.

6239. ANNA (Timothy E.). The fall of the royal government in Peru. Lincoln, Univ. ob Nebr. Press, 80, in-8, XI-291 p.

6240. ATWOOD (Rodney). The hessians : mercenaries from Hessen-Kassel in the American Revolution. London a. New York, Cambridge U. P., 80, in-8, XI-292 p. (maps).

6241. BAĎURA (Bohumil). Komposice půdy v Novém Španělsku v 17. a 18. stoletî. (The composition of land in New Spain in the 17th a. 18th cent.) Hosp. Děj., 78, vol. 1, p. 295-371.

6242. BAILEY (Raymond C.). Popular influence upon public policy : petitioning in eighteenth-century Virginia. Westport, Conn., Greenwood Press, 79, XII-203 p. (Contrib. in Legal Stud. 10)

6243. BARBIER (J. A.). Reform and politics in Bourbon Chili, 1755-1796. Ottawa, Univ. of Ottawa Press, 80, in-8, XV-218 p.

6244. BECKER (Robert A.). Revolution, reform, and the politics of American taxation, 1763-1783. Baton Rouge, La. State U. P., 80, in-8, XI-323 p.

6245. BEEMAN (Richard R.), ISAAC (Rhys). Cultural conflict and social change in the revolutionary south : Lunenburg county, Virginia. J. south. Hist., 80, vol. 46, n° 4, p. 525-550.

6246. BREEN (T. H.). Puritans and adventurers. Change and persistance in early America. London, Oxford U. P., 80, in-8, 270 p.

6247. BREEN (T. H.), INNES (Stephen). "Myne owne ground" : race and freedom on Virginia's eastern shore, 1640-1676. London, Oxford U. P., 80, in-8, 152 p.

6248. BRERETON (Bridget). Race relations in colonial Trinidad, 1870-1900. London, Cambridge U. P., 80, in-8, 251 p. (maps).

6249. BRESLAW (Elaine G.). A dismal tragedy : Drs. Alexander and John Hamilton comment on Braddock's defeat. Maryland hist. Mag., 80, vol. 75, n° 2, p. 118-144.

6250. BRIDENBAUGH (Carl). Jamestown, 1544-1699. New York, Oxford U. P., 80, XIV-199 p.

6251. BUEL (Richard) Jr. Dear liberty : Connecticut's mobilization for the revolutionary war. Middletown, Conn., Wesleyan U. P., 80, in-8, XIII-425 p.

6252. CAILLAVET (Chantal). Tribut textile et caciques dans le nord de l'audiencia de Quito. Mél. Casa de Velazquez, 80, t. 16, p. 179-212.

6253. CHAULEAU (Liliane). La vie quotidienne aux Antilles françaises au temps de Victor Schoelcher, XIXe siècle. Paris, Hachette-Littérature, 79, in-8, 382 p.

6254. CLAYTON (Lawrence A.). Caulkers and carpenters in a new world : the shipyards of colonial Guayaquil. Athens, Center for Inter. Stud., Ohio Univ., 80, in-8, IX-189 p. (Papers in Inter. Stud., Latin Am. ser., 8)

6255. COHEN (Lester H.). Explaining the revolution : ideology and ethics in Mercy Otis Warren's historical theory. William a. Mary Quar., 80, vol. 37, n° 2, p. 200-218.

6256. COMTOIS (George). The British navy in the Delaware, 1775 to 1777. Am. Neptune, 80, vol. 40, n° 1, p. 7-22.

6257. DIAZ REMENTERIA (Carlos J.). Fundación de pueblos de Indios en la gobernación de Tucumán (siglos XVII-XVIII). R. Hist. Derecho /Buenos Aires/, 80, t. 8, p. 81-121.

6258. EGNAL (Marc). The origins of the revolution in Virginia : a reinterpretation. William a. Mary Quar., 30, vol. 37, n° 3, p. 401-428.

6259. FEEST (Christian F.). Zur Domestikationsgeschichte der nordamerikanischen Indianer. Wiener Beitr. z. Gesch. d. Neuzeit, 80, Bd 7, p. 95-119.

6260. FLUSCHE (Della M.). Chilean councilmen and export policies, 1600-1699. Americas, 80, vol. 36, n° 4, p. 479-498.

6261. GOUGH (Barry M.). Distant dominion : Britain and the northwest coast of North America, 1579-1809. Vancouver, Univ. of British Columbia Press, 80, in-8, 190 p. (Univ. of British Columbia Press. Pacific maritime studies, 2)

2. KOLONIALGESCHICHTE

6262. GREENE (Jack P.). The Seven Years' War and the American Revolution, the causal relationship reconsidered. J. imp. Commonw. Hist., 80, vol. 8, p. 85-105.

6263. HONER (Urs). Die Versklavung der brasilianischen Indianer. Der Arbeitsmarkt in portugiesisch Amerika im 16. Jahrhundert. Zürich u. Freiburg i. Br., Atlantis, 80, in-8, 272 p. (Beitr. z. Kolonial- u. Überseegesch., 18)

6264. HOFFMAN (Paul E.). The Spanish crown and the defense of the Caribbean, 1535-1585 : precedent, patrimonialism, and royal parsimony. Baton Rouge, La. State U. P., 80, in-8, XIV-312 p.

6265. HUTSON (James H.). John Adams and the diplomacy of the American revolution. Lexington, Univ. Press of Ky., 80, in-8, VII-199 p.

6266. ISHIHARA (Yasunori). Indiasu no hakken. (The discovery of the Indies : reading Las Casas.) Tokyo, Tabata Shoten, 80, in-12, 230 p.

6267. Johan Maurits van Nassau-Siegen 1604-1679. A humanist prince in Europe and Brazil. Essays on the occasion of the tercentenary of his death. Ed. by E. VAN DEN BOOGAART in collab. with H. R. HOETINK a. P. J. WHITEHEAD. The Hague, The Johan Maurits van Nassau Stichting, 79, in-4, 539 p. (ill., portr., maps).

6268. JONES (Alice Hanson). Wealth of a nation to be : the American colonies on the eve of the American revolution. New York, Columbia U. P., 80, in-8, XXXVI-494 p.

6269. KERBER (Linda K.). Women of the republic : intellect and ideology in revolutionary America. Chapel Hill, Univ. of N. C. Press, 80, in-8, XIV-304 p.

6270. KLEIN (Milton M.). An experiment that failed : General James Robertson and civil government in British New York, 1779-1783. New York Hist., 80, vol. 61, n° 3, p. 229-254.

6271. KUPPERMAN (Karen Ordahl). Settling with the Indians, the meeting of English and Indian cultures in America, 1580-1640. London, Dent, 80, in-8, 236 p.

6272. LABAREE (Benjamin W.). Colonial Massachusetts : a history. Millwood, N. Y., KTO Press, 79, in-8, XVII-349 p. (A Hist. of the Am. Colonies)

6273. LANG (James). Portuguese Brazil : the King's plantation. London, Academic Press, 80, in-8, XIV-266 p.

6274. LANGFORD (Paul). Old Whigs, old Tories and the American Revolution. J. imp. Commonw. Hist., 80, vol. 8, p. 106-130.

6275. LAWSON (Philip). George Grenville and America : the years of opposition, 1765 to 1770. William a. Mary Quar., 80, vol. 37, n° 4, p. 561-576.

6276. LEONARD (Thomas C.). News for a revolution : the exposé in America, 1768-1773. J. am. Hist., 80, vol. 67, n° 1, p. 26-40.

6277. LEPINE (Edouard de). La crise de février 1935 à la Martinique : la marche de la faim à Fort-de-France. Paris, l'Harmattan, 80, in-8, 255 p. (pl., fac-sim.).

6278. LESTRINGANT (Frank). Calvinistes et cannibales : les écrits protestants sur le Brésil français (1555-1560). B. Soc. Hist. Prot. franç., 80, t. 126, p. 9-26, 167-192.

6279. LEVY (Claude). Emancipation, sugar, and federalism : Barbados and the West Indies, 1833-1876. Gainesville, Univ. Presses of Fla., 80, in-8, VI-206 p.

6280. MacLACHLAN (Colin M.), RODRIGUEZ O. (Jaime E.). The forging of a cosmic race : a reinterpretation of colonial Mexico Berkeley a. Los Angeles, Univ. of Calif. Press, 80, in-8, XIV-362 p.

6281. MAIER (Pauline). The old revolutionaries : political lives in the age of Samuel Adams. New York, A. A. Knopf, 80, in-8, XXII-309 p.

6282. MEKEEL (Arthur J.). The relation of the Quakers to the American revolution. Washington, D. C., Univ. Press of America, 79, in-8, VII-368 p.

6283. MIDDLEKAUFF (Robert). Why men fought in the American revolution. Huntington Libr. Quar., 80, vol. 43, n° 2, p. 135-148.

6284. MOLOVINSKY (Lemual). Taxation and continuity in Pennsylvania during the American revolution. Pennsylvania Mag. Hist., 80, vol. 104, n° 3, p. 365-378.

6285. MORRISON (Kenneth M.). The bias of colonial law : English paranoia and the Abenaki arena of King Philip's war, 1675-1678. New England Quar., 80, vol. 53, n° 3, p. 363-387.

6286. MURISON (Barbara C.). "Enlightened government" : Sir George Archer and the Upper Canada administration. J. imp. Commonw. Hist., 80, vol. 8, p. 161-180.

6287. NASH (Gary R.). The urban crucible : social change, political consciousness, and the origins of the American Revolution. Cambridge, Mass., Harvard U. P., 79, XV-548 p.

6288. PENCAK (William). Warfare and political change in mid-18th century Massachusetts. J. imp. Commonw.

Hist., 80, vol. 8, p. 51-73.

6289. PERKINS (Edwin J.). The economy of colonial America. New York, Columbia U. P., 80, in-8, XII-177 p.

6290. PETHICK (Derek). The Nootka connection : Europe and the Northwest coast 1790-1795. Vancouver, Douglas a. McIntyre, 80, in-8, 281 p.

6291. PETIT JEAN ROGET (Jacques). La société d'habitation à la Martinique : un demi-siècle de formation, 1635-1685. Lille, At. Reprod. Thèses, Univ. Lille III ; Paris, diff. Champion, 80, 2 vol. in-8, 1606 p. (pl.).

6292. PIETSCHMANN (Horst). Staat und staatliche Entwicklung am Beginn der spanischen Kolonisation Amerikas. Münster, Aschendorff, 80, in-8, 196 p. (Span. Forsch. d. Görresges. Reihe 2, Bd 19)

6293. Pre-Confederation (The) premiers : Ontario government leaders, 1841-1867. Ed. by J. M. S. CARELESS. Toronto, Univ. Press, 80, in-8, XII-340 p. (Ontario hist. studies series)- CR : J. E. Rea, Canad. hist. R., 81, vol. 62, p. 84-86. R. J. Burns, Ontario Hist., 81, vol. 73, p. 58, 60-62.

6294. RAIMO (John W.). Biographical directory of American colonial and revolutionary Governors, 1607-1789. London, Mansell, 80, in-8, 600 p.

6295. ROEBER (A. G.). Authority, law, and custom : the rituals of court day in tidewater Virginia, 1720 to 1750. William a. Mary Quar., 80, vol. 37, n° 1, p. 29-52.

6296. ROYSTER (Charles). A revolutionary people at war : the continental army and American character, 1775-1783. Chapel Hill, Univ. of N. C. Press, 79, in-8, XI-452 p.

6297. SALENTINY (Fernand). Santiago ! Die Zerstörung Altamerikas. Frankfurt (Main), Umschau, 80, in-8, 367 p. (Ill., Kt.).

6298. SCHULER (Monica). "Alas, alas, Kongo" : a social history of indentured African immigration into Jamaica, 1841-1865. Baltimore, Md., Johns Hopkins U. P., 80, in-8, 186 p.

6299. SCHWEITZER (Mary McKinney). Economic regulation and the colonial economy : the Maryland tobacco inspection act of 1747. J. econ. Hist., 80, vol. 40, n° 3, p. 551-570.

6300. SHEEHAN (Bernard W.). Savagism and civility : Indians and Englishmen in colonial Virginia. London a. New York, Cambridge U. P., 80, in-8, XI-258 p.

6301. SKAGGS (David Curtis). Origins of the Maryland party system : the constitutional convention of 1776. Maryland hist. Mag., 80, vol. 75, n° 2, p. 95-117.

6302. SOGRIN (V. V.). Idejnye tečenija v amerikanskoj revoljučii XVIII veka. (Ideological trends in the American revolution of the 18th cent.) Moskva, Nauka, 80, in-8, 312 p.

6303. TYLER (John W.). The long shadow of Benjamin Barons : the politics of illicit trade at Boston, 1760-1762. Am. Neptune, 80, vol. 40, n° 4, p. 245-279.

6304. WEBB (Stephen Saunders). The governors-general : the English army and the definition of empire, 1569-1681. Chapel Hill, Univ. of N. C. Press, 79, in-8, XXI-549 p.

6305. WILLEMSEN (G. F. W.). Koloniale politiek en transformatieprocessen in een plantage-economie. Suriname 1873-1940. (Colonial policy in the context of processes of transformation in a slave plantation economy. Surinam 1873-1940.) Amsterdam, Drukkerij Kaal, 80, in-8, 356 p. (tab.).

6306. WILLS (Gary). Inventing America : Jefferson's Declaration of Independence. London, Athlone Press, 80, in-8, XXVI-398 p.

6307. WORRALL (Arthur J.). Quakers in the colonial northeast. Hanover, N. H., U. P. of New England, 80, in-8, X-238 p.

6308. WRIGHT (Langdon G.). In search of peace and harmony : New York communities in the seventeenth century. New York Hist., 80, vol. 61, n° 1, p. 5-22.

6309. ZACHAR (József). Kováts Mihály levele Benjamin Franklinnak, 1777. január 13. (Der Brief von Michael Kováts an Benjamin Franklin, 13. Jan. 1777.) Hadtört. Közl., 79, vol. 26, n° 2, p. 308-318. - IDEM. Pollereczky János /1748-1830/ őrnagy az amerikai függetlenségi háboruban. (Major János Pollereczky im amerikanischen Unabhängigkeitskrieg.) Ibid., 80, vol. 27, n° 2, p. 293-310.

Cf. n°s 569, 5135, 5622, 6354.

e. Ozeanien.

6310. BENNETT (Scott), BENNETT (Barbara). Biographical register of the Tasmanian Parliament, 1851-1960. Canberra, Austral. Nat. U. P.; London, Eurospan, 80, in-8, 173 p.

6311. DENING (Greg). Islands and beaches : discourse on a silent land - Marquesas, 1774-1880. Honolulu, U. P. of Hawaii, 80, in-8, XII-355 p.

6312. DOUGLAS (Browmen). Conflict and alliance in a colonial context. Case studies in New Caledonia, 1858-1870. J. pacific Hist., 80, vol. 15, part 1, p. 21-51.

6313. FOSTER (S. G.). Colonial improver : Edward Deas Thomson, 1800-1879. Melbourne, U. P., 80, in-8, 236 p.

6314. NEWBURY (Colin). Tahiti Nui: change and survival in French Polynesia, 1767-1945. Honolulu, U. P. of Hawaii, 80, in-8, XVI-380 p.

6315. RIGBY (Barry). American expansion in Hawaii : the contribution of Henry A. Peirce. Dipl. Hist., 80, vol. 4, n° 4, p. 353-370.

6316. SERVILLE (Paul de). Port Phillip gentlemen and good society in Melbourne before the Gold Rush. Melbourne a. London, Oxford U. P., 80, in-8, 256 p.

6317. SHAW (Alan George L.). Sir George Arthur. Melbourne, U. P., 80, in-8, 350 p.

6318. SPATE (O. H. K.). The Spanish lake. Minneapolis, Univ. of Minn. Press, 79, in-8, XXIV-372 p. /Pacific, 16. c./

6319. WERNHART (Karl R.). Auswirkungen der Zivilisationstätigkeit und Missionierung in den Kulturen der Autochthonen. Am Beispiel der Gesellschaftsinseln. Wiener Beitr. z. Gesch. d. Neuzeit, 80, Bd 7, p. 120-146.

Cf. n° 2755.

§ 3. Geschichte von 1500-1789.

a. Allgemeines.

6320. GEMIL (Tahsin). Ţările române în contextul internaţional 1621-1672. (Les pays roumains dans le contexte international.) Bucureşti, Ed. Acad., 79, in-8, 232 p. (Bibl. istorică, 52)

6321. LAMBIN (Jean-Michel). Quand le Nord devenait français, 1635-1713. Paris, Fayard, 80, in-8, 336 p.

6322. NOLTE (N.-H.). Zur Stellung Osteuropas im internationalen System der frühen Neuzeit. Jb. f. Gesch. Osteuropas, 80, Bd 8, p. 161-197.

6323. PHILIPPI (Hans). Eine hessische Gesandtschaft in Paris im 17. Jahrhundert. Die Mission d. Johann Caspar v. Dörnberg 1646-1651. Hess. Jb. f. Landesgesch., 80, Bd 30, p. 236-264.

b. 1500-1648.

✦✦ 6324. Acta pacis Wesphalicae. Ser. 2, Abt. B : Die französischen Korrespondenzen. T. 1 : 1644. Bearb. v. U. IRSIGLER. Münster, Aschendorff, 79, in-8, 943 p. /Cf. Bibl. 70-71, n° 8343./

✦✦ 6325. Documenta Bohemica Bellum tricenale illustrantia. /T. 5. Cf. Bibl. 76-77, n° 7777./ T. 6 : Der grosse Kampf um die Vormacht in Europa.

Die Rolle Schwedens und Frankreichs. Quellen zur Geschichte des Dreissigjährigen Krieges 1635-1643. Hrsg. v. Bohumil BAĎURA u. a. Praha, Academia, 78, in-8, 536 p. (21 fig.)

✦✦ 6326. Handlingar till Nordens historia 1515-1523. Utg. av Kungl. Samfundet för utgifvande af handskrifter rörande Skandinaviens historia genom Lars SJÖDIN. (Documents concerning the history of the Northern countries, 1515-1523. Ed. ... by Lars SJÖDIN.) /Vol. 1. Cf. Bibl. 68-69, n° 9469./ Vol. 2/1 : Juli-december 1518. Vol. 2/2 : 1519. Vol. 3 : Januari-december 1520. Stockholm, Samfundet..., 77-79, 3 vol. in-8, 144 p., p. 145-755, 608 p. (Hist. handlingar, 40/1-2, 41)

✦✦ 6327. Povstání na Moravě v roce 1619. Z korespondence moravských direktorů. (Der Aufstand in Mähren im J. 1619. Aus d. Korrespondenz d. mähr. Direktoren.) Edit. Libuše URBÁNKOVÁ. Praha, Archívní správa minist. vnitra, 79, in-8, 349 p. (8 fig.).

6328. ELLIS (S.G.). Thomas Cromwell and Ireland, 1532-1540. Hist. J., 80, vol. 23, p. 497-519.

6329. GRZYBOWSKI (Stanisław). Henryk Walezy. (Henri /III/ de Valois.) Wrocław, Zakł. Narod. im. Ossolińskich, 80, in-8, 242 p.

6330. JANÁČEK (Josef). Valdštejn a jeho doba. (Wallenstein und seine Zeit.) Praha, Svoboda, 78, in-8, 586 p. (160 fig., 1 carte).

6331. KHOROŠKEVIČ (A. L.). Russkoe gosudarstvo v sisteme meždunarodnukh otnošenij konca XV-načala XVI v. (The Russian state in the system of international relations, end of the 15th-beginning of the 16th cent.) Moskva, Nauka, 80, in-8, 293 p.

6332. LOADES (D. M.). The Netherlands and the Anglo-Papal reconciliation of 1554. Nederlands Arch. Kerkgesch., 79-80, vol. 60, p. 39-55.

6333. LUTZ (Heinrich). Kaiser, Reich und Christenheit. Zur weltgesch. Würdigung des Augsburger Reichstages 1530. Hist. Z., 80, Bd 230, p. 57-88.

6334. MALAND (David). Europe at war, 1600-1650. London, Macmillan, 80, in-8, 232 p.

6335. Mohács emlékezete. A mohácsi csatára vonatkozó legfontosabb magyar, nyugati és török források. A csatahely régészeti feltárásának eredményei. (Mémoires de Mohács. Les sources hongroises, occidentales et turques les plus importantes relatives à la bataille de Mohács. Les résultats des fouilles archéologiques du lieu de la bataille.) Réd. par KATONA Tamás. Budapest, Európa Kiadó, 79, in-8, 476 p.

6336. ROOSENBOOM (H. Th. M.). Fray Lorenzo Villavicencio. Een geheim rapporteur in de Nederlanden en zijn invloed op Filips II. (Villavicencio, a secret reporter in the Netherlands, and his influence on Philip II of Spain.) Arch. Gesch. kath. Kerk Nederland, 79, vol. 21, p. 146-174.

6337. SPRINGER (Elisabeth). Kaiser Rudolf II., Papst Clemens VIII. und die bosnischen Christen. Taten und Untaten des Cavaliere Francesco Antonio Bertucci in kaiserlichen Diensten in den Jahren 1594-1602. Mitt. d. österr. Staatsarch., 80, Bd 33, p. 77-105.

6338. STRAUB (Eberhard). Pax et imperium. Spaniens Kampf um seine Friedensordnung in Europa zwischen 1617 u. 1635. Paderborn, München, Wien u. Zürich, Schöningh, 80, in-8, 490 p. (Rechts- u. staatswiss. Veröff. d. Görres-Ges., N. F., 31)

6339. VAN PETEGHEM (P.). Flanders in 1576 : revolutionary or reactionary ? Acta Hist. neerlandicae, 79, vol. 12, p. 65-84.

6340. WERNHAM (R. B.). The making of Elizabethan foreign policy 1558-1603. Berkeley, Univ. of Calif. Press, 80, in-8, VII-109 p. (Una's lectures, 3)

6341. ZLEPKO (Dymitri). Der grosse Kosakenaufstand 1648 gegen die polnische Herrschaft. Wiesbaden, Harrassowitz, 80, in-8, 132 p. (Veröff. d. Osteuropa-Inst. München, 49)

6342. ZOMBORI (István). V. Károly és a magyar trónviszályok, 1529-1533. (Charles Quint et les querelles pour le trône de Hongrie.) Tört. Szle, 80, vol. 23, n° 4, p. 615-626.

Cf. n°s 618, 1997, 3965.

c. 1648-1789.

** 6343. Akten und Urkunden zur Aussenpolitik Christoph Bernhards von Galen, (1650-1678). Hrsg. v. Wilhelm KOHL. T. 1 : Vom Antritt der Regierung bis zum Frieden von Kleve (1650-1666). Münster, Aschendorff, 80, in-8, XXII-569 p. (Veröff. d. Hist. Komm. Westfalens, 42) (Quellen u. Forsch. z. Absolutismus in Westfalen, 1)

** 6344. BOMBELLES (Marc-Marie de). Journal d'un ambassadeur de France au Portugal : 1786-1788 (extraits). Ed. établie, annotée et précédée d'une introd. par Roger KANN. Paris, Presses univ. France, 79, in-8, 398 p. (pl., plan). (Publ. du Centre culturel portugais. Fond. Calouste Gulbenkian)

6345. AALBERS (J.). De Republiek en de vrede van Europa. De buitenlandse politiek van de Republiek der Verenigde Nederlanden na de vrede van Utrecht (1713), voornamelijk gedurende de jaren 1720-1733. Deel 1 : Achtergronden en algemene aspecten. (The foreign policy of the Dutch Republic. Vol. 1 : Background a. general aspects.) Groningen, Wolters-Noordhoff, 80, in-8, XI-441 p. (Hist. Studies, uitgeg. vanwege het Inst. voor Gesch. d. Rijksuniv. te Utrecht, 39)

6346. BENDA (Kálmán). A Rákóczi-szabadságharc és az európai hatalmak. (La Guerre d'indépendance de Rákóczi et les puissances européennes.) Tört. Szle, 78, vol. 21, n°s 3-4, p. 513-519. - IDEM. Ungarisch-serbische Versöhnungsversuche während des Rákóczi -Aufstandes 1703-1711. In : Etudes hist. hongr. /Cf. n° 611/, vol. 1, p. 279-302.

6347. BODE (Andreas). Die Flottenpolitik Katharinas II. und die Konflikte mit Schweden und der Türkei (1768-1792). Wiesbaden, Harrassowitz, 79, in-8, 300 p. (Veröff. d. Osteuropa-Inst. München, Reihe Gesch., 48)

6348. Európa és Rákóczi-szabadságharac /Tanulmányok/. Szerk. BENDA Kálmán. (L'Europe et la guerre d'indépendance de Rákóczi /Etudes/. Réd. par -.) Budapest, Akad. Kiadó, 80, in-8, 320 p.

6349. GEORGIEVA (Cvetana). Frenskata politika i bǎlgarite v načaloto na XVIII vek. (La politique de la France et les Bulgares au début du XVIIIe s.) God. sofijsk. Univ. Ist. Fak., 80, n° 70, p. 83-106.

6350. GIEROWSKI (Józef Andrzej). Kandydatura Sobieskich do trono polskiego w czasie wielkiej wojny północnej. (La candidature des Sobieski au trône polonais pendant la grande guerre du Nord.) Śląski Kwart. hist. Sobótka, 80, a. 35, n° 2, p. 369-382.

6351. GRZYBOWSKI (Stanisław). Anglia a odsiecz wiedeńska. (L'Angleterre face à la victoire de Vienne 1683.) Śląski Kwart. hist. Sobótka, 80, a. 35, n° 2, p. 253-260.

6352. KAN (Aleksandr S.). Ryssland och de rysk-svenska relationerna i ljuset av den svenska publicistiken från frihetstiden och den gustavianska tiden. (Russia and Russo-Swedish relations in the light of Swedish journalism in the Age of Freedom and the Gustavian Period.) Scandia, 80, vol. 46, p. 163-172, 259. /Engl. summary/

6353. KLIMASZEWSKI (Bolesław). Pierwsze literackie echa zwycięstwa wiedeńskiego w Anglii. (Les premiers échos littéraires de la victoire de Vienne /1683/ en Angleterre. Przegl. polon., 80, a. 6, fasc. 4, p. 77-83.

6354. KNOX (John). The siege of Quebec and the campaigns in North America, 1757-1780. Ed. by Brian CONNELL. Helston, Pendragon House, 80, in-8, 320 p. (ill., maps).

6355. LARQUIE (Claude). Le rachat des chrétiens en terre d'Islam au XVIIe siècle (1660-1665). R. Hist. dipl., 80, a. 94, p. 297-351.

6356. MATWIJOWSKI (Krystyn). Jan III Sobieski jako mąż stanu. (Jean III Sobieski - homme d'Etat.) Śląski Kwart. hist. Sobótka, 80, a. 35, n° 2, p. 201-209.

6357. OSINGA (J.). Frankrijk, Vergennes en de Amerikaanse onafhankelijkheid 1776-1783. (France, Vergennes and the American Independence 1776-1783.) Amsterdam, Osinga, 80, in-8, 182 p.

6358. PODHORECKI (Leszek). Wiedeń 1683. (Vienne 1683.) Warszawa, Wydawn. Min. Obrony Narod., 80, in-8, 198 p. (Hist. Bitwy)

6359. Rapports (Les) entre la Chine et l'Europe au temps des Lumières. Actes du 2e Colloque internat. de sinologie, Centre de recherches interdisciplinaires de Chantilly, 16-18 sept. 1977. Paris, Belles Lettres, 80, in-8, 272 p. (ill.). (La Chine au temps des Lumières, 4)

6360. ROBERTS (Michael). British diplomacy and Swedish politics, 1758-1773. Minneapolis, Univ. of Minn. Press, 80, in-8, XXV-528 p. (Nordic ser., 1)

6361. ROWE (G. S.), KNOTT (Alexander W.). Power, justice, and foreign relations in the confederation period : the Marbois-Longchamps affair, 1784-1786. Pennsylvania Mag. Hist., 80, vol. 104, n° 3, p. 275-307.

6362. SUTTON (John L.). The king's honor and the king's cardinal : the war of the Polish succession. Lexington, Univ. Press of Ky., 80, in-8, VI-250 p.

6363. TERSMEDEN (Lars). Carl X Gustafs strategi i kriget mot Polen 1655. (Die Strategie Carl X. Gustafs im Krieg gegen Polen 1655.) Militärhist. T., 80, vol. 2, p. 3-61, /Mit dt. Zsfassung/

6364. TRZOSKA (Jerzy). Odszkodowanie Gdańska dla Francji w związku ze sprawą księcia Contiego. (L'indemnité payée par Gdańsk à la France par suite de l'affaire du prince de Conti /élu roi de Pologne en 1697/) Zap. hist., 80, vol. 45, n° 4, p. 51-70.

6365. VÁRKONYI (Ágnes), R. "Ad pacem universalem". The international antecedents of the Peace of Szatmár /1711/. In : Etudes hist. hongr. /Cf. n° 611/, vol. 1, p. 303-338.

6366. WALTHER (Karl Klaus). Cromwells deutsche Freunde. Zum Weiterleben d. engl. Revolution in zeitgenöss. deutschsprachigen Flugschriften. Z. f. Anglistik, 80, Jg. 28, p. 329-340.

6367. WHITELEY (W. H.). The British Navy and the siege of Quebec, 1775-6. Canad. hist. R., 80, vol. 61, p. 3-27.

§ 4. Geschichte von 1789-1815.

** 6368. STAES (J.). Lettres de soldats béarnais de la Révolution et du Premier Empire. R. Pau et Béarn, 79, n° 7, p. 173-198 ; 80, n° 8, p. 151-165.

6369. ALEXANDER (Don W.). French replacement methods during the peninsular war, 1808-1814. Milit. Affairs, 80, vol. 44, n° 4, p. 192-198.

6370. BERTON (Pierre). The invasion of Canada, 1812-1813. Toronto, McClelland a. Stewart, 80, in-8, 363 p. - CR : K. Walden, Canad. hist. R., 81, vol. 62, p. 332-333.

6371. CHANDLER (David G.). Dictionary of the Napoleonic wars. London, Arms a. Armour Press, 79, in-8, XXXVII-570 p. (ill., plans, maps).

6372. FEDOSOVA (E. I.). Pol'skij vopros vo vnešnej politike pervoj imperii vo Francii. (The Polish question in the foreign policy of the First Empire in France.) Moskva, Izd-vo MGU, 80, in-8, 203 p.

6373. HORWARD (Donald D.). "The dreadful day" : Wellington and Massena on the Coa, 1810. Milit. Affairs, 80, vol. 44, n° 4, p. 163-171.

6374. KEEP (John L. H.). The Russian army's response to the French Revolution. Jb. f. Gesch. Osteuropas, 80, Bd 28, p. 500-523.

6375. KÖFLER (Werner). Die Kämpfe am Pass Lueg im Jahre 1809. Wien, Österr. Bundesverl., 80, in-8, 40 p. (Militärhist. Schriftenreihe, 41)

6376. KOSÁRY (Domokos). Napoléon et la Hongrie. Budapest, Akadémiai Kiadó, 79, in-8, 122 p. (Studia hist. Acad. Sci. hungaricae, 130)

6377. MOLITOR (Hansgeorg). Bewegungen im deutsch-französischen Rheinland um 1800. Jb. f. westdeutsche Landesgesch., 80, Jg. 6, p. 187-209.- IDEM. Vom Untertan zum Administré. Studien z. franz. Herrschaft u. zum Verhalten d. Bevölkerung im Rhein-Mosel-Raum von d. Revolutionskriegen biz z. Ende d. Napoleonischen Zeit. Wiesbaden, Steiner, 80, XIV-248 p. (Veröff. d. Inst. f. europ. Gesch. Mainz, 99)

6378. MYATT (Frederick). Peninsular General : Sir Thomas Picton, 1758-1815. Newton Abbot, David a. Charles, 80, in-8, 224 p. (maps).

6379. NIEDERHAUSER (Emil). Borogyino, 1812. (Borodino, 1812.) Budapest, Móra Kiadó, 80, in-8, 217 p.

6380. Pervoe serbskoe vosstanie 1804-1813 gg i Rossija. Kniga 1. (La première insurrection serbe de 1804-1813 et la Russie. Livre premier : 1804-1807.) Réd. par S. A. NIKITIN. Moskva, Nauka, 8o, in-8, 480 p.

6381. PIVKA (Otto von). Armies of the Napoleonic era. Newton Abbot, David a. Charles, 8o, in-4, 272 p. (ill.)

6382. PUGH (David C.). Norway and Sweden in 1814 : the security issue. Scand. J. Hist., 8o, vol. 5, p. 121-136.

6383. RAGSDALE (Hugh). Détente in the Napoleonic era : Bonaparte and the Russians. Lawrence, Regents Press of Kansas, 8o, in-8, XII-183 p.

6384. RONCO (Antonino). Marengo : vittoria di Bonaparte. Genova, Sagep, 8o, in-8, 150 p. (ill.)

6385. ROZENKRANZ (Edwin). Napoleońskie Wolne Miasto Gdańsk. Ustrój, prawo, administracja. (La Ville Libre de Gdańsk de Napoléon. Système politique, droit, administration.) Gdańsk, Zakł, Narod. im. Ossolińskich, 8o, in-8, 113 p. (Gdańskie Tow. Nauk, Wydz. I Nauk Społ. i Humanist. Ser. Monografii, 72)

6386. SCHNEER (Richard M.). Arthur Wellesley and the Cintra convention : a new look at an old puzzle. J. brit. Stud., 8o, vol. 19, n° 2, p. 93-119.

6387. SENKOWSKA-GLUCK (Monika). Illyrie sous la domination napoléonienne 1809-1813. Acta Poloniae hist., 8o, vol. 41, p. 99-121.

6388. SKOWRONEK (Jerzy). The model of revolution in East-Central European political thought during the Napoleonic era. Acta Poloniae hist., 8o, vol. 41, p. 123-145.

6389. SPIES-HANKAMMER (Elisabeth). Ein Mitglied aus rheinisch-westfälischem Adelsgeschlecht in russischen Diensten. Ludwig Adolph Peter Graf von Sayn-Wittgenstein-Berleburg in den Feldzügen 1812-1814. Jb. f. westdeutsche Landesgesch., 8o, Jg. 6, p. 211-250.

6390. STAGG (J. C. A). The coming of the war of 1812 : the view from the presidency. Libr. Cong. quar. J., 8o, vol. 37, n° 2, p. 223-241.

6391. STINCHCOMBE (William). The XYZ affair. Westport, Conn., Greenwood Press, 8o, in-8, 167 p. (Contrib. in Am. Hist., 89)

Cf. n° 6347.

§ 5. Geschichte von 1815-1910.

♦ 6392. CORDOŞ (Nicolae), MÎNDRUŢ (Stelian). Bibliographische Beiträge zum Thema Geschichte der rumänisch-serbisch-slowakischen Beziehungen von 1821 bis 1918 im Spiegel der rumänischen Geschichtsschreibung nach 1918 (Auswahlbibliographie, I). Acta Musei napocensis, 8o, vol. 17, p. 811-827.

♦ 6393. Independence (The) of Rumania. Selected bibliography. Bucureşti, Ed. Acad., 8o, in-8, 130 p. /Cf. Bibl., 78-79, n° 7255./

♦♦ 6394. Akten zur Geschichte des Krimkriegs. Hrsg. v. Winfried BAUMGART. Ser. 1 : Österreichische Akten zur Geschichte des Krimkriegs. Bd 1 : 27. Dez.1852 _ 25. März 1854. Bearb. v. Ana Maria SCHOP SOLER. Bd 2 : 30. März 1854 - 9. Sept. 1955. Beard. v. Werner ZÜRRER. München u. Wien, Oldenbourg, 8o, 2 vol. in-8, 749, 1054 p.

♦♦ 6395. /BRANDT (Fredrik Oscar)./ Fredrik Oscar Brandts dagbok. Dagbok ført av tjenestgjørende norsk adjutant i Stockholm juni 1905. (Fredrik Oscar Brandt's diary. Diary written by the Norwegian adjutant on duty in Stockholm, June 1905.) /Norsk/ Hist. T., 8o, vol. 59, p. 176-194.

♦♦ 6396. DURAND (Raymond). Depesze z powstańczej Warszawy 1830-1831. Raporty konsula francuskiego w Królestwie Polskim. (Les dépêches de Varsovie insurrectionnelle 1830-1831. Rapports du consul français dans le Royaume de Pologne.) Trad. du franç., avant-propos et annotations par Robert BIELECKI. Warszawa, Czytelnik, 8o, in-8, 304 p.

♦♦ 6397. VELIKI (Konstantin), TRAJKOV (Veselin). Bălgarskata emigracija văv Vlakhija sled Rusko-turskata vojna 1828-1829. Sbornik ot dokumenti. (L'émigration bulgare en Valachie après la Guerre russo-turque de 1828-1829. Recueil de documents.) Sofija, Izd. bălgarsk. Akad. Naukite, 8o, in-8, 452 p.

♦♦ 6398. Vnešnjaja politika Rossii XIX, načala XX veka. Dokumenty Rossijskogo Ministerstva inostr. del. (La politique extérieure de la Russie au XIXe et au début du XXe s. Documents du Ministère russe des affaires étrangères.) Série II, vol. /3. Cf. Bibl. 78-79, n° 7261./ 4 (12) : 1821-1822. Réd. par A. L. NAROČINSKIJ et alii. Moskva, Nauka, 8o, in-4, 783 p. (ill.).

6399. ALBONICO (Aldo). La diplomazia vaticana tra Brasile monarchico e Brasile repubblicano (1888-1890). Nuova R. stor., 8o, a. 64, p. 565-605.

6400. ANDICS (Erzsébet). Die ungarischen konservativen Helfer der österreichischen und zaristischen Armee im Jahre 1849. In : Etudes hist. hong. /Cf. n° 611/, vol. 1, p. 493-527.

6401. AUSTENSEN (Roy A.). Austria

and the "struggle for supremacy in Germany". 1848-1864. J. mod. Hist., 80, vol. 52, n° 2, p. 195-225.

6402. BELOHLAVEK (John M.). A Philadelphian and the canal : the Charles Biddle mission to Panama, 1835-1836. Pennsylvania Mag. Hist., 80, vol. 104, n° 4, p. 450-461.

6403. BENCZE (László). A cs. és k. 13. hadtest főoszlopának hadműveletei Boszniában 1878. julius 29-től augusztus 19-ig. (Die Operationen der Hauptkolonne des k.u.k. 13. Armeekorps in Bosnien, 29. Juli - 19. August 1878.) Hadtört. Közl., 79, vol. 26, n° 2, p. 191-228.
- IDEM. A Monarchia Balkán-politikája Bosznia és Hercegovina okkupácioja előtt. (The Balkan policy of the Austro-Hungarian Monarchy before the occupation of Bosnia and Herzegovina.) Ibid., 80, vol. 27, p. 423-454. - IDEM. Reguláris és irreguláris erők körötti harc. Bosznia és Hercegovina, 1878. (Einige Charakterzüge d. Kämpfe zw. regulären u. irregulären Kräften in Bosnien-Herzegowina, 1878.) Ibid., p. 73-101.

6404. BERBUSSE (Edward J.). S. J. General Rosecrans' forthright diplomacy with Juarez's Mexico, 1868-1869. Americas, 80, vol. 36, n° 4, p. 499-526.

6405. BRADFORD (Richard H.). The Virginius affair. Boulder, Colo. Associated U. P., 80, in-8, XVII-180 p. /U.S.-Spanish crisis over wreck of S. S. Virginius, 1873/

6406. BRIDGE (F. R.), BULLEN (Roger). The Great Powers and the European States system, 1815-1914. London a. New York, Longman, 80, in-8, XVI-208 p.

6407. CACCAMO (Domenico). L'Italia, la questione del Veneto e i Principati Danubiani (1861-1866). Stor. Pol., 80, a. 19, p. 435-456.

6408. CALHOUN (Charles W.). American policy toward the Brazilian naval revolt of 1893-1894 ; a reexamination. Dipl. Hist., 80, vol. 4, n° 1, p. 39-56.

6409. CARL (George Edmund). First among equals : Great Britain and Venezuela, 1810-1910. Ann Arbor, Mich., Univ. Microfilms International, 80, XV-171 p.

6410. CHAMBERLAIN (Muriel E.). British foreign policy in the age of Palmerston. London, Longman, 80, in-8, 152 p. (Seminar Stud. in Hist.)

6411. CORTADA (James W.). Spain and the American civil war : relations at mid-century, 1855-1868. Philadelphia, Am. Philos. Soc., 80, 121 p. (Trans. of the Am. Philos. Soc., n° 70, pt. 4) /Cf. n° 6119./

6412. DE LEONARDIS (Massimo). L'Inghilterra e la questione romana, 1859-1870. Milano, Vita e Pensiero, 80, in-8, VII-236 p. (Scienze stor., 28)

6413. DIÓSZEGI (István). Andrássy und Disraeli im Sommer des Jahres 1877. In : Etudes hist. hongr. /Cf. n° 611/, vol. 1, p. 629-650. - IDEM. Az 1877. évi budapesti szerződés előtörténete. (Préhistorie de l'accord de Budapest de 1877.) Századok, 79, vol. 113, n° 6, p. 957-982.

6414. DOBRIJANOV (Todor). The echo of Ilinden-Preobraženie Uprising of 1903 in Great Britain, the United States and France. Bulg. hist. R., 80, a. 8, n° 3, p. 78-88.

6415. DUTHIE (John Lowe). Some further insights into the working of mid-Victorian imperialism : Lord Salisbury, the "Forward" Group and Anglo-Afghan relations, 1874-1878. J. imp. Commonw. Hist., 80, vol. 8, p. 180-208.

6416. Europa und die Reichsgründung. Preussen-Deutschland in d. Sicht d. grossen europ. Mächte 1860-1880. Hrsg. v. Eberhard KOLB. München, Oldenbourg, 80, in-8, 167 p. (Hist. Z., Beih., N.F. 6)

6417. FEDOROVA (I.E.). Britanskaja politika v Irane v period revoljucii 1905-1911 godov. (La politique britannique en Iran au cours de la révolution de 1905-1911.) Vopr. Ist., 80, n° 5, p. 76-85.

6418. FIELD (L. M.). The forgotten war : Australian involvement in the South African conflicts, 1899-1902. Melbourne, U. P., 80, in-8, 248 p.

6419. GRAEBNER (Norman A.). The Mexican war : a study in causation. Pacific hist. R., 80, vol. 49, n° 3, p. 405-426.

6420. GROSUL (V. Ja.). Revoljucionnaja Rossija i Balkany (1874-1883). (Revolutionary Russia and the Balkans.) Moskva, Nauka, 80, in-8, 336 p.

6421. GRUPP (Peter). Deutschland, Frankreich und die Kolonien. Die franz. "Parti colonial" u. Deutschland vor 1890-1914. Tübingen, Mohr, 80, in-8, XII-267 p. (Tübinger Stud. z. Gesch. u. Politik, 32)

6422. HARTMANN (Stefan). Thorn zur Zeit des polnischen Januaraufstands von 1863/64. Z. f. Ostforsch., 80, Jg. 29, p. 48-70.

6423. HERMAN (Karel). Luttes pour la libération nationale des peuples du Sud-Est de l'Europe dans les années de la question d'Orient de 1875-1878 et la société tchèque. Rapports, co-rapports, communications tchécoslovaques pour le IVe congrès de l'Association internationale d'études du Sud-Est européen 1979. Praha, Ústav československých a světových dějin ČSAV, 79, in-8, p. 213-234.

6424. KAARTVEDT (Alf). Samlingspolitikk og unionslojalitet. Francis Hagerups dilemma 1902-1905. (Coalition policy and unionary loyalty. The dilemma of Francis Hagerup, 1902-1905.) /Norsk/ Hist. T., 80, vol. 59, p. 140-163. /Eng. summary/

6425. KAIKKONEN (Olli). Deutschland und die Expansionspolitik der USA in den 90er Jahren des 19. Jahrhunderts. Mit bes. Berücksichtigung d. Einstellung Deutschlands z. spanisch-amerikan. Krise. Jyväskyla, Jyväskylän Yliopisto, 80, in-8, VIII-209 p. (Studia hist. jyväskyläensia, 20)

6426. KENNAN (George F.). The decline of Bismarck's European order : Franco-Russian relations, 1875-1890. Princeton, N. J., Princeton U. P., 79, in-8, XII-466 p.

6427. KENNEDY (Paul M.). The rise of the Anglo-German antagonism, 1860-1914. London, Boston a. Sidney, Allen a. Unwin, 80, in-8, XIV-604 p.

6428. KIRAKOSJAN (D. S.). Buržuaznaja diplomatija i Armenija (80-e gg XIX v.). (Bourgeois diplomacy and Armenia in the 1880 s.) Erevan, Ajstan, 80, in-8, 456 p. /En armien. Rés. en angl., russe./

6429. KOCÓJ (Henryk). Prusy wobec powstania listopadowego. (La Prusse à l'égard de l'insurrection /polonaise/ de novembre /1830/.) Warszawa, Państw. Wydawn. Nauk., 80, in-8, 267 p.

6430. KOFAS (Jon V.). International and domestic politics in Greece during the Crimean war. Boulder, Colo., East European Monographs, 80, in-8, 174 p. (East European Monographs, 61)

6431. KÔRIYAMA (Yoshimitsu). Bakumatsu nichiro kankeishi kenkyû. (A historical study of Russo-Japanese relations in the late Edo period.) Tokyo, Kokushi Kankôkai, 80, in-8, 372 p.

6432. KOVÁČ (Dušan). Od Dvojspolku k politike anšlusu. Nemecký imperializmus a Rakúsko do r. 1922. (Vom Zweibund zur Politik d. Anschlusses. Der deutsche Imperialismus u. Österreich vom J. 1871 bis z. J. 1922.) Bratislava, Veda, 79, in-8, 232 p.

6433. LANDER (Ernest McPherson) Jr. Reluctant imperialists : Calhoun, the South Carolinians, and the Mexican war. Baton Rouge, La. State U. P., 80, in-8, XIV-189 p.

6434. LIANG (Hsi-Huey). International cooperation of political police in Europe, 1815-1914. An essay based on some Austrian archival sources. Mitt. d. österr. Staatsarch., 80, Bd 33, p. 193-217.

6435. LINKER (Berndt Michael). Territorium oder Finanzausgleich. Das Problem Eugen Beauharnais 1813-1818 u. d. Rolle d. englischen Diplomatie. Z.

f. bayer. Landesgesch., 80, Bd 43, p. 159-183.

6436. LUKÁCS (Lajos). A Vatikán és versailles-i kormány kapcsolata az 1871-es Párizsi Kommün időszakában. (Le Vatican et Versailles au printemps de l'an 1871.) Századok, 78, vol. 112, n° 6, p. 1142-1164.

6437. MARKS (Frederick W.) III. Velvet on iron : the diplomacy of Theodore Roosevelt. Lincoln, Univ. of Nebr. Press, 79, in-8, XIV-247 p.

6438. MARTIN (Gunther). Die Wiener Erinnerungen des britischen Diplomaten Sir Horace Rumbold 1856-1858 und 1896-1900. Jb. d. Ver. f. Gesch. d. Stadt Wien, 80, Jg. 36, p. 55-94.

6439. MESSIMER (Dwight W.). Gunboats and diplomats. Am. Neptune, 80, vol. 40, n° 2, p. 85-99. /Ger. east Asiatic gunboat fleet, 1897-1914/

6440. MONTELEONE (Giulio). Il Governo italiano di fronte alla crisi tunisina del 1864. Ras. stor. Risorg., 80, a. 67, p. 311-338.

6441. MÜLLER (Harald). Der Weg nach Münchengrätz. Voraussetzungen, Bedingungen u. Grenzen d. Realtivierung d. reaktionären Bündnisses d. Habsburger u. Hohenzollern mit d. Romanows im Herbst 1833. Jb. f. Gesch., 80, Bd 21, p. 7-62.

6442. NAROČNICKIJ (A. L.). Rossija, Serbija, Čornogorija v načale XIX v. (Russland, Serbien u. Montenegro am Anfang des 19. Jh.) Nov. Novejš. Ist., 80, n° 3, p. 53-68.

6443. Neue Studien zum Imperialismus vor 1914. Hrsg. v. Fritz KLEIN. Berlin, Akad.-Verl., 80, in-8, 241 p. (Schr. d. Zentralinst. f. Gesch., 63)

6444. OPATRNÝ (Josef). Španělsko a USA v zápase o Kubu. España u EE.UU. en la lucha por Cuba. Praha, Univ. Karlova, 78, in-8, 183 p. (Acta Univ. Carol. Philosophica et Historica, Monographia, 75)

6445. ORR (William), Jr. La France et la révolution allemande de 1848-1849. R. Hist. dipl., 79, a. 93, p. 300-330.

6446. OWSIŃSKA (Anna). Sprawa polska w opinii prasy francuskiej 1832-1835. (La question polonaise dans l'opinion de la presse française, 1832-1835.) Studia hist., 80, a. 23, n° 4, p. 557-581.

6447. PERRY (Richard O.). Argentina and Chile : the struggle for Patagonia 1843-1881. Americas, 80, vol. 36, n° 3, p. 347-384.

6448. POPESCU-BOTENI (Stelian). Relațiii între România și S.U.A. pîna în 1914. (Relations entre la Roumanie et les Etats-Unis jusqu'à 1914.) Cluj-Napoca, Dacia, 80, in-8, 228 p.

6449. Powstanie listopadowe 1830-1831. Dzieje wewnętrzne, militaria, Europa wobec powsta nia. (L'Insurrection /polonaise/ de novembre 1830-1831. Histoire intérieure, les armes, l'Europe face à l'insurrection.) Réd. Władysław ZAJEWSKI. Warszawa, Państw. Wydawn. Nauk., 80, in-4, 480 p. (Prace Inst. Hist. Pol. Akad. Nauk)

6450. RADOVICH (Frances A.). The British court and relations with Serbia, 1903-1906. East european Quar., 80, vol. 14, n° 4, p. 461-468.

6451. RASHID (Ismail Khalidi). British policy towards Syria and Palestine, 1906-1914, a study of the antecedents of the Hussein-McMahon correspondence, the Sykes-Picot agreement and the Balfour Declaration. London, Ithaca Press, 80, in-8, XII-412 p.

6452. Vacat

6453. Romanian history 1848-1918. Essays from the first Dutch-Romanian colloquium of historians, Utrecht 1977. Ed. by A. P. VAN GOUDOEVER. Groningen, Wolters-Noordhoff, 79, in-8, 159 p. (Hist. Studies, uitgeg. vanwege het Inst. voor Gesch. der Rijksuniv. te Utrecht, 36) /Contents : ALEXANDRESCU (S.). War and significance. Romania in 1877, p. 61-84. - BOOGMAN (J. C.). Background and tendencies of the foreign policy of the Netherlands in the nineteenth century, p. 47-59. - DITTRICH (Z. R.). Bismarck und Rumänien. Die turbulenten Jahre 1866-1868, p. 19-45. - ROOBOL (W. H.). Romania and the powers in 1876-1877, p. 85-100. - TEODOR (P.). The Balkan Crisis and political life in Transylvania, p. 101-107. - VAN GOUDOEVER (A. P.). Cristian Racovski and 'Nashe Slovo' (1914-1918), p. 109-150. - ZUB (A.). Die Freiheitsidee zur Zeit der rumänischen Wiedererhebung, p. 7-18./

6454. SAMARDŽIEV (Božidar). On the relations between the Principality of Bulgaria and the Ottoman Empire at the end of the 19th century. Bulg. hist. R., 80, a. 8, n° 3, p. 22-32.

6455. SCHNUR (Roman). Wiedergutmachung. Benjamin Constant u. d. Emigranten (1825). Aus Anlass d. 150. Todestages von Benjamin Constant an 8. Dez. 1930. Staat, 80, Bd 19, p. 161-180.

6456. SCHOONOVER (Thomas). Misconstrued mission : expansionism and black colonization in Mexico and Central America during the Civil War. Pacific hist. R., 80, vol. 49, n° 4, p. 607-620.

6457. SITZLER (Kathrin). Solidarität oder Söldnertum. Die ausländischen Freiwilligenverbände im ungarischen Unabhängigkeitskrieg 1848-49. Osnabrück, Biblio-Verl., 80, in-8, XI-481 p. (Stud. z. Militärgesch., Militärwiss. u. Konfliktforsch., 24)

6458. SPASOV (L.). La Serbie et la question du Danube à la Conférence de Londres de 1871. Et. balkaniques, 80, a. 16, n° 4, p. 74-85.

6459. STANLEY (Peter W.). The making of an American sinologist : William W. Rockhill and the open door. Perspect. in am. Hist., 77-78, vol. 11, p. 419-460.

6460. SWARTOUT (Robert R.) Jr. Mandarins, gunboats, and power politics : Owen Nickerson Denny and the international rivalries in Korea. Honolulu, U. P., of Hawaii, 80, in-8, XVI-192 p. (Asian Stud. at Hawaii, 25) /Denny : Vice-Pres, Korean Home Office and Director of Foreign Affairs, 1886-1890/

6461. TAMBORRA (Angelo). Il primo ingresso degli italo-albanesi nella politica balcanica (1885-1886). Ras. stor. Risorg., 80, a. 67, p. 339-345.

6462. TODOROV (Nikolai). The Russo-Turkish war of 1877-1878 and the liberation of Bulgaria : an interpretative essay. East european Quar., 80, vol. 14, n° 1, p. 9-21. - IDEM. Les mouvements nationaux et l'évolution politique de l'Europe du Sud-Est. Et. balkaniques, 80, a. 16, n° 1, p. 24-31.

6463. TOKARZ (Wacław). Sprzysiężenie Wysockiego i noc listopadowa. (Le complot de Wysocki et la nuit de novembre /1830/.) Ed. et avant-propos par Andrzej ZAHORSKI. 2e éd. Warszawa, Państw. Inst. Wydawn., 80, in-8, 275 p. (Klasycy Historiografii) /le éd. : Warszawa 1925/

6464. TOWLE (Philip). The Russo-Japanese war and the defence of India. Milit. Affairs, 80, vol. 44, n° 3, p. 111-118.

6465. VALSECCHI (Franco). Gli esuli italiani nel Canton Ticino. Ras. stor. Risorg., 80, a. 67, p. 387-391.

6466. VERETE (Mayir). A plan for the internationalization of Jerusalem, 1840-1841. Asian a. African Stud., 78, vol. 12, n° 1, p. 13-32.

6467. VERNASSA (M.). Emigrazione, diplomazia e connoniere. L'intervento italiano in Venezuela (1902-1903). Livorno, Stella, 80, in-8, 152 p.

6468. VOILLERY (Pierre). Un aspect de la rivalité franco-russe au XIXe siècle : les Bulgares. Pénétration française et missions catholiques. Cah. Monde russe et soviétique, 80, vol. 21, p. 31-47.

6469. WARWICK (Peter). The South African War : the Anglo-Boer War, 1899-1902. London, Longman, 80, in-4, 420 p.

6470. WEBB (William Joe). The Spanish-American war and United States army shipping. Am. Neptune, 80, vol. 40, n° 3, p. 167-191.

6471. WICKS (Daniel H.). Dress rehearsal : United States intervention on the isthmus of Panama, 1885. Pacific hist. R., 80, vol. 49, n° 4, p. 581-606.

6472. WIERZCHOSŁAWSKI (Szczepan). Polski ruch narodowy w Prusach Zachodnich w latach 1860-1914. (Le mouvement national polonais en Prusse Occidentale dans les années 1860-1914.) Wrocław, Zakł. Narod. im. Ossolińskich, 80, in-8, 255 p. (Pol. Akad. Nauk Inst. Hist.)

6473. WOLCZEW (Wsiewołod). Lenin o kwestii polskiej w XIX wieku. (Lénine sur la question polonaise au XIXe siècle.) Zaranie śląckie, 80, a. 43, n° 2, p. 209-231.

6474. ZIÓŁEK (Jan). Stosunek Wielkiej Emigracji do dynastii Bonapartych. (La Grande Emigration /polonaise/ face à la dynastie des Bonaparte.) Lublin, Kat. Uniw. Lub., 80, in-8, 155 p.

Cf. n°^{s} 5458, 6540, 6559.

§ 6. Geschichte von 1910-1935. Der erste Weltkrieg.

♦ 6475. ENSER (A. G. S.). A subject bibliography of the First world war. Books in English, 1914-1978. London, Deutsch., in-8, 79, 485 p.

♦ 6476. TORREY (Glenn E.). Some recent literature on Romania's role in the first world war. East european Quar., 80, vol. 14, p. 189-206.

♦ Cf. n° 6392.

♦♦ 6477. Akten zur deutschen auswärtigen Politik 1918-1945. Aus d. Arch. d. Auswärtigen Amts. Ser. B : 1925-1933. /Bd 10-13. Cf. Bibl. 78-79, n° 7378./ Bd 14 : 1. Jan. bis 30. April 1930. Bd 15 : 1. Mai bis 30. Sept. 1930. Hrsg. v. Hans ROTHFELS. Ausw. d. Dokumente : Christian BAECHLER. Editor. Bearb.: Peter GRUPP. Göttingen, Vanderhoeck u. Ruprecht, 80, 2 vol. in-8, XLV-627, XLVI-617 p.

♦♦ 6478. Behind closed doors. Secret papers on the failure of Romanian-Soviet negotiations, 1931-1932. Trans., with an introd. essay, by Walter M. BACON Jr. Stanford Univ., Hoover Inst. Press, 79, in-8, 212 p.

♦♦ 6479. Diplomatische Dokumente der Schweiz 1848-1945. Bd 7, T. 1 (11. Nov. 1918-28. Juni 1919). Bern, Benteli, 79, in-8, LXXVIII-964 p.

♦♦ 6480. Documenten betreffende de buitenlandse politiek van Nederland 1919-1945. (Documents concerning the foreign policy of the Netherlands 1919-1945.) Periode A : 1919-1930. Vol. /1, 2. Cf. Bibl. 76-77, n° 7979./ 3 : 1 september 1921 - 31 juli 1922.
Bewerkt door J. WOLTRING. 's-Gravenhage, Nijhoff, 80, in-4, CIX-686 p. (Rijks Geschiedk. Publ., gr. s., 172) /Cf. n° 6691./

♦♦ 6481. Documenti (I) diplomatici italiani. Sesta serie : 1918-1922. Vol. II : 18 gennaio-23 marzo 1919. Roma, Istit. poligr. dello Stato, Libreria, 80, in-8, LXXII-780 p. (Min. Affari Esteri. Commiss. per la Pubblic. dei Doc. dipl.) /Cf. Bibl. 78-79, n° 7383./

♦♦ 6482. Documents diplomatiques français, 1932-1939. Ministère des Affaires étrangères, Commission de publication des documents relatifs aux origines de la guerre 1939-1945. 1e série : 1932-1935. /T. 6. Cf. Bibl. 72, n° 5880./ T. 7 : 27 juillet - 31 oct. 1934. T. 8 : 1er nov. 1934 - 15 janv. 1935. T. 9 : 16 janv. - 23 mars 1935. Paris, Impr. nationale, 79, 80, 3 vol. in-8, LXII-1001, LXII-738, LXII-732 p.

♦♦ 6483. Moszkva-Budapest. Szovjet-Oroszország és a Magyarországi Tanácsköztársaság kapcsolatai táviratok tükrében. 1919. március 22. -augusztus 1. Szerk. IMRE Magda, SZERÉNYI Imre. (Moscou-Budapest. Les relations de la Russie soviétique et de la République des Conseils Hongroise à travers les télégrammes, du 22 mars au 1er août 1919.) Budapest, Kossuth Kiadó, 79, in-8, 220 p. - CR : J. Kende, Társad. Szle, 79, vol. 34, n° 10, p. 106-107.

6484. ÁDÁM (Magda). Confédération Danubienne ou Petite Entente. Acta hist. Acad. Sci. Hungaricae, 79, vol. 25, n°s 1-2, p. 61-113.

6485. ADAMTHWAITE (Adam P.). The lost peace : international relations in Europe, 1918-1939. London, E. Arnold, 80, in-8, 256 p. (Docs. of Mod. Hist.)

6486. ALLARD (Dean C.). Anglo-American naval differences during world war I. Milit. Affairs, 80, vol. 44, n° 2, p. 70-75.

6487. ARDAY (Lajos). The question of an armistice and of the military occupation of Austria-Hungary in October-November 1918, traced in the relevant British documents. Acta hist. Acad. Sci. hungaricae, 80, vol. 26, n°s 1-2, p. 167-178.

6488. Armées (Les) françaises au Levant : 1919-1939. Réd. par le général DU HAYS. 1 : L'occupation française en Syrie et en Cilicie sous le commandement britannique, nov. 1918-nov. 1919. 2 : Le temps des combats, 1920-1921. Vincennes, Serv. hist. de l'armée de terre, 78-79, 2 vol. in-4, 223, 508 p. (cartes)

6489. ASHWORTH (A. E.). Trench warfare, 1914-1918. London, Macmillan ; New York, Holmes a. Meier, 80, in-8,

6. GESCHICHTE VON 1910-1935
DER ERSTE WELTKRIEG

XI-266 p.

6490. BACEVICH (Andrew J.) Jr. The American electoral mission in Nicaragua, 1927-1928. Dipl. Hist., 80, vol. 4, n° 3, p. 241-262.

6491. BAECHLER (Christian). Une difficile négociation franco-allemande aux conférences de La Haye : le règlement des sanctions (1929-1930). R. Allemagne, 80, t. 12, p. 238-260.

6492. BALOGH (Eva S.). A Böhm-Cuninghame tárgyalások 1919 juliusában. (Les entretiens entre /Vilmos/ Böhm et Cuninghame en juillet 1919.) Tört. Szle, 79, vol. 22, n° 1, p. 88-100.

6493. BARCROFT (Stephen). Irish foreign policy at the League of Nations, 1929-1936. Irish Stud. int. Affairs, 79, vol. 1, p. 19-29.

6494. BARIETY (Jacques). Finances et relations internationales : à propos du "plan de Thoiry", septembre 1926 /entrevue entre Aristide Briand et Gustav Stresemann/. Relations int., 80, n° 21, p. 51-70.

6495. BELLERI DAMIANI (Claudia). Mussolini e gli Stati Uniti, 1922-1935. Bologna, Cappelli, 80, in-16, 325 p. (Saggi Cappelli, 13)

6496. BINDER (Dieter A.). Die Römer Entrevue. Österr. in Gesch. u. Lit., 80, Jg. 24, p. 281-299.

6497. BLANCPAIN (Marc). Quand Guillaume II gouvernait de la Somme aux Vosges. Paris, Fayard, 80, in-8, 297 p.

6498. BLOND (Georges). La Marne. Paris, Presses de la Cité, 80, in-8, 237 p.

6499. BOBEV (B.). Le conflit entre l'Albanie et le Royaume des Serbes, des Croates et des Slovènes en 1921 et la position de l'Italie. Et. balkaniques, 80, a. 16, n° 1, p. 87-100.

6500. BRAY (R. Matthew). 'Fighting as an ally' : the English-Canadian patriotic response to the Great War. Canad. hist. R., 80, vol. 61, p. 141-168.

6501. BROUCEK (Peter). Aus den Erinnerungen eines Kundschaftsoffiziers in Tirol 1914-1918. Mitt. d. österr. Staatsarch., 80, Bd 33, p. 263-276.

6502. BRUGGER (Suzanne). The Australians and Egypt, 1914-1919. Melbourne, U. P., 80, in-8, 188 p. (ill., maps).

6503. BUŁHAK (Henryk), ZIELIŃSKI (Antoni). Pologne et Roumanie 1918-1939. Acta Poloniae hist., 80, vol. 41, p. 171-201.

6504. CARTER (David J.). Behind Canadian barbed wire : alien, refugee and prisoner of war camps in Canada, 1914-1946. Calgary, Tumbleweed, 80, in-8, X-334 p.

6505. CLEMENTS (Kendrick A.). Woodrow Wilson's Mexican policy, 1913-1915. Dipl. Hist., 80, vol. 4, n° 2, p. 113-136.

6506. CRAMPTON (R. J.). Hollow detente : Anglo-German relations in the Balkans, 1911-1914. London, G. Prior, 80, in-8, 250 p.

6507. CSIZMADIA (Andor). Relations entre la Hongrie et le Saint-Siège pendant l'entre-deux-guerres. In : Etudes hist. hongr. /Cf. n° 611/, vol. 2, p. 351-390.

6508. CYBULSKI (Bogdan). Rada Narodowa Księstwa Ciesyńskiego (1918-1920). Studium historyczno-prawne. (Le Conseil National du Duché de Cieszyn, 1918-1920. Etude historico-juridique.) Opole, Inst. Śląski, 80, in-8, 223 p.

6509. DARWIN (J. G.). The Chanak crisis and the British Cabinet. History, 80, vol. 65, p. 32-48. /Turkey, 1922/

6510. DIMITROV (G. V.). Bǎlgarogrǎckite otnošenija i bǎlgarskite bežanci ot Gǎrcija, 1919-1931. (Les relations bulgaro-grecques et les réfugiés bulgares de la Grèce, 1919-1931.) Izv. bǎlgarsk. istor. Druž., 80, n° 33, p. 153-190.

6511. DJORDJEVIC (Dimitrije) a. others. The creation of Yugoslavia, 1914-1918. Oxford a. Santa Barbara, Calif., Clio, 80, in-8, VIII-228 p.

6512. DOHRMANN (Bernd). Die englische Europapolitik in der Wirtschaftskrise 1921-1923. Zur Interdependenz v. Wirtschaftsinteressen u. Aussenpolitik. München u. Wien, Oldenbourg, 80, in-8, 234 p. (Stud. z. modernen Gesch., 24)

6513. DOLMÁNYOS (István). Russkovengerskoj sojuz v planakh Mihaja Karoji v 1914 g. i južnye slavjane Avstro-Vengrii. (L'alliance russo-hongroise dans les plans de Mihály Károlyi en 1914 et les Slaves du Sud de la Autriche-Hongrie.) Studia slavica Acad. Sci. hungaricae, 79, vol. 25, n°s 1-4, p. 79-88.

6514. ENSSLE (Manfred J.). Stresemann's territorial revisionism. Germany, Belgium and the Eupen-Malmédy question 1919-1929. Wiesbaden, Steiner, 80, in-8, VIII-229 p. (Veröff. d. Inst. f. europ. Gesch. Mainz, Abt. Universalgesch., 94)

6515. EWING (Thomas E.). Between the hammer and the anvil ? Chinese a. Russian policies in Outer Mongolia, 1911-1921. Bloomington, Research Inst. for Inner Asian Stud., Indiana Univ., 80, in-8, VI-300 p. (Indiana Univ., Uralic a. Altaic ser., 138)

6516. FARKAS (Márton). Spa - Berlin - Compiègne 1918. Hadtört. Közl., 78, vol. 25, n° 4, p. 524-553. /En hongrois/

6517. France (La) et l'Allemagne, 1932-1936. Communications présentées au colloque franco-allemand organisé par le Comité internat. d'Hist. de la Seconde guerre mondiale, tenu à Paris, du 10 au 12 mars 1977. Paris, Ed. du C.N.R.S., 80, in-8, 417 p.

6518. FRANK (Tibor). A revíziós politika "elméleti alapvetése" : az anglo nyelvü Magyar Történet terve. (The "theoretical foundations" of revisory politics : the project of Hungarian History.) Magy. Filoz. Szle, 80, vol. 24, n° 6, p. 931-943.

6519. GALÁNTAI (József). Az első világháború. (La première guerre mondiale.) Budapest, Gondolat Kiadó, 80, in-8, 547 p. - IDEM. Austria-Hungary and the war. The October 1913 crisis - prelude to July 1914. In : Etudes hist. hongr. /Cf. n° 611/, vol. 2, p. 63-89.

6520. GANZ (A. Harding). The German expedition to Finland, 1918. Milit. Affairs, 80, vol. 44, n° 2, p. 84-92.

6521. GHEORGHE (Gheorghe). Tratatele internaționale ale României, 1921 -1939. (Les traités internationaux de la Roumanie.) Vol. 2. București, Ed. științ. și enciclop., 80, in-8, 575 p.

6522. GILDERHAUS (Mark T.). Pan-American initiatives : the Wilson presidency and "regional integration", 1914-1917. Dipl. Hist., 80, vol. 4, n° 4, p. 409-424.

6523. GIRAULT (René). Les relations franco-soviétiques devant la crise économique de 1929. R. Hist. mod. contemp., 80, vol. 27, p. 237-257.

6524. GLATZ (Ferenc). Der Zusammenbruch der Habsburger Monarchie und die ungarische Geschichtswissenschaft. In : Etudes hist. hongr. /Cf. n° 611/, vol. 2, p. 575-592. - IDEM. Trianon és a magyar történettudomány. (La dissolution de la Hongrie historique et la science historique hongroise.). Tört. Szle, 78, vol. 21, n° 2, p. 411-421.

6525. GUTSCHE (Willibald). Zu Hintergründen und Zielen des "Panthersprungs" nach Marokko von 1911. Z. f. Geschichtswiss., 80, Jg. 28, p. 133-151.

6526. HAAS (Hanns). Das Kopenhagener Abkommen. Osterr. Osthefte, 80, Jg. 22, p. 32-54.

6527. HANNIGAN (Robert E.). Reciprocity 1911 : continentalism and American weltpolitik. Dipl. Hist., 80, vol. 4, n° 1, p. 1-18.

6528. HEIDEKING (Jürgen). Areopag der Diplomaten. Die Pariser Botschafterkonferenz d. alliierten Hauptmächte u. d. Probleme d. europ. Politik 1920-1931. Husum, Matthiesen, 79, in-8, 383 p. (Hist. Stud., 436) - IDEM. Oberster Rat - Botschaftskonferenz - Völkerbund. Die Formen multilateralter Diplomatie nach dem ersten Weltkrieg. Hist. Z., 80, Bd 231, p. 589-630.

6529. HIRSCHFELD (Yair P.). Deutschland und Iran im Spielfeld der Mächte. Internat. Beziehungen unter Reza Schah 1921-1941. Düsseldorf, Droste, 80, in-8, 351 p. (Schriftenr. d. Inst. f. Deutsche Gesch., Univ. Tel Aviv, 5)

6530. HOPKINS (C. Howard), LONG (John W.). American Jews and the Root mission to Russia in 1917 : some new evidence. Am. jewish Hist., 80, vol. 69, n° 3, p. 342-354.

6531. HOVI (Olavi). The Baltic area in British policy, 1918-1921. Vol. 1 : From the Compiègne armistice to the implementation of the Versailles treaty, 11.11.1918-20.1.1920. Helsinki, Finnish Hist. Soc., 80, in-8, 321 p. (Studia hist., 11)

6532. HYRŠLOVÁ (Květa). Praha jako evropská kulturní křižovatka německé antifašistické emigrace. (Prag als europäischer Kulturkreuzweg der deutschen antifaschistischen Emigration.) Sborn. k Problem. Děj. Imper., 78, vol. 5/2, p. 365-380.

6533. JAITNER (Klaus). Deutschland, Brüning und die Formulierung der britischen Aussenpolitik Mai 1930 bis Juni 1932. Vjhefte f. Zeitgesch., 80, Jg. 28, p. 440-486.

6534. JĘDRUSZCZAK (Tadeusz). La renaissance de l'Etat polonais en 1918. Warszawa, Państw. Wydawn. Nauk., 80, in-8, 20 p. (Acad. Pol. des Sciences, Centre Scientifique à Paris, Conférences, 127)

6535. JEMNITZ (János). As 1917. évi "stockholmi konferencia" történetéhez. Új adatok az antant kormányainak és szocialistáinak szerepéhez. (Contribution à l'histoire de la "conférence de Stockholm" de 1917. Matériaux récents concernant le rôle des gouvernements et des socialistes de l'Entente.) Századok, 78, vol. 112, n° 3, p. 530-554.

6536. JENA (Kai v.). Polnische Ostpolitik nach dem ersten Welt-Krieg. Das Problem d. Beziehungen zu Sowjetrussland nach d. Rigaer Frieden von 1921. Stuttgart, Deutsche Verl.-Anst., 80, in-8, 244 p. (Schriftenr. d. Vierteljahrshefte f. Zeitsch., 40)

6537. KEREKES (Lajos). Von St. Germain bis Genf. Österreich und seine Nachbarn, 1918-1922. Budapest, Akadémiai Kiadó, 79, in-8, 416 p.

6538. KESERICH (Charles). George D. Herron, the United States and peacemaking with Bulgaria, 1918-1919. East european Quar., 80, vol. 14, n° 1, p. 39-58.

6539. KHRISTOV (Khristo). Bălgarija i Parižkata konferencija za mir prez 1919 godina. (La Bulgarie et la Conférence de paix de Paris en 1919.) Voen. -ist. Sbornik, 80, a. 48, n° 1, p. 56-74.

6540. KIM (Key-hiuk). The last phase of the East Asian world order : Korea, Japan and the Chinese empire, 1860-1882. Berkeley a. Los Angeles, Univ. of Calif. Press, 80, in-8, XXV-414 p.

6541. KÖHLER (Henning). Novemberrevolution und Frankreich. Die franz. Deutschlandpolitik 1918-1919. Düsseldorf, Droste, 80, in-8, 352 p.

6542. KÖVICS (Emma). Coudenhove-Kalergi's pan-Europe movement on the questions of international politics during the 1920s. Acta hist. Acad. Sci. hungaricae, 79, vol. 25, n°s 3-4, p. 233-266.

6543. KOLEJKA (Josef). Balkánská otázka 1980-1914. Mezinárodní socialistické hnutí o mladoturecké revoluci a balkánských válkách. (Die Balkanfrage in den Jahren 1908-1914. Die internat. sozialist. Bewegung über die jungtürkische Revolution u. über Balkankriege in den Jahren 1912-1913.) Brno, Univ. J. E. Purkyně, 79, in-8, 144 p. (Spisy Univ. J. E. Purkyně. Filozof. fak., 220)

6544. KORCZYK (Henryk). Rokowania w sprawie traktatu przymierza francusko-brytyjskiego z 1922 r. (Les négociations au sujet du traité de l'alliance franco-britannique de 1922.) Warszawa, Państw. Wydawn. Nauk., 80, in-8, 324 p. — IDEM. Locarno a polskofrancuskie przymierze z r. 1921 i francusko-belgijski układ wojskowy z r. 1920 (1925-1936). (Locarno et l'alliance polono-française de 1921 ainsi que l'accord militaire franco-belge de 1920 (1925-1936.) Studia hist., 80, a. 23, n° 1, p. 49-69.

6545. KOSTIAINEN (Auvo). Yhdysvaltain liittyminen ensimmäiseen maailmansotaan historiantutkimuksen ongelmana. (The entry of the United States into world war I. A Comparative analysis of American and European historiography.) Turun hist. arkisto, 80, t. 34, p. 196-215. /Summary in Eng./

6546. KRAFT (Heinz). Staatsräson und Kriegsführung im kaiserlichen Deutschland 1914-1916. Der Gegensatz zwischen d. Generalstabschef v. Falkenhayn u. d. Oberbefehlshaber Ost im Rahmen d. Bündniskrieges d. Mittelmächte. Göttingen, Frankfurt (Main) u. Zürich, Musterschmidt, 80, in-8, 327 p. (ill., Kt.)

6547. Kriegserlebnis. Der Erste Weltkrieg in d. literarischen Gestaltung u. symbolischen Deutung d. Nationen. Hrsg. v. Klaus VONDUNG. Göttingen, Vandenhoeck u. Ruprecht, 80, in-8, 401 p. (ill.,)

6548. KŘÍŽEK (Jurij). Vznik Československa. (Der Ursprung der Tschechoslowakei.) Praha, Svoboda, 78, in-8, 117 p.

6549. KRÜGER (Peter). Der deutsch-polnische Schiedsvertrag im Rahmen der deutschen Sicherheitsinitiative von 1925. Hist. Z., 80, Bd 230, p. 577-612.

6550. KUPFERSCHMIDT (Uri M.). The general Muslim congress of 1931 in Jerusalem. Asian a. african Stud., 78, vol. 12, n° 1, p. 123-162.

6551. KUZMANOVA (Antonina). Vănšnata politika na Rumănija mezdu dvete svetovni vojni v săvremennata rumănska istoriografija. (La politique étrangère de la Roumanie entre les deux guerres mondiales dans l'historiographie mondiale.) Izv. bălgarsk. ist. Druž., 80, n° 33, p. 317-450.

6552. LAGZI (István). "Magyar világ" Przemyślben. Néhány uj adat a przemyśli vár védelmének történetéhez. ("Le monde hongrois" à Przemyśl. Quelques contributions nouvelles à l'histoire de la défense du château de Przemyśl.) Tiszatáj, 80, vol. 34, n° 3, p. 73-84.

6553. LEFFLER (Melvin P.). The elusive quest : America's pursuit of European stability and French security, 1919-1933. Chapel Hill, Univ. of N. C. Press, 79, in-8, XVI-409 p.

6554. ŁEPKOWSKI (Tadeusz). Polska - Meksyk 1918-1939. (La Pologne - le Mexique, 1918-1939.) Wrocław, Zakł. Narod. Im. Ossolińskich, 80, in-8, 317 p.

6555. LEVIN (Dov.). Mediniyut brit ha-mo'azot klape ha-baltikim bashanim 1917-1945. (The USSR'S policy towards the Baltic Stats, 1917-1945.) Int. Problems, 78, vol. 17, n° 2, p. 23-42.

6556. LEWANDOWSKI (Jan). Królestwo Polskie pod okupacją austriacką 1914-1918. (Le Royaume de Pologne sous l'occupation autrichienne, 1914-1918.) Warszawa, Państw. Wydawn. Nauk., 80, in-8, 173 p. (Lub. Tow. Nauk. Prace Wydz. Humanist. Monografie, 11)

6557. LOPEZ CELLY (Arrigo). Le origini del patto di non aggressione italo-sovietico del 2 settembre 1933. Stor. Pol., 80, a. 19, p. 71-113.

6558. LYYTINEN (Eino). Finland in British politics in the first world war. Helsinki, Suomalainen tiedeakatemia, 80, in-8, 219 p. (A. Acad. sci. fennicae, Ser. B, 207)

6559. McLEAN (David). Britain and her buffer-state : the collapse of the Persian Empire, 1890-1914. London, Roy. Hist. Soc., 80, in-8,

IX-157 p. (maps)

6560. McMURRY (Dean Scott). Deutschland und die Sowjetunion 1933-1936. Ideologie, Machtpolitik u. Wirtschaftsbeziehungen. Köln, Böhlau, 79, in-8, 502 p. (Diss. z. neueren Gesch., 6)

6561. McTAGUE (John J.) Jr. Zionist-British negotiations over the draft mandate for Palestine, 1920. Jewish soc. Stud., 80, vol. 42, n°s 3-4, p. 281-292.

6562. MANYKIN (A. S.). Izoljacionizm i formirovanie vnešnepolitičeskogo kursa SŠA 1923-1929. (Isolationism and the shaping of the US foreign policy, 1923-1929.) Moskva, Izd-vo MGU, 80, in-8, 222 p.

6563. MICHTA (Norbert). Polityczne uwarunkowania narodzin Drugiej Rzeczypospolitej (kistopad 1918 - styczeń 1919). (Les conditions politiques de la naissance de la Seconde République /polonaise/, nov. 1918 - janv. 1919.) Avant-propos de Tadeusz CIEŚLAK. Warszawa, Książka i Wiedza, 80, in-8, 235 p.

6564. MILEWSKI (Jerzy). Opinia prasy o stosunku stronnictw cpozycyjnych do polsko-radzieckiego układu o nieagresji z 1932 r. (L'opinion de la presse sur les rapports des partis d'opposition à l'égard de l'accord polono-russe de non-agression de 1932.) Przegl. hist., 80, vol. 71, p. 77-90.

6565. MORTON (Desmond). 'Kicking and complaining' : demobilization riots in the Canadian Expeditionary Force, 1918-19. Canad. hist. R., 80, vol. 61, p. 334-360.

6566. MORTON (William Fitch). Tanaka Giichi and Japan's China policy. London, Wm. Dawson ; New York, St. Martin's Press, 80, in-8, 329 p. (Stud. of the East Asian Inst., Columbia Univ.)

6567. NAGY (Zsuzsa L.). Magyar határviták a békekonferencián 1919-ben (Discussions sur les frontières hongroises au Congrès de la Paix de 1919.) Tört. Szle, 78, vol. 21, n°s 3-4, p. 441-457.

6568. NOEL-BAKER (Philip). The first world disarmament conference 1932-1933 and why it failed. Oxford, Pergamon Press, 79, in-8, XIV-147 p.

6569. NOUAILHAT (Yves-Henri). France et Etats-Unis, août 1914 - avril 1917. Paris, Publ. de la Sorbonne, 79, in-8, 483 p. (Publ. de la Sorbonne. Sér. internationale, 10)

6570. NOZAWA (Yutaka). Nichiro sensô to higashi Asia. (The Russo-Japanese war and east Asia : on the problems in Manchuria and Mongolia.) Shin Shichô, 80, n° 7, p. 41-52.

6571. ORDE (Anne). Grossbritannien und die Selbständigkeit Österreichs 1918-1938. Vjhefte f. Zeitgesch., 80, Jg. 28, p. 224-247. - EADEM. The origins of the German-Austrian customs union affair of 1931. Central european Hist., 80, vol. 13, n° 1, p. 34-59. - EADEM. France and Hungary in 1920. Revisionism and railways. J. contemp. Hist., 80, vol. 15, p. 475-492.

6572. ORMOS (Mária). La convention militaire de Belgrade de 1918. Acta hist. Acad. Sci. hungaricae, 79, vol. 25, n°s 1-2, p. 27-60. /13-11-1918/ - EADEM. Még egyszer a Vix-jegyzékről. (Encore une fois sur la note de Vix.) Századok, 79, vol. 113, n° 2, p. 314-332. - EADEM. A Tanácsköztársaság és az antantintervenció. (La République des Conseils et l'intervention de l'Entente.) Párttört. Közl., 79, vol. 25, n° 3, p. 151-162.

6573. ORZELL (Laurence J.). A "hotly disputed" issue : eastern Galicia at the Paris peace conference, 1919. Polish R., 80, vol. 25, n° 1, p. 49-68.

6574. PALO (Michael F.). Belgium's response to the peace initiatives of December 1916 : an exercise in diplomatic self-determination. Historian, 80, vol. 42, n° 4, p. 583-597.

6575. PÉTER (János). 1918-1919 in retrospect. Three peace conferences. New hungra. Quart., 79, vol. 20, n° 73, p. 50-66.

6576. PETROV (V. I.). Otraženie stranoj Sovetov našestvija germanskogo imperializma v 1918 godu. (The repulse of the German imperialists' invasion in 1918 by the Land of Soviets.) Moskva, Nauka, 80, in-8, 416 p.

6577. PETZOLD (Joachim). Der deutsche Imperialismus und Bulgarien in der Zeit vom ersten bis zum zweiten Weltkrieg. Jb. f. Gesch. d. sozialist. Länder Europas, 80, Bd 24, H. 1, p. 37-68.

6578. POLLEN (Anthony). The great gunnery scandal, the mystery of Jutland. London, Collins, 80, in-8, 272 p.

6579. PRITZ (Pál). Fejezetek a Gömbös-kormány keleti politikájának történetéből. (Chapitres de l'histoire de la politique d'Orient du gouvernement Gömbös /1932-36/.) Magy. tudom. Akad. Filoz. Törttudom. Oszt. Közl., 79, vol. 28, n°s 1-3, p. 233-251. - IDEM. Gömbös Gyula első kormányának külpolitikája megalakulásától Gömbös németországi útjáig. (La politique extérieure du gouvernement de Gyula Gömbös, depuis sa formation jusqu'au voyage de Gömbös en Allemagne.) Századok, 78, vol. 112, n° 1, p. 49-97. - IDEM. Gömbös Gyula külpolitikai nézeteinek alakulásához, 1918-1932. (Contribution à l'histoire de la formation des conceptions sur la politique extérieure de Gyula Gömbös.) Tört. Szle, 78, vol. 21, n°s 3-4, p. 458-484. - IDEM. Das Hitler-Gömbös Treffen

6. GESCHICHTE VON 1910-1935
DER ERSTE WELTKRIEG

und die deutsche Aussenpolitik im Sommer 1933. <u>Acta hist. Acad. Sci. hungaricae</u>, 79, vol. 25, n°s 1-2, p. 119-144.

6580. RAKOVÁ (Svatava). Činnost amerických "Organizací pro pomoc" a amerických misí ve střední Evropě od listopadu 1918 do srpna 1919. (Die Tätigkeit d. amerikan. "Hilfsorganisationen" u. d. amerikan. Missionen in Mitteleuropa v. Nov. 1918 bis August 1919.) <u>Sborn. k Problem. Děj. Imper.</u>, 79, vol. 6, p. 5-62.

6581. RCJEK (Wojciech). Zagadnienie bezpieczeństwa na forum Genewskiej Konferencji Rozbrojeniowej 1932-1933. (Le problème de la sécurité à la Conférence du désarmement de Genève, 1932-1933.) <u>Studia hist.</u>, 80, a. 23, n° 3, 413-430.

6582. SCHÖLLGEN (Gregor). Richard von Kühlmann und das deutsch-englische Verhältnis 1912-1914. Zur Bedeutung der Peripherie in d. europ. Vorkriegspolitik. <u>Hist. Z.</u>, 80, Bd 230, p. 293-337.

6583. SCHUBERT (Peter). Der österreichisch-italienische Gegensatz im Spiegel der Militärattachéberichte aus Bern (1908-1915). <u>Mitt. d. österr. Staatsarch.</u>, 80, Bd 33, p. 247-262.

6584. SCHULTE (Bernd F.). Vor dem Kriegsausbruch 1914 : Deutschland, die Türkei und der Balkan. Düsseldorf, Droste, 80, in-8, 183 p.

6585. SEURAT (Michel). Le rôle de Lyon dans l'installation du mandat français en Syrie : intérêts économiques et culturels, luttes d'opinion (1915-1925). <u>B. Et. orient.</u>, 79, t. 31, p. 129-165.

6586. SHORROCK (William I.). La France, l'Italie fasciste et la question de l'Adriatique (1922-1924). <u>R. Hist. dipl.</u>, 80, a. 94, p. 86-110.

6587. SINGH (Ellen C.). The Spitsbergen (Svalbard) question : United States foreign policy, 1907-1935. Oslo, Univ. forl., 80, in-8, 244 p.

6588. SIZONENKO (A. I.). U istokov sovetsko-meksikanskikh otnošenij. (Die Anfänge der sowjetisch-mexikanischen Beziehungen.) <u>Nov. novejš. Ist.</u>, 80, n° 5, p. 136-143.

6589. ŚLADKOWSKI (Wiesław). Georgesa Clemenceau zainteresowanie Polską. (L'intérêt de Georges Clemenceau pour la Pologne.) <u>Kwart. hist.</u>, 80, a. 87, n° 1, p. 69-84.

6590. SOSNOWSKI (Marian Andrzej). Poland and American Polonia in 1919-1920. <u>Polish R.</u>, 80, vol. 25, n°s 3-4, p. 3-11.

6591. TAGLIACOZZO (Amedeo). Per uno studio sullo status giuridico dei Luoghi Santi e l'atteggiamento della Santa Sede e del governo italiano negli anni 1920-1930. <u>Clio /Roma/</u>, 80, a. 16, p. 259-264.

6592. Tanácsköztársaság (A) és szomszédaink. Tanulmányok. Vál. és szerk. KŐVÁGÓ László. (La République des Conseils et nos voisins. Etudes. Choisies et réd. par -.) Budapest, Kossuth Kiadó, 79, in-8, 264 p. - CR : B. Bellér, <u>Pedag. Szle</u>, 79, vol. 29, n° 12, p. 1129-1131 ; E. Niederhauser, <u>Társad. Szle</u>, 79, vol. 34, n° 3, p. 120-123.

6593. TAYLOR (Ph. M.). The Foreign Office and British propaganda during the first world war. <u>Hist. J.</u>, 80, vol. 23, p. 875-989.

6594. TAYLOR (Sandra C.). Japan's missionary to the Americans : Sidney L. Gulick and America's interwar relationship with the Japanese. <u>Dipl. Hist.</u>, 80, vol. 4, n° 4, p. 387-408.

6595. THOMPSON (Wayne C.). Voyage on uncharted seas : Kurt Riezler and German policy towards Russia, 1914-1918. <u>East european Quar.</u>, 80, vol. 14, n° 2, p. 171-188. /Cf. n° 2924./

6596. TILKOVSZKY (Loránt). A weimari Németország és a Duna-medence német kisebbségei. <u>Századok</u>, 80, vol. 114, n° 2, p. 201-228. - Auch in Deutsch : Die Weimarer Republik und die deutschen Minderheiten im Donaubecken. <u>In</u> : Etudes hist. hongr. /Cf. n° 611/, vol. 2, p. 199-231. - IDEM. Németország és a magyarországi német kisebbség, 1921-1924. (L'Allemagne et la minorité allemande en Hongrie.) <u>Századok</u>, 78, vol. 112, n° 1, p. 3-48. - IDEM. Németország és a magyar nemzetiségpolitika, 1924-1929. (L'Allemagne et la politique des nationalités de la Hongrie.) <u>Tört. Szle</u>, 80, vol. 23, n° 1, p. 52-90. /Cf. n°s 3551, 6682./

6597. TOKODY (Gyula). Németország és a Magyarországi Tanácsköztársaság. (L'Allemagne et la République des Conseils de Hongrie.) Budapest, Kossuth Kiadó, 80, in-8, 160 p. - IDEM. Németország és a magyarországi Tanácsköztársaság kikiáltása.(L'Allemagne et la proclamation de la République des Conseils de Hongrie.) <u>Párttört. Közl.</u>, 78, vol. 24, n° 4, p. 49-84. - IDEM. Aussenpolitische Beziehungen zwischen der Ungarischen Räterepublik und Deutschland. <u>In</u> : Etudes hist. hongr. /Cf. n° 611/, vol. 2, p. 173-198. - IDEM. A Magyar és a Bajor Tanácsköztársaság. (Les Républiques des Conseils hongroise et bavaroise.) <u>Párttört. Közl.</u>, 79, vol. 25, n° 1, p. 79-107. /Cf. n° 2925./

6598. TOMASZEWSKI (Jerzy). Some international aspects of the Bulgarian coup d'Etat, June 9, 1923. <u>Acta Poloniae hist.</u>, 80, vol. 41, p. 203-216.

6599. TORREY (Glenn E.). The Roumanian campaign of 1916 : its impact on the belligerents. <u>Slavic R.</u>, 80, vol. 39, n° 1, p. 27-43.

6600. TRACHTENBERG (Marc). Reparation in world politics. France a. European economic diplomacy, 1916-1923. New York, Columbia U. P., 80, in-8, X-423 p.

6601. TURPEINEN (Oiva). Keisarillisen Venäjän viranomaisten suhtautuminen jääkäriliikkeeseen. (The attitude of czarist Russian authorities toward the Jaegers Movement /Finnish military training in Germany, 1915-1917/.) Helsinki, 80, in-8, 329 p. (Univ. of Helsinki, Inst. of History, Publ., 7)

6602. VELLACOTT (J.). Bertrand Russell and the pacifists in the First World War. Brighton, Harvester Press, 80, in-8, 288 p.

6603. Vengerskie internacionalisty v Sibiri i na Dal'nem Vostoke, 1917-1922 gg. K istorii sovetsko-vengerskikh internacional'nykh svjazej. (Hungarian internationalists in Siberia and in the Far East, 1917-1922. Contribution to the history of Soviet-Hungarian international relations.) Ed. by P.-Ž. PAKH. Moskva, Nauka, 80, in-8, 300 p.

6604. WADA (Haruki). Nichirosensô chû no nichiro shakaishugisha no rentai. (Solidarity of Japanese and Russian socialists during the Russo-Japanese war.) Shin Shichô, 80, n° 7, p. 53-64.

6605. WĘDROWSKI (Jacek Ryszard). Stany Zjednoczone a odrodzenie Polski. Polityka Stanów Zjednoczonych wobec sprawy polskiej. (Les Etats-Unis et la restauration de l'Etat polonais. La politique des Etats-Unis à l'égard de la question polonaise /1916-1919/.) Wrocław, Zakł. Narod. im. Ossolińskich, 80, in-8, 208 p. (Pol. Akad. Nauk, Inst. Hist.)

6606. WHITE (Stephen). Britain and the Bolshevik revolution. A study in the politics of diplomacy, 1920-1924. London, Macmillan ; New York, Holmes a. Meier, 80, in-8, XII-317 p.

6607. WORMSER (Klaus). Grossbritannien, Russland und Deutschland. Studien z. britischen Weltreichspolitik am Vorabend d. Ersten Weltkriegs. München, Fink, 80, in-8, 397 p. (Veröff. d. hist. Inst. d. Univ. Mannheim, 6)

6608. ZILCH (Reinhold). Die Memoranden Karl Helfferichs vom 28. und 29. August 1914 über die finanzielle Unterdrückung und Ausplünderung Belgiens. Jb. f. Wirtschaftsgesch., 80, T. 4, p. 193-212.

Cf. n°s 3745, 6109, 6432, 6448, 6472, 6631, 6668, 6671, 6728.

§ 7. Geschichte von 1935-1945. Der zweite Weltkrieg.

a. Allgemeines.

✦ 6609. JUHÁSZ (Gyula). Quellenausgaben zur Geschichte Ungarns im zweiten Weltkrieg. Acta Univ. debreceniensis, Ser. hist., 78, vol. 27, p. 109-115.

✦ 6610. JURCZAK (Jan), MATEJKO (Teresa). Bibliografia martyrologii ludności i wywolenia Pomorza Zachodniego (1939-1945). (Bibliographie du martyre de la population et de la libération de la Poméranie Occidentale, 1939-1945.) Koszalin, Woj. i Miejska Bibl. Publ. im. Lelewela, 80, in-4, 450 p.

✦✦ 6611. Aby świat się dowiedział ... Nielegalne dokumenty z obozu w Ravensbrück. (Pour que le monde apprenne... Les documents illégaux du camp de Ravensbrück.) Réd. : Kazimierz SMOLEŃ et autres. Avant-propos : Wanda KIEDRZYŃSKA. Oświęcim, Wydawn. Państw. Muzeum, 80, in-8, 224 p.

✦✦ 6612. Archiwum /Emanuela/ Ringelbluma. Getto warszawskie /Tłum. z jidisz/. Cz. 1 : Lipiec 1942 - styczeń 1943. (Les archives d'/Emanuel/ Ringelblum. Le ghetto de Varsovie. Trad. de yidish. P. 1 : Juin 1942 - janv. 1943.) Ed. Ruta SAKOWSKA. Warszawa, Państw. Wydawn. Nauk., 80, in-8, 411 p.

✦✦ 6613. Dokumenty a materiály k dějinám československosovětských vztahů. (Dokumente u. Materialien z. Gesch. d. tschechoslow.-sowjet. Beziehungen.) /Teil 2. Cf. Bibl. 76-77, n° 7980./ Díl 3 : Červen 1934 - březen 1939. (Teil 3 : Juni 1934 - März 1939.) Edit. A. I. NEDOREZOV, Čestmír AMORT, M. I. KOPAŠEVOVÁ, Ján PIVOLUSKA. Praha, Academia, 79, in-8, 724 p.

✦✦ 6614. Dokumenty k historii mnichovského diktátu, 1937-1939. (Dokumente z. Gesch. d. Münchener Diktats.) Praha, Svoboda, 79, in-8, 454 p.

✦✦ 6615. Ego sum gallicus captivus. Magyarországi menekült hadifoglyok emlékezései. Vál., jegyz. BAJOMI LÁZÁR Endre. (Souvenirs de prisonniers de guerre français réfugiés en Hongrie. Choisis, annotés par -.) Budapest, Európa Kiadó, 80, in-8, 328 p.

✦✦ 6616. Numery mówią. Wspomnienia więźniów KL Auschwitz. (Les numéros parlent. Souvenirs des détenus du KL Auschwitz.) Choix de textes par Jan PRZEWŁOCKI, Tadeusz SOBOLEWICZ, Aleksander WIDERA. Elab. de Zofia STOCHOWA. Avant-propos de T. SOBOLEWICZ. Katowice, Śląsk, 80, in-8, 250 p.

✦✦ 6617. Okkupation, Raub, Vernichtung. Dokumente z. Besatzungspolitik d. faschist. Wehrmacht auf sowjet. Territorium 1941 bis 1944. Hrsg. v. Norbert MÜLLER. Berlin, Militärverl. d. DDR, 80, in-8, 431 p. (Schr. d. Militärgesch. Inst. d. DDR)

7. GESCHICHTE VON 1935-1945 DER ZWEITE WELTKRIEG

** 6618. Otečestvenata vojna na Bălgarija, 1944-1945. Dokumenti i materiali. T. 2. i 3. (La Guerre nationale de la Bulgarie, 1944-1945. Documents, matériaux. Vol. /1. Cf. Bibl. 78-79, n° 7537./ 2, 3.) Sofija, Voen. Izd., 80, 2 vol. in-8, 580, 669 p.

** 6619. Protifašistický a národně osvobozenecký boj českého a slovenského lidu 1938-1945. Edice dokumentů Hlavní řada. (Der antifaschist. u. nationale Befreiungskampf d. tschechischen u. slowakischen Volkes 1938-1945. Sammlung von Dokumenten. Hauptreihe.) Tom 1 : Mnichov a březnová tragédie. (München u. d. Tragödie v. 15. März 1939. Zeitraum v. 1. Jan. 1939 bis 15. März 1939.) Bd 1 : Předehra Mnichova. (Vorspiel zu München. Zeitraum v. 1. Jan. 1939 bis 31. August 1938.) Edit. R. HLUŠIČKOVÁ, L. KUBÁTOVÁ, I. MALÁ, J. VRBATA. Heft 1 : Zeitraum v. 1. Jan. 1938 bis 16. April 1938. Heft 2 : Zeitraum v. 19. Apris bis 31 Juli 1938. Heft 3 : Zeitraum v. 2. August bis 31'. August 1938. Praha, Ústav marxismu-leninismu ÚV KSČ, Archiv. správa MV ČSR, Státní ústřední archív, 79, 3 vol. in-4, 180, 168, 93 p.

** 6620. Ucieczki do wolności. Wspomnienia Polaków z lat wojny i okupacji. (Les évasions vers la liberté. Souvenirs de Polonais des années de la guerre et de l'occupation.) Choix des textes et éd. par Ryszard DYLIŃSKI, Jerzy KORCZAK, Mieczysław SKĄPSKI. Wstęp J. KORCZAK. Poznań, Wydawn. Pozn., 80, in-8, 663 p.

6621. ARGYLE (Christopher). The chronology of World War II. London, Marshall Cavendich, 80, in-4, 200 p. (pl., ill.)

6622. BAILEY (Thomas A.). Hitler versus Roosevelt. London, Collier Macmillan, 80, in-8, 302 p.

6623. BARTOŠ (Josef). Okupované pohraniči a české obyvatelstvo 1938-1945. (Die besetzten Grenzgebiete u. die tschech. Bevölkerung 1938-1945.) Olomouc, Univerzita Palackého, 78, in-8, 204 p. (Acta Univ. Palackianae Olomucensis. Facultas philos. Historica, 19)

6624. BEAUMONT (Joan). Comrades in arms. British aid to Russia, 1941-1945. London, Davis-Poynter, 80, in-8, 264 p.

6625. BEN ELISSAR (Ekiahu). Quesher ha-hashmada. (The conspiracy to destroy ; the foreign policy of the Third Reich and the Jews ; 1933-1939.) Jerusalem, Edanim, 78, in-8, 222 p.

6626. BIALOSTOTZKI (Israel). Hatnaim be-geto lodz we-hisulo. (Conditions in the Lodz ghetto and the elimination of the ghetto.) Yalkut Moreshet, 79, n° 26, p. 99-113.

6627. BLOSS (Hartmut). Die Zweigleisigkeit der deutschen Fernostpolitik und Hitlers Option für Japan, 1938. Militärgeschichtl. Mitt., 80, n° 1, p. 55-93.

6628. BOUTRON (Jean). De Mers el-Kebir à Londres, 1940-1944. Paris, Plon, 80, in-8, 356 p. (pl.)

6629. CARPI (Daniel). Masa-u-matan al ha'avarat yeladim yehudim miqroatia le-turkia we-le-erez yisrael bishnat 1943. (Negotiations on the transfer of Jewish children from Croatia to Turkey and Palestine in 1943.) Yad Vashem, 78, vol. 12, p. 77-88.

6630. ČEJKA (Eduard). Hrozby a naděje. Válečná léta 1939-1941. (Drohungen u. Hoffnungen. Die Kriegsjahre 1939-1941.) Praha, Panorama, 79, in-8, 388 p. (32 fig.)

6631. DALLEK (R.). Franklin D. Roosevelt and American foreign policy, 1932-1945. New York, Oxford U. P., 79, in-8, 658 p. (maps)

6632. Dictionnaire de la seconde guerre mondiale. /T. 1. Cf. Bibl. 78-79, n° 7547./ T. 2 : Int-Zer. Paris, Larousse, 80, in-4, p. 961-1938 (ill., pl.)

6633. DOBOSIEWICZ (Stanisław). Mauthausen-Gusen. Samoobrona i konspiracja. (Mauthausen-Gusen. L'autodéfense et la conspiration.) Warszawa, Wydawn. Min. Obrony Narod., 80, in-8, 485 p.

6634. DOMBRÁDY (Loránd). A Kállay-féle kiugrási politika és a magyar katonai vezetés. (Die Politik der Regierung Kállay und die ungarische Militärführung.) Hadtört. Közl, 79, vol. 26, n° 4, p. 523-550.

6635. DRISS (Rachid). La Tunisie sous l'occupation allemande, novembre 1942 - mai 1943. Cah. Tunisie, 79, t. 27, p. 455-483. - IDEM. Six mois de résistance, janvier-juillet 1941. Ibid., 80, t. 28, p. 335-384.

6636. DUBINSKIJ (A. M.). Sovetsko-kitajskie otnošenija v period japono-kitajskoj vojny 1937-1945. (Les relations soviéto-chinoises pendant la guerre nippo-chinoise de 1937-1945.) Moskva, Mysl', 80, in-8, 280 p.

6637. DUIĆ (Mario). Kleinstaaten im Zweiten Weltkrieg. Verteidigung und Besetzung, Besatzungspolitik und Widerstand. Österr. milit. Z., 80, Jg. 18, p. 295-303.

6638. DUNIN-WĄSOWICZ (Krzysztof). L'insurrection au ghetto de Varsovie en 1943 et les recherches récentes sur le sort de la population juive de Varsovie pendant la seconde guerre mondiale. Warszawa, Pańtsw. Wydawn. Nauk., 80, in-8, 18 p. (Acad. Pol. des Sciences. Centre Scientifique à Paris, Conférences, 126)

6639. Errichtung (Die) der Hegemonie auf dem europäischen Kontinent. Von Klaus A. MAIER /u. a./. Stuttgart, Deutsche Verl.-Anst., 79, in-8, 439 p. (ill., 32 Kt.). (Das Deutsche Reich u. der Zweite Weltkrieg, 2)

6640. EYCHENNE (Emilienne). Montagnes de la peur et de l'espérance : le franchissement de la frontière espagnole pendant la seconde guerre mondiale dans le département des Hautes-Pyrénées. Toulouse, Privat, 80, in-8, 254 p. (pl., ill.). (Le Midi et son Hist.)

6641. FABRY (P. W.). Iran, die Sowjetunion und das kriegführende Deutschland im Sommer und Herbst 1940. Göttingen, Zürich u. Frankfurt a. M., Musterschmidt, 80, in-8, 45 p. (Hist.-polit. Hefte d. Ranke-Ges., 27)

6642. Fateful (The) choice : Japan's advance into Southeast Asia, 1939-1941. Ed. by James William MORLEY. New York, Columbia U. P., 80, in-8, 366 p. (maps)

6643. FORSTER (Jürgen). Hitler's war aims against the Soviet Union and the German military leaders. Militärhist. T., 79, vol. 1, p. 83-103.

6644. Français et Britanniques dans la drôle de guerre. Actes du colloque franco-britannique organisé par le Comité internat. d'hist. de la Deuxième guerre mondiale, tenu à Paris du 8 au 12 déc. 1975. Paris, Ed. du C.N.R.S., 79, in-8, IX-631 p.

6645. FRANK (Gary). Struggle for hegemony in South America. Argentina, Brazil and the United States during the second world war. Miami, Center for Advanced Intern. Stud., Univ. of Miami, 79, in)8, XI-116 p.

6646. GENIZI (Haim). Mispar haplitim nirdafe ha-nazim, yehudim wenozrim, she-mazu miqlat be-arzot haberit be-shanim 1933-1945. (The number of refugees, Jewish and Christian, from Nazi Europe, admitted to the United States, 1933-1945.) Yalkut Moreshet, 79, n° 26, p. 71-82.

6647. GOUSSET (Henri). Dites à la Kommandantur que je l'emm...: une ville et son maire en zone interdite, 1940-1944. Paris, Fayard, 80, in-8, 269 p.

6648. GOUVRIN (Joseph). Ha-gorem ha-yehudi be-ma'arehet ha-yahasim hahadedit ben germania ha-nazit wa brit ha'mo'azot be-shanim 1933-1941. (The Jewish factor in the relations between nazi Germany and the U.S.S.R. 1933-1941.) Yalkut Moreshet, 79, n° 27, p. 129-154.

6649. GRAEBNER (Norman A.). Roosevelt and the search for a European policy, 1937-1939. London, Oxford U. P., 80, in-8, 48 p.

6650. GRIGG (John). 1943, the victory that never was. London, Eyre Methuen, 80, in-8, 226 p.

6651. GRUDZIŃSKI (Przemysław). Przyszłość Europy w koncepcjach Franklina D. Roosevelta (1933-1945). (L'avenir de l'Europe dans les conceptions de Franklin D. Roosevelt, 1933-1945.) Wrocław, Zakl. Narod. im. Ossolińskich, 80, in-8, 213 p. (Pol. Akad. Nauk, Inst. Hist.)

6652. HART (Basil H. Liddell). History of the Second World War. London, Phoebus Publ., 80, in-8, 464 p. (ill.).

6653. HERDE (Peter). Pearl Harbor, 7. Dezember 1941. Der Ausbruch d. Krieges zwischen Japan u. d. Vereinigten Staaten u. d. Ausweitung d. europ. Krieges z. 2. Weltkrieg. Darmstadt, Wiss. Buchges., 80, in-8, XXI-582 p. (Impulse d. Forsch., 33)

6654. HILLGRUBER (Andreas). Zur Entstehung des Zweiten Weltkrieges. Forschungsstand u. Literatur. Mit einer Chronik d. Ereignisse Sept.-Dez. 1939. Düsseldorf, Droste, 80, in-8, 75 p. - IDEM. Der Hitler-Stalin-Pakt und die Entfesselung des zweiten Krieges - Situationsanalyse und Machtkalkül der beiden Pakt-Partner. Hist. Z., 80, Bd 230, p. 339-361.

6655. HOLUB (Ota). Rovnice řešená zradou. (Die Gleichung durch Verrat gelöst.) Praha, Naše vojsko, 79, in-8, 324 p. (24 fig.)

6656. Istorija vtoroj mirovoj vojny 1939-1945. V 12-ti tomakh. (Geschichte des zweiten Weltkrieges, 1939-1945.) /Bd 9, 10. Cf. Bibl. 78-79, n° 7567./ Bd 11. Red. von V. I. AČKASOV. Moskva, Voenizdat, 80, in-4, 543 p. (ill., cartes). (Inst. voen. ist. Minist. oborony SSSR. Inst. marks-lenin. pri CK KPSS AN SSSR. Inst. vseob. ist. Inst. ist. SSSR.)

6657. JELLINEK (Yesaia). Hashmadat serbim, yehudim we-zo'anim becroatia ha-azma'it. (The destruction of Serbs, Jews and Gypsies under the goverment of free Croatia during World War II.) Yalkut Moreshet, 79, n° 26, p. 61-70.

6658. JUHÁSZ (Gyula). A nagyhatalmak háborús propagandája és Magyarország. (La propagande des grandes puissances et la Hongrie.) Tört. Szle, 79, vol. 22, n°s 3-4, p. 484-504.

6659. KÁRNÝ (Miroslav). Terezínský rodinný tábor v Birkenau. Pokus a rekonstrukci jeho historie. (Das Theresienstädter Familienlager in Birkenau. Versuch einer Rekonstruktion seiner Geschichte.) Sborn. hist., 79, vol. 26, p. 229-304.

6660. KIEŁBOŃ (Janina). Deportacja Polaków wysiedlonych z ziem włączonych do Rzeszy na teren dystryktu lubelskiego w latach 1939-1941 i związane z tym przesiedlenie Niemców

7. GESCHICHTE VON 1935-1945
DER ZWEITE WELTKRIEG

lubelskich. (La déportation, dans les années 1939-1941, des Polonais déplacés des régions intégrées au Reich au territoire du district de Lublin et le déplacement corrélatif des Allemands de la région de Lublin.) Studia Mater. Dziej. Wielkop. Pomorza, 80, vol. 26, fasc. 1, p. 105-135.

6661. KLARSFELD (Serge). Le livre des otages : la politique des otages menée par les autorités allemandes d'occupation en France de 1941 à 1943. Préf. de Marie-Claude VAILLANT-COUTURIER. Paris, Ed. franç. réunis, 79, in-8, 295 p. (pl.)

6662. LAGZI (István). Uchodźcy polscy na Węgrzech w latach drugiej wojny światowej. (Les réfugiés polonais en Hongrie dans les années de la seconde guerre mondiale.) Warszawa, Wydawn. Min. Obrony Narod., 80, in-8, 335 p. - IDEM. Lengyel katonai személyek evakuálása a Sopron környéki lengyel katonai internáló táborokból, 1939-1940. (L'évacuation des militaires polonais des camps d'internement militaire polonais situés à proximité de la ville de Sopron.) Soproni Szle, 78, vol. 32, n° 4, p. 341-356.

6663. McMAHON (Deirdre). Ireland, the Dominions and the Munich crisis. Irish Stud. int. Affairs, 79, vol. 1, p. 30-37.

6664. MANNING (A. F.). De Nederlandse katholieken in de eerste jaren van de Duitse bezetting. (The Dutch catholics in the first years of the German occupation.) Arch. Gesch. kath. Kerk Nederland, 79, vol. 21, p. 105-129.

6665. MICHMAN (Dan). Ha-plitim hayehudiyim migermaniya be-holand bashanim 1933-1940. (The Jewish refugees from Germany in the Netherlands 1930-1940.) Diss. Jerusalem, Hebrew Univ., 78, in-4, 625-XXXIII p. /Summary in Eng./

6666. MOULIS (Miloslav). Osudný 15. březen. (Der fatale 15. März /1939/.) Praha, Mladá fronta, 79, in-8, 216 p. (16 fig.)

6667. NEUGEBAUER (Karl Volker). Die deutsche Militärkontrolle im unbesetzten Frankreich und in Französisch-Nordwestafrika, 1940-1942. Zum Problem der Sicherung der Südwestflanke von Hitlers Kontinentalimperium. Boppard, Bold, 80, in-8, VI-183 p.

6668. NOVÁK (Václav). Křižovatky hákového kříže. (Die Kreuzwege des Hakenkreuzes.) Praha, Horizont, 79, in-8, 208 p. (16 fig.)

6669. OLDENHAGE (Klaus). Die Pfalz und das Saarland während des Krieges (1940-1945). Aus d. Lageberichten d. Oberlandesgerichtspräsidenten u. Generalstaatsanwaltes in Zweibrücken /Cf. Bibl. 78-79, n° 7596./ Jb. f. westdeutsche Landesgesch., 80, Bd 6, p. 343-398.

6670. Ostmitteleuropa im zweiten Weltkrieg. Historiographische Fragen. Red. von Ferenc GLATZ. Budapest, Akadémiai Kiadó, 78, in-8, 254 p.

6671. PALEŠUTSKI (K.). Jugoslavskata komunističeska partija i makedonskijat văpros, 1919-1945. (Le Parti communiste yougoslave et la question macédonienne 1919-1945.) Sofija, Izd. Nauka i Izkustvo, 80, in-8, 438 p.

6672. PASTUSIAK (Longin). Roosevelt a sprawa polska. (Roosevelt et la cause polonaise.) Warszawa, Książka i Wiedza, 80, in-8, 441 p.

6673. Protifašistický boj a Mnichov. (Der antifaschist. Kampf u. München.) Edit. Jarmila WAGNEROVÁ. Praha, Univ. Karlova, 79, in-8, 240 p.

6674. ROUSSO (Henry). Un château en Allemagne : la France de Pétain en exil, Sigmaringen, 1944-1945. Paris, Ramsay, 80, in-8, 451 p.

6675. SHELAH (Menahem). Rezah yehude qroatia al yede ha-germanim. (The murder of the Croatian Jews by the Germans and their helpers during the Second World War.) Diss. Tel-Aviv, Univ., 80, in-4, 376-XIL - 64-11 p. /Summary in Eng./

6676. SIPOS (Péter), VIDA (István). Az Egyesült Államok és Magyarország a második világháború végén. (Les Etats-Unis et la Hongrie à la fin de la deuxième Guerre mondiale.) Valóság, 80, vol. 23, n° 2, p. 70-85.

6677. SMITH (J. Myron). Secret wars : intelligence, propaganda and psychological warfare, resistance movments and secret operations, 1939-1945. Vol. 1. Oxford, Clio Press, 80, in-8, 300 p.

6678. SOBCZAK (Janusz). Watykan a sprawy polskie w czasie II wojny światowej w świetle dokumentów ówczesnej Ambasady RP przy Stolicy Apostolskiej. (Le Vatican et les questions polonaises pendant le IIe guerre mondiale à la lumière des documents de l'Ambassade de la République de Pologne de l'époque près du Saint-Siège.) Przegl. zach., 80, a. 36, n° 2, p. 108-139.

6679. STEINBERG (Lucien). Les Allemands en France, 1940-1944. Paris, A. Michel, 80, in-8, 377 p.

6680. STERN (Elijahu). Qorotehem shel yehude danzig. (The history of the Jews of Danzig from the Emancipation until their deportation in the Nazi era.) Diss. Jerusalem, Hebrew Univ., 78, in-8, XXXIX-11-664-14 p. /Summary in Eng./

6681. SZUMOWSKI (Tadeusz). Wokół przesilenie lipcowego 1940 roku. (Autour de la crise de juillet 1940.) Kwart. hist., 80, a. 87, n° 1, p. 85-95. /Le gouvernement polonais en émigration, la crise après son départ de la France pour la Grande Bretagne/

6682. TILKOVSZKY (Loránt). Ez volt a Volksbund. A német népcsoportpolitika és Magyarország, 1938-1945. Ceci a été le Volksbund. La politique allemande des "groupes ethniques" et la Hongrie.) Budapest, Kossuth Kiadó, 78, in-8, 420 p. - CR : I. Pintér, Párttört. Közl., 79, vol. 25, n° 3, p. 256-259 ; M. Stier, Társad. Szle, 79, vol. 34, n° 4, p. 107-109 ; G. Tokody, Századok, 79, vol. 113, n° 4, p. 728-731. /Cf. n°s 3551, 6596./

6683. UEBERSCHÄR (Gerd R.). Guerre de coalition ou guerre séparée. Conception et structures de la stratégie germano-finlandaise dans la guerre contre l'URSS (1941-1944). R. Hist. 2e Guerre mond., 80, t. 30, n° 118, p. 27-68.

6684. Ursachen und Voraussetzungen der deutschen Kriegspolitik. Von Wilhelm DEIST /u. a./. Stuttgart, Deutsche Verl.-Anst., 79, in-8, 764 p. (2 Kt.). (Das Deutsche Reich u. der Zweite Weltkrieg, 1)

6685. VANWELKENHUYZEN (Jea). La Belgique et la menace d'invasion, 1939-1940, les avertissements venus de Berlin, R. hist., 80, n° 536, p. 376-398.

6686. VIGH (Károly). Ugrás a sötébe. 1944. október 15. (Le saut dans l'obscurité : le 15 oct. 1944.) Budapest, Akad. Kiadó, 79, in-8, 166 p. (Sorsdöntő történelmi napok, 5)

6687. WAGMAN-ESHKOLY (Hava). Tohnit transnistria, hizdamnut hazala o hona's ? (The Transdniester plan, a chance to save lives or a Nazi deception ?) Yalkut Moreshet, 79, n° 27, p. 155-171. /On the plan to transfer Rumanian Jews from the province of Transdniester to Palestine./

6688. Vacat.

6689. ZIMMERMANN (Horst). Die Schweiz und Grossdeutschland. Das Verhältnis zwischen d. Eidgenossenschaft, Österreich u. Deutschland 1933-1945. München, Fink, 80, in-8, 795 p.

Cf. n°s 3276, 3318, 4660, 6163, 6485, 6503, 6504, 6517, 6529, 6874, 6876.

b. Diplomatie. Wirtschaft.

✱✱ 6690. Akten zur deutschen auswärtigen Politik. 1918-1945. Ser. E. 1941-1945. /Bd 5, 6. Cf. Bibl. 78-79, n° 7624./ Bd 7 : 1. Okt. 1943-30 Apt. 1944. Ausw. d. Dokumente Ingrid KRÜGER-BULCKE u. a. Ed. Bearb. Martin MANTZKE u. Christoph STAMM. Bd 8 : 1. Mai 1944-8. Mai 1945. Ausw. d. Dokumente Ingrid KRÜGER-BULCKE u. a. Göttingen, Vandenhoeck u. Ruprecht, 79, 2 vol. in-8, LVI-755, SVII-711 p.

✱✱ 6691. Documenten betreffende de buitenlandse politiek van Nederland 1919-1945. (Documents concerning the foreign policy of the Netherlands 1919-1945.) Periode C : 1940-1945. Vol. /1, 2. Cf. Bibl. 76-77, n° 8236./ 3 : 1 juni - 7 december 1941. Bewerkt door A. E. KERSTEN en A. F. MANNING. 's-Gravenhage, Nijhoff, 80, in-4, XCIII-719 p. (Rijks Geschiedk. Publ., gr. s., 173) /Cf. n° 6480./

✱✱ 6692. Documents diplomatiques français, 1932-1939. Ministère des Affaires Etrangères, Commission de publication des documents relatifs aux origines de la guerre 1939-1945. 2e série : 1936-1939. /T. 11-13. Cf. Bibl. 78-79, n° 7627./ T. 14 : 1er février - 15 mars 1939. Paris, Impr. nationale, 80, in-8, LX-638 p.

✱✱ 6693. Foreign and Commonwealth Office, London. Documents on British foreign policy, 1919-1939. 2nd ser., /Vol. 16. Cf. Bibl. 78-79, n° 7628./ Vol. 17 : Western Pact negotiations, outbreak of Spanish Civil War, June 23, 1936 - January 2, 1937. Vol. 18 : European affairs, January 2 - June 30, 1937. Ed. by W. N. MEDLICOTT a. Douglas DAKIN, assisted by Gillian BENNET. London, H. M. Stationery Office, 79-80, 2 vol. in-8, LV-801, LIX-1027 p.

✱✱ 6694. Notenwechsel (Der) zwischen dem Heiligen Stuhl und der Deutschen Reichsregierung. Bearb. v. Dieter ALBRECHT/ /2. Cf. Bibl. 68-69, n° 10165./ 3 : Der Notenwechsel und die Demarchen des Nuntius Orsenigo 1933-1945. Mainz, Matthias-Grünewald-Verl., 80, in-4, XCV-856 p. (Veröff. d. Komm. f. Zeitgesch. Reihe A : Quellen, 29)

✱✱ Cf. n° 6828.

6695. ACCINELLI (Robert D.). Militant internationalists : the League of Nations Association, the peace movement, and U. S. foreign policy, 1934-1938. Dipl. Hist., 80, vol. 4, n° 1, p. 19-38.

6696. ÁDÁM (Magda). A müncheni egyezmény a II. világháboru nyitánya. (Les accords de Munich - ouverture de la IIe guerre mondiale.) Századok, 80, vol. 114, n° 5, p. 846-862.

6697. ALVAREZ (David J.). Bureaucracy and Cold War diplomacy. The United States and Turkey 1943-1946. Thessaloniki, Inst. for Balkan Studies, 80, in-8, 147 p.

6698. ANDERSON (James Reardon). Yenan and the great powers : the origins of Chinese communist foreign policy, 1944-1946. New York, Columbia U. P., 80, in-8, X-216 p. (maps). (Stud. of the East Asian Inst., Columbia Univ.)

6699. BAUER (Yehuda). Shelihuto

7. GESCHICHTE VON 1935-1945 DER ZWEITE WELTKRIEG

shel Yoel Brand. (Joel Brand's mission, 1944.) Yalkut Moreshet, 79, n° 26, p. 23-60.

6700. BELECKIJ (V. N.). Vstreča v Potsdame. (The meeting in Potsdam.) Moskva, Meždunar. otn., 80, in-8, 263 p.

6701. BOYD (Carl). The extraordinary envoy : General Hiroshi Oshima and diplomacy in the Third Reich, 1934 -1939. Washington, D. C., U. P., of America, 80, in-8, X-235 p.

6702. CALAFETEANU (Ion). Diplomaţia românească în sud-estul Europei (martie 1938 - martie 1940). (La diplomatie roumaine dans le Sud-Est de l'Europe, mars 1938 - mars 1940.) Bucureşti, Ed. politică, 80, in-8, 295 p.

6703. DIMITROV (Ilčo). Anglijskata politika kăm Bălgarija (Ot Anšlusa do načaloto na Vtorata svetovna vojna). (La politique de l'Angleterre à l'égard de la Bulgarie, depuis l'Anschluss jusqu'au début de la Seconde guerre mondiale.) God. sofijsk. Univ. Ist. Fak., 80, n° 70, p. 335-402.

6704. EICHHOLTZ (Dietrich). "Grossgermanisches Reich" und "Generalplan Ost". Einheitlichkeit u. Unterschiedlichkeit im faschist. Okkupationssystem. Z. f. Geschichtswiss., 80, Jg. 28, p. 835-841.

6705. FERRETTI (Valdo). Il patto cino-sovietico del 21 agosto 1938 e i suoi riflessi nella politica estera italiana. Stor. Pol., 80, a. 19, p. 309-342.

6706. FRANKE (Reiner). Beneš und die Sowjetunion. Die Beziehungen seit d. Jahre 1935. Bohemia, 80, Bd 21, p. 288-302.

6707. GARLICKA (Anna). La politique de la Pologne en Europe Centrale et dans les Balkans 1934-1939. Acta Poloniae hist., 80, vol. 41, p. 217-237.

6708. GROEHLER (Olaf), SCHUMANN (Wolfgang). Zu den Bündnisbeziehungen des faschistischen Deutschlands im zweiten Weltkrieg. Z. f. Geschichtswiss., 80, Jg. 28, p. 624-639.

6709. HASLUCK (Paul). Diplomatic witness : Australian foreign affairs, 1941-1947. Melbourne, U. P., 80, in-8, 364 p.

6710. HERMAN (J.). Soviet peace efforts on the eve of world war two. A review of the Soviet documents. J. contemp. Hist., 80, vol. 15, p. 577-607.

6711. IOKIBE (Makoto). "Mujôken-kôhuku" to Potsudam sengen. ("Unconditional surrender" and the Potsdam proclamation.) Kokusaihô-gaikô Zasshi, 80, vol. 79, n° 5, p. 29-72.

6712. JACKIEWICZ (Henryk). Brytyjskie gwarancje dla Polski w 1939 roku. (Les garanties de la Grande-Bretagne données à la Pologne en 1939.) Olsztyn, Wyższa Szkoła Pedagog., 80, in-8, 334 p.

6713. JEMNITZ (János). As angol Munkáspárt külpolitikai irányvonalához. 1938 : A "megbékéltetés" és "München" ellen. (Sur la tendance de la politique extérieure du Labour Party. 1938 : Contre la "réconciliation" et contre "München".) Tört. Szle, 78, vol. 21, n) 1, p. 90-116.

6714. JUHÁSZ (Guyla). Magyar-brit titkos tárgyalások 1943-ban. (Les entretiens secrets hungaro-britanniques en 1943.) Budapest, Kossuth Kiadó, 78, in-8, 321 p. /Cf. n° 6125./ - CR : G. Jeszenszky, Valóság, 78, vol. 21, n° 12, p. 104-108.

6715. KÁRNY (Miroslav). Koncentrační tábory, SS a německé monopoly. (Die Konzentrationslager, die SS und die deutschen Monopole.) Českoslov. Čas. hist., 78, vol. 26, p. 676-712.

6716. KONDRATENKO (L. V.). Krakh èkonomičeskikh planov nemecko-fašistskikh zakhvatčikov na Ukraine. Istoričeskij očerk. (The failure of the economic projects of the fascist German agressors in the Ukraine. Historiographical essay.) Kiev, Nauk. dumka, 80, in-8, 106 p.

6717. LÁNG (István). Attempts to restore economic and financial relations between capitalist states 1934-1938. In : Etudes hist. hongr. /Cf. n° 611/, vol. 2, p. 411-440.

6718. McLEAN (Elizabeth Kimball). Joseph E. Davies and Soviet-American relations, 1941-1943. Dipl. Hist., 80, vol. 4, n° 1, p. 73-94.

6719. MICHALKA (Wolfgang). Ribbentrop und die deutsche Weltpolitik, 1933-1940. Aussenpolitische Konzeptionen u. Entscheidungsprozesse im Dritten Reich. München, Fink, 80, in-8, 371 p. (Veröff. d. Hist. Inst. d. Univ. Mannheim, 5)

6720. MIGONE (Gian Giacomo). Gli Stati Uniti e il fascismo. Alle origini dell'egemonia americana in Italia. Milano, Feltrinelli, 80, in-8, 404 p. (I fatti e le idee, 456. Testi e saggi, 16)

6721. MORLEY (John F.). Vatican diplomacy and the Jews during the holocaust, 1939-1943. New York, KTAV Pub. House, 80, in-8, XVII-327 p.

6722. NINKOVICH (Frank). Cultural relations and American China policy : 1942-1945. Pacific hist. R., 80, vol. 49, n° 3, p. 471-498.

6723. NÜBEL (Otto). Die amerikanische Reparationspolitik gegenüber Deutschland, 1941-1945. Hrsg. v. Bundesmin. f. Innerdeutsche Beziehungen. Frankfurt (Main), Metzner, 80, in-8, XIII-226 p. (Dokumente z. Deutschlandpolitik, Beih., 4)

6724. ORLOF (Ewa). Dyplomacja polska wobec sprawy słowackiej w latach 1938-1939. (La diplomatie polonaise face à la question slovaque dans les années 1938-1939.) Avant-propos de Henryk BATOWSKI. Kraków, Wydawn. Liter., 80, in-8, 214 p.

6725. PESZKE (Michael Alfred). A synopsis of Polish-allied military agreements during world war two. Milit. Affairs, 80, vol. 44, n° 3, p. 128-135.

6726. PÉTER (János). A magyarszovjet diplomáciai kapcsolatok történetéből; 1939-1941. (De l'histoire des relations diplomatiques hungaro-russes.) Budapest, Kossuth Kiadó, 79, in-8, 145 p.

6727. POLVINEN (Tuomo). Suomi kansainvälisessä politiikassa. (Finland in international politics.) 1 : Barbarossasta Teheraniin 1941-1943. (From Barbarossa to Teheran 1941-1943.) 2 : Teheranista Jaltaan 1944. (From Teheran to Jalta 1944.). Porvoo, WS, 79-80, 2 vol. in-8, 369, 234 p.

6728. QUARTARARO (Rosaria). Roma tra Londra e Berlino. La politica estera fascista dal 1930 al 1940. Roma, Bonacci, 80, in-8, 838 p. (I fatti della Stor. Saggi, 6)

6729. Vacat.

6730. RUNDELL (Walter) Jr. Military money : a fiscal history of the U. S. army overseas in world war II. College Station, Texas A & M Univ., Press, 80, in-8, XVII-271 p.

6731. SAKMYSTER (Thomas L.). Hungary, the great powers, and the Danubian crisis, 1936-1939. Athens, Univ. of Ga. Press, 80, in-8, XI-284 p.

6732. SCHUSTEREIT (H.). Die Mineralöllieferungen der Sowjetunion an das Deutsche Reich 1940/1941. Vjschr. f. Soz.- u. Wirtschaftsgesch., 80, Bd 67, p. 334-353.

6733. STACEY (C. P.). The divine mission : Mackenzie King and Hitler. Canad. hist. R., 80, vol. 61, p. 502-512.

6734. TEJCHMAN (Miroslav). Balkánská politika Velké Británie na počátku druhé světové války (1939-1941.) (Balkan policy of Great Britain at the beginning of the Second World War 1939-1941.) Praha, Academia, 79, in-8, 67 p. (Rozpravy Československ. akad. věd. Řada spol. věd, vol. 89, tom. 6)

6735. TOEPFER (Marcia Lynn). American governmental attitudes towards the Soviet Union during the Czechoslovak crisis of 1938. East european Quar., 80, vol. 14, n° 1, p. 93-108.

6736. TUŢU (Dumitru). Politica militară externă a României în perioada septembrie 1939 - iunie 1941 (I). (La politique militaire extérieure de la Roumanie dans la période sept. 1939 - juin 1941.) Acta Musei napocensis, 80, vol. 17, p. 359-381.

6737. VARSORI (Antonio). L'antifascismo e gli alleati : le missioni di Lussu e Gentili a Londra e Washington nel 1941-42. Stor. Pol., 80, a. 19, p. 457-507. - IDEM. Antifascismo e potenze alleate di fronte alla Conferenza di Montevideo dell'agosto 1942. Nuova Antol., 80, a. 115, vol. 541, fasc. 2134, p. 292-312 ; vol. 542, fasc. 2135, p. 302-324.

6738. VILLA (Brian Loring). The atomic bomb and the Normandy invasion. Perspect. in am. Hist., 77-78, vol. 11, p. 463-502.

6739. WASZKIEWICZ (Zofia). Polityka Watykanu wobec Polski 1939-1945. (La politique du Vatican à l'égard de la Pologne, 1939-1945.) Warszawa, Państw. Wydawn. Nauk. 80, in-8, 370 p.

6740. WEBER (Reinhold W.). Die Entstehungsgeschichte des Hitler-Stalinpaktes 1939. Frankfurt a. M., Bern /etc./, Lang, 80, in-8, 305 p. (Europ. Hochschulschriften, R. 3 : Gesch., 141)

6741. WEINBERG (Gerhard L.). The foreign policy of Hitler's Germany : starting world war II, 1937-1939. Chicago a. London, Univ. of Chicago Press, 80, in-8, XII-728 p.

6742. WHEELER (Mark C.). Britain and the war for Yugoslavia, 1940-1943. Boulder, Colo., East European Quar., 80, in-8, 351 p. (East European Monographs, 64)

6743. WILSON (Craig Alan). Rehearsal for a United Nations : the Hot Springs conference /on Food and Agriculture, May 1943./ Dipl. Hist., 80, vol. 4, n° 3, p. 263-282.

Cf. n°s 2999, 5246, 6507, 6521, 6551, 6555, 6837, 6843, 6899.

c. Kriegshandlungen.

6744. ALLEN (Peter). One more river : the Rhine crossings of 1945. London, Dent, 80, in-8, 326 p. (maps)

6745. ANTHOINE (Roger). Forteresses sur l'Europe, 17 août 1943. Bruxelles, Rossel, 80, in-8, 335 p. (ill.)

6746. ATKIN (R.). Dieppe, 1942, jubilee disaster. London, Macmillan, 80, in-8, 320 p.

6747. ATTARD (Joseph). The battle of Malta. London, Kimber, 80, in-8, 256 p. (ill.)

6748. BEDARIDA (François). La stratégie de la Drôle de guerre. Le

7. GESCHICHTE VON 1935-1945
DER ZWEITE WELTKRIEG

Conseil suprême interallié, septembre 1939 - année 1940. Paris, Presses de la Fondation nat. des Sci. pol. et Ed. du C.N.R.S., 79, in-8, 573 p.

6749. BEHRENDT (Hans-Otto). Rommels Kenntnis vom Feind im Afrikafeldzug. Ein Bericht über die Feindnachrichtenarbeit, insbesondere die Funkaufklärung. Freiburg, Rombach, 80, in-8, 342 p. (Einzelschr. z. milit. Gesch. d. Zweiten Weltkrieges, 25)

6750. BJØRNSEN (Bjørn). Narvik 1940. Oslo, Gyldendal, 80, in-8, 359 p. (8 pl.)

6751. BOOG (Horst). The organization of the German air force high command, 1935-1945. R. int. Hist. milit., 80, cah. 47, p. 95-106.

6752. BUONPENSIERE (Giancarlo), CAMPANI (Giuliano). Panzer Division, 1939-1945. Storia, evoluzione tecnica. Parma, Albertelli, 80, in-8, 177 p. (ill.).

6753. CSONKARÉTI (Károly). Új adatok 1944. október 15. katonai előkésítéséhez. (Neue Daten zur militärischen Vorbereitung des 15. Okt. 1944.) Hadtört. Közl., 80, vol. 27, n° 2, p. 311-326.

6754. DELMAS (Jean). Organisation du Haut-Commandement français en 1943-1945. R. int. Hist. milit., 80, cah. 47, p. 72-94.

6755. DOMBRÁDY (Loránd). Adalékok Kassa bombázásához, (Einige Angaben über di Bombardierung von Kaschau /1941/.) Hadtört. Közl., 79, vol. 26, n° 2, p. 319-321.

6756. DUNLOP (Richard). Behind Japanese lines, with the Office of Strategic Services in Burma. London, Rand McNally, 80, in-8, 480 p.

6757. DUPLAY (général Philippe). 2e D. B., avec Leclerc, de Douala à Berchtesgaden. Paris, E. Baschet, 80, in-8, 142 p. (ill.).

6758. DZIPANOW (Rudolf). 1 Armia WP w bitwie o Wał Pomorski. (La 1e Armée Polonaise dans la bataille pour la ligne fortifiée de la Poméranie.) Wojsk. Przegl. hist., 80, a. 25, n° 1-2, p. 107-130.

6759. ELLIS (John). The sharp end of the war. The fighting man in world war II. London, David a. Charles, 80, in-8, 396 p. (ill.).

6760. FLEURY (Georges). Les fusiliers marins de la France libre. Paris, B. Grasset, 80, in-8, 356 p. (pl.).

6761. FORTUNA (Piero), UBOLDI (Raffaello). Il tragico Don. Cronache della campagna italiana in Russia (1941-1943). Milano, Mondadori, 80, in-8, 495 p. (ill., tav.). (Le scie)

6762. GOLUCKE (Friedhelm).

Schweinfurt und der strategische Luftkrieg 1943. Der Angriff d. US Air Force v. 14. Okt. 1943 gegen d. Schweinfurter Kugellagerindustrie. Paderborn, Schöningh, 80, in-8, 444 p. (Slg. Schöningh z. Gesch. u. Gegenwart)

6763. GOUNELLE (Claude). Sédan, mai 1940. Paris, Presses de la Cité, 80, in-8, 281 p. (pl., cartes)

6764. GUNSBURG (Jeffrey A.). Divided and conquered : the French high command and the defeat of the west, 1940. Westport, Conn., Greenwood Press, 79, in-8, XXIII-303 p. (Contribs. in Military Hist., 18) - IDEM. Coupable ou non ? Le rôle du général Gamelin dans la défaite de 1940. R. hist. Armées, 79, n° 4, p. 145-163.

6765. HAGA (Arnfinn). Kystens partisaner : den hemmelige militaere nordsjotrafikk 1943-45. (Coastal partisans : the secret military traffic in the North Sea, 1943-45.) Oslo, Cappelen, 80, in-8, 239 p. (8 pl.)

6766. HOWART (Patrick). Undercover. The men and women of the Special Operations Executive. London, Kegan Paul, 80, in-8, VII-248 p.

6767. HUARD (Paul). Le colonel de Gaulle et ses blindés, Laon, 15-20 mai 1940. Paris, Plon, 80, in-8, 354 p.

6768. JANSEN (A. A.). Sporen aan de hemel. Kroniek van een luchtoorlog. (Air-war above the Netherlands.) /1. Cf. Bibl. 78-79, n 7710./ 2 : September 1943 - januari 1944. Hollandia, 80, in-8, 340 p. (ill., maps)

6769. KACZMAREK (Kazimierz). Polacy na polach Łużyc. (Les Polonais sur les champs de la Lusace.) Warszawa, Wydawn. Min. Obrony Narod., 80, in-8, 389 p. (Wojsk. Inst. Hist. im. W. Wasilewskiej)

6770. KLINK (Ernst). The organization of the German military high command in world war II. R. int. Hist. milit., 80, cah. 47, p. 129-153.

6771. KOSIARZ (Edmund). Flota Białego Orła. (La flotte de l'Aigle Blanc.) Gdańsk, Wydawn. Morskie, 80, in-8, 688 p. (Historia Morska) /Marine de guerre polonaise, 1939-1945/

6772. KOVÁTS (Lajos). Adatok a magyar légierő anyagitechnikai állapotáról, 1938-1941. (Daten zum material-technischen Zustand d. ungarischen Luftwaffe.) Hadtört. Közl., 79, vol. 26, n° 3, p. 462-485.

6773. KRÓL (Wacław). Myśliwcy. (Les chasseurs.) Warszawa, Wydawn. Min. Obrony Narod., 80, in-8, 370 p. /Biographies d'aviateurs polonais dans la IIe guerre mondiale/

6774. MICHEL (H.). La libération de Paris. Bruxelles, Complexe, 80, in-8, 184 p.

6775. MIDDLEBROOK (Martin). The battle of Hamburg. Allied bomber forces against a German city in 1943. London, Lane, 80, in-8, 424 p. (pl., maps).

6776. MONTEMAGGI (Amedeo). Offensiva della linea gotica. Bologna, Guidicini e Rosa, 80, in-8, 271 p. (ill., tav.).

6777. MOSER (Arnulf). Das französische Befreiungskomitee auf der Insel Mainau und das Ende der deutsch-französischen Collaboration, 1944/45. Sigmaringen, Thorbecke, 80, in-8, 40 p. (Konstanzer Geschichts- u. Rechtsquellen, 25)

6778. Officiers (Les) généraux français morts au cours des opérations de mai-juin 1940. R. hist. Armées, 79, n° 4, p. 221-241.

6779. OVERY (R. J.). The air war, 1939-1945. London, Europa, 80, in-8, XII-263 p.

6780. PITT (Barrie). The crucible of war, the Western desert, 1941. London, Caps, 80, in-8, 512 p. (ill.).

6781. PRICE (Alfred). Battle of Britain : the hardest day 18 Aug. 1940. London, Granada, 80, in-8, 319 p. (ill., pl., maps).

6782. PRZYGOŃSKI (Antoni). Powstanie warszawskie w sierpniu 1944 r. (L'insurrection de Varsovie en août 1944.) T. 1, 2. Warszawa, Państw. Wydawn. Nauk., 80, 2 vol. in-8, 458, 613 p.

6783. RAWLING (Gerald). Cinderella operation, the battle for Walcheren, 1944. London, Cassell, 80, in-8, 164 p.

6784. REINER (Josef). Komunisté v československém pozemním vojsku na západe. (Die Kommunisten in tschechoslowak. Landstreitkräften im Westen.) Praha, Naše vojsko, 79, in-8, 280 p. (16 fig.). (Živá minulost, 81)

6785. REIT (Seymour). The hidden war. The amazing camouflage deceptions of world war II. London, Corgi Books, 80, in-8, XVI-231 p. (pl.)

6786. RICCI (Corrado), SHORES (Christopher F.). La guerra aerea in Africa orientale (1941-41). Opera promossa dallo Stato Maggiore dell'Aeronautica, Ufficio storico. Modena, S.T.E.M. Mucchi, 80, in-8, 145 p. (ill., tav.).

6787. SANTONI (Alberto), MATTESINI (Francesco). La partecipazione tedesca alla guerra aereonavale nel Mediterraneo (1940-1945). Roma, Ediz. dell'Ateneo & Bizzarri, 80, in-8, 639 p. (ill., tav.). (Protagonisti, 5)

6788. SÁVOLY (Mária). A Görögország elleni olasz agresszió előzményei és lefolyása 1940 nyarától december végéig. (Die ital. Agression gegen Griechenland v. Sommer bis Dez. 1940.) Hadtört . Közl., 79, vol. 26, n° 4, p. 551-578.

6789. SAWICKI (Tadeusz). Ofensywa zimowa Armii Radzieckiej 1945 r. w meldunkach Wehrmachtu. (L'offensive d'hiver de l'Armée Soviétique en 1945 d'après les rapports de la Wehrmacht.) Wojsk. Przegl. hist., 80, a. 25; n°s 1 -2, p. 131-150.

6790. SCHAFFER (Ronald). American military ethics in world war II : the bombing of German civilians. J. am. Hist., 80, vol. 67, n° 2, p. 318-334.

6791. SCHREIBER (G.). Les structures stratégiques de la conduite de la guerre italo-allemande au cours de la deuxième guerre mondiale. R. Hist. 2e Guerre mond., 80, p. 1-32.

6792. SCOTTI (Giacomo). I disertori. Le scelte dei militari italiani sul fronte jugoslavo prima dell'8 settembre. Milano, Mursia, 80, in-8, 303 p. (tav.). (Testim. tra Cronache e Stor., 108)

6793. STĄPOR (Zdzisław). Berlin 1945. (Berlin 1945.) Warszawa, Wydawn. Min. Obrony Narod., 80, in-8, 201 p. (Historyczne Bitwy)

6794. STOLFI (Russel H. S.). Chance in history : the Russian winter of 1941-1942. History, 80, vol. 65, p. 214-228.

6795. SZUMOWSKI (Zbigniew). Boje o Poznań 1945. (Les combats pour Poznań en 1945.) Poznań, Wydawn. Pozn., 80, in-8, 413 p.

Cf. n°s 2823, 2865, 3301.

d. Widerstand.

** 6796. Ramię w ramię. Wspomnienia cudzoziemców uczestniczących w polskim ruchu oporu w latach 1939-1945. (Côte à côte. Souvenirs des étrangers qui ont participé à la Résistance polonaise, 1939-1945.) Choix de textes et postface par Stanisław OKĘCKI. Warszawa, Czytelnik, 80, in-8, 343 p.

** Cf. n° 3219.

6797. BOSÁK (Pavel). Z bojových operácii na fronte SNP. (Aus den Kampfoperationen an der Front des Slowakischen Nationalaufstandes.) Bratislava, Pravda, 79, in-8, 288 p. (48 fig.)

6798. BUCZAK (Eugeniusz), GASZTOLD (Tadeusz). Ruch oporu na Pomorzu Zachodnim w latach 1939-1945. (La Résistance en Poméranie Occidentale dans les années 1939-1945.) Koszalin, Koszaliński Ośrodek Nauk.-Badawczy, 80,

7. GESCHICHTE VON 1935-1945
DER ZWEITE WELTKRIEG

in-8, 144 p.

6799. BYSTRICKÝ (Valerián), HROZIENČÍK (Jozef). V spoločnom boji. Revolučná činnosť bulharských študentov na Slovensku v období druhej svetovej vojny. (Im gemeinsamen Kampf. Die revolutionäre Aktivität d. bulgar. Studenten in d. Slowakei in d. Zeit d. Zweiten Weltkrieges.) Bratislava, Obzor, 78, in-8, 164 p. (fig.).

6800. Čeští učitelé v protifašistickém odboji 1939-1945. Sborník studií a vzpomínek. (Die tschechischen Lehrer im antifaschist. Widerstand 1939-1945. Ein Sammelband v. Studien u. Erinnerungen.) Edit. Karel ČONDL u. Tomáš PASÁK. Praha, Práce, 78, in-8, 357 p. (43 phot.).

6801. CHOLAWSKI (Shalom). Hamahteret ha-yehudit begetaot bielorusia ha-ma'aravit. (The Jewish underground in the ghettos of Western Belorussia during the holocaust.) Diss. Jerusalem, 77, in-4, 363, 143, 18 p. /Summary in Eng./

6802. DATNER (Szymon). Udział Żydów w belgijskim ruchu oporu w świetle materiałów hitlerowskich. (La participation des Juives à la Résistance belge à la lumière des matériaux hitleriens.) B. żyd. Inst. hist., 80, a. 30, n° 1, p. 51-57.

6803. EIDEM (Knut). Aulaen brenner ! Norske studenter under hakekorset. (The Aula is burning ! Norwegian students under the swastika.) Oslo, Gyldendal, 80, in-8, 153 p.

6804. Fegyverrel a hazáért. Magyar ellenállási és partizánharcok a második világháború idején. Szerk. DOMBRÁDY Lóránd, NAGY Gábor. (Avec les armes pour la patrie. Luttes de la résistance et des partisans à l'époque de la IIe guerre mondiale. Réd. par -.) Budapest, Kossuth Kiadó-Zrinyi Kiadó, 80, in-8, 295 p. - CR : E. Karsai, Társad. Szle, 80, vol. 35, n° 6, p. 84-86 ; I. Pintér, Párttört. Közl., 80, vol. 26, n° 2, p. 167-174 ; A. Windisch, Hadtört. Közl., 80, vol. 27, n° 4, p. 633-636.

6805. GAZSI (József). Eredmények és feladatok az antifasiszta ellenállási mozgalom kutatásában. (Ergebnisse u. Aufgaben in d. Forschung d. antifaschist. Widerstandsbewegung.) Hadtört. Közl., 79, vol. 26, n° 2, p. 293-307.

6806. Gegner des Nationalsozialismus. Wissenschaftler u. Widerstandskämpfer auf d. Suche nach hist. Wirklichkeit. Christoph KLESSMANN, Falk PINGEL (Hrsg.). Frankfurt (Main) u. New York, Campus-Verl., 80, in-8, 307 p. (graph. Darst.).

6807. GMITRUK (Janusz). Konspiracyjny ruch ludowy na kielecczyźnie 1939-1945. (Le mouvement populaire clandestin dans la région de Kielce 1939-1945.) Warszawa, Lud. Spółdz. Wydawn., 80, in-8, 382 p.

6808. KHACKEVIČ (A. F.), KRJUČOK (R. R.). Stanovlenie partizanskogo dviženija v Belorussii i družba narodov SSSR. (Formation of the guerilla movement in Belorussia and the friendship of the peoples of the USSR.) Minsk, Nauka i tekhnika, 80, in-8, 288 p.

6809. KIEVAL (Hillel J.). Legality and resistance in Vichy France : the rescue of Jewish children. Proc. am. philos. Soc., 80, vol. 124, n° 5, p. 339-367.

6810. LATREILLE (André). Un évêque résistant : Mgr Pierre-Marie Théas, évêque de Montauban, 1940-1946. R. Hist. ecclés., 80, vol. 75, p. 284-321.

6811. LEVIN (Dov). Im ha-gav al ha-qir. (With their backs to the wall ; the armed struggle of Latvian Jewry against the Nazis, 1941-1945.) Tel-Aviv, Hakibbutz Hameuchad, 78, in-8, 313 p. (plates)

6812. MATUSAK (Piotr). Front walki propagandowej w polskim ruchu oporu 1939-1945. (Le front de la lutte de propagande de la Résistance polonaise, 1939-1945.) Wojsk. Przegl. hist., 80, a. 25, n°s 1-2, p. 151-181.

6813. NAWROCKI (Stanisław). Ucieczki z hitlerowskich więzień w tzw. Kraju Warty. (Les évasions des prisons nazies dans le Pays de Warta /Warthegau/.) Studia Mater. Dziej. Wielkop. Pomorza, 80, vol. 26, fasc. 1, p. 115-132.

6814. Proti fašizmu za národné oslobodenie. (Gegen den Faschismus für die nationale Befreiung.) Edit. Viliam PLEVZA. Bratislava, Veda, 79, in-8, 164 p.

6815. RAEDTS (G. E. P. M.) Het mijnwerkersverzet tijdens de tweede wereldoorlog. (Miners resistance movement in Dutch Limburg in World War II.) Stud. soc.-econ. Gesch. Limburg, 79, vol. 24, p. 1-23.

6816. RUBY (Marcel). La résistance à Lyon, 19 juin 1940-3 septembre 1944. Lyon, Ed. l'Hermès, 79, 2 vol. in-8, 1054 p. (pl., ill.). (Les hommes et les lettres, 10)

6817. STAFFORD (David). Britain and European resistance, 1940-1945. A survey of the Special Operation Executive, with documents. London, Macmillan, 80, in-8, XIII-295 p.

6818. UMREJKO (S. A.), ZALESSKIJ (A. J.), KOBRINEC (P. N.). Patriotizm učitelej i škol'nikov Belorussii v bor'be protiv nemecko-fašistskikh okkupantov. (Patriotism of school teachers and pupils of Belorussia in the struggle against the fascist invaders.) Minsk, Izd-vo BGU, 80, in-8, 176 p.

6819. VITALI (Giorgio). Una città nella bufera. Milano 25 luglio 1943 - 25 aprile 1945. Milano, Mursia, 80, in-8, 248 p. (tav.). (Testim. fra cronaca e Stor., 109)

6820. VYSTRČIL (Jan). Komunistická strana Jugoslávie v čele národně osvobozeneckého boje jugoslávských národů v letech 1941-1943. (Die Kommunistische Partei Jugoslawiens an d. Spitze d. nationalen Befreiungskampfes d. jugoslawischen Völker in d. J. 1941-1943.) Praha, Vysoká škola politická ÚV KSČ, 78, in-8, 250 p.

6821. WINNICKA (Halina). Tradycja a wizja Polski w publicystyce konspiracyjnej. (La tradition et la vision de la Pologne dans le journalisme clandestin.) Warszawa, Lud. Spółdz. Wydawn., 80, in-8, 296 p.

Cf. n°s 3290, 3643, 4442, 6532.

§ 8. Geschichte seit 1945.

** 6822. Dito (Il) mignolo. Il carteggio Tito-Stalin che precedette la scomunica della Jugoslavia. A cura di Giacomo SCOTTI. Milano, La pietra, 80, in-8, 126 p. (Gli esempi)

** 6823. Dokumente zur Aussenpolitik der Deutschen Demokratischen Republik. /Bd 23. Cf. Bibl. 78-79, n° 7762./ Bd 24 : 1976, Halbbd 1, 2. Hrsg. vom Inst. f. Internat. Beziehungen an d. Akad. f. Staats- u. Rechtswiss. d. DDR, Potsdam-Babelsberg, in Zusammenarb. mit d. Abt. Rechts- u. Vertragswesen d. Ministeriums f. Auswärtige Angelegenheiten d. DDR. Berlin, Staatsverl. d. DDR, 80, 2 vol. in-8, 688 p., p. 693-1302.

** 6824. End (The) of the post war era : documents on Great Power relations, 1968-1975. Ed. by James MAYALL a. Cornelia NAVARI. London, Cambridge U. P., 80, in-8, 642 p.

** 6825. Foreign relations of the United States, 1950. /Vol. 5. Cf. Bibl. 78-79, n° 7765./ Vol. 4 : Central and eastern Europe ; the Soviet Union. Washington, D. C., Government Printing Office, 80, XI-1548 p. (Department of State Publ. 8987.)

** 6826. KISSINGER (Henry Alfred). The White House years, 1968-1972. London, M. Joseph, 80, in-8, 1546 p. /Cf. n° 6902./

** 6827. LARSEN (Reidar Toralf). Styrt fra Moskva ? Erindringer 1960-1980. (Guided from Moscow ? Memories 1960-80.) Oslo, Cappelen, 80, in-8, 330 p. (8 pl.)

** 6828. TABOUIS (Geneviève). Les princes de la paix. Paris, A. Michel, 80, in-8, 457 p. /Mémoires, 1940-1959/

** 6829. Vereinten (Die) Nationen und ihre Spezialorganisationen. Dokumente. Hrsg. v. Wolfgang SPRÖTE, Harry WÜNSCHE. Bd /2, 5. Cf. Bibl. 78-79, n° 7770./ 6 : Resolutionen zu Grundfragen des internationalen Handels und der internationalen Währungs- und Finanzbeziehungen. Zusammengest. u. eingel. v. Wolfgang SPRÖTE. Berlin, Staatsverl. d. DDR, 80, in-8, 464 p.

6830. ADAN (Avraham). On the banks of the Suez : Israeli General's personal account of the Yom Kippur war. London, Arms a. Armour Press, 80, in-8, 512 p. (maps).

6831. ALIEV (R.). Politika Tokio tikhookeanskom regione. (Die Politik Tokios in der pazifisch-asiatischen Region.) Mirov. èkon. meždunar. Otn., 80, n° 9, p. 25-35.

6832. BAIN (Kenneth Ray). The march to Zion : United States policy and the founding of Israel. College Station, Texas A & M U. P., 79, in-8, XVIII-235 p.

6833. BALOGH (Sándor). Az 1946. február 27-i magyar-csehszlovák lakosságcsere egyezmény. (L'accord hungaro-tchécoslovaque de 1946 pour l'échange de populations.) Tört. Szle, 79, vol. 22, n° 1, p. 59-87.

6834. BERNSTEIN (Barton J.). The Cuban missile crisis : trading the jupiters in Turkey ? Pol. Sci. Quar., 80, vol. 95, n° 1, p. 97-126.

6835. BIRNBAUM (Karl E.). The politics of east-west communication in Europe. Farnborough, Saxon House, 79, in-8, VIII-182 p. (Swedish studies in internat. relations, 10)

6836. BJERKHOLT (Frank). Vietnam -det store bedraget. (Vietnam - the great deceit.) Oslo, Gyldendal, 80, in-8, 155 p.

6837. BOURGI (Robert). Le général de Gaulle et l'Afrique noire : 1940-1969. Paris, Libr. gén. droit et jur.; Dakar et Abidjan, Nouv. Ed. africaines, 80, in-4, IV-515 p. (Bibl. africaine et malgache)

6838. BULL (Trygve). For å si det som det var. (To tell how it was.) Oslo, Cappelen, 80, in-8, 368 p. (pl.).

6839. BUNZL (John). Ende des Gettos ? Beziehungen zw. Israel u. Ägypten : mögliche Entwicklungen. Österr. Z. f. Aussenpolitik, 80, Jg. 20, p. 24-40.

6840. CAMILLERI (J.). Chinese foreign policy : Maoist era and its aftermath. London, Martin Robertson, 80, in-8, 328 p.

6841. CARVER (Michael). War since 1945. London, Weidenfeld a. Nicolson, 80, in-8, 322 p.

6842. ČEBANOV (S.). Gosudarstvenno-monopolističeskoe regulirovanie vnešneèkonomičeskikh svjazej SSA. (Die

Staatsmonopolistische Regelung der aussenwirtschaftlichen Beziehungen der USA.) Mirov. ékon. meždunar. Otn., 80, n° 12, p. 95-106.

6843. ČIERNY (Ján). Nová orientácia zahraničnej politiky Československa (1941-1948). (Die Neuorientierung der Aussenpolitik d. Tschechoslowakei, 1941-1948.) Bratislava, Pravda, 79, in-8, 328 p. (8 fig.)

6844. CLIFFORD (J. Garry). President Truman and Peter the Great's will. Dipl. Hist., 80, vol. 4, n° 4, p. 371-386. /U.S.-USSR relations, 1948/

6845. COLLINS (John Martin). U.S.-Soviet military balance. Concepts and capabilities 1960-1980. Research assistant : Elizabeth Ann SEVERN. New York, McGraw-Hill, 80, in-8, XVIII-645 p.

6846. CSÁKY (Eva-Marie). Der Weg zu Freiheit und Neutralität. Dokumentation z. österr. Aussenpolitik 1945-1955. Wien, Braumüller, 80, in-8, IX-461 p. (Schriftenr. d. Österr. Ges. f. Aussenpolitik u. Internat. Beziehungen, 10) - EADEM. Das Werden des /österreichischen/ Staatsvertrages vom 15. Mai 1955. Österr. in Gesch. u. Lit., 80, Jg. 24, p. 345-360.

6847. CZUBIŃSKI (Antoni). Znaczenie Układu Zgorzeleckiego z 6 lipca 1950 r. dla kształtowania stosunków politycznych w Europie. (L'importance de l'accord de Görlitz du 6 juillet 1950 pour la formation des relations politiques en Europe.) Przegl. zach., 80, a. 36, n° 2, p. 17-31.

6848. DePORTE (A. W.). Europe between the superpowers : the enduring balance. New Haven, Conn., Yale U. P., 79, in-8, XV-256 p. (A Council on Foreign Relations Book)

6849. DETZER (David). The brink, the Cuban missile crisis, 1962. London, Dent, 80, in-8, 320 p.

6850. Deutschlandpolitik (Die) Grossbritanniens und die Britische Zone, 1945-1949. Hrsg. v. Claus SCHARF u. Hans-Jürgen SCHRÖDER. Wiesbaden, Steiner, 79, in-8, 186 p. (Veröff. d. Inst. f. Europ. Gesch. Mainz. Abt. Universalgesch., Beih. 6)

6851. DINNERSTEIN (Leonard). America, Britain, and Palestine : the Anglo-American committee of inquiry and the displaced persons, 1945-1946. Dipl. Hist., 80, vol. 4, n° 3, p. 283-302.

6852. DUNN (D. Elwood). The foreign policy of Liberia during the Tubman era, 1944-1971. London, Hutchinson, 80, in-4, 255 p.

6853. DUN (Dennis J.). Detente and Papal-communist relations, 1962-1978. London, Benn, 80, in-8, 216 p.

6854. ELDRIDGE (Philip J.). Indonesia and Australia : politics of aid and development since 1966. Canberra, Austral. Nat. U. P.; London, Eurospan, 80, in-8, 233 p.

6855. ENGEL (Bruno). Von Belgrad (1961) bis Havanna (1979). Zur Entwicklung d. Bewegung blockfreier Staaten. Köln, Bundesinstitut f. Ostwiss. u. Internat. Studien, 80, in-8, VIII-158 p. (Berichte d. Bundesinst. f. Ostwiss. u. Internat. Studien, 1980, 45)

6856. FURSDON (Edward). The European Defence Community, a history. London, Macmillan, 80, in-8, 368 p.

6857. GIRARD (Charlotte S. M.). Canada in world affairs, 1963-1965. Toronto, Canadian Inst. of Intern. Affairs, 80, in-8, XI-372 p. (Canada in world affairs, 13) - CR : G. Ignatieff, Canad. hist. R., 81, vol. 62, p. 220-222.

6858. GORMLY (James L.). Keeping the door open in Saudi Arabia : the United States and the Dhahran airfield, 1945-1946. Dipl. Hist., 80, vol. 4, n° 2, p. 189-206.

6859. GROEHLER (Olaf). Der Koreakrieg 1950 bis 1953. Das Scheitern d. amerikan. Aggression gegen d. KDVR. Berlin, Militärverl. d. DDR, 80, in-8, 117 p. (Abb.).

6860. HANRIEDER (Wolfram F.), AUTON (Graeme P.). The foreign policies of West Germany, France and Britain /1945-1979/. Englewood Cliffs a. London, Prentice Hall, 80, in-8, XIX-314 p.

6861. HECHT (Rudolf). Die 1945 unterlegenen Staaten in Europa. Von der Entmilitarisierung zur militärischen Integration. Österr. milit. Z., 80, Jg. 18, p. 447-454.

6862. HEIMANN (Bernhard). Zur Intervention Grossbritanniens und der USA in Griechenland 1944-1949. Militärgesch., 80, Bd 19, p. 573-584.

6863. HERRING (George C.). America's longest war : the United States and Vietnam, 1950-1975. New York, John Wiley, 79, in-8, XIII-298 p. (Am. in Crisis Ser.)

6864. HILLER (Alfred). US-amerikanische Schulpolitik in Österreich 1945-1950. Österr. in Gesch. u. Lit., 80, Jg. 24, p. 65-80.

6865. HILLIKER (J. F.). No bread at the peace table : Canada and the European settlement, 1943-7. Canad. hist. R., 80, vol. 61, p. 69-86.

6866. IMMERMAN (Richard H.). Guatemala as cold war history. Pol. Sci. Quar., 80, vol. 95, n° 4, p. 629-654.

6867. JESSUP (John E.). Genesis of involvement : the Vietnam model. Militärhist. T., 80, vol. 2, p. 131-142.

6868. KAPLAN (Lawrence S.). A community of interests : NATO and the military assistance program, 1948-1951. Washington, D. C., Office of the Secretary of Defense, 80, XII-251 p.

6869. KATZ (Mark N.). The origins of the Vietnam war, 1945-1948. R. Politics, 80, vol. 42, n° 2, p. 131-151.

6870. KENDE (István). Napjaink százhúsz háborúja, 1945-1976.(Les 120 guerres de notre époque.) Budapest, Akad. Kiadó, 79, in-8, 155 p. (Korunk tudománya)

6871. KUNIHOLM (Bruce Robellet). The origins of the cold war in the near east : great power conflict and diplomacy in Iran, Turkey, and Greece. Princeton, N. J., Princeton U. P., 80, in-8, XXIII-485 p.

6872. Landesgeschichte und Zeitgeschichte. Kriegsende 1945 u. demokratischer Neubeginn am Oberrhein. Hrsg. v. Hansmartin SXHWARZMAIER. Karlsruhe, Braun, 80, in-8, 448 p. (ill.). (Oberrhein. Stud., 5)

6873. LIE (Haakon). Loftsrydding. (Clearing the attic.) Oslo, Tiden, 80, in-8, 475 p. (8 pl.).

6874. LOTH (Wilfried). Die Teilung der Welt. Geschichte d. kalten Krieges 1941-1955. München, Deutsch. Taschenbuch-Verl., 80, in-8, 354 p. (dtv-Weltgesch. d. 20. Jh., 12) (dtv, 4012)

6875. LUNDESTAD (Geir). America, Scandinavia and the Cold War, 1945-1949. New York, Columbia U. P., 80, in-8, VI-434 p.

6876. McFARLAND (Stephen L.). A peripheral view of the origins of the cold war : the crises in Iran, 1941-1947. Dipl. Hist., 80, vol. 4, n° 4, p. 333-352.

6877. MAGENHEIMER (Heinz). Zur weltpolitischen Lage im Jahre 1955. Der Kalte Krieg und Europa. Österr. milit. Z., 80, Jg. 18, p. 197-204.

6878. Magyarország és a szomszéd népek. Az 1978. évi Történelemtanárok Nyári Akadémiájának anyagából. Szerk. SZABOLCS Ottó. (La Hongrie et les peuples voisins. Matériaux de l'Académie estivale des professeurs d'histoire en 1978. Réd. par -.) Budapest, Országos Pedagógiai Intézet, 80, in-8, 135 p.

6879. MAMMERELLA (Giuseppe). Storia d'Europa dal 1945 a oggi. Bari, Laterza, 80, in-8, VIII-552 p.

6880. MATHIESON (R. S.). Japan's role in Soviet economic growth, the transfer of technology since 1965. London, Praeger, 80, in-8, 277 p. (maps).

6881. MARTRAY (James I.). America's reluctant crusade : Truman's commitment of combat troops in the Korean war. Historian, 80, vol. 42, n° 3, p. 437-455.

6882. MAZUROV (V. M.). SŠA-Kitaj-Japonija : pere - strojka meždunarodnykh otnošenij (1969-1979). (USA-China -Japan : reconstruction of the interstate relations, 1969-1979.) Moskva, Nauka, 80, in-8, 214 p.

6883. MELANDRI (Pierre). Les Etats-Unis face à l'unification de l'Europe, 1945-1954. Préf. de Jean-Baptiste DUROSELLE. Paris, Pédone, 80, in-8, 534 p. (Publ. de la Sorbonne. Sér. internat., 11)

6884. MERL (Edmund). Besatzungszeit im Mühlviertel. Anhand der Entwicklung im politischen Bezirk Freistadt. Linz, OLV-Buchverl., 80, in-8, 336 p. (6 Bl. Abb.). (Beitr. z. Zeitgesch. Oberösterreichs, 7)

6885. MIKULSKA GORALSKA (Barbara). Kryzys berliński 1948-1949. (La crise de Berlin, 1948-1949.) Warszawa, Książka i Wiedza, 80, in-8, 310 p.

6886. MISCAMBLE (Wilson D.). George F. Kennan, the policy planning staff, and the origins of the Marshall plan. Mid-Am., 80, vol. 62, n° 2, p. 75-90.

6887. MOWER (A. Glenn) Jr. The United States, the United Nations, and human rights : the Eleanor Roosevelt and Jimmy Carter eras. Westport, Conn., Greenwood Press, 79, in-8, XII-215 p. (Stud. in Human Rights, 4)

6888. OBEID (Abu Baker el-). The political consequences of the Addis Ababa agreement. Stockholm, Liber Förlag, 80, in-8, 167 p. (Skrifter utg. av Statsvetenskapl. fören. i Uppsala, 89)

6889. OVČINNIKOV (R. S.). Uollstrit i vnešnjaja politika. (Wall Street and foreign policy.) Moskva, Meždunar. otnošenija, 80, in-8, 271 p.

6890. PANDY (B. N.). South and South East Asia, 1945-1979 : problems and policies. London, Macmillan, 80, in-8, 256 p.

6891. PATTI (Archimedes L. A.). Why Viet Nam ? Prelude to America's albatross. Berkeley a. Los Angeles, Univ. of Calif. Press, 80, in-8, XX-612 p.

6892. PAYNE (A. J.). The politics of the Caribbean Community, 1961-1979: regional integration amongst new states. Manchester, U. P., 80, in-8, 310 p.

6893. PETROV (D.). Japonija v sovremennom mire. (Japan in der gegenwärtigen Welt.) Mirov. ékon. meždunar. Otn., 80, n° 12, p. 67-79.

6894. PETROVSKIJ (V. T.). Doktrina "nacional'noj bezopasnosti" v global'noj strategii SŠA. (The doctrine of "national security" in the US global strategy.) Moskva, Meždunar. otnošenija, 80, in-8, 335 p.

6895. PICCIGALLO (Philip S.). The Japanese on trial : allied war crimes operations in the east, 1945-1951. Austin, Univ. of Texas Press, 79, in-8, XV-292 p.

6896. POLYVIOV (Polyvios G.). Cyprus : conflict and negotiation, 1960-1980. London, Dyckworth, 80, in-8, 246 p.

6897. RAUCHENSTEINER (Manfried). Staatsvertrag und bewaffnete Macht. Politik um Österreichs Heer 1945-1955. Österr. milit. Z., 80, Jg. 18, p. 185-197.

6898. ROBINS (Lynton J.). The reluctant party : Labour and the European Economic Community, 1961-1975. London, Hesketh, 80, in-8, 168 p. (tab.).

6899. RUBIN (Barry). The Great Powers in the Middle East, 1941-1947 : the road to the Cold War. London, F. Cass, 80, in-8, 264 p. /Cf. n° 6137./

6900. RYSZKA (Franciszek). Polska w układzie współczesnych stosunków międzynarodowych (1944-1979). (La Pologne dans le système des relations internationales contemporaines 1944-1979.) Nauka polska, 80, a. 28, n°s 1-2, p. 69-79.

6901. SCALINGI (Paula). The European Parliament : the three-decade search for a united Europe. London, Aldwych Press ; Westport, Conn., Greenwood Press, 80, in-8, X-221 p.

6902. SCHULZINGER (Robert D.). The naive and sentimental diplomat : Henry Kissinger's memoirs /Cf. n° 6826/. Dipl. Hist., 80, vol. 4, n° 3, p. 303-316.

6903. SHALOM (Stephen R.). Philippine acceptance of the Bell trade act of 1946 : a study of manipulatory democracy. Pacific hist. R., 80, vol. 49, n° 3, p. 499-518.

6904. SINGH (Sukhwant). India's wars since independence. Vol. 1 : The liberation of Bangladesh. London, Vikas, 80, in-8, 208 p.

6905. SNEPP (Frank). Decent interval ; the American debacle in Vietnam. London, A. Lane, 80, in-8, 496 p.

6906. SOAPES (Thomas F.). A cold warrior seeks peace : Eisenhower's strategy for nuclear disarmament. Dipl. Hist., 80, vol. 4, n° 1, p. 57-72.

6907. SSSR i problemy meždgosudarstvennogo sotrudničestva. (The USSR and problems of interstate cooperation.) Moskva, Meždunar. otnošenija, 80, in-8, 248 p.

6908. Stosunki polsko-czechosłowackie a rewolucje ludowo-demokratyczne. (Les relations polono-tchèques et les révolutions démocratiques populaires.) Ouvrage collectif réd. par Wiesław BALCERAK. Wrocław, Zakł. Narod. im. Ossolińskich, 80, in-8, 208 p.

6909. STURSBERG (Peter). Lester Pearson and the American dilemma. Toronto a. Garden City, N. Y., Doubleday, 80, in-8, XII-333 p. - CR : T. Kent, Canad. hist. R., 80, vol. 61, p. 552-553. D. Smith, Canad. J. pol. Sci., 81, vol. 14, p. 196-197. R. W. Reford, Int. J., 80-81, vol. 36, p. 243-245.

6910. THIES (Wallace J.). When governments collide : coercion and diplomacy in the Vietnam conflict, 1964-1968. Berkeley a. Los Angeles, Univ. of Calif. Press, 80, in-8, XIX-446 p.

6911. THOMPSON (James Clay). Rolling Thunder : understanding policy and program failure. Chapel Hill, Univ. of N. C. Press, 80, in-8, XV-199 p. /Operation Rolling Thunder : bombing of north Vietnam in Vietnam war/

6912. TUCKER (Michael). Canadian foreign policy : contemporary issues and themes. Toronto, McGraw-Hill Ryerson, 80, in-8, XII-244 p. (McGraw-Hill Ryerson series in Canad. politics) - CR : A. Ichikawa, Canad. J. pol. Sci., 80, vol. 13, p. 837-838.

6913. Uncertain years. Chinese-American relations; 1947-1950. Ed. by Dorothy BORG a. Waldo HEINRICHS. New York, Columbia U. P., 80, in-8, X-332 p. (Stud. of the East Asian Inst.)

6914. Varšavskij dogovor - sojuz vo imja mira i socializma. (The Warsaw Treaty - union in the name of peace and socialism.) Ed. by V. G. KULIKOV. Moskva, Voenizdat, 80, in-8, 295 p.

6915. VIDA (István). Iratok a Nagy Ferenc vezette magyar kormányküldöttség 1946. évi amerikai látogatásának történetéhez. (Documents concernant l'histoire de la visite en Amérique, en 1946, de la délégation gouvernementale de la Hongrie, sous la direction de Ferenc Nagy.) Levéltári Közl., 78, vol. 48-49, p. 245-281.

6916. VLADIMIROV (V. Kh.), KOSTIN (V. G.). Kuba : 20 let novoj vnešnej politiki (1959-1979 gg.). (Cuba : 20 years of new foreign policy.) Moskva, Meždunar. otnošenija, 80, in-8, 239 p.

6917. VORONOVA (S.). SŠA i Francija : sfery vzaimodeistvija i protivorečij. (Die USA und Frankreich : Bereiche der Partnerschaft und der Widersprüche.) Mirov. ékon. meždunar. Otn., 80, n° 11, p. 57-68.

6918. WAWRZYŃSKA (Małgorzata). Wysiedlanie ludności niemieckiej z

Wrocławia w latach 1945-1947. (Le déplacement de la population allemande de Wrocław dans les années 1945-1947.) Śląski Kwart. hist. Sobótka, 80, a. 35, n° 1, p. 51-63.

6919. WICH (Richard). Sino-Soviet crisis politics : a study of political change and communication /after 1949/. Cambridge, Mass., Harvard U. P., 80, in-8, VIII-313 p. (Harvard East Asian Monographs, 96)

6920. WITTNER (Lawrence S.). The Truman doctrine and the defense of freedom. Dipl. Hist., 80, vol. 4, n° 2, p. 161-188.

6921. WOLAŃSKI (Marian S.). Stanowisko polskich ugrupowán politycznych wobec utworzenia dwóch panstw niemieckich. (L'attitude des partis politiques polonais à l'égard de la formation des deux Etats allemands /1947-1950/.) Slaski Kwart. hist. Sobótka, 80, a. 35, n° 4, p. 587-605.

Cf. n°s 3243, 7034.

R

ASIEN

§ 1. Allgemeines. 6922-6926. - § 2. West- und Zentralasien. 6927-6954. - § 3. Vorderindien und Ceylon. 6955-6991. - § 4. Hinterindien und Insulinde. 6992-7005 - § 5. China. 7006-7080. - § 6. Japan (vor 1868). 7081-7130. - § 7. Korea. 7131-7133.

§ 1. Allgemeines.

6922. Age (The) of partnership. Europeans in Asia before Dominion. Ed. by Blair B. KLING a. M. N. PEARSON. Honolulu, U.P. of Hawaii, 79, in-8, 250p.

6923. ASEEV (I.V.). Pribaikal'e v srednie veka (po arkheologičeskim dannym). (The Baikal area in the Middle Ages /3rd cent. B.C.-14th cent./.) Novosibirsk, Nauka, 80, in-8, 152 p.

6924. ECSEDY (Ildikó). Nomádok és kereskedők Kína határain. (Nomades et commerçants aux frontières de la Chine.) Budapest, Akadémiai Kiadó, 79, in-8, 237 p. (Kőrösi Csoma Kiskönyvtár, 16) - IDEM. Early Persian envoys in the Chinese courts (5th-6th cent. A.D.). Acta ant. Acad. Sci. hungaricae, 77, vol. 25, n°s 1-4, p. 227-236.

6925. IRIYE (Akira) a. others. The Chinese and the Japanese : essays in political and cultural interactions. Princeton, N.J., Princeton U.P., 80, in-8, XI-368 p.

6926. SHAPLEN (Robert). The turning wheel : 30 years of the Asian revolution. London, Deutsch, 80, in-8, 398 p. (maps).

§ 2. West- und Zentralasien.

* 6927. Middle East and Islam. A bibliographical introduction. Rev. a. enlarged ed. Ed. by Diana GRIMWOOD-JONES. Zug, Inter Documentation, 79, in-8, IX-429 p. (Bibliotheca asiatica, 15)

* 6928. SCHWARZ (Klaus). Der Vordere Orient in den Hochschulschriften Deutschlands, Österreichs und der Schweiz. Eine Bibliographie v. Dissertationen u. Habilitationsschriften (1885-1978). Freiburg i. Br., Schwarz, 80, in-8, XXIII-721 p. (Islamkundl. Materialien, 5)

* Cf. n°s 597, 603.

** 6929. TAUBE (Manfred). Die Tibetica der Berliner Turfansammlung. Berlin, Akad -Verl., 80, in-4, 169 p. (Schr. z. Gesch. u. Kultur d. alten Orients. Berliner Turfantexte, 10)

** 6930. TEKIN (Sinasi). Maitrisimit nom bitig. Die uigur. Übers. eines Werkes d. buddhist. Vaibhāsika-Schule. T. 1 : Transliteration, Übersetzung, Anmerkungen. T. 2 : Analytischer und rückläufiger Index. Berlin, Akad.-Verl, 80, 2 vol. in-4, 264, 187 p. (Schr.z. Gesch. u. Kultur d. alten Orients. Berliner Turfantexte, 9)

** 6931. Trzy relacje z polskich podróży na Wschód muzułmański w pierwszej połowie XVII wieku. (Trois relations de voyages polonais sur l'Orient musulman dans la première moitié du XVIIe s.) Choix de textes, avant-propos, éd. et commentaires par Adam WALASZEK. Kraków, Wydawn. Liter., 80, in-8, 151 p. /Textes de Muratowicz Seter Ormianin, Piaseczyński Aleksander, Lubieniecki Zbigniew./

6932. ALMANA (Mohammed). Arabia unified, a portrait of Ibn Saud. London, Hutchinson, 80, in-8, 208 p. (maps).

6933. BASHEAR (Suliman). Communism in the Arab East, 1918-1928. London, Ithaca Press, 80, in-8, 160 p.

6934. BESSON (Yves). Ibn Sa'ûd, roi bedouin : la naissance du royaume d'Arabie saoudite. Lausanne, Trois continents, 80, in-8, 284 p. (cartes).

6935. BUDEIRI (Musa). The Palestine communist party, 1919-1948 : Arab and Jew in the struggle for internationalism. London, Ithaca Press, 80, in-8, 304 p.

6936. FLORES (Alexander). Nationalismus und Sozialismus im arabischen Osten. Kommunist. Partei u. arab. Nationalbewegung in Palästina, 1919-1948. Vorwort v. Maxime RODINSON. München, Periferia, 80, in-8, XIII-357 p. (Diss.zu Politik u. Ökon. d. Dritten Welt)

6937. GILMOUR (David). The Palestinians. London, Sidgwick a. Jackson, 80, in-8, 242 p.

6938. GRAČ (A.D.). Drevnie kočevniki v centre Azii. (Ancient nomads in the centre of Asia.) Moskva, Nauka, 80, in-8, 256 p.

6939. GUPTA (S.P.). Archaeology of Soviet Central Asia and the Indian borderlands. Pt. 1-2. Delhi, B.R. Publ. Corp.; London, Books from India, 80, 2 vol. in-4, 195, 341 p. (ill.).

6940. KADLETZ (Karl). Reformwünsche und Reformwirklichkeit. Modernisierungsversuche Persiens mit österreichischer Hilfe durch Naser ed-Dīn Šah. Wiener Beitr. z. Gesch. d. Neuzeit, 80, Bd 7, p. 147-173.

6941. KAKAR (Hasan Kawun). Government and society in Afghanistan : the reign of Amir 'Abd al-Rahman Khan. Austin, Univ. of Texas Press, 79, in-8, XXIV-328 p. (Modern Middle East Ser., 5)

6942. KHODŽAJOV (T.K.). K paleoantropologii drevnego Uzbekistana.(Paleoanthropology of ancient Uzbekistan.) Taškent, Fan., 80, in-8, 167 p.

6943. KORNRUMPF (Hans-Jürgen). Die osmanische Herrschaft auf der Arabischen Halbinsel im 19. Jahrhundert. Saeculum, 80, Bd 31, p. 399-408.

6944. LASSNER (Jacob). The shaping of 'Abbāsid rule. Princeton, N.J., Princeton U.P., 80, in-8, XVII-328 p.(Princeton Stud. on the Near East.)

6945. MURPHY-O'CONNOR (Jerome).The Holy Land, an archaeological guide from earliest times to 1700. London, Oxford U.P., 80, in-8, 336 p. (fig.).

6946. QUIRING-ZOCHE (Rosemarie). Isfahan im 15. und 16. Jahrhundert.Ein Beitr. zur persischen Stadtgesch. Freiburg (Breisgau), Schwarz, 80, in-8, 340 p. (Islamkundl. Unters., 54)

6947. RAHMAN (Fazlur). Mīr Dāmād's concept of Hudūth Dahrī : a contribution to the study of god-world relationship theories in Safavid Iran. J. near east. Stud., 80, vol. 39, n°2, p. 139-152.

6948. SATÔ (Tsugitaka). Iraku shakai no henyô to Ikutâsei.(Evolution of the Iraqi society under the Iqṭa' system.) Tôyô Gakuhô, 80, vol. 61, n°3-4, p. 1-28.

6949. STILLMAN (Norman A.). The Jews of Arab lands : a history and source book. Philadelphia, Jewish Pub. Soc. of Am., 79, in-8, XX-473 p.

6950. TARZI (Zemaryalai). L'architecture et le décor rupestre des grottes de Bamiyan. Paris, Impr. Nat., 77, 2 vol. in-4, XVIII-201 p.; 166 p. de pl. (7 f. de cartes). (Bibl. du Centre de recherches sur l'Asie centrale et la Haute-Asie : Archéol. en Asie centrale et en Afghanistan, 1)

6951. VRYONIS (Speros) Jr. Travelers as a source for the societies of the Middle East : 900-1600. In : Charanis studies /Cf. n°411/, p. 284-311.

6952. WASSERSTEIN (Bernard). The British in Palestine, the mandatory government and the Arab-Jewish conflict, 1917-1929. London, Roy. Hist. Soc.,80, in-8, 278 p.

6953. ZAMPAGLION (Gerardo). Storia del Kuwait. Dall'età della pietra all' età del petrolio. Roma, ABETE, 80, in-8, 269 p. (tav.).

6954. ZIEME (Peter). Uigurische Pachtdokumente. In : Altoriental. Forschungen /Cf. n° 1115/, p. 197-245.

Cf. n° 6515.

§ 3. Vorderindien und Ceylon.

** Cf. n° 1857.

6955. ALEXANDER (Michael), ANAND (Sushila). Queen Victoria's Maharajah: Duleep Singh, 1838-1893. London, Weidenfeld a. Nicolson, 80, in-8, X-326 p. (ill., pl., map).

6956. AMMA (D.T. Saraswati). Geometry in ancient and mediaeval India.London, Books from India, 80, in-8, 280 p.

6957. ARIS (Michael). Bhutan, the early history of a Himalayan kingdom. Warminster, Aris a. Phillips, 80, in-8, 288 p. (ill.).

6958. BALLHATCHET (Kenneth). Race, sex and class under the Raj : imperial attitudes and policies and their critics, 1793-1905. London, Weidenfeld a. Nicolson; New York, St. Martin's Press, 80, in-8, VIII-199 p.

6959. BALLHATCHET (Kenneth), ROBINSON (John). The city in South Asia : pre-modern and modern. London, Curzon Press, 80, in-8, 356 p.

6960. BRUCKER (Egon). Die spätvedische Kulturepoche nach den Quellen des Śrauta-, Gṛhya- und Dharmasutras: der Siedlungsraum. Wiesbaden, Steiner, 80, in-8, 160 p. (graph. Darst., Kt.). (Alt- u. neuind. Studien, 22)

6961. BURKI (Shahid J.). Pakistan under Bhutto. London, Macmillan, 80, in-8, 256 p.

6962. CHANDRA (Bipen). Nationalism and colonialism in modern India. New Delhi, Sangam Books; London, J.K. Publ., 80, in-8, 395 p.

6963. DALE (Stephen Frederic).Mappilas of Malabar, 1498-1922 : Islamic society on the South Asian frontier. London, Oxford U.P., 80, in-8, 290 p. (maps).

6964. DESAI (P.B.). Planning in India, 1951-1978. London, Vikas, 80, in-8, 200 p.

6965. DESAI (S.S.M.). The economic history of India. Đehli, Himalaya Publ. House.; London, J.K. Publ., 80, in-8, 425 p.

6966. DE SOUZA (Teotonio R.). Mediaeval Goa, a socio-economic history. Dehli, Concept Publ. Co.; London, Books from India, 80, in-8, 315 p. (maps).

6967. DIKSHIT (D.P.). The political history of the Chalukyas of Badami. New Dehli, Abhinav Publ.; London, Books from India, 80, in-8, XIV-325 p.

6968. DUA (B.D.). Presidential rule in India, 1950-1974, a study in crisis politics. New Dehli, S. Chand; London, Books from India, 80, in-8, XII-414 p.

6969. Essays in modern Indian history. Ed. by B.R. NANDA. New Dehli, Oxford U.P., 80, in-8, 262 p. (tab.).

6970. GONDA (Jan). Vedic ritual : the non-solemn rites. Leiden a. Köln, Brill, 80, in-8, XIV-516 p. (Hdb. d. Orientalistik, Abt. 2 : Indien, Bd 4, Abschn. 1)

6971. GOPAL (Sarvepalli). Jawaharlal Nehru, a biography. /Vol. 1. Cf. Bibl. 76-77, n° 8612./ Vol. 2 : 1947-1956. London, Cape, 80, in-8, 368 p. /Am. ed. Cf. Bibl. 78-79, n° 7904./

6972. GUJRAL (M.L.). Economic failures of Nehru and Gandhi. London, Vikas, 80, in-8, 240 p.

6973. JARRIGE (Jean-François), SANTONI (Marielle), ENAULT (Jean-François). Fouilles de Pirak. Vol. 1 : Texte. Par J.-F. JARRIGE, M. SANTONI, avec des contrib. de Monique LECHEVALLIER, Lorenzo COSTANTINI et Richard MEADOW, et la collab. de Catherine JARRIGE. Vol. 2 : Etude architecturale et figures. Par J.-F. ENAULT, avec la collab. de Jacques DECROIX et Gonzague QUIVRON; planches de Catherine JARRIGE. Paris, de Boccard, 79, 2 vol. in-4, XII-411, 36 p. (188 p. de pl.). (Publ. de la Commission des fouilles archéol.; Fouilles du Pakistan, 2)

6974. HALL (Kenneth R.). Trade and statecraft in the age of the Colas. New Dehli, Abhinav Publ.; London, Books from India, 80, in-8, 238 p.

6975. HOFSTETTER (Erich). Der Herr der Tiere im alten Indien. Wiesbaden, Harrassowitz, 80, in-8, 153 p. (Freiburger Beitr. z. Indologie, 14)

6976. KAMAT (Jyotsna K.). Social life in mediaeval Karnataka. New Delhi, Abhinav Publ.; London, Books from India, 80, in-4, 142 p. (ill.).

6977. KEMPER (Stephen). Reform and segmentation in monastic fraternities in Low Country Sri Lanka. J. asian Stud.

80, vol. 40, n°1, p. 27-42.

6978. KUCENKOV (A.A.). Iz istorii izučenija indijskoj kasty. (Zur Geschichte des indischen Kastenwesens.) Nar. Azii Afr., 80, n°4, p. 172-190. /Cf. Bibl. 78-79, n° 7909./

6979. McLEOD (W.H.). Early Sikh tradition, a study of the Janam-sakhis. London, Oxford U.P., 80, in-8, 322 p. (fig.).

6980. MAHAJAN (V.D.). History of India. New Delhi, S. Chand; London, Books from India, 80, 3 vol. in-8,VII-268, X-406, IX-399 p.

6981. MORAES (Dom). Mrs Gandhi. London, Cape, 80, in-8, 352 p.

6982. OLSCHAK (Blanche Christine). Ancient Bhutan : a study on early Buddhism in the Himâlayas. Zürich, Swiss Foundation for Alpine Research, 79, in-4, 222 p. (ill.).

6983. POSSEHL (Gregory L.). Ancient cities of the Indus. London, Vikas,80, in-8, 422 p.

6984. RITSCHL (Eva). Brahmanische Bauern. Zur Theorie u.Praxis d. brahman. Ständeordnung im alten Indien. In: Altoriental. Forschungen /Cf. n°1115/7, p. 177-187.

6985. RÖSEL (Jakob). Der Palast des Herrn der Welt. Entstehungsgeschichte und Organisation der indischen Tempel- und Pilgerstadt Puri. München, Weltforum, 80, in-8, XXXVIII-378 p. (Materialien zu Entwicklung u. Politik,18)

6986. RUZIEV (T.). Istorija rabočego klassa Pakistana. (History of the working class of Pakistan.) Moskva, Nauka, 80, in-8, 268 p.

6987. SINGH (Daman Sarva). Polyandry in ancient India. London, Vikas, 80, in-8, 212 p.

6988. SRIVASTAVA (Kanhaiya Lal).The position of Hindus under the Delhi Sultanate, 1206-1526. New Delhi, Munshiram Manoharlal; London, Books from India, 80, in-8, 272 p.

6989. STEIN (Burton). Peasant and society in mediaeval South India. New Dehli a. London, Oxford U.P., 80, in-8, 534 p. (fig., tab., maps).

6990. TRIPATHI (Amales). Trade and finance in the Bengal Presidency,1753-1833. 2nd rev. ed. New Dehli, Oxford U.P., 80, in-8, 356 p. (tab.).

6991. Vie (La) publique et privée dans l'Inde ancienne : IIe siècle av. J.-C.- VIIIe siècle env. Sous la dir. de Jannine AUBOYER. Vol. /6/2. Cf.Bibl. 76-77, n° 8629./ 7 : Les costumes. T.1: Texte. T. 2 : Planches. Paris, Presses univ. de France, 79, 2 vol. in-4, 184 p., 168 pl.

Cf. n°s 909, 6904.

§ 4. Hinterindien und Insulinde.

♦ 6992. LAFONT (Pierre-Bernard). Bibliographie du Laos. /vol. 1. Cf. Bibl. 64, n° 7564./ Vol. 2 : 1962-1975. Avec le concours de Jacques CHAPUIS. Paris, Ec. franç. d'Extrême-Orient,78, in-4, 413 p. (carte). (Publ. de l'Ec. franç. d'Extrême-Orient, 50)

6993. ADAS (Michael). "Moral economy" or "contest state" ? : elite demands and the origins of peasant protest in southeast Asia. J. soc. Hist., 80, vol. 13, n°4, p. 521-546.

6994. AFONIN (S.N.), KOBELEV (E.V.). Tovarišč Cho-Ši-Min. (Comrade Hô Chi Minh.) Moskva, Politizdat, 80, in-8, 239 p.

6995. GEERTZ (Clifford). Negara. The theatre state in nineteenth-century Bali. Princeton, N.J., Princeton U.P., 80, in-8, 298 p.

6996. JACQ-HERGOUALC'H (Michel). L'armement et l'organisation de l'armée khmère aux XIIe et XIIIe s.d'après les bas-reliefs d'Angkor Vat, du Bayon et de Banteay Chmar. Préf. de Jean BOISSELIER. Paris, Presses univ.France, 79, in-4, 240 p. (ill.). (Publ. du Musée Guimet. Rech. et Doc. d'art et d' archéol., 12)

6997. KAPICA (M.S.), MALETIN (N.P.). Sukarno : političeskaja biografija. (Sukarno : a political biography.) Moskva, Mysl', 80, in-8, 332 p.

6998. KATO (Tsuyoshi). Rantau Pariaman : the world of Minangkabau coastal merchants in the nineteenth century. J. asian Stud., 80, vol. 39, n°4, p. 729-752.

6999. KAUB (Amarjit). The impact of railroads on the Malayan economy, 1874-1941. J. asian Stud., 80, vol.39, n°4, p. 693-710.

7000. LIEBERMAN (Victor). The political significance of religious wealth in Burmese history : some further thoughts. J. asian. Stud., 80, vol.39, n°4, p. 753-770.

7001. NAGAZUMI (Akira). Indonesia minzokuishiki no keisei. (Formation of the Indonesian nationality.) Tokyo,Tôdai Shuppankai, 80, in-12, 306 p.

7002. Novaja istorija V'etnama. (Modern history of Vietnam). Ed. by S.A. MKHITARJAN. Moskva, Nauka, 80,in-8, 717 p.

7003. SINGH (Surenda Prasad).Growth of nationalism in Burma 1900-1942.Calcutta, Firma KLM Private Limited,80, in-8, 168 p.

7004. STOCKWELL (A.J.). British policy and Malaya politics during the Malay Union experiment, 1945-1948. London, K. Paul, 80, in-4, 206 p. (Roy. Asiatic Soc.)

7005. TATE (D.J.M.). The making of modern South-East Asia. /Vol. 1. Cf. Bibl. 72, n° 5570./ Vol. 2 : The Western impact : economic and social change. Kuala Lumpur a. London, Oxford U.P., 80, in-8, 632 p. (tab., maps).

Cf. n°s 246, 5502.

§ 5. China.

♦♦ 7006. CH'EN (Ch'i-yün). Hsün Yüeh and the mind of late Han China : a translation of the Shen-Chien with introduction and annotations. Princeton, N.J., Princeton U.P., 80, IX-225 p. (Princeton Libr. of Asian Translations)

♦♦ 7007. SUN-TZU. L'arte della guerra. Tattiche e strategie nell'antica Cina. Trad. di R. PADOAN. Milano, SugerCo, 80, in-8, 111 p. (ill.).

♦♦ 7008. T'ang Code (The). Vol. 1: General principles. Trans. with an introd. by Wallace JOHNSON. Princeton, N.J., Princeton U.P., 79, in-8, XII-317 p.

♦♦ 7009. WANG FAN-HSI. Chinese revolutionary memoirs, 1919-1949. Tr.from the Chinese by G. BENTON. London, Oxford U.P., 80, in-8, 304 p.

7010. BAARK (Erik). Catalogue of Chinese manuscripts in Danish archives. Chinese diplomatic correspondence from the Ch'ing dynasty, 1644-1911. London, Curzon Press, 80, in-8, 176 p.

7011. BERLING (Judith A.). The syncretic religion of Lin Chao-en. New York, Columbia U.P., 80, in-8, XV-348p.

7012. BEŽIN (L.E.). Se Lin'jun'. (Se Linjun /385-433/.) Moskva, Nauka, 80, in-8, 208 p. (AN SSSR. Inst. vostokoved.) IDEM. "Veter i potok" : put' samorealizacii ličnosti v srednevekovom Kitae. ("Wind und Strom" : der Weg der Autorealisierung der Persönlichkeit im mittelalterlichen China, 3.-6. Jh.)Nar. Azii Afr., 80, n°4, p. 60-69.

7013. BIELENSTEIN (Hans). The bureaucracy of Han times. London, Cambridge U.P., 80, in-8, 262 p. (tab.). (Stud. in Chinese Lit. a. Institutions)- IDEM. The restoration of the Han dinasty.Vol. 4 : The Government. B. Mus. Far eastern Antiq., 79/80, vol. 51, p. 1-300.

7014. BRUGGER (Bill). China, 1942-1962 : Liberation and transformation. 1962-1979 : Radicalism to revisionism. London, Croom Helm, 80, 2 vol. in-8, 288, 272 p.

5. CHINA

7015. Cambridge (The) history of China. /Vol. 10. Pt. 1. Cf. Bibl. 78-79, n° 7972./ Vol. 3 : Sui and T'ang China, 589-906. Pt. 1. Ed. by Denis TWITCHETT. Vol. 11 : Late Ch'ing,1800-1911. Pt. 2. Ed. by John K. FAIRBANK, Kwang-ching LIU. London a. New York, Cambridge U.P., 79-80, 2 vol. in-8, XX-850, XX-754 p.

7016. CHAN (Hok-Lam). Monarchie und Regierung : Ideologien und Traditionen im kaiserlichen China. Saeculum, 80, Bd 31, p. 1-26.

7017. CHANG (Kang-i Sun). The evolution of Chinese tz'u poetry, from late T'ang to Northern Sung. Princeton, N.J., Princeton U.P., 80, in-8, XVI-251 p.

7018. CHANG (Kwang-chih). Shang civilization. New Haven a. London,Yale U.P., 80, in-8, 434 p. (93 fig., 7 tables).

7019. CH'EN (Jerome). China and the west : society and culture, 1815-1937. Bloomington, Indiana U.P., 79, in-8, 488 p.

7020. China at the crossroads. Nationalists and communists, 1927-1949. Ed. by F. Gilbert CHAN. Boulder, Colo., Westview, 80, in-8, XII-267 p.

7021. CHOU (Eric). Mao Tse-Tung. London, Cassell, 80, in-8, 288 p.

7022. CLIFFORD (Paul). The New Century (Xinshiji) Magazine and the introduction of anarchism to China. Wiener Beitr. z. Gesch. d. Neuzeit,80, Bd 7, p. 174-190.

7023. COBLE (Parks M.), Jr. The Shangai capitalists and the nationalist government, 1927-1937. Cambridge, Harvard Univ. Council on East Asian Stud., 80, in-8, XIV-269 p. (Harvard East Asian Monogr., 94)

7024. COHEN (Jerome Alan) a.others. Essays on China's legal tradition.Princeton, N.J., Princeton U.P., 80, in-8, 438 p. (Stud. in East Asian Law, Harvard Univ.)

7025. Contributions aux études sur Touen-Houang. Sous la dir. de Michel SOYMIE. Genève et Paris, Droz, 79, in-8, 167 p. (38 p. de pl., ill.). (Centre de rech. d'Hist. et de Philol. de la IVe sect. de l'Ec. pratique des hautes Et., 2. Hautes Et. orientales,10)

7026. DAVID (M.D.). History of modern China. New Delhi, Himalaya Publ. House; London, J.K. Publ., 80, in-8, 240 p.

7027. Donna (La) nella Cina imperiale e nella Cina repubblicana. A cura di Lionello LANCIOTTI. /Atti del Convegno tenuto a Venezia nel 1978./ Firenze, Olschki, 80, in-8, VIII-237 p.(Civ. veneziana. Stud., 36)

7028. ELISSEFF-POISLE (Danielle). Nicolas Fréret, 1688-1749. Reflexion d'un humaniste du XVIIIe siècle sur la Chine. Paris, Inst. des hautes Et. chinoises; diff. Presses univ. France,78, in-4, 251 p. (Mém. de l'Inst. des hautes Et. chinoises, 11)

7029. ENDICOTT (Stephen). James G. Endicott; rebel out of China. Buffalo, N.Y., Univ. of Toronto Press, 80, in-8, XII-421 p.

7030. ENOKI (Kazuo) /ed./. Tonkô no rekishi. (History of Tun Huang.) Tokyo, Daitô Shuppansha, 80, in-8,496p. - IDEM /ed./. Tonkô no shizen to genjô. (Nature and the present condition of Tun Huang.) Tokyo, Daitô Shuppansha, 80, in-8, 442 p.

7031. FONG (Wen). The great Bronze Age of China. London, Thames a. Hudson, 80, in-4, 404 p. (pl., ill., tab.,maps).

7032. FUMA (Susumu). Minmatsu hanchihôkan shihen. (A student movement against local bureaucracy in the late Ming period.) Tôhô Gakuhô, 80, n°52,p. 593-622.

7033. GAWLIKOWSKI (Krzysztof).The origins of the name "Middle State". Czas. prawno-hist., 80, vol. 32, fasc. 1, p. 35-76.

7034. GELBER (Harry G.). Technology, defence and external relations in China, 1975-1978. London, Benn, 80,in-8, 236 p.

7035. GEL'BRAS (V.G.). Kitajskaja intelligencija : protivorečija razvitija. (Die chinesische Intelligenz : Widersprüche der Entwicklung.) Nar. Azii Afr., 80, n°1, p. 26-39.- IDEM. Social'naja struktura kitajskogo obščestva. (Social structure of Chinese society.) Rab. Klassi sovrem. Mir.,80, n°5, p. 69-76.

7036. GOLYGINA (K.I.). Novella srednevekovogo Kitaja : istoki sjuidtov i ikh évolucija VIII-XIV v. v. (The Chinese short story of the Middle Ages.) Moskva, Nauka, 80, in-8, 326 p. (AN SSSR Inst. Vostokoved.)

7037. GRIGOR'EV (A.M.). Revoljucionnoe dviženie v Kitae v 1927-1931 gg. Problemy strategii i taktiki. (The revolutionary movment in China, 1927-1931. Strategy and tactics.) Moskva, Nauka, 80, in-8, 293 p.

7038. HAMASHIMA (Atsutoshi).Gyôshoku denriki kô. (A study of Yeh-shih Tien-li.) Tôyôshi Kenkyû, 80, vol. 39, n°1, p. 118-155.

7039. HINO (Kaizaburô). Hino Kaizaburô tôyôshigaku ronshû. (Essays of oriental studies by Hino Kaizaburô.) 1 : Tôdai hanchin no shihaitaisei.)(A ruling system of the Fanchên in the T'ang dynasty.) 2 : Godaishi no kichô. (The historical basis of the Five dynasties.) Tokyo,Sanichi Shobô, 80, 2 vol.

in-8, 550, 526 p.

7040. HSIEH (Shan-yüan). The life and thought of Li Kou (1009-1059). San Francisco, Calif., Chinese Materials Center, 79, in-8, VII-228 p.

7041. HSU (Cho-yun). Han agriculture : the formation of early Chinese agrarian economy (206 B.C.-A.D. 220). Ed. by Jack L. DULL. Seattle, Univ. of Wash. Press, 80, in-8, XXV-377 p. (Han Dynasty China, 2)

7042. IKEDA (On) /ed./ Tonkô no shakai. (Society of Tun Huang.) Tokyo, Daitô Shuppansha, 80, in-8, 497 p.

7043. Index (An) of early Chinese painters and paintings : T'ang, Sung and Yüan. Compiled by James CAHILL, incorporating the work of Osvald Sirén a. Ellen Johnston Laing. Berkeley, Univ. of Calif. Press, 80, in-8, X-391 p.

7044. ISHII (Mayako). 19 seikikôhan no Chûgoku ni okeru Igirisu-shihon no katsudo. (Activities of the British enterprise in China in the latter half of the nineteenth century as found in the documents of Jardine, Matheson and Company.) Shakai-keizai-shigaku, 79, vol. 45, n°4, p. 1-33.

7045. Juifs de Chine. A travers la correspondance inédite des jésuites du dix-huitième siècle. Ed. par Joseph DEHERGNE, Donald Daniel LESLIE. Préf. de Jacques GERNET. Roma, Instit. hist. S.I.; Paris, Belles Lettres, 80, in-8, XVII-250 p. (tav.). (Bibl. Instit.hist. S.I., 41)

7046. KANDA (Nobuo). Shindaishi no kenkyû to tôan. (Study of Qing history and the importance of Dang-an.) Sundai Shigaku, 80, n°50, p. 173-189.

7047. KLEINKNECHT (Günter). Die kommunistische Taktik in China 1921-1927. Die Komintern, die koloniale Frage und die Politik der KPCh. Köln u. Wien, Böhlau, 80, in-8, VII-348 p.

7048. KÔNO (Rokurô). Kôno Rokurô chosakushû. Vol. 3 (The works of Kôno Rokurô.) Tokyo, Heibonsha, 80, in-8, 501 p.

7049. KRJUKOV (M.V.). Čto takoe ščast'e? (Opyt diakhronnogo issledovanija social'noj psikhologii v drevnekitajskom obščestve). (Qu'est-ce que le bonheur ? Essai d'une étude diachronique de la psychologie sociale dans l'ancienne société chinoise.) Sovet. Étnogr., 80, n°2, p. 128-139.

7050. KUBOTA (Bunji). Sonbun no heikinchikenron. (Sun Yat-sen's theory of 'P'ing-chün Ti-ch'üan - Equalization of land right -.) Rekishigaku Kenkyû, 80, n° 487, p. 18-33.

7051. LEWIN (Günter). Zur Problematik der Staatsbildung in China. Jb. d. Museums f. Völkerkde Leipzig, 80, Bd 32, p. 279-286.

7052. LIEBERTHAL (Kenneth G.). Revolution and tradition in Tientsin, 1949-1952. Stanford, Calif., Stanford U.P., 80, in-8, VII-231 p.

7053. LIU (Ts'ui-jung). Trade on the Han River and its impact on économic development, 1800-1911. Taipei, Acad. Sinica, 80, in-8, 293 p. (Inst. of Economics, Monograph ser.,16)/Chinese abstract/

7054. MacKINNON (Stephen R.). Power and politics in late imperial China : Yuan Shi-kai in Beijing and Tianjin, 1901-1908. Berkeley a. Los Angeles, Univ. of Calif. Press, 80, in-8, XII-260 p.

7055. MATSUMARU (Michio) /ed./. Seishû seidôki to sono kokka. (Western Chou's bronzeware and its state.) Tokyo, Tôdai Shuppankai, 80, in-8,488 p.

7056. MEIENBERGER (Norbert). The emergence of constitutional government in China (1905-1908) : the concept sanctioned by the empress dowager Tz'u-hsi. Bern /etc./, Lang, 80, in-8, 115 p. (Schweizer asiat. Stud., 1)

7057. MIZOGUCHI (Yûzô). Chugoku zenkindaishisôno kussetsu to tenkai. (Deflection and evolution of the premodern Chine thought.) Tokyo, Tôdai Shuppankai, 80, in-8, 370 p.

7058. MOMOSE (Hiroshi). Min Shin shakaikeizaishi kenkyû. (Studies of the social and economic history during the Ming and Ch'ing periods.) Tokyo, Kenbun Shuppan, 80, in-8, 290 p.

7059. MORI (Masao). Mindai no kyôshin. (The gentry in the Ming : An outline of the relations between Shida-fu and local society.) J. Fac.Letters, Nagoya Univ., History, 80, n° 26, p. 1-17.

7060. MUNRO (Donald J.). The concept of "interest" in Chinese thought. J. Hist. Ideas, 80, vol. 41, n°2, p. 179-198.

7061. PERRY (Elizabeth J.). Rebels and revolutionaries in north China, 1845-1945. Stanford, Calif., Stanford U.P., 80, in-8, XIII-324 p.

7062. RAWSON (Jessica). Ancient China : art and archaeology. London, Brit. Museum, 80, in-8, 240 p. (pl., ill.).

7063. SANJDORJ (M.). The Manchu Chinese, colonial rule in northern Mongolia. Tr. from the Mongolian by O. URGUNGE. London, C. Hurst, 80, in-8, XVI-118 p.

7064. SCHNEIDER (Laurence A.). A madman of Ch'u : the Chinese myth of loyalty and dissent. Berkeley a. Los Angeles, Univ. of Cal. Press, 80, in-8, X-270 p.

7065. SIU (Bobby). Women of China

in struggle, 1911-1949. London, Zed Press, 80, in-8, 240 p.

7066. SODA (Hiroshi). Kôkin kô. (The Red turbans : A tradition of popular armed groups in China.) Tôyôshi Kenkyû, 80, vol. 38, n° 4, p. 53-80.

7067. SOEJIMA (Enshô). Chûgoku ni okeru chigaihôken teppai mondai.(China's demand for abolition of extraterritoriality.) B. Fac. Educ. Wakayama Univ., 80, n° 29, p. 31-40.

7068. SUTTMEIER (Richard P.).Science, technology and China's drive for modernization. Stanford, Calif.,Hoover Inst. Press, 80, in-8, XII-121 p.(Hoover Int. Stud, 223)

7069. SUTTON (Donald S.). Provincial militarism and the Chinese republic : the Yunnan army, 1905-1925.Ann Arbor, Univ. of Mich. Press, 80, in-8, IX-404 p. (Michigan Stud. on China)

7070. TAKAHASHI (Kôsuuke). Chôzei, chôso to bokuminkan. (Land tax, rent and the local magistrates : The example of early modern Chiang-nan.) Tôyôshi Kenkyû, 80, vol. 39, n°2, p. 89-109.

7071. TANIGAWA (Michio). Hokuchômatsu - Godai no gikyôdai ketsugo ni tsuite. (The sworn bonds of mutual allegiance from the period of the Northern dynasties to the period of the Five dynasties.) Tôyôshi Kenkyû, 80, vol. 39, n° 2, p. 38-57.

7072. TERRILL (Ross). Mao, a biography. London, Harper a. Row, 80, in-8, 481 p.

7073. THILO (Thomas). Die Schrift vom Pflug (Leisijing) und das Verhältnis ihres Verfassers Lu Guimeng zur Landwirtschaft. In : Altoriental. Forschungen /Cf. n° 1115/, p. 246-265.

7074. TIETZE (Klaus-Peter). Ssuch'-uan vom 7. bis 10. Jahrhundert. Unters. z. frühen Gesch. e. chines. Provinz. Wiesbaden, Steiner, 80, in-8, XXIII-254 p. (Münchener ostasiat. Stud., 23)

7075. Todaishi kenkyukai /e.d./. Chûgoku shûrakuahi no kenkyû. (A study of Chinese village history : with comparing the other surrouding regions.) Tôdaishi Kenkyûkai Hôkoku, 80, n°3, p. 1-149.

7076. WEGGEL (O.). Chinesische Rechtsgeschichte. Leiden u. Köln,Brill, 80, in-8, XI-298 p. (Hbd. d. Orientalistik, 6)

7077. WILL (Pierre-Etienne). Bureaucratie et famine en Chine au XVIIIe s. Paris, La Haye et New York, Mouton,80, in-8, 312 p. (Civilisations et Soc., 66)

7078. WOLF (Arthur P.), HUANG (Chieh-shan). Marriage and adoption in China, 1845-1945. Stanford, Calif., Stanford U.P., 80, in-8, XX-426 p.

7079. WRIGHT (Tim). Sino-Japanese business in China : the Luda company, 1923-1937. J. asian Stud., 80, vol.39, n°4, p. 711-728.

7080. YANAGIDA (Setsuko). Sôdai no kanden to keiseiko. (Official land and Xing-shi-hu in the Sung dynasty.)Annu. Rep. Fac. Letters, Gakushûin Univ.,80, n° 26, p. 66-103.

Cf. n° 893.

§ 6. Japan (vor 1868).

✦✦ 7081. SENO (Seiichirô). Nanbokuchô-ibun. Kyûshû-hen 1 : Kenmu 1 - Engen 3, Ennô 1. (The remaining documents of the period of the Northern and Southern Dynasties. Kyûshû vol. 1 : Kenmu 1 - Engen 3, Ennô 1.) Tokyo, Tokyodô Shuppan, 80, in-8, 394 p.

✦✦ 7082. TAKEUCHI (Rizô). Kamakura-ibun. Komonjo-hen 18. 1-3. (The remaining documents of the Kamakura period. Komonjo vol. 18. Kôan 1-3.) Tokyo, Tokyodô Shuppan, 80, in-8, 398 p.

7083. AMINO (Yoshihiko). Nihon chûsei no heimin to shokunin. (Commoners and artisans in medieval Japan.) Shisô 80, n° 670, p. 1-25; n° 671, p. 72-92.

7084. AOKI (Michio). Tenpoki, Kantô no okeru ikki to uchikowashi.(Uprisings in Kantô in the Tenpo period.) In : Society for the study of peasant uprisings /ed./ Tenpoki no jinmintôsô to shakaihenkaku (People's struggles and social changes in the Tenpo period, A), Tokyo, Azekura Shobô, 80, p. 243-302.

7085. ASAO (Naohiro). Bakuhansei to Kinai no "Kawata" nômin. (Bakuhan system and "Kawata" peasants in the Kinai region.) Atarashii rekishigaku no tameni, 80, n° 160, p. 1-19.

7086. DANKEVIČ (A.I.). Finansovye problemy Japonii. (Finanzprobleme des heutigen Japan.) Nar. Azii. Afr., 80, n° 2, p. 39-51.

7087. FRUIN (Mark). Peasant migrants in the economic development of nineteenth-century Japan. Agric. Hist.,80, vol. 54, n° 2, p. 261-277.

7088. FUJIMOTO (Hideo) a. others /ed./. Nihon jôkaku taikei. (Collection of Japanese castles.) Vol. 1 : Hokkaido, Okinawa. Tokyo, Shinjinbutsu-ôraisha, 80, in-8, 345 p.

7089. FUJITANI (Toshio). Shintô shinkô to minshû, Tennôsei. (Shinto belief and people, Tennoism.) Tokyo, Hôritsubunkasha, 80, in-8, 332 p.

7090. FUKUTÔ (Kôji). Bakuhantaisei kokka no hô no kenryoku. 1 : Bakuhuhô to hanhô. (The power of law in the Bakuhan system state. 1 : Shogunate's law and provincial law.) Tokyo, Sôbunsha, 80, in-8, 703 p.

7091. GOMI (Humihiko). Jitô shihai to kenchû. (A rule of jitô and a land investigation.) Nihon Rekishi, 80, n° 390, p. 23-41.

7092. GORAI (Shigeru). Sangaku shûkyôshi kenkyû sôsho 14. (A series of historical studies on mountain religion. 14 : Art, entertainment and literature of Shugendô, 1.) Tokyo, Meicho Shuppan, 80, in-8, 596 p.

7093. HARA (Hidesaburô). Nihon kodai kokkashi kenkyû. (A study of state history in ancient Japan : a criticism of the theory of Taika-nokaishin.) Tokyo, Tôdai Shuppankai, 80, in-8, 380 p.

7094. HAYASHI (Mikiya). Taishi shinkô no kenkyû. (A study of the cult of Shotoku Taishi.) Tokyo, Yoshikawa Kôbunkan, 80, in-8, 514 p.

7095. HONDA (Ryûsei). Shoki Tokugawashi no kenchi to nôminshihai.(Land survey and the rule by the early Tokugawas.) Nihonshi Kenkyû, 80, n° 218, p. 32-79.

7096. IMATANI (Akira). Tokitsugukyô-ki. (The diary of Yamashina Tokitsugu.) Tokyo, Soshiete, 80, in-8,355p.

7097. INOUE (Mitsuo). Heianjidai gunjiseido no kenkyû. (A study of the military system in the Heian period.) Tokyo, Yoshikawa Kôbunkan, 80, in-8, 370 p.

7098. INOUE (Mitsusada) a. others /ed./. Higashi ajia sekai ni okeru Nihonkodaishi kôza. (A series of Japanese ancient history in East Asia.) 1 : Genshi Nihonbunmei no keiku. (Genealogy of Japanese primitive civilization.) 3 : Wakoku no keisei to kobunken. (Formation of Wo country and ancient documents.) 4 : Chôsen sangoku to Wakoku. (Three Kingdoms in Korea and Wo country.) Tokyo, Gakuseisha,80, 3 vol., in-8, 244, 360, 420 p.

7099. ISHII (Ryôsuke). Nihon sôzokuhôshi. (A history of the Japanese law of inheritance.) Tokyo, Sôbunsha, 80, in-8, 518 p.

7100. IWAI (Tadakuma). Seiritsuki kindai tennôsei to mibunsei. (Modern Tennoism in its formative period and status problem.) Nihonshi Kenkyû, 80, n° 211, p. 5-26.

7101. IYANAGA (Teizô). Nihon kodai shakai-keizaishi kenkyû. (A study of the social and economic history in ancient Japan.) Tokyo, Iwanami Shiten, 80, in-8, 560 p.

7102. Kazokushikenkyû henshûiinkai /ed./. Kazokushikenkyû. Vol. 2 : Nihon kodai kazoku to josei. (A study of family history. Vol. 2 : Women and families in ancient Japan.) Tokyo, Otsuki Shoten, 80, in-8, 232 p.

7103. KUBO (Noritada). Kôshin shinkô no kenkyû. (A study of Kôshi belief.) Tokyo, Hara Shobô, in-8, 960 p.

7104. KUBOTA (Kazuhiko). 11-12 seiki ni okeru Kokushi-Kokuga kenryoku no Kokugaryô shihai. (The rule of the Kokuga estate by the power of Kokushi-Kokuga from the 11th to the 12th cent.) Nihon Rekishi, 80, n° 387, p. 17-34.

7105. KUKITA (Kazuko). Edobakuhuhô no kenkyû. (A study of the law of the Tokugawa Shogunate.) Tokyo, Gannando Shoten, 80, in-8, 670 p.

7106. KURODA (Toshio). Jisha seiryoku. (The power of temples and shrines : another medieval society.) Tokyo, Iwanami Shoten, 80, in-12, 227 p.

7107. KURODA (Yasuo). Sagahan shoki no kenchi to chigyô seisaku. (Kenchi and fief-policy of Saga-han in the early Edo period.) B. Inst. Kyûshû cultural Hist., 80, n° 25, p. 73-108.

7108. MASS (Jeffrey P.). The development of Kamakura rule, 1180-1230 : a history with documents. Stanford, Calif., Stanford U.P., 79, in-8, XV-312 p.

7109. MATANO (Yoshiharu). Ritsuryô chuô zaisei kikô no tokushitsu ni tsuite. (Characters of the central financial system in the Ritsuryô period.) Shirin, 80, vol. 63, n°6, p. 26-61.

7110. MATSUO (Kenji). Chusei hinin ni kansuru ichikôsatsu. (Some thoughts concerning outcasts in medieval Japan: The case of Saidaiji's control of Hinin.) Shigaku Zasshi, 80, vol. 89, n° 2, p. 66-91.

7111. MINAMOTO (Ryôen). Kinseishoki jitsugaku shisô no kenkyû. (A study of the thought of Practical Learning in the early Tokugawa period.) Tokyo, Sôbunsha, 80, in-8, 630 p.

7112. MURATA (Shûzô). Jôseki chôsa to sengokushi chôsa. (Investigation of castle sites and study of the Sengoku period.) Nihonshi Kenkyû, 80, n° 211, p. 82-105.

7113. NAGANO (Susumu). Bakuhansei shakai no zaiseikôzô. (The financial structure in the society of the Bakuhan system.) Tokyo, Ôhara-shinseisha, 80, in-8, 524 p.

7114. NAGURA (Tetsuzô). Shôninteki "Ie" ideorogî no keisei to kôzô. (The idea of house of the mercantile class.) Nihonshi Kenkyû, 80, n° 209, p. 30-68.

7115. OGAWA (Makoto). Ashikaga ichimon shugo hattenshi no kenkyû. (The evolution of the Ashikaga family: acceding Shugo office.) Tokyo, Yoshikawa Kôbunkan, 80, in-8, 810 p.

7116. SUZUKI (Kunihiro). Zaichi-ryôshusei. (Local seigniors.) Tokyo, Yûzankaku Shuppan, 80, in-8, 295 p.

7117. SWANN (Peter C.). A concise history of Japanese art. London, Phaidon Press, 80, in-8, 332 p.(ill.,pl.).

7118. TAIHEIKI. Chronicle of medieval Japan. Tr. from the Japanese by H.C. McCULLOUGH. Tokyo, Tuttle, 80,in-8, 452 p.

7119. TANAHASHI (Mitsuo). Inseiki no hô. (The law under the ex-emperor's governance : its position in the history of medieval law.) Rekishigaku Kenkyû, 80, n° 483, p. 34-46.

7120. TOKORO (Mitsuo). Kinsei ringyôshi no kenkyû. (A history of forestry in the Kinsei period.) Tokyo, Yoshikawa Kôbunkan, 80, in-8, 874 p.

7121. TOTMAN (Conrad). The collapse of the Tokugawa Bakufu, 1862-1868. Honolulu, U.P. of Hawaii, 80, in-8, XXIV-588 p.

7122. TOYODA (Takeshi). Nihon no hôkensei shakai. (Japanse feudal society.) Tokyo, Yoshikawa Kôbunkan,80, in-8, 210 p.

7123. TSUDA (Hideo). Kinsei kokka no tenkai. (The evolution of the Kinsei state.) Tokyo, Haniwa Shobô, 80, in-8, 432 p.

7124. TSUKAMOTO (Manabu). Bakuhan-kankei kara mita shôruiawaremi seisaku. (Shogun Tsunayoshi's policy to protect living things, as seen from the bakufu-han relations.) B. Tokugawa Inst.Hist. of Forestry, 80, Showa 54 nendo,p.217-246.

7125. TUBLIELEWICZ (Jolanta).Superstitions, magic and mantic practices in the Heian period. Warszawa, Uniw. Warszawski, 80, in-8, 231 p. (Rozpr. Uniw. Warszawskiego, 48)

7126. WAKIKA (Osamu). Genroku no shakai. (The society during the Genroku period.) Tokyo, Hanawa Shobô, 80, in-12, 336 p.

7127. YOKOYAMA (Akio). Kinsei kasen suiunshi no kenkyû. (River navigation in early modern Japan : a case study of the Mogami.) Tokyo, Yoshikawa Kôbunkan, 80, in-8, 493 p.

7128. YOSHIDA (Akira). Nihon Kodai sonrakushi josetsu. (An introduction to ancient village history in Japan.) Tokyo, Hanawa Shobô, 80, in-8, 301 p.

7129. YOSHIDA (Nobuyuki). Segyô to sonohikasegi no mono. (Segyô and day-to-day persons : The situation of Edo townfolks in the early Tenpo period.) In : Society for the study of peasant uprisings /ed./. Tenpoki no jinmintôsô to shakaihenkaku.(People's struggles and social changes in Tenpo period,A). Tokyo, Azekura Shobô, 80, p. 303-354.

7130. YOSHIE (Akiko). Nihonryô no chakushi ni tsuite. (The notion of heir in the Nihonryô : for the re-examination of the clause of the succession to property.) Shigaku Zasshi, 80, vol. 89, n°8, p. 41-61.

Cf. n° 698.

§ 7. Korea.

7131. KANG (Jae-on). Chôsen no kaika shisô. (The thoughts of enlightenment in Korea.) Tokyo, Iwanami Shoten, 80, in-8, 485 p.

7132. SUDO (Yoshiyuki). Kôraichô kanryôsei no kenkyû. (Study on the bureaucracy of the Koryo dynasty.) Tokyo, Hôseidaigaku Shuppankyoku, 80, in-8, 549 p.

7133. TAKEDA (Yukio). Chôsen sangoku no kokka keisei. (The formation of the Three Kingdons in Korea.) Chôsenshi-kenkyûkai Ronbunshû, 80, n°17, p. 41-54.

S

AFRIKA

(von der Urzeit bis zur Kononisation)

N°s 7134-7153.

**7134. Przed podbojem. Afryka północna i zachodnia w relacjach z XVIII i XIX wieku. (Avant la conquête. L'Afrique du Nord et Occidentale dans les relations des XVIIIe et XIXe s.) Ed. Andrzej DZIUBIŃSKI, Jan MILEWSKI. Textes en langues étrangères trad. par Jan ZARAŃSKI. Warszawa, Państw. Inst. Wydawn., 80, in-8, 430 p.

7135. CYPKIN (G. V.). Efiopija : ot razdroblennosti k političeskoj centralizacii (vtoraja polovina XIX-načalo XX v.). (Ethiopia : from disunity to political centralization, second half of the 19th-beginning of the 20th cent.) Moskva, Nauka, 80, in-8, 309 p.

7136. DERRICOURT (Robin M.). People of the Lakes. Archaeological studies in Northern Zambia. Manchester, Univ. Press, 80, in-8, 133 p. (30 fig., 14 tables, 6 pl.). (Zambian papers, 13)

7137. DUCHATEAU (Armand). Das Bild des Weissen in frühen afrikanischen Mythen und Legenden. Wiener Beitr. z. Gesch. d. Neuzeit, 80, Bd 7, p. 55-72.

7138. EHRET (C.). On the antiquity of agriculture in Ethiopia. J. african Hist., 79, p. 161-177.

7139. EL-NAHAL (Galal H.). The judicial administration of Ottoman Egypt in the seventeenth century. Minneapolis, Minn., Bibliotheca Islamica, 79, in-8, IX-109 p. (Stud. in Middle Eastern Hist., 4)

7140. FISCHER (Rudolf). Die schwarzen Pharaonen. 1000 Jahre Gesch. u. Kunst d. ersten innerafrikanischen Hochkultur. Bergisch Gladbach, Lübbe, 80, in-8, 261 p. (zahlr. Ill., graph. Darst., Kt.).

7141. FRIEDMAN (Ellen G.). Christian captives at "hard labor" in Algiers, 16th-18th centuries. Int. J. african hist. Stud., 80, v. 13, n° 4, p. 616-632.

7142. FYLE (C. Magbaily). Almamy Suluku of Sierra Leone, c. 1820-1906, the dynamics of political leadership in pre-colonial Sierra Leone. London, Evans Bros., 80, in-8, 64 p.

7143. GAUTHIER (Jean-Gabriel). Archéologie du pays Fali, Nord-Cameroun. Paris, Ed. du C.N.R.S., 79, in-4, 183 p. (ill.).

7144. GONÇALVES (Antonio C.). La symbolisation politique. Le "prophétisme" kongo au XVIIIe s. München u. London, Weltforum, 80, in-8, VI-142 p. (Materialien zu Entwicklung u. Politik, 19)

7145. GUYADER (Josseline). Une royauté Agni à l'aube de la conquête coloniale : le pouvoir politique dans la société Sanwi depuis 1843 jusqu'à 1893. A. Univ. Abidjan, Hist., 79, t. 7, p. 29-114.

7146. KEECH McINTOSH (S.), McINTOSH (R. J.). Initial perspectives on prehistoric subsistence in the inland Niger delta (Mali). World Archaeol., 79, vol. 11, n° 2, p. 227-243 (fig.).

7147. MAGGS (Tim). The Iron Age sequence south of the Vaal and Pongola rivers : some historical implications. J. african Hist., 80, vol. 21, p. 1-15.

7148. MUKAROVSKY (Hans G.). Zur Staatsgeschichte Nigerias. Wiener Beitr. z. Gesch. d. Neuzeit, 80, Bd 7, p. 191-213.

7149. NZEWUNWA (Nwanna). The Niger Delta. Prehistoric economy and culture. Oxford, British Archaeol. Reports, 80, 282 p. (61 fig., 43 tables). (Cambridge monogr. in African archaeol., 1)

7150. O'FAHY (R. S.). State and society in Dar Fur. New York, St. Martins Press, 80, in-8, XII-210 p.

7151. O'SULLIVAN (John). Slavery in the Malinke kingdom of Kabadougou (Ivory Coast). Int. J. african hist. Stud., 80, vol. 13, n° 4, p. 633-650.

7152. RUSCH (Walter). Zu einigen Aspekten der Staatsgenese im subsaharischen Afrika. Jb. d. Museums f. Völkerkde Leipzig, 80, Bd 32, p. 269-277.

7153. TALL (Madian Ly). Contribution à l'histoire de l'empire du Mali, XIIIe-XVIe siècles : limites, principales provinces, institutions politiques. Dakar et Abidjan, Nouv. Ed. africaines, 77, in-8, 220 p. (pl., cartes).

Cf. n° 3011.

T

AMERIKA
(von der Urzeit bis zur Kolonisation)

Nos 7154-7172.

♦ 7154. Bibliographie américaniste, archéologie et préhistoire, anthropologie et ethnohistoire, /1974. Cf. Bibl. 76-77, n° 8837./ 1975-1978, Réd. par Mireille GUYOT. Paris, Musée de l'Homme, 79, in-4, 267 p. (Soc. des américanistes)

7155. BERNAL (Ignacio). History of Mexican archaeology : the vanished civilization of Middle America. London, Thames a. Hudson, 80, in-8, 208 p. (ill.).

7156. BOSTON (David M.). Pre-Columbian pottery of the Americas. Tokyo, Kodansha ; London, Serindia Publ., 80, in-2, 318 p. (pl., ill.).

7157. CECI (L.). Maize cultivation in coastal New York : the archaeological, agronomical a. documentary evidence. North am. Archaeologist, 79-80, vol. 1 p. 45-74 (4 fig.).

7158. DICKINSON (John A.). The pre-contact Huron population. A reappraisal. Ontario Hist., 80, vol. 72, p. 173-179.

7159. DUNN (M. E.). Ceramic depictions of maize : a basis for classification of prehistoric races. Am. Anthrop., 79, vol. 44, p. 757-774 (7 fig.).

7160. GASPARINI (G.), MARGOLIES (L.). Inca architecture. London, Godwin, 80, in-6, 352 p. (ill.).

7161. Guitarrero Cave. Early man in the Andes. Ed. by Thomas F. LYNCH. New York, London, Toronto, etc., Academic Press, 80, in-8, 348 p. (ill.).

7162. LAMING-EMPERAIRE (Annette). Les problèmes des origines américaines: théorie, hypothèses, documents. Paris, Ed. de la Maison des Sci. de l'Homme ; Lille, Presses univ. Lille, 80, in-8, 157 p. (ill.). (Cah. d'Archéol. et d'Ethnol. d'Amérique du Sud)

7163. LAVALLEE (D.). Telarmachay. Campamento de pastores en la puna de Junín del Período Formativo. R. Mus. nac. /Lima/, 77 /79/, t. 43, p. 61-96, (6 fig., 7 pl.)

7164. MILANICH (Jerald T.), FAIRBANK (Charles). Florida archaeology. London a. New York, Acad. Press, 80, in-8, 320 p. (New World Archaeolog. Record)

7165. POZORSKI (S. G.). Prehistoric diet and subsistence of the Moche Valley, Peru. World Archaeol., 79, vol. 11, n° 2, p. 163-184.

7166. POZORSKI (S. G.), POZORSKI (T.). An early subsistence exchange system in the Moche Valley, Peru. J. Field Archaeol., 79, vol. 6, p. 413-432.

7167. RIVERA (M. A.). Cronología absoluta y periodificación en la arqueología chilena. B. Mus. arqueol. La Serena, 77-78, t. 16, p. 13-41 (5 fig.).

7168. STEN (Maria). Malowane księgi dawnych narodów Meksyku. (Les livres peints des anciens peuples du Mexique.) Kraków, Wydawn. Liter., 80, in-8, 183 p.

7169. STORCK (P. L.). Early man research in northeastern North America : a brief review and new developments. Early Man News, 78-79 /80/, n°s 3-4, p. 83-91 (1 fig.).

7170. TRZECIAKOWSKI (Jan). Zanim przyszli Aztekowie. (Avant l'arrivée des Aztèques.) Warszawa, Iskry, 80, in-8, 240 p.

7171. WHITTEN (R. G.). Comments on the theory of Holocene refugia in the culture history of Amazonia. Am. Anthrop., 79, vol. 44, p. 238-251 (5 fig.)

7172. WILLEY (Gordon R.), SABLOFF (Jeremy A.). Pre-Columbian archaeology, readings from "Scientific American". Reading, W. H. Freeman, 80, in-4, 211p.

Cf. nos 186, 568.

U

OZEANIEN
(von der Urzeit bis zur Kolonisation)

N°ˢ 7173-7176.

7173. HIRCH (P. V.). Archaeology and the evolution of Polynesian culture. Archaeology, 79, vol. 32, n° 5, p. 44-52 (10 fig.)

7174. LANDSBERG (M. E.). The fair moors of Oceania. Mankind Quar., 79, vol. 19, p. 249-264.

7175. LORBLANCHET (M.), JONES (R.). Les premières fouilles à Dampier (Australie occidentale) et leur place dans l'ensemble australien. B. Soc. préhist. franç., Et. et Tr., 79, vol. 76, p. 463-487 (14 fig.)

7176. WATSON (V. D.). New Guinea prehistory : a model of regional comparison. Archaeol. a. phys. Anthrop. in Oceania, 79, vol. 14, p. 83-98 (maps)

Cf. n°ˢ 585, 2755.

AUTOREN- UND PERSONENREGISTER[1]

A

Aalbers (J.), 6345.
Abbad (Francisco), 2450.
'Abbāssides (les), dynastie, 2149, 6944.
Abbott (Philip), 3058.
'Abd al-'Azīz III ibn 'Abd al-Raḥmān ibn Faisal al Sa'ud, king of Sa'udi Arabia, 6932, 6934.
'Abd al-Raḥmān Khān, amir of Afghanistan, 6941.
Abdel-Fadil (Mahmoud), 5041.
Abdulrazak (Fawzi), 595.
Abel (Wilhelm), 2237.
Abélard (Pierre), 2528.
Abellan (José Luis), 4576.
Abitol (Michel), 4195.
Abma (G.), 3717.
Abraham von Leipzig, 2070.
Abraham (Heinz), 3859.
Abraham (Pierre), 927.
Abramowicz (Maciej), 1591.
Abret (Helga), 4768.
Abse (Joan), 4844.
Abzug (Robert H.), 3059.
Acciaiuli del Palmieri (Niccolo), 1903.
Accinelli (Robert D.), 6695.
Acham (Karl), 805.
Ache (J.-B.), 807.
Achéménides (les), dynastie, 1131, 1135, 1268, 1270.
Achmatowicz-Otok (Anna), 2940.
Acilius Glabrio (Marcus), 1521.
Ačkasov (V. I.), 6656.
Acocella (Giuseppe), 5857.
Adam of Orlton, bishop of Worcester, 1844.
Ádám (Magda), 6484, 6696.
Adam (Wolfgang), 2167.
Adamik (Tamás), 1606.
Adams (Abigail), 3061.
Adams (David Keith), 3060.
Adams (Donald R.) Jr., 5285.
Adams (G. B.), 114.
Adams (Henry), 314.

Adams (John), 6265.
Adams (Samuel), 6281.
Adams (Thomas R.), 6231.
Adamson (Rolf), 443.
Adamson (W. L.), 725.
Adamthwaite (Adam P.), 6485.
Adan (Avraham), 6830.
Adas (Michael), 6993.
Addams (Jane), 5629.
Addison (Christopher, viscount), 3422.
Addison (Paul), 3351.
Adelman (Jonathan R.), 2713.
Adell (Joan Albert), 2478.
Adler (Cyrus), 4398.
Adler (Winfried), 3600.
Admoni (Wladimir G.), 116.
Ady (Endre), 4792.
Aegidius, Abbas in Fano S. Aegidii Occitaniae, Sanctus, 2593.
Aethelred II the Unready, king of the English, 1868.
Aetheria, v. Egeria, Virgen.
Affeldt (Werner), 2001.
Afonin (S. N.), 6994.
Ageron (Charles-Robert), 5633.
Agnes, Sancta, 911.
Agosti (Aldo), 5979.
Aguila (Yves), 2728.
Agulhon (Maurice), 662, 2730.
Ahmed Sinan /Bihišti/, 3848.
Ahrens (Gerhard), 5043.
Ahrweiler (Hélène), 1806.
Aichinger (A.), 1526.
Aischylos, 1304, 1364.
Aisin (Boris A.), 2840.
Aisopos, 1310.
Aizenberg (Isidoro), 3921.
Ajello (Raffaele), 342.
Ajnenkiel (Andrzej), 3734.
Akagi (Shôzô), 4480.
Akers (Charles W.), 3061.
Akkerman (F.), 4479.
Alabart Ferré (Francesc), 1968.
Alain de Lille, 2643.
Alatri (Paolo), 3596, 5584.

Alavoutunki (Janni), 4481.
Albeck, v. Konrad von Albeck.
Albert (K.), 1404.
Albert (Pierre), 4424.
Albert-Samuel (Colette), VIII.
Alberti (Ramon), 4305.
Albertin (Lothar), 2876.
Albertus Magnus, Sanctus, 2391, 2423, 2509, 2519, 2527.
Albin (Mel), 416.
Albis (Jean d'), 4922.
Albonico (Aldo), 6399.
Albrecht /Friedrich Rudolph/, Erzherzog v. Österreich, 2965.
Albrecht (Dieter), 6694.
Alcuin, 1834, 2606.
Aldred (Cyril), 1154, 1188.
Alef (Gustave), 224.
Aleksandr I, empereur de Russie, 3760.
Aleksandrov (Emil), 3008.
Aleksandrovskaja (L.), 5140.
Alekseev (Ju. G.), 2168.
Alekseev (M. P.), 4744.
Alekseev (V. P.), 1205.
Aleksej Mikhajlovič, tsar de Russie, 3858.
Aleščenko (N. M.), 3860.
Aleshire (S. B.), 1316.
Alexander II /Anselmo da Baggio/, Papa, 2545.
Alexander III /Rolando Bandinelli/, Papa, 2544.
Alexander VI /Rodrigo Borgia/, Papa, 2547.
Alexander (Charles C.), 4845.
Alexander (Don W.), 6369.
Alexander (J. T.), 5493.
Alexander (John K.), 5585.
Alexander (Michael), 6955.
Alexander (Michael Van

---

1. Die slawischen und insbesondere die russischen Eigennamen sind in ihrer einheimischen Form wiedergegeben, nach der gebräuchlichen Methode transkribiert und dementsprechend eingeordnet. - Buchstaben mit diakritischen Zeichen sind bei den einfachen Buchstaben eingereiht (z. B. č, š, ś, bei c, s). - Die Umlaute der germanischen Sprachen (ä, ö, ø, ü) gelten als ae, oe, ue. - Die Abkürzungen M' und Mc gelten als Mac. - Für die Namen der christlichen Heiligen, der Päpste und der römischen Kaiser wurde die lateinische Form gewählt.

Cleave), 2069.
Alexandre-Gras (Denise), 2376.
Alexandrescu (S.), 6453.
Alexandros III ho Megas /le Grand/, roi de Macédoine, 1322, 1233, 1358.
Alfassio Grimaldi (Ugoberto), 3601, 2610.
Alföldy (Géza), 1564.
Alfons III., deutscher König, v. Alfonso X el Sabio, rey de Castilla y de Leon.
Alfonso VI, rey de Castilla y de León, 2047.
Alfonso X el Sabio, rey de Castilla y de León, 1908.
Alford (B. W. E.), 5141.
Ali (Zaki), 1229.
Alicu (Dorin), 1639.
Aliénor d'Aquitaine, v. Eleanor of Aquitaine.
Aliev (R.), 6830.
Aligre (Etienne II d'), 3391.
Alkaios, 1407.
Alkman, 1300, 1307, 1406.
Allaire (Gratien), 5286.
Allard (Dean C.), 6486.
Allard (Michel), 3017.
Allen (Peter), 6744.
Allio (Renata), 5586.
Allmayer-Beck (Johann Christoph), 2948.
Allodi (Mary), 4892.
Alloway (Lawrence), 4846.
Almagro (M.), 939.
Almagro Gorbea (María Josefa), 1034.
Almana (Mohammed), 6932.
Almqvist (Sven), 5142.
Almqvist & Wiksell, printing-house, 5142.
Alonso (María Luz), 2169.
Alonso y Alonso (Pedro), 4061.
Alpers (Antony), 4769.
Alpertus Mettensis, 1804.
Alpini (Prospero), 4609.
Alsina Prat (Engracia), 1968.
Alter (Peter), 4182.
Altfahrt (Margit), 2949.
Altner (Robert), 4770.
Altuna (J.), 933.
Aluf (I. A.), 3861.
Aluf (Nathan), 4196.
Alvarez (David J.), 6697.
Álvarez de Morales (Camilo), 2140.
Álvarez Gutiérrez (L.), 904.
Álvarez Mendizábal (Juan), 5113.
Amatori (Franco), 5143.
Ambri (Mariano), 2714.
Ambrosoli (Luigi), 4307.
Ambrus (Béla), 5453.
Ambrus (Victor G.), 2950.
Amburger (Erik), 3862.
Amelotti (Mario), 365.
Amery (Leopold Charles Maurice Stennett), 3345.
Amico (Eleanor), 5144.
Amiet (Pierre), 1206.

Amin Dada (Idi), 3854-3856.
Amino (Yoshihiko), 7083.
Amirkhanov (Kh. A.), 975.
Amma (D. T. Saraswati), 6956.
Ammianus Marcellinus, 1609.
Amort (Čestmír), 6112, 6613.
Amory (Mark), 4765.
Amphoux (Christian B.), 1697.
Ampollo (Carmine), 1117.
Anagnostou de Cañas (V.), 1351.
Anak Agung Gde Agung (Ide), 6155.
Anand (Sushila), 6955.
Anastasi (Rosario), 1774.
Anastasios I, empereur de Byzance, 1724.
Anati (Emmanuel), 934, 1991.
Ancsel (Éva), 444.
Anderle (Ádám), 2773.
Anderson (Barbara A.), 5494.
Anderson (James Reardon), 6698.
Anderson (Michael), 5587.
Anderson (O.), 5588.
Andersson (Bertil), 5454.
Andersson (Christiane D.), 4243.
Andics (Erzsébet), 3486, 6400.
Andolf (Swen), 3796.
Andrae (Carl-Göran), 4287.
Andrássy (Gyula) /1823-1890/, 6413.
André (J. M.), 1607.
André-Vincent (Ph.-I.), 6238.
Andreau (J.), 1487.
Andreescu (Ştefan), 2080, 3776.
Andreucci (F.), 3648.
Andrews (George Reid), 5495.
Andríseková (Eva), 3814.
Andritsch (Johann), 4299.
Andruszka (Adam), 2947.
Andrzejewski (Marek), 3735.
Anfimov (A. M.), 5331.
Angeli (Stefano), 5287.
Angelov (Bonju), 4771.
Angelov (D.), 642.
Angelov (Petăr), 1817.
Angenendt (Arnold), 2535.
Angiolini (Franco), 3602.
Anikovic (M. V.), 975.
Anikst (A. A.), 4772.
Anjou, dynastie, 1848, 2057.
Anna (André d'), 938.
Anna (Thimothy E.), 3730, 6239.
Anne, queen of Great Britain a. Ireland, 3392.
Annequin (Jacques), 1131.
Annequin (Jean-Louis), 606.
Annino (Antonio), 5455.
Anokhin (V. A.), 79, 1125.
Anonymus Belae regis notarius, 1828, 1845, 1872.

Anquetin (Alain), 4938).
Ansegis, Abt v. St. Wandreville, 1926.
Anselmus, Archiepiscopus Cantuarensis, Sanctus, 2586.
Antall (József), 4612.
Anthelmus, Episcopus Bellicensis, Sanctus, 1881.
Anthoine (Roger), 6745.
Antiochos IV Epiphanes, roi séleucide, 1232.
Antoine (Régis), 4708.
Antonioni (Michelangelo), 4990.
Antoninus Pius (Titus Aelius), empereur romain, 1483.
Antonius (Peter), 31.
Antonius (Wilhelm), 31.
Antonov (V. S.), 5858.
Anusiewicz (Marian), 3736.
Aoki (Kōji), 696.
Aoki (Michio), 7084.
Apáczai (Csere János), 4344.
Apine (I.), 3863.
Apollonios Rhodios, 1394.
Apor (Éva), 243.
Appelt (Heinrich), 1940.
Applebaum (S.), 1640.
Appuhn (Horst), 170.
Apuleius (Lucius), 1131.
Aragno (Giuseppe), 5859.
Arangio-Ruiz (Vincenzo), 1527.
Arató (Endre), 315, 3352.
Arató (Paolo), 871.
Arbour (Roméo), 4704.
Arcadius Charisius (Aurelius), 1557.
Arce (Agustín), 1698.
Archer (Sir George), 6286.
Archer (James), S. J., 4056.
Archilochos, 1300.
Arday (Lajos), 6487.
Ardelt (Rudolf G.), 5860.
Arellano García (Mario), 4860.
Arendt (Hanna), 4283.
Aretin (Karl Otmar Freiherr v.), 2801.
Argersinger (Peter H.), 3062.
Arguedas (José María), 2773.
Argyle (Christopher), 6621.
Arias Vilas (Felipe), 1459.
Ariès (Philippe), 316, 397.
Arinen (Kauko), 644.
Aris (Michael), 6957.
Aristoteles, 1306, 1377, 1381, 2056, 4486.
Arius, haeresiarcha, 1737.
Arkhipov (V. A.), 5044.
Armand (Jorge), 976.
Armbruster (Adolf), 712.
Armengaud (André), 657, 776.
Armistead (Samuel G.), 613.

AUTOREN UND PERSONENREGISTER

Armstrong (John), 765.
Arnal (Jean), 994.
Arnal (Oscar L.), 3231.
Arnall (William), 3397.
Arnaud (Henri), 4736.
Arndt (Ino), 422.
Arndt (Karl J.), 4425.
Arnold I., Erzbischof v. Köln, 22.
Arnold II., Erzbischof v. Köln, 22.
Arnold (Alfred), 4482.
Arnold (Denis), 4939.
Arnold (Eberhard), 2931.
Arnold (Klaus), 2239.
Arnold (Peri E.), 3063.
Arnold (Thomas) Jr., 4300.
Arnott (Geoffrey W.), 1305.
Arnoult (Jean-Marie), 566.
Arnove (Robert), 4308.
Arnstberg (Karl-Olov), 5589.
Aronson (I. Michael), 3864.
Árpád, conquérant hongrois, 1087, 1995.
Árpáds (les), dynastie, 334, 1810, 2038.
Arrhenius (Birgit), 80.
Arrianus (Flavius), 1322.
Arrington (Leonard J.), 4090.
Artemenko (I. I.), 964.
Arthur (Sir George), 6317.
Arutjunov (S. A.), 544.
Arvizu (Fernando de), 2170.
Asaert (G.), 2240.
Asaji (Keizo), 2241.
Asao (Naohiro), 7085.
Aschoff (Diethard), 2120.
Aseev (I. V.), 6923.
Aseev (Ju. S.), 2451.
Ashby (Warren), 3064.
Ashcraft (Richard), 4577.
Asher-Greve (Julia M.), 1207.
Ashikaga, family, 7115.
Ashley (William H.), 3083.
Ashworth (A. E.), 6489.
Asmuss (Burkhard), 5332.
Asmussen (Jes. P.), 1263.
Asquith (Raymond), 3402.
Assurnaṣirpal II, roi d'Assyrie, 1207.
Aström (Sven-Erik), 789.
Atack (Jeremy), 5145.
Ataman (Julian), 864.
Athanasios I, patriarcha byzantinus, 1796.
Atkin (Muriel), 6113.
Atkin (R.), 6746.
Atmore (Antony), 5059.
Atrián (P.), 939.
Attal (Robert), 4194.
Attalides (les), dynastie, 1135.
Attard (Joseph), 6747.
Atterbury (Paul), 841.
Atwood (Rodney), 6240.
Aubert (Jacques), 6051, 6066.
Aubert (Roger), 861.
Aubin (Jean), 5887.
Aubin (Paul), 6232.
Aubineau (Michel), 1699.
Auboyer (Jannine), 6991.
Aubrun (Michel), 2608.
Auden (Wystan Hugh), 4822.

Audet (Bernard), 5590.
Audin (M.), 807.
Audisio (Gabriel), 3970.
Audouin (J.-V.), 4694.
Aufgebauer (Peter), 2070.
Augustijn (C.), 4483.
Augustinus (Aurelius), Sanctus, 1740, 1744, 1749.
Augustus (Gaius Julius Caesar Octavianus), empereur romain, 1131, 1487, 1626.
Aulard (Alphonse), 299.
Aulinger (Rosemarie), 6022.
Aupert (Pierre), 1657.
Aurelius Cotta (Lucius), praetor, 1479.
Auspos (Patricia), 3353.
Austensen (Roy A.), 6401.
Autenrieth (Johanne), 1882.
Auton (Graeme P.), 6860.
Auty (Robert), 1973.
Avalov (M. M.), 6106.
Averincev (S. S.), 796.
Averroes (Abu al-Walid Mohammed ibn Ahmad ibn Mohamed ibn Rusht), 2521, 2642.
Avianus (Flavius), 1460.
Avramov (Petăr), 4222.
Avrich (Paul), 4309.
Avril (François), 247.
Avril (Joseph), 2609.
Awerbuch (Marianne), 2121.
Aylmer (G. E.), 726.
Ayyūbides (les), dynastie, 1895.

B

Baack (Lawrence J.), 2802.
Baaken (Gerhard), 1915.
Baaken (Karin), 1915.
Baarck (Gerhard), 628.
Baark (Erik), 7010.
Babcock (Robert), 5939.
Babelon (Jean-Pierre), 209.
Babeș (M.), 1057.
Babeș (Vincențiu), 3781.
Babeuf (François Noël, dit Gracchus), 3244.
Babikova (E. N.), 3865.
Bacchi (Teresa), 2242.
Bacchielli (L.), 1197.
Baccrabere (G.), 1642.
Bacevich (Andrew J.) Jr., 6490.
Bachmann (Werner), 4985.
Bacon (Francis, baron Verulam, viscount St. Albans), 3406, 4494, 4538, 4573.
Bacon (Margaret Hope), 3065.
Bacon (Walter M.) Jr., 6478.
Bácskai (Vera), 5288, 5591.
Baczkowski (Krzysztof), 2071.
Bade (Klaus J.), 5496.
Bader (Françoise), 1287.
Badewien (Jan), 1722.
Badger (Anthony J.), 5334.
Badinter (Elisabeth), 5592.

Badstübner (Ernst), 2443.
Baďura (Bohumil), 6241, 6325.
Badziak (Kazimierz), 3753.
Baechler (Christian), 6477, 6491.
Baechler (Jean), 1320.
Bäck (Henry), 3798.
Baer (Florence E.), 4773.
Baer Bamberger (Seligmann), 2834.
Bärsch (Claus E.), 446.
Baesjou (René), 6175.
Bäumer (Remigius), 865.
Bäuml (Franz H.), 2377.
Bagge (Sverre), 1805.
Bagley (C. A.), 6145.
Bagnall (Roger S.), 57, 1298, 1461, 1462.
Baichere (Catherine), 5549.
Baier (Roland), 2803.
Baier (Stephen), 5045.
Bailes (Howard), 6178.
Bailey (Anthony), 3583.
Bailey (Raymond C.), 6242.
Bailey (Richard N.), 2156.
Bailey (Stephen), 5862.
Bailey (Thomas A.), 6622.
Bain (Kenneth Ray), 6832.
Baines (John), 1155.
Bainville (Jacques), 317.
Baird (W. David), 3066.
Bajcsy-Zsilinszky (Endre), 3557.
Bajohr (Stefan), 2804.
Bajomi Lázár (Endre), 1954, 6615.
Bakay (Kornél), 2014.
Baker (D. E. U.), 6156.
Baker (Derek), 4091.
Baker (Donald N.), 4310.
Baker (Frank), 4089.
Baker (J. Wayne), 4092.
Baker (Suzanne Devonshire), 4893.
Baker (T. Lindsay), 5335.
Bakó (Ferenc), 852.
Baksay (Zoltán), 5146.
Bakunin (Mikhail Aleksandrovič), 5863, 5925.
Baladié (Raoul), 140.
Balan (Bernard), 4613.
Balard (Michel), 1806.
Balassa (Iván), 545.
Balázs (Alice), 447.
Balázs (Béla), 4571.
Balázs (Péter), 673.
Balcerak (Wiesław), 6908.
Balconi (Carla), 1149.
Baldacchini (Lorenzo), 4889.
Balduin III, v. Baudouin III, roi de Jérusalem.
Balduin von Luxemburg, Erzbischof von Trier, 2612.
Baldwin (John W.), 2207.
Baldwin (P. M.), 4223.
Baldwin of Bewdley (Stanley Baldwin, 1st earl), 3447.
Balfour (Arthur James B., 1st earl of), 3378, 4582, 4648, 6451.
Balfour (David), 1765.

Balfour (Neil), 3922.
Bálint (Csanád), 2452, 2670.
Balique (Françoise), 6011.
Ball (Norman R.), 4678.
Balla (Lajos), 1565, 1628.
Ballard (Charles), 6179.
Ballestero (Manuel), 4230.
Balletto (Laura), 2243.
Ballhatchet (Kenneth), 6958, 6959.
Balogh (András), 6152, 6157.
Balogh (Eva S.), 6492.
Balogh (István), 4311.
Balogh (Sándor), 3469, 3518, 4312, 5328, 6833.
Balsan (Louis), 994.
Baltes (Matthias), 2510.
Baltzell (E. Digby), 4093.
Balzac (Honoré de), 4830.
Balzer (Oswald), 60.
Banaszkiewicz (Jacek), 2378.
Bandini (Franco), 6180.
Banfield, Familie, 66.
Banfield (Gottfried Freiherr v.), 66.
Bánki (Donát), 4696.
Banks (Sir Joseph), 4659.
Banner (Lois W.), 3067.
Banning (Lance), 3068.
Bantock (G. H.), 4313.
Baour (Jean-Florent), 32.
Bar-Kochva (Bezalel), 1134.
Baranowicz (Zofia), 3762.
Baranowski (Bohdan), 3753.
Baranowski (Shelley), 4095.
Baranyai (Béláné), 852.
Barbadoro (Idomeneo), 5813.
Barbagallo (Francesco), 3603.
Barber (James David), 3069.
Barber (Marilyn), 5593.
Barberi (Francesco), 30.
Barbero (Dominique), 3221, 3310.
Barbier (J. A.), 6243.
Barbieri (Michele), 3604.
Barbrook (Alec), 3070.
Bărbuță (Nicolae), 3777.
Barch (Simone), 4238.
Barclay de Tolly (Mikhail Bogdanovič), 3885.
Barcroft (Stephen), 6493.
Barcza (József), 3494.
Bárczi (Géza), 117, 318.
Bardach (Juliusz), 748, 749.
Barden (Graham A.), 3163.
Bardet (Jean-Pierre), 3310.
Bárdos (Kornél), 4940.
Bardout (Michèle), 546.
Barg (M. A.), 448, 536.
Bargellini (Piero), 686.
Barguet (Paul), 1188.
Baridon (Michel), 4719.
Bariéty (Jacques), 6494.
Barigazzi (Adelmo), 1299.
Barile (Laura), 4426.
Bario Gozalo (Maximiliano), 5595.
Barkai (Avraham), 2805.
Barker (Thomas M.), 2951.
Barkert (Walter), 1415.
Barkóczi (László), 1686.
Barlay (Ö. Szabolcs), 4724.

Barlow (Charles T.), 1566.
Barlow (Frank), 2379, 2596.
Barna (Zoltán), 5992.
Barnavi (Elie), 3232.
Barnea (Al.), 1567.
Barnea (I.), 1775.
Barnes (James J.), 2716.
Barnes (John), 3345.
Barnes (Patience P.), 2716.
Barnim Ier, prince de Szczecin, 2059.
Barnovský (Michal), 3818.
Baron (Salo Wittmayer), 879.
Barons (Benjamin), 6303.
Barozzi (Pietro), 2624.
Barral (Pierre), 776.
Barré (Jean-Luc), 3293.
Barreda Fontes (José María), 3033.
Barret (Pierre), 5594.
Barrett (Bernard), 6042.
Barron (Hal Seth), 5336.
Barrow (G. W. S.), 2015.
Barrow (George Lennox), 2453.
Barsh (Russel Lawrence), 6023.
Bársony (István), 5596.
Barta (Gábor), 3487, 3778.
Barta (János) Jr., 2952, 3546, 5337.
Bartel (Horst), 5864.
Barth (Gunther), 5597.
Bartha (Lajos), 141.
Bartier (J.), 2075.
Bartilla (Michael-Josef), 2807.
Bartlett (Lee), 4764.
Bartlettwells (H.), 79.
Bartnicka (Kalina), 4314.
Bartoccini (Fiorella), 4783.
Bartoli (Marco), 2236, 2591.
Bartolini (Gilda), 942.
Barton (Peter F.), 4096.
Bartoš (Josef), 151, 6623.
Bartrip (P. W. J.), 5147.
Barzaghi (Antonio), 5598.
Bârzu (Ligia), 797.
Basaeva (K. D.), 547.
Basanavičius (Jonas), 3909.
Bascher (Dom Jacques de), 2588.
Basen (Neil K.), 5599.
Bashear (Suliman), 6933.
Bashkina (Nina N.), 6110.
Basilius Magnus, Ep. Caesariensis, Sanctus, 1739, 1750.
Baskakova (M.), 5148.
Basso (Lelio), 3640.
Bastable (J. D.), 3425.
Bastard-Fournié (Michelle), 2610.
Bastianini (Guido), 1529.
Bastien (P.), 425.
Bately (Janet), 1807.
Bateman (Fred), 5145.
Bater (James H.), 5497.
Batle Ibgallart (Carme), 2342.
Batllori (Miquel), 1968.
Bátori (Ingrid), 5811.
Batowski (Henryk), 4774, 6724.

Battelli (Ennio), 4516.
Battenberg (Friedrich), 68.
Batthyány, famille, 4904.
Batthyány (Boldizsár), 4724.
Batthyány (Ervin), 5920.
Batthyány (Lajos), 3552.
Baucells (Josep), 2342.
Baudant (Alain), 5149.
Baude (Michel), 4828.
Baudelaire (Charles Pierre), 4795, 4843.
Baudin (François), 5777.
Baudoin (Pol), 5887.
Baudot (Georges), 806.
Baudou (Evert), 199, 1056.
Baudouin II, roi de Jérusalem, 2044.
Baudouin III, roi de Jérusalem, 1891.
Baudy (Gerhard J.), 1378.
Bauer (Gustav), 2792.
Bauer (Otto), 2974.
Bauer (Yehuda), 6699.
Bauks (Friedrich Wilhelm), 4097.
Baulant (Micheline), 778.
Baum (Gregory), 3974.
Bauman (John F.), 5046.
Baumgart (Inge), 5150.
Baumgart (Winfried), 6394.
Baurès (Pierre-Yves), 1116.
Baus (Karl), 863.
Bautier (Anne-Marie), 2244.
Bautier (Robert-Henri), 2244.
Bayezid II, sultan ottoman, 3848.
Bayhaqi (Abu'l Fazl al-), 2155.
Bayley (Peter C.), 3938.
Bazarciuk (Violeta), 1005.
Bazard (Saint-Amand), 4604.
Bazillion (Richard J.), 210.
Bazylow (Ludwik), 4266, 5865.
Bazzana (André), 2454.
Beaconsfield (Benjamin Disraeli, earl of), 3389, 6413.
Beales (Derek), 2953.
Beard (Charles A.), 319.
Beard (M.), 1629.
Beatty (Charles), 3354.
Beatty (David B., 1st earl B. of the North Sea a. of Brooksby), 3354, 3439.
Beaucour (Fernand Emile), 3224.
Beauharnais (Eugène de), 6435.
Beaulieu (Armand), 4611.
Beaulieu (Michèle), 2245.
Beaulieu (Yves), 3023.
Beaumont (Joan), 6624.
Beaune (Jean-Claude), 4614.
Bebel (August), 5932.
Beck (Hans-Georg), 1768.
Beck (Heinrich), 1049.
Beck (Marcel), 2380.
Beck (W.), 1643.

AUTOREN UND PERSONENREGISTER

Becker (Felix), 4039.
Becker (Jean-Jacques), 3233.
Becker (Robert A.), 6244.
Becker (Winfried), 2808.
Beckers (Hartmut), 1808.
Becket (Thomas), v. Thomas Becket, Sanctus.
Beckett (J. V.), 3355.
Beckmann (Jan P.), 2524.
Becnel (Thomas), 5338.
Bédarida (François), 6748.
Bedaux (R. M. A.), 961.
Bedeschi (Giulio), 3627.
Bedos (Brigitte), 18, 70, 209.
Beeching (Jack), 3939.
Beeman (Richard R.), 6245.
Beesly (Patrick), 3356.
Beethoven (Ludwig van), 5006.
Behrendt (Hans-Otto), 6749.
Behrens (H.), 995.
Behrens (Robert), 3357.
Behschnitt (Wolf Dietrich), 3923.
Behse (Ursula), 4237.
Bein (Alex), 605.
Bejlina (E. È.), 5151.
Bekker-Nielsen (Hans), 2417.
Bél (Mátyás), 320.
Béla III, roi de Hongrie, 2641.
Béla IV, roi de Hongrie, 2662.
Belder (J. de), 769.
Beleckij (V. N.), 6700.
Beleljubskij (F. B.), 449.
Belfort (Anne-Marie), 4923.
Bell (A. O.), 4766.
Bell (Alan), 4776.
Bell (Daniel W.), 6903.
Bell (Edward Price), 4464.
Bell (Jonathan), 5600.
Bell (Rudolph M.), 5601.
Bellér (Béla), 3488, 4315.
Belleri Damiani (Claudia), 6495.
Belletzkie (Robert Joseph), 2536.
Belli Barsali (Isa), 2690, 3605.
Bellomo (M.), 187.
Belloni (Annalisa), 1809.
Belloni (Luigi), 4615.
Bellotta (Ireneo), 4484.
Belohlavek (John M.), 6402.
Beltz (Walter), 1156.
Bem (Józef), 3514.
Bemont (Colette), 1035.
Ben-Avner (Yehuda), 2954.
Ben-Avram (Baruch), 3592.
Benayahu (Meir), 4197.
Bencze (László), 6403.
Benczédi (László), 3489.
Benda (Kálmán), 674, 3490, 3491, 4224, 4423, 6346, 6348.
Benedek (Ferenc), 1530.
Benedek (István), 4616.
Benedict (Michael Les), 3071.
Benedictus Nursinus, Sanctus, 906, 2587.
Ben Elissar (Eliahu), 6625.
Beneš (Edvard), 6706.

Beneš (Jan), 1644.
Benjamin (Hilde), 6009.
Benker (Gertrud), 2072.
Benkő (Lóránd), 1810.
Benkő (Samu), 4617.
Benn (Aphra Amis), 4740.
Benneckenstein (Horst), 5150.
Bennet (Gillian), 6693.
Bennett (Barbara), 6310.
Bennett (Scott), 6310.
Benninghoven (Friedrich), 2887.
Bensaci (Mékia), 2246.
Benser (Günter), 2809.
Benson (Sven), 2157.
Benton (G.), 7009.
Bentzien (Ulrich), 770.
Benvenuti (Feliciano), 3606.
Benvenuti (Sergio), 3940.
Benvenuto, consul of Ancona in Constantinople, 1764.
Benz (Wolfgang), 422.
Benzelius (Erik) Jr., archbishop, 4221a.
Benzing (Josef), 31.
Benzoni (Alberto), 3607.
Beran (Zdeněk), 5339.
Berbusse (Edward J.), S. J., 6404.
Bercé (Yves-Marie), 2717.
Berciu-Drăghicescu (Adina), 3779.
Bercuson (David Jay), 3932.
Berczényi (László), maréchal de France, 3341.
Bereczki (Gábor), 340.
Berend (T. Iván), 450, 3492, 5047, 5048, 5068, 5229.
Berengaria, queen consort of Richard I of England, 2028.
Bérenger de Poitiers, 1938.
Bérenger (Jean), 615.
Berengo (Marino), 3667.
Berg (Alban), 4982.
Berg (Gunter), 464.
Berg (Maxine), 5011.
Bergad (Laird W.), 5602.
Bergé (Marc), 604.
Berger (Alain), 5340.
Berger (Claudine), 854.
Berger (David), 1860.
Berger (Michael L.), 5603.
Bergeron (Henri-Paul), 3975.
Bergeron (Louis), 3277.
Bergier (Aude), 3298.
Beridze (Vachtang), 843.
Berkowitz (Edward), 5012.
Berlanstein (Lenard R.), 5866.
Berlin (Ira), 5606.
Berlin (Sir Isaiah), 321.
Berliner (Emile), 4999.
Berling (Judith A.), 7011.
Berlioz (Hector), 4950.
Bermejo Cabrero (José Luis), 923, 2172.
Bernage (Georges), 2158.
Bernal (Ignacio), 7155.
Bernal (J. D.), 4637.
Bernard, chartreux de Portes, 1881.

Bernard (Jacques), 2247.
Bernard (Paul), 5939.
Bernard de Russailh (A.), 3044.
Bernard-Griffiths (Simone), 3265.
Bernardi (Bernardo), 6177.
Bernardi (padre Domenico), 4071.
Bernardo (Aldo S.), 2392.
Bernardus, Abbas Tironii, Sanctus, 2588.
Bernath (Mathias), 599.
Berndt (Roswitha), 2810.
Bernecker (Walther L.), 3032.
Bernhardt (Rainer), 1352.
Bernier (Bernard), 5330.
Bernstein (Barton J.), 6834.
Bernstein (Eduard), 5856.
Bernstein (Serge), 3234.
Bernstorff (Christian Günther, Graf v.), 2802.
Berov (L.), 5049.
Berque (Augustin), 3690.
Berrol (Selma), 5604.
Berry (Jean de France, duc de), 2492.
Berry (Marie-Caroline, duchesse de), 3335.
Berschin (Walter), 2381.
Bertaud (Jean-Paul), 3235.
Bertaux (J.-J.), 646.
Bertelli (Sergio), 194, 3608.
Bertényi (Iván), 675.
Berthier (André), 1231.
Berthold (R. M.), 1321.
Berthold (Werner), 268.
Berti (Fausto), 1839.
Bertin-Maghit (Jean-Pierre), 4941.
Berton (Pierre), 6370.
Bertoni (Italo), 825.
Bertram (James), 4300.
Bertran de Born, 2573.
Bertrand (Michèle), 451.
Bertucci (Francesco Antonio), 6337.
Berzeviczy (Gergely), 5439.
Beschloss (Michael R.), 3072.
Beševliev (Bojan), 142.
Besier (Gerhard), 2811, 2898.
Besseler (Heinrich), 4985.
Bessenyei (József), 3493.
Besson (Yves), 6934.
Best (Gary Dean), 6158.
Best (Geoffrey), 6103.
Best (Heinrich), 2812.
Bestužev-Rjumin (Konstantin Nikolaevič), 322.
Bet (Philippe), 1694.
Bethlen, famille, 211.
Bethlen (Gábor), prince de Transylvanie, roi de Hongrie, 3466, 3494, 4224, 4280, 4725.
Bethlen (István), 3527.
Bethlen (Miklós), 3474.
Betke (Carl), 5605.
Betts (John H.), 69.

Bevan (Aneurin), 3347.
Bevon (John), 4317.
Beyer (Klaus G.), 843, 2443.
Bezilla (Michael), 5152.
Bežin (L. E.), 7012.
Bhutto (Zulfikar Ali), 6991.
Bialer (Seweryn), 3866.
Białostocki (Jan), 844.
Bialostotzki (Israel), 6626.
Bianchi (Giovanni), 1838.
Bianco (Cesare), 4098.
Bibó (István), 2813.
Bickerman (E. J.), 58.
Biddle (Charles), 6402.
Bielecki (Robert), 6396.
Bielenstein (Hans), 7013.
Bielska (Krystyna), 28.
Bieńkowski (Tadeusz), 4316.
Bieńkowski (Wiesław), XVIII, 2955, 4288.
Bietti Sestieri (Anna Maria), 942.
Biewer (Ludwig), 2814.
Bigaud (Annette), 5887.
Bihl (Wolfdieter), IV, 452, 4198.
Billanovich (Giuseppe), 50.
Billois (Philippe), 3315.
Billson (Marcus K.) III, 1811.
Billstein (Aurel), 2815.
Bilson (Geoffrey), 5607.
Binchy (Daniel A.), 746, 2232.
Binder (Dieter A.), 6496.
Binder (Ludwig), 4099.
Bingen (Jean), 183, 1316.
Binns (Alan Lawrie), 2159.
Biondo, v. Flavio Biondo.
Biraben (Dr J.-N.), 4645.
Biral (Allessandro), 6043.
Birckel (Maurice), 2728.
Birdsall (Peter), 4429.
Birger Gregersen, Erzbischof v. Uppsala, 2413.
Birke (Adolf M.), 5582.
Birken (Andreas), 5289.
Birkfellner (Gerhard), 118.
Birley (Anthony), 1568.
Birnbaum (Karl E.), 6835.
Biron (A. K.), 3905.
Birot (Maurice), 1203.
Biscardi (A.), 1531.
Bischoff (Bernard), 2382.
Bishko (Charles Julian), 1992.
Bishop (Olga B.), 3012.
Bisi Ingrassia (A. M.), 1198.
Biskup (Marian), 616.
Bismarck (Otto, Fürst v.), 2811, 2825, 2843, 2847, 2871, 2898, 2900, 6453.
Bisson (Thomas N.), 1968, 2173.
Bitskey (István), 3941, 3976, 4224a, 4725.
Bittel (Kurt), 4289.
Bivar (A. D. H.), 1827.
Biver (Marie-Louise), 3217.

Biville (Catherine), 5656.
Bjerkholt (Frank), 6836.
Björnfot (Britt), 5608.
Bjørnsen (Bjørn), 6750.
Black (George), 4317.
Blackbourn (David), 2817.
Blackburn (Gilmer W.), 4318.
Blackford (Mansel G.), 5153, 5498.
Blackmur (Richard P.), 314.
Blain (André), 1023.
Blair (Francis Preston), 3176.
Blair (Karen J.), 5609.
Blake (Nelson Manfred), 5341.
Blanc (A.), 1569.
Blanc-Rouquette (Marie-Thérèse), 32.
Blanchard (Anne), 6044.
Blancpain (Marc), 6497.
Blanke (Gustav H.), 4100.
Blasche (Siegfried), 4509.
Blasius (Dirk), 2896.
Blassingame (John W.), 3042.
Blazquez (J. M.), 1596.
Blazy (Maurice), 5154.
Blecua (Alberto), 1812.
Bleiber (Helmut), 386, 2818, 2819.
Bleich (Judith), 4199.
Bleicken (Jochen), 1475.
Bley (H.), 6145.
Blickle (Peter), 1953.
Bloch (Ernst), 4563.
Bloch (Marc), 323, 528.
Bloch (Raymond), 1287.
Bloch-Dermant (Janine), 4924.
Block (Alan A.), 5610.
Block (David), 4062.
Block (Martin), 804.
Blodgett (Geoffrey), 3073.
Bloesch (Hansjörg), 260.
Blois (L. de), 1476.
Blok (Aleksandr Aleksandrovič), 4820, 4826.
Blok (D. P.), 703.
Blok (L.), 2747, 3719.
Blom (Grethe Authen), 2073.
Blon (Philippe), 3229.
Blond (Georges), 6498.
Blondel (David), 4599.
Bloss (Hartmut), 6627.
Blouin (Claude), 5330.
Bluche (François), 5611.
Bluche (Frédéric), 3236.
Bluhm (William T.), 4485.
Blum (G. G.), 1723.
Blum (John Morton), 3074.
Blum (Paul Richard), 4486.
Blumenbach (Johann Friedrich), 4654.
Blumenkranz (Bernard), 2119.
Blumenthal (Elke), 1157.
Blundell (John), 1400.
Blussé (L.), 6145.
Boase (T. S. R.), 4847.
Bobancu (Șerban), 59.
Bobbio (Norberto), 321, 384.
Bobev (B.), 6499.
Bobneva (M. I.), 5612.
Boccia Gleijeses (Lydia)

2074.
Bock (Helmut), 2820.
Bocșan (Nicolae), 3777.
Bode (Andreas), 6347.
Bodei (Remo), 4575.
Bodei Giglioni (Gabriella), 1370.
Bodensieck (Heinrich), 420.
Bodin (Jean), 4583.
Bodio (Luigi), 5524.
Bodnar (John), 5613.
Bodnár (László), 5342.
Bøe (Jan Bjarne), 453.
Boehm (Eric H.), III, X.
Bőhm (Vilmos), 5984, 6492.
Böhme (Helmut), 771.
Boehme (Jacob), 4534.
Böhmer (J. F.), 1915.
Bökönyi (Sándor), 772.
Bölöny (József), 2956.
Bønne (Birgit), 3908.
Boer (W. den), 2730.
Børresen (Beate), 6024.
Boesch Gajano (Sofia), 2122, 2582.
Bösendorfer (Ludwig), 4937.
Boethius (Anicius Manlius Severinus), 1928, 2510, 2515.
Bogdán (István), 81, 237, 5343, 5614.
Bogge (Alfonso), 3595.
Bogina (Š. A.), 548.
Bogliari (Francesco), 5867.
Bogoljubov (A. N.), 4618.
Bogomolov (O. T.), 3028, 5050.
Bogucka (Maria), 768, 5290.
Boháč (Zdeněk), 2671.
Bohuta (Ivan), 3819.
Boiardo (Matteo Maria, conte), 2376.
Boicu (L.), 6135.
Boime (Albert), 4894.
Bois (Jacqueline), 5850.
Boissard (Marcel A.), 2174.
Boisselier (Jean), 6996.
Boivin (Jean), 5939.
Bojarski (Władysław), 1532.
Bok (Edward W.), 4465.
Bokhanov (A. N.), 4427.
Boland (André), 3977.
Boldt (Hans), 6025.
Bolens (Lucie), 2248.
Bolesław II Śmiały /le Hardi/, roi de Pologne, 2055.
Bolesław der Fromme, Herzog von Grosspolen, 2138.
Bolkhovitinov (N. N.), 3075.
Bollack (J.), 1379.
Bollók (János), 1813.
Boľšakov (A. A.), 549.
Bolt (Christine), 3070.
Bolton (J. L.), 2249.
Bolyai (Farkas), 4617.
Bolyai (János), 4617, 4691.
Bolzano (Bernard), 4257.
Bombelles (Marc-Marie de), 6344.
Bóna (Gábor), 3495.

AUTOREN UND PERSONENREGISTER

Bóna (István), 1058.
Bonaparte, v. Napoléon Ier, empereur des Français.
Bonardy (Jean-Baptiste), 4737.
Bonaventura /Giovanni di Fidanza/, Sanctus, 2589.
Bond (Briand), 3358.
Bondarčuk (V. S.), 5344.
Bonfanti (Giuseppe), 3609.
Bonfield (Lynn A.), 454.
Bongert (Yvonne), 2175.
Bongiovanni (Bruno), 2757.
Boni (A.), 880.
Bonifatius, Apostolus Germanorum, Sanctus, 2590.
Bónis (Ferenc), 4968.
Bonneau (Danielle), 1158.
Bonnenfant (Paul), 597.
Bonnet (Christian), 647.
Bonney (Richard), 2718.
Bonorand (Conradin), 4225.
Boockmann (Andrea), 2176.
Boockmann (Hartmut), 257, 415.
Boog (Horst), 6751.
Boogman (J. C.), 769, 2730, 3719, 6453.
Booms (Hans), 2792.
Booth (Henry), 5155.
Booth (John A.), 3463.
Booth (Michael R.), 4942.
Booy (E. P. de), 4319.
Borawska (Danuta), 2016.
Borchert (James), 5615.
Bordone (Renato), 2672.
Borg (Dorothy), 6913.
Borgia, famiglia, 2547.
Borisenko (V. J.), 3867.
Borkowska (Małgorzata), 4040.
Borkowski (Jan), 5383.
Born (Ernest), 2565.
Born (Martin), 324.
Bornewasser (J.), 3978.
Bornmann (Fritz), 1400.
Borosy (András), 2250.
Borràs i Feliu (Antoni), 2342.
Borsa (Gedeon), 33, 1814, 4943.
Borsa (Giorgio), 455.
Borsányi (György), 3567, 3569.
Borsi (Franco), 4862.
Borst (Otto), 2821.
Borzijak (I. A.), 975.
Borzsák (István), 1059, 1608-1610.
Bosák (Pavel), 6797.
Bosanquet (Nicholas), 3359.
Boshof (Egon), 2613.
Bosl (Karl), 633, 1955.
Bosscher (D. F. J.), 3718.
Bostenai, v. Bustanai ben Haninai, 2125.
Bostoen (K. J.), 238.
Boston (David M.), 7156.
Boswell (John), 2614.
Bosworth (A. B.), 1322.
Botein (Stephan), 4101.
Both (Ödön), 4428.
Botoran (Constantin), 3768.
Bots (A. C. A. M.), 5013.
Bots (H.), 4320.

Botta (István), 4102.
Bottin (Jacques), 207.
Botzenhart (Manfred), 2899.
Bouchenaki (Mounir), 1477.
Bouchu, intendant, 3221.
Bouhier (Jean), 4737.
Bouhot (Jean-Paul), 1815.
Boulard (F.), 4002.
Boulet-Sautel (Marguerite), 744.
Boulliau (Ismael), 3308.
Bourcier de Carbon (Luc), 5014.
Bourdeaux (Michael), 3942.
Bourgade (Germaine), 4321.
Bourgeois (Louis), 3237.
Bourgi (Robert), 6837.
Bourguière (André), 269.
Bourke (Paul F.), 3076.
Bournazel (Eric), 1980.
Bourne (Kenneth), 3348.
Bourque (Gilles), 5868.
Bourton (Jean), 6628.
Bousquet (Jacques), 4895.
Boussard (Isabel), 3238, 5345.
Bouthoul (Gaston), 606.
Boutié (Paul), 977.
Bouvier (Jean), 776.
Bouvier (Jean-Claude), 119.
Bovet (Nicolau), 1968.
Bovio (Giovanni), 739.
Bowle (John), 607.
Bowman (Frank Paul), 3979.
Bowman (Isaiah), 156.
Bowman (John), 3584.
Bowman (Shearer Davis), 5616.
Boyd (Carl), 6701.
Boyd (Carolyn P.), 3034.
Boyd (Kenneth M.), 4103.
Boyer (Jean-Claude), 750.
Boyer (John), 2957.
Boyer (Pierre), 209.
Boyer (Régis), 2615.
Bozőky (Edina), 1883.
Bozzolo (Carla), 34.
Bracalini (Romano), 3610.
Brackenbury (M.), 2455.
Bradbrook (M. C.), 4944.
Bradby (David), 4945.
Braddock (Edward), 6249.
Bradford (Ernle), 1323.
Bradford (Peg), 5156.
Bradford (Richard H.), 6405.
Brading (D. A.), 3703.
Bradley (D. J.), 6192.
Bradley (John), 2673.
Braeman (John), 319.
Bräuer (Siegfried), 4104.
Brahmer (Mieczysław), 4226.
Branca (Vittore), 423, 617.
Brâncoveanu, v. Brîncoveanu (Constantin).
Brand (Joel), 6699.
Brandeis (Louis Dembitz), 3102.
Brandt (Ahasver v.), 409.
Brandt (Fredrik Oscar), 6395.
Brandt (Peter), 5847.
Branga (Nicolae), 1570.
Brann (Noel C.), 4487.

Brasacchio (Giuseppe), 5051.
Brasseur (Patrice), 120.
Brather (Hans-Stephan), 1949.
Braudel (Fernand), 325, 776, 6147.
Braun (Rainer), 2822.
Braunert (Horst), 1279.
Bravo (Benedetto), 1353.
Bravo (Gian Mario), 5979.
Bray (R. Matthew), 6500.
Breatnach (Pádraig A.), 2551.
Bredin (Jean-Denis), 3239.
Breen (T. H.), 6246, 6247.
Breitman (Richard), 2790.
Brelich (Angelo), 410.
Bremner (Robert H.), 5617.
Brenner (Domokos), 3490.
Brenner (Gabriele), 2958.
Brenot (Claude), 82.
Brereton (Bridget), 6248.
Bresc (Geneviève), 2583.
Bresc (Henri), 2583.
Bresciani (Edda), 1159, 1422.
Breslauer (S. Daniel), 2511.
Breslaw (Elaine G.), 6249.
Breslin (Thomas A.), 4063.
Bressan (Edoardo), 3960.
Bresson (Alain), 2383.
Břetislav I., Herzog v. Böhmen, 2039.
Breton (Alain), 550.
Breuillé (Luc), 551.
Breunig (Charles), 2719.
Brévan (B.), 4946.
Brewer (John), 3360, 6006.
Breydy (Michel), 1816.
Breyer (Richard), 3737.
Briand (Aristide), 6494.
Briand (Pierre), 1131.
Brickhill (Jeremy), 2786.
Briçonnet (Guillaume), 3971.
Bridenbaugh (Carl), 6250.
Bridge (F. R.), 6406.
Bridges (Sir William Throsby), 2941.
Briggs (A. D. P.), 3896.
Brîncoveanu (Constantin), Fürst d. Walachei, 39.
Bringmann (Klaus), 1232, 1478.
Brink (A. A. B. J. ten), 6045.
Briquel (Dominique), 1287.
Britnell (R. H.), 2251.
Britt (Anna), 1269.
Brizzi (Bruno), 3663.
Brizzi (Gian Paolo), 4322.
Broc (Numa), 143.
Broca (Paul), 4677.
Brockes (Barthold Heinrich), 2806.
Brockstedt (Jürgen), 5554.
Brockway (Fenner), 5869.
Brodie (M. Janine), 5870.
Brodman (James W.), 2017.

Brohm (Jean-Marie), 5850.
Bromberg (Alan B.), 4323.
Bromberger (Christian), 542.
Bronson (Isaac), 5474.
Brooke (Rupert), 4807.
Brookner (Anita), 4896.
Brooks (Alan), 2786.
Brooks (Peter Newman), 4105.
Brost (Harald), 3281.
Broten (Delores), 4429.
Broucek (Peter), 2945, 6501.
Broué (Pierre), 5850.
Brouette (Emile), 2552.
Broughton (William Grant), 4180.
Brousek (Karl Maria), 5618.
Brower (Daniel R.), 5619.
Brown (Alison), 2076.
Brown (Ann Cynthia), 1449.
Brown (D. Clayton), 5346.
Brown (Elizabeth A. R.), 2077.
Brown (Jennifer S. H.), 5291.
Brown (Jonathan), 4863.
Brown (Mark Liam), 3738.
Brown (Reginald Allen), 2018.
Brown (Robert Craig), 456.
Brown (T. S.), 1776.
Brown (Thomas), 3077.
Browne (G. M.), 1308.
Browne (Gary Lawson), 3078.
Browning (Elizabeth Barrett), 4811.
Browning (Robert), 1769.
Brożek (Andrzej), 4422.
Bruce (Edward), king of Ireland, 1907.
Bruce (F. F.), 1715.
Bruchey (Stuart W.), 5052.
Bruchford (Maynard), 212.
Brucioli (Antonio), 3628.
Brucker (Egon), 6960.
Bruckner (Albert), 3.
Brückner (Aleksander), 115, 552.
Brueghel (Pieter), 4904.
Brüning (Heinrich), 2915, 6533.
Brugger (Bill), 7014.
Brugger (Suzanne), 6502.
Brugnière (Marie-Bernadette), 2019.
Bruhns (Hinnerk), 1479.
Bruin (C. C. de), 3980.
Bruin (R. E. de), 2747.
Bruk (S. I.), 5499, 5500.
Brulé (Pierre), 1371.
Brumberg (Joan Jacobs), 4106.
Brumont (Francis), 5347.
Brun-Zejmis (Julia), 3739.
Brunel (I. K.), 5180.
Brunet (Guy), 3221.
Brunet (Jacqueline), 4230.
Brunet (Jean-Paul), 3240.
Bruni (Leonardo), 2406, 2512.
Brunner (Karl), 2252.
Bruno, Carthusianorum Institutor, Sanctus, 1881.
Bruno (Giordano), 4486.
Brunschwig (Henri), 6145,
6147, 6174.
Brusa (Antonio), 798.
Brusatin (Manlio), 3611.
Bruti Liberati (Luigi), 3981.
Bryant (Sir Arthur), 3361.
Bryer (Anthony), 1777.
Bryner (Erich), 4107.
Bryson (Thomas A.), 6114.
Bū Himāra (Jilālī b. Drīs al-Zarhūnī al Yūsufī, dit), agitateur marocain, 5296.
Buber (Martin), 4474, 4488.
Buber (Rafael), 4474.
Bucaille (Richard), 542.
Bucer (Martin), 4175.
Bucheler (Heinrich), 2823.
Buchholz (Werner), 3799.
Buchinger (Erich), 5501.
Buck (Peter), 4619.
Buck (Robert J.), 1324.
Buckley (Christopher Augustine), 3079.
Bucknell (Peter Arthur), 4947.
Bucur (Marin), 3774.
Buczak (Eugeniusz), 6798.
Budeiri (Musa), 6935.
Budenz (József), 326.
Bühler (Winfried), 375.
Buel (Richard) Jr., 6251.
Büsch (Otto), 2724, 2933, 4243.
Büttner (Horst), 2456.
Büttner (Thea), 270.
Bukharin (Nikolay Ivanovič), 3896.
Bulard (Alain), 1036.
Bulciolu (Maria Teresa), 727.
Bulferetti (Luigi), 5157.
Bułhak (Henryk), 6503.
Bulhof (Ilse N.), 333.
Bull (Trygve), 6838.
Bullard (Melissa Meriam), 3612.
Bullen (Roger), 6406.
Bulliet (Richard W.), 2141.
Bullinger (Heinrich), 4092, 4107.
Bullough (Vern L.), 4621.
Bullough (William A.), 3079.
Bultmann (Rudolf), 4152.
Bunzl (John), 6839.
Buonarroti (Philippe Michel), 3333.
Buonpensiere (Giancarlo), 6752.
Bur (Márta), 5292.
Bur (Michel), 908.
Burchell (R. A.), 5620.
Burd (Van Akin), 4758.
Burdett-Coutts (Angela Georgina Burdett-Coutts, baroness), 5752.
Burenhult (Göran), 1017.
Burger (Alice), 935, 1645.
Burgess (Colin), 996.
Burgess (Keith), 5621.
Burgh (Hubert de), 2177.
Burin (S. N.), 5622.
Burke (Edmund), 4515.
Burkhardt (D.), 271.
Burki (Shahid J.), 6961.
Burlak (V. N.), 4489.
Burmeister (Karl Heinz), 636.
Burnett (John), 5623.
Burney (Charles), 1140.
Burney (Fanny), 4751, 4799.
Burnham (Barry C.), 1664.
Burnham (John C.), 4622.
Burnham (Richard), 4966.
Burns (Augustus M.) III, 4324.
Burns (E. Bradford), 2720.
Burns (J. H.), 2730.
Burns (Robert I.), 1968.
Burns (Thomas S.), 1060.
Burns (Wolf-Rüdiger), 2612.
Burr (Aaron), 3136.
Burroughs (Peter), 3362.
Burton (J. K.), 272.
Busch (Briton Cooper), 3363, 5158.
Bushkovitch (Paul), 2253, 5292.
Busino (Giovanni), 4490.
Bussi (Rolando), 2674.
Bustanai ben Haninai, exilarch, 2125.
Butcher (John G.), 5502.
Bute, Marqueses of, 3375.
Butel (Paul), 5097, 5624.
Butler (David Edgeworth), 3364.
Butler (Pierce), 3121.
Butler (Rohan), 3241.
Butticci (Giulio), 3613.
Buttlar (Madeleine v.), 2824.
Buttrey (Theodore V.), 19.
Būyid, dynasty, 2152.
Buza (János), 5348.
Bygott (Ursula M. I.), 4041.
Bykow (O. N.), 6131.
Byrd (Richard E.), 3936a.
Byron (Georges Gordon Byron, 6th baron), 4752.
Bystrický (Valerián), 6799.

C

Cabada Castro (Manuel), 4491.
Cabanes (Pierre), 1354, 1372.
Cabanis (Pierre Jean Georges), 4592.
Cabantous (Alain), 5625.
Cabourdin (Guy), 661.
Caccamo (Domenico), 6407.
Caciagli (Giuseppe), 3614.
Cadoni (Giorgio), 6046.
Cadrecha y Caparros (Miguel Ángel), 3982.
Caesar (Gaius Julius), 1490, 1501, 1502.
Cahill (James), 7043.
Caidin (Martin), 5168.
Čaikovskij (Pëtr Il'ič), 4989.
Caillaux (Joseph), 3228, 3239.
Caillavet (Chantal), 6252.
Calafeteanu (Ion), 6702.
Calder (Jenni), 4777.

Caldwell (David), 669.
Calhoun (Charles W.), 6408.
Calhoun (John Caldwell), 3045, 3178, 6433.
Calkins (Kenneth R.), 5871.
Calkins (Robert), 2444.
Callas (Maria Kalogeropoulos, dite), 5003.
Callistus III /Alfonso de Borgia/, Papa, 2547.
Callot (Olivier), 1657.
Callu (Jean-Pierre), 82.
Calmo (Andrea), 4267.
Calot (Gérard), 5503.
Calvesi (Maurizio), 4854.
Calvin (Jean), 4126, 4139, 4148, 4155, 4161, 4165, 4177, 4368.
Calvo de Silva, famille, 3269.
Cambi (Franco), 4325.
Cameron (Averil), 1779.
Cameron (Ron), 1700.
Camilleri (J.), 6840.
Cammarosano (Paolo), 2254.
Camp (Robert A.), 3704.
Campa (Riccarda), 432.
Campani (Giuliano), 6752.
Campbell (Bruce F.), 4200.
Campbell (James), 2616.
Campbell (Leon G.), 3983.
Campbell (R. H.), 5159.
Campiglio (Giorgio), 6181.
Campoy (Emilio), 5053.
Camps (Gabriel), 938.
Camps-Fabrer (Henriette), 938.
Campus (Eliza), 6115.
Cañada Juste (Alberto), 1968.
Canal (Denis), 1264.
Canart (P.), 35.
Canavaggio (Perrine), 207.
Cancila (Orazio), 5160.
Candaux (J.-D.), 37.
Cândea (Virgil), 4228.
Canguilhem (G.), 810.
Canis (Konrad), 2825.
Cankova-Petkova (Genoveva), 1817.
Cannadine (David), 3365.
Cannon (John), 457.
Canu (Philippe), 3310.
Canutus IV, rex Daniae, Martyr, Sanctus, 2288.
Canzio (Stefano), 3615.
Capecelatro Gaudioso (Domenico), 3616.
Capelle (Torsten), 2255.
Capétiens (les), dynastie, 2030, 2077.
Capie (Forrest), 5349.
Capizzi (Carmelo), 1724.
Caplice (Richard), 1208.
Capra (P.), 83.
Capranica (Domenico), 2649.
Caproşu (I.), 714.
Caracalla (Marcus Aurelius Antoninus), empereur romain, 1539.
Carafa (Pier (Luigi), Nuntius, 3959.
Carbonneau (Robert), 4064.
Cârciumaru (Marin), 578.
Cardos (Lawrence A.), 5626.
Carducci (Carlo), 952.

Careless (J. M. S.), 6293.
Carey (John), 4726, 4728.
Carey (P. B. R.), 213.
Carile (Antonio), 20.
Carl, rois de Suède, v. Karl.
Carl (George Edmund), 6409.
Carlander (Christopher), 6233.
Carli (Carlo Fabrizio), 4864.
Carlisle (Rodney), 5161.
Carlo Alberto, re di Sardegna, 3657.
Carlos IV, rey de España, 5053.
Carlsson (Dan), 1037.
Carlsson (Sten), 720.
Carmagnani (Marcello), 5455.
Carminati-Nawrocka (Lidia), 2344.
Carnot (Sadi), 4673.
Carof (Marie-Marguerite), 209.
Carolingiens, Karolinger, dynastie, 1893, 1934, 1987, 2001, 2011-2013, 2218, 2227, 2382, 2470, 2535, 2565, 2634.
Carolus-Barré (Louis), 1819.
Caron (François), 776.
Carp (T.), 1308.
Carpenter (Christine), 2384.
Carpenter (D. A.), 2256.
Carpenter (David), 2177.
Carpenter (Edward), 5991.
Carpenter (Joel A.), 4108.
Carpentier (Elisabeth), 1818.
Carpi (Daniel), 6629.
Carpi (Umberto), 4492.
Carr (E. Hallett), 2721, 3868.
Carr (R.), 2730.
Carrara Ronzani (Matilde), 260.
Carrère (René), 606.
Carrère d'Encausse (Hélène), 3869.
Carretero Zamora (Juan Manuel), 3033.
Carson (R. A. G.), 84.
Carstairs (Andrew McLaren), 2722.
Carter (David J.), 6504.
Carter (Jimmy /James/), 3052, 3151, 6887.
Cartledge (P. A.), 1325, 1355.
Cartojan (Nicolae), 924.
Carver (Michael), 6841.
Carville (Geraldine), 2457.
Casagrande (Giovanna), 2553.
Casali (Antonio), 330.
Casamassima (Emanuela), 2.
Casanova (Antoine), 1131.
Casanova (Gerardo), 1149, 1160.
Casas i Nadal (Montserrat), 2342.
Casavola (Franco), 1533.

Casey (P. J.), 85, 1480.
Cassan (Claude-Gérard), 4925.
Càssola (F.), 1450.
Casta (François), 3303.
Castan (Nicole), 5627.
Castel (Albert), 3080.
Castell Maiques (Vicente), 1968.
Castellan (G.), 4227.
Castiglione (Giovanni Benedetto), 4267.
Castiglione (László), 188, 1423, 1646.
Castries (René de La Croix, duc de), 3242, 6234.
Castronovo (Valerio), 4466.
Catalano (Franco), 3617.
Catanzariti (John), 3051.
Cateura Bennasser (Pablo), 1968.
Catilina (Lucius Sergius), 1548.
Cato (Marcus Porcius), 1468.
Cats (Jacob), 3729.
Catteau (Jacques), 5863.
Cattin (Giulio), 2498.
Catullus (Gaius Valerius), 1620.
Caty (Roland), 5628.
Caulier-Mathy (N.), 2747.
Caumont (marquis de), 4737.
Cavallo (Dominick), 5629.
Cavarero (Adriana), 6043.
Caven (Brian), 1481.
Cavour (Camillo Benso, conte di), 3595.
Caws (Peter), 4493.
Cayez (Pierre), 5162.
Cayla (Alfred), 553.
Cayla (Bernard), 553.
Cazenave (Annie), 554.
Ceadel (Martin), 3366.
Ceauşescu (Ilie), 3782.
Čebanov (S.), 6842.
Cecchetti (Bartolomeo), 2385.
Ceccuti (Cosimo), 3618, 3677.
Ceci (L.), 7157.
Cederqvist (Jane), 5872.
Cegna (Romolo), 2617.
Čejka (Eduard), 6630.
Čekhov (Anton Pavlovič), 4778.
Celier (Léonce), 1879.
Cell (John W.), 6182.
Cels Saint-Hilaire (Janine), 1482.
Cénival (Jean-Louis de), 1188.
Ceplair (Larry), 4948.
Ceran (Waldemar), 1716.
Černjak (E. B.), 536.
Černý (Ervín), 2675.
Cerny (Philip G.), 3243.
Černyševskij (N. G.), 4568.
Čertkova (G. S.), 3244.
Cervantes Saavedra (Miguel de), 4727.
Cerveró (Lluis), 1968.
Cesar (Jaroslav), 3820.
Cesarini (Giuliano), cardinale, 2619.
Cetlin (J. V.), 997.

Cetshwayo, Zulu king, 6179.
Cetwiński (Marek), 2257.
Chabrolin (Madeleine), 854.
Chagall (Marc), 4908.
Chailley (Jacques), 1424.
Chajn (Leon), 5873.
Chalaron (Frédéric), 3245.
Chaléat (Mathilde), 4719.
Chaline (Jean-Pierre), 5456.
Chalukya, dynasty, 6967.
Chamberlain (Joseph), 6215.
Chamberlain (Muriel E.), 6410.
Champlin (Edward), 1483.
Chan (Gilbert), 7020.
Chan (Hok-Lam), 7016.
Chandler (David G.), 6116, 6371.
Chandler (Margaret Ross), 4326.
Chandra (Bipen), 6962.
Chang (Kang-i Sun), 7017.
Chang (Kwang-chih), 7018.
Chaniecki (Zbigniew), 4949.
Chapdelaine (Claude), 568.
Chapon (Charles), 3219.
Chapple (J. A. V.), 4779.
Chapuis (Jacques), 6992.
Charanis (Peter), 411.
Charbonneau (Hubert), 67.
Charbonnier (Pierre), 2258.
Charité (J.), 704.
Charle (Christophe), 5576, 5630.
Charlemagne, v. Karl I. d. Grosse, röm. Kaiser, König der Franken.
Charles VII, roi de France, 1879.
Charles VIII, roi de France, 64, 2188.
Charles I, king of Great Britain a. Ireland, 3437.
Charles II, king of Great Britain a. Ireland, 3386.
Charles le Téméraire, duc de Bourgogne, 2075.
Charlot (Pierre), 834.
Charpin (Dominique), 1209.
Charraut (Daniel), 1116.
Chartier (Roger), 497.
Chase (Myrna), 348.
Chassagne (Serge), 5163.
Chassenieux (Dominique), 3246.
Chastellux (François-Jean de), 6234.
Chateaubriand (François-René, vicomte de), 4753.
Chatel (Elisabeth), 2448.
Châtelet (Albert), 2459.
Chatham (William Pitt, 1st earl of), 3429.
Châtillon (F.), 2537.
Chauleau (Liliane), 6253.
Chaumont (M. L.), 1265.
Chaunu (Pierre), 458, 3310.
Chaussé (G.), 3984.
Chaussinand-Nogaret (Guy), 3277.
Chauvin (Benoît), 2554.
Chavance (Bernard), 5015.
Chavannes (B.), 4488.
Chazelas (Anne), 1836.
Cheape (Charles W.), 5164.
Checkland (O.), 6047.
Ch'en (Ch'i-yün), 7006.
Ch'en (Jerome), 7019.
Chenot (Béatrice), 2728.
Cheptea (Stela), 2699.
Chern (Kenneth S.), 3081.
Cherubini (Arnaldo), 5631.
Cherubini (Giovanni), 5813.
Cherwinski (W. J. C.), 5350.
Chesnutt (David R.), 6235.
Chevalley (Sylvie), 3044.
Cheynet (J. C.), 1780.
Chiarini (Luigi), 4990.
Chichester, family, 5776.
Chierici (Averardo), 1210.
Chiffoleau (Jacques), 2618.
Childe (Vere Gordon), 327.
Childéric III, roi des Francs, 2496.
Childs (David), 2826.
Childs (John), 3367.
Chilver (G. E. F.), 1484.
Ch'ing, Chinese dynasty, 7010, 7015, 7058.
Chinnici (Joseph P.), 3985.
Chittolini (Giorgio), 1956.
Chivu (Gheorghe), 3772.
Choisel (Francis), 4431.
Choiseul (Etienne François, duc de), 3241.
Choiseul (François Joseph, duc de Ch., marquis de Stainville), 3241.
Chojnacki (Władysław), XVIII, 6048.
Choko (Marc), 5504.
Chola, dynasty, 6974.
Cholawski (Shalom), 6801.
Chombart de Lauwe (Jean), 5351.
Chombart de Lauwe (Paul-Henry), 810.
Chônan (Minoru), 122.
Chou, Chinese dynasty, 7055.
Chou (Eric), 7021.
Chouquer (Gérard), 1116.
Chreňová (Júlia), 3844.
Christ (Yvan), 848.
Christensen (A. E.), 2078.
Christensen (Andrew L.), 958.
Christensen (Carl C.), 4848.
Christian (William), 354.
Christiansen (Eric), 1993.
Christianson (Gerald), 2619.
Christofferson (Thomas R.), 5874.
Christoph Bernhard v. Galen, Bischof v. Münster, 6343.
Christophe (Paul), 3247.
Christophersen (Axel), 2260.
Chropovský (Bohuslav), 2709.
Chruściński (Kasimierz), 3741.
Chrysos (Evangelos K.), 1781.
Churchill (Winston S.), 3346, 3411.
Churchville (Lola H.), 203.
Ciafaloni (Francesco), 5941.
Cianini Pierotti (Maria Luisa), XIII.
Čičerin (Georgij Vasil'evič), 3890.
Cicero (Marcus Tullius), 1502, 1604, 1612, 1615, 1623, 1625, 4272.
Čičovska (V.), 5996.
Čierny (Ján), 6843.
Cieślak (Tadeusz), 2784, 6563.
Cieszewska (Maria), 264.
Cihodaru (C.), 714.
Ciobanu (Gheorghe), 4936.
Ciobanu (Veniamin), 3780, 6117.
Ciocan (N.), 714.
Cionci (Alarico), 2261.
Cipăianu (George), 3781.
Cipriani (Giovanni), 4897.
Cirillo Mastrocinque (Adelaide), 3658.
Čistjakova (N. A.), 1380.
Citeroni (Tano), 1269.
Citron (Sabine), 4086.
Cizakca (Murat), 5165.
Cizek (Eugen), 1485.
Clapinson (Mary), 4080.
Clara, Virgo Assisii, Sancta, 2591.
Claramunt (Salvador), 2342.
Clarfield (Gerard H.), 3082.
Clark (Grahame), 979.
Clark (Ronald William), 4623.
Clark (Samuel), 5632.
Clarke (Giles), 1647.
Clarke (Roger), 5195.
Clarysse (Willy), 1162.
Class (Heinrich), 2893.
Classen (Peter), 2540.
Claudius I (Tiberius C. Nero Germanicus), empereur romain, 1505.
Clauss (Manfred), 1233, 1534.
Clawson (Dan), 5166.
Clayton (Lawrence A.), 6254.
Clemenceau (Georges), 3266, 6589.
Clemens VIII /Ippolito Aldobrandini/, Papa, 6337.
Clemens Alexandrinus (Titus Flavius), 1734.
Clemens (Paul G. E.), 5054.
Clementi (Alessandro), 5457.
Clements (Kendrick A.), 6505.
Clémessy (Nelly), 4719.
Clendennen (G. W.), 3933.
Cleveland (Barbara Villiers, duchess of), 3394.
Cleveland (John), 5697.
Clèves (Philippe, duc de

AUTOREN UND PERSONENREGISTER

C., seigneur de Ravenstein), 2075.
Clifford (J. Garry), 6844.
Clifford (James L.), 4738.
Clifford (Paul), 7022.
Clinquart (Jean), 6041.
Cloet (M.), 703.
Clokey (Richard M.), 3083.
Close (Angela E.), 941.
Closon (Francis-Louis), 3220.
Cloud (Preston), 3084.
Clout (Hugh), 5352.
Clover (Helen), 1877.
Clubb (J. M.), 3085.
Clymer (Kenton J.), 4109.
Coarelli (F.), 1487.
Coates (David), 3368.
Coble (Parks M.) Jr., 7023.
Coche de la Ferté (Etienne), 1287.
Cocheril (Maur), 900.
Cochet (Jean Benoît), 412.
Cochlovius (Joachim), 4110.
Cochran (Alice Cowan), 4111.
Cochrane (Eric), 273.
Cockburn (James Swanson), 6074.
Cohen (David), 3248.
Cohen (Esther), 2178, 2262.
Cohen (Habiba S.), 4327.
Cohen (I. Bernard), 4624.
Cohen (Jerome Alan), 7024.
Cohen (L. Jonathan), 4494.
Cohen (Lester H.), 6255.
Cohen (Mark R.), 2123.
Cohen (Stephen F.), 3870.
Cohen (Warren I.), 3086, 6118.
Cohen (William B.), 6183.
Cohn (Margot), 4474.
Cohn (Samuel), 2263.
Coing (Helmut), 6101.
Colafemmina (Cesare), 5634.
Colapietra (Raffaele), 688, 3619.
Colberg (Katharina), 1937.
Colbert (Jean-Baptiste), 3307.
Cole (David), 4865.
Coleman (B. I.), 4112.
Coleman (Donald Cuthbert), 5167.
Coleman (Michael C.), 4113.
Coles (R. A.), 1308.
Coli (U.), 1680.
Colijn (Hendrikus), 3718, 3725.
Collins (John Martin), 6845.
Collinson (Patrick), 4114.
Collons (Michael), 5085.
Collotti Pischel (Enrica), 2757.
Coloman, v. Kálmán, roi de Hongrie.
Colombani (José), 3249.
Colombo (Cristoforo), 149.
Colombo (Diana), 5353.
Colonna d'Istria (Gérard), 4495.
Colpe (Carsten), 1701.

Columbanus, Abbas et Confessor, Sanctus, 837, 6694.
Columbus, v. Colombo (Cristoforo).
Comba (Rinaldo), 2264.
Combet (Louis), 4727.
Combet-Farnoux (Bernard), 1630.
Combs (Harry B.), 5168.
Comenius, v. Komenský (Jan Amos).
Comiti (Vincent-Pierre), 5635.
Commeaux (Charles), 2265.
Commynes (Philippe de), seigneur d'Argenton, 1851.
Compagna (Luigi), 384.
Compagnino (G.), 1404.
Comte (Auguste), 4604.
Comtois (George), 6256.
Condit (Carl W.), 5169.
Condit (Kenneth W.), 3172.
Čondl (Karel), 6800.
Condorcet (Marie Jean Antoine Nicolas Caritat, marquis de), 4586.
Condurachi (E.), 1118.
Coniglione (Matteo A.), 882.
Conkin (Paul K.), 5016.
Connell (Brian), 6354.
Connell (Gordon), 3934.
Connell (Robert William), 5637.
Connelly (Mark Thomas), 5638.
Conner (Valerie J.), 5170.
Consolo Langher (Sebastiana), 1326.
Constandse-Westermann (T. S.), 961.
Constans II, empereur de Byzance, 1562, 1782.
Constant (Benjamin), 4504, 4793, 6455.
Constantine (S.), 5171.
Constantinus I Magnus (Flavius Valerius), empereur romain, 1559, 1727, 1745.
Contamine (Philippe), 615, 1958, 2075.
Contento (Silvana), 6177.
Conti (François Louis de Bourbon, prince de), 6364.
Conti (Giovanni), 3664.
Conti (Simonetta), 2676.
Conti (Vittorio), 3620.
Contosta (David R.), 314.
Contreras (Jaime), 883.
Conze (Werner), 198, 5125.
Coode (Thomas H.), 5046.
Coogan (M. Jane), 3986.
Cook (James), 3931.
Copeland (Lorraine), 980.
Copeman (William Sydney C.), 4625.
Copleston (Frederick Charles), 914.
Coppini (Romano Paolo), 737, 3599, 5458.
Coppolani (Jean-Yves), 3250, 3277.
Corazzol (Gigi), 5354.
Corbet, family, 2045.

Corbet (Patrick), 2593.
Corda (Mario), 1968.
Cordewiener (André), 3251.
Cordoş (Nicolae), 6392.
Cordova (Ferdinando), 3684.
Corecco (E.), 3635.
Corio (Giacinto), 3595.
Cornazzano (Antonio), 2503.
Cornea (Andrei), 4898.
Cornell (Jan), 720.
Cornevin (Robert), 2736.
Cornwall (Peter of), v. Peter of Cornwall.
Cornwallis (Charles Cornwallis, 1st marquess), 3456.
Corot (Jean-Baptiste-Camille), 4903.
Corré (Pierre), 61.
Correnti (Santi), 3621.
Corrocher (Jacques), 1694.
Corsaro (Mauro), 1135.
Corsetti (Pierre-Paul), 11.
Corsi (Pasquale), 1782.
Corsini (Umberto), 3622.
Cortada (James W.), 6119, 6411.
Cosgrove (Richard A.), 6007.
Cosimo I de' Medici, v. Medici (Cosimo I de').
Cosson (Armand), 3277.
Costa (Mário Júlio de Almeida), 2266.
Costabel (Pierre), 4610.
Costan (Nicole), 6075.
Costantini (Lorenzo), 6973.
Costanza (S.), 1702.
Costigan (Richard F.), 3987.
Cotton (M. Alwyn), 1648.
Coudenhove-Kalergi (Richard, Graf), 6542.
Coudert (Jean), 2180.
Coulthard-Clark (Christopher David), 2941.
Coursault (René), 651.
Courtaulds, firm, 5167.
Courteauld (Henri), 1879.
Courtenay (William J.), 2387, 2555.
Courtès (Jean Marie), 171, 853.
Cousinié (Georges), 92.
Coustou (Guillaume), 4917.
Coustou (Nicolas), 4917.
Couto de León (María Dolores), 4058.
Couture (Thomas), 4894.
Coward (B.), 3369.
Coward (John Wells), 3087.
Cowling (M.), 3370.
Cox (Thomas R.), 5172.
Crabbe (John), 4950.
Crabtree (Derek), 5035.
Cracco (Giorgio), 608.
Craeybeckx (J.), 703.
Crafts (N. F. R.), 5055.
Craig (Frederick Walter S.), 3371.

Craik (Elizabeth M.), 1327.
Crampton (R. J.), 6506.
Craveri (Marcello), 884.
Crawford (Dorothy J.), 1161, 1162.
Crawford (Patricia M.), 4115.
Cremin (Lawrence A.), 4328.
Cressy (David), 4329.
Crick (Bernard), 4780.
Crile (George Washington), 4628.
Crispi (Francesco), 263.
Cristian (Vasile), 274, 6135.
Crivelli (Lodrisio), 287.
Croce (Benedetto), 328.
Crofts (Daniel W.), 3088.
Crompton (Gerald W.), 5875.
Cromwell (Olivier), 3405, 6366.
Cromwell (Thomas, earl of Essex), 6328.
Crone (Patricia), 885.
Crook (David), 2267.
Crook (M. H.), 3252.
Cross (Gary S.), 3253.
Crouzet (François), 5173, 5294.
Crowe (Edward W.), 3372.
Cruden (Robert), 5639.
Cruickshanks (Eveline), 3373.
Cruz Hernández (Miguel), 2146.
Csáky (Eva-Marie), 6846.
Csányi (Marietta R.), 1018.
Csapodi (Csaba), 1828, 2388.
Csapodi Gárdonyi (Klára), 4709.
Csendes (Peter), 21.
Csépány (Á.), 1655.
Csernovics (Péter), 3555.
Csetri (Elek), 5640.
Csizmadia (Andor), 6507.
Csonkaréti (Károly), 6753.
Csőre (Pál), 2268.
Csomasz Tóth (Kálmán), 4951.
Csonka (Franciscus), 3775.
Csorba (Csaba), 3497.
Cubells Llorens (J.), 214.
Cuddihy (William), 6026.
Cuénot (René), 648.
Cuff (Robert D.), 3089.
Cule (John), 4605.
Cullen (L. M.), 5097.
Cumes (J. W. C.), 5641.
Cummings (Raymond L.), 3623.
Cunliffe (Barry), 1649.
Cunningham (Hugh), 5642.
Cunningham (J. C.), 3933.
Cuny (Jean), 3255.
Cuoco (Vincenzo), 329.
Cuozzo (Enrico), 2020.
Curl (Donald W.), 4432.
Curr (Geoffrey G.), 2942.
Curran (Joseph M.), 3585.
Curran (Robert Emmett), 3988.
Curti (Merle), 4496.
Curtis (L. P.) Jr., 5356.
Cushner (Nicholas P.), 4042.
Cutolo (Eugenio), 3624.

Cuvier (Georges Léopold Chrétien Frédéric Dagobert, baron), 4608.
Cuvillier (Jean-Pierre), 1959.
Cuza (Alexandru Ioan), prince de Roumanie, 3771.
Ćwik (Władysław), 3766.
Cybulski (Bogdan), 6508.
Cypkin (G. V.), 7135.
Cyprianus Thascius (Caecilius), Sanctus, 1740, 1744.
Cyrillus, Apostolus Slavorum, Sanctus, 2599.
Cysina (G. A.), 5065.
Czachowska (Jadwiga), 4835.
Czagány (István), 2462.
Czegle (Imre), 3468.
Czeglédy (Károly), 1829.
Czerska (Danuta), 3871.
Czeszejko-Sochacki (Zdzisław), 6094.
Czizmadia (Andor), 751, 753, 802.
Czövek (István), 3872.
Czollek (Roswitha), 3873.
Czubiński (Antoni), 6847.
Czudowska (Anna), XVIII.

D

Dąbrowa (Edward), 1486, 1535.
Dąbrowska (E.), 1061.
D'Addio (M.), 3599.
Dadian (Cecelia J.), 3043.
Dagenais (Pierre), 5330.
D'Agostino (Guido), 3625.
Dahl (Eva-Lena), 4497.
Dahl (Hjördis), 4926.
Dahlbäck (Göran), 438.
Dahlman (Carl J.), 2269.
Dahlmann (Friedrich Christoph), 629.
Dahlstedt (Karl-Hampus), 199.
Dahnke (Hans-Dietrich), 4529.
Daiber (Hans), 915.
Daicoviciu (Hadrian), 1062.
Dainville (François de), 4021.
Dakin (Douglas), 6693.
Dale (Stephen Frederic), 6963.
Dales (Richard C.), 2389, 2513.
D'Alessandro (Alessandro), 4322.
Dalla (D.), 1536.
Dallek (R.), 6631.
Dallet (Jean-Marie), 2755.
Dalotel (Alain), 3254.
Dal Pane (Luigi), 330.
Damaskios, 1388.
Damiani (Roberto), 2917.
Damjanov (Simeon), 5174.
Dán (Robert), 4116.
Danbom (David B.), 5357, 5643.
Dancs (Istvánné), 4301.
D'Andrea (G. F.), 4043.
Danel (Raymond), 3255.
Daneo (Camillo), 5358.

Danford (John W.), 4498.
Dániel (Ágnes), 3256.
Daniel (David P.), 4117.
Daniel (Philip T. K.), 4330.
Daniels (Douglas Henry), 5644.
Daniels (Kay), 5645.
Danielsson (Bent), 2755.
Danielsson (Marie-Thérèse), 2755.
Danijarov (S. S.), 4233.
Dankevič (A. I.), 7086.
Dann (Otto), 4499.
D'Annunzio (Gabriele), 3596.
Danov (Khr.), 1425.
Danova (Nadja), 3461.
Dante (Francesco), 3989.
Dante Alighieri, 2094, 2397.
Danůs (Micaela), 1968.
Daris (Sergio), 1149, 1163.
Darius Ier, roi de Perse, 1268.
Darlan (François), 3336.
Darrouzès (J.), 1766.
Darvin (J. G.), 6509.
Darwin (Charles), 4018, 4652, 4662, 4693.
Da Silva (José-Gentil), 5459.
Daspre (André), 927, 4760.
Datner (Szymon), 6802.
Daubigney (Alain), 1063.
Daudet (Alphonse), 4843.
Daumas (François), 1188.
Daumas (Maurice), 807, 4861, 4867.
Daumier (Honoré), 4911, 4915.
Dauphin (Claudine M.), 1650.
Dauvillier (Jean), 331, 413.
Davenport (Guy), 1300.
Davenport (John B.), 215.
David (Abraham), 1830.
David (Efraim), 1328.
Dávid (Ferenc), 4116, 4188.
David (Hélène), 5939.
David (Jacques-Louis), 4896.
David (Louis), 4916.
David (M. D.), 800, 3691, 7026.
David (Rosalie), 1164.
Dávid (Zoltan), 144.
Davidescu (Mişu), 1651.
Davidson (Hilda Ellis), 1924.
Davies (Hunter), 4781.
Davies (John), 3375.
Davies (Joseph E.), 6718.
Davies (R. W.), 5056.
Davila (Enrico Caterino), 332.
Davis (Andrew Jackson), 4120.
Davis (John), 1611.
Davis (Stephen P.), 4234.
Davison (Graeme), 2943.
Davril (Anselme), 1831.
Davudov (O. M.), 1019.
Dawidoff (Robert), 3090.
Dawson (Jan C.), 4118.
Day-Lewis (Cecil), 4782.

AUTOREN- UND PERSONENREGISTER

Day-Lewis (Sean), 4782.
Deák (Ferenc), 3479, 3511, 6098.
Deák (István), 5646.
Dean (Dennis R.), 4626.
Debard (Jean-Marc), 89, 4119.
Debats (Donald A.), 3076.
Debeir (Jean-Claude), 5460.
De Benedetti (Charles), 3091.
Deblitzenos, family, 1762.
De Boer (D. E. H.), 1917.
Debono (Fernand), 1188.
Décarreaux (Jean), 2556.
Décaudin (Michel), 927.
Decot (Rolf), 3990.
De Cristofaro (Giacomo), 1533.
Decroisette (Françoise), 4230.
Decroix (Jacques), 6973.
Dédéyan (Gérard), 1929.
Dedieu (Jean-Pierre), 883.
De Felice (Franco), 3626.
De Felice (Renzo), 2714, 3680.
De Gennaro (Giuseppe), 5461.
Degler (Carl N.), 275, 5647.
Degn (Christian), 4276.
Degré (Alajos), 753.
Degryse (K.), 769.
Degtjarev (A. Ja.), 5449.
Dehergne (Joseph), 4201, 7045.
Deist (Wilhelm), 6684.
De Kat Eliassen (Martha H.), 1463.
Dekin (A. A.) Jr., 961.
Dekker (C.), 705, 2620.
Dekker (G. C. F.), 2489.
De Laugier (Cesare), 3627.
Del Bianco (L.), 3599.
Delcassé (Théophile), 3293.
Del Col (Andrea), 3628.
Delcor (Mathias), 2621.
De Leo (Pietro), 1833.
De Leonardis (Massimo), 6412.
Del Estal (Juan Manuel), 1968.
Del Fabbro (Marina), 1119.
Del Fante (Alessandra), 404, 4322.
Delhome (Danielle), 4331.
Délibrias (Georgette), 981.
De Lisio (Pasquale Alberto), 4477.
Della Peruta (Franco), 5648, 5861.
Dell' Acqua (Marzio), 4710.
Delmas (Jean), 6754.
Delmas (Marie-Claude), 207.
Delogu (Paolo), 694.
Delouya (Arrik), 3701.
Delp (Robert W.), 4120.
Delpar (Helen), 3991.
Delpoux (Charles), 2622.
Del Pozo Chacón (José A.), 2538.
Delumeau (Jean), 3955.
De Luna (Giovanni), 4466.

Delvoye (Charles), 377.
Demandt (Alexander), 1064, 1537.
Demandt (Karl E.), 2270.
De Martino (F.), 1571.
De Mattei (Rodolfo), 728.
Deme (Péter), 5876.
Denton (J. H.), 2623.
Deodericus I, Ep. Mettensis, 1804.
De Orleton (Adam), v. Adam of Orlton, bishop of Worcester.
De Paoli (Gabriela), 3026.
De Paoli (Gianfranco E.), 276.
De Pasquale (Giuseppe), 2142.
Denny (Owen Nickerson), 6460.
Demelas (Danièle), 3000.
Demelius (Heinrich), 1944.
Demesse (Lucien), 555.
Demetrios II, roi de Macédoine, 1336.
Demsky (Aaron), 1234.
Dénes (Iván Zoltán), 3498.
Dening (Greg), 6311.
Denk (Hans Dieter), 5877.
DePorte (A. W.), 6848.
Deprun (Jean), 4500.
Derbolav (J.), 1381.
Derlange (Michel), 5649.
De Rosa (Daniela), 2514.
De Rosa (Gabriele), 4017.
De Rossi (Giovanni Battista), 3989.
Derouet (Bernard), 5505.
Dérozier (Albert), 4719.
Derricourt (Robin M.), 7136.
Dersch (Gisela), 6076.
Desai (P. B.), 6964.
Desai (S. S. M.), 6965.
De Sandre Gasparini (Giuseppina), 2624.
Desanges (Jean), 1488.
Desanges (Jehan), 1275.
Desbordes (Jean-Michel), 2677.
Desbrosse (Jean-Claude), 4516.
Descartes (René), 4480.
Deschoux (Marcel), 1404.
Desdames (Marcelle), 4609.
De Seta (Giovanni), 687.
Deshusses (Jean), 2587.
Desjeux (Dominique), 5309.
Desné (Roland), 927.
De Souza (Teotonio R.), 6966.
Despars (Jacques), 2305.
Desportes (Pierre), 2271.
Despot, prince de Moldavie, 3779.
Desput (Joseph), 2079.
Desramaut (Francis), 4332.
Desroches-Noblecourt (Christiane), 1188.
Deswarte (Sylvie), 4868.
Detienne (Marcel), 1416.
Detzer (David), 6849.
Deug-Su (I.), 1834, 2606.
Deupler-Pauli (Erica), 2463.
Deutsch (Robert), 2080.
De Valera (Eamon), 3584.
Devambez (Pierre), 258.

Devisse (Jean), 171, 853.
Dewachter (W.), 2747.
Dewald (Jonathan), 3259, 5651.
Dewèvre Wafelaer (C.), 874.
Dewey (Arthur J.), 1700.
Dewey (P. E.), 3376.
Deyl (Zdeněk), 5575.
Dharma (Po), 246.
Diaconescu (Alexandru), 1665.
Di Agresti (Guglielmo), 2557.
Diakonoff (I.), 1136.
Diakonoff (I. M.), 1262.
Diaz (Furio), 729.
Diaz (G.), 904.
Díaz Martín (Luis Vicente), 2558.
Díaz Rementeria (Carlos J.), 6257.
Dicey (Albert Venn), 6007.
Dick (Steven J.), 4627.
Dickens (A. G.), 4105.
Dickerhof (Harald), 2021.
Dickinson (John A.), 7158.
Diderot (Denis), 4476.
Didier (Robert), 2464, 2465.
Di Donato (Riccardo), 1356.
Diefendorf (Jeffry M.), 2829.
Diehl (Ernst), 460.
Diesbach (Ghislain de), 3260.
Diethart (Johannes M.), 1165.
Dietrich von Nieheim, v. Theodoricus de Nieheim.
Dietz (Karlheinz), 1489.
Dietze (Walter), 4503, 4529.
Diezel (Peter), 4238.
Di Gianfrancesco (Mario), 5295.
Dikshit (D. P.), 6967.
Di Lalla (Manlio), 3629.
Di Leo (Rita), 5057.
Diligenskij (G.), 5878.
Dillo (M.), 1901.
Dillon (Kenneth J.), 240.
Dilthey (Wilhelm), 333.
Dima-Drăgan (Cornelius), 39.
Dimitrov (G. V.), 6510.
Dimitrov (Georgi), 2799.
Dimitrov (Ilčo), 6703.
Diner (Steven J.), 4333.
Dinet (Dominique), 5529.
Dingle (A. E.), 5652.
Dinnerstein (Leonard), 6851.
Diodorus Siculus, 1464.
Dion (Gérard), 5879.
Dionís d'Hongria, senyor de Canals, 1968.
Dios (Salustiano de), 2181.
Diószegi (István), 2725, 6413.
Di Porto (Bruno), 3630.
Di Rienzo (Eugenio), 3261.
Dirlmeier (Camilla), 1054.
Dirrigl (Michael), 2830.

AUTOREN- UND PERSONENREGISTER

Disraeli (Benjamin), v. Beaconsfield (Benjamin Disraeli, earl of).
Ditten (Hans), 2003.
D'Ittollo (Antonio), 4.
Dittrich (Eckhard), 5880.
Dittrich (Z. R.), 2730, 6453.
Diwald (Hellmut), 2928.
Djakonova (I. A.), 5176.
Djordjevic (Dimitrije), 6511.
Dlubek (Rolf), 5881.
Długoborski (Wacław), 5654.
Długosz (Jan), 1835, 1874.
Dmitrieva (S. I.), 556.
Dmowski (Roman), 3742.
Dobesch (Gerhard), 1065.
Dobiat (Claus), 1038.
Dobosiewicz (Stanisław), 6633.
Dobrijanov (Todor), 6414.
Dobrovits (Aladár), 1166.
Dockès (Pierre), 1601, 2273.
Dodge (Guy Howard), 4504.
Dömötör (Tekla), 373, 382.
Dörflinger (Johannes), 145.
Dörnberg (Johann Caspar v.), 6323.
Dofny (Jacques), 5939.
Doglio (Manuele), 278.
Dohrmann (Bernd), 6512.
Doi (Tadao), 122.
Dóka (Klára), 226, 5177, 5178.
Dokoupil (Vladislav), 51.
Dola (Kazimierz), 864.
Dolci (Fabrizio), 5861.
Dolet (Etienne), 4722.
Dollfuss (Engelbert), 2947.
Dolmányos (István), 3875, 6513.
Domanovszky (Sándor), 334, 2274.
Dombrády (Loránd), 6634, 6753, 6804.
Domenec Ruiz (J. E.), 2022.
Domenico da Piacenza, 2503.
Dominiczak (Henryk), 3740.
Domokos (Leslie S.), 2390.
Domokos (Pál), 4952.
Domokos (Pál Péter), 3467, 5462.
Domokos (Péter), 1079.
Donat (Peter), 2678.
Donattini (Massimo), 146.
Dondamaev (M. A.), 1266.
Donini (Ambrogio), 4484.
Donne (John), 4726.
Donnini Maccio (M. C.), 1382.
Donno (Antonio), 3092.
D'Onofrio (Giulio), 2515.
Donoiu (Ion), 90.
Dorand (Jean-Pierre), 3809.
Doré (Gustave), 4913.
Doria (Paolo Mattia), 3620.
Dorlé (F.), 6008.
Doruţiu-Boilă (Emilia),
1467.
Dossin (Georges), 1203.
Dostaler (Gilles), 5868.
Dostoevskij (Fëdor Mikhailovič), 4840.
Dotterweich (Volker), 464.
Dougherty (James J.), 3043.
Douglas (Audrey W.), 2182.
Douglas (Browmen), 6312.
Douglas (William O.), 3046.
Doyle (Don H.), 6050.
Doyle (James), 3013.
Doyle (William), 3262.
Drabina (Jan), 2081.
Drachenberg (Erhard), 2460.
Drack (W.), 1039.
Dracula, v. Vlad Ţepeş.
Drake (Richard), 3631.
Dray (William H.), 461.
Drea (Edward J.), 3692.
Drekonja-Kornat (Gerhard), 3027.
Drenkhahn (R.), 1167.
Dreschler (Horst), 6184.
Drew-Bear (Marie), 1168, 1755.
Drewniak (Bogusław), 2831.
Drexhage (Hans-Joachim), 1276.
Dreyfus (Alfred), 3280, 3305, 4209.
Dreyfus (François-Georges), 615.
Drijvers (H. J. W.), 1417.
Drinnon (Richard), 3093.
Drioton (E.), 1153.
Driss (Rachid), 6635.
Driver (C. J.), 2787.
Drizulis (A. A.), 3876.
Droguet (Alain), 5463.
Droixhe (Daniel), 4552.
Drooglever (P. J.), 6159.
Drouot (Lucien), 1913.
Droysen (Johann Gustav), 335.
Drozdowski (Bohdan), 4953.
Drukier (Boleslaw), 3756.
Drummond (A.), 1464.
Drummond (H. J. H.), 40.
Dua (B. D.), 6968.
Dubinskij (A. M.), 6636.
Dubois (Henri), 2275.
DuBois-Reymond (Emil), 336.
Dubuisson (M.), 1383.
Duby (Georges), 659, 2344.
Ducatel (Paul), 3263.
Duchâteau (Armand), 7137.
Duchesne (Louis), 337.
Ducos (M.), 1612.
Dudek (František), 5179.
Dudley (Robert), earl of Leicester, v. Leicester (Robert Dudley, earl of).
Dülffer (Jost), 3264.
Dürer (Albrecht), 5528.
Duffin (Kathleen E.), 4505.
Duffy (Michael), 2726.
Dufourcq (Charles-Emmanuel), 2276.
Dufourcq (N.), 4975.
Duggan (Anne), 1837.
Dugmore (C. W.), 4185.
Du Hays, général, 6488.
Duhem (Pierre), 4018.
Duić (Mario), 6637.
Dukelskaya (Larisa), 4849.
Duker (William F.), 6027.
Duleep Singh, maharajah of the Punjab, 6955.
Dull (Jack L.), 7041.
Duman (Daniel), 6077.
Dumas (Alexandre), 4829.
Dumas (Claude), 4231.
Dumas (François), 91, 425.
Dumas (Jean-Baptiste), 4670.
Dumas (Richard), 551.
Dumba, Familie, 2979.
Dumont (Paul), 5655, 5882.
Dumontier (MIchel), 1960.
Dumontier (Patrice), 666.
Du Moulin (Charles), 6020.
Dumville (David), 1853.
Dunand (Françoise), 1131.
Dunbabin (J. P. D.), 3377.
Duncan (Isadora), 4976.
Duncan (Patrick), 2787.
Duncan (Sara Jeanette), 4838.
Dunford (J. E.), 4334.
Dunin-Wąsowicz (Krzysztof), 6638.
Dunin-Wąsowicz (Teresa), 2598.
Dunlop (Richard), 6756.
Dunn (D. Elwood), 6852.
Dunn (Dennis J.), 6853.
Dunn (John), 6179.
Dunn (M. E.), 7159.
Dunn (Ross E.), 5296.
Dunning (A.), 4954.
Dupâquier (Jacques), 3310, 5506.
Duparc (Pierre), 1909.
Duplay (général Philippe), 6757.
Dupont-Sommer (André), 1430.
Dupront (Alphonse), 3995.
Dupuis (A.), 3961.
Dupuy (B.), 4488.
Durand (Georges), 5360.
Durand (Jean-Louis), 1416.
Durand (Raymond), 6396.
Durand (Yves), 615.
Duranton (Henri), 4737.
Durasov (G. P.), 557.
Durham (Walter T.), 3094.
Durieux (Marcel), 3930.
Durkheim (Emile), 4527.
Durko (Janusz), 3762.
Durliat (Jean), 5, 1783.
Duroselle (Jean-Baptiste), 3228, 6883.
Duruy (Victor), 5683.
Durzsa (Sándor), 1928.
Dusinberre (William), 314.
Duţescu (B.), 811.
Duthie (John Lowe), 6415.
Dutra (Francis A.), 3001.
Duţu (Alexandru), 711.
Duval (Paul-Marie), 1094.
Duval (René), 4955.
Duvernoy (Jacques), 1116.
Duvoisin-Bammate (Marianne), II.
Dvorcov (A. T.), 4506.
Dworecki (Tadeusz), 4076.
Dwyer (Joseph D.), 252.
Dyer (Christopher), 2625.

Dyer (Joseph), 2499.
Dyer (Thomas G.), 3095.
Dyliński (Ryszard), 6620.
Dziačková (Zora), 3813.
Dziechcińska (Hanna), 4721.
Dzierzbicka (Anna), XVIII.
Dzipanow (Rudolf), 6758.
Dziubiński (Andrzej), 7134.

E.

Earle (Carville), 5361.
Earle (Timothy K.), 958.
Easting (Robert), 2601.
Eaton (Henry L.), 4507.
Eayrs (James George), 3014.
Ebeling (Helmut), 6078.
Ebert (Hans), 4335.
Ebert (Joachim), 1403.
Eck (Johann), 4014.
Eck (Werner), 437.
Eckermann (Walther), 338.
Eckert (Alfred), 4336.
Eckert (Willehard Paul), 2391.
Ecsedy (Ildicó), 6924.
Edbury (P. W.), 87.
Edbury (Peter), 2082.
Edel (Leon), 4757.
Edelman (Robert), 3877.
Eder (Walter), 1573.
Edlund (I. E. M.), 1040.
Edo, Japanese hist. period, 6431, 7107.
Edsman (Björn M.), 6185.
Edward I, king of England, 1999.
Edward II, king of England, 1999.
Edward III, king of England, 1999, 2330.
Edwards (Jonathan), 4121.
Edwards (Sydney), 4957.
Egeria, Virgen, 1698.
Égető (Melinda), 2277.
Eggendorfer (Anton), 2278.
Egnal (Marc), 6258.
Egremont (Max), 3378.
Eguchi (Bokurô), 2727.
Ehalt (Hubert Ch.), 2960.
Ehbrecht (Wilfried), 527, 5810.
Ehlers (Ernst Heinrich), 4643.
Ehlers (Joachim), 1961, 2023.
Ehmer (Josef), 5060.
Ehn (Billy), 5589.
Ehrard (Jean), 5583.
Ehret (C.), 7138.
Eichholtz (Dietrich), 2729, 6704.
Eidem (Knut), 6803.
Eiler (Klaus), 752, 6028.
Eimeric (Nicolau), 2654.
Einhard, 1838.
Einstein (Albert), 4653, 4672.
Eisenbach (Artur), 4202.
Eisenbeiss (Wilfried), 2832.
Eisenhardt (Ulrich), 1865.
Eisenhower (Dwight David), 3103, 3112, 5425, 6906.

Eisenstadt (S. N.), 6147.
Ekaterina II, impératrice de Russie, 6347.
Ekkehard I., Markgraf v. Meissen, 2016.
Ekle (Halvor), 453.
Ekman (Carl), 3804.
Eksteins (Modris), 4958.
Elders (Léon), 2517.
Eldridge (Philip J.), 6854.
Eleanor of Aquitaine, queen consort of Henry II of England, 1960.
Elekes (Lajos), 462.
Eley (Geoff), 2833.
Elgar (sir Edward William), 4984.
Elgin (Victor Alexander, 9th earl of), 6165.
Elia (Febronia), 1538.
Eliav (Mordechai), 2834.
Elisseff-Poisle (Danielle), 7028.
Elizabeth I, queen of Great Britain a. Ireland, 3361, 3399, 3432, 4159, 6074, 6340.
Elizando (F.), 4044.
Elkin (Judith Laikin), 4203.
Elliott (J. H.), 4863.
Elliott (Peter), 3699.
Ellis (Jack D.), 3266.
Ellis (John), 6759.
Ellis (Joseph J.), 4236.
Ellis (P. B.), 1490.
Ellis (Stephen), 6186.
Ellis (Steven G.), 2279, 6328.
Elm (Kaspar), 2611.
El-Nahal (Galal H.), 7139.
El'nickij (L. A.), 1539.
Elphick (Richard), 5657.
Elste (R.), 1453.
Elton (G. R.), IX.
Eltz (Erwein H.), 2835.
Elwitt (Sanford), 5658.
Elwood (R. C.), 5883.
Emanuelson (Kjell), 3800.
Emerson (Ralph Waldo), 4581.
Emery (C. R.), 640.
Emig (Brigitte), 5884.
Emmer (P. C.), 6145.
Emmerson (George S.), 5180.
Enault (Jean-François), 6973.
Enciso Recio (Luis Miguel), 5113.
Enckell (P.), 128.
Encrevé (André), 3316.
Endelman (Todd M.), 4204.
Endesfelder (Erika), 1169.
Endicott (James G.), 7029.
Endicott (Stephen), 7029.
Endô (Shizuo), 697.
Endrei (Walter), 2280.
Endres (Rudolf), 2836.
Enfantin (Barthélemy Prosper), 4604.
Engblom (Lars-Åke), 4433.
Engel (Arthur), 4337.
Engel (Bruno), 6855.
Engel (Evamaria), 2282.
Engelberg (Ernst), 463.

Engelbourg (Saul), 5063.
Engelhus (Dietrich), 1945.
Engelmann (Gerhard), 147.
Engels (Donald), 1280.
Engels (Friedrich), 493, 2847, 2879, 4484, 5028, 5846, 5853, 5854, 5881, 5921, 5998.
Engewald (Gisela-Ruth), 777.
Engineer (Ashgan Ali), 2143.
Englebert (Omer), 2592.
English (Peter C.), 4628.
Englund (Steven), 4948.
Engs (Robert F.), 3096.
Enikel (Jansen), 2412.
Ennen (Edith), 2283, 2679.
Enoli (Kazuo), 7030.
Enser (A. G. S.), 6475.
Enssle (Manfred J.), 6514.
Entz (Ferenc), 5371.
Enzensberger (Horst), 2024.
Eötvös (József), 3468, 4338.
Eppel (Peter), 2961.
Epstein (Mark Alan), 723.
Erasmus Roterodamus (Desiderius), 4483, 4579.
Erdei (Ferenc), 5659, 5693, 5748.
Erdmann (Karl Dietrich), 192, 415, 464, 2792, 2837.
Erdt (Terrence), 4121.
Erdt (Werner), 1725.
Eremjan (S. T.), 1770.
Erényi (Tibor), 4434, 5885.
Erickson (Carolly), 3379.
Ericsson (Birgitta), 3801.
Ericsson (Christoffer H.), 1652.
Ericsson (Tom), 5886.
Erigena (Johannes Scotus), 2515, 2522.
Erikson (Alvar), 4221a.
Erikson (Erik H.), 339, 416, 3167.
Erler (Michael), 1113.
Ermak Timofeevič, 6171.
Ermakova (E. V.), 5573.
Ermarth (Michael), 333.
Ermenegild, 2009.
Ernst (Juliette), II.
Erofeev (N. A.), 6146.
Eršov (S. A.), 5065.
Eršova (E. N.), 3097.
Erusalimski (A. S.), 357.
Escobar (Roberto), 4959.
Escriche (C.), 939.
Esenin (Sergej Aleksandrovič), 4803, 4976.
Esposito (John L.), 4205.
Esposito (Luigi Guglielmo), 4045.
Esposito (Roberto), 4511.
Essiben (Madiba), 6187.
Este, famiglia, 3667.
Esterházy, famille, 216, 4940.
Estes (J. Worth), 4629.

Eszer (Ambrosius), 4046.
Etheria, v. Egeria, Virgen.
Etienne Ier le Saint, v. István I, roi de Hongrie.
Etienne, chartreux de Portes, 1881.
Ettori (Fernand), 3303.
Eude (Michel), 6051.
Eudokia Komnena, épouse de Guillaume VII de Montpellier, 1968.
Eugenius IV /Gabriele Condulmaro/, Papa, 74, 2548.
Euripides, 1402.
Eusebius Caesariensis, 1727, 1729.
Eustathius Sebastenus, haeresiarcha, 1750.
Eutychios (Said Ibn al-Batriq), Patriarcha Alexandrinus, 1816.
Euzennat (Maurice), 1274, 1653.
Evangelisti (Gino), 4047.
Evans (John T.), 3380.
Evans (John Whitney), 3992.
Evans (R. J.), 5660.
Evans (William McKee), 5661.
Evin (J.), 981.
Ewig (Eugen), 863.
Ewing (Thomas E.), 6515.
Eychenne (Emilienne), 6640.
Eyler (John W.), 4630.
Eynum (Caroline Walker), 2626.
Ezell (John Samuel), 5181.

F

Faber (D. J.), 1917.
Faber (J. A.), 703.
Fabian (Bernhard), 4235.
Fabre, abbé, 5578.
Fabry (P. W.), 6641.
Facchini (Francesco), 5182.
Fafont (Pierre-Bernard), 246.
Failler (A.), 1756.
Fair (John D.), 3381.
Fairbank (Charles), 7164.
Fairbank (John K.), 7015.
Falk (Waltraud), 5066.
Falkenhayn (Erich v.), 6546.
Faltys (Antonín), 5888.
Falus (Róbert), 1384, 1613.
Faluvégi (Lajos), 5018.
Fanelli (Giovanni), 687.
Fantasia (V.), 1369.
Fanti (Mario), 3632.
Fantozzi Micali (Osanna), 3633.
Farabi (Abu Nasr Muhammad ibn Muhammad ibn Tarkhan al-), 2146, 2150.
Farber (J. Joel), 1385.
Farbregd (Oddmunn), 1041.
Farges (Joël), 3229.
Faris (Alexander), 4960.
Farkas (Márton), 6516.

Farnese, famiglia, 4322.
Faro (Silvano), 1614.
Farr (William), 4630.
Farrand (W. R.), 982.
Farrar (Marjorie M.), 3268.
Fasseur (C.), 6160.
Fatemi (Faramarz S.), 6120.
Faucher (Albert), 5330.
Faulenbach (Bernd), 279.
Faulenbach (Heiner), 4122.
Faure (Alain), 3254.
Faure (Hugues), 993.
Faust (Drew Gilpin), 5362.
Faust (Wolfgang), 3878.
Favento (S.), 1472.
Favez (Jean-Claude), 5940.
Favier (Jean), 70, 207, 209, 228, 2083.
Favilli (Paolo), 5889.
Favory (François), 1116.
Favrat (Paul), 2838.
Favre-Communal (M.), 3645.
Favreau (Robert), 1826.
Favretti Rossini (Rema), 4435.
Fedalto (Giorgio), 2025.
Fedjukin (S. A.), 5663.
Fedorova (I. E.), 6417.
Fedorowicz (J. K.), 5297.
Fedosova (E. I.), 6372.
Feenstra (R.), 368.
Feest (Christian F.), 6259.
Fehér (György), 4690, 5363.
Fehér (Lajos), 5851.
Fehn (Klaus), 324.
Fehrenbacher (Don E.), 3098.
Fehring (Günther P.), 816.
Feicht (Hieronim), 849.
Fejér (Márta), F., III.
Fekete (Miklós), 3513.
Feldberg (Michael), 3099.
Feldenkirchen (Wilfried), 5507.
Feldman (Gerald A.), 5183.
Felgenhauer (Fritz), 1950.
Felipe II, rey de España, 3602, 6336.
Felipe III, rey de España, 5756.
Felipe IV, rey de España, 4863.
Felkai (László), 4338, 5890.
Fell (James E.) Jr., 5184.
Fell (John), bishop of Oxford, 4080.
Fellman (Michael), 3159.
Felten (Franz J.), 1963.
Fenning (Hugh), 4065.
Fenoyl (R. de), 4609.
Fenyő (Mario D.), 4436.
Feoktistova (L. Kh.), 5364.
Ferchiou (Naïdé), 1654.
Ferdinand I., röm.-deutscher Kaiser, 2888.
Ferdinando I, re delle Due Sicilie, 3616.
Ferdinando (Padre) da Riese Pio X, 3993.
Ferencffy (Lörinc), 43.
Ferencz (Benjamin B.), 2839.
Ferenczi (László), 280.

Ferenczy (Endre), 1574.
Ferguson (E. James), 3051.
Ferluga (J.), 1757.
Fernández Marcos (Natalio), 1712.
Fernández-Santamaría (José A.), 3035.
Fernando IV, rey de Castilla, 1824.
Ferrari (M. Claudia), 4048.
Ferrarotti (Franco), 5964.
Ferrero (Guglielmo), 736.
Ferretti (Valdo), 6705.
Ferrier (Francis), 4512.
Ferry (Ferréol de), 209.
Ferry (Jules), 4368.
Festa (Saverio), 4513.
Festetics, famille, 217.
Festus (Sextus Pompeius), 1545.
Festy (Patrick), 5508.
Fetter (Frank Whitson), 3382.
Feuchtwanger (E. J.), 2747.
Feuerbach (Ludwig Andreas), 4491.
Feustel (Rudolf), 998.
Feuvrier-Prévotat (Claire), 1482.
Février (Paul-Albert), 1655.
Fey (I.), 4851.
Fiches (Jean-Luc), 1066.
Fichet (Paul), 2158.
Fiedler (Wilfried), 2793.
Fiedor (Karl), 2731.
Field (L. M.), 6418.
Fiey (J. M.), 3994.
Fijałek (Jan), 3753.
Filaret (Fedor N.), patriarche de Moscou, 3871.
Filippini (Jean-Pierre), 3269.
Fillipetti (Hervé), 559.
Findley (Carter V.), 3849.
Findling (John E.), 6121.
Finger (Heinz), 241.
Fink (Karl August), 2627.
Finkenzeller (Josef), 862.
Finlay (Robert), 3634.
Finley (M. I.), 1281.
Finoia (Massimo), 5019.
Fiorentino (Sesto), 3664.
Firoiu (Dumitru V.), 6052.
Firpo (Massimo), 4123.
First (Ruth), 4784.
Fischer (Georges), 6151.
Fischer (Hermann), 2500.
Fischer (I.), 1277.
Fischer (Joseph A.), 2628.
Fischer (Rudolf), 7140.
Fischer (Thomas), 1137, 5664.
Fisher (J. R.), 5365.
Fisher (Jacob), 5665.
Fisher (Peter), 1924.
Fitch (Marc), 754.
Fitz (Jenő), 1575, 1656.
Fitz Warin, family, 2045.
Fitzgerald (Edmund Volpy K.), 5020.
Fitzhardinge (L. F.), 1329.
Fitzsimons (M. A.), 379.

AUTOREN UND PERSONENREGISTER

Fiore (Tommaso), 730.
Flaubert (Gustave), 4821, 4843.
Flavii, empereurs romains, 19, 1486, 1522.
Flavio Biondo, 287.
Fleckenstein (Josef), 2438, 2561.
Flegmann (Vilma), 3383.
Fleré (E. C. M.), 5843.
Fletcher (Eric), 2466.
Fletcher (Sheila), 4339.
Fleuriot (Léon), 1067.
Fleury (Georges), 6760.
Flick (Carlos), 5185.
Flodoard de Reims, 1858.
Flores (Alexander), 6936.
Florey (R. A.), 3384.
Flory (Stewart), 281.
Flourée (Yvonnet, dit Prioris), 2307.
Flusche (Della M.), 6260.
Fodor (Pál), 3499.
Földényi (F. László), 4514.
Földes (Mária), III.
Fokos-Fuchs (Dávid), 340.
Fol (Aleksandăr), 1106.
Foley (M. I.), 1282.
Foley (Michael), 3100.
Folta (Jaroslav), 801.
Folz (Robert), 2600.
Foner (Eric), 3101.
Foner (Philip S.), 5891.
Fong (Wen), 7031.
Fonkitch (Boris L.), 7.
Fonseca (Luis Adão de), 1968.
Font (Márta) F., 2026.
Fontaine Verwey (H. de la), 235.
Fontana (Sandro), 934.
Fontane (Theodor), 2847.
Fontanon (Claudine), 4861.
Fonzi (Fausto), 3650.
Foote (Peter G.), 2285, 2417.
Forbis (William Hunt), 3576.
Ford (Henry), 5770.
Forest (Alain), 6161.
Foreville (R.), 2539.
Fornaro (Pierpaolo), 1465.
Forrest (W. G.), 1330.
Forschner (M.), 1386.
Forstenzer (Thopas R.), 3270.
Forster (Georg), 4221.
Forster (Jürgen), 6643.
Forsyth (Louise), 2816.
Forte (Stefano L.), 882.
Fortuna (Piero), 6761.
Fossard (Denise), 2448.
Foster (S. G.), 6313.
Foti Talamanca (Giuliana), 1540.
Foucault (Michel), 525, 4253, 6084.
Foult (Claude-Lise), II.
Fountain (Alvin Marcus) II, 3742.
Fourier (Joseph), 4610.
Fournée (Jean), 417, 903.
Fox (Robert), 4666.
Frąckowiak (Wiktor), 4340.
Fragner (Bert G.), 682.
Fraisse (Philippe), 1429.
Francis (Hywel), 5186.
Francis (R. D.), 5653.

Franciscus Assisiensis, Sanctus, 2592, 3993.
François (Michel), XII.
Frank (Gary), 6645.
Frank (Larry J.), 4437.
Frank (Tibor), 4785, 6518.
Franke (Alfred), 1069.
Franke (Reiner), 6706.
Frankenstein (Robert), 3271.
Frankland (Noble), 3385.
Franklin (Benjamin), 6309.
Franklin (John Hope), 282.
Franz Joseph I., Kaiser v. Österreich, 2954.
Franz Ferdinand, Erzherzog v. Österreich, 2992.
Franz Ferdinand v. Rummel, Fürstbischof v. Wien, 4024.
Franzina (Emilio), 691.
Frapet (Roland), 4495.
Fraser (Antonia), 3386.
Frazee (Charles A.), 1750.
Fréal (Jacques), 560.
Frederickson (N. Jaye), 561.
Fredro (Andrzej Maksymilian), 4745.
Freeman (Edward Augustus), 341.
Freeman (Michael), 4515.
Freeman (Thomas Walter), 148.
Freeman-Grenville (G. S. P.), 6176.
Frei (Norbert), 4438.
Freidenreich (Harriet Pass), 4206.
Freiermuth (Jean-Claude), 3254.
Freimark (Peter), 2841.
Freis (Helmut), 1576.
Fréret (Nicolas), 7028.
Freud (Sigmund), 511, 4623, 4689.
Freudenthal (Gad), 4739.
Freydank (Helmut), 1115, 1211.
Freyne (Sean), 1235.
Frézouls (Edmond), 1491.
Frič (Josef Václav), 3846.
Fricke (Dieter), 5892.
Fried (István), 4786.
Fried (Johannes), 2540.
Friedland (Klaus), 409.
Friedman (Ellen G.), 4049, 7141.
Friedmann (Karen J.), 5366.
Friedrich I. Barbarossa, röm.-deutscher Kaiser, 25, 1940, 2050.
Friedrich II., röm.-deutscher Kaiser, 21, 2655.
Friedrich II., König v. Preussen, 2847.
Friedrich III. der Weise, Kurfürst v. Sachsen, 4158.
Frier (B. W.), 1577.
Frijhoff (W. Th. M.), 4341.
Frijhoff (Willem), 794, 4050.
Friss (István), 5067.
Fritz (Martin), 5187.

Fritze (Wolfgang H.), 1075.
Frizot (Marie-Hélène), 854.
Fröhlich (I.), 1301.
Froeschlé-Chopard (Marie-Hélène), 850, 3995.
Froissart (Jean), 1851.
Frolova (N. A.), 1070.
Fromaget (M.), 172.
Frondizi (Arturo), 2939.
Fronto (Marcus Cornelius), 1483.
Frost (Frank J.), 1302.
Frost (Stanley Brice), 4290.
Fruhauf (Christian), 5367.
Fruin (Mark), 7087.
Fry (Elizabeth), 5778.
Fryde (E. B.), 2183.
Fuchs (Abraham), 4342.
Fuchs (Walther Peter), 464.
Fügedi (Erik), 674, 2027, 2286.
Fülöp (Géza), 4712.
Fürstenberg, Adelsgeschlecht, 2835.
Fürstenberg (Karl Egon III. Fürst v.), 2835.
Fugazzola Delpino (Maria Antonietta), 942.
Fugger (Octavian Secundus), 4852.
Fuhrmann (Horst), 888.
Fujimoto (Hideo), 7088.
Fujita (Kôichirô), 5509.
Fujitani (Toshio), 7089.
Fuks (L.), 235, 4207.
Fuks-Mansfeld (R. G.), 235.
Fukutô (Kôji), 7090.
Fullmer (June Z.), 4631.
Fuma (Susumu), 7032.
Fumagalli (Vito), 2418.
Fumagalli Carulli (Ombretta), 3635.
Funke (Peter), 1331.
Furet (François), 3272, 4368, 4404.
Furger-Bunti (A.), 1071.
Furlong (Monica), 4051.
Fursdon (Edward), 6856.
Fyle (C. Magbaily), 7142.

G

Gaál (László), 5368.
Gabaĺ (Andrej), 5893.
Gabin (Nancy), 5894.
Gabler (Dénes), 1492.
Gáboriné Csánk (Vera), 944.
Gabriel (Astrik L.), 2393.
Gabrieli (Francesco), 2144.
Gabrieli (Giovanni), 4939.
Gadô (Ottô), 5061.
Gadoffre (Gilbert), 810.
Gadoury (Victor), 92.
Gaertner (Helga), II.
Gage (John), 4891.
Gagliardo (John G.), 2842.

AUTOREN- UND PERSONENREGISTER

Gagnon (Nicole), 465.
Gahama (Amélie), 562.
Gaide (Françoise), 1460.
Gaillard (Lucien), 3273.
Gaillard (Marcel), 119.
Gaismair (Michael), 3622.
Gaiu (C.), 1050.
Gal (Allon), 3102.
Gál (Judit), 4439.
Galandauer (Jan), 3822.
Galántai (József), 6519.
Galante (Severino), 3636.
Galante Garrone (Alessandro), 384, 385.
Galasso (Giuseppe), 384, 694, 3662.
Galati (Francesco Licinio), 4711.
Galdanova (G. R.), 889.
Galen (Christoph Bernhard von), v. Christoph Bernhard v. Galen.
Galen (Hans), 2844.
Galerius (Valerius Maximus), empereur romain, 1580.
Galilei (Galileo), 4663.
Galili (E.), 1138.
Gall (H. Chr.), 6079.
Gall (Lothar), 2843.
Gallaher (John G.), 3274.
Gallet (Michel), 4870.
Gallet de Santerre (Hubert), 1072.
Galli (Giorgio), 3637.
Galliano (Graziella), 3026.
Gallo (F. Alberto), 2498.
Gallo (Italo), 1303.
Gallo (Luigi), 1121.
Gallus (Gaius Cornelius), 1466.
Galočkin (V. I.), 4517.
Galsterer (Hartmut), 1357.
Gama (Vasco da), 3936.
Gamber (Klaus), 2599.
Gambino (Luigi), 332.
Gamboni (Dario), 2463.
Gamelin (Maurice), 6764.
Ganda (Arnaldo), 41.
Gandhi (Indira Priyadarshini), 6981.
Gandhi (Mohandas Karamchand), 6972.
Gandolfo (Emilio), 2594.
Gandy (R.), 3706.
Ganiage (Jean), 5510.
Ganz (A. Harding), 6520.
Ganzevoort (H.), 5653.
Garam (Éva), 1073.
Garbai (Sándor), 5983.
Garbini (Giovanni), 1236.
Garcia (Mario T.), 5666.
García Cárcel (Ricardo), 3996.
García Lorca (Federico), 4995.
García Marín (José María), 2184.
Garcia-Pignide (L.), 3645.
Garden (Maurice), 4620.
Gardiner (Helen), 4728.
Gardy (Philippe), 5578.
Gargett (Graham), 4518.
Gargiulo (Tristano), 1304.
Garin (Eugenio), 2416.
Garland (Martha McMackin), 4343.
Garleff (Michael), 3906.

Garlicka (Anna), 6707.
Garner (Richard L.), 5188.
Garon (André), 465.
Garosci (Aldo), 731.
Garrabou (Ramon), 5369.
Garraty (John A.), 5021.
Garrick (David), 4987.
Garrigues (Martine), 209.
Garrison (William Lloyd), 4254.
Garrisson-Estèbe (Janine), 4124.
Gash (Norman), 3387.
Gaskell (Elizabeth), 4779.
Gasol Almendros (Josep M.), 2467.
Gáspár (Dóra), 1659.
Gasparini (G.), 7160.
Gast (John), 5955.
Gasztold (Tadeusz), 6798.
Gates (Barbara T.), 4632.
Gatto (L.), 2145.
Gatzke (Hans W.), 6122.
Gauchet (Marcel), 4633.
Gaudemet (Jean), 4021.
Gaulle (Charles de), 3220, 3222, 3243, 3258, 3267, 3278, 6767, 6837.
Gault (Nicole), 4331.
Gaunt (William), 4899.
Gaussen (J.), 984.
Gaussent (Jean-Claude), 5667.
Gauthier (Florence), 5370.
Gauthier (Jean-Gabriel), 7143.
Gauthier (Nancy), 1726.
Gautier (P.), 1758.
Gautier (Robert), 5887.
Gavalierová (Krista), 2712, 3814.
Gavignaud (Geneviève), 3277.
Gavín (Josep M.), 2468.
Gavins (Raymond), 5668.
Gavoille (Jacques), 660.
Gawęda (Stanisław), 1835.
Gawlikowski (Krzysztof), 7033.
Gay (Jules), 4533.
Gazeau (R.), 877.
Gazsi (József), 6805.
Geanakoplos (Deno J.), 1784.
Geday (Gusztáv), 5371.
Gedeney (John), constable of Bordeaux, 1946.
Geelhoed (Bruce), 3103.
Geertz (Clifford), 6995.
Gegot (Jean-Claude), 3277.
Gehrke (Hans-Joachim), 1332.
Geidel (Peter), 3104.
Geiger (Ruth), 4440.
Geiss (H.), 1292.
Geiss (Imanuel), 419, 445, 612.
Geissler (Friedmar), 1115.
Gej (O. A.), 1074.
Gelbard (Arye), 3879.
Gelber (Harry G.), 7034.
Gel'bras (V. G.), 7035.
Geldner (Ferdinand), 42.
Gelfand (Toby), 4634.
Gélis (Jacques), 4635.
Gellért, v. Gerhardus, Episcopus Chanadii, Martyr, Sanctus.

Gelling (Margaret), 1840.
Gelzer (Thomas), 1426.
Gémes (Magda S.), 538.
Gemil (Tahsin), 6320.
Genčev (Nikolaj), 4239.
Genet-Varcin (Emilienne), 945.
Genger (Anita), 3937.
Génicot (Léopold), 466, 769.
Genizi (Haim), 6646.
Genovese (Eugene D.), 3105.
Genoveva, Sancta, 4003.
Genroku, Japanese hist. period, 7126.
Gentile (Giovanni), 4307, 4417.
Gentili (Anna Maria), 6177.
Gentili (Bruno), 1313, 1387.
Gentles (Ian), 3388.
Geoffroy d'Hautecombe, 1841.
George (P. J.), 5069.
George (T. J. S.), 3731.
Georges (Bernard), 5895.
Georges (Jean-Gérard), 1660.
Georgescu (Magdalena), 3772.
Georgescu (Valentin A.), 755.
Georgieva (Cvetana), 6349.
Georgius Cappadox, Megalo-Martyr, quondam Sanctus, 1846.
Georgjan (G. G.), 543.
Georgoudi (Stella), 1416.
Gerber (David), 3106.
Gerbet (Marie-Claude), 2287.
Gercen (Aleksandr-Ivanovič), 3891, 4538.
Gerevich (László), 3496.
Gergely (András), 3500, 3501, 3546.
Gergely (Jenő), 2745, 5896.
Gerhardus, Episcopus Chanadii, Martyr, Sanctus, 2062.
Gerics (József), 334.
Gérin (P.), 2747.
Germond (G.), 949.
Gernet (Jacques), 4201, 7045.
Gernet (L.), 1356.
Gernier (Jean-Claude), 1147.
Gerrish (B. A.), 4125.
Geuss (Herbert), 629.
Gevorkjan (A. C.), 1020.
Geyer (Michael), 2845.
Géza II, roi de Hongrie, 2026, 2043.
Gheorghe (Gheorghe), 6521.
Gheza Fabbri (Lia), 5189.
Ghiberti (Lorenzo), 2469, 2473.
Ghiringhelli (Robertino), 5511.
Giacchero (Giulio), 3638.
Giacchi (O.), 3635.
Giacci (Vittorio), 4959.
Gianferotti (Giulio), 3639.

AUTOREN UND PERSONENREGISTER

Giangrande (Giuseppe), 1466.
Giannone (Pietro), 342.
Gibb (Sandra), 561.
Gibbins (Roger), 3015.
Gibelli (C.), 5947.
Gibieuf (Guillaume), 4512.
Gibson (Margaret), 1877.
Gichon (Mordechai), 1237, 1661.
Giebelhaus (August W.), 5190.
Giebels (L. A. M.), 4788.
Gierowski (Józef Andrej), 6350.
Giertych (Jedrzej), 3743.
Gieysztor (Aleksander), 3762.
Gifford (James M.), 6188.
Gignoux (Philippe), 239.
Gil (Moshe), 2125.
Gil Novales (Alberto), 3036.
Gilam (Abraham), 3389.
Gilbar (Gad G.), 5372.
Gilbert, évêque de Poitiers, 1843.
Gilbert (Alan D.), 5669.
Gilbert (Arthur N.), 3390.
Gilbert (Creighton E.), 2445.
Gilbert (Felix), 2732, 3962.
Gilbert (George), 3931.
Gilbert (Martin), 3346.
Gilderhaus (Mark T.), 6522.
Gildersleeve (Basil Lanneau), 343.
Gilissen (J.), 368.
Gilje (Paul A.), 3107.
Gilkaer (Hans Torben), 2288.
Gill (Austin), 4789.
Gille (Bertrand), 1373.
Gilles, Saint, v. Aegidius.
Gillette (William), 3108.
Gillingham (John), 2028.
Gilliomee (H.), 5657.
Gillis (Peter), 3016.
Gilman (Charlotte Perkins), 5688.
Gilmour (David), 6937.
Ginterová (Justína), 3844.
Ginzburg (Moisej Jakovlevic), 4881.
Gioaccino da Fiore, 496.
Giolitti (Giovanni), 3626.
Giorgadze (G. G.), 1126, 1226.
Giorgi (Pierre-Jean), 3303.
Giovanna II, regina di Napoli, 2074.
Giovanni, arcivescovo di Ravenna, 2536.
Giovanni di Conversino, 1888.
Giovanni (Elio), 3640.
Giralt i Raventós (Emili), 4305.
Girard (Catherine), 985.
Girard (Charlotte S. M.), 6857.
Girard (F.), 4488.
Girard (Sylvie), 1274.
Girardet (Klaus M.), 1727.
Girardin (Benoît), 4126.
Girault (René), 304, 6523.
Giscard d'Estaing (Valéry), 3321.
Gissing (George), 4800.
Giuffrè (Vincenzo), 1541.
Giuffrida (Romualdo), 3641.
Gjerstad (E.), 1238.
Gladstein-Kestenberg (Ruth), 2126.
Gladstone (Catherine), 3444.
Gladstone (William Ewart), 3425, 3448.
Glaise von Hortenau (Edmund), 2945.
Glaser (Hubert), 1989, 2869, 2927.
Glasscoe (Marion), 2647.
Glatz (Ferenc), 283, 334, 467, 6524, 6670.
Gleissner (Richard), 4519.
Gleizal (Christian), 2755.
Glénisson (Jean), 2375.
Glettler (Monika), 3502.
Glodariu (Ioan), 1076.
Gloton (Jean-Jacques), 4871.
Gloucester (Humphrey, duke of), 2433.
Gluck (Mary), 3503.
Głuszek (Stanisław), XVIII.
Gmitruk (Janusz), 6807.
Gneisenau (August Wilhelm Anton, Graf Neidhardt v.), 2847.
Gnoli (Gherardo), 1267.
Gobetti (Pietro), 4513.
Gobineau (Joseph Arthur, comte de), 3296.
Goble (Danny), 3109.
Godart (Louis), 1427.
Godechot (Jacques), 3214, 3275.
Godfrey (John), 2029.
Godfrey (John Henry), admiral, 3356.
Goehrke (Carsten), 2680.
Göllner (Carl), 716, 4775.
Gömbös (Gyula), 6579.
Gömöri (György), 3504.
Goethe (Johann Wolfgang v.), 4732, 4734, 4748.
Goetz (Hans-Werner), 1728, 2160.
Götze (Karl-Heinz), 4790.
Goff (James), 1171.
Goffart (W.), 1493.
Gogarten (Friedrich), 4193.
Gokhman (V. I.), 563.
Golb (Norman), 1239.
Golbeck (Amanda L.), 4636.
Goldberg (Sander M.), 1400.
Goldin (Claudia D.), 5298.
Goldinger (Walter), 2946.
Goldsmith (Maurice), 4637.
Goldstein (Leslie), 4520.
Golecki (Anton), 2792.
Gollin (Alfred), 4638.
Gollwitzer (Brigitte), 2795.
Gollwitzer (Helmut), 2795.
Gol'man (L. I.), 683.
Golomb (Deborah Grand), 5670.
Golonka (Barbara), 5464.
Golücke (Friedhelm), 6762.
Golvin (Lucien), 851.
Golygina (K. I.), 7036.
Gomaà (Farouk), 1172.
Gombocz (Zoltán), 344.
Gomez (José), 1021.
Gómez Nogales (Salvador), 2146.
Gomi (Humihiko), 7091.
Gompers (Samuel), 5939.
Gonçalves (Antonio C.), 7144.
Gončarov (L. V.), 284.
Goncourt (Jules de), 4843.
Gonda (Béla), 5373.
Gonda (Jan), 123, 6970.
Gontier (Josiane), 4331.
González (Juan), v. Juan González, obispo de Cádiz.
González Antón (Luis), 1968.
González Enciso (Agustín), 5191.
González González (Julio), 418, 1962.
Goodchild (Peter), 4639.
Goodell (Grace), 775.
Goodsell (John W.), 3937.
Goodwin (Jack), 795.
Goose (N.), 5671.
Gopal (Sarvepalli), 6971.
Gorai (Shigeru), 7092.
Gordeev (D. I.), 812.
Gordon (Bertram M.), 3276.
Gordon (Frank J.), 4127.
Gordon (Michael D.), 6080.
Goreau (Angeline), 4740.
Gorelik (Ju. M.), 3857.
Gorelov (I. E.), 5897.
Georges (Irmela), 5672.
Gormly (James L.), 6858.
Gornall (Thomas), 3954.
Górski (Karol), 3997, 4037.
Gosiorovský (Miloš), 3824.
Goslar (Julian), 5705.
Gosnell (Harold F.), 3110.
Gossiaux (Pol-P.), 4552.
Gossweiler (Kurt), 2729, 2733.
Gosztony (Peter), 3783.
Got (Jerzy), 4956.
Gotoff (Harold C.), 1615.
Gottfried (Paul), 4521, 4522.
Gottfried (Robert S.), 2289.
Gough (Barry M.), 6261.
Gouhier (Henri), 4523.
Gouin (Jacques), 5782.
Goujet (Claude-Pierre), 4737.
Gould (J.), 1374.
Gounelle (Claude), 6763.
Gourvish (T. R.), 5192.
Gousset (Henri), 6647.
Gouvrin (Joseph), 6648.
Gouy (Patrice), 5512.
Gow (B. A.), 4128.
Gowen (Robert Joseph), 3391.
Goyard (Claude), 6051.
Grab (Walter), 419, 2724.
Grabar (André), 173.
Grabois (Aryeh), 663, 2396.
Grač (A. D.), 6938.
Gracchus (Tiberius), 1518.
Graciotti (Sante), 617.
Graebner (Norman A.), 6419, 6649.

Graebner (William), 3111, 5673.
Graham (B.), 2681.
Graham (Frank Porter), 3064.
Graham (Sandra Landerdale), 3002.
Graham (Sylvester), 4665.
Graham-Campbell (James), 2161.
Grahame (Iain), 3854.
Gramsci (Antonio), 725, 4492.
Gran Aymerich (José María), 1287.
Grandier (Urbain), 4032.
Grane (Leif), 4129.
Granovskij (T. N.), 345.
Grant (Michael), 1454.
Grant (Robert M.), 1729.
Grantham (George W.), 5375.
Grantovskij (E. A.), 1077.
Gras (Pierre), 854.
Grassi (Fabio), 730, 6189.
Grathwol (Robert P.), 2846.
Graus (František), 1964.
Gray (Thomas), 4746.
Grayson (A. K.), 1212.
Grayson (Cecil), 2397.
Grayson (J. G.), 3720.
Graziosi (Paolo), 946.
Greaves (Richard L.), 4130.
Grecescu (Ion), 3784.
Greco (Emanuele), 1674.
Green (Bernard), 2562.
Green (Edwin), 5465.
Green (H. Stephen), 947.
Green (J. R.), 259.
Green (M. W.), 1213.
Green-Pedersen (S. E.), 5299.
Greene (Jack P.), 6262.
Greenhalgh (Peter), 1494.
Greenstein (Fred I.), 3112.
Gregg (Edward), 3392.
Gregor (F.), 346.
Gregorio da Catino, 1885.
Gregorius, Ep. Nyssenus, Sanctus, 2522.
Gregorius, Ep. Turonensis, Sanctus, 1897.
Gregorius I Magnus, Papa, Sanctus, 2582, 2594.
Gregorius III /Giovanni Graziano/, Papa, 2545.
Gregorius VII /Hildebrand/, Papa, Sanctus, 2325, 2564.
Gregorius IX /Ugolino, conte di Segni/, Papa, 2549.
Gregorius XI /Pierre Roger de Beaufort/, Papa, 2537.
Gregory (Paul R.), 5376.
Grenholm (Gunvor), 720.
Grenier (Jean-Claude), 1153.
Grenville (George), 6275.
Grenville (J. A. S.), 2734.
Greve (Tim), 3709.
Grew (Raymond), 468.
Greyerz (Kaspar v.), 4131.

Grezsa (Ferenc), 4791.
Griboedov (Aleksandr Sergeevič), 4805.
Grieb (Kenneth G.), 3464.
Griffe (Elie), 1730, 2630.
Griffin (M. T.), 1495.
Griffiths (J. G.), 1173.
Griffiths (R. A.), 2185.
Griffiths (Richard), 3393.
Grigg (John), 6650.
Grigor'ev (A. M.), 7037.
Grillon (Pierre), 3227.
Grimal (Pierre), 615.
Grimaldi (N.), 1404.
Grimminger (Rolf), 4501.
Grimwood-Jones (Diana), 6927.
Grinberg (Daniel), 2788.
Grindal (Edmund), archbishop of Canterbury, 4114.
Griot (Pierre), 3970.
Grisé (Y.), 1578.
Grissa (Mohamed), 5674.
Griswold (Robert L.), 5675.
Griswold del Castillo (Richard), 5676.
Gritsch (Helmut), 2290.
Grivot (F.), 139.
Grmek (M. D.), 1392.
Groehler (Olaf), 6708, 6859.
Groen van Prinsterer (Guillaume), 3716.
Gromov (G. G.), 890.
Gromyko (A. A.), 2759, 5042.
Groot (A. J. de), 3998.
Groot (Hugo de), 6087.
Gros (P.), 1662.
Gross (Thomas), 1850.
Grosshennrich (Franz-Josef), 5677.
Grossman (A.), 2147.
Grosul (V. Ja.), 6420.
Groten (Manfred), 22, 71, 2631.
Groth (Andrzej), 5300.
Grothusen (Klaus-Detlev), 427.
Grotius (Hugo), v. Groot (Hugo de).
Grotkamp-Schepers (Barbara), 4900.
Grott (Bogumił), 3744.
Grouvel (Robert), 3260.
Grove (Sir George), 5009.
Grover (Robinson A.), 4524.
Grudziński (Przemysław), 6651.
Grunert (Stefan), 1174.
Grupp (Peter), 6421, 6477.
Gryson (R.), 1711, 1731, 2632.
Grzybowski (Stanisław), 3751, 6351, 6329.
Gual Camarena (Miguel), 2291.
Gual López (José Miguel), 1968.
Gualdo Rosa (Lucia), 2512.
Gualerni (Gualberto), 3642.
Guarino (A.), 1527.
Guarner Vivanco (Vicenç), 3037.
Guba (Radko), 5848.

Guboglo (M. N.), 4240.
Guenée (Bernard), 2398.
Günther (Gottfried), 4733.
Guerci (Luciano), 3272.
Guérin (Antoine), 3229.
Guerri (Roberto), 5813.
Guerrini (Mauro), 1839.
Gürsan-Salzmann (Ayse), 1144.
Guéry (Roger), 1655.
Guest (Dennis), 5678.
Gueyraud (Paul), 3277.
Guglielmo I, re di Sicilia, 2024.
Guglielmo II, re di Sicilia, 2024.
Guglielmo III, re di Sicilia, 1947.
Guglielmo Ebreo, 2503.
Guicciardini (Francesco), 4267.
Guichard, évêque de Troyes, 2660.
Guichard (Catherine), 4420.
Guichard (Jean-Pierre), 3258.
Guichard (Olivier), 3222.
Guidetti (Massimo), 2771.
Guigues, chartreux, 1881.
Guilaine (Jean), 948.
Guiral (Pierre), 5679, 6051, 6066.
Gujral (M. L.), 6972.
Guldon (Zenon), 5301.
Gulick (Charles A.), 2962.
Gulick (Sidney L.), 6594.
Guillén Cabañero (José), 1579.
Guilleré (Christian), 2342.
Guillerm (Alain), 174.
Guillou (André), 694, 1754, 1785.
Guinot (Jean-Noël), 1712.
Guité (Paul V.), 203.
Guitton (Jean), 606.
Gulyás (András), 2773.
Gulyga (A.), 469.
Gun (Nerin E.), 3278.
Gunda (Béla), 564.
Gundel (Hans Georg), 1122.
Gunsburg (Jeffrey A.), 6764.
Gunst (Péter), 766, 5377.
Gunton (George), 5022.
Gupta (S. P.), 6939.
Gurgand (Noël), 5594.
Gustafson (Barry), 3710.
Gustafsson (Harald), 1965.
Gustav V, roi de Suède, 3805.
Gutenberg (Johann), 54.
Guth (Klaus), 5070.
Gutiérrez (David), 2563.
Gutmann (Myron P.), 3721, 5680.
Gutsche (Willibald), 2840, 6525.
Guy (Donna J.), 2937.
Guy (J.), 6190.
Guyader (Josseline), 7145.
Guyot (Mireille), 7154.
Guyot (Peter), 1283.
Guzevatyj (Ja.), 5513.

AUTOREN UND PERSONENREGISTER

Gyárfás (Endre), 4344.
Gyarmati (György), 600.
Gyenge (Imre), 4132.
Gyenis (Vilmos), 4741.
Gyimesi (Sándor), 2773, 5514.
Gyivicsán (Mária), XI.
Györffy (György), 676, 1842, 1995, 2292.
Győri (Judit), 4812.

H

Haakon VI, roi de Norvège, 2073.
Haakon VII, roi de Norvège, 3709.
Haan (Jacob Israel de), 4788.
Haarder (Andreas), 2417.
Haarstad (Kjell), 5515.
Haas (Hanns), 6526.
Haas (J. M.), 5193.
Haas (Karl), 5491.
Haas (Ludwik), 4516.
Haase (Hugo), 5871.
Haase (Wolfgang), 1474.
Habakkuk (Sir John), 5681.
Habermann (Wolfgang), 2293.
Habig (Marion A.), 2592.
Habsburg, Dynastie, 2962, 3489, 6641.
Habuda (Miklós), 3505.
Hacker (J.), 2127.
Hacker (Werner), 5516.
Hackett (B.), 904.
Hackman (Larry J.), 219.
Ha-Cohen (Mordecai), 3697.
Hacquebard (L.), 961.
Hadju (Robert), 2186.
Hadrianus (Publius Aelius), empereur romain, 1500, 1533.
Hadrovics (László), 346.
Häger (Bengt Åke), 470.
Hägermann (Dieter), 23.
Haehling (Raban v.), 1388.
Haendel (Wilhelm), 2963.
Haendler (Gert), 1718.
Händler-Lachmann (Barbara), 2294.
Häring (Nilolaus M.), 1843.
Hässler (Hans-Jürgen), 2707.
Häusler (Alexander), 1078.
Häusler (Wolfgang), 4208.
Haffner (Sebastian), 2847, 2928.
Haga (Arnfinn), 6765.
Hagedorn (Dieter), 1113.
Hagen (Karl), 347.
Hagen (Rolf M.), 700.
Hagen (William W.), 2848.
Hagenlocher (Albrecht), 2399.
Hagerman (Edward), 3113.
Hagerup (Francis), 6424.
Hahn (István), 1389, 1580.
Hahn (Karl-Heinz), 4734.
Hahn (Peter-Michael), 6010.
Haile (N. G.), 4133.
Haiman (György), 4850.
Haimson (Leopold H.), 3881.
Haines (Michael), 5517.
Haines (Roy Martin), 1844.

Haitsma Mulier (E. O. G.), 3722.
Hajdu (Péter), 1079.
Hajdu (Tibor), 3509, 3520, 3559.
Håkon, rois de Norvège, v. Haakon.
Halbersztadt (Jerzy), 3745.
Haldane (Richard Burdon), viscount Haldane of Cloan), 3446.
Hale (J. R.), 1022.
Hale (Matthew) Jr., 4640.
Hale (Robert), 4134.
Halecki (Oskar), 300.
Halévy (Elie), 348.
Halkin (L. E.), 703.
Hall (A. Rupert), 4525.
Hall (Kenneth R.), 6974.
Hall (Kermit J.), 6054.
Hall (Linda B.), 3705.
Hall (Stuart George), 1708.
Hallagan (William S.), 5378.
Hallam (Elizabeth M.), 2030.
Hallencreutz (Carl F.), 3943.
Hallensleben (Barbara), 2827.
Halperin (David J. J.), 1240.
Halsey (William M.), 3956.
Halstead (Murat), 4432.
Hamann (Günther), 149.
Hamashima (Atsutoshi), 7038.
Hamashita (Takeshi), 5466.
Hamblenne (P.), 1496.
Hamelin (Jean), 465.
Hamilton (Alexander), 3143, 3188, 6249.
Hamilton (Bernard), 2633.
Hamilton (Elizabeth), 3394.
Hamilton (Holman), 471.
Hamilton (John), 6249.
Hamilton (Sir William Rowan), 4642.
Hamm (Michael F.), 3882.
Hammar (E.), 4345.
Hammarström (Ingrid), 5682.
Hammer (Carl I.) Jr., 2634.
Hammer-Purgstall (Josef, Freiherr v.), 4241.
Hammermayer (Ludwig), 4516.
Hammond (Michael), 4641.
Hammurabi, roi de Babylonie, 1217.
Hampartumian (Nubar), 1080.
Hamza (Gábor), 1542.
Han, Chinese dynasties, 7006, 7013, 7041.
Han (Ulrich), 42.
Hanagan (Michael P.), 5194.
Hanák (Péter), 808, 2964, 3521, 3560, 4792.
Handlin (Lillian), 3114.
Handlin (Oscar), 3114.
Hankins (Thomas L.), 4642.
Hanly (John), 3972.
Hannam (June), 765.
Hannigan (Robert E.), 6527.
Hanrieder (Wolfram F.), 6860.
Hansen (C. Rise), 218.
Hansen (Holger Bernt), 6191.

Hansen (Ulla Lund), 2707.
Hanson (Elisabeth C.), 6055.
Hanson (John R.), 5302.
Hanson (Paul), 3282.
Hanson (W. S.), 1681.
Hara (Hidesaburô), 7093.
Hara (Motoko), 6162.
Harada (Sumitaka), 6081.
Hard (Pierre), 806.
Harding (Alan), 759, 2187.
Harding (J.), 4961.
Hardinge of Penshurts (Charles Hardinge, 1st baron), 3363.
Hardt-Friederichs (Friederun), 2295.
Hardtwig (Wolfgang), 2849.
Hardy (B. Carmon), 6026.
Hardy (Thomas), 4754.
Harenberg (E. J.), 1901.
Hareven (Tamara K.), 5836.
Hargitai Bárczy (Orsolya), 6056.
Harhoiu (Radu), 1080.
Harig (G.), 803.
Harlan (Louis R.), 3054.
Harley (C. Knick), 5303.
Harmat (Márta), 4526.
Harmatta (János), 344, 349, 1845.
Harna (Jozef), 3825.
Harnisch (Hartmut), 5071.
Harrach (Erzsébet C.), 846.
Harrigan (Patrick J.), 4310, 5683.
Harris (Anthony), 4962.
Harris (Joel Chandler), 4773.
Harris (R. D.), 3279.
Harris (William Wilson), 3593.
Harrison (Cynthia E.), 3115.
Harsgor (Mikhaël), 2188.
Hársing (László), 1087.
Hart (Basil H. Liddell), v. Liddell Hart.
Hart (Peter Edward), 5195.
Harthotes, fermier et prêtre, 1160.
Hartlib (Samuel), 4391, 4400.
Hartmann (Stefan), 6422.
Hartog (François), 1390, 1416.
Harvey (C. E.), 5141.
Harvey (Fernand), 5939.
Harvey (Gabriel), 4837.
Harvey (P. D. A.), 150.
Hasegawa (Shin), 5196.
Haskó (Katalin), 5898.
Haslam (M. W.), 1308.
Hasler (August B.), 3644.
Hasler (Klaus), 1581.
Hasluck (Paul), 6709.
Hasquin (Hervé), 4552.
Hassan (Fekri A.), 1175.
Hassan (Riaz), 5685.
Hatch (Nathan O.), 4135.
Hattenhauer (Hans), 756.
Haubrichs (Wolfgang), 1846.
Haubtman (Pierre), 732.
Hauck (Karl), 2296.

AUTOREN- UND PERSONENREGISTER

Hauenstein (Alfred), 565.
Hauf (Reinhard), 2850.
Haugen (Gilbert Nelson), 3124.
Hauhia (Ulla), 396.
Haumann (Heiko), 5197.
Haunfelder (Bernd), 2844.
Haupt (Georges), 5899.
Hauptmeyer (Carl-Hans), 2851.
Hausamanna (Torsten), 175.
Hausen (Gitta), 4473.
Hauser (Arnold), 350.
Hauser (Oswald), 420.
Haushofer (Heinz), 5379.
Hautmann (Hans), 5518.
Hautmann (Rudolf), 5518.
Havas (László), 1582.
Havasi (Zoltán), 242.
Havlíček Borovský (Karel), 4455.
Havlík (Lubomír E.), 1966.
Hawke (G. R.), 472.
Hawkins (Hugh), 4643.
Hawkins (M. J.), 4527.
Hawkins (R. A. J.), 3586.
Hawthorne (Nathaniel), 4841.
Hay (Cynthia), 473.
Hayashi (Mikiya), 7094.
Hayashi (Takeshi), 2189.
Haydn (Joseph), 4971.
Hayer (Peter), 2852.
Hayes (J. W.), 262.
Hayes (John), 4901.
Hayes-McCoy (Gerard A.), 72.
Hayez (Anne-Marie), 1864, 1880.
Hayez (Michel), 1880.
Hayman (Ronald), 4528.
Hazai (György), 2084.
Hazlewood (Arthur D.), 3695.
Head (C.), 1759.
Headington (Christopher), 4963.
Heal (Felicity), 4136, 5686.
Heap (Margaret), 5939.
Heath (Edward), 3357.
Heber-Suffrin (François), 2559.
Hébrard (Jean), 4346.
Hecht (Rudolf), 6861.
Heckenast (Gusztáv), 474, 2297, 3341, 3470.
Hecker (Hans), 345.
Heckscher (August), 4347.
Heckscher (Eli F.), 351.
Hedio (Kaspar), 4149.
Hedwigis, ducissa Silesiae, Sancta, 2595.
Heestermans (J. C.), 6147.
Heffter (Heinrich), 2853.
Hefti (Paula Maria), 1847.
Hegedűs (László), 1848.
Hegel (Georg Wilhelm Friedrich), 4473, 4481, 4522, 4588, 4575, 4595, 4603.
Hegemann (Margot), 5072.
Hegyi (Imre), 5380.
Hehl (Ernst-Dieter), 2190.
Hehn (Paul N.), 2854.
Heian, Japanese hist. period, 7097, 7125.
Heid (Ludger), 419.
Heideking (Jürgen), 2798,
6528.
Heilbroner (Robert L.), 5900.
Heimann (Bernhard), 6862.
Heimpel (Hermann), 629.
Heine (Heinrich), 4755, 4831.
Heineman (John L.), 2855.
Heinemann (Gustav W.), 2795.
Heinemann (Margot), 4964.
Heininen (Simo), 4137.
Heinrich II., röm.-deutscher Kaiser, 2066.
Heinrich VII., röm.-deutscher Kaiser, 1915.
Heinrich der Löwe, Herzog v. Sachsen u. Bayern, 2031.
Heinrich Raspe, Landgraf v. Thüringen, 23.
Heinrichs (Waldo), 6913.
Heinsius (Anthonie), 702, 3715.
Heiser (Lothar), 2541.
Heiss (Gernot), 452.
Heisserer (A. J.), 1333.
Heiszler (Vilmos), 2965.
Heitz (Carol), 2470, 2559.
Heitz (Gerhard), 5687.
Heitzer (Heinz), 2856.
Held (K.), 1391.
Heldmann (Konrad), 1284.
Heldring (J. L.), 704.
Helfferich (Karl), 6608.
Hélinand de Froidmont, 2573.
Helle (Knut), 2298.
Heller (Henry), 3971.
Heller (Klaus), 5198, 6057.
Hellmann (Manfred), 475, 2561.
Hellmann (Marie-Christine), 1429.
Hellriegel (Ludwig), 4052.
Hellström (Jan-Arvid), 2564.
Helly (Bruno), 1445.
Helms (Richard), 3162.
Hempel (Brigitte), 6038.
Hemptinne (Th. de), 2191.
Henderson (James Youngblood), 6023.
Henderson (Mae C.), 3042.
Hendrickx (J. P.), 861.
Henkel (Willi), 873.
Hennebicque (Régine), 2299.
Hennequin (Jacques), 4731.
Hennessy (John), archbishop of Dubuque, 3986.
Hennicke (Otto), 5901.
Henning (Hans), 4732.
Henning (Peter), 630.
Henningsen (Lars N.), 476.
Henrat (Philippe), 209.
Henri II, roi de France, 3218.
Henri III, roi de France, 6329.
Henrichus (Albert), 1703.
Henry V, king of England, 2095.
Henry VI, king of England,
2115.
Henry VII, king of England, 2069.
Henry VIII, king of England, 3379.
Henry, prince of Great Britain, duke of Gloucester, 3385.
Henry (Jean-Robert), 6011.
Henryk Walezy, roi de Pologne, v. Henri III, roi de France.
Hensel (Witold), 1081.
Hentig (Hartmut v.), 428.
Hepp (Noémi), 4731.
Heppner (Harald), 4241.
Herakleitos, 1391.
Herbart (Johann Friedrich), 4549.
Herbert (Julia), 4821.
Herbst (Jurgen), 4348.
Herce (A. I.), 939.
Herde (Peter), 6653.
Herder (Johann Gottfried), 4503, 4529.
Herivel (John), 4610.
Herken (Gregg), 3116.
Herkenrath (Rainer Maria), 24, 1940.
Herkommer (Hubert), 2085.
Herlaar, family, 769.
Herm (Gerhard), 62.
Herman (J.), 6710.
Herman (Karel), 3874, 6423.
Hermann v. Reichenau, 1920.
Hermann (István), 4530.
Hermann (Werner), III.
Hermesdorf (B. H. D.), 2128.
Hermet (Guy), 3038.
Hernádi (László Mihály), 3494.
Hernández i Sanchis (Jesús-Emili), 1968.
Hervdotos, 281, 1059, 1101, 1390, 1393.
Heron (Alasdair), 4138.
Herondas, 1318.
Herre (Franz), 2857.
Herrera Navarro (J.), 214.
Herring (George C.), 6863.
Herrmann (Bernd), 4644.
Herrmann (Elisabeth), 1719.
Herrmann (Klaus), 5381.
Herrmann (P.), 1316.
Herron (Georg D.), 6538.
Herschend (Frands), 93.
Herstad (John), 5382.
Hertzog (Anton), 4905.
Hervé (Roger), 139.
Herwig (Holger Heinrich), 2858.
Herzen (Alexander), v. Gercen (Aleksandr Ivanovič).
Herzl (Theodor), 4212.
Herzog (Ze'ev), 1241.
Hesiodos, 1364.
Heslop (T. A.), 73.
Hesse (Albert), 1431.
Hesse (Horst), 5073.
Hesse (Peter), 792.
Hésychius, presbyter

AUTOREN UND PERSONENREGISTER

hierosolymitanus, 1699.
Hettne (Björn), 477.
Hetzel (Jules), 4756.
Heusenstamm, v. Sebastian von Heusenstamm, Erzbischof von Mainz.
Heyck (T. W.), 4242.
Heyde (Doris), 1123.
Heydemann (Günther), 478.
Hibbard (Caroline M.), 3999.
Hieronymus, Sanctus, 2381.
Hiestand (Rudolf), 220.
Higgins (W. E.), 1358.
Higman (F. M.), 4139.
Higounet (Charles), 657.
Higounet-Nadal (Arlette), 2300.
Hildebrand (Emil), 352.
Hildebrand (Karl-Gustav), 352.
Hildebrand (Klaus), 6123.
Hildebrandt (E.), 733.
Hildebrandt (Johann Lucas v.), 4882.
Hilder (Brett), 3935.
Hildesheimer (Françoise), 207, 4645.
Hilgers (Heribert A.), 1941.
Hill (Alette Olin), 323.
Hill (Boyd H.) Jr., 323.
Hill (Charles C.), 4902.
Hill (Christopher), 3395.
Hill (Mary A.), 5688.
Hillart (Denise), 36.
Hiller (Alfred), 6864.
Hiller (István), 3471.
Hiller (James), 3021.
Hilleström (Gustaf), 4965.
Hillgruber (Andreas), 2859, 6123, 6654.
Hilliker (J. F.), 6865.
Hilpert (Hans-Eberhard), 2032.
Hincmarus Remensis, 1850.
Hindus (Michael Stephen), 6082.
Hinkle (Roscoe C.), 4646.
Hino (Kaizaburô), 7039.
Hinojosa Montalvo (José), 221.
Hinrichs (Ernst), 2735, 2860.
Hinz (Walther), 1268.
Hippokrates, 1392.
Hiraoka (Jokaï), 891.
Hirata (Ryûichi), 1543.
Hirch (P. V.), 7173.
Hirigoyen (Robert), 1023.
Hirokawa (Yôichi), 1404.
Hirsch (Jean-Pierre), 3272.
Hirschberg (D. R.), 3396.
Hirschfeld (Yair P.), 6529.
Hitchcock (James), 4001.
Hitler (Adolf), 2716, 2796, 2855, 2861, 2880, 2901, 2918, 2921, 2962, 6123, 6580, 6622, 6627, 6643, 6654, 6733, 6740.
Hittle (J. Michael), 3883.
Hlinka (Jozef), 98.
Hlušičková (R.), 3816,
6619.
Hô Chi Minh, 6994.
Hoadley (John F.), 3117.
Hobbes (Thomas), 4498, 4524.
Hoberman (Louisa S.), 4531.
Hochfeld (Anna), 4589.
Hodges (D.), 3706.
Hodges (R.), 2682.
Hodgkiss (Alan Geoffrey), 152.
Hodinka (László), 4349.
Hödl (Günther), IV.
Høeg (H. I.), 1004.
Höhle (Thomas), 4742.
Hoehne (Hans), 2192.
Hölscher (Tonio), 1663.
Hölzl (Sebastian), 635.
Hoenderdaal (G. J.), 4140.
Höner (Urs), 6263.
Höpfner (Christa), 5902.
Hoeppner (Erich), 2823.
Hörger (Hermann), 5519.
Hörmann-v. Stepski (Stanislaus), 1767.
Hoetink (H. R.), 6267.
Hoffman (Michael A.), 1176.
Hoffman (Paul E.), 6264.
Hoffman (Robert L.), 3280.
Hoffman (Ronald), 5361.
Hoffmann (Erich), 2033.
Hoffmann (Hans-Detlef), 1242.
Hoffmann (Hartmut), 1822.
Hoffmann (Inge), 1145.
Hoffmann (Walter), 2401.
Hofkamp (J.), 4851.
Hofmann (E.), 4793.
Hofmann (Hanns Hubert), 5650.
Hofstetter (Erich), 6975.
Hogan (Robert), 4966.
Hohenems, v. Mark Sittich v. Hohenems.
Hohenlohe, Adelsgeschlecht, 5119.
Hohenzollern, Dynastie, 6441.
Hohlweg (A.), 1767, 1786.
Holder (Paul A.), 1497.
Holinshead (Raphael), 1852.
Holl (Béla), 43.
Holl (I.), 2683.
Hollerbach (Alexander), 3963.
Holles (Denzil Holles, baron), 4115.
Hollinger (David A.), 479.
Holmes (Christine), 3931.
Holmes (Clive), 285.
Holmes (William F.), 3118, 5199.
Holmquist (Bengt M.), 3803.
Holtfrerich (Carl-Ludwig), 5467.
Holthaus (Ewald), 5074.
Holub (Ota), 6655.
Holzapfel (Kurt), 3281.
Holzberg (Niklas), 4532.
Homan (G. D.), 6163.
Homeros, 1389, 1421.
Homet (Jean-Marie), 4647.
Homolka (Jaromír), 2447.
Honda (Ryûsei), 7095.
Honecker (Erich), 5852.
Honterus (Johannes), 147.
Hood (Fred J.), 4141.
Hooft (Pieter Corneliszoon), 4735.
Hoogenberk (E. J.), 5520.
Hoogewoud (F. J.), 235.
Hooker (J. T.), 1334.
Hooker (Richard), 4185.
Hoover (Herbert Clark), 251, 3063.
Hooykaas (G. J.), 702, 3719.
Hopkins (A. G.), 6145, 6193.
Hopkins (Anne H.), 3119.
Hopkins (C. Howard), 4142, 6530.
Hopkins (K.), 1583.
Hopkins (Nicholas S.), 5633.
Hopp (Lajos), 3478, 3536.
Hoppál (Mihály), 355, 589.
Horat (Heinz), 4872.
Horatius (Flaccus (Quintus), 1610.
Horea (Ursu (Nicolae), 3788.
Hori (Kazuo), 5075.
Hormisdas, Papa, Sanctus, 1724.
Horn (Michiel), 3018.
Horn (Walter), 2565.
Horne (Thomas), 3397.
Horowitz (Daniel), 5022.
Horowitz (Zevi Halevi), 3746.
Horrall (S. W.), 5903.
Horská (Pavla), 4369, 5521.
Horton (James Oliver), 5689.
Horton (Lois E.), 5689.
Horváth (István), 855.
Horváth (János), 1939.
Horváth (Miklós), 680, 3496.
Horváth (Pál), 757, 2148.
Horváth (Róbert), 5690.
Horváth (Štefan), 5468.
Horváth (Vladimír), 722.
Horward (Donald D.), 6373.
Horwitz (Steven), 2166.
Hosea, propheta, 1258.
Hoshino (Hidetoshi), 2301.
Hossbach (Friedrich), 2865.
Houbert (Jean), 6194.
Hough (Richard), 3398.
Hourlier (Jacques), 900, 2587.
Hours (Francis), 980.
Hours (Madeleine), 4903.
Houston (Cecil J.), 5691.
Houwink (P.), 4873.
Hoveyda (Fereydoun), 3577.
Hovi (Olavi), 6531.
Howard-Hill (Trevor Howard), 4750.
Howart (Patrick), 6766.
Hrabanus Maurus, Magnentius, 1884.
Hradecká (Vladimíra), 5848.
Hristodol (Gheorghe), XIX.
Hrozienčik (Jozef), 6799.
Hrozny (B.), 1226.
Hsieh (Shan-Yüan), 7040.
Hsu (Cho-yun), 7041.
Hsün Yüeh, 7006.
Huang (Chieh-shan), 7078.
Huard (Paul), 6767.
Huart (Suzanne d'), 207.

Hubscher (Ronald Henri), 5384.
Hucke (Helmut), 2501.
Huddy (John E.), 167.
Hudec (Vladimír), 4442.
Hudson (Winthrop S.), 3399.
Hübner (Robert), 1113.
Hürten (Heinz), 2797.
Hüttenberger (Peter), 2791.
Hüttermann (Franz-Josef), 5076.
Hufton (Olwen H.), 2737.
Hughes (D.), 1308.
Hughes (Daniel J.), 5692.
Hughes (Kathleen), 1853.
Hughes (P.), 4751.
Hugo, Abbas Cluniacensis, Sanctus, 2596.
Hugo (Vicor), 4756.
Huizinga (J. J.), 2747.
Hull (Richard W.), 2738.
Hultsch (Eric), 4144.
Humbert (M.), 1525.
Humboldt (Wilhelm Freiherr v.), 2923.
Humfrey (Belinda), 4794.
Humphrey, duke of Gloucester, v. Gloucester (Humphrey, duke of).
Humphreys (R. Stephen), 480.
Hunfalby (János), 353.
Hunfalvy (Pál), 286.
Hunt (Hugh), 4967.
Hunt (Lynn), 3282.
Hunter (Louis C.), 5200.
Huntley (William B.), 3120.
Hunyadi (János), 2114.
Hunyadi (Károly), 3561.
Hus (Alain), 1455.
Hus (Jan), 2617.
Husain ibn Ali, amir of Mecca a. king of Hejaz, 6451.
Huss (Werner), 1243.
Hussein, v. Husain ibn Ali.
Huston (James H.), 6265.
Huszár (Gál), 4943.
Huszár (Lajos), 94.
Huszár (Tibor), 481, 5693.
Huter (Franz), 2966.
Hutson (James H.), 3121.
Huussen (M. A. H.), 6083.
Huvelin (H.), 425.
Huybrecht (R.), 1911.
Huygens (R. B. C.), 1854.
Hyams (Paul R.), 2193.
Hye (Franz-Heinz), 2086.
Hyman (Paula E.), 4209, 5304.
Hyršlová (Květa), 6532.
Hyslop (Loys Boe), 4795.

I

Iambor (P.), 2684.
Ianziti (Gary), 287.
Iaroslavschi (Eugen), 1076.
Iatrides (John O.), 3050.
Ibingira (Grace Stuart), 2739.
Ibn Māsawayh (Yaḥyā Abū Zakarīyā), 1855.
Ibn Sa'ud, v. Abd al-Azīz III.
Ibn Wafid (Abu'l Mutarrif 'Abd al-Rahman b. Muhammad al-Lakhmi), 2140.
Ibn Yahya (Gedalya), 1830.
Ibrahim (Hassan Ahmed), 6195.
Ichioka (Yuji), 5522.
Idung, moine, 1854.
Idzerda (Stanley J.), 3223.
Iglói (E.), 3884.
Igor Svjatoslavič, prince de Novgorod-Seversk, 2051.
Ikeda (On), 7042.
Iktinos, 1446.
Ikni (Guy), 5385.
Ilari (V.), 1359.
Iliffe (John), 3811.
Il'in (Ju. M.), 284.
Illerickij (V. E.), 392.
Imatani (Akira), 7096.
Imberciadori (Ildebrando), 3598.
Imkamp (Wilhelm), 1856.
Immerman (Richard H.), 6866.
Imre (Magda), 6483.
Imreh (István), 5640.
Incas, souverains du Pérou, 7160.
Incze (Miklós), 522, 2762.
Indra (Bořivoj), 5848.
Inés, v. Agnes, Sancta.
Infelise (Mario), 4443.
Infield (Glenn B.), 2861.
Ingeborg de Danemark, v. Isambour, reine de France.
Inglot (Stefan), 5383.
Ingres (Dominique), 4919.
Ingstad (Anne Stine), 2302.
Innes (Stephen), 6247.
Innis (Harold Adams), 354.
Innocentius III /Giovanni Lotario, conte de Segni/, Papa, 1856, 2542, 2544.
Inoue (Mitsuo), 7097.
Inoue (Mitsusada), 7098.
Ioannisjan (A. R.), 4533.
Iokibe (Makoto), 6711.
Ioli Gigante (Amelia), 687.
Ioly Zorattini (Pier Cesare), 3973.
Ionescu (Marion), 4936.
Ioniță (Magdalena), 3772.
Iordanskij (V. B.), 567.
Iorga (Nicolae), 300.
Ipolyi (Arnold), 355.
Irenaeus, Ep. Lugdunensis, Sanctus, 1746.
Iriye (Akira), 6925.
Irmscher (Johannes), 1778.
Irsigler (U.), 6324.
Irvine (William D.), 3283.
Irving (T. H.), 5637.
Irwin (Barbara I.), 3012.
Isaac (Rhys), 6245.
Isaacman (Allen), 6196.
Isac (Dan), 1665.
Isaevič (Ju. D.), 4246.
Isambert (François), 4002.
Isambour ou Ingeborg de Danemark, reine de France, 2019.
Isenburg (Teresa), 5813.
Isenmann (Eberhard), 2194, 2303.
Iserloh (Erwin), 2827, 3959.
Isherwood (Christopher), 4764.
Ishidoya (Jûrô), 2304.
Ishihara (Yasunori), 6266.
Ishii (Mayako), 7044.
Ishii (Ryôsuke), 7099.
Isidoros Alexandrinos, 1388.
Israel (J. I.), 5305.
Israeli (R.), 893.
Istomin (A. A.), 569.
István Ier, Saint Etienne, roi de Hongrie, 1998.
István III, roi de Hongrie, 2043.
Isusov (M.), 5996.
Itkonen (Erkki), 5695.
Itzin (C.), 4953.
Ivan Aleksandǎr, tsar de Bulgarie, 56, 2097.
Ivan III, grand prince of Moscow, 110.
Ivan IV Groznij /le Terrible/, tsar de Russie, 3908.
Ivanov (T.), 1425.
Ivanyosi-Szabó (Tibor), 5306.
Iwai (Tadakuma), 7100.
Iyanaga (Teizô), 7101.
Izdebski (Hubert), 749.
Izsák (Lajos), 3507.

J

Jabłoński (Henryk), 3747.
Jabłoński (Zbigniew), 4956.
Jackiewicz (Henryk), 6712.
Jackson (Andrew), 3047, 3099.
Jackson (Donald), 3055.
Jackson (Hall), 4629.
Jackson (Peter), 2034, 2637.
Jackson (W. T.), 2402.
Jacob (E.), 4488.
Jacob (J. P.), 1544.
Jacob (Robert), 2195.
Jacobeit (Wolfgang), 5714.
Jacobitti (Edmund E.), 328.
Jacobsen (Peter Christian), 1858.
Jacobus Maior, Apostolus, Sanctus, 2597.
Jacobus Antonii Middelburgensis, 6062.
Jacoway (Elizabeth), 4350.
Jacq-Hergoualc'h (Michel), 6996.
Jacquart (Danielle), 1855, 2305.
Jacques (Annie), 815.
Jacques (François), 1498.
Jacyna (L. S.), 4648.
Jäckel (Eberhard), 2795, 2796.
Jaeckel (Gerhard), 634.
Jähnichen (Manfred), 929.

AUTOREN UND PERSONENREGISTER

Jähnig (Bernhart), 2087.
Jaffe (Kineret S.), 4247.
Jagellons, dynastie, 2071, 2111, 5114.
Jahn (Karl), 1857.
Jahn (Peter), 2862.
Jahn (Wolfgang), 2471.
Jaime I, rey de Aragón, 1968.
Jaitner (Klaus), 6533.
Jakab (Miklós), 5696.
Jakab (Sándor), 3518.
Jakabffy (Imre), III, 196.
Jakimenko (N. A.), 5386.
Jakobi (F. J.), 2306.
Jakobs (Hermann), 74.
Jakobsson (Svante), 2685.
Jalava (Antti), 356.
Jalland (Patricia), 3400.
James I, king of Great Britain a. Ireland, 3413.
James II, king of Great Britain a. Ireland, 3367.
James (Alice), 5815.
James (Edward), 1996.
James (Henry), 4757.
James (Janet Wilson), 3945.
James (Montague Rhodes), 4389.
James (William), 4578.
Jan III, Sobieski, roi de Pologne, 6356.
Janáček (Josef), 6330.
Jandt (Johannes), 631.
Jankovič (Vendelín), 859.
Jánosi (Mónika), 1859.
Jansen (A. A.), 6768.
Jansen (H. P. H.), 1917, 2075.
Jansen (J. C. G. M.), 3723.
Janssen (Jacob J.), 1145.
Janssen (Wilhelm), 1969, 2088, 2196.
Janssens (P.), 769.
Jappe Alperts (W.), 2035.
Jardine, Matheson a. Co., 7044.
Jaritz (Horst), 1151.
Jarmatz (Klaus), 4238.
Jarnut (Jörg), 2004, 2590.
Jarowiecki (Jerzy), 4441.
Jarrell (Richard A.), 4678.
Jarrige (Catherine), 6973.
Jarrige (Jean-François), 6973.
Jaspers (A. Ph. C. M.), 6012.
Jay (John), 3048.
Jean, chartreux de Portes, 1881.
Jean de Roma, 3970.
Jeanclos (Yves), 2197.
Jeanne d'Arc, 1909, 2089.
Jecker (H.), 4145.
Jedin (Hubert), 863.
Jędruszczak (Tadeusz), 6534.
Jedry (Christopher M.), 5697.
Jefferson (Thomas), 3120, 3188, 5026, 6306.
Jeffreys (E. M.), 1787.
Jeleček (Leoš), 5387.
Jellinek (Yesaia), 6657.
Jemnitz (János), 2740, 3509, 5904-5906, 6535, 6713.
Jena (Detlef), 5907.
Jena (Kai v.), 6536.
Jenei (Károly), 5201.
Jenkins (Dafydd), 2232.
Jenkins (Mick), 5908.
Jenkyns (Richard), 1432.
Jennings (Thelma), 3122.
Jensen (Joan M.), 5698.
Jenson (Jane), 5870.
Jenšovská (Věra), 1914.
Jeorger (M.), 4368.
Jephcott (Fabio), 3401.
Jerphagnon (L.), 1616.
Jerussalimski, v. Erusalimskij (A. S.).
Jessup (John E.), 6867.
Jesus Christus, 1720, 3980.
Jesus (Prentiss S. de), 950.
Ježek (Alexandr), 2712.
Jigaudon (Gérard), 4861.
Joachim of Floris, v. Gioacchino da Fiore.
Jochens (Jenny M.), 2638.
Jocteau (Gian Carlo), 2757.
Jodl (Ruth), 630.
Johan Maurits, v. Nassau-Siegen (Johan Maurits).
Johanan ben Zakkai, rabbi, 1732.
Johancsik (János), 3284.
Johanek (Peter), 1861.
Johannes a Cruce, Sanctus, 3982.
Johannes Baptista, Sanctus, 1751.
Johannes Eleemosynarius, Archiepiscopus Alexandrinus, Sanctus, 1922.
Johannes XXIII /Angelo Roncalli/, Papa, 3968.
Johannes Paulus II /Karol Wojtyła/, Papa, 3964.
Johannes VI Kantakuzenos, empereur de Byzance, 1760.
Johannes VIII Palaiologos, empereur de Byzance, 1786.
Johannes Scotus, v. Erigena (Johannes Scotus).
Johannesson (Gösta), 3802.
Johansen (O. S.), 999.
Johanson (Gösta), 3804.
Johansson (Ingvar), 482.
John of Ravenna, v. Giovanni, arcivescovo di Ravenna.
John of Stratton, constable of Bordeaux, 1946.
Johnson (Andrew), 3080.
Johnson (D.), 773.
Johnson (D. S.), 5388.
Johnson (Eric A.), 5699.
Johnson (Evans C.), 3123.
Johnson (Helen B.), 1664.
Johnson (James P.), 5202.
Johnson (Lyndon Baines), 3074.
Johnson (Marion), 6197.
Johnson (Michael P.), 5700.
Johnson (Robert Eugene), 5909.
Johnson (Roger T.), 3124.
Johnson (Samuel), 4738.
Johnson (Stephen), 1499.
Johnson (Wallace), 7008.
Johnson (William Samuel), 3140.
Johnston Laing (Ellen), 7043.
Johnstone (Paul), 951.
Joinville (Jean, sire de), 1811, 1851.
Jolivet (Alain), 1431.
Jolliffe (W. K.), 3402.
Jones (A. E.), 2089.
Jones (Adam), 6197.
Jones (Alice Hanson), 6268.
Jones (Colin), 4649.
Jones (D. H.), 4066.
Jones (Daniel P.), 4650.
Jones (David), 358.
Jones (David C.), 4403.
Jones (Jacqueline), 4351.
Jones (James Rees), 6124.
Jones (Marvin), 3145.
Jones (Philip D.), 3403.
Jones (R.), 7175.
Jones-Davies (M. T.), 4262.
Jonge (Chr. de), 4146.
Jonge (H. J. de), 4147.
Jongkees (A. G.), 2075.
Jonov (Mikhail), 3006.
Jonsson (Ulf), 5389.
Jordan (William Chester), 2036.
Jordens (Ann-Mari), 4796.
Jordi González (Ramón), 4651.
Jorio (Piercarlo), 952.
Joseph I., röm.-deutscher Kaiser, 4024.
Joseph II., röm.-deutscher Kaiser, 2948, 2952, 2953.
Joseph (Richard A.), 6198.
Josephus, Sanctus, 3975.
Josephus (Flavius), 1465.
Jósika (Miklós), 3472.
Jossa (Giorgio), 1720.
Josselson (Diana), 3885.
Josselson (Michael), 3885.
Joubert (Joseph), 4602.
Jouhaux (Léon), 5895.
Jourquin (Jacques), 6234.
Joyce (Patrick), 5701.
Jozsa (Antal), 3562.
Juan González, obsipo de Cádiz, 2649.
Juárez (Benito), 6404.
Jucker (Hans), 1426, 1679.
Jucker (Ines), 1426.
Judanov (Ju.), 5469.
Judin (Ju. A.), 2742.
Judson (Adoniram), 4106.
Judson (Margaret A.), 3404.
Juhász (Gyula), 6125, 6609, 6658, 6714.
Jukhas (Peter), 1862.
Jukhneva (N. V.), 3886.
Julia (Dominique), 4050.
Julianus (Flavius Claudius), empereur romain, 1716.
Julius II /Giuliano della Rovere/, Papa, 2546.
Julius Avitus Alexianus (Gaius), 1509.
Jullien de Pommerol (Ma-

rie-Henriette), 236, 1879.
Jully (Jean-Jacques), 1433.
Jung (Carl Gustav), 4606.
Junge (Hans-Christoph), 3405.
Jungwirth (Helmut), 95.
Junius (Franciscus), 4146.
Junod (Marie-Claude), 4086.
Junyent Subirà (Eduard), 1863.
Jurczak (Jan), 6610.
Jurika (Stephen) Jr., 3053.
Jurquet (Jacques), 6199.
Jurriëns (R.), 5910.
Juško (A. A.), 153.
Justinos II, empereur de Byzance, 1779.
Justus (Pál), 5906.
Juszyński (Hieronim), 4714.
Jutikkala (Eino), 644, 789.
Juvénal des Ursins (Jean), 1864.

K

Kaartvedt (Alf), 6424.
Kaba (Melinda), 680.
Kabell (Aage), 1082.
Kabuzan (V. M.), 5500.
Kac (A. L.), 1617.
Kaczmarczyk (Zdzisław), 2686.
Kaczmarek (Kazimierz), 6769.
Kaczmarek (Zygmunt), 3748.
Kadletz (Karl), 6940.
Kaelble (Hartmut), 5702.
Kaemmerer (Walter), 1803.
Kärki (Ilmari), 1214.
Kaeselitz (Hella), 5911.
Kaestle (Carl F.), 4352.
Kätzel (Hedi), 5072.
Kagarlickij (Ju. I.), 4715.
Kahane (Reuven), 4210.
Kahane (Tuvia), 1244.
Kahle (Wilhelm), 4078.
Kahn (Gilbert N.), 6104.
Kahn (Judd), 5523.
Kahn (Lawrence M.), 5912.
Kaikkonen (Olli), 6425.
Kain (Philip J.), 483.
Kaiser (Gert), 2395.
Kaiser (Reinhold), 2198.
Kajali (Pál), 3470.
Kájoni (János), 3467.
Kakar (Hasan Kawun), 6941.
Kaké (Ibrahima Baba), 6200.
Kákossy (László), 1178.
Kákoy (György), 4423a.
Kakukk (Zsuzsa), 371.
Kalabiński (Stanisław), 5968.
Káldy Nagy (Gyula), 5703.
Kállay (István), 216, 217, 2967, 5390.
Kállay (Miklós), 6634.
Kallimachos, 1299, 1394, 1399.
Kallio (Veikko), 833.
Kálmán, roi de Hongrie, 2043.
Kálmán (Katalin), 403.
Kamakura, Japanese hist.

period, 7082, 7108.
Kamat (Jyotsna K.), 6976.
Kamen (Henry), 3039.
Kamenskij (Z. A.), 4535.
Kamińska (Krystyna), 6058.
Kamiński (Czesław), 96.
Kammen (Michael), 290.
Kampers (Gerd), 63, 2639.
Kan (Aleksandr S.), 699, 6352.
Kanawati (Naguib), 1179.
Kanda (Nobuo), 7046.
Kanefsky (John), 5203.
Kang (Jae-ŏn), 7131.
Kaniki (M. H. Y.), 6226.
Kann (Roger), 6344.
Kant (Immanuel), 533, 4491, 4594, 4654.
Kantzenbach (Friedrich Wilhelm), 388.
Kanutus, v. Canutus IV, rex Daniae, Martyr, Sanctus.
Kanyar (József), 5391.
Kapdebó (Tamás), 3513.
Kapelle (William E.), 2036a.
Kapica (M. S.), 6997.
Kapitánffy (I.), 1866.
Kaplan (Lawrence S.), 6868.
Kaplan (Michel), 1788.
Kaplan (Steven L.), 4003.
Kaplan (Yosef), 4211.
Kappeler (Andreas), 3887.
Kappler (Claude), 2404.
Karádi (Éva), 3484.
Karageorghis (Vassos), 1434.
Karamzin (Nikolaj Mikhajlovič), 4526.
Karbownik (Henryk), 894.
Kardos (József), 3508.
Karev (V. M.), 3406.
Karev (V. P.), 5307.
Karim Khan, ruler of Persia, 3578.
Karl I. der Grosse, Charlemagne, röm. Kaiser, König d. Franken, 1838, 1937, 2005, 2556.
Karl II. der Kahle, röm. Kaiser, König d. Franken, 2012, 2415, 2652.
Karl IV., röm.-deutscher Kaiser, 257, 2085, 2087, 2099, 2102, 2107, 2110, 2360, 2437, 2488.
Karl V., röm.-deutscher Kaiser, König v. Spanien, 6342.
Karl X Gustav, roi de Suède, 6363.
Karl XI, roi de Suède, 3807.
Karlbom (Rolf), 3805.
Kármán (Tamásné), 5524.
Kárný (Miroslav), 6659, 6715.
Karolinger, v. Carolingiens, dynastie.
Károlyi (Mihály), 3473, 3509, 6513.
Kárpáti (László), 3513.
Karsai (Elek), 3480.
Karugire (S. R.), 6201.

Kasparek (Christopher), 917.
Katharina II, v. Ekaterina II, impératrice de Russie.
Katkov (George), 3888.
Kato (Tsuyoshi), 6998.
Katona (Géza), 6085.
Katona (Imre), 4904.
Katona (Tamás), 676, 4160, 6335.
Katsura Tarô, prince, 3693.
Katus (László), 3521, 5525.
Katz (Friedrich), 3707.
Katz (Mark N.), 6869.
Katzburg (Nathaniel), 3510.
Katzinger (Willibald), 2687.
Kaub (Amarjit), 6999.
Kaukiainen (Yrjö), 789.
Kawa (Rainer), 2863.
Kawada (Hisashi), 5209.
Kawano (Kenji), 2743.
Kazakova (N. A.), 2405.
Kazhdan (A. P.), 1760.
Kazimierz III Wielki, roi de Pologne, 2138.
Kazimierski (Józef), 3763.
Kazimír (Štefan), 98.
Kazinczy (Lajos), 3530.
Kealey (Gregory S.), 5913.
Kearl (J. R.), 5077.
Kearns (E. J.), 4536.
Keats (John), 4827.
Kee (Howard Clark), 1704.
Kee (Robert), 684.
Keech McIntosh (S.), 7146.
Keen (B.), 2744.
Keene (Dennis), 4798.
Keep (John L. H.), 6374.
Kees (Hermann), 1180.
Keil (Gundolf), 1867.
Keiu (Makamura), 4250.
Kelemen (Elemér), 4353.
Kelemen (Márta H.), 855.
Kelles-Krauz (Kazimierz), 2955.
Kelley (Donald R.), 391, 4537.
Kelly (Aileen), 4538.
Kelly (George Armstrong), 3285.
Kelly (Ned /Edward/), 2944.
Kelly (Patrick), 4539.
Kemény (János), 3474.
Kemper (Stephen), 6977.
Kendall (Alan), 3407.
Kendall (R. T.), 4148.
Kende (István), 6870.
Kende (János), 3563, 3564, 5914.
Kennan (George F.), 6426, 6886.
Kennedy (George A.), 343.
Kennedy (Hugh), 2149.
Kennedy (John Fitzgerald), 3115, 3157.
Kennedy (Joseph), 3072.
Kennedy (Michael), 3286.
Kennedy (Paul M.), 6427.
Kenney (David M.), 3125.
Kenyatta (Jomo), 3695.
Keohane (Nannerl O.), 4540.
Keppie (L. J. F.), 1681.

AUTOREN UND PERSONENREGISTER

Ker (Ian), 3954.
Kerber (Linda K.), 6269.
Kerekes (Lajos), 6537.
Kerenski (Aleksandr Fedorovič), 3888.
Kerhervé (Jean), 2307.
Kerimbaev (S. K.), 3889.
Kern (Fritz), 359.
Kern (Liselotte), 359.
Kero (Reino), 5704.
Kerr (Jill), 2461.
Kerr (K. Austin), 3126.
Ker-McGee, oil-well driving firm, 5181.
Kersten (A. E.), 6691.
Kertesz (Stephen D.), 6126.
Keserich (Charles), 6538.
Kessler (C.), 4488.
Ketcham (Ralph), 3127.
Ketner (F.), 1901.
Keul (Michael), XII.
Keute (Hartwig), 4149.
Keyder (Caglar), 5101.
Keylor (William R.), 317.
Keynes (John Maynard Keynes, 1st baron), 5024, 5028, 5035.
Keynes (Simon), 1868.
Keys (Ivor), 4969.
Khackevič (A. F.), 6808.
Khadžinikolov (Veselin), 558.
Khalatbari (Parviz), 5553.
Khodžajov (T. K.), 6942.
Khorošev (A. S.), 2640.
Khoroškevič (A. L.), 618, 6331.
Khovratovič (I. M.), 3890.
Khristov (Khristo), 643, 5996, 6539.
Khvostova (K. V.), 484.
Ki-Zerbo (J.), 614.
Kido (Takeshi), 1970.
Kiedrzyńska (Wanda), 6611.
Kiefner (Theo), 3946, 4150.
Kiełboń (Janina), 6660.
Kienast (Brukhart), 1215.
Kienast (Dietmar), 1500.
Kieniewicz (Stefan), 5705.
Kierdorf (Wilhelm), 1468.
Kierkegaard (Sören), 4488.
Kiernan (Victor G.), 2746.
Kieser (Otto), 2688.
Kiesewetter (Hubert), 5204.
Kiessling (Wolfgang), 4248.
Kieszczyński (Lucjan), 5968.
Kietlicz-Wojnacki (Wacław), 813.
Kieval (Hillel J.), 6809.
Killen (G.), 1181.
Kilmurry (Kathy), 2308.
Kilpatrick (Sarah), 4799.
Kim (Key-huik), 6540.
Kimelman (Reuven), 1732.
Kindermann (Heinz), 804.
King (C. E.), 1584.
King (Richard H.), 4249.
King (Robert R.), 3785.
King (Walter J.), 6086.
King (William Lyon Mackenzie), 6733.
Kington (Robert M.), 4088.
Kinmonth (Earl H.), 4250.
Kinner (Klaus), 291, 4541.

Kinsei, Japanese hist. period, 7120, 7123.
Kippitz (Hans-Joachim), 44.
Kippur (Stephen A.), 370.
Kirakosjan (D. S.), 6428.
Király (Béla K.), 3511.
Király (István), 5392.
Király (Péter), 315.
Kirby (D. G.), 3204.
Kirby (John B.), 3128.
Kircheisen (Peter), 5915.
Kirchhoff (Karl-Heinz), 2844.
Kirillov (I. I.), 960.
Kirk-Greene (Anthony H. M.), 6148.
Kirkor (Stanisław), 3749.
Kirkwood (K.), 6192.
Kirpičnikov (A. N.), 5526.
Kirsch (George B.), 4151.
Kirsch (Irving), 4542.
Kirschner (Béla), 5916.
Kiselev (I. N.), 5547.
Kiss (Attila), 1083.
Kiss (Csaba), 4259.
Kiss (Endre), 2968, 4543.
Kiss (János), général, 3475.
Kiss (József), 5393.
Kiss (Sándor), 3475.
Kissinger (Henry Alfred), 6826, 6902.
Kister (M. J.), 2129.
Kister (Menahem), 2129.
Kitchen (Martin), 2969.
Kjöllerström (Sven), 2604.
Klagsbald (David), 4194.
Klagsbald (Victor), 4194.
Klaniczay (Gábor), 2530.
Klapisch-Zuber (Christiane), 2309.
Klarsfeld (Serge), 6661.
Klassen (Peter J.), 2748.
Klaus (Barbara), 5917.
Klawiter (Frederick C.), 1733.
Klein (Francesca), 2406.
Klein (Fritz), 6443.
Klein (Hanns), 5205.
Klein (Herbert S.), 5706.
Klein (Kurt), 638.
Klein (Milton M.), 6270.
Klein-Franke (Felix), 1285.
Kleineidam (Erich), 4291.
Kleinert (Annemarie), 4444.
Kleinknecht (Günter), 7047.
Klemperer (Klemens v.), 2864.
Klengel (Horst), 1216.
Kleomenes III, roi de Sparte, 1336.
Klep (P. M. M.), 5078.
Klessmann (Christoph), 6806.
Klier (John D.), 4445.
Klima (Arnost), 5079.
Klíma (Josef), 1217.
Klimanowa (T. V.), 5707.
Klimaszewski (Bolesław), 6353.
Klimiko (Jozef), 3826.
Kling (Blair B.), 6922.
Klingenstein (Grete), 452.
Klinger (G.), 4152.
Klinger (Hartmut), 322.
Klink (Ernst), 6770.
Kločkov (I. S.), 1218.
Kločkov (V. F.), 4354.
Kłoczowski (Jerzy), 874,

881.
Klönne (Arno), 5917.
Kloft (H.), 1501.
Kloss (B. M.), 6059.
Klotter (James C.), 3129, 5708.
Kluge (Dankwart), 2865.
Kluxen (Wolfgang), 2524.
Kmiecik (Zenon), 4446.
Kmita (Jerzy), 485.
Knapp (Fritz Peter), 2407.
Knapp (P. C.), 1545.
Knapp (Vincent J.), 2970, 5918.
Knauz (Nándor), 245.
Kner, famille, 4850.
Kniewasser (Manfred), 2130.
Knobloch (Mieczysław), 4928.
Knock (Thomas J.), 3139.
Knoepfler (Denis), 1335.
Knolle (P.), 4851.
Knott (Alexander W.), 6361.
Knott (John R.) Jr., 4153.
Knox (John), 6354.
Knut IV, roi de Danmark, v. Canutus IV, rex Daniae, Martyr, Sanctus.
Kobelev (E. V.), 6994.
Kobrinec (P. N.), 6818.
Kocakova (N. B.), 449.
Kočev (Nikolaj), 1789.
Koch (Adrienne), 244.
Koch (Walter), 25, 1940.
Kochanowski (Jan), 4729.
Koči (Josef), 3827.
Kocis (Robert A.), 321.
Kocka (Jürgen), 516, 5662.
Kocój (Henryk), 6429.
Kodály (Zoltán), 4968.
Kodedová (Oldřiška), 5919.
Köfler (Werner), 6375.
Köfner (Gottfried), 2971.
Kőhalmi (Béla), 254.
Köhbach (Markus), 3850.
Köhler (Henning), 6541.
Köllmann (Wolfgang), 5039.
Köllner (Lutz), 5038.
Koen (E. M.), 5308.
Koenen (Ludwig), 1229.
Köpeczi (Béla), 2749, 3478, 3512, 3536, 3568, 4544.
Koepke (Robert L.), 5206.
Köpstein (Helga), 405.
Körmendy (Kinga), 245.
Körner (Martin H.), 5470.
Köte (Sándor), 4302, 4355.
Kővágó (László), 3565, 6592.
Kövér (György), 5394.
Kövics (Emma), 2866, 6542.
Kofas (Jon V.), 6430.
Kohl (Wilhelm), 6343.
Kohlhauer ("Kodex K."), 1867.
Kohlstrunk (Irene), 335.
Koizumi (Tôru), 4154.
Kókay (György), 4449.
Kolankowski (Zygmunt), 4660.
Kolb (Eberhard), 6416.
Kolb (Philip), 4763.

Kolbe (Maksymilian Maria), 4073.
Kolchin (Peter), 5709.
Kolejka (Josef), 6543.
Kolendo (J.), 1585.
Kolev (St.), 5996.
Koller (Heinrich), 1870.
Koller (Manfred), 4905.
Kolossa (Tibor), 5395.
Komenský (Jan Amos), 4303, 4316, 4391.
Komissarov (B. N.), 585.
Komnenoi, dynastie byzantine, 1787.
Komoróczy (Géza), 1219, 1220.
Konan, v. Naito Konan, 6162.
Kondis (S. A.), 1199.
Kondor (Victória), 5920.
Kondratenko (L. V.), 6716.
Konecny (Elvira), 2979.
Konishi (Haruo), 1412.
Kôno (Rokurô), 7048.
Konopackij (A. K.), 1028.
Konopka (Marek), 1084.
Konopka (Stanisław), 4607.
Konrad, Herzog v. Schwaben, 2066.
Konrad von Albeck, Probst v. Neustift, 2224.
Konrad (Ruprecht), 2310.
Kônya (István), 4155.
Kooi (P. B.), 953.
Koonen (J. E. W.), 5207.
Koops (R. L.), 208.
Koós (Judit), 4929.
Kopačka (Ludvík), 5080.
Kopaševová (M. I.) 6613.
Kopecký (Milan), 930.
Kopernik (Mikołaj), 4161, 5029.
Kopicki (Edmund), 97.
Koppenberg (Peter), 2584.
Koppitz (Hans Joachim), 2408.
Koprukowniak (Albin), 3766.
Kořalka (Jiří), 3828.
Korbel (Günther), 940.
Korczak (Jerzy), 6620.
Korczyk (Henryk), 6544.
Korejtov (R. Kh.), 570.
Korell (Günter), 2868.
Korg (Jacob), 4800.
Kôriyama (Yoshimitsu), 6431.
Kormos (László), 4356.
Korn, famille, 46.
Kornberg (Jacques), 4212.
Kornilov (Lavr Georgevič), 3888.
Korniluk (Maria), 5968.
Kornrumpf (Hans-Jacques), 6943.
Korolec (Jerzy Bartłomiej), 2516.
Korolko (Mirosław), 4729.
Kort (J. C.), 702.
Korteweg (A. S.), 6.
Koryŏ, Korean dynasty, 7132.
Korzec (Paweł), 3737.
Kosáry (Domokos), 292, 486, 1997, 3546, 4251, 4292, 4357, 6376.
Koschwitz (Hansjürgen), 2750.

Kose (Kristina), 1000.
Kosiarz (Edmund), 6771.
Kosim (Jan), 3750.
Kossmann (E. H.), 3724.
Kossmann (Oskar), 2005, 2037.
Kossok (Manfred), 4545, 5710.
Kossuth (Lajos), 3513, 3546, 5272.
Kostash (Myrna), 5711.
Kostiainen (Auvo), 6545.
Kostin (V. G.), 6916.
Kostova (Emilija), VI.
Kosukhin (I. D.), 2751.
Kosztolnyik (Zoltan J.), 2641.
Kotoshikin (Grigorij), 3858.
Kotovič (V. G.), 1019.
Kotovsky (Grigorii G.), 195.
Kottanerin (Helena), 1871.
Kottler (Malcolm Jay), 4652.
Kottwitz (Hans Ernst, Baron v.), 4164.
Kousser (J. Morgan), 4358, 6030.
Kováč (Dušan), 6432.
Kovács (Ágnes), 5396.
Kovács (Endre), 3514, 3521, 3891, 4801.
Kovács (Ilona), 3478.
Kovács (János), 144.
Kovács (Kálmán), 3494, 3566, 3572.
Kovács (Sándor Iván), 3515.
Kovács (Tibor), 196.
Kováts (Lajos), 6772.
Kováts (Mihály), 6309.
Kovalenko (I. I.), 698.
Kowalczyk (Jerzy), 4252.
Koželenko (G. A.), 1360.
Kozelj (Tony), 1428.
Kozieƚƚo-Poklewski (Bohdan), 4359.
Kožin (A. N.), 4820.
Kozin (N. G.), 487.
Kozlov (V. I.), 571.
Kozłowski (Eugeniusz), 2715.
Kozłowski (Janusz Krzysztof), 1008.
Krämer (Ralf Peter), 792.
Kraft (Heinz), 6546.
Král (Václav), 3829.
Krallert (Gertrud), 599.
Kramer (Bärbel), 1113.
Krása (Josef), 2447.
Krasnobaev (B. I.), 4268, 4360.
Krasnov (Ju. A.), 954.
Krasnovskaja (N. A.), 1451.
Krasovskaya (Vera), 4970.
Krasuski (Jerzy), 4802.
Kraszewski (Piotr), 5712.
Kratzmann (Gregory), 2409.
Kraus (Antje), 5039.
Kraus (Bernhard), 5854.
Krause (Gisela), 4298.
Krause (Hans-Dieter), 5921.
Krause (Werner), 5023.
Krausnick (Helmut), 422.
Krausz (Tamás), 3892.
Krawczuk (Aleksander),

814.
Kraynak (Robert P.), 4546.
Kreissler (Félix), 2959, 2972.
Krekič (Bariša), 2090.
Kren (George M.), 5713.
Krendl (Peter), 3936.
Krengel (Jochen), 1586.
Kress (Helga), 2311.
Kresten (O.), 1790.
Kretzenbacher (Leopold), 572.
Kriedte (Peter), 5081.
Kriegel (Abraham D.), 3408.
Krieger (Karl-Friedrich), 2199.
Krieger (Leonard), 2752.
Krieger (Wolfgang), 5922.
Kristeller (Paul Oskar), 423.
Kristó (Gyula), 1872, 1998, 2038, 2091.
Křivka (Josef), 5527.
Krivonogov (V. P.), 573.
Křížek (Jurij), 6548.
Krjučok (R. R.), 6808.
Krjukov (M. V.), 7049.
Król (Wacƚaw), 6773.
Królilowski (Ludwik), 5082.
Kroll (Hildegard), 2567.
Kroll (Josef), 424.
Kromphardt (Jürgen), 5083.
Kropotkin (Pëtr Alekseevič), 4309, 5920.
Krüger (Bruno), 374.
Krüger (Hans-Jürgen), 2312.
Krüger (Kersten), 5528.
Krüger (Peter), 6549.
Krüger (Thomas), 940.
Krüger-Bulcke (Ingrid), 6690.
Krug (Peter), 5923.
Kruk (Janusz), 955.
Krumeich (Gerd), 3287, 3288.
Kruta (Venceslas), 1094.
Krzak (Zygmunt), 1001.
Krzemieńska (Barbara), 2039.
Kubátová (L.), 6619.
Kubinyi (András), 2092, 2200, 3516.
Kubo (Masaaki), 1286.
Kubo (Noritada), 7103.
Kubota (Bunji), 7050.
Kubota (Kazuhiko), 7104.
Kucenkov (A. A.), 6978.
Kučera (Matúš), 1971, 2313.
Küchler (Max), 1245.
Kuczynski (Jürgen), 5714.
Kudlien (Fridolf), 1375.
Kuehn (Thomas), 2314.
Kühlmann (Richard von), 6582.
Kühnel (Harry), 2472.
Kuenringer, Adelgeschlecht, 2252.
Kun (Béla), 3561, 3567, 3569.
Küppers (Heinrich), 4361.
Küttler (Wolfgang), 463, 488, 734, 2689, 2870, 3893.
Kugler (Georg Johannes),

AUTOREN UND PERSONENREGISTER

634.
Kuhles (Doris), 632.
Kuhn (Axel), 2796, 2871.
Kuhn (S. H.), 839.
Kuijper (D.), 4735.
Kukharenko (Ju. V.), 1085.
Kukita (Kazuko), 7105.
Kuklick (Henrika), 6202.
Kuksewicz (Zdzisław), 2516.
Kukuškin (Ju. S.), 4362, 4363.
Kulcsár (Kálmán), 5659, 5715.
Kulicka (Elżbieta), 1086.
Kulikov (V. G.), 6914.
Kulinič (A. V.), 4803.
Kumor (Bolesław), 864, 4004.
Kun (Miklós), 4516, 5925.
Kunfi (Zsigmond), 3525, 5876, 5906.
Kung (Andres), 3894.
Kuniholm (Bruce Robellet), 6871.
Kuno "von Öhningen", 2066.
Kupferman (F.), 2747, 3289.
Kupferschmidt (Uri M.), 6550.
Kupisz (Kazimierz), 4730.
Kupper (Jean-Robert), 1203.
Kupperman (Karen Ordahl), 6271.
Kurbskij (Andrej Mikhailovič, prince), 3908.
Kuroda (Toshio), 7106.
Kuroda (Yasuo), 7107.
Kuromachi (Shunichi), 3895.
Kuropka (Joachim), 2872.
Kurzweil (Edith), 4253.
Kůstka (Josef), 3813.
Kuttner (Stephan), 2166, 2531.
Kuun ("Codex K."), 1873.
Kuyper (W.), 4874.
Kuys (J.), 769.
Kuzmanova (Antonina), 6551.
Kuznesof (Elizabeth Anne), 5084, 5716.
Kuznets (Simon), 5303.
Kwilecki (Andrzej), 6134.
Kwong (Peter), 3130.
Kyle (Gunhild), 5717.

L

Labande (Edmond-René), 1826, 2410.
Labaree (Benjamin W.), 6272.
Labarge (Margaret Wade), 2040, 2315.
Laborie (Pierre), 3290.
Labre (Benoît-Joseph), 3989.
La Bretèque (François de), 176.
Labrousse (Ernest), 776, 5132.
Labuda (Gerard), 616, 1874, 1875.

Lachenaud (Guy), 1393.
Lacina (Vlastislav), 5397.
Lack (John), 2973.
Lackó (Mihály), 3546.
Lackó (Miklós), 4547.
Lacroix (Jacques), 542.
Ladányi (Erzsébet), 1876.
Ladányi (Sándor), 407.
Ladaria (L. F.), 1734.
Lader (Lawrence), 3131.
Ladero Quesada (Miguel Angel), 1962.
Ladislas Kán (mort vers 1318), 2091.
Lafaurie (Jean), 360, 425.
Lafaurie (Raymonde), 360.
La Fayette (Adrienne de Noailles, marquise de), 3215.
La Fayette (Marie Joseph Paul Yves Roch Gilbert du Motier, marquis de), 3215, 3223.
Laffi (Umberto), 1546.
Laffont (Pierre), 6203.
Laflèche (Louis-François), évêque de Trois-Rivières, 4033.
Lafond (Jean), 4713.
Lafont (Pierre-Bernard), 6992.
Lafont (Robert), 657.
Lagarde (L.), 139.
Lagarde (Paul de), 2838.
Lagides, v. Ptolémées, dynastie.
La Gorce (Jérôme de), 4293.
La Gorce (Paul-Marie de), 3291.
Lagzi (István), 3550, 6552, 6662.
Lahaise (Robert), 4875.
Lahusen (Götz), III.
Laingui (André), 6087.
Laiou-Thomadakis (Angeliki E.), 411, 1791.
Lakó (György), 326, 356.
Lakó (Gyula), 344.
Lalouette (Jacqueline), 5718.
Lamarche (Paul), 1705.
Lamartine (Alphonse de), 3296.
Lamb (R. G.), 1042.
Lambert (Maurice), 1206.
Lambert (Sheila), 3409.
Lambin (Jean-Michel), 6321.
Lambot (B.), 1024.
Lambraki (Anna), 1428.
Lameš (Jaroslav), 5848.
Laming-Emperaire (Annette), 7162.
Lamont (Corliss), 4761.
Lamont (Florence), 4761.
Lamont (Lansing), 4761.
Lamore (Jean), 2728.
Lampert v. Gerolzhofen, Adelsgeschlecht, 65.
Lancel (Serge), 1275.
Lanciotti (Lionello), 7027.
Lanczkowski (Günter), 866.
Lánczos (Kornél), 4653.
Landa (R. G.), 6204.
Landau (Jeannette), 956.
Landau (Lev Davidovič), 4656.
Landau (Peter), 2532.
Landau (Zbigniew), 4364.
Lander (Ernest McPherson) Jr., 6433.
Lander (J. R.), 2093.
Landis (James M.), 3166.
Landon (H. C. Robbins), 4971.
Landsberg (M. E.), 7174.
Lanfranc, 1877.
Lang (Helen S.), 1377.
Láng (Imre), 5024, 5309.
Láng (István), 6717.
Lang (James), 6273.
Láng (János), 574.
Lang-Porchet (Berthe), 1023.
Lange (Dorothea), 4932.
Lange (U.), 735.
Lange (Ulrich), 6031.
Langewiesche (Dieter), 2873, 5719.
Langford (Paul), 6274.
Langley (Lester D.), 6127.
Langlois (Claude), 4028.
Langlois (Pierre), II.
Lanher (Jean), 124.
Lansky (David), 3282.
Lanternari (Vittorio), 897.
Lányi (Vera), 1587.
Lanzinner (Maximilian), 6060.
Lapeyre (André), 64.
Lapie (Forrest), 5085.
Lapsansky (Emma Jones), 5720.
Lareš (M.), 4804.
Large (David Clay), 2874.
Laričev (V. E.), 990.
Larizza Lolli (Mirella), 4548.
Larkin (Emmett), 4005.
Larner (John), 2094.
Laroche (Emmanuel), 1430.
Laroche (P.), 3645.
Larouche (Daniel), 5330.
Larquié (Claude), 6355.
Larrain Melo (José Manuel), 5086.
Larrey (M. F.), 4005a.
Larroque (Dominique), 4861.
Larsen (Reidar Toralf), 6827.
Larson (Brooke), 5721.
Larson (Robert H.), 363.
Larsson (Hans Albin), 3806.
Lartigue (Jean-Jacques), évêque de Montréal, 3984.
Las Casas (Bartolomé de), 6238, 6266.
Laser (Rudolf), 1588.
Lasker (Daniel J.), 2642.
Lassère (Jean-Marie), 1246.
Lassner (Jacob), 6944.
Lassus (Jean), 361, 426.
László (Gyula), 1087.
La Terra (Giovanni), 3646.
Latino, cardinale, v. Malebranca (Latino).
Łątka (Jerzy Stefan), 3851.
Latocha (Michael), 792.
La Touche (Rose), 4758.
Latreille (André), 4021, 6810.

Lauf (Detlef-Ingo), 177.
Laufen (Rudolf), 1706.
Laufs (Manfred), 2542.
Launay (Olivier), 575.
Laurencin (Michel), 5722.
Laurens (Annie France), 258.
Laurens (Henry), 6235.
Laurent (Jean-Paul), 3218.
Laurie (Bruce), 5926.
Lauvergnat-Gagnière (Christiane), 4737.
Lauweriks (Mathieu), 4851.
Lavagne (Henri), 1676.
Lavagne (Xavier), 36
Laval (Pierre), 3278, 3289.
Lavallé (Bernard), 2728.
Lavallée (D.), 7163.
Lavisse (Ernest), 299.
Lavoie (André), 3023.
La Vopa (Anthony J.), 4365.
Law (Christopher M.), 3410.
Law (R.), 619.
Lawrence (T. E.), 4804.
Lawson (Philip), 6275.
Lawson (Steven F.), 6061.
Lawson (Thomas George), 6223.
Lazard (Madeleine), 4972.
Lăzărescu (George), 1878.
Lazerow (Jama), 5927.
Lazzaro (L.), 1469.
Leary (David E.), 4549.
Lebas (Catherine), 815.
Lebedev (A. A.), 4805.
Lebel (Maurice), 4294.
Lebergott (Stanley), 6149.
Le Bourdellès (M.), 1631.
Le Bouvier (Gilles), 1879.
Le Bras (Gabriel), 900, 4021.
Le Bras (Hervé), 5529.
Le Brun (Alain), 1264.
Lebrun (François), 3957, 5530.
Lebrun (René), 1227.
Lechevallier (Monique), 6973.
Leciejewski (Klaus), 5471.
Leclant (Jean), 1188.
Leclerc (Philippe de Hautecloque, dit), 6757.
Leclercq (Jean), 2568.
Le Clère (Bernard), 6066.
Le Clère (Marcel), 745.
Leczyk (Marian), 4266, 5865.
Leday (Alain), 1589.
Ledbetter (Bill), 4254.
Ledbetter (Pat), 4254.
Ledoux (Claude-Nicolas), 4870.
Ledoyen (Henri), 875.
Le Dû (Charles), 1705.
Lee (J. M.), 3411, 3412.
Lee (James H.), 4006.
Lee (Jennie), 3347.
Lee (Lawrence B.), 3132.
Lee (Loyd E.), 2875.
Lee (Maurice) Jr., 3413.
Lee (Susan Previant), 5087.
Leedom (J. W.), 2041.
Leekley (Dorothy), 1435.
Lees (Lyn Hollen), 5531.
Lees-Milne (James), 4806.
Le Fanu (Sheridan), 4810.
Le Fay-Foury (Marie-Noëlle), 2411.
Lefebvre (Joël), 809.
Lefèvre (P.), 4421.
Leffler (Melvin P.), 6553.
Lefkowitz (Mary R.), 1394.
Lefort (Claude), 3272.
Légaré (Jacques), 67.
Léger (F.), 397.
Legget (Robert F.), 5208.
Le Goff (Jacques), 497, 659, 1972, 2569, 2618.
Legoux (René), 2701.
Legowicz (Jan), 2518.
Legris (Maurice), 3930.
Leguen (Marcel), 6205.
Lehmann (Gustaf Adolf), 1502.
Lehmann (Hartmut), 3947.
Lehmann (Joachim), 26.
Lehmann (John), 4807.
Lehotská (Darina), 722.
Lehrbüchermeister, 2497.
Leibnitz (Gottfried Wilhelm), 4525.
Leibundgut (Annalies), 1679.
Leicester (Robert Dudley, earl of), 3407.
Leichhardt (Ludwig), 3934.
Leigh (Ralph A.), 4478.
Leinewber (Wolfgang), 1247.
Leino-Kaukiainen (Pirkko), 4447.
Lelewel (Joachim), 300, 362.
Lemaître (Jean-Loup), 1918.
Lemelin (Charles), 5330.
Lemerle (Paul), 1754.
Le Mière (M.), 1002.
Lemmel (Herbert E.), 65.
Lemoine (Bertrand), 4868.
Łempicki (Stanisław), 3751.
Lenczowski (Franciszek), 5577.
Lenger (Marie-Thérèse), 377, 1152.
Lenin (Vladimir Il'ič Uljanov, dit), 734, 3861, 3868, 3876, 3903, 3915, 3917, 3918, 5883, 5902, 5938, 5942, 6017, 6473.
Lenman (Bruce), 3414.
Lenoir (Timothy), 4654.
Lenti (Libero), 3647.
Leonard (Thomas C.), 6276.
Leonard (Virginia W.), 2938.
Leonardi (Claudio), 1838.
Leonardo (Claudio), 2375.
Leone (Alba Rosa), 4067.
Leone (Mark P.), 4156.
Leopold I., röm.-deutscher Kaiser, 2985.
Léopold III, roi des Belges, 2999.
Lepage (Jean), 4007.
Lepelley (Claude), 1590.
Lepenies (Wolf), 4655.
Lepetit (Bernard), 5532.
Lepine (Edouard de), 6277.
Łepkowski (Tadeusz), 6554.
Leplant (Bernadette), 1826.
Le Révérend (André), 3225.
Leroux (A.), 1067.
Le Roux (Patrick), 1459.
Leroy (Béatrice), 1968, 2131.
Leroy (Géraldi), 4808.
Le Roy Ladurie (Emmanuel), 778, 783, 3229, 5578.
Lescarret (Jean-Pierre), 5398.
Lescaze (B.), 37.
Lescure (Michel), 5533.
Leslie (Donald Daniel), 4201, 7045.
Leslie (Robert Frank), 3752.
Leśny (Jan), 2691.
Lesourd (Jean Alain), 661.
Lessing (Gotthold Ephraim), 4742.
Lestringant (Frank), 6278.
Leudemann (Norbert), 2692.
Leupen (P.), 6062.
Leuschner (Brigitte), 4221.
Leuschner (Joachim), 490, 1937.
Levaggi (Abelardo), 6013.
Levenstern (E. E.), 585.
Leverenz (David), 4255.
Lévi-Strauss (Claude), 4253.
Lévi-Strauss (Laurent), 542.
Levin (Dov), 6555, 6811.
Levine (David), 5723.
Levine (Robert M.), 3003.
Levine (Solomon B.), 5209.
Levinson (P. N.), 4488.
Levitt (Ian), 5724.
Lévy (Claude), 6279.
Lévy (Claude-Frédéric), 5088.
Levy (Darlene Gay), 3292.
Lewandowski (Jan), 6556.
Lewin (Günter), 7051.
Lewin (Izaak), 707.
Lewin (Ronald), 3415.
Lewis (D. Gerwyn), 4367.
Lewis (Frank D.), 5298, 5399.
Lewis (I. M.), 6206.
Lewis (Jane), 6088.
Lewis (Naphtali), 1462.
Lewis (P. S.), 1864.
Lewis (Paul H.), 3712.
Lewis (W. S.), 3350.
Lewis (Wyndham), 4814.
Ley (Hermann), 4550.
Leygues (Jacques Raphaël), 3293.
Leyser (K. J.), 2041a.
Lhuisset (Christian), 576.
Li Kou, 7040.
Liaghat (Gholam A.), 5725.
Liang (Hsi-Huey), 6434.
Libera (Alain de), 2519.
Licht (Jacob), 1248.
Lichtenstein (Nelson), 5210.
Lichtman (Allan J.), 3133.
Liddell Hart (Sir Basil Henry), 363, 6652.
Lie (Haakon), 6873.
Lieb (Norbert), 4852.
Lieberman (Victor), 7000.

Liebermann (Wolf-Lüder), 1395.
Lieberthal (Kenneth G.), 7052.
Liebertz-Grün (Ursula), 2412.
Liebmann (Maximilian), 4157.
Liedgren (Jan), 2413.
Lienesch (Michael), 3134.
Lietzmann (Hilda), 838.
Ligeti (Lajos), 125, 344.
Light (Beth), 5574, 5579.
Ligota (C. R.), 441.
Ligou (Daniel), 4516.
Likhačev (D. S.), 2403.
Likhačev (S. D.), 932.
Lill (Rudolf), 3649.
Limburg Stirum (Johan Paul, graaf van), 6164.
Lin (Chao-en), 7011.
Lincoln (Abraham), 3114.
Lincoln (W. Bruce), 154.
Linden (Ian), 4068.
Lindert (Peter H.), 5089.
Lindgrén (Susanne), VII.
Lindgren (Uta), 2316.
Lindkvist (Thomas), 293.
Lindsay (D.), 2950.
Lineham (Peter), 2171.
Linet (Jacqueline), 36.
Lingard (John), 3985.
Linguet (Simon-Nicolas-Henri), 3292.
Link (Arthur S.), 3057.
Linker (Berndt Michael), 6435.
Linné Eriksen (Tore), 294.
Linteau (Paul-André), 6232.
Liou-Gille (Bernadette), 1632.
Lippert (Inge), 5090.
Lipscher (Ladislav), 3830.
Liscombe (R. W.), 4876.
Lissa (Zofia), 849.
Liszkowski (Uwe), 3906.
Litaize (Alain), 124.
Litak (Stanisław), 4008.
Littler (Gérard), 649.
Littleton (C. S.), 1418.
Littman (Michael), 4213.
Litván (György), 295, 678, 3473, 3509, 3517, 5856, 5928.
Litwack (Leon F.), 3135.
Liu (Kwang-ching), 7015.
Liu (Ts'ui-jung), 7053.
Liudolfinger, Adelsgeschlecht, 2016.
Livanova (A.), 4656.
Liver (Peter), 747.
Livet (Georges), 615, 5581.
Livingston (William), 3049.
Livingstone (David), 3933.
Livius (Titus), 1464.
Livrea (Henricus), 1309.
Livshits (V. A.), 1262.
Ljotic (Dimitrije), 3924.
Ljublinskaja (A. D.), 3295.
Lladonosa Pujol (José), 1968.
Lloyd George of Dwyfor (David Lloyd George, 1st earl), 3452, 5476.

Loach (Jennifer), 3416.
Loades (D. M.), 6332.
Lo Cascio (Elio), 1503.
Locher-Scholten (E. B.), 6164.
Locke (John), 4123, 4485, 4497, 4539, 4546, 4577, 4598.
Lockwood (Rose), 4657.
Lodge (Henry Cabot), /1850-1924/, 3198.
Lodrone (conti di), 3685.
Löbmann (Benno), 1735.
Lönnqvist (Bo), 5726.
Lőrincz (B.), 1666.
Lövgren (Anna-Brita), 3807.
Löw (Raimund), 2974.
Logeay (Pierre), 5727.
Logette (Aline), 6089.
Loh (Werner), 491.
Lohmeier (Dieter), 4276.
Lohr (Charles H.), 2520.
Lohse (Bernhard), 4366.
Lohse (E.), 1736.
Loicq-Berger (M. P.), 1396.
Loisy (Alfred), 4035.
Łojek (Jerzy), 4441, 4448.
Lom (František), 5400.
Lomask (Milton), 3136.
Lombard (Maurice), 2317.
Lombard-Jourdan (Anne), 665.
Lombardo (Mario), 1221.
Lomič (Václav), 4369.
Long (John W.), 6530.
Longeon (Claude), 4722.
Longère (Jean), 2643.
Longford (Frank Pakenham, 7th earl of), 3137.
Lonis (R.), 1361.
Loone (E. N.), 492.
Loose (Hans-Dieter), 2806.
Loose (Rainer), 5211.
López Beltran (María Teresa), 5310.
Lopez Celly (Arrigo), 6557.
López de Coca Castañer (José Enrique), 5310.
López Elum (Pedro), 221.
Łoposzko (Tadeusz), 1591.
Lorblanchet (M.), 7175.
Lorenz (Hellmut), 1043, 4877.
Lorenz (Rudolf), 1737.
Łoś (Leon), 4660.
Loth (Wilfried), 6874.
Lothar Franz von Schönborn, Kurfürst v. Mainz, 2911.
Loubès (Gilbert), 1825.
Loudon (Margot), 1447.
Louis Ier le Pieux, empereur d'Occident, roi des Francs, 1926, 2006, 2007.
Louis IX, Saint Louis, roi de France, 1811, 2036, 2219.
Louis XI, roi de France, 64, 2116.
Louis XII, roi de France, 64, 2188.
Louis XIV, roi de France, 4947, 5674.
Louis XV, roi de France, 3321, 3323.
Louis XVI, roi de France, 3323, 5611.

Lourdaux (Willem), 895, 2075.
Loužil (Jaromír), 4257.
Lovag (Zsuzsa), 2474.
Love (Joseph I.), 3004.
Lovejoy (Arthur O.), 364, 4505.
Lovell (S. D.), 3138.
Low (Alfred D.), 6128.
Lowe (R.), 4370.
Lowenthal-Hensel (Cécile), 2887.
Lowerson (John R.), 670.
Lozek (Gerhard), 2877.
Lu Guimeng, 7073.
Lubieniecki (Zbigniew), 6931.
Lubsen-Admiraal (S. M.), 1436.
Lucanus (Marcus Annaeus), 1608.
Lucet (Charles), 3296.
Lucia (Maria Giuseppina), 3026.
Lučić (Josip), 2318.
Luckhardt (K.), 5929.
Luckij (E. A.), 296.
Ludassy (Mária), 4553.
Ludat (Herbert), 427.
Ludendorff (Erich), 2847.
Ludolphy (Ingetraut), 4158.
Ludwig I. der Fromme, v. Louis Ier le Pieux, empereur d'Occident.
Ludwig V. der Bayer, röm.-deutscher Kaiser, 1989, 2072.
Ludwig I., König v. Bayern, 2830.
Ludwig (Karl-Heinz), 4658.
Lübcke (Adelheid), 1123.
Lüdemann (Gerd), 1752.
Lueger (Karl), 2976.
Lüttmann (Reinhard), 4973.
Luft (David S.), 4809.
Luisa Maria, regina d'Etruria, duchessa di Parma, 3682.
Luisi (A.), 1200.
Luiso (Francesco Paolo), 2512.
Lukács, Archbishop of Esztergom, 2641.
Lukács (Ágnes B.), 5534.
Lukács (György), 3503, 4514, 4530, 4544, 4547, 4563, 4571.
Lukács (Lajos), 6436.
Lukács (Tibor), 6090.
Lukonin (V. G.), 1266.
Luks (Leonid), 2878.
Lunačarskij (A. V.), 5707.
Lunardini (Christine A.), 3139.
Lundestad (Geir), 6875.
Lundvik (Bertil), 5930.
Luni (M.), 1201.
Lunn (David), 4053.
Lupker (M.), 169.
Lussu (Emilio), 6737.
Luther (Martin), 3948, 3955, 4083, 4104, 4133, 4158, 4185, 4193.
Lutterotti (Markus), 66.
Luttrell (Anthony), 1968.

Lutyens (Edwin), 4878.
Lutyens (Mary), 4878.
Lutz (Heinrich), 6333.
Luxemburg (Rosa), 5976.
Luxemburger, Dynastie, 2108.
Luykx (P.), 4009.
Luža (Radomir), 3823.
Luzzati (Michele), 2693.
Luzzatto (Giuseppe Ignazio), 365.
Lwoff (André), 4667.
Lyautey (Louis Hubert), 3225.
Lyell (Charles), 4626, 4703.
Lynch (Thomas F.), 7161.
Lynn (John A.), 3297.
Lyons (F. S. I.), 3586.
Lyons (William), 3119.
Lyte (Charles), 4659.
Lyytinen (Eino), 6558.

M

Maag (Victor), 867.
Mabire (Jean), 2158.
Macadam (John Loudon), 5243.
Macartney (Carlile Aylmer), 366.
Maccabées, famille juive, 1137.
McCallum (John), 5401.
McCalman (Janet), 3417.
McCann (Peadar), 4371.
Maccarrone (Michele), 2543, 2644.
McCarthy (Joseph Raymond), 4013.
McCartney (Donal), 3587.
McCaskie (T. C.), 5025.
McCaslin (Dan E.), 1127.
McCaughey (Elizabeth P.), 3140.
McCaughey (Robert A.), 4373.
McClelland (Charles E.), 4373.
McCloskey (Donald N.), 5091.
McClung Hallman (Barbara), 3948.
McClymer (John F.), 5728.
MacColl (E. Kimbard), 3141.
MacColla (Alasdair), 3450.
McCormack (W. J.), 4810.
McCormick, firm, 5363.
McCoy (Drew R.), 5026.
McCuaig (Katherine), 5729.
McCulloh (J.), 1884.
McCullough (H. C.), 7118.
McDonald (Ellen Shapiro), 5730.
McDonald (Forrest), 5402, 5730.
McFarland (Stephen L.), 6876.
McGaha (Michael D.), 4974.
McGiffert (Michael), 4159.
McGill (William J.), 2975.
McGlynn (Edward), 3988.
McGouldrick (Paul), 5212.
McGrath (Antonia), 4853.
McGrath (Fergal), 2414.

McGrail (Sean), 2238.
McGregor (Alex), 5403.
McGuire (Robert A.), 5404.
McHale (Vincent), 5699.
Machard (R.), 4975.
Machiavelli (Niccolò), 2101, 4267, 4495, 4511.
Machin (Howard), 6066.
Machnik (Jan), 1008.
McHugh (Paul), 5731.
Maciejewski (Marian), 4930.
McInnis (Marvin), 5399.
McIntosh (R. J.), 7146.
Macintyre (Stuart), 5931.
Mackay (Sally), 3922.
MacKendrick (Paul), 1128.
Mackenzie (D. N.), 1262.
Mackenzie (Donald), 5535.
Mackenzie King (William Lyon), v. King.
McKeon (Peter R.), 2006.
McKeown (Elizabeth), 4010.
McKillop (A. B.), 3020.
McKinley (William), 4013.
MacKinnon (Stephen R.), 7054.
McKitterick (David), 4921.
McKitterick (Rosamond), 2415.
McKnight (Gerald D.), 3142.
MacLachlan (Colin M.), 6280.
McLean (David), 6559.
MacLean (Elizabeth Kimball), 6718.
Maclean (Ian), 817, 4258.
MacLean (J.), 5213.
McLeod (W. H.), 6979.
McMahon (Deirdre), 6663.
McMahon (Sir Henry), 6451.
McMann (Jean), 987.
McMinn (W. G.), 6032.
Macmullen (Ramsay), 1547.
McMurry (Dean Scott), 6560.
McNairn (Barbara), 327.
McNary (Charles L.), 3124.
McNeill (T. E.), 2042.
McNiven (Peter), 2095.
McQuaid (Kim), 5012.
McQuilton (John), 2944.
Macry (Paolo), 5732.
McTague (John J.) Jr., 6561.
Mactoux (Marie-Madeleine), 1376.
McVay (Gordon), 4976.
MacVeagh (Lincoln), 3050.
McWhinney (Grady), 5402.
McWhirr (Alan), 1592.
Madaeva (Z. A.), 577.
Madaras (Éva), 2976.
Madarász-Zsigmond (A.), 1397.
Maddux (Thomas R.), 6129.
Madievskij (S. A.), 3786.
Madison (James), 244, 253, 3068, 3127, 3173, 5026.
Madjarian (Grégoire), 3298.
Mádl (Antal), 4812.
Maeda (Yôichi), 4554.
Maehl (William Harvey), 5932.
Maehler (Herwig), 1151.
Männikkö (Kyllikki), 75.

Maercker (Karl-Joachim), 2460.
Maesschalk (E. de), 2319.
Mafart (Bertrand-Yves), 2694.
Magenheimer (Heinz), 6877.
Maggi (Gianfranco), 3650.
Maggi Bei (Maria Teresa), 1885.
Maggs (Tim), 7147.
Magini (Giovanni Antonio), 4710.
Magirius (Heinrich), 4879.
Magister (Karl-Heinz), 4723.
Magliabechi (Antonio), 4736.
Magnin (J. M.), 1738.
Magnusson (Lars), 5405.
Magnusson (Magnus), 2162.
Magyari (István), 4160.
Mahajan (V. D.), 6980.
Mahsas (Ahmed), 6207.
Maier (Donna), 6208.
Maier (Karlheinz Rudolf), 6091.
Maier (Klaus A.), 6639.
Maier (Pauline), 6281.
Maillet (Germaine), 566, 2645.
Maimonides (Moses), 1886, 2137, 2511.
Maiorini (Grazia), 3299.
Maire (Camille), 5536.
Maistre (Joseph, comte de), 3661.
Major (Russel J.), 3325.
Makk (Ferenc), 2043.
Makkabäer, v. Maccabées, famille juive.
Makkai (László), 779, 2320, 3466, 3494, 4160.
Makkay (J.), 1003.
Makrembolites (Alexios), 1761.
Maksay (Ferenc), 2695, 3522.
Malá (I.), 6619.
Maland (David), 6334.
Malanima (Paolo), 5214.
Malbran-Labat (Florence), 1222.
Malcówna (Anna), XVIII.
Malebranca (Latino), cardinale, 2106.
Malebranche (Nicolas), 4567.
Malek (Jaromir), 1155.
Maletin (N. P.), 6997.
Malettke (Klaus), 5582.
Malhotra (P. C.), 6165.
Malingoudis (Ph.), 1887.
Malinowski (Tadeusz), 1089.
Mallarmé (Stéphane), 4789.
Mallmann (Marie-Thérèse de), 179.
Malmer (Brita), 88, 99.
Malory (Sir Thomas), 2384.
Maltby (Arthur), 3418.
Maltese (Diego), 5861.
Maltese (Enrico V.), 1761.
Maltezou (Chryssa), 155.
Malthus (Thomas Robert), 5026.

Malyš (A. I.), 493.
Mályusz (Elemér), 367, 2096, 2321.
Mamatey (Victor S.), 3823.
Mamman (A. G.), 1707.
Mammarella (Giuseppe), 2753, 6879.
Ma'mun (Abu al-'Abbas 'Abdullah al-), caliph, 2147.
Manacorda (Giuseppe), 2416.
Manchester (A. M.), 6014.
Mander (Rosalie), 4811.
Mandolini (M.), 3625.
Mandon (Guy), 5406.
Mandrou (Robert), 3949.
Manessy (Gabriel), 126.
Manet (Julie), 4890.
Mangalaviti (Lirio), 5262.
Mango (Cyril), 1771.
Mani, 1700, 1703.
Mann (Faith), 2163.
Mann (Golo), 428.
Mann (Gunter), 336.
Mann (Reinhard), 2885.
Mann (Thomas), 4812.
Mannerheim (Carl Gustaf Emil, Baron), 3210.
Manni (Eugenio), 429.
Manning (A. F.), 6664, 6691.
Manrique (Jorge), 2435.
Manselli (Raoul), 2570, 2592.
Mansergh (Nicholas), 6154.
Mansfield (Katherine), 4769.
Mantzke (Martin), 6690.
Manykin (A. S.), 6562.
Mao (Tse-tung), 6840, 7021, 7072.
Marais (Jean-Luc), 4716.
Marais (Mathieu), 4737.
Marasco (Gabriele), 1336.
Marbach (Johannes), 2201.
Marbois-Longchamps /affair, 1784-1786/, 6361.
Marcel (Pierre), 4161, 4759.
Marchand (L. A.), 4752.
Marchello-Nizia (Christiane), 127.
Marcianò (Ada Francesca), 1888.
Marcillet-Jaubert (Jean), 1667, 4737.
Marciniak (Piotr), 2879, 3733.
Marcion, haeresiarcha, 1746.
Marcos Casquero (M. A.), 1633.
Marcus (G. J.), 1974.
Marcus Sitticus, v. Mark Sittich v. Hohenems.
Marcusson (Olaf), 1502.
Marder (Brenda L.), 5407.
Mareş (Alexandru), 3772.
Marga (Delia), XIX.
Margadant (Ted W.), 3300.
Margain (Jean), 1228.
Margarete v. Österreich, Herzogin v. Savoyen, 4229.
Margolies (L.), 7160.
Margolin (Jean-Claude), 809.
Marguerite d'Angoulême, reine de Navarre, 3971.
Marguerite, duchesse de Savoie, v. Margarete v. Österreich.
Maria Luigia, duchessa di Parma, v. Marie-Louise, impératrice des Français.
Maria Theresia, Gemahlin Kaiser Josephs I., Königin v. Ungarn u. Böhmen, Erzherzogin v. Österreich, 2948, 2975.
Marianna, épouse de Barnim Ier de Szczecin, 2059.
Marica (George Em.), 4260.
Marichal (Robert), 3.
Marie-Louise, impératrice des Français, duchesse de Parme, 3665.
Mariezkurrena (K.), 957.
Marignolli (Giovanni de'), 1941.
Marinescu (C. Gh.), 6133.
Marini (Alfonso), 2592.
Marini (Alfred J.), 6130.
Marion (Catherine), 209.
Marion (David E.), 3143.
Mark Sittich v. Hohenems, Erzb. v. Salzburg, 4279.
Markert (Elsbeth), 1865.
Markion, v. Marcion, haeresiarcha.
Marks (Frederick W.), III, 6437.
Marks (Shula), 5059.
Márkus (László), 4450.
Markus (R. A.), 1792.
Marosi (Endre), 620.
Marosi (Ernő), 2446.
Maróth (Miklós), 1398, 1504, 1618, 2150.
Maróthy (György), 4951.
Maróthy (János), 4977.
Maróti (Egon), 780.
Marouzeau (J.), II.
Marquant (Robert), 209.
Marquart-Rabiger (Heidrun), 4397.
Márquez (A.), 4717.
Marquis (Jean-Claude), 4374.
Marr (William L.), 5092.
Marrara (Danilo), 5734.
Marrey (Bernard), 5311.
Marrot (Pierre), 1918.
Marsden (George M.), 4162.
Marsden (Peter Richard V.), 1668.
Marshall (B.), 1548.
Marshall (George Catlett), 6886.
Marshall (Gordon), 4163.
Marsina (Richard), 1952.
Marsy (Balthazard), 4917.
Marsy (Gaspard), 4917.
Martel (Claude), 119.
Martel (Marie-Thérèse), 3218.
Martialis (Marcus Valerius), 1606.
Martic (Milos), 3924.
Martin (A. Lynn), 3965.
Martin (Geoffrey J.), 156.
Martin (Gunther), 6438.
Martin (J. W.), 5735.
Martin (Richard), 5933.
Martin (Robert Bernard), 4813.
Martin (Ross M.), 5934.
Martin (S. Fiona), 399.
Martin du Gard (Roger), 4760.
Martin-Fugier (Anne), 5736.
Martin-Palma (José), 862.
Martindale (J. R.), 1593.
Martineau (Christine), 3971.
Martínez Carrillo (María de los Llanos), 2202.
Martínez Cuesta (A.), 904.
Martínez-Millán (José), 2646.
Martini (Francesco di Giorgio), 1652.
Martino (Federico), 222.
Martins (Susanna Wade), 5408.
Martis (A.), 4851.
Martz (John D.), 3031.
Marwick (Arthur), 5737.
Marwitz (Friedrich August Ludwig von der), 2824.
Marx (Eleanor), 5855.
Marx (Jenny), 5855.
Marx (Karl), 483, 505, 2879, 4489, 4507, 4520, 4545, 4557, 4588, 4662, 5853-5855, 5881, 5889, 5921, 5967, 5989, 5998, 5999.
Marx (Laura), 5855.
Marx (Roland), 615.
Marzotti (Antonio), 3652.
Maschke (Erich), 201, 2322.
Masefield (John), 4761.
Maser (Peter), 4164.
Maser (Werner), 2880.
Masetti Zannini (Gian Ludovico), 30.
Maslennikov (A. A.), 1090.
Masoliver (Alexandre), 896.
Mason (Emma), 1889.
Mass (Jeffrey P.), 7108.
Massa-Pairault (Françoise Hélène), 1658.
Massari (Giuseppe), 3655.
Masséna (André), duc de Rivoli, prince d'Essling, 6373.
Massenzio (Marcello), 897.
Massip (J.), 1968.
Masson (Philippe), 3301.
Mastias (Jean), 6033.
Mastrocinque (Attilio), 1292.
Mat-Hasquin (Michèle), 4552.
Matano (Yoshiharu), 7109.
Matanov (Khr.), 2097.
Matcalf (D. M.), 87.
Matei Basarab, prince de Valachie, 4912.
Mátej (Jozef), 4375.
Matějek (František), 5409.
Matejko (Teresa), 6610.
Mates (Pavel), 3831.
Mateu Ibars (María de los Dolores), 178.

Mather (F. C.), 5849.
Mathieson (R. S.), 6880.
Mathieu (Jacques), 465.
Mathieu (Janine), 1880.
Mathieu (Vittorio), 4558.
Matichescu (Olimpiu), 3768.
Mátrai (László), 4559.
Matray (James I.), 6881.
Matsch (Erwin), 2977.
Matsumaru (Michio), 7055.
Matsuo (Kenji), 7110.
Mattesini (Francesco), 6787.
Matthäus (Hartmut), 1025.
Matthew-Walker (Robert), 4978.
Matthews (Noel), 223.
Matthey (I.), 4320.
Matthias Ier Corvinus, roi de Hongrie, 1936, 2071, 2084.
Mattsson (Viking), 5738.
Mattusch (Carol C.), 1437.
Matusak (Piotr), 6812.
Matuszek-Baudouin (Marie-Noëlle), 3218.
Matwijowski (Krystyna), 6356.
Mátyás (Antal), 5027.
Matysiak (Monika), 4448.
Matz (Friedrich), 69.
Matz (Klaus-Jürgen), 5739, 6092.
Maubert (Claude Guy), 2323.
Maugham (William Somerset), 4816.
Maupassant (Guy de), 4843.
Maurel (Frédéric), 5340.
Maurel (Jean-François), 209.
Maurer (Ilse), 2798.
Mauritius Primicerius, Martyr, Sanctus, 2598.
Maurits, prince d'Orange, comte de Nassau-Dillenburg, 702.
Mauro (Frédéric), 5740.
Maury (Bernard), 856.
Mauzaize (Jean), 4054.
Maximilian I., röm.-deutscher Kaiser, 2079, 5232.
Maximilian II., röm.-deutscher Kaiser, 2949.
Maximilian I., Kurfürst v. Bayern, 2927.
Maximilian I. Joseph, König v. Bayern, 2869.
Maximinus Thrax (Gaius Julius Verus), empereur romain, 1489.
Maxwell (I. C. M.), 4376.
May (Gary), 3144.
May (Glenn Anthony), 6166.
May (Irvin M.) Jr., 3145.
Mayall (James), 6824.
Mayer (Hans Eberhard), 1891, 2044.
Mayeur (Jean-Marie), 2754, 4212a.
Mayfield (John), 3146.
Mayhofer (Manfred), 1430.
Maylam (Paul), 6209.

Mazaj (Paul), 3302.
Mazal (Otto), 45.
Mazar (Amihai), 1026.
Mazars (Guy), 806.
Mazellier (Philippe), 2755.
Mazsu (János), 5741.
Mazurov (V. M.), 6882.
Mazza (Mario), 1739.
Mazzarino (Santo), 1466.
Mazzini (Giuseppe), 739.
Mazzoni (Jean-François), 3303.
Mazzonis (Francesco), 3651.
Mazzucchelli (Mario), 4560.
Mazzucchi (Carlo Maria), 129.
Mbaekwe (Iheanyi J. S.), 4561.
Meadow (Richard), 6973.
Méchoulan (Henry), 3040.
Medeiros (Marie-Thérèse de), 1892.
Medici, famiglia, 686, 2076, 3612, 3614, 3658, 4244.
Medici (Cosimo I de' Medici), granduca di Toscana, 3659, 3678.
Medlicott (W. N.), 6693.
Medvedev (Roy A.), 3896.
Meek (Christine E.), 2098.
Mees (Michele), 297.
Mehmet (Mustafa Ali), 713, 3770.
Mehring (Franz), 4742.
Meienberger (Norbert), 7056.
Meier (Christian), 1337.
Meier (Olga), 5855.
Meier-Welker (H.), 1338.
Meijer (A. de), 904.
Meijer (M.), 4320.
Meijering (Eginhard P.), 4165.
Meijers (E. M.), 368.
Meiji, Japanese hist. period, 2777, 5774.
Meikle (Jeffrey L.), 4931.
Meiklejohn (Ch.), 961.
Meillier (Claude), 1399.
Meinecke (Friedrich), 369.
Meisel (Janet), 2045.
Meisezahl (Richard O.), 179.
Meissl (Gerhard), 5215.
Meissner (Günter), 2456.
Mekeel (Arthur J.), 6282.
Melanchthon (Philipp), 4084.
Melandri (Pierre), 6883.
Melin (Vuokko), 4377.
Melito Sardianus, Sanctus, 1708.
Mélius (Péter), 4102.
Mellink (A. F.), 4082.
Melloni (Alessandra), 4452.
Mellor (Alec), 4516.
Melosi (Martin V.), 5537.
Melzer (Arthur M.), 4562.
Memling (Hans), 2471.
Menander Protector, 1763.
Menandros, 1305, 1318, 1400.
Mencl (Václav), 2447.

Mendes-Flohr (Paul R.), 2741.
Mendez (J. Ignacio), 3711.
Mendizábal, v. Álvarez Mendizábal (Juan).
Mendoza, familia, 782.
Mendykowa (Aleksandra), 46.
Menghin (Wilhelm), 1091.
Menier (Marie-Antoinette), 209.
Menke (Hubertus), 1893.
Mennella (Giovanni), 1470.
Menozzi (D.), 2203.
Menssen (Brigitte), 2860.
Menyhart (Lajos), 3897.
Mercer (John), 621.
Mérei (Gyula), 3521, 5312.
Merényi (László), 3523.
Mérey (Klára), 5216.
Mérimée (Prosper), 5829.
Merino (M.), 904.
Mériot (Christian), 578.
Merkl (Peter H.), 2881.
Merl (Edmund), 6884.
Merlo (Grado G.), 2648.
Merlo (Saverio), 4484.
Merlo (Valerio), 5935.
Mérovingiens, dynastie, 2198, 2466, 2668, 2701, 2708.
Merritt (Anna J.), 2800.
Merritt (Richard L.), 2800.
Mersenne (Le P. Marin), 4611.
Merton (Thomas), 4051.
Meslier (Jean, dit le Curé), 4232.
Messimer (Dwight W.), 6439.
Messner (Robert), 5472.
Mesterházy (Károly), 2046, 2324.
Mesterházi (Miklós), 4563.
Mésué (Jean), v. Ibn Māsawayh.
Mészáros (István), 4378.
Mészáros (Károly), 5410.
Mészáros (László), 5093, 5313.
Metcalf (D. M.), 100.
Methodius, Apostolus Slavorum, Sanctus, 2599.
Mett (Rudolf), 2696.
Mette (Hans Joachim), 401.
Metternich (Clemens Lothar Wenzel, Fürst v.), 2967, 3966.
Metzger (Henri), 1430.
Metzger (Ingrid R.), 260.
Metzler (Josef), 4011.
Meuthen (Erich), 1976.
Meyendorff (John), 1772.
Meyer (Christian), 4979.
Meyer (Gerbert), 2509.
Meyer (Gerhard), 601.
Meyer (Jean), 5804.
Meyer (Stephen), 5217.
Meyer-Termeer (A. J. M.), 1362.
Meyers (Jeffrey), 4814.
Meynen (Emil), 2711.
Mezey (László), 2419.
Miccichè (Giuseppe Salvatore), 5936.

AUTOREN UND PERSONENREGISTER

Miccoli (Paolo), 494.
Michael III, empereur de Byzance, 1800.
Michalka (Wolfgang), 6719.
Michalkiewicz (Stanisław), 5937.
Michałowski (Kazimierz), 197, 1182.
Michalski (Gabrielle), 2882.
Michaud (Jean), 1826.
Michault (Jean-Bernard), 4737.
Michel (A.), 1619.
Michel (Henri), 3277, 6774.
Michel (J. H.), 1549.
Michel (Louis), 4012.
Michel (Suzanne P.), 248.
Michelet (Jules), 370.
Micheli (Gianni), 693.
Michman (Dan), 6665.
Michta (Norbert), 6563.
Mickiewicz (Adam), 4774.
Mickolus (Edward F.), 6105.
Middlebrook (Martin), 6775.
Middlekauff (Robert), 6283.
Middlemas (Keith), 3419.
Middleton (Robin), 4880.
Middleton (Thomas), 4964.
Mieck (Ilja), 5582.
Miedema (H.), 4851.
Miège (J. L.), 6145, 6147.
Mieri (Rolando), 737.
Miethke (Jürgen), 2649.
Migliardi Zingale (Livia), 249.
Migone (Gian Giacomo), 6720.
Mihăilescu-Bîrliba (Virgil), 101.
Mihailov (G.), 1316.
Mijnhardt (W. W.), 3719.
Mikeljan (G. A.), 543.
Mikkelsen (E.), 1004.
Miklós (Zsuzsa), 677.
Mikulka (Jaromír), 2099.
Mikulska Goralska (Barbara), 6885.
Milanich (Jerald T.), 7164.
Milcu (Şt.-M.), 811.
Milei (György), 5938.
Miles (Michael W.), 3147.
Milewski (Jan), 7134.
Milewski (Jerzy), 6564.
Militz (Hans-Manfred), 130.
Militzer (Klaus), 781, 2100, 2697.
Mill (John Stuart), 3435, 4520, 4591.
Millar (Gilbert John), 3420.
Miller (Carman), 3019.
Miller (Clara G.), 3012.
Miller (Darlis A.), 5698.
Miller (Harry), 5218.
Miller (Joseph C.), 6210.
Miller (Liam), 1852.
Miller (Marc), 5742.
Miller (S. T.), 3421.
Millerand (Alexandre), 3268.
Millett (Allan R.), 3148.

Millgate (Michael), 4754.
Millotte (Jean-Jacques), 615.
Mills (Wallace G.), 6211.
Milov (L. V.), 157.
Minamiki (George H.), 4069.
Minamoto (Ryôen), 7111.
Minchinton (Walter Edward), 5094.
Mîndruţ (Stelian), 6392.
Mindszenthi (Gábor), 3493.
Ming, Chinese dynasty, 7032, 7058, 7059.
Minois (Georges), 2585, 4379.
Minto (Gilbert John Elliot-Murray-Kynynmound, 4th Earl of), 3019.
Mioni (Alberto), 5562.
Miquel (André), 2151.
Miquel (Pierre), 3304.
Mīr Dāmād, 6947.
Miranda Calvo (José), 2047.
Mirbeau-Gauvin (J. R.), 1544.
Mirkovic (Miroslava), 1550.
Miscamble (Wilson D.), 4013, 6886.
Misefari (Enzo), 3652.
Miskolczy (Ambrus), 600, 3787, 5743.
Miskolczy (Gyula), 283.
Mitchell (Allan), 3305.
Mitchell (David), 4055.
Mitchell (W. T.), 4304.
Mitchiner (Michael), 102.
Mitev (Jono), 3009.
Mithay (Sándor), 1044.
Mithridates VI Eupator, roi du Pont, 1142, 1347.
Mitovska (Kr.), 5996.
Mitry (Jean), 4980.
Mittelstrass (Jürgen), 4509.
Mittenzwei (Ingrid), 2883.
Mizoguchi (Yûzô), 7057.
Mizzau (Giorgio), 6177.
Mjalo (K. G.), 4565.
Mkhitarjan (S. A.), 7002.
Mlynar (Zdenek), 3832.
Mlýnský (Jaroslav), 3833.
Mócsy (András), 1092, 1473, 1505.
Modrzejewski (Joseph), 377, 1111.
Möckl (Karl), 633.
Möhring (Hannes), 1895.
Mørkholm (Otto), 1202.
Mörner (Magnus), 5411.
Mohammed Reza Pahlavi, shah of Iran, 3577, 3579.
Mohay (A.), 1093.
Mohen (Jean-Pierre), 1045.
Mohr (Albert Richard), 4981.
Mohring (Werner), 959.
Mohrmann (Wolf Dieter), 2031.
Moiseeva (G. N.), 298.
Moisescu (Titus), 4936.
Mokhtar (G.), 614.
Mokrzecki (Lech), 4166.

Mola (Aldo Alessandro), 3653, 4516.
Molenda (Jan), 3754.
Molinier (Alain), 5539.
Molitor (Hansgeorg), 6377.
Moll (Jaime), 4718.
Mollat (Michel), 171, 853, 3310.
Mollay (Károly), 1871.
Molnár (Antal), 4968.
Molnár (Imre), 1551.
Molnár (János), 3524.
Molnár (Mátyás), 3341.
Molodin (V. I.), 1028.
Molovinsky (Lemual), 6284.
Moltke (Helmuth Karl Bernhard, Graf v.), 2847.
Molyneux (William), 4539.
Momigliano (Arnaldo), 341, 372, 495, 1471, 2756.
Mommsen (Wolfgang J.), 4182.
Momose (Hiroshi), 7058.
Monboddo (James Burnett, lord), 132.
Mondonville (Jean-Joseph Cassanéa de), 4975.
Monette (René), 5330.
Moneyhon (Carl H.), 3149.
Monfrin (Jacques), 236.
Mongardini (Carlo), 736.
Monmouth (James Scott, duke of), 5839.
Monnerville (Gaston), 3226.
Monod (Eric), 2755.
Monod (Jacques), 4667.
Monrad (M. J.), 6024.
Monsarrat (Ann), 4815.
Monson (Karen), 4982.
Montanari (Valerio), 2261.
Montanus, haeresiarcha, 1733, 1747.
Monteil (Vincent), 989.
Monteleone (Franco), 3654.
Monteleone (Giulio), 6440.
Montelupi (Sebastiano), 5106.
Montemaggi (Amedeo), 6776.
Montesquieu (Charles Louis de Secondat, baron de La Brède et de), 735, 4537.
Montgomery (David), 5744.
Moody (Barry M.), 4173.
Moody (Joseph N.), 299.
Moody (S.), 3462.
Moody (T. W.), 430, 3586.
Moore (R. I.), 2325.
Moore (Walter L.) Jr., 4014.
Moorman (Mary), 400.
Moraes (Dom), 6981.
Moran (G. T.), 3722.
Morantz (Regina Markell), 4661.
Morard (Françoise), 1709.
More (Henry), 4487.
Moreau (Brigitte), VIII.
Moreda (Vincente Perez), 5540.
Morel (Émile Epiphanius),

1819.
Morel (Jean-Paul),1438.
Morel (Mats), 5412.
Morelli (Emilia), 263, 3655.
Morelli (Roberta), 5219.
Morestin (Henri), 1669.
Moretti (L.), 1316.
Morgan (D.J.), 6150.
Morgan (Jane), 3422.
Morgan (Kenneth Owen), 3422.
Morgan (Ted), 4816.
Morghen (Raffaello), 1977, 2512.
Mori (Giorgio), 5813.
Mori (Masao), 7059.
Moriarty (Thomas F.), 4015.
Moriceau (Jean-Marc),666.
Moriggi Govi (Cristiana), 942.
Morineau (Michel), 5095, 5473.
Morison (Stanley), 4921.
Morita (Takeshi), 122
Moritz, Prinz von Oranien, Graf von Nassau - Dillenburg, v. Maurits, prince d'Orange.
Morlet (Marie-Thérèse), 1820.
Morley (James William), 6642.
Moro (Aldo), 3624, 3672.
Morpugo (Shimshon), 4197.
Morill (John S.), 3423.
Morris (Jerrold), 4906.
Morris (John), 1896.
Morris (Richard B.), 2730, 3048.
Morris (Robert), 3051.
Morris-Jones (Wyndraeth Humphreys), 6151,6212.
Morrison (Alex), 988.
Morrison (C.), 425.
Morrison (Grant), 5474.
Morrison (James C.),4566.
Morrison (Karl F.), 1749, 2420.
Morrison (Kenneth M.), 6285.
Morrison (T.A.), 5220.
Morrissey (Thomas J.), 4056.
Morton (Desmond), 6565.
Morton (Frederic), 2978.
Morton (W.L.), 3020.
Morton (William Fitch), 6566.
Mosca (Gaetano), 736.
Moscati (Ruggero), 376, 3656.
Moscati (Sabatino), 1249, 1269, 1294, 1452.
Moseley (Eva S.), 224.
Moser (Arnulf), 6777.
Moser (Brigitte), 3848.
Moser (Caroline O.N.), 5314.
Moser (Harold D.), 3056.
Moser (Heinz), 103.
Moshkovitz (Shmuel),1241.
Moskhion, 1159.
Moss (Jane Byers), 4817.
Mosse (W.E.), 3898.
Mosser (Alois), 5221.
Most (Johann), 3192.
Mott (John R.), 4142.

Mott (Lucretia), 3065.
Mottahedeh (Roy P.), 2152.
Motut (Roger), 3930.
Motyl (Alexander J.), 3899.
Motz (Sigrid-Jutta), 4907.
Moudouès (Rose Marie), 921.
Moulis (Miloslav), 6666.
Mountbatten of Burma (Louis Mountbatten, 1st earl of), 3398.
Mousnier (Roland), 615, 3306, 4380, 6063.
Mower (A. Glenn) Jr., 6887.
Moxó (Salvador de),2326.
Mozart (Wolfgang Amadeus), 4969.
Mrozek (Donald J.),3150.
Mucsi (Ferenc), 3521, 3525.
Mück (Hans-Dieter),2421.
Mühlpfordt (Günter),347.
Müller (Detlef W.),1095.
Müller (Hans-Joachim), 631.
Müller (Harald), 6441.
Müller (Klaus Erich), 819.
Müller (Michael), 2884, 5096.
Müller (Norbert), 6617.
Müller (Reimar), 1401.
Mueller (Reinhold C.), 2327.
Müller (Róbert), 2328.
Müller (Wolfgang),865, 1183.
Müller-Karpe (Hermann), 842.
Müller-List (Gabriele), 5745.
Müller-Mertens (Eckhardt), 2048.
Münch (Marc-Mathieu), 4828.
Münsterberg (Hugo),4640.
Mütter (Bernd), 4381.
Mugford (Jane), 5746.
Muḥammad 'Alī, viceroy of Egypt, 3030.
Muhly (James D.), 1052.
Mukarovsky (Hans G.), 7148.
Mulder (Samuel I.),235.
Muldoon (James), 2533.
Mullally (Robert),2503.
Muller (Jean), 5940.
Mullin (Michael), 4983.
Munday (Frederick C.), 989.
Mundhenk (Johannes), 2650.
Mundó (Anscari M.),1968.
Mundy (Simon), 4984.
Mungello (David E.), 4567.
Munguia (Clemente), obispo, 4006.
Munier (Charles), 1717.
Munn (C.W.), 5475.
Munro (Donald J.),7060.
Munz (Peter), 496.
Murakawa (Kentarô), 1306.

Muraoka (Kenji), 3424.
Murat (Inès), 3307.
Murata (Shûzô), 7112.
Muratowicz (Seter Ormianin), 6931.
Murav'ev (Ju. A.), 868.
Murav'ev (V.A.), 296.
Murello (Karen Morris), 4983.
Mureşan (Camil), 3788.
Murga Gener (José L.),1552.
Murialdi (Paolo), 4466.
Murison (Barbara C.), 6286.
Murnane (Mary), 5645.
Murphy (Maura), 3588.
Murphy-O'Connor (Jerome), 6945.
Murray (Bruce K.), 5476.
Murray (Hilary), 2475.
Murray (Oswyn), 1339.
Muşat (Mircea), 715.
Musca (Dora Alba), 1506.
Musil (Robert), 4809.
Musso (Stefano), 5941.
Mussolini (Benito), 3644, 6495.
Musterd (C.), 3900.
Musumeci (Anna M.), 2571.
Muszyński (Jerzy), 5942.
Mutafčiev (Petăr Stojanov), 300.
Mutibwa (Phares M.), 3953.
Muzzarelli (Maria Giuseppina), 2651.
Myatt (Frederick), 6378.
Myška (Věroslav), XXI.
Myśliński (Jerzy), 4441, 4453.

N

Na'aman (N.), 1139.
Naccache (Bernard), 4662.
Nachtergael (Georges),183, 1184.
Nada (Narciso), 3657.
Nader (Helen), 782.
Nägler (Thomas), 2698.
Nagano (Susumu), 7113.
Nagazumi (Akira), 7001.
Nagel (Eduard), 1740.
Nagel (Roswitha), 225.
Nagura (Tetsuzô), 7114.
Nagy (Antal Budai), 2113.
Nay (Ferenc), 6915.
Nagy (Gábor), 6804.
Nagy (Géza), 4569.
Nagy (Katalin), 4908.
Nagy (Lajos), 5288.
Nagy (László), 3494, 3526, 3789, 6213.
Nagy (Tibor), 1670.
Nagy (Zsuzsa), 3527, 5746, 6567.
Nagyatádi (Szabó), 5410.
Nahoum (V.), 4368.
Naito Konan, 6162.
Najman (Andrzej), 6167.
Nakamura (Jun), 1340.
Nakatsuka (Jirô), 3041.
Naldini (Mario), 2522.
Nakęcz (Daria), 4454.
Nanda (B.R.), 6969.
Nanninga (Jutta), 2422.
Nannini (Simonetta), 1307.
Napoléon Ier, empereur des Français, 272, 276,2721,

3224, 3250, 3260, 3333, 3689, 3749, 4830, 6371, 6376, 6381, 6383, 6384, 6387.
Náprági (Demeter), 256.
Nardi (Paolo), 2204.
Nardinelli (Clark), 5222.
Naročinskij (A.L.J, 6398. 6442.
Nascimbene (Adalberto), 5413.
Nash (Gary R.), 6287.
Nash (John), 4886.
Nasir ad-Din, shah of Persia, 6940.
Naso (Irma), 2329.
Nassau-Siegen (Johan Maurits, graaf van), 6267.
Nasser (Gamal Abd-al-), 5041.
Naumov (V.P.), 534.
Naunin (Helmut), 6034.
Navari (Cornelia), 6824.
Navasky (Victor S.),4986.
Naveh (Joseph), 1250.
Nawrocka (Maria), 250.
Nawrocki (Stanisław), 6813.
Naylor (R.H.), 4663.
Neagoe (Stelian), 3790.
Neamțu (Eugenia), 2699.
Neamțu (Vasile), 2699.
Neary (Peter), 3021.
Neck (Rudolf), 2947.
Necker (Jacques), 3279.
Nečkina (M.V.), 288.
Nedorezov (A.I), 6613.
Neenguiru (Nicolas), 4039.
Neesen (L.), 1553.
Negbi (Ora), 1241.
Negri (Costache), 3771.
Neher (A.), 4488.
Nehru (Jawaharlal), 6971, 6972.
Neimanis (George J.), 5028.
Nejtek (Vilém M.), 4455.
Nellen (H.J.M.), 3308.
Nelson (Daniel), 5223.
Nelson (Janet L.), 2652.
Némedi (Dénes), 5748.
Némedi (Lajos), 3528.
Nemes (Dezső), 3520,3569.
Németh (Béla), 1620.
Németh (Julius), 371.
Németh (Lajos), 350.
Németh (László), 3549, 4791.
Némethy (Ferenc), 4664.
Nenci (Jiuseppe), 1363.
Nennius, Welsh writer, 1896.
Nero (Claudius Caesar), empereur romain,1507.
Nersessian (Vrej), 47.
Nestor, chroniqueur,1872.
Nesvadbík (Lumír), XXI.
Netea (Vasile), 717.
Netter (M.L.), 4368.
Neuberger (Helmut),2886.
Neubert (Karel), 2488.
Neuchterlein (James A.), 4455a.
Neuffer (Mark), 5144.
Neugebauer (Edith), 843.
Neugebauer (Karl Volker), 6667.
Neuhaus (Helmut), 2888.
Neuhauser (Walter), 1.
Neumann (Gerd), 5098.
Neumann (Günter), 1624.
Neumann (Ronald), 27.
Neurath (Konstantin Freiherr v.), 2855.
Neustadt (Richard Elliott), 3151.
Nève (P.L.), 6015.
Nevelő (Irén), 3529.
Neveux (Hugues), 783.
Newbury (Colin), 6314.
Newell (R.R.), 961.
Newman (Jeremiah), 4016.
Newman (John Henry), cardinal, 3425, 3954.
Newton (Sir Isaak), 4525, 4624, 4681.
Newton (Peter A.), 2461.
Niall (Ian), 4909.
Nibbi (A.), 1185.
Nicander (Eric), 5224.
Nicholas (D.), 2330.
Nicholas (S.J.), 5315.
Nicholls (David), 4167.
Nicholson (David), 3345.
Nicolaou (Kyriakos),1439.
Nicolas (Etienne Paul), 1507.
Nicolaus I Magnus, Papa, Sanctus, 2536, 2541.
Nicolaus V /Tommaso Parentucelli/, Papa, 2546.
Nicolaus Cusanus, 2381.
Nicolet (Claude), 1554.
Nicoll (Allardyce),4987.
Nicolson (Harold), 4762, 4806.
Nicolson (Nigel), 4766.
Nie (G. de), 1897.
Niebuhr (Barthold Georg), 372.
Niederhauser (Emil), 300, 2789, 6379.
Niedermaier (Paul), 2700.
Niedermeier (Hans), 820.
Niederquell (Theodor), 4057.
Niedziałkowski (Mieczysław), 5978.
Niehuss (Merith), 2902.
Niekisch (Ernst), 2847.
Niemeier (Wolf-Dietrich), 1295.
Niemeyer (Hans Georg), 1440.
Nienhaus (Ursula D.), 3901.
Nieri (R.), 3599.
Niesiołowska-Wędzka (Anna), 1027.
Nietyksza (Maria), 5542.
Nietzsche (Friedrich), 4528, 4543.
Niewyk (Donald L.), 2889.
Nieznanowski (Stefan), 4743.
Nijenhuis (W.), 4168.
Nijinsky (Romola), 4988.
Nijinsky (Vaslav), v. Nižinskij (Vaslav Fomič).
Nikiprowetzky (Valentin), 609.
Nikitin (N.I.), 6168.
Nikitin (S.A.), 6380.
Nikolaus I. von Paraguay, v.Neenguiru (Nicolas).
Nikolay-Panter (Marlene), 2205.
Nikon (Nikita Minov), patriarche de Moscou, 6059.
Nilén (Lars), 5414.
Ninkovich (Frank), 6722.
Niosi (Jorge E.), 5749.
Nippel (Wilfried), 760.
Nipperdey (Thomas), 516, 2730.
Nisbet (Robert), 4263.
Nishimura (Shizuya),5477.
Nissenbaum (Stephen),4665.
Nitschke (August), 428, 2423.
Nitti (Francesco Saverio), 737.
Nițu (Anton), 1005.
Nixon (Richard Milhous), 3137.
Nižinskij (Vaslaw Fomič), 4970, 4988.
Nobel (Afred Bernhard), 5176.
Nober (Petrus), 876.
Noble (Thomas F.), 2007.
Noel-Baker (Philip), 6568.
Nössig (Manfred), 4819.
Noichl (Elisabeth), 2206.
Noiden (Reiner), 899.
Noll (Rudolf), 1671.
Nolte (Hans-Heindrich), 2758.
Nolte (N.H.), 6322.
Noonan (Thomas), 104.
Nordau (Max), 4223.
Norden (Wilhelm), 2860.
Nordheider (Hans Wilhelm), 1402.
Nordman (Carl Axel),2476.
Norrie (Kenneth H.),5415.
Norris (Gerald), 4989.
Nortier (Michel), 646, 1898, 1912, 2207.
Norton (David Fate),4570.
Norton (Philip), 3426.
Nosková (A.), 3816.
Notario (Paola), 5099.
Note (Ellen), 319.
Notkowski (Andrzej),4441, 4456.
Nouailhat (Yves-Henri), 6569.
Novak (Barbara), 4910.
Novák (Václav), 6668.
Novák (Zoltán), 4571.
Nováki (Gyula), 677.
Novotný (Jan), 3815.
Nový (Luboš), 801.
Nowak (Tadeusz Marian), 822.
Nowak-Dłużewski (Juliusz), 4743.
Noyes (Robert), 1435.
Nozawa (Yutaka), 6570.
Nsanze (Augustin), 3011.
Nuccio (Oscar), 5029.
Nübel (Otto), 6723.
Numeister (Johannes), 42.
Nuss (Karl), 2828.
Nussbaum (Helga), 5138.
Nygård (Toivo), 3206.
Nyiri (Kristóf), 4556, 4572.

AUTOREN- UND PERSONENREGISTER

Nzewunwa (Nwanna), 7149.

O

Oakley (Francis), 2534.
Obeid (Abu Baker el), 6888.
Oberdörfer (Lutz), 5100.
Oberkampf (Christophe Philippe), 5163.
Obermann (K.), 5943.
Obertyński (Zdzisław), 864.
Obregón (Álvaro), 3705.
O'Brien (Patrick), 5101.
O'Carroll (Maura), 2572.
Ochsenwald (William), 5225.
O'Connell (Daniel), 3582.
O'Connell (Maurice R.), 3582.
O'Connor (John E.), 3152.
Ó Corráin (Donnchadh), 2049.
Odén (Birgitta), 301.
Odermatt (Ambros), 1899.
O'Donnell (Josef Graf), 2986.
Ōe (Shinobu), 2760.
Österberg (Eva), 302, 2331.
Østerud (Øivind), 5030.
O'Fahy (R.S.), 7150.
Offenbach (Jacques), 4960, 4961.
Offenberg (A.K.), 235.
Offerhaus (J.), 4851.
Ogawa (Makoto), 7115.
Oge (Frédéric), 5416.
Ogilvie (Robert Maxwell), 1621.
Ogring (Will H.L.), 2424.
O'Hare (Kate Richards), 5599.
Ohler (Norbert), 498, 2332.
Ohline (Howard A.), 3153.
Ohrn (Karin Becker), 4932.
Oikonomides (Nicolas), 1762.
Oizers (Reb Leib), 4207.
Okęcki (Stanisław), 6796.
Okladnikov (A.P.), 960, 1028.
Oksanen (E.H.), 5069.
Okuda (Hiroshi), 5417.
Olafson (Frederick A.), 499.
Olaguer-Feliu Alonso (Fernando), 2477.
Olajos (Teréz), 1055, 1763.
Olami (Yaakov), 1015.
Oldenhage (Klaus), 6669.
Ol'derogge (D.A.), 540.
Olin (Spencer C.), 5750.
Oliva (Franz), 5006.
Olivari (Michele), 5944.
Oliver (Hermia), 4821.
Oliver (James H.), 1555.
Oliverius Plunket, Archiepiscopus Armachanae, Sanctus, 3972.
Olivi (Pietro di Giovanni), 1900.
Olivier (Jean-Pierre), 1427.
Olivier (Philippe), 3215.
Olivová (Věra), 823.
Ollic i Castanyer (Immaculada), 1968.
Olok-Apire (P.A.), 3855.
Olorunfemi (A.), 5316.
Olschak (Blanche Christine), 6982.
Olsen (Stanley), 4762.
Olson (Alison G.), 5317.
Olson (May E.), 4425.
Olson (Sherry H.), 5544.
Olšovský (Rudolf), 784.
Olssen (Erik), 3154.
Olsson (Lars), 5226.
Olsson (Sven), 3797.
Olsson (Tom), 5945.
Oltványi (Ambrus), 4423a.
Omolewa (Michael), 4382.
Ó Mórdha (Pilip), 5227.
Onasch (Christian), 1186.
Ondet (Roland), 551.
Ongari (D.), 3685.
Ono (Yoshihiko), 2208.
Onofri (Nazario Sauro), 3660.
Opatrný (Josef), 6444.
Openshaw (Roger), 4382.
Opll (Ferdinand), 2050.
Oppenheimer (J. Robert), 4639.
Opul'skaja (L.D.), 4778.
Orbán (Sándor), 5751.
Orde (Anne), 6571.
Oriano (Michel), 579.
Origenes Adamantius, 1732.
Orlando (Vittorio-Emanuele), 3639.
Orlea (Manfred), 3309.
Orléans, dynastie, 207.
Orleton (Adam de), v. Adam of Orlton, bishop of Worcester.
Orlof (Ewa), 6724.
Orlov (B.S.), 2890.
Orlova (M.I.), 2891.
Ormos (Mária), 2761, 2762, 6572.
Ornato (Ezio), 34.
Orobio de Castro (Isaac /Baltasar/), 4211.
Orosius (Paulus), 1728.
Orosz (István), 395, 3546, 5418.
Orr (William) Jr., 6445.
Ortalli (Gherardo), 694.
Ortiz (Roxanne Dunbar), 3155.
Orton (Diana), 5752.
Ortutay (Gyula), 373, 545.
Orwell (George), 4780.
Orzell (Laurence J.), 6573.
Orzelski (Świętosław), 3732.
Osborne (Charles), 4822.
Osborne (Robert D.), 3427.
Ōshima (Eiko), 5228.
Oshima (Hiroshi), 6701.
Osinga (J.), 6357.
Osley (Arthur Sidney), 8.
Ostenc (M.), 4384.
O'Sullivan (John), 7151.
Oswald von Wolkenstein, 2421.
Oswaldus, Rex Northumbriae, Sanctus, 2600.
O'Toole (James M.), 227.
Ott (Sandra), 580.
Otterbach (Friedemann), 824.
Otto I. der Grosse, röm.-deutscher Kaiser, 27, 1989.
Otto III, Herzog v. Niederbayern, König v. Ungarn, 2208.
Otto, Bischof v. Bamberg, 1904.
Otto, Bischof v. Freising, 1941, 2420.
Otto (Karl-Heinz), 374.
Ottonen, röm.-deutsche Kaiser, 2041a, 2295.
Oudendijk (J.K.), 6107.
Ouellet (Fernand), 5419.
Ourliac (Paul), 2209.
Oury (Guy-Marie), 892.
Outram (Dorinda), 4608.
Ovčinnikov (R.S.), 6889.
Ovendale (Ritchie), 6214.
Overy (R.J.), 6779.
Owen (Morfydd E.), 2232.
Owen (Robert), 3191.
Owram (Douglas), 3022.
Owsińska (Anna), 6446.
Owsley (Harriet Chappell), 3047.
Ozanne (Robert), 303.
Ozment (St.), 869.
Ozouf (Jacques), 4368.
Ozouf (M.), 2730.

P

Pabiniak (Henryk), 4259.
Pacaut (Marcel), 615.
Pacchiani (Claudio), 6043.
Pach (Zsigmond Pál), 2763, 5230, 6132.
Pachymeres (Georgios), 1756.
Paczkowski (Andrzej), 4441.
Paczolay (Péter), 2101.
Padberg (Lutz v.), 2296.
Paden (William D.) Jr., 2573.
Padoa Schioppa (Antonio), 2210.
Padoan (R.), 7007.
Pätzold (Kurt), 2892.
Pagella (Mario), 825.
Paglia (Vincenzo), 4017.
Pailler (Jean-Marie), 1658.
Pais (Dezső), 1902.
Pais (István), 4573.
Paisi Khilendarski, 300.
Pakh (P.-Ž.), 6603.
Palacios (Marco), 5420.
Palacios Martín (Bonifacio), 1968.
Paládi-Kovács (Attila), 5421.
Palaiologoi, dynastie byzantine, 11.
Palazzolo (Iolanda Maria), 4457.
Palešutski (K.), 6671.
Palin (V.M.), 654.
Palliser (David M.), 3428.
Palma (B.), 1556.
Palmboom (Ellen), 701.

AUTOREN UND PERSONENREGISTER

Palmer (Bruce), 5031.
Palmerston (Henry John Temple, 3rd viscount), 3348, 6410.
Palo (Michael F.), 6574.
Palotás (Emil), 5102.
Pamlényi (Ervin), 611.
Pamprepius Panopolitanus, 1309.
Panayotopoulos (Alkiviades), 5946.
Pandev (Kostadin), 3010.
Pandy (B.N.), 6890.
Pańko (Grażyna), 5545.
Panofsky (Erwin), 180.
Pantulf, family, 2045.
Paolini (Lorenzo), 2574.
Pap (Gáborné), 211.
Papachryssanthou (Denyse), 1754.
Papademetriou (John Theophanes), 1310.
Pape (Wolfgang), 1006.
Papp (Imre), 5422.
Papp (László), 117.
Paradisi (B.), 761.
Parain (Brice), 916.
Paran (Charles), 785.
Parássoglou (George M.), 9.
Paravicini (Werner),228, 2075.
Parente (Fausto), 337.
Paré (Ambroise), 4669.
Parigi (Maristella),329.
Parise Badoni (Franca), 942.
Parisse (Michel), 661, 2312, 2333.
Park (Katherine), 2425.
Parker (Albert C.E.), 3156.
Parker (G.), 4385.
Parker (Harold M.) Jr., 4169.
Parker (John P.), 5231.
Parlavecchia (Francesco), 685.
Parlavecchia (Giovanni), 685.
Parler, Baumeisterfamilie, 257, 2465.
Parmenides, 1391.
Parmet (Herbert S.), 3157.
Parr (Joy), 5753.
Parrot (André), 1203.
Partner (Peter), 901.
Pasák (Tomáš), 6800.
Pascal (Blaise), 4554, 4564.
Pascu (Ştefan), XIX, 718, 6133.
Pascual Martínez (Lope), 1968.
Pasič (Nikola), 3927.
Pasinetti (Francesco), 4990.
Pasini (Ernesto), 4881.
Paskaleva (Virdžinija), 5318.
Pasquet (Y.), 4368.
Passard (Françoise), 962.
Passell (Petèr),5087.
Passerin d'Entrèves (Ettore), 402,3643.
Passeron (Roger),4911.

Passoni dell'Acqua (Anna), 1149.
Pastori (Paolo), 4574.
Pastoureau (Michel), 61, 76.
Pastusiak (Longin), 5754, 6672.
Pásztor (Emil), 3530.
Pataky (Lajosné), 229.
Paterinski (Andrej), 500.
Paterson (Donald G),5092.
Paterson (William), 3152.
Patricius, Apostolus Hiberniae, Sanctus, 2601, 2659.
Patschovsky (Alexander), 2653.
Patten (Simon N.), 5022.
Patti (Archimedes L.A.), 6891.
Patze (Hans), 2102.
Paul, prince of Yugoslavia, 3922.
Paul (Harry W.), 4018.
Paulhart (Herbert), IV.
Paulinich (Marina), 3661.
Paulinyi (Oszkár), 4668, 5232.
Paulus, Apostolus, Sanctus, 1725, 1752.
Paulusová (Alica), 3844.
Paulusz (J.H.O.), 6169.
Păun (Nicolae), 5478.
Păun (Octav), 4286.
Pauphilet (Albert), 1851.
Pausanias, 1342.
Pautreau (Jean-Pierre), 1029.
Pavan (Elisabeth), 2103.
Pavanini (Giulio), 4575.
Pavis d'Escurac (Henriette), 1487, 1594.
Pavlov (V.I.), 536.
Pavlovskaja (Aleksandra Ivanovna), 1741.
Pawłowski (Albert),2764.
Payen (Jacques), 4861.
Payer (Pierre J.), 2334.
Payne (A.J.), 6892.
Payne (Stanley G.), 2765.
Paz (D.G.), 4386.
Pazdur (Jan), 5233.
Pázmány (Peter), Cardinal, 3491, 3976.
Pearce (Clifford), 6064.
Pearson (Lester), 6909.
Pearson (M.N.), 6922.
Peary (Robert E.), 3937.
Pease (Jane H.), 5755.
Pease (William H.),5755.
Pecchio (Giuseppe), 731.
Pečírka (Jan), 610.
Pedro II, empereur du Brésil, 5740.
Pedro I, rey de Castilla, 2558.
Pedro Ginés, obispo de Segorbe-Albarracín, 1968.
Pédron (Françcis), 4669.
Peeters (W.), 1316.
Péguy (Charles), 4759, 4808.
Peirce (Henry A.), 6315.
Pekař (Josef), 300.
Pélicier (Yves), 4387.
Pelikán (Bohumil), 5844.
Pélissier (Pierre), 3311.

Pellegrini (Glauco), 4990.
Pelliccia (Guerrino), 887.
Pelorson (Jean-Marc),5756.
Pelpel (Laurent), 4869.
Peña-Marín (Cristina), 4452.
Pencak (William), 6288.
Penco (Gregorio), 2587.
Pennington (A.E.), 3858.
Penoncini (Edoardo), 1903.
Penyigei (Dénes),5424.
Pepe (Gabriele), 4477.
Pépin le Bref, roi des Francs, 2001.
Perche (François), 902.
Peremans (Willy), 1162, 1187.
Perényi, famille, 229.
Pérez (Joseph), 2728.
Perez (Marie-Félicie), 4927.
Pérez-Bustamante (Rogelio), 1968.
Pérez Castañeda (María Ángeles), 4058.
Pérez Santamaría (Aurora), 2342.
Pergolesi (Giovanni Battista), 4954.
Peričić (Šime), 3925.
Perillo (Gaetano), 5947.
Périn (Patrick), 2701.
Perjés (Géza), 3531,5479.
Perkins (Edwin J.), 6289.
Perkins (William), 4154.
Perkinson (H.J.), 826.
Permoser (Balthasar),4879.
Pernoud (Régine), 2336.
Perodi (Emma), 3663.
Perón (Juan Domingo),2939, 4219.
Peroni (Renato), 1016.
Perotin (Claude), 3158.
Perra (Gianfranco), 3664.
Perrel (Jean), 4388.
Perren (Richard), 5349.
Perron (Normand), 5330.
Perrone (Lorenzo), 1742.
Perrot (J.-C.), 5032,5037.
Perrot (Michelle), 807, 5855, 6084.
Perroy (Edouard), 1979.
Perry (Elizabeth J.),7061.
Perry (John R.), 3578.
Perry (Lewis), 3159.
Perry (Mary Elizabeth), 5757.
Perry (Richard O.), 6447.
Peršic (A.I.), 501, 963.
Pertinax (Publius Helvius), empereur romain, 1503.
Pertusi (Agostino), 1764.
Perzanowska (Irena), XVIII.
Pescatello (Ann M.),4265.
Pesch (Rudolf), 1753.
Peševa (Rajna), 558.
Pešina (Jaroslav), 2447.
Pessen (Edward), 5758.
Pestman (P.W.), 1150.
Peszke (Michael Alfred), 6725.
Pétain (Philippe), 3278, 3289, 3311.
Peter I, king of Cyprus, 2082.
Peter of Blois, 2571.
Peter of Cornwall, 2601.

Peter von der Linden, 2104.
Péter (János), 6575,6726.
Péter (Katalin), 600,3494, 3532, 5759.
Péteri (György), 5234.
Peters (I.A.), 5948.
Peters (Marie), 3429.
Peters (Wolfgang), 2575.
Petersen (Erling Ladewig), 2337.
Petersohn (Jürgen),1904, 2544.
Peterson (Toby), 2338.
Peterson (Trudy Huskamp), 5425.
Pethick (Derek), 6290.
Petit Jean Roget (Jacques), 6291.
Petko (Emil), 3834.
Petneki (Anna), 4991.
Pető (Iván), 5201.
Pető (M.), 1595.
Pëtr I Velikij /le Grand/, empereur de Russie, 3913.
Petracchi (Adriana),6036.
Petrák (Katalin), 3482, 5949.
Petráň (Josef), 2447.
Petrarca (Francesco), 2094, 2392, 2525.
Petrás (Incze János), 3467.
Petrassi (Mario), 2665.
Petrel (Jacques), 4671.
Petrik (Géza), 309.
Petrov (D.), 6893.
Petrov (V.I.), 6576.
Petrovics (István), 1905.
Petrovskij (V.T.), 6894.
Petrus, Apostolus, Sanctus, 1753.
Petrus, Archiepiscopus Tarentasiensis, Sanctus, 1841.
Petrus Alphonsi, 2130.
Petrus Venerabilis, Abbas Cluniacensis, 2130, 2602.
Pettinato (Giovanni),1225.
Petulla (Joseph M.), 5760.
Petzina (Dietmar), 5950.
Petzold (Joachim), 2766, 2893, 6577.
Pexa (Herbert), 2104.
Peyfuss (Max Demeter), 2979.
Peyras (Jean), 1508.
Peyronnet (Georges), 1906.
Pezet (Maurice), 3312.
Pfaff (Richard William), 4389.
Pfeiffer (Gerhard), 2211.
Pfeiffer (Rudolf), 375.
Pferschy (Gerhard), 2065.
Pfiffig (Ambros Josef), 1456.
Pfister (Max), 131.
Pfisterer (R.), 4488.
Pflaum (Hans Georg), 1509.
Phair (P.B.), 4170.
Phan Boi Chau, 6167.
Phélippeaux (Louis-Edmond de), 3260.
Phelps (Almira Hart Lincoln), 5796.
Philip, Indian chief,6285.

Philipp (Werner), 2339.
Philippe II Auguste, roi de France, 1912, 2019, 2207.
Philippe IV le Bel, roi de France, 2112.
Philippe V le Long, roi de France, 2077.
Philippe VI de Valois, roi de France, 231.
Philippe III le Bon, duc de Bourgogne, 2075.
Philippe de Bourgogne, évêque d'Utrecht,4278.
Philippi (Hans), 6323.
Philipps (Patricia), 965.
Philippus Arabs (Marcus Julius), empereur romain, 1476.
Philips (J.F.R.), 5761.
Philips (George Harwood), 5762.
Phillips (Gregory D.), 3430.
Phillips (Henry), 4992.
Phillips (J.R.S.), 1907.
Phillips (John A.), 3431.
Piaget (Jean), 810.
Piano Mortari (Vincenzo), 6016.
Piaseczyński (Aleksander), 6931.
Piast, dynastie, 60, 112, 5464.
Piątkowska (Danuta), 4422.
Picard (Olivier), 1341.
Piccigallo (Philip S.), 6895.
Piccolomini (Ottavio, Fürst), 2951.
Pichois (Claude), 931.
Pickering (F.P.), 2426.
Pickering (Timothy), 3082.
Picot (F. Georges), 6451.
Picton (Sir Thomas),6378.
Piekiełko (Alicja), 4671.
Pierpoint (Stephen), 1030.
Pierre de Blois, v. Peter of Blois.
Pierre le Vénérable, v. Petrus Venerabilis, Abbas Cluniacensis.
Pierson (John D.), 4458.
Pietersma (Albert), 1251.
Pietras (Tadeusz), 48.
Pietrzak-Pawłowska (Irena), 5550.
Pietschmann (Horst), 6292.
Piirainen (Ilpo Tapani), 922.
Pijrimjae (Kh.), 624.
Pikarski (Margot), 5951.
Pilet (Christian), 2340.
Pilius Medicinensis, v Pillio da Medicina.
Pillat(Cornelia), 4912.
Pilleul (Gilbert), 3267.
Pillio da Medicina, 1809, 2192.
Pillsbury (Walter Bowers), 4394.
Piłsudski (Józef), 3743, 3754.
Pincherle (Marcella),3665.
Pingel (Falk), 6806.
Pini (Ingo), 69.
Pintacuda de Michelis (Fiorella), 370.

Pintaudi (Rosario),1129, 1312.
Pintér (István), 3533, 3534, 5982.
Pinto (Giuliano), 2341.
Pintő (Joan), 2342.
Pintus (Pietro), 4993.
Piotrowski (Bernard), 3207.
Pipes (Richard), 3902.
Pippidi (Andrei), 2767.
Pippin d. Kleine, v. Pépin le Bref, roi des Francs.
Pirckheimer (Willibald), 4532.
Pirko (Michal), 5865.
Piromalli (Antonio),3666.
Pisani (Donald J.),5426.
Pischel (Barbara), 2427.
Piso (Ioan), 1467.
Piszczek-Sztopko (Olga), 2980.
Pitronová (Blanka),5546.
Pitt (Barrie), 6780.
Pitt (William), 1st earl of Chatham, v. Chatham (William Pitt,1st earl of).
Pittioni (Richard), 637.
Pivka (Otto v.), 6381.
Pivoluska (Ján), 6613.
Pjadyšev (G.E.), 2051.
Pladeval (Antoni), 2478.
Planck (D.), 1643.
Plantagenet, dynasty, 1960.
Platon, 1377, 1381,1404, 1408, 1409.
Platon (Gheorghe), 3791, 6135.
Plautus (Titus Maccius), 1617.
Płaza (Stanisław), 502.
Pleck (Elizabeth Hafkin), 5763.
Pleiner (Radomír), 966, 1096.
Pleket (H.W.), 1316.
Plekhanov (Georgij Valentinovič), 5986.
Plenkiewicz (Maciej), 4019.
Plésniarski (Bolesław), 4390.
Pleva (Ján), 722.
Plevza (Viliam), 3835, 6814.
Plevzová (Vlasta), 3836.
Plongeron (Bernard),3950, 4020.
Plowden (Alison), 3432.
Plumyène (Jean), 2768.
Plunket (Oliver), v. Oliverius Plunket, Archiepiscopus Armachanae, Sanctus.
Plutarchos, 1302.
Pocock (J.G.A.), 3433, 4577.
Pőczy (Klára), 1634.
Podhorecki (Leszek),6358.
Podlecki (Anthony J.), 1405.
Podzimek (Jaroslav),3837.
Pölöskei (Ferenc), 3535, 5328, 5733.
Pöls (Werner), 2853.

Poenaru (Emil), 59.
Pöschl (Viktor), II, 1622.
Pogány (Mária), 5235.
Pognon (Edmond), 1851.
Poidevin (Raymond), 615.
Poincaré (Raymond),3288.
Poisson (Jean-Paul),5764.
Pokovskij (M.N.), 3892.
Pólay (Elemér), 1557.
Polenberg (Richard),5765.
Polgár (Ladislaus), 4036.
Poliakov (Léon), 609.
Polikarpov (V.D.), 3903.
Polišenský (Josef), 2723, 4391.
Polívka (Miloslav), 2343.
Poljakov (Ju.A.), 5547.
Pollak (Marianne), 1097.
Pollak (Oliver B.), 6170.
Pollard (S.), 5236.
Pollen (Anthony), 6578.
Pollereczky (János),6309.
Polonsky (Anthony), 3756.
Polónyi (Nóra T.), 144.
Polvinen (Tuomo), 6727.
Poly (Jean-Piere), 1980.
Polybios, 1383, 1471.
Polyviou (Polyvios G.), 6896.
Poma (A.), 4488.
Pomilio (Mario), 3613.
Pommarède (Pierre), 3313.
Pompeius Magnus (Gnaeus), triumvir, 1494.
Pomponi (Francis), 3303.
Pomponio (Francesco), 1225.
Ponedelko (G.), 5103.
Ponnambalam (Satchi), 5104.
Ponomarev (D.K.), 4392.
Ponsich (Michel), 1596.
Pontieri (Ernesto), 376.
Ponzò (Antonio), 1806.
Ponzò (Giovanni), 4459.
Pop (Constantin), 1672.
Pope (Clayne L.), 5077.
Popescu-Boteni (Stelian), 6448.
Popilian (G.), 1673.
Popkin (Jeremy D.), 4460.
Popoff (Michel), 61.
Poppe (Andrzej), 2052.
Poppe (Danuta), 2344.
Popplewell (Séan P.), 4933.
Porteau-Bitker (Annick), 2212.
Porter (A.N.), 6215.
Porter (David L.), 3161.
Porter (Glenn), 5062.
Portnov (V.P.), 6017.
Poseidonios, 1314.
Posener (G.), 1153.
Possehl (Gregory L.), 6983.
Postel (Sylvie), VIII.
Potash (Robert A.),2939.
Poteet (Daniel P.),4966.
Potekhin (M.N.), 3904.
Póth (István), 827.
Potts (Timothy C.), 2523.
Poulle (Emmanuel), 2429.
Pouncey (Peter R.), 1412.
Pounds (Norman J.G.), 158.
Poussou (Jean-Pierre), 5548, 5624.

Povolo (Claudio), 786.
Powell (Arthur G.),4393.
Powell (Christopher), 5237.
Powell (Lawrence N.), 5427.
Power (Eileen), 1852.
Powers (Thomas), 3162.
Powis (Jonathan K.), 3314.
Powys (John Cowper), 4794.
Powys (Llewelyn), 4794.
Powys (Theodore), 4794.
Poznanski (L.), 1471.
Pozorski (S.G.), 7165, 7166.
Pozorski (T.), 7166.
Pozza (Neri), 691.
Prandi (Alfonso), 608.
Pratesi (Alessandro), 10.
Prato (Carolus), 1313.
Prato (Giancarlo), 11.
Pratt (Joseph A.), 5238.
Pratt (Norma Fain),4823.
Prawer (Joshua), 2053.
Préaux (Claire), 377.
Preda (Constantin),1675.
Preidel (Helmut), 1098.
Preisshofen (Felix),III.
Prelog (Jan), 1908.
Přemyslides (les), dynastie, 2710.
Prentice (Alison), 5579.
Prestianni Giallombardo (Anna Maria), 1441.
Prestwich (Michael),1999.
Prestwich (P.E.), 5766.
Preuss (Joachim), 387.
Prevenier (W.), 703.
Preziosi (Anna-Maria), 5767.
Price (Alfred), 6781.
Price (Jacob M.), 5319.
Price (N.P. Stanley), 1007.
Price (Richard), 5953.
Price (S.), 1635.
Pridmore (Fred), 106.
Priester v.Diokleia, Chronist, 1757.
Prince (Carl E.), 3049.
Prins (Gwyn), 6216.
Priskos, historien byzantin, 1093.
Pritz (Pál), 6579.
Prjakhtin (A.D.), 937.
Probus (Marcus Aurelius), empereur romain, 1538.
Procter (Evelyn S.), 2054.
Proctor (George A.), 4994.
Prokopek (Marian),581.
Pronay (Nicholas),1910.
Prosper (Jean-Georges), 4825.
Prost (Antoine), 3315.
Protase (Dumitru), 1510.
Prothero (I.J.), 5955.
Proudhon (Pierre Joseph), 732, 4574.
Proust (Marcel), 4763.
Prozorov (S.M.), 2153.
Průcha (Václav), 784, 5105.

Pryor (Francis), 1031.
Przewłocki (Jan), 6616.
Przybilla (Peter), 2697.
Przybylski (Henryk),3757.
Przybyszewski (Bolesław), 2055.
Przygoński (Antoni), 6782.
Psellos (Michael).- cf. Pseudo-Psellos.
Pseudo-Psellos, 1758.
Ptolemaios I Soter, roi d'Egypte, 1199, 1202.
Ptolemaios II Philadelphos, roi d'Egypte, 1199.
Ptolémées (les), dynastie, 1147, 1152, 1162, 1174, 1187, 1193, 1199, 1399.
Pucci (Marina), 1252.
Puccini (Giacomo), 5008.
Puchert (Berthold), 5138.
Pucheu (Pierre), 3289.
Puchinger (G.), 3725.
Püspöki Nagy (Péter), 159.
Pütz (Peter), 4510.
Pugh (David C.), 6382.
Pugh (Evelyn L.), 3435.
Pugh (Martin), 3436.
Pugh (Wilma J.), 3951.
Pugliese (G.), 1527.
Puhle (Hans-Jürgen), 2895.
Puig i Oliver (Jaume de), 2654.
Puliati (Salvatore), 1793.
Pumprla (Václav), 52.
Puntila (Lauri A.), 3209.
Purdy (Richard L.), 4754.
Purden (Christene), 5480.
Purš (Jaroslav), 5239.
Puryear (Elmer R.), 3163.
Pusateri (C. Joseph),5240.
Puskás (Julianna), 5395, 5551.
Puškin (Aleksandr S.),4596.
Puzicha (M.), 1743.
Pyenson (Lewis), 4672.
Pyman (Avril), 4826.
Pyritz (Hans), 4706.
Pyritz (Ilse), 4706.
Pythagoras, 1410.

Q

Qajar, dynasty, 5372.
Quaegebeur (Jan), 1162.
Quartararo (Rosaria),6728.
Quarthal (Franz), 6067.
Quazza (Guido), 3597.
Quazza (Marisa), 3597.
Quellet (Henri), 1605.
Quevedo y Villegas (Francisco Gómez de), 4718.
Quinet (Edgar), 3265.
Quintrell (B.W.), 3437.
Quiring-Zoche (Rosemarie), 6946.
Quirini-Popławska (Danuta), 5106.
Quist (Gunnar), 5769.
Quivron (Gonzague), 6973.

R

Rabinovič (M.G.), 582,2105.
Rachmaninoff, v. Rakhmaninov (Sergej Vasil'evič).
Racine (Pierre),1981,2345.

Racovski (Cristian), v.
  Rakovski (Khristian
  Georgievič).
Rácz (István), 5428,
  5552.
Ráday (Pál), 4741.
Radetzky (Johann
  Joseph Wenzel, Graf
  R. von Radetz), 2990.
Radford (Arthur W.),
  3053.
Radford (Courtenay
  Arthur R.), 2702.
Radovich (Frances A.),
  6450.
Rae (Edwin D.), 2479.
Rae (John B.), 251.
Rae (T.I.), 668.
Raedts (C.E.P.M.), 6815.
Ragab (Hassan), 49.
Ragins (Jonford), 4214.
Ragionieri (Ernesto),
  378.
Ragsdale (Hugh), 6383.
Rahman (Fazlur), 6947.
Rahmani (L.Y.), 1253.
Rahtz (Philip Arthur),
  2703.
Raimo (John W.), 6294.
Raisz (Rózsa), 4295.
Rajič (Jovan), 300.
Rajsfus (Maurice), 3318.
Rakhmaninov (Sergej
  Vasil'evič), 4978.
Rákóczi (Ferenc II),
  prince de Transyl-
  vanie, 3478, 3536,
  3554, 3558, 6346,
  6348.
Rákóczi (György I),
  prince de Transyl-
  vanie, 3526, 4280,
  4725.
Rákóczi (György II),
  prince de Transyl-
  vanie, 4280, 4725.
Rákos (István), 5107,5429.
Raková (Svatava), 6580.
Rakovski (Khristian
  Georgievič), 6453.
Rambo (Lewis R.), 4578.
Ramer (Brian), 265.
Ramos-Gil (Carlos),4995.
Ramsden (John), 3349,
  3438.
Ramusio (Giovanni Bat-
  tista), 146.
Rancoeur (René), 4707.
Randier (Jean), 5241.
Randles (W.G.L.), 160.
Randolph (John), 3090.
Randsborg (Klavs), 2164.
Ranke (Leopold v.), 379.
Ránki (György), 366,
  2769, 5048, 5068,5242.
Ranum (Orest), 3319.
Rao (Anna Maria), 3320.
Raphael (F.), 4488.
Raphelson (Alfred C.),
  4394.
Rapp (Francis), 615.
Rappaport (Uriel), 1254.
Rappoport (Leon), 5713.
Rappoport (P.A.), 2480.
Rashid (Ismail Khalidi),
  6451.
Rashid (Salim), 4395,
  5033.

Rashid ad-Dīn (Fadl
  Allāh), 1857.
Rásonyi (László), 1982.
Rasputnis (B.I.), 5956.
Rastawiecki (Edward),
  857.
Rastjannikov (V.G.),
  5374.
Rathenau (Walther),
  2794.
Rather (L.J.), 4996.
Ratz (Ursula), 5957.
Rauch (Georg v.), 623.
Rauch (Gerhard v.),
  3906.
Rauchensteiner (Man-
  fried), 6897.
Raulin (Henri), 542.
Raumer (Kurt v.),2899.
Rausch (Heinz), 6029.
Ravasz (János), 4302.
Rawling (Gerald), 6783.
Rawson (Jessica), 7062.
Rayback (Joseph G.),
  3164.
Raymond de Marliano,
  2075.
Raynal (René), 615.
Razi (Zvi), 2346.
Reader (William Joseph),
  5243.
Reael (Laurens), 702.
Rebérioux (Madeleine),
  5940.
Rebmann (Georg Fried-
  rich), 2863.
Recht (Roland), 848,
  2465.
Redondi (P.), 4673.
Redondo (Augustin),4713.
Reedijk (Cornelis), 4579.
Reid (John Phillip),6093.
Reid (Thomas), 4570.
Reijonen (Mikko), 4171.
Reilly (Kevin), 828.
Reimann (Viktor), 2981.
Reinalter (Helmut), 2982,
  4580.
Reineke (Walter F.), 193.
Reiner (Josef), 6784.
Reinerman (Alan J.),3966.
Reiners (Ludwig), 2900.
Reinerth (Karl), 4172.
Reinharz (Jehuda), 2741,
  4215.
Reisberg (Arnold), 380,
  5958.
Reissig (Harald), 5108.
Reissig (Karl), 381.
Reit (Seymour), 6785.
Reitala (Aimo), 833.
Reitmayer (Ladislav),
  4396.
Remesal (J.), 1596.
Remondini, famiglia,4443.
Rémy d'Auxerre, 1815.
Remy (Jean), 1431.
Renault (Marie-Anne),
  5895.
Renna (Thomas), 2056.
Rentenaar (Rob), 701.
Rentschler (Michael),
  2428.
Renzsch (Wolfgang),5959.
Resmini (Bertram), 2057.
Ress (Lisa), 4606.
Retel (J.O.), 5656.
Réti (László), 5960.

Retz (Jean François Paul
  de Gondi, cardinal de),
  3338.
Reudenbach (Bruno),2481.
Reuter (Timothy), 2590.
Révai (József), 5993.
Revault (Jacques), 856.
Révay (Zoltán), 12.
Revel (Bernard), 4398.
Revel (Jacques), 497,503.
Rexheuser (Rex), 3907.
Reza Shah Palavi, shah
  of Iran, 6529.
Rhegius (Urbanus), 4157.
Rhescuporis V, king of
  the Bosporan state,
  1070.
Rhodes (Cecil John),6209.
Rhodes (James M.), 2901.
Ribbentrop (Joachim v.),
  6719.
Riberette (Pierre), 4753.
Ribuffo (Leo P.), 5770.
Ricasoli (Bettino), 3618,
  3676.
Ricci (Corrado), 6786.
Ricci (Giovanni), 687.
Ricciardelli Apicella
  (Gabriella), 1406.
Ricciotti (C.B.), 4954.
Richard, Earl of Cornwall,
  deutscher König, 2032.
Richard I, king of En-
  gland, 2028.
Richard II, king of En-
  gland, 2118.
Richard (Eliane), 5628.
Richard (Guy), 3321.
Richard (Jean), 124, 658,
  2075.
Richard (Michel), 3316.
Richards (Audrey), 5773.
Richards (Jeffrey), 2594.
Richards (Kent D.), 3165.
Richards (W.A.), 5320.
Richardson (Elmo), 5244.
Richardson (Gunnar),4269.
Richardson (Joanna),4827,
  4913.
Richardson (L.) Jr.,1677.
Richelieu (Armand-Jean
  Du Plessis de),cardi-
  nal, 3227.
Richman (Julia), 5604.
Richter (Gisela), 4914.
Richter (Miroslav), 2704.
Richter (Otmar), 4914.
Rickman (Geoffrey), 1597.
Rickman (H.P.), 333.
Ricoeur (Paul), 504.
Ridder-Symoens (H. de),
  769.
Riden (Philip), 1975.
Ridolfi (Roberto), 2430.
Riedl (Rudolf), 5245.
Riedmann (Josef), 2655.
Riegert (Paul W.), 4674.
Riekkipen (Vilho), 905.
Riesinger (Waltraud),
  4397.
Riess (Steven A.), 5771.
Rietra (M.), 2983.
Rieuneau (Maurice), 4760.
Riezler (Kurt), 2923,6595.
Rigal (J.L.), 810.
Rigby (Barry), 6315.
Rijk (Lambert Marie de),
  1894.

Riley (Glena), 5772.
Riley (James C.), 5481.
Rilla (Paul), 4742.
Rinaudo (Y.), 5109.
Ring (Éva), 2984.
Ringelblum (Emanuel), 6612.
Ripková (Gabriela),3844.
Riquelme (John Paul), 505.
Ritchie (Donald A.),3166.
Ritschl (Eva), 6984.
Ritter (Gerhard A.),2902, 5842, 5961.
Riu (Manuel), 2342.
Rivera (M.A.), 7167.
Rives (Jean), 5430.
Rivet (Auguste), 3322.
Rizzi (Franco), 5962.
Rizzi (Wilhelm Georg), 4882.
Rizzo Venci (Guido),3323.
Rjurik, prince varègue de Novgorod, 2010.
Roazen (Paul), 3167.
Roback (Thomas H.), 3168.
Robbe-Grillet (Ingrid),II.
Robert de Clari, 1851.
Robert VI de Wavrin,2195.
Robert (Henry Martyn), 6050.
Robert (Jean-Louis),5963.
Robert (Jeanne), 1112.
Robert (Louis), 1112.
Roberts (Clayton), 671.
Roberts (David), 671.
Roberts (Michael), 6360.
Roberts (Richard), 5321.
Robertson (D.W. Jr.,2431.
Robertson (James), 6270.
Robertson (W.B.), 262.
Robespierre (Maximilien de), 3343.
Robey (John), 5203.
Robin (Jean), 5773.
Robins (Lynton J.),6898.
Robinson (A.N.), 2432.
Robinson (David), 4581.
Robinson (David M.),2576.
Robinson (Ira), 4398.
Robinson (Jan Stuart), 1920.
Robinson (John), 6959.
Robinson (Philip), 4883.
Robinson (R.), 6147.
Rocca (Giancarlo), 887.
Roch (Gerard-Albert), 3277.
Roche (Emile), 3228.
Roche (Germain), 1841.
Rocher (Rosane), 132.
Rochon (André), 4267.
Rockhill (William W.), 6459.
Roden (Donald), 4399, 5774.
Rodgers (Daniel T.),5775.
Rodinson (Maxime), 6936.
Rodrigo Lizondo (Mateu), 221.
Rodriguez O. (Jaime E.), 6280.
Rodwell (Warwick), 1678.
Roeber (A.G.), 6295.
Roebuck (Peter), 5776.
Röder (Karl-Heinz), 3160.
Röder (Werner), 2816.
Roederer (Marie-Caroline),

3310.
Röell (Willem Frederik), 3719.
Röhrig (Floridus), 77.
Roelink (J.), 703.
Rösel (Jakob), 6985.
Rösener (Werner), 2347.
Rösler (Wolfgang), 1407.
Rogačevskaja (E.M.), 583.
Rogari (Ubaldo), 5482.
Rogers (Earl M.), 5327.
Rogers (George C.) Jr., 6235.
Rogers (Kenneth H.),1921.
Rogers (Susan H.), 5327.
Rogledi Manni (Teresa), 50.
Róheim (Géza), 382.
Rohlfes (Joachim), 2903.
Rohrbacher (René-François), 3987.
Roincé (Job de), 3324.
Rojek (Wojciech), 6581.
Rojo (F.), 904.
Rolbiecki (Waldemar), 4296.
Roldan Hervas (J.M.), 1511.
Rolle (Renate), 1099.
Rollins (Richard M.), 4270.
Rollka (Bodo), 4243.
Rolt (L.T.C.), 5180.
Roma (Marco), 41.
Romagnoli (Sergio), 3667.
Romagnosi (Gian Domenico), 5511.
Roman-Morariu (Alexandra), 3772.
Romanelli (Raffaele), 3679.
Romanet (Céleste), 4922.
Romano (Ruggiero), 693.
Romano (Sergio), 3272.
Romanov, dynastie, 6441.
Romanow-Bobińska (Klara), 5110.
Romeyk (Horst), 2904.
Romilly (Jacqueline de), 1408.
Rommel (Erwin), 6749.
Rommerskirchen (Giovanni), 873.
Romsics (Ignác),600,3570.
Róna Tas (András), 133.
Rónai (Zoltán), 5906.
Roncalli (Angelo), v. Johannes XXIII, Papa.
Ronci (Donatella), 5964.
Ronco (Antonino), 6384.
Rondeau (Daniel), 5776.
Ronsin (Francis), 5555.
Roobol (W.H.), 5453.
Room (Adrian), 161.
Roorda (D.J.), 703,3726.
Roosen (William), 6136.
Roosenboom (H.Th.M.), 6336.
Roosevelt (Eleanor),6887.
Roosevelt (Franklin D.), 3060, 3072, 3074,3151, 6104, 6622, 6631,6649, 6651, 6672.
Roosevelt (Theodore), 3074, 3095, 6437.
Root (Elihu), 6530.
Root (John David), 4023, 4582.

Rooth (Margit), 3802.
Rosati Castellucci (Gloria), 1189.
Rose (June), 5778.
Rose (Lisle A.), 3936a.
Rose (P.L.), 4583.
Rosecrans (William Starke), 6404.
Roselli (Piero), 3633.
Rosén (Jerker), 720.
Rosenberg (Johanna),4819.
Rosenberg (Wolfgang), 5779.
Rosenstone (Robert A.), 4271.
Rosenthal (Leeser), 235.
Rosenthal (Steven T.), 3852.
Rosenzweig (Franz), 4488.
Rosetti (C.A.), 3774.
Rosier (Bernard), 2273.
Rosin (Ryszard), 3753.
Rosito (Massimiliano G.), 2469.
Roske (Ralph J.), 3169.
Roskill (Stephen Wentworth), 3439.
Rospond (Stanisław),4087.
Ross (Dorothy), 5965.
Ross (Michael), 4829.
Ross (Robert W.), 4174, 4461.
Rossetti (Gabriella),2418.
Rossi (Gianluigi), 6217.
Rossi (Paolo), 4551.
Rossi (Sergio), 4854.
Rossing (Niels), 3908.
Rossini (Gioacchino), 5008.
Rossiter (Margaret W.), 4675.
Rostworowski (Emanuel), 459, 708, 4584.
Rostworowski (Marek),264.
Rotelli (Ettore), 5813.
Roth (Benno), 2985.
Roth (Jack J.), 4585.
Roth (Klaus), 584.
Roth (Uta), 2482.
Rothfels (Hans), 6477.
Rott (Jean), 431, 4143, 4175.
Rottstock (Felicitas), 3967.
Rouault (Olivier), 1203.
Roubet (Colette), 1009.
Roubíček (Jan), 5848.
Roubine (Jean-Jacques), 4998.
Rouche (Michel), 2008, 2213.
Rouillard (Jacques),5939.
Rouillard (Pierre), 258.
Rourke (Constance), 383.
Rousseau (Henri, dit le Douanier), 4920.
Rousseau (Jean-Jacques), 4475, 4478, 4497,4506, 4562, 4600, 4601.
Roussel (M.), 1377.
Rousso (Henry), 5246,6674.
Routh (Guy), 5111.
Rouzaud (F.), 992.
Rovere (Ange), 3303.
Roveri (Alessandro),3668.
Rowe (G.S.), 6361.
Roy (P.C.), 107.
Roy (Patricia E.), 5780.

Royer (Jean-François), 5532.
Royle (Edward), 3440,5966.
Roys (Thomas Welcome), 5250.
Royster (Charles), 6296.
Rozaliev (Ju.N.), 5112.
Rozbicki (Michał), 4400.
Rozenkranz (Edwin), 2058, 6385.
Rozsnyói (Ágnes), XI.
Ru (J.H. de), 3727.
Rubel (Maximilien), 5967.
Rubin (Barry), 6137, 6899.
Rubin (Joan Shelley), 383.
Rubin (Z.), 1512.
Rubinstein (Nicolai), 194.
Rubio Vela (Agustín),2705.
Rublack (Hans-Christoph), 2905.
Ruby (Marcel), 6816.
Rudatis (Stefania), 6068.
Rudin (Ronald), 5483.
Rudolf v. Habsburg, deutscher König, 2057.
Rudolf II., röm.-deutscher Kaiser, 6337.
Rudolph (Günter), 5023.
Rueda-Hernánz (Germán), 5113.
Ruel (Françoise), 2483.
Ruello (Francis), 2508.
Rürup (Reinhard), 4415, 5847.
Rüsen (Jörn), 506,517.
Rüthing (Heinrich), 2348.
Ruggiero II, re di Sicilia, 2235.
Ruggiero (Guido), 5781.
Ruig (R. de), 3719.
Ruiz (Ramon Eduardo),3708.
Rule (John), 5247.
Rumbold (Sir Horace),6438.
Rumjancev (A.M.), 5017.
Rummel (Franz Ferdinand von), v. Franz Ferdinand von Rummel.
Rummel (Friedrich v.), 4024.
Runciman (Sir Steven), 1794.
Rundell (Walter)Jr., 6730.
Ruprechtsberger (Erwin Maria), 1682.
Rusch (Walter), 7152.
Rusk (Dean), 3086.
Ruskin (John), 4758,4844.
Russell (Bertrand), 6602.
Russell (Edward C.),5782.
Russell (H.F.), 1140.
Russell (Scott), 5180.
Russel Major (J.), v. Major (Russel J.).
Russo (Carla), 3662.
Russu (Ion I.), 1467,1513.
Rusu (Mircea), 1100.
Ruszoly (József), 3537.
Rutenburg (V.I.), 3669.
Rutschowscaya (Marie-Hélène), 1683.
Ruud (Inger Marie), 1291.
Ruziev (T.), 6986.
Ryan (Thomas G.), 3170.
Rybakov (B.A.), 1101.
Rybová (Alena), 966.
Rykwert (Joseph), 4884.
Rylance (Dan), 215.
Rymar (Edward), 2059.

Rymut (Kazimierz),134.
Rynduch (Zbigniew),4745.
Ryszka (Franciszek),6900.

S

Saalfeld (Dietrich),5783.
Sabbatucci (Giovanni), 4462.
Sabben-Clare (E.E.),6192.
Sabiani (Julie), 4759.
Sabloff (Jeremy A.),7172.
Saccardo (Graziano),4070.
Saccone (Salvatore),4071.
Sachsse (Christoph), 787, 5784.
Sadat (Anwar al-), 3030.
Sadurska (Anna), 1684.
Sadyattes, roi de Lydie, 1221.
Sänger (Margaret), 2214.
Sáenz-Badilloş (Ángel), 1712.
Särnqvist (Naemi), 3797.
Safavids (the), dynasty, 1827, 3581, 6947.
Safrai (Zeev), 162.
Šafranovskaja (I.K.), 585.
Sager (Eric W.), 3441.
Sági (Károly), 1598.
Sagnes (Jean), 5969.
Sagramola (Oreste),1132.
Ságvári (Ágnes), 846.
Saikal (Amin), 3579.
Saint-Amant (Jean-Claude), 465.
Saint-Guilhem (F.),4915.
Saint-Just (Louis Antoine Léon),4560.
Saint-Lu (André), 6238.
Saint-Paulien, 4830.
Saint-Simon (Claude Henri de Rouvroy, comte de), 727, 4548, 4604.
Sainte-Catherine (Etienne de), 3796.
Saínz de la Maza Lasoli (Regina), 2577.
Saitta (Armando), 507, 2154.
Saitta (Biagio), 2009, 2132.
Sajti (Enikő), 3926.
Sakaguchi (Akira), 1599.
Sakellaridis (Margaret), 967.
Sakharev (V.V.), 5785.
Sakmyster (Thomas L.), 6731.
Sakowska (Ruta), 6612.
Salāh al-Dīn, dit Saladin, sultan d'Egypte et de Syrie, 1895.
Salama (Pierre), 1685.
Salamon (Ágnes), 1686.
Salamon (Konrád), 3538.
Salcedo Izu (Joaquín), 2215.
Salentiny (Fernand), 6297.
Salgó (László), 6152.
Salisbury (Robert Arthur Talbot Gascoyne-Cecil, 3rd marquess of),6415.
Salitot-Dion (Michèle),

762.
Sallustius Crispus (Gaius), 1502.
Salmon (Elias), 2499.
Salmon (J.M.H.), 4272.
Saloheimo (Veijo), 3208.
Salomé (Marie-Rose), 1443.
Salomonson (J.W.), 1141.
Salonen (Erkki), 1204.
Saloutos (Theodore),5786.
Salus (Hugo), 4768.
Salutati (Coluccio),2514.
Salvatore (Nick), 5970.
Salvatorelli (Luigi), 384.
Salvemini (Gaetano), 385.
Salvesen (Helge), 305.
Salvianus Massiliensis, 1722.
Samaran (Charles), 1825, 1912, 1983.
Samardžiev (Božidar),6454.
Samarrai (Alauddin), 2349.
Sambucus, v. Zsámboky (János).
Sambuk (S.M.), 5431.
Sammons (Jeffrey L.),4831.
Sammut (Alfonso), 2433.
Samoilă (Cornel), 59.
Samsonowicz (Henryk),1835, 5114.
Sánchez Albornoz (Claudio), 2350.
Sancho VII el Fuerte,rey de Navarra, 1968.
Sancisi-Weerdenburg (H.W. A.M.), 1270.
Sandberg (Lars G.), 5787.
Sander (Hartmut), 2906.
Sanders (Ernest H.),2504.
Sanders (Sir Robert S., 1st Lord Bayford),3349.
Sándor (Pál), 3479.
Sándor (Tibor), 5971.
Sándorffy (György), 677.
Sandos (James A.), 5115, 5788.
Sanfilippo (Mario), 2106.
Sanjdorj (M.), 7063.
Sanlaville (Paul), 991.
Santana (Roberto), 3024.
Santini (Pascal), 3303.
Santomassimo (Gianpasquale), 3664.
Santonastaso (Giuseppe), 432.
Santoni (Alberto), 6787.
Santoni (Marielle), 6973.
Santos Yanguas (N.),1600.
Santucci (Francesco),2578.
Sapir Abulafia (A.),1804.
Sapper (Christian), 2986.
Sappho, 1300, 1395.
Saprykin (S. Ju.), 108.
Saquet (Jean-Louis), 2755.
Sarafis (S.), 3462.
Saranti Mendelovici (Hélène), 1795.
Saratowicz-Stolarzewiczowa (Janina), 4463.
Saraza Sánchez (Esteban), 2351.
Sardi Bucci (Deanna),4676.
Sardina Paramo (Juan Antonio), 1968.
Sarkisyanz (Manuel), 804.
Sárközy (Péter), 3670.
Sarlós (Béla), 6018.
Saro (G.), 3645.

Sartre (Jean-Paul), 4569.
Sassanides, dynastie, 1797, 2452.
Sassoon (Caroline), 774.
Sater (William F.), 3025.
Satô (Tsugitaka), 6948.
Sauer (Hans), 1923.
Sauer (Siegfried), 792.
Sauer (Walter), 4025.
Saulnier (Christiane), 1457, 1514, 1558.
Saum (Lewis O.), 5789.
Saunders (Christopher), 6218.
Saunders (George), 3896.
Sauneron (N.), 1147.
Sauneron (Serge), 433, 1177, 4609.
Sautel (Gérard), 744.
Savage (Henry), 3171.
Savard (Pierre), 4026, 5790.
Savel'eva (L.J.), 4832.
Savik (Stein), 3580.
Sávoly (Mária), 6788.
Savonarola (Girolamo), 2101, 2430, 2557.
Savory (Roger Mervyn), 3581.
Sawicki (Tadeusz), 6789.
Sawyer (P.H.), 1951, 2706.
Saxer (V.), 1744.
Saxo Grammaticus, 1924.
Saxton (Christopher), 167.
Sayad (Abdelmalek), 5633.
Saylor Rodgers (B.), 1745.
Sayn-Wittgenstein-Berleburg (Ludwig Peter Graf v.), 6389.
Sbacchi (Alberto), 6219.
Sbarberi (Franco), 3671.
Scaglia (Giovan Battista), 3672.
Scalingi (Paula), 6901.
Scammel (William McConnell), 5116.
Scarcella (Cosimo), 4586.
Scardaville (Michael C.), 5791.
Scerrato (Umberto), 2144.
Schachermeyer (Fritz), 1296.
Schaffer (Ronald), 6790.
Schaller (Michael), 6138.
Schapiro (Meyer), 858.
Scharf (Claus), 6850.
Scharf (Lois), 5248, 5792.
Schausberger (Norbert), 2987.
Scheel (Heinrich), 386.
Scheele (Irmtraut), 5249.
Scheerer (Josef), 4099.
Scheffers (Henning), 5793.
Scheibe (Siegfried), 4221.
Scheiber (A.), 539.
Scheiber (Sándor), 1886.
Scheible (Heinz), 4084.
Scheicht (Alfred), 6139.
Schelle (Karel), 2216.
Schelling (Friedrich Wilhelm Joseph v.), 4535.
Schenk (Herrad), 5794.
Scheper (Burchard), 2217.
Schesaeus (Christianus), 3775.
Schettini Piazza (Enrica), 602.
Scheuner (Ulrich), 738.

Scheurer (Rémy), 64.
Schich (Winfried), 2226.
Schieber (A.S.), 1342.
Schieder (Theodor), 424.
Schieffer (Rudolf), 1850.
Schiemann (Jürgen), 5484.
Schiffers (Reinhard), 2907.
Schild (Romuald), 972.
Schild (Wolfgang), 763.
Schiller (Francis), 4677.
Schilling (Donald G.), 4401.
Schilling (Renate), 5795.
Schilling (Robert), 1636.
Schiltkamp (J.A.), 6237.
Schimmel (Annemarie), 909.
Schindler-Kaudelka (Eleny), 1687.
Schinzinger (Francesca), 5117.
Schippmann (Klaus), 1271.
Schleicher (Kurt v.), 2852.
Schleiermacher (Friedrich Daniel Ernst), 4125.
Schleifer (James T.), 4273.
Schlesinger (Arthur M.) Jr., 454.
Schlette (Friedrich), 387, 943, 1046.
Schlobach (Jochen), 306.
Schlögl (Hermann Alexander), 1190.
Schlögl (Waldemar), 1925.
Schmädeke (Jürgen), 2724.
Schmale (Franz-Josef), 2545.
Schmaus (Michael), 862.
Schmelzeisen (Gustaf Klemens), 6005.
Schmidt (Christa), 2460.
Schmidt (Eberhard), 6019.
Schmidt (Gerhard), 2107.
Schmidt (Hans Heinrich), 867.
Schmidt (Katharina), 1314.
Schmidt (Walter), 381, 508, 2819, 2908.
Schmidt-Künsemüller (Friedrich Adolf), 38.
Schmitt (Frederick P.), 5250.
Schmitt (J.M.), 5251.
Schmitt (Josef), 2807.
Schmitz (Gerhard), 1926.
Schmucki (Ottaviano), 2592.
Schnabel (James F.), 3172.
Schnakenbourg (Christian), 5118.
Schnapper (Antoine), 4916.
Schnapper (Bernard), 4402.
Schnaubelt (J.C.), 904.
Schneemelcher (Wilhelm), 1713.
Schneer (Richard M.), 6386.
Schneider (Annerose), 2909.
Schneider (Dieter Marc), 2816.
Schneider (H.), 169.
Schneider (Jean), 2352.
Schneider (Laurence A.), 7064.
Schneider (Sigrid), 4834.

Schneider-Schnekenburger (Gudrun), 1984.
Schneidmüller (Bernd), 2218.
Schnelle (Kurt), 4833.
Schneyer (Johann Baptist), 1919.
Schnur (Roman), 6455.
Schober (Richard), 2988.
Schöffer (I.), 704, 2747, 6147.
Schoelcher (Victor), 6253.
Schöllgen (Gregor), 2910, 6582.
Schön (Lennart), 5252.
Schönborn, v. Lothar Franz von Dchönborn.
Schönhoven (Klaus), 5972.
Schoeps (Hans-Joachim), 388, 4274.
Schoeps (Julius H.), 419.
Scholder (Klaus), 2811.
Scholl (L.U.), 5253.
Schomerus (Heilwig), 5125.
Schoonover (Thomas), 6456.
Schop-Soler (Ana Maria), 6394.
Schorske (Carl E.), 2989.
Schorta (Andrea), 747.
Schrader (Bärbel), 4819.
Schramm (Gottfried), 2010.
Schreiber (G.), 6791.
Schreiner (Albert), 389.
Schreiner (Olive), 4784.
Schrenk (Klaus), 4915.
Schreuder (D.M.), 6220.
Schröcker (Alfred), 2911.
Schröder (E.), 995.
Schröder (Hans-Jürgen), 6850.
Schröder (Isolde), 2656.
Schröder (Wilhelm-Heinz), 5254.
Schröder (Wolfgang), 5864, 5973.
Schröer (Alois), 4176.
Schröter (Elisabeth), 2546.
Schroeter (Gerd), 4587.
Schubert (Irmtraud), 5902.
Schubert (Kurt), 804.
Schubert (Peter), 6583.
Schück (Herman), 307.
Schüller (Richard), 2998.
Schüller-Piroli (Susanne), 2547.
Schütt (Hans-Friedrich), 2353.
Schütz (Friedrich), 2912.
Schütz (Ödön), 125.
Schützeichel (Heribert), 4177.
Schuhmacher (W. Wilfrid), 5322.
Schuler (Monica), 6298.
Schulhof (Izsák), 3539.
Schulin (Ernst), 369, 2794.
Schuller (Wolfgang), 1343, 1515.
Schulte (Bernd F.), 6584.
Schulte Nordholt (J.W.), 2730.
Schultheis (Herbert), 2913.
Schultz (Hans-Dietrich), 163.
Schultz (Harold S.), 3173.
Schultze (Renate), 2914.
Schulz (Eberhard), 2354.
Schulz (Gerhard), 2798, 2915.

Schulz (Jindřich), 151.
Schulz (Peter), 6069.
Schulze (Winfried), 2770.
Schulzinger (Robert D.), 6902.
Schuman (Verne Brinson), 1315.
Schumann (Wolfgang),6708.
Schustereit (H.), 6732.
Schutte (O.), 4306.
Schwab (Heinrich W.), 4985.
Schwager (Raymund),1746.
Schwaiger (Georg), 3944.
Schwartz (Benjamin I.), 509.
Schwartz (Hillel), 4178.
Schwartz (Jacques), 1311.
Schwarz (Brigide), 2548.
Schwarz (Gyula), 4349.
Schwarz (Klaus), 603, 6928.
Schwarz (Ulrich), 1927.
Schwarzmaier (Hans-martin), 6872.
Schweitzer (Mary Mc Kinney), 6299.
Scirocco (Alfonso), 739.
Scott (Ann), 4784.
Scott (Anne Firor),5796.
Scott (Arthur Finlay), 3442.
Scott (Donald M.), 4275.
Scott (Sir Gilbert),4865.
Scott (Joan W.), 5818.
Scott (Margaret), 2484.
Scotti (Giacomo), 6792, 6822.
Scotus (Johannes), v. Erigena (Johannes Scotus).
Scribner (Robert W.), 4182.
Scullard (H.H.), 1516.
Se Linjun,7012.
Seager (R.), 1344.
Searle (Eleanor), 1821.
Seaver (Paul), 4179.
Sebastian von Heusen-stamm, Erzbischof von Mainz, 3990.
Šebelík (Vladimír),5255.
Seck (Friedrich), 4298.
Secousse (Denis-François), 4737.
Seddon (David), 3702.
Sédillot (René), 5485.
Seeber (Gustav), 463,2870, 5864.
Seeley (Sir John), 390.
Segal (Alain), 4679.
Segalen (Martine), 586.
Segre (Dan V.), 3594.
Séguin (Edouard), 4387.
Seguin (Normand), 5330.
Seibert (Jakob), 1345.
Seibold (Gerhard), 5119.
Seibt (Ferdinand), 2108.
Seidel (H.), 1409.
Seifert (Siegfried),4879, 4733.
Seignobos (Charles), 299.
Sejbal (Jiří), 109.
Seklucjan (Jan), 4087.
Selén (Kari), 3210.
Šelestov (D.K.), 4362.
Séléucides, dynastie, 1134, 1137, 1262.

Šelgunov (N.V.), 4517.
Sella (Domenico), 5120.
Sella (Quintino), 3597.
Sellert (W.), 6039.
Sells (A. Lytton), 4746.
Šelov (D.B.), 105, 1142.
Selz (Gebhard J.), 1207.
Semenov (Ju.N.), 399,740.
Semenov Tjan-Šanskij (Pëtr Pëtrovič), 154.
Semeria (Giovanni), 4035.
Semmelweis (Ignác Fülöp), 4616, 4664, 4683.
Semmingsen (Ingrid),4264.
Sempad, connétable d'Ar-ménie, 1929.
Sempre (Sylvie), 361.
Sendrail (Marcel), 806.
Sené (Alain), 2485.
Seneca (Lucius Annaeus), 1607.
Sengoku, Japanese hist. period, 7112.
Senkowska-Gluck (Monika), 6387.
Senn (Alfred Erich),3909.
Seno (Seiichirô), 7081.
Sepère (Sylvie), 1274.
Sergent (Bernard), 1419.
Serman (William), 5797.
Serouet (Pierre), 4059.
Serper (Arié), 2219.
Serra (Eva), 5369.
Serra (Maurizio), 3326.
Serra di Gerace, principi, 3674.
Servais (Jean), 1428.
Servet (Jean-Michel), 1601.
Serville (Paul de),6316.
Servos (John W.), 4680.
Sestan (Ernesto), 434, 625.
Seston (William), 1517.
Sestieri (Lea), 870.
Seton-Watson (Hugh),5974.
Seurat (Michel), 6585.
Sève (Roger), 2657.
Severii, dynastie, 1512.
Severinus, Noricorum Apostolus, Sanctus, 2603.
Severn (Elizabeth Ann), 6845.
Sewell (William H.) Jr., 5975.
Seymour (W.A.), 164.
Shakespeare (William), 4715, 4723.
Shalhope (Robert E.), 3174.
Shalom (Stephen R.),6903.
Shang, Chinese dynasty, 7018.
Shapiro (Alan E.), 4681.
Shaplen (Robert), 6926.
Shapur Ier, roi de Perse, 1265.
Shari (Andrew), 1796.
Sharp (Buchanan), 3443.
Sharps (John Geoffrey), 4779.
Shaw (Alan George L.), 6317.
Shaw (G.P.), 4180.
Sheehan (Bernard W.), 6300.
Sheehy (Jeanne), 3590.

Shelah (Menahem), 6675.
Sheng (Xuan-huai), 5466.
Sherratt (Andrew), 845.
Shick (Tom W.), 5798.
Shiels (Richard D.),4181.
Shiloh (Yigal), 1255.
Shils (Edward B.), 5256.
Shimoni (Gideon), 4216.
Shinn (Terry), 4404.
Shkolnik (Esther Simon), 3444.
Shochat (Yanir), 1518.
Shores (Christopher F.), 6786.
Shorrock (William I.),6586.
Shorter (Edward), 5799.
Showa, Japanese hist. period, 3694.
Showalter (Elaine), 4682.
Shrader (Victor L.), 4405.
Shrapnel (Norman), 3445.
Sicard (Claude), 4760.
Sieben (Hermann Josef), 1714.
Siegfried (Anita), 1047.
Sienkiewicz (Henryk),4801.
Sifton (Paul C.), 253.
Sigal (Pierre-André),1930.
Sigfridus, Ep. Vexione in Suecia, Sanctus, 2604.
Siggemann (Jürgen), 2916.
Siiriäinen (Ari), 1010.
Sijpesteijn (P.J.), 1298.
Siklós (András), 3520, 3571.
Sikora (Adam), 5082.
Silber (Jacques), 5556.
Silberner (Edmund), 5976.
Silli (Paolo), 1559.
Silló-Seidl (Georg),4683.
Silver (Judith), 3327.
Silverman (Joseph H.),613.
Silvestri (Anna Maria), 1931.
Silvestri (Mario), 3673.
Simms (Katherine), 2355.
Simó Santonja (Vicente L.), 1968.
Simon (V. Péter), 1932.
Simone (Franco), 818.
Simonescu (Dan), 924.
Simonsohn (S.), 2134.
Simonyi (Károly), 4684.
Singer (Franz), 4872.
Singer (Gordon A.), 3043.
Singer (Jakob), 4872.
Singer (Johann Anton),4872.
Singh (Daman Sarva), 6987.
Singh (Ellen C.), 6587.
Singh (Sukhwant), 6904.
Singh (Surendra Prasad), 7003.
Sinisi (Agnese), 3674.
Sinnhuber (Karl A.), 5257.
Sipione (Enzo), 2109.
Sipos (Péter), 3564, 5914, 5924, 5977, 6676.
Sirat (C.), 13.
Sirén (Osvald), 7043.
Sitzler (Kathrin), 6457.
Siu (Bobby), 7065.
Sivan (Emmanuel), 6221.
Sivers (Peter v.), 6222.
Sivery (Gérard), 2220,2356.
Sizonenko (A.I.), 6588.
Sjöberg (Marja), 5608.
Sjöblom (Paul), 644.
Sjödin (Lars), 6326.

Skaggs (David Curtis), 6301.
Skąpski (Mieczysław), 6620.
Skard (Sigmund), 4747.
Skarga (Barbara), 4589.
Sked (Alan), 2990.
Skinner (David E.), 6223.
Skjølsvold (Arne), 1048.
Skodlarski (Janusz),5121.
Skoric (Sofija), 3927.
Škorupová (Anna), XXI.
Skowronek (Jerzy), 6388.
Skrynnikov (R.G.), 6171.
Skubiszewski (Piotr), 2486.
Škundin (M.Z.), 3175.
Škurinov (P.S.), 4590.
Skwirowska (Stefania), XVIII.
Skyles, roi des Scythes, 1110.
Slack (Paul), 5800.
Sladden (John Cyril),2590.
Sladkovskij (M.I.), 6140.
Śladkowski (Wiesław), 3328, 6589.
Slama (Carlo), 2917.
Ślaski (Kazimierz),2221.
Slatta (Richard W.),5801.
Sleidan (Johann), 391.
Slemnev (M.A.), 829.
Slezák (Lubomír), 3839.
Slicher van Bath (B.H.), 5557.
Śliwa (Michał), 3758, 5978.
Sloan (Douglas), 4685.
Sloman (Anne), 3364.
Słowikowski (Tadeusz), 4406.
Smadja (Elisabeth),1131.
Smallwood (James M.), 5486.
Smârcea (Doina), 3769.
Smart (James R.), 4999.
Šmeral (Bohumír), 3822.
Smidt (J. Th. de), 6237.
Smidt van Gelder-Fontaine (R.), 235.
Smiles (Samuel), 4250.
Smit (J.G.), 702.
Smith (Adam), 4570,5028.
Smith (Bernard), 4855.
Smith (Daniel Blake), 5802.
Smith (David), 5186.
Smith (Elbert B.), 3176.
Smith (G.W.), 4591.
Smith (George Ivan),3856.
Smith (J. Hatvey), 5432.
Smith (J. Myron), 6677.
Smith (John Graham),5258.
Smith (Malcolm), 5259.
Smith (Michael Stephen), 3329, 5122.
Smith (Paul H.), 6236.
Smith (Sam B.), 3047.
Smith (Sidney), 4776.
Smock (Raymond W.), 3054.
Smoleń (Kazimierz), 6611.
Smolenskij (N.J.), 510.
Smout (T.C.), 5724.
Smyth (Bernard T.), 1752.
Smyth (Craig High), 194.
Smyth (William J.), 5691.
Snaper (F.), 5260.
Snepp (Frank), 6905.
Śniadecki (Jan), 4314.
Sníttl (Zdeněk), 3820.
Snodgrass (A.), 1346.
Snyder (Henry), 358.
Soapes (Thomas F.),6906.
Sobczak (Janusz), 6678.
Sobieski, famille, 6350.
Sobieszczański (Franciszek Maksymillian), 4856.
Sobolev (A.I.), 5954.
Soboul (Albert), 3230.
Sochacki (Zdzisław), 1011.
Socolow (Susan Migden), 5803.
Soda (Hiroshi), 7066.
Sodini (Jean-Pierre), 1428.
Soejima (Enshô), 7067.
Sørensen (Preben Meulengracht), 2417.
Sőtér (István), 4836.
Sogrin (V.V.), 6302.
Sohl (Klaus), 2918.
Sokoloff (Michael),1933.
Sokołowski (Armand), 1081.
Sola-Sole (Josep M.), 613.
Solana Villamor (María Concepción), 911.
Solmsen (Friedrich), 1420.
Solnon (Jean-François), 5804.
Solomnik (I.N.), 5000.
Solomon (Peter H.) Jr., 6095.
Solon, 1364.
Solov'ev (M.E.), 3910.
Solov'ev (Sergej Mikhajlovič), 392.
Soltész (Zoltánné),1890.
Soly (H.), 769.
Somfai Filó (Erika),753.
Somogyi (Éva), 2991.
Sonneville-Bordes (Denise de), 983.
Soós (István), 367,1623.
Sorel (Georges), 4574, 4585.
Sorlin (Pierre), 5001.
Sosnowski (Marian Andrzej), 6590.
Sosson (J.P.), 861,5805.
Sotty (R.), 1560.
Soubeyroux (Jacques), 5806.
Souchal (François),4917.
Součková (Jana), 1143.
Soufflot (Germain),4885.
Soymié (Michel), 7025.
Spadolini (Giovanni), 384, 3675-3677, 5329.
Spahn (Peter), 1364.
Spasov (L.), 6458.
Spasowicz (Włodzimierz), 3732.
Spasski (G.), 110.
Spate (O.H.K.), 6318.
Speake (George), 2449.
Spear (Frederick A.), 4476.
Speck (Josef), 805.
Specker (Hans Eugen), 201.
Speckle (Daniel), 5528.
Speed (P.F.), 5123.
Spehr (Paul C.), 5002.
Speidel (Michael P.),1561.
Spence (Clark C.), 4686.
Spence (R.), 2549.
Spencer (Thomas T.),3177.
Spender (Stephen), 4764.
Spengler (Oswald), 5379.
Špět (Jiří), 266.
Spěváček (Jiří), 2110, 2434.
Spicker-Wendt (Angelika), 1934.
Spieralski (Zbigniew), 2111.
Spiers (Edward M.), 3446, 5807.
Spiertz (M.G.), 4072.
Spies-Hankammer (Elisabeth), 6389.
Spiess (Kurt), 5124.
Spiller (Roger J.), 3178.
Spini (Giorgio), 3678, 6065.
Spinoza (Baruch), 4479, 4566.
Spira (György), 3496,3513, 3540, 3546.
Spitz (Lewis W.), 4243.
Spitzer (Shlomo), 4218.
Spliet (Herbert), 3911.
Spock (Benjamin), 3111.
Sprandel (Rolf), 409,2222.
Spremic (Momcillo), 2060.
Sprigade (Klaus), 1054.
Springer (Elisabeth),6337.
Spröte (Wolfgang), 6829.
Srivastava (Kanhaiya Lal), 6988.
Staaff (Karl), 3804.
Stacey (C.P.), 6733.
Stockmann (Karl), 2438.
Stadin (Kekke), 5809.
Stadion (Franz), 5705.
Stadler (P.), 2730.
Städele (Alfons), 1410.
Staes (J.), 6368.
Stafford (David), 6817.
Stagg (J.C.A.), 6390.
Stahleder (Helmuth),2658.
Stainville, v. Choiseul (François Joseph, duc de Ch., marquis de Stainville).
Stalin (Iosip Vissarionovič Džugašvili,dit), 2721, 3868, 6123,6654, 6740, 6822.
Stalley (R.A.), 2487.
Stamm (Christoph), 6690.
Stammer (Martin), 2919.
Stampp (Kenneth M.),3179.
Stancliffe (Clare E.),2659.
Staněk (Jan), 5848.
Stanford (Sir Charles Villiers), 4989.
Stanislaus, Ep. Cracoviensis, Sanctus, 2605.
Stanislavskij (A.L.),3912.
Stanisław, chroniqueur polonais, 1875.
Stanisław ze Skarbimierza, 2669.
Stanley (Gerald), 3180.
Stanley (Peter W.), 6459.
Stannage (T.), 3447.
Stannard (David E.), 511.
Stansky (Peter), 3448.

Stanton (Elizabeth Cady), 3067.
Stąpor (Zdzisław), 6793.
Staraz (Elena), 2.
Starostin (B.), 830.
Starovojtova (G.V.), 5558.
Starr (Chester G.), 1519.
Starr (Stephen Z.), 3181.
Startt (James D.), 4464.
Stassinopoulos (Arianna), 5003.
Stattin (Jan), 5433.
Staudacher (Christian), 5434.
Staufer, Dynastie, 24, 1915, 2224.
Stauffer (Richard), 4183.
Staum (Martin S.), 4277, 4592.
Stearns (Peter N.), 512, 5812.
Steck (Odil Hannes), 867.
Steckel (Richard H.), 5559, 5787.
Steele (I.K.), 3449.
Steen Jensen (Jørgen), 111.
Steensgaard (N.), 6145.
Ştefan (Alexandra), 1277.
Stefanelli Cervelli (Lucia), 3616.
Stefanowska (Zofia), 710.
Stefanutti (Ugo), 2385.
Steffen (Jerome O.), 3182.
Steger (Bernd), 2920.
Steier (Lajos), 283.
Steigerwald (Robert), 4593.
Stein (Burton), 6989.
Stein (Louis), 3330.
Stein (Robert Louis), 5323.
Steinberg (Lucien), 6679.
Steinberg (Salme Harju), 4465.
Steinhauer (Kurt), 4473.
Šteinmanis (Josef), 3873.
Steinmann (Frank), 1191.
Steitz (Walter), 5040.
Stejskal (Karel), 2488.
Stella (Pietro), 4027.
Stelzer (Winfried), 2224.
Sten (Maria), 7168.
Stendhal (Henri Beyle, dit), 4770.
Stengers (Jean), 2999, 6145.
Stenhouse (Nicol Drysdale), 4796.
Stenico (Renico), 4687.
Štěpánek (Vladimír), 4824.
Stephan (Hans-Georg), 940.
Stephanus, rex Hungariae, Sanctus, v. István I, roi de Hongrie.
Stephens (Meic), 4857.
Stępień (Jan), 1752.
Stępkowski (Lech), 5301.
Sterk (J.B.M.M.), 4278.
Stern (Elijahu), 6680.
Stern (Menahem), 1230, 1256.
Stern (Virginia F.), 4837.
Stesichoros, 1317.

Stettinius (Edward Reilly) Jr., 5161.
Stettler (Peter), 3810.
Stevens (Isaac I.), 3165.
Stevenson (David), 3450.
Stevenson (Robert Louis), 4777.
Stewart (Michel), 465.
Stewart (Walter), 4430.
Stewart-Robinson (J.C.), 4570.
Stieber (Jack), 3183.
Stiller (Karl Theodor), 5917.
Stillmann (Norman A.), 6949.
Stinchcombe (William), 6391.
Ştirban (Marcel), XIX.
Stochowa (Zofia), 6616.
Stock (Imréné), 403.
Stockwell (A.J.), 7004.
Stodolniak (Jan), 2344.
Stöcker (Chrișta), 4755.
Stoecker (Erika), 357.
Stoecker (Helmut), 393.
Stöckigt (Rolf), 381.
Stöckl (Günther), 2599.
Stöhr (Ernestine), 4298.
Stoepker (H.), 2489.
Stoff (Michael B.), 3184.
Stoicescu (Nicolae), 719, 1994.
Stokes (E.T.), 741.
Stolberg-Wernigerode (Otto Fürst zu), 2853.
Stolfi (Russel H.S.), 6794.
Stolleis (M.), 742.
Stone (Norman), 2921.
Storck (P.L.), 7169.
Story (Ronald), 4407.
Strabon, 140.
Strachan (Hew), 3451.
Straka (Jaroslav), 3840.
Strand (Birgit), 1935.
Straniero (Giorgio), 831.
Strassenreiter (Erzsébet), 3541.
Strassfeld (Robert), 441.
Stratton (Adam), 2241.
Straub (Eberhard), 6338.
Strauss (David Friedrich), 4481.
Strauss (Herbert A.), 2816.
Strauss (Walter), 912.
Straw (Richard), 5980.
Strayer (Joseph R.), 2112, 2660.
Streiff (Andreas), 5850.
Streisand (Joachim), 394.
Stresemann (Gustav), 2846, 6494, 6514.
Strnad (Alfred A.), 4279.
Strnadová (Irena), 3813.
Strobel (August), 1747.
Stroessner (Alfredo), 3712.
Stromberg (Roland N.), 2772.
Stronczyński (Kazimierz), 112.
Strong-Boag (Veronica), 5574.
Stroud (R.S.), 1316.
Strouse (Jean), 5815.
Strout (Cushing), 513.

Stróżyński (Tomasz), 1591.
Strozzi (Filippo), 3612.
Struss (Lothar), 2661.
Struve (Pëtr Berngardovič), 3902.
Strzemski (Michał), 4408.
Stuart, dynasty, 3369, 3409, 3999, 4964.
Stuart (Paul), 3185.
Stucki (Willi), 971.
Stucky (Rolf A.), 1426.
Stürmer (Michael), 2932.
Stüttgen (Dieter), 2922.
Stuke (Horst), 5125.
Stump (Ulrich), 6070.
Sturdy (D.J.), 3331.
Stursberg (Peter), 6909.
Sturzo (Luigi), 5857.
Stuyt (Jan), 4873.
Styles (John), 3360, 6006.
Suárez Fernández (Luis), 2136.
Subockij (Ju.), 5261.
Subtelny (Orest), 3913.
Suceveanu (A.), 1520.
Suchecki (Wiktor), 764.
Suchodolski (Boddan), 832, 4688.
Sucho (Benigna), 2595.
Suda (Zdeněk L.), 3841.
Sudō (Yoshiyuki), 7132.
Süssmuth (Hans), 517.
Suetonius Paullinus (Gaius), 1495.
Sugár (István), 3542.
Suger, abbé de Saint-Denis, 2463.
Sui, Chinese dynasty, 7015.
Sukarno, 6997.
Suleiman Ier le Magnifique, sultan ottoman, 5703.
Sulejmanov (É.), 587.
Sulivan (Elizabeth), 3348.
Sulivan (Laurence), 3348.
Sulloway (Frank J.), 4689.
Suluku (Almamy), chief of Bumban, 7142.
Summerson (Sir John), 4886.
Sun Tzu, 7007.
Sun (Yat-sen), 7050.
Sundberg (Gunnar), 5034.
Sundiata (I.K.), 3696.
Suñen (Luis), 2435.
Sung, Chinese dynasty, 7043, 7080.- Northern S., 7017.
Surchat (Pierre Louis), XX.
Surdich (Francesco), 4467, 6153.
Suslova (S.V.), 588.
Sutcliffe (Anthony), 5560.
Sutherland (Graham), 4901.
Sutherland (N.M.), 3332.
Suttmeier (Richard P.), 7068.
Sutton (Donald S.), 7069.
Sutton (John L.), 6362.
Suzuki (Kunihiro), 7116.
Svanidze (A.A.), 2359.
Svanidze (I.A.), 5435.
Svéd (László), 3485, 5981.
Svenbro (Jesper), 1416.
Svoronos (Nicolas), 1754.
Swain (Gladys), 4633.
Swainson (Nicola), 5487.
Swanberg (W.A.), 3186.
Swann (Peter C.), 7117.
Swanson (Dorothy), 5845.

Swart (K.W.), 640.
Swartout (Robert R.) Jr., 6460.
Sweet (Paul R.), 2923.
Świątkowski (Andrzej), 5816.
Sy (Moussa Oumar), 6224.
Sydow (Jürgen), 201.
Sykes (Sir Mark, 6th baronet), 6451.
Syme (R.), 1521.
Symeon of Thessalonica, 1765.
Symonds (Craig L.), 3187.
Szabad (György), 5733.
Szabadi (Judit), 4918.
Szabadváry (Ferenc),4690.
Szabó (Ágnes), 3506,5982, 5983.
Szabó (Árpád), 1411.
Szabó (Bálint), 743,3534.
Szabó (Dániel), 3543.
Szabó (Ervin), 678, 5856, 5928.
Szabó (Éva), 5984.
Szabó (Ferenc), 5264.
Szabó (István), 395.
Szabó (J. József), 1103.
Szabó (József), 353.
Szabó (M.), 1053.
Szabolcs (Ottó), 6878.
Szabolcsi (Miklós), 4449.
Szádeczky-Kardoss (Samu), 1055, 1288, 1797.
Szafraniec (Kazimierz), 2579.
Szakács (Kálmán), 5985.
Szakály (Ferenc), 600, 2061, 3539, 3544.
Szálasi (Ferenc), 3471, 3480.
Szántó (Imre), 3545,4409.
Szasz (Margaret Connell), 4410.
Szász (Zoltán), 600,2992, 3501.
Szathmári (István), 117, 318.
Szatmary (David P.),5436.
Szczęch (Florian Franciszek), 4073.
Széchenyi (István), 3481, 3546, 5010.
Szegfű (László), 2062.
Székely (Gábor), 2774.
Székely (György), 1936, 2113, 2360, 2775.
Székely (Vera), 514.
Szekeres (Antal), 3547.
Szekeres-Farkas (Márta), 4937.
Szekfű (Gyula), 283,3549.
Szelestei (N. László), 3548.
Szemere (Bertalan), 4428.
Szemerényi (Oswald),1273.
Szemző (Béla), 5355.
Szénássy (Barna), 4691.
Szendrei (Janka), 5004.
Szendrey (István), 679.
Szenti (Tibor), 5437.
Szentkirályi (Zoltán), 860.
Szentmihályi (János),254.
Szepesi (Zsuzsanna),4935.
Szepsi Csombor (Márton), 2776.

Szerényi (Imre), 6483.
Szilágyi (János), 4468.
Szilágyi (Miklós), 5438.
Szilvássy (Johann), 1104.
Szinnyei (József), 396.
Szlatky (Mária), 4692.
Szőke (Béla Miklós), 165.
Szőke (Domokos), 3549.
Sztáray (Mihály), 4991.
Szűcs (Jenő), 1985, 2662.
Szűcs (László), 5856.
Szuflik (Władysław),4411.
Szumowski (Tadeusz),6681.
Szumowski (Zbigniew),6795.
Szyszkowski (Wacław),3188.
Szyszman (Simon), 913.

T

Taal (G.), 3728.
Tabaczyńska (Eleonora), 1967.
Tabanelli (Mario),695, 1688.
Tabbach (Vincent), 2664.
Taborski (Roman), 5005.
Tabouis (Geneviève), 6828.
Tacitus (Publius Cornelius), 1465, 1484, 1609, 4272.
Tackett (Timothy), 4028.
Taddei (Francesca),6262.
Taddia (Irma), 6177.
Tadmor (Miriam), 1032.
Tafuri (Manfredo), 5565.
Tagliacozzo (Amadeo), 6591.
Taieb (Jacques), 6225.
Taiheiki, 7118.
Taillemite (Etienne), 209.
Taine (Hippolyte), 397.
Takács (Matilda), 974.
Takahashi (Kaoru),5986.
Takahashi (Kôsuuke), 7070.
Takaki (Ronald T.), 5817.
Takamura (Naosuke),5263.
Takeda (Yukio), 7133.
Takeuchi (Rizô), 7082.
Tall (Madian Ly), 7153.
Tallmadge (John), 4693.
Tallóci (Franko), 2096.
Tallóci (Iovan), 2096.
Tallóci (Matko), 2096.
Tallóci (Petko), 2096.
Tamborra (Angelo), 6461.
Talsma (J.), 2747.
Tamchina (Rainer), 445.
Tamura (Takashi), 1347.
Tanahashi (Mitsuo),7119.
Tanaka (Giichi), 6566.
Tănăsescu (Antoaneta), 4286.
Tancredi, re di Sicilia, 1947.
Tandeau de Marsac (Martine), 2677.
T'ang, Chinese dynasty, 7008, 7015, 7017, 7039, 7043.
Tangheroni (Marco),2361.
Tanigawa (Michio), 7071.
Tannen (Michael), 5212.

Tannery (Mme Paul), 4611.
Tanucci (Bernardo), 3599, 4048.
Tarassi (M.), 3659.
Tarczyński (Marek), 3759.
Tardy (Lajos), 681, 2000.
Tárkány Szűcs (Ernő),6096.
Tarnóc (Márton), 4280, 4555.
Tartakowsky (Danielle), 5987.
Tarzi (Zemaryalai), 6950.
Ta-Shma (Israel), 2663.
Tatarkiewicz (Władysław), 917.
Tate (D.J.M.), 7005.
Taube (Anna-Margarete), 2860.
Taube (Manfred), 6929.
Tausky (Thomas E.), 4838.
Taveneaux (René), 661, 3958.
Taverdet (Gérard), 136.
Taylor (Alan J.P.), 629.
Taylor (Frederick W.), 5223.
Taylor (George W.), 5256.
Taylor (Graham D.), 3189.
Taylor (Idris Rhea) Jr., 6109.
Taylor (James Allan),968.
Taylor (John), 1910.
Taylor (John), of Caroline, 3174.
Taylor (P.S.), 4849.
Taylor (Ph. M.), 6593.
Taylor (Ronald J.), 4839.
Taylor (Sandra C.), 6594.
Tazbir (Janusz), 710.
Tchaikovsky, v. Čaikovskij (Pëtr Il'ič).
Tcherni (Iovan), 3544.
Tęczyński (J.B.), 111.
Teger (Stuart H.), 4485.
Téglásy (Imre), 408.
Teisseyre-Sallmann (Line), 5561.
Tejchman (Miroslav),6734.
Teke (Zsuzsa), 2114,2362.
Tekin (Sinasi), 6930.
Telegdi (Miklós), 255.
Teleki (Pál), 4439.
Telkamp (G.J.), 6145.
Tell (Wilhelm), 2380.
Tellenbach (Gerd), 2227.
Telschow (Kurt), 1279.
Temporini (Hildegard), 1474.
Tenfelde (Klaus), 5842.
Tennstedt (Florian), 787, 5784.
Tennyson (Alfred Tennyson, 1st baron), 4813.
Tenpo, Japanese hist. period, 7084, 7129.
Teodor (Pompiliu), 4508, 6453.
Teply (Karl), 2993.
Tercie (K.J.M.), 5207.
Ternois (Daniel), 4919.
Terreaux (Louis), 4229.
Terrenoire (Jean-Paul), 4002.
Terrer (Danièle), 1274.
Terrill (Ross), 7072.
Tersmeden (Lars), 6363.
Tertullianus (Quintus Septimus Florens), 1740,

1744.
Terzi (Francesco L.),4697.
Tessedik (Sámuel), 4412, 5424, 5439.
Testa(Cherubino), 4060.
Testi (Arnaldo), 5988.
Teute (Fredrika J.), 515.
Teyssier (M.L.), 1625.
Thackeray (Frank W.), 3760.
Thackeray (William Makepeace), 4815.
Thaer (Albrecht), 5418.
Thales, 1409.
Thamer (Jutta), 4469.
Thanner (Lennart), 3795.
Thatcher (Margaret), 3357.
Théas (Mgr. Pierre-Marie), 6810.
Thegan, 1926.
Theilmann (John M.), 2115.
Themistokles, 1302,1623.
Theodorescu (Dinu),1444, 1674.
Theodoretus, Ep. Cyrensis, 1712.
Theodoricus de Nieheim, 1937.
Theodoridès (Jean),4694.
Théophile (Rogerus ?, dit), 2463.
Theophrastos, 1370.
Theophylaktos Simokattes, 1763.
Thernstrom (Stephan), 5684.
Theveau (Paul), 834.
Thibaut (Jules), 5549.
Thiel (Wilfried), 1257.
Thiem (John), 4281.
Thierry, v. Deodericus I, Ep. Mettensis.
Thierry (Nicole), 181, 2490.
Thiery (Antonio), 2491.
Thies (Wallace J.),6910.
Thill (Andrée), 1626.
Thilo (Thomas), 7073.
Thim (József), 283.
Thireau (J.L.), 6020.
Thiriet (Jean-Michel), 2994.
Thirlwall (A.P.), 5035.
Thissen (Heinz-Joseph), 1148.
Thököly (Imre), prince de Transylvanie,3489.
Tholfsen (Trygve R.), 4184.
Thom (A.S.), 969.
Thom (Alexander), 969.
Thom (Martina), 4594.
Thomas Becket, Sanctus, 1837.
Thomas (E.M.), 3190.
Thomas (L.G.), 3930.
Thomas (Marcel), 2492.
Thomas (Paul), 5989.
Thomas (Samuel J.),4030.
Thompson (Homer A.),308.
Thompson (James Clay), 6911.
Thompson (W.D.J. Cargill), 4185.
Thompson (Wayne C.), 2924, 6595.
Thoms (Lisbeth M.), 672.
Thomson (Edward Deas), 6313.
Thomson (J. Edgar), 5277.
Thomson (John A.F.),2550.
Thomson (R.M.), 1938.
Thorbecke (Johan Rudolf), 3719.
Thrasymachos Kalchedonios, 1615.
Thümmel (Hans-Wolf),6005.
Thuillier (Guy), 4387, 5679, 6071.
Thukydides, 1408, 1412.
Thum (Bernd), 2436.
Thurn und Taxis (Albert Fürst v.), 2988.
Thurnher (Eugen), 804.
Thuróczi (János), 33,1939.
Thurston (Robert W.),3914.
Tibenský (Ján), 4695.
Tibiletti (Giuseppe),1748.
Tierney (Brian), 2171.
Tietze (Klaus-Peter),7074.
Tiglat-Pilesar III, roi d'Assyrie, 1207.
Tilkovszky (Loránt),3551, 6596, 6682.
Tilly (Louise A.), 5818.
Tilly (Richard H.), 5126.
Timbal (Pierre Cl.),2229.
Timm (Willy), 5452.
Timofeeva (N.K.), 1458.
Tingsten (Herbert), 6002.
Tintant (Denise), 5893.
Titarenko (S.L.), 3861.
Tito (Josip Broz, dit), 3929, 6822.
Tittler (Robert), 3416.
Titulescu (Nicolae),3784.
Tlili (Béchir), 6227.
Tjučev (Fedor Ivanovič), 3872.
Tobias (Richard C.), 3344.
Tocqueville (Alexis de), 3296, 4273.
Todd (Margo), 3952.
Todeschini (Giacomo),1900.
Todorov (Delčo), 558,
Todorov (Nikolai), 6462.
Todorova (A.), 518.
Todorova (Cvetana), 5265.
Töpfer (Bernhard), 2223.
Toepfer (Marcia Lynn), 6735.
Török (László), 1192.
Töttössy (Csaba), 349.
Toews (John Edward),4595.
Tognarini (Ivan), 3681.
Toivanen (Pekka), 3211.
Tojbin (I.M.), 4596.
Tokarczyk (Andrzej),4186.
Tokarev (S.A.), 590.
Tokarz (Wacław), 6463.
Tokitsugu (Yamashina), 7096.
Tokody (Gyula), 2925, 6597.
Tokoro (Mitsuo), 7120.
Tokugawa, Japanese dynasty, 7095,7105,7111, 7121.
Tokutomi Soho (pseud. of Tokutomi Iichiro),4458.
Toldy (Ferenc), 398.
Toll (William), 519,5819.
Tolonen (Markku), 4187.
Tolstoj (Lev Nikolaevič), 4778.
Tomaszewski (Jerzy),2926, 6598.
Tomczak (Andrzej), 232.
Tomicki (Jan), 5990.
Tommaso da Olera, 3993.
Tommila (Päiviö), 833.
Toniolo (Gianni), 5127.
Tonnet, imprimeurs-libraires, 55.
Topik (Steven), 3005.
Topolski (Jerzy), 520.
Torcellan (Nanda), 4466.
Torma (István), 855.
Torrell (Jean-Pierre),2602.
Torres (Luis Baéz de),3935.
Torres Fontes (Juan),1824, 2063.
Torrey (Glenn E.), 6476, 6599.
Tosi (Renzo), 1317.
Tóth (Ágnes), 5440.
Tóth (András), 398.
Tóth (Csaba), 3191.
Tóth (Endre), 1522,2011.
Tóth (Gyula), 3476.
Tóth (István), 255, 1637.
Tóth (Lajos), 4412.
Tóth (Melinda), 2493.
Tóth (Tibor), 5488.
Tóth (Zoltán), 5820.
Totman (Conrad), 7121.
Toucheveu (Odette), 258.
Toulhier (Pierre-Joseph), 4737.
Toutier-Bonazzi (Chantal de), 206.
Tovmasjan (S.A.), 3698.
Towle (Philip), 6464.
Townsend (Peter), 3359.
Tôyama (Shigeki), 521.
Toynbee (Arnold J.), 399.
Toynbee (Veronica M.),399.
Toyoda (Takeshi), 7122.
Trachtenberg (Marc),6600.
Traer (James F.), 5821, 6097.
Trajanus (Marcus Ulpius), empereur romain, 1252, 1485.
Trajkov (Veselin), 6397.
Tramontin (Silvio), 3968, 4031.
Tranfaglia (Nicola), 289, 2757, 4466.
Traniello (Francesco),608.
Tranoy (Alain), 1459.
Trapl (Miloš), 151.
Trapon (Patrice), 551.
Trappeniers (M.), 4851.
Trapper (Nancy), 591.
Traungauer, Adelsgeschlecht, 2065.
Trautman (Frederic),3192.
Trautmann (Joanne), 4766.
Treadgold (Donald W.), 6141.
Treadgold (Warren T.), 1798.
Trebitsch (Michel), 5855.
Treide (Dietrich), 592.
Tremblay (Louis-Marie), 5939.
Treschkow (Henning v.), 2847.
Tret'jakov (V.P.), 1012.
Treu (Kurt), 1318.

Treu (Ursula), 1318.
Treue (Wilhelm), 4748, 5128.
Trevelyan (George Macaulay), 400.
Trexler (Richard C.), 2363.
Tribout de Morembert (Henri), 652.
Trigger (Bruce G.),327.
Trinkaus (Charles),2525.
Tripathi (Amales), 6990.
Tripodi (Bruno), 1441.
Tříška (Josef), 2437.
Tristano (Caterina), 14.
Trocmé (Etienne), 1751.
Trócsányi (Zsolt), 3494, 3793, 5822, 6072.
Trompp (G.W.), 918.
Trottier (Louise), 5266.
Troupeau (Gérard), 1855.
Trousset (Pol), 1689.
Truman (Harry S.), 3110, 6844, 6881, 6920.
Trumbull (Lyman), 3169.
Trummer (Regina), 1690.
Trump (David H.), 970.
Truš (M.I.), 3915.
Trzeciakowski (Jan), 7170.
Troska (Jerzy), 6364.
Trzynadlowski (Jan),4282.
Tsagarakis (O.), 1421.
Tsimhoni (Daphne), 4079.
Tsuda (Hideo), 7123.
Tsukamoto (Manabu), 7124.
Tsunayoshi, shogun,7124.
Tsurushima (Hirokazu), 2228.
Tsuzuki (Chushichi),5991.
Tubielewicz (Jolanta), 7125.
Tubman (William V.S.), 6852.
Tucker (Barbara M.),5823.
Tucker (Michael), 6912.
Tudor, dynasty, 2069, 3416,3420,3428,4136, 5686.
Tugan-Baranovskij (D.M.), 3333.
Tulard (Jean), 6071.
Tuma (Tom), 3953.
Tunimanov (V.A.), 4840.
Tunnicliffe (C.F.),4909.
Túpac Amaru II, Indian chief, 3983.
Tuplin (C.), 1344.
Turchi (Marcello), 3682.
Turcu (Mioara), 1107.
Turi (Gabriele), 3683.
Turlan (Juliette M.), 2229.
Turner (Arlin), 4841.
Turner (Eric G.), 1319, 1400.
Turner (James), 3193.
Turner (John), 3452.
Turner (Joseph M.W.), 4891.
Turner (Michael Edward), 166.
Turpeinen (Oliva),6601.
Tuțu (Dumitru), 6736.
Tutzke (Dietrich), 803.
Tweraser (Kurt), 2995.
Twersky (Isadore), 2135, 2137.

Twitchett (Denis), 7015.
Twohig (Dorothy), 3055.
Tyacke (Sarah), 167.
Tyler (John W.), 6303.
Tyloch (Witold), 2138.
Tylor (John Mason), 4643.
Tyrowicz (Marian), 4470.
Tyrrell (Ian R.), 5824.
Tyrrell (Joseph M.), 2116.
Tz'u-hsi, empress of China, 7056.

U

Ubico (Jorge), 3464.
Uboldi (Raffaello),6761.
Uebel (Günter), 5951.
Ueberschär (Gerd R.), 6683.
Uhlig (Ralph), 523.
Uhr (Carl G.), 351.
Uiblein (Paul), 2439.
Uil (H.), 208.
Uitz (Erika), 2364.
Ujváry (Zsuzsanna J.), 5825.
Ulászló II, roi de Hongrie, v. Vladislav II, roi de Bohême et de Hongrie.
Ulbricht (Otto), 5441.
Ulewicz (Tadeusz), 2605.
Ullman (Walter), 435, 2171, 2230.
Ullmann (Agnès), 4667.
Ullreich (Josef), 267.
Ullrich (Hermann), 5006.
Umanskij (A.P.), 3916.
Umberto I, re d'Italia, 3601, 3631, 3656.
Umlauf (Joachim), 6073.
Umrejko (S.A.), 6818.
Underwood (Oscar W.), 3123.
Unger (Richard W.),2365, 5324.
Uno (Shunichi), 3693.
Untermann (Jürgen),1624.
Updike (D.B.), 4921.
Upton (Anthony F.),3212.
Urbán (Aladár), 3552, 3794, 4471.
Urban (Helmut), 29.
Urbán (Károly), 5993.
Urbán (László), 5442.
Urban (Otto), 5826.
Urbańczyk (Andrzej), 2996.
Urbańczyk (Stanisław), 552.
Urbánková (Libuše),6327.
Urbanová (Zora), 784.
Urbanus V /Guillaume de Grimoard/, Papa,1880.
Urfus (Valentin), 6021.
Urgunge (O.), 7063.
Ursin (Matti), 3213.
Urwin (Kenneth), 1922.
Usener (Hermann), 401.
Usenko (E.T.), 6108.
Ussia (Salvatore), 4736.
Utčenko (S.L.), 1543.
Utzschneider (Helmut), 1258.
Uva (Bruno), 5994.

V

Vacalopoulos (Apostolos E.), 1799.
Vadász (Sándor), 3483, 3573, 5856.
Vadászi (Erzsébet), III.
Vadée (M.), 4588.
Vadian (Joachim), 4225.
Vaglia (Ugo), 3685.
Vaillant-Couturier (Marie-Claude), 6661.
Vaizey (John), 5129.
Vajanský (Svetozár Hurban), 3817.
Vajay (Szabolcs), 1968.
Valabrega (Guido), 2778.
Valach (Ján), 5468.
Valarché (Jean), 5130.
Valentinianus I, empereur romain, 1496.
Valeri (Nino), 402.
Valiani (Leo), 384.
Vallée (Aline), 231.
Vallier (Dora), 4920.
Valois, ducs de, 2075, 2265.
Valsecchi (Franco), 6465.
Valvekens (J.-B.), 4038.
Vamvoukos (A.), 1365.
Van Buren (Martin), 3164.
Van de Kieft (C.), 705.
Van d'Elden (Stephanie Cain), 78.
Van de Maele (S.), 1348.
Van den Berg (J.Th.J.), 2747.
Van den Boogaart (E.), 6267.
Vandenbossche (André),744.
Van den Eerenbeemt (H.F.J. M.), 5267.
Van der Gouw (J.L.), 15, 436, 705, 1916.
Van der Heide (A.), 235.
Van der Hurk (L.J.A.M.), 1691.
Van der Lee (T.), 6237.
Vandermaesen (M.), 2191.
Van der Pols (K.), 5268.
Van der Wee (Herman),195.
Van der Woude (A.M.),705.
Van Deursen (A.Th.), 704, 3729, 5827.
Vandier (J.), 1153.
Van Dijk (J.J.C.), 208.
Van Doren (J.P.), 4081.
Van Eenoo (R.), 2747.
Van Effenterre (Henri), 1130, 1297.
Van Es (W.A.), 1692.
Van Essen (J.L.), 3716.
Vangaard (J.H.), 1638.
Van Goudoever (P.), 6453.
Van Herwaarden (Jan),2597.
Van Herwijnen (G.), 705.
Van Himbergen (E.J.),3719.
Van Houtte (Jan A.), 2284.
Vaniš (Jaroslav), 1869, 2366.
Van Karnebeek (Abraham Pieter Cornelis),3719.
Van Leuven (J.C.), 1033.
Van Lith (S.M.E.), 1693.
Vanneufville (Eric),1986.
Van Nierop (H.F.K.), 769.

Vannoni (Gianni), 3686.
Van Opstall (M.E.), 702.
Van Peteghem (P.), 6339.
Van Rij (H.), 1804.
Van Rompaey (J.), 2730.
Van Sas (N.C.F.), 3719.
Van Sickle (John),53.
Van't Dack (Edmond), 1193.
Van Tricht (H.W.), 4735.
Van Uitert (E.), 4851.
Van Uytven (R.), 769.
Van Vollenhoven (Cornelis), 6107.
Van Walsum (R.), 1194.
Van Wassenaer (Unico Wilhelm), 4954.
Vanwelkenhuyzen (Jen), 6685.
Van Winter (J.M.), 769.
Van Zuylen van Nijevelt (J.P.P. baron), 702.
Várady (László), 1133.
Varbanec (N.V.), 54.
Várfalvi (Tamás), 5269.
Varg (Paul A.), 6142.
Varga (Belá), 4188.
Varga (Gyula), 5443.
Varga (Ilona), 5490.
Varga (Imre), 1873.
Varga (János), 3553, 6098.
Varga (Jenő), 403.
Varga (József), 4696.
Varga (Lajos), 5983, 5995.
Varga (László), 5270.
Varga (Livia), 2494.
Varga (Mária G.), 538.
Varga (Sándor), 309.
Varga (Zoltán), 3513.
Vargas (Getulio Dornellas), 3003.
Vargha (Kálmán), 4423a.
Vargyas (Lajos), 1108, 2505.
Vargyas (Péter), 1223.
Varine (Béatrice de), 5444.
Várkonyi (Ágnes), 3536,. 3554, 5131, 6365.
Varsányi (Péter István), 3555.
Varsori (Antonio), 3194, 6737.
Vartíková (Marta), 3842.
Vasa (Cecilia), 111.
Vásárhely (Judit), 256.
Vásárhelyi (M.), 4451.
Vasari (Giorgio), 4847.
Vásáry (István), 4597.
Vasil'ev (B.N.), 5828.
Vasil'ev (L.S.), 593.
Vasiliev (Valentin),1050, 1109.
Vasoli (Cesare), 835, 4244, 4322, 4697.
Vass (Előd), 233, 3556.
Vass (Henrik), 200,524; 3506, 3567,3574,5924.
Vata, chef rebelle hongrois, 2062.
Vatikiotis (P.J.), 3030.
Vatin (Philippe), 3334.
Vattioni (Francesco), 1259.
Vaughan (Thomas), 4487.
Vaughan (Karen Iversen), 4598.
Vaughan (R.), 2075.
Vaughn (Sally N.), 2586.
Vaughn (Stephen), 3195.
Vayssière (Pierre),5271.
Vdovin (A.I.), 4363.
Veblen (Thorstein),5022, 5643.
Vedastes, Ep. Atrebatensis, Sanctus,1834.
Veenendaal (A.J.) Jr., 702, 3715.
Vehe-Glirius (Mathias), 4116.
Veissière (Michel),3971.
Veld (N.K.C.A. in 't), 702.
Veliki (Konstantin), 6397.
Veliky (János), 5272.
Velissaropoulos (Julie), 1351, 1366.
Véliz (Claudio), 2779.
Vellacott (J.); 6602.
Venault (Philippe),3229.
Venceslaus IV, rex Bohemiae, v. Wenzel, deutscher König.
Venedikov (Ivan), 1106.
Venerini (Rosa), 3989.
Venohr (Wolfgang),2847, 2928.
Ventura (Angelo), 3687.
Venturini (Fiorenza), 5273.
Verbruggen (J.-F.),1987.
Vercoutter (Jean), 1124, 1177.
Verdam (P.J.), 2730.
Verdier (Yvonne), 594.
Verdon (Jean), 1823, 2367.
Vereté (Mayir), 6466.
Vergennes (Charles Gravier, comte de), 6357.
Verger (Jacques), 2440.
Vergote (H.), 4488.
Verino (Francesco) II, 404.
Verlinde (A.D.), 1692.
Verlinden (Charles), 5563.
Vermigli (Pietro Martire), 4088.
Vernant (Jean-Pierre), 1416.
Vernassa (M.), 6467.
Verne (Jules), 4797.
Vernus (Michel), 55.
Verri (Alessandro), 5580.
Verri (Pietro), 5580.
Versini (Xavier), 5829.
Vértes (Róbert), 5992.
Vertet (Hugues), 1694.
Verwers (W.J.H.), 2708.
Verynaud (Georges), 2677.
Vespasianus (Titus Flavius), 1507.
Vester (Michael), 5880.
Veyne (Paul), 525.
Vezér (Erzsébet), 3484.
Vezin (Jean), 16.
Viallaneix (Paul), 3265, 5583.
Viard (Jules), 231.
Vicente (J.), 939.
Vico (Giambattista), 4511, 4537, 4566.
Victor Vitensis, 1702.
Victoria, queen of Great Britain a. Ireland, 3362, 3424, 3441, 3451.
Victorinus (Marius V.Afer), 1725.
Vida (István), 6676,6915.
Vidal de Canyelles, 1968.
Vidal de La Blache (Jacques), 3335.
Vidal-Naquet (Pierre), 3318.
Vidalenc (Jean), 5564.
Vieillard-Troiekouroff (May), 2448.
Vierhaus (Rudolf), 526.
Vietor (Richard H.K.), 5274.
Vieusseux (Gaspard), 4457.
Vigh (Károly), 3557, 3575, 6686.
Vignier (Françoise), 848.
Vigué (Jordi), 2478.
Vigvári (András), 3453.
Vija (Nara), 246.
Vila (André), 1195.
Vilain (Lucien-Maurice), 5275.
Vilanova (M.), 2747.
Vilkko (Lauri), 168.
Villa (Brian Loring),6738.
Villalpando (Abelardo), 2773.
Villani (Giovanni), 2406.
Villari (Rosario), 310.
Villavicencio (Lorenzo), 6336.
Villehardouin (Geoffroi de), 1851.
Villeneuve (Roland), 4032.
Villiers (Barbara), v. Cleveland (Barbara Villiers, duchess of).
Vincent (John Carter), 3144.
Vincentius Caesaraugustanus, Martyr, Sanctus, 178.
Vincze (Edith), 5992,5997.
Vincze (Közli S.), 5854.
Viniczai (István), XI, 3465.
Vinogradov (Ju. G.),1110, 1367.
Vinogradov (Vladimir A.), 195.
Vinovskis (Maris A.),4352, 5566.
Vinyoles i Vidal (Teresa Maria), 2342.
Violante de Hungría, reina de Aragón, 1968.
Violante (Cinzio), 1988.
Virágh (Ferenc), 5445.
Virdung (Sebastian),4979.
Virgoulay (René), 4599.
Visset (Dominique), 945.
Visy (Zsolt), 1602.
Vitali (Giorgio), 6819.
Vitéz (János), 2390.
Vitruvius, 1613.
Vittinghoff (Friedrich), 437, 1523.
Vittorio Emanuele I, re di Sardegna, 3661.

Vittorio Emanuele II, re d'Italia, 3655, 3656.
Vittorio Emanuele III, re d'Italia, 3610.
Vivanti (Corrado), 693.
Vix, lieutenant-colonel, 6572.
Vlad III Ţepeş /l'Empaleur/, prince de Valachie, 2080.
Vladimirescu (Tudor), 3773.
Vladimirov (V.Kh.), 6916.
Vladislav II, roi de Bohême et de Hongrie, 2092.
Vlasova (I.V.), 5567.
Vodoff (Vladimir), 2117.
Vörös (István), 1103.
Vörös (Károly), 3496, 3521, 5446, 5568,5830.
Vogel (Barbara), 2897.
Vogel (Morris J.), 4698.
Vogeler (Albert R.),4189.
Vogler (Bernard), 5581.
Vogler (Chantal), 1562.
Vogler (Günter), 5687.
Voigt, Juristenfamilie, 5043.
Voigt (Arnold), 5447.
Voigt (Harry), 5846.
Voigtlaender (H.D.),1413.
Voillery (Pierre), 6468.
Voisine (Nive), 4033.
Voit (Pál), 852.
Voituriez (Albert-Jean), 3336.
Vola (Giorgio), 4085.
Volin (M.S.), 3917.
Volkert (Wilhelm), 2231.
Volkmann (Hans-Erich), 5038, 5276.
Volpi (Domenico), 5831.
Voltaire (François Marie Arouet, dit), 3955, 4518, 4600, 4601,4715.
Vondung (Klaus), 6547.
Vones (Ludwig), 2666.
Vonglis (Bernard), 5448.
Vons (P.), 1695.
Von Santen (J.H.), 3719.
Vormbaum (Thomas), 2929.
Vorob'ev (V.M.), 5449.
Voronova (S.), 6917.
Vošahlíková (Pavla),3843.
Voss (Jürgen), 655, 4297.
Vovelle (Michel), 5132.
Vrablic (Emil), 3845.
Vraciu (Ariton), 137.
Vrbata (J.), 6619.
Vrchlický (Jaroslav), 4768.
Vryonis (Speros) Jr., 6951.
Vucinich (Alexander), 4700.
Vuillemin-Diem (Gudrun), 2357.
Vulpe (Radu), 182.
Vystrčil (Jan), 6820.
Vytiska (J.), 5175.

W

Waard (Cornelis de),4611.
Wacha (Georg), 4934.
Wacke (A.), 1563.
Wackenroder (Wilhelm Heinrich), 3719.
Wada (Haruki), 6604.
Wadding (Luke), 837.
Wächtler (Eberhard), 777.
Wagman-Eshkoly (Hava), 6687.
Wagner (Heinrich), 138.
Wagner (Peter), 1260.
Wagner (Richard), 4996.
Wagnerová (Jarmila),3337, 6673.
Wainwright (M. Doreen), 223.
Waitz (Georg), 629.
Wakatsuki (Yasuo), 5569.
Wakita (Osamu), 7126.
Walachowicz (Jerzy),2064.
Walaszek (Adam), 6931.
Walbank (F.W.), 1349.
Walden (Keith), 4842.
Waldersee (Alfred Graf v.), 2825.
Waldman (Marilyn Robinson), 2155.
Walichnowski (Tadeusz), 709.
Walicki (Andrzej), 5998.
Walker (Christopher J.), 2780.
Walker (Lawrence D.),528.
Walker (Samuel), 6099.
Walkowithz (Judith R.), 5832.
Wall (B.), 5929.
Wallace (Alfred Russel), 4652.
Wallace-Hadrill (J.M), 2012.
Wallenstein (Albrecht v.), Herzog v. Friedland, 6330.
Wallerstein (Immanuel), 325.
Walpole (Horace, 4th earl of Orford), 3350.
Walpole (Robert, 1st earl of Orford), 3397.
Walsh (John Edward),5833.
Walsh (Katherine), 837.
Walsh (Richard J.), 1951, 2075.
Walter (Gero), 6037.
Walter (Richard J.),4472.
Walther (Karl Klaus), 6366.
Waltman (Jerold), 3196.
Wandycz (Piotr S.), 6143.
Wang (Fan-hsi), 7009.
Wanquet (Claude), 6228.
Wapiński (Roman), 3741, 3761.
Warburg (Gabriel), 6229.
Ward (Benedicta), 2526.
Ward (Henry Baldwin), 4643.
Ward (James A.), 5277.
Ward (Patricia A.), 4602.
Warner (John Harley), 4701.
Warning Treumann (Brigitte), 1440.
Warren (Harris Gaylord), 3713.
Warren (Mercy Otis),6255.
Warry (John), 1289.
Warwick (Peter), 6469.
Washington (Booker Taliaferro), 3054.
Washington (George), 3055, 3188.
Wasilewski (Tadeusz),1800.
Wasserman (M.), 2744.
Wasserstein (Bernard), 6952.
Waszkiewicz (Zofia), 6739.
Watanabe (Kinicki), 1773.
Watanabe (Masaharu), 2781.
Watkin (David), 4887.
Watson (I.B.), 5325.
Watson (Robert J.), 3172.
Watson (V.D.), 7176.
Watts (Derek A.), 3338.
Waugh (Evelyn), 4765.
Wavell (Archibald Percival Wavell, 1st earl of), 3415.
Wawrykowa (Maria), 2930.
Wawrzyńska (Małgorzata), 6918.
Weart (Spencer R.), 4702.
Weaver (William), 5008.
Webb (Stephen Saunders), 6304.
Webb (Steven B.), 5278.
Webb (William Joe), 6470.
Webber (Ronald), 2118.
Weber (Edouard), 2527.
Weber (Eugen), 3339.
Weber (Fritz), 5491.
Weber (Hermann), 2894,3918.
Weber (Max), 496, 4587.
Weber (Reinhold W.), 6740.
Weber (T.), 1013.
Weber (Wolfhard), 5279.
Webster (Daniel), 3056.
Webster (Graham), 1524.
Webster (Jill R.), 1942.
Webster (John), 4944.
Webster (Noah), 4270.
Wedgwood (Barbara), 3454.
Wedgwood (Hensleigh),3454.
Wędrowski (Jacek Ryszard), 6605.
Weggel (O.), 7076.
Wegner (Helmut), 1014.
Wegner (Konstanze), 2876.
Wehler (Hans-Ulrich), 277, 529, 2895, 3928.
Wehli (Tünde), 2495.
Wehrle (Kurt), 2782.
Wehrli (Max), 926.
Wehrli-Johns (Martina), 2580.
Wehowsky (Stephan), 2931.
Weil (R.), 1471.
Weiler (Ingomar), 1290.
Weill (G.), 667.
Weinberg (Gerhard L.),6741.
Weinberger (Stephen),2368.
Weiner (Robert), 5999.
Weingort (Abraham), 1261.
Weinstein (Fred), 339.
Weisbrod (Carol), 5834.
Weisbrot (Robert), 4219.
Weiskel (Timothy C.),6230.
Weiss (Thomas), 5145.
Weissel (Bernhard), 489.
Weissensteiner (Friedrich), 2998.
Weisz (George), 4666.
Weld (Theodore Dwight), 3059.
Wellesley (Arthur), v. Wellington (Arthur Wellesley, 1st duke of).

AUTOREN- UND PERSONENREGISTER

Wellington (Arthur Wellesley, 1st duke of), 6373, 6386.
Wellmann (Imre), 320, 3558, 5450.
Wells (Peter S.), 1051.
Wels (C.B.), 2747, 3719.
Welskopf (Elisabeth Charlotte), 405.
Weltin (Max), 234.
Wende (Peter), 3455.
Wendorf (Fred), 972.
Wendt (Bernd-Jürgen), 6000.
Wengst (Udo), 2798.
Wenke (Robert J.), 973.
Wensky (Margret), 2369.
Wenta (Jarosław), 1943.
Wenzel, deutscher König, 1914, 2167.
Wenzel (Horst), 2441.
Werber (Eugen), 4220.
Werner (Ernst), 2370, 2442.
Werner (Joachim), 2496.
Werner (Manfred W.), 2139.
Wernham (R.B.), 6340.
Wernhart (Karl R.),6319.
Wertime (Theodore A.), 1052.
Wesley (John), 4089.
Wesley-Smith (Peter), 6144.
Wesseling (H.L.), 3126, 6145, 6147.
West (Elliott), 5835.
West (William C.), II.
Westerwolt (re Dutch-Cingalese treaty of 1638), 6169.
Westin (Gunnar T.), 438.
Wettiner, Adelsgeschlecht, 2070.
Westphal (Wilfried), 6172.
Wetzel (Kurt), 5280.
Weydemeyer (Joseph), 5943.
Wheaton (Robert), 5836.
Wheeler (Mark C.), 6742.
Whipple (Leon), 4323.
Whisenhunt (Donald W.), 3937.
White (Caroline), 3688.
White (G. Edward), 6100.
White (Gerald T.), 3197.
White (Jerry), 5837.
White (Richard), 5838.
White (Stephen), 6606.
Whitehead (P.J.), 6267.
Whiteley (W.H.), 6367.
Whiteside (N.), 5281.
Whitfield (Stephen J.), 311, 4283.
Whitney (Dorothy), 3186.
Whitney (Williams Collins), 3186.
Whitten (R.G.), 7171.
Wich (Richard), 6919.
Wick (Daniel L.), 3340.
Wicker (Elmus), 5492.
Wickham (Ch.), 2636.
Wicks (Daniel H.), 6471.
Wicks (Peter C.), 4414.
Wickwire (Franklin), 3456.
Wickwire (Mary), 3456.

Widenor (William C.), 3198.
Widera (Aleksander), 6616.
Więckowska (Helena), 362.
Wielgosz (Zbigniew), 312.
Wielowiejski (Jerzy), 1603.
Wierzchosławski (Szczepan), 6472.
Wiesiołowski (Jacek), 2371.
Wigfield (W. MacDonald), 5839.
Wijkström (Christer), 6233.
Wijnhoven (Joseph),3959.
Wildman (Alan K.), 3919.
Wildova Tosi (Alena),721.
Wilhelm I., deutscher Kaiser, 2857.
Wilhelm II., deutscher Kaiser, 2847, 6497.
Wilhelm von Boldensele, 1808.
Wilhelm (András), 4935.
Wilhelm (Walter), 6101.
Wilkins (William), 4876.
Will (Pierre-Etienne), 7077.
Willebrand (C.A.), 3209.
Willemse (D.), 235.
Willemsen (G.F.W.), 6305.
Willerslev (Richard), 5570.
Willey (Gordon R.), 7172.
William III of Orange, king of Great Britain a. Ireland, 3726.
Williams (Ernest Neville), 2783.
Williams (John Hoyt), 3714.
Williams (Martin A.J.), 993.
Williams (Paul L.), 2528.
Williams (Robert C.), 4858, 6001.
Williams (Roger), 3457.
Williams (Roger L.),4843.
Williams (Walter L.), 3199.
Williamson (Jeffrey G.), 5133, 5451.
Willibrordus, Archiepiscopus Traiectensis, Sanctus, 2606.
Williman (Daniel), 236.
Willinger (Franz), 4034.
Willis (F. Roy), 5134.
Willman (Alpo), 5036.
Willman (Elżbieta),1486.
Willoughby de Broke (Lord), 3430.
Willoweit (Dietmar), 2226, 2233.
Wills (Gary), 6306.
Wilmerding (John), 4859.
Wilson (Adrian), 316.
Wilson (Charles E.), 3103.
Wilson (Charles Reagan), 4190.
Wilson (Clyde N.), 3045.
Wilson (Craig Alan), 6743.

Wilson (Daniel J.), 364.
Wilson (David M.), 2165, 2285.
Wilson (Duncan), 3929.
Wilson (Evan M.), 3200.
Wilson (George Macklin), 530.
Wilson (J. Donald), 4403.
Wilson (James H.), 6158.
Wilson (Leonard G.), 4703.
Wilson (P.), 3832.
Wilson (Roger John A.), 1696.
Wilson (Stephen), 531.
Wilson (Woodrow), 3057, 3074, 3139, 3143, 6505, 6522.
Wiltgen (Ralph M.), 4074.
Wiltse (Charles M.), 3056.
Wimmer (Jan), 2715.
Wimmer (Larry T.), 5077.
Win (P. de), 769.
Winberg (Christer), 6002.
Winchelsey (Robert), 2623.
Winchester (James), 3094.
Windisch (Aladárné), XI, 3465.
Windisch (Éva), 3474.
Winius (G.D.), 6145.
Winkelmann (Friedhelm), 1721.
Winkler (Iudita), 974.
Winkworth (Peter) 4892.
Winnicka (Halina), 6821.
Winrich von Kniprode, Hochmeister, 2087.
Winter (Frederick E.), 1446.
Winter (Johanna Maria v.), 2234.
Wintfeld (Neil), 4485.
Wirth (G.), 1350, 2603.
Wirz (Charles), 4475.
Wise (George), 5282.
Witschey (Walter R.T.), 532.
Witte (E.), 2747.
Wittman (Tibor), 5135.
Wittner (Lawrence S.),6920.
Wittstock (Joachim), 4775.
Wittwer (Wolfgang W.),4416.
Wituch (Tomasz), 3700,3853.
Witusik (Adam Andrzej), 3766.
Wölk (Monika), 2724, 2933.
Woeste (Karl), 3591.
Wohl (Robert), 4284.
Wohlgemuthová (Renata), 6003.
Wohnhaas (Theodor), 2500.
Wojtczak (Jerzy Andrzej), 1414.
Wójtowicz (Wit Jan),3808.
Wojtyska (Henryk Damian), 3969.
Wolański (Marian S.),6921.
Wołczew (Wsiewołod), 6473.
Wolert (Władysław), 4470.
Wolf (Armin), 2066.
Wolf (Arthur P.), 7078.
Wolf (Jerzy), 581.
Wolf (Roland), 4749.
Wolff (Hans Julius), 1368.
Wolff (Richard J.), 4417.
Wolfram (Herwig), 2013.
Wollasch (Joachim), 2581.
Wollmann (Volker), 1467.
Wolski (Józef),1114.

Wolter (Heinz), 2667.
Wolters (Gereon), 4509.
Woltring (J.), 6480.
Wood (Gordon S.), 4191.
Wood (Ian N.), 2668.
Wood (James B.), 790, 5840.
Woodcock (George), 4720.
Woodford (Susan), 1447.
Woolf (Virginia), 4766.
Worcell (Stanisław), 3733.
Wordsworth (William), 4781.
Wormell (Deborah), 390.
Wormser (Klaus), 6607.
Worp (K.A.), 57, 1298.
Worrall (Arthur J.), 6307.
Worstbrock (Franz Josef), 1945.
Wortley (John), 1801.
Wosiński (Henryk), 3764.
Wozniak (F.E.), 2067.
Wright (Gwendolyn), 4888.
Wright (J.F.), 5136.
Wright (J. Robert), 1946.
Wright (Langdon G.), 6308.
Wright (Orville), 4638, 5168.
Wright (Tim), 7079.
Wright (Wilbur), 4638, 5168.
Wróblewska (Teresa), 4390.
Wroczyński (Ryszard), 4418.
Wrzesiński (Wojciech), 4359.
Wrzosek (Mieczysław), 3736.
Wubben (Herbert H.), 3201.
Wünsche (Harry), 6829.
Wuermeling (Henric L.), 2934.
Wuilleumier (Pierre), 439.
Wulfstan, archbishop of York, 1923.
Wullenwever (Jürgen), 2868.
Wunder (Gerd), 5571.
Wunderer (Hartmann), 6004.
Wundt (Wilhelm), 4482.
Wyczański (Andrzej), 5808.
Wymer (Ivor Keith), 3458.
Wyndham (Katherine S.H.), 3459.
Wyrozumski (Jerzy), 2372.
Wyrwa (T.), 3765.
Wysocki (Piotr), 6463.

X

Xenokrates, 1414.
Xenophon, 1385.

Y

Yack (Bernard), 4603.
Yahalom (Joseph), 1933.
Yakar (Jak), 1144.
Yanagida (Setsuko), 7080.
Yapp (Malcolm E.), 6173.
Yarmie (A.H.), 5283.
Yarshater (Ehsam), 1827.
Yates (Barbara A.), 4419.
Yavetz (Zvi), 313.
Yaw (Akyempon), 6175.
Yeandle (Laetitia), 17.
Yeivin (Ephrat), 1015.
Yntema (D.), 1448.
Yohanan, v. Johanan ben Zakkai.
Yokomitsu (Riichi), 4798.
Yokoyama (Akio), 7127.
Yon (Bernard), 4737.
Yoshida (Akira), 7128.
Yoshida (Nobuyuki), 7129.
Yoshida (Yutaka), 3694.
Yoshie (Akiko), 7130.
Young (Percy Marshall), 5009.
Young (Peter), 3460.
Youtie (Herbert C.), 1129.
Yovčuk (M.T.), 4568.
Yovel (Yirmiahu), 533.
Yüan, Mongol dynasty of China, 7043.
Yüan (Shih-k'ai), 7054.

Z

Žabka (J.), 3816.
Zaborov (M.A.), 2068.
Žáček (Václav), 3846.
Zachar (József), 3341, 6309.
Zadok (Dan), 1224.
Zafra Serrano (Juan), 1968.
Zagorin (Perez), 3374.
Zahorski (Andrzej), 6463.
Zahrnt (Michael), 1279.
Zajewski (Władysław), 6449.
Zak (Sabine), 2506.
Zakariya (Mona), 856.
Zalesskij (A.J.), 6818.
Zaluska (Yolanta), 247.
Zambarbieri (Annibale), 4035.
Zamfirescu (Dan), 924.
Zamoyski (Jan), 3751, 4252.
Zampaglione (Gerardo), 6953.
Zangrando (Robert I.), 3202.
Zapłata (Feliks), 4075.
Zaragoza Pascual (Ernesto), 4061.
Zarański (Jan), 7134.
Zarathustra, v. Zoroaster.
Zaremba (Jan), 4705.
Zaret (David), 4192.
Zauzich (Karl-Theodor), 1151.
Závadová (Alena), 3874.
Zawadzki (Roman Maria), 2669.
Zecchino (Ortensio), 2235.
Zehnacker (H.), 1487.
Zehnacker (M.), 1604.
Zeil (Wilhelm), 4285.
Zeise (Roland), 2935.
Zeitlin (Richard H.), 5572.
Zeman (Jarold K.), 4094.
Žemlička (Josef), 2710.
Zenon, fonctionnaire, Egypte anc., 1150.
Zernack (Klaus), 427.
Zetkin (Clara), 5971.
Zevelev (A.I.), 534.
Zevenbergen (J.A.), 6102.
Zghal (Abdelkader), 5633.
Zgórniak (Marian), 2936.
Ziebura (Gilbert), 3342.
Ziegler (Charlotte), 2497.
Ziegler (Heinz), 113, 2373.
Zieliński (Antoni), 6503.
Zielinski (Herbert), 1947.
Ziemba (Jan), 5841.
Zieme (Peter), 6954.
Zierer (Otto), 3343.
Žigalov (I.I.), 3434.
Zilch (Reinhold), 6608.
Zilliacus (Henrik), 1196.
Zimányi (Vera), 5137.
Zimmermann (Albert), 2357, 2509.
Zimmermann (Horst), 6689.
Zingg (Paul J.), 5326.
Zinn (Howard), 3203.
Ziółek (Jan), 6474.
Živkova (Ljudmila), 56.
Zlepko (Dymitri), 6341.
Żłobińska (Łucja), 3767.
Žmurovskij (D.P.), 3920.
Zöldhelyi-Deák (Zsuzsa), 5920.
Zöllner (Walter), 1948.
Zola (Emile), 4767.
Żółkiewski (Stefan), 4721.
Zolnay (László), 2507.
Zombori (István), 6342.
Zoroaster, Zarathustra, 1263, 1267.
Zoványi (Jenő), 407.
Zřídkaveselý (František), 5284.
Zrinyi (Miklós), 3515, 3548.
Zsámboky (János), 408.
Zschoche (Sue), 4661.
Zsigmond (Gábor), 5439.
Zsigmont (László), 4604.
Zub (A.), 6453.
Zuberec (Vladimír), 3847.
Zuccalli (Enrico), 4877.
Zucchi (Manuele), 3689.
Zühlke (Christian), 792.
Zürcher (E.), 6147.
Zürrer (Werner), 6394.
Zujkov (G.N.), 3029.
Žukov (E.M.), 535, 536.
Żukowski (Jerzy), 96.
Zumkeller (A.), 904.
Zumpe (Lotte), 5138.
Zumthor (Paul), 1990.
ZurMühlen (Karl-Heinz), 4193.
Zvada (Ján), 537.
Zwaan (F.L.), 4735.
Żygulski (Zdzisław), 264.
Zyrjanov (P.N.), 5331.

GEOGRAPHISCHES REGISTER

A

Aachen (Nordrhein-West-
  falen, BRD), 1803,
  2679.- Marienstift,
  899.
Abbévilliers (Doubs,
  France), 4119.
Abenaki (Am. Indians),
  6285.
Abendland, v. Occident.
Aberdeen (Scotland),
  Univ. Library, 40.
Abruzzo (reg. stor.,
  Italia), 3619, 4045.
Achaia (rég., Grèce),
  1336, 1690.
Addis Ababa (Ethiopia),
  Agreement, 6888.
Adelhausen (Baden-Würt-
  temberg, BRD), Kloster,
  2332.
Adirondack Mountains (New
  York, U.S.A.), 5144.
Admont (Steiermark, Öster-
  reich), Bibel, 2495.
Adrianopel, v. Edirne
  (Turquie).
Adriatique (mer), 6586.
Aegean Sea, v. Egée (mer).
Afghanistan, 6173,6415,
  6941.
Afrique, 5, 270, 284, 294,
  449, 540, 614, 619,853,
  898, 1274, 1275, 1438,
  1498, 1508, 1702, 2276,
  2738, 2739, 2751, 4071,
  4075, 4265, 4392, 4467,
  4561, 5042, 5140, 5374,
  5423, 5563, 6147, 6148,
  6177, 6299, 6749, 6786.
  - A. byzantine, 1792.-
  A. chrétienne, 1744.-
  A. du Nord, 218, 223,
  941, 993, 1128, 1740,
  4195, 7134.- A. italienne, 6217.- A. Noire,
  6145, 6147, 6174, 6837.
  - A. occidentale, 5320,
  6145; 6147, 7134.- A.
  précoloniale, 7134-7153.
  - A. romaine, 1131,1576,
  1590.- A. sub-saharien-
  ne, 7152.- A. tropicale,
  567, 2742, 2759.
Afro-Americans, v. Noirs
  d'Amérique, s.v.Noirs.
Agathopolis (Empire byzantin), 1790.
Agathyrsi (peuple anc.),
  1059, 1109.
Agde (Hérault, France),
  5667.
Agger (Fluss, Nordrhein-
  Westfalen, BRD), Prot.
  Synode an der A., 4122.
Agni (peuple africain),
  7145.

Ain (dépt.,France), 848.
Aïn Rchine (Tunisie),
  1654.
Aisne (riv., France),
  Vallée, 1068.
Aiud (Roumanie), 4311.
Aix-en-Provence (Bouches-
  du-Rhône, France),4871.
Akkad (Mésopotamie anc.),
  1208, 1214.
Alalakh (Turquie), 1215.
Alamannen, v. Alemannen.
Alaska (state, U.S.A.),
  5153.
Alatri (Lazio, Italia),
  Diocesi, 2690.
Albal (Valencia, España),
  1968.
Albania, Albanie, v. Shqi-
  pria.
Alberta (prov., Canada),
  3930, 4893.
Albi (Tarn, France), Albi-
  geois, 2661.
Alboayal, v. Albal (Valen-
  cia, España).
Alemannen (german. Volk),
  1054, 2004.
Alger, 4049, 7141.
Algérie, 1009, 1477, 5435,
  6011, 6199, 6203, 6204,
  6207, 6213, 6221, 6222.
Alicante (Valencia, Espa-
  ña), 1968.
Aliki (Thasos, Grèce),
  1428.
Alpes, 1055.- A. occid.,
  3643.- Ostalpenraum,
  1047.
Alpes-Maritimes (dépt.,
  France), 3277.
Alphen (Pays-Bas), 2708.
Alsace (rég., France),546,
  649, 667, 848, 4143,
  5251.
Amalfi (Campania, Italia),
  1927.
Amazonia (reg., S. Ame-
  rica), 7171.
American Indians, v. In-
  diens d'Amérique.
Amérique, 3502, 4422,5536,
  5566, 5597,5670,6522.
  - A. centrale, 6456,
  7155.- A. coloniale,
  6231-6309.- A. du Nord,
  5704, 6234, 6354,7169.
  - A. du Sud, 4039,6645.
  - A. espagnole, 4531,
  5135.- A. française,
  6232.- A. latine, 2720,
  2723, 2728, 2744,2773,
  2779, 4203, 4231,4248,
  4576, 5447, 5469,5557.
  - A. portugaise, 6263.
  - A. précoloniale,
  7154-7172.- Cf. Bri-
  tish North America.

Amiens (Somme, France),
  Colloque Jules Verne,
  4797.
Amsterdam (Pays-Bas),
  3719,4207,4601,4851,
  5481.- Juifs,5305,5308.
Anagni (Lazio, Italia),
  Diocesi, 2690.
Anatolia (rég., Turquie),
  950,1140,1750.
Ancona (Marche, Italia),
  1764.
Andes (Cordillera de los
  A., América del Sur),
  7161.
Andrinople, v. Edirne
  (Turquie).
Angkor (Cambodge),Temples,
  6996.
Anglo-Normans, 2015,2018,
  2042.
Anglo-Saxons, 1807,2002,
  2449, 2616,2703.
Angola, 565, 4070.
Anjou (rég., France),
  4012.
Annecy (Haute-Savoie,
  France), Congrès Mar-
  gurite de Savoie,4229.
Annopol (Pologne), 4217.
Antarctica, 3936a.
Antilles (Archipel et
  mer), Caribbean,6127,
  6279.- A. franç.,6253.
  - A. néerland., 6237.
  - Caribbean Community,
  6892.
Antwerpen, Anvers (Belgi-
  que), 769, 2240.
Aphrodites (Egypte anc.),
  1312.
Apricena (Puglia, Italia),
  5634.
Apt (Vaucluse, France),
  3970.
Apulia, Apulien, v.Puglia.
Aquileia (Friuli-Venezia
  Giulia, Italia),conci-
  lio, 1711.
Aquincum (auj. Budapest,
  Hongrie), 1634, 1670.
Aquitaine (rég., France),
  1045, 2008, 4022.- Cf.
  Guyenne.
Arabie, Arabes, 595, 597,
  604, 915, 1816, 1829,
  1895, 2008, 2129,2139,
  2140, 2144, 2145,2153,
  2338, 6933, 6935,6936,
  6943, 6949, 6952.- Cf.
  Saudi Arabia.
Arad (Roumanie), 3792.-
  "Martyrs" /1849/, 3495,
  3530.
Aragón (reg., España),
  2170, 2173, 2351,2450,
  2577.- Dinastia, 2109.
  - Reino, 1968, 2646.

GEOGRAPHISCHES REGISTER

Aramaei (peuple anc.), 1250.
Arc (riv., France), Haute vallée, 2455.
Arcy-sur-Cure (Yonne, France), Grotte,985.
Ardennes (dépt., France), 1024.
Arelat, v. Arles.
Argentina, 2937-2939, 4219,4472,5455,6013, 6447,6645.
Arles (Bouches-du-Rhône, France), Pays, 847. - Royaume, Arelat, 2057.
Armenia, Arménie (rég., Asie du Sud-Ouest), 47, 1796, 2780.
Armenija (rép.,U.R.S.S.), 543, 1020, 6428.
Arsinoe (Egypte anc.), 1165.
Arsinoites nomos (Egypte anc.), 1463.
Artois (rég., France), 2195.
Asante, v. Ashanti.
Ashanti (people a. region, Ghana),5025, 6175.
Asie, 218, 910, 1344, 2757, 5374, 6147, 6922-7133.- A. antér. anc., 1134-1144.- A. centrale, 990, 1262, 2153, 6927-6954 passim.- A. coloniale, 6154-6173.- A. de l' Est, 990, 6141, 6158, 6439, 6540, 6570.- A. du Sud, 6890.- A. du Sud-Est, 804, 3943, 5502, 6642, 6890.- A. Mineure anc., 1486.
Assyria, Assyrie, 1139, 1207, 1211, 1212.
Asti (Piemonte, Italia), 2672.
Asturias (reg., Espana), 3041.
Athenai, Athènes (Grèce), 1331, 1340, 1347, 1365, 1374, 1376.
Athos (Mont, Grèce),1754.
Atlantique (Océan),5054. - English A., 3449.- North A., 1974.
Attike, Attique (rég., Grèce), 1433.
Aude (dépt., France), 3277, 3310.
Augsburg (Bayern, BRD), Bekenntnis, 4129.- Bischöfe, 2575.- Reichstag /1530/,2827, 6333.
Aurès (massif, Algérie), 1009.
Auschwitz, v. Oświęcim (Pologne).
Australia, 2940-2944, 2973,4041,4855,5637, 5640,5645,5746,6032, 6418,6502,6709,6854, 7175.
Austria, v. Österreich.
Autriche, v. Österreich.

Auvergne (rég., France), 551.- Basse A., 2258.
Avars (peuple anc.), 1055, 1073, 1104.
Aveyron (rég., France), 994.
Avignon (Vaucluse, France), Région, 2618.
Awaren, v. Avars.

B

Båhus (Norway), 2073.
Babinga (pygmées africains), 555.
Babylon, Babylonie,1204, 1209, 1212, 1214, 1215, 1224, 2125.
Bachajon (Chiapas, México), 550.
Badami (India), 6967.
Baden (Landschaft, BRD), 2807, 2875, 5516,5847.
Bahrein (archipel), 4196.
Baia (Roumanie), 2699.
Bajkal (lac, U.R.S.S.), Région, 960,1028,6923.
Bakony (monts, Hongrie), 5380.
Balerne (abbaye, Jura, France), 2554.
Bǎlgarija, Bulgarie :Bibl. hist. gen., VI.- Sci. auxil., 104, 142.- Ouvrages gén., 240, 558, 641-643.- Hist. Grèce anc., 1425.- Moyen Age, 1862, 1887, 2003, 2067, 2097, 2541.- Hist.polit. mod., 3006-3010.- Hist. relig. mod., 4077.- Hist. Cult. intellect. mod., 4222, 4239, 4771. - Hist. écon. soc.mod., 5265, 5318.- Hist.Droit mod., 6109.- Hist.Relat. intern. mod., 6112,6349, 6397, 6454, 6462, 6468, 6510, 6538, 6539, 6577, 6598, 6618, 6703, 6799.
Bâle, v. Basel (Schweiz).
Bali (île, Indonésie), 6995.
Balkans, Balkaniques (pays, peuples, etc.), 564, 596, 1027, 1055, 1789, 1887, 2060, 2090, 2097, 2686, 5049, 5102, 5174, 5292, 6403, 6420, 6461, 6506, 6543, 6584, 6707, 6734.
Baltijsk, Piława (Lituanie, U.R.S.S.), 5300.
Baltimore (Md., U.S.A.), 3078, 3107, 5544.
Baltique (mer, pays, peuples, etc.), 623,1993, 2033, 2685, 3873, 4078, 5297, 6531, 6555.
Bamberg (Bayern, BRD),627.
Bāmiyān (Afghanistan), Grottes, 6950.
Bangladesh, 6904.
Baoulé (peuple africain), 6230.
Barbados (isl., West Indies), 6279.

Barcelona (España), 2316, 2342, 4305, 5905.- Sitio /1705/, 3033.
Barcelonnette (Alpes-de-Haute-Provence,France), 5512.
Bari (Puglia, Italia), Scrittura, 4.
Barrois (rég., France), 6089.
Bas-Rhin (dépt., France), 848.
Basel, Bâle (Schweiz), 5664.- Konzil /1431-1449/, 219.- Murus Gallicus, 1071.- Täufer, 4145.
Basques, Vascos (peuple, France-Espagne, 580, 933, 957.
Bassano (Veneto, Italia), 4443.
Bath (Som., England),1649.
Battle (Sus., England), Abbey, 1821.
Bayern (Land, BRD), 42, 633, 1014, 1989, 2231, 2500, 2634, 2830,2836, 2869, 2874, 2920,2927, 4438, 4521, 5073,5877, 6060, 6597.- Königreich, 5090.- Nieder-B., 2208.
Bayeux (Calvados, France), Election, 790, 5840.
Battonya (Hongrie), 1103.
Béarn (rég., France),6368.
Beauce (rég., France), 5132.
Beaujolais (rég., France), 5360.
Beaupré (côte de, Canada), 67.
Beauvaisis (rég., France), 5510.
Bechuanaland, v. Botswana.
Beersheba (Israel), 1250.
Bégo (Mont-B., Alpes-Maritimes, France), 1023.
Békés (dépt., Hongrie), 5445.
Belfort (Territoire de, France), 848.
Belgrade, v. Beograd.
Belgique, V, XVII, 639, 640, 703, 769, 1469, 1726, 2730, 2747, 2999, 3777, 5213, 5843, 6514, 6544, 6574, 6608, 6685, 6802.
Bellinzona (Ticino,Schweiz), Museo civico, 260.
Belorussija, Russie Blanche (rép., U.R.S.S.), 6431, 6801, 6808, 6818.
Benevento (Campania, Italia), Concordato /1156/, 2024.- Scrittura, 4,14, 1899.
Bengal (reg., Indian subcontinent), 6990.
Beograd, Belgrade (Yougoslavie), 6855.- Convention milit. /1918/, 6572.- Juifs, 4206.
Berar (reg., Madhya Pradesh, India), 6156.
Berežany (U.R.S.S.), 4217.
Berlin, 4440, 4502, 6516,

6793, 6885.- Kongress
  /1878/, 5102.- Lager-
  haus, 5108.- Staatl.
  Museen, 261, 1156.-
  Streik /1918/, 5862.
  - Techn. Univ., 4335,
  4415.- Turfansammlung,
  6929.
Bern (Kanton, Schweiz),
  1679.
Bertnem (Norway), 1041.
Besançon (Doubs, France),
  5804.- Table ronde
  /1977/, 1131.
Bhutan, 6957, 6982.
Biertan, Birthälm (Rumä-
  nien), Altar, 4914.
Bihor, Bihar (anc. dépt.,
  Roumanie), 5596.
Birkenau, v. Terezín.
Birma, Birmanie, v. Burma.
Birthälm, v. Biertan
  (Roumanie).
Bitterfeld (Bez. Halle,
  DDR), 2688.
Bloomsbury (district of
  London), B. Group,5035.
Böddeken (Nordrhein-Westf.,
  BRD), Kloster, 2348.
Böhmen, v. Čechy.
Boer (people), 2785,6214,
  6469.- War, 6007.
Börzsöny (montagne,
  Hongrie), 677.
Bogotá (Colombia), 5314.
Bohême, Bohemia, v.Čechy.
Boiotia (rég., Grèce),
  1324.
Bolivia, 2773, 3000.
Bologna (Emilia-Romagna,
  Italia), 687, 2261,
  3660, 3689, 4047,5189.
  - Fabbrica di S.Petro-
  nio, 3632.
Bolsena (Lazio, Italia),
  Poggio Moscini, 1858.
Bonn (Nordhein-Westfalen,
  BRD), 5745.
Bordeaux (Gironde, Fran-
  ce), 657, 1946, 2247,
  5548, 5624.- Congrès
  nat. des Soc. savantes
  4866, 5139.
Bornholm (island, Den-
  mark), 5570.
Borodino (Moskauer Oblast,
  Russland), Schlacht
  /1812/, 6379.
Borovany (Tchéco-
  slovaquie), Monastère,
  2104.
Bosna, Bosnie (rég., Yougo-
  slavie), 6337, 6403.
Boston (Mass., U.S.A.),
  4093, 4407, 4698, 5164,
  5689, 5755, 5763, 5927,
  6303.
Botswana, Bechuanaland,
  6209.
Bouches-du-Rhône (dépt.,
  France), 3277.
Boulogne-sur-Mer (Pas-de-
  Calais, France), 3224.
Bourbonnais (rég., Fran-
  ce), 3246.
Bourges (Cher, France),
  Musée du Berry, 258.
Bourgogne (rég., France),

136, 542, 658, 848,
  854, 2075, 2079, 2197,
  2265, 2275, 2559, 2593.
Brabant (rég., Belgique et
  Pays-Bas), 769, 2128,
  5805.- Belgian B.,
  5078.- Cf. Noordbrabant.
Brandenburg (ehem. Terri-
  torium, DDR), B.- Preussen, 2883, 2887.- Mark,
  26.
Brasil, 3001-3005, 4071,
  4076, 5716, 5740, 6263,
  6267, 6273, 6278, 6399,
  6408, 6645.
Bratislava (Tchécoslova-
  quie), 722, 4218.
BRD (Bundesrepublik
  Deutschland), 3, 240,
  270, 475, 478, 508,
  510, 2837, 2877, 2890,
  5503, 6122, 6860.
Breisgau (Landschaft, Ba-
  den-Württemberg, BRD),
  2332, 5516.
Bremerhaven (Bremen, BRD),
  Symposium on Boat a.
  Ship Archaeol., 2238.
Brescia (Lombardia, Ita-
  lia), 5182.
Breslau, v. Wrocław.
Bressanone, Brixen (Tren-
  tino-Alto Adige, Ita-
  lia), 2655.
Bresse (rég., France),
  Bailliage, 3221.
Brest-Trišin (Russia),
  Burial, 1085.
Bretagne (rég., France),
  575, 892, 1067, 1906,
  2307, 4379.
Břevnov (suburb of Pra-
  gue, Czechoslovakia),
  5848, 6003.
Brigetio (auj. Szőny,
  Hongrie), 1634.
Bristol (Glos., England),
  3403.
Britain, v. Great Britain.
British Columbia (prov.,
  Canada), 4403, 5780.
British Isles, 223, 947.
British North America,
  5579, 5606.
Brixen, v. Bressanone.
Brno (Tchécoslovaquie),
  Buchdruck, 51.
Bruay-en-Artois (Pas-de-
  Calais, France),5154.
Bruck a. d. Leitha (Bur-
  genland, Österreich),
  4882.
Brugge, Bruges (Belgi-
  que), 2330, 5805.
Bruxelles (Belgique),
  5883.- Congrès de
  Papyrol., 183.
Brzeg (Pologne), 5464.
București (Roumanie),
  Congrès de Thracologie,
  182.- Congrès intern.
  des Sci. hist., 187,
  192.
Budapest (Hongrie), 680,
  827, 1301, 3496,3539,
  5177, 5313, 5591,5830,
  6483.- Accord /1877/,
  6413.- Archives nat.,

237, 2967.- Château
  2462, 3542.- Libra-
  ry of the Acad.,243.
  - Széchenyi Library,
  242.- Cf.Aquincum.
Buenos Aires (Argenti-
  na), 5495, 5803.-
  Provincia, 5801.
Bugey (rég., France),
  Bailliage, 3221.
Burgenland (Land,
  Österreich), 4342.
Burjaty, Buryats (peo-
  ple, U.S.S.R.),547.
Burma, Birmanie, 804,
  6170, 6756, 7000,
  7003.
Bursa (Turkey), 5165.
Burundi, 562, 3011.
Bury St. Edmunds (Suff.,
  England), 2289.
Byzantion, 5, 271,608,
  694, 755, 819, 879,
  1055, 1588, 1675,
  1754-1801, 2043,
  2067, 2097, 2243,
  2428, 2541, 2549.-
  2° Concilio /553/,
  1742.- Empire Latin,
  20.

C

Caffaro (reg. stor. e
  corso d'acqua, Ita-
  lia), 3685.
Caire (Le), Cairo
  Egypte), 856.-
  Congress of Egyptol.
  193.- Inst. franç.
  d'Archéol. orient.,
  1124.- Geniza,1933.
Calabria (reg., Italia),
  1833, 3652, 3674,
  5051.
California (State,U.S.
  U.S.A.); 569, 3044,
  3132, 3180, 5244,
  5378, 5426, 5675.
Callatis (auj. Manga-
  lia, Roumanie),1675.
Cambodge, 804, 6161.
Cambrésis (rég.,France)
  783.
Cambridge (England),
  4343, 4989, 5671.
Cambridge (Mass.,
  U.S.A.), 4395.-
  Harvard Univ.,4101,
  4393, 4407.- Mass.
  Inst. of Technology,
  4680.
Cameroun, 6187, 6198,
  7143.
Canada : Ouvrages gen.,
  210, 456.- Hist.
  polit. mod., 3012-
  3023, 3932.- Hist.
  relig. mod., 3974,
  4026, 4094, 4173.-
  Hist. Cult. intel-
  lect. mod., 4294,
  4429, 4430, 4674,
  4678, 4720, 4842,
  4892, 4902, 4906,
  4994.- Hist. écon.
  soc. mod., 5069,

5092, 5156, 5208,
5218, 5350, 5399,
5415, 5483, 5489,
5574, 5605, 5607,
5663, 5678, 5691,
5711, 5749, 5753,
5782, 5790, 5870,
5879, 5903, 5939.
- Hist. Relat.intern.
mod., 6286, 6370,
6500, 6504, 6565,
6857, 6865, 6912.- C.
français, 5399,5790.
- English C., 4429.
Çanakkale, Chanak (Turquie), Ch. incident
/1922/, 6509.
Canarias (islas), 549,
621.
Cape Breton (island,
Canada), 5231.
Cape Colony, v. South
Africa.
Capidava (ville romaine, Roumanie),1467.
Capitanata (reg., stor.,
Italia), 5634.
Cappadocia (Asie Mineure
anc.), 181.
Cardiff (Wales, Great
Britain), 3375.
Caribbean, v. Antilles.
Carpates (montagnes),
564, 1027, 1061.-
Bassin, 165.
Carpato-Ukraine, v.
Zakarpatskaja Oblast'
(Ukraine, U.R.S.S.).
Cartagena (Murcia, España), 2063.
Carthago, Carthage,1198,
1231, 1243, 1249,
1326, 1481.
Castel del Piano (Toscana, Italia), Statuti
/1571/, 3598.
Castilla (reg., España),
1968, 2017, 2054,
2063, 2181, 2215,
2287, 2646, 5756.- C.
la Vieja, 5113.
Cataluña (reg., España),
1433, 1942, 2022,
2173, 2323, 2342,
2747, 3037, 5369,
5944.
Caucase, Caucasus, v.
Kavkaz.
Cazorla (España), Pacto
/1179/, 1968.
Čečency, Tchétchènes
(peuple, U.R.S.S.),
577.
Čechy, Bohême : Ouvrages
gén., 930.- Préhist.,
966, 1098.- Moyen Age,
1914, 2039, 2071,2104,
2108, 2343, 2366,2434,
2447, 2704, 2710.-
Hist.pol. mod., 3827,
3828, 3839.- Hist.
Cult. intellect.,4336,
4369, 4824.- Hist.
écon. soc. mod.,5079,
5387, 5397, 5521,5527,
5543, 5618, 5826,5888,
5948.- Hist. Relat.
inter. mod. 6325,6423,

6800.
Celtes (les), Kelten
1053, 1065, 1091,
1094, 1096, 1853.
Central Provinces (colonial India), 6156.
Cerdagne (rég., France
et Espagne), 2621.
Cerignola (Puglia, Italia), 5634.
Černjakhov (Ukraine,
U.R.S.S.), Civilisation préhist.,1074,
1078.
Československo, Tchécoslovaquie : Bibl.
hist., gén., XXI.-
Ouvrages gén., 240,
266, 721-722, 929.-
Hist. polit. mod.,
2712, 3813-3847.-
Hist. relig. mod.,
4217.- Hist. Cult.
intellect. mod.,
4237, 4396, 442.-
Hist. écon. soc.mod.,
5080, 5105, 5245,
5255, 5339, 5545,
5575, 5785, 5844,
5848.- Hist. Relat.
intern. mod., 6112,
6548, 6613, 6619,6623,
6735, 6784, 6833,6843,
6908.
Ceylan, Ceylon, v. Sri
Lanka.
Chalcedon (auj. Kadiköy,
Turquie), Concile
/451/, 863.
Chalon-sur-Saône (Maine-et-Loire, France),
4516.
Chambéry (Savoie, France), Congrès Marguerite de Savoie, 4229.
Diocèse, 886.
Champagne (rég., France)
566, 847, 2197,2593.
Champlan (Essonne,France), 666.
Chanak, v. Çanakkale
(Turquie).
Charente (fleuve,France)
Bassin, 1021.
Charleston (S.C.,U.S.A.)
5700.- Fort Sumter,
3181.
Chartres (Eure-et-Loir,
France), 5132.
Chełmno, Kulm (Pologne),
Kulmerland, 2221.
Chekiba (Tunisie), 1689.
Chelsea (Vermont,U.S.A.)
5336.
Chersonesus Taurica
(auj. Crimée, U.R.S.
S.), 79, 108.
Chesapeake Bay (U.S.A.),
5319, 5802.
Chiang-nan (China),7070.
Chicago (Ill.,U.S.A.),
4330, 4333, 4888.-
Ch. Tribune, 4437.
Chile, 3024, 3025, 5271,
5447, 5455, 6243,6260,
6447, 7167.
China, Chine : Ouvrages
gen., 774, 893.- Hist.

polit.mod., 2713, 2777,
3081, 3887.- Hist.relig.
mod., 4011, 4063,4064,
4069, 4201.- Hist.Cult.
intellect. mod., 4567,
4619.- Hist. écon. soc.
mod., 5263., 5466.-Hist
Relat. intern. mod.,
6118, 6138, 6140, 6142,
6144, 6147, 6359, 6515,
6540, 6566, 6636, 6698,
6705, 6722, 6840, 6882,
6913, 6919.- Hist.Asie,
6924, 6925, 7006-7080.
Chisone (fiume, Piemonte,
Italia), Valle, 3946.
Chomelix (Haute-Loire,France), 1820.
Chur (Graubünden, Schweiz)
260.- Churrätien, 1984.
Chypre, v. Kypros (île).
Cicău (Kreis Alba, Rümanien), Prähist. Fundplatz, 974.
Cicău-Corabia (Kreis Bistrița-Năsăud, Rumänien)
Hallstattsiedlung,1050.
Cieszyn (Pologne), Duché,
6508.
Cintra, v. Sintra (Portugal).
Cilicia (Asie Mineure
anc.), 6488.
Cîteaux (Côte-d'Or,France)
Ordre, 900, 2554.
Ciuk, Csik (rég., Roumanie), 5462.
Clermont-Ferrand (Puy-de-
Dôme, France), Colloque Pascal, 4564.- Seigneurie épiscopale,
2657.
Clones (Monaghan, Ireland)
5227.
Cluj-Napoca (Roumaine),
3790.
Cluny (Saône-et-Loire,
France), Ordre, 877,
2568.
Cluson, v. Chisone.
Côa (riv., Portugal),6373.
Cochabamba (Bolivia), Departamento, 5721.
Cockermouth (Cumb., England), 3355.
Cognos (anc. village,Jura,
France), 2554.
Colchis (rég., Asie Mineure anc.), 1142.
Colmar (Haut-Rhin, France)
4131.
Colombia, 3026, 3027,3991,
5420.
Colorado (state,U.S.A.),
4111.
Columbia Plateau (U.S.A.),
5403.
Columbia University (N.Y.,
U.S.A.), Olcott Collection, 1040.- Papyri,
1462.
Compiègne (Oise, France),
6516.- Abbaye St.-Corneille, 1819.
Comtat Venaissin (rég.,
France), 2618.
Concordia Sagittaria (Veneto, Italia), 1564.

GEOGRAPHISCHES REGISTER

Conflent (rég., France), 650.
Congo, v. Zaïre.
Connecticut (state, U.S.A.), 4120, 4181, 4410, 6251.
Constantine (Algérie), 1231.
Constantinopolis, v. Byzantion, Istanbul.
Corée, v. Korea.
Cork (city, Ireland), 4371.
Cornia (Italia), 5219.
Cornwall (co., England), 5220.
Corse (île, France),3249, 3277,3303,5134,5635, 5829.
Cosaques, v. Kazačij.
Côte d'Ivoire (rép.), 7151.
Côte-d'Or (dépt.,France), 848, 854.
Courneuve (La, Seine-Saint-Denis, France), 665.
Cracovie, Cracow, v. Kraków.
Crediton (Dev., England), 2590.
Crete, v. Krete.
Crimea, Crimée, v. Krym.
Criș, Körös (riv., Roumanie et Hongrie), Civilisation néolith., 1000.
Crna Gora, Monténégro (rép., Yougoslavie), 6442.
Croatie, v. Hrvatska.
Csik, v. Ciuc.
Csongrád (Hongrie), 5396.
Cuba, 3028, 3029, 5299, 5440, 6444, 6834,6849, 6916.
Cucuteni (Roumanie), Civilisation néolith.,1005.
Cyprus, v. Kypros.
Cyrène, v. Kyrene.
Częstochowa (Pologne), Jasna Góra, 2579.

D

Dacia, Daci, 90, 101. 1076, 1467, 1565,1644. D. romana, 1510, 1570, 1673.- Daco-Gètes,137, 1057, 1102, 1107,1513.
Dalarna (rég., Suède),88.
Dalmacija, Dalmatie (rég., Yougoslavie), 1800, 2096, 3925.
Dampier (Western Australia), 7175.
Danmark, 218, 476, 1924, 1935, 2164, 4276,5299, 7010.
Danube, v. Donau.
Darfur (prov., Sudan), 7150.
DDR (Deutsche Demokratische Republik), I,3, 240, 268, 478, 1588, 2460, 2689, 2809,2877, 2914, 6009, 6053,6823.

Dead Sea, Mer Morte scrolls, 1239.
Debrecen (Hongrie), 3547, 4311.- Région, 5443.
Delaware (river,U.S.A.), Valley, 6256.
Delhi (India), Sultanate, 6988.
Deliceto (Puglia,U.S.A.), 5634.
Delos (île, Grece),1429.
Delphoi, Delphes (Grèce anc., 1657.
Deutschland : Hilfswiss., 3, 42, 44, 68, 71, 116, 121, 135, 170.
- Allg. Werke, 277, 279, 291, 312, 313, 357, 369, 420, 526, 529, 627-634, 733, 738, 770, 787, 809, 920, 922, 926, 929.
- Vorgesch., 940,1006, 1075.- Altertum,1643.
- Mittelalter, 1959, 2032, 2048, 2121,2126, 2167, 2189, 2194,2199, 2217, 2224, 2226,2272, 2293-2295, 2298,2322, 2333,2347,2382,2399, 2426,2506,2547,2590, 2663,2667,2692.- Allg Gesch. d. Neuzeit, 2730, 2790-2936,2961, 3393,3552,3707,3737, 3745.- Religionsgesch. d. Neuzeit, 3946, 3947,3959,3967, 4095,4110,4127,4131, 4182,4199,4214,4215. Bildungsgesch. d.Neuzeit, 4235,4243,4274, 4285,4289,4318,4336, 4373,4425,4461,4499, 4510,4516,4532,4541, 4549,4587,4593,4654, 4706,4733,4839,4848, 4907,4938,4979.- Wi.
- u. Sozialgesch.d. Neuzeit, 5023,5038, 5040, 5074,5100,5126, 5138,5150,5204,5205, 5254,5278,5279,5381, 5467,5484,5491,5496, 5528,5616,5650,5672, 5699,5702,5714,5739, 5783,5784,5794,5842, 5864,5892,5902,5917, 5923,5932,5951,5961, 5971-5973,5990,6000.
- Rechtsgesch. d.Neuzeit, 6022,6025,6037, 6058,6069,6073,6091, 6092.- Intern.Beziehungen d. Neuzeit, 6122,6134,6184,6366, 6377,6392-6921 passim.
- Cf. BRD, DDR, Weimarer Republik.
Deux-Sèvres (dépt.,France), 949, 1029.
Dhahran (Saudi Arabia), 6858.
Dieppe (Seine-Maritime, France), 6746.
Dietramszell (Bayern, BRD), Stift, 2206.

Dijon (Côte-d'Or, France), Intendance, 3221.
Dinogetia (auj. Garvăn, Roumanie), 1775.
Djezirela (Syrie), Site préhist., 1002.
Dobrogea (rég., Roumanie), 1520.
Dole (Jura, France), 55.
Donau, Danube (fleuve), 6458.- Région, 1575, 1628.- Unterer D.-Raum, 1644.
Donnersberg (Rheinland-Pfalz, BRD), Bergbau, 5211.
Dordogne (dépt., France), 1826.
Dordrecht (Pays-Bas),4081.
Donnezan (rég., Ariège, France), 5416.
Dorioi, Doriens (peuple grec), 1327.
Dorog (district, Hongrie), 855.
Doubs (dépt., France),848.
Draguignan (Var, France), 938.
Drahanská vrchovina (montagnes, Tchécoslovaquie), 2675.
Dresden (DDR), Bezirk,631.
- Codex /M 68/, 1847.
- Kath. Hofkirche,4879.
Drittes Reich, v. Deutschland.
Drobeta (auj. Turnu Severin, Roumanie), 1651.
Drogheda (Louth, Ireland), 2673.
Drôme (dépt., France),3277.
Drottningholm (Sweden), Theatre, 4965.
Dublin (Ireland), 3588, 5833.- Abbey theatre, 4966, 4967.- Chester Beatty Library, 1251.
- Church of St.Patrick, 2479.
Dubrovnik, Ragusa (Yougoslavie), 2090, 2318, 5313.- Ragusano, 3646.
Dubuque (Iowa, U.S.A.), 3986.
Düsseldorf (Nordrhein-Westfalen, BRD), 2904.
Duiske Abbey (Graignamanagh, Ireland,2457.
Dunántúl, Transdanubia (reg., Hungary),5392.
Dunkerque (Nord, France), 5625.
Durkadi (India), Prehist. site, 976.

E

East Anglia (anc.Kingdom, England), 2118.
Ebrei, v. Juifs.
Ecuador, 3031.
Edessa (auj. Urfa, Turquie), 1417.
Edirne, Andrinople (Turquie), 3010.
Edo (modern Tokyo, Japan), 7129.

Eesti, v. Estonija.
Egée (mer), 1027, 1296, 1327.- Aegean islands, 1799.
Eger, v. Ohře (Tchécoslovaquie).
Egypte, 1816, 1891,2044, 2123, 3030, 4213, 4609, 5041, 6502, 6839, 7139.
Egypte ancienne, 193, 1131, 1139, 1145-1196, 1243, 1260.- E. byzantine, 57, 1755. - E. gréco-romaine, 1111, 1159, 1540.- E. hellénistique, 1161. - E. romaine, 1147, 1461, 1529, 1583, 1586, 1741.
Elbe (Fluss), v. Labe.
Elephantine (modern Jazirat Aswan, Egypt), 1167, 1183.- Chnumtempel, 1151.
Elmdon (Essex, England), 5773.
Elmina (Ghana), 6175.
El Paso (Texas,U.S.A.), 5666.
Emiglia (reg. stor., Italia), 3666.
Empoli (Toscana, Italia), 1839.
England : Auxil. Sci., 116.- General Works, 670, 671, 733, 841. - Middle Ages, 1906, 1970, 1999, 2040,2041, 2057, 2093, 2095,2156, 2182, 2183, 2185,2193, 2240, 2249, 2251,2330, 2387, 2409, 2562,2572, 2576, 2586, 2623,2647, 2659, 2682, 2702,2706. - Mod. polit. Hist., 2718,2783,3344-3460, passim, 3504,3591.- Mod. relig. Hist., 3985,4023,4053,4091, 4112,4148,4159,4178, 4182,4204.- Hist.mod. Culture, 4242,4329, 4334,4391,4400,4487, 4631,4728,4849,4874, 4899,4942,4962.-Mod. econ. a. soc. Hist.. 5089,5283,5297.5325. 5361,5441,5588,5652, 5681,5701,5735,5800, 6000.- Mod. legal Hist., 6006,6014, 6077,6088.- Hist.intern. Relations,6120, 6170,6214,6271,6304, 6332,6351,6353,6366, 6392-6474,passim,650 6500,6512,6582,6703, 6713.
Enns (O.-Ö., Österreich), Museum,1682.
Ensérune (Hérault,France), Site préhist., 1072.
Entella (Sicilia,Italia), 1363.
Ephesos (Asie Mineure anc.), Concilio

/431/,1743.
Erdély, v. Transilvania.
Eretria (auj. Nea Psara, Grèce), 1335.
Erfurt (DDR), Bezirk,632. - Glasmalerei, 2460.- Univ., 4291.
Erlangen (Bayern, BRD), Univ., 4397.
Ertebölle (Dänemark), Kultur, 1013.
Esch (Pays-Bas), 1691.
España : Ciencias auxil., 63.- Obras gen.,613, 782, 851, 883, 923. - Prehist., 939.- Hist. de Roma, 1600. - Edad media, 1829, 1962,1968.1992,1996, 2009,2127,2132,2136, 2248,2276,2291,2468, 2639,2666.- Hist.polít. mod., 2730,3032-3041, 3330.- Hist. relig. mod., 4059.- Hist.Cult. mod., 4230,4231,4267, 4576,4717,4833,4973. - Hist. econ. y soc. mod., 5103,5305,5540, 5595,5873,5930,5933. -Hist. Relac.intern. mod., 6119,6264,6292, 6338,6405,6411,6444, 6470,6640,6693.
Essex (co., England), 2118,5773.
Estonija, Eesti (rép., U.R.S.S.), 3894,5364, 5589.
Esztergom (Hongrie),855, 3497.- Archevêché, 144.- Biblioth. de l'Eglise, 245.
Ethiopie, 791,6219,7135, 7138.
Etruria, Etrusci, 1040, 1453-1458, 4897.
Et Tabun (Israel), Prehist. site, 982.
Eupen-Malmédy (rég., Belgique), 6514.
Euphrate (fleuve), 1140, 1216.
Eurasie, 2680.
Europe : Sci. auxil.,54, 74,100,158,174.- Ouvrages gén.,191,252, 310,409,427,475,599, 600,607,608,615,771, 780,788,817,818,824, 837,846,869.-Préhist., 937,940,954,965,983, 987,1001,1008,1011, 1014,1049,1051,1084. - Antiquité,1118,1125. - Moyen Age,1849,1955, 1972,2108,2139,2223, 2238,2283,2284,2320, 2337,2338,2349,2350, 2360,2375,2405,2419, 2440,2456,2484,2491, 2518,2561.-Hist.polit. mod.,2712-2784 passim, 2866,3512,3680.-Hist. relig.mod.,3965,4143, 4218.-Hist.Cult.intellect.mod.,4227,4258, 4281,4385,4499,4516,

4584,4719,4809,4923.- Hist. polit.mod.,5048, 5068,5081,5289,5551,5560. 5582,5660,5687,5911.- Hist. Droit mod.,6016, 6029.- Hist. Relat.intern. mod.,6132,6145,6147,6320-6921 passim.- Hist.Asie, 6922.- E. centrale, 940, 1014,1049,1051,1084,2139, 2283,2360,2678,2724,2749, 2762,2784,4218,5996,6111, 6580,6707,6825.- E. centrale-orientale,5048,5114, 6388,6670.- E. de l'Est, 174,252,427,475,600,937, 954,1125,2320,2749,2758, 5377,5751,6322,6825.- E. de l'Ouest,2338,2405, 2518,2614,2722,2740,2745, 5377,5469.- E. du Nord, 409,2238,2868.- E. du Nord-Ouest, 2337.- E.du Sud-Est, 100,599,1118, 2769,4227,5110,5996,6111, 6423,6463,6702.
Externsteine (Felsen, Nordrhein-Westfalen, BRD), 2650.
Extremadura (reg., España), 2287.

F

Fali (le pays F.,Cameroun), 7143.
Falun (Suède), 88.
Far East, v. Extrême-Orient, s.v. Orient.
Fayum (prov., Egypt), 265.
Fenékpuszta (Ungarn),1659.
Ferentino (Lazio, Italia), Diocesi, 2690.
Fernost, v. Extrême-Orient, s.v. Orient.
Ferrara (Emilia-Romagna, Italia), 3668.- Territorio, 2242.
Filipinas (Rep.), Philippines, 3199,3731,4109, 6166,6903.
Finlande, Finnland, v. Suomi.
Finno-Ougriens (peuples), 589.
Firenze (Toscana,Italia), 194,2076,2106,2179, 2263,2301,2309,2314, 2363,2406,2425,2469, 3612,3633,3676,4244, 4676,4854,4897.-Bibl. nazionale, 5861.- Pignone, 5252.- Republica, 6046.
Fiume, v. Rijeka.
Fliess (Tirol, Österreich), 635.
Flandre (rég.,Belgique et France), 5805, 6339.- Comté, 2191.
Florence, v. Firenze.
Florida (state,U.S.A.), 5341, 7164.
Foggia (Puglia, Italia), Convegno P. Giannone, 342.
Foligno (Umbria, Italia),

Tipografia, 42.
Follonica (Toscana,
 Italia), 5219.
Forbes, v. Borovany.
Fort Jesus (Mombasa,
 Kenya), 774.
Fort Sumter, v. Charleston (S.C., U.S.A.).
France : Bibl. hist.gén.,
 VIII.- Sci. auxil.,
 34,61,70,92,127,128,
 130.- Ouvrages gén.,
 248,258,271,272,299,
 304,306,317,504,542,
 559,560,645-667,765-
 932 passim.- Préhist.,
 938,948,949,981,1036.
 - Moyen Age, 1826,
 1836,1918,1949-2118
 passim, 2119,2166-
 2497 passim, 2661.-
 Hist. polit. mod.,
 2718,2730,2747,3214-
 3343,3509,3738,3869.
 - Hist. relig. mod.,
 3938-4076 passim,
 4167,4209,4212a.-Hist
 Cult. intellect.mod.,
 4247,4272,4298-5009
 passim.- Hist. écon.
 soc. mod., 5010-6004
 passim.- Hist. Droit
 mod., 6005-6109 passim.- Hist. Relat.
 intern. mod., 6145-
 6821 passim, 6860,
 6917.
Franche-Comté (rég.,France), 660,762,848,962,
 3317.
Francolise (Campania,Italia), Villa romana,
 1648.
Franken, Francs (german.
 Stamm), 2004.- Fränk.
 Reich, 2160.- Ostfränk. Reich, 2295.
 - Cf. Ripuarier.
Franken (Landschaft,BRD),
 2696,2836.- Main-F.,
 2222, 2233.
Frankfurt am Main (Hessen, BRD), Opernhaus,
 4981.
Freiberg (Bez.Karl-Marx-
 Stadt,DDR), Intern.
 Symposium, 777.
Freiburg (Schweiz), v.
 Fribourg.
Freiburg im Breisgau
 (Baden-Württemberg,
 BRD), 5664.
Freising (Bayern,BRD),
 Bischöfe, 2628.-
 Bistum, 2658.
Freistadt (O.-Ö.,
 Österreich), 6884.
Frenouville (Calvados,
 France), 2340.
Fribourg (Suisse),
 Canton, 3809.
Friesland (prov., Pays-
 Bas),919,2302,3717,
 4072.
Fritzlar (Hessen,BRD),
 Peterstift, 4057.
Friuli (reg. stor.,
 Italia-Iugoslavia),
 1450,5767.

Füzfő (Hongrie), 5201.

G

Galicia, Galicie
 (rég., Europe centrale),2996,4202,5546,
 5705.- Eastern G., 6573.
Galilaea, Galilée (rég.,
 Palestine anc.), 1235.
Gallia, Gaule, 82,1063,
 1096,1589,1676.- G.
 romana, 1641,1694.
Garam (rivière), v. Hron.
Gard (dépt., France),3277.
Gascogne (rég.,France),
 2040,5430.
Gaugamela (Mesopotamia),
 Schlacht /331 v. Chr./,
 1350.
Gaule, v. Gallia.
Gaza (Palestine), 3593.
Gdańsk (Pologne), 2058,
 5290,6364,6385.-Juifs,
 6680.- Socinianisme,
 4166.- Ville libre,
 3735,4019.
Gdynia (Pologne), 3741.
Gelderland (prov.,Pays-
 Bas), 208,769,1901,
 4341.
Gellérthegy-Tabán (Ungarn), 1595.
Gelre, v. Gelderland.
Genève (ville et canton,
 Suisse), 4086,4650.
 - Bible, 4131.- Conférence du désarmement
 /1932-33/, 6581.- Imprimerie, 37.
Genova (Liguria, Italia),
 1761,1806,1968,2394,
 3638,5310.- Camera del
 lavoro, 5947.- Papiri,
 249.- Repubblica,6036.
Georgia (state,U.S.A.),
 3118, 4351, 5199.
Georgie, v. Gruzija (rép.
 U.R.S.S.).
Gepiden (german. Volk),
 1058, 1103.
Gera (DDR), Bezirk, 632.
Germanen, Germania, 1064,
 1069,1091,1097,1469,
 2003,2449,2496.- See-
 G., 2296.
Gerona (España),2342,2747.
Gesellschaftsinseln, v.
 Société (îles de la).
Gettysburg (Pa., U.S.A.),
 3181.
Gex (Ain, France), Pays,
 3221.
Getae, Gètes (peuple anc.)
 90.- Géto-Daces, v.
 Daco-Gètes, s.v.Dacia.
Ghana, 6175,6185,6202.
Gilău (Roumanie), 1665.
Gironde (dépt., France),
 1826.
Glanum (auj. Saint-Rémy-
 de-Provence, Bouches-
 du-Rhône, France),82.
Goa (India), 4065,6966.
Görlitz (Bez. Dresden,
 DDR), Accord /1950/,
 6847.
Götaland (rég., Norvège),
 1017.
Göteborg (Suède), 5454.-
 Presse, 4433.
Göttingen (Niedersachsen,
 BRD), 2176.
Golan (plateau, Syrie),
 3593.
Gold Coast, v. Ghana.
Górny Śląsk, v. s.v.Śląsk.
Gorsium (auj. Tác, Fejér,
 Hongrie), G.-Herculia,
 1656.
Gotha (Bez. Erfurt,DDR),
 1095.
Gotland (île, Suède),1037.
Grado (Friuli-Venezia
 Giulia, Italia), 692.
Graham Island, 4626.
Granada (España), 2154.
Graubünden, Grigioni
 (Kanton, Schweiz),747.
's-Gravenhage, La Haye
 (Pays-Bas), 6491.
Graz (Steiermark, Österreich), Univ., 4299.
Great Britain : Gen.hist.
 Bibl., IX.- Auxil.Sci.,
 73,85,148.- Gen.Works,
 571,668-671,741,759,
 765,773.-Prehist.,969,
 988,1031.- Roman Hist.,
 1480,1490,1499,1524,
 1568,1664,1678,1696.-
 Middle Ages, 1853,
 1896,1975,2461.- Mod.
 polit. Hist., 2716,
 2730,2747,3076,3191,
 3344-3460,3788.- Hist.
 mod. Culture, 4237,
 4380,4386,4414,4435,
 4638,4750,4957.- Mod.
 econ. a. soc. Hist.,
 5037-5326 passim,5349,
 5365,5502,5555,5621,
 5669,5686,5702,5737,
 5753,5807,5869,5875,
 5906,5908,5922,5931.-
 Hist. mod. intern.
 Relat., 6110-6921
 passim.- Hist. of
 Asia, 6952,7004,7044.
Great Plains (N.America),
 5786.
Grèce, 240,1799,3050,
 3461,3462,5407,5946,
 6430,6510,6788,6862,
 6877.
Grèce ancienne,II,9,123,
 129,240,259,262,1025,
 1033,1150,1230,1270,
 1279,1280,1283,1288,
 1291-1448,1555,1557,
 1662,2381.
Grigioni, v. Graubünden.
Groningen (Pays-Bas),
 3998.
Grosseto (Toscana,
 Italia), Maremma,
 5329.
Gruzija, Géorgie (rép.,
 U.R.S.S.), 181,843,
 2490.
Guadalajara (España),
 5191.
Guadalquivir (rio,
 España), 1596.
Guadeloupe (île, Antilles franç.), 5118.
Guatemala, 3463,3464,6866.

Guayaquil (Ecuador),3031, 6254.
Güssing (Burgenland, Österreich), 4724.
Guinegate (auj.Enguinegatte, Pas-deCalais, France), Bataille /1479/, 2079.
Guitarrero (cueva, Perú) 7161.
Gumbinnen, v. Gusev (Russie).
Gundestrup (Danemark), 1035.
Gusev, Gumbinnen (Russie), Reg.-Bez.,2922.
Guyenne (rég., France), G. anglo-gasconne, 83.- Cf. Aquitaine.
Győr (Hongrie), 673.
- Bibl. de la cathédrale, 256.
Gypsies, v. Tsiganes.

H

Habsburgermonarchie,v. Österreich-Ungarn.
Hämus-Halbinsel, v. Balkans.
Hainaut (rég., France et Belgique), 2356.
Halberstadt (Bez.Magdeburg,DDR), 2697.
Halesowen (Worcs., England), 2346.
Hall (Tirol, Österreich) 103.
Halle an der Saale (DDR), 995.-Bezirk, 630.
Hallstatt (O.-Ö.,Österreich), Kultur,1038, 1039, 1047.
Hamaland (rég., Pays-Bas), 2234.
Hambach (Rheinland-Pfalz,BRD), Fest /1832/, 2884.
Hamburg (BRD), 2806,5043, 6078,6775.- Dt. Historikertag, 190.
Hampton (Va., U.S.A.), 3096.
Han (river, China), 7053.
Hanau (Hessen, BRD),Buchdruck, 31.
Hannover (ehem. Territorium, BRD), 3442.
- Kur-H., 5441.
Hanse (die), 409, 2282.
Harderwijk (Pays-Bas), Univ., 4306.
Háromszék, v. Trei Scaune.
Harvard University (Cambridge, Mass., USA),4101,4393,4407.
Harz (Gebirge, BRD u. DDR), 5071.
Hassgau (ehem. Territorium, Bayern, BRD), 2696.
Hatra (Mésopotamie anc.) 1265.
Haut-Rhin (dépt.,France) 848.
Haute-Loire (dépt.,France), 1641, 3322.
Haute-Saône (dépt., France), 848.
Haute-Savoie (dépt., France), 3310.
Hautes-Pyrénées (dépt., France), 6640.
Havana, v. La Habana (Cuba).
Hawaii (islands, Pacific Ocean), 6315.
Haye (La), v. 's-Gravenhage.
Hébreux (peuple), 13. - Cf. Juifs.
Heiliger Stuhl, v. Vaticano (Città del).
Hejaz (prov., Saudi Arabia), 5225.
Helsingborg (Suède), 3802.
Hérault (dépt.,France), 3277, 5969.
Hercegovina (rég.,Yougoslavie), 6403.
Herculaneum (Italia ant.) 1646.
Hermopolites nomos (Egypte anc.), 1168.
Hessen (Land, BRD), 2201, 2233,2270,6323.- H.- Kassel, 6240.
Hethiter, v. Hittites.
Heves (dépt., Hongrie), 852.
Hibernia, v. Ireland.
Hijaz, v. Hejaz.
Himera (Sicilia ant.), 1338.
Hispania (prov.romaine), 1660.- Cf. España.
Hispanoamerika, v. Amérique espagnole, s.v. Amérique.
Hittites, 1225-1227.
Hódmezővásárhely (Hongrie), 4791,5396, 5429,5439.
Hokkaīdo (île, Japon), 3690,7088.
Holkham (Norf., England), H. Hall, 5408.
Holland (prov., Pays-Bas), 1917.
Hollywood (Calif.,U.S.A.), 4948.
Holy Land, v. Palestine.
Homberg (bei Kloten, Zürich, Schweiz), Grabhügel, 1039.
Hong Kong, 5466, 6144.
Hongrie, v. Magyarország.
Hot Springs (Va., U.S.A.), conference /1943/,6743.
Hranice (Tchécoslovaquie), 151.
Hron (riv., Tchécoslovaquie), 5232.
Hrvatska, Croatie (rép., Yougoslavie), 2096, 2956,3923,6499,6629, 6657,6675.
Hudson's Bay (Canada), Company, 215.
Huron (N. Amer. Indians), 7158.
Hurriter, Hourrites (peuple anc.), 1211.
Hyksos (peuple anc.),1188.

I

Iaşi (Roumanie), 3780.
Iazyges (peuple anc.),1092.
Iberia, Ibérica (penÍnsula), 4265.
Ibero-America, v. Amérique latine, s.v. Amérique.
Ibiza (isla, Baleares, España), 1034.
Igilgili (Algérie), 1685.
Ilinden (Bulgaria), I.- Preobraženie uprising /1903/, 6414.
Illyria, Illyricum (rég., Balkans), 1505, 6387.
Imerina (rég., Madagascar), 6186.
India, 106,107,372,741,909, 1857,3936,5325,6145, 6147,6154-6173 passim, 6464,6904,6955-6991 passim.
Indian Ocean, 774, 5541.
Indiens d'Amérique, American Indians, 561,569, 3040,3066,3093,3185, 3189,3199,4100,4113, 4410,5291,5762,6023, 6257,6259,6263,6271, 6300.
Indo-Européens (peuples), 123, 1972.
Indonesia, 702,4210,6147, 6155,6159,6160,6163, 6164,6854,6997,7001.
Indus (fleuve), Civilisation, 6983.
Ingauni (ant. popolazione, Italia), 1470.
Inguši, Ingouches (peuple, U.R.S.S.), 577.
Innsbruck (Tirol, Österreich), 2086.
Intemelia, Intemelii (Italia ant.), 1470.
Intercisa (heute Dunaújváros, Ungarn), 1602, 1666.
Iowa (state, U.S.A.), 3201, 5772.
Iran, 682,775,1262-1273, 1341,1723,1827,2153, 2155,3576-3581,5372, 5725,6113,6120,6137, 6173,6417,6529,6559, 6641,6871,6876,6924, 6940,6946,6947.
Iraq, 2153, 6948.
Ireland : Gen. hist. Bibl., IX.- Auxil. Sci., 72,138.- Gen. Works, 683,684,746, 765,837.- Prehist., 988,1031.- Middle Ages, 1852,1907,2042, 2247,2279, 2355,2414, 2453,2475,2551,2564, 2659, 2681.- Mod. polit. Hist., 3400, 3418, 3582-3591.- Mod. relig. Hist., 3972, 4005,4016.- Hist.mod. Cult., 4810,4933,4966, 4967.- Mod. econ. a. soc. Hist., 5097,5356, 5388,5531.- Hist. mod.

intern. Relat., 6146,
  6328, 6493, 6663.
Iroquois (N.Am.Indians),
  568.
Ischitella (Puglia, Ita-
  lia), Convegno P.Gian-
  none, 342.
Isin (Mésopotamie anc.),
  1214.
Islam (pays, peuples ci-
  vilisation), 604,608,
  851,885,893,898,909,
  1285,2125,2139-2155,
  2174,2248,2317,2349,
  3580,3731,4205,4210,
  6011,6355,6550,6927,
  6963.
Island (co., Wash.,
  U.S.A.), 5838.
Island (île et républi-
  que),1965,2255,2311,
  2615,2638.
Ispahan (Iran), 6946.
Israel,982,1026,1032,
  1661,3200,3592-3594,
  6830,6832,6839.- Cf.
  Hébreux, Juifs, Pales-
  tine, Sémites.
Istanbul, Constantinople
  (Turquie), 3852.- Cf.
  Byzantion.
Italia : Bibl. stor.gen.,
  XIII.- Sci. ausil.,7,
  14,42.- Opere gen.,
  247,248,273,276,289,
  617,685-695,818,825.
  - Preist.,1016,1025.
  -Antichità, 1193,1449-
  1452.- stor. bizant.,
  1782.- Medioevo, 1967,
  2090,2094,2144,2210,
  2243,2345,2416,2433,
  2445,2667,2674,2676,
  2771.- Stor. polit.
  mod., 3320,3595-3689.
  - stor. relig. mod.,
  3948,3981,4027,4031,
  4035.- Stor. Movim.
  intell. mod., 4226,
  4230,4245,4267,4384,
  4417,4459,4466,4467,
  4490,4516,4934,4993,
  5008.- Stor. econ. e
  soc. mod., 5019,5117,
  5127,5273,5344,5358,
  5458,5562,5601,5648,
  5694,5734,5813,5861,
  5867,5889,5935,5994.
  - Stor. Diritto mod.,
  6068.- Stor. Relaz.
  intern. mod., 6180,
  6189,6217,6219,6407,
  6440,6461,6465,6467,
  6481,6499,6557,6583,
  6586,6591,6705,6720,
  6728,6737,6761,6788,
  6791,6792.
Ivory Coast, v. Côte d'
  Ivoire.

J

Jamaica, 6298.
Jamestown (Va., U.S.A.),
  6250.
Jánoshida (Szolnok, Hun-
  gary), Prehist.site,
  1018.
Japan, Japon : Bibl.
  hist. gen., XIV.
  - Sci. auxil., 122.
  - Ouvrages gén., 530,
  541,696-698,775,821.
  - Hist. polit. mod.,
  2760,2777,3391,3690-
  3694.- Hist. relig.
  mod., 4011,4073.-
  Hist. Culture intel-
  lect. mod.,4271,4399,
  4458.- Hist. écon.
  soc. mod.,5075,5148,
  5209,5263,5522,5569,
  5774.- Relat. intern.
  mod., 6145,6431,6464,
  6540,6566,6570,6594,
  6604,6627,6636,6642,
  6653,6756,6831,6880,
  6882,6893,6895.-Hist.
  Asie,6925,7079.-Hist.
  (avant 1868),7081-
  7130.
Jarosław (Pologne),4217.
Jasna Góra (Częstochowa,
  Pologne), 2579.
Jászkun (district, Hon-
  grie), 5393.
Javorov (U.R.S.S.),4217.
Jérusalem, 235,1248,2410,
  6466.- General Muslim
  Congress /1931/,6550.
  Orthodox patriarchate,
  4079.
Jews, v. Juifs.
Jogjakarta (Java, Indo-
  nesia), Archive, 213.
Judaea (reg.,Palestine
  anc.), 1137,1252.
Juden, Judíos, v. Juifs.
Jütland, v. Jylland.
Jugoslavija, Yougoslavie,
  240,2714,3922-3929,
  4206,6511,6671,6742,
  6792,6820,6822.
Juifs, Jews : Ouvrages
  gén., 235,311,519,
  539,605,609,613,663,
  667,690,707,723,804,
  870,879,913.- Anti-
  quité, 1228-1261 pas-
  sim.- Hist.Eglise
  anc.,1701,1732.-Hist.
  Byzance, 1796.- Moyen
  Age,1860,1968,2119-
  2138,2147,2642,2663.
  - Hist. polit. mod.,
  2741,2756,2839,2841,
  2848,2882,2913,2954,
  3040,3248,3269,3318,
  3389,3510,3630,3697,
  3701,3723,3746,3830,
  3864,3921.- Hist.
  relig. mod., 3973,
  4174,4194-4220 passim.
  - Hist.Culture intel-
  lect. mod., 4283,4342,
  4398,4445,4461,4483,
  4488,4823.- Hist.écon.
  soc. mod., 5305,5556,
  5604,5634,5655,5670,
  5713,5770,5976.- Re-
  lat.inter.mod.,6530,
  6561,6625,6629,6638,
  6646,6648,6657,6665,
  6675,6680,6687,6721,
  6801,6802,6809,6811.
Hist.Asie,6935,6949,6952,
  7045.- Cf. Hébreux, Is-
  rael, Palestine, Semites.
Junín (dept., Perú), Puna,
  7163.
Jylland, Jütland (rég.,
  Danemark), 6578.
Jura (dépt.,France),55,848.

K

Kabadougou (Guinée),Royaume,
  7151.
Kaliningrad, Königsberg
  (U.R.S.S.), Reg.-Bez.,
  2850.
Kalisz (Pologne), 28.
Kalmar (Suède), Union /1397/,
  2078.
Kantō (reg., Honshu,Japan),
  7084.
Karanis (Egypte anc.),1462.
Karelija, Carélie (rép.,
  U.R.S.S.), 3206.- C. du
  Nord, 3208.
Karl-Marx-Stadt (DDR),
  Bezirk, 631.
Karlóca, v. Sremski Karlovci
  (Yougoslavie).
Karnataka (Etat, Inde),6976.
Kaschau, v. Kosice.
Kassa, v. Košice.
Katzenelnbogen (Rheinland-
  Westf., BRD), 2214.
Kavkaz, Caucase (montagnes,
  U.R.S.S.),975,1019,1126,
  1770.
Kazačij, Cosaques (popula-
  tions, U.R.S.S.),3912,
  6341.
Kecskemét (Hongrie),5093,
  5306.
Kelten, v. Celtes.
Kent (co., England),2118,
  2228,6074.
Kentucky (state,U.S.A.),
  3087.
Kenya (state),774,3695,
  4401,5487.
Kerkeurosis (Egypte anc.),
  1163.
Keszthely (Hongrie),1598.
  - K. Fenékpuszta,2328.
Kete Krachi (Ghana),6208.
Khakassy (peuple,U.R.S.S.),
  573.
Khmers (peuple, péninsule
  indochinoise), 6996.
Kiel (Schleswig-Holstein,
  BRD), 2337.
Kielce (Pologne), 6807.
Kiev (Ukraine,U.R.S.S.),
  2253,2451.
Kilija (Ukraine,U.R.S.S.),
  1806.
Kinai (reg.,Japan),7085.
Kingston (Ont., Canada),
  4678.
Kirgizija, Kirgizy (rép.
  et peuple,U.R.S.S.),
  587,3889,4233.
Kleinklein (Steiermark,
  Österreich), Gräber-
  feld, 1038.
Kleve (Nordrhein-West-
  falen, BRD), Friede

/1666/, 6343.
Koblenz (Rheinland-Pfalz,
  BRD), 752,6028.- Reg.-
  Bez., 2906.
København (Dänemark),6526.
Köln (Nordrhein-Westfalen,
  BRD), 2100,2373,2401,
  2465,2631,5076,5507.-
  Kur-K., 2196.- Mani-
  Kodex, 1700,1703.-
  Nuntiatur, 3959.-
  Papyri, 1113.- Tuch-
  produktion, 781.
Königsberg (Bayern,BRD),
  2696.
Königsberg (Ostpreussen),
  v. Kaliningrad
  (U.R.S.S.).
Körös, v. Criş (riv.,
  Roumanie et Hongrie).
Kom Madi (Egypte), 1422.
Komárom (comitat, Hon-
  grie), 855.
Kopancs (Hongrie), 5437.
Korea, Corée, 3183,4011,
  5075,6460,6540,6881,
  7098,7131-7133.-Guerre,
  6859.
Kosaken, v. Kazačij.
Košice, Kaschau, Kassa
  (Tchécoslovaquie),
  5825, 6755.
Kraków, Cracovie (Polo-
  gne), 52,2372,4671,
  5106.- Colloque sur
  l'idéologie monarchi-
  que, 1114.- Musée
  national, 264.-Théâtre,
  4956.- Univ., 2393.
Krefeld (Nordrhein-West-
  falen, BRD), 2815.
Kremnica (Tchécoslova-
  quie), 98, 5232.
Kremsmünster (O.-Ö.,
  Österreich), Stift,45.
Krete, Crète (île,Grèce),
  1292,1371,1427,1799.
Kromeriz (Tchécoslova-
  quie), 151.
Kronburg (Bayern,BRD),
  5332.
Krym, Crimée (péninsule,
  U.R.S.S.), 1090,2067.
  - Guerre, 6394,6430.
  - Cf. Chersonesus
  Taurica.
Ksar'Aqil (Lebanon),
  Prehist. site, 982.
Kulikovo (Russie),
  Bataille /1380/,2105.
Kulm, v. Chełmno (Polo-
  gne).
Kumasi (Ghana), 5025.
Kuwait (state), 6953.
Kwidzyn (Pologne),4390.
Kypros, Chypre,Cyprus,
  1007,1238,1434,1436,
  1439,2082,6896.
Kyrene (Afrique du N.
  anc.), 1197-1202.
Kythera (island,Greece),
  155.

L

Labe, Elbe (Fluss),
  Mittleres E.-Gebiet,
  2107.

Lacock (Wilts, England),
  Abbey, 1921.
Lagos (Nigeria), 6193.
La Habana (Cuba), 6855.
Lakedaimon, v. Sparta.
Lakonia (rég., Grèce),
  1325.
Lancashire (co.,England),
  6086.
Landes (dépt., France),
  664, 5398.
Landler, v. s.v. Transil-
  vania.
Langobarden, Longobardi
  (german.Volk), 694.
Languedoc (rég., France),
  576,1433,2630,5058,
  5340,5578,5627,5969,
  6075.
Lankhills, v. Winchester.
Laon (Aisne, France),
  6767.
Laos, 804,6992.
La Paz (Bolivia), 5706.
Lapland, Laponie (rég.,
  Europe du N.), War
  /1944-45/, 3213.
Lapons, Lapps (peuple,
  Europe du N.), 305,
  578,5411,5695.
Larsa (Mésopotamie),
  1214.
La Tène (Suisse), Civi-
  lis. préhist., 1043,
  1096.
Laterano, Latran (palaz-
  zo, Roma), Verträge,
  3963.
Laterrière (Québec,
  Canada), 5330.
Latin America, v.
  Amérique latine,
  s.v. Amérique.
Latina (lingua), 2,3,
  1470,1919,2375,2381,
  2401,2413,2419.
Latvija, Lettonie (rép.,
  U.R.S.S.), 3863,3876,
  3894,3905,6811.
Lauenburg (Schleswig-
  Holstein, BRD),
  Hzgtum Sachsen-L.,
  6038.
Lausitz, Lusace (Land-
  schaft,DDR), 6769.
Lavinium (Latium,Italia
  ant.), 1636.
Lavra (monastère, Mont
  Athos, Grèce), 1754.
Lazio (reg., Italia),
  2690.
Lebanon, v. Liban.
Le Blanc-Mesnil (Seine-
  Saint-Denis, France),
  1694.
Lechiten, Lechen (alter
  Name d. Polen), 2037.
Leiden, Leyde (Pays-Bas),
  Papyrol. Institute,
  1298.-Museum of Anti-
  quities, 1136,1298,
  1436.
Leipzig (DDR), Bezirk,
  631.- Disputation
  /1519/, 4014.
Leningrad (Russie), 3862,
  3886,3900,3904,5497,
  5558.
León (reg.,España),2054.

Lérida (España), 1968.
Leuktra (Grèce anc.),
  1328, 1348.
Levant (rég.), 982,989,
  991, 5230.
Liban, Lebanon, 982,3994,
  6139.
Liberia, 3696,5161,5798,
  6852.
Libya, Libye,1198,3697,
  3698.
Liège (Belgique), 3251.
  - Pays, 4552.- Provin-
  ce, 2747.
Liguria (reg., Italia),
  3638.
Lille (Nord, France),
  2271,3220,4261.
Limburg (rég., Belgique
  et Pays-Bas, 2489.-
  Prov., Pays-Bas,
  3723,5761,5910,6815.
Limoges (Haute-Vienne,
  France), Porcelaine,
  4922.
Limousin (rég.,France),
  2677,3294.
Linz (O.-Ö., Österreich),
  Gemeinderat, 2995.
Litva, Litauen,Lituanie
  (rep., U.R.S.S.),
  706,748,1086,3894,
  3909,3942,4107.
Locarno (Tessin,Suisse),
  260.- Traité /1925/,
  6544.
Loches (Indre-et-Loire,
  France), 4256.
Locusteni (Roumanie),
  1673.
Łódź (Pologne), 3753.-
  Ghetto, 6626.-Univ.,
  4413.
Loir-et-Cher (dépt.,
  France), 3327.
Loire (fleuve, France),
  Vallée, 5194.
Lombardia (reg., Italia),
  2352,2568,4426,5413.-
  L. spagnuola, 5120.
London, 2118,3401,3417,
  3429,5317,5477,5531,
  5580,5921.- British
  Library, 2467.- Confe-
  rence /1871/, 6458.
  - Court of the Arch-
  deacon, 754.- Dutch
  Church Library, 238.
  - National Theatre,
  4957.- Roman L.,1668.
  - Soc. of Apothe-
  caries, 4625.- Univ.,
  4382.
Longobardi, v. Lango-
  barden.
Lorraine, Lothringen
  (rég., France), 648,
  840,2312,2352,2559,
  2593,2613,5149,5276,
  5536,5777,6089.- L.
  romane, 124.
Los Angeles (Calif.,
  U.S.A.),5366,5676,
  5762.
Lot (dépt.,France),3290.
Lothringen, v. Lorraine.
Loudun (Vienne, France),
  Affaire Grandier,
  4032.

GEOGRAPHISCHES REGISTER

Louisiana (state,U.S.A.), 5338.
Louny (Tchécoslovaquie), 1869, 2366.
Louvain (Belgique), Congrès de Papyrol., 183.- Univ., 2319.
Lublin (Pologne), 6660.
Lucca (Toscana, Italia), 2098.- Stato, 3605.
Lübeck (Schleswig-Holstein, BRD), 409, 2868.
Lueg (Pass, Österreich), Kämpfe /1809/, 6375.
Lugo (prov., España), 1459.
Lund (Suède), 2260.
Lunenburg (co., Va., U.S.A.), 6245.
Luoghi Santi, v. Palestine.
Lusace, v. Lausitz.
Lutherstadt Wittenberg, v. Wittenberg.
Luxemburg, XV.
Łużice, v. Lausitz.
Lydia (rég., Asie Mineure anc.), 1136.
Lyon (Rhône, France),3237, 3951,4927,6585.- 2e Concile /1274/, 1861.
- Hospices, 4620.- Industrie, 5162.- Résistance, 6816.
Lyonnais (rég., France), 5360.

M

Macedonia, Macédoine (rég., Balkans),1526, 3007, 3010, 6671.
Mâcon (Saône-et-Loire, France), Franc-maçons, 4516.
Mačxvariši (Georgie, U.R.S.S.), 181.
Madagascar, 2736,4075, 4128,5359,6186.
Madrid, 5806.- Buen Retiro, 4863.- Casa de Velázquez, 4178.- Prensa, 4452.- Teatro, 4974.
Magdalensberg (Kärnten, Österreich), 1687.
Magdeburg (DDR), Bekenntnis /1550/, 733.- Bezirk, 630.- Börde, 5071.- Recht, 748,2226.
Maghreb (rég., Afrique du Nord), 879,2246, 5633,6145,6147.
Magyarország, Hongrie : Bibl. hist. gén., III, XI.- Sci. auxil., 33, 43,81,94,117,125,141, 165.- Ouvrages gén., 188,196,204,226,233, 240,280,286,292,309, 318,334,344,356,382, 545,600,673-681,753, 779,808,855.-Préhist., 935,944,1000,1018, 1044,1053,1061,1079, 1087,1088,1103,1108.
- Moyen Age, 1802-

2084 passim, 2200, 2250,2268,2277,2286, 2297,2321,2324,2362, 2388,2390,2446,2474, 2505,2641,2670,2695.
- Hist.polit. mod., 2714,2763,2950,2976, 2984,3341,3465-3575, 3821.- Hist. relig. mod., 4102,4132,4160, 4208.- Hist. Culture intellect. mod.,4224, 4224a,4251,4259,4292, 4295,4298-4604 passim, 4612,4690,4692,4712, 4812,4850,4918,4929, 5009.- Hist. écon. soc. mod., passim.
- Hist. Droit mod., 6018,6056,6085,6090, 6096,6098.- Relat. intern. mod., 6125, 6335,6342,6346,6376, 6400,6457,6475-6821 passim, 6833,6878, 6915.
Main (Fluss, BRD), M.-Franken, 2913.- Ober-M., 2310.
Mainake (colonia griega, España), 1440.
Mainau (Insel, Bodensee, BRD), 6777.
Maine-et-Loire (dépt., France), 4420.
Mainz (Rheinland-Pfalz, BRD), 2912,5677.- Buchdruck, 42.- Erzbistum, 4052.
Malabar (côte, Inde), 6963.
Malacca (strait, S.-E. Asia), 4414.
Málaga (España), 5310.
Malatya (Turquie), Province, 1114.
Malaya, 804,5502,6999.
- Cf. Malaysia.
Malaysia, 7004.- West-M., 4414.
Mali, 7146, 7153.
Malinké (peuple africain), Royaume de Kabadougou, 7151.
Mallia (Crète), Palais, 1297.
Mallorca (isla, Baléares, España), 1968.
Malmö (Suède), 5738.
Malta (islands), 3699, 3700, 6747.
Manchuria (reg., China), 6570.
Mannheim (Baden-Württemberg, BRD), 4900.
Mantzikert (Turquie), Bataille /1071/, 1780.
Mappilas (Muslims of Malabar), 6963.
Maramureş (dépt., Roumanie), 4342.
Mărculeşti (Roumanie), 4217.
Marengo (Piemonte,Italia), Bataille /1800/, 6384.
Marghita (Roumanie), 4217.

Mari (Mésopotamie anc.), 1203, 1216.
Marigny-sur-Ouche (seigneurie, Côte-d'Or, France), 5444.
Mark (ehem. Grafschaft, Westfalen, BRD), 5452.
Marne (riv., France), 6498.
Maroc, 3701,3702,4194, 5296,6525.
Marquises (îles, Polynésie franç.), 6311.
Marseille (Bouches-du-Rhône, France), 82, 1653,3273,5463,5628.
- Abbaye St. Victor, 2694.- Bureau de la Santé, 4645.
Martinique (île, Antilles), 6277,6291.
Maryland (state, U.S.A), 5054, 6299, 6301.
Marymont (quartier de Varsovie, Pologne), 4408.
Mascareignes (îles, Océan Indien), 6194.
Massachusetts (state, U.S.A.), 4352,5436, 6082,6272,6288.-Inst. of Technology, 4680.
Mátraalja (rég., Hongrie), 5342.
Mauer an der Url (N.-Ö., Österreich), 1671.
Mauretania Tingitana (prov. romaine),1491.
Maurienne (rég., France), Diocèse, 886.
Mauritius (island, Indian Ocean), 4825.
Mauthausen (O.-Ö.,Österreich), Lager M.-Gusen, 6633.
Maynooth (Kildare, Ireland), College, 3591, 4016.
Mazandaran (prov., Iran), 1827.
Mazury (rég., Pologne), 4359.
Mbuye (domaine royal, Burundi), 3011.
Mecklenburg (Landschaft, DDR), 628,2919.
Medelpad (Sweden), 1056.
Méditerranée (mer), 197, 956,970,1051,1127,1294, 2225,5636,6049,6787.- M. occid., 2458,5595.
Melbourne (Victoria, Australia), 2942,2943, 2973,6316.
Mellifont Abbey (Louth, Ireland), 2487.
Memphis (Egypte anc.), 1162.
Mendola (Italia), Settimana di studio, 2566.
Mergentheim (Baden-Württ., BRD), Bibl. d. Dt. Ordens, 241.
Meroe (Rep. of the Sudan), Kingdom, 1192.
Merseburg (Bez. Halle, DDR), Staatsarchiv, 225.
Merveilles (Vallée des,

Alpes-Maritimes,
  France), 1023.
Mesopotamia, Mésopotamie,
  1203-1224, 1252.
Messina (Sicilia,Italia),
  222, 687.
Metz (Moselle, France),
  Colloque Romantisme et
  religion, 4828.-Univ.,
  4731.
México (Ciudad), 5791.
México (Estados Unidos
  de), 3142,3703-3708,
  4006,5188,5512,5626,
  5666,5788,6280,6404,
  6419,6456,6505,6554,
  6588,7155,7168.
Meymont (anc. seigneurie,
  Puy-de-Dôme,France),
  1913.
Mezen' (Russie), 556.
Mezzogiorno (reg.geogr.,
  Italia), 3603, 3663.
Michigan (state, U.S.A.),
  4394.
Middle East, v. Moyen
  Orient, s.v. Orient.
Midi (rég., France),2607,
  2635,4124,4871,5432.
  - M. méditerr., 938.
Międzyrzec Podlaski
  (Pologne), 4217.
Milano (Lombardia,Italia), 287,5287,6819.
  - Pataria, 2290.-
  Tipografia, 41, 50.
Miletos (auj. Balat,
  Turquie), 1332.
Minangkabau (people a.
  reg., Sumatra),6998.
Mindanao (île, Philippines), 3731.
Mińsk Mazowiecki
  (Pologne), 4217.
Missiminia (Sudan),1195.
Mistra (Grèce), 1794.
Mnichovo Hradiště,
  Münchengrätz (Tchécoslovaquie), Vertrag
  /1833/, 6441.
Moçambique, Mozambique,
  6196.
Moche (río, Perú), Valle,
  7165, 7166.
Modena (Emilia-Romagna,
  Italia), 4098.- Bibl.
  Estense, 4889.
Moesia (rég., Europe
  anc.), 1644.
Mogami (riv., Honshu,
  Japon), 7127.
Mohács (Hongrie), 5216.
  Bataille /1526/,3487,
  3531,6335.
Mojo Indians (Bolivia),
  4062.
Moldova, Moldavie (rég.,
  Roumanie), 714,3776,
  3779, 6407.
Mombasa (Kenya), 6176.
  - Fort Jesus Museum,
  774.
Mongolia, Mongols, 889,
  6570,7063.- Outer M.,
  6515.
Mons (Belgique), 4421.
Montalbán (España),2577.
Montbéliard (Doubs,France), Principauté, 89.
Montecassino (abbazia,
  Lazio, Italia), 1882.
Monténégro, v. Crna Gora.
Montevideo (Uruguay),
  Conférence /1942/,
  6737.
Montpellier (Hérault,
  France), 4649.
Montréal (Gers, France),
  Comptes consulaires,
  1825.
Montréal (Ouébec,Canada),
  67,5504,5939.- McGill
  Univ., 4290.- Vieux-
  M., 4875.
Morava, Moravie (rég.,
  Tchécoslovaquie),109,
  151,1914,1936,1966,
  2039,5284,5409,6327.
  - Grande-M., 159.
Moriscos, Morisques
  (peuple), 3040.
Morte (mer), v. Dead Sea.
Moselle (riv., France et
  Allemagne), Pays de
  la M., 1726. - Saar-
  M.-Raum, 5096.
Moskwa, Moscou, 2854,
  3860,3880,3814,5497,
  5909,6483.- Merchants,
  5293.- Muscovery,110,
  724.- Narkomfin,4881.
  - Region, 153.-Univ.,
  4360,4362,4363.
Moxos, v. Mojo Indians.
Mozambique, v. Moçambique.
Mühlbach, v. Sebeş,
  (Roumanie).
Mühlviertel (Landschaft,
  Österreich), 6884.
München (Bayern, BRD),
  Abkommen /1938/,3829,
  6614,6619,6663,6673,
  6696.
Münchengrätz, v. Mnichovo Hradiště.
Münster (Nordrhein-Westfalen, BRD),2844,4381.
Muntenia, v. Ţara Românească.
Murcia (prov., España),
  2202.- Reino, 1824.
Mykenai, Mycène (Grèce),
  69,1292,1293.

N

Nabatei, Nabatéens
  (peuple, Arabie anc.),
  1250.
Nablus (Jordan), 1650.
Nag Hammadi (Egypte),
  1701.
Nagvenyed, v. Aiud
  (Roumanie).
Nagyszombat, v. Trnava
  (Tchécoslovaquie).
Nahal Evtah (Israël),
  Neolithic site,1015.
Nahr el Kébir (riv.,
  Syrie), 980, 991.
Namdalen (reg., Norway),
  1041.
Namibia, 6184.
Nancy (Meurthe-et-Moselle, France), 661.
  - Bataille /1477/, 1957.
Nándorfehérvár (Ungarn),
  Belagerung /1521/,3544.
Napata (Sudan), 1195.
Napoli (Italia), 3625,3658,
  4045,5859.- Monastero
  S. Chiara, 4043.- Nunziatura, 3623.- Regno,
  2074, 4060.
Narbonnaise (prov.romaine),
  1676.
Narvik (Norvège), 6750.
Nashville (Tenn.,U.S.A.),
  Convention /1850/,3122.
Natal (prov., South Africa), 6214.
Nauders (Tirol, Österreich),
  635.
Navarra,Navarre (rég.,
  Espagne et France),1968,
  2028,2131,2170, 2450.
Nederland, Pays-Bas : Bibl.
  hist.gén.,XVII.- Sci.
  auxil., 15.- Ouvrages
  gén., 208,235,640,701-
  705,750,769,839,919.-
  Préhist., 953.- Moyen
  Age, 2075,2128,2459.-
  Hist. polit. mod.,2730,
  2747,3715-3729.- Hist.
  relig. mod., 3978,3980,
  4009,4059,4082,4144,
  4168.- Hist. Culture
  intellect. mod., 4851,
  4873,4874.- Hist.écon.
  soc. mod., 5119,5207,
  5213,5253,5260,5267,
  5268,5324,5520,5680,
  5827,5843.- Hist.Droit
  mod., 6012,6015,6045,
  6079.- Relat. intern.
  mod., 6147,6155,6160,
  6169,6237,6332,6336,
  6345,6453,6480,6664,
  6665,6691,6768.
Nederlandsch Oost-Indië,
  v. Indonesia.
Negev (reg., Israël),989,
  1237.
Neubrandenburg (DDR),
  Bezirk, 628.
Neumark (Landschaft, ehem.
  Brandenburg, jetzt
  Polen), 312, 2064.
New Caledonia, v. Nouvelle-Calédonie.
New England, 4254,4347,
  4657, 5697, 5823.
New Guinea, Nouvelle
  Guinée (island), 3935,
  7176.
New Hampshire (state,
  U.S.A.), 4151.
New Harmony (Ind., U.S.A.),
  3191.
New London (Conn., U.S.A.),
  5158.
New Mexico (state,U.S.A.),
  3155.
New York (state,U.S.A.),
  6308, 7157.- British
  N.Y., 6270.
New York (N.Y., U.S.A.),
  4685,5164,5304,5474,
  5610.- Chinatown, 3130.
  - Columbia Univ., 1040.
  Jews, 5604.- Port,5169.

GEOGRAPHISCHES REGISTER

- Wall Street, 6889.
New Zealand (islands, Pacific Oc.), 259, 3710,4383,5779.
Newfoundland, Terre-Neuve (island, Canada),3021, 4853.
Newtownards (Down, N. Ireland), 4882.
Nicaea, Nikaia (auj. Iznik, Turquie), Concile I /325/, 863.
Nicaragua, 4317, 6490.
Nice (Alpes-Maritimes, France), 4332, 5459. Colloque sur la chasse, 2259.
Niederösterreich (Land, Österreich), 77, 234, 1097,1104,2013,2252.
Nièvre (dépt., France), 848, 854, 3310.
Niger (fleuve, Afrique), 961.- Delta, 7146.
Niger (république), Central N., 5045.
Nigeria, 4382,5316,7148.
Nikaia, v. Nicaea.
Nil (fleuve), 993.- Vallée, 1195.
Nîmes (Gard, France), 1066, 3951, 5561.
Nimrud (Assyrie), 1207.
Nisa (Iran anc.), 1262.
Nisibis (auj. Nusaybin, Turquie), Siège /350/, 1504.
Nivernais (rég., France), 848, 5130.
Nördlingen (Bayern,BRD), 2905.
Nogajcy, Noghai (peuple, Asie), 570.
Noire (mer), 1120.-North Pontus area, 1074,1367.
Noirs, Negroes, 171,853, 5495,5563,5668,5708, 5819.- N. d'Amérique, 3096,3105,3106,3128, 4324,4330,4351,5606, 5644,5689,5720,5763, 5798,6200.
Noordbrabant (prov.,Pays-Bas), 2489,2708,4320. - Cf. Brabant.
Nootka Sound (Canada), Area, 6290.
Nord (dépt., France), 5154,5384,5549,6321.
Nord (mer du), North Sea, 6765.
Norge, Norvège, XVI,699, 700,999,1004,1041, 1048,2298,3709,3800, 4264,4747,5100,5382, 6382,6395,6803.
Noricum (prov. romaine), 1065, 1671.
Normandie (rég.,France), 91,120,417,646,878, 903,1898,2158,4007, 4167,4925,6738.
Normannen, Normans,1833, 1947,2020,2036a,2160, 2457.- Cf. Anglo-N., Vikings.
North Carolina (state, U.S.A.), 3163,4324, 5334,5358.

Northern Ireland,3427. 3427,5257.
Northumbria (anc.kingdom, Great Britain), 2466,2600.
Northwest Coast (Canada), 6290.
Norwich (Norfolk, England), 3380.
Nouvelle-Calédonie (île, Mélanésie), 6312.
Nouvelle-Guinée, v. New Guinea.
Novara (Piemonte,Italia), 2329.
Novem Craris (ville romaine, France), 82.
Novgorod (Russia), Republic, 2640.
Novi Sad (Yougoslavie), 4220.
Noviodunum (auj.Isaccea, Roumanie), 1467.
Nubia (reg., Africa), 1195.
Nürnberg (Bayern,BRD), 2211.
Nueva España, 6241.
Numidia (rég.,Afrique du Nord anc.), 1200, 1488, 1667.
Nyland (prov., Finlande), 5726.

O

Oberengadin (Landschaft, Graubünden, Schweiz), 747.
Oberösterreich (Land, Österreich),2687,5434.
Occident, 171,172,420, 798,826,828,911,918, 1731,1978,2060,2122, 2367,2398,2400,2424, 2428,2529,2534,2539, 2560,2566,2608,2651, 2654.- P. méditerr., 2225.
Océanie, 218,4074.- O. précoloniale, 7173-7176.
Ödenburg, v. Sopron (Hongrie).
Öland (island, Sweden), 93.
Ösel, v. Saaremaa.
Österreich : Allg.hist. Bibl.,IV.- Hilfswiss., 95.- Allg. Werke,240, 635-638,912.-Vorgesch., 1065.- Mittelalter, 1950,2382.- Allg. Gesch. d.Neuzeit, 2945-2998.- Relig.-Gesch.d. Neuzeit, 3966,4096,4117.- Wi.-u.Sozialgesch. d.Neuzeit,5221,5491,5719, 5860,5918.- Rechtsgesch.d.Neuzeit,6035. - Intern. Beziehungen d.Neuzeit,6128,6394, 6400,6401,6432,6537, 6556,6571,6583,6689, 6846,6864,6897.-Gesch. Asiens, 6940.- Schwäbisch-Ö., 6067.

Österreich-Ungarn,2955, 2964,2968,2977,2982, 2991,2993,3535,4198, 4572,4580,5102,5270, 5337,5646,5890,5919, 6403,6487,6513,6519, 6524.
Ofen, Ofenpest, v. Budapest.
Ohio (state, U.S.A.), 5980.
Ohre, Eger (Tchécoslovaquie), Goldbulle /1213/, 2542.
Ohře (riv., Tchécoslovaquie), 2710.
Okinawa (islands,Japan), 7088.
Oklahoma (state,U.S.A.), 3109, 5486.
Oliwa (Pologne), 1875, 9143.
Olliergues (Puy-de-Dôme, France), 1913.
Olomouc (Tchécoslovaquie), Staatl.wissensch.Bibliothek, 52.
Olympia (Grèce anc.), 1403.
Oneida (N.Y., U.S.A.), Community, 5750.
Ontario (prov., Canada), 3012,4326,5401,5593, 5913,6293.
Onteniente (Valencia, España), 1968.
Oradea (Rumänien),Bistum Várad, 5596.
Oregon (state,U.S.A.), 5244.
Orešek, v. Petrokrepost'.
Orient, 102,243,771,798, 916,1115,1134-1273, 2060,2068,2243,2560, 5000.- Extrême-O., 5124,5386,6627.-Moyen-O., Middle East,223, 591,2778,6114,6899, 6927.- Proche O., Vorderer O., 603,971, 1126,6928.- O. musulman, 6931.
Orléans (île, Québec, Canada), 67.
Osnabrück (Niedersachsen, BRD), 1934.
Ostgoten, Ostrogoths (german.Stamm), 1060, 1083.
Ostpreussen, v. Preussen, in fine.
Ostrava (Tchécoslovaquie), 5546.
Ostrogoths, v. Ostgoten.
Ostsee, v. Baltique (mer).
Oświęcim, Auschwitz (Pologne), Camps, 6646.
Otranto (Puglia,Italia), Guerra /1480-81/, 1931.
Ottawa (Ont., Canada), 3016.
Ottoman (Empire), v. Turquie.
Ouche (riv., France), 5444.
Overijssel (prov.,Pays-

Bas), 1692.
Oxford (England), 3954, 4337.- Diocèse, 4080.
- Movement, 3954.- Univ., 2555, 4304.
Oxfordshire (co., England), 2256, 2461.
Oxyrhynchos (auj. Behnesa, Egypte), 1163, 1304, 1308.
Ózd (Hongrie), 5229.

P

Pacifique (Océan), 6318, 6831.
Padova (Veneto, Italia), 1888, 2624.- Musica, 2498.- Padovano, 906.
Paestum, Poseidonia (Italia ant.), 1674.
Pakistan, 6961, 6986.
Paks (Hongrie), 5216.
Palermo (Sicilia,Italia), 2394.- Convegno. S. Domenico, 882.
Palestine (rég., Proche-Orient), 977,1720, 1742,1968,2034,2637, 3200,3592,4079,4237, 4788,6451,6561,6591, 6629,6687,6851,6935-6937,6945,6952.
Palma del Río (Córdoba, España), 1596.
Pánama (República),3711, 6402, 6471.
Pannonia (prov.,romaine et région), 1083, 1473,1492,1522,1587, 1686,5242.
Paraguay, 3712-3714,4039.
Pariaman (Sumatra, Indonesie), 6998.
Parma (Emilia-Romagna, Italia), 3665, 4322.
- Ducato, 4710.
Parthia (rég., Iran anc.), 1262, 1271.
Pas-de-Calais (dépt.,France), 5154,5384,5549.
Patagonia (reg., Argentina), 6447.
Patrai, Patras (Akhaia, Grèce), 1795.
Pavia (Lombardia, Italia), 3647.
Paris, 666,2178,2219,2465, 3217,3232,3254,3274, 4054,5007,5580,5656, 5674,5736,5764,5866, 6323,6528.- Acad. roy. de musique, 4293.- Administration, 6040.
- Archives nat., 70, 206,207,209,228,231.
- Bibliothèque nat., 239,247.- Bibliothèque Sainte-Geneviève, 36.- Centre scientif. polonais, 4296.- Collège de France, 4702.- Colloque hippocratique, 1392.- Colloque Voltaire-Rousseau, 4600.- Congrès des américanistes, 186.- Conféren-

ce de paix /1919/, 6539,6573.- Ecole franç. d'Extrême-Orient, 202.- Ecole polytechnique, 4404.
- Libération /1944/, 6774.- Musée du Louvre, 239.- Musique, 4946.- Univ., 2396.
Pearl Harbour (Hawaii), Attack /1941/, 6653.
Pécs (Hongrie), Cathédrale, 2493.- Univ., 802.
Peloponnesos (péninsule, Grèce), 140,1336, 1794.
Pennsylvania (state, U.S.A.), 5046,5152, 5172,5277,6284.
Pentagon (the P., Va., U.S.A.), 3103.
Penzberg (Bayern,BRD), 5519.
Périgord (rég., France), 647,984,3313,5406.
Périgueux (Dordogne, France), 2300.
Perse, Persia, v. Iran.
Persepolis (Iran anc.), 1269.
Perú, 2773,3730,3983, 4042,5020,5712,6239, 7165,7166.
Pest, v. Budapest.
Pest (comitat, Hongrie), 3575.
Petrograd, v. Leningrad (Russie).
Petrokrepost' (Russie), 5526.
Pfalz (Landschaft,BRD), 6669.
Philadelphia (Pa.,U.S.A.), 4093,5164,5585,5720, 5926.
Philippines,v.Filipinas.
Phoenicia, Phoenices (rég. et peuple, Proche-Orient anc.), 1236,1238,1260.
Piacenza (Emilia-Romagna, Italia), 1981,4322.
Picardie (rég., France), 5370.
Piemonte (reg., Italia), 2264,4467,5099,5157, 5586,5979.
Pietroasa (Romenia), Treasure, 1080.
Piława, v. Baltijsk.
Piombino (Toscana, Italia), 3681.
Pirak (Pakistan), Fouilles, 6973.
Pisa (Toscana, Italia), 404,1968,1988,2098, 2246,2361.- Contado, 2693.- Prov.agostiniana, 2563.
Poitiers (Vienne,France), Bataille /732/, 1818.
Poitou (rég., France), 1029.
Polock, Polotsk (Russie), 2480.
Polska, Pologne : Bibl.

hist. gén., XVIII.- Sci. auxil., 48,96,97,112,134.
- Ouvrages gén., 197,232, 240,312,502,520,552,581, 616,617,706-710,768,813, 822,832,857,864,881,894.
- Préhist.,955,1089.- Moyen Age, 2037,2138,2226, 2371,2486,2516,2598,2605.
- Hist.polit.mod., 2803, 2848,2878,2926,2940,2984, 2996,3328,3550,3732-3767, 3748,3851.- Hist.relig. mod., 3969,3997,4004,4008, 4037,4040,4076,4104,4217.
- Hist. Culture intellect. mod., 4226,4259,4266,4288, 4298-4472 passim,4584,4714, 4721,4802,4835,4856,4928, 4930,4949,4953.- Hist. ēcon.soc.mod.,5106,5114, 5233,5297,5301,5383,5542, 5550,5572,5712,5754,5808, 5873,5952,5968,5998.-Hist. Droit mod.,6048,6058,6094.
- Relat. intern.mod.,6117, 6134,6143,6320-6822 passim, 6900,6908,6921.- Wielkopolska, Grande P., 1089, 3748,6134.- Cf. Lechiten.
Polynésie (îles, Océanie), 585,2755,7173.- P. franç., 6314.
Pomorze, Pommern (rég., France), 4340, 6758.- P.Zachodnie, P. occid., 2059,6610, 6798.- Schwedisch P.,5795.
Pompeii (Italia ant.), 1646.
Pongola (riv., Southern Africa), 7147.
Pont-à-Mousson (Meurthe-et-Moselle, France), 5149.
Pont-de-Briques (Pas-de-Calais France), 3224.
Pontus (royaume, Asie Mineure anc.), 1142.
Pontus Euxinus, v. Noire (mer)
Port Philipp, v. Melbourne.
Portland (Oreg.,U.S.A.),3141.
Portugal, 1968,2266,2291,5308, 6176,6344.
Posadas (Cordoba, España), 1596.
Poseidonia, v. Paestum.
Potomac (riv., U.S.A.),3113.
Potosí (Bolivia), 2773.
Potsdam (DDR), Conference /1945/, 6700,6711.
Poznań (Pologne), 6134,6795.
- Bibliothèques, 250.
Praha, Prague, 2465,6532.
- Staatl.Zentralarchiv, 230.- Univ., 2437.- Cf. Břevnov.
Prémontré (Aisne, France), Ordre, 2552,2567,2575.
Přerov (Tchécoslovaquie), 151.
Pressburg, v. Bratislava.
Preussen, Prusse, 225,450, 2790-2936 passim,3750, 4365,4416,5108,5128, 5337,5692,6019,6048, 6070,6416,6429.- Ost-P., 2831.- West-P., 6472.
Principato (reg. stor., Italia), 2020.
Principautés Danubiennes,

GEOGRAPHISCHES REGISTER

v. Moldova, Țara Românească.
Protobulgares (peuple), 1862,2003.
Provence (rég., France), 119,542,850,2344,2368, 2663,3312,3995,4617, 5649.
Prusse, Prussia, v.Preussen.
Przedbórz (Pologne),4217.
Przemyśl (Pologne), 6552.
Pskov (Russie), 2168.
Ptolémaïs Hormou (Egypte anc.), 1158.
Puerto Rico, 5602.
Puglia, Apulia (reg., Italia), 4046,5457.
Punici, v. Carthago.
Puri (Orissa, India), 6985.
Putna (monastère, Roumanie), 4936.
Putney (Surrey, England), Debates /1647/, 4519.
Putten (Pays-Bas), 1916.
Puy-de-Dôme (dépt.,France), 3245.
Pyrénées (montagnes),992.
Pyrénées-Orientales (dépt.,France), 3277.

Q

Qafza (Israel), Prehist. site, 982.
Qedesh (Israel), Cult Cave, 1032.
Quapaw (N.Amer.Indians), 3066.
Québec (ville et prov., Canada), 67,3017,3023, 4817,5401,5419,5590, 5939,6354,6367.
Quedlinburg (Bez.Halle, DDR), 2697.
Quercy (rég., France), 553,5430.
Quito (Ecuador), Audiencia, 6252.
Qumran (Jordanie), 1248.

R

Raab, Rába (Fluss,Österr. u. Ungarn), 5178.
Radekhov (U.R.S.S.),4217.
Rättvik (Suède), 88.
Ragusa, v. Dubrovnik.
Rajputana (reg.,India), 107.
Raphia (mod. Rafa,Egypt), Battle /217 B.C./,1138.
Ravenna (Emilia-Romagna, Italia), 1776.
Ravensbrück (Bez. Potsdam, DDR), KZ, 6611.
Regensburg (Bayern,BRD), 2551.
Reggio nell'Emilia (Emilia-Romagna, Italia), 3667.- Prov., 4551.
Rehov (Israel), Mosaic, 1234.
Reichenau (Insel, Baden-Württemberg, BRD), Abtei, 1882.- Kaiserchronik, 1920.
Reillanne (Alpes-de-Haute-Provence, France), 2344.
Reimerswaal (Pays-Bas), 1911.
Reims (Marne, France),5448. Colloque "Curé Meslier", 4232.
Rennes (Ille-et-Vilaine, France), Musée des Beaux-Arts, 258.
Réunion (île, océan Indien),6194,6205,6228.
Rhein, Rhin (Fluss), 5253.
- Niederrhein. Territorien, 1969,2035,2088.
- Ober-R., 865,2436, 2822,6872.- R.-Mosel-Raum, 6377.
Rheinland, Rheinprovinz (ehem. Territorium,BRD), 2829,2884,6377.
Rhodos (île, Grèce),1321.
Richmond (Va., U.S.A.), 5668.
Rif (massif, Maroc),3702.
Riga (Lettonie,U.R.S.S.), 3882.- Friede /1921/, 6536.
Rijeka, Fiume (Yougoslavie), 2956,3500.
Rio de Janeiro (Brésil), 3002.
Rio Grande (river, N. America), 5115.
Rioja (reg., España),5347.
Ripuarier, ripuar.Franken (german. Stamm), 1808.
Rocky Mountains (North America),5184,5786,5835.
Roma, 30,1256,1500,3612, 3623,3663,3989,4017, 4279,4783,5461.- Bibliot. Alessandrina 4889.- Bibliot.Vallicelliana, 1899.- Peintres franç., 4895.- Prefettura, 2544.- Questione romana, 6412.
- Imperium Romanum, II, 9,84,85,90,101,262,372, 1065,1069,1091,1230, 1254,1279,1280,1283, 1288,1357,1362,1387, 1420,1449-1696,2686.
Romagna (reg. stor., Italia), 695,1688,3666.
România, Roumanie : Bibl. hist. gén., XIX.- Ouvrages gén., 240,442, 711-719,755,758,797, 811,924.- Préhist.,974, 978,1050,1080,1100, 1102,1109.- Antiquité, 1277.- Moyen Age,1878, 1994,2684.- Hist. polit. mod., 2714,3768-3794.- Hist. relig.mod.,4217. Hist.Culture intellect. mod., 4228,4260,4286, 4508,4775,4898.- Hist. Droit mod., 6109.-Relat. intern.mod., 6115,6117, 6133,6135,6320,6392, 6393,6448,6453,6476, 6478,6503,6521,6551, 6599,6687,6702,6736.
Romans-sur-Isère (Drôme, France), soulèvement /1580/, 3229.
Ross (anc. Russian trading post, Calif., U.S.A.), 569.
Rostock (DDR), Bezirk, 628.
Rossija, Russie : Sci. auxil., 118.- Ouvrages gén., 252,298,322,345, 556,557,618.- Préhist. 975.- Hist.Byzance, 1772.- Moyen Age,2010, 2026,2038,2067,2105, 2117,2168,2304,2339.
- Hist. polit. mod., 2730,2760,2862,3627, 3739,3857-3920 passim
- Hist. Culture intellect. mod., 4266,4427, 4445,4489,4507,4526, 4535,4590,4596,4618, 4744,4771,4832,4858.
- Hist. écon. soc. mod., 5176,5197,5198, 5331,5376,5394,5417, 5449,5490,5493,5494, 5500,5547,5556,5619, 5709,5828,5858,5907, 5910,5995.- Hist. Droit mod., 6057, 6059.- Relat.intern. mod., 6110,6113,6320-6608 passim,6761, 6794.- Cf. Rus'.
Rouen (Seine-Maritime, France), 1836, 5436.
- Archevêché, 2664.
- Parlement, 3259, 5651.
Roussillon (rég., France), 576,1433,5058.
Rozgony (Tchécoslovaquie), Bataille /1312/, 2091.
Rucuma (Tunisie), 1508.
Ruhr (Fluss, BRD), Rote R.-Armée, 5901.-Ruhrgebiet, 5183.
Rus', Russie anc., 104, 157,932,2052,2403, 2405,2432,2451.-Kievan R., 2253.- Cf. Rossija.

S

Saar, Sarre (Fluss), S. -Mosel-Raum, 5096.
Saaremaa, Ösel (island, Estonia, U.S.S.R.), Bishopric Ö.-Wiek, 2685.
Saarland (Land, BRD), 5205,6669.
Sabaria, v. Szombathely (Hongrie).
Sachsen (german.Volk), 2707.- Siebenbürger S., 712,2698,2707, 3775,4775.
Sachsen (Landschaft, DDR), 631,2226.- Kurfürstentum,2070.
- Ottonisches S.,

GEOGRAPHISCHES REGISTER

2041.
Sachsen-Anhalt (ehem. Land, DDR), 630.
Sachsen-Lauenburg (ehem. Herzogtum, Deutschland), 6038.
Saguenay (riv. et région, Québec, Canada), 5330.
Sahara (désert,Afrique), 993.- Eastern S.,972.
Saint-Amarin (Haut-Rhin, France), 5251.
Saint-Barthélémy (île, Antilles franç.),6233.
Saint-Cyprien (anc. abbaye, Poitiers, France), 2588.
Saint-Denis (Seine-Saint-Denis, France),16,3240.
Saint-Just-près-Chomelix (Haute-Loire,France), 1820.
Saint-Maixent-l'Ecole (Deux-Sèvres, France), 1823.
Saint-Maurice (riv., Québec,Canada), 5266.
Saint-Nazaire (Loire-Atlantique, France), 5887.
Saint-Petersbourg, v. Leningrad.
Saint Regis (riv., N.Y., U.S.A.), Paper Company, 5144.
Saint-Siège, v. Vaticano (Città del).
Saint-Thierry (Marne, France), Abbaye, 908.
Saka (Scythian tribe), 1273.
Salamis, Salamina (Chypre anc.), 1442.
Salerno (Campania, Italia), 3609.
Salonika, v. Thessalonike.
Salzburg (Land u. Stadt, Österreich), Erzbistum, 4225.
Samaria, Sebaste (anc. city,Jordan), 1239.
Samaria (reg., anc. Palestine), 162,1228.
Sami (people), v.Lapons.
San Francisco (Calif., U.S.A.), 3079,4405, 5523,5620,5644,5912.
San Gottardo, v. Sankt-Gotthard-Pass.
Sankt Gallen (S.G., Schweiz), 260.
- Kloster, 2565.
Sankt-Gotthard-Pass (Schweiz), 5273.
Sant Llorenç del Munt (monasterio, Cataluña, España), 2478.
Santiago de Chile (Chile), 5086.
Santiago de Compostela (España), 2597,2666.
Santos Lugares, v. Palestine.
Sanwi (tribu africaine), 7145.
São Paulo (Brésil), 3004, 5084.

Saône-et-Loire (dépt., France), 848, 854.
Sarajevo (Yugoslavia), Jews, 4206.
Sardegna (isola, Italia), 1451.- Regno, 5344.
Sarmatia (rég., Europe anc.), 1086.
Sarmizegetusa (anc. ville, Roumanie), 1467, 1639.- S. Regia, 59, 1062.
Sarre, v. Saar.
Saskatchewan (prov., Canada), 5480.
Satu Mare, Szatmár (Roumanie), Paix /1711/, 6365.
Saudi Arabia, Arabie Saoudite, 6858,6934.
Sauerland (Landschaft, BRD), 5509.
Saugnac-et-Muret (Landes, France),5398.
Sault (pays de, Aude, France), 5367.
Savoie (rég. et dépt., France), 4229.
Savona (Liguria, Italia), 2243.
Scandinavia, 199,218,624, 2078,2285,4237,6326, 6875.
Schaumburg-Lippe (ehem. Territorium, BRD), Grafschaft, 2851.
Şcheii Braşovului (Roumanie), 711.
Schlesien, v. Śląsk, Slezsko.
Schleswig (Schleswig-Holstein, BRD), 2033.
Schleswig-Holstein (Land, BRD), 4276,5554,6031.
Schwaben (Landschaft,BRD), 1014,2500,2821.- Schäbisch Österreich,6067.
Schwabenheim (Rheinland-Pfalz,BRD), Propstei, 4052.
Schwäbisch Gmünd (Baden-Württemberg,BRD), Tagung "Stadt u. Hochschule", 201.
Schwarzes Meer, v. Noire (mer).
Schweidnitz (Niedersachen, BRD), 2653.
Schweinfurt (Bayern, BRD), 6762.
Schweiz, Suisse, XX,69, 240,260,967,1006,1679, 2730,3809,3810,3946, 4873,5470,6091,6479, 6689.
Schwerin (DDR), Bezirk, 628.
Scotland, Ecosse, 668, 669,672,1853,2015, 2409,3413,3450,4103, 4163,5159,5475,5724 6047.
Scythae, Scythia, 1077, 1099,1101,1109,1110, 1273,1467.- S.Minor, 1567.- Cf. Agathyrsi, Saka.
Scythopolis (Palestine anc.), 1640.

Seattle (Wash., U.S.A.), 5498.
Sebaste, v. Samaria (city).
Sebeş, Mühlbach (Roumanie), 2494.
Sechsämterland (Landschaft, Bayern, BRD), 5070.
Seckau (Steiermark, Österreich), 2985.
Sedan (Ardennes, France), 6763.
Segorbe-Albarracín (obispado, España), 1968.
Seine-Inférieure (dépt., France), 5564.
Sem (Norway), 1041.
Sendling (Bayern, BRD), Mordweihnacht /1705/, 2934.
Sénégal (Rép.), 4066.
Sephardim (Juifs, Europe occid.), 5305.- Cf. Juifs.
Serbie, v. Srbija.
Serfaus (Tirol, Österreich), 635.
Serracapriola (Puglia, Italia), 5634.
Sétif (Algérie), 1655.
Sevilla (España), 5757.
- Archivo Medinaceli, 222.
Shangai (Chine), 5466, 7023.
Shqipria, Albanie, 240, 2789,6461,6499.
Siam, v. Thaïlande.
Sibir', Sibérie (rég., U.R.S.S.), 3865, 3878,5386,5567,6168, 6171,6603.
Sicilia (isola, Italia), 1338,1947,2024,2142, 2145,3621,3641,3646, 4457,5160,5936.- Regno delle Due S., 2109,3617, 5295.
Siebenbürgen, v. Transilvania.
Siebenbürger Sachsen, v. s.v. Sachsen (german. Volk).
Siena (Toscana, Italia), Senese, 2254.
Sierra Leone, 6223,7142.
Sigmaringen (Baden-Württemberg, BRD), 6674.
Silésie, v. Śląsk, Slezsko
Simitthus (auj. Chemtou, Tunisie), 1246.
Singapore, 5685.
Sintra (Portugal), Convention /1808/, 6386.
Siracusa (Sicilia, Italia), 1326, 1662.
Sitifis (Algérie), 1685.
Sivas (Turquie), Province, 1144.
Skala (U.R.S.S.), 4217.
Skuda (Old Iranian ethnic name), 1273.
Śląsk, Schlesien, Silésie (rég., Pologne), 1832, 2257,2595,2818,3736, 4422,4463,4705.- S. Cieszyński, S. de Cieszyn, 6508.- Dolny Ś., Basse-S., 5654.- Górny Ś.,

Haute-S., 5937.
Slaves (peuples), 427,
  552,1075,1081,1084,
  1098,2599,2691,2709,
  2784,4285,4774.- S.
  de l'Ouest, 1964.
  - S. du Sud, 6513.
Slezsko, Silésie (rég.,
  Tchécoslovaquie),151.
Slovakia, Slovaquie, v.
  Slovensko.
Slovenija, Slovénie (rép.
  Yougoslavie), 6499.
Slovensko, Slovaquie
  (rég., Tchécoslova-
  quie), 859,1952,1971,
  2216,2313,2709,3502,
  3813-3847 passim,
  4342,4375,4695,5468,
  5948,6724,6797,6799.
Société (îles de la,
  Polynésie franç.,
  6319.
Södermanland (co.,Swe-
  den), 5389.
Sofija, Sofia, 1817.
  - Congrès d'archéol.
  slave, 1081.
Sogdiana (anc. reg.,
  Asia), 1273.
Somalia, 6189 6206.
Somogy (comitat,Hon-
  grie),5391,5488.
Somogyszil (Hongrie),
  Röm. Gräberfeld,
  1645.
Sopron, Ödenburg (Hon-
  grie), 2683,6662.
  - Parlement, 3471.
Soudan, v. Sudan.
South Africa (Rep. of),
  2785-2788,4216,5059,
  5322,5657,5929,6211,
  6215,6218,6220,6418,
  6469.
South Carolina (state,
  U.S.A.), 6082,6433.
Soweto (Witwatersrand,
  S. Africa), 2786.
Spa (Belgique), 6516.
Sparta (Grèce), 1325,
  1328-1330,1334,
  1348,1355.
Spitsbergen (archip.,
  Arctic Ocean),6587.
Srbija, Serbie (rép.,
  Yougoslavie),2097,
  3923,6380,6392,6442,
  6458,6499,6657.
Sremski Karlovski
  (Serbie,Yougoslavie),
  Gefecht /1848/,3555.
Sri Lanka, Ceylan,5104,
  6149,6977.
S.S.S.R. (Sojuz Sovets-
  kikh Socialističes-
  kikh Respublik :
  Ouvrages gén., 252,
  284,296,449,724.-
  Antiquité, 1226.
  - Hist. polit.mod.,
  2713,2856,2974,3569,
  3844,3857-3920.-Hist.
  relig.mod., 4217.-
  Hist. Culture intel-
  lect. mod., 4238,
  4240,4354,4700.-Hist.
  écon.soc.mod., 5044,
  5056,5057,5124,5151,
  5307,5497,5499,5573,
  5663,5707,5948.-Hist.
  Droit mod , 6008,
  6017,6095,6108.- Re-
  lat. intern. mod.,
  6120,6128,6129,6478,
  6536-6921 passim.
Stamford (Lincs., En-
  gland), 2308.
Stanford University
  (near Palo Alto,
  Calif., U.S.A.),
  Hoover Institution,
  252.
Steiermark (Land, Öster-
  reich), 2065.
Stepan' (U.R.S.S.),4217.
Stockholm, 3797,5872,
  6395.- Conférence
  /1917/, 6535.
Stonehenge (antiquity,
  Wills England), 996.
Strasbourg (Bas-Rhin,
  France), 5664.- Papy-
  rus, 1311.- Univ.,
  4731.
Stratford-upon-Avon
  (Warwick., England),
  Theatre, 4983.
Sudan, Soudan (area,
  Africa), Anglo-Egyp-
  tian S., 6229.- S.
  français, 6224.
Sudan (Rep. of the),
  1170, 6195.
Sueben (german. Stamm),
  63, 1833.
Suez (isthme, Egypte),
  Canal, 6830.
Suhl (DDR), Bezirk,632.
Sumer (Mésopotamie),
  1210,1214,1219,1220.
Suomi,Finlande : Bibl.
  hist.gén.,VII.- Sci.
  auxil., 168.- Ouvra-
  ges gén., 356, 644,
  789,833.- Préhist.,
  1010.- Antiquité,
  1196.- Moyen Age,
  2476.- Hist. polit.
  mod., 3204-3213.-
  Hist. relig. mod.,
  4137,4171,4187.-
  Hist. Culture intel-
  lect. mod., 4377,
  4447,4926.- Hist.
  écon. soc. mod.,5036,
  5704,5726.- Relat.
  intern. mod., 6520,
  6558,6601,6683,6727.
Surinam, 6102,6305.
Susa (Iran anc.), 1264,
  1272.
Sutri (Lazio, Italia),
  Concilio /1046/,2545.
Svanétie (rég., Géorgie,
  U.R.S.S.), 2490.
Sverige, Suède : Sci.
  auxil., 80,88,99.
  - Ouvrages gén.,293,
  301,302,307,477,720.
  - Moyen Age, 2331,
  2359,2604,2685.-Hist.
  polit. mod., 3795-
  3808.- Hist. Culture
  intellect. mod.,4269,
  4287,4345,4481,4561.
Hist. écon. soc. mod.,
  5034,5187,5224,5226,5252,
  5389,5405,5411,5412,5433,
  5570,5589,5769,5787,5886,
  5930,5945,6002.- Relat.
  intern. mod., 6325,6346,
  6347,6352,6360,6382.
Svevi, v. Sueben.
Swifterbant (Netherlands),
  Neolithic site, 961.
Sydney (S.N.W., Australia),
  4796.
Syracuse, v. Siracusa.
Syria, Syrie, 980,991,1002,
  1535,1628,6139,6451,6488,
  6585.
Szatmár, v. Satu Mare.
Szávaszentdemeter-Nagyola-
  szi (Ungarn), Schlacht
  /1523/, 3516.
Szeged (Hongrie), 1905,5107.
Szegvár (Hongrie), 1003.-
  Reitergrab S.-Sápoldal,
  1058.
Székely, Szeklers (peuple,
  Roumanie), 3794.
Szekszárd (Hongrie),5820.
Szolnok (Hungary), County,
  5442.
Szombathely (Hongrie),2011.

T

Tahiti (île, Polynésie),
  6314.
Tanganyika (reg., Tanzania),
  3811.
Tanzania, 3811,6226.
Ţara Românească, Valachie
  (rég., Roumanie), 1107,
  2080,3776,4912,6397,
  6407.
Taranto (Puglia, Italia),
  1662.
Tarentaise (rég., France),
  Diocèse, 886.
Tarragona (España), 1968.
  - Archivo hist. prov.,
  214.
Tarrasa (Barcelona, Espa-
  ña), Evangelari, 2467.
Tartars, Tartarie, v.
  Tatars.
Tasmania (island a. state,
  Australia), 4622,6310.
Tata (Komarom, Hongrie),
  4940.
Tatars (peuple, U.R.S.S.),
  588,5558.- Tartarie,
  2000.
Tchétchènes, v. Čečency.
Tegernsee (Bayern, BRD),
  2206.
Tel Michal (Israel), Exca-
  vations, 1241.
Telarmachay (Perú), 7163.
Teleuty (peuple, U.R.S.S.),
  3196.
Tell Assonad (Syrie),site
  préhist., 1002.
Tell Sifr (Iraq), 1209.
Telmessos (Asie Mineure
  anc.),1293.
Tennessee (sate,U.S.A.),
  3094,3119.
Terezín, Theresienstadt
  (Tschechoslowakei),

Familienlager Birkenau, 6659.
Terrassa, v. Tarrasa.
Terre-Neuve, v. Newfoundland.
Teruel (España), 939, 1968.
Tessin, v. Ticino.
Texas (state,U.S.A.), 3149.
Theresienstadt, v.Terezín.
Thaïlande, 563,804.
Thames (riv., England), 1840.
Thasos (île, Grèce),1428.
Theadelphia (Egypte anc.), 1160.
Theiss, v. Tisa (rivière).
Thera (île, Grèce anc.), 1295.
Thermopylai (défilé, Grèce), 1323.
Thessalia (rég., Grèce), 1445.
Thessalonike, Salonica (Grèce), 5655,5882.
Thoiry (Ain, France), Plan /1926/, 6494.
Thorn, v. Toruń.
Thrake, Thrakes, Thrace, Thraces, 182,1105,1106.
Thüringen (Landschaft, DDR), 632.
Tibet (rég. auton.,Chine), 177,6929.
Ticino (cantone,Svizzera), 260,6465.
Tientsin (Hopeh, China), 7052.
Timgad (Algérie), 1594.
Tirol (Land, Österreich), 2988,3940,6501.
Tiron (abbaye,Eure-et-Loir, France), 2588.
Tisa, Tisza (riv.,Europe centrale), 1058.
Tisza, v. Tisa.
Tiszántúl (Kirchendistrikt, Ungarn),4356.
Tösens (Tirol, Österreich), 635.
Toledo (España), 1968, 2047,2169,5053.- Catedral, 2477.
Topol'čany (Tchécoslovaquie), 4217.
Torino (Piemonte,Italia), 5941.- Congrès Marguerite de Savoie,4229.
Toronto (Ont., Canada), Royal Ontario Museum, 262,1031.
Torres Strait (Australia), 3935.
Tortosa (Tarragona, España), 1968.
Toruń, Thorn (Pologne), 6058,6422.
Toscana (reg.,Italia), 690,2341,2636,3618, 3658,3659,5214,6065.
Touen-Houang, v. Tun Huang.
Toulon (Var, France), 662.- Révolte /1793/, 3252.
Toulouse (Haute-Garonne, France), 4321.- Aque-

duc de Lardenne, 1642.
Comtes, 2622.- Imprimerie, 32.- Région, 2610.
Touraine (rég., France), 651,2659,5722.
Tours (Indre-et-Loire, France), Musée des Beaux-Arts, 258.- Univ., 4713.
Trani (Puglia, Italia), 688.
Transcaucasie, v. Zakavkaz'e.
Transdanubia, v. Dunántúl.
Transilvania, Erdély, Siebenbürgen (rég., Roumanie): Sci. auxil., 147.- Ouvrages gén., 256,712,718,751.- Préhist., 1058.- Antiquité, 1557,1672.- Moyen Age, 1982,2091,2113, 2494,2698,2700.- Hist. polit. mod., 3494,3768-3794 passim.- Hist. relig. mod., 4099,4172. - Hist. Culture intellect. mod., 4260,4280, 4342.- Hist. écon.soc. mod., 5230,5462,5640, 5743,5759,5822.- Hist. Droit mod., 6052,6072. - Relat. intern. mod., 6453.- Landler, 5501. - Cf. Siebenbürger Sachsen, s.v. Sachsen (german. Volk).
Transvaal (prov., Rep. of S. Africa), 6214.
Tréguier (Côtes-du-Nord, France), 4379.- Diocèse, 2585.
Trei Scaune, Háromszék (rég., Roumanie), 5462.
Trentino (reg. stor., Italia), 3622,4687.
Trento (Trentino-Alto Adige, Italia), 2655. - Concilio, 753.
Trier (Rheinland-Pfalz, BRD), 2612.
Třinec (Tchécoslovaquie), 5176.
Trinidad (island, Carribean), 6248.
Trnava (Tchécoslovaquie), 141.
Troesmis (ville romaine, Roumanie), 1467.
Trois-Rivières (Québec, Canada), 67, 4033.
Tsiganes, Gypsies (peuple), 6657.
Tswana (people,S.Africa), 6209.
Tucumán (Argentina), 2937.- Gobernación, 6257.
Tübingen (Baden-Württemberg, BRD), Univ., 4298.
Türkiye, Turquie : Ouvrages gén., 233,620,713, 723.- Hist. Byzance, 1799.- Moyen Age,2061, 2081,2084.- Hist.polit. mod., 2993,3499,3544, 3556,3770,3848-3853.

Hist.Culture intellect. mod., 4241.- Hist.écon. soc. mod.,5112,5165, 5313,5946.- Relat.intern.mod., 6335,6347, 6454,6462,6543,6584, 6629,6697,6871.- Hist. Asie, 6943.
Tulln (N.-Ö.,Österreich), 2278.
Tun Huang,Touen-Houang (China), 7025,7030, 7042.
Tunisie, 1654,6225,6227, 6440,6635.
Turets (U.R.S.S.), 4217.
Turfan (China), 6929.
Turku (Finlande), 5290.
Tver (auj. Kalinin, Russie), Principauté, 2117.
Tzeltal (Indiens, Chiapas, Mexique), 550.

U

Uganda, 3854-3856,3953, 6191,6202.
Ugarit (auj. Ras Shamra, Syrie), 1223.
Uighur (people, central Asia), 6954.
Ukraine (rép.,U.R.S.S.), 3867,3879,3899,3913, 4246,6716.
Ulpia Traiana Dacica, v. Sarmizegetusa.
Ulster (reg., N.Ireland a. Rep. of Ireland), 114,3400,5600,5776. - Anglo-Norman U., 2042.
Umbria (reg., Italia), XIII.
Umeå (Sweden), Symposium Northern Scandinavia, 199.
United Kingdom, v. Great Britain, Northern Ireland.
Ur (Mesopotamie), 1219.
Ural (monts, U.R.S.S.), 1079.
Ursberg (Bayern, BRD), Stift, 2575.
Uruk (Mésopotamie),1213, 1214.
U.S.A. (United States of America), Gen. Works, 275,282,290,303,308, 310,311,314,343,479, 548,579.- Mod.polit. Hist., 2716,2730,3013, 3042-3203,3223,3584, 3696.- Mod. relig. Hist., 3938-4193 passim.- Hist. mod. Culture, 4221-4472 passim,4493,4496,4605-4703 passim,4845,4846, 4858,4859,4910,4931, 4986.- Mod. econ.a. soc.Hist.,5010-5451 passim,5522-6004 passim.- Mod. legal Hist.,6005-6109 passim.- Mod.intern.

GEOGRAPHISCHES REGISTER

Relat., 6110-6144 passim, 6149,6163, 6166,6357,6405-6921 passim.
Utah (state, U.S.A.), 5077.
Utrecht (Pays-Bas),2747.
  Bernulphus-Codex, 6.
  - Diocese, 2620.-
  Govt.- Regulation /1675/, 3726.- Paix /1713/, 6345.- Union /1579/, 2730.- Univ., 1141.
Utrecht (prov., Pays-Bas), 4319.
Uzbekistan (rép.,U.R.S.S.), 6942.

V

Vaal (riv., S. Africa), 7147.
Vaerem (Norway), 1041.
Västernorrland (co., Sweden), 5608.
Växjö (Sweden), Diocese, 2604.
Val Camonica (Lombardia, Italia), 934.
Val Cluson (Piemonte, Italia), 3946,4150.
Valachie, v. Țara Românească.
Valais, Wallis (canton, Suisse), 1679.
Val Cluson, v. Chisone.
Valence (Drôme,France), 1569.
Valencia (ciudad y prov., España), 221,2342, 2654,2705.- Archivo de la Catedral, 2538. - Inquisición, 3996. - Reino, 1968.
Valkenburg (Niederlande), 1693.
Valladolid (España),4061, 5113.
Valle d'Aosta (reg.,Italia), 3600,5157.
Vallespir (rég., France), 650.
Van (lake, Turkey), 1140.
Vandali, Wandalen (german. Volk), 2427.
Var (dépt., France),5109.
Várad, v. Oradea.
Varenna (Lombardia, Italia), Convegno Diritto communale etc.", 191.
Vascos, v. Basques.
Vaszar (co. Veszprém, Hungary), 1044.
Vaticano (Città del),221, 2546,3961,3967,4067, 6399,6436,6507,6591, 6678,6721,6739,6853. - Archivio, 236.- Biblioteca, 4889.- Papiri, 1312.- S. Pietro, 2543,2644.
Vaud (canton, Suisse), 3970.
Vaudémont (Meurthe-et-Moselle, France),2180.
Veiem (Norway), 1041.
Velsen (Pays-Bas), 1695.

Vendée (dépt., France), 1029.
Vendômois (rég., Loir-et-Cher, France), 3327.
Veneto (reg., Italia), 2624,4443,5354,6407.
Venezia (Italia),155, 194,617,2103,2327, 2362,2385,3606,3611, 3628,3634,3722,3962, 3973,4939,5106,5598, 5781.- Repubblica, 786,3925.
Venezuela, 3921,6409, 6467.
Vermont (state,U.S.A.), 5336.
Veroli (Lazio,Italia), Diocesi, 2690.
Versailles (Yvelines, France), 6436.
Vesuvio (vulcano, Sicilia, Italia),1646.
Veszprémvölgy (Hongrie), 1902.
Vic, v. Vich.
Vicenza (Veneto,Italia), 691.
Vich (Barcelona,España), 1968.- Catedral,1863.
Vichy (Allier, France), 5246.- Gouvernement de V., 3238,3289, 3326,4209,4941.
Victoria (state,Australia), 6042.
Vienne (dépt., France) 1029.
Vietnam, 804,6167,6836, 6863,6867,6869,6891, 6905,6910,6911,6994, 7002.
Vikings, 2049,2156-2165, 2255.
Virginia (state,U.S.A.), 3096,6242,6245,6247, 6258,6295,6300.- Univ. of V. 4323.
Visigothi, Westgoten (german. Volk),1996, 2008,2009,2132,2639.
Viterbo (Lazio,Italia), 2665.
Vivarais (rég.,France), 5539.
Vltava (riv., Tchécoslovaquie), 2671.
Volga (fleuve,U.R.S.S.), Bassin, 997.- V.Bulgarians, 104.
Volubilis (site archéol., Maroc), 1669.
Vorarlberg (Land, Österreich), 636.
Vorderer Orient, v. Proche-Orient, s.v. Orient.

W

Walcheren (anc.île,Pays-bas), 6783.
Wales (principality, Great-Britain), 968, 1853,1896,2185,2232, 2572,2576,4334,4367, 4605,4857,5186,6014.

Wall Street (New York City, U.S.A.), 6889.
Wallis, v. Valais.
Wandalen, v. Vandali.
Warmia (rég., Pologne), 4359.
Warszawa, Varsovie (Pologne), 2854,3750,3762, 3763,6914.- Francsmaçons, 4516.- Ghetto, 6612,6638.- Insurrection /1830-1831/,6396. Insurrection /1944/, 6782.- Marymont, 4408. Théâtre, 5005.
Washington (D.C., U.S.A.), 5615.- Library of Congress, 244,253.
Washington (state,U.S.A.), 3165.
Washington University (Saint Louis, Mo., U.S.A.), Papyri, 1315.
Weiden (Burgenland, Österreich), 4905.
Weimar (Bez. Erfurt,DDR), Republik, 2790-2936 passim, 4127,4361,4819, 4834,5950,6596.
Werra (Fluss, BRD), 2201.
West Indies, v. Antilles.
Westfalen (Landschaft, BRD), 2120,2872,4097, 4176,5662,6034.
Westfränkisches Reich, 2656.- Cf. France.
Westgoten, v. Visigothi.
Westminster (borough, London), Parliament /1256/, 2032.
Wien, Vienne (Österreich), 2945-2998 passim,3665, 4024,4025,5060,5215, 5518,5565,5618,6438. - Ev. Schulen, 4144. - Österr. Nationalbibliothek, 2388.- Palast Kaunitz-Liechtenstein, 4877.- Ratsurteile, 1944.- Schlacht /1683/, 6351,6353,6358. Technolog. Gewerbemuseum, 267.
Wikinger, v. Vikings.
Wilhelmsbad (Badeort bei Hanau, Hessen, BRD), Freimaurerkongress /1782/, 4516.
Wiltshire (co., England), 2241.
Wilzen (slaw. Volk),2005.
Winchester (Hants,England), Roman cemetery at Lankhills, 1647.
Windsheim (Bayern,BRD), 5571.
Winterthur (Zürich, Schweiz), 260.
Wisconsin (state,U.S.A.), 5572, 5988.
Wisigoths, v. Visigothi.
Wittenberg (Lutherstadt W., Bez.Halle, DDR), 4137.
Wo country (Japan),7078.
Wodzisław (Pologne), 4217.
Worcester (Worcs., England), Bishopric,2625.
Wrocław, Breslau (Pologne),

46,2081,4282,6918.
Württemberg (Landschaft, BRD), 2817,5381.
Würzburg (Bayern,BRD), Juden, 2913.

X

Xanthos (auj. Kinik, Turquie), 1430.

Y

Yasukuni shrine (Japan), 4069.
Yenan (Shensi, China), 6698.
Yogyakarta, v. Jogjakarta.
Yonne (dépt., France), 848, 854.
York (Yorks., England), 3428.
Yorkshire (co.,England), 1030,5776.
Yünnan (prov., China), 7069.

Z

Zagreb (Croatie, Yougoslavie), Juifs, 4206.
Zaïre (République), 4070,4419,7144.
Zakarpatskaja Oblast', Carpatho-Ukraine (Ukraine,U.R.S.S.), 4342.
Zakavkaz'e, Transcaucasie (rég., U.R.S.S.), 5828.
Zambia (Republic),6216, 7136.
Zamość (Pologne), 3766.
Zeeland (prov.,Pays-Bas), 208.
Zgorzelec, v. Görlitz.
Zimbabwe (Republic),4068, 6212.
Zürich (Schweiz), Predigerkonvent, 2580.
Zululand (reg., S.Africa), Kingdom, 6179, 6190.
Zutphen (Pays-Bas), District,1901.- Ecole vétérinaire,4341.
Zweibrücken (Rheinland-Pfalz,BRD), 6669.
Zwölffaxing (N.-Ö., Österreich), 1104.
Żywiec (Pologne), 5577.

Lexikon des Mittelalters

A major new work: For the first time there is an encyclopaedia which deals with the formative period of the Western world: 300 to 1500 A.D.

The Middle Ages present a fascinating diversity of ways of life and concepts, and biographical, geographical and historical facts. The LEXIKON DES MITTELALTERS is the first work to take into consideration the results of all branches of medieval research: Over 90 disciplines are represented by scholars of international repute from 14 countries.

The special nature of this work lies in its new approach to the subject, which supercedes the traditional concept of works of reference. As well as articles dealing with individual concepts or people, a large amount of space has been devoted to essays centred on important fields of study, showing how medieval life and thought are blended together. These major essays are written by leading scholars and are based on the most up-to-date research.

Format and Publication:
The LEXIKON DES MITTELALTERS consists of 7 alphabetical volumes, bound in cloth, each containing 1128 pages and an index. Size: 18.5 cm x 26.5 cm.
Each volume contains 10 parts, which are published quarterly. Thus the subscriber has one complete volume every two and a half years. Each part has 112 pages with 224 columns and is published in the form of a magazine. After every 10 parts the subscriber receives a book cover on request.

Methods of purchase
To make your decision easier, we make you the following introductory offer, valid until 30.4.1984.

In quarterly instalments: Volume I Parts 1-10, DM/sFr. 35,- each. Volume II Parts 1-8, DM/sFr. 35,- each. Volume II Part 9 onwards, DM 39,-/sFr. 35,- each.

In complete Volumes: Volumes I and II, DM/sFr. 398,- each.
After 30th April, 1984 one quarterly instalment will cost DM 39,-/sFr. 35,- and one complete volume DM 428,-/sFr. 398,-.

Please ask for our special prospectus:

Artemis Verlag, München and Zürich
Martiusstr. 8, D-8000 München 40 · Limmatquai 18, CH-8024 Zürich

Neuerscheinung

Jahrbuch der historischen Forschung in der Bundesrepublik Deutschland

Berichtsjahr 1982

Im Auftrag der Arbeitsgemeinschaft außeruniversitärer historischer Forschungseinrichtungen in der Bundesrepublik Deutschland e.V.

Herausgegeben von Rudolf Morsey in Verbindung mit Dieter Albrecht, Karl Othmar Frhr. von Aretin, Heinz Boberach, Horst Möller, Jürgen Rohwer, Heinz Stoob und Fritz Wagner

1983. 632 Seiten. Lin. DM 198,—.
ISBN 3-598-20082-X

Das Jahrbuch bietet regelmäßige und aktuelle Information und Dokumentation über die laufenden und abgeschlossenen historischen Forschungsarbeiten in der Bundesrepublik Deutschland. Berücksichtigt werden sowohl Arbeiten, die an Universitäten entstehen, als auch solche außeruniversitärer Forschungseinrichtungen. Es ist somit gesichert, daß ein sehr hoher Prozentsatz aller in der Bundesrepublik Deutschland entstehender Forschungsarbeiten verzeichnet ist. Im Laufe der Jahre hat sich das Jahrbuch, das jetzt in seiner 8. Ausgabe vorliegt, zu einem wichtigen Hilfs- und Informationsmittel für die historische Forschung entwickelt. Es ermöglicht Planung und Koordinierung der Arbeit und zeigt frühestmöglich die neuesten Strömungen der Forschung auf.

Der vorliegende Band zum Berichtszeitraum 1982 enthält ca. 10.000 Titel aller Art, die von 600 Forschungseinrichtungen angemeldet wurden. Das Jahrbuch besteht aus zwei Teilen, einem Textteil und dem Index der Forschung, der die entstehenden Arbeiten nach verschiedenen Kriterien zugänglich macht.

Bei Recherchen zur historischen Forschung war und ist das Jahrbuch vielfach der einzige erfolgversprechende Weg.

K•G•Saur München•New York•London•Paris

K G Saur Verlag KG, Postfach 71 10 09, 8000 München 71, Tel. (0 89) 79 89 01, Telex 05 212 067 saur d · Auslieferung: Stuttgarter Verlagskontor

Biographisches Handbuch der deutschsprachigen Emigration nach 1933

International Biographical Dictionary of Central European Emigrés 1933–1945

Foto: Bildarchiv Süddeutscher Verlag

Herausgegeben von / Edited by: Institut für Zeitgeschichte München und / and Research Foundation for Jewish Immigration, New York
unter der Gesamtleitung von: / General editors: Werner Röder und / and Herbert A. Strauss

Band I / Vol I Politik, Wirtschaft, Öffentliches Leben (in deutsch / in German)
1980. LVIII, 875 S./p. Ln/Cloth. DM 298.—. ISBN 3-598-10088-4

Band II / Vol II Sciences, Arts, and Literature (in englisch / in English)
1983. Teil 1 / part 1 (A–K) XCIV, 677 S./p. Teil 2 / part 2 (L–Z) 627 S./p.
Leinen / Cloth. DM 448.—. ISBN 3-598-10089-2

Band III / Vol III Gesamtregister / Index zweisprachig / bi-lingual
1983. XX, 281 S./p. Leinen/Cloth. DM 198.—. ISBN 3-598-10090-6

K·G·Saur München·New York·London·Paris

K G Saur Verlag KG, Postfach 71 10 09, 8000 München 71, Tel. (0 89) 79 89 01, Telex 05 212 067 saur d · Auslieferung: Stuttgarter Verlagskontor

Ref
Z
6205
I 61
v. 49
1980